Badura
Staatsrecht

STAATSRECHT

Systematische Erläuterung des Grundgesetzes
für die Bundesrepublik Deutschland

von

Dr. Peter Badura
o. Professor in der Universität München

C. H. Beck'sche Verlagsbuchhandlung
München 1986

ISBN 3 406 31485 6

Satz und Druck der C. H. Beck'schen Buchdruckerei, Nördlingen

Vorwort

Der neue deutsche Staat, nach Diktatur, Krieg, Zusammenbruch und Besetzung in den Ländern der westlichen Teile des Deutschen Reiches und dann in der Bundesrepublik Deutschland errichtet, hat in nunmehr vierzig Jahren ein Staatsrecht von bemerkenswerter Selbständigkeit und großem Inhaltsreichtum entwickelt. Das Staatsrecht der Bundesrepublik ist in allen wesentlichen Stücken das Recht ihrer Verfassung, des Grundgesetzes vom 23. Mai 1949. Die außergewöhnlich umfangreiche Gerichtspraxis, vor allem die Rechtsprechung des Bundesverfassungsgerichts, haben die Wirksamkeit des Verfassungsrechts gegenüber der politischen Entscheidung und der Ausübung öffentlicher Verwaltung, im Gerichtswesen und selbst im privatrechtlichen Rechtsverkehr zu einer Intensität geführt, die bisher im Staatsrecht unbekannt war und vordem in der Staatspraxis nicht in Betracht gezogen wurde.
Das in der Bundesrepublik Deutschland geltende Staatsrecht wird hier in der äußeren Form einer systematischen Erläuterung des Grundgesetzes dargestellt. Es soll gezeigt und erklärt werden, worin die Bedeutung und Wirklichkeit der Verfassung für das öffentliche Leben, für die staatlichen Einrichtungen und für jeden einzelnen bestehen. Es ist die Fülle der Einzelheiten, in der die Grundgedanken und Leitbegriffe des Staatsrechts praktisch werden und Anschaulichkeit für den Betrachter erhalten. Verständlichkeit aber und innere Ordnung gewinnt die Fülle der Einzelheiten nur durch die Grundgedanken und Leitbegriffe. Das ist das Programm dieses Buches. Es zwingt vor allem anderen zu einer Auswahl. Da gezeigt werden soll, worin der lebendige Wert der Verfassung für Politik und Recht zur Geltung kommt, da die Wirkung und die Leistungsfähigkeit der Verfassung vor Augen geführt werden sollen, kann die Vollständigkeit des Handbuchs und des Kommentars nicht erwartet werden. Dennoch schließt die Zielsetzung des Buches natürlich ein, daß die wesentlichen Fragen, Regelungen und Rechtseinrichtungen des Staatsrechts gebührend behandelt werden. Der Jurist und auch der juristisch nicht speziell vorgebildete Leser werden – nach der Absicht des Autors – Information über die Rechtslage und Staatspraxis finden, zugleich aber auch in die Institutionen und Grundgedanken eingeführt werden, die Sinn und Wirklichkeit von Staat und Verfassung bestimmen.
Die Stoffanordnung in Form der Kommentierung des Grundgesetzes, wenn auch nicht von Artikel zu Artikel, so doch nach den Abschnitten des Verfassungstextes, bedeutet die Anpassung an die Gliederungsvorstellungen des Verfassunggebers. Sie erleichtert überdies das Nachschlagen, wenn Aufschluß über einzelne Punkte gesucht wird. Die zu den einzelnen Abteilungen und Themenkreisen angegebenen Bücher und Abhandlungen sind nach dem Kriterium zusammengestellt, daß der Leser auf weiterführende und aktuelle Veröffentlichungen aufmerksam wird; außerdem ist versucht worden, die für eine Frage jeweils grundlegenden Arbeiten anzugeben. Besonders hier konnte

Vorwort

nur eine vergleichsweise rigorose Beschränkung den Informationswert und die Übersichtlichkeit erhalten.

Bei der Vorbereitung und Ausarbeitung dieses Buches haben mich meine Assistenten sachkundig und sorgfältig unterstützt. Maike Bremer in den Abschnitten A, B und C, Alexander von Negenborn und Helge Schäfer in Abschnitt D, Michael Brenner in Abschnitt E, Martin Hoffmann in den Abschnitten F, G und H und Volkhard Spilarewicz in den Abschnitten I, K und L; Hans Paul Ottmann hat mir bei den ersten Schritten der Sammlung und Ordnung des Stoffes beigestanden. Ihnen allen, ohne deren Hilfe das Buch in dieser Form nicht hätte zustande kommen können, schulde ich meinen Dank. Besonders danke ich Frau Jutta Kott, meiner Sekretärin, die unermüdlich das umfangreiche Manuskript geschrieben hat und damit einen wesentlichen Anteil am alsbaldigen Zustandekommen des Buches beanspruchen darf.

München, im Januar 1986   Peter Badura

Inhaltsübersicht

	RNr.	Seite
Inhaltsverzeichnis		XI
Abkürzungen		XXXVII

A. Einleitung

	RNr.	Seite
1. Staat und Recht	1– 6	1
2. Die Verfassung	7– 12	6
3. Das Verfassungsrecht	13– 16	13
4. Entstehung des Grundgesetzes und Gründung der Bundesrepublik Deutschland	17– 23	17
5. Verfassungsgeschichte	24– 32	23
6. Verfassungsentwicklung seit 1949	33– 36	33
7. Die deutsche Frage	37– 42	37
8. Die Deutsche Demokratische Republik	43– 45	45

B. Präambel

	RNr.	Seite
B. Präambel	1– 3	49

C. Die Grundrechte

	RNr.	Seite
1. Schutz der Freiheit durch Grundrechte	1– 10	61
2. Grundlinien der verfassungsrechtlichen Ausgestaltung	11– 28	70
3. Die persönliche Freiheit und Integrität	29– 41	86
4. Gleichheit und Willkürverbot	42– 50	97
5. Ehe und Familie	51– 54	104
6. Glaubens- und Gewissensfreiheit	55– 59	108
7. Die Freiheit der Meinung	60– 63	113
8. Pressefreiheit und andere Medienfreiheiten	64– 69	119
9. Schule und Bildung, Wissenschaft und Kunst	70– 76	127
10. Die Grundrechte der wirtschaftlichen Freiheit	77– 87	135
11. Freiheit von Arbeit und Beruf	88– 92	146
12. Grundgesetz und kollektives Arbeitsrecht	93– 96	150
13. Die politische Freiheit	97– 99	156
14. Die allgemeine Handlungsfreiheit	100–102	160

D. Der Bund und die Länder

	RNr.	Seite
1. Die Staatsform der Bundesrepublik Deutschland	1– 30	170
2. Die Staatsaufgaben	31– 45	194
3. Das Rechtsstaatsprinzip	46– 66	203
4. Die Bundesrepublik ist ein Bundesstaat	67– 95	222
5. Der öffentliche Dienst	96–107	242

Inhaltsübersicht

	RNr.	Seite
6. Die auswärtige Gewalt und die internationalen Beziehungen	108–134	249
7. Die Bundesrepublik Deutschland in einem Vereinten Europa	135–147	266

E. Die Staatsorgane

	RNr.	Seite
1. Parlamentarismus und parlamentarische Demokratie	1– 12	288
2. Staatsleitung im parlamentarischen Regierungssystem	13– 22	298
3. Der Bundestag	23– 52	304
4. Der Bundesrat	53– 67	321
5. Der Bundespräsident	68– 85	328
6. Die Bundesregierung	86–108	339

F. Gesetzgebung

	RNr.	Seite
1. Das Gesetz	1– 10	360
2. Gesetz und Verordnung	11– 24	366
3. Gesetzgebung im Bundesstaat	25– 40	372
4. Der Gang der Bundesgesetzgebung	41– 58	378
5. Die verfassungsändernde Gesetzgebung	59– 67	386

G. Vollziehung

	RNr.	Seite
1. Staatsaufgaben und Verwaltungszwecke	1– 13	397
2. Verwaltung und Verwaltungsrecht	14– 26	405
3. Die bundesstaatliche Kompetenzordnung im Bereich der Verwaltung	27– 34	411
4. Die Ausführung der Bundesgesetze durch die Länder	35– 54	414
5. Die Bundesverwaltung	55– 78	422
6. Streitkräfte und Bundeswehrverwaltung	79– 93	432
7. Die Gemeinschaftsaufgaben	94–105	437

H. Rechtsprechung

	RNr.	Seite
1. Die rechtsprechende Gewalt ist den Richtern anvertraut	1– 11	448
2. Die rechtsprechende Gewalt wird durch das Bundesverfassungsgericht, durch die Bundesgerichte und durch die Gerichte der Länder ausgeübt	12– 18	454
3. Die Garantien eines rechtsstaatlichen Verfahrens	19– 30	457
4. Rechtsprechung und Rechtsgang	31– 42	466
5. Die Verfassungsgerichtsbarkeit	43– 67	473

I. Finanzwesen und Haushaltswirtschaft

	RNr.	Seite
1. Einnahmen und Ausgaben der öffentlichen Hand	1– 40	496
2. Die Finanzverfassung	41– 76	516
3. Finanzpolitik und Haushaltswirtschaft	77–118	532

Inhaltsübersicht

	RNr.	Seite
K. Verteidigungsfall		
1. Krieg und Frieden	1– 9	560
2. Die Staatsorgane im Verteidigungsfall	10– 14	565
3. Die Ausübung der Staatsgewalt	15– 22	567
L. Übergangs- und Schlußbestimmungen		
1. Bedeutung und Inhalt des XI. Abschnitts	1– 3	579
2. Kriegsfolgen und Nachkriegszeit	4– 20	581
3. Die Staatsangehörigkeit	21– 31	592
4. Das Staatskirchenrecht	32– 55	598
Stichwortverzeichnis		615

Inhaltsverzeichnis

	RNr.	Seite
Abkürzungen		XXXVII

A. Einleitung

1. Staat und Recht
   Der Staat 1 1
   Staat als Form politischer Herrschaft 2 2
   Staatsgewalt, Staatsvolk, Staatsgebiet 3 3
   Staat und Gesellschaft 4 4
   Recht und Gerechtigkeit 5 5
   Privatrecht und öffentliches Recht 6 5
2. Die Verfassung
   Verfassung und Verfassungsrecht 7 6
   Verfassunggebung 8 8
   Geltungsgrund (Legitimität) der Verfassung 9 8
   Verfassungspolitik 10 9
   Entwicklung des Verfassungsstaates 11 10
   Verfassungslehre 12 11
3. Das Verfassungsrecht
   Die Verfassung als bindende Norm und Maßstab für die
   Politik und die Ausübung öffentlicher Gewalt 13 13
   Auslegung des Verfassungsgesetzes 14 14
   Grundsätze der Verfassungsauslegung 15 15
   Die Staatsrechtslehre 16 16
4. Entstehung des Grundgesetzes und Gründung der
   Bundesrepublik Deutschland
   Vorgeschichte 17 17
   „Grundgesetz" statt „Verfassung" 18 18
   „Parlamentarischer Rat" statt „Verfassunggebende
   Versammlung" 19 19
   Der Herrenchiemseer Verfassungskonvent 20 19
   Der Parlamentarische Rat 21 20
   Annahme und Inkrafttreten des Grundgesetzes 22 21
   Das Grundgesetz und eine künftige deutsche Verfassung ... 23 22
5. Verfassungsgeschichte
   Deutsche Verfassungsgeschichte 24 23
   Die Verfassunggebung in der März-Revolution 25 23
   Die Bismarck'sche Reichsverfassung 26 25
   Die Weimarer Reichsverfassung 27 26

Inhaltsverzeichnis

	RNr.	Seite
Das Dritte Reich	28	27
Zusammenbruch und Besatzungsgewalt	29	29
Die neuen Länder und ihre Verfassungen	30	30
Das Ende der Besatzungszeit	31	32
Die Bundesrepublik Deutschland	32	32

6. Verfassungsentwicklung seit 1949

Politische Entwicklung und Institutionen der Bundesrepublik Deutschland	33	33
Die Verfassungsänderungen	34	35
Das Bild des Grundgesetzes auf Grund der Änderungsgesetze	35	36
Fortbildung der Verfassung durch die Staatspraxis und die gerichtliche Rechtsfortbildung	36	36

7. Die deutsche Frage

Untergang des Deutschen Reiches?	37	37
Die neue „Ostpolitik" seit 1969	38	38
Die beiden deutschen Staaten	39	40
Die deutschen Ostgebiete	40	41
Berlin	41	42
Das Wiedervereinigungsgebot der Präambel	42	44

8. Die Deutsche Demokratische Republik

Die Entstehung der DDR	43	45
Die Verfassung der DDR	44	46
Die sozialistische Verfassung	45	47

B. Präambel

Präambeln in einer Verfassung	1	51
Rechtliche Bedeutung	2	52
Selbstinterpretation, Bekenntnis und Verheißungen	3	53

C. Die Grundrechte

1. Der Schutz der Freiheit durch Grundrechte

Die Idee der unveräußerlichen Menschenrechte	1	61
Objektives Recht und individuelle Rechte	2	62
Freiheit und Teilhabe	3	63
Grundrechte als unmittelbar geltendes Recht	4	64
Die Grundrechte in der Geschichte des Verfassungsstaates	5	64
Grundrechte in der deutschen Verfassungsgeschichte	6	65
Weimarer Reichsverfassung: Die Grundrechte und Grundpflichten der Deutschen	7	66
„Soziale Grundrechte"	8	67
Grundrechte im internationalen Recht	9	68
Die Europäische Menschenrechtskonvention	10	69

Inhaltsverzeichnis

	RNr.	Seite
2. Grundlinien der verfassungsrechtlichen Ausgestaltung		
Menschenrechte und Bürgerrechte	11	70
Grundrechte juristischer Personen	12	71
Grundrechte des Staates oder öffentlich-rechtlicher Körperschaften?	13	72
Inhalte grundrechtlicher Gewährleistungen	14	73
Rechtliche Wirkung der Grundrechte	15	74
Vorbehalt des Gesetzes für „wesentliche" Regelungen	16	75
Das subjektiv öffentliche Recht	17	76
Die Garantie von Rechtseinrichtungen	18	77
Grundrechtssicherung durch Organisation und Verfahren	19	77
Grundrechtliche Schutzpflichten	20	79
Privatrechtsgestaltende Wirkung (Drittwirkung) von Grundrechten	21	80
Kodifikatorische Wirkung einzelner Grundrechte	22	81
Einschränkbarkeit der Grundrechte durch Gesetz	23	81
Schranken der Grundrechtsausübung	24	82
Der Schutz des Wesensgehalts eines Grundrechts	25	84
Der Grundsatz der Verhältnismäßigkeit	26	84
Das Petitionsrecht	27	85
Die Verfassungsbeschwerde	28	86
3. Die persönliche Freiheit und Integrität		
Die Würde des Menschen ist unantastbar	29	86
Die freie Entfaltung der Pesönlichkeit	30	87
Das allgemeine Persönlichkeitsrecht	31	88
Der Schutz der Intimsphäre und der Privatheit	32	89
Datenschutz	33	89
Der Schutz des Lebens und der körperlichen Unversehrtheit	34	90
Der Schutz des ungeborenen Lebens	35	91
Grundrecht auf gesunde Umwelt?	36	91
Die Freiheit der Person	37	93
Voraussetzungen der Freiheitsentziehung	38	93
Unverletzlichkeit der Wohnung	39	94
Das Brief-, Post- und Fernmeldegeheimnis	40	94
Verbot von Ausbürgerung und Auslieferung	41	96
4. Gleichheit und Willkürverbot		
Der allgemeine Gleichheitssatz	42	97
Das Willkürverbot	43	98
Das Gebot der Gleichbehandlung	44	99
Besondere Differenzierungsverbote	45	99
Die Gleichberechtigung von Mann und Frau	46	100
Die Gleichstellung der unehelichen Kinder	47	102
Die Gleichheit der staatsbürgerlichen Rechte und Pflichten	48	103
Öffentlicher Dienst	49	103
Lastengleichheit	50	103

Inhaltsverzeichnis

	RNr.	Seite
5. Ehe und Familie		
Der Schutz von Ehe und Familie	51	104
Die Freiheit der Eheschließung	52	106
Das Erziehungsrecht der Eltern	53	107
Der Schutz der Mutter	54	108
6. Glaubens- und Gewissensfreiheit		
Die Religionsfreiheit	55	108
Die Kultusfreiheit	56	110
Die Freiheit der Weltanschauung	57	111
Die Gewissensfreiheit	58	111
Das Recht der Kriegsdienstverweigerung	59	112
7. Die Freiheit der Meinung		
Die Meinungsfreiheit	60	113
Die Informationsfreiheit	61	116
Die Versammlungsfreiheit	62	116
Die Vereinigungsfreiheit	63	118
8. Pressefreiheit und andere Medienfreiheiten		
Die Pressefreiheit	64	119
Die Rundfunkfreiheit	65	121
Die Filmfreiheit	66	124
„Neue Medien"	67	124
Das Zensurverbot	68	126
Schranken der Grundrechte	69	126
9. Schule und Bildung, Wissenschaft und Kunst		
Die staatliche Schulaufsicht	70	127
Die Privatschulfreiheit	71	129
Recht auf Bildung?	72	130
Die freie Wahl der Ausbildungsstätte	73	131
Numerus clausus	74	131
Die Wissenschaftsfreiheit	75	132
Die Kunstfreiheit	76	134
10. Die Grundrechte der wirtschaftlichen Freiheit		
Berufsfreiheit	77	135
Unternehmensfreiheit	78	137
Vertragsfreiheit	79	138
Allgemeine Wirtschaftsfreiheit	80	138
Eigentumsgarantie	81	138
Enteignung	82	141
Sozialisierung	83	142
Erbrecht	84	143
Vereinigungsfreiheit	85	144
Freizügigkeit	86	144
Wirtschaftsverfassung des Grundgesetzes?	87	145
11. Freiheit von Arbeit und Beruf		
Die freie Wahl des Berufs und des Arbeitsplatzes	88	146
Recht auf Arbeit?	89	147

Inhaltsverzeichnis

	RNr.	Seite
Angemessene Arbeitsbedingungen	90	147
Gleichbehandlungsgrundsatz und Diskriminierungsverbote	91	148
Sozialstaatssatz	92	149

12. Grundgesetz und kollektives Arbeitsrecht

	RNr.	Seite
Die Koalitionsfreiheit	93	150
Koalitionen und deren Organisations- und Betätigungsfreiheit	94	151
Die Tarifautonomie und der Arbeitskampf	95	152
Betriebsverfassung	96	155

13. Die politische Freiheit

	RNr.	Seite
Meinungs-, Versammlungs- und Vereinigungsfreiheit	97	156
Wahlrecht	98	157
Asylrecht	99	158

14. Die allgemeine Handlungsfreiheit

	RNr.	Seite
Das „Auffanggrundrecht" des Art. 2 Abs. 1 GG	100	160
Die Schranken des Grundrechts	101	160
Die innere Einheit und Vielfalt der Grundrechte	102	161

D. Der Bund und die Länder

1. Die Staatsform der Bundesrepublik Deutschland
   a) Staatsform und verfassungsgestaltende Grundentscheidungen

	RNr.	Seite
Staatsform	1	170
Das Grundgesetz ist kein bloßes Organisationsstatut	2	171
Verfassungsgestaltende Grundentscheidungen	3	171
„Streitbare Demokratie"	4	171
Das Recht zum Widerstand	5	172

   b) Die Bundesrepublik Deutschland ist eine Demokratie

	RNr.	Seite
Volkssouveränität	6	173
Freiheit und Gleichheit	7	174
Das Mehrheitsprinzip	8	174
Pluralismus	9	175
Repräsentative und plebiszitäre Demokratie	10	176
Parlamentarische Demokratie	11	177
Wahlen und Abstimmungen	12	178
Die politischen Parteien	13	179
Bürgerinitiativen und andere Erscheinungsformen der Partizipationsdemokratie	14	179
Politische Selbstverwaltung	15	180
Die organisierten Interessen	16	181
Die öffentliche Meinung	17	182
Demokratie als Organisation politischer Herrschaft	18	183
„Wirtschaftsdemokratie"	19	184

   c) Parteien in der Demokratie

	RNr.	Seite
Verfassungsrechtliche Stellung und Aufgaben der Parteien	20	184

Inhaltsverzeichnis

	RNr.	Seite
Das Parteiengesetz	21	185
Finanzen der Parteien und Rechenschaftspflicht	22	186
Parteienverbot	23	189
„Parteienstaat"	24	190
d) Die Bundesrepublik Deutschland ist eine Republik		
Republik und Monarchie	25	191
Die republikanische Staatsform im Grundgesetz	26	191
e) Staatssymbole		
Bundesflagge	27	192
Bundeswappen	28	193
Bundeshauptstadt	29	193
Nationalhymne	30	193
2. Die Staatsaufgaben		
a) Der Staatszweck und die Aufgaben des Staates		
„Rechtfertigung" des Staates: der Staatszweck	31	194
Die politischen und sozialen Aufgaben des Staates heute	32	194
b) Der Sozialstaatssatz		
Die soziale Staatsaufgabe	33	195
Die Rechtsidee der sozialen Gerechtigkeit	34	195
Verfassungsrechtliche Bindungskraft der Sozialstaatsklausel	35	196
Sozialstaatliche Rechte?	36	197
Wirtschafts- und Arbeitsverfassung	37	198
Sozialstaat und Wirtschaftswachstum	38	198
Der Mitbestimmungsgedanke	39	199
c) Die Staatsaufgaben im Grundgesetz		
Die Vollmacht des Gesetzgebers	40	200
Gesetzgebungskompetenzen des Bundes	41	201
Verwaltungskompetenzen des Bundes	42	201
Staatszielbestimmungen	43	201
Gesetzgebungsaufträge	44	202
Leistungsfähigkeit der politischen Institutionen	45	203
3. Das Rechtsstaatsprinzip		
a) Die Bundesrepublik ist ein sozialer Rechtsstaat		
Das Verfassungsprinzip des sozialen Rechtsstaats	46	203
Die rechtsstaatlichen Verfassungsgrundsätze und ihr innerer Zusammenhang	47	204
b) Die Gewaltenteilung		
Geschichtliche und ideelle Grundlage	48	205
Verwirklichung im Grundgesetz	49	207
c) Die Bindung der Gesetzgebung an die verfassungsmäßige Ordnung		
Der rechtsstaatliche Gesetzesbegriff	50	208
Die verfassungsmäßige Ordnung (Art. 20 Abs. 3 GG)	51	209
Der Stufenbau der Rechtsordnung	52	210

Inhaltsverzeichnis

	RNr.	Seite
d) Der Grundsatz der Gesetzmäßigkeit der Verwaltung		
Gesetz und Verwaltung	53	211
Der Vorrang des Gesetzes	54	212
Der Vorbehalt des Gesetzes	55	213
Gesetzesvorbehalt in der Leistungsverwaltung?	56	214
Rechtsetzung durch die Exekutive (Art. 80 Abs. 1 Satz 2 GG)	57	215
e) Die Bindung der Rechtsprechung an Gesetz und Recht		
Rechtsgebundenheit der Rechtsprechung	58	215
Richterliche Rechtsbildung und Rechtsfortbildung	59	216
Maßstabsabhängigkeit der richterlichen Entscheidung	60	217
Richterliche Überprüfbarkeit des Ermessens und der Gestaltungsfreiheit der Verwaltung	61	217
f) Staatshaftung und Entschädigung		
Rechtsstaatliche Verantwortlichkeit des Staates und sonstiger Verwaltungsträger	62	218
Von der Beamtenhaftung zur Staatshaftung	63	218
Schadensersatz wegen Amtspflichtverletzung	64	219
Aufopferung und Entschädigung	65	220
Das gescheiterte Staatshaftungsgesetz	66	221
4. Die Bundesrepublik ist ein Bundesstaat		
a) Bundesstaat und Föderalismus		
Historische und ideelle Grundlagen	67	222
Staatsrechtliche Betrachtung des Bundesstaates	68	223
Gebietseinteilung, Neugliederung	69	224
b) Die Verfassungsautonomie der Länder und das Landesverfassungsrecht		
Verfassungsautonomie	70	225
Landesverfassungsrecht	71	226
Landesverfassungsgerichtsbarkeit	72	227
c) Grundlinien der bundesstaatlichen Kompetenzverteilung		
Zuständigkeitsvermutung zugunsten der Länder	73	227
„Materie" als Kriterium kompetenzrechtlicher Zuordnung	74	228
Bundeskompetenzen kraft Sachzusammenhangs	75	229
Bundeskompetenzen kraft Natur der Sache	76	229
Auswärtige Beziehungen	77	229
d) Die Rechts- und Wirtschaftseinheit im Bundesstaat		
Rechts- und Amtshilfe	78	230
Wahrung der Rechts- und Wirtschaftseinheit	79	231
Handelsflotte	80	231
e) Die gegenseitigen Rechte und Pflichten des Bundes und der Länder		
Grundsatz des bundesfreundlichen Verhaltens	81	232
Bundeszwang	82	232
Bundesaufsicht	83	233

Inhaltsverzeichnis

	RNr.	Seite
Gewährleistungspflicht des Bundes für die verfassungsmäßige Ordnung der Länder	84	233
Einzelregelungen bundesstaatlicher Rechte und Pflichten	85	233
Vereinbarungen von Bund und Ländern	86	234
f) Die kommunale Selbstverwaltung		
Die verfassungsrechtliche Gewährleistung	87	235
Die Gemeinde und das Gemeinderecht	88	236
Die Landkreise	89	237
Selbstverwaltung und Autonomie in den Angelegenheiten der örtlichen Gemeinschaft	90	238
Kommunale Daseinsvorsorge	91	239
Kommunale Planungshoheit	92	240
Kommunale Finanzhoheit	93	241
Die kommunale Verfassungsbeschwerde	94	241
Die Gemeindereform	95	241
5. Der öffentliche Dienst		
a) Das Berufsbeamtentum		
Die verfassungsrechtliche Garantie	96	242
Die hergebrachten Grundsätze des Berufsbeamtentums	97	243
Eignung, Befähigung und fachliche Leistung	98	244
Rechte und Pflichten des Beamten	99	244
Die Pflicht des Beamten zur Verfassungstreue	100	245
Parlamentarische Inkompatibilität	101	245
Art. 131 GG	102	246
Beamte, Richter, Soldaten	103	247
b) Beamtenrecht im Bundesstaat		
Bundeseinheitliche Regelung	104	247
Das föderative Prinzip in der Personalpolitik der obersten Bundesbehörden	105	248
c) Angestellte und Arbeiter im öffentlichen Dienst		
Beamtenrecht und öffentliches Dienstrecht	106	248
Das Dienstverhältnis	107	249
6. Die auswärtige Gewalt und die internationalen Beziehungen		
a) Außenpolitik und Verfassung		
Die auswärtige Gewalt	108	249
Außenpolitik ist Sache des Bundes	109	250
Völkerrechtsfreundlichkeit des Grundgesetzes	110	250
b) Völkerrecht und nationales Recht		
Das Völkerrecht und seine Rechtsquellen	111	251
Dualismus von Völkerrecht und nationalem Recht; Transformation	112	252
Verhältnis der inkorporierten Regeln zum nationalen Recht	113	253
c) Bündnisse und Mitgliedschaften in internationalen Organisationen		
Grundgedanke des Art. 24 GG	114	254
Mitgliedschaft in internationalen Organisationen	115	254

Inhaltsverzeichnis

	RNr.	Seite
Verteidigungspolitische Integration	116	255
Schiedsgerichtsbarkeit	117	256
d) Völkerrechtliche Verträge		
Begriff des völkerrechtlichen Vertrages	118	256
Vertragsschließungsverfahren	119	257
Transformation in die nationale Rechtsordnung	120	258
Verträge mit der DDR	121	259
e) Die Vertretung der Bundesrepublik Deutschland im internationalen Verkehr		
Vertretungsmacht des Bundespräsidenten	122	259
Vertretungspraxis	123	259
f) Kriegsverhütung und Friedenssicherung		
Grundsatz des friedlichen Zusammenlebens der Völker	124	260
Kontrolle des Kriegswaffenhandels	125	260
g) Bund und Länder im völkerrechtlichen Verkehr		
Das Anhörungsrecht zugunsten der Länder	126	261
Eigene außenpolitische Beziehungen der Länder	127	261
Das Lindauer Abkommen	128	262
h) Verfassungsrechtliche Justiziabilität der auswärtigen Gewalt		
Theorie der Regierungsakte	129	262
Bindung des deutschen Richters an Akte der deutschen auswärtigen Gewalt?	130	263
Überprüfung der Akte fremder Staaten	131	263
Praxis der gerichtlichen Kontrolle	132	264
Einstweilige Anordnung	133	265
Normenqualifizierungsverfahren	134	265
7. Die Bundesrepublik Deutschland in einem vereinten Europa		
a) Die Übertragung von Hoheitsrechten		
Die „supranationale" Öffnung des Grundgesetzes	135	266
Grenzen eines möglichen Hoheitsverzichts	136	267
b) Die Europäischen Gemeinschaften und das Europarecht		
Die Entstehung der Europäischen Gemeinschaften: die Gemeinschaftsverträge	137	268
Assoziierung, Außenbeziehungen	138	270
Gemeinsamer Markt	139	271
Insbesondere der Agrarmarkt	140	272
Die Gemeinschaften und ihre Organe	141	272
Insbesondere der Europäische Gerichtshof	142	273
Das Gemeinschaftsrecht	143	274
Das Gemeinschaftsrecht und die Grundrechte	144	275
Politische Union	145	276
c) Der Europarat		
Der Europarat und die Europäische Menschenrechtskonvention	146	277
Die Europäische Sozialcharta	147	278

Inhaltsverzeichnis

	RNr.	Seite

E. Die Staatsorgane

1. Parlamentarismus und parlamentarische Demokratie
   a) Der Bundestag als Volksvertretung

	RNr.	Seite
Legitimation durch Wahlen	1	288
Die Aufgabe der parlamentarischen Volksvertretung	2	288

   b) Das Wahlrecht

	RNr.	Seite
Wahlrechtsgrundsätze	3	288
Wahlsysteme	4	290
Aktives und passives Wahlrecht	5	291
Das Bundeswahlgesetz	6	291
Wahlverfahren	7	292
Parteien im Wahlverfahren	8	293
Die 5%-Klausel	9	294

   c) Repräsentation durch das Parlament

	RNr.	Seite
Parlamentarismus	10	294
Repräsentation	11	296
Plebiszitäre Ergänzungen der parlamentarischen Repräsentation	12	297

2. Staatsleitung im parlamentarischen Regierungssystem
   a) Die Verfassungsorgane

	RNr.	Seite
Staats- und Verfassungsorgane	13	298
Organe und Funktionen	14	298

   b) Parlament und Regierung

	RNr.	Seite
Regierung im parlamentarischen Regierungssystem	15	299
Kontroll- und Entscheidungsrechte des Parlaments	16	301
Staatsleitung und Regierung	17	302
Politische Planung	18	302
Die Rolle der Opposition	19	302

   c) Der Gemeinsame Ausschuß

	RNr.	Seite
Notstand – Stunde der Exekutive?	20	303
Strukturgedanken des Gemeinsamen Ausschusses	21	303
Aufgaben und Befugnisse des Gemeinsamen Ausschusses	22	304

3. Der Bundestag
   a) Wahl und Wahlperiode

	RNr.	Seite
Der Deutsche Bundestag in der Verfassungsordnung	23	304
Wahlperiode, Sitzungen	24	305
Grundsatz der Diskontinuität	25	305
Wahlprüfung	26	305

   b) Abgeordneter und Fraktion

	RNr.	Seite
Das parlamentarische Mandat	27	306
Das freie Mandat	28	307
Rechte des Abgeordneten	29	308
Insbesondere die Immunität	30	309
Insbesondere die Indemnität	31	309
Partei und Fraktion	32	310

Inhaltsverzeichnis

	RNr.	Seite
c) Organisation des Bundestages		
Präsident, Präsidium, Ältestenrat	33	311
Ausschüsse	34	311
Insbesondere der Petitionsausschuß	35	312
Bundestagsverwaltung	36	312
Wissenschaftlicher Dienst	37	312
Enquete-Kommissionen	38	313
d) Parlamentsrecht und Geschäftsordnungsautonomie des Bundestages		
Parlamentsrecht	39	313
Verhandlungen und Beschlußfassung	40	314
Die Geschäftsordnung	41	314
Hausrecht und Polizeigewalt im Bundestag	42	315
Die Bannmeile	43	315
e) Die Rechte des Bundestages im Rahmen des parlamentarischen Regierungssystems		
Bundestag und Exekutive	44	315
Zitierungs- und Interpellationsrecht	45	316
Enquêterecht	46	316
Der Wehrbeauftragte	47	318
Bundestag und Richterwahl	48	319
f) Der Bundestag als Gesetzgeber		
Initiativrecht	49	319
Beratung von Gesetzentwürfen im Plenum und in den Ausschüssen	50	319
Beschlußfassung über Gesetze	51	320
Mitwirkung des Bundestages beim Erlaß von Rechtsverordnungen	52	320
4. Der Bundesrat		
a) Die föderative Kammer als Bundesorgan		
Der Bundesrat	53	321
Senat oder Gesandtenkongreß?	54	321
Verfassungsgeschichte	55	322
Zusammensetzung des Bundesrates	56	323
Organisation und Geschäftsgang	57	323
Bundesrat und Länder	58	324
Mitwirkung des Bundesrates an der Ausübung von Befugnissen des Bundes gegenüber den Ländern	59	324
Weitere Befugnisse des Bundesrates	60	325
b) Die Mitwirkung an der Gesetzgebung des Bundes		
Initiativrecht	61	325
Einspruchs- und Zustimmungsgesetze	62	326
Verfassungsändernde Gesetze	63	326
c) Die Mitwirkung an der Verwaltung des Bundes		
Bundesaufsicht	64	326
Verwaltungsvorschriften	65	327

Inhaltsverzeichnis

	RNr.	Seite
Rechtsverordnungen des Bundes	66	327
Weitere Befugnisse	67	327

5. Der Bundespräsident
a) Das Staatsoberhaupt in der Republik

	RNr.	Seite
Der Bundespräsident als Staatsoberhaupt	68	328
Reichspräsident und Bundespräsident	69	329
Verfassungsrechtliche Stellung des Bundespräsidenten	70	330
Vertreter des Bundespräsidenten	71	330
Präsidentenanklage	72	331

b) Die Wahl des Bundespräsidenten

	RNr.	Seite
Die Bundesversammlung	73	331
Bisherige Amtsinhaber	74	332

c) Bundespräsident und Bundeskanzler

	RNr.	Seite
Der Bundespräsident bei der Regierungsbildung	75	332
Information und Beratung	76	334
Die Gegenzeichnung	77	334

d) Die Aufgaben und Rechte des Bundespräsidenten

	RNr.	Seite
Selbständige Entscheidungsbefugnisse	78	335
Begnadigungsrecht	79	335
Ernennung und Entlassung von Beamten	80	336
Ausfertigung und Verkündung von Bundesgesetzen	81	336
Prüfungsrecht des Bundespräsidenten	82	336

e) Der Bundespräsident vertritt den Bund völkerrechtlich

	RNr.	Seite
Vertretungszuständigkeit im völkerrechtlichen Verkehr	83	337
Aktives und passives Gesandtschaftsrecht	84	338
Ratifikation von völkerrechtlichen Verträgen	85	338

6. Die Bundesregierung
a) Die Bundesregierung und ihre Organisation

	RNr.	Seite
Der Bundeskanzler und die Bundesregierung	86	339
Kanzler- und Ressortprinzip	87	339
Das Bundeskanzleramt	88	340
Die Geschäftsordnung der Bundesregierung	89	341

b) Die Regierungsbildung

	RNr.	Seite
Die Wahl des Bundeskanzlers	90	341
Berufung und Ernennung von Bundesministern	91	342
Koalitionsabsprachen	92	342

c) Der Bundeskanzler und die Bundesminister

	RNr.	Seite
Der Bundeskanzler bestimmt die Richtlinien der Politik	93	343
Organisationsgewalt des Bundeskanzlers	94	343
Personalpolitische Entscheidungsmacht des Bundeskanzlers	95	343
Die Bundesminister	96	344
Amtsstellung des Bundeskanzlers und der Bundesminister	97	344
Parlamentarische Staatssekretäre	98	345

d) Aufgaben und Rechte der Bundesregierung

	RNr.	Seite
Organisationsgewalt	99	345

Inhaltsverzeichnis

	RNr.	Seite
Kollegiale Zuständigkeiten	100	346
Insbesondere das Recht der Gesetzesinitiative	101	347
e) Die Ministerialbürokratie		
Die Ministerien	102	347
Der Aufbau der Ministerien	103	348
Die Mitwirkung der Ministerialbürokratie bei der Gesetzgebung	104	348
f) Parlamentarische Verantwortlichkeit		
Verantwortlichkeit des Bundeskanzlers und der Bundesminister	105	349
Tadelsanträge	106	350
Mißtrauensvotum	107	350
Vertrauensfrage	108	351

F. Gesetzgebung

1. Das Gesetz
   a) Die Rechtsordnung

	RNr.	Seite
Rechtsetzung durch Normerlaß	1	360
Rechtsetzung durch Gesetz	2	360
Das Gesetz als parlamentarische Entscheidung	3	361

   b) Der rechtsstaatliche Gesetzesbegriff

	RNr.	Seite
Die gesetzgebende Gewalt	4	361
Garantiefunktion des Gesetzes	5	362
Verfassungsrechtliche Bindungen der Gesetzgebung	6	362
„Maßnahme-Gesetze"	7	363
Politische Leitung und Planung durch Gesetz	8	364
Alle „wesentlichen" Regelungen bedürfen des Gesetzes	9	364
Die politische Gestaltungsfreiheit des Gesetzgebers	10	365

2. Gesetz und Verordnung
   a) Abgeleitete Rechtsetzung der Exekutive im Wege der Rechtsverordnung

	RNr.	Seite
Rechtsverordnung aufgrund Gesetzes	11	366
Praxis der Verordnungsgebung	12	366

   b) Delegation der Verordnungsmacht durch eine gesetzliche Ermächtigung

	RNr.	Seite
Kein selbständiges Verordnungsrecht der Exekutive	13	366
Adressaten bundesgesetzlicher Ermächtigungen	14	367
Das rechtsstaatliche Bestimmtheitsgebot	15	367
Bestimmtheitsgebot bei landesgesetzlichen Ermächtigungen	16	368
Reformüberlegungen	17	368

   c) Verwaltungsvorschriften

	RNr.	Seite
Begriff und Erscheinungsformen	18	369
Insbesondere die Ermessensdirektiven	19	369
Zulässigkeitsvoraussetzungen	20	370

XXIII

Inhaltsverzeichnis

	RNr.	Seite
Gleichbehandlung und Vertrauensschutz	21	370
Verwaltungsvorschriften in der Gerichtspraxis	22	371
d) „Normenflut" – „Normenhunger"		
Sozialgestaltung durch Rechtsetzung	23	371
Gesetzmäßigkeit der Verwaltung	24	371

3. Gesetzgebung im Bundesstaat
   a) Die Zuständigkeitsvoraussetzungen

	RNr.	Seite
Der Grundsatz	25	372
Die „Materie" der Gesetzgebung als Abgrenzungskriterium	26	372
Ausmaß und Gewicht der Bundesgesetzgebung	27	373
„Ungeschriebene" Bundeszuständigkeiten	28	373
Bundesrecht bricht Landesrecht	29	374

   b) Die ausschließliche Gesetzgebung des Bundes

	RNr.	Seite
Grundgedanken	30	375
Wesentliche Materien	31	375
Ausschluß der Landesgesetzgebung	32	375

   c) Die konkurrierende Gesetzgebung

	RNr.	Seite
Grundgedanken	33	375
Wesentliche Materien	34	376
Voraussetzungen der Bundesgesetzgebung	35	376
„Abschließende" Regelung einer Materie durch Bundesgesetz	36	376

   d) Rahmenvorschriften des Bundes

	RNr.	Seite
Grundgedanken	37	377
Wesentliche Materien	38	377
Voraussetzungen der Bundesgesetzgebung	39	377
Ausfüllungsfähigkeit und Ausfüllungsbedürftigkeit eines Rahmengesetzes	40	377

4. Der Gang der Bundesgesetzgebung
   a) Die Gesetzesinitiative

	RNr.	Seite
Das Initiativrecht	41	378
Insbesondere das Initiativrecht der Bundesregierung	42	378
Ausübung des Initiativrechts und Verfahren	43	379

   b) Die Bundesgesetze werden durch den Bundestag beschlossen

	RNr.	Seite
Parlamentarische Behandlung einer Gesetzesvorlage	44	379
Die drei Beratungen einer Vorlage	45	380
Die Vorlage in den Bundestagsausschüssen	46	380
Die Beschlußfassung im Bundestag	47	380
„Berichtigungen" eines Gesetzes	48	381
Verweisungen in einem Gesetz	49	381

   c) Die Mitwirkung des Bundesrates

	RNr.	Seite
Sinn und Bedeutung der Stellung des Bundesrates im Gesetzgebungsverfahren	50	382
Einspruchsgesetze	51	382

Inhaltsverzeichnis

	RNr.	Seite
Zustimmungsgesetze	52	383
Das Vermittlungsverfahren	53	383
„Zustandekommen" eines Bundesgesetzes	54	384
d) Ausfertigung, Verkündung und Inkrafttreten von Bundesgesetzen		
Ausfertigung durch den Bundespräsidenten	55	384
Verkündung im Bundesgesetzblatt	56	385
Das Bundesgesetzblatt (BGBl. I, II, III)	57	385
Das Inkrafttreten des Bundesgesetzes	58	386

5. Die verfassungsändernde Gesetzgebung
   a) Die verfassungsändernde Gewalt

	RNr.	Seite
Verfassunggebung und Verfassungsänderung	59	386
Verfassungswandel	60	387

   b) Das Verfahren der Verfassungsänderung

	RNr.	Seite
Initiativrecht und Behandlung der Vorlage	61	388
Mehrheitserfordernisse	62	388
Verbot von Verfassungsdurchbrechungen	63	388

   c) Grenzen der Verfassungsänderung

	RNr.	Seite
Materielle Bindung der verfassungsändernden Gewalt durch das Verfassungsgesetz (Art. 79 Abs. 3 GG)	64	389
Inhalt der Bindungsklausel	65	389
Justiziabilität der Bindungsklausel	66	389
Überschießende Bedeutung des Art. 79 Abs. 3 GG für die Verfassungsauslegung?	67	390

G. Vollziehung

1. Staatsaufgaben und Verwaltungszwecke
   a) Das Gesetz bestimmt über die Auswahl und die Erledigung der Staatsaufgaben

	RNr.	Seite
Die parlamentarische Entscheidung über die Staatsaufgaben	1	397
Die vollziehende Gewalt	2	398
Verwaltungszwecke und Rechtsformen des Verwaltungshandelns	3	398

   b) Politische Planung

	RNr.	Seite
Planungsaufgaben	4	399
Planung in der gewaltenteilenden parlamentarischen Demokratie	5	399
Planung durch Gesetz	6	400
Planung aufgrund Gesetzes	7	400

   c) Die Gesetzmäßigkeit der Verwaltung

	RNr.	Seite
Der verfassungsrechtliche Grundsatz	8	401
Freiheit und Gebundenheit der Verwaltung	9	401
Allgemeines und besonderes Verwaltungsrecht	10	402

Inhaltsverzeichnis

	RNr.	Seite
d) Verwaltung im Bundesstaat		
Organisationsprinzip der Exekutive	11	403
Gesetzgebungskompetenz und Verwaltungskompetenz	12	404
Aufgabenverantwortung und Finanzierungslast	13	404

2. Verwaltung und Verwaltungsrecht
    a) Die Verwaltung in der gewaltenteilenden Ordnung der Staatsfunktionen

	RNr.	Seite
Der organisatorische Begriff: die Exekutive	14	405
Der funktionale Begriff: die öffentliche Verwaltung	15	405
Die juristischen Personen des öffentlichen Rechts	16	405
Das Verwaltungshandeln	17	406
Die Verwaltungsgrundsätze	18	407
Das Verwaltungsverfahren	19	407
b) Die Ausübung öffentlicher Verwaltung		
Rechtsformen des Verwaltungshandelns	20	408
Verwaltungsprivatrecht	21	408
Privatrechtliche Betätigung der Exekutive	22	409
c) Die Organisationsgewalt		
Behörde und Zuständigkeit	23	409
Einrichtung von Behörden durch Gesetz und aufgrund Gesetzes	24	409
Der organisatorische Gesetzesvorbehalt	25	410
Selbständige Organisationsgewalt der Exekutive?	26	410

3. Die bundesstaatliche Kompetenzordnung im Bereich der Verwaltung
    a) Grundsatz: Das Bundesrecht wird durch die Länder ausgeführt

	RNr.	Seite
Ausführung des Bundesrechts durch die Länder	27	411
Landesvollzug von Bundesrecht ist Ausübung von Landesstaatsgewalt	28	411
Nicht-gesetzesakzessorische Verwaltung	29	411
Ungeschriebene Bundeszuständigkeiten	30	412
b) Die Trennung von Bundesverwaltung und Landesverwaltung		
Die getrennten Verwaltungsräume	31	412
Das grundsätzliche Verbot einer „Mischverwaltung"	32	413
Die „Organleihe"	33	413
Verwaltungsabkommen	34	414

4. Die Ausführung der Bundesgesetze durch die Länder
    a) Landesvollzug von Bundesrecht unter Aufsicht des Bundes und im Auftrag des Bundes

	RNr.	Seite
Die Länder führen die Bundesgesetze als eigene Angelegenheit aus	35	414
Die Grundformen des Landesvollzugs von Bundesrecht	36	414
b) Die Bundesaufsicht		
Selbständige und unselbständige Bundesaufsicht	37	415

Inhaltsverzeichnis

	RNr.	Seite
Die Mittel der Bundesaufsicht	38	415
Die Bundesaufsicht als Rechtsaufsicht	39	416
Verfahrensweise bei der Ausübung der Bundesaufsicht	40	416
Die Bund-Länder-Streitigkeit aus Anlaß der Bundesaufsicht	41	416

c) Bundesauftragsverwaltung

	RNr.	Seite
Fachaufsicht und Weisungsrecht des Bundes	42	417
Verfahrensweise bei der Ausübung des Weisungsrechts	43	417
Gegenstände der Bundesauftragsverwaltung	44	417
Bundesstraßen des Fernverkehrs	45	418
Ausführung des Kernenergierechts	46	418
Ausführung des Luftverkehrsrechts	47	419

d) Zustimmungsbedürftige Bundesgesetze über die Einrichtung der Behörden und das Verwaltungsverfahren

	RNr.	Seite
Der die Zustimmungsbedürftigkeit auslösende Tatbestand	48	419
Reichweite des Zustimmungsvorbehalts	49	420
Änderung von Zustimmungsgesetzen	50	420
Die kommunalen Gebietskörperschaften und die Ausführung der Bundesgesetze	51	420

e) Der Vollzug des Landesrechts

	RNr.	Seite
Ausübung der staatlichen Befugnisse und Erfüllung der staatlichen Aufgaben durch die Länder	52	421
Verwaltungsorganisation in den Ländern	53	421
Der Bund darf Landesrecht nicht vollziehen, muß es aber anwenden	54	422

5. Die Bundesverwaltung

a) Obligatorische und fakultative Bundesverwaltung

	RNr.	Seite
Bundesverwaltung kraft Verfassung	55	422
Bundesverwaltung kraft Gesetzes	56	423

b) Die Organisationsgewalt im Bereich der Bundesverwaltung

	RNr.	Seite
Die Zuständigkeit der Bundesregierung und der Ressortminister	57	423
Allgemeine Verwaltungsvorschriften	58	423
Einrichtung der Behörden	59	423
Vorrang, aber nicht Vorbehalt des Gesetzes	60	424

c) Bundeseigene Verwaltung mit eigenem Verwaltungsunterbau

	RNr.	Seite
Die Kompetenzzuweisung	61	424
Der Auswärtige Dienst	62	424
Die Bundeseisenbahnen	63	425
Die Bundespost	64	425
Bundeswasserstraßen	65	426
Der Gesetzesvorbehalt des Art 87 Abs. 3 Satz 2 GG	66	427

d) Zentralstellen des Bundes

	RNr.	Seite
Die Kompetenzzuweisung	67	427

Inhaltsverzeichnis

	RNr.	Seite
Das Bundeskriminalamt	68	427
Der Verfassungsschutz	69	428
e) Der Bundesgrenzschutz		
Bund und Länder bei der Wahrnehmung der Grenzschutzaufgaben	70	429
Das Bundesgrenzschutzgesetz	71	429
Grenzschutzbehörden und Zollbehörden	72	429
f) Selbständige Bundesoberbehörden		
Die Kompetenzzuweisung	73	430
Organisatorische Gestaltung	74	430
Bisherige Praxis	75	430
g) Bundesunmittelbare Körperschaften und Anstalten des öffentlichen Rechts		
Die Kompetenzzuweisung	76	430
Die sozialen Versicherungsträger	77	431
Die Bundesbank	78	431
6. Streitkräfte und Bundeswehrverwaltung		
a) Der Verteidigungsauftrag		
Die Bundeswehr: Streitkräfte zur Verteidigung	79	432
Die Wehrpflicht	80	432
Annexaufgaben der Streitkräfte im Verteidigungsfall und im Spannungsfall	81	433
Gesetzgebung über die Streitkräfte	82	433
Bundeswehr und NATO	83	434
b) Führung und Organisation der Streitkräfte		
Der Bundesminister für Verteidigung	84	434
Befehls- und Kommandogewalt	85	434
Vorbehalt des Haushaltsgesetzes	86	435
Spitzengliederung der Bundeswehr	87	435
c) Die Bundeswehrverwaltung		
Organisation und Aufgabe	88	435
Wehrersatzwesen	89	436
Schutz der Zivilbevölkerung	90	436
d) Einsatz der Streitkräfte im „inneren Notstand"		
Anforderung der Polizeikräfte eines Landes und des Bundesgrenzschutzes durch ein Land	91	436
Weisungsbefugnis des Bundes gegenüber Polizeikräften und Einsatz des Bundesgrenzschutzes	92	436
Einsatz der Bundeswehr	93	437
7. Die Gemeinschaftsaufgaben		
a) Der kooperative Föderalismus		
Grundgedanke	94	437
Ausgestaltung in der Verfassung	95	438
Bildungsplanung und überregionale Forschungsaufgaben	96	439
b) Die Bundesgesetze über die Gemeinschaftsaufgaben		
Der Numerus clausus der Gemeinschaftsaufgaben	97	439

Inhaltsverzeichnis

	RNr.	Seite
Die einzelnen Gesetze	98	440
Durch Gesetz aufgestellte allgemeine Grundsätze für die Erfüllung der Gemeinschaftsaufgaben	99	440
c) Die gemeinsame Rahmenplanung		
Zielsetzung und Bindungswirkung	100	440
Verfassungsrechtliche Grundlagen	101	441
Gesetzliche Ausgestaltung	102	441
d) Die Finanzierung		
Die Grundregel	103	442
Gesetzliche Ausgestaltung	104	442
Bereitstellung der Mittel	105	442

H. Rechtsprechung

1. Die rechtsprechende Gewalt ist den Richtern anvertraut
   a) Rechtsprechung

Die „Dritte Gewalt"	1	448
Rechtsprechung im formellen und im materiellen Sinn	2	448
Gerichtliche Streitentscheidung	3	448

   b) Gericht

Organisation der rechtsprechenden Gewalt	4	449
Die Rechtsprechung ist staatlichen Gerichten vorbehalten	5	449
Gerichtszweige, Rechtswege	6	450
Schiedsgerichtsbarkeit	7	451

   c) Richter

Rechtsstellung	8	451
Deutsches Richtergesetz und Landesrichtergesetze	9	452
Richterwahl	10	452
Die Unabhängigkeit der Richter	11	453

2. Die rechtsprechende Gewalt wird durch das Bundesverfassungsgericht, durch die Bundesgerichte und durch die Gerichte der Länder ausgeübt
   a) Justizhoheit im Bundesstaat

Die Verteilung der Gesetzgebungskompetenzen	12	454
Die Verteilung der Rechtsprechungsaufgaben	13	455
Gerichte des Bundes und Gerichte der Länder	14	455

   b) Die obersten Gerichtshöfe des Bundes

Gerichtsbarkeiten	15	456
Der Gemeinsame Senat der obersten Gerichtshöfe des Bundes	16	456
Wahrung der Rechtseinheit	17	457
Berufung der Richter	18	457

3. Die Garantien eines rechtsstaatlichen Verfahrens
   a) Der Vorbehalt gerichtlicher Entscheidung

Streiterledigung durch Rechtsprechung	19	457
Strafsanktion durch Gericht	20	458

Inhaltsverzeichnis

	RNr.	Seite
Freiheitsentziehung (Habeas Corpus)	21	458
Rechtsschutz	22	459
b) Der gesetzliche Richter		
Das Grundrecht	23	459
Verbot von Ausnahmegerichten	24	460
c) Der Anspruch auf rechtliches Gehör		
Das Grundrecht	25	460
Die gebotene Gewährung des rechtlichen Gehörs	26	461
d) Rechtsschutz gegen die öffentliche Gewalt		
Das Grundrecht	27	462
Die verwaltungsgerichtliche Generalklausel	28	463
e) Die freie Advokatur		
Rechtsberatung und Rechtsanwalt	29	464
Prozeßvertretung	30	465
4. Rechtsprechung und Rechtsgang		
a) Streiterledigung durch gerichtliche Entscheidung		
Der Prozeß	31	466
Prozeßrecht und Verfassung	32	466
Das rechtsstaatliche Gebot eines „fairen Verfahrens"	33	467
Streitentscheidung in angemessener Frist	34	468
b) Grenzen der Strafgewalt		
Strafzwecke	35	468
Das Schuldprinzip	36	469
Keine Strafe ohne Gesetz	37	470
Ne bis in idem	38	470
Die Todesstrafe ist abgeschafft	39	471
Der Strafprozeß	40	471
Die Funktionsfähigkeit der Strafrechtspflege	41	472
Das Verwaltungsunrecht	42	472
5. Die Verfassungsgerichtsbarkeit		
a) Das Bundesverfassungsgericht		
Die Zusammensetzung des Gerichts	43	473
Die Berufung der Richter	44	473
Die Organisation des Gerichts	45	474
Das Bundesverfassungsgerichtsgesetz	46	474
Die Geschäftsordnung des Bundesverfassungsgerichts	47	475
b) Die Zuständigkeit des Bundesverfassungsgerichts		
Zuständigkeitszuweisung durch Verfassung und durch Gesetz	48	475
Staatsgerichtsbarkeit und Verfassungsgerichtsbarkeit	49	476
Die Bund-Länder-Streitigkeit	50	476
Die Organstreitigkeit	51	476
Die Normenkontrolle	52	477
Die Verfassungsbeschwerde	53	478
c) Verfassungsprozeßrecht		
Anrufung des Gerichts	54	479

Inhaltsverzeichnis

	RNr.	Seite
Verfahrensgrundsätze	55	480
Mündliche Verhandlung	56	480
Die Entscheidung	57	481
Wirkung der Entscheidung	58	481
Vollstreckung	59	482
Die einstweilige Anordnung	60	483
d) Verfassungsgerichtsbarkeit in den Ländern		
Landesverfassungsgerichte	61	483
Maßstabsbeschränktheit der Landesverfassungsgerichte	62	484
Das Bundesverfassungsgericht als Landesverfassungsgericht	63	484
e) Verfassungsgerichtsbarkeit und Politik		
Bundesverfassungsgericht – Gericht und Verfassungsorgan	64	484
Politische Gestaltung und richterliche Streitentscheidung	65	485
Funktionelle Grenzen der Verfassungsgerichtsbarkeit	66	486
Der „Hüter der Verfassung"	67	486

I. Finanzwesen und Haushaltswirtschaft

1. Einnahmen und Ausgaben der öffentlichen Hand
   a) Die öffentlichen Abgaben

Der staatliche Finanzbedarf	1	496
Finanzhoheit des Staates	2	497
Die öffentliche Hand	3	498
Steuern, Gebühren, Beiträge	4	498
Sonderabgaben	5	499
Europäische Gemeinschaften	6	499
b) Steuern und Steuerpolitik		
Begriff der Steuer	7	500
Geschichtlicher Rückblick	8	500
Kriterien des Steuerzugriffs	9	501
Steuerarten	10	501
„Nebenzwecke" der Besteuerung	11	502
Gesetzmäßigkeit der Besteuerung	12	503
Lastengleichheit	13	503
Besteuerung nach der Leistungsfähigkeit	14	504
„Steuergerechtigkeit"	15	504
Staatsaufgaben und Besteuerung	16	504
c) Die bundesstaatliche Finanzverfassung		
Getrennte Finanz- und Haushaltswirtschaft von Bund und Ländern	17	505
Aufgabenverantwortung und Ausgabenlast	18	505
Finanzwesen und Finanzverfassung	19	505
Grundlinie der Kompetenzordnung	20	506

Inhaltsverzeichnis

	RNr.	Seite
d) Verfassungsrechtliche Grenzen der Besteuerung		
Rechtsstaatliche Grundsätze	21	506
„Rückwirkende" Besteuerung	22	507
Schutz durch die Grundrechte?	23	508
Insbesondere der Gleichheitssatz	24	508
Insbesondere die Eigentumsgarantie	25	508
e) Parlamentarisches Budgetrecht und Haushaltswirtschaft		
Das parlamentarische Budgetrecht	26	509
Ausgestaltung im Grundgesetz	27	509
Haushaltswirtschaft	28	510
Haushaltsrecht	29	510
Ausgaben der öffentlichen Hand	30	511
Haushaltspolitik und Sachentscheidung	31	511
Die Zuschüsse zur Sozialversicherung	32	512
f) Staatsschulden		
Verfassungsrechtliche Regelungen	33	513
Geschichtliche Grundlage und Entstehungsgeschichte	34	513
Insbesondere die Kreditaufnahme	35	514
Grenzen des Staatskredits	36	514
Übernahme von Gewährleistungen	37	515
Sondervermögen	38	515
Bundesschuldenverwaltung	39	515
Praxis der Staatsschulden	40	516
2. Die Finanzverfassung		
a) Entwicklung der verfassungsrechtlichen Ordnung des Finanzwesens		
Finanzwesen im Bundesstaat	41	516
Verfassungsgeschichte	42	517
Behandlung des Finanzwesens im Parlamentarischen Rat	43	517
Weiterbildung seit 1949	44	518
Finanzreform 1967/69	45	518
Reformbestrebungen	46	519
b) Gesetzgebungszuständigkeiten		
Steuergesetzgebung des Bundes	47	519
Steuergesetzgebung der Länder	48	520
Die Zölle	49	520
Die Finanzmonopole	50	521
c) Ertragshoheit des Bundes und der Länder		
Grundsätze der Verteilung des Steueraufkommens	51	521
Gemeinschaftsteuern (Steuerverbund)	52	522
Insbesondere die Umsatzsteuer im Steuerverbund	53	522
Die „Einheitlichkeit der Lebensverhältnisse im Bundesgebiet"	54	523
d) Der Finanzausgleich		
Ausgangspunkt: Verteilung nach dem örtlichen Aufkommen	55	523

Inhaltsverzeichnis

	RNr.	Seite
Ausgleich der unterschiedlichen Finanzkraft der Länder	56	523
Gesetzliche Ausgestaltung	57	524
e) Die Gemeinden		
Die Gemeinden gehören zur Verwaltungsgliederung der Länder	58	524
Die Verfassungsgarantie der kommunalen Selbstverwaltung	59	525
Realsteuergarantie	60	525
Anteil am Aufkommen der Einkommensteuer	61	526
Anteil am Gesamtaufkommen der Gemeinschaftssteuern	62	526
Landesrecht	63	526
Die Gemeindeverbände	64	527
f) Finanzverwaltung		
Grundsatz	65	527
Bundesfinanzverwaltung	66	527
Landesfinanzverwaltungen	67	528
Verwaltung von Bundessteuern	68	528
Gesetzliche Regelung des Verwaltungsverfahrens	69	529
Die Abgabenordnung	70	529
Die Gemeinden in der Ordnung der Finanzverwaltung	71	530
Die Finanzgerichtsbarkeit	72	530
g) Fondswirtschaft		
Begriff und Erscheinungsformen	73	531
Geldleistungen des Bundes	74	531
Finanzhilfen des Bundes	75	532
Finanzierung der Gemeinschaftsaufgaben	76	532
3. Finanzpolitik und Haushaltswirtschaft		
a) Finanzwesen und Wirtschaft		
Leistungsfähigkeit der Wirtschaft und Steuerpolitik	77	532
Auswirkungen der Finanzpolitik auf die Wirtschaft	78	533
Subventionen und Steuervergünstigungen	79	534
Kreditpolitik	80	535
Währungspolitik	81	535
Konjunkturpolitik	82	535
b) Finanzpolitik im Bundesstaat		
Bund und Länder sind in ihrer Haushaltswirtschaft selbständig und voneinander unabhängig	83	537
Die Erfordernisse des gesamtwirtschaftlichen Gleichgewichts	84	537
Grundsatzgesetzgebung über Haushalt und Finanzplan	85	538
Praxis	86	538
c) Haushaltswirtschaft und Haushaltsrecht		
Das parlamentarische Budgetrecht	87	539
Die Haushalte der öffentlichen Hand	88	539
Das Haushaltsgrundsätzegesetz	89	540
Bundeshaushaltsordnung und Landeshaushaltsordnungen	90	540

Inhaltsverzeichnis

	RNr.	Seite
Der Haushaltsplan	91	541
Das Haushaltsgesetz	92	541
Ausgabenerhöhungen nur mit Zustimmung der Bundesregierung	93	542
Die rechtliche Bedeutung der Mittelzuweisungen	94	543
Haushaltsgrundsätze	95	543
Ausführung des Haushaltsplans und Bewirtschaftung der Mittel	96	544
Der Haushaltsausschuß des Bundestages	97	545
Haushaltsüberschreitungen	98	545
Haushaltswirtschaft ohne Haushaltsgesetz	99	545
Die ökonomische Budgetfunktion	100	546
Das Stabilitätsgesetz	101	546
Die mehrjährige Finanzplanung	102	547

d) Die öffentlichen Unternehmen

	RNr.	Seite
Unternehmerische Betätigung der öffentlichen Hand	103	548
Rechtsformen	104	549
Haushaltsrechtliche Grundsätze und Grenzen	105	549
Verfassungsrechtliche Schranken	106	549
Die Beteiligungen des Bundes	107	550
Privatisierung	108	550

e) Öffentliche Aufträge

	RNr.	Seite
Bedeutung und Praxis	109	551
Haushaltsrechtliche Regelung	110	552
Recht der Verdingungsordnungen	111	552
Verfassungsrechtliche Bindungen?	112	552
Struktur-, konjunktur- und sozialpolitische „Nebenzwecke"	113	553

f) Rechnungslegung und Rechnungsprüfung

	RNr.	Seite
Parlamentarische Verantwortlichkeit der Exekutive	114	554
Rechnungslegung	115	554
Rechnungsprüfung	116	554
Der Bundesrechnungshof	117	555
Entlastung der Bundesregierung	118	556

K. Verteidigungsfall

1. Krieg und Frieden

	RNr.	Seite
Verfassungspolitische Fragestellung	1	560
Entstehungsgeschichte der geltenden Regelung	2	562
Verbot des Angriffskrieges	3	562
Kollektive Sicherheit	4	563
Verteidigungsfall	5	563
Vor einem möglichen Verteidigungsfall	6	563
Krieg	7	564

Inhaltsverzeichnis

	RNr.	Seite
Beendigung des Verteidigungsfalls	8	564
Friedensschluß	9	565
2. Die Staatsorgane im Verteidigungsfall		
Das parlamentarische Regierungssystem	10	565
Der Bundesstaat	11	565
Bundestag und Bundesrat	12	566
Der Gemeinsame Ausschuß	13	566
Die Bundesregierung	14	566
3. Die Ausübung der Staatsgewalt		
Gewaltenteilung	15	567
Gesetzgebung	16	567
Besondere Befugnisse der Bundesregierung	17	568
Befehls- und Kommandogewalt	18	568
Die Streitkräfte	19	569
Grundrechte	20	569
Insbesondere Dienstverpflichtung	21	569
Verfassungsgerichtsbarkeit	22	570

L. Übergangs- und Schlußbestimmungen

1. Bedeutung und Inhalt des XI. Abschnitts		
Zustandekommen und Inkrafttreten der Verfassung	1	579
Übergangsregelungen	2	580
Besondere Schlußbestimmungen	3	581
2. Kriegsfolgen und Nachkriegszeit		
a) Das Vereinigte Wirtschaftsgebiet		
Besatzungszeit	4	581
Verwaltung des Vereinigten Wirtschaftsgebietes (Art. 133)	5	583
Recht des Vereinigten Wirtschaftsgebietes (Art. 127)	6	583
b) Rechte und Vermögen des Reiches		
Rechtsnachfolge	7	583
Vermögensnachfolge	8	584
Das ehemalige Land Preußen	9	584
c) Fortgeltung alten Rechts		
Fortgeltung von Rechtsvorschriften	10	585
Fortgeltung als Bundesrecht oder als Landesrecht	11	586
Fortgeltung von Ermächtigungen	12	587
Staatsverträge des Deutschen Reiches	13	587
c) Kriegsfolgen		
Kriegsfolgelasten	14	588
Flüchtlinge und Vertriebene	15	589
Kriegsgefangene	16	589
Rückerstattung	17	589
Entnazifizierung	18	590
Öffentlicher Dienst (Art. 131)	19	590
Lastenausgleich	20	591

Inhaltsverzeichnis

	RNr.	Seite
3. Die Staatsangehörigkeit		
Der Status der Staatsangehörigkeit	21	592
Völkerrechtliche Bindungen	22	592
Das Reichs- und Staatsangehörigkeitsgesetz	23	593
Die deutsche Staatsangehörigkeit	24	594
Verfassungsrechtliche Gewährleistung	25	594
Verbot der Auslieferung	26	595
Erwerb und Verlust der deutschen Staatsangehörigkeit	27	595
Deutscher Staatsangehöriger und Deutscher	28	596
Staatsangehörigkeitsrechtliche Besonderheiten aus der Zeit des Dritten Reiches	29	596
Die Staatsangehörigkeit im Bund und in den Ländern	30	597
Deutsche Staatsangehörigkeit und Staatsbürgerschaft der DDR	31	597
4. Das Staatskirchenrecht		
a) Grundlagen		
Kirchenrecht und Staatskirchenrecht	32	598
Staat und Kirche	33	600
Verfassungsrechtliche Ordnung der Rechtsbeziehungen	34	601
Konkordate und Kirchenverträge	35	601
Es besteht keine Staatskirche	36	602
Religionsfreiheit	37	603
Art. 140 GG	38	603
Zuständigkeiten des Bundes und der Länder	39	604
b) Kirchen und Religionsgesellschaften		
Vereinigungsfreiheit	40	604
Körperschaften des öffentlichen Rechts	41	605
Garantie der Vermögensrechte	42	606
Staatsleistungen	43	606
Kirchensteuer	44	606
Erwerb und Verlust der Mitgliedschaft in einer Religionsgesellschaft	45	607
c) Autonomie der Religionsgesellschaften		
Die Gewährleistung durch die Verfassung	46	607
Selbständige Verwaltung der eigenen Angelegenheiten	47	608
Die Schranken des für alle geltenden Gesetzes	48	609
Kirchengewalt und Grundrechte	49	610
Reichweite der staatlichen Gerichtsbarkeit	50	610
Religionsunterricht	51	611
Kirchliche Ämter	52	611
Theologische Fakultäten und kirchliche Hochschulen	53	612
Die Landeskirchen	54	613
Der Heilige Stuhl und die katholische Kirche in der Bundesrepublik Deutschland	55	613
Stichwortverzeichnis		615

Abkürzungen

AbgG	Gesetz zur Neuregelung der Rechtsverhältnisse der Mitglieder des Deutschen Bundestages (Abgeordnetengesetz) vom 18. Februar 1977 (BGBl. I S. 297), zuletzt geändert durch Gesetz vom 30. Juli 1985 (BGBl. I S. 1623).
AbgO	Abgabenordnung vom 16. März 1976 (BGBl. I S. 613, ber. 1977 I S. 269), zuletzt geändert durch Gesetz vom 19. Dezember 1985 (BGBl. I S. 2436).
ABl.	Amtsblatt.
ABlKR	Amtsblatt des Kontrollrats in Deutschland (1945–1948).
AcP	Archiv für die civilistische Praxis (Band, Jahr und Seite).
AfP	Archiv für Presserecht (Jahr und Seite).
AHKABl.	Amtsblatt der Alliierten Hohen Kommission in Deutschland (1949–1955).
AJIL	American Journal of International Law (Band, Jahr und Seite).
AöR	Archiv des öffentlichen Rechts (Band, Jahr und Seite).
AKP-Staaten	Staaten des Afrikanischen, Karibischen und Pazifischen Raumes.
AO	siehe AbgO.
AP	Arbeitsrechtliche Praxis, Nachschlagewerk des Bundesarbeitsgerichts.
ArbFördG, AFG	Arbeitsförderungsgesetz vom 25. Juni 1969 (BGBl. I S. 582), zuletzt geändert durch Gesetz vom 20. Dezember 1985 (BGBl. I S. 2484).
ArbRGgwart	Das Arbeitsrecht der Gegenwart (Band, Jahr und Seite).
ArchVR	Archiv des Völkerrechts (Band, Jahr und Seite).
ARSP	Archiv für Rechts- und Sozialphilosophie (Band, Jahr und Seite).
AtG	Gesetz über die friedliche Verwendung der Kernenergie und den Schutz gegen ihre Gefahren (Atomgesetz) in der Fass. der Bek. vom 15. Juli 1985 (BGBl. I S. 1565), geändert durch Gesetz vom 21. Februar 1986 (BGBl. I S. 265).
Ausbildungsplatzförderungsgesetz	Gesetz zur Förderung des Angebots an Ausbildungsplätzen in der Berufsausbildung vom 7. September 1976 (BGBl. I S. 2658).
AuslG	Ausländergesetz vom 28. April 1965 (BGBl. I S. 353), zuletzt geändert durch Gesetz vom 16. Juli 1982 (BGBl. I S. 946).
AVG	Angestelltenversicherungsgesetz vom 20. Dezember 1911 (RGBl. S. 989), zuletzt geändert durch Gesetz vom 11. Juli 1985 (BGBl. I S. 1450).

Abkürzungen

BadWürttVerf...	Verfassung des Landes Baden-Württemberg vom 11. November 1953 (GBl. S. 17), zuletzt geändert durch Gesetz vom 14. Mai 1984 (GBl. S. 301).
BAG	Bundesarbeitsgericht
BAGE	Entscheidungen des Bundesarbeitsgerichts (Band und Seite).
BAnz.	Bundesanzeiger.
BAT	Bundes-Angestelltentarifvertrag (Bund, Länder, Gemeinden) vom 23. Februar 1961 (GMBl. S. 138).
BayGO	Gemeindeordnung für den Freistaat Bayern in der Fass. der Bek. vom 26. Oktober 1982 (BayRS 2020-1-1-I).
BayGVBl.	Bayerisches Gesetz- und Verordnungsblatt.
BayRS	Bayerische Rechtssammlung (1983 ff.).
BayVBl.	Bayerische Verwaltungsblätter (Jahr und Seite).
BayVerf.	Verfassung des Freistaates Bayern vom 2. Dezember 1946 (BayRS 100-1-S), zuletzt geändert durch Gesetz vom 20. Juni 1984 (GVBl. S. 223).
BayVerfGH....	Bayerischer Verfassungsgerichtshof.
BayVGH	Bayerischer Verwaltungsgerichtshof.
BayVGHE	Entscheidungen des Bayerischen Verwaltungsgerichtshofs (Band und Seite).
BB	Der Betriebs-Berater (Jahr und Seite).
BBahnG	Bundesbahngesetz vom 13. Dezember 1951 (BGBl. I S. 955), zuletzt geändert durch Gesetz vom 18. Februar 1986 (BGBl. I S. 265).
BBankG	Gesetz über die Deutsche Bundesbank vom 26. Juli 1957 (BGBl. I S. 745), zuletzt geändert durch Gesetz vom 19. Dezember 1985 (BGBl. I S. 2355).
BBauG	Bundesbaugesetz in der Fass. der Bek. vom 18. August 1976 (BGBl. I S. 2257, ber. S. 3617), zuletzt geändert durch Gesetz vom 18. Februar 1986 (BGBl. I S. 265).
BBesG	Bundesbesoldungsgesetz in der Fass. der Bek. vom 13. November 1980 (BGBl. I S. 2081), zuletzt geändert durch Gesetz vom 18. Februar 1986 (BGBl. I S. 265).
BBG	Bundesbeamtengesetz in der Fass. der Bek. vom 25. Februar 1985 (BGBl. I S. 479), zuletzt geändert durch Gesetz vom 20. Dezember 1985 (BGBl. I S. 2466).
BeamtVG	Gesetz über die Versorgung der Beamten und Richter in Bund und Ländern vom 24. August 1976 (BGBl. I S. 2485, ber. S. 3839), zuletzt geändert durch Gesetz vom 18. Februar 1986 (BGBl. I S. 265).
BetrVG	Betriebsverfassungsgesetz vom 15. Januar 1972 (BGBl. I S. 13), zuletzt geändert durch Gesetz vom 26. April 1985 (BGBl. I S. 710).
BGB	Bürgerliches Gesetzbuch vom 18. August 1896 (RGBl. S. 195; BGBl. III 400-2), zuletzt geändert durch Gesetz vom 20. Februar 1986 (BGBl. I S. 301).
BGBl.	Bundesgesetzblatt.

Abkürzungen

BGH	Bundesgerichtshof.
BGHZ	Entscheidungen des Bundesgerichtshofs in Zivilsachen (Band und Seite).
BGSG	Gesetz über den Bundesgrenzschutz in der Fass. vom 18. August 1972 (BGBl. I S. 1834), zuletzt geändert durch Gesetz vom 14. Juli 1976 (BGBl. I S. 1801).
BHO	Bundeshaushaltsordnung vom 19. August 1969 (BGBl. I S. 1284), zuletzt geändert durch Gesetz vom 19. Dezember 1985 (BGBl. I S. 2355).
BImSchG	Gesetz zum Schutz vor schädlichen Umwelteinwirkungen durch Luftverunreinigungen, Geräusche, Erschütterungen und ähnliche Vorgänge vom 15. März 1974 (BGBl. I S. 721, ber. S. 1193), zuletzt geändert durch Gesetz vom 4. Oktober 1985 (BGBl. I S. 1950).
BKAG	Gesetz über die Einrichtung eines Bundeskriminalpolizeiamtes (Bundeskriminalamtes) in der Fass. vom 29. Juni 1973 (BGBl. I S. 704), zuletzt geändert durch Gesetz vom 9. Dezember 1974 (BGBl. I S. 3393).
BMT-G II	Bundes-Mantel-Tarifvertrag für Arbeiter der gemeindlichen Verwaltungen und Betriebe vom 31. Januar 1962.
BRAO	Bundesrechtsanwaltsordnung vom 1. August 1959 (BGBl. I S. 565), zuletzt geändert durch Gesetz vom 25. Juli 1984 (BGBl. I S. 995).
BremVerf	Landesverfassung der Freien Hansestadt Bremen vom 21. Oktober 1947 (GBl. S. 251), zuletzt geändert durch Gesetz vom 13. April 1973 (BGBl. S. 17).
BRRG	Rahmengesetz zur Vereinheitlichung des Beamtenrechts (Beamtenrechtsrahmengesetz) in der Fass. der Bek. vom 27. Februar 1985 (BGBl. I S. 462), zuletzt geändert durch Gesetz vom 14. November 1985 (BGBl. I S. 2090).
BSGE	Entscheidungen des Bundessozialgerichts (Band und Seite).
BStatG	Gesetz über die Statistik für Bundeszwecke (Bundesstatistikgesetz) vom 14. März 1980 (BGBl. I S. 289).
BTag Drucks.	Drucksache des Deutschen Bundestages (Wahlperiode und Nummer).
Bundesvertriebenengesetz, BVFG	Gesetz über die Angelegenheiten der Vertriebenen und Flüchtlinge vom 19. Mai 1953 (BGBl. I S. 201), neugefaßt durch Gesetz vom 3. September 1971 (BGBl. I S. 1565, ber. S. 1807), zuletzt geändert durch Gesetz vom 18. Februar 1986 (BGBl. I S. 265).
BVerfG	Bundesverfassungsgericht.
BVerfGE	Entscheidungen des Bundesverfassungsgerichts (Band und Seite).
BVerfGG	Gesetz über das Bundesverfassungsgericht in der Fass. der Bek. vom 12. Dezember 1985 (BGBl. I S. 2229).
BVerwG	Bundesverwaltungsgericht.

Abkürzungen

BVerwGE	Entscheidungen des Bundesverwaltungsgerichts (Band und Seite).
BWahlG	Bundeswahlgesetz in der Fass. der Bek. vom 1. September 1975 (BGBl. I S. 2325), zuletzt geändert durch Gesetz vom 8. März 1985 (BGBl. I S. 521).
DAG	Deutsches Auslieferungsgesetz vom 23. Dezember 1929 (RGBl. I S. 239).
DB	Der Betrieb (Jahr und Seite).
DJT	Deutscher Juristentag.
DÖV	Die öffentliche Verwaltung (Jahr und Seite).
DRiG	Deutsches Richtergesetz in der Fass. der Bek. vom 19. April 1972 (BGBl. I S. 713), zuletzt geändert durch Gesetz vom 12. Dezember 1985 (BGBl. I S. 2226).
DStZ	Deutsche Steuerzeitung (Jahr und Seite).
DVBl.	Deutsches Verwaltungsblatt (Jahr und Seite).
EAG	Europäische Atomgemeinschaft.
ECU	European Currency Unit (Europäische Währungseinheit).
EG	Europäische Gemeinschaften.
EGBGB	Einführungsgesetz zum Bürgerlichen Gesetzbuche vom 18. August 1896 (RGBl. S. 604), zuletzt geändert durch Gesetz vom 8. November 1985 (BGBl. I S. 2065).
EGGVG	Einführungsgesetz zum Gerichtsverfassungsgesetz vom 27. Januar 1877 (RGBl. S. 77), zuletzt geändert durch Gesetz vom 4. Dezember 1985 (BGBl. I S. 2141).
EGKS	Europäische Gemeinschaft für Kohle und Stahl (Gründungsvertrag vom 18. April 1951, BGBl. 1952 II. S. 447).
EheG	Ehegesetz (Gesetz Nr. 16 des Kontrollrats) vom 20. Februar 1946 (ABlKR S. 77), zuletzt geändert durch Gesetz vom 13. Juni 1980 (BGBl. I S. 677).
Ermächtigungsgesetz	Gesetz zur Behebung der Not von Volk und Reich (Ermächtigungsgesetz) vom 24. März 1933 (RGBl. I S. 141).
ERP	European Recovery Program (Marshall-Plan).
EStG	Einkommensteuergesetz 1985 in der Fass. vom 12. Juni 1985 (BGBl. I S. 977), zuletzt geändert durch Gesetz vom 18. Februar 1986 (BGBl. I S. 280).
EuGH	Europäischer Gerichtshof.
EuGRZ	Europäische Grundrechts-Zeitschrift (Jahr und Seite).
EuR	Europarecht (Band, Jahrgang und Seite).
EURATOM-Vertrag	Vertrag zur Gründung der Europäischen Atomgemeinschaft vom 25. März 1957 (BGBl. II S. 1014).
EUROCONTROL	Europäische Organisation zur Sicherung der Luftfahrt (Internationales Übereinkommen vom 13. Dezember 1960, BGBl. 1962 II S. 2273).
EvStL	Evangelisches Staatslexikon, 2. Aufl., 1975.
EWG-Vertrag	Vertrag zur Gründung der Europäischen Wirtschaftsgemeinschaft vom 25. März 1957 (BGBl. II S. 766, ber. S. 1678 und 1958 II S. 64).

Abkürzungen

EWiG	Gesetz zur Förderung der Energiewirtschaft (Energiewirtschaftsgesetz) vom 13. Dezember 1935 (RGBl. I S. 1451), zuletzt geändert durch Gesetz vom 19. Dezember 1977 (BGBl. I S. 2750).
EzA	Entscheidungssammlung zum Arbeitsrecht, hrsg. von E. Stahlhacke.
FGO	Finanzgerichtsordnung vom 6. Oktober 1965 (BGBl. I S. 1477), zuletzt geändert durch Gesetz vom 13. Juni 1980 (BGBl. I S. 677).
Finanzreformgesetz von 1969	Einundzwanzigstes Gesetz zur Änderung des Grundgesetzes vom 12. Mai 1969 (BGBl. I S. 359).
FinAusglG	Finanzausgleichsgesetz vom 28. August 1969 (BGBl. I S. 1432), zuletzt geändert durch Gesetz vom 19. Dezember 1985 (BGBl. I S. 2354).
FVG	Gesetz über die Finanzverwaltung in der Fass. vom 30. August 1971 (BGBl. I S. 1426), zuletzt geändert durch Gesetz vom 14. Dezember 1984 (BGBl. I S. 1493).
G 10	Gesetz zur Beschränkung des Brief-, Post- und Fernmeldegeheimnisses (Gesetz zu Artikel 10 Grundgesetz, G 10) vom 13. August 1968 (BGBl. I S. 949), zuletzt geändert durch Gesetz vom 13. September 1978 (BGBl. I S. 1546).
GBl.	Gesetzblatt.
GeschO BRat	Geschäftsordnung des Bundesrates vom 1. Juli 1966 (BGBl. I S. 437).
GeschO BReg.	Geschäftsordnung der Bundesregierung vom 11. Mai 1951 (GMBl. S. 137), zuletzt geändert gem. Bek. vom 12. Juli 1976 (GMBl. S. 354).
GeschO BTag	Geschäftsordnung des Deutschen Bundestages in der Fass. der Bek. vom 2. Juli 1980 (BGBl. I S. 1237), geändert durch Bek. vom 17. März 1982 (BGBl. I S. 400).
GewArch.	Gewerbearchiv (Jahr und Seite).
GewO	Gewerbeordnung in der Fass. der Bek. vom 1. Januar 1978 (BGBl. I S. 97), zuletzt geändert durch Gesetz vom 21. Februar 1986 (BGBl. I S. 265).
GG	Grundgesetz für die Bundesrepublik Deutschland vom 23. Mai 1949 (BGBl. I S. 1), zuletzt geändert durch Gesetz vom 21. Dezember 1983 (BGBl. I S. 1481).
GGO II	Gemeinsame Geschäftsordnung der Bundesministerien, Besonderer Teil, in der Fass. vom 15. Oktober 1976 (GMBl. S. 550).
GKÖD	Gesamtkommentar Öffentliches Dienstrecht, Hrsg. W. Fürst, Loseblattsammlung.
GMBl.	Gemeinsames Ministerialblatt (1950ff.).
GS	Gesetzessammlung oder Großer Senat.
GVBl.	Gesetz- und Verordnungsblatt.
GVG	Gerichtsverfassungsgesetz in der Fass. der Bek. vom

Abkürzungen

	9. Mai 1975 (BGBl. I S. 1077), zuletzt geändert durch Gesetz vom 20. Februar 1986 (BGBl. I S. 301).
GWB	Gesetz gegen Wettbewerbsbeschränkungen in der Fass. der Bek. vom 24. September 1980 (BGBl. I S. 1761), zuletzt geändert durch Gesetz vom 19. Dezember 1985 (BGBl. I S. 2355).
HambVerf.	Verfassung der Freien und Hansestadt Hamburg vom 6. Juni 1952 (Samml. d. bereinigten hamburgischen Landesrechts 100-a).
HbVerfR	Handbuch des Verfassungsrechts der Bundesrepublik Deutschland, hrsg. von E. Benda, W. Maihofer und H.-J. Vogel, 1983.
HDStR	Handbuch des Deutschen Staatsrechts, hrsg. von G. Anschütz und R. Thoma, 2 Bde, 1930/32.
HessVerf.	Verfassung des Landes Hessen vom 1. Dezember 1946 (GVBl. S. 229), zuletzt geändert durch Gesetz vom 23. März 1970 (GVBl. S. 281).
HGrG	Gesetz über die Grundsätze des Haushaltsrechts des Bundes und der Länder (Haushaltsgrundsätzegesetz) vom 19. August 1969 (BGBl. I S. 1273), geändert durch Gesetz vom 21. Dezember 1974 (BGBl. I S. 3656).
HZ	Historische Zeitschrift (Band, Jahr und Seite).
IRG	Gesetz über die internationale Rechtshilfe in Strafsachen vom 23. Dezember 1982 (BGBl. I S. 2071).
JA	Juristische Arbeitsblätter (Jahr und Seite).
JBl.	Juristische Blätter (Jahr und Seite).
JIR	Jahrbuch für Internationales Recht (Band, Jahr und Seite).
JöR	Jahrbuch des öffentlichen Rechts der Gegenwart (Band, Jahr und Seite).
JR	Juristische Rundschau (Jahr und Seite).
JURA	Juristische Ausbildung (Jahr und Seite).
JuS	Juristische Schulung (Jahr und Seite).
JZ	Juristen-Zeitung (Jahr und Seite).
KSchG	Kündigungsschutzgesetz in der Fass. vom 25. August 1969 (BGBl. I S. 1317), zuletzt geändert durch Gesetz vom 26. April 1985 (BGBl. I S. 710).
KStG	Körperschaftsteuergesetz 1984 in der Fass. vom 10. Februar 1984 (BGBl. I S. 217), zuletzt geändert durch Gesetz vom 20. Februar 1986 (BGBl. I S. 297).
Lammers/Simons	Die Rechtsprechung des Staatsgerichtshofs für das Deutsche Reich und des Reichsgerichts aufgrund Artikel 13 Absatz 2 der Reichsverfassung, hrsg. von H.-H. Lammers und W. Simons, 5 Bde., 1929 ff.
Mitbestimmungsgesetz	Gesetz über die Mitbestimmung der Arbeitnehmer vom 4. Mai 1976 (BGBl. I S. 1153).
MTB II	Mantel-Tarifvertrag für Arbeiter des Bundes vom 27. Februar 1964 (GMBl. S. 173).

Abkürzungen

MTL II	Mantel-Tarifvertrag für die Arbeiter der Länder vom 27. Februar 1964.
NATO	North Atlantic Treaty Organization (Nordatlantische Verteidigungsgemeinschaft).
NdsVerf.	Vorläufige Niedersächsische Verfassung vom 13. April 1951 (Nieders. GVBl. Sb. I S. 5) in der Fass. des Gesetzes vom 28. März 1972 (GVBl. S. 171).
NordrhWestf-Verf.	Verfassung des Landes Nordrhein-Westfalen vom 18. Juni 1950 (GV NW S. 127/GS NW S. 3/SGV NW 100), zuletzt geändert durch Gesetz vom 18. Dezember 1984 (GV NW 1985 S. 14).
Neuaufbaugesetz.	Gesetz über den Neuaufbau des Reichs vom 30. Januar 1934 (RGBl. I S. 75).
NJW	Neue Juristische Wochenschrift (Jahr und Seite).
Notstands-Novelle	Siebzehntes Gesetz zur Ergänzung des Grundgesetzes vom 24. Juni 1968 (BGBl. I S. 709).
NStZ	Neue Zeitschrift für Strafrecht (Jahr und Seite).
NVwZ	Neue Zeitschrift für Verwaltungsrecht (Jahr und Seite).
OECD	Organization for Economic Cooperation and Development (Organisation für Europäische Zusammenarbeit und Entwicklung).
OLG	Oberlandesgericht.
OVG	Oberverwaltungsgericht.
OWiG	Gesetz über Ordnungswidrigkeiten in der Fass. der Bek. vom 2. Januar 1975 (BGBl. I S. 80, ber. S. 520), zuletzt geändert durch Gesetz vom 13. Juni 1985 (BGBl. I S. 965).
PartG, Parteiengesetz	Gesetz über die politischen Parteien in der Fass. der Bek. vom 15. Februar 1984 (BGBl. I S. 242).
POG	Gesetz über die Organisation der Bayerischen Staatlichen Polizei vom 10. August 1976 (BayRS 2012-2-1-I).
PostG	Gesetz über das Postwesen vom 28. Juli 1969 (BGBl. I S. 1006), zuletzt geändert durch Gesetz vom 2. März 1974 (BGBl. I S. 469).
PostVG	Gesetz über die Verwaltung der Deutschen Bundespost (Postverwaltungsgesetz) vom 24. Juli 1953 (BGBl. I S. 676), geändert durch Gesetz vom 26. Juni 1981 (BGBl. I S. 537).
PVS	Politische Vierteljahresschrift (Band, Jahr und Seite).
RAnz.	Reichsanzeiger.
RAO	Reichsabgabenordnung vom 13. Dezember 1919 (RGBl. S. 1993), neugefaßt als Reichsabgabenordnung vom 22. Mai 1931 (RGBl. I S. 161).
RdA	Recht der Arbeit (Jahr und Seite).
Rechtstheorie	Zeitschrift für Logik, Methodenlehre, Kybernetik und Soziologie des Rechts (Band, Jahr und Seite).
Reichs- und Staatsangehörigkeitsgesetz	vom 22. Juli 1913 (RGBl. S. 583), zuletzt geändert durch Gesetz vom 18. Juli 1974 (BGBl. I S. 1061).

Abkürzungen

Reichsnaturschutzgesetz ...	vom 26. Juni 1935 (RGBl. I S. 821), in der Fass. der Gesetze vom 29. September 1935 (RGBl. I S. 1191), 1. Dezember 1936 (RGBl. I S. 1001) und 20. Januar 1938 (RGBl. I S. 36).
RGBl.	Reichsgesetzblatt.
RGG	Die Religion in Geschichte und Gegenwart, Handwörterbuch für Theologie und Religionswissenschaft, 3. Aufl., 6 Bde., 1957–62, Registerband 1965.
RuStAG	siehe Reichs- und Staatsangehörigkeitsgesetz.
RVerf.	Reichsverfassung.
RVO	Reichsversicherungsordnung vom 19. Juli 1911 (RGBl. S. 509), zuletzt geändert durch Gesetz vom 11. Juli 1985 (BGBl. I S. 1450).
SAE	Sammlung arbeitsrechtlicher Entscheidungen, hrsg. von der Bundesvereinigung der Deutschen Arbeitgeberverbände (Jahr und Seite).
SGB-AT	Sozialgesetzbuch – Allgemeiner Teil vom 11. Dezember 1975 (BGBl. I S. 3015).
SMAD	Sowjetische Militäradministration in Deutschland.
Staat	Der Staat, Zeitschrift für Staatslehre, öffentliches Recht und Verfassungsgeschichte (Band, Jahr und Seite).
StabG	Gesetz zur Förderung der Stabilität und des Wachstums der Wirtschaft vom 8. Juni 1967 (BGBl. I S. 582), zuletzt geändert durch Gesetz vom 18. März 1975 (BGBl. I S. 705).
Stabilitätsnovelle vom 8. Juni 1967 .	Fünfzehntes Gesetz zur Änderung des Grundgesetzes vom 8. Juni 1967 (BGBl. I S. 581).
Sten. Berichte ...	Stenographische Berichte (des Bundestages).
StGB	Strafgesetzbuch in der Fass. der Bek. vom 2. Januar 1975 (BGBl. I S. 1), zuletzt geändert durch Gesetz vom 18. Juli 1985 (BGBl. I S. 1511).
StGH	Staatsgerichtshof.
StPO	Strafprozeßordnung in der Fass. der Bek. vom 7. Januar 1975 (BGBl. I S. 129, ber. S. 650), zuletzt geändert durch Gesetz vom 20. Dezember 1984 (BGBl. I S. 1654).
StuW	Steuer und Wirtschaft (Jahr und Seite).
StVG	Straßenverkehrsgesetz vom 19. Dezember 1952 (BGBl. I S. 837), zuletzt geändert durch Gesetz vom 28. Dezember 1982 (BGBl. I S. 2090).
StVO	Straßenverkehrsordnung vom 16. November 1970 (BGBl. I S. 1565, ber. 1977 I S. 38), zuletzt geändert durch Verordnung vom 28. Februar 1985 (BGBl. I S. 499).
TVG	Tarifvertragsgesetz vom 9. April 1949, jetzt in der Fass. vom 25. August 1969 (BGBl. I S. 1323), zuletzt geändert durch Gesetz vom 29. Oktober 1974 (BGBl. I S. 2879).
UN-Charta	Charta of the United Nations, Charta der Vereinten Na-

Abkürzungen

	tionen vom 26. Juni 1945 (BGBl. 1974 II S. 769, ber. Fass. 1980 II S. 1252).
UStG	Umsatzsteuergesetz 1980 vom 26. November 1979 (BGBl. I S. 1953), zuletzt geändert durch Gesetz vom 19. Dezember 1985 (BGBl. I S. 2436).
VBl.	Verordnungsblatt.
VerfGH	Verfassungsgerichtshof.
VerwArch.	Verwaltungsarchiv (Band, Jahr und Seite).
VGHE	Sammlung von Entscheidungen des Bayerischen Verwaltungsgerichtshofes mit Entscheidungen des Bayerischen Verfassungsgerichtshofes, des Bayerischen Dienstgerichtshofes für Richter und des Bayerischen Gerichtshofes für Kompetenzkonflikte.
VOB	Verdingungsordnung für Bauleistungen in der Fass. vom 29. Oktober 1973, Bek. vom 1. Juli 1974 (BAnz. Nr. 127).
VOBlBZ	Verordnungsblatt für die britische Besatzungszone.
VOL	Verdingungsordnung für Leistungen vom 16. August 1984 (BAnz. Nr. 50).
VVDStRL	Veröffentlichungen der Vereinigung der Deutschen Staatsrechtslehrer (Heft, Jahr und Seite).
VwGO	Verwaltungsgerichtsordnung vom 21. Januar 1960 (BGBl. I S. 17), zuletzt geändert durch Gesetz vom 6. Dezember 1985 (BGBl. I S. 2146).
VwVfG	Verwaltungsverfahrensgesetz vom 25. Mai 1976 (BGBl. I S. 1253), geändert durch Gesetz vom 2. Juli 1976 (BGBl. I S. 1749).
WeimRVerf. ...	Verfassung des Deutschen Reichs (Weimarer Reichsverfassung) vom 11. August 1919 (RGBl. S. 1383).
WiGBl.	Gesetz- und Verordnungsblatt des Wirtschaftsrates des Vereinigten Wirtschaftsgebietes.
ZaöRVR	Zeitschrift für ausländisches öffentliches Recht und Völkerrecht (Band, Jahr und Seite).
ZBR	Zeitschrift für Beamtenrecht (Jahr und Seite).
ZevKR	Zeitschrift für evangelisches Kirchenrecht (Band, Jahr und Seite).
ZHR	Zeitschrift für das gesamte Handelsrecht und Wirtschaftsrecht (Band, Jahr und Seite).
ZParl.	Zeitschrift für Parlamentsfragen (Band, Jahr und Seite).
ZRP	Zeitschrift für Rechtspolitik (Jahr und Seite).
ZSR N. F.	Zeitschrift für Schweizerisches Recht, neue Folge (Band, Jahr und Seite).
ZPO	Zivilprozeßordnung in der Fass. vom 12. Sept. 1950 (BGBl. I S. 533), zuletzt geändert durch Gesetz vom 20. Februar 1986 (BGBl. I S. 301).
ZStrW	Zeitschrift für die gesamte Strafrechtswissenschaft (Band, Jahr und Seite).

A. Einleitung

Gliederungsübersicht

1. Staat und Recht RNr.
Der Staat ... 1
Staat als Form politischer Herrschaft 2
Staatsgewalt, Staatsvolk, Staatsgebiet 3
Staat und Gesellschaft ... 4
Recht und Gerechtigkeit ... 5
Privatrecht und öffentliches Recht ... 6

2. Die Verfassung
Verfassung und Verfassungsrecht ... 7
Verfassunggebung ... 8
Geltungsgrund (Legitimität) der Verfassung ... 9
Verfassungspolitik ... 10
Entwicklung des Verfassungsstaates ... 11
Verfassungslehre ... 12

3. Das Verfassungsrecht
Die Verfassung als bindende Norm und Maßstab für die Politik und die Ausübung öffentlicher Gewalt ... 13
Auslegung des Verfassungsgesetzes ... 14
Grundsätze der Verfassungsauslegung ... 15
Die Staatsrechtslehre ... 16

4. Entstehung des Grundgesetzes und Gründung der Bundesrepublik Deutschland
Vorgeschichte ... 17
„Grundgesetz" statt „Verfassung" ... 18
„Parlamentarischer Rat" statt „Verfassunggebende Versammlung" ... 19
Der Herrenchiemseer Verfassungskonvent ... 20
Der Parlamentarische Rat ... 21
Annahme und Inkrafttreten des Grundgesetzes ... 22
Das Grundgesetz und eine künftige deutsche Verfassung ... 23

5. Verfassungsgeschichte RNr.
Deutsche Verfassungsgeschichte ... 24
Die Verfassunggebung in der März-Revolution ... 25
Die Bismarck'sche Reichsverfassung 26
Die Weimarer Reichsverfassung ... 27
Das Dritte Reich ... 28
Zusammenbruch und Besatzungsgewalt ... 29
Die neuen Länder und ihre Verfassungen ... 30
Das Ende der Besatzungszeit ... 31
Die Bundesrepublik Deutschland ... 32

6. Verfassungsentwicklung seit 1949
Politische Entwicklung und Institutionen der Bundesrepublik Deutschland ... 33
Die Verfassungsänderungen ... 34
Das Bild des Grundgesetzes aufgrund der Änderungsgesetze ... 35
Fortbildung der Verfassung durch die Staatspraxis und die gerichtliche Rechtsfortbildung ... 36

7. Die deutsche Frage
Untergang des Deutschen Reiches? ... 37
Die neue „Ostpolitik" seit 1969 ... 38
Die beiden deutschen Staaten ... 39
Die deutschen Ostgebiete ... 40
Berlin ... 41
Das Wiedervereinigungsgebot der Präambel ... 42

8. Die Deutsche Demokratische Republik
Die Entstehung der DDR ... 43
Die Verfassung der DDR ... 44
Die sozialistische Verfassung ... 45

1. Staat und Recht

Der Staat

Das Grundgesetz ist die Verfassung der Bundesrepublik Deutschland. Die **1** Bundesrepublik, der im Westen Deutschlands nach dem Kriege neu entstandene Staat, ist durch seine politische Entwicklung, sein Recht und seine Verfassung dem aus Renaissance und Aufklärung hervorgegangenen Leitbild des Verfassungsstaates verpflichtet. Die neuzeitliche Herrschaftsform des Staates findet im Verfassungsstaat seine Vollendung, der politische Herrschaft durch ein Staatsgrundgesetz, d. h. durch Recht, begründet und fortdauernd bindet.

Die politische Herrschaftsform des Staates ist nach der geschichtlichen Erfahrung die einzige Form des auf eine dauerhafte Ordnung gegründeten menschlichen Zusammenlebens, in der für den einzelnen Freiheit, Sicherheit und Gerechtigkeit gewährleistet sind, vorausgesetzt daß der Staat in seiner konkreten Erscheinung dem Begriff IMMANUEL KANTS genügt, eine „Vereinigung einer Menge von Menschen unter Rechtsgesetzen" zu sein. Durch das Recht und durch die Garantie der Durchsetzung des Rechts in einer effektiven Herrschaftsordnung kann der Staat Frieden im Innern und nach außen sichern und dem einzelnen Schutz geben. Die Institutionen und Verfahrensweisen des durch eine Verfassung geordneten Staates können die Gewähr dafür bieten, daß das staatlich gesetzte Recht den Geboten der Gerechtigkeit genügt und damit mehr ist als nur ein Machtspruch. Dennoch sind Schutz des Rechts und Gerechtigkeit nur von einem Staat zu erwarten, dessen Staatsgewalt über die in demokratischen Einrichtungen wirksame Anerkennung der Gewaltunterworfenen verfügt und in der Lage ist, die Schutz, Gerechtigkeit und Frieden verbürgende Rechtsordnung notfalls mit den gebotenen Machtmitteln zu gewährleisten.

Wenn gesagt wird, der Staat als Form politischer Herrschaft sei im Niedergang und eine schon abgelebte Erscheinung der Epoche des europäischen Nationalstaates, wird damit regelmäßig nicht etwa die Behauptung aufgestellt, die vom Staat erfüllten Aufgaben seien hinfällig oder überflüssig. Es wird vielmehr entweder kulturpessimistisch die Auflösung der staatlichen Herrschaftsform behauptet oder kulturrevolutionär eine nicht-staatliche Sicherstellung jener bisher in der Form des Staates erfüllten Gemeininteressen für möglich gehalten und gefordert. Nur die geschichtliche Erfahrung kann darüber richten, ob ein gesellschaftliches Zusammenleben ohne die staatliche Form und Ordnung in Freiheit und Gerechtigkeit möglich ist.

Staat als Form politischer Herrschaft

2 Der Staat ist ein historisch konkreter Begriff, nicht eine zeitlose Ordnungsvorstellung. Erst die europäische Neuzeit hat die Frage nach einer „**Rechtfertigung**" **des Staates** gestellt, die Frage also nach dem Grund des dem Staat geschuldeten Gehorsams und nach dem Sinn staatlich ausgeübter Herrschaft. Für die Antike war das Gemeinwesen, sei es die griechische polis oder die römische res publica, eine notwendige Lebensform des einzelnen. Für das auf der Antike fußende Staatsdenken des Mittelalters war der Staat eine societas perfecta, eine vollkommene und sich selbst genügende Gemeinschaft. Erst der Individualismus und Rationalismus der Renaissance und dann der bürgerlichen Aufklärung haben – vom einzelnen aus denkend – dem Staat eine auf die Rechte und Interessen des einzelnen bezogene Existenz zugesprochen und ihn damit in seiner allgemeinen Erscheinung und in seiner konkreten Herrschaftsordnung als eine rechtfertigungsbedürftige Hervorbringung der

Staat und Recht

menschlichen Vernunft aufgefaßt. Die Säkularisierung der Weltsicht und der Individualismus der Lebensdeutung, die Ausbildung der kapitalistischen Verkehrswirtschaft und das Staatsbild des Absolutismus liegen der Entstehung des neuzeitlichen Staates zugrunde. Die ,,Rechtfertigung" des Staates bedeutet nicht seine Erklärung als Wirkung sozialer oder individueller Ursachen, sondern seine Anerkennung als eine vernünftige und sittlich gebotene Einrichtung. In den konfessionellen Bürgerkriegen des 16. und 17. Jahrhunderts bildet sich die staatliche Form politischer Herrschaft als eine religiös neutrale und damit ohne Rücksicht auf das religiöse Bekenntnis wirksame und legitimierbare Ordnung aus. Diesem von der Religion grundsätzlich getrennten Staat billigen die Theoretiker des neuzeitlichen politischen Denkens, JEAN BODIN (1529–1556) und THOMAS HOBBES (1588–1679), oberste Gewalt, ,,Souveränität", zu.
Der neuzeitliche Staat ist ein **Nationalstaat**. Er ist die gebietsbezogen definierte politische Organisation einer Gesellschaft in Gestalt eines rechtlich geordneten Herrschaftsverbandes. Erst seit dem 17. Jahrhundert nimmt der Ausdruck ,,Staat" diese spezifische politische Bedeutung an. In der **Allgemeinen Staatslehre** wird der Staat als die politische Idee und politische Praxis behandelt, die für die europäische Neuzeit charakteristisch ist.
Die im 19. Jahrhundert ausgebildete Lehre von der **Rechtspersönlichkeit** des Staates ist der juristische Ausdruck dafür, daß im Verfassungsstaat Herrschaft nicht personal oder kraft Eigentums ausgeübt wird, sondern kraft eines Amtes und nach Maßgabe verfassungsrechtlich zugewiesener Kompetenzen. Staatsgewalt, umfassend Gebietshoheit und Personalhoheit, ist nunmehr staatliche Herrschaft als rechtlich geordnete Erscheinung.

G. JELLINEK, Allgemeine Staatslehre, 1900, 3. Aufl., 1914; U.SCHEUNER, Das Wesen des Staates und der Begriff des Politischen in der neueren Staatslehre, in: Festgabe für Rudolf Smend, 1962, S. 225; W. MAGER, Zur Entstehung des modernen Staatsbegriffs, 1968; P.-L. WEINACHT, Staat. Studien zur Bedeutungsgeschichte des Wortes von den Anfängen bis ins 19. Jahrhundert, 1968; H. QUARITSCH, Staat und Souveränität, 1970; E.-W. BÖCKENFÖRDE, Der Staat als sittlicher Staat, 1978; U. SCHEUNER, Staatstheorie und Staatsrecht, 1978; H. H. v. ARNIM, Staatslehre der Bundesrepublik Deutschland, 1984; R. ZIPPELIUS, Allgemeine Staatslehre, 9. Aufl., 1985; P.BADURA, Die Methoden der neueren Allgemeinen Staatslehre, 1959.

Staatsgewalt, Staatsvolk, Staatsgebiet

Im **Verfassungsstaat** ist die Staatsgewalt eine rechtlich geordnete Form politischer Herrschaft. Der Erwerb politischer Macht, ihre Ausübung und ihr Verlust sind durch rechtlich geordnete Verfahren festgelegt, die für die politischen Gruppen bindend sind und nicht nach Zweckmäßigkeit und Opportunität verändert werden dürfen.
Die zum Staat verfaßte ,,Gesellschaft", das **Staatsvolk**, ist durch das rechtliche Merkmal der Staatsangehörigkeit umschrieben. Die Staatsangehörigkeit begründet die mitgliedschaftliche Zugehörigkeit zu dem als Personenverband aufgefaßten Staat. Dieses rechtlich definierte Staatsvolk, von dem nach dem demokratischen Prinzip der Volkssouveränität alle Staatsgewalt ausgeht, läßt sich soziologisch nach empirischen und strukturellen Merkmalen sozialer, ökonomischer, ethnischer und kultureller Art beschreiben und analysieren.

A 4 Einleitung

Die staatliche Herrschaft ist „gebietsbezogen"; der Staat ist territoriale Herrschaft auf der Basis eines Verbandes. Insofern als die Staatsgewalt in einem bestimmten Gebiet, dem **Staatsgebiet,** wirksam ist, erscheint sie als Gebietshoheit. Wegen ihrer Territorialität, die sich in Europa im späteren Mittelalter durchgesetzt hat, ist die Staatsgewalt nicht nur eine Verbandsgewalt über die Staatsangehörigen.

H. BISMARK, Das Staatsgebiet, JA 1983, S. 397.

Staat und Gesellschaft

4 Es war ein Grundgedanke des **politischen Liberalismus,** den (monarchischen) Staat der (bürgerlichen) Gesellschaft entgegenzusetzen und den Staat als ein Werkzeug der Gesellschaft aufzufassen. Das wurde in einer der Grundschriften des politischen Liberalismus, in JOHN LOCKES „Zwei Abhandlungen über Regierung", zuerst so ausgedrückt, daß es Sinn und Aufgabe des Staates sei, Freiheit und Eigentum der einzelnen zu sichern. Dem folgte HEGEL nicht, als er die „bürgerliche Gesellschaft" der Interessen und Interessenten lediglich als das materielle Substrat des Staates, nämlich der „Wirklichkeit der sittlichen Idee" auffaßte. In MARXENS Politischer Ökonomie sollte dieses Verhältnis dann wieder „vom Kopf auf die Füße gestellt" werden.
Eine konkrete geschichtliche Erscheinung ist nur der **Staat,** während die „Gesellschaft" eine ideologisch gebildete Verallgemeinerung einzelner empirisch faßbarer sozialer Beziehungen ist. Nach dem Grundgedanken des Verfassungsstaates ist es eine Fehlentwicklung, wenn die staatlichen Aufgaben und Machtmittel zugunsten einzelner politischer Gruppen oder einer „herrschenden Klasse" instrumentalisiert werden. Die normative und institutionelle Selbständigkeit des Staates gegenüber der durch ihn politisch organisierten Gesellschaft befindet sich in einem Spannungsverhältnis sowohl zu dem monistischen Grundzug der demokratischen Legitimität und ihres Mehrheitsgrundsatzes, als auch zu den für die politische Praxis bestimmenden Erscheinungen des Parteiwesens – des „Parteienstaates" – und des Interessen- und Verteilungskampfes der Gruppen.
Die These, daß die Unterscheidung und Trennung von Staat und Gesellschaft im modernen Parteien- und Wohlfahrtsstaat wegfalle, beruht insofern auf einer zutreffenden Vorstellung, als in der **Demokratie** als Staatsform eine gesellschaftstranszendente Legitimität etwa durch religiöse Stiftung oder durch Herkommen, ausgeschlossen ist. Sie verletzt aber dann einen Hauptpunkt des **Verfassungsstaates,** wenn sie die grundsätzliche Begrenztheit staatlicher Aufgaben und Befugnisse preisgibt und die individuelle Freiheit und gesellschaftliche Autonomie nur noch als eine Funktion des Gemeinwohls versteht. Ein die Freiheit des einzelnen berührendes Handeln der Staatsgewalt ist im Verfassungsstaat ein rechtfertigungsbedürftiger „Eingriff". Die individuelle Freiheit und die gesellschaftliche Autonomie stehen im Verfassungsstaat nicht zur Disposition der Staatsgewalt.

H. EHMKE, „Staat" und „Gesellschaft" als verfassungstheoretisches Problem, in: Festgabe für Rudolf Smend, 1962, S. 23; E.-W. BÖCKENFÖRDE, Die Bedeutung der Unterscheidung von Staat und Gesellschaft im demokratischen Sozialstaat der Gegenwart, in: Festgabe für Wolfgang Hefermehl, 1972, S. 11; DERS., Die verfassungstheoretische

Staat und Recht

Unterscheidung von Staat und Gesellschaft als Bedingung der individuellen Freiheit, 1973; K. HESSE, Bemerkungen zur heutigen Problematik und Tragweite der Unterscheidung von Staat und Gesellschaft, DÖV 1975, S. 437.

Recht und Gerechtigkeit

Das neuzeitliche Recht ist staatsgeschaffenes, „positives" Recht. Es wird in **5** einem verfassungsrechtlich geordneten Verfahren durch die Organe der Gesetzgebung und, soweit das Gesetz es vorsieht, durch die Organe der Exekutive gesetzt. Durch die Rechtsetzung schafft der Staat nicht nur die Voraussetzungen für den Rechtsverkehr und für die Ausübung öffentlicher Verwaltung. Recht ist vielmehr auch ein Instrument der staatlichen Sozialgestaltung; in dieser Funktion hat das moderne Recht häufig einen situationsbezogenen und instrumentalen Charakter.

Der politisch und verfassungsrechtlich ausschlaggebende Vorgang der Rechtsetzung ist die **Gesetzgebung**, d. h. der Erlaß von Gesetzen durch die parlamentarische Volksvertretung nach den in der Verfassung festgelegten Regeln der Ausübung der gesetzgebenden Gewalt. Das Gesetz ist die wesentliche Handlungsform des Staates zur Ordnung der sozialen Beziehungen und zur Fortentwicklung der Rechtsordnung. Im Gesetzesbegriff verbinden sich die rechtsstaatlichen Erfordernisse, die demokratische Legitimität des Parlamentsaktes und die soziale Staatsaufgabe.

Die Geltung des modernen positiven Rechts wird durch bestimmte formale Kriterien des Rechtsetzungsverfahrens entsprechend der Verfassung bestimmt. Darüber hinaus enthält die Verfassung auch inhaltliche Voraussetzungen für die Hervorbringung gültigen Rechts und insofern **Kriterien der Gerechtigkeit** des Rechts. Die Rechtsidee, die Gerechtigkeit wird im Verfassungsstaat nur vermittelt durch die materiellen Anforderungen des Verfassungsrechts für die Gesetzgebung wirksam. Unter diesen Umständen ist das gerechte Gesetz ein Gesetz, das mit der Verfassung übereinstimmt, **verfassungsmäßig** ist. Diese Betrachtungsweise ist allerdings nur deswegen möglich, weil das Grundgesetz in den Verfassungsgrundsätzen des sozialen Rechtsstaates und in den grundrechtlichen Freiheiten und Garantien die unverzichtbaren Maßstäbe der Gerechtigkeit staatlich gesetzten Rechts in sich aufgenommen hat.

R. GRAWERT, Gesetz und Gesetzgebung im modernen Staat, JURA 1982, S. 247, 300.

Privatrecht und öffentliches Recht

Die Unterscheidung von Privatrecht und öffentlichem Recht, auf der die **6** Rechtsordnung der Bundesrepublik beruht, ist kennzeichnend für den Verfassungsstaat, in dem rechtlich meßbare Aufgaben und Befugnisse des Staates und der sonstigen Träger öffentlicher Gewalt von der Freiheit und den subjektiven Rechten des einzelnen und von der Autonomie sozialer Gruppen und Organisationseinheiten getrennt sind. Das Grundprinzip dieser Unterscheidung und Trennung, das im Verfassungsstaat nur eine bestimmte historische Ausformung erfahren hat, ist die schon dem römischen Recht bekannte Entgegensetzung des im Gemeinwesen verkörperten öffentlichen Interesses und der Interessen der einzelnen.

A 7 Einleitung

Die Teile der Rechtsordnung, die dem **öffentlichen Recht** zuzurechnen sind, lassen sich typischerweise auf die Staatsaufgaben, das öffentliche Interesse und die hoheitliche Überordnung der staatlichen Autorität zurückführen. Zum öffentlichen Recht gehören hauptsächlich das Staats- und Verwaltungsrecht, das Steuerrecht, das Sozialrecht, das Prozeßrecht und das Strafrecht. Der Anteil des öffentlichen Rechts ist mit der Expansion des Sozialstaates und der damit verbundenen „Sozialisierung" des Rechtsstoffes zunehmend größer geworden. Der Grundgedanke des **Privatrechts** ist die Selbstbestimmung des einzelnen über die Gestaltung seiner Rechtsbeziehungen. Das Privatrecht lebt von der Privatautonomie, soweit nicht das Allgemeininteresse Schranken zieht. Die Vertragsfreiheit, die Eigentumsfreiheit und die Testierfreiheit sind der wesentliche privatrechtliche Ausdruck der persönlichen und wirtschaftlichen Freiheit. Typisches Kennzeichen des Privatrechts ist die Gleichordnung der am Privatrechtsverkehr beteiligten Rechtssubjekte. Zum Privatrecht gehören vor allem das Bürgerliche Recht (BGB), das Handelsrecht, das Gesellschaftsrecht, das Wertpapierrecht, das Wettbewerbsrecht, das Privatversicherungsrecht und das Arbeitsrecht.

Die Unterscheidung des Privatrechts und des öffentlichen Rechts ist zuerst eine solche des **Prinzips** und der **Gesetzgebung**. Davon leitet es sich ab, daß Rechtsverhältnisse je nach den Normen, durch die sie bestimmt werden, privatrechtliche oder öffentlich-rechtliche **Rechtsverhältnisse** sind. Dieser materiellrechtlichen Unterschiedlichkeit der Rechtsverhältnisse folgt die Unterschiedlichkeit der Gerichtszweige und Rechtswege. Die Zivilgerichte sind zuständig für bürgerliche Rechtsstreitigkeiten (§ 13 GVG), die Verwaltungsgerichte sind zuständig für öffentlich-rechtliche Streitigkeiten nichtverfassungsrechtlicher Art (§ 40 Abs. 1 VwGO). Der Staat und andere Träger öffentlicher Gewalt können, soweit sie nicht von ihren hoheitlichen Befugnissen Gebrauch machen oder sonst anderes bestimmt ist, am Privatrechtsverkehr teilnehmen, Verträge schließen, Eigentümer sein, sich an Handelsgesellschaften beteiligen.

E. Molitor, Über öffentliches Recht und Privatrecht, 1949; G. Boehmer, Grundlagen der bürgerlichen Rechtsordnung, 1950; F. Wieacker, Privatrechtsgeschichte der Neuzeit, 2. Aufl., 1967; M. Bullinger, Öffentliches Recht und Privatrecht, 1968; E. Forsthoff, Lehrbuch des Verwaltungsrechts, Allg. Teil, 10. Aufl., 1973; D. Medicus, Allgemeiner Teil des BGB, 2. Aufl., 1985; D. Wyduckel, Ius Publicum. Grundlagen und Entwicklung des Öffentlichen Rechts und der deutschen Staatsrechtswissenschaft, 1984.

2. Die Verfassung

Verfassung und Verfassungsrecht

7 Unter der Verfassung eines Staates versteht man die in einem **Verfassungsgesetz** („Verfassungsurkunde") zusammengefaßten grundlegenden Rechtsvorschriften über die Organisation und die Ausübung der Staatsgewalt, die Staatsaufgaben und die Grundrechte. Die in das Verfassungsgesetz aufgenommenen Rechtsvorschriften bilden das Verfassungsrecht, das sich gegenüber den sonstigen Normen der Rechtsordnung durch erschwerte Abänder-

Die Verfassung

barkeit auszeichnet, die öffentliche Gewalt in allen Erscheinungsformen bindet und im Verhältnis zu den anderen Rechtsvorschriften, besonders zu den Gesetzen, Vorrang besitzt. In einem weiteren Sinn werden als ,,Verfassung" auch alle für die politische Ordnung nach Inhalt und Bedeutung wesentlichen Rechtssätze, ohne Rücksicht darauf, ob sie in das Verfassungsgesetz aufgenommen worden sind, oder wird schließlich beschreibend der politische und kulturelle Zustand des Gemeinwesens bezeichnet.

Die Verfassung ist ein ordnungsstiftender und programmatischer **Gründungs- und Gestaltungsakt**, der dem Gemeinwesen in einer konkreten geschichtlichen Lage eine rechtliche Grundlage geben will. Die Verfassung geht auf eine politische Entscheidung der die **Verfassunggebung** bestimmenden politischen Kräfte zurück. Ihre die Machtausübung mäßigenden und den politischen Prozeß disziplinierenden Wirkungen beruhen jedoch darauf, daß sie im Verfassungsgesetz positives Recht ist und justiziable Maßstäbe für die richterliche Kontrolle der Ausübung öffentlicher Gewalt festlegt. Die Verfassung hat rechtliche, aber auch politische Wirkungen; denn sie ist ein das Rechtsbewußtsein und das politische Leben beeinflussendes Symbol der staatlichen Einheit und Gemeinsamkeit. Sie soll nicht nur die Legalität, Effektivität und Planmäßigkeit staatlichen Handelns sichern, sondern auch die politische Herrschaft mit den sozialen Normen und den Sinnbedingungen des individuellen Daseins verbinden. Darin liegt ein wesentliches Element der **Legitimität** der Verfassung. Die historische Ereignishaftigkeit der Verfassunggebung, oft im Zuge sozialer Erschütterung und revolutionärer Gewaltsamkeit, leitet die Betrachtung dahin, die Verfassung zuerst als eine ,,Entscheidung" zu verstehen. Die dennoch in vielem fortbestehende Kontinuität und ebenso das in die Verfassunggebung eingehende Aushandeln und Ausgleichen der Belange und Interessen, also der Kompromißcharakter der Verfassung, werden bei einer Begriffsbildung unterdrückt, die sich einseitig an dem Entscheidungscharakter der Verfassung orientiert. Von der Verfassung wird Befriedung und dauerhafte Ordnung erhofft. Das ältere, über Jahrhunderte gültige Bild der Gründung von Staat, Recht und Ordnung, das Bild des **Vertrages**, also der Verständigung, Einigung und Vereinbarung, behält in seinem Kernpunkt für die Sinndeutung der Verfassung seine Richtigkeit. Um den Sinn der Verfassung zu verstehen, muß sich diesem Prinzip die auf die Aufklärung zurückgehende Konstruktion der Verfassung als vernunftgeleiteter Entscheidung einer verfassunggebenden Gewalt unterordnen. Nur zeitweise, für Ausnahmezustand oder Diktatur, trifft die etatistisch-obrigkeitliche Deutung der Verfassung als Entscheidung, die das Hauptgewicht auf die instrumentelle Eigenschaft des heutigen positiven Rechts legt, einen wesentlichen Punkt.

Die Verfassung muß im **sozialen Rechtsstaat** der neuen Aufgabe gerecht werden, die rechtliche Bindung der politischen und administrativen Entscheidungen im Rahmen der staatlichen Lenkungs-, Verteilungs- und Leistungssysteme aufrechtzuerhalten und die grundrechtliche Freiheit auch gegenüber der Steuerung und Zuteilung von Daseinschancen zu wahren. Im Hinblick auf die sozialen Aufgaben ist die Verfassung nicht nur Grenze, sondern auch Auftrag und Richtlinie für die Verwirklichung des Sozialstaates und – je nach der in ihr erfolgten materiellen Regelung – auch ein Plan, der Aufgaben normiert, ein Versuch der Bestimmung der politischen Zukunft durch Leitgedanken und Richtlinien für den politischen Prozeß und die Wirksamkeit des Staates.

P. BADURA, Art. Verfassung, EvStL, 2. Aufl., 1975, Sp. 2708; M. FRIEDRICH (Hrsg.), Verfassung 1978; B.-O. BRYDE, Verfassungsentwicklung, 1982; E.-W. BÖCKENFÖRDE, Geschichtliche Entwicklung und Bedeutungswandel der Verfassung, in: Festschrift für Rudolf Gmür, 1983, S. 7; K. HESSE, Grundzüge des Verfassungsrechts der Bundesrepublik Deutschland, 15. Aufl., 1985.

Verfassunggebung

8 Die Verfassunggebung ist, soweit sie ein rechtlich in Erscheinung tretender und juristisch faßbarer Vorgang ist, die in einem formalisierten Verfahren stattfindende Verfassungsgesetzgebung. Eine nach einem Umsturz die politische Macht an sich nehmende oder nach demokratischen Grundsätzen gewählte oder aber auch von den bestehenden Verfassungsorganen berufene verfassunggebende Versammlung verabschiedet die Verfassung oder, wenn ein Referendum vorgesehen ist, den der Volksabstimmung zu unterbreitenden Entwurf des Verfassungsgesetzes. In der Demokratie, in der alle Staatsgewalt vom Volke ausgeht, kann auch nur das Volk Subjekt der verfassunggebenden Gewalt sein, gleichgültig durch welche Verfahren oder Zuordnungen die verabschiedete Verfassung auf das Volk zurückgeht, dem durch die Verfassung eine neue Ordnung seines politischen Lebens gegeben wird.

Die Lehre von der **verfassunggebenden Gewalt**, die in der französischen Revolution – also einer historisch konkreten Situation der bürgerlichen Verfassungsbewegung – mit einer aggressiven praktischen Zielsetzung aufgestellt worden ist, orientiert sich an dem Typus revolutionärer, den Staat und die Gesellschaftsordnung umwälzender Verfassunggebung. Weder beschreibt sie faktisch den Vorgang der Verfassungsentstehung, noch kennzeichnet sie normativ eine rechtlich geordnete Befugnis der Staatsgewalt. Die Lehre von der verfassunggebenden Gewalt stellt vielmehr gewisse Mindestbedingungen für eine nach demokratischen Grundsätzen legitime Verfassunggebung auf. Sie verweist auf den legitimierenden Geltungsgrund der Verfassung, die ja anders als der sonstige Bestand der Rechtsordnung in keinen aus vorgegebenen Normen des positiven Rechts ableitbaren Legalitätszusammenhang eingefügt ist. Die verfassunggebende Gewalt ist dem Grundsatz nach verschieden von der verfassungsändernden Gewalt. Denn diese ist eine besondere nur unter erschwerten Bedingungen ausübbare Form der Gesetzgebung, eine von der Verfassung begründete und in ihrem Rahmen verbleibende Zuständigkeit (siehe Art. 79 GG). F RNrn. 59 ff.

D. MURSWIEK, Die verfassunggebende Gewalt nach dem Grundgesetz für die Bundesrepublik Deutschland, 1978; W. HENKE, Staatsrecht, Politik und verfassunggebende Gewalt, Staat 19, 1980, S. 181; G. F. SCHUPPERT, The Constituent Power, in: Chr. Starck (Hrsg.), Main Principles of the German Basic Law, 1984, S. 37.

Geltungsgrund (Legitimität) der Verfassung

9 Die Verfassung schafft und begründet Recht, ist aber selbst nicht rechtlich garantiert. Weder ein bestimmtes Verfahren der Verfassunggebung, noch ein

Die Verfassung   10 **A**

bestimmter Inhalt der Verfassung können für sich allein den Bestand und den Erfolg der Verfassung gewährleisten. Vielmehr ist die normative Kraft der Verfassung, ihre Fähigkeit, in der Wirklichkeit geschichtlichen Lebens bestimmend und regulierend zu wirken, die Basis der Geltung des Verfassungsgesetzes, in dem die Verfassung rechtliche Positivität gewinnt.
Legitimität bedeutet die in Prinzipien begründete Anerkennung und Rechtfertigung politischer Herrschaft und der Legalität öffentlicher Gewalt. Die Legitimität der demokratischen Verfassung beruht auf dem Prinzip der Volkssouveränität und des Verfassungsstaates. Die Verfassung faßt die Prinzipien zusammen, in denen die Legitimität staatlicher Herrschaft gründet: Volkssouveränität, staatliche Werte und Ziele, Grenzen und Aufgaben des Staates. Verfassungsmäßige Verfahren erfordern neben ihrer Übereinstimmung mit der Verfassung weiterer Legitimation nicht. ,,Nach dem Grundgesetz bedeutet verfassungsmäßige Legalität zugleich demokratische Legitimation" (BVerfGE 62, 1/43).
Der Gedanke einer ,,Legitimation durch Verfahren" (Luhmann) bleibt ohne Erklärungswert für die Verfassunggebung. Auf die legitimitätschaffende Grundlage in sachlichen Gemeinsamkeiten kann nicht verzichtet werden, wenn eine irgend stabile und gerechte Herrschaftsordnung bestehen soll. Nicht weil die Gewaltunterworfenen schlechthin auf die Gerechtigkeit und Fruchtbarkeit der demokratischen Verfahren vertrauen, akzeptieren sie das Mehrheitsprinzip, sondern weil die Verfahren im Verfassungsstaat in unverbrüchliche Grundsätze materieller Staatsgestaltung und Freiheitsbewahrung eingefügt sind. Jede Verfassung beruht auf bestimmten ideologischen und sozialökonomischen Voraussetzungen, die ihren Inhalt und ihre Verwirklichung bestimmen. Durch das Verfassungsgesetz erfahren diese Voraussetzungen eine gewisse rechtliche Stabilisierung. Zugleich wird ein rechtlicher, d. h. sich gewaltlos in die Kontinuität des Legalitätszusammenhangs einfügender Weg ihrer Veränderung und Fortentwicklung bereitgestellt.

K. Hesse, Die normative Kraft der Verfassung, 1959; Th. Würtenberger, Die Legitimität staatlicher Herrschaft, 1973; Ders., Legitimität, Legalität, in: O. Brunner/W. Conze/R. Koselleck (Hrsg.), Geschichtliche Grundbegriffe, Bd. 3, 1982, S. 677; U. Scheuner, Die Legitimationsgrundlage des modernen Staates, ARSP, Beiheft 15, 1981, S. 1.

Verfassungspolitik

Die Verfassung geht aus Entscheidungen und Verständigungen der politischen Kräfte hervor. Ebenso richten sich unter der Geltung der Verfassung verfassungspolitische Bestrebungen auf Änderungen oder Anpassungen der Verfassung. Das Verfassungsrecht darf nicht den Programmvorstellungen der jeweiligen Mehrheiten dienstbar gemacht werden, um das Instrument der ,,Verankerung" für die Zielsetzungen und Interessen der temporären Mehrheit zu sein. Dennoch fällt es in die Verantwortung der parlamentarischen Mehrheit, zu prüfen, ob die Verfassung den Erfordernissen der Zeit und der überschaubaren Zukunft genügt. Ungeachtet der Bewährung einer Verfassung stellt sich bei längerer Geltungsdauer die Frage der **Verfassungsreform.** Bedürfnisse der Anpassung an geänderte Verhältnisse, der institutionellen

Verbesserung oder zweckmäßiger Ordnung und politische Ziele sachlicher Veränderung oder Umgestaltung gehen dabei ineinander über. Der Bundestag hatte in der sechsten Wahlperiode aufgrund des § 74a seiner Geschäftsordnung durch Beschluß vom 8. Okt. 1970 eine **Enquete-Kommission Verfassungsreform** eingesetzt, die vor allem die bundesstaatliche Ordnung und das Verhältnis von Parlament und Regierung einer Überprüfung unterziehen sollte. Die Kommission hat zum Ende der sechsten Wahlperiode 1972 einen Zwischenbericht vorgelegt (BTag Drucks. 6/3829), ist zu Beginn der siebenten Wahlperiode erneut bestellt worden und hat mit dem Ende der siebenten Wahlperiode 1976 einen Schlußbericht erstattet (BTag Drucks. 7/5924). In neuerer Zeit hat sich das politische Interesse den „sozialen Grundrechten", deutlicher aber einer Ergänzung des Grundgesetzes oder einzelner Landesverfassungen durch Staatszielbestimmungen zugewandt; siehe den Bericht der Sachverständigenkommission Staatszielbestimmungen/Gesetzgebungsaufträge, Dezember 1983.

D. GRIMM, Verfassungsfunktion und Grundgesetzreform, AöR 97, 1972, S. 489; R. WAHL, Empfehlungen zur Verfassungsreform, AöR 103, 1978, S. 477; R. GRAWERT, Zur Verfassungsreform, Staat 18, 1979, S. 229; R. STEINBERG, Verfassungspolitik und offene Verfassung, JZ 1980, 385.

Entwicklung des Verfassungsstaates

11 Die westlichen Verfassungsstaaten haben ihr Staatsrecht aus den Erfahrungen und Ideen der **bürgerlichen Revolution** in England (17. Jahrhundert), Nordamerika, Frankreich, Belgien und Deutschland (18. und 19. Jahrhundert) gebildet. Zu den Grundpfeilern ihrer Verfassungen gehören Parlamentarismus, demokratische Staatsform, verantwortliche Regierung, Gewaltenteilung, Grundrechte und rechtsstaatliche Mäßigung und Bindung der öffentlichen Gewalt. Der Gedanke und die Verwirklichung einer geschriebenen Verfassung als einer Rechtsnorm, welche die Ausübung von Herrschaft ordnet und begrenzt, entspringen der Emanzipation der bürgerlichen Gesellschaft. Sie sind von den religiösen und säkularen Ideen geprägt, die diesen weltgeschichtlichen Prozeß begleitet haben, von den Ideen der Renaissance, des Calvinismus, der Aufklärung und des Liberalismus. Die Idee einer Verfassung kennzeichnet im politischen Denken die Ablösung des Mittelalters, für das die Ordnung des Gemeinwesens vorgegebenen und erkennbaren, menschlicher Bestimmung letztlich entzogenen Regeln unterworfen war, durch die Neuzeit, die den Anspruch erhebt, die Organisation der Gesellschaft durch vernunftgeleitete Entscheidung leisten zu können. Die dem **politischen Liberalismus** folgende Verfassung unterwirft den Staat der Gesellschaft. Die Staatsordnung ist nur dann als legitim anerkennenswert, wenn sie auf einer Verständigung beruht und Freiheit und Eigentum der Gesellschaftsglieder schützt. Der Parlamentarische Rat hat bei der Schaffung des Grundgesetzes an die Tradition des bürgerlichen Verfassungsstaates angeknüpft und die bereits in der Weimarer Reichsverfassung hergestellte Verbindung der liberalen Tradition mit den Grundsätzen einer republikanischen, demokratischen und sozialstaatlichen Staatsgestaltung fortgeführt. Zu den Errungenschaften der bürgerlichen Verfassungsbewegung rechnet die

Die Verfassung 12 **A**

in den naturrechtlichen Vorstellungen des „**Gesellschaftsvertrages**" wurzelnde Ausbildung der Verfassung. Die naturrechtlichen Lehren des 17. und 18. Jahrhunderts verstehen und rechtfertigen den Staat als vertragliche Vereinigung der einzelnen, die Herrschaft gründen und anvertrauen. Wo diese Auffassung sich mit der Idee beschränkter Herrschaftsausübung verbindet, wie in England, wird das Recht staatlicher Herrschaft aus der Anerkennung und dem Auftrag der Bürger (consent, covenant, trust) und aus ihrer Teilnahme an der staatlichen Willensbildung abgeleitet. Der die politische Herrschaft auf Recht gründende Gedanke des Vertrages, der Zustimmung der Beherrschten und der Bindung und Pflicht des Herrschers, hat im bürgerlichen Naturrecht nur eine neue, rationalistische Fassung erhalten. Er reicht in vielerlei Gestalt in die Anfänge menschlicher Vergemeinschaft zurück, zuerst immer als Teil der Religion.

Der Aufstieg des Parteienstaates, dann das Vordringen der organisierten Interessen und der öffentlichen Meinung, besonders durch die Massenmedien, vor allem aber der auf Egalität und soziale Sicherheit drängende Wohlfahrtsstaat haben die klassischen Institutionen des Verfassungsstaates einem weitreichenden, noch keinesfalls abgeschlossenen Veränderungsprozeß unterworfen. Die Kernfrage des entwickelten **demokratischen Verfassungsstaates** ist die Ordnung des Wirtschaftsprozesses und des Verteilungskampfes der organisierten Interessen. Je weniger der einzelne in den demokratischen Wahlen und in der parlamentarisch-parteienstaatlichen Volksvertretung den Akt seiner Zustimmung wiedererkennt, desto mehr verlagert sich – den Verfassungsstaat auflösend – das Partizipationsbedürfnis auf pluralistische oder fundamentaldemokratische Machtprozesse.

Verfassungslehre

Die Verfassungslehre versucht zu erklären, was die Verfassung in der politischen und rechtlichen Ordnung des Gemeinwesens bedeutet. Eine selbständige Theorie der Verfassung und des Verfassungsstaates konnte erst durch die Überwindung des staatsrechtlichen Positivismus entstehen, der die Verfassungsfragen auf Rechtsfragen reduzierte und von geschichtlichen, gesellschaftlichen und kulturellen Zusammenhängen abschnitt. 12

Die Verfassungslehre hat in ihrer Blüte während der Weimarer Zeit drei Hauptrichtungen hervorgebracht, deren Gedankenreichtum bis heute die staatsrechtliche Debatte dominiert: die Reine Rechtslehre HANS KELSENS, die Integrationslehre RUDOLF SMENDS und den Dezisionismus CARL SCHMITTS.

DIE **Reine Rechtslehre** hat mit ihrer unerbittlich durchgehaltenen Scheidung von (politisch-sozialem) Sein und (rechtlichem) Sollen maßgeblich zur methodischen und begrifflichen Strenge verfassungsjuristischer Argumentation und Begründung beigetragen. Der **Dezisionismus** CARL SCHMITTS zieht einen scharfen Schnitt zwischen dem Verfassungsgesetz und der durch „existentiellen" politischen Willen der verfassunggebenden Gewalt gesetzten Verfassung, der „Gesamt-Entscheidung über Art und Form der politischen Einheit". Die Einsicht in die geschichtliche Relativität des Staatsrechts, die Herkunft vieler Rechtseinrichtungen aus Kampfbegriffen der epochalen politischen Fronten und die Schwächen der parlamentarischen Demokratie sind produktive Ergebnisse dieser Lehre.

Am einflußreichsten ist bis heute die **Integrationslehre** RUDOLF SMENDS geblieben. Sie ist von bedeutenden Staatsrechtlern weiterentwickelt worden und hat schulbildend gewirkt. (U. SCHEUNER, K. HESSE, P. HÄBERLE, F. MÜLLER). Die Integrationslehre sieht den Staat nicht allein als ein Gefüge der Institutionen und als Willensvereinigung der politischen Kräfte. Die Einheit und der Bestand des Staates beruhen für sie auch auf der kulturellen Gesittung, der geistigen Gemeinsamkeit und den moralischen Wertvorstellungen, zu denen sich die einzelnen bekennen. Unter ,,Integration" wird die permanente, sinnorientierte ,,Verwirklichung" des staatlichen Seins in den verschiedenen Aktualisierungsvorgängen staatlichen und politischen Handelns verstanden. Die Integrationslehre charakterisiert das Dynamische, Fließende und Prekäre des Verfassungsrechts und engagiert zugleich die politische Freiheit des Bürgers.

Die Reine Rechtslehre hat einen prononciert juristischen Charakter, der sich vor allem gegen politische oder soziologische Auflösung der streng juristischen Methode der Auslegung und Anwendung des Verfassungsrechts wendet. Im Dezisionismus treten Krise, Ausnahmezustand, Kampf, Freund-Feind-Beziehung, insgesamt die unmittelbare Positivität des politischen Prozesses der rechtlichen Normativität des Verfassungsgesetzes überlegen entgegen. Auf dem Grunde der verfassungsrechtlichen Normativität wird die existentielle politische Entscheidung gesucht, die in dem ,,positiven Verfassungsbegriff" erfaßt werden soll. Diese Betrachtungsweise erlaubt, die Grundlagen und Institutionen der Verfassungsordnung von den mehr äußeren, technischen und ephemeren Bestandteilen des Verfassungsrechts zu sondern und die Befugnisse der Staatsorgane zur Verteidigung jener Grundlagen und Institutionen schärfer zu fassen. Die Integrationslehre hat ihre Wirkung besonders in der Methode und Praxis der Verfassungsauslegung entfaltet. Sie richtet den Blick des Verfassungsjuristen auf den Sinn und den größeren Zusammenhang, in dem die einzelnen Normierungen des Verfassungsgesetzes stehen. Das Zusammenwirken der politischen Kräfte und der ständig aufgerufene Verfassungssinn des Bürgers, die spezifischen republikanischen und demokratischen Pflichten also, aber auch die Wertgrundlagen der Rechts- und Verfassungskultur bilden die inneren Direktiven dieser Verfassungslehre.

H. KELSEN, Allgemeine Staatslehre, 1925; DERS., Reine Rechtslehre, 1934, 2. Aufl., 1960; C. SCHMITT, Verfassungslehre, 1928; R. SMEND, Verfassung und Verfassungsrecht, 1928; D. SCHINDLER, Verfassungsrecht und soziale Struktur, 1932; E. FORSTHOFF, Zur heutigen Situation einer Verfassungslehre, in: Festgabe für Carl Schmitt, 1968, Bd. 1, S. 185; P. HÄBERLE, Verfassung als öffentlicher Prozeß, 1978; F. MÜLLER, Die Einheit der Verfassung, 1979; K. HESSE, Grundzüge des Verfassungsrechts der Bundesrepublik Deutschland, 15. Aufl., 1985. – G. HOLSTEIN, Von Aufgaben und Zielen heutiger Staatsrechtswissenschaft, AöR N.F. 11, 1926, S. 1; H. HELLER, Bemerkungen zur staats- und rechtstheoretischen Problematik der Gegenwart, AöR N.F. 16, 1929, S. 321; U. SCHEUNER, 50 Jahre deutsche Staatsrechtswissenschaft im Spiegel der Verhandlungen der Vereinigung der Deutschen Staatsrechtslehrer, AöR 97, 1972, S. 349; R. SMEND, Die Vereinigung der Deutschen Staatsrechtslehrer und der Rich-

Das Verfassungsrecht

tungsstreit, in: Festschrift für Ulrich Scheuner, 1973, S. 575; M. FRIEDRICH, Der Methoden- und Richtungsstreit, AöR 102, 1977, S. 161; J. H. KAISER, Einige Umrisse des deutschen Staatsdenkens seit Weimar, AöR 108, 1983, S. 4.

3. Das Verfassungsrecht

Die Verfassung als bindende Norm und Maßstab für die Politik und die Ausübung öffentlicher Gewalt

Das Verfassungsrecht hat einen politischen Charakter, weil es die politischen Institutionen schafft und ordnet, in denen der Staat organisatorisch in Erscheinung tritt, und weil es durch Normen und Grundsätze die Ausübung der Staatsgewalt und den politischen Prozeß anregt, bindet und begrenzt. Der Verfassung können darüber hinaus politische, „appellative" Wirkungen zugesprochen werden, die zur Festigung der Staatsgesinnung beitragen und auch die Legitimität der Verfassung selbst bekräftigen können. Diese politischen Wirkungen sind es jedoch nicht, auf die es zuerst ankommt und in denen der geschichtliche Erfolg und der politische Sinn der Verfassung liegen. Die spezifische Bedeutung der Verfassung für den Staat und für den politischen Prozeß insgesamt liegt darin, daß die Politik von Regierung und Parlament und die Ausübung öffentlicher Gewalt durch Gesetzgebung, Vollziehung und Rechtsprechung an das Verfassungsgesetz als eine vorrangige Rechtsnorm gebunden sind. Diese Eigenschaft der Verfassung wird im Grundgesetz in den Art. 1 Abs. 3 und 20 Abs. 3 ausdrücklich betont. Das Grundgesetz legt sogar in einzelnen Bestimmungen seines Grundrechtsteils, z. B. Art. 5 Abs. 1 und Art. 9 Abs. 3, auch Rechte und Pflichten fest, die unmittelbar im Rechtsverkehr der einzelnen untereinander verbindlich sind. Der verfassungsstaatlichen Tradition entsprechend ist das Grundgesetz jedoch im Kernpunkt nicht eine Fundamentalnorm für Staat und Gesellschaft, sondern eine Grundordnung für den Staat und die Ausübung öffentlicher Gewalt, soweit diese den einzelnen betreffen kann. Die Grundrechte geben dem einzelnen Freiheiten, Garantien und Rechte; die Pflichten des einzelnen ergeben sich jedoch im Regelfall nicht unmittelbar aus der Verfassung, sondern aus dem Gesetz, das aus einer politischen Entscheidung der parlamentarischen Volksvertretung hervorgeht.

„Bindung" von Gesetzgebung, vollziehender Gewalt und Rechtsprechung an das Verfassungsrecht bedeutet, daß alle Entscheidungen und sonstigen Handlungen der öffentlichen Gewalt mit den Anforderungen der Verfassung im Einklang stehen müssen, andernfalls aber verfassungswidrig sind. Ein Gesetz oder eine sonstige Rechtsvorschrift, die verfassungswidrig ist, ist unwirksam, Entscheidungen der Verwaltungen und der Gerichte, die zum Verfassungsrecht im Widerspruch stehen, unterliegen in den dafür vorgesehenen Rechtsschutzverfahren der Aufhebung. Das Verfassungsrecht erweist sich in der Hand des Richters, der die Ausübung öffentlicher Gewalt in einem Rechtsstreit überprüft, als ein Maßstab der rechtlichen Beurteilung. Die Besonderheiten des Verfassungsrechts kommen in der Auslegung und Anwendung der Verfassung zur Geltung, wenn ein Gesetz, ein Verwaltungsakt oder ein Urteil Gegenstand des Rechtsschutzes und der richterlichen Prüfung werden. Ist, wie in der Bundesrepublik, die Wahrung des Verfassungsrechts in allen wesentlichen Streitfällen einem als Gericht ausgestalteten Verfassungsorgan, dem Bundesverfassungsgericht, zugewiesen, gewinnt die Verfassungsgerichtsbarkeit für die Auslegung und Fortbildung des Verfassungsrechts eine beherrschende Stellung.

Auslegung des Verfassungsgesetzes

14 Die **Auslegung** (Interpretation) eines Rechtssatzes bedeutet, den Inhalt der durch den Rechtssatz getroffenen Regelung mit Hilfe des Wortlautes, des Normzweckes und der Entstehungsgeschichte des Rechtssatzes allgemein oder im Hinblick auf die Entscheidung eines konkreten Streitfalles festzustellen. Die Auslegung eines Rechtssatzes kann – unter gewissen Vorbehalten – als ein Vorgang des „Verstehens" der Bedeutung sprachlicher Sätze aufgefaßt werden. Die Sprache des Rechts weist allerdings fast durchgehend eine juristische Kodierung auf, die sie von der Umgangssprache unterscheidet. Das „Verstehen" des Wortsinnes oder selbst des Normsinnes stellt im Streitfall nur **einen** Schritt im Rahmen der juristischen Argumentation und Begründung dar, welche die Ableitung bestimmter Rechtsfolgen aus dem ausgelegten und angewandten Rechtssatz zu erweisen hat.
Die allgemeine Lehre der juristischen Auslegungskunst, die vor allem in der Privatrechtswissenschaft entwickelt worden ist, ist auch für das Verfassungsgesetz gültig. Die Eigenart des Verfassungsrechts hat jedoch Besonderheiten zur Folge, denen in einer eigenen Theorie der **Verfassungsinterpretation** nachgegangen wird. Diese Besonderheiten lassen sich bei einer gewissen Vereinfachung in folgenden drei Punkten zusammenfassen. Erstens: Die auf die materielle Inhaltsbestimmung und Bindung staatlicher Tätigkeit gerichteten Teile der Verfassung bedienen sich vielfach solcher Ausdrücke, die einen breiten und politisch umkämpften Bedeutungshorizont haben, wie z. B. „Würde des Menschen" in Art. 1 Abs. 1 GG, „sozial" in Art. 20 Abs. 1 GG oder „Gefährdung des Bestandes der Bundesrepublik Deutschland" in Art. 21 Abs. 2 GG. Zweitens: Breite Partien des Verfassungsrechts weisen nicht jenen technischen Charakter auf, der sonst für das moderne Gesetzesrecht typisch ist. Häufig werden überkommene Formeln verwendet oder eine als befriedigend empfundene Stilisierung bevorzugt, auch wenn dies der Klarheit und Bestimmtheit der Normierung Abbruch tut. Das gilt z. B. für das Grundrecht, daß alle Menschen „vor dem Gesetz gleich" sind (Art. 3 Abs. 1 GG), für die Klausel, daß die Abgeordneten „Vertreter des ganzen Volkes, an Aufträge und Weisungen nicht gebunden und nur ihrem Gewissen unterworfen" sind (Art. 38 Abs. 1 GG) und für das „Vertrauen" oder „Mißtrauen" der parlamentarischen Volksvertretung im Verhältnis zur Staatsleitung (Art. 67, 68 GG). Drittens: Dadurch, daß die Verfassung, besonders in den Grundrechten, die Gesetzgebung bestimmt und begrenzt und daß die Einhaltung dieser Bindung der Kontrolle durch das Verfassungsgericht unterliegt, tragen die Grundsätze der Verfassungsauslegung zugleich zu der Abmessung der Grenze legislativer Gestaltungsfreiheit und verfassungsrichterlicher Rechtsprechung bei. Standpunkte in der Auseinandersetzung über die Methode der Verfassungsauslegung führen deshalb, soweit sie einen prinzipiel-

Das Verfassungsrecht

len Charakter haben, auf die Grundfragen des Verfassungsstaates und der parlamentarischen Demokratie.

P. Schneider/H. Ehmke, Prinzipien der Verfassungsinterpretation, VVDStRL Heft 20, 1963, S. 1, 53; M. Kriele, Theorie der Rechtsgewinnung, 1967; Chr. Tomuschat, Verfassungsgewohnheitsrecht? 1972; B.-O. Bryde, Verfassungsentwicklung, 1982.

Grundsätze der Verfassungsauslegung

Eine überzeugende und berechenbare Verfassungsinterpretation muß sich zuerst an den Wortlaut und Sinn der einzelnen Verfassungsvorschriften halten, dabei aber stets die Einheit des Verfassungsgesetzes und den inneren Zusammenhang der verschiedenen verfassungsrechtlichen Regelungen vor Augen haben. Der Auslegungsgedanke der Einheit der Verfassung darf jedoch weder dazu führen, daß die differenzierte Vielgestaltigkeit der Einzelbestimmungen mit Hilfe eines prinzipiell als vorrangig behaupteten Leitgedankens, z. B. dem Sozialstaatssatz oder einem vermeintlichen „Demokratiegebot", beiseite geschoben wird, noch mit der Annahme einer „Wertordnung" als materialer Basis der Verfassung die nachprüfbare Auslegung der einzelnen Verfassungsbestimmungen zu einer Formalität herabsetzen.

Die Verfassung legt bestimmte Grundbedingungen einer gerechten und freien Staatsordnung fest. Sie legt jedoch jenseits dieser Grundbedingungen die Verantwortung für Gerechtigkeit und Freiheit in die Hand der Regierung und der parlamentarischen Volksvertretung. Da es zu den Grundbedingungen des demokratischen Verfassungsstaates gehört, daß die wesentlichen politischen Entscheidungen bei der Bildung und Fortbildung des Rechts durch Gesetz erfolgen müssen, ist die **politische Gestaltungsfreiheit des Gesetzgebers** zugleich ein Leitgedanke für die Verfassungsinterpretation.

Die Verfassung ist keine traditionslose Neubegründung des Staatslebens und der Rechtsordnung. Sie schafft zwar in vielem einen Neubeginn und durchbricht insoweit die Tradition. So hat das Grundgesetz etwa die Stellung der Volksvertretung, des Regierungschefs und des Staatsoberhauptes grundsätzlich verändert und auch das Verhältnis dieser Verfassungsorgane zueinander wesentlich umgestaltet. Doch führt die Verfassung auch viele überkommene und als bewährt empfundene Grundsätze und Rechtseinrichtungen fort, so daß es für die Verfassungsauslegung erlaubt und geboten ist, diesen historischen Sachzusammenhang zu beachten. Sprache und Begriffswelt des Verfassungsrechts führen eine Fülle von Voraussetzungen mit sich, die der Rechtspraxis und dem „Juristenrecht" entstammen und deswegen aus einer isolierten Betrachtung des Verfassungsgesetzes allein nicht erkannt werden können. Das gilt etwa für das System der öffentlichen Abgaben (siehe Art. 104a ff. GG), für die verschiedenen Materien der Gesetzgebung (Art. 70ff. GG) und für eine Reihe der grundrechtlichen Gewährleistungen.

Die **Entstehungsgeschichte** der Verfassung wird häufig Aufschluß darüber geben, welche Gründe für einen bestimmten Wortlaut, eine bestimmte Regelung oder eine bestimmte gesetzestechnische Anordnung von Verfassungsvorschriften maßgebend gewesen sind. Die Entstehungsgeschichte ist jedoch in aller Regel für sich allein kein zuverlässiges Hilfsmittel der Verfassungsauslegung. Die Erklärungen einzelner Mitglieder der verfassunggebenden Körperschaft können häufig nicht einfach mit einem vermeintlichen „Willen" des Verfassungsgesetzgebers gleichgesetzt werden. Denn dieser kann nicht in dem Sprechen oder Schweigen einzelner Abgeordneter, sondern letzten Endes nur in der Beschlußfassung über das Verfassungsgesetz greifbar werden. Darüber hinaus ist für die Frage, was der Inhalt der Verfassung und ihrer einzelnen Bestimmungen heute ist, nicht der „Willen" des historischen Verfassungsgesetzgebers maßgebend, wie es die „subjektive" Theorie der Verfassungsauslegung annimmt. Jeder Rechtssatz und auch die Verfassung ist auf dauernde Verwirklichung angelegt und kann dementsprechend nur als eine objektiv zu verstehende Regelung betrachtet werden. Diese Vorstellung, die gewissermaßen auf einen „Willen der Verfassung" abstellt, ist als **„objektive" Theorie** die herrschende Auffassung der Verfassungsinterpretation (siehe BVerfGE 1, 299/312; 57, 250/262).

E.-W. BÖCKENFÖRDE, Die Methoden der Verfassungsinterpretation – Bestandsaufnahme und Kritik, NJW 1976, 2089.

Die Staatsrechtslehre

16 Die Staatsrechtslehre ist die Wissenschaft vom öffentlichen Recht, vor allem die Wissenschaft vom Staats- und Verwaltungsrecht. Das Bemühen, Inhalt und Zusammenhang des Verfassungsrechts im Fortgang der Staatspraxis mit juristischen Mitteln zu erfassen und kritisch zu prüfen, und die fortdauernde Auseinandersetzung über den Inhalt und die Vernünftigkeit des Verfassungsrechts treten in einer reichen Fülle von Veröffentlichungen zutage. Die literarischen Gattungen, in denen ein einigermaßen überschaubarer Zugang zum Verfassungsrecht und die Hilfsmittel für die juristische Arbeit auf diesem Gebiet gefunden werden können, sind das Lehrbuch, das Handbuch und der Kommentar.
Gesamtdarstellungen des Verfassungsrechts sind:

K. HESSE, Grundzüge des Verfassungsrechts der Bundesrepublik Deutschland, 15. Aufl., 1985; TH. MAUNZ/R. ZIPPELIUS, Deutsches Staatsrecht, 26. Aufl., 1985; K. STERN, Das Staatsrecht der Bundesrepublik Deutschland, Bd. I, 2. Aufl., 1984, Bd. II, 1980

Das Verfassungsrecht wird weiter dargestellt in folgenden Werken:

E. DENNINGER, Staatsrecht, 2 Bde, 1973/79; K. DOEHRING, Das Staatsrecht der Bundesrepublik Deutschland, 3. Aufl., 1984; E. STEIN, Staatsrecht, 9. Aufl., 1984.

Stärker auf eine Einführung und eine Beschreibung der Grundzüge zielen ab:

H.-W. ARNDT/W. RUDOLF, Öffentliches Recht, 5. Aufl., 1985; CHR. DEGENHART, Staatsrecht I, 1984; B. PIEROTH/B. SCHLINK, Grundrechte, Staatsrecht II, 1985; W. FÜRST/H. GÜNTHER, Grundgesetz, 3. Aufl., 1982; A. KATZ, Staatsrecht, 7. Aufl., 1985; J. M. MÖSSNER, Staatsrecht, 2. Aufl., 1985; I. VON MÜNCH, Grundbegriffe des Staatsrechts, Bd. 1, 3. Aufl., 1984, Bd. 2, 3. Aufl., 1985.

Handbücher und Übersichtswerke sind:

Staatslexikon, hrsg. von der Görresgesellschaft, 8 Bde. und 3 Erg.-Bde., 6. Aufl., 1957–1970; Evangelisches Staatslexikon, hrsg. von H. KUNST, R. HERZOG, W. SCHNEEMELCHER, 2. Aufl., 1975; Handbuch des Verfassungsrechts der Bundesrepublik Deutschland, hrsg. von E. BENDA, W. MAIHOFER, H.-J. VOGEL, 1983.

Entstehung des Grundgesetzes 17 **A**

Umfassende Kommentierungen des Grundgesetzes finden sich in folgenden Werken:

H. VON MANGOLDT, Das Bonner Grundgesetz, 1983; fortgesetzt als H. VON MANGOLDT/F. KLEIN, Das Bonner Grundgesetz, 2. Aufl., Bd. I, 1957, Bd. II, 1964, Bd. III, 1974; weiter fortgesetzt als H. VON MANGOLDT/F. KLEIN/CHR. STARCK u. a., Das Bonner Grundgesetz, Bd. 1, 3. Aufl., 1985; TH. MAUNZ/G. DÜRIG, Grundgesetz, Loseblattausg., 6. Aufl., Stand Jan. 1985; I. VON MÜNCH (Hrsg.), Grundgesetz-Kommentar, Bd. 1, 3. Aufl., 1985, Bd. 2, 2. Aufl., 1983, Bd. 3, 2. Aufl., 1983; Kommentar zum Bonner Grundgesetz (Bonner Kommentar), bearb. von H. J. ABRAHAM u. a., Loseblattausg., 1950 ff.

Der Kommentar zum Grundgesetz für die Bundesrepublik Deutschland, bearb. von A. AZZOLA u. a., 2 Bde., 1984 (Reihe Alternativkommentare), gibt die gewählte Zielsetzung durch den Namen der Reihe an, in der er erscheint.

Weitere Erläuterungsbücher zum Grundgesetz sind:

F. GIESE/E. SCHUNCK, Grundgesetz für die Bundesrepublik Deutschland, 9. Aufl., 1976; O. MODEL/K. MÜLLER, Grundgesetz für die Bundesrepublik Deutschland, 9. Aufl., 1981; B. SCHMIDT-BLEIBTREU/F. KLEIN, Kommentar zum Grundgesetz für die Bundesrepublik Deutschland, 6. Aufl., 1983; K.-H. SEIFERT/D. HÖMIG, Grundgesetz für die Bundesrepublik Deutschland, 2. Aufl., 1985.

Periodische Veröffentlichungen, in denen Abhandlungen zum Verfassungsrecht vorherrschend sind:

Veröffentlichungen der Vereinigung der Deutschen Staatsrechtslehrer (VVDStRL), Heft 1–7, 1924–1932, nach dem Kriege fortgesetzt mit Heft 8 ff. 1950 ff.; Jahrbuch des öffentlichen Rechts der Gegenwart (JöR), Bd. 1–25, 1907–1938, Neue Folge: Bd. 1 ff., 1951 ff.; Archiv des öffentlichen Rechts (AöR), Bd. 1 ff., 1886 ff. (bis 1910: Archiv für öffentliches Recht); Der Staat, Zeitschrift für Staatslehre, öffentliches Recht und Verfassungsgeschichte, Bd. 1 ff., 1962 ff.

4. Entstehung des Grundgesetzes und Gründung der Bundesrepublik Deutschland

Vorgeschichte

Nach der bedingungslosen Kapitulation der deutschen Streitkräfte am 8. Mai 1945 übernahmen die Alliierten mit der **Potsdamer Erklärung** vom 6. Juni 1945 die „oberste Regierungsgewalt hinsichtlich Deutschlands". Die Militärgouverneure der Vier Mächte übten in den Besatzungszonen und im Kontrollrat die Besatzungsgewalt in Deutschland aus, deren ohnehin nur schwache gemeinsame Grundlage im Zuge der sich rasch entwickelnden weltpolitischen Spannung zwischen den drei Westmächten und der Sowjetunion zerfiel. Im Westen Deutschlands kam es nach Bildung der Länder in den drei Besatzungszonen zunächst zur Gründung des „Vereinigten Wirtschaftsgebiets" (1. Jan. 1947) und bald danach zur Gründung der Bundesrepublik Deutschland auf der Grundlage des vom Parlamentarischen Rat verabschiedeten Grundgesetzes, mit den Beschränkungen des Genehmigungsschreibens der Militärgouverneure vom 12. Mai 1949 und des Besatzungsstatuts.

Einleitung

Das Auseinanderbrechen der alliierten Kontrolle über das besetzte Deutschland rückte die Wiedererrichtung des deutschen Staates auf dem Gebiete des früheren Deutschen Reiches im Rahmen einer einvernehmlichen Friedensordnung bald in eine weite Ferne. Diese Lage trat nachdrücklich auf der Londoner Konferenz der Vier Mächte vom 25. Nov. bis 15. Dez. 1947 zutage. Die in den folgenden Monaten zwischen den drei westlichen Alliierten, den Niederlanden, Belgien und Luxemburg erreichte Verständigung führte Mitte 1948 zu der Londoner Sechs-Mächte-Konferenz mit dem Ergebnis, in den drei westlichen Besatzungszonen die Ausarbeitung einer „Verfassung" zu initiieren und dem „deutschen Volk in den verschiedenen Ländern" die Freiheit zu geben, „für sich selbst die politische Organisation und die Einrichtungen zu schaffen, welche es in die Lage versetzen sollen, diejenigen staatlichen Aufgaben zu übernehmen, welche mit den Mindesterfordernissen der Besatzung und der Kontrolle vereinbar sind und welche letzten Endes das deutsche Volk in die Lage versetzen werden, volle Regierungsverantwortung zu übernehmen". Auf dieser Grundlage übergaben am 1. Juli 1948 die drei Militärgouverneure den Ministerpräsidenten der elf westdeutschen Länder in Frankfurt drei Dokumente, in denen die Einberufung einer „verfassunggebenden Versammlung" zur Ausarbeitung einer Verfassung vorgesehen, eine Überprüfung der bestehenden Ländergliederung bestimmt und die Grundsätze für die zukünftigen Beziehungen zwischen der neu zu schaffenden verfassungsmäßigen deutschen Staatsgewalt und den Alliierten festgelegt wurden (**Frankfurter Dokumente**).

Die Ministerpräsidenten sind auf den damit gewiesenen Weg zu einer neuen westdeutschen Staatlichkeit, über den vor allem auf der Koblenzer Konferenz vom 8. bis 10. Juli 1948 beraten wurde, schließlich eingegangen, konnten jedoch die drei Westmächte von der ursprünglichen Absicht abbringen, eine Verfassunggebende Versammlung einzuberufen, eine „Verfassung" zu schaffen und ein Verfassungsreferendum abzuhalten. Dafür war es ausschlaggebend, nicht zu einer weiteren Vertiefung der Spaltung Deutschlands beizutragen. Der „provisorische" Charakter der westdeutschen Staatsbildung und das Festhalten an dem Ziel der baldigen „Wiedervereinigung" Deutschlands sollten so unterstrichen werden.

H. v. Mangoldt, Das Bonner Grundgesetz, 1953, Einleitung; M. Sachs, Die Entstehungsgeschichte des Grundgesetzes, JURA 1984, 519.

„Grundgesetz" statt „Verfassung"

18 Der Ausdruck „Grundgesetz" bedeutet in der Tradition der Staatspraxis und Rechtssprache keineswegs etwas Minderes. Die „leges fundamentales" des Alten Reiches waren nichts anderes als die Grundgesetze des Reichs und damit dessen höchstrangige Rechtsquelle. Seit der Entwicklung des Verfassungsstaates aus dem Geiste der Aufklärung erlangten jedoch Wort und Begriff der „Verfassung" einen politisch und juristisch eindeutigen Sinn. Vor diesem Hintergrund wollten die Ministerpräsidenten und dann der Parlamentarische Rat durch die Wahl des Wortes „Grundgesetz" und die Vermeidung des Wortes „Verfassung" den vorläufigen und politisch noch im Unbestimmten verbleibenden Charakter des neuen Staates und seines Staats-

Entstehung des Grundgesetzes

grundgesetzes betonen. In Abweichung von dem **Frankfurter Dokument Nr. I** sollte der Wille der Deutschen bekundet werden, daß nicht eine endgültige Verfassung für einen westdeutschen Staat, sondern nur ein zeitliches und räumliches Provisorium geschaffen werden sollte, ungeachtet der sachlich möglichst vollkommenen Ausbildung der rechtsstaatlichen Demokratie in dem neuen Verfassungsrecht des „Grundgesetzes". Dementsprechend bestimmt Art. 146 GG, daß das Grundgesetz seine Gültigkeit an dem Tage verliert, an dem eine „Verfassung" in Kraft tritt, die von dem deutschen Volke in freier Entscheidung beschlossen worden ist. Dies deutet zugleich an, daß der neue westdeutsche Staat in seiner völkerrechtlichen Handlungsfähigkeit und seiner auswärtigen Politik nach wie vor besonderen besatzungsrechtlichen Begrenzungen unterliegt. Die Präambel zögert nicht, die verfassunggebende Gewalt des deutschen Volkes als legitimierenden Geltungsgrund für das Grundgesetz anzurufen.

„Parlamentarischer Rat" statt „Verfassunggebender Versammlung"

Das Frankfurter Dokument Nr. I autorisierte die Ministerpräsidenten der Länder, eine „Verfassunggebende Versammlung" einzuberufen, die eine „demokratische Verfassung" auszuarbeiten habe, „die für die beteiligten Länder eine Regierungsform des föderalistischen Typs schafft, die am besten geeignet ist, die gegenwärtig zerrissene deutsche Einheit schließlich wieder herzustellen und die Rechte der beteiligten Länder schützt, eine angemessene Zentralinstanz schafft und Garantien der individuellen Rechte und Freiheiten enthält". Demgegenüber erklärten die Ministerpräsidenten in ihrer Stellungnahme zu dem Dokument Nr. I: „Die Ministerpräsidenten werden den Landtagen der drei Zonen empfehlen, eine Vertretung (Parlamentarischer Rat) zu wählen, der die Aufgabe hat, a) ein Grundgesetz für die einheitliche Verwaltung des Besatzungsgebietes der Westmächte auszuarbeiten, ... die Beteiligung der Länderregierungen an den Beratungen des Parlamentarischen Rates ist sicherzustellen ...". Dieser Standpunkt wurde bei den abschließenden Beratungen der Ministerpräsidenten im Jagdschloß Niederwald am 22. Juli 1948 bekräftigt: „Es besteht Einverständnis darüber, daß die Aufgabe, ein Grundgesetz zu schaffen, dem ‚Parlamentarischen Rat' übertragen wird."

Das Wort „**Parlamentarischer Rat**" kennzeichnet eine verfassungspolitische Grundauffassung. Das neue Grundgesetz sollte nach dem Willen der Ministerpräsidenten nicht von einer verfassunggebenden Nationalversammlung beschlossen und es sollte auch nicht einem Referendum unterworfen werden. Die westdeutschen Länder und deren Landtage sollten als die wesentlichen Faktoren der provisorischen Ausübung der deutschen verfassunggebenden Gewalt auftreten, sowohl bei der Berufung des Parlamentarischen Rates wie auch dann bei der Annahme des Grundgesetzes.

J. V. WAGNER, Der Parlamentarische Rat 1948–1949, Akten und Protokolle, Bd. 1: Vorgeschichte, 1975.

Der Herrenchiemseer Verfassungskonvent

Auf Anregung des bayerischen Ministerpräsidenten EHARD beschlossen die Ministerpräsidenten am 25. Juli 1948, am 10. August 1948 in Herrenchiemsee

A 21 Einleitung

einen von den Länderregierungen zusammenzusetzenden **Ausschuß von Sachverständigen für Verfassungsfragen** mit dem Auftrage niederzusetzen, „Richtlinien für ein Grundgesetz auszuarbeiten, die dem auf Grund des Frankfurter Dokuments I zu berufenden Parlamentarischen Rat als Grundlage für seine Arbeit unterbreitet werden könnten". Der daraufhin zusammengetretene Herrenchiemseer Verfassungskonvent legte am 24. Aug. 1948 den Entwurf eines Grundgesetzes mit Erläuterungen vor (Bericht über den Verfassungskonvent auf Herrenchiemsee vom 10. bis 23. August 1948, hrsg. vom Verfassungsausschuß der Ministerpräsidentenkonferenz der westlichen Besatzungszonen, München 1948).

In den Verfassungskonvent entsandte jedes Land einen Bevollmächtigten, der von einem weiteren Sachverständigen begleitet wurde. Im ganzen bestand der Herrenchiemseer Verfassungskonvent aus 30 Sachverständigen, die in drei Unterausschüssen für Grundsatzfragen, für Zuständigkeitsfragen und für Organisationsfragen und in Vollversammlungen tätig wurden. Der Bericht des Verfassungskonvents setzte sich aus einem Vorbericht, einem darstellenden Teil, dem Entwurf eines Grundgesetzes und einem kommentierenden Teil zusammen. Die Zurückhaltung des Verfassungskonvents zeigt sich vor allem darin, daß in dem Entwurf für ein Grundgesetz vielfach mehrere Lösungen derselben Regelungsaufgabe nebeneinander gestellt werden. Die Beratungen des Parlamentarischen Rates konnten den Bericht des Herrenchiemseer Verfassungskonvents zum Ausgangspunkt ihrer Arbeit nehmen.

Die Einsetzung des Herrenchiemseer Verfassungsausschusses ist von den Ministerpräsidenten bereits Anfang Juli 1948 bei der Übergabe der Frankfurter Dokumente ins Auge gefaßt worden. Schon damals schlug der hessische Ministerpräsident Stock vor, einen Sachverständigenausschuß zu bilden, der die Verfassung des zu bildenden Staates beraten und vorbereiten sollte. Zu diesem Zeitpunkt war allerdings noch nicht klar, in welcher Weise überhaupt die Beratung und Verabschiedung der Verfassung, d. h. des Grundgesetzes, stattfinden würde.

P. BUCHER, Der Parlamentarische Rat 1948–1949, Akten und Protokolle, Bd. 2: Der Verfassungskonvent auf Herrenchiemsee, 1981.

Der Parlamentarische Rat

21 Der Parlamentarische Rat trat am 1. Sept. 1948 in Bonn zu seiner konstituierenden Sitzung zusammen. Seine rechtliche Grundlage bildeten Gesetze der Länder über die Errichtung des Parlamentarischen Rates (ausgenommen in Nordrhein-Westfalen), z. B. das bayerische Gesetz vom 27. Aug. 1948 (GVBl. S. 160). Die Landtage wählten die 65 Mitglieder des Parlamentarischen Rates, von denen 27 der SPD, 27 der CDU und der CSU, 5 der FDP, 2 der DP, 2 dem Zentrum und 2 der KPD angehörten; 5 Delegierte Berlins wurden mit beratender Stimme zugelassen. Zum Präsidenten wurde KONRAD ADENAUER (CDU) gewählt, Vorsitzender des Hauptausschusses wurde CARLO SCHMID (SPD).

Der Parlamentarische Rat setzte einen Ältestenrat, einen Geschäftsordnungsausschuß und einen Hauptausschuß ein und bildete sieben Fachausschüsse

Entstehung des Grundgesetzes   22 **A**

für Grundsatzfragen, für Zuständigkeitsabgrenzung, für Finanzfragen, für die Organisation des Bundes, für Verfassungsgerichtshof und Rechtspflege, für das Besatzungsstatut und für Wahlrechtsfragen. Außerdem wurde ein Allgemeiner Redaktionsausschuß eingesetzt, der die Arbeiten der Fachausschüsse sprachlich und gesetzestechnisch zu vereinheitlichen hatte, um damit die Arbeit des Hauptausschusses vorzubereiten, der die Aufgabe hatte, den Gesamtentwurf auszuarbeiten. Zur Klärung der nach der zweiten Lesung im Hauptausschuß verbliebenen Streitpunkte wurde Ende Januar ein Fünfer-Ausschuß gebildet, auf der den am 5. Febr. 1949 vorgelegte Gesamtvorschlag für das Grundgesetz zurückgeht. Ferner kam es zur Einsetzung eines durch Erweiterung des Fünfer-Ausschusses gebildeten Siebener-Ausschusses, der zur Behandlung des alliierten Memorandums vom 2. März 1949 berufen wurde.

Die **Militärgouverneure** haben die Arbeit des Parlamentarischen Rates von Anbeginn beobachtet und in sie durch verschiedene Erklärungen eingegriffen. Vor allem die Frage der bundesstaatlichen Ordnung und hier insbes. der Finanzverfassung führten zu – im März und April 1949 sich krisenhaft zuspitzenden – Auseinandersetzungen des Parlamentarischen Rates mit den Militärgouverneuren. Die Beilegung der Streitpunkte erfolgte endgültig bei dem Zusammentreffen der Militärgouverneure mit einer Delegation des Parlamentarischen Rates in Frankfurt am 25. April 1949. Die abschließende (vierte) Beratung des Entwurfes für das Grundgesetz erfolgt im Hauptausschuß am 5. und 6. Mai 1949. Das Plenum verabschiedete das Grundgesetz in dritter Lesung am 8. Mai 1949 und nahm es mit 53 zu 12 Stimmen an. Gegen die Vorlage stimmten 6 der 8 CSU-Abgeordneten, sowie die Abgeordneten des Zentrums, der DP und der KPD.

H. VON MANGOLDT, Grundrechte und Grundsatzfragen des Bonner Grundgesetzes, AöR 75, 1949, S. 273; P. H. MERKL, Die Entstehung der Bundesrepublik Deutschland, 1965.

Annahme und Inkrafttreten des Grundgesetzes

Die Vorschrift des Art. 144 GG legt fest, daß das Grundgesetz der Annahme   22
durch die **Volksvertretungen** in zwei Dritteln der deutschen Länder bedarf, in denen es zunächst gelten soll. Dieser Vorschrift entsprechend wurde das Grundgesetz – wie die Eingangsworte festhalten – in der Woche vom 16.–22. Mai 1949 durch die Volksvertretungen von mehr als Zweidritteln der beteiligten deutschen Länder angenommen. Die Stadtverordneten-Versammlung von Groß-Berlin war durch alliierten Vorbehalt an einer Entscheidung über die Annahme des Grundgesetzes gehindert (siehe Art. 144 Abs. 2 GG), bekannte sich jedoch in einem Beschluß vom 19. Mai 1949 zu den Prinzipien und Zielen des Grundgesetzes. Der Landtag des Freistaates Bayern lehnte die Annahme des Grundgesetzes mit 101 gegen 64 Stimmen bei 9 Enthaltungen ab, bekräftigte aber in einer zweiten Abstimmung die Zugehörigkeit Bayerns zum Bund.

Das Grundgesetz bedurfte der Genehmigung durch die drei Militärgouverneure, die vor Einleitung des Verfahrens nach Art. 144 Abs. 1 GG in einem „**Genehmigungsschreiben**" vom 12. Mai 1949 (VOBlBZ S. 416) unter einer

21

Reihe von Vorbehalten erteilt wurde. Das Besatzungsregime bestand – wenn auch in veränderter Form – auch nach dem Inkrafttreten des Grundgesetzes fort; die Vollmachten und Befugnisse nach dem Grundgesetz blieben zunächst dem Besatzungsstatut vom 12. Mai 1949 (AHKABl. S. 13, revidiert durch Urkunde vom 6. März 1951, AHKABl. S. 792) unterworfen. Die fortbestehenden Besatzungsrechte lagen in den Händen der Alliierten Hohen Kommission.
Der Parlamentarische Rat stellte in öffentlicher Sitzung am 23. Mai 1949 fest, daß die Annahme des Grundgesetzes in der erforderlichen Zahl der Volksvertretungen der beteiligten deutschen Länder beschlossen worden war. Aufgrund dieser Feststellung hat der Parlamentarische Rat, vertreten durch seinen Präsidenten, das Grundgesetz ausgefertigt und verkündet (BGBl. S. 1; vgl. Art. 145 GG). Das Grundgesetz für die Bundesrepublik Deutschland vom 23. Mai 1945 ist nach seinem Art. 145 Abs. 2 mit Ablauf des Tages der Verkündung in Kraft getreten, d. h. am 24. Mai 1945.
L RdNr. 1.

Das Grundgesetz und eine künftige deutsche Verfassung

23 In der Präambel wird bekräftigt, daß durch das Grundgesetz dem staatlichen Leben „für eine Übergangszeit" eine neue Ordnung gegeben werden soll, und in Anspruch genommen, daß das deutsche Volk in den an der Verfassunggebung beteiligten deutschen Ländern auch für jene Deutsche gehandelt habe, denen mitzuwirken versagt war. Die Präambel ruft das gesamte Deutsche Volk auf, „in freier Selbstbestimmung die Einheit und Freiheit Deutschlands zu vollenden". Für den räumlichen Geltungsbereich des Grundgesetzes bestimmt Art. 23 GG, daß das Grundgesetz „zunächst" in den aufgezählten Ländern gilt; „in anderen Teilen Deutschlands" ist es nach deren Beitritt in Kraft zu setzen. Nach Art. 146 GG verliert das Grundgesetz seine Gültigkeit an dem Tage, an dem eine Verfassung in Kraft tritt, „die von dem deutschen Volke in freier Entscheidung beschlossen worden ist".
Das Grundgesetz hat sich selbst einen **politischen und geschichtlichen Vorbehalt** beigefügt und sich, gemessen an dem Ziel der Wiedervereinigung Deutschlands und einer deutschen Verfassung, als eine vorläufige Neuordnung der deutschen Staatlichkeit verstanden. Die verfassungsrechtliche Bedeutung und Wirkung des Grundgesetzes bestand von vornherein, abgesehen von den besatzungsrechtlichen Beschränkungen, in vollem Sinne. Im Verhältnis zu dem als fortbestehend vorausgesetzten deutschen Staat aus der Zeit vor dem Zusammenbruch wollte das Grundgesetz keine Zerstörung der rechtlichen Kontinuität herbeiführen. In welcher Weise es dazu kommen sollte, daß das deutsche Volk eine Verfassung in freier Entscheidung beschließt, wird vom Grundgesetz nicht antizipiert. Es liegt allerdings nahe, diese Klausel so zu verstehen, daß von dem künftigen Friedensvertrag die erforderliche Handlungsfreiheit einer deutschen verfassunggebenden Gewalt und die Schaffung der äußeren Voraussetzungen für eine derartige Verfassunggebung und Neukonstituierung Deutschlands erwartet wurden. Der in Art. 23 GG für möglich gehaltene Beitritt „anderer Teile Deutschlands" gehört demgegenüber noch in den Bereich jener Übergangszeit, von der die Präambel spricht. Der

Verfassungsgeschichte 24, 25 **A**

Beitritt des Saarlandes ist der bisher einzige Anwendungsfall dieser Bestimmung geblieben.

D. MURSWIEK, Die verfassunggebende Gewalt nach dem Grundgesetz für die Bundesrepublik Deutschland, 1978.

5. Verfassungsgeschichte

Deutsche Verfassungsgeschichte

Die französische Revolution, das Ende des Alten Reiches, die Befreiungskriege und die neue Ordnung des Deutschen Bundes, die auf dem Wiener Kongreß als ein Bestandteil der Neuordnung Europas errichtet worden war, sind die historischen Grundlagen für die deutsche Verfassungsgeschichte in den ersten Jahrzehnten des 19. Jahrhunderts. Die „**landständische Verfassung**", von der die Wiener Bundesakte von 1815 sprach, gestaltete sich in den deutschen Einzelstaaten als eine Verfassung der konstitutionellen Monarchie, zuerst in den Verfassungen des süddeutschen Konstitutionalismus (Bayern, 26. Mai 1818; Baden, 22. Aug. 1818; Württemberg, 25. Sept. 1819; u. a.), dann in Preußen (oktroyierte Verfassung vom 5. Dez. 1848, revidierte Verfassung vom 31. Jan. 1850), schließlich in der Bismarck'schen Reichsverfassung vom 16. April 1871. Die Verfassung der konstitutionellen Monarchie oder des „**Konstitutionalismus**" beruht auf dem monarchischen Prinzip, bindet aber die Ausübung der dem Monarchen zustehenden Befugnisse in mehr oder weniger großem Maße an die Verfassung und die verfassungsrechtlich festgelegten Mitwirkungsrechte der parlamentarischen Volksvertretung; die Regierung ist dem Monarchen und nur beschränkt der Volksvertretung verantwortlich. 24

Die Verfassungsbewegung des 19. Jahrhunderts war in Deutschland von Anbeginn verbunden mit der **nationalen Einigungsbewegung,** die auf die Begründung eines deutschen Nationalstaates nach den Prinzipien der bürgerlichen Verfassungsbewegung gerichtet war. Das Scheitern der März-Revolution bedeutete zugleich den Mißerfolg der nationalbürgerlichen Verfassungsbewegung. Der deutsche Nationalstaat ist dann durch die politische und militärische Stärke Preußens zustande gekommen.

E. R. HUBER, Deutsche Verfassungsgeschichte seit 1789, 7 Bde., 1957–1984, 2. Aufl., Bd. I, 1967, Bd. II, 1968, Bd. III 1970, dazu: Dokumente zur deutschen Verfassungsgeschichte, 3 Bde., Bd. 1, 3. Aufl., 1978, Bd. 2, 1964, Bd. 3, 1966; F. HARTUNG, Deutsche Verfassungsgeschichte vom 15. Jahrhundert bis zur Gegenwart, 9. Aufl., 1969; E. FORSTHOFF, Deutsche Verfassungsgeschichte der Neuzeit, 4. Aufl., 1972; E.-W. BÖCKENFÖRDE (Hrsg.), Moderne deutsche Verfassungsgeschichte (1815–1914), 2. Aufl., 1981; DERS., Verfassungsprobleme und Verfassungsbewegung des 19. Jahrhunderts, JuS 1971, 560; H. BRANDT, Landständische Repräsentation im deutschen Vormärz, 1968.

Die Verfassunggebung in der März-Revolution

Der Sturz des Bürgerkönigtums und die Ausrufung der (II.) Republik in Frankreich im Februar 1848 war der äußere Anlaß für die März-Revolution in Preußen, Österreich, Bayern und anderen deutschen Einzelstaaten. Der 25

23

Bundestag des Deutschen Bundes in Frankfurt gab den Weg zu Wahlen für eine **deutsche Nationalversammlung** aufgrund von Wahlgesetzen der Einzelstaaten frei. Die Nationalversammlung trat am 18. Mai 1848 in der Paulskirche in Frankfurt a. Main zusammen. Die Nationalversammlung entschied sich, zuerst die „**Grundrechte des deutschen Volkes**" zu beraten und festzulegen; sie wurden durch das Reichsgesetz vom 27. Dez. 1848 mit einem Einführungsgesetz vom selben Tage (RGBl. S. 49, 57) im ganzen Umfange des deutschen Reichs in Kraft gesetzt. Sie bildeten dann den Abschnitt VI (§§ 130–189) der „Verfassung des Deutschen Reiches" vom 28. März 1849. Nach dem Scheitern der März-Bewegung ist das Gesetz über die Grundrechte des deutschen Volkes durch Bundesbeschluß vom 23. Aug. 1851 wieder aufgehoben worden. Ungeachtet dessen haben die Grundrechte der Frankfurter Nationalversammlung in vielem als Muster der Verfassungs-Urkunde für den Preußischen Staat vom 31. Jan. 1850 gedient und, weiter wirkend, den Grundrechtsteil sowohl der Weimarer Reichsverfassung wie des Grundgesetzes beeinflußt.

Erst nach der Verabschiedung der Grundrechte hat sich die Nationalversammlung mit dem verfassungspolitisch zentralen Problem der Institutionen eines neu zu schaffenden deutschen Reiches befaßt. Die „kleindeutsche" Politik eines von Preußen bestimmten Kaiserreichs ohne Österreich stand der Politik der „Erbkaiserlichen" gegenüber, die für eine „großdeutsche" Lösung unter Einschluß zumindest der deutschsprachigen Teile der habsburger Monarchie votierten. Die **kleindeutsche Lösung** setzte sich durch. Die Nationalversammlung nahm am 27. März 1849 in einer Schlußabstimmung die Reichsverfassung an und wählte – bei 248 Enthaltungen – mit 290 Stimmen den König von Preußen FRIEDRICH WILHELM IV. zum Kaiser der Deutschen. Die von dem Präsidenten der Nationalversammlung HEINRICH V. GAGERN, am 28. März 1848 ausgefertigte **Verfassung des Deutschen Reiches** wurde im Reichsgesetzblatt verkündet (RGBl. S. 101). FRIEDRICH WILHELM IV. lehnte die ihm angebotene Kaiserwürde ab, die im Frühjahr 1849 wieder befestigten Monarchien hatten keinen Grund, ihre Rechte und Länder in ein Deutsches Reich auf der Grundlage der Paulskirchen-Verfassung einzubringen. Die März-Revolution von 1848 hat eine in Geltung getretene Verfassung nicht hervorgebracht.

In **Preußen** oktroyierte die Krone die Verfassungs-Urkunde für den Preußischen Staat vom 5. Dez. 1848 (GS S. 375), an deren Stelle dann die – nur in einigen Punkten geänderte – „revidierte" Verfassung vom 31. Jan. 1850 (GS S. 17) trat, die bis zum Ende der Monarchie in der November-Revolution von 1918 ihre Geltung behielt.

TH. MOMMSEN, Die Grundrechte des deutschen Volkes, 1849 (Neudruck 1969); G. ANSCHÜTZ, Die Verfassungs-Urkunde für den Preußischen Staat vom 31. Jan. 1850, 1912; H. SCHOLLER (Hrsg.), Die Grundrechtsdiskussion in der Paulskirche, 1973; R. STADELMANN, Soziale und politische Geschichte der Revolution von 1848, 1973; W. SIEMANN, Die Frankfurter Nationalversammlung 1848 zwischen demokratischem Liberalismus und konservativer Reform, 1976; M. BOTZENHART, Deutscher Parlamentarismus in der Revolutionszeit 1849–1850, 1977; G. GRÜNTHAL, Parlamentarismus in Preußen 1848/49–1857/58, 1982; J.-D. KÜHNE, Die Reichsverfassung der Paulskirche, 1985.

Verfassungsgeschichte 26 **A**

Die Bismarck'sche Reichsverfassung

Nach dem Sieg Preußens im preußisch-österreichischen Krieg (Königgrätz 26
3. Juli 1866) mußte Österreich im Frieden von Prag vom 23. Aug. 1866 der
Auflösung des Deutschen Bundes zustimmen und damit den Weg für eine
preußische Lösung der deutschen Nationalfrage freimachen. Unter der Hegemonie Preußens wurde der **Norddeutsche Bund** als ein Bundesstaat errichtet
(Verfassung vom 16. April 1867, BGBl. S. 2).
Nach der Niederlage Frankreichs im deutsch-französischen Krieg (Sedan
1. Sept. 1870) traten die süddeutschen Staaten in den ,,Novemberverträgen"
dem Norddeutschen Bund, der daraufhin zum deutschen Reich erweitert
wurde, bei. Auf die Kaiserproklamation im Spiegelsaal des Schlosses zu Versailles am 18. Jan. 1871 folgte die Verkündung der **Verfassung des Deutschen
Reichs** vom 16. April 1871 (BGBl. S. 63) durch den ,,Deutschen Kaiser", dem
das Präsidium des Bundes führenden König von Preußen und nunmehrigen
Kaiser WILHELM I.
Das BISMARCK-Reich war ein Bundesstaat, dessen politisch stärkstes Organ
der Bundesrat war, bestehend aus den Vertretern der Mitglieder des Bundes.
Der Vorsitz im Bundesrat und die Leitung der Geschäfte stand dem Reichskanzler zu, der vom Kaiser zu ernennen war. Der aus allgemeinen und direkten Wahlen hervorgehende Reichstag war das unitarische und zugleich das
demokratische Element der Reichsverfassung von 1871. Das Reich hatte keine Reichsregierung, sondern ein ,,Präsidium" des Bundes, das dem König
von Preußen unter dem Namen ,,Deutscher Kaiser" zustand, und den
Reichskanzler, dem die Leiter der Reichsämter als Staatssekretäre für die
einzelnen Ressorts untergeordnet waren. Nach dem Gesetz betreffend die
Stellvertretung des Reichskanzlers vom 17. März 1878 (RGBl. S. 7) konnten
die Staatssekretäre mit der Stellvertretung des Reichskanzlers für ihr Ressort
beauftragt werden; auch dadurch gewannen sie nicht die Stellung von Ministern. Die Reichsverfassung enthielt keinen Grundrechtskatalog, weil die
Ausführung der Gesetze im wesentlichen in der Hand der Bundesstaaten lag
und damit an die in deren Verfassungen enthaltenen Grundrechte gebunden
war und weil eine unitarische Wirkung eines in der Reichsverfassung enthaltenen Grundrechtskatalogs den betont föderalistischen Charakter des Reiches
in Frage gestellt hätte. Die Vorstellung von Grundrechten mit unmittelbarer
Bindungswirkung für die Reichsgesetzgebung war der damaligen Verfassungspolitik fremd.

P. LABAND, Das Staatsrecht des Deutschen Reiches, 4 Bde., 5. Aufl., 1911/14; G. MEYER/G. ANSCHÜTZ, Lehrbuch des deutschen Staatsrechts, 2 Bde., 7. Aufl., 1914/19;
A. HÄNEL, Deutsches Staatsrecht, 1. Bd., 1892. – TH. SCHIEDER/E. DEUERLEIN
(Hrsg.), Reichsgründung 1870/71, 1970; A. LAUFS, Die Anfänge des deutschen Nationalstaats, JuS 1971, 9; E. R. HUBER, Grundrechte im Bismarckschen Reichssystem, in:
Festschrift für Ulrich Scheuner, 1973, S. 163; M. STOLLEIS, Verwaltungsrechtswissenschaft und Verwaltungslehre 1866–1914, in: K. G. A. JESERICH/H. POHL/G.-CHR.
VON UNRUH, Deutsche Verwaltungsgeschichte, Bd. III, 1984, S. 85.

Die Weimarer Reichsverfassung

27 Die Berufung des Prinzen MAX VON BADEN zum Reichskanzler am 3. Okt. 1918 bedeutete durch die Bildung eines Kabinetts aus den Mehrheitsfraktionen des Reichstages eine „praktische Parlamentarisierung". Nach dem Waffenstillstandsangebot der deutschen Regierung vom 3./4. Okt. 1918 auf der Grundlage der „Vierzehn Punkte" des amerikanischen Präsidenten WILSON wurden durch die Gesetze zur Abänderung der Reichsverfassung vom 28. Okt. 1918 (RGBl. S. 1273, 1274) die parlamentarische Verantwortlichkeit des Reichskanzlers, die Gegenzeichnungspflichtigkeit für wesentliche Akte des militärischen Oberbefehls und das Zustimmungsrecht von Bundesrat und Reichstag für Friedensverträge in die Reichsverfassung eingefügt. Der Sturz der deutschen Monarchien in der November-Revolution beendete die Geltung der Reichsverfassung von 1871, die dann noch durch Art. 178 Abs. 1 WeimRVerf auch förmlich aufgehoben wurde.

Der **Rat der Volksbeauftragten,** der aus Vertretern der SPD und der USPD gebildet wurde und dessen Vorsitzender der spätere Reichspräsident FRIEDRICH EBERT war, setzte sich gegen weitergehende revolutionäre und rätedemokratische Bestrebungen mit der verfassungspolitischen Grundlinie durch, die Entscheidung über die künftige Staatsgestaltung Deutschlands in die Hand einer **verfassunggebenden Nationalversammlung** zu legen (Verordnung über die Wahlen zur verfassunggebenden Nationalversammlung vom 30. Nov. 1918, RGBl. S. 1345). Aus den Wahlen am 19. Jan. 1919 ergab sich für die Parteien der sog. Weimarer Koalition – SPD, Zentrum, Deutsche Demokratische Partei – eine Mehrheit von 331 Sitzen in der insges. 423 Mandate umfassenden Nationalversammlung. Wegen der fortdauernden Unruhen in Berlin trat die Nationalversammlung am 6. Febr. 1919 im Nationaltheater in Weimar zusammen. Die Nationalversammlung errichtete anstelle des bisherigen „revolutionären Staatsrechts" eine verfassungsmäßige Staatsgewalt durch das Gesetz über die vorläufige Reichsgewalt vom 10. Febr. 1919 (RGBl. S. 169) und wählte am 11. Febr. 1919 FRIEDRICH EBERT zum Reichspräsidenten.

Bereits am 15. Nov. 1918 hatte der Rat der Volksbeauftragten HUGO PREUSS zum Staatssekretär des Innern ernannt und damit beauftragt, den Entwurf für eine Verfassung auszuarbeiten. Der am 20. Jan. 1919 veröffentlichte Verfassungsentwurf (RAnz. Nr. 15) wurde nach Beratungen mit den Vertretern der Landesregierungen verändert und dann am 21. Febr. 1919 der Nationalversammlung als Entwurf des Reichsministeriums vorgelegt. Nach der ersten Beratung des Entwurfs in der Zeit vom 24. Febr. bis 4. März 1918 wurde dieser an einen aus 28 Mitgliedern bestehenden **Verfassungsausschuß** der Nationalversammlung überwiesen, der vom 4. März bis 18. Juni 1919 über diesen Entwurf verhandelte. FRIEDRICH NAUMANN (DDP), der mit der Berichterstattung über den Grundrechtsteil betraut worden war, brachte im Verfassungsausschuß am 31. März 1919 den „Versuch volksverständlicher Grundrechte" ein, dessen Grundgedanken einen bedeutenden Einfluß auf den Zweiten Hauptteil der Weimarer Reichsverfassung: „Grundrechte und Grundpflichten der Deutschen", ausübte (C RNr. 7). Der dem Plenum der Nationalversammlung mit einem Bericht am 18. Juni 1919 durch den Verfas-

Verfassungsgeschichte

sungsausschuß vorgelegte Entwurf wurde bis zum 22. Juli in zweiter Lesung, dann in der Zeit vom 29.–31. Juli 1919 in dritter Lesung beraten. Nachdem die Nationalversammlung die ,,Verfassung des Deutschen Reichs" am 31. Juli 1919 mit 262 gegen 75 Stimmen bei einer Enthaltung angenommen hatte – die Gegenstimmen kamen vor allem aus den Reihen der Deutschnationalen, der Deutschen Volkspartei und der USPD –, unterzeichnete sie der Reichspräsident am 11. Aug. 1919. Die Weimarer Reichsverfassung wurde am 14. August 1919 verkündet (RGBl. S. 1383) und trat gemäß ihrem Art. 181 Satz 2 am selben Tage in Kraft. In Art. 178 Abs. 2 war der Vorbehalt aufgenommen worden: ,,Die Bestimmungen des am 28. Juni 1919 in Versailles unterzeichneten Friedensvertrags werden durch die Verfassung nicht berührt."

G. ANSCHÜTZ, Die Verfassung des deutschen Reichs, 1921, 14. Aufl., 1933; H. C. NIPPERDEY (Hrsg.), Die Grundrechte und Grundpflichten der Reichsverfassung, 3 Bde., 1929/30; G. ANSCHÜTZ/R. THOMA, Handbuch des Deutschen Staatsrechts, 2 Bde., 1930/32. – H. MOSLER, Art. Weimarer Verfassung, in: Staatslexikon der Görresgesellschaft, 6. Aufl. Bd. 8, 1963, Sp. 517; W. APELT, Geschichte der Weimarer Verfassung, 2. Aufl., 1964.

Das Dritte Reich

Bereits in den Reichstagswahlen des Jahres 1930 zeichnete sich die Krise der parlamentarischen Demokratie ab, die dann in den beiden Reichstagswahlen des Jahres 1932 in vollem Maße zum Ausdruck kam. Gegenüber einem Reichstag, dessen Mehrheit in der Hand der radikalen Flügelparteien der Rechten und der Linken war, konnten sich die Präsidialkabinette der Reichskanzler V. PAPEN und V. SCHLEICHER auch nicht mit Hilfe des Notverordnungsrechts des Reichspräsidenten nach Art. 48 Abs. 2 WeimRVerf und der Möglichkeit einer wiederholten Auflösung des Reichstages durch den Reichspräsidenten nach Art. 25 WeimRVerf behaupten. Der Reichspräsident berief den Führer der NSDAP, ADOLF HITLER, am 30. Jan. 1933 zum Reichskanzler eines Präsidialkabinetts und gestand ihm die erneute Auflösung des Reichstages zu. Kurz vor dem Wahltermin diente der Reichstagsbrand als Anlaß für die **Verordnung des Reichspräsidenten zum Schutz von Volk und Staat** vom 28. Febr. 1933 (RGBl. I S. 83), die ,,zur Abwehr kommunistischer staatsgefährdender Gewaltakte" u. a. die nicht diktaturfesten Grundrechte des Art. 48 Abs. 2 WeimRVerf bis auf weiteres außer Kraft setzte. Nach den Reichstagswahlen am 5. März 1933 verabschiedete der Reichstag mit verfassungsdurchbrechender Mehrheit das **Gesetz zur Behebung der Not von Volk und Reich** (,,Ermächtigungsgesetz") vom 24. März 1933 (RGBl. I S. 141), wonach Reichsgesetze außer in dem in der Reichsverfassung vorgesehenen Verfahren auch durch die Reichsregierung beschlossen werden konnten und derartige von der Reichsregierung beschlossene Reichsgesetze von der Reichsverfassung abweichen konnten, soweit sie nicht die Einrichtung des Reichstags und des Reichsrats als solche zum Gegenstand hatten; die Rechte des Reichspräsidenten blieben unberührt. Das Ermächtigungsgesetz war zunächst bis zum 31. März 1937 befristet, wurde dann aber durch Gesetz vom 30. Jan. 1937 (RGBl. I S. 105) bis zum 1. April 1941 und durch Reichsgesetz vom 30. Jan. 1939 (RGBl. I S. 95) bis zum 10. Mai 1943 verlängert. Durch Erlaß ADOLF HITLERS vom 10. Mai 1943 (RGBl. I S. 295) wurde bestimmt, daß die Reichsregierung die ihr durch das Ermächtigungsgesetz übertragenen Befugnisse auch weiterhin auszuüben hat. Das Gesetz gegen die Neubildung von Parteien vom 14. Juli 1933 (RGBl. I S. 479) und das Gesetz zur Sicherung der Einheit von Partei und Staat vom 1. Dez. 1933 (RGBl. I S. 1016) vollendeten die Abschaffung der parlamentarischen Demokratie.

Eine grundlegende Umgestaltung des durch die Weimarer Reichsverfassung geordneten Bundesstaates erfolgte durch das **Gesetz über den Neuaufbau des Reichs** vom 30. Jan. 1934 (RGBl. I S. 75). Die Volksvertretungen der Länder wurden durch dieses Gesetz aufgehoben; die Hoheitsrechte der Länder gingen auf das Reich über und die Landesregierungen wurden der Reichsregierung unterstellt. Dieses Gesetz beseitigte den Bundesstaat und die den Bundesstaat bildenden Länder. Vorausgegangen waren das Gleichschaltungsgesetz vom 31. März 1933 (RGBl. I S. 153) und das Reichsstatthaltergesetz vom 7. April 1933 (RGBl. I S. 173).

Einen Tag vor dem Tode des Reichspräsidenten v. HINDENBURG bestimmte das **Gesetz über das Staatsoberhaupt des Deutschen Reichs** vom 1. Aug. 1934 (RGBl. I S. 747), daß das Amt des Reichspräsidenten mit dem des Reichskanzlers vereinigt wird und daß infolgedessen die bisherigen Befugnisse des Reichspräsidenten auf den Führer und Reichskanzler ADOLF HITLER übergehen. Dieses Gesetz wurde in einer Volksabstimmung am 19. Aug. 1934 bestätigt.

Die Weimarer Reichsverfassung ist durch Rechtsakte des Dritten Reiches weder formell noch ausdrücklich aufgehoben worden. Durch die in den Jahren 1933 und 1934 erfolgten Veränderungen des Verfassungsrechts, die sich nur scheinbar auf die Legalität des Weimarer Staatsrechts berufen konnten, wurden die institutionellen und die sonst politisch wesentlichen Bestimmungen der Weimarer Reichsverfassung obsolet. Nach der später dazu vertretenen Auffassung blieben vor allem die Grundrechtsvorschriften der Weimarer Reichsverfassung mit dem Range eines einfachen Reichsgesetzes in Geltung, soweit sie nicht durch neue Rechtsvorschriften ausdrücklich oder konkludent außer Kraft gesetzt wurden.

Rechtsnormen der Organe des Dritten Reiches haben ihre Geltung über den 8. Mai 1945 hinaus behalten, wenn sie nach den verfassungsrechtlichen Voraussetzungen, die das Dritte Reich sich selbst geschaffen hat, ordnungsgemäß erlassen sind und ihrem Inhalt nach nicht gegen das Wesen und den möglichen Inhalt des Rechts verstoßen oder durch späteres Recht aufgehoben worden sind (BVerfGE 6, 309/331 f.; 6, 389/414 f.; 23, 98/106; BVerwGE 7, 114/117; 31, 28/30). L RNr. 10.

E. R. HUBER, Verfassungsrecht des Großdeutschen Reiches, 1939; A. KÖTTGEN, Deutsche Verwaltung, 3. Aufl., 1944. – H. SCHNEIDER, Das Ermächtigungsgesetz vom 24. März 1933, 1955; W. HEMPFER, Die nationalsozialistische Staatsauffassung in der Rechtsprechung des Preußischen Oberverwaltungsgerichts, 1974; M. STOLLEIS, Gemeinwohlformeln im nationalsozialistischen Recht, 1974; K. D. BRACHER, Die deutsche Diktatur, 6. Aufl., 1979; M. BROSZAT, Der Staat Hitlers, 10. Aufl., 1983; E.-W. BÖCKENFÖRDE (Hrsg.), Staatsrecht und Staatsrechtslehre im Dritten Reich, 1985; C. H. ULE, Eine wissenschaftliche Zeitschrift als Spiegel der Verfassungs- und Verwaltungswirklichkeit in ihrer Zeit – Das Reichsverwaltungsblatt 1933–1943, DVBl. 1985, 482.

Verfassungsgeschichte 29 **A**

Zusammenbruch und Besatzungszeit

Seit dem Januar des Jahres 1945 führte das Zurückweichen der deutschen 29
Streitkräfte und die rasch fortschreitende Besetzung des Reichsgebietes durch
die Alliierten zum Zusammenbruch der deutschen Staatsgewalt. Nach der
bedingungslosen Kapitulation der deutschen Streitkräfte am 8. Mai 1945
übernahmen die Alliierten mit der **Potsdamer Erklärung** vom 6. Juni 1945 die
,,oberste Regierungsgewalt hinsichtlich Deutschlands". Entsprechend dem
Londoner Protokoll vom 12. Sept. 1944 und anderer Vereinbarungen im
Rahmen der Europäischen Beratenden Kommission wurde Deutschland innerhalb seiner Grenzen, wie sie am 31. Dez. 1937 bestanden, für Besatzungszwecke in vier Zonen aufgeteilt und bestimmt, daß während der Zeit, in der
Deutschland die sich aus der bedingungslosen Kapitulation ergebenden
grundlegenden Forderungen erfüllt, in Deutschland die oberste Gewalt von
den Oberbefehlshabern Großbritanniens, der Vereinigten Staaten, Sowjetrußlands und Frankreichs auf Anweisung ihrer Regierungen ausgeübt wird,
von jedem in seiner eigenen Besatzungszone und gemeinsam in allen
Deutschland als ganzes betreffenden Angelegenheiten. Es wurde ein **Kontrollrat** eingesetzt, der aus den vier Oberbefehlshabern gebildet wurde. Das
Gebiet von Groß-Berlin wurde von Truppen einer jeden der vier Mächte
besetzt und zur gemeinsamen Leitung der Verwaltung dieses Gebietes wurde
eine interalliierte Behörde (,,Kommandantura") errichtet.
Das **Potsdamer Abkommen** vom 2. Aug. 1945, dem Frankreich später beigetreten ist, enthält Vereinbarungen der Regierungs- und Staatschefs der Vereinigten Staaten, des Vereinigten Königreichs und der Sowjetunion über die
politischen und wirtschaftlichen Grundsätze, ,,deren man sich bei der Behandlung Deutschlands in der Anfangsperiode der Kontrolle bedienen muß",
darunter die Festlegung der ,,Oder-Neiße-Linie". In Fortführung der Abreden der Alliierten auf den Kriegskonferenzen von Teheran und Jalta sollte
das Potsdamer Abkommen die Behandlung Deutschlands für die Zeit bis
zum Abschluß eines Friedensvertrages ordnen. Dem Kontrollrat wurde die
Verantwortung für eine angemessene Einheitlichkeit des Vorgehens der
Oberbefehlshaber in ihren Besatzungszonen übertragen und die Befugnis
zugesprochen, ,,im gegenseitigen Einvernehmen Entscheidungen über alle
Deutschland als ganzes betreffenden wesentlichen Fragen" zu treffen. Der
Kontrollrat hat am 30. Juli 1945 seine Tätigkeit aufgenommen und ist am
20. März 1948 zum letztenmal zusammengetreten.
L RNrn. 4–6.

R. HANSEN, Das Ende des Dritten Reiches. Die deutsche Kapitulation 1945, 1966;
J. GIMBEL, The American Occupation of Germany, 1968 (dt.: Amerikan. Besatzungspolitik in Deutschland 1945–1949, 1971); F. FAUST, Das Potsdamer Abkommen und
seine völkerrechtliche Bedeutung, 4. Aufl., 1969; B. DIESTELKAMP, Rechts- und verfassungsgeschichtliche Probleme zur Frühgeschichte der Bundesrepublik Deutschland,
JuS 1980, 790 und 1981, 96, 409, 488; M. STOLLEIS, Rechtsordnung und Justizpolitik
1945–1949 in: Festschrift für Helmut Coing, 1982, I, S. 383.

Die neuen Länder und ihre Verfassungen

30 Im Fortgang der Besetzung deutschen Gebietes durch die vorrückenden Truppen der Alliierten und dann nach der Kapitulation und der Übernahme der Regierungsgewalt hinsichtlich Deutschlands durch die alliierten Militärgouverneure wurde die deutsche Verwaltung, zunächst in den Gemeinden, nach den Anordnungen der Besatzungsmächte neu errichtet und wurden 1946/47 unter der Aufsicht der Besatzungsmächte in den einzelnen Besatzungszonen deutsche „Länder" geschaffen. Die Entwicklung ist in den **Besatzungszonen** unterschiedlich verlaufen. Für die Abgrenzung der Gebiete der neuen Länder waren zuerst die Grenzen der Besatzungszonen und dann die überkommenen Grenzen der alten deutschen Länder (siehe Art. 2 WeimRVerf), preußische Provinzgrenzen, aber auch Zweckmäßigkeitserfordernisse der Besatzungsmächte maßgebend. Von den Ländern, die am Ende der Weimarer Republik bestanden, gehörten die folgenden ganz oder zum Teil zu den drei westlichen Besatzungszonen: Preußen, Bayern, Württemberg, Baden, Hessen, Hamburg, Oldenburg, Braunschweig, Bremen, Lippe, Lübeck, Schaumburg-Lippe. Das Kontrollratsgesetz Nr. 46 vom 25. Febr. 1947 erklärte – ohne Rücksicht auf die vorangegangene staatsrechtliche Entwicklung – den Staat Preußen für aufgelöst (L RNr. 9).
Die **amerikanische** Besatzungszone wurde durch die Proklamation Nr. 2 der Militärregierung vom 19. Sept. 1946 in die Länder Bayern, Hessen und Württemberg-Baden eingeteilt. **Bayern** behielt sein früheres Gebiet, verlor jedoch die Pfalz. Das neue **Hessen** umfaßte das frühere Land Hessen und die ehemalige preußische Provinz Hessen-Nassau, mit Ausnahme der zur französischen Besatzungszone gehörenden Gebietsteile. Das neue Land **Württemberg-Baden** wurde aus den nördlichen Teilen der früheren Länder Württemberg und Baden gebildet. Durch die Proklamation Nr. 3 vom 21. Jan. 1947 wurde das Land **Bremen** gebildet, dessen Gebiet als Versorgungshafen für die Expeditionstruppen zur amerikanischen Besatzungszone gehörte.
In der **britischen** Besatzungszone wurden durch die Verordnung Nr. 46 vom 23. Aug. 1946 die Länder Nordrhein-Westfalen, Hamburg und Schleswig-Holstein errichtet. **Nordrhein-Westfalen** umfaßte die ehemalige preußische Provinz Westfalen, die Regierungsbezirke Köln, Düsseldorf und Aachen der ehemaligen preußischen Rheinprovinz und das ehemalige Land Lippe-Detmold. **Schleswig-Holstein** wurde aus der ehemaligen preußischen Provinz gleichen Namens gebildet. Die Verordnung Nr. 46 schuf außerdem das Land Hannover aus der ehemaligen preußischen Provinz gleichen Namens, das dann durch die Verordnung Nr. 55 vom 1. Nov. 1946 mit den früheren Ländern Braunschweig, Oldenburg und Schaumburg-Lippe zu dem neuen Land **Niedersachsen** zusammengefügt wurde.
In der **französischen** Besatzungszone wurde durch die Verordnung Nr. 57 vom 30. Aug. 1946 das neue Land **Rheinland-Pfalz** aus dem Südteil der früheren preußischen Rheinprovinz und dem früheren bayerischen Regierungsbezirk Pfalz gebildet. Aus der südlichen Hälfte des früheren Landes Baden wurde das neue Land **Baden** mit der Hauptstadt Freiburg i. Breisgau gebildet. Das neue Land **Württemberg-Hohenzollern** mit der Hauptstadt Tübingen entstand aus dem Südteil von Württemberg und dem früheren preußischen

Verfassungsgeschichte 30 **A**

Regierungsbezirk Hohenzollern. Das **Saarland** wurde unmittelbar französischer Verwaltung unterstellt. Es ist erst nach der Abstimmung vom 23. Okt. 1955 aufgrund des Saarvertrages der Bundesrepublik mit Frankreich vom 27. Okt. 1956 (BGBl. II S. 1587) und des Eingliederungsgesetzes vom 23. Dez. 1956 (BGBl. I S. 1011) ein Land der Bundesrepublik geworden. In der **sowjetischen** Besatzungszone wurden in Anlehnung an die frühere Ländergliederung die neuen Länder Sachsen, Thüringen, Mecklenburg, Sachsen-Anhalt und Brandenburg errichtet.
Besondere Umstände galten für **Groß-Berlin,** das in vier Sektoren aufgeteilt und der Verwaltung der vier Alliierten unterstellt wurde (A RNr. 40).
Nicht alle der neu geschaffenen Länder erhielten noch vor Errichtung der Bundesrepublik eine Verfassung. Die **Landesverfassungen** kamen durch ein Zusammenwirken der deutschen Seite und der jeweils zuständigen Besatzungsmacht und durch die Annahme im Wege einer Abstimmung zustande. Am Beginn steht die Vorläufige Verfassung der Hansestadt Hamburg vom 15. Mai 1946 (GVBl. S. 51), an deren Stelle später die Verfassung der Freien und Hansestadt Hamburg vom 6. Juni 1952 (GVBl. S. 117) getreten ist. In der amerikanischen Besatzungszone kamen zustande: die Verfassung für Württemberg-Baden vom 28. Nov. 1946 (RegBl. S. 277), die Verfassung des Landes Hessen vom 1. Dez. 1946 (GVBl. S. 229), die Verfassung des Freistaates Bayern vom 2. Dez. 1946 (GVBl. S. 333, BayRS 100-1-S), die Landesverfassung der Freien Hansestadt Bremen vom 21. Okt. 1947 (GBl. S. 251). In der französischen Besatzungszone wurden erlassen: die Verfassung für Rheinland-Pfalz vom 18. Mai 1947 (VBl. S. 209), die Verfassung für Baden vom 19. Mai 1947 (RegBl. S. 129), die Verfassung für Württemberg-Hohenzollern vom 20. Mai 1947 (RegBl. S. 1), die Verfassung des Saarlandes vom 15. Dez. 1947 (ABl. S. 1077), im Hinblick auf die Eingliederung in die Bundesrepublik, geänd. dch. Gesetz vom 20. Dez. 1956 (ABl. S. 1657). Nach dem Inkrafttreten des Grundgesetzes wurden geschaffen: die Landessatzung für Schleswig-Holstein vom 13. Dez. 1949 (GVBl. 1950 S. 3), die Verfassung für das Land Nordrhein-Westfalen vom 28. Juni 1950 (GVBl. S. 127), die Verfassung von Berlin vom 1. Sept. 1950 (VBl. I S. 433), die Vorläufige Niedersächsische Verfassung vom 13. April 1951 (GVBl. S. 103), die jetzt geltende Verfassung der Freien und Hansestadt Hamburg vom 6. Juni 1952 (GVBl. S. 117) und die Verfassung des Landes Baden-Württemberg vom 11. Nov. 1953 (GBl. S. 173), die nach der Errichtung dieses Landes (siehe Art. 118 GG) die älteren Verfassungen Badens, Württemberg-Badens und Württemberg-Hohenzollern ablöste. Die Landesverfassungen weisen ungeachtet eines breiten Bereiches von Gemeinsamkeiten doch eine nicht unbeträchtliche Vielgestaltigkeit auf, vor allem in der Regelung von Staatsaufgaben durch Programmsätze und Staatszielbestimmungen und in den Grundrechtskatalogen (vgl. Art. 142 GG).
D RNr. 69.

CH. PESTALOZZA, Verfassungen der deutschen Bundesländer, 2. Aufl., 1981; B. BEUTLER, Das Staatsbild in den Länderverfassungen nach 1945, 1973; DERS., Die Länderverfassungen in der gegenwärtigen Verfassungsdiskussion, JöR 26, 1977, S. 1; W. THIEME, Die Entwicklung des Verfassungsrechts im Saarland von 1945 bis 1958, JöR 9, 1960, S. 423. – Geschichte der deutschen Länder – ,,Territorien-Ploetz", 2. Bd., 1971, S. 656 ff.

Das Ende der Besatzungszeit

31 Das Inkrafttreten des Grundgesetzes und die Errichtung der Bundesrepublik Deutschland ließen das Besatzungsregime zunächst bestehen. Die fortbestehenden Besatzungsrechte wurden durch die **Alliierte Hohe Kommission** ausgeübt, die am 21. Sept. 1949 errichtet wurde und aus den Kommissaren der drei Westmächte bestand. Ein weiterer Abbau der Besatzungsrechte konnte bereits durch das Petersburger Abkommen vom 22. Nov. 1949 zwischen den Alliierten Hohen Kommissaren und dem Bundeskanzler erreicht werden (dazu BVerfGE 1, 351).
Die **Bonner Verträge** vom 26. Mai 1952 in der Fassung der **Pariser Verträge** vom 23. Okt. 1954, die am 5. Mai 1955 um 12 Uhr MEZ in Kraft traten, beendeten das Besatzungsregime und gaben der Bundesrepublik die vollen Rechte eines souveränen Staates.
Das Kernstück dieses umfangreichen Vertragswerkes ist der Vertrag über die Beziehungen zwischen der Bundesrepublik Deutschland und den drei Mächten (Generalvertrag oder Deutschlandvertrag). Durch den ebenfalls zum Vertragswerk gehörenden Vertrag zur Regelung aus Krieg und Besatzung entstandener Fragen (Überleitungsvertrag) wurde die weitere Disposition über das noch geltende Besatzungsrecht – ausgenommen bestimmte Entscheidungen des Kontrollrates – der Verfügungsgewalt des deutschen Gesetzgebers überlassen (L RNr. 4).
Die im Generalvertrag festgehaltenen „**Vorbehalte**" **der drei Westmächte** betreffen die von den drei Mächten bisher ausgeübten oder innegehabten Rechte und Verantwortlichkeiten in Bezug auf Berlin und auf Deutschland als ganzes einschließlich der Wiedervereinigung Deutschlands und einer friedensvertraglichen Regelung (Art. 2, 6, 7 Generalvertrag). Diese Vorbehalte sind durch die seitherige Entwicklung und die Verträge der Bundesrepublik im Rahmen der neuen Ostpolitik (A RNr. 41) nicht berührt worden. Art. 9 des Grundvertrages mit der DDR vom 21. Dez. 1972 bestimmt, daß die Vertragsparteien darin übereinstimmen, daß durch diesen Vertrag die von ihnen früher abgeschlossenen oder sie betreffenden zweiseitigen und mehrseitigen internationalen Verträge und Vereinbarungen nicht berührt werden.

CHR. TOMUSCHAT, Die rechtliche Bedeutung der Vier-Mächte-Verantwortung, in: Fünf Jahre Grundvertragsurteil des Bundesverfassungsgerichts, 1979, S. 71.

Die Bundesrepublik Deutschland

32 Nach dem Inkrafttreten des Grundgesetzes sind im August und September 1949 die zur politischen Handlungsfähigkeit des neuen Staates erforderlichen Verfassungsorgane gebildet worden.
Der erste **Deutsche Bundestag** wurde am 14. Aug. 1949 aufgrund des vom Parlamentarischen Rat erlassenen Wahlgesetzes vom 15. Juni 1949 (BGBl. S. 21) in der Fassung des Änderungsgesetzes vom 5. Aug. 1949 (BGBl. S. 25) gewählt. Er trat auf Einladung der elf Regierungschefs der Länder am 7. Sept. 1949 in Bonn zu seiner konstituierenden Sitzung zusammen. Der Bundestag umfaßte 402 Mandate (einschließlich von zwei Überhangmandaten). Diese Mandate verteilten sich aufgrund des Ergebnisses der Bundestagswahl wie

Verfassungsentwicklung seit 1949   33 A

folgt: CDU/CSU 139, SPD 131, FDP und DVP (Demokratische Volkspartei) 52, BP (Bayernpartei) 17, DP (Deutsche Partei) 17, KPD 15, WAV (Wirtschaftliche Aufbauvereinigung) 12, ZP (Zentrums-Partei) 10, SSW (Südschleswigscher Wählerverband) 1, Parteilose und Unabhängige 3. Es traten zunächst 8 Berliner Abgeordnete dazu, von denen 5 der SPD, 2 der CDU und 1 der FDP angehörten. Die CDU/CSU war mit 31% der Stimmen die stärkste Partei geworden, nur in geringem Abstand gefolgt von der SPD, die 29,2% der Stimmen auf sich vereinigen konnte.
Die konstituierende Sitzung des Bundestages am 7. Sept. 1949 wurde durch den Alterspräsidenten PAUL LÖBE (SPD), in der Weimarer Republik schon einmal Präsident des Reichstages, eröffnet. ERICH KÖHLER (CDU) wurde zum ersten Bundestagspräsidenten gewählt.
Der **Bundesrat** trat am 7. Sept. 1949 zu seiner konstituierenden Sitzung zusammen und wählte den Ministerpräsidenten von Nordrhein-Westfalen, KARL ARNOLD, zu seinem ersten Präsidenten.
Die Bundesversammlung trat am 12. Sept. 1949 zusammen und wählte THEODOR HEUSS, den Vorsitzenden der FDP zum ersten **Bundespräsidenten**.
Der Bundestag wählte auf seiner dritten Sitzung am 15. Sept. 1949 auf Vorschlag des Bundespräsidenten KONRAD ADENAUER (CDU), vorher Vorsitzender des Parlamentarischen Rates, zum ersten **Bundeskanzler**. Der Vorschlag vereinigte von den 389 abgegebenen Stimmen 202 Stimmen auf sich, womit die nach Art. 63 Abs. 2, 121 GG geforderte absolute Mehrheit exakt erreicht wurde; 142 Abgeordneten stimmten gegen den Vorschlag, 44 Abgeordnete enthielten sich der Stimme und 1 Stimme war ungültig. Der erste Bundeskanzler konnte sich auf eine Koalition der CDU/CSU, FDP und DP stützen, die über 209 Mandate verfügte. Die Amtszeit des Bundeskanzlers begann mit seiner Vereidigung am 20. Sept. 1949. Die erste **Bundesregierung** bestand außer dem Bundeskanzler aus 13 Bundesministern, von denen 8 der CDU/CSU, 3 der FDP und 2 der DP angehörten.

Die Konstituierung der westdeutschen Bundesorgane, AöR 75, 1949, S. 332; P. SCHINDLER, Datenhandbuch zur Geschichte des Deutschen Bundestages 1949 bis 1982, 3. Aufl., 1984.

6. Verfassungsentwicklung seit 1949

Politische Entwicklung und Institutionen in der Bundesrepublik Deutschland

Seit dem Jahre 1949 haben zehn **Wahlen zum Bundestag** stattgefunden. Die 33 zehnte Wahlperiode des Bundestages endet im Jahre 1987. Das Wahlsystem und die Grundsätze des Wahlrechts sind von Anbeginn bis heute in allen wesentlichen Punkten unverändert geblieben.
Der zweite Deutsche Bundestag wurde am 6. Sept. 1953 gewählt und brachte der Regierungskoalition einen deutlichen Erfolg; der Stimmenanteil der CDU/CSU erweiterte sich auf 45,2% (243 Mandate). Als neue Partei war der Gesamtdeutsche Block – Block der Heimatvertriebenen und Entrechteten (GB/BHE) mit 5,9% der Stimmen und 27 Abgeordneten erfolgreich. Die CDU/CSU konnte in den Wahlen zum dritten Deutschen Bundestag am

3 Badura, Staatsrecht   33

15. Sept. 1957 ihren Stimmenanteil auf 50,2% (270 Mandate) steigern. Der BHE scheiterte an der 5%-Klausel. Die Wahlen zum vierten Deutschen Bundestag am 17. Sept. 1961 brachten vor allem der SPD (36,2% der Stimmen, 190 Abgeordnete) und der FDP (12,8% der Stimmen, 67 Abgeordnete) einen Erfolg, während die CDU/CSU deutliche Verluste erlitt (45,3% der Stimmen, 242 Mandate). Die CDU/CSU blieb auch aufgrund der Wahlen zum fünften Deutschen Bundestag am 19. Sept. 1965 die stärkste Fraktion (47,6% der Stimmen, 245 Mandate), doch auch die SPD konnte ihren Erfolg vertiefen (39,3% der Stimmen, 202 Mandate). Der Anstieg der SPD setzte sich bei den Wahlen zum sechsten Deutschen Bundestag am 28. Sept. 1969 fort (42,7% der Stimmen, 227 Mandate). Der Anteil der FDP fiel scharf auf 5,8% der Stimmen (30 Mandate) ab. Stärkste Fraktion blieb die CDU/CSU (46,1% der Stimmen, 242 Mandate). Der Wahlausgang und die Neuorientierung der FDP führten erstmals zur Wahl eines der SPD angehörenden Bundeskanzlers (WILLY BRANDT). Der sechste Bundestag wurde am 22. 9. 1972 gemäß Art. 68 GG durch den Bundespräsidenten (GUSTAV HEINEMANN) aufgelöst (BGBl. I S. 1833). Aufgrund der Wahlen zum siebenten Deutschen Bundestag am 19. Nov. 1972 wurde die SPD die stärkste Fraktion (45,8% der Stimmen, 230 Mandate). Die FDP konnte ihren Stimmenanteil wieder verbessern (8,4% der Stimmen, 41 Mandate). Bei den Wahlen zum achten Deutschen Bundestag am 3. Okt. 1976 konnte die CDU/CSU erstmals wieder Stimmengewinne erzielen; sie wurde wieder die stärkste Fraktion (48,6% der Stimmen, 243 Mandate). Die beiden Parteien der regierenden Koalition mußten Einbußen hinnehmen (SPD 42,6% der Stimmen, 214 Mandate; FDP 7,9% der Stimmen, 39 Mandate). Die Wahl zum neunten Bundestag am 5. Okt. 1980 ließ die Basis der regierenden sozial-liberalen Koalition im Bundestag bestehen. Die CDU/CSU verlor Stimmen, blieb aber die stärkste Fraktion (44,5% der Stimmen, 226 Mandate). Die FDP hatte deutliche Gewinne erzielen können (10,6% der Stimmen 53 Mandate), verließ aber im Herbst 1982 die Koalition mit der SPD. Durch ihre Beteiligung an dem Mißtrauensvotum gegen den Bundeskanzler HELMUT SCHMIDT (SPD) gelangte als neuer Bundeskanzler HELMUT KOHL (CDU) an die Spitze einer bürgerlichen Koalition der CDU/CSU mit der FDP. Der Bundespräsident löste den Bundestag am 6. Jan. 1983 gem. Art. 68 GG auf (dazu BVerfGE 62, 1). Die Wahlen zum zehnten Bundestag am 5. März 1983 führten zu erheblichen Stimmverlusten der SPD (38,2% der Stimmen, 193 Mandate) und der FDP (7% der Stimmen, 34 Mandate), während die CDU/CSU ihren Stimmenanteil deutlich verbessern konnte (48,8% der Stimmen, 244 Mandate). Als neue Partei waren die Grünen erfolgreich (5,6% der Stimmen, 27 Mandate).

Zum **Bundeskanzler** wurde KONRAD ADENAUER (CDU) erstmals am 15. Sept. 1949 und zum letztenmal am 7. Nov. 1961 gewählt; seine letzte Amtszeit dauerte bis zum 15. Okt. 1963, endete also vor dem Ende der Legislaturperiode durch Rücktritt. Auf ihn folgte LUDWIG ERHARD (CDU), dessen Amtszeit vom 16. Okt. 1963 bis zum 30. Nov. 1966 dauerte. Nach dem Rücktritt Erhards wurde am 1. Dez. 1966 KURT GEORG KIESINGER (CDU) als Bundeskanzler einer „großen" Koalition der CDU/CSU mit der SPD gewählt. Die große Koalition löste die vorher – in unterschiedlichen Zusammensetzungen – amtierenden bürgerlichen Koalitionen ab, in denen

Verfassungsentwicklung seit 1949

die CDU/CSU dominiert hatte. Nur in der Zeit vom 20. Sept. 1960 bis zum 14. Nov. 1961 war ADENAUER nach dem Übertritt der der DP angehörigen Bundesminister zur CDU Bundeskanzler einer allein durch die CDU/CSU gestützten Bundesregierung. Auf die große Koalition folgte aufgrund des Ausganges der Wahlen zum sechsten Bundestag eine Bundesregierung der ,,sozial-liberalen" Koalition. Am 21. Okt. 1969 wurde WILLY BRANDT (SPD) zum Bundeskanzler gewählt; er wurde am 14. Sept. 1972 erneut zum Bundeskanzler gewählt, trat aber am 6. Mai 1974 zurück. Sein Nachfolger wurde HELMUT SCHMIDT (SPD), den der Bundestag am 16. Mai 1974 und dann wieder am 15. Dez. 1976 und am 5. Nov. 1980 erneut zum Bundeskanzler wählte. Sein Sturz durch das erfolgreiche Mißtrauensvotum am 1. 10. 1982 bedeutete zugleich das Ende der sozial-liberalen Koalition, an deren Stelle eine bürgerliche Koalition der CDU/CSU mit der FDP unter dem Bundeskanzler HELMUT KOHL (CDU) trat. Helmut Kohl wurde nach den Wahlen zum zehnten Bundestag am 29. März 1984 erneut zum Bundeskanzler gewählt.

Der erste **Bundespräsident** der Bundesrepublik war THEODOR HEUSS (FDP), der am 12. Sept. 1949 von der Bundesversammlung gewählt und am 17. Juli 1954 erneut gewählt wurde. Seine Amtszeit endete am 12. Sept. 1959. Auf ihn folgte HEINRICH LÜBKE (CDU), der erstmals am 1. Juli 1959 und für eine zweite Amtsperiode am 1. Juli 1964 gewählt wurde, sein Amt jedoch vorzeitig am 30. Juni 1969 durch Rücktritt beendete. Die Bundesversammlung wählte am 5. März 1969 GUSTAV HEINEMANN (SPD) zum dritten Bundespräsidenten; die Amtszeit dauerte bis zum 30. Juni 1974. WALTER SCHEEL (FDP) wurde am 15. Mai 1974 für eine bis zum 30. Juni 1979 dauernde Amtszeit zum Bundespräsidenten gewählt. Auf ihn folgte KARL CARSTENS (CDU), der am 23. Mai 1979 mit einer Amtszeit bis zum 30. Juni 1984 gewählt wurde. Die Bundesversammlung wählte am 23. Mai 1984 RICHARD V. WEIZSÄCKER (CDU) zum sechsten Bundespräsidenten der Bundesrepublik. E RNr. 74.

Die Verfassungsänderungen

Das Grundgesetz kann gem. Art. 79 GG im Wege der verfassungsändernden Gesetzgebung geändert werden (F RNrn. 59–67). Die Verfassungsänderung ist eine formelle Möglichkeit, das Verfassungsgesetz an neue Bedürfnisse, Erfahrungen und Einsichten anzupassen. Das unterscheidet die Verfassungsänderung von der ,,ungeschriebenen" Verfassungsentwicklung im Wege der Verfassungsauslegung und der Staatspraxis in Gestalt des Verfassungswandels.

Das Grundgesetz ist bisher durch 35 Änderungsgesetze novelliert worden, erstmals durch das Strafrechtsänderungsgesetz vom 30. Aug. 1951 (BGBl. I S. 739), zuletzt durch das 35. Änderungsgesetz (Artikel 21 Abs. 1) vom 21. Dez. 1983 (BGBl. I S. 1481).

Ein Großteil der Verfassungsänderungen betraf die bundesstaatliche Ordnung, vor allem die Aufteilung der Gesetzgebungskompetenzen zwischen Bund und Ländern und die Finanzverfassung.

ST. SCHAUB, Der verfassungsändernde Gesetzgeber 1949–1980, 1984.

A 35, 36   Einleitung

Das Bild des Grundgesetzes aufgrund der Änderungsgesetze

35 Die **Finanzverfassung**, die schon ein wesentlicher Gegenstand der Auseinandersetzung zwischen dem Parlamentarischen Rat und den Militärgouverneuren gewesen war, wurde im Grundgesetz zunächst nur vorläufig geregelt. Nach Art. 107 GG in der ursprünglichen Fassung sollte die endgültige Verteilung der der konkurrierenden Gesetzgebung unterliegenden Steuern auf Bund und Länder spätestens bis zum 31. Dez. 1952 erfolgen, und zwar durch Bundesgesetz, das der Zustimmung des Bundesrates bedurfte. Nach zwei Änderungen des Art. 107 GG durch die Novellen vom 20. April 1953 (BGBl. I S. 130) und vom 25. Dez. 1954 (BGBl. I S. 517) kam es zum Erlaß des Finanzverfassungsgesetzes vom 23. Dez. 1955 (BGBl. I S. 817). Im folgenden ist die Finanzverfassung vor allem durch die Änderung des Art. 109 GG (ÄnderungsG vom 8. Juni 1967, BGBl. I S. 581), durch das 20. Änderungsgesetz vom 12. Mai 1969 (BGBl. I S. 357) und durch das Finanzreformgesetz vom 12. Mai 1969 (BGBl. I S. 359) weiterentwickelt worden. I RNrn. 44, 45.
Das Gesetz zur Ergänzung des Grundgesetzes vom 26. März 1954 (BGBl. I S. 45) und das Gesetz zur Ergänzung des Grundgesetzes vom 19. März 1956 (BGBl. I S. 111) sicherten die verfassungsrechtlichen Grundlagen für die militärische Verteidigung der Bundesrepublik und ordneten die **Wehrverfassung**.
Das Siebzehnte Gesetz zur Ergänzung des Grundgesetzes vom 24. Juni 1968 (BGBl. I S. 709), das auch äußerlich eine verhältnismäßig große Zahl von Grundgesetzbestimmungen betraf, wurde als eine besonders eingreifende Umgestaltung der Verfassungsordnung empfunden. Diese sog. **Notstandsverfassung** betraf hauptsächlich die Regelung des Verteidigungsfalles, außerdem aber auch den sog. „inneren Notstand", einschließlich der rechtlichen Zulässigkeit eines Einsatzes der Streitkräfte im Innern (G RNrn. 81–95 und K).

Fortbildung der Verfassung durch die Staatspraxis und die gerichtliche Rechtsfortbildung

36 Die **verfassungsändernde Gesetzgebung** ist der von der Verfassung selbst gewiesene Weg, um das Verfassungsrecht durch klare Regelungen weiterzubilden, die sich auf eine breite Zustimmung in den gesetzgebenden Körperschaften stützen können. Die Verfassungsänderung ist jedoch nicht der einzige Weg, in dem eine Fortbildung des Verfassungsrechts stattfindet. Die Handhabung der Verfassung durch die **Staatspraxis** und die Auslegung und Anwendung der Verfassung durch die **Gerichtspraxis** sind andere – wenn auch in ihrer Reichweite begrenztere – Wege zur Ausgestaltung und Fortbildung der Verfassung. Von vornherein enthält das Verfassungsgesetz, besonders in seinen materiellen Regelungen im Grundrechtsteil und in den Staatszielbestimmungen, Klauseln weitgespannten Inhalts, die dem Gesetzgeber ein erhebliches Maß an Gestaltungsfreiheit zusprechen, namentlich auf dem Gebiet der Wirtschaftspolitik (siehe BVerfGE 50, 290/337f.). In diesen Klauseln vor allem finden sich auch die Direktiven für einen möglichen **Verfas-**

Die deutsche Frage

sungswandel (F RNr. 60). Da der Verfassungsauslegung durch das Bundesverfassungsgericht im Bereich der Verfassungsprinzipien und der in den Grundrechten angelegten ,,Wertentscheidungen" ein nicht unbeträchtliches Moment der gestalteten **Verfassungsfortbildung** eignet – und nach der Aufgabe der Verfassungsgerichtsbarkeit eignen muß –, ist die Grenze der Verfassungsauslegung und -anwendung zum Verfassungswandel fließend. Der Fortbildung der Verfassung durch Auslegung und Anwendung des Verfassungsgesetzes seitens des Bundesverfassungsgerichts und anderer Gerichte ist jedoch durch die Leistungsfähigkeit der Verfassung eine Grenze gezogen. Denn im demokratischen Verfassungsstaat soll die politische Gestaltung durch das gesetzgebende Parlament der substantielle Faktor des rechtsfortbildenden Prozesses sein.

B.-O. BRYDE, Verfassungsentwicklung, 1982.

7. Die deutsche Frage

Untergang des Deutschen Reiches?

Als die alliierten Militärgouverneure nach der bedingungslosen Kapitulation der deutschen Streitkräfte am 6. Juni 1945 die ,,oberste Regierungsgewalt hinsichtlich Deutschlands" übernahmen, waren eine Staatsleitung und selbst funktionsfähige Organe der mittleren und unteren Verwaltungsstufe, in denen die Staatsgewalt des besiegten Deutschen Reiches hätte in Erscheinung treten können, praktisch nicht mehr vorhanden. Auch in der Folgezeit sind Einrichtungen oder Organe, in denen die **Staatsgewalt des Deutschen Reiches** verkörpert sein könnte, nicht wieder errichtet worden, auch nicht in Gestalt der Organe der Bundesrepublik Deutschland oder der Deutschen Demokratischen Republik. **Deutschland** als ,,Gesamtstaat" ist ,,desorganisiert und handlungsunfähig, aber rechtlich existent" (W. GEIGER). Der mit dem Kriegsende entstandene staatsrechtliche und völkerrechtliche Schwebezustand dauert fort, rechtlich erkennbar vor allem in den ,,Rechten und Verantwortlichkeiten der Vier Mächte in bezug auf Deutschland als ganzes und Berlin", kurz: dem **Vier-Mächte-Status** Deutschlands. In diesen Schwebezustand fügen sich die beiden deutschen Staaten und auch der Status der deutschen Ostgebiete ein, worüber allerdings im Westen und im Osten grundsätzlich verschiedene politische und rechtliche Auffassungen bestehen. Die Sowjetunion und die DDR stehen auf dem Standpunkt, daß das Deutsche Reich untergegangen ist und die DDR und die Bundesrepublik, je für ihr Gebiet und ihre Bevölkerung, Rechtsnachfolger des Deutschen Reiches geworden sind.

Nach dem Staatsrecht der Bundesrepublik ist durch den Zusammenbruch, die Handlungen der Besatzungsmächte, die Errichtung der beiden deutschen Staaten und die später zustande gekommenen Verträge und Erklärungen die rechtliche **Kontinuität** zwischen dem Deutschen Reich und der Bundesrepublik Deutschland nicht unterbrochen worden; die Bundesrepublik ist mit dem Deutschen Reich rechtlich identisch, d. h. die Bundesrepublik ist nicht ein neues und anderes Rechtssubjekt im Verhältnis zum fortbestehenden

Deutschen Reich. Davon zu unterscheiden ist die Frage nach dem Staatsgebiet der Bundesrepublik und nach dem räumlichen und personellen Geltungsbereich des Grundgesetzes (siehe Art. 23 GG); darauf bezieht sich die an sich ungenaue Formel von der ,,Teilidentität" der Bundesrepublik mit dem Deutschen Reich. Zu dieser Rechtslage siehe insbes. BVerfGE 6, 309/ 338, 363 f.; 36, 1/15 ff.

H. KUTSCHER/W. GREWE, Bonner Vertrag, 1952; R. SCHUSTER, Deutschlands staatliche Existenz im Widerstreit politischer und rechtlicher Gesichtspunkte 1945–1963, 1963; F. A. MANN, Deutschlands Rechtslage 1947–1967, JZ 1967, 618; J. HACKER, Der Rechtsstatus Deutschlands aus der Sicht der DDR, 1974; I. v. MÜNCH (Hrsg.), Dokumente des geteilten Deutschlands, Bd. I, 2. Aufl., 1976, Bd. II, 1974; R. SCHENK, Die Viermächteverantwortung für Deutschland als ganzes, insbes. deren Entwicklung seit 1969, 1976; J. A. FROWEIN, Die Rechtslage Deutschlands und der Status Berlins, HbVerfR, 1963, S. 29; W. GEIGER, Zur Rechtslage Deutschlands, NJW 1983, 2302; D. BLUMENWITZ, Die territorialen Folgen des Zweiten Weltkrieges, Archiv des Völkerrechts 23, 1985, S. 1.

Die neue ,,Ostpolitik" seit 1969

38 Das Bundeskabinett BRANDT/SCHEEL ergriff – in Anknüpfung an erste Schritte des Bundeskabinetts KIESINGER/BRANDT – eine grundsätzlich neue Initiative der **Normalisierung** der Beziehungen zur Sowjetunion, der DDR und anderen Staaten des Ostblocks und der **Friedenssicherung** in Mitteleuropa. Diese Politik, üblicherweise als neue ,,Ostpolitik" bezeichnet, hat zu einer Reihe von Verträgen geführt, die bis heute politisch und rechtlich umstritten geblieben sind, wenngleich ihre Wirkungen bedeutend sind. Alle diese Verträge haben den fortbestehenden **Vier-Mächte-Status Deutschlands** unberührt gelassen.
Als der wesentliche Durchbruch der neuen Ostpolitik ist der **Moskauer Vertrag** mit der Union der Sozialistischen Sowjetrepubliken vom 12. Aug. 1970 (BGBl. II S. 353) anzusehen; er ist am 3. Juni 1972 in Kraft getreten. Mit ihm steht in einem politischen und sachlichen Zusammenhang der **Warschauer Vertrag** zwischen der Bundesrepublik und der Volksrepublik Polen über die Grundlagen der Normalisierung ihrer gegenseitigen Beziehungen vom 7. Dez. 1970 (BGBl. II S. 361); dieser Vertrag ist ebenfalls am 3. Juni 1972 in Kraft getreten. Beide Verträge haben einen umfassenden gegenseitigen Gewaltverzicht zum Gegenstand. Die Parteien verpflichten sich dementsprechend, die territoriale Integrität aller Staaten in Europa in ihren heutigen Grenzen uneingeschränkt zu achten, erklären, daß sie keine Gebietsansprüche gegen irgendjemand haben und solche in Zukunft auch nicht erheben werden, und betrachten heute und künftig die Grenzen aller Staaten in Europa als unverletzlich, wie sie gegenwärtig verlaufen, einschließlich der Oder-Neiße-Linie, die die Westgrenze Polens bildet, und der Grenze zwischen der Bundesrepublik Deutschland und der DDR. In einem anläßlich der Vertragsunterzeichnung übergebenen ,,Brief zur deutschen Einheit" stellt die Bundesrepublik fest, daß der Vertrag nicht im Widerspruch zu dem politischen Ziel der Bundesrepublik stehe, auf einen Zustand des Friedens in Europa hinzuwirken, in dem das deutsche Volk in freier Selbstbestimmung seine Einheit wiedererlange. Verfassungsbeschwerden gegen die beiden Ostverträ-

Die deutsche Frage   38 **A**

ge sind vom Bundesverfassungsgericht als unzulässig verworfen worden (BVerfGE 40, 141).
In einem politischen Junktim mit dem Grundvertrag stand das **Vier-Mächte-Abkommen** der drei Westmächte und der Sowjetunion vom 3. Sept. 1971 **über Berlin,** das in Ausübung der unveränderten Rechte und Verantwortlichkeiten der Vier Mächte in bezug auf Berlin und auf der Grundlage der unberührt bleibenden Beschlüsse und Vereinbarungen der Vier Mächte aus der Kriegs- und Nachkriegszeit abgeschlossen worden ist (A RNr. 41).
Der **Vertrag über die Grundlagen der Beziehungen** zwischen der Bundesrepublik Deutschland und der Deutschen Demokratischen Republik vom 21. Dez. 1972 (BGBl. 1973 II, S. 423) ist am 21. Juni 1973 in Kraft getreten. Er regelt einen gegenseitigen Gewaltverzicht, die Anerkennung der Unverletzlichkeit der zwischen den Parteien bestehenden Grenze, die Gleichberechtigung und gegenseitige Respektierung der Unabhängigkeit und Selbstständigkeit und den Austausch ,,Ständiger Vertretungen"; der Grundvertrag enthält einen Vorbehalt im Hinblick auf die von den Parteien früher abgeschlossenen oder sie betreffenden zweiseitigen und mehrseitigen internationalen Verträge und Vereinbarungen. Beide Parteien behalten sich ihre unterschiedlichen Auffassungen zu grundsätzlichen Fragen vor, darunter zur ,,nationalen Frage". Im Zusammenhang mit der Unterzeichnung des Grundvertrages übergab der Vertreter der Bundesrepublik einen ,,Brief zur deutschen Einheit". Der Grundvertrag enthält nach Auffassung der Bundesrepublik keine völkerrechtliche Anerkennung der DDR, da die beiden Staaten in Deutschland wegen der zwischen ihnen bestehenden ,,besonderen Beziehungen" füreinander nicht ,,Ausland" sein können. Das Bundesverfassungsgericht hat den Normenkontrollantrag der Bayerischen Staatsregierung gegen das Zustimmungsgesetz zum Grundvertrag abgewiesen und festgestellt, daß das Vertragsgesetz in der durch die Gründe des Urteils gegebenen Auslegung mit dem Grundgesetz vereinbar ist (BVerfGE 36, 1).
In dem **Prager Vertrag** über die gegenseitigen Beziehungen zwischen der Bundesrepublik Deutschland und der Tschechoslowakischen Sozialistischen Republik vom 11. Dez. 1973 (BGBl. 1974 II S. 989) erklären beide Seiten, daß sie das Münchner Abkommen vom 29. Sept. 1938 im Hinblick auf ihre gegenseitigen Beziehungen nach Maßgabe des Prager Vertrages als nichtig betrachten. In dieser etwas gewundenen Formulierung kommt zum Ausdruck, daß die Vertragsparteien jedenfalls deswegen nicht allgemein über die Gültigkeit des Münchner Abkommens verfügen können, weil die Tschechoslowakei nicht Partei dieses Abkommens war und weil eine derartige Verfügung nur durch alle damaligen Vertragsparteien möglich wäre. Außerdem wird dadurch die Erklärung über die Unanwendbarkeit des Münchner Abkommens in den Beziehungen zwischen den Vertragsparteien nur für die Zukunft abgegeben, so daß nicht etwa rückwirkend die Abtretung des Sudetenlandes und alle damit zusammenhängenden Rechtsfolgen beseitigt wurden.

K. Doehring/W. Kewenig/G. Ress, Staats- und völkerrechtliche Aspekte der Deutschland- und Ostpolitik, 1971; H. Steinberger, Völkerrechtliche Aspekte des deutsch-sowjetischen Vertragswerks vom 12. Aug. 1970, ZaöRVR 31, 1971, S. 63; O. Kimminich, Der Moskauer Vertrag, 1972; Cl. Arndt, Die Verträge von Moskau und Warschau, 1973; E. Cieslar/J. Hampel/F.-Chr. Zeitler, Der Streit um den

A 39   Einleitung

Grundvertrag, 1973; J. A. FROWEIN, Zur verfassungsrechtlichen Beurteilung des Warschauer Vertrages, Jahrbuch für Internationales Recht 18, 1975, S. 11; G. RESS, Die Rechtslage Deutschlands nach dem Grundlagenvertrag vom 21. Dez. 1972, 1978; B. ZÜNDORF, Die Ostverträge, 1979; E. KLEIN, Bundesverfassungsgericht und Ostverträge, 2. Aufl., 1985.

Die beiden deutschen Staaten

39 Die Wiederaufrichtung deutscher Staatlichkeit hat in den vier Besatzungszonen eine unterschiedliche Entwicklung genommen. Sie hat sehr rasch im Zuge der Ost-West-Spannung zu einer **Spaltung Deutschlands** und zur Einfügung der Westzonen und der Ostzone in die Paktsysteme einerseits der USA und andererseits der UdSSR geführt. Im Jahre 1948/49 entstand zuerst in den drei Westzonen die Bundesrepublik Deutschland (A RNrn. 31 und 32) und dann aufgrund der Verfassung vom 7. Okt. 1949 die Deutsche Demokratische Republik. In den Jahren 1954/55 erhielten beide deutsche Staaten – unbeschadet des fortbestehenden Vier-Mächte-Status und unbeschadet der jeweiligen besonderen völkerrechtlichen Beziehungen zu den alliierten Mächten – staatliche Souveränität. Die Regierung der Sowjetunion gab am 25. März 1954 eine Erklärung über die Gewährung der Souveränität an die DDR ab; es folgte der Vertrag über die Beziehungen zwischen der DDR und der UdSSR vom 20. Sept. 1955. Im Westen wurde das Besatzungsregime durch die Bonner Verträge von 1952, geändert und ergänzt durch die Pariser Verträge von 1954 abgelöst.

Der **Grundvertrag** von 1972 und die in dessen Rahmen abgeschlossenen weiteren Vereinbarungen der Bundesrepublik und der DDR haben den Status beider Staaten im Hinblick auf die fortbestehende ,,deutsche Frage" nicht verändert. Immerhin spricht der Grundvertrag von den ,,beiden deutschen Staaten" und von unterschiedlichen Auffassungen beider Seiten zur ,,nationalen Frage". Von Gewicht ist auch die fortbestehende Besonderheit des ,,Interzonenhandels" (siehe insbes. das Berliner Abkommen vom 20. 9. 1951, BAnz Nr. 186 vom 26. 9. 1951), die auch im Rahmen der EWG anerkannt worden ist, und der Devisenbewirtschaftung (zum Militärregierungsgesetz Nr. 53 von 1949 vgl. BVerfG DöV 1983, 201). Nach wie vor ist eine **völkerrechtliche Anerkennung** der DDR durch die Bundesrepublik nicht erfolgt und bestehen keine diplomatischen Beziehungen im Sinne des Völkerrechts; siehe das Protokoll zwischen der Regierung der Bundesrepublik Deutschland und der Regierung der Deutschen Demokratischen Republik vom 14. März 1974 über die Einrichtung der Ständigen Vertretungen. Die Bundesrepublik behandelt die DDR nicht als ,,Ausland" und die Grenze zwischen den beiden Staaten als eine ,,innerdeutsche" Grenze im nur ,,staatsrechtlichen" Sinn, die allerdings völkerrechtlich garantiert ist. Dem Rechts- und Amtshilfeverkehr mit der DDR, für den auf Seiten der Bundesrepublik nicht das Auswärtige Amt zuständig ist, liegt das Gesetz über die innerdeutsche Rechts- und Amtshilfe in Strafsachen vom 2. Mai 1953 (BGBl. I S. 161), geänd. durch Gesetz vom 18. Okt. 1974 (BGBl. I S. 2445) zugrunde. Zu den Fragen der **Staatsangehörigkeit** L RNr. 31.

Die Beziehungen zwischen der Bundesrepublik und der DDR unterstehen dem Völkerrecht, soweit nicht besondere Beziehungen kraft deutschen

Die deutsche Frage 40 **A**

Staatsrechts, kraft Besatzungsrechts oder kraft der Vereinbarungen beider deutschen Staaten bestehen. Die **Beziehungen zur DDR** sind kraft Natur der Sache eine (ungeschriebene) Zuständigkeit des Bundes; Art. 32 GG ist nicht anwendbar. Die Länder können in diesem Bereich ohne Zustimmung des Bundes nicht tätig werden.

P. CHR. LUDZ, Deutschlands doppelte Zukunft, 1974; R. SCHOLZ, Perspektiven der Deutschland-Politik, Deutschland-Archiv 17, 1984, S. 258.

Die deutschen Ostgebiete

In Anbetracht der Festlegungen, welche die Alliierten in dem Londoner Pro- 40 tokoll betreffend die Besatzungszonen in Deutschland und die Verwaltung von Groß-Berlin vom 12. Sept. 1944 und in dem Potsdamer Abkommen vom 2. Aug. 1945 getroffen haben, sind unter den deutschen Ostgebieten diejenigen Gebiete des Deutschen Reiches nach dem Stande vom 31. Dez. 1937 zu verstehen, die östlich einer Linie liegen, die von der Ostsee unmittelbar westlich von Swinemünde und von dort die Oder entlang bis zur Einmündung der westlichen Neiße und die westliche Neiße entlang bis zur tschechoslowakischen Grenze verläuft („**Oder-Neiße-Linie**"). Nicht zu den deutschen Ostgebieten in diesem Sinne gehören demnach das Memelgebiet (siehe Art. 99 des Versailler Vertrages), das Gebiet der früheren Freien Stadt Danzig (siehe Art. 100 des Versailler Vertrages), der nach der Abstimmung zu Polen geschlagene Teil des östlichen Oberschlesien (siehe Art. 88 des Versailler Vertrages sowie die (Genfer) Konvention vom 15. Mai 1922) und das östliche Sudetenland (siehe Art. 82, 83 des Versailler Vertrages). Zu den Ostgebieten gehören demnach – abgesehen von einem sehr kleinen Stück des früheren Landes Sachsen – nur Gebietsteile des früheren **Preußen:** Ostpreußen, Westpreußen, Hinterpommern, ein Teil Brandenburgs, Niederschlesien und Oberschlesien.

Das **Potsdamer Abkommen** stellte seine territorialen Regelungen unter den Vorbehalt einer endgültigen Festlegung bei der ,,bevorstehenden Friedensregelung", machte jedoch einen Unterschied zwischen der Stadt Königsberg und dem anliegenden Gebiet (nördliches Ostpreußen), dessen Übergabe unter die Verwaltung der Sowjetunion akzeptiert wurde (Abschnitt VI), und dem anderen Gebiet, das unter die Verwaltung des polnischen Staates kommen und in dieser Hinsicht nicht als Teil der sowjetischen Besatzungszone in Deutschland betrachtet werden sollte (Abschnitt IX b). Die Sowjetunion und Polen haben die ihrer Verwaltung zugewiesenen deutschen Gebiete in ihr Staatsgebiet eingegliedert und ohne Unterschied ihrer Hoheit und Verwaltungsorganisation unterstellt. Nach Auffassung der Sowjetunion sind die Gebietsänderungen zugunsten Polens und zugunsten der Sowjetunion bereits durch das Potsdamer Abkommen sanktioniert worden. Diese Auffassung liegt auch dem Abkommen zwischen der Republik Polen und der DDR über die Markierung der festgelegten und bestehenden polnisch-deutschen Staatsgrenze (Görlitzer Vertrag) vom 6. Juli 1950 zugrunde.

Nach **Auffassung der Bundesrepublik** ist die endgültige territoriale Regelung bisher noch nicht erfolgt. Auch der Warschauer Vertrag von 1970 wird nicht als eine völkerrechtliche Anerkennung der bestehenden Grenzziehung verstanden, obwohl in diesem Vertrag die Bundesrepublik und Polen übereinstimmend feststellen, daß die bestehende Grenzlinie „die westliche Staatsgrenze der Volksgrenze Polen bildet", die Unverletzlichkeit ihrer bestehenden Grenzen jetzt und in der Zukunft bekräftigen, sich gegenseitig zur uneingeschränkten Achtung ihrer territorialen Integrität verpflichten und erklären, „daß sie gegeneinander keinerlei Gebietsansprüche haben und solche auch in Zukunft nicht erheben werden". Einen übereinstimmenden Inhalt hat Art. 3 des Moskauer Vertrages.

E. DEUERLEIN, Potsdam 1945, 1970; F. FAUST, Das Potsdamer Abkommen und seine völkerrechtliche Bedeutung, 4. Aufl., 1969; S. KRÜLLE, Die völkerrechtlichen Aspekte des Oder-Neiße-Problems, 1970; K. SKUBISZEWSKI, Poland's Western Frontier and the 1970 Treaties, AJIL 67, 1973, S. 23; J. A. FROWEIN, Die deutschen Grenzen in völkerrechtlicher Sicht, Europa-Archiv 1979, S. 591; A. VERDROSS/B. SIMMA/R. GEIGER, Territoriale Souveränität und Gebietshoheit, 1980; D. BLUMENWITZ, Die territorialen Folgen des Zweiten Weltkrieges, Archiv des Völkerrechts 23, 1985, S. 1.

Berlin

41 Die Regelungen des **Status' Berlins** beziehen sich teils – und ursprünglich nur – auf „Groß-Berlin", teils auf das aus den drei westlichen Sektoren bestehende West-Berlin (Berlin-West). Diese Regelungen sind hauptsächlich solche des Völkerrechts und des Besatzungsrechts. Das mit „Groß-Berlin" bezeichnete Gebiet entspricht der durch das preußische Gesetz über die Bildung einer neuen Stadtgemeinde Berlin vom 27. April 1920 (GS S. 123) vorgenommenen Gebietsabgrenzung.
Das **Londoner Protokoll** betreffend die Besatzungszonen in Deutschland und die Verwaltung von Groß-Berlin vom 12. Sept. 1944 mit den Ergänzungsvereinbarungen vom 14. Nov. 1944 und vom 26. Juli 1945 und Art. 7 des **Londoner Abkommens** über Kontrolleinrichtungen in Deutschland vom 14. Nov. 1944 mit der Ergänzungsvereinbarung vom 1. Mai 1945 bestimmen, daß das Gebiet von Groß-Berlin als gemeinsames, wenn auch in **Sektoren** aufgeteiltes Besatzungsgebiet der Alliierten verwaltet werden soll. Die als interalliierte Besatzungsbehörde errichtete **Kommandantura** besteht seit dem 1. Juli 1948 nur noch als gemeinsame Besatzungsbehörde der drei Westmächte für das Gebiet von West-Berlin fort. In Art. 23 Satz 1 GG ist das Gebiet von Groß-Berlin in den Geltungsbereich des Grundgesetzes einbezogen. Art. 144 Abs. 2 bestimmt jedoch außerdem, daß soweit die Anwendung des Grundgesetzes in einem der in Art. 23 aufgeführten Länder oder in einem Teil eines dieser Länder Beschränkungen unterliegt, das Land oder der Teil des Landes das Recht hat, gemäß Art. 38 GG Vertreter in den Bundestag und gemäß Art. 50 GG Vertreter in den Bundesrat zu entsenden. Auf diese beiden Bestimmungen bezieht sich die Nr. 4 des **Genehmigungsschreibens der Militärgouverneure zum Grundgesetz** vom 12. Mai 1949, der sog. Berlin-Vorbehalt. Die drei Westalliierten interpretieren danach den Inhalt der genannten Artikel dahin, „daß er die Annahme unseres früheren Ersuchens darstellt, demzufolge Berlin keine abstimmungsberechtigte Mitgliedschaft im Bundestag oder Bundesrat erhalten und auch nicht durch den Bund regiert werden wird, daß es jedoch eine beschränkte Anzahl Vertreter zur Teilnahme an den Sitzungen dieser gesetzgebenden Körperschaften benennen darf".

Die deutsche Frage 41 **A**

In Art. 1 der **Verfassung von Berlin** vom 1. Sept. 1950 ist gesagt: (1) Berlin ist ein deutsches Land und zugleich eine Stadt. (2) Berlin ist ein Land der Bundesrepublik Deutschland. (3) Grundgesetz und Gesetze der Bundesrepublik Deutschland sind für Berlin bindend. Dazu enthält Art. 87 der Berliner Verfassung Vorschriften für eine ,,Übergangszeit" und in Abs. 1 die Klausel, daß Art. 1 Abs. 2 und 3 der Verfassung in Kraft treten, sobald die Anwendung des Grundgesetzes für die Bundesrepublik Deutschland in Berlin keinen Beschränkungen unterliegt. In dem Schreiben der Alliierten Kommandantur Berlin betreffend die Genehmigung der Verfassung vom 29. Aug. 1950 werden im Hinblick auf die Art. 1 und 87 u. a. folgende Vorbehalte gemacht: Abs. 2 und 3 des Art. 1 werden zurückgestellt. Art. 87 wird dahingehend aufgefaßt, daß während der Übergangsperiode Berlin keine der Eigenschaften eines zwölften Landes besitzen wird. Die Bestimmungen des Art. 87 betreffend das Grundgesetz finde nur in dem Maße Anwendung, als es zur Vorbeugung eines Konflikts zwischen diesem Gesetz und der Berliner Verfassung erforderlich ist. Die Vorbehalte dieses Genehmigungsschreibens sind in der Erklärung der Alliierten Kommandantur über Berlin vom 5. Mai 1945 bekräftigt worden.
Aus Anlaß einer Entscheidung des Bundesverfassungsgerichts (BVerfGE 19, 377) hat die Alliierte Kommandantur Berlin in einem Schreiben vom 24. Mai 1967 (NJW 1967, 1742) ihren Standpunkt noch einmal dahin zusammengefaßt, es sei die alliierte Absicht und Meinung gewesen und bleibe es, daß Berlin nicht als ein Land der Bundesrepublik zu betrachten ist und nicht von dem Bund regiert werden dürfe.
Das **Vier-Mächte-Abkommen** vom 3. Sept. 1971 über Berlin bestätigt den Vier-Mächte-Status von Groß-Berlin, betrifft also nicht nur West-Berlin, obwohl es praktisch ausschließlich Regelungen über den als unverändert angesehenen Status West-Berlins trifft, so über den ,,Transitverkehr" mit der Bundesrepublik, über Reisen und Enklaven und über die Vertretung West-Berlins durch die Bundesrepublik im internationalen Verkehr. Außerdem enthält das Berlin-Abkommen die Erklärung der Regierungen Frankreichs, des Vereinigten Königreichs und der USA, ,,daß die Bindungen zwischen den Westsektoren Berlins und der Bundesrepublik Deutschland aufrechterhalten und entwickelt werden, wobei sie berücksichtigen, daß diese Sektoren so wie bisher kein Bestandteil (constituent part) der Bundesrepublik Deutschland sind und auch weiterhin nicht von ihr regiert werden"; konkrete Regelungen, die das Verhältnis zwischen den Westsektoren Berlins und der Bundesrepublik betreffen, sind in Anlage II des Abkommens niedergelegt.
Die Sowjetunion und die DDR betrachten Ost-Berlin als einen unbeschränkten Bestandteil der DDR, ohne ausdrücklich die Groß-Berlin umfassende Vier-Mächte-Verantwortung in Frage zu stellen, und betrachten West-Berlin als eine selbständige politische Einheit unter Besatzungsherrschaft.
Nach dem **Staatsrecht der Bundesrepublik** ist Berlin (West) ein Land der Bundesrepublik mit territorialer Geltung des Grundgesetzes, sind jedoch die bundesstaatsrechtlichen Beziehungen besatzungsrechtlich beschränkt (BVerfGE 7, 1/7 ff.; 19, 377/388; 20, 257/266; 36, 1/17; 37, 57/62). Bundesgesetze werden entsprechend der in ihnen enthaltenen Berlin-Klausel in einem besonderen Verfahren des Berliner Abgeordnetenhauses für Berlin in Gel-

43

tung gesetzt. Das Bundesverfassungsgericht darf Akte Berliner öffentlicher Gewalt, auch Entscheidungen Berliner Gerichte, nicht seiner Gerichtsbarkeit unterwerfen. Die Entscheidungszuständigkeiten der obersten Gerichtshöfe des Bundes (Art. 95 Abs. 1 GG) sind in Berliner Sachen nicht beschränkt. Berlin hat insoweit einen Sonderstatus, als es in bestimmtem Umfang **besatzungsrechtlicher** Kontrolle und Verantwortung unterliegt. Es ist ein Teil des fortbestehenden deutschen Staates, der nicht zu einem selbständigen Staat – wie die DDR – ausgebildet worden ist, sondern durch die übereinstimmende Auffassung und Entscheidung der Bundesrepublik und der Berliner Staatsorgane ein Land der Bundesrepublik mit besatzungsrechtlich beschränkter Mitgliedschaft ist. Die Wahrnehmung der Vier-Mächte-Verantwortung hinsichtlich Deutschlands kann in der Frage des Status von Berlin keine einseitigen Verfügungen treffen.

Dokumente zur Berlin-Frage 1944–1962, hrsg. vom Forschungsinstitut der Deutschen Gesellschaft für Auswärtige Politik e. V., Bonn, 3. Aufl., 1962; E. R. ZIVIER, Der Rechtsstatus des Landes Berlin, 3. Aufl., 1977; D. MAHNKE, Berlin im geteilten Deutschland, 1973; H. SCHIEDERMAIR, Der völkerrechtliche Status Berlins nach dem Vier-Mächte-Abkommen vom 3. Sept. 1971, 1975; P. LERCHE, Die Rechtsprechung des Bundesverfassungsgerichts in Berliner Sachen, in: Festgabe für das Bundesverfassungsgericht, 1976, I, S. 715; O. STOROST, Alliierte Kommandantur und Bundesverfassungsgericht, Staat 1982, S. 113; CHR. PESTALOZZA/H. SENDLER, Berlin – ein deutsches Land, Berlin – nur ein ,,deutsches Land"? Noch einmal: Der Status von Berlin, JuS 1983, 241, 903 und 1984, 430; G. ZIEGER (Hrsg.), Zehn Jahre Berlin-Abkommen 1971–1981, 1983; G.-R. APELL, Das Bundesverfassungsgericht und Berlin, 1984; R. GEIGER, Grundgesetz und Völkerrecht, 1985, S. 67ff.; E. GRABITZ, Gemeinschaftsgewalt, Besatzungsgewalt und deutsche Staatsgewalt in Berlin, in: Festschrift für Karl Carstens, 1984, S. 125.

Das Wiedervereinigungsgebot der Präambel

42 In der Präambel des Grundgesetzes begründet das Deutsche Volk den Willen, seine nationale und staatliche Einheit zu wahren und als gleichberechtigtes Glied in einem vereinten Europa dem Frieden der Welt zu dienen. Es nimmt in Anspruch, auch für jene Deutschen gehandelt zu haben, denen an der Verfassunggebung mitzuwirken versagt war. Die Präambel fordert schließlich das ,,gesamte Deutsche Volk" auf, ,,in freier Selbstbestimmung die Einheit und Freiheit Deutschlands zu vollenden". Es soll nach der Präambel dem staatlichen Leben ,,für eine Übergangszeit" eine neue Ordnung gegeben werden. Der Grundgedanke und der innere Zusammenhang dieser Erklärungen und Aufforderungen der Präambel ist ein **verfassungsrechtlicher Rechtssatz,** der als ,,Wiedervereinigungsgebot" bezeichnet wird (BVerfGE 5, 85/127; 36, 1/17ff.); B RNrn. 2, 3. Das Wiedervereinigungsgebot ist eine **Staatszielbestimmung,** die zugleich Handlungen deutscher Staatsorgane verbietet, mit denen dem umrissenen Staatsziel zuwider gehandelt werden würde. In diesem Rahmen besteht politische und insbes. auch außenpolitische Gestaltungsfreiheit von Regierung und Parlament. Diese Gestaltungsfreiheit reicht jedoch nicht so weit, daß die Bundesregierung sich vertraglich oder einseitig bestehender Rechtstitel begeben dürfte, welche die Wahrung oder Wiederherstellung der nationalen und staatlichen Einheit Deutschlands betreffen.

Die Deutsche Demokratische Republik   43 **A**

Das Gebot der Wiedervereinigung bedeutet demnach nach Inhalt und Sinn nicht die Wiederherstellung des Deutschen Reiches in den Grenzen vom 31. Dez. 1937. Es bindet im übrigen die Staatsorgane der Bundesrepublik nur in der Weise, das festgelegte Staatsziel anzustreben, als es die völkerrechtlichen Bindungen der Bundesrepublik und Verfassung und Gesetze der Bundesrepublik erlauben.

G. RESS, Das Wiedervereinigungsgebot des Grundgesetzes, in: Fünf Jahre Grundvertragsurteil des Bundesverfassungsgerichts, 1979, S. 265.

8. Die Deutsche Demokratische Republik

Die Entstehung der DDR

Die Sowjetunion errichtete nach der Potsdamer Erklärung vom 5. Juni 1945   43
zur Verwaltung der ihr zugewiesenen Besatzungszone am 9. Juni 1945 die sowjetische Militäradministration in Deutschland (SMAD). Der **sowjetischen Besatzungszone** waren zugeschlagen worden die früheren Länder Sachsen, Thüringen, Anhalt, Mecklenburg-Schwerin, Mecklenburg-Strelitz und aus dem Gebiet des früheren Preußen die Provinz Sachsen, die Provinz Brandenburg (mit Ausnahme der östlich der Oder liegenden Neumark), aus der Provinz Pommern Vorpommern und ein kleines Stück der Provinz Niederschlesien westlich der Lausitzer Neiße. Auf dem Gebiet der sowjetischen Besatzungszone wurden die neuen **Länder** Mecklenburg (mit Vorpommern), Brandenburg, Sachsen-Anhalt, Thüringen und Sachsen gebildet. Diese Länder blieben auch nach Errichtung der DDR zunächst bestehen; die DDR war nach ihrer Verfassung vom 7. Okt. 1949 ein Bundesstaat. Die Länder wurden aufgehoben und durch Bezirke ersetzt durch das Gesetz über die weitere Demokratisierung des Aufbaus und der Arbeitsweise der staatlichen Organe in den Ländern vom 23. Juli 1952.
Die SMAD errichtete bereits am 10. Aug. 1945 deutsche Zentralverwaltungen für die wichtigsten Verwaltungsgebiete und dann am 4. Juni 1947 die Deutsche Wirtschaftskommission zur Koordinierung der Zentralverwaltungen und zur Beaufsichtigung der Landesverwaltungen. Bereits im Jahre 1945 wurden weitgehende Sozialisierungen und eine Bodenreform durchgeführt. Ebenfalls 1945 wurden die zugelassenen Parteien zu einem „Block", der „Einheitsfront der antifaschistisch-demokratischen Parteien" zusammengeschlossen; am 21. April 1946 schloß sich die SPD mit der KPD zur sozialistischen Einheitspartei Deutschlands (SED) zusammen.
Ein von dem Parteivorstand der SED Anfang Dezember 1947 in Berlin zusammengerufener „Deutscher Volkskongreß für Einheit und gerechten Frieden", an dem auch Vertreter der KPD aus den westlichen Besatzungszonen teilnahmen, setzte einen „deutschen Volksrat" mit 400 Mitgliedern ein, der mit der Aufgabe der Vorbereitung einer gesamtdeutschen Verfassung betraut wurde. Der Verfassungsentwurf wurde am 22. Okt. 1948 vom Volksrat angenommen und am 19. März 1949 nach Berücksichtigung von Änderungswünschen auch der bürgerlichen Parteien dem „Dritten Deutschen Volkskongreß" vorgelegt, der am 30. Mai 1949 die vom Volksrat vorgelegte „**Verfas-**

sung der Deutschen Demokratischen Republik" bestätigte. Der Volksrat setzte nach Genehmigung seitens der SMAD die Verfassung am 7. Okt. 1949 in Kraft und konstituierte sich als Provisorische Volkskammer der DDR. Außerdem wurden eine Provisorische Regierung und eine provisorische Länderkammer gebildet. Die ersten Wahlen zur Volkskammer fanden am 15. Okt. 1950 statt; zuvor hatte die Provisorische Volkskammer und die Provisorische Länderkammer WILHELM PIECK am 11. Okt. 1949 zum Präsidenten der DDR gewählt. Die SMAD wurde nach der Errichtung der DDR durch die ,,Sowjetische Kontrollkommission" abgelöst (10. Okt. 1949 bis 28. Mai 1953); an dessen Stelle trat am 28. Mai 1959 ein ,,Hoher Kommissar".

Aufgrund einer Erklärung der Regierung der Sowjetunion über die Gewährung der Souveränität an die Deutsche Demokratische Republik vom 25. März 1954 nahm die Sowjetunion mit der DDR die gleichen Beziehungen auf, ,,wie mit anderen souveränen Staaten". In dem Vertrag über die Beziehungen zwischen der DDR und der Sowjetunion vom 20. Sept. 1955 bestätigen beide Seiten, ,,daß die Beziehungen zwischen ihnen auf völliger Gleichberechtigung, gegenseitiger Achtung der Souveränität und der Nichteinmischung in die inneren Angelegenheiten beruhen". Für die internationalen Beziehungen der Sowjetunion zur DDR sind weiterhin grundsätzlich maßgebend der Vertrag über Freundschaft, gegenseitigen Beistand und Zusammenarbeit vom 12. Juni 1964 und der Vertrag über Freundschaft, Zusammenarbeit und gegenseitigen Beistand vom 7. Okt. 1975.

H. WEBER, Kleine Geschichte der DDR, 1980; DERS., Geschichte der DDR, 1985.

Die Verfassung der DDR

44 Die Verfassung der Deutschen Demokratischen Republik vom 7. Okt. 1949 folgte nicht – wie die Verfassungen anderer Ostblockstaaten – dem Vorbild der Stalin'schen Verfassung der Sowjetunion vom 6. Dez. 1936. Sie hatte weitgehend den Charakter einer bürgerlichen Verfassung und lehnte sich, vor allem im Grundrechtsteil, deutlich an das Muster der Weimarer Reichsverfassung an. Die Verfassung von 1949 wurde geändert durch das Gesetz vom 26. Sept. 1955 (GBl. I S. 653), das Wehrpflicht und Wehrgesetzgebung regelte, durch das Gesetz vom 8. Dez. 1958 (GBl. I S. 867), das die Länderkammer auflöste, und durch das Gesetz vom 12. Sept. 1962 (GBl. I S. 505), das den Präsidenten der Republik durch das neue Organ des Staatsrates ersetzte. Auf Beschluß des VII. Parteitages der SED im April 1967 kam es zur Ausarbeitung einer neuen Verfassung. Die Volkskammer billigte den Entwurf ihrer Verfassungskommission, der dann durch eine Volksabstimmung vom 6. April 1968 angenommen wurde. Die neue Verfassung der Deutschen Demokratischen Republik vom 6. April 1968 weicht in Inhalt und Aufbau durchgehend von einer Verfassung des westlichen Typs eines demokratischen Verfassungsstaates ab. Ihr Art. 1 lautete: ,,Die Deutsche Demokratische Republik ist ein sozialistischer Staat deutscher Nation. Sie ist die politische Organisation der Werktätigen in Stadt und Land, die gemeinsam unter Führung der Arbeiterklasse und ihrer marxistisch-leninistischen Partei den Sozialismus verwirklichen." Die Verfassung beschreibt die Grundlagen der soziali-

Die Deutsche Demokratische Republik

stischen Gesellschafts- und Staatsordnung, behandelt Bürger und Gemeinschaften in der sozialistischen Gesellschaft, ordnet Aufbau und System der staatlichen Leitung sowie sozialistische Gesetzlichkeit und Rechtspflege und enthält Schlußbestimmungen.
Eine eingreifende Umgestaltung der Verfassung von 1968 erfolgte durch das Gesetz zur Ergänzung und Änderung der Verfassung der Deutschen Demokratischen Republik vom 7. Okt. 1974 (GBl. I S. 425). Die Verfassung der DDR gilt demnach nunmehr als Verfassung von 1968 in der Fassung des Ergänzungs- und Änderungsgesetzes von 1974. Die Änderung von 1974 hat die bisherigen Deklamationen der Verfassung zur deutschen Frage zurückgenommen, hat das Bündnis mit der Sowjetunion und die Einfügung der DDR in die ,,sozialistische Staatengemeinschaft" stärker betont, hat das Verhältnis von Volkskammer, Staatsrat und Ministerrat reorganisiert und hat den planwirtschaftlichen Charakter der sozialistischen Wirtschaftsordnung verstärkt. In dem letztgenannten Punkt kommt die Abkehr von der Periode des ,,Neuen ökonomischen Systems" (1963–1971) zum Ausdruck. Art. 1 Abs. 1 Satz 1 der Verfassung lautet nunmehr: ,,Die Deutsche Demokratische Republik ist ein sozialistischer Staat der Arbeiter und Bauern."

K. SORGENICHT u. a., Verfassung der Deutschen Demokratischen Republik, Dokumente und Kommentar, 2 Bde, Berlin-Ost, 1969; Staatsrecht der DDR, Lehrbuch, hrsg. v. d. Akademie der Staats- und Rechtswissenschaft der DDR, Potsdam-Babelsberg, Berlin-Ost 1978. DDR-Handbuch, hrsg. unter der wissenschaftlichen Leitung von P. CHR. LUDZ vom Bundesministerium für innerdeutsche Beziehungen, 2. Aufl., 1979; G. BRUNNER, Einführung in das Recht der DDR, 2. Aufl., 1979; S. MAMPEL, Die sozialistische Verfassung der Deutschen Demokratischen Republik, 2. Aufl., 1982; C. H. ULE, Gesetzlichkeit in der Verwaltung durch Verwaltungsverfahren und gerichtliche Kontrolle in der DDR, DVBl. 1985, 1029.

Die sozialistische Verfassung

Die sozialistische Verfassung, rechtliche Form der politischen Organisation der Arbeit, versteht sich als Ausdruck einer bestimmten Etappe der Entwicklung der sozialistischen Gesellschaft und zugleich als Instrument und Programm des weiteren Aufbaus der sozialistischen Gesellschaft. Die Staatsmacht ist hier das Werkzeug der von der Partei geführten Arbeiterklasse, deren weiterer Weg durch die Geschichte durch die schöpferisch weiter zu entwickelnden Grundsätze des wissenschaftlichen Sozialismus vorgezeichnet ist, bis hin zur ,,klassenlosen" – und das heißt auch staatslosen – Gesellschaft.
Die sozialistische Verfassung ist nach ihrer eigenen Bekundung ,,unmittelbar geltendes Recht" (sh. Art. 105 der Verfassung der DDR). Die rechtliche Wirkung des Verfassungsgesetzes ist nur eine Funktion der politischen Bindung und Begrenzung der Staatsmacht durch die Grundsätze des Sozialismus.
Ein Staat mit einer freien und gerechten Verfassungsordnung kann auf dem Boden einer Vorstellung, die das Recht nur als Werkzeug politischer Macht oder als Ausdruck der materiellen Gesellschaftsverhältnisse begreift, nicht errichtet werden.

B. Präambel

Grundgesetz für die Bundesrepublik Deutschland
Vom 23. Mai 1949
(BGBl. S. 1)
(BGBl. III Nr. 100–1)

Änderungen des Gesetzes

Lfd. Nr.	Änderndes Gesetz	Datum	Fundstelle	Geänderte Artikel	Art der Änderg.
1.	Strafrechtsänderungsgesetz	30. 8. 1951	BGBl. I 739	143	aufgeh.
2.	Gesetz zur Einfügung eines Art. 120a in das Grundgesetz	14. 8. 1952	BGBl. I 445	120a	eingef.
3.	Gesetz zur Änderung des Art. 107 des Grundgesetzes	20. 4. 1953	BGBl. I 130	107	geänd.
4.	Gesetz zur Ergänzung des Grundgesetzes	26. 3. 1954	BGBl. I 45	73 Nr. 1 79 Abs. 1 Satz 2, 142a	geänd. eingef.
5.	Zweites Gesetz zur Änderung des Art. 107 des Grundgesetzes	25. 12. 1954	BGBl. I 517	107	geänd.
6.	Finanzverfassungsgesetz	23. 12. 1955	BGBl. I 817	106, 107	geänd.
7.	Gesetz zur Ergänzung des Grundgesetzes	19. 3. 1956	BGBl. I 111	1 Abs. 3, 12, 36, 49, 60 Abs. 1, 96 Abs. 3, 137 Abs. 1 17a, 45a, 45b, 59a, 65a, 87a, 87b, 96a, 143	geänd. eingef.
8.	Gesetz zur Änderung und Ergänzung des Art. 106 GG	24. 12. 1956	BGBl. I 1077	106	geänd.
9.	Gesetz zur Einfügung eines Artikels 135a in das Grundgesetz	22. 10. 1957	BGBl. I 1745	135a	eingef.
10.	Gesetz zur Ergänzung des GG	23. 12. 1959	BGBl. I 813	74 Nr. 11a, 87c	eingef.
11.	Gesetz zur Einfügung eines Artikels über die Luftverkehrsverwaltung in das Grundgesetz (11. Änderung des Grundgesetzes)	6. 2. 1961	BGBl. I 65	87d	eingef.
12.	12. ÄndG	6. 3. 1961	BGBl. I 141	96 Abs. 3 96a	gestr. geänd.
13.	13. ÄndG	16. 6. 1965	BGBl. I 513	74	geänd.
14.	14. ÄndG	30. 7. 1965	BGBl. I 649	120 Abs. 1	geänd.
15.	15. ÄndG	8. 6. 1967	BGBl. I 581	109	geänd.
16.	16. ÄndG	18. 6. 1968	BGBl. I 657	92, 95, 96a, 99, 100 Abs. 3 96	geänd. aufgeh.

B Präambel

Lfd. Nr.	Änderndes Gesetz	Datum	Fundstelle	Geänderte Artikel	Art der Änderg.
17.	Siebzehntes Gesetz zur Ergänzung des Grundgesetzes	24. 6. 1968	BGBl. I 709	9 Abs. 3, 10, 11 Abs. 2, 12, 19 Abs. 4, 73 Nr. 1, 87a, 91 12a, 20 Abs. 4, 35 Abs. 2 u. 3, Abschn. IVa 53a, 80a, Abschn. Xa 115a–115l 59a, 65a Abs. 2, 142a, 143	geänd. eingef. aufgeh.
18.	18. ÄndG (Artikel 76 und 77)	15. 11. 1968	BGBl. I 1177	76, 77	geänd.
19.	19. ÄndG	29. 1. 1969	BGBl. I 97	93 Abs. 1 Nrn. 4a, 4b, 94 Abs. 2 Satz 2	eingef.
20.	20. ÄndG	12. 5. 1969	BGBl. I 357	109 Abs. 3, 110, 112, 113, 114, 115	geänd.
21.	21. ÄndG (Finanzreformgesetz)	12. 5. 1969	BGBl. I 359	91a, 91b, 104a 105, 106, 107, 108, 115c Abs. 3, 115k Abs. 3	eingef. geänd.
22.	22. ÄndG	12. 5. 1969	BGBl. I 363	74, 75, 96 Abs. 4	geänd.
23.	23. ÄndG	17. 7. 1969	BGBl. I 817	76 Abs. 3 Satz 1	geänd.
24.	24. ÄndG	28. 7. 1969	BGBl. I 985	120 Abs. 1 Satz 2	geänd.
25.	25. ÄndG	19. 8. 1969	BGBl. I 1241	29	geänd.
26.	26. ÄndG (Artikel 96)	26. 8. 1969	BGBl. I 1357	96 Abs. 5	eingef.
27.	27. ÄndG	31. 7. 1970	BGBl. I 1161	38 Abs. 2, 91a Abs. 1 Nr. 1	geänd.
28.	28. ÄndG (Artikel 74a GG)	18. 3. 1971	BGBl. I 206	74a 75, 98 III	eingef. geänd.
29.	29. ÄndG	18. 3. 1971	BGBl. I 207	74 Nr. 20	geänd.
30.	30. ÄndG (Artikel 74 GG – Umweltschutz)	12. 4. 1972	BGBl. I 593	74 Nr. 24	eingef.
31.	31. ÄndG	28. 7. 1972	BGBl. I 1305	35 Abs. 2, 73 Nr. 10, 87 Abs. 1 Satz 2 74 Nr. 4a	geänd. eingef.
32.	32. ÄndG (Artikel 45c)	15. 7. 1975	BGBl. I 1901	45c	eingef.
33.	33. ÄndG (Artikel 29 und 39)	23. 8. 1976	BGBl. I 2381	29, 39 Abs. 1, 2 45, 45a Abs. 1 Satz 2, 49	neugef. gestr.
34.	34. ÄndG (Artikel 74 Nr. 4a)	23. 8. 1976	BGBl. I 2383	74 Nr. 4a	neugef.
35.	35. ÄndG (Artikel 21 Abs. 1)	21. 12. 1983	BGBl. I 1481	21 Abs. 1 Satz 4	neugef.

Präambel 1 B

Kurzübersicht

I. Die Grundrechte Art. 1–19
II. Der Bund und die Länder Art. 20–37
III. Der Bundestag Art. 38–49
IV. Der Bundesrat Art. 50–53
IVa. Gemeinsamer Ausschuß Art. 53a
V. Der Bundespräsident Art. 54–61
VI. Die Bundesregierung Art. 62–69
VII. Die Gesetzgebung des Bundes Art. 70–82
VIII. Die Ausführung der Bundesgesetze und die Bundesverwaltung Art. 83–91
VIIIa. Gemeinschaftsaufgaben Art. 91a, 91b
IX. Die Rechtsprechung Art. 92–104
X. Das Finanzwesen Art. 104a–115
Xa. Verteidigungsfall Art. 115a–115l
XI. Übergangs- und Schlußbestimmungen Art. 116–146

Der Parlamentarische Rat hat am 23. Mai 1949 in Bonn am Rhein in öffentlicher Sitzung festgestellt, daß das am 8. Mai des Jahres 1949 vom Parlamentarischen Rat beschlossene Grundgesetz für die Bundesrepublik Deutschland in der Woche vom 16.–22. Mai 1949 durch die Volksvertungen von mehr als Zweidritteln der beteiligten deutschen Länder angenommen worden ist.

Auf Grund dieser Feststellung hat der Parlamentarische Rat, vertreten durch seine Präsidenten, das Grundgesetz ausgefertigt und verkündet.

Das Grundgesetz wird hiermit gemäß Artikel 145 Absatz 3 im Bundesgesetzblatt veröffentlicht:

Präambel

Im Bewußtsein seiner Verantwortung vor Gott und den Menschen, von dem Willen beseelt, seine nationale und staatliche Einheit zu wahren und als gleichberechtigtes Glied in einem vereinten Europa dem Frieden der Welt zu dienen, hat das Deutsche Volk in den Ländern Baden, Bayern, Bremen, Hamburg, Hessen, Niedersachsen, Nordrhein-Westfalen, Rheinland-Pfalz, Schleswig-Holstein, Württemberg-Baden und Württemberg-Hohenzollern, um dem staatlichen Leben für eine Übergangszeit eine neue Ordnung zu geben, kraft seiner verfassungsgebenden Gewalt dieses Grundgesetz der Bundesrepublik Deutschland beschlossen. Es hat auch für jene Deutschen gehandelt, denen mitzuwirken versagt war. Das gesamte Deutsche Volk bleibt aufgefordert, in freier Selbstbestimmung die Einheit und Freiheit Deutschlands zu vollenden.

Gliederungsübersicht

Präambeln in einer Verfassung 1
Rechtliche Bedeutung 2
Selbstinterpretation, Bekenntnis und Verheißungen 3

Präambeln in einer Verfassung

1 Die Präambel oder der Vorspruch einer Verfassung, dem eigentlichen Text des Verfassungsgesetzes vorangestellt, erläutert die Entstehungsumstände der Verfassunggebung, beruft sich auf legitimitätsbegründende Verpflichtungen,

stellt das neue Verfassungswerk in die geschichtliche und nationale Tradition und richtet mit Verheißungen und Zielsetzungen den Blick in die Zukunft. Die meisten Verfassungen enthalten eine Präambel, doch ist der Stil durchaus verschieden und nicht überall finden sich alle die aufgeführten typischen Gegenstände eines Verfassungsvorspruches. Die Präambel der **Reichsverfassung von 1871** nennt die Grundlage der Verfassung einen ,,ewigen Bund zum Schutze des Bundesgebietes und des innerhalb desselbigen gültigen Rechtes, sowie zur Pflege der Wohlfahrt des Deutschen Volkes". Mit einem einzigen prägnanten Satz sagt die Präambel der **Weimarer Reichsverfassung:** ,,Das Deutsche Volk, einig in seinen Stämmen und von dem Willen beseelt, sein Reich in Freiheit und Gerechtigkeit zu erneuen und zu festigen, dem inneren und dem äußeren Frieden zu dienen und den gesellschaftlichen Fortschritt zu fördern, hat sich diese Verfassung gegeben." Die **Landesverfassungen** nach dem Kriege haben in ihren Präambeln häufig auf die besondere Lage des Zusammenbruchs der alten Staats- und Gesellschaftsordnung hingewiesen. Das **Grundgesetz** hat in seiner verhältnismäßig ausführlichen Präambel die Besonderheiten der deutschen Verfassunggebung nur in einem Teil Deutschlands unterstrichen und das fortbestehende Ziel der nationalen und staatlichen Einheit in einem vereinten Europa bekräftigt. Teils ausdrücklich und teils konkludent sind in dieser Präambel auch bestimmte staatsrechtliche Prämissen und Vorbehalte ausgesprochen.

Eine Präambel ist zu unterscheiden von den **Eingangsworten** einer Verfassung, in denen bestimmte verfahrensrechtliche Bedingungen der Verfassunggebung festgehalten und gewissermaßen protokolliert werden. Die Eingangsworte des Grundgesetzes stehen vor der Präambel.

P. HÄBERLE, Präambeln im Text und Kontext von Verfassungen, in: Festschrift für J. Broermann, 1982, S. 211.

Rechtliche Bedeutung

2 Präambeln sind naturgemäß nicht gesetzestechnisch als Normen formuliert, doch schließt dieser äußere Umstand nicht aus, daß in ihnen **verfassungsrechtliche Grundsätze** oder **Rechtssätze** niedergelegt sind. Charakteristischerweise allerdings überwiegt in Präambeln das Moment der Enunziation oder Proklamation, der Appell und die Verheißung. Soweit das der Fall ist, hat die Präambel – wie etwas vereinfachend gesagt wird – eine politische, nicht aber notwendig auch eine rechtliche Bedeutung. Das heißt jedoch nur, daß diese Bestandteile der Präambel nicht für sich allein unmittelbar Rechte oder Pflichten hervorzubringen mögen. Es schließt nicht aus, daß die Präambel bei der Auslegung der Verfassung zu beachten ist; insofern hat sie eine, wenn auch beschränkte, rechtliche Bedeutung.

Darüber hinaus aber kann sich ergeben, daß in einer Präambel auch selbständige rechtliche Normen oder Grundsätze ausgesprochen sind. So ist z. B. die Formulierung in der Präambel der Weimarer Reichsverfassung, die den Willen des Deutschen Volkes bekundet, ,,den gesellschaftlichen Fortschritt zu fördern", in ähnlicher Weise verstanden worden, wie der Sozialstaatssatz des Grundgesetzes. Im Falle der Präambel des Grundgesetzes steht aufgrund der Rechtsprechung des Bundesverfassungsgerichts fest, daß in ihr die Pflicht der

Präambel

Organe der Bundesrepublik Deutschland verfassungsrechtlich festgelegt ist, die Wiedervereinigung Deutschlands anzustreben und alles zu unterlassen, was dieses Ziel rechtlich hindern oder faktisch unmöglich machen würde. Das „**Wiedervereinigungsgebot**" ist ein in der Präambel enthaltener Verfassungsauftrag (BVerfGE 5, 85/127f.; 36, 1/17ff.). A RNr. 42.

Selbstinterpretation, Bekenntnis und Verheißungen

Die **Präambel des Grundgesetzes** dokumentiert, daß dieses Verfassungsgesetz aus einem Akt der verfassunggebenden Gewalt des Deutschen Volkes hervorgegangen ist und nicht etwa aus einer Vereinbarung der bestehenden deutschen Länder oder aus einem Rechtsakt der Besatzungsmächte. Zugleich wird unterstrichen, daß das Grundgesetz nur **ein** Schritt für die Wahrung der nationalen und staatlichen Einheit Deutschlands sein soll, daß auch für jene Deutschen gehandelt worden ist, denen mitzuwirken versagt war, und daß das gesamte Deutsche Volk aufgefordert bleibt, in freier Selbstbestimmung die Einheit und Freiheit Deutschlands zu vollenden. Die Präambel enthält weiter die in die Zukunft weisende Festlegung, daß der **neue deutsche Staat** als gleichberechtigtes Glied in einem vereinten Europa dem Frieden der Welt dienen wolle. Die an die Spitze gesetzte Anrufung, daß der Verfassunggeber im Bewußtsein seiner Verantwortung vor Gott und den Menschen gehandelt habe, muß als ein Bekenntnis zu den Schranken der verfassunggebenden Gewalt und zu der Begrenztheit der positiven Verfassunggebung verstanden werden. Ebenso wie die Bestimmung in Art. 1 Abs. 2 GG, wonach sich das Deutsche Volk zu unverletzlichen und unveräußerlichen Menschenrechten als Grundlage jeder menschlichen Gemeinschaft, des Friedens und der Gerechtigkeit in der Welt bekennt, gibt dieser Teil der Präambel einer – wenn auch inhaltlich sehr unbestimmten – Vorstellung einer überpositiven oder naturrechtlichen Bindung jeglicher Staatsgewalt Ausdruck.

H. v. MANGOLDT/F. KLEIN/CHR. STARCK, Das Bonner Grundgesetz, 3. Aufl., 1985, Präambel, RNrn. 8 ff.

C. Die Grundrechte

I. Die Grundrechte

Art. 1

(1) Die Würde des Menschen ist unantastbar. Sie zu achten und zu schützen ist Verpflichtung aller staatlichen Gewalt.

(2) Das Deutsche Volk bekennt sich darum zu unverletzlichen und unveräußerlichen Menschenrechten als Grundlage jeder menschlichen Gemeinschaft, des Friedens und der Gerechtigkeit in der Welt.

(3) Die nachfolgenden Grundrechte binden Gesetzgebung, vollziehende Gewalt und Rechtsprechung als unmittelbar geltendes Recht.

Art. 2

(1) Jeder hat das Recht auf die freie Entfaltung seiner Persönlichkeit, soweit er nicht die Rechte anderer verletzt und nicht gegen die verfassungsmäßige Ordnung oder das Sittengesetz verstößt.

(2) Jeder hat das Recht auf Leben und körperliche Unversehrtheit. Die Freiheit der Person ist unverletzlich. In diese Rechte darf nur auf Grund eines Gesetzes eingegriffen werden.

Art. 3

(1) Alle Menschen sind vor dem Gesetz gleich.

(2) Männer und Frauen sind gleichberechtigt.

(3) Niemand darf wegen seines Geschlechtes, seiner Abstammung, seiner Rasse, seiner Sprache, seiner Heimat und Herkunft, seines Glaubens, seiner religiösen oder politischen Anschauungen benachteiligt oder bevorzugt werden.

Art. 4

(1) Die Freiheit des Glaubens, des Gewissens und die Freiheit des religiösen und weltanschaulichen Bekenntnisses sind unverletzlich.

(2) Die ungestörte Religionsausübung wird gewährleistet.

(3) Niemand darf gegen sein Gewissen zum Kriegsdienst mit der Waffe gezwungen werden. Das Nähere regelt ein Bundesgesetz.

Art. 5

(1) Jeder hat das Recht, seine Meinung in Wort, Schrift und Bild frei zu äußern und zu verbreiten und sich aus allgemein zugänglichen Quellen ungehindert zu unterrichten. Die Pressefreiheit und die Freiheit der Berichterstattung durch Rundfunk und Film werden gewährleistet. Eine Zensur findet nicht statt.

(2) Diese Rechte finden ihre Schranken in den Vorschriften der allgemeinen Gesetze, den gesetzlichen Bestimmungen zum Schutze der Jugend und in dem Recht der persönlichen Ehre.

(3) Kunst und Wissenschaft, Forschung und Lehre sind frei. Die Freiheit der Lehre entbindet nicht von der Treue zur Verfassung.

C Die Grundrechte

Art. 6

(1) Ehe und Familie stehen unter dem besonderen Schutze der staatlichen Ordnung.

(2) Pflege und Erziehung der Kinder sind das natürliche Recht der Eltern und die zuvörderst ihnen obliegende Pflicht. Über ihre Betätigung wacht die staatliche Gemeinschaft.

(3) Gegen den Willen der Erziehungsberechtigten dürfen Kinder nur auf Grund eines Gesetzes von der Familie getrennt werden, wenn die Erziehungsberechtigten versagen oder wenn die Kinder aus anderen Gründen zu verwahrlosen drohen.

(4) Jede Mutter hat Anspruch auf den Schutz und die Fürsorge der Gemeinschaft.

(5) Den unehelichen Kindern sind durch die Gesetzgebung die gleichen Bedingungen für ihre leibliche und seelische Entwicklung und ihre Stellung in der Gesellschaft zu schaffen wie den ehelichen Kindern.

Art. 7

(1) Das gesamte Schulwesen steht unter der Aufsicht des Staates.

(2) Die Erziehungsberechtigten haben das Recht, über die Teilnahme des Kindes am Religionsunterricht zu bestimmen.

(3) Der Religionsunterricht ist in den öffentlichen Schulen mit Ausnahme der bekenntnisfreien Schulen ordentliches Lehrfach. Unbeschadet des staatlichen Aufsichtsrechtes wird der Religionsunterricht in Übereinstimmung mit den Grundsätzen der Religionsgemeinschaften erteilt. Kein Lehrer darf gegen seinen Willen verpflichtet werden, Religionsunterricht zu erteilen.

(4) Das Recht zur Errichtung von privaten Schulen wird gewährleistet. Private Schulen als Ersatz für öffentliche Schulen bedürfen der Genehmigung des Staates und unterstehen den Landesgesetzen. Die Genehmigung ist zu erteilen, wenn die privaten Schulen in ihren Lehrzielen und Einrichtungen sowie in der wissenschaftlichen Ausbildung ihrer Lehrkräfte nicht hinter den öffentlichen Schulen zurückstehen und eine Sonderung der Schüler nach den Besitzverhältnissen der Eltern nicht gefördert wird. Die Genehmigung ist zu versagen, wenn die wirtschaftliche und rechtliche Stellung der Lehrkräfte nicht genügend gesichert ist.

(5) Eine private Volksschule ist nur zuzulassen, wenn die Unterrichtsverwaltung ein besonderes pädagogisches Interesse anerkennt oder, auf Antrag von Erziehungsberechtigten, wenn sie als Gemeinschaftsschule, als Bekenntnis- oder Weltanschauungsschule errichtet werden soll und eine öffentliche Volksschule dieser Art in der Gemeinde nicht besteht.

(6) Vorschulen bleiben aufgehoben.

Art. 8

(1) Alle Deutschen haben das Recht, sich ohne Anmeldung oder Erlaubnis friedlich und ohne Waffen zu versammeln.

(2) Für Versammlungen unter freiem Himmel kann dieses Recht durch Gesetz oder auf Grund eines Gesetzes beschränkt werden.

Art. 9

(1) Alle Deutschen haben das Recht, Vereine und Gesellschaften zu bilden.

(2) Vereinigungen, deren Zwecke oder deren Tätigkeit den Strafgesetzen zuwi-

Die Grundrechte

derlaufen oder die sich gegen die verfassungsmäßige Ordnung oder gegen den Gedanken der Völkerverständigung richten, sind verboten.

(3) Das Recht, zur Wahrung und Förderung der Arbeits- und Wirtschaftsbedingungen Vereinigungen zu bilden, ist für jedermann und für alle Berufe gewährleistet. Abreden, die dieses Recht einschränken oder zu behindern suchen, sind nichtig, hierauf gerichtete Maßnahmen sind rechtswidrig. Maßnahmen nach den Artikeln 12 a, 35 Abs. 2 und 3, Artikel 87 a Abs. 4 und Artikel 91 dürfen sich nicht gegen Arbeitskämpfe richten, die zur Wahrung und Förderung der Arbeits- und Wirtschaftsbedingungen von Vereinigungen im Sinne des Satzes 1 geführt werden.

Art. 10

(1) Das Briefgeheimnis sowie das Post- und Fernmeldegeheimnis sind unverletzlich.

(2) Beschränkungen dürfen nur auf Grund eines Gesetzes angeordnet werden. Dient die Beschränkung dem Schutze der freiheitlichen demokratischen Grundordnung oder des Bestandes oder der Sicherung des Bundes oder eines Landes, so kann das Gesetz bestimmen, daß sie dem Betroffenen nicht mitgeteilt wird und daß an die Stelle des Rechtsweges die Nachprüfung durch von der Volksvertretung bestellte Organe und Hilfsorgane tritt.

Art. 11

(1) Alle Deutschen genießen Freizügigkeit im ganzen Bundesgebiet.

(2) Dieses Recht darf nur durch Gesetz oder auf Grund eines Gesetzes und nur für die Fälle eingeschränkt werden, in denen eine ausreichende Lebensgrundlage nicht vorhanden ist und der Allgemeinheit daraus besondere Lasten entstehen würden oder in denen es zur Abwehr einer drohenden Gefahr für den Bestand oder die freiheitliche demokratische Grundordnung des Bundes oder eines Landes, zur Bekämpfung von Seuchengefahr, Naturkatastrophen oder besonders schweren Unglücksfällen, zum Schutze der Jugend vor Verwahrlosung oder um strafbaren Handlungen vorzubeugen, erforderlich ist.

Art. 12

(1) Alle Deutschen haben das Recht, Beruf, Arbeitsplatz und Ausbildungsstätte frei zu wählen. Die Berufsausübung kann durch Gesetz oder auf Grund eines Gesetzes geregelt werden.

(2) Niemand darf zu einer bestimmten Arbeit gezwungen werden, außer im Rahmen einer herkömmlichen allgemeinen, für alle gleichen öffentlichen Dienstleistungspflicht.

(3) Zwangsarbeit ist nur bei einer gerichtlich angeordneten Freiheitsentziehung zulässig.

Art. 12 a

(1) Männer können vom vollendeten achtzehnten Lebensjahr an zum Dienst in den Streitkräften, im Bundesgrenzschutz oder in einem Zivilschutzverband verpflichtet werden.

(2) Wer aus Gewissensgründen den Kriegsdienst mit der Waffe verweigert, kann zu einem Ersatzdienst verpflichtet werden. Die Dauer des Ersatzdienstes darf die Dauer des Wehrdienstes nicht übersteigen. Das Nähere regelt ein Gesetz, das die Freiheit der Gewissensentscheidung nicht beeinträchtigen darf und auch

C Die Grundrechte

eine Möglichkeit des Ersatzdienstes vorsehen muß, die in keinem Zusammenhang mit den Verbänden der Streitkräfte und des Bundesgrenzschutzes steht.

(3) Wehrpflichtige, die nicht zu einem Dienst nach Absatz 1 oder 2 herangezogen sind, können im Verteidigungsfalle durch Gesetz oder auf Grund eines Gesetzes zu zivilen Dienstleistungen für Zwecke der Verteidigung einschließlich des Schutzes der Zivilbevölkerung in Arbeitsverhältnisse verpflichtet werden; Verpflichtungen in öffentlich-rechtliche Dienstverhältnisse sind nur zur Wahrnehmung polizeilicher Aufgaben oder solcher hoheitlichen Aufgaben der öffentlichen Verwaltung, die nur in einem öffentlich-rechtlichen Dienstverhältnis erfüllt werden können, zulässig. Arbeitsverhältnisse nach Satz 1 können bei den Streitkräften, im Bereich ihrer Versorgung sowie bei der öffentlichen Verwaltung begründet werden; Verpflichtungen in Arbeitsverhältnisse im Bereiche der Versorgung der Zivilbevölkerung sind nur zulässig, um ihren lebensnotwendigen Bedarf zu decken oder ihren Schutz sicherzustellen.

(4) Kann im Verteidigungsfalle der Bedarf an zivilen Dienstleistungen im zivilen Sanitäts- und Heilwesen sowie in der ortsfesten militärischen Lazarettorganisation nicht auf freiwilliger Grundlage gedeckt werden, so können Frauen vom vollendeten achtzehnten bis zum vollendeten fünfundfünfzigsten Lebensjahr durch Gesetz oder auf Grund eines Gesetzes zu derartigen Dienstleistungen herangezogen werden. Sie dürfen auf keinen Fall Dienst mit der Waffe leisten.

(5) Für die Zeit vor dem Verteidigungsfalle können Verpflichtungen nach Absatz 3 nur nach Maßgabe des Artikels 80a Abs. 1 begründet werden. Zur Vorbereitung auf Dienstleistungen nach Absatz 3, für die besondere Kenntnisse oder Fertigkeiten erforderlich sind, kann durch Gesetz oder auf Grund eines Gesetzes die Teilnahme an Ausbildungsveranstaltungen zur Pflicht gemacht werden. Satz 1 findet insoweit keine Anwendung.

(6) Kann im Verteidigungsfalle der Bedarf an Arbeitskräften für die in Absatz 3 Satz 2 genannten Bereiche auf freiwilliger Grundlage nicht gedeckt werden, so kann zur Sicherung dieses Bedarfs die Freiheit der Deutschen, die Ausübung eines Berufs oder den Arbeitsplatz aufzugeben, durch Gesetz oder auf Grund eines Gesetzes eingeschränkt werden. Vor Eintritt des Verteidigungsfalles gilt Absatz 5 Satz 1 entsprechend.

Art. 13

(1) Die Wohnung ist unverletzlich.

(2) Durchsuchungen dürfen nur durch den Richter, bei Gefahr im Verzuge auch durch die in den Gesetzen vorgesehenen anderen Organe angeordnet und nur in der dort vorgeschriebenen Form durchgeführt werden.

(3) Eingriffe und Beschränkungen dürfen im übrigen nur zur Abwehr einer gemeinen Gefahr oder einer Lebensgefahr für einzelne Personen, auf Grund eines Gesetzes auch zur Verhütung dringender Gefahren für die öffentliche Sicherheit und Ordnung, insbesondere zur Behebung der Raumnot, zur Bekämpfung von Seuchengefahr oder zum Schutze gefährdeter Jugendlicher vorgenommen werden.

Art. 14

(1) Das Eigentum und das Erbrecht werden gewährleistet. Inhalt und Schranken werden durch die Gesetze bestimmt.

(2) Eigentum verpflichtet. Sein Gebrauch soll zugleich dem Wohle der Allgemeinheit dienen.

(3) Eine Enteignung ist nur zum Wohle der Allgemeinheit zulässig. Sie darf nur

Die Grundrechte   C

durch Gesetz oder auf Grund eines Gesetzes erfolgen, das Art und Ausmaß der Entschädigung regelt. Die Entschädigung ist unter gerechter Abwägung der Interessen der Allgemeinheit und der Beteiligten zu bestimmen. Wegen der Höhe der Entschädigung steht im Streitfalle der Rechtsweg vor den ordentlichen Gerichten offen.

Art. 15

Grund und Boden, Naturschätze und Produktionsmittel können zum Zwecke der Vergesellschaftung durch ein Gesetz, das Art und Ausmaß der Entschädigung regelt, in Gemeineigentum oder in andere Formen der Gemeinwirtschaft überführt werden. Für die Entschädigung gilt Artikel 14 Abs. 3 Satz 3 und 4 entsprechend.

Art. 16

(1) Die deutsche Staatsangehörigkeit darf nicht entzogen werden. Der Verlust der Staatsangehörigkeit darf nur auf Grund eines Gesetzes und gegen den Willen des Betroffenen nur dann eintreten, wenn der Betroffene dadurch nicht staatenlos wird.

(2) Kein Deutscher darf an das Ausland ausgeliefert werden. Politisch Verfolgte genießen Asylrecht.

Art. 17

Jedermann hat das Recht, sich einzeln oder in Gemeinschaft mit anderen schriftlich mit Bitten oder Beschwerden an die zuständigen Stellen und an die Volksvertretung zu wenden.

Art. 17a

(1) Gesetze über Wehrdienst und Ersatzdienst können bestimmen, daß für die Angehörigen der Streitkräfte und des Ersatzdienstes während der Zeit des Wehr- oder Ersatzdienstes das Grundrecht, seine Meinung in Wort, Schrift und Bild frei zu äußern und zu verbreiten (Artikel 5 Abs. 1 Satz 1 erster Halbsatz), das Grundrecht der Versammlungsfreiheit (Artikel 8) und das Petitionsrecht (Artikel 17), soweit es das Recht gewährt, Bitten oder Beschwerden in Gemeinschaft mit anderen vorzubringen, eingeschränkt werden.

(2) Gesetze, die der Verteidigung einschließlich des Schutzes der Zivilbevölkerung dienen, können bestimmen, daß die Grundrechte der Freizügigkeit (Artikel 11) und der Unverletzlichkeit der Wohnung (Artikel 13) eingeschränkt werden.

Art. 18

Wer die Freiheit der Meinungsäußerung, insbesondere die Pressefreiheit (Artikel 5 Abs. 1), die Lehrfreiheit (Artikel 5 Abs. 3), die Versammlungsfreiheit (Artikel 8), die Vereinigungsfreiheit (Artikel 9), das Brief-, Post- und Fernmeldegeheimnis (Artikel 10), das Eigentum (Artikel 14) oder das Asylrecht (Artikel 16 Abs. 2) zum Kampfe gegen die freiheitliche demokratische Grundordnung mißbraucht, verwirkt diese Grundrechte. Die Verwirkung und ihr Ausmaß werden durch das Bundesverfassungsgericht ausgesprochen.

Art. 19

(1) Soweit nach diesem Grundgesetz ein Grundrecht durch Gesetz oder auf Grund eines Gesetzes eingeschränkt werden kann, muß das Gesetz allgemein und

C   Die Grundrechte

nicht nur für den Einzelfall gelten. Außerdem muß das Gesetz das Grundrecht unter Angabe des Artikels nennen.

(2) In keinem Falle darf ein Grundrecht in seinem Wesensgehalt angetastet werden.

(3) Die Grundrechte gelten auch für inländische juristische Personen, soweit sie ihrem Wesen nach auf diese anwendbar sind.

(4) Wird jemand durch die öffentliche Gewalt in seinen Rechten verletzt, so steht ihm der Rechtsweg offen. Soweit eine andere Zuständigkeit nicht begründet ist, ist der ordentliche Rechtsweg gegeben. Artikel 10 Abs. 2 Satz 2 bleibt unberührt.

Gliederungsübersicht

	RNr.
1. Der Schutz der Freiheit durch Grundrechte	
Die Idee der unveräußerlichen Menschenrechte	1
Objektives Recht und individuelle Rechte	2
Freiheit und Teilhabe	3
Grundrechte als unmittelbar geltendes Recht	4
Die Grundrechte in der Geschichte des Verfassungsstaates	5
Grundrechte in der deutschen Verfassungsgeschichte	6
Weimarer Reichsverfassung: Die Grundrechte und Grundpflichten der Deutschen	7
„Soziale Grundrechte"	8
Grundrechte im internationalen Recht	9
Die Europäische Menschenrechtskonvention	10
2. Grundlinien der verfassungsrechtlichen Ausgestaltung	
Menschenrechte und Bürgerrechte	11
Grundrechte juristischer Personen	12
Grundrechte des Staates oder öffentlich-rechtlicher Körperschaften?	13
Inhalte grundrechtlicher Gewährleistungen	14
Rechtliche Wirkung der Grundrechte	15
Vorbehalt des Gesetzes für „wesentliche" Regelungen	16
Das subjektiv öffentliche Recht	17
Die Garantie von Rechtseinrichtungen	18
Grundrechtssicherung durch Organisation und Verfahren	19
Grundrechtliche Schutzpflichten	20
Privatrechtsgestaltende Wirkung	

	RNr.
(Drittwirkung) von Grundrechten	21
Kodifikatorische Wirkung einzelner Grundrechte	22
Einschränkbarkeit der Grundrechte durch Gesetz	23
Schranken der Grundrechtsausübung	24
Der Schutz des Wesensgehalts eines Grundrechts	25
Der Grundsatz der Verhältnismäßigkeit	26
Das Petitionsrecht	27
Die Verfassungsbeschwerde	28
3. Die persönliche Freiheit und Integrität	
Die Würde des Menschen ist unantastbar	29
Die freie Entfaltung der Persönlichkeit	30
Das allgemeine Persönlichkeitsrecht	31
Der Schutz der Intimsphäre und der Privatheit	32
Datenschutz	33
Der Schutz des Lebens und der körperlichen Unversehrtheit	34
Der Schutz des ungeborenen Lebens	35
Grundrecht auf gesunde Umwelt?	36
Die Freiheit der Person	37
Voraussetzungen der Freiheitsentziehung	38
Unverletzlichkeit der Wohnung	39
Das Brief-, Post- und Fernmeldegeheimnis	40
Verbot von Ausbürgerung und Auslieferung	41
4. Gleichheit und Willkürverbot	
Der allgemeine Gleichheitssatz	42
Das Willkürverbot	43
Das Gebot der Gleichbehandlung	44

Der Schutz der Freiheit durch Grundrechte

	RNr.		RNr.
Besondere Differenzierungsverbote	45	10. **Die Grundrechte der wirtschaftlichen Freiheit**	
Die Gleichberechtigung von Mann und Frau	46	Berufsfreiheit	77
		Unternehmensfreiheit	78
Die Gleichstellung der unehelichen Kinder	47	Vertragsfreiheit	79
		Allgemeine Wirtschaftsfreiheit	80
Die Gleichheit der staatsbürgerlichen Rechte und Pflichten	48	Eigentumsgarantie	81
		Enteignung	82
Öffentlicher Dienst	49	Sozialisierung	83
Lastengleichheit	50	Erbrecht	84
5. **Ehe und Familie**		Vereinigungsfreiheit	85
Der Schutz von Ehe und Familie	51	Freizügigkeit	86
Die Freiheit der Eheschließung	52	Wirtschaftsverfassung des Grundgesetzes?	87
Das Erziehungsrecht der Eltern	53		
Der Schutz der Mutter	54	11. **Grundgesetz und Freiheit von Arbeit und Beruf**	
6. **Glaubens- und Gewissensfreiheit**		Die freie Wahl des Berufs und des Arbeitsplatzes	88
Die Religionsfreiheit	55		
Die Kultusfreiheit	56	Recht auf Arbeit?	89
Die Freiheit der Weltanschauung	57	Angemessene Arbeitsbedingungen	90
Die Gewissensfreiheit	58		
Das Recht der Kriegsdienstverweigerung	59	Gleichbehandlungsgrundsatz und Diskriminierungsverbote	91
		Sozialstaatssatz	92
7. **Die Freiheit der Meinung**			
Die Meinungsfreiheit	60	12. **Grundgesetz und kollektives Arbeitsrecht**	
Die Informationsfreiheit	61		
Die Versammlungsfreiheit	62	Die Koalitionsfreiheit	93
Die Vereinigungsfreiheit	63	Koalitionen und deren Organisations- und Betätigungsfreiheit	94
8. **Pressefreiheit und andere Medienfreiheiten**			
		Die Tarifautonomie und der Arbeitskampf	95
Die Pressefreiheit	64	Betriebsverfassung	96
Die Rundfunkfreiheit	65		
Die Filmfreiheit	66	13. **Die politische Freiheit**	
„Neue Medien"	67	Meinungs-, Versammlungs- und Vereinigungsfreiheit	97
Das Zensurverbot	68		
Schranken der Grundrechte	69	Wahlrecht	98
9. **Schule und Bildung, Wissenschaft und Kunst**		Asylrecht	99
Die staatliche Schulaufsicht	70	14. **Die allgemeine Handlungsfreiheit**	
Die Privatschulfreiheit	71	Das „Auffanggrundrecht" des Art. 2 Abs. 1 GG	100
Recht auf Bildung?	72	Die Schranken des Grundrechts	101
Die freie Wahl der Ausbildungsstätte	73	Die innere Einheit und Vielfalt der Grundrechte	102
Numerus clausus	74		
Die Wissenschaftsfreiheit	75		
Die Kunstfreiheit	76		

1. Der Schutz der Freiheit durch Grundrechte

Die Idee der unveräußerlichen Menschenrechte

1 Der neue deutsche Staat, wiederbegründet nach der Rechtszerstörung und Willkür des Dritten Reiches, nach Krieg und Zusammenbruch der alten Staatlichkeit, hat durch seine Verfassung die **Würde des Menschen** aller staatlichen Gewalt als Ziel und Rechtfertigung gesetzt. Das Deutsche Volk bekennt sich darum zu unverletzlichen und unveräußerlichen Menschenrechten als Grundlage jeder menschlichen Gemeinschaft, des Friedens und der Gerechtigkeit in der Welt (Art. 1 Abs. 2 GG). Die naturrechtliche Idee der menschlichen Freiheit und der Menschenrechte legt dem Staat zum Schutz des einzelnen rechtliche Grenzen auf und hindert die politische Entscheidung und die Ausführung der Gesetze durch Exekutive und Gerichte daran, die individuelle Freiheit und die Rechte des einzelnen als verfügbar zu behandeln. Freiheit und Eigentum des einzelnen sind den Erfordernissen des Gemeinwohls unterworfen, müssen sich aber nicht der politischen Opportunität oder der bürokratischen Zweckmäßigkeit beugen.

Das Grundgesetz nimmt nicht für sich in Anspruch, die unverletzlichen und unveräußerlichen Menschenrechte erst durch die Verfassunggebung hervorzubringen. Es erkennt eine vorstaatliche und überpositive Verpflichtung aller staatlichen Gewalt an. In den einzelnen Grundrechten gibt das Grundgesetz der Würde des Menschen und der Freiheit des einzelnen verfassungsrechtliche Positivität. Eine Änderung des Grundgesetzes, durch welche die in Art. 1 GG niedergelegten Grundsätze berührt werden, ist unzulässig (Art. 79 Abs. 3 GG).

K. A. BETTERMANN/F. L. NEUMANN/H. C. NIPPERDEY/U. SCHEUNER, Die Grundrechte. Handbuch der Theorie und Praxis der Grundrechte, 5 Bde. (davon 3 Bde. aufgeteilt in je 2 Halbbände), 1954 ff.; E. GRABITZ, Freiheit und Verfassungsrecht, 1976; H. H. RUPP, Vom Wandel der Grundrechte, AöR 101, 1976, S. 161; K. HESSE, Bestand und Bedeutung der Grundrechte in der Bundesrepublik Deutschland, EuGRZ 1978, 427; K. STERN, Altes und Neues aus der Genese der Grundrechte des Grundgesetzes, JA 1984, 642.

Objektives Recht und individuelle Rechte

2 Die Bestimmungen des Grundgesetzes über die Grundrechte sind objektives Recht, Rechtsregeln, die abstrakt und generell eine bestimmte Rechtslage festlegen. Wenn in einem konkreten Einzelfall eine bestimmte Person die in den Normen des objektiven Rechts umschriebenen Voraussetzungen erfüllt, z. B. an einer Versammlung teilnimmt, einer Koalition beitritt und angehört oder sich als Inhaber einer Wohnung einer Durchsuchung gegenübersieht, ergeben sich für diese Person aus den objektiven Rechtsvorschriften der Verfassung **subjektive Rechte**. Die Grundrechte binden die öffentliche Gewalt und sind im Falle ihrer Beeinträchtigung Grundlage subjektiver Rechte der einzelnen gegen die öffentliche Gewalt auf Einhaltung der verfassungsrechtlichen Freiheiten, Rechten und Garantien. Für den einzelnen sind die Grundrechte Quelle subjektiver Rechte gegen die öffentliche Gewalt.

Im Verlauf der Verfassungsgeschichte haben die Grundrechte sich aus Programmen und Grundsätzen für die Ausübung politischer Herrschaft zu subjektiven Rechten gegen die öffentliche Gewalt, zuerst gegen die Exekutive, entwickelt. Das Programm zur Gründung der bürgerlichen Gesellschaft, das vor allem in Gestalt von Grundrechten ausgerufen worden war, bildete sich schließlich in subjektiven Rechten der einzelnen zum Schutz von Freiheit und Eigentum aus. Die reformsozialistischen Bestrebungen zur Gewährleistung

Der Schutz der Freiheit durch Grundrechte   3 C

„sozialer Grundrechte" haben versucht, diese Art verfassungsrechtlicher Garantien auch für die sozialen Staatsaufgaben und die Begünstigten der Sozial- und Gesellschaftspolitik zu erlangen.
In der Auslegung der Grundrechte des Grundgesetzes hat das Bundesverfassungsgericht dem individuellen, **„personal"** ausgerichteten Rechtscharakter der Grundrechte ausschlaggebende Bedeutung beigemessen (BVerfGE 7, 198/204f.; 35, 79/114f.; 50, 290/336f.). Die Grundrechte sind danach in erster Linie dazu bestimmt, die Freiheitssphäre des einzelnen vor Eingriffen der öffentlichen Gewalt zu sichern. Sie sind aber auch objektive Prinzipien der Verfassungsordnung und der gesamten Rechtsordnung schlechthin; in ihnen sind verfassungsrechtliche „Wertentscheidungen" getroffen. In den Grundrechten finden sich „wertentscheidende Grundsatznormen", die den Schutz der individuellen Freiheit „verstärken", den die Grundrechte für einzelne Handlungsmöglichkeiten, Sachbereiche oder Lebenssphären geben.

Freiheit und Teilhabe

Die naturrechtlich inspirierte Verfassungsbewegung verstand die Freiheit zuerst als Sicherung des einzelnen gegen die öffentliche Gewalt. Die Religionsfreiheit, die Meinungsfreiheit, die Freiheit der Person, der Schutz des Eigentums und andere Freiheitsrechte sollten dem einzelnen einen „staatsfreien" Raum individueller Entscheidung und Betätigung gewährleisten. Als **„Abwehrrechte"** war es die verfassungsrechtliche Funktion der Grundrechte, der öffentlichen Gewalt, zuerst der Exekutive, gegenüber der individuellen Freiheit Schranken zu setzen. 3
Diese Bedeutung der Grundrechte als Abwehrrechte gegen die öffentliche Gewalt zum Schutz der individuellen Freiheit besteht fort, wenn auch heute in einer der modernen Ausübung der Staatsgewalt angepaßten Form (vgl. BVerfGE 7, 198). Der verfassungspolitische Sinn der Grundrechte als Abwehrrechte hat in keiner Weise sein Gewicht eingebüßt; die verstärkten Eingriffsmöglichkeiten heutiger Staatsgewalt haben das Schutzbedürfnis des einzelnen, z. B. hinsichtlich der Offenbarung, Speicherung und Weitergabe seiner persönlichen „Daten", verstärkt.
Der Gedanke der **„Teilhabe"** kann auf die politische Freiheit des einzelnen und auf die Rechte des einzelnen gegenüber der Leistungsverwaltung des Sozialstaates bezogen werden. In Rücksicht auf die **politische Freiheit** kann Teilhabe des einzelnen das Recht auf Mitwirkung an Entscheidungen bedeuten, die seine Rechte oder Interessen berühren. In diesem Sinne ist Teilhabe ein Element der demokratischen Staatsform. Das Wahlrecht, aber auch Vereinigungs- und Versammlungsfreiheit lassen sich unter diesem Blickwinkel als „Teilhaberechte" auffassen.
Während die ursprüngliche Bedeutung der Grundrechte als Abwehrrechte sich gegen den Staat und seinen Eingriff in die individuelle Freiheit wendet, zielt die **leistungsstaatlich** gesehene Teilhabe ganz entgegengesetzt auf eine staatliche Aktivität, um dem Teilhabeinteressenten Vorteile oder Begünstigungen zuzuwenden. Prototyp der Teilhaberechte sind die „sozialen Grundrechte", wie etwa das Recht auf Arbeit oder das Recht auf Bildung. Verfassungspolitisch wird mit den Teilhaberechten eine grundsätzlich andersartige

Fragestellung aufgeworfen, als sie dem ursprünglichen Verständnis der Grundrechte als Abwehrrechte eigentümlich ist.

R. Breuer, Grundrechte als Anspruchsnormen, in: Festgabe für das Bundesverwaltungsgericht, 1978, S. 89; B. Schlink, Freiheit durch Eingriffsabwehr – Rekonstruktion der klassischen Grundrechtsfunktion, EuGRZ 1984, 457; G. F. Schuppert, Grundrechte und Demokratie, EuGRZ 1985, 525.

Grundrechte als unmittelbar geltendes Recht

4 Die Grundrechte des Grundgesetzes binden Gesetzgebung, vollziehende Gewalt und Rechtsprechung als unmittelbar geltendes Recht (Art. 1 Abs. 3 GG). Das Grundgesetz legt damit ausdrücklich fest, daß die Grundrechtsbestimmungen nicht nur der politischen Entscheidung des Gesetzgebers überlassene **Programmsätze** sind, sondern objektives Recht mit unmittelbar bindender Wirkung für die öffentliche Gewalt. Es bestimmt damit weiter, daß aus diesen unmittelbar verbindlichen Normen des objektiven Rechts sich für die geschützten Menschen und Bürger **subjektive Rechte** gegen die öffentliche Gewalt auf Einhaltung der Grundrechte ergeben.
Das Grundgesetz hat die Streitfrage der Weimarer Zeit, ob auch die (Reichs-) **Gesetzgebung** an die Grundrechte gebunden sei, ausdrücklich entschieden. Auch die Gesetzgebung ist an die Grundrechte gebunden und auch gegenüber der Gesetzgebung kann der einzelne sich auf die Grundrechte berufen.

Die Grundrechte in der Geschichte des Verfassungsstaates

5 Der epochemachende Gedanke, die Freiheit des einzelnen gegen Machtmißbrauch und Willkür der Obrigkeit, dann des Staates, und gegen soziale Unterdrückung und Diskriminierung dadurch zu schützen, daß **rechtliche Garantien** gegen charakteristische Freiheitsbeeinträchtigungen und Rechtsverletzungen in ein die öffentliche Gewalt in allen ihren Erscheinungsformen bindendes und verpflichtendes **Verfassungsgesetz** aufgenommen werden, gehört der europäischen Neuzeit und der Entwicklung des nationalen Verfassungsstaates an. Antike und Mittelalter haben andere Ziele und Bestrebungen für gerechte Herrschaft und für den Schutz des Rechts verfolgt. Erst das Zeitalter der Renaissance und der Reformation hat dem Individualismus in Religionsangelegenheiten und dann dem säkularisierten Freiheitswillen des einzelnen den charakteristischen Vorrang verschafft, der auch die Grundrechtsidee prägt. Als Vorläufer der verfassungsrechtlich garantierten Grundrechte können die aus Verträgen hergeleiteten oder durch Verträge zumindest bekräftigten ständischen Rechte und Freiheiten angesehen werden, zu deren Achtung sich der Fürst verpflichtete. Das berühmteste Dokument dieser ständischen Vorgeschichte der heutigen Grundrechte ist die dem englischen König Johann ohne Land von den Bischöfen, Baronen und Städten abgezwungene Magna Carta Libertatum vom 15. Juni 1215.
Die Entwicklung der Grundrechte hat in den verschiedenen Staaten einen unterschiedlichen Verlauf genommen, wenngleich sich im 19. Jahrhundert jenseits aller nationalen Besonderheiten ein gemeinsamer Bestand der „klassischen" **Grundrechte** herausgebildet hatte. England, Nordamerika und Frankreich sind die drei Länder, in denen dieser später als klassisch empfundene

Der Schutz der Freiheit durch Grundrechte 6 C

Bestand von Grundrechten in den großen bürgerlichen Revolutionen erkämpft und formuliert worden ist. Religionsfreiheit, Gedanken- und Meinungsfreiheit, Pressefreiheit, Rechtsgleichheit, Vereinigungs- und Versammlungsfreiheit, Freiheit vor willkürlicher Verhaftung sind Hauptstücke des Katalogs der Grundrechte, die in alle modernen Verfassungen Eingang gefunden haben. Die englische Declaration and Bill of Rights vom 16. Dezember 1689 und die nordamerikanische Virginia Declaration of Rights vom 12. Juni 1776 sind die Vorläufer und auch das Vorbild für die berühmteste Rechteerklärung, die französische Déclaration des droits de l'homme et du citoyen vom 26. August 1789, die ,,Erklärung der Rechte des Menschen und des Bürgers", beschlossen von der revolutionären Nationalversammlung in Paris. Siehe dazu die bis heute unübertroffene Darstellung von GEORG JELLINEK, Die Erklärung der Menschen- und Bürgerrechte, 2. Aufl., 1904.

A. VOIGT, Geschichte der Grundrechte, 1948; G. RITTER, Ursprung und Wesen der Menschenrechte, HZ 169, 1949, S. 231; F. HARTUNG, Die Entwicklung der Menschen- und Bürgerrechte von 1776 bis zur Gegenwart, 3. Aufl., 1964; G. OESTREICH, Geschichte der Menschenrechte und Grundfreiheiten im Umriß, 1968; D. GRIMM, Die verfassungsrechtlichen Grundlagen der Privatrechtsgesetzgebung, in: H. COING (Hrsg.), Handbuch der Quellen und Literatur der neueren europäischen Privatrechtsgeschichte, III/1, 1982, S. 17.

Grundrechte in der deutschen Verfassungsgeschichte

Die Verfassungen des **süddeutschen Konstitutionalismus** stehen am Beginn 6
der Aufnahme von Grundrechten in deutsche Verfassungen. Zu dieser Epoche der deutschen Verfassungsgeschichte zählen die Verfassungs-Urkunde für das Königreich Bayern vom 26. Mai 1818 (Gesetzblatt, S. 101), die Verfassungs-Urkunde für das Großherzogtum Baden vom 22. August 1818 (Regierungsblatt, S. 1425) und die Verfassungs-Urkunde für das Königreich Württemberg vom 25. September 1819 (Regierungsblatt, S. 633). In Titel VII § 2 der bayerischen Verfassungs-Urkunde kam der Grundgedanke der konstitutionellen Grundrechtsvorstellung in folgender Formulierung zum Ausdruck: ,,Ohne den Beyrath und die Zustimmung der Stände des Königreichs kann kein allgemeines neues Gesetz, welches die Freyheit der Personen oder das Eigenthum der Staats-Angehörigen betrifft, erlassen, noch ein schon bestehendes abgeändert, authentisch erläutert oder aufgehoben werden."
Für die weitere Verfassungsentwicklung in Deutschland ist dann vor allem die Belgische Verfassung von 1831 einflußreich gewesen (R. SMEND, Die Preußische Verfassungsurkunde im Vergleich mit der Belgischen, 1904). Mit den von der **Frankfurter Nationalversammlung** in der Paulskirche aufgestellten ,,Grundrechten des deutschen Volkes", die vorab durch das Reichsgesetz, betreffend die Grundrechte des deutschen Volkes vom 27. Dez. 1848 (RGBl. S. 49) ,,im ganzen Umfang des deutschen Reichs" in Kraft gesetzt und dann in die Reichsverfassung vom 28. März 1849 (RGBl. S. 101) als deren VI. Abschnitt aufgenommen wurden, sollte eine rechtlich verbindliche feste Grundlage der deutschen Einheit aufgerichtet und eine vom Reich geschaffene, auch für die Einzelstaaten maßgebende Rechtsbasis geschaffen werden. Das Scheitern der Einheitsbestrebungen verhinderte, daß die Grundrechte der Paulskirchen-Versammlung geltendes Recht werden konnten. Die Be-

handlung der Grundrechtsfrage in der Frankfurter Nationalversammlung zeigt jedoch, daß den Grundrechten nicht nur eine Bedeutung für den Schutz der Freiheit des einzelnen zukommt, sondern daß durch sie ein bedeutender Impuls für die Staatsbildung und Einheitsstiftung des Bundesstaates gegeben wird. Gerade diese unitarische Wirkung der Grundrechte war der ausschlaggebende Gesichtspunkt dafür, in die Reichsverfassung von 1871 keinen Grundrechtskatalog aufzunehmen. So war bis zur Novemberrevolution und dem Inkrafttreten der Weimarer Reichsverfassung der Grundrechtskatalog der Verfassungs-Urkunde für den Preußischen Staat vom 31. Januar 1850 (dazu der Kommentar von G. ANSCHÜTZ, I. Band, 1912) die maßgebliche Erscheinung der Grundrechte in der deutschen Verfassungsgeschichte. A RNrn. 24 ff.

E. R. HUBER, Deutsche Verfassungsgeschichte seit 1789, 7 Bde., 1957–84; Bde. 1 bis 3, 2. Aufl., 1967–70; DERS., Dokumente zur deutschen Verfassungsgeschichte, 3 Bde., 1961–66; Bd. 1, 3. Aufl., 1978; U. SCHEUNER, Die Tragweite der Grundrechte in der deutschen Verfassungsentwicklung des 19. Jahrhunderts, in: Festschrift für Ernst Rudolf Huber, 1973, S. 139; H. SCHOLLER, Die sozialen Grundrechte in der Paulskirche, Staat 13, 1974, S. 51.

Weimarer Reichsverfassung: Die Grundrechte und Grundpflichten der Deutschen

7 Die Verfassung des Deutschen Reichs (Weimarer Reichsverfassung) vom 11. Aug. 1919 (RGBl. S. 1383) widmete ihren **Zweiten Hauptteil** den ,,Grundrechten und Grundpflichten der Deutschen" (Art. 109 bis 165); A RNr. 27. Die hier in Rechten und Programmsätzen ausgesprochenen Freiheiten, Garantien, Verheißungen und ,,Lebensordnungen" sind nach folgenden Gesichtspunkten geordnet: Die Einzelperson, das Gemeinschaftsleben, Religion und Religionsgesellschaften, Bildung und Schule, das Wirtschaftsleben. Die Erweiterung des Grundrechtsgedankens auf soziale Garantien und objektive Ordnungsentscheidungen steht in unmittelbarem Zusammenhang mit der sozialstaatlichen Entgrenzung der Staatsaufgaben, die für die neu errichtete demokratische Republik kennzeichnend ist. Die Wandlung der Staatsaufgaben ist notwendig mit einer Veränderung der Bedingungen individueller Freiheit verbunden, also auch mit einer Wandlung der Grundrechte. Die neuen wirtschafts- und sozialpolitischen Staatsziele schlagen sich in einer Reihe von Rechtszusicherungen und Programmsätzen nieder, die den überkommenen Katalog der klassischen Grundrechte ergänzen. Den Anstoß dafür, diesen neuen Weg zu beschreiten, hat der von FRIEDRICH NAUMANN in dem Verfassungsausschuß der Nationalversammlung am 31. März 1919 eingebrachte ,,Versuch volksverständlicher Grundrechte" gegeben (Aktenstück Nr. 391, S. 171). Der individualistische Liberalismus sollte durch das neue Prinzip der sozial gebundenen Freiheit überwunden werden, um den Bedürfnissen der Zeit gerecht zu werden und den Erfolg des revolutionären Sozialismus zu verhindern. Das ist auch der wesentliche Gedanke für die Neuerung, den Grundrechten **Grundpflichten** an die Seite zu stellen. Der Staat erscheint nunmehr nicht nur als Widersacher der individuellen Freiheit in der bürgerlichen Gesellschaft, sondern als Garant materieller Freiheit in der neuen demo-

Der Schutz der Freiheit durch Grundrechte 8 C

kratischen Gesellschaftsordnung. Kennzeichnend dafür sind die besonderen Klauseln, in denen die Sozialpflichtigkeit des Eigentums, besonders des Wirtschafts- und des Grundeigentums zum Ausdruck kommt, und die Gewährleistungen zum Schutz der Arbeitskraft und des kollektiven Arbeitsrechts. Die Weimarer Reichsverfassung bekannte sich in der Präambel zu dem Ziel, ,,den gesellschaftlichen Fortschritt zu fördern", und legte als Leitmaxime der Wirtschaftspolitik den Satz fest: ,,Die Ordnung des Wirtschaftslebens muß den Grundsätzen der Gerechtigkeit mit dem Ziel der Gewährleistung eines menschenwürdigen Daseins für alle entsprechen. In diesen Grenzen ist die wirtschaftliche Freiheit des einzelnen zu sichern" (Art. 151 Abs. 1). Neben der Sozialgebundenheit des Eigentums (,,Eigentum verpflichtet. Sein Gebrauch soll zugleich Dienst sein für das Gemeine Beste", Art. 153 Abs. 3) wurden ins einzelne gehende Programme für die Bodenreform und für die Vergesellschaftung privater wirtschaftlicher Unternehmungen aufgestellt und dem Rätegedanken in seiner wirtschaftlichen Anwendungsweise Raum gegeben.

Das Grundgesetz ist – anders als einige Landesverfassungen – diesem Muster der Weimarer Reichsverfassung nicht gefolgt. Vor allem im Sozialstaatssatz aber sollte der Grundgedanke des Weimarer Katalogs der Grundrechte und Grundpflichten einen konzentrierten Ausdruck finden, dabei alles Nähere dem Gesetzgeber überlassend.

H. C. NIPPERDEY (Hrsg.), Die Grundrechte und Grundpflichten der Reichsverfassung, 3 Bde., 1929/30; C. SCHMITT, Inhalt und Bedeutung des Zweiten Hauptteils der Reichsverfassung, in: G. ANSCHÜTZ/R. THOMA, Handbuch des Deutschen Staatsrechts, II, 1932, S. 572; E. R. HUBER, Friedrich Naumanns Weimarer Grundrechts-Entwurf, in: Festschrift für Franz Wieacker, 1978, S. 384; H. H. KLEIN, Über Grundpflichten, Staat 14, 1975, S. 153; P. BADURA, Grundpflichten als verfassungsrechtliche Dimension, DVBl. 1982, 861; V. GÖTZ/H. HOFMANN, Grundpflichten als verfassungsrechtliche Dimension, VVDStRL 41, 1983; R. STOBER, Grundpflichten versus Grundrechte? Rechtstheorie 15, 1984, S. 39; H. BETHGE, Die verfassungsrechtliche Problematik der Grundpflichten, JA 1985, 249.

,,Soziale Grundrechte"

Die aus den **sozialen Staatsaufgaben** ableitbaren Forderungen und Program- 8 me zugunsten derjenigen, die sozial schutzbedürftig sind, sind häufig – in Anlehnung an die überkommene Grundrechtsidee – als ,,soziale Grundrechte" formuliert worden. Das Recht auf Arbeit, das Recht auf Bildung, das Recht auf gesunde Lebensbedingungen sind kennzeichnende Beispiele für das verfassungspolitische Programm sozialer Grundrechte. Dieses Programm geht weit über die anerkannte Auslegung der geltenden Grundrechte im Sinne objektiver Gewährleistungen oder Schutzaufträge, z. B. zur Sicherung von Leben und Gesundheit nach Art. 2 Abs. 2 GG, hinaus.

Die Garantie, die mit Hilfe sozialer Grundrechte erstrebt wird, ist nicht die ,,Ausgrenzung" einer ,,staatsfreien" Sphäre individueller Freiheit und einer Abwehr ungerechtfertigter ,,Eingriffe" in Freiheit und Eigentum. Mit den sozialen Grundrechten soll die Verfassung dem Staat eine bestimmte Verantwortung für **soziale Gerechtigkeit** in bestimmten Lebensbereichen abverlangen und damit eine Verpflichtung zu staatlicher Tätigkeit begründen, die die angestrebte materielle „Teilhabe" der sozial Schutzwürdigen sichert. Der Sache nach bedeuten derartige soziale Grundrechte die – nur scheinbar subjektiv rechtliche – Formulierung bestimmter Staatsaufgaben. Anders als die überkommenen „Abwehrrechte" sind diese sozialen Grundrechte typischerweise ohne eine die gegebenen Umstände berücksichtigende Entscheidung des **Gesetzgebers** nicht individualrechtlich wirksam. Die Verfassung selbst kann für sich allein die erstrebte materielle Gewährleistung einer bestimmten sozialen Umverteilung, Leistungsgewährung und Schutzgarantie nicht herbeiführen.

Die **Weimarer Reichsverfassung** hatte in erheblichem Umfang soziale Grundrechte durch Programmsätze normiert. Als Beispiel mag Art. 163 genannt werden: „Jeder Deutsche hat unbeschadet seiner persönlichen Freiheit die sittliche Pflicht, seine geistigen und körperlichen Kräfte so zu betätigen, wie es das Wohl der Gesamtheit erfordert. Jedem Deutschen soll die Möglichkeit gegeben werden, durch wirtschaftliche Arbeit seinen Unterhalt zu erwerben. Soweit ihm angemessene Arbeitsgelegenheit nicht nachgewiesen werden kann, wird für seinen notwendigen Unterhalt gesorgt. Das Nähere wird durch besondere Reichsgesetze bestimmt." Eine Reihe von **Landesverfassungen** ist nach dem Kriege dem Muster der Weimarer Reichsverfassung gefolgt und hat mehr oder weniger umfangreiche Ausgestaltungen sozialer Grundrechte und Lebensordnungen aufgenommen, so z.B. die bayerische Verfassung in ihrem Vierten Hauptteil „Wirtschaft und Arbeit" (Art. 151 ff.), die bremische Verfassung in ihrem Zweiten Hauptteil „Ordnung des sozialen Lebens" (Art. 21 ff.), die hessische Verfassung, in dem Abschnitt „Soziale und wirtschaftliche Rechte und Pflichten" (Art. 27 ff.) und die Verfassung von Rheinland-Pfalz in dem Abschnitt über die „Wirtschafts- und Sozialordnung" (Art. 51 ff.). Da das Recht der Wirtschaft und das Arbeitsrecht zur konkurrierenden Gesetzgebung gehören (Art. 74 Nr. 11 und 12 GG), ist die Bedeutung dieser landesverfassungsrechtlichen Rechte, Programme und Verheißungen gering. Das **Grundgesetz** hat auf die Aufnahme sozialer Grundrechte und auch von Lebensordnungen im Stile der Weimarer Reichsverfassung verzichtet und – soweit nicht die ausdrücklich gewährleisteten Grundrechte entgegenstehen – die Gestaltung der Wirtschafts- und Sozialordnung dem Gesetzgeber anheimgegeben.

H. ZACHER, Sozialpolitik und Menschenrechte in der Bundesrepublik Deutschland, 1968; K. H. FRIAUF, Zur Rolle der Grundrechte im Interventions- und Leistungsstaat, DVBl. 1971, S. 674; P. BADURA, Das Prinzip der sozialen Grundrechte und seine Verwirklichung im Recht der Bundesrepublik Deutschland, Staat 14, 1975, S. 17; BÖKKENFÖRDE/JEKEWITZ/RAMM, Soziale Grundrechte, 1980; D. LORENZ, Bundesverfassungsgericht und soziale Grundrechte, JBl. 1981, 16.

Grundrechte im internationalen Recht

9 Zu den Zielen, die sich die **Vereinten Nationen** gesetzt haben, gehört es, eine internationale Zusammenarbeit herbeizuführen, um die Achtung vor den Menschenrechten und Grundfreiheiten für alle ohne Unterschied der Rasse, des Geschlechts, der Sprache oder der Religion zu fördern und zu festigen (Art. 1 Nr. 3 der Charta). Dieser Zielsetzung getreu verkündete die General-

Der Schutz der Freiheit durch Grundrechte 10 C

versammlung am 10. Dez. 1948 die ,,Allgemeine Erklärung der Menschenrechte", die allerdings nicht im Wege internationaler Abkommen Inhalt des Völkerrechts geworden ist. Diese Erklärung bildete dann jedoch die auch ausdrücklich in Bezug genommene Grundlage der Internationalen Pakte vom 19. Dez. 1966 über bürgerliche und politische Rechte und über wirtschaftliche, soziale und kulturelle Rechte (BGBl. 1973 II S. 1534, 1570). Durch den Pakt über bürgerliche und politische Rechte ist ein ,,Ausschuß für Menschenrechte" errichtet worden, dem gegenüber die Vertragsstaaten zur Vorlage von Berichten verpflichtet sind. Berichte im Hinblick auf die Verwirklichung des Paktes über wirtschaftliche, soziale und kulturelle Rechte sind durch den Wirtschafts- und Sozialrat der Vereinten Nationen zu prüfen. An die Spitze beider Pakte ist das allen Völkern zugesicherte ,,Recht auf Selbstbestimmung" gesetzt; kraft dieses Rechts entscheiden sie frei über ihren politischen Status und gestalten in Freiheit ihre wirtschaftliche, soziale und kulturelle Entwicklung.
Im Rahmen des **Europarates** sind die Konvention zum Schutze der Menschenrechte und Grundfreiheiten (Europäische Menschenrechtskonvention) vom 4. Nov. 1950 (BGBl. 1952 II S. 686) und die Europäische Sozialcharta vom 18. Okt. 1961 (BGBl. 1964 II S. 1262) zustande gekommen. Die in der Sozialcharta garantierten Rechte sind der Sache nach eine Reihe von Grundsätzen und Staatsaufgaben. Die Vertragsparteien haben sich zu bestimmten Schritten der Verwirklichung dieser Ziele verpflichtet, um die ,,wirksame Ausübung" dieser Rechte zu gewährleisten. Nur hinsichtlich der durch die Sozialcharta ausgesprochenen Anerkennung des Rechtes der Arbeitnehmer und der Arbeitgeber auf kollektive Maßnahmen einschließlich des Streikrechts im Falle von Interessenkonflikten, vorbehaltlich etwaiger Verpflichtungen aus geltenden Gesamtarbeitsverträgen (Teil II Art. 6 Nr. 4) ist die Auffassung vertreten worden, daß damit ein unmittelbar wirksames Recht aufgrund der Sozialcharta bestehe. D RNr. 147.
Zu den Grundrechten in den **Europäischen Gemeinschaften** siehe D RNr. 144.

M. ZULEEG, Der Internationale Pakt über wirtschaftliche, soziale und kulturelle Rechte, RdA 1974, 321; B. SIMMA/U. FASTENRATH (Hrsg.), Menschenrechte. Ihr internationaler Schutz, 2. Aufl., 1985; H. J. BARTSCH, Die Entwicklung des internationalen Menschenrechtsschutzes 1983/84, NJW 1985, 1751.

Die Europäische Menschenrechtskonvention

Die Konvention zum Schutze der Menschenrechte und Grundfreiheiten vom 10
4. Nov. 1950 (BGBl. 1952 II S. 686) gilt jetzt in der Fassung durch das Protokoll Nr. 3 vom 6. Mai 1963 (BGBl. 1968 II S. 1116) und das Protokoll Nr. 5 vom 20. Jan. 1966 (BGBl. 1968 II S. 1120). Sie wird ergänzt durch das Zusatzprotokoll vom 20. März 1952 (BGBl. 1956 II S. 1880), das Protokoll Nr. 2 vom 6. Mai 1963 (BGBl. 1968 II S. 1112) und das Protokoll Nr. 4 vom 16. Sept. 1963 (BGBl. 1968 II S. 423). Das Protokoll Nr. 6 vom 28. April 1983 über die Abschaffung der Todesstrafe und das Protokoll Nr. 7 vom 22. Nov. 1984 über einen erweiterten Grundrechtsschutz sind von der Bundesrepublik noch nicht ratifiziert. D RNr. 146.

Die Rechtszusicherungen der Konvention und der Zusatzprotokolle sind als Bestandteil der Rechtsordnung der Bundesrepublik unmittelbar wirksame Garantien im Range eines Bundesgesetzes (vgl. Art. 59 Abs. 2 GG). Da sie jedoch keine verfassungsmäßigen Rechte darstellen, sind sie keine Grundrechte im Rechtssinne; eine Verfassungsbeschwerde zum Bundesverfassungsgericht kann auf sie nicht gestützt werden.

Durch die Europäische Menschenrechtskonvention sind besondere **Verfahren** zum Schutz und zur Durchsetzung der gewährleisteten Rechte geschaffen worden. Jedermann, der sich durch eine Verletzung der in der Konvention anerkannten Rechte durch einen der beigetretenen Staaten beschwert fühlt, kann ein Gesuch an die **Europäische Kommission für Menschenrechte** richten, wenn in dieser Sache die innerstaatlichen Rechtsmittelverfahren erschöpft worden sind. Kommt es zu keinem „freundschaftlichen Ausgleich", erstattet die Kommission einen Bericht. Die Kommission kann auch ein Verfahren vor dem **Europäischen Gerichtshof für Menschenrechte** in Straßburg anstrengen. Den Gerichtshof können neben der Kommission auch die betroffenen Mitgliedstaaten anrufen, nicht jedoch der Beschwerdeführer selbst. Wird der Gerichtshof nicht angerufen, entscheidet der Ministerausschuß des Europarats.

Die Bedeutung der Konvention ist naturgemäß in den einzelnen Vertragsstaaten unterschiedlich, da die nationalen Grundrechtsvorschriften und die nationalen Rechtsschutzmöglichkeiten nicht übereinstimmen. Ein besonderes Gewicht hat die Konvention in Großbritannien, dessen Rechtsordnung zwar die nötigen rechtsstaatlichen Garantien, nicht jedoch verfassungsrechtliche Grundrechte im Sinne des kontinentalen Rechts enthält. In der Bundesrepublik hat sich u. a. die Vorschrift als bedeutsam erwiesen, daß jedermann einen Anspruch darauf hat, daß seine Sache in billiger Weise öffentlich und „innerhalb einer angemessenen Frist" durch ein Gericht gehört wird (Art. 6 Abs. 1 der Konvention); siehe das Urteil des Gerichtshofes vom 28. Juni 1978 im Fall KÖNIG (EuGRZ 1978, S. 406).

K. J. PARTSCH, Die Rechte und Freiheiten der Europäischen Menschenrechtskonvention, Die Grundrechte I/1, 1966, S. 235; H. GOLSONG, Grundrechtsschutz im Rahmen der Europäischen Gemeinschaften, EuGRZ 1978, S. 346; H. CHR. KRÜGER, Europäische Kommission für Menschenrechte – Funktion und Arbeitsweise, EuGRZ 1980, 238; K. W. WEIDMANN, Der Europäische Gerichtshof für Menschenrechte auf dem Weg zu einem europäischen Verfassungsgerichtshof, 1985; J. A. FROWEIN/W. PEUKERT, Europäische Menschenrechtskonvention (EMRK-Kommentar), 1985.

2. Grundlinien der verfassungsrechtlichen Ausgestaltung

Menschenrechte und Bürgerrechte

11 Die Grundrechte des Grundgesetzes folgen dem im bürgerlichen Naturrecht ausgebildeten Gedanken der unverletzlichen und unveräußerlichen Menschenrechte (Art. 1 Abs. 2 GG). Dies bedeutet jedoch nicht, daß alle durch die Verfassung zugesicherten Grundrechte auch jedermann zukommende und im Kernpunkt der staatlichen Disposition entzogene „vorstaatliche"

Grundlinien der verfassungsrechtlichen Ausgestaltung   12 C

Menschenrechte sein müssen. Jenseits gewisser Fundamentalrechte der Würde des Menschen, der freien Entfaltung der Persönlichkeit, der Freiheit der Person und der Gleichheit vor dem Gesetz fällt es in die politische Gestaltungsfreiheit des Verfassunggebers, ob und mit welchem Inhalt Grundrechte in die Verfassung aufgenommen werden.

Das Grundgesetz war nicht gehindert, der überkommenen Unterscheidung von Menschenrechten, die jedermann zustehen, der in den Geltungsbereich der deutschen öffentlichen Gewalt gelangt, und Bürgerrechten zu folgen, die nur den **Deutschen** (siehe Art. 116 Abs. 1 GG) zukommen; L RNr. 28. Zu den Bürgerrechten rechnen nicht nur das Wahlrecht, die Versammlungsfreiheit und die Vereinigungsfreiheit, sondern auch die wirtschaftlich erhebliche Berufsfreiheit (Art. 12 Abs. 1 GG). Daß die Verfassung bestimmte Grundrechte den Deutschen vorbehält, ist nicht so zu verstehen, daß nicht der Gesetzgeber der Sache nach Ausländer den Deutschen gleichstellen darf, wie es übrigens weitgehend geschehen ist. Durch diese Unterscheidung besitzt jedoch der Gesetzgeber gegenüber Ausländern eine größere Regelungs- und Eingriffsvollmacht.

Die wesentliche Rechtsgrundlage des **Ausländerrechts** ist das Ausländergesetz vom 28. April 1965 (BGBl. I S. 353), zuletzt geänd. durch Gesetz vom 16. 7. 1982 (BGBl. I S. 946).

A. RANDELZHOFER, Der Einfluß des Völker- und Europarechts auf das deutsche Ausländerrecht, 1980; H. QUARITSCH, Einwanderungsland Bundesrepublik Deutschland? Aktuelle Reformfragen des Ausländerrechts, 1981; B. HUBER, Ausländer- und Asylrecht, 1983; K. HAILBRONNER, Ausländerrecht, 1984.

Grundrechte juristischer Personen

Ihrer geschichtlichen Bedeutung und Eigenart entsprechend sind die Grundrechte zuerst Freiheitsrechte der einzelnen, der Menschen und der Bürger. Da die Rechtsordnung neben den natürlichen Personen als Rechtssubjekte mit unbeschränkter Rechtsfähigkeit auch die juristischen Personen anerkennt, hat sich schon unter der Weimarer Reichsverfassung die Frage gestellt, ob und unter welchen Voraussetzungen juristische Personen grundrechtsberechtigt sein könnten. Das Grundgesetz hat die alte Streitfrage ausdrücklich dadurch entschieden, daß die Grundrechte auch für inländische juristische Personen gelten, soweit sie ihrem Wesen nach auf diese anwendbar sind (Art. 19 Abs. 3 GG). Damit ist zugleich klargestellt worden, daß ungeachtet der besonderen Betonung des Menschenrechtscharakters der Grundrechte des Grundgesetzes die Möglichkeit nicht ausscheiden soll, daß auch juristische Personen sich auf Grundrechte berufen können.

Mit der Klausel, daß die Geltung von Grundrechten für juristische Personen nur insoweit in Betracht kommt, als die Grundrechte **ihrem Wesen nach** auf juristische Personen anwendbar sind, bezieht sich die Verfassung auf die besondere Eigenart des einzelnen Grundrechts, z. B. der Gleichberechtigung von Mann und Frau (Art. 3 Abs. 2 GG), aber auch auf die Eigenart der Grundrechte überhaupt. Mit diesem Hinweis auf die Eigenart der Grundrechte überhaupt wird eine abgestufte Schutzwirkung von Grundrechten bei juristischen Personen nach dem Kriterium für richtig gehalten, in welchem

12

Maße der „personale Grundzug" einzelner Grundrechte im Streitfall von Gewicht ist. Demnach kann zwar die Berufsfreiheit (Art. 12 Abs. 1 GG) ein Grundrecht auch juristischer Personen, insbes. von Kapitalgesellschaften, sein, doch ist die Schutzwirkung des in der Hand natürlicher Personen an sich verhältnismäßig starken Grundrechts der Berufsfreiheit hier entsprechend dem sozialen Bezug und der sozialen Funktion der Unternehmenstätigkeit abgeschwächt (BVerfGE 21, 362/369ff.; 50, 290/336ff.; 61, 82/100f.).

Eine Grundrechtsgeltung kommt nur für „inländische" juristische Personen in Betracht. Damit sind juristische Personen mit Sitz im Inland gemeint, ohne Rücksicht auf die Staatsangehörigkeit der Mitglieder, Gesellschafter oder Anteilseigner dieser juristischen Personen. Die rechtsstaatlichen Garantien des gerichtlichen Verfahrens (Art. 101, 103 GG) gelten ungeachtet dessen auch für ausländische juristische Personen, die an einem Verfahren beteiligt sind. Jede andere Handhabung würde dem fundamentalen Grundsatz der Gleichberechtigung der Streitparteien im Prozeß widerstreiten.

W. W. SCHMIDT, Grundrechte und Nationalität juristischer Personen, 1966; W. RUPP-VON BRÜNNECK, Zur Grundrechtsfähigkeit juristischer Personen, in: Festschrift für Adolf Arndt, 1969, S. 349; F. WIEACKER, Zur Theorie der Juristischen Person des Privatrechts, in: Festschrift für Ernst Rudolf Huber, 1973, S. 339; H. BETHGE, Zur Grundrechtsträgerschaft juristischer Personen, AöR 104, 1979, S. 54, 265; CHR. DEGENHART, Grundrechtsschutz ausländischer juristischer Personen bei wirtschaftlicher Betätigung im Inland, EuGRZ 1981, 161.

Grundrechte des Staates oder öffentlich-rechtlicher Körperschaften?

13 Dem Wortlaut nach macht die Verfassung keinen Unterschied zwischen juristischen Personen des Privatrechts oder des öffentlichen Rechts. Sie ignoriert in Art. 19 Abs. 3 GG diesen Unterschied. Dennoch ergibt sich aus dem „Wesen" der Grundrechte als Abwehr- und Schutzrechte gegen die öffentliche Gewalt, daß dem Staat und öffentlich-rechtlichen juristischen Personen, gleichgültig ob sie gesetzlich zugewiesene oder geregelte öffentliche Aufgaben wahrnehmen oder am Privatrechtsverkehr teilnehmen und gleichgültig ob sie mit den Mitteln hoheitlicher Gewalt, mit sonstigen Mitteln des öffentlichen Rechts oder in den Rechtsformen des Privatrechts handeln, aus den Grundrechten der Verfassung keine subjektiven Rechte zustehen können (BVerfGE 21, 362; 61, 82, dazu P. BADURA, JZ 1984, S. 14; 68, 193/207f.). Von dieser grundsätzlichen Annahme sind in zwei Richtungen Ausnahmen zu machen. Die Garantien des rechtsstaatlichen Gerichtsverfahrens (Art. 101, 103 GG) müssen wegen der Gleichheit vor dem Gesetz jeder Prozeßpartei in gleicher Weise zustehen. Auf sie kann sich auch eine juristische Person des öffentlichen Rechts berufen, z. B. durch eine Verfassungsbeschwerde gegen eine Gerichtsentscheidung wegen Verletzung des rechtlichen Gehörs. Eine zweite Ausnahme betrifft die Fälle, in denen die juristische Person des öffentlichen Rechts im ganzen oder in gewissen Hinsichten nur eine organisatorische Hülle für die Ausübung von Freiheitsrechten ist, wie z. B. bei den Universitäten im Hinblick auf Art. 5 Abs. 3 GG und bei den Rundfunkanstalten im Hinblick auf Art. 5 Abs. 1 Satz 2 GG. Die als Körperschaften des öffentlichen Rechts verfaßten Religionsgesellschaften, insbes. die Kirchen (Art. 140

Grundlinien der verfassungsrechtlichen Ausgestaltung 14 C

GG i. Verb. m. Art. 137 Abs. 5 WeimRVerf.) genießen überdies die besondere Rechtsstellung, die ihnen durch das Staatskirchenrecht zugewiesen und garantiert ist.

Inhalte grundrechtlicher Gewährleistungen
Der Grundrechtskatalog in den Art. 1 bis 19 GG folgt äußerlich gewissen Gliederungsgedanken, insbes. in den ersten Artikeln, und verfügt durch die übergreifende Grundrechtsidee der Würde des Menschen und der freien Persönlichkeitsentfaltung auch über einen inneren Ordnungszusammenhang. Es kann jedoch nicht gesagt werden, daß der Grundrechtskatalog durchgehend einer äußeren oder sachlichen Systematik folgen würde. Es ist Sache der Verfassungsauslegung, die Einheit und Verschiedenheit aufzusuchen, die zu Kriterien führen, die den Inhalt der einzelnen Grundrechtsnorm überschreiten.

14

In einer im wesentlichen deskriptiven Gruppierung können die grundrechtlichen Gewährleistungen nach ihrem Inhalt in die individuellen **Freiheiten der Person**, z. B. die persönliche Freiheit (Art. 2 Abs. 2 Satz 2 GG) oder die Religionsfreiheit (Art. 4 Abs. 1 GG), die **wirtschaftlichen Freiheiten**, z. B. die Berufsfreiheit (Art. 12 Abs. 1 GG) und die Eigentumsgarantie (Art. 14 GG), die **kulturellen Freiheiten**, z. B. die Freiheit der Wissenschaft und der Kunst (Art. 5 Abs. 3 GG), und in die **politischen Freiheiten**, z. B. das Wahlrecht oder die Versammlungsfreiheit (Art. 8 GG), geordnet werden. Rechtliche Folgerungen lassen sich aus derartigen Versuchen, eine Übersicht zu gewinnen, nicht ableiten.

Unter verschiedenen Gesichtspunkten sind für die Auslegung der Grundrechte Ordnungsbegriffe gebildet worden. Es sind Abwehrrechte und Teilhaberechte unterschieden, Individualfreiheiten und Institutsgarantien, ,,Freiheitsrechte" und ,,Gleichheitsrechte" gegenübergestellt worden. Derartige theoretische Begriffsbildungen können von Wert sein, um die Eigenart und die Schutzkraft einzelner Grundrechte genauer zu erfassen. Sie bleiben jedoch stets **Hilfsmittel der Interpretation,** bei deren Handhabung sich der Interpret der Gefahren jeder Verallgemeinerung oder einer sich von der in der Verfassung vorzufindenden Regelung entfernenden Begriffswelt bewußt bleiben muß. Die Grundrechtsdogmatik ist der Versuch, den vorgefundenen positivrechtlichen Rechtsstoff in der geltenden Verfassung nach Prinzipien zu verstehen und der Interpretation eine geordnete und sinnhafte Richtschnur zu geben.

Für die Schutzziele und Ordnungsgehalte der einzelnen Grundrechte lassen sich hauptsächlich folgende **Auslegungsgedanken** heranziehen:
– Die Grundrechte geben für einzelne Sachbereiche oder Lebenssphären der individuellen Freiheit einen besonderen verfassungsrechtlichen Schutz, in dem sich eine ,,Wertentscheidung" oder Entscheidung für ein bestimmtes Schutzgut der Verfassung ausdrückt.
– Die Grundrechte sind überwiegend als Abwehrrechte ausgestaltet und wirksam, indem gegenüber möglichen Freiheitsgefährdungen in typischen Bereichen seitens der öffentlichen Gewalt ein Bereich freier Entscheidung oder Betätigung ,,ausgegrenzt", d. h. einem ungemessenen staatlichen Zugriff entzogen wird.

73

– Einige Grundrechte lassen sich auch als Teilhaberechte auffassen, insofern nämlich, als sie bestimmte Mitwirkungsrechte oder Rechte auf Leistungen oder sonstige Vorkehrungen sichern oder zumindest eine gleichberechtigte Zugangsmöglichkeit zu staatlichen Einrichtungen eröffnen (vgl. z. B. BVerfGE 33, 303 – Numerus clausus, dazu R. BREUER, Grundrechte als Quelle positiver Ansprüche, JURA 1979, S. 401).
– Eine Reihe von Grundrechten schließen Schutzgarantien mit staatlichen Handlungspflichten ein, u. a. als Rechte auf geeignete organisatorische Maßnahmen, z. B. die gesellschaftsrechtliche Ausgestaltung der Vereinigungsfreiheit nach Art. 9 Abs. 1 GG, oder auf einen besonderen staatlichen Schutz gegen eine Beeinträchtigung seitens Dritter oder durch soziale Macht, z. B. durch die Schaffung von Strafsanktionen (BVerfGE 39, 1 – Abtreibung). Im Hinblick auf lebens- oder gesundheitsgefährdende Auswirkungen von großtechnischen Anlagen trifft Gesetzgebung und Verwaltung die Pflicht zu hinreichenden Vorkehrungen zum Schutze des Grundrechts auf Leben und körperliche Unversehrtheit nach Art. 2 Abs. 2 Satz 1 GG (BVerfGE 49, 89; 56, 54).
– Die Grundrechte sind nicht nur Grenze, sondern auch Auftrag und Richtlinie für die Gesetzgebung und für die öffentliche Gewalt insgesamt. In der Interpretation durch das Bundesverfassungsgericht haben einige Grundrechte eine kodifikatorische Wirkung für einzelne Rechtsgebiete erlangt, z. B. Art. 6 Abs. 1 und Art. 5 Abs. 1 Satz 2 GG.

E.-W. BÖCKENFÖRDE, Grundrechtstheorie und Grundrechtsinterpretation, NJW 1974, 1529; H. WILLKE, Stand und Kritik der neueren Grundrechtstheorie, 1975; F. OSSENBÜHL, Die Interpretation der Grundrechte in der Rechtsprechung des Bundesverfassungsgerichts, NJW 1976, 2100; P. HÄBERLE, Die Wesensgehaltsgarantie des Art. 19 Abs. 2 Grundgesetz, 3. Aufl., 1983; H. D. JARASS, Grundrechte als Wertentscheidungen bzw. objektivrechtliche Prinzipien in der Rechtsprechung des Bundesverfassungsgerichts, AöR 110, 1985, S. 363.

Rechtliche Wirkung der Grundrechte

15 Die Grundrechte binden Gesetzgebung, vollziehende Gewalt und Rechtsprechung als unmittelbar geltendes Recht (Art. 1 Abs. 3 GG). Daß die staatliche und die sonstige öffentliche Gewalt in allen ihren Äußerungsformen an die Grundrechte „gebunden" ist, bedeutet, daß sie die Schutzwirkung der einzelnen Grundrechte zu beachten und dementsprechend „Eingriffe" in die grundrechtlich geschützte Freiheit zu unterlassen hat, es sei denn, daß ein verfassungsrechtlich anerkannter Grund einen derartigen Eingriff rechtfertigt. Diese Bedeutung der **Bindungswirkung** betrifft die Grundrechte als Abwehrrechte gegenüber der öffentlichen Gewalt. Darüber hinaus meint die Bindungswirkung der Grundrechte, daß die Staatstätigkeit in den Grundrechten objektive Gewährleistungsgehalte vorfindet, die – vor allem durch die Gesetzgebung – als Richtschnur zu beachten sind. In dieser Hinsicht ist von einer „Verwirklichung" der Grundrechte und einer „erweiterten" Grundrechtsauffassung gesprochen worden, die zu einer „Verstärkung der Geltungskraft der Grundrechte" beitrage (K. HESSE, Handbuch des Verfassungsrechts, S. 94f. und 106, unter Berufung auf BVerfGE 7, 198/204ff. und 50, 290/337f.).

Grundlinien der verfassungsrechtlichen Ausgestaltung 16 C

Die Grundrechte sind in der Verfassung Normen des objektiven Rechts, aus denen sich subjektive Rechte der geschützten einzelnen ergeben. Da es der wesentliche Sinn der Grundrechte ist, bestimmte Freiheitssphären des einzelnen zu schützen, können sich nach dem Maße dieser Schutzwirkung subjektive Rechte der einzelnen gegen die öffentliche Gewalt ergeben. Diese Rechtswirkung kann als ein „negatorischer" Schutz bezeichnet werden, weil er sich auf die Unterlassung verfassungsrechtlich nicht zugelassener Eingriffe in die geschützten Bereiche der grundrechtlichen Freiheit bezieht. Den weiter den Grundrechten abzugewinnenden objektiven Ordnungsgehalten korrespondieren demgegenüber grundrechtliche Ansprüche, etwa auf eine bestimmte Gesetzgebung zur Verwirklichung eines Grundrechts, nicht. Ein derartiger Anspruch setzt voraus, daß die Auslegung ergibt, daß die fragliche Grundrechtsvorschrift einen spezifischen Schutzauftrag für einen individualisierbaren Personenkreis einschließt. Dies ist beispielsweise bei der Garantie des Art. 6 Abs. 1 GG der Fall, die Ehe und Familie dem besonderen Schutz der staatlichen Ordnung unterstellt.

Die Bindung der vollziehenden Gewalt betrifft alle öffentlich-rechtlichen Entscheidungen und Handlungen der Exekutive, darüber hinaus aber auch die Ausübung öffentlicher Verwaltung in privatrechtlicher Rechtsform. Eine „Flucht in das Privatrecht" mit der Wirkung, daß durch die Verwendung privatrechtlicher Organisations- oder Handlungsformen die Bindung an die Grundrechte umgangen werden könnte, ist der Exekutive verwehrt; vgl. G RNr. 21. Soweit die Exekutive am Privatrechtsverkehr teilnimmt, ohne dabei unmittelbar Aufgaben der öffentlichen Verwaltung zu erfüllen, z. B. bei den Bedarfsgeschäften der öffentlichen Hand, wird eine Anwendung von Grundrechten nur in Betracht kommen, soweit nicht die Vorschriften des Privatrechts einen hinreichenden Schutz bieten.

Vorbehalt des Gesetzes für „wesentliche" Regelungen

Die nähere Ausgestaltung der grundrechtlichen Garantien, vor allem aber 16
auch die Festlegung der Befugnisse der Exekutive, unter bestimmten Voraussetzungen in die Ausübung der grundrechtlichen Freiheit einzugreifen, sind Sache des Gesetzgebers. Der Ausgleich des Allgemeininteresses mit dem grundrechtlichen Schutz der individuellen Freiheit und die rechtliche Ordnung aufeinandertreffender Ausübung von Grundrechten durch verschiedene Berechtigte, sind dem Gesetzgeber aufgegeben. Der Gesetzgeber darf diese Regelungsaufgabe nicht nur der Entscheidung der Exekutive oder der Gerichte von Fall zu Fall überlassen.

Welche sachliche Dichte die Erfüllung der Regelungsaufgabe durch den Gesetzgeber erreichen muß, ist in der Praxis des Bundesverfassungsgerichts mit dem Kriterium der „Wesentlichkeit" beantwortet worden. Diese Doktrin hat beispielsweise ein besonderes Gewicht für die im Ausgangspunkt rechtspolitische Frage, in welchem Umfang die Aufgaben und Befugnisse der Schule und der Schulbehörden gegenüber den Schülern einer gesetzlichen Regelung bedürfen (vgl. BVerfGE 40, 237; 47, 46; 58, 257). Die grundsätzlichen Organisationsentscheidungen im Bereich des Schulwesens, aber auch die grundsätzlichen Fragen der Schulfächer und die Voraussetzungen der Zulassung

von Schülern und ihrer Verweisung von einer Schule sind danach durch Gesetz zu regeln.
F RNr. 9.

CHR. STARCK, Autonomie und Grundrechte, AöR 92, 1967, S. 449; D. C. UMBACH, Das Wesentliche an der Wesentlichkeitstheorie, in: Festschrift für Hans Joachim Faller, 1984, S. 111.

Das subjektiv öffentliche Recht

17 Die Rechtsvorschriften der Verfassung, durch die Grundrechte gewährleistet werden, geben im konkreten Einzelfall den durch sie geschützten Personen die Willensmacht, sich mit rechtlicher Wirkung auf den Schutz des Grundrechts zu berufen und diesen Schutz gegebenenfalls auch gerichtlich durchzusetzen. Soweit den Grundrechten direktive Ordnungsvorstellungen für bestimmte Sachbereiche abgewonnen werden können, ergeben sich daraus grundrechtliche Berechtigungen einzelner nur unter der weiteren Voraussetzung, daß sich aus dieser Ordnungsvorstellung ein **individualisierbarer Schutzauftrag** zugunsten einer bestimmten Gruppe von Personen ableiten läßt. Aus dem Grundrecht auf Leben und körperliche Unversehrtheit (Art. 2 Abs. 2 Satz 1 GG) ergibt sich deshalb nicht für jedermann auch ein Recht auf Umweltschutz. Soweit jedoch z. B. die von einer Anlage ausgehende Umweltbeeinträchtigungen rechtlich faßbare Belastungen bestimmter einzelner, z. B. der Nachbarn der Anlage, zur Folge haben, entsteht für diese individualisierbare Personengruppe eine Rechtsposition aufgrund des Grundrechts. Die im konkreten Fall für einen bestimmten einzelnen aus einem Grundrecht ableitbare Berechtigung ist ein subjektiv öffentliches Recht. Die Begründung eines subjektiven Rechts setzt eine Norm des objektiven Rechts voraus – hier eine Grundrechtsvorschrift –, die geeignet ist, entweder unmittelbar oder durch Vermittlung eines von der Norm mit Rechtswirkungen ausgestatteten Aktes eine Rechtsposition des einzelnen zu begründen (BVerfGE 51, 193/211). Die damit geforderte Eigenschaft einer Norm ist gegeben, wenn diese nach Inhalt und Zweck ein individualisierbares Interesse des Berechtigten schützt (Ihering) und dem Berechtigten die Willensmacht (Windscheid) zuerkennt, einen Dritten auf Achtung des geschützten Interesses in Anspruch zu nehmen. Die Grundrechtsvorschriften begründen subjektiv öffentliche Rechte auf Achtung und Schutz der grundrechtlich geschützten Entscheidungs- oder Betätigungsfreiheit gegen die öffentliche Gewalt und – soweit die privatrechtsgestaltende Wirkung der Grundrechte reicht – auch gegen Dritte. Wird dieses Recht verletzt, entsteht für den Berechtigten ein Anspruch auf Unterlassung oder Beseitigung der Rechtsbeeinträchtigung, ggf. ein Ausgleichs- oder Entschädigungsanspruch.

Die Anerkennung der Grundrechte als Quelle subjektiv öffentlicher Rechte der einzelnen bedeutete den wesentlichen Schritt im materiellrechtlichen Ausbau des Verfassungsstaates. In der Rechtsdogmatik ist das bereits in der zweiten Hälfte des 19. Jahrhunderts erkannt worden. Erst unter dem Grundgesetz ist diese Vollendung des Grundrechtsschutzes erreicht worden, indem nunmehr dem einzelnen ausdrücklich ein grundrechtliches subjektives Recht auch gegen den Gesetzgeber zugesprochen worden ist (Art. 1 Abs. 3 GG).

Grundlinien der verfassungsrechtlichen Ausgestaltung 18, 19 C

C. F. GERBER, Über öffentliche Rechte, 1852; G. JELLINEK, System der subjektiven öffentlichen Rechte, 2. Aufl., 1905; O. BÜHLER, Die subjektiven öffentlichen Rechte und ihr Schutz in der deutschen Verwaltungsrechtsprechung, 1914; R. THOMA, HDStR II, 1932, S. 607; O. BACHOF, Reflexwirkungen und subjektive Rechte im öffentlichen Recht, in: Gedächtnisschrift für Walter Jellinek, 1955, S. 269.

Die Garantie von Rechtseinrichtungen

Die Forderung, daß auch der **Gesetzgeber** in justiziabler Weise an die Grund- 18 rechte gebunden sein müsse, tritt unter der Geltung der Weimarer Reichsverfassung hervor. Diese Forderung findet eine spezifische Ausprägung in dem neuen Auslegungsgedanken eines grundrechtlichen Schutzes wesentlicher Einrichtungen der – privatrechtlichen – Sozialordnung, insbes. des Eigentums und der Ehe. Der Hintergrund dieser Entwicklung ist die sozialstaatliche Entgrenzung der Staatsaufgaben in der demokratischen Republik. Die Anerkennung dieser Vorstellungen führt zu einer Verstärkung der objektiven Wirkung der Grundrechte in dem Auslegungsgedanken der **Instituts**- oder **Einrichtungsgarantie**. Diese ist abzugrenzen gegen die institutionelle Garantie im Falle öffentlich-rechtlicher Einrichtungen, insbes. der kommunalen Selbstverwaltung und des Berufsbeamtentums. Die verfassungsrechtliche Garantie einer Rechtseinrichtung sichert die normative Grundausstattung der geschützten Einrichtung des Soziallebens und damit mittelbar diese Einrichtung selbst gegen eine Abschaffung oder Wesensveränderung durch den Gesetzgeber. Nicht aber genießen aufgrund einer Einrichtungsgarantie die jeweils geltenden Regelungen und die Ausgestaltung des Rechtsinstituts im einzelnen einen Schutz gegen eine gesetzliche Fortentwicklung, Anpassung oder sonstige Änderung, sofern nur die mit der Garantie festgelegte institutsbewahrende Leitlinie beachtet wird.

Die mit der Einrichtungsgarantie verbundene Gewährleistung darf nicht gegenüber der **individuellen Schutzwirkung** des Grundrechts verselbständigt werden. Die Institutsgarantie dient dem individuellen Freiheitsschutz. Nur soweit der objektive Garantiegehalt zugunsten einer Rechtseinrichtung auf den individualrechtlichen Freiheitsschutz zurückführbar ist, kann der Auslegungsgedanke der Einrichtungsgarantie zur Begründung subjektiver Rechte einzelner herangezogen werden. Aus der in Art. 14 GG zu findenden Einrichtungsgarantie des Eigentums kann nicht ein bestimmter Eigentümer ein subjektiv öffentliches Recht auf eine bestimmte Ausgestaltung des Eigentums oder anderer vermögenswerter Rechte ableiten. Ebensowenig kann eine Koalition aus Art. 9 Abs. 3 GG wegen der Einrichtungsgarantie des Tarifvertragssystems aufgrund der geschützten Tarifautonomie eine bestimmte Ausgestaltung des Tarifvertragssystems fordern.

C. SCHMITT, Freiheitsrechte und institutionelle Garantien der Reichsverfassung (1931), in: ders. Verfassungsrechtlicher Aufsätze aus den Jahren 1924–1954, 1958, S. 140; E. SCHMIDT-JORTZIG, Die Einrichtungsgarantien der Verfassung, 1979.

Grundrechtssicherung durch Organisation und Verfahren

Unter den Bedingungen der Gegenwart ist die Freiheit des einzelnen vielfach 19 auf staatliche Unterstützung, Vorsorge und Verteilung angewiesen und bedarf es – mit der Ausdehnung der Staatstätigkeit – in zunehmendem Maße der Abgrenzung, Begrenzung und Zuordnung der Bereiche menschlicher Freiheit. Deshalb gewinnt die Notwendigkeit, den Inhalt der Grundrechte durch Gesetz näher zu bestimmen und Organisationsformen der Grundrechtsausübung und Verfahrensregelungen im Einklang mit den grundrechtlichen Garantien durch Gesetz bereitzustellen, verstärkte Bedeutung (siehe bes. K. HESSE, Bestand und Bedeutung der Grundrechte in der Bundesrepublik Deutschland, EuGRZ 1978, S. 427/434, sowie U. SCHEUNER, Die Funktion der Grundrechte im Sozialstaat, DÖV 1971, S. 505). Die Gewährleistung grundrechtlicher Freiheit durch Organisation und Verfahren ist in verschiedener Richtung wirksam.

Die Gewährleistung der Grundrechte schließt – erstens – den Anspruch ein, daß in Verwaltungsverfahren oder in sonstigen Verfahren, die eine materielle Betroffenheit von Grundrechten zur Folge haben können, die **Verfahrensgestaltung** eine wirksame Wahrung der Rechte Betroffener ermöglicht, z. B. durch Anhörungs- und Einwendungsrechte Dritter bei einer beantragten Anlagengenehmigung. Die Pflicht des Staates zu einer grundrechtssichernden Verfahrensgestaltung richtet sich auf die normative Regelung des Verfahrens und auf die Handhabung der Verfahrensregeln im Einzelfall (vgl. BVerfGE 49, 220; 53, 30 mit der Abweichenden Meinung SIMON/HEUSSNER, S. 69 ff.; 52, 391; 52, 380). Der aus den Grundrechten gewonnene Anspruch auf eine rechtsstaatliche und grundrechtssichernde Verfahrensgestaltung richtet sich – zweitens – auf den **effektiven Rechtsschutz** durch die Gerichte, beeinflußt also das Prozeßrecht und die richterliche Handhabung der prozeßrechtlichen Vorschriften (BVerfGE 42, 212, betr. Art. 13 GG).

Soweit von der „**Ausgestaltung**" **der Grundrechte** durch Regelung von Organisation und Verfahren gesprochen wird, wird – drittens – darauf abgestellt, daß der Schutz- und Ordnungsgehalt eines Grundrechts erst durch rechtliche Regelung zur positiven Geltung und Wirksamkeit gebracht werden kann, daß gewissermaßen die grundrechtliche Freiheit in dem fraglichen Sachbereich erst mit den notwendigen Mitteln und Werkzeugen der Freiheitsausübung und der Freiheitsgewährleistung ausgestattet werden muß. Die Rechtsvorschriften, durch die eine Ausgestaltung der Grundrechtsinhalte erfolgt, gehören hauptsächlich dem materiellen Recht an, indem etwa Rechte und Pflichten geschaffen oder die Ausübung der Privatautonomie näher geordnet wird; siehe z. B. das Familien- und Erbrecht (Art. 6, 14 GG) oder das Vereins- oder Gesellschaftsrecht (Art. 14, 9 Abs. 1 GG). Sie stellen aber auch – manchmal sogar in erster Linie – eine Regelung von Organisation und Verfahren dar. Ein Beispiel ist das Auslieferungsverfahren im Hinblick auf das Asylrecht (Art. 16 Abs. 2 Satz 2 GG), ein weiteres Beispiel das Rundfunkrecht hinsichtlich der Organisation der öffentlich-rechtlichen Anstalten und hinsichtlich der organisatorischen und verfahrensrechtlichen Vorkehrungen für private Rundfunkveranstalter (BVerfGE 57, 295). Aufgrund der Wissenschaftsfreiheit (Art. 5 Abs. 3 GG) hat der Staat im Rahmen des von ihm eingerichteten Hochschulwesens dafür zu sorgen, daß geeignete Vorkehrungen und Maßnahmen organisatorischer Art die freie wissenschaftliche Betätigung und damit die Freiheit der Wissenschaft ermöglichen und sichern (BVerfGE 35,

Grundlinien der verfassungsrechtlichen Ausgestaltung   20 C

79). Im Fall von Zulassungsbeschränkungen für das Hochschulstudium folgt aus dem Recht auf freie Wahl des Berufes und der Ausbildungsstätte (Art. 12 Abs. 1 GG) in Verbindung mit dem allgemeinen Gleichheitssatz und dem Sozialstaatsprinzip eine Verpflichtung des Staates, den Grundrechtsschutz durch ein sachgerecht geordnetes Zulassungsverfahren zu gewährleisten (BVerfGE 33, 303). Das Volkszählungs-Urteil (BVerfGE 65, 1) schließlich ist ein Beispiel dafür, daß der Schutzauftrag für ein Grundrecht – hier das allgemeine Persönlichkeitsrecht nach Art. 2 Abs. 1 i. V. m. Art. 1 Abs. 1 GG – gerade besonderer Regelungen über Organisation und Verfahren im Hinblick auf eine bestimmte staatliche Maßnahme bedarf: Das Erhebungsprogramm des Volkszählungsgesetzes 1983 entspricht den materiellen Anforderungen des Verfassungsrechts; es bedarf jedoch zur Sicherung des Rechts auf „informationelle Selbstbestimmung" ergänzender verfahrensrechtlicher Vorkehrungen zur Durchführung und Organisation der Datenerhebung.

H. BETHGE, Grundrechtsverwirklichung und Grundrechtssicherung durch Organisation und Verfahren, NJW 1982, 1; F. OSSENBÜHL, Grundrechtsschutz im und durch Verfahrensrecht, in: Festschrift für Kurt Eichenberger, 1982, S. 183.

Grundrechtliche Schutzpflichten

Betrachtet man die Grundrechtsvorschriften als **wertsetzende Entscheidun-** 20
gen des Verfassunggebers über bestimmte Schutzgüter und Freiheiten, folgt daraus der Gedanke, daß die Grundrechte vom Staat auch verlangen, daß er sie wirksam in Schutz nimmt. Die Zusicherung des Rechts auf Leben und körperliche Unversehrtheit beispielsweise (Art. 2 Abs. 2 Satz 1 GG) begründet nicht nur einen Abwehranspruch gegen ungerechtfertigte Eingriffe des Staates in diese Schutzgüter, sondern fordert vom Staat, d. h. zuerst vom Gesetzgeber, auch, daß er wirksame Vorkehrungen zum Schutze dieser Güter trifft, durch die insbes. Dritte daran gehindert werden, diese Güter zu verletzen. Von diesem Standpunkt aus erscheint das Strafrecht, zumindest in seinen Hauptvorschriften zum Schutze von Leben, Gesundheit, Freiheit und Eigentum, als eine verfassungsrechtlich gebotene Sanktionierung der Schutzgüter, deren Verletzung mit Strafe bedroht wird (vgl. BVerfGE 39, 1 – Abtreibung). Des weiteren sind die verwaltungsrechtlichen Vorschriften, die sich mit der Zulassung solcher Anlagen befassen, von denen rechtsbeeinträchtigende Auswirkungen auf Dritte ausgehen können, materiellrechtlich und verfahrensrechtlich eine Erfüllung der grundrechtlich gebotenen Schutzpflichten für Leben, körperliche Unversehrtheit und Eigentum (BVerfGE 56, 54 – Fluglärm).

Grundrechte können demnach Schutzpflichten begründen, die auch und gerade der Gesetzgeber zu erfüllen hat und die im Falle evidenter Verletzung der Pflicht durch Unterlassen hinreichender Schutzvorkehrungen einen **grundrechtlichen Anspruch** des Betroffenen hervorbringen, sei es auf Schutz durch staatliche Maßnahmen, z. B. durch Erlaß eines Gesetzes, sei es durch „Nachbesserung" einer sich als unzulänglich erweisenden oder durch neue Umstände unzulänglich gewordenen Regelung. In welcher Weise der Gesetzgeber dieser grundrechtlichen Verpflichtung nachkommt, wird in der Regel Sache seiner politischen Gestaltungsfreiheit sein, vorausgesetzt daß die gewählten Mittel geeignet und hinreichend sind, den gebotenen Schutz zu gewährleisten.

P. BADURA, Die verfassungsrechtliche Pflicht des gesetzgebenden Parlaments zur „Nachbesserung" von Gesetzen, in: Festschrift für Kurt Eichenberger, 1982, S. 481.

Privatrechtsgestaltende Wirkung (Drittwirkung) von Grundrechten

21 Der an die Grundrechte gebundene Gesetzgeber muß diese Bindung in allen seiner Ordnung und Gestaltung zugänglichen Bereichen beachten. Auch die Vorschriften des Privatrechts, die Rechtsregeln für den rechtsgeschäftlichen Verkehr und die sonstigen privatrechtlichen Rechtsbeziehungen der einzelnen untereinander enthalten, müssen den Anforderungen der Verfassung und damit den Grundrechten genügen (BVerfGE 31, 58).
Die Bindung auch der **Privatrechtsgesetzgebung** an die Grundrechte hat zur Folge, daß die Auslegung und Anwendung des Privatrechts die durch die Grundrechte getroffenen Festlegungen beachten muß. Beispielsweise kann die zivilrechtliche Beurteilung eines Falles, in dem unter Berufung auf die bürgerlichrechtlichen Unterlassungsansprüche zum Schutze des Eigentums eine Presseveröffentlichung angegriffen wird, nicht ohne Berücksichtigung des besonderen Schutzes entschieden werden, den die Pressefreiheit gewährt (Art. 5 Abs. 1 Satz 2 GG i. V. m. Art. 5 Abs. 2 GG).
Soweit das Privatrecht den einzelnen die Gestaltung ihrer Rechtsbeziehungen nach dem Grundsatz der **Privatautonomie** überläßt, ihnen also keine Vorschriften darüber macht, in welcher Weise sie rechtsgeschäftlich handeln dürfen, stellt sich die besondere Frage, ob die gesetzlich eröffnete Ausübung der Privatautonomie unmittelbar der Bindung durch Grundrechte unterliegt. Eine derartige „Drittwirkung" von Grundrechten, z. B. des allgemeinen Gleichheitssatzes beim Abschluß von Verträgen, bedeutet eine Einschränkung der Privatautonomie, die ihrerseits verfassungsrechtlichen Schutz genießt (Art 2 Abs. 1, 9 Abs. 1, 12 Abs. 1, 14 GG). Nur wenn eine Abwägung ergibt, daß die Privatautonomie nach den Umständen des Einzelfalles hinter einer bestimmten grundrechtlichen Garantie zugunsten eines Dritten zurückzutreten hat, können die Grundrechte im Privatrechtsverkehr eine Wirkung erlangen (vgl. BVerfGE 7, 198; 25, 256; 30, 173; 34, 269).
Daß eine Bindung Privater und der Privatautonomie grundsätzlich eine Abwägung voraussetzt, wird als **„mittelbare Drittwirkung"** der Grundrechte bezeichnet. Eine „unmittelbare Drittwirkung" eines Grundrechts kommt nur in Betracht, wenn die Verfassung das ausdrücklich anordnet oder die Auslegung der Verfassung eine derartige Rechtsfolge ergibt. Eine ausdrückliche Regelung findet sich zum Schutze der Koalitionsfreiheit: Abreden, die dieses Recht einschränken oder zu behindern suchen, sind nichtig, hierauf gerichtete Maßnahmen sind rechtswidrig (Art. 9 Abs. 3 Satz 2 GG).

W. LEISNER, Grundrechte und Privatrecht, 1960; L. RAISER, Grundgesetz und Privatrechtsordnung, 46. DJT (1966), 1967, II B; CL.-W. CANARIS, Grundrechte und Privatrecht, AcP 184, 1984, S. 201.

Kodifikatorische Wirkung einzelner Grundrechte

Löst man sich von der Vorstellung, daß die Grundrechte als „Abwehrrechte" nur einen negatorischen Schutz bestimmter „staatsfreier" Räume der individuellen Freiheit zu sichern haben und erkennt man an, daß durch die Gewährleistung von Grundrechten auch bestimmte Ordnungsentscheidungen zugunsten einzelner Sachbereiche und Lebenssphären getroffen werden, gewinnen eine Reihe von Grundrechtsvorschriften die Bedeutung sachlicher Richtlinien für die Gesetzgebung. Die überall verhältnismäßig allgemein gehaltenen grundrechtlichen Gewährleistungen lassen dabei der politischen Gestaltungsfreiheit des Gesetzgebers einen breiten Spielraum. Die Praxis des Bundesverfassungsgerichts und – häufig noch weitergehend – die wissenschaftliche Reflexion der Staatsrechtslehre haben den Grundrechten weitläufige und oft sehr subtile sachliche Anforderungen für die Rechtsordnung und die Rechtsanwendung abgewonnen. Die Unvollkommenheiten und die Unvollständigkeiten der Gesetzgebung, gemessen an diesen hochgespannten Anforderungen, sind vielfach durch das Richterrecht der Verfassungsrechtsprechung ausgefüllt worden. Insofern konnten einzelne Grundrechte, z. B. Art. 5 Abs. 1 und 9 Abs. 3 GG, eine die mangelnde oder mangelhafte Gesetzgebung kompensierende kodifikatorische Wirkung entfalten. Die Doktrin des Bundesverfassungsgerichts, wonach alle „wesentlichen" Regelungen im Grundrechtsbereich durch den Gesetzgeber zu treffen sind (RNr. 16), hat diese dem überkommenen Grundrechtsverständnis fremde Bedeutung der Grundrechtsvorschriften verstärkt.

Einschränkbarkeit der Grundrechte durch Gesetz

Die Einschränkung eines Grundrechts, ein „**Eingriff in Freiheit und Eigentum**", ist nur durch Gesetz oder aufgrund Gesetzes zulässig. Demnach ist – unter bestimmten Voraussetzungen – der Gesetzgeber befugt, Grundrechte einzuschränken, ist die Exekutive jedoch im Einzelfall nur dann zu einer grundrechtseinschränkenden Regelung oder Entscheidung befugt, wenn sie durch Gesetz dazu ermächtigt ist.

Unter „**Einschränkung**" eines Grundrechts ist ein Akt der öffentlichen Gewalt zu verstehen, der die durch eine Grundrechtsvorschrift gewährleistete Freiheit der Entscheidung oder Betätigung oder den durch eine Grundrechtsvorschrift garantierten Schutz für bestimmte Handlungen oder Bereiche sachlich verkürzt und damit die aus dem Grundrecht ableitbare Rechtsposition des einzelnen im ganzen oder für bestimmte Fälle beschneidet. Die Einschränkung eines Grundrechts ist nur zulässig, wenn sie nach Art und Ausmaß verfassungsrechtlich gerechtfertigt werden kann. Sie unterscheidet sich von der inhaltlichen Ausgestaltung oder sonstigen Inhaltsbestimmung eines Grundrechts, mit der der Gesetzgeber lediglich den verfassungsrechtlichen Gehalt der grundrechtlichen Gewährleistung im einzelnen ordnet. Wenn auch die Abgrenzung der Inhaltsbestimmung eines Grundrechts von der die grundrechtliche Freiheit einschränkenden Schrankenziehung (vgl. Art. 14 Abs. 1 Satz 2, 19 Abs. 1 GG) in einzelnen Fallgruppen zweifelhaft sein kann, darf daraus jedoch nicht geschlossen werden, daß unter dem Blickwinkel der Einschränkbarkeit der Grundrechte durch Gesetz beide Regelungsmöglichkeiten letzten Endes auf einer gemeinsamen Wurzel beruhten. Die Abwehrfunktion der Grundrechte kann nur wirksam sein, wenn in den Grundrechten eine spezifische Gewährleistung angesichts staatlicher Eingriffe in Freiheit und Eigentum gefunden werden kann. Ob und in welchem Maße der Gesetzgeber befugt ist, ein Grundrecht einzuschränken, beurteilt sich zuerst anhand der ausdrücklichen **Gesetzesvorbehalte**, die den einzelnen Grundrechtsvorschriften in unterschiedlicher Weise beigefügt sind. Während in einigen Fällen nur allgemein gesagt ist, daß in ein Grundrecht durch Gesetz oder aufgrund eines Gesetzes eingegriffen werden darf (vgl. Art. 2 Abs. 2 Satz 3, 8 Abs. 2, 12 Abs. 1 Satz 2 GG), ist in anderen Fällen eine nähere Bestimmung über die Einschränkbarkeit des Grundrechts getroffen, z. B. in Art. 11 Abs. 2 und Art. 13 GG. Die Grundrechte unterliegen also nicht einem allgemeinen Gesetzesvorbehalt zugunsten des öffentlichen Interesses. Einer Anzahl von Grundrechtsvorschriften ist ein ausdrücklicher Gesetzesvorbehalt nicht beigefügt (siehe z. B. Art. 4 Abs. 1, 2 und 3, 5 Abs. 3 GG). Dies ist nicht so zu verstehen, daß diese Grundrechte keinerlei Einschränkbarkeit durch Gesetz unterworfen wären. In diesen Fällen ist es vielmehr durch Auslegung zu ermitteln, inwiefern dem Gesetzgeber eine Regelungsbefugnis zusteht. Nur kollidierende Grundrechte Dritter und andere mit Verfassungsrang ausgestattete „Rechtswerte" sind „mit Rücksicht auf die Einheit der Verfassung und die von ihr geschützte gesamte Wertordnung" ausnahmsweise imstande, auch – dem Wortlaut nach – uneinschränkbare Grundrechte, wie z. B. das Recht auf Kriegsdienstverweigerung (Art. 4 Abs. 3 GG), in einzelnen Beziehungen zu begrenzen (BVerfGE 28, 243/261). Ein Gesetz, das eine Grundrechtseinschränkung bewirkt oder zuläßt, muß nach alledem den besonderen verfassungsrechtlichen Anforderungen genügen, die das eingeschränkte Grundrecht aufstellt. Es muß in diesem Sinne verfassungsrechtlich gerechtfertigt sein. Darüber hinaus muß ein derartiges Gesetz kompetenz- und verfahrensrichtig ergangen sein, mit den allgemeinen rechtsstaatlichen Grundsätzen der Bestimmtheit und der Verhältnismäßigkeit und der willkürfreien Sachgerechtigkeit (Art. 3 Abs. 1 GG) im Einklang stehen, das Schutz- und Ordnungsziel des Grundrechts respektieren (Art. 19 Abs. 2 GG: „Wesensgehaltsgarantie") und ggf. das Zitiergebot (Art. 19 Abs. 1 Satz 2 GG) beachten. Ein Gesetz, das ein Grundrecht einschränkt oder zu der Einschränkung eines Grundrechts ermächtigt, muß „allgemein" sein und darf nicht nur „für den Einzelfall" gelten (Art. 19 Abs. 1 Satz 1 GG). Das Verbot des „**Einzelfallgesetzes**" ist als eine Ausprägung des Willkürverbots (Art. 3 Abs. 1 GG) anzusehen (BVerfGE 25, 371; BVerwG DÖV 1982, 863); es ist vom Maßnahme-Gesetz zu unterscheiden (F RNr. 7).

W. Berg, Konkurrenzen schrankendivergenter Freiheitsrechte im Grundrechtsabschnitt des Grundgesetzes, 1968; H. U. Gallwas, Faktische Beeinträchtigungen im Bereich der Grundrechte, 1970; Ders., Grundrechte, 1985, S. 108 ff.

Schranken der Grundrechtsausübung

24 Die für eine bestimmte Person im konkreten Einzelfall aus einem Grundrecht ableitbare **Rechtsposition**, z. B. die in Art. 4 Abs. 2 GG gewährleistete ungestörte Religionsausübung, das in Art. 8 GG gewährleistete Recht, sich ohne Anmeldung oder Erlaubnis friedlich und ohne Waffen zu versammeln, oder die Nutzung von Eigentum (Art. 14 GG), ist inhaltlich bestimmt und begrenzt. Sie besteht – auch abgesehen von dem Fall der Verwirkung (Art. 18 GG) – nur, soweit nicht Rechte Dritter verletzt oder grundlegende Erfordernisse des Gemeinwohls beeinträchtigt werden. Der durch die Grundrechte geschützte einzelne ist kein isoliertes Individuum, dem die Verfassung ohne Rücksicht auf die Rechte Dritter und die Anforderungen des Gemeinwohls einen ungestörten Entscheidungs- oder Handlungsbereich zuerkennt. Dieser Gedanke kommt ausdrücklich darin zur Geltung, daß das Recht auf die freie Entfaltung der Persönlichkeit nur insoweit besteht, als nicht die Rechte anderer verletzt und nicht gegen die verfassungsmäßige Ordnung oder das Sittengesetz verstoßen wird (Art. 2 Abs. 1 GG). Für das Eigentum ist eine spezifische Sozialgebundenheit durch die Formulierung ausgedrückt, daß Eigentum verpflichtet und daß sein Gebrauch zugleich dem Wohle der Allgemeinheit dienen soll (Art. 14 Abs. 2 GG). Für die Versammlungsfreiheit wird von vornherein festgelegt, daß sie nur das Recht gibt, sich „friedlich und ohne Waffen" zu versammeln (Art. 8 Abs. 1 GG). Soweit nicht eine ausdrückliche Regelung getroffen ist, muß im Wege der Interpretation gefunden werden, wo die Grenze der Grundrechtsausübung liegt. Es ist Sache des Gesetzgebers, bei typischen Fällen eines Konflikts der Ausübung von Grundrechten durch verschiedene Personen oder Personengruppen, eine ausgleichende Regelung zu treffen, wie etwa im Mietrecht oder im Arbeitsrecht.

Ein besonderer Fall von Schranken der Grundrechtsausübung sind die früher so genannten „**besonderen Gewaltverhältnisse**". Das sind solche Rechtsverhältnisse, in denen der einzelne zur Verwaltung in eine engere Beziehung tritt, wie z. B. als Beamter, Benutzer einer öffentlichen Anstalt, Strafgefangener, und sich dementsprechend dem spezifischen Zweck dieses Rechtsverhältnisses einfügen muß. Für die Schranken, denen der Beamte etwa hinsichtlich der Ausübung seiner Meinungsfreiheit unterliegt, gibt die Verfassung selbst eine Richtschnur (Art. 33 Abs. 4 und 5 GG). Für den Wehrdienst und den Ersatzdienst ist dieser Punkt sogar im einzelnen geregelt (Art. 17a Abs. 1 GG); vgl. BVerwG NJW 1985, 1658. In der Strafhaft sind die Beschränkungen der Grundrechtsausübung erlaubt, die aus dem Zweck der Freiheitsstrafe ableitbar sind und dem Vollzug der Freiheitsstrafe in einer Anstalt entsprechen (vgl. BVerfGE 33, 1; 40, 276). Eingriffe in Grundrechte im Rahmen besonderer Gewaltverhältnisse bedürfen einer inhaltlich hinreichend bestimmten gesetzlichen Grundlage, deren Vollzug durch grundrechtsbeschränkende Maßnahmen im Einzelfall nach dem Grundsatz der Verhältnismäßigkeit gerechtfertigt sein muß; siehe z. B. die Beschränkungen in der Untersuchungshaft nach § 119 Abs. 3 StPO (BVerfGE 34, 369; 34, 384; 35, 5; 35, 35; 35, 311; 57, 170).

W. Schmitt Glaeser, Mißbrauch und Verwirkung von Grundrechten im politischen Meinungskampf, 1968; H. H. Rupp, Bemerkungen zur Verwirkung von Grundrechten (Art. 18 GG), in: Festschrift für Günther Küchenhoff, 1972, S. 653; F. K. Schoch, Verfassungsrechtliche Grundlagen der Einschränkung politischer Bestätigung von Soldaten, AöR 108, 1983, S. 215.

Der Schutz des Wesensgehalts eines Grundrechts

25 In keinem Falle einer durch Gesetz oder aufgrund eines Gesetzes erfolgenden Einschränkung eines Grundrechts darf das Grundrecht „in seinem Wesensgehalt angetastet werden" (Art. 19 Abs. 2 GG). Mit dieser Klausel betont das Grundgesetz, daß weder ein geschriebener noch ein ungeschriebener Gesetzesvorbehalt dem Gesetzgeber den freiheitsschützenden Gewährleistungsgehalt eines Grundrechts ungemessen ausliefert. Auch die Einschränkbarkeit der Grundrechte durch Gesetz trifft ihrerseits auf verfassungsrechtliche Schranken. Diese sind überschritten, wo in den Gewährleistungsgehalt eines Grundrechts aus unzureichendem Anlaß eingegriffen wird; sie sind vollends mißachtet, wo der Eingriff dazu führt, daß das betroffene Grundrecht seine Schutzwirkung einbüßt.

Die „Wesensgehaltsgarantie" des Art. 19 Abs. 2 GG entfaltet ihre Wirksamkeit in drei Richtungen: Sie gewährleistet einen Kernbereich jedes Grundrechts schlechthin, gleichgültig welches Allgemeininteresse zur Rechtfertigung der Grundrechtseinschränkung aufgeboten wird. Die Religionsausübung darf nicht allgemein verboten werden (Art. 4 Abs. 2 GG), die Freiheit der Eheschließung und die Rechtseinrichtung der Ehe dürfen nicht beseitigt werden (Art. 6 Abs. 1 GG) und die freie Entscheidung über die Bildung von Vereinen und Gesellschaften darf nicht ausgeschlossen werden (Art. 9 Abs. 1 GG). Die Garantie des Art. 19 Abs. 2 GG bedeutet – zweitens –, daß ein Grundrecht niemals stärker eingeschränkt werden darf, als es mit Rücksicht auf ein vorrangiges oder zumindest gleichrangiges Gemeinschaftsinteresse erforderlich ist („Übermaßverbot"). Schließlich muß eine erfolgte Einschränkung eines Grundrechts stets meßbar sein, so daß materiellrechtlich ein Maßstab für die gerichtliche Kontrolle gegeben ist.

Der Grundsatz der Verhältnismäßigkeit

26 Der Grundsatz der Verhältnismäßigkeit hat in der Praxis des Bundesverfassungsgerichts eine beherrschende Bedeutung für die Kontrolle der öffentlichen Gewalt am Maßstab der Grundrechte erlangt. Er ist das ausschlaggebende Kriterium für Art und Ausmaß zulässiger Beschränkungen der Grundrechte durch Gesetz und für die Schranken der Grundrechtsausübung im Einzelfall.

Der Grundsatz ist zuerst im Polizeirecht entstanden und dort als eine allgemeine Grenze des Einschreitens der Exekutive im Falle einer Gefahr für die öffentliche Sicherheit und Ordnung entwickelt worden. Das Einschreiten der Exekutive ist danach nur rechtmäßig, wenn es erforderlich ist, um die Gefahr abzuwehren, und wenn das nach den Umständen mildeste Mittel zur Abwehr der Gefahr eingesetzt wird. Die beiden Kriterien der **Erforderlichkeit** und der **Proportionalität** lassen sich auch unter dem Namen des „Übermaßverbots" zusammenfassen. Da nur ein zur Abwehr der Gefahr geeignetes Mittel erforderlich sein kann, gewinnt auch der Gesichtspunkt der **Geeignetheit** eines Mittels eine eigene Bedeutung als Kriterium erforderlichen Einschreitens.

Die Handhabung des Grundsatzes der Verhältnismäßigkeit durch das Bundesverfassungsgericht ist besonders anschaulich aus BVerfGE 30, 292/316 ff.

Grundlinien der verfassungsrechtlichen Ausgestaltung   27 C

und in neuerer Zeit aus BVerfGE 67, 157 ablesbar. Für die gesetzliche Regelung in Ausübung der verschiedenen geschriebenen und ungeschriebenen Gesetzesvorbehalte, die den Grundrechten beigegeben sind, hat nach der vor allem von PETER LERCHE begründeten Lehre das Gebot der Erforderlichkeit einen zu differenzierenden Inhalt. Als strikte Bindung des eigentlichen „Eingriffs" in die geschützte Freiheit zeigt sich das Gebot in den Fällen, in denen der Gesetzgeber die Ausübung des Grundrechts durch Einschränkungen, Rechtsentziehungen oder durch mißbrauchswehrende Vorschriften beschneidet. Demgegenüber darf der Gesetzgeber eine größere Bewegungsfreiheit in Anspruch nehmen, wo er den Inhalt der grundrechtlichen Berechtigung näher **ausgestaltet** oder gegenüber anderen Rechtsgütern **abgrenzt** und so eine die Grundrechtsausübung ermöglichende oder sichernde konstitutive Ordnung, „Substantiierung", schafft.

Nach dem Grundsatz der Verhältnismäßigkeit muß die in Frage stehende Grundrechtsbegrenzung **geeignet** sein, den Schutz des Rechtsguts, um dessentwillen das Grundrecht begrenzt wird, zu bewirken. Sie muß dazu **erforderlich** sein, was nicht der Fall ist, wenn ein milderes Mittel ausreicht. Schließlich muß sie im engeren Sinne **verhältnismäßig** („proportional") sein, d. h. in angemessenem Verhältnis zu dem Gewicht und der Bedeutung des Grundrechts stehen. Das Mittel ist geeignet, wenn mit seiner Hilfe der gewünschte Erfolg gefördert werden kann. Das Mittel ist erforderlich, wenn der Gesetzgeber nicht ein anderes, gleich wirksames, aber das Grundrecht nicht oder doch weniger fühlbar einschränkendes Mittel wählen könnte. Bei einer Gesamtabwägung zwischen der Schwere des Eingriffs und dem Gewicht sowie der Dringlichkeit der den Eingriff rechtfertigenden Gründe muß die Grenze der **Zumutbarkeit** noch gewahrt sein. Die Maßnahme darf den Betroffenen nicht übermäßig belasten (BVerfGE 30, 292; 33, 171; 48, 396; 67, 157).

In Anwendung auf grundrechtseinschränkende Regelungen des Gesetzgebers wird der Grundsatz der Verhältnismäßigkeit zu einer **Abwägungsrichtlinie**. Grundrechtseinschränkende Gesetze müssen – gemessen an dem Ausmaß der Grundrechtsbeeinträchtigung – wegen eines überwiegenden öffentlichen Interesses erforderlich sein, sie dürfen in der Einschränkung des Grundrechts nur so weit gehen, wie es zur Erreichung des öffentlichen Zweckes geboten ist, und sie müssen sich insgesamt als eine im Lichte des Grundrechts zumutbare Regelung erweisen. Geeignetheit oder Zwecktauglichkeit einer Regelung ist ein Element ihrer Notwendigkeit.

P. LERCHE, Übermaß und Verfassungsrecht, 1961; E. GRABITZ, Der Grundsatz der Verhältnismäßigkeit in der Rechtsprechung des Bundesverfassungsgerichts, AöR 98, 1973, S. 568; R. WENDT, Der Garantiegehalt der Grundrechte und das Übermaßverbot, AöR 104, 1979, S. 414; F. E. SCHNAPP, Die Verhältnismäßigkeit des Grundrechtseingriffs, JuS 1983, 850.

Das Petitionsrecht

Jedermann hat das Recht, sich einzeln oder in Gemeinschaft mit anderen   27
schriftlich mit Bitten oder Beschwerden an die zuständigen Stellen und an die Volksvertretung zu wenden (Art. 17 GG). Das Petitionsrecht gehört zu den

ältesten Erscheinungen freiheitlicher Rechtswahrung gegenüber der Obrigkeit. In der englischen Verfassungsgeschichte bildete es nicht nur die Rechtsgrundlage dafür, die Freiheitsrechte vom Souverän einzufordern (siehe die Petition of right, 1628, verfaßt von COKE), sondern auch die Basis für die Mitwirkung des Parlaments an der Gesetzgebung.

Im Grundgesetz ist das Petitionsrecht als ein **Grundrecht** ausgestaltet, das die angegangene Stelle zu sachlicher Prüfung der Petition und zu einem sachlichen Bescheid verpflichtet. Mittelbar wird der parlamentarischen **Volksvertretung** durch das Petitionsrecht eine allgemeine Befugnis dafür zugesprochen, Eingaben und Beschwerden nachzugehen und damit als Garant der Rechte des einzelnen gegenüber der Exekutive und der Rechtsprechung tätig zu werden. Selbständige Befugnisse der parlamentarischen Volksvertretung, etwa zur Beeinflussung des Verwaltungshandelns oder der Rechtsprechung, ergeben sich aus dem Petitionsrecht jedoch nicht. Die durch das Zweiunddreißigste Gesetz zur Änderung des Grundgesetzes vom 15. Juli 1975 (BGBl. I S. 1901) getroffene besondere Regelung über den **Petitionsausschuß des Bundestages** (Art. 45c GG) hat die Bedeutung des Petitionsrechts verstärkt. Der Petitionsausschuß hat praktisch die Rolle eines Ombudsmans, wie er dem skandinavischen Recht eigentümlich ist (E RNr. 35).

H. SEIDEL, Das Petitionsrecht, 1972; R. PIETZNER, Petitionsausschuß und Plenum, 1974; E. FRIESENHAHN, Zur neueren Entwicklung des Petitionsrechts in der Bundesrepublik Deutschland, in: Festschrift für Hans Huber, 1981, S. 353; W. GRAF VITZTHUM, Petitionsrecht und Volksvertretung, 1985.

Die Verfassungsbeschwerde

28 Die Grundrechte binden Gesetzgebung, vollziehende Gewalt und Rechtsprechung als unmittelbar geltendes Recht (Art. 1 Abs. 3 GG). Allen Gerichten fällt im Rahmen ihrer Rechtsprechungsaufgabe auch Aufgabe und Befugnis zu, die Beachtung der Grundrechte gegenüber der Gesetzgebung und der vollziehenden Gewalt im Rahmen der bei ihnen anhängigen Streitfälle zu kontrollieren,
Als ein **außerordentlicher Rechtsbehelf** zum Schutze der Grundrechte ist durch Art. 93 Abs. 1 Nr. 4a GG und §§ 90 ff. BVerfGG die Verfassungsbeschwerde zum Bundesverfassungsgericht eröffnet, mit der jedermann Akte der öffentlichen Gewalt mit der Behauptung angreifen kann, daß er durch sie in einem seiner Grundrechte oder grundrechtsähnlichen Rechte verletzt worden sei. Die Verfassungsbeschwerde ist erst zulässig, wenn der nach der Eigenart des angegriffenen Aktes der öffentlichen Gewalt in Betracht kommende Rechtsweg vorher erschöpft worden ist.
H RNr. 53.

3. Die persönliche Freiheit und Integrität

Die Würde des Menschen ist unantastbar

29 Das an die Spitze der Verfassung und des Grundrechtskatalogs gesetzte Bekenntnis zur Unantastbarkeit der Würde des Menschen und zur Verpflichtung aller staatlicher Gewalt, die Würde des Menschen zu achten und zu

Die persönliche Freiheit und Integrität 30 C

schützen, ist ein dem einzelnen zugesichertes Menschenrecht, zugleich aber eine grundsätzliche Entscheidung der Verfassung über Sinn und Rechtfertigung des Staates und der Ausübung staatlicher Gewalt. Christentum, Aufklärung und idealistische Philosophie sind die ideellen Wurzeln dieser Entscheidung für die Würde des Menschen als Rechtsprinzip und Verfassungswert. Die Auslegung der Verfassungsbestimmung kann durch diese Ideen und Traditionen, die im übrigen durchaus unterschiedliche Wertvorstellungen vertreten, nicht festgelegt werden, abgesehen von dem allgemeinen Grundgedanken der Autonomie und Selbstbestimmung des Menschen, die der Staat nicht dadurch mißachten darf, daß er den einzelnen zum Objekt und Mittel der Staatsräson und der bürokratischen Zweckmäßigkeit erniedrigt.
Als **Grundrecht** wird durch Art. 1 Abs. 1 GG jedermann das Recht zugesichert, daß die Ausübung der Staatsgewalt ihm gegenüber die Unantastbarkeit der Würde des Menschen achten und ihn in seiner Würde schützen wird. Das Grundrecht ist ein Abwehrrecht gegen die öffentliche Gewalt und ein Schutzauftrag, der den Staat auch zum Schutz des einzelnen gegen Dritte und gegen soziale Mißachtung verpflichtet. Eine unmittelbare Folgerung aus der geforderten Achtung der Würde des Menschen ist das strafprozeßrechtliche Verbot, die Freiheit der Willensentschließung und der Willensbetätigung des Beschuldigten bei seiner Vernehmung durch Mißhandlung, durch Ermüdung, durch körperlichen Eingriff, durch Verabreichung von Mitteln, durch Quälerei, durch Täuschung oder durch Hypnose zu beeinträchtigen (§ 136a StPO). Über die ausdrücklichen Vorschriften des Strafprozeßrechts hinaus hat die Rechtsprechung anerkannt, daß bestimmte die Persönlichkeit an die Strafverfolgungsbehörden oder das Gericht ausliefernde Techniken der Wahrheitsermittlung, wie z. B. eines Lügendetektors (BVerfG NJW 1982, 375) oder heimlicher Tonbandaufnahmen, verfassungswidrig sind (BVerfGE 34, 238). Soweit die Grenzen der „Gentechnologie" (Humangenetik) durch Grundrechte bestimmt werden, übernimmt Art. 1 Abs. 1 GG die Rolle eines allgemeinen Indikators der unabweisbaren ethischen Bedingungen des wissenschaftlichen Fortschritts. Diese Fragen behandeln die Enquete-Kommission „Chancen und Risiken der Gentechnologie" des Bundestages und die Interministerielle Kommission „In-vitro-Fertilisation, Genom-Analyse und Gentransfer", die im November 1985 einen Bericht veröffentlicht hat.
W. GRAF VITZTHUM, Die Menschenwürde als Verfassungsbegriff, JZ 1985, 201.

Die freie Entfaltung der Persönlichkeit

Jeder hat das Recht auf die freie Entfaltung seiner Persönlichkeit, soweit er 30 nicht die Rechte anderer verletzt und nicht gegen die verfassungsmäßige Ordnung oder das Sittengesetz verstößt (Art. 2 Abs. 1 GG). Dieses Grundrecht steht mit dem Recht auf Achtung und Schutz der unantastbaren Würde des Menschen in sachlichem Zusammenhang. Es ist seinem Gewährleistungsgehalt nach nicht auf solche Handlungsweisen des einzelnen beschränkt, die sich in einem sittlich anspruchsvollen Sinn auf die „Persönlichkeit" des einzelnen zurückführen lassen. Diese „personal" bestimmten Handlungsweisen werden zwar auch – und zwar mit verstärkten Anforderungen an Eingriffe der öffentlichen Gewalt – geschützt, darüber hinaus aber erfaßt das Grund-

recht sämtliche Betätigungen und Handlungsmöglichkeiten des einzelnen, auch im wirtschaftlichen Bereich, die nicht durch ein spezielles Grundrecht gewährleistet sind. In dieser unspezifischen subsidiären Schutzwirkung wird das Grundrecht „allgemeine Handlungsfreiheit" genannt.
RNrn. 100–102.

W. SCHMIDT, Die Freiheit vor dem Gesetz, AöR 91, 1966, S. 42; R. SCHOLZ, Das Grundrecht der freien Entfaltung der Persönlichkeit in der Rechtsprechung des Bundesverfassungsgerichts, AöR 100, 1975, S. 80, 265.

Das allgemeine Persönlichkeitsrecht

31 Die auf die Entfaltung der Persönlichkeit im eigentlichen Sinn bezogene Schutzwirkung des Art. 2 Abs. 1 GG, die einen engen sachlichen Zusammenhang mit dem Schutz der Würde des Menschen nach Art. 1 Abs. 1 GG aufweist, ist in der Gerichtspraxis als „allgemeines Persönlichkeitsrecht" nach Art. 2 Abs. 1 i. V. m. Art. 1 Abs. 1 GG verselbständigt worden (vgl. BVerfGE 27, 1; 32, 373; 34, 238; 34, 269; 54, 148; 63, 131; 65, 1; BGHZ 26, 349). Das allgemeine Persönlichkeitsrecht gewährleistet die engere persönliche Lebenssphäre und die Erhaltung ihrer Grundbedingungen, die sich durch die traditionellen konkreten Freiheitsgarantien nicht abschließend erfassen lassen. Es ergänzt insoweit die speziellen Freiheitsrechte, soweit diese, wie etwa die Gewissens- oder die Meinungsfreiheit, ebenfalls konstituierende Elemente der Persönlichkeit schützen. Als Schutzgüter des allgemeinen Persönlichkeitsrechts sind insbesondere die Privat-, Geheim- und Intimsphäre, die persönliche Ehre und die „informationelle Selbstbestimmung" anerkannt. Das allgemeine Persönlichkeitsrecht enthält ein Element der freien Entfaltung der Persönlichkeit, das sich als Recht auf Respektierung des geschützten Bereichs von dem „aktiven" Element dieser Entfaltung – der allgemeinen Handlungsfreiheit – abhebt. Demgemäß erstreckt sich das allgemeine Persönlichkeitsrecht nur auf Eingriffe, die geeignet sind, die engere Persönlichkeitssphäre zu beeinträchtigen (BVerfGE 54, 148/153 f.).
Das allgemeine Persönlichkeitsrecht hat auch eine **privatrechtsgestaltende** Wirkung. Es ist ein gegen rechtswidrige Verletzung geschütztes Recht im Sinne des § 823 Abs. 1 BGB, wie die Freiheit, das Leben, die Gesundheit und das Eigentum. Das Bundesverfassungsgericht hat die Auffassung, daß das Persönlichkeitsrecht als Schutz des „Lebensbildes" auch über den Tod hinausreiche, verworfen, jedoch dahin erkannt, daß die in Art. 1 Abs. 1 GG aller staatlichen Gewalt auferlegte Verpflichtung, dem Einzelnen Schutz gegen Angriffe auf seine Menschenwürde zu gewähren, nicht mit dem Tode endet (BVerfGE 30, 173/194 – Mephisto). Der Ausgleich von Kollisionen des allgemeinen Persönlichkeitsrechts mit der Meinungsfreiheit Dritter und den Medienfreiheiten (Art. 5 Abs. 1 GG) ist durch das Zivilrecht, nämlich die Vorschriften zum negatorischen Schutz der persönlichen Ehre, nur unvollkommen geregelt. Dementsprechend ist eine umfangreiche und schwer berechenbare Kasuistik entstanden, in der die Gerichtspraxis von Fall zu Fall diesen Ausgleich mit Hilfe der betroffenen Grundrechte vorgenommen hat.

H. HUBMANN, Das Persönlichkeitsrecht, 2. Aufl., 1967.

Die persönliche Freiheit und Integrität 32, 33 C

Der Schutz der Intimsphäre und der Privatheit

Die Privat-, Geheim- und Intimsphäre des einzelnen gehört zu den Schutzgü- 32
tern des allgemeinen Persönlichkeitsrechts (vgl. z. B. BVerfGE 27, 1; 27, 344;
32, 373). Die Verfassung gibt dem einzelnen insoweit ein **Recht auf personale
Integrität**. Sie trägt damit dem psychologischen Tatbestand Rechnung, daß
die Selbstachtung und Identität des einzelnen die Möglichkeit voraussetzt,
über eine für die öffentliche Gewalt und für Dritte unangreifbare Sphäre des
privaten Lebens zu verfügen. Die Schutzbedürftigkeit und die Schutzfähigkeit dieser privaten Sphäre des einzelnen nimmt in dem Maße ab, als der
einzelne in eine soziale Verbindung mit anderen tritt und äußeren Wirkungszusammenhängen ausgesetzt ist. Das allgemeine Persönlichkeitsrecht, von
dem sich das Recht auf personale Integrität ableitet, sieht den einzelnen nicht
als isoliertes, selbstherrliches Individuum, das nach seinem Belieben über das
Maß und die Art der Einbindung in das gesellschaftliche Zusammenleben
entscheiden könnte.

Datenschutz

Datenschutz ist Schutz der Persönlichkeit bei der Datenverarbeitung durch 33
Träger der öffentlichen Gewalt oder private Stellen, z. B. den Arbeitgeber
oder eine Versicherung. Aufgabe des Datenschutzes ist es, durch den **Schutz
personenbezogener Daten** vor Mißbrauch bei ihrer Speicherung, Übermittlung, Veränderung und Löschung (Datenverarbeitung) der Beeinträchtigung
schutzwürdiger Belange der Betroffenen entgegenzuwirken. Personenbezogene Daten in diesem Sinne sind Einzelangaben über persönliche oder sachliche Verhältnisse einer bestimmten oder bestimmbaren natürlichen Person
(§§ 1, Abs. 1, 2 Gesetz zum Schutz vor Mißbrauch personenbezogener Daten
bei der Datenverarbeitung, Bundesdatenschutzgesetz, vom 27. Jan. 1977,
BGBl. I S. 201).
Verfassungsrechtlich ist das **allgemeine Persönlichkeitsrecht** der Ausgangspunkt für den verfassungsrechtlichen Schutz der Persönlichkeit und personaler Integrität angesichts der spezifischen Gefährdungen in der technologisch
entwickelten Massengesellschaft mit ihrem planenden und informationshungrigen Sozial- und Wirtschaftsstaat (siehe z. B. E. BENDA, Die Menschenwürde, HdbVerfR, 1983, S. 107/115 ff.). Das allgemeine Persönlichkeitsrecht
ist die verfassungsrechtliche Grundlage des Datenschutzes. Das Bundesverfassungsgericht hat daraus jedoch nicht den Schluß gezogen, den persönlichkeitsrechtlichen Schutz auf Eingriffe zu beschränken, die geeignet sind, die
engere Persönlichkeitssphäre zu beeinträchtigen, im übrigen aber informationsbezogene Eingriffe der öffentlichen Gewalt nach den jeweils betroffenen
Grundrechten und sonst nach Art. 2 Abs. 1 GG zu beurteilen. Es ist einer
derartigen Unterscheidung jedenfalls für den Schutz des einzelnen gegen statistische Erhebungen und gegen die Verarbeitung statistischer Daten nicht
gefolgt, sondern hat die personenbezogenen Daten schlechthin dem Recht
auf „**informationelle Selbstbestimmung**" unterstellt. Das allgemeine Persönlichkeitsrecht gewährleistet danach die Befugnis des einzelnen, grundsätzlich
selbst über die Preisgabe und Verwendung seiner persönlichen Daten zu

bestimmen, soweit nicht überwiegende Allgemeininteressen eine Einschränkung rechtfertigen (BVerfGE 65, 1 – Volkszählungsgesetz 1983).
Das **Bundesdatenschutzgesetz** und die **Datenschutzgesetze der Länder** können als Erfüllung des Schutzauftrages aufgefaßt werden, den das allgemeine Persönlichkeitsrecht im Hinblick auf personenbezogene Daten enthält, die von Behörden oder sonstigen öffentlichen Stellen und von natürlichen oder juristischen Personen des Privatrechts in Dateien gespeichert, verändert, gelöscht oder aus Dateien übermittelt werden. Die Datenverarbeitung mit Hilfe automatisierter Verfahren steht dabei im Vordergrund, beschränkt aber nicht schlechthin den Anwendungsbereich des Datenschutzes. Die Datenschutzgesetze stellen allgemeine Regelungen dar, zu denen ergänzend oder mit Vorrang bereichsspezifische Regelungen treten, z. B. die Bestimmungen über Amts- und Rechtshilfe, über das Steuergeheimnis, über das „Sozialgeheimnis", über das Brief-, Post- und Fernmeldegeheimnis und über das Statistikgeheimnis (§ 11 BStatG) sowie die Vorschriften des Beamtenrechts und des sonstigen öffentlichen Dienstrechts über die Amtsverschwiegenheit. Die Einhaltung der datenschutzrechtlichen Vorschriften ist eine Verpflichtung der jeweils zur Ausführung der Gesetze zuständigen öffentlichen Stellen und des an das Datenschutzrecht gebundenen natürlichen und juristischen Personen des Privatrechts. Zusätzlich sind ein Bundesbeauftragter für den Datenschutz und – landesrechtlich – Datenschutzbeauftragte der einzelnen Länder berufen worden.

Sp. Simitis/U. Dammann/O. Mallmann/H.-J. Reh, Kommentar zum Bundesdatenschutzgesetz, 3. Aufl., 1981; Sp. Simitis, Die informationelle Selbstbestimmung – Grundbedingung einer verfassungskonformen Informationsordnung, NJW 1984, 398; R. Scholz/R. Pitschas, Informationelle Selbstbestimmung und staatliche Informationsverantwortung, 1984.

Der Schutz des Lebens und der körperlichen Unversehrtheit

34 Die ausdrückliche Zusicherung des Rechts auf Leben und körperliche Unversehrtheit (Art. 2 Abs. 2 Satz 1 GG) ist eine Neuerung des Grundgesetzes, die sich aus der erfahrenen Mißachtung des Lebens, u. a. durch die hybride Vorstellung des „lebensunwerten" Lebens, und der körperlichen Unversehrtheit, u. a. durch die planmäßige Mißhandlung einzelner als Werkzeug staatlicher Zwangsgewalt, erklärt. Die Abschaffung der Todesstrafe (Art. 102 GG) hat ebenfalls in dieser historischen Erfahrung ihren Grund.
Das Recht auf körperliche Unversehrtheit kann strafprozeßrechtlichen Ermittlungshandlungen, z. B. einer körperlichen Untersuchung des Beschuldigten, der Entnahme von Blutproben und anderen körperlichen Eingriffen ohne Einwilligung des Beschuldigten (siehe § 81a StPO) entgegenstehen, wenn sich der Eingriff im Verhältnis zum Ermittlungsziel als unverhältnismäßig oder angesichts der Bedeutung der Straftat, um deren Aufklärung es geht, als unzumutbar erweist (BVerfGE 17, 108; 51, 324).
In das Recht auf Leben und körperliche Unversehrtheit darf nur aufgrund eines Gesetzes eingegriffen werden. Auch wenn im Einzelfall eine gesetzliche Grundlage besteht, fordert der rechtsstaatliche Grundsatz der Verhältnismäßigkeit, daß das dem Eingriff zugrunde liegende öffentliche Interesse den

Die persönliche Freiheit und Integrität   35, 36   **C**

Eingriff erfordert und daß der Eingriff nach Art und Ausmaß verhältnismäßig und zumutbar ist. Unter diesen Voraussetzungen ist z. B. ein Schußwaffengebrauch der Polizei verfassungsrechtlich unbedenklich, auch wenn dabei, z. B. in Notwehr oder zur Nothilfe für einen Dritten, der Tod des Angreifers gewollt ist.
Das Grundrecht auf Leben und körperliche Unversehrtheit ist ein Abwehrrecht gegen die öffentliche Gewalt, darüber hinaus aber auch ein **Schutzauftrag**, der die Verpflichtung des Staates begründet, durch geeignete Rechtsvorschriften und durch einen wirksamen Gesetzesvollzug Leben und körperliche Unversehrtheit gegen Dritte oder gegen Naturgefahren zu schützen. Diese Schutzpflicht betrifft auch die Gefährdungen, die von einer großtechnischen Anlage, z. B. einem Kernkraftwerk oder einem Flughafen, für das Leben oder die Gesundheit Dritter ausgehen können (BVerfGE 39, 1 – Abtreibung; 46, 160 – Schleyer-Entführung; 49, 89 – Kernkraftwerk Kalkar; 56, 54 – Fluglärm).

Der Schutz des ungeborenen Lebens

Das Recht auf Leben steht allen Menschen zu, gilt aber auch für das noch 35
nicht geborene Kind. Der Gesetzgeber ist deshalb verpflichtet, den Schutz des ungeborenen Lebens, notfalls durch die Sanktionen des Strafrechts, gegen die Mutter und gegen Dritte, insbes. den Arzt zu sichern. Die Strafrechtsvorschriften über die Abtreibung sind deshalb – ungeachtet der hier bestehenden kriminalpolitischen Gestaltungsspielräume – verfassungsrechtlich geboten (vgl. §§ 218 ff. StGB). Die Schutzpflicht gilt auch für die Exekutive und für die Rechtsprechung (BVerfGE 39, 1). Das Leben des ungeborenen Kindes ist danach grundsätzlich nicht nur nach Maßgabe einer Abwägung des Rechtes auf Leben mit den berührten Grundrechten der Mutter und des Vaters geschützt. Nur bestimmte, durch Gesetz anerkannte „Indikationen", z. B. die konkrete Lebensgefahr für die Mutter, können einen Eingriff zu Lasten des Rechtes des ungeborenen Kindes rechtfertigen.
Die jetzt geltende Fassung der §§ 218 a ff. StGB aufgrund des Fünfzehnten Strafrechtsänderungsgesetzes vom 18. Mai 1976 (BGBl. I S. 1213) beruht auf der Entscheidung des Bundesverfassungsgerichts (BVerfGE 39, 1), mit der das Fünfte Gesetz zur Reform des Strafrechts vom 18. Juni 1974 (BGBl. I S. 1297) im Kernpunkt für verfassungswidrig erklärt worden ist. In der Abweichenden Meinung Rupp-v. Brünneck/Simon zu der genannten Entscheidung (BVerfGE 39, 1/68 ff.) sind geringere Anforderungen an die Schutzpflicht des Staates zugunsten des ungeborenen Kindes für richtig gehalten und ist dem Entscheidungsrecht der Mutter eine größere Bedeutung eingeräumt worden.

Cl. Arndt/B. Erhard/L. Funcke (Hrsg.), Der § 218 StGB vor dem Bundesverfassungsgericht, 1979.

Grundrecht auf gesunde Umwelt?

Die verfassungspolitischen Bestrebungen und Programme, den Schutz der 36
natürlichen Lebensgrundlagen des Menschen oder – weitergehend – den Schutz von Natur und Umwelt als eine Staatsaufgabe ausdrücklich in die

Verfassung aufzunehmen, also eine entsprechende „**Staatszielbestimmung**" im Wege der Verfassungsänderung zu schaffen, sind bisher in Baden-Württemberg und Bayern erfolgreich gewesen. Nach Art. 86 der Baden-Württembergischen Verfassung in der Fassung des Änderungsgesetzes vom 6. Febr. 1979 (GBl. S. 65) genießen die natürlichen Lebensgrundlagen, die Landschaft sowie die Denkmale der Kunst, der Geschichte und der Natur öffentlichen Schutz und die Pflege des Staates und der Gemeinden. Detailliertere Vorschriften zur verfassungsrechtlichen Verankerung der Staatsaufgabe Umweltschutz sind durch das Fünfte Gesetz zur Änderung der Verfassung des Freistaates Bayern vom 20. Juni 1984 (GVBl. S. 223) in die Art. 3 und 141 BayVerf aufgenommen worden. Auch eine Änderung des Grundgesetzes in diesem Sinne ist von verschiedenen Seiten gefordert worden (vgl. z. B. den Gesetzentwurf der Fraktion der Grünen, BTag Drucks. 10/990).

Die ausdrückliche Festlegung einer Staatszielbestimmung zum Schutze von Natur und Umwelt würde hauptsächlich die rechtliche Bedeutung haben, daß der Gesetzgeber auf die Beachtung der öffentlichen Belange des Umweltschutzes und des Naturschutzes ausdrücklich verpflichtet würde. Die politische Gestaltungsfreiheit des Gesetzgebers bliebe hinsichtlich der Wahl des Zeitpunktes und der Mittel gesetzgeberischer Schutzvorkehrungen grundsätzlich unberührt.

Verfassungsrechtliche Staatszielbestimmungen über den Schutz von Natur und Umwelt haben im Rechtssinne nicht die Eigenschaften eines **Grundrechts** auf gesunde Umwelt, das jedermann zustünde und von jedermann notfalls gerichtlich durchgesetzt werden könnte. Ein derartiges Grundrecht würde jedermann zum Sachwalter der Erhaltung einer gesunden Umwelt machen und damit prozeßrechtlich eine Popularklage im Interesse einer gesunden Umwelt einführen.

Das geltende Recht enthält ein Grundrecht auf gesunde Umwelt weder ausdrücklich noch als eine durch Auslegung zu gewinnende, implizierte Rechtsfolge aus den gewährleisteten Grundrechten (BVerwGE 54, 211). Das Recht auf Leben und körperliche Unversehrtheit und die Eigentumsgarantie (Art. 2 Abs. 2, 14 GG) verpflichten jedoch die öffentliche Gewalt, den einzelnen vor Schäden und Gefahren für Leben, Gesundheit und Eigentum zu schützen, die durch umweltbeeinträchtigende Anlagen oder Handlungen Dritter hervorgerufen werden können. Diese **grundrechtlichen Schutzaufträge** binden insbes. den Gesetzgeber im Sinne einer verfassungsrechtlichen Richtlinie bei der Ausgestaltung der Anforderungen und des Verfahrens bei der Zulassung von Anlagen oder Betätigungen, von denen schädliche Umwelteinwirkungen hervorgehen können (BVerfGE 49, 89; 49, 252; 53, 30; 56, 54). Soweit also eine Umweltbeeinträchtigung durch die öffentliche Gewalt oder durch Private zugleich eine Rechtsbeeinträchtigung zu Lasten Dritter zur Folge hat, ist nach geltendem Recht ein grundrechtlicher Schutz gewährleistet.

Bundesminister des Innern/Bundesminister der Justiz, Staatszielbestimmungen – Gesetzgebungsaufträge, Bericht der Sachverständigenkommission, 1983; H. SENDLER, Grundprobleme des Umweltrechts, JuS 1983, S. 255.

Die persönliche Freiheit und Integrität   37, 38   C

Die Freiheit der Person

Die Freiheit der Person ist unverletzlich. In dieses Grundrecht darf nur auf- 37
grund eines Gesetzes eingegriffen werden, das die Voraussetzungen einer
zulässigen Freiheitsentziehung mit hinreichender Bestimmtheit regelt. Über
die Zulässigkeit und Fortdauer einer Freiheitsentziehung hat grundsätzlich
der Richter zu entscheiden, z. B. durch Haftbefehl, mit dem die Untersuchungshaft gegen eine Person angeordnet wird, die einer Straftat dringend
verdächtig ist und bei der ein Haftgrund besteht (§§ 112 ff. StPO). Nur ausnahmsweise kann, wenn jemand auf frischer Tat betroffen oder verfolgt wird
oder bei Gefahr im Verzuge, eine vorläufige Festnahme durch die Staatsanwaltschaft und die Beamten des Polizeidienstes erfolgen (§ 127 StPO).
Der besondere Schutz der Freiheit der Person durch ein Grundrecht (Art. 2
Abs. 2, 104 GG) gehört zu den klassischen Garantien des Rechtsstaats („Habeas corpus"). Der Richter, der aufgrund Gesetzes über die Zulässigkeit und
Fortdauer einer Freiheitsentziehung entscheidet, muß im Einzelfall den
Grundsatz der Verhältnismäßigkeit beachten. Die Anwendung der gesetzli-
chen Vorschriften, z. B. über die Untersuchungshaft, hat stets unter strikter
Beachtung dieses Grundsatzes zu erfolgen (BVerfGE 20, 45; 53, 152; 58,
208).

Voraussetzungen der Freiheitsentziehung

Kraft des Grundrechtes der Freiheit der Person kann eine Freiheitsentzie- 38
hung oder sonstige Beschränkung der freien Bewegungsfreiheit des einzelnen
nur aufgrund eines **Gesetzes** angeordnet werden und darf über die Zulässigkeit und Fortdauer einer Freiheitsentziehung grundsätzlich nur der **Richter**
entscheiden. Bei jeder nicht auf richterlichen Anordnung beruhenden Freiheitsentziehung ist unverzüglich eine richterliche Entscheidung herbeizuführen. Die Polizei darf aus eigener Machtvollkommenheit niemanden länger als
bis zum Ende des Tages nach dem Ergreifen in eigenem Gewahrsam halten.
Jeder wegen des Verdachts einer strafbaren Handlung vorläufig Festgenommene ist spätestens am Tage nach der Festnahme dem Richter vorzuführen,
der ihm die Gründe der Festnahme mitzuteilen, ihn zu vernehmen und ihm
Gelegenheit zu Einwendungen zu geben hat. Der Richter hat unverzüglich
entweder einen mit Gründen versehenen schriftlichen Haftbefehl zu erlassen
oder die Freilassung anzuordnen (Art. 104 GG). Das Nähere ist durch Gesetz
geregelt, nämlich vor allem durch die Strafprozeßordnung und durch das
Gesetz über das gerichtliche Verfahren bei Freiheitsentziehungen vom 29. Juni 1956 (BGBl. I S. 599), zuletzt geändert durch das Gesetz vom 16. März
1976 (BGBl. I S. 581).
Gesetzliche Vorschriften, in denen eine Ermächtigung zur Freiheitsentziehung oder zu einer sonstigen Beschränkung der Freiheit der Person enthalten
sind, müssen zum Schutze eines wichtigen Gemeinschaftsgutes, z. B. der
Strafrechtspflege, geboten sein. Das Gesetz muß die Voraussetzungen einer
zulässigen Freiheitsentziehung mit hinreichender Bestimmtheit festlegen und
darf der Exekutive insoweit keine selbständige Befugnis zur Enscheidung
über die Voraussetzung der Freiheitsentziehung, etwa durch Rechtsverord-

Unverletzlichkeit der Wohnung

39 Das Grundrecht des Art. 13 GG gibt der „Wohnung" einen besonderen Schutz gegen die öffentliche Gewalt. Die zum Wohnen oder zum sonstigen Aufenthalt abgegrenzte räumliche Sphäre des einzelnen, auch Arbeitsstätten, Geschäftslokale, Betriebe und sonst für eine wirtschaftliche Tätigkeit benutzte Räumlichkeiten und Grundflächen, überhaupt jedes Grundstück, das nicht der allgemeinen Zugänglichkeit geöffnet ist, sind für die Organe hoheitlicher Zwangsgewalt „unverletzlich" (vgl. BVerfGE 17, 232/251; 20, 162/186 f.; 32, 54; 42, 212/219; 44, 353/371; 51, 97). Jedermann, der als Eigentümer, Besitzer oder sonst berechtigter Inhaber oder Benutzer der Räume oder des Grundstücks dort für Wohnen, Aufenthalt oder Wirtschaftstätigkeit einen privaten räumlichen Bereich rechtlich oder tatsächlich innehat, auch eine juristische Person des Privatrechts, genießt den Schutz des Grundrechts. Unter bestimmten, in Art. 13 GG verhältnismäßig ausführlich beschriebenen Voraussetzungen, können durch Gesetz Ermächtigungen für Durchsuchungen (Art. 13 Abs. 2 GG) und sonstige Eingriffe und Beschränkungen (Art. 13 Abs. 3 GG) geschaffen werden und darf aufgrund einer derartigen gesetzlichen Ermächtigung die Exekutive in den räumlich geschützten Bereich eingreifen. Auch soweit danach ein Eingriff zulässig ist, muß im Einzelfall der Grundsatz der Verhältnismäßigkeit beachtet werden. Durchsuchungen kommen hauptsächlich als polizeiliche Maßnahmen der Gefahrenabwehr und als strafprozeßrechtliche Ermittlungshandlungen (§§ 102 ff. StPO) in Betracht. Eingriffe und Beschränkungen im übrigen können hauptsächlich zur Verhütung dringender Gefahren für die öffentliche Sicherheit und Ordnung zugelassen werden, wie es z. B. durch das Bundes-Seuchengesetz in der Fass. vom 18. Dez. 1979 (BGBl. I S. 2262, 1980 I S. 151), zuletzt geänd. durch Gesetz vom 27. Juni 1985 (BGBl. I S. 1254), geschehen ist.

Das Brief-, Post- und Fernmeldegeheimnis

40 Die private Korrespondenz, sowohl als persönliche Lebensäußerung wie als geschäftliche Mitteilung, ist seit jeher in gesteigertem Maße dem Zugriffsinteresse der Exekutive ausgesetzt gewesen. Die Schutzbedürftigkeit der privaten Korrespondenz ist überdies dadurch vordringlich, daß seit Jahrhunderten die wesentlichen Einrichtungen des Nachrichtenverkehrs in der Hand des Staates oder staatlichem Einfluß zugänglicher Unternehmen sind. Die Unterscheidung des Briefgeheimnisses und des Postgeheimnisses trägt den unterschiedlichen Eingriffsgefahren Rechnung. Während das **Briefgeheimnis** die private Korrespondenz in ihrem gesamten Verlauf vom Sender zum Empfänger gegen Eingriffe durch die Exekutive schützt, wird durch das **Postgeheimnis** eine besondere Garantie gegenüber der Post als der Einrichtung zugesichert, deren sich die private Korrespondenz bedient oder – soweit der staatliche Beförderungsvorbehalt reicht – bedienen muß. Das jüngere **Fernmeldegeheimnis** erstreckt den Schutz auf die verschiedenen Formen moderner Telekommunikation durch Telefon, Telegramm, Fernschreiber usw.

Die persönliche Freiheit und Integrität   40 C

Die geschützten Mitteilungen Privater sind durch das Grundrecht gegen die Kenntnisnahme durch die Post- und Fernmeldeanstalt und durch die Organe hoheitlicher Zwangsgewalt gesichert, z. B. einen parlamentarischen Untersuchungsausschuß, die Polizei- und Sicherheitsbehörden, die Staatsanwaltschaft und das Strafgericht. Das Grundrecht erfaßt jede Mitteilung von Person zu Person, auch im Verhältnis juristischer Personen des Privatrechts zueinander, soweit die Mitteilung mit Hilfe schriftlicher Verkörperung oder irgendeinem Verfahren der Telekommunikation erfolgt.

Überwiegende öffentliche Interessen zum Schutz der Allgemeinheit oder zum Schutz des einzelnen, insbes. zur Sicherung einer funktionsfähigen Gefahrenabwehr und Strafrechtspflege, können es rechtfertigen, aufgrund eines Gesetzes **Beschränkungen** des Briefgeheimnisses, des Postgeheimnisses und des Fernmeldegeheimnisses anzuordnen. Durch verschiedene gesetzliche Bestimmungen sind die Grundrechte im einzelnen ausgestaltet und die notwendigen Ermächtigungen für Grundrechtsbeschränkungen geregelt worden, so in §§ 5 und 6 PostG, §§ 10, 12 und 13 Fernmeldeanlagengesetz, §§ 99ff. StPO. Die Verletzung des Briefgeheimnisses ist mit Strafe bedroht, und zwar über den Bereich des Grundrechts hinaus auch insoweit, als die Vertraulichkeit der privaten Korrespondenz von privater Seite verletzt wird (§§ 202, 354 StGB). Keine „Beschränkungen" des Post- und Fernmeldegeheimnisses sind die betriebsbedingten Vorgänge der Kenntnisnahme durch die Bediensteten des Post- und Fernmeldewesens (BVerwG DöV 1984, 941).

Durch die **Notstandsnovelle** vom 24. Juni 1968 ist für Beschränkungen der Grundrechte des Art. 10 GG, die dem Schutze der freiheitlichen demokratischen Grundordnung oder des Bestandes oder der Sicherung des Bundes oder eines Landes dienen, ein besonderer Gesetzesvorbehalt geschaffen worden (Art. 10 Abs. 2 Satz 2 GG), mit dem die Ergänzung des Art. 19 Abs. 4 GG durch einen Satz 2 in einem sachlichen Zusammenhang steht. Die Besonderheit dieser ausdrücklich geregelten Beschränkung ist nicht, daß überhaupt für bestimmte Tatbestände verfassungsfeindlicher Bestrebungen im Vorfeld strafprozessualer Ermittlungen (BVerfGE 30, 1/29) Eingriffe in das Briefgeheimnis und das Post- und Fernmeldegeheimnis zulässig sind. Entscheidend ist vielmehr, daß an die Stelle des Rechtsweges zu den Gerichten durch Gesetz bestimmt werden kann, daß die Nachprüfung durch **von der Volksvertretung bestellte Organe und Hilfsorgane** erfolgt. Der rechtfertigende Grund ist die notwendige Geheimhaltung der Maßnahme. Aufgrund des Art. 10 Abs. 2 Satz 2 GG ist das **Gesetz zur Beschränkung des Brief-, Post- und Fernmeldegeheimnisses** (Gesetz zu Artikel 10 Grundgesetz, G 10) vom 13. Aug. 1968 (BGBl. I S. 949), geänd. durch Gesetz vom 13. Sept. 1978 (BGBl. I S. 1546), erlassen worden. Das Bundesverfassungsgericht hat die Verfassungsänderungen in Art. 10 Abs. 2 und 19 Abs. 4 GG anhand des Art. 79 Abs. 3 GG geprüft und für zulässig befunden (BVerfGE 30, 1). Es hat jedoch die Anforderungen an jene „von der Volksvertretung bestellten Organe und Hilfsorgane" so festgelegt, daß eine Nachprüfung gewährleistet ist, die materiell und verfahrensmäßig einer gerichtlichen Kontrolle „gleichwertig" ist. Die parlamentarische Kontrolle der Beschränkungen liegt in der Hand eines besonderen **Abgeordneten-Gremiums,** die gerichtsähnliche Nachprüfung der Beschränkungen liegt in der Hand einer aus drei Mitglieder bestehenden **Kommission,** deren Vorsitzender die Befähigung zum Richteramt besitzen muß; die Mitglieder der Kommission sind in ihrer Amtsführung unabhängig und Weisungen nicht unterworfen. Die Mitglieder der Kommission werden nach Anhörung der Bundesregierung durch das Abgeordneten-Gremium bestellt. Der zuständige Bundesminister unterrichtet monatlich die Kommission über die von ihm angeordneten Beschränkungsmaßnahmen vor deren Vollzug, soweit nicht Gefahr im Verzuge besteht. Der Betroffene kann gegen Beschränkungsmaßnahmen nicht den Rechtsweg beschreiten, sondern ist auf eine Beschwerde gegen die Zulässigkeit oder Notwendigkeit von Beschränkungsmaßnahmen bei der Kommission verwiesen. Beschränkungsmaßnahmen sind dem Betroffenen nach ihrer Einstellung mitzuteilen, wenn eine Gefährdung des Zwecks der Beschränkung ausgeschlossen werden kann; nach der Mitteilung steht dem Betroffenen der Rechtsweg offen (§ 9 Abs. 5 G 10). Neben der Individualüberwachung sieht das Gesetz in § 3 eine „strategische" Überwachung des Post- und Fernmeldeverkehrs im Interesse der äußeren Sicherheit vor, die sich nicht gegen bestimmte Einzelpersonen richtet, dennoch aber an das Übermaßverbot gebunden ist (BVerfGE 67, 157, mit Anm. von CL. ARNDT, NJW 1985, 107).

CL. ARNDT, Das G 10-Verfahren, in: Verfassungsschutz und Rechtsstaat, hrsg. vom Bundesminister des Innern, 1981, S. 43.

Verbot von Ausbürgerung und Auslieferung

41 Die Verstoßung aus dem Schutzverband des Staates, die in der Ausbürgerung liegt, und die Preisgabe an einen anderen Staat, die durch die Auslieferung entstehen kann, gehören zu den schwerwiegendsten Eingriffen in die persönliche Freiheit und Lebensmöglichkeit. Die Willkür, mit der das Dritte Reich aus politischen oder rassischen Gründen Zwangsausbürgerungen vorgenommen hat, ist der Hintergrund für die Bestimmung, daß die deutsche Staatsangehörigkeit nicht entzogen werden darf (Art. 16 Abs. 1 GG). Der Verlust der Staatsangehörigkeit darf nur aufgrund eines Gesetzes und gegen den Willen des Betroffenen nur dann eintreten, wenn der Betroffene dadurch nicht staatenlos wird. Ein Fall dieser Art ist es, wenn ein Deutscher, der im Inland weder seinen Wohnsitz noch seinen dauernden Aufenthalt hat, eine ausländische Staatsangehörigkeit freiwillig erwirbt, ohne die Genehmigung zur Beibehaltung der deutschen Staatsangehörigkeit erhalten zu haben (§ 25 Reichs- und Staatsangehörigkeitsgesetz). Erwerb und Verlust der deutschen **Staatsangehörigkeit** (L RNrn. 21 ff.) richten sich nach dem Reichs- und Staatsangehörigkeitsgesetz vom 22. Juli 1913 (RGBl. S. 583), zuletzt geänd. durch Gesetz vom 18. Juli 1979 (BGBl. I S. 1061). „Deutscher" im Sinne des Grundgesetzes ist neben dem deutschen Staatsangehörigen auch eine Person, die, ohne die deutsche Staatsangehörigkeit zu besitzen, als deutscher Volkszugehöriger die Voraussetzungen des Art. 116 Abs. 1 GG erfüllt. Durch Art. 116 Abs. 2 GG ist ein Weg geschaffen worden, um das Unrecht der Ausbürgerungen aus politischen, rassischen und religiösen Gründen in der Zeit zwischen dem 30. Jan. 1933 und dem 8. Mai 1945 bis zu einem gewissen Grade auszugleichen.

Unter „**Auslieferung**" ist die Übergabe einer Person in einen anderen Staat

auf dessen Ersuchen, insbes. zur Durchführung eines Strafverfahrens, zu verstehen. Die Auslieferung ist ein Vorgang der internationalen Rechtshilfe nach dem **Gesetz über die internationale Rechtshilfe in Strafsachen (IRG)** vom 23. Dez. 1982 (BGBl. I S. 2071), soweit nicht in völkerrechtlichen Vereinbarungen etwas anderes bestimmt ist; vorher war das Deutsche Auslieferungsgesetz (DAG) maßgebend. Nach dem Europäischen Auslieferungsabkommen, wie auch nach anderen Auslieferungsabkommen, ist dem über die Auslieferung entscheidenden deutschen Gericht grundsätzlich eine eigene Prüfung des hinreichenden Tatverdachts (§ 10 Abs. 2 IRG) verwehrt. Etwas anderes kann nur bei zureichenden Anhaltspunkten für einen Mißbrauch, z. B. Manipulierung des Tatvorwurfs im Interesse der politischen Verfolgung, oder für ein nach allgemeinem Völkerrecht untersagtes rechtsstaatswidriges Verfahren gegen den Auszuliefernden im ersuchenden Staat in Frage kommen; in einem derartigen Ausnahmefall ist eine eigene Prüfung des hinreichenden Tatverdachts durch das deutsche Gericht zulässig und geboten (BGH JZ 1984, 897 – Ersuchen der Türkei um Auslieferung zur Strafverfolgung –, mit Anm. TH. VOGLER).
Eine Pflicht zur Auslieferung besteht nur aufgrund eines völkerrechtlichen Abkommens mit dem Staat, der um die Auslieferung nachsucht. Ein Deutscher darf an das Ausland nicht ausgeliefert werden (Art. 16 Abs. 2 Satz 1 GG). Ein Ausländer oder Staatenloser kann im Auslieferungsverfahren das **Asylrecht** in Anspruch nehmen, wenn er politisch Verfolgter ist (RNr. 99).
T. STEIN, Die Auslieferungsausnahme bei politischen Delikten, 1983.

4. Gleichheit und Willkürverbot

Der allgemeine Gleichheitssatz

42 Mit einer überkommenen Formulierung bestimmt das Grundgesetz, daß alle Menschen vor dem Gesetz gleich sind (Art. 3 Abs. 1 GG). Dies ist das Grundrecht des allgemeinen Gleichheitssatzes. Das historische Grundrecht der Gleichheit vor dem Gesetz, das eine zentrale Forderung der bürgerlichen Verfassungsbewegung war, bedeutet die Abschaffung von Privilegien und weiter die Anwendung des Gesetzes durch die Exekutive und durch die Gerichte ohne Ansehung der Person. Es ist damit die staatsbürgerliche Gleichheit und die Abschaffung aller Standesprivilegien gemeint. Mit diesem Inhalt beschränkt sich das Grundrecht auf die Rechtsgleichheit aller und auf das Gebot der Gleichbehandlung durch die vollziehende Gewalt und die Rechtsprechung. Bei einer derartigen Betrachtungsweise, die unter der Geltung der Weimarer Reichsverfassung (siehe Art. 109 Abs. 1) herrschend blieb, wird der Gesetzgeber einer wie auch immer verstandenen „materiellen" Gleichheit nicht unterworfen.
Mit der ausdrücklichen Festlegung, daß die Grundrechte auch die Gesetzgebung als unmittelbar geltendes Recht binden (Art. 1 Abs. 3 GG), ist die Weimarer Streitfrage auch für den Gleichheitssatz entschieden worden. Alle Menschen sind nicht nur „vor dem Gesetz" gleich, sondern auch der Gesetzgeber muß die Gebote der Gleichheit beachten. Die Rechtsidee der Gerech-

tigkeit der Gesetze wird damit soweit zu einem Rechtsgebot und damit auch justiziabel, als das Gesetz ungleiche Tatbestände willkürlich gleich oder gleiche Tatbestände willkürlich ungleich behandelt. Als Bindung für den Gesetzgeber bedeutet der allgemeine Gleichheitssatz ein **Willkürverbot**, nicht etwa ein rechtliches Gebot politischer Zweckmäßigkeit oder Vernünftigkeit oder ein allgemeines Gebot der Sachgerechtigkeit einer Regelung.

G. LEIBHOLZ, Die Gleichheit vor dem Gesetz, 1925, 2. Aufl., 1959; H. ZACHER, Soziale Gleichheit, AöR 93, 1968, S. 341; CHR. LINK (Hrsg.), Der Gleichheitssatz im modernen Verfassungsstaat, 1982; K. HESSE, Der Gleichheitssatz in der neueren deutschen Verfassungsentwicklung, AöR 109, 1984, S. 174.

Das Willkürverbot

43 Die grundsätzliche Einsicht, daß der auf den Gesetzgeber anwendbare allgemeine Gleichheitssatz als Grundrecht der Verfassung den Inhalt hat, daß er dem Gesetzgeber Willkür verbietet, geht vor allem auf eine Lehre zurück, die unter der Geltung der Weimarer Reichsverfassung von HEINRICH TRIEPEL (Goldbilanzenverordnung und Vorzugsaktien, 1924) und GERHARD LEIBHOLZ (Die Gleichheit vor dem Gesetz, 1925) begründet worden ist. Diese Lehre hat unter dem Grundgesetz allgemeine Anerkennung gefunden und ist vom Bundesverfassungsgericht in einer langen Reihe von Entscheidungen zugrunde gelegt worden (vgl. z. B. BVerfGE 1, 14/52; 33, 367/384; 51, 1/27; 54, 11/25 f.).

Der allgemeine Gleichheitssatz verbietet es danach dem Gesetzgeber, wesentlich Gleiches ungleich und wesentlich Ungleiches gleich zu behandeln, sofern nicht eine sachliche Rechtfertigung für die Abweichung gegeben ist. „Willkürlich" ist die Ungleichbehandlung von wesentlich Gleichem und die Gleichbehandlung von wesentlich Ungleichem, ohne daß dafür eine sachliche Rechtfertigung gegeben wäre. Wenn sich ein vernünftiger, aus der Sache ergebender oder sonstwie sachlich einleuchtender Grund für die Differenzierung oder Gleichbehandlung seitens des Gesetzgebers nicht finden läßt, ist die Regelung in diesem Sinne willkürlich und damit eine Verletzung des Art. 3 Abs. 1 GG. Die politische Gestaltungsfreiheit des Gesetzgebers bleibt damit unberührt. Denn das Willkürverbot fordert nicht, jeweils die – nach irgendeinem Kriterium – gerechteste oder zweckmäßigste Regelung zu treffen.

Abweichend vom allgemeinen Sprachgebrauch bedeutet hier „Willkür" lediglich die Verletzung eines **objektiven** Kriteriums, nicht etwa einen bestimmten, verwerflichen Beweggrund des Gesetzgebers. Mit dem aus Art. 3 Abs. 1 GG gewonnenen Maßstab der willkürfreien Sachgerechtigkeit wird praktisch jedes Gesetz der Nachprüfbarkeit durch das Bundesverfassungsgericht unterworfen; denn jedes Gesetz nimmt in seinen Regelungen Unterscheidungen oder Gleichstellungen vor, die angesichts des Willkürverbots einer Rechtfertigungsbedürftigkeit unterliegen können.

Der als Willkürverbot geltende allgemeine Gleichheitssatz bindet Gesetzgebung, vollziehende Gewalt und Rechtsprechung. Eine fehlerhafte Rechtsanwendung durch ein **Gericht** ist willkürlich, wenn sie unter Berücksichtigung der das Grundgesetz beherrschenden Gedanken nicht mehr verständlich ist

Gleichheit und Willkürverbot

und sich daher der Schluß aufdrängt, daß sie auf sachfremden Erwägungen beruht (BVerfGE 62, 189/192; 67, 90/94; BVerfG JZ 1985, 957).

Das Gebot der Gleichbehandlung

Das Grundrecht der Gleichheit gebietet der öffentlichen Gewalt über das Willkürverbot hinaus, gegenüber den von ihren Handlungen und Entscheidungen Betroffenen das Gebot der Gleichbehandlung zu beachten. Dieses Gebot gewinnt dort eine selbständige Bedeutung, wo den Behörden oder Gerichten ein verfahrensgestaltendes Ermessen oder bei der Ausführung und Anwendung der Gesetze ein materielles Ermessen oder ein sonstiger materieller Beurteilungs- oder Entscheidungsspielraum zusteht. Gleichgelagerte Fälle müssen gleich behandelt werden. Behörden und Gerichte müssen ohne Ansehen der Person verfahren. Werden z. B. in Korrektur einer bisher geübten Verwaltungspraxis einzelne auf dieser Grundlage getroffene Entscheidungen, z. B. Gebührenanforderungen, im Nachhinein geändert, müssen alle betroffenen Entscheidungen nach dem neuen Kriterium geprüft und ggf. geändert werden. Das Gebot der Gleichbehandlung ist auch ein rechtlicher Maßstab für die Strafzumessungspraxis der Gerichte, unbeschadet der richterlichen Unabhängigkeit.

Kraft des Gebotes der Gleichbehandlung kann die Exekutive nicht ohne einen sachlichen Grund von den von ihr erlassenen **Verwaltungsvorschriften**, z. B. Subventionsrichtlinien, in einem Einzelfall abweichen. Diese den Verwaltungsvorschriften kraft des Gleichheitssatzes zukommende rechtliche Wirkung zugunsten und zu Lasten der Verwaltungsunterworfenen wird als ,,Selbstbindung" der Verwaltung bezeichnet. Verwaltungsvorschriften, die inhaltlich die Ausübung von Ermessen oder einer Gestaltungsfreiheit der Behörde bei der Entscheidung über Rechte und Pflichten Betroffener regeln, gewinnen auf diesem Wege, ggf. auch in Verbindung mit dem Grundsatz des Vertrauensschutzes, eine anspruchs- oder pflichtenbegründende ,,Außenwirkung" (vgl. BVerwGE 34, 278; 44, 72). F RNrn. 18 ff.

Ein Anspruch auf Gleichbehandlung kann stets nur durch die Berufung auf solche frühere Verwaltungshandlungen in gleichgelagerten Fällen begründet werden, die ihrerseits eine rechtmäßige Ausübung öffentlicher Verwaltung darstellen. Im Hinblick auf ein rechtswidriges Verhalten der Verwaltung kann Gleichbehandlung nicht gefordert werden; es gibt keine ,,Gleichheit im Unrecht".

Besondere Differenzierungsverbote

Die Anwendung des allgemeinen Gleichheitssatzes setzt regelmäßig eine wertende Beurteilung im Hinblick auf die zu vergleichenden Tatbestände (das ,,Vergleichspaar") und im Hinblick darauf voraus, ob ein sachlicher Grund für die Ungleichbehandlung gleicher Fälle oder die Gleichbehandlung ungleicher Fälle gegeben ist. Für bestimmte Merkmale ist – in spezieller Ausgestaltung des allgemeinen Gleichheitssatzes – ausdrücklich festgelegt, daß sie keinen hinreichenden Grund für eine Benachteiligung oder Bevorzugung, also für eine Ungleichbehandlung, darstellen dürfen. Niemand darf wegen seines Geschlechtes, seiner Abstammung, seiner Rasse, seiner Sprache, seiner

Heimat und Herkunft, seines Glaubens, seiner religiösen oder politischen Anschauungen benachteiligt oder bevorzugt werden (Art. 3 Abs. 3 GG). Damit sind besondere Differenzierungsverbote ausgesprochen. Nicht ausgeschlossen ist dadurch, daß eine Regelung, soweit es die Eigenart des Gegenstandes gebietet, die in Art. 3 Abs. 3 GG genannten Eigenschaften berücksichtigt. So bleibt beispielsweise eine Differenzierung nach der Staatsangehörigkeit zulässig. Ebensowenig konnte es auf Bedenken stoßen, besondere Schutz- und Förderungsmaßnahmen zugunsten von Vertriebenen oder Flüchtlingen vorzusehen.

Die besonderen Differenzierungsverbote des Art. 3 Abs. 3 GG überschneiden sich vielfältig mit besonderen Grundrechten, z. B. mit der Gleichberechtigung von Mann und Frau, mit der Glaubensfreiheit und mit der Meinungsfreiheit. In Art. 3 Abs. 3 GG wird der anderweitig umfassend vorgesehene Freiheitsschutz unter dem besonderen Blickwinkel des Willkürverbots und des Gebots der Gleichbehandlung ausdrücklich bekräftigt.

Die Gleichberechtigung von Mann und Frau

46 Männer und Frauen sind gleichberechtigt (Art. 3 Abs. 2 GG). Mit diesem selbständigen Grundrecht, das eine Sonderregelung gegenüber Art. 3 Abs. 1 GG darstellt, geht das Grundgesetz über die Weimarer Reichsverfassung hinaus, deren Zusicherung lediglich lautete: Männer und Frauen haben grundsätzlich dieselben staatsbürgerlichen Rechte und Pflichten (Art. 109 Abs. 2 WeimRVerf). Zum Unterschied von der eingeschränkten Weimarer Gleichberechtigung bezieht sich Art. 3 Abs. 2 GG vor allem auch auf privatrechtliche Verhältnisse.

Wegen der vorauszusehenden weitreichenden Anpassungsbedürfnisse bestimmte Art. 117 Abs. 1 GG, daß das dem Art. 3 Abs. 2 GG entgegenstehende Recht bis zu seiner Anpassung an das Grundrecht in Kraft bleibe, jedoch nicht länger als bis zum 31. März 1953. Da diese Anpassung erst durch das Gleichberechtigungsgesetz vom 18. Juni 1957 (BGBl. I S. 609) erfolgte, war das dem Art. 3 Abs. 2 GG entgegenstehende Recht kraft verfassungsrechtlicher Anordnung mit dem 31. März 1953 außer Kraft getreten (vgl. BVerfGE 3, 225). Das Fortgelten oder aber Außerkrafttreten der betroffenen Rechtsvorschriften hatte bis zum Inkrafttreten der Neuregelung in jedem Einzelfall das Gericht aufgrund des richterlichen Prüfungsrechts zu beurteilen und zu entscheiden; Art. 100 Abs. 1 GG mit der Vorlagepflicht an das Bundesverfassungsgericht gilt für vorkonstitutionelles Recht nicht. Gegenstand des schließlich erlassenen Gleichberechtigungsgesetzes ist das Familienrecht des Vierten Buches des Bürgerlichen Gesetzbuches, hauptsächlich das eheliche Güterrecht, das Unterhaltsrecht und das Recht der elterlichen Gewalt. Als unmittelbar geltende Rechtsnorm verbietet Art. 3 Abs. 2 GG Regelungen, die allein an den Unterschied der Geschlechter anknüpfen. Es wird ein Verbot der Ungleichbehandlung ausgesprochen, mit der allein an das Geschlecht als ein insoweit für unwesentlich erklärtes Kriterium angeknüpft wird. Dieses Verbot bedeutet nicht schlechthin ein Gleichbehandlungsgebot in allen Beziehungen. Beispielsweise ist es keine Verletzung des Gleichberechtigungssatzes, daß jede Mutter Anspruch auf den Schutz und die Fürsorge der Gemeinschaft hat (Art. 6 Abs. 4 GG), wie z. B. durch den arbeitsrecht-

Gleichheit und Willkürverbot

lichen Mutterschutz, daß das Strafrecht die männliche und die weibliche Homosexualität unterschiedlich behandelt (BVerfGE 6, 389), daß Frauen auf keinen Fall Dienst mit der Waffe leisten (Art. 12a Abs. 4 Satz 2 GG) und daß Männer vom Beruf der Hebamme ausgeschlossen werden dürfen (BVerwGE 40, 17).

Das Grundrecht der Gleichberechtigung hat auf verschiedenen Rechtsgebieten weitreichende Rechtsänderungen zur Folge gehabt. Während das überkommene Namensrecht des bürgerlichen Rechts, wonach der Familienname des Mannes mit der Heirat grundsätzlich auch der Name der Frau und damit der Name der Kinder wurde, nicht als eine Verletzung der Gleichberechtigung angesehen wurde (vgl. BVerfGE 17, 168; 48, 327) – anders das jetzt geltende Recht (§ 1355 BGB) –, wurde das dem Vater ursprünglich zukommende Recht des Stichentscheides bei Entscheidungen in Angelegenheiten des Kindes als eine Verletzung des Art. 6 Abs. 1 und 2 GG i.V. m. Art. 3 Abs. 2 und 3 GG angesehen (BVerfGE 10, 59). Art. 3 Abs. 2 GG wurde weiter dadurch verletzt, daß das eheliche Kind einer deutschen Mutter und eines ausländischen Vaters die deutsche Staatsangehörigkeit nicht unter den gleichen Voraussetzungen erwarb wie das eheliche Kind eines deutschen Vaters und einer ausländischen Mutter (BVerfGE 37, 217). Die entsprechende Vorschrift des § 4 Reichs- und Staatsangehörigkeitsgesetz war verfassungswidrig; dem wurde durch das Gesetz zur Änderung des Reichs- und Staatsangehörigkeitsgesetzes vom 20. Dez. 1974 (BGBl. I S. 3714) Rechnung getragen.

Nach der Rechtsprechung des Bundesarbeitsgerichts (vgl. BAG NJW 1977, S. 1742) gilt Art. 3 Abs. 2 GG unmittelbar in den arbeitsrechtlichen Beziehungen zwischen dem Arbeitgeber und dem Arbeitnehmer. Eine besondere Regelung ist durch das Gesetz über die Gleichbehandlung von Männern und Frauen am Arbeitsplatz und über die Erhaltung von Ansprüchen bei Betriebsübergang vom 13. Aug. 1980 (BGBl. I S. 1308) erfolgt. Das Grundrecht der Gleichberechtigung bindet auch die Tarifparteien beim Abschluß von Tarifverträgen. Der Grundsatz des gleichen Entgelts für Männer und Frauen bei gleicher Arbeit ist in Art. 119 EWG-Vertrag ausdrücklich festgelegt.

Eine eigentümliche Rechtslage besteht hinsichtlich der verschiedenen Behandlung von Mann und Frau bei der **Hinterbliebenenrechte aus der Sozialversicherung,** wonach eine Witwerrente nur gewährt wird, wenn die versicherte Ehefrau vor ihrem Tode den Unterhalt ihrer Familie überwiegend bestritten hatte (§ 1266 Abs. 1 RVO, § 43 Abs. 1 AVG), während die Witwe des Versicherten Hinterbliebenenrente ohne die genannte einschränkende Voraussetzung erhält. Das Bundesverfassungsgericht, das diese Regelung zunächst verfassungsrechtlich nicht beanstandet hatte (BVerfGE 17, 1), hat in einer späteren Entscheidung den Standpunkt vertreten, daß die veränderte Entwicklung und Wertung des Erwerbsverhaltens der Frau zwar im Entscheidungszeitpunkt (1975) noch nicht zu einem Verstoß gegen die Gleichberechtigung geführt habe, daß jedoch angesichts der veränderten Situation nunmehr ein Verfassungsauftrag für den Gesetzgeber bestehe, eine Neuregelung vorzusehen, die einen Verstoß gegen Art. 3 Abs. 2 und 3 GG für die weitere Zukunft ausschließe; dieser Verfassungsauftrag müsse bis zum Ende der übernächsten Legislaturperiode durch das Inkrafttreten einer Neurege-

lung erfüllt werden (BVerfGE 39, 169). Die vom Bundesverfassungsgericht geforderte neue Regelung ist durch das Gutachten der von der Bundesregierung eingesetzten Sachverständigenkommission vom 21. Mai 1979 (Vorschläge zur sozialen Sicherung der Frau und der Hinterbliebenen) vorbereitet worden und jetzt durch das Gesetz zur Neuordnung der Hinterbliebenenrenten sowie zur Anerkennung von Kindererziehungszeiten in der gesetzlichen Rentenversicherung vom 11. Juli 1985 (BGBl. I S. 1450) erfolgt.
Die Gleichberechtigung von Mann und Frau gilt auch für **Tatbestände mit Auslandsberührung**, insbes. im Internationalen Privatrecht. Bereits die kollisionsrechtliche Zurücksetzung der Frau führt unabhängig vom Inhalt des danach anzuwendenden materiellen Rechts zu ihrer verfassungswidrigen Benachteiligung. Deswegen verstoßen die Kollisionsregelungen in Art. 15 Abs. 1 und Abs. 2 erster Halbsatz EGBGB, wo für die Beurteilung des maßgeblichen Güterrechtsstatuts an die Staatsangehörigkeit des Mannes angeknüpft wird (BVerfGE 63, 181), und in Art. 17 Abs. 1 EGBGB, wo für die Beurteilung des maßgeblichen Scheidungsrechts ebenfalls an die Staatsangehörigkeit des Mannes angeknüpft wird (BVerfGE 68, 384) gegen Art. 3 Abs. 2 GG.

K. H. Friauf, Gleichberechtigung der Frau als Verfassungsauftrag, 1981; K. Molitor, Die Stellung der Frau im Recht der Arbeit und der sozialen Sicherheit, RdA 1984, 13.

Die Gleichstellung der unehelichen Kinder

47 Den unehelichen Kindern sind durch die Gesetzgebung die gleichen Bedingungen für ihre leibliche und seelische Entwicklung und ihre Stellung in der Gesellschaft zu schaffen, wie den ehelichen Kindern (Art. 6 Abs. 5 GG). Dieser an den Gesetzgeber gerichtete **Verfassungsauftrag** ist eine besondere Ausprägung des Gleichheitssatzes. Er ist ein Grundrecht der unehelichen Kinder, das den Gesetzgeber zu einer bestimmten gesetzlichen Regelung zugunsten der unehelichen Kinder verpflichtet (BVerfGE 8, 210; 25, 167; 26, 44/61). Das Bundesverfassungsgericht statuierte, daß der Verfassungsauftrag mit dem Ablauf der Fünften Legislaturperiode des Bundestages (20. Okt. 1969) mangels Erfüllung der verfassungsrechtlichen Pflicht durch den Gesetzgeber derogierende Kraft gegenüber den nicht angepaßten und mit Art. 6 Abs. 5 GG in Widerspruch stehenden Rechtsvorschriften entfalten würde, so daß es Sache des Richters wäre, im Einzelfall die Durchsetzung des Verfassungsauftrages herbeizuführen (BVerfGE 25, 167).
Vor Ablauf der vom Bundesverfassungsgericht angenommenen Frist ist das Gesetz über die rechtliche Stellung der nichtehelichen Kinder vom 19. Aug. 1969 (BGBl. I S. 1234), geänd. durch Gesetz vom 17. Juli 1970 (BGBl. I S. 1099), ergangen. Die sorgerechtliche Stellung der Mutter gegenüber ihrem Kind ist verbessert (§§ 1705 ff. BGB) und die Rechtsbeziehungen des Kindes zum Vater sind den Rechtsbeziehungen des ehelichen Kindes zum Vater angeglichen worden (§§ 1615a ff. BGB – Unterhaltspflicht; §§ 1934a ff. BGB – Erbersatzanspruch). Durch Art. 9 § 2 des Gesetzes zur Neuregelung des Rechts der elterlichen Sorge vom 18. Juli 1979 (BGBl. I S. 1061) wurde die Bezeichnung „unehelich" allgemein in „nichtehelich" geändert.

P. Bähr, Die Reform des Unehelichenrechts, JuS 1969, 545.

Die Gleichheit der staatsbürgerlichen Rechte und Pflichten

Jeder Deutsche hat in jedem Bundesland die gleichen staatsbürgerlichen 48
Rechte und Pflichten (Art. 33 Abs. 1 GG). Wie schon unter der Weimarer
Reichsverfassung (Art. 110 Abs. 2) ist damit den Bundesländern eine Diskriminierung Angehöriger anderer Bundesländer untersagt. Die Bundesverfassung garantiert die staatsbürgerliche Gleichheit im gesamten Bundesgebiet.
Eine weitere ausdrückliche Folgerung aus dem Gleichheitssatz nach Art. 3
Abs. 1 und 3 GG wird durch die Bestimmung gezogen, daß der Genuß
bürgerlicher und staatsbürgerlicher Rechte von dem religiösen Bekenntnis
unabhängig ist und daß niemand aus seiner Zugehörigkeit oder Nichtzugehörigkeit zu einem Bekenntnis oder einer Weltanschauung ein Nachteil erwachsen darf (Art. 33 Abs. 3 GG). Art. 136 Abs. 1 WeimRVerf, der gemäß Art.
140 GG Bestandteil des Grundgesetzes ist, ordnet ausdrücklich an, daß die
bürgerlichen und staatsbürgerlichen Rechte und Pflichten durch die Ausübung der Religionsfreiheit weder bedingt noch beschränkt werden.
Die näheren Ausgestaltungen des Gleichheitssatzes in den Vorschriften über
die Gleichheit der staatsbürgerlichen (und bürgerlichen) Rechte und Pflichten
sind grundrechtsgleiche Rechte.

Öffentlicher Dienst

Für den Zugang zu den öffentlichen Ämtern und für die im öffentlichen 49
Dienst erworbenen Rechte werden die Anforderungen des Gleichheitssatzes
in spezifischer Weise durch Art. 33 Abs. 2 und 3 GG ausgestaltet. Jeder
Deutsche hat nach seiner Eignung, Befähigung und fachlichen Leistung gleichen Zugang zu jedem öffentlichen Amt. Damit ist der Zugang zu allen
Stellen des öffentlichen Dienstes (D RNrn. 96ff.) als Beamter, Angestellter
und Arbeiter gemeint, für den das Leistungsprinzip mit den Kriterien der
Eignung, Befähigung und fachlichen Leistung als allein zulässiger Auswahlgrundsatz festgelegt wird. Das personalpolitische Ermessen bleibt im übrigen
unberührt, so daß aus Art. 33 Abs. 2 GG – wie auch aus dem Beamtenrecht
überhaupt – grundsätzlich kein subjektiv öffentliches Recht auf Einstellung
in den öffentlichen Dienst abgeleitet werden kann. Das umfassende Kriterium der ,,Eignung" schließt auch die Loyalität gegenüber der Verfassung ein
(BVerfGE 39, 334; 46, 43; BVerwGE 47, 330); D RNr. 99.
Die Zugehörigkeit oder Nichtzugehörigkeit zu einem religiösen Bekenntnis
oder zu einer Weltanschauung dürfen weder eine Benachteiligung noch eine
Bevorzugung im Hinblick auf den Genuß bürgerlicher und staatsbürgerlicher
Rechte, die Zulassung zu öffentlichen Ämtern und die im öffentlichen Dienst
erworbenen Rechte bewirken (Art. 33 Abs. 3 GG). In Anknüpfung an
Art. 136 Abs. 1 und 2 WeimRVerf wird damit das schon durch Art. 3 Abs. 1
und 3 GG ausgesprochene Gebot der Gleichbehandlung in Rücksicht auf
eine typische Gefährdungssituation ausdrücklich bekräftigt.

Lastengleichheit

Das Grundgesetz hat die Bestimmung des Art. 134 WeimRVerf – Alle Staats- 50
bürger ohne Unterschied tragen im Verhältnis ihrer Mittel zu allen öffentli-

chen Lasten nach Maßgabe der Gesetze bei –, eine „Grundpflicht", nicht übernommen. Der Grundsatz der Lastengleichheit gilt jedoch nach Maßgabe des **allgemeinen Gleichheitssatzes** auch unter dem Grundgesetz. Sein wesentliches Anwendungsgebiet ist das Recht der öffentlichen Abgaben, vorzugsweise das Steuerrecht; I RNr. 13.
In dem Rechtsgedanken der Lastengleichheit kommt letzten Endes die Rechtsidee der Gerechtigkeit zum Ausdruck. Der den Gesetzgeber verpflichtende Gleichheitssatz ist nur eine bestimmte verfassungsrechtliche Erscheinungsform der Gerechtigkeit. Als objektivrechtliche Richtschnur für den Gesetzgeber reicht der Grundsatz der Lastengleichheit über das Willkürverbot hinaus, mit dem lediglich grobe Mißgriffe des Gesetzgebers abgewehrt werden können. Die Lastengleichheit bedeutet eine gerechte Verteilung der Lasten und damit – angesichts des Sozialstaatssatzes – eine Verteilung der Lasten, die der sozialen Gerechtigkeit genügt. Ein Grundrecht dieses Inhalts findet sich im Grundgesetz nicht und es kann auch nicht aus dem Art. 3 oder dem Sozialstaatssatz gewonnen werden.
Eine speziellere Ausprägung des Rechtsgedankens der Lastengleichheit ist der dem Enteignungsrecht (Art. 14 Abs. 3 GG) zugrunde liegende **Aufopferungsgedanke.** Wem die öffentliche Gewalt zum Wohle der Allgemeinheit ein „Sonderopfer" abverlangt, wem sie also unter Durchbrechung der Lastengleichheit ein besonderes Opfer im Interesse der Allgemeinheit abfordert, dem gebührt zum Ausgleich eine Entschädigung. Das als Grundrecht geschützte Recht, daß eine Enteignung, sofern sie sachlich zulässig ist, nur gegen Entschädigung erfolgen darf, ist somit eine Anwendung des allgemeinen Prinzips der Lastengleichheit.

5. Ehe und Familie

Der Schutz von Ehe und Familie

51 Ehe und Familie stehen unter dem besonderen Schutz der staatlichen Ordnung (Art. 6 Abs. 1 GG). Dadurch, daß die Verfassung Ehe und Familie besonderen Schutz zusichert, trifft sie eine **objektive Wertentscheidung,** die bei jeder Ausübung öffentlicher Gewalt zu achten und vor allem durch die Gesetzgebung zu verwirklichen ist. Dem Staat ist damit die Aufgabe gestellt, Ehe und Familie vor Beeinträchtigungen zu bewahren und durch geeignete Maßnahmen zu fördern, zugleich aber das Verbot entgegengesetzt, Ehe und Familie als elementare Lebensgemeinschaften und als Einrichtungen der Rechtsordnung in Bestand und Entfaltung zu beeinträchtigen. Mit diesem Schutzgehalt ist die Gewährleistung zugleich ein **Grundrecht** aller derjenigen, die eine Ehe eingehen wollen, eine Ehe geschlossen haben und einer Familie angehören (BVerfGE 6, 55; 47, 85). Das Grundrecht steht Deutschen und Ausländern zu, Ausländern auch in dem Fall, daß nur ein Ehegatte oder ein Familienangehöriger im Geltungsbereich des Grundgesetzes lebt. Der grundrechtliche Schutz gewinnt zugunsten des Ausländers ein besonderes Gewicht, wenn er mit einem deutschen Ehegatten verheiratet ist (BVerfGE 49, 168; 51, 386; BVerwGE 48, 299; BVerwG NJW 1984, 2775).
Indem das Grundgesetz von „Ehe" und „Familie" spricht, verweist es auf

Ehe und Familie

überkommene und der sozialen Wirklichkeit angehörende Lebensverhältnisse, die in ihren grundsätzlichen Beziehungen nicht Geschöpfe des Staates und seiner Rechtsordnung sind. Sie haben dennoch seit jeher in der Rechtsordnung eine bestimmte Gestalt und Ordnung gefunden, an welche die verfassungsrechtliche Garantie anknüpft. Ehe im Sinne der Verfassung ist danach die frei eingegangene Lebensgemeinschaft von Mann und Frau, die auf Dauer begründet wird und durch bestimmte gegenseitige Rechte und Pflichten personeller und wirtschaftlicher Art bestimmt ist. Seit der Herauslösung der Ehe aus der kirchlichen und kirchenrechtlichen Einbindung, endgültig durch die Einführung der Zivilehe während des Kulturkampfes der Bismarckzeit, gehört auch die Möglichkeit der Scheidung zu den Wesenszügen der Ehe, wie sie durch das staatliche Recht im einzelnen festgelgt werden.

Die Ordnung und Fortbildung der Ehe als eines **Rechtsinstituts** nach dem Leitmaß der verfassungsrechtlichen Garantie ist Sache des Gesetzgebers, dem dabei ein weitreichender Gestaltungsspielraum zukommt (BVerfGE 15, 328; 31, 58/82f.; 36, 146). Die einschlägigen Rechtsvorschriften finden sich hauptsächlich im Ersten Abschnitt des Vierten Buches (Familienrecht) des Bürgerlichen Gesetzbuches über die „Bürgerliche Ehe" (§§ 1297ff. BGB) und im Ehegesetz (Gesetz Nr. 16 des Kontrollrats) vom 20. Febr. 1946 (ABlKR S. 77, zuletzt geändert durch Gesetz vom 13. Juni 1980, BGBl. I S. 677). Das Gesetz über die Gleichberechtigung von Mann und Frau auf dem Gebiet des bürgerlichen Rechts vom 18. Juni 1957 (BGBl. I S. 609) hat der Forderung des Art. 3 Abs. 2 GG durch entsprechende Änderungen des bürgerlichen Rechts Rechnung getragen. Eine einschneidende Änderung des Rechts der Scheidung und der Scheidungsfolgen ist durch das Erste Gesetz zur Reform des Ehe- und Familienrechts vom 14. Juni 1976 (BGBl. I S. 1421) erfolgt, durch das das bisher geltende Verschuldensprinzip durch das Zerrüttungsprinzip ersetzt und der „Versorgungsausgleich" zugunsten desjenigen Ehegatten eingeführt worden ist, der während der Ehe geringere Versorgungsansprüche als der andere Ehegatte erworben hat; diese Neuordnung steht mit Art. 6 Abs. 1 GG im Einklang (BVerfGE 53, 224; 55, 134).

Die ebenfalls durch Art. 6 Abs. 1 geschützte **„Familie"** muß nicht unbedingt durch ein Ehepaar im Sinne des bürgerlichen Rechts begründet sein. Wie die weiteren Regelungen des Art. 6 GG zeigen, will die Verfassung vor allem den Beziehungen der Eltern oder eines Elternteils zu ihrem Kind oder zu ihren Kindern ein besonderes Schutzversprechen zuwenden, ohne Rücksicht auf die Art der familienrechtlichen Beziehungen (BVerfGE 45, 104; 48, 327; 56, 363). Wenn dies auch der Kernbereich der Gewährleistung ist, so kann der Schutz doch darüber hinaus auch für die Familienbeziehungen zu Großeltern und Geschwistern Bedeutung erlangen.

Ehe und Familie sind zuerst personenrechtliche Beziehungen bestimmter natürlicher Lebensgemeinschaften, die das Recht in gewissen äußerlichen Beziehungen ordnet. Diese Lebensgemeinschaften haben auch eine wirtschaftliche Seite, die vor allem Gegenstand rechtlicher Regelung ist, wie z. B. in Gestalt der Unterhaltspflichten im Falle einer Scheidung der Ehe. Ehe und Familie als auch **wirtschaftliche** Gemeinschaften genießen eine augenfällige Förderung seitens des Staates vor allem durch die Ausgestaltung des Steuerrechts, z. B. durch die Anerkennung der besonderen Belastungen durch Erziehung und Ausbildung von Kindern (BVerfGE 39, 316). Die durch das Grundrecht festgelegte Förderungspflicht des Staates ist jedoch nicht so zu verstehen, daß der Staat gehalten wäre, die einzelnen Ehegatten oder die einzelnen Familienangehörigen so zu stellen, daß jegliche spezifische Belastung durch die Ehe oder die Familie ausgeglichen werde würde. Es gehört vielmehr zum Inhalt der Gewährleistung, daß die freie Entscheidung und die Selbstverantwortung in Ehe und Familie grundsätzlich durch den Staat und die Rechtsordnung zu respektieren sind. Das gilt auch für die von den Beteiligten im einzelnen grundsätzlich selbst zu bestimmenden Lebensbeziehungen untereinander. Soweit nicht zwingende Erfordernisse des Gemeininteresses oder der Schutz Dritter es erfordern, bestimmen die Ehegatten in eigener und gemeinsamer Verantwortung.

D. SCHWAB, Zur Geschichte des verfassungsrechtlichen Schutzes von Ehe und Familie, in: Festschrift für Friedrich Wilhelm Bosch, 1976, S. 893; DERS., Familienrecht, 3. Aufl., 1984; J. GERNHUBER, Lehrbuch des Familienrechts, 3. Aufl., 1980; P. HÄBERLE, Verfassungsschutz der Familie – Familienpolitik im Verfassungsstaat, 1984; H. QUARITSCH, Kindernachzug und Art. 6 GG, NJW 1984, 2731; G. BEITZKE, Familienrecht, 24. Aufl., 1985.

Die Freiheit der Eheschließung

52 Die Ehe, die Art. 6 Abs. 1 GG unter den besonderen Schutz der staatlichen Ordnung stellt, ist das auf freier Entschließung beruhende, auf Dauer angelegte Zusammenleben von Mann und Frau in einer umfassenden, nicht frei auflösbaren Lebensgemeinschaft (BVerfGE 10, 59/66; 53, 224/245). Die Ehe ist danach ein personenrechtlicher Vertrag von Mann und Frau, dessen Wirksamkeit von bestimmten gesetzlichen Voraussetzungen, z. B. einem Mindestalter, der Abwesenheit von gesetzlichen Ehehindernissen, z. B. der nahen Verwandschaft, und der staatlichen Mitwirkung durch den Standesbeamten abhängig ist. Eine Ehe kommt nur zustande, wenn die Eheschließung vor einem Standesbeamten stattgefunden hat. Sie wird dadurch geschlossen, daß die Verlobten vor dem Standesbeamten persönlich und bei gleichzeitiger Anwesenheit erklären, die Ehe miteinander eingehen zu wollen (§§ 11, 13 EheG).
Die durch das Gesetz aufgestellten Voraussetzungen für eine Eheschließung schränken die verfassungsrechtlich als Grundrecht gewährleistete Freiheit der Eheschließung ein. Sie müssen deshalb durch besondere Gründe gerechtfertigt sein, die sich aus dem Wesen der Ehe, dem Allgemeininteresse oder dem Interesse des Schutzes des anderen Ehegatten ergeben (BVerfGE 31, 58). Die Freiheit der Eheschließung führt grundsätzlich auch zur Ungültigkeit von **Zölibatsklauseln** im öffentlichen Dienstrecht, z. B. bei Polizeibeamten, und in Arbeitsverträgen, mit denen der Dienstherr oder der Arbeitgeber den Beamten oder Arbeitnehmer dazu verpflichten will, während der Dauer des Beamten- oder Arbeitsverhältnisses keine Ehe einzugehen (BAG NJW 1957, 1688; BAG NJW 1980, 2211). Hinsichtlich der Zölibatsklausel in Arbeitsverträgen hat das Grundrecht eine privatrechtsgestaltende Drittwirkung.
Die Ehe wird durch freie Entschließung der Ehegatten eingegangen, sie ist jedoch wegen der mit ihr verbundenen familienrechtlichen Wirkungen nicht

Ehe und Familie 53 **C**

einseitig oder durch freie Vereinbarung der Ehegatten **auflösbar.** Die Ehe kann nur durch gerichtliches Urteil aufgelöst werden, sei es – was selten in Betracht kommen wird – durch Aufhebung nach §§ 28 ff. EheG wegen grundlegender Willensmängel, sei es im Wege der Scheidung nach §§ 1564 ff. BGB. Nach dem jetzt geltenden Zerrüttungsprinzip kann eine Ehe geschieden werden, wenn sie „gescheitert" ist. Die Ehe ist gescheitert, wenn die Lebensgemeinschaft der Ehegatten nicht mehr besteht und nicht erwartet werden kann, daß die Ehegatten sie wiederherstellen (§ 1565 BGB).

Das Erziehungsrecht der Eltern

Pflege und Erziehung der Kinder sind das natürliche Recht der Eltern. Es ist 53 die zuerst ihnen obliegende Pflicht. Über Pflege und Erziehung der Kinder wacht die staatliche Gemeinschaft (Art. 6 Abs. 2 GG). Mit diesem Grundrecht erkennt die Verfassung das Recht der Eltern an, über Pflege und Erziehung der Kinder grundsätzlich frei und selbstverantwortlich zu entscheiden. Das Erziehungsrecht der Eltern erfährt im Hinblick auf die Ausbildung der Kinder eine Einschränkung durch die gesetzliche Schulpflicht und durch das staatliche Verfügungsrecht über das Schulwesen (siehe Art. 7 GG). Auch das Gesetz über die religiöse Kindererziehung vom 15. Juli 1921 (RGBl. S. 939) enthält insofern eine Einschränkung des Elternrechts, als es nach Vollendung des vierzehnten Lebensjahres dem Kind das Entscheidungsrecht darüber zuspricht, zu welchem religiösem Bekenntnis es sich halten will. Unter außergewöhnlichen Umständen kann das Wohl des Kindes die Bevorzugung von Pflegeeltern gegenüber den leiblichen Eltern rechtfertigen (BVerfG NJW 1985, 423).
Das rechtliche Werkzeug, mit dem Pflege und Erziehung der Kinder in die Hand der Eltern gelegt sind, ist die **„elterliche Sorge",** nämlich das Recht und die Pflicht des Vaters und der Mutter, für das minderjährige Kind zu sorgen. Die elterliche Sorge umfaßt die Sorge für die Person des Kindes und das Vermögen des Kindes (§§ 1626 ff. BGB).
Das Erziehungsrecht der Eltern ist **pflichtgebunden.** Indem die Verfassung ausdrücklich bestimmt, daß die staatliche Gemeinschaft über die Betätigung der Pflege und Erziehung der Kinder wacht, sind dem Gesetzgeber Aufgabe und Befugnis zugesprochen, die Pflichtgebundenheit des elterlichen Erziehungsrechts näher zu regeln (vgl. BVerfGE 24, 119). Diese Klausel erlaubt dem Gesetzgeber nicht, das Erziehungsrecht der Eltern politischen oder weltanschaulichen Staatszielen zu unterwerfen. Vorkehrungen dagegen, daß die Eltern ihr Recht und ihre Pflicht zur Pflege und Erziehung der Kinder schwerwiegend vernachlässigen oder mißbrauchen, sind in den Bestimmungen der §§ 1666 ff. BGB und des Gesetzes für Jugendwohlfahrt in der Fass. d. Bek. vom 25. April 1977 (BGBl. I S. 633, ber. S. 795) zuletzt geänd. durch Gesetz vom 18. August 1980 (BGBl. I S. 1469) enthalten. Die Verfassung bestimmt selbst über den weitreichendsten Eingriff in das Erziehungsrecht der Eltern, daß gegen den Willen der Erziehungsberechtigten Kinder nur aufgrund eines Gesetzes von der Familie getrennt werden dürfen, wenn die Erziehungsberechtigten versagen oder wenn die Kinder aus anderen Gründen zu verwahrlosen drohen (Art. 6 Abs. 3 GG).

In einem engeren Sinn spricht man von „Elternrecht", wenn die Befugnis der Eltern gemeint sein soll, über die schulische Erziehung und Ausbildung ihrer Kinder zu befinden. Dies betrifft nicht nur die religiöse Kindererziehung (sog. konfessionelles Elternrecht), sondern auch – und heute ganz überwiegend – die Wahl der Schulform und des schulischen Ausbildungsganges (sog. pädagogisches Elternrecht). Unbeschadet des staatlichen Verfügungsrechts über die Schulorganisation und die Schulpolitik muß im Rahmen des staatlichen Schulwesens ein angemessenes Wahlrecht der Eltern über die Ausbildung und den erreichbaren Schulabschluß der Kinder gewahrt bleiben (vgl. BVerfGE 45, 400; BVerwG NJW 1981, 1056). Die wesentlichen Entscheidungen über die Schulorganisation und den Fächerkanon der einzelnen Schularten muß der Gesetzgeber treffen (BVerfGE 34, 165; 40, 400; 41, 29; 45, 400; 47, 46).

Th. Maunz, Das Elternrecht als Verfassungsproblem, in: Festschrift für Ulrich Scheuner, 1973, S. 419; W. Schmitt Glaeser, Das elterliche Erziehungsrecht in staatlicher Reglementierung, 1980.

Der Schutz der Mutter

54 Jede Mutter hat Anspruch auf den Schutz und die Fürsorge der Gemeinschaft (Art. 6 Abs. 4 GG). Die Verfassung spricht damit eine Staatsaufgabe aus und schafft zugleich ein Grundrecht; Art. 6 Abs. 4 GG ist also nicht – wie Art. 119 Abs. 3 WeimRVerf – ein bloßer Programmsatz. Der grundrechtliche Schutz kommt der Mutter für die Zeit der Schwangerschaft und – eingebettet in das Erziehungsrecht der Eltern nach Art. 6 Abs. 2 GG – für die Pflege und Erziehung des Säuglings zu. Für Frauen, die in einem Arbeitsverhältnis stehen, und für weibliche in Heimarbeit Beschäftigte und ihnen Gleichgestellte, soweit sie am Stück mitarbeiten, hat der Gesetzgeber, dem grundrechtlichen Schutzauftrag entsprechend, eine Regelung in dem Gesetz zum Schutz der erwerbstätigen Mutter (Mutterschutzgesetz) in der Fass. der Bek. vom 18. April 1968 (BGBl. I S. 315), zuletzt geänd. durch Gesetz vom 22. Dez. 1983 (BGBl. I S. 1532), getroffen (BVerfGE 37, 121). Für Beamtinnen gelten die Vorschriften der §§ 79a, 80 BBG oder die entsprechenden Vorschriften des Landesrechts (§ 48a BRRG). Der den Schutz der werdenden Mutter sichernde Gesetzgeber darf die schutzwürdigen Interessen des Arbeitgebers, z.B. durch die Statuierung von Mitteilungspflichten der Schwangeren als Voraussetzung des Kündigungsschutzes, berücksichtigen (BVerfGE 32, 273).

6. Glaubens- und Gewissensfreiheit

Die Religionsfreiheit

55 Die Freiheit des Glaubens, des Gewissens und die Freiheit des religiösen und weltanschaulichen Bekenntnisses sind unverletzlich (Art. 4 Abs. 1 GG). Niemand darf wegen seines Glaubens oder seiner religiösen Anschauungen benachteiligt oder bevorzugt werden (Art. 3 Abs. 3 GG). Der Genuß bürgerlicher und staatsbürgerlicher Rechte, die Zulassung zu öffentlichen Ämtern sowie die im öffentlichen Dienst erworbenen Rechte sind unabhängig von

Glaubens- und Gewissensfreiheit 55 C

dem religiösen Bekenntnis. Niemandem darf aus seiner Zugehörigkeit oder Nichtzugehörigkeit zu einem Bekenntnis oder einer Weltanschauung ein Nachteil erwachsen (Art. 33 Abs. 3 GG; siehe auch Art. 140 GG i. V. m. Art. 136 WeimRVerf). Es besteht keine Staatskirche. Die Freiheit der Vereinigung zu Religionsgesellschaften wird gewährleistet. Der Zusammenschluß von Religionsgesellschaften innerhalb des Bundesgebiets unterliegt keinen Beschränkungen (Art. 140 GG i. V. m. Art. 137 Abs. 1 und 2 WeimR-Verf). Zum Staatskirchenrecht L RNrn. 32 ff.

Die **Religionsfreiheit** ist die als Grundrecht gewährleistete Freiheit, sich zu einem bestimmten religiösen Glauben zu bekennen, auch in Gemeinschaft mit anderen, ohne durch die öffentliche Gewalt daran gehindert zu werden, Nachteile erdulden zu müssen oder dem Zwang ausgesetzt zu sein, von einem bestimmten religiösen Bekenntnis abzusehen, von einem religiösen Bekenntnis überhaupt abzusehen oder ein bestimmtes religiöses Bekenntnis annehmen zu müssen.

Mit der Religionsfreiheit steht in Verbindung die als selbständiges Grundrecht ausgestaltete **Kultusfreiheit** nach Art. 4 Abs. 2 GG. Im Hinblick auf die bekennende, nach außen gerichtete Seite der Religionsfreiheit enthält Art. 4 Abs. 1 und 2 GG nicht nur ein individuelles Abwehrrecht, das dem Staat die Einmischung in den höchstpersönlichen Bereich des einzelnen verbietet, „sondern es gebietet auch in positivem Sinn, Raum für die aktive Betätigung der Glaubensüberzeugung und die Verwirklichung der autonomen Persönlichkeit auf weltanschaulich-religiösem Gebiet zu sichern" (BVerfGE 41, 29/49). Das Grundrecht schließt dementsprechend auch das Recht der Eltern ein, ihrem Kind die von ihnen für richtig gehaltene religiöse oder weltanschauliche Erziehung zu vermitteln.

Die Religionsfreiheit ist ein Menschenrecht, das am Beginn der Geschichte der Grundrechte in der Zeit der Reformation und der Glaubenskriege steht. Zur Würde des Menschen, wie sie in der Neuzeit verstanden wird, gehört es, frei in der Annahme oder Ablehnung einer religiösen Überzeugung oder eines religiösen Bekenntnisses zu sein. Die dafür in der Verfassung gegebene Garantie beschränkt sich nicht auf kirchliche oder sonst institutionalisierte Erscheinungsweisen des religiösen Bekenntnisses und auch nicht auf die christlichen Religionen; insofern kann die Religionsfreiheit eine Spitze auch gegen die christlichen Kirchen haben. Dies kommt überdies darin zum Ausdruck, daß auch die Freiheit des „weltanschaulichen" Bekenntnisses unverletzlich ist.

Die Religionsfreiheit ist zuerst eine Freiheit der religiösen Überzeugung, außerdem aber auch die Freiheit des religiösen Bekenntnisses, also des Wirkens und der Betätigung der Überzeugung nach außen, auch und vor allem gegenüber Andersgläubigen, soweit nicht die besondere Gewährleistung für die ungestörte Religionsausübung nach Art. 4 Abs. 2 GG einschlägig ist (sh. BVerfGE 12, 1; 32, 98). Soweit der Staat durch die Verwendung religiöser Symbole, durch die Zulassung religiöser Handlungen im Rahmen der Erfüllung öffentlicher Aufgaben (z. B. Schulgebet) oder durch das Abfordern von Handlungen, die mit einer religiösen Überzeugung in Widerspruch treten können (z. B. Eidespflicht, auch wenn der Eid ohne religiöse Beteuerungsformel geleistet werden darf), seinen rein weltlichen Charakter überschreitet,

109

darf er dadurch nicht die geschützte Religionsfreiheit einzelner beeinträchtigen (BVerfGE 33, 23; 35, 366; 52, 223).
Zur Bekenntnisfreiheit gehört nicht nur das Recht, seine religiöse Überzeugung zu bekennen, sondern auch über sie zu schweigen. Diese durch Art. 140 GG i. V. m. Art. 136 Abs. 3 WeimRVerf besonders anerkannte „**negative Bekenntnisfreiheit**" wird durch den Vorbehalt eingeschränkt, daß die Behörde nach der Zugehörigkeit zu einer Religionsgesellschaft fragen darf, wenn davon Rechte und Pflichten abhängen oder eine gesetzlich angeordnete statistische Erhebung dies erfordert (BVerfGE 65, 1/39). Die Religionsfreiheit schließt nicht das Recht ein, durch Bekenntnis oder Ausübung der religiösen Überzeugung oder durch die Verweigerung der Erfüllung gesetzlicher Pflichten die in den Gesetzen niedergelegten vorrangigen Erfordernisse des Wohles der Allgemeinheit oder die Rechte Dritter zu verletzen. Die allgemeinen Gesetze, insbes. das Strafrecht und das Recht der öffentlichen Sicherheit und Ordnung, müssen jedoch, soweit die Ausübung der Religionsfreiheit berührt wird, so ausgelegt werden, daß nur zwingende Erfordernisse gegen das Freiheitsrecht durchgesetzt werden (vgl. BVerfGE 32, 98).
Die **religiöse Vereinigungsfreiheit** bildet nach Art. 140 GG i. V. m. Art. 137 Abs. 2 WeimRVerf ein eigenes Grundrecht, das als speziellere Gewährleistung der allgemeinen Vereinigungsfreiheit nach Art. 9 Abs. 1 GG vorgeht. Damit ist jedoch nicht ausgeschlossen, daß die in Art. 9 Abs. 2 GG genannten Schranken der Vereinigungsfreiheit, einschließlich der Möglichkeit eines Verbotes, auch auf die religiöse Vereinigungsfreiheit angewandt werden. Religiöse oder weltanschauliche Vereinigungen, deren Zwecke oder deren Tätigkeit den Strafgesetzen zuwider laufen oder die sich gegen die verfassungsmäßige Ordnung oder gegen den Gedanken der Völkerverständigung richten, können sich insoweit nicht auf das Grundrecht berufen. Die danach nach Maßgabe der Gesetze bestehende Möglichkeit eines Verbots darf jedoch nicht zur Unterdrückung oder Benachteiligung wegen der religiösen oder weltanschaulichen Überzeugung führen (vgl. BVerwGE 37, 344).

J. LISTL, Das Grundrecht der Religionsfreiheit in der Rechtsprechung der Gerichte der Bundesrepublik Deutschland, 1971; U. STEINER, Der Grundrechtsschutz der Glaubens- und Gewissensfreiheit, JuS 1982, 157; H.-P. FÜSSEL/T. NAGEL, Islamischer Religionsunterricht und Grundgesetz, EuGRZ 1985, 497.

Die Kultusfreiheit

56 In Art. 4 Abs. 2 GG wird die **ungestörte Religionsausübung** als ein selbständiges Grundrecht des einzelnen und der religiösen Gemeinschaften gewährleistet (vgl. BVerfGE 24, 236). Welche religiösen Handlungen, Riten oder Verkündungsakte als Religionsausübung zu gelten haben, wird zuerst durch die einzelnen und die Religionsgemeinschaften bestimmt; auch die in einer religiösen Überzeugung wurzelnde tätige Liebe und Hilfe für andere fällt darunter.
Das Grundrecht wendet sich gegen die öffentliche Gewalt, der eine „Störung" der Religionsausübung untersagt wird. Es schließt aber auch den vom Staat zu erfüllenden Auftrag ein, die ungestörte Religionsausübung gegen andere zu schützen, z. B. durch Strafvorschriften gegen die Religionsbe-

Glaubens- und Gewissensfreiheit   57, 58 C

schimpfung und gegen die Störung der Religionsausübung (§§ 166, 167 StGB). Die Kultusfreiheit schließt jedoch nicht das Recht ein, gegen die Grunderfordernisse des Zusammenlebens und des öffentlichen Wohls zu verstoßen oder Rechte Dritter zu verletzen. Die allgemeinen Gesetze, bei deren Auslegung der zugesicherte Schutz des Grundrechts zu beachten ist, sind Schranken der Religionsausübung.

Die Freiheit der Weltanschauung

Das Grundgesetz hat die Religionsfreiheit nicht auf die Freiheit des Glaubens 57
und die Freiheit des religiösen Bekenntnisses beschränkt. Auch die Freiheit des „weltanschaulichen" Bekenntnisses ist unverletzlich (Art. 4 Abs. 1 GG). Auch sind den Religionsgesellschaften die Vereinigungen gleichgestellt, die sich die gemeinschaftliche Pflege einer Weltanschauung zur Aufgabe machen (Art. 140 GG i. V. m. Art. 137 Abs. 7 WeimRVerf).
„Weltanschauung", als ein Gegenstand der menschlichen Überzeugung und der Vergemeinschaftung neben dem religiösen Bekenntnis und den Religionen, bedeutet in der jüngeren kulturgeschichtlichen Erfahrung hauptsächlich solche Anschauungen von der Welt und dem menschlichen Leben in der Welt, die eine außerweltliche oder überirdische Bindung, insbes. den Glauben an Gott, negieren oder für gleichgültig erklären. Die Anerkennung eines selbständigen Grundrechts der Freiheit des weltanschaulichen Bekenntnisses ist darum der Ausdruck der Trennung des Staates von der Religion, also des säkularen – wenn auch nicht notwendig des laizistischen, antikirchlichen – Staatsgedankens. Der „Freidenker" wird dem Gläubigen der verschiedenen Religionen und Konfessionen gleichgestellt. Insofern hat die Freiheit der Weltanschauung auch eine Spitze gegen die Religionsfreiheit. Das allgemeine Grundrecht der Meinungsfreiheit (Art. 5 Abs. 1 Satz 1 GG) wird durch die engere Gewährleistung der Freiheit des weltanschaulichen Bekenntnisses verdrängt.

Die Gewissensfreiheit

Die Freiheit des Gewissens ist unverletzlich (Art. 4 Abs. 1 GG). Die Gewis- 58
sensfreiheit wird in sachlichem Zusammenhang mit der Religionsfreiheit und der Freiheit der Weltanschauung garantiert. Das Grundgesetz folgt damit dem Vorbild des Art. 135 Satz 1 WeimRVerf, der allen Bewohnern des Reichs volle Glaubens- und Gewissensfreiheit zusicherte.
Während die Religionsfreiheit und selbst die Freiheit des weltanschaulichen Bekenntnisses als ihren Ausgangspunkt die soziale Erfahrung überindividueller, im Falle der Kirchen auch institutioneller Gemeinschaften und Glaubens- oder Überzeugungsinhalte von großer geschichtsmächtiger und kulturprägender Kraft vor Augen haben, wendet sich die Gewissensfreiheit der persönlichen Überzeugung und ihrer unverwechselbaren Individualität zu. Als moralische Instanz kann das Gewissen persönlich erfahren werden als zwingender Maßstab in Grenzsituationen, als nicht weiter auflösbares Axiom der moralischen Werte und Pflichten oder als persönlichkeitsbegründende Grundlage der eigenen Identität. In diesem Sinne ist das Gewissen bereits in

der Sittenlehre der vorchristlichen Welt erkannt, dann in der Morallehre des Christentums anerkannt, schließlich im Individualismus der Neuzeit seit der Renaissance als ein im Konfliktfall gegen die öffentliche Gewalt, aber auch gegen die kirchliche Religion einen Vorrang beanspruchendes individuelles Entscheidungsprinzip gültig geworden. Die als Grundrecht gewährleistete Gewissensfreiheit sieht von einer näheren inhaltlichen Bestimmung ab und bezieht sich im Hauptpunkt darauf, daß der einzelne bestimmte Gebote oder Verbote sittlichen Charakters als unmittelbar einleuchtend und bindend empfindet, ohne Rücksicht auf die Übereinstimmung mit dem weltlichen Gesetz oder dem religiösen Dogma. Das Grundrecht schützt die so begründete sittliche Entscheidung des einzelnen, ohne Rücksicht auf ihre soziale Akzeptierbarkeit und schützt weiter das nach außen in Erscheinung tretende Bekennen zu einer derartigen Gewissensentscheidung (vgl. BVerfGE 12, 45; 23, 127). Dieser Schutz bedeutet die Achtung des persönlichen Gewissens und der darauf gegründeten Handlungen des einzelnen durch die öffentliche Gewalt, nicht jedoch das Gebot, daß das Gesetz oder die hoheitliche Zwangsgewalt vor einer Gewissensentscheidung zurückweichen müssen. Soweit die gesetzlichen Pflichten auch in einer Weise erfüllbar sind, welche die Gewissensentscheidung achtet, muß dem einzelnen dieser Weg erlaubt oder eröffnet werden. So läßt sich die im Gesetz enthaltene Möglichkeit, einen Eid ohne die religiöse Beteuerungsformel zu leisten, als eine derartige Anerkennung persönlicher Gewissensentscheidung verstehen. Darüber hinaus aber kann angesichts einer die Eidesleistung schlechthin ablehnenden Gewissensentscheidung des einzelnen das Grundrecht gebieten, eine andere Art der Beteuerung zuzugestehen (BVerfGE 33, 23, betr. die Eidesverweigerung aus Glaubensüberzeugung).

R. BÄUMLIN/E. W. BÖCKENFÖRDE, Das Grundrecht der Gewissensfreiheit, VVDStRL 28, 1970, S. 3 und 33.

Das Recht der Kriegsdienstverweigerung

59 Niemand darf gegen sein Gewissen zum Kriegsdienst mit der Waffe gezwungen werden (Art. 4 Abs. 3 GG). Dieses Grundrecht ist ein besonderer Anwendungsfall der **Gewissensfreiheit.** Es gehörte bereits zur ursprünglichen Fassung des Grundgesetzes, konnte jedoch Bedeutung erst mit der Einführung der Wehrpflicht im Jahre 1956 erlangen.
Die nähere Regelung, insbes. über das Verfahren, in dem über die Anerkennung der behaupteten Gewissensentscheidung und damit über die Befreiung von der allgemeinen staatsbürgerlichen Pflicht des Wehrdienstes zu entscheiden ist, erfolgte zunächst im Wehrpflichtgesetz; siehe zuletzt die Bestimmungen der §§ 25 ff. Wehrpflichtgesetz in der Fass. der Bek. vom 6. Mai 1983 (BGBl. I S. 529). An die Stelle dieser Bestimmungen sind mit Wirkung vom 1. Jan. 1984 die Vorschriften des Kriegsdienstverweigerungsgesetzes (Art. 1 des Gesetzes zur Neuordnung des Rechts der Kriegsdienstverweigerung und des Zivildienstes vom 28. Febr. 1983, BGBl. I S. 203) getreten (BVerfGE 69,1 mit Abweichender Meinung MAHRENHOLZ und BÖCKENFÖRDE; Anm. von F. K. SCHOCH, JURA 1985, 465, und J. LISTL, DÖV 1985, 801). Über die Berechtigung, den Kriegsdienst mit der Waffe zu verweigern, wird auf An-

trag entschieden, wofür im Falle ungedienter Wehrpflichtiger das Bundesamt für den Zivildienst zuständig ist. Sofern sich die Voraussetzungen der Anerkennung bereits aus dem schriftlichen Antrag mit hinreichender Sicherheit ergeben, wird die Anerkennung als Kriegsdienstverweigerer ohne persönliche Anhörung ausgesprochen. Daß sich eine Gewissensentscheidung im letzten Grund einer behördlichen Nachprüfung entzieht, steht der Einrichtung eines **Verfahrens** nicht entgegen, mit dem der Nachweis der durch den einzelnen getroffenen Gewissensentscheidung, von der der Grundrechtsschutz und weiter die Befreiung von der Wehrpflicht abhängen, gefordert wird (vgl. BVerfGE 12, 45; 48, 127). Auch nach dem Neuordnungsgesetz von 1983 wird die Befreiung vom Wehrdienst nicht allein durch eine Erklärung des Wehrpflichtigen herbeigeführt, was mit Art. 4 Abs 3 GG nicht vereinbar wäre, sondern darf die Anerkennung nur erfolgen, wenn zur Überzeugung des Ausschusses als sicher angenommen werden kann, daß die Verweigerung auf einer durch das Grundrecht geschützten Gewissensentscheidung beruht (BVerfGE 48, 127/168; BVerwG DVBl. 1984, 727).
Wer sich aus Gewissensgründen der Beteiligung an jeder Waffenanwendung zwischen den Staaten widersetzt und deshalb unter Berufung auf Art. 4 Abs. 3 GG den Kriegsdienst mit der Waffe verweigert, hat statt des Wehrdienstes Zivildienst außerhalb der Bundeswehr als **Ersatzdienst** gem. Art. 12a Abs. 2 GG zu leisten (§ 1 Kriegsdienstverweigerungsgesetz). Im Zivildienst, dessen nähere Regelung im Zivildienstgesetz in der Fass. d. Bek. vom 29. Sept. 1983 (BGBl I S. 1221, ber. S. 1370) erfolgt ist, erfüllen anerkannte Kriegsdienstverweigerer Aufgaben, die dem Allgemeinwohl dienen, vorrangig im sozialen Bereich. Die Ausgestaltung des Ersatzdienstes darf die Freiheit der Gewissensentscheidung nicht beeinträchtigen (Art. 12a Abs. 2 Satz 3 GG). Von der Heranziehung zum Zivildienst kann abgesehen werden, wenn der anerkannte Kriegsdienstverweigerer aus Gewissensgründen gehindert ist, Zivildienst zu leisten, jedoch freiwillig in einem Arbeitsverhältnis mit üblicher Arbeitszeit in einer Kranken- oder Heil- und Pflegeanstalt tätig ist oder tätig wird (§ 15a Zivildienstgesetz).

Bericht der Bundesregierung über die Erfahrungen mit der Durchführung des Kriegsdienstverweigerungs-Neuordnungsgesetzes (KDVNG), BTag Drucks. 10/3936. – F. K. SCHOCH, Das neue Kriegsdienstverweigerungsrecht, JURA 1985, 127.

7. Die Freiheit der Meinung

Die Meinungsfreiheit

Jeder hat das Recht, seine Meinung in Wort, Schrift und Bild frei zu äußern und zu verbreiten. Dieses Recht findet seine Schranken in den Vorschriften der allgemeinen Gesetze, den gesetzlichen Bestimmungen zum Schutze der Jugend und in dem Recht der persönlichen Ehre (Art. 5 Abs. 1 Satz 1 und Abs. 2 GG).
Die „Meinung", deren freie Äußerung und Verbreitung durch das Grundrecht geschützt werden, bezieht sich ohne Rücksicht auf Wert oder Unwert, Wahrheit oder Unrichtigkeit, Bedeutsamkeit oder Banalität auf jegliche Mit-

teilung von Tatsachen, Erlebnissen, Werturteilen oder sonstigen Erklärungsinhalten, der ein Element der Stellungnahme, des Dafürhaltens, des Meinens im Rahmen einer geistigen Auseinandersetzung oder einer sonstigen sozialen Kommunikation zukommt. ,,Meinung" ist hier also weder ein negativer Gegenbegriff gegen ein begründetes Urteil des einzelnen, noch gerade ein solches, in irgendeiner Weise bedeutungsvolles oder besonderes durchdachtes Urteil eines einzelnen über einen erheblichen Gegenstand. Der Schutzbereich der Meinungsfreiheit ist weit gezogen. Auf der anderen Seite schlägt das Gewicht oder die Bedeutungslosigkeit, die Richtigkeit oder Unrichtigkeit der geäußerten oder verbreiteten Auffassung oder Tatsache dafür zu Buche, ob im Einzelfall der Ausübung der Meinungsfreiheit Grenzen im Interesse der Erfordernisse der Allgemeinheit oder der Rechte Dritter gezogen werden dürfen (zu diesen Abgrenzungen siehe im einzelnen BVerfGE 33, 1/14 f.; 54, 208/219; 61, 1/7 f.; 65, 1/41). Niemand kann sich für eine Lüge, die einen Dritten schädigt, auf das Grundrecht der Meinungsfreiheit berufen.
Die zum klassischen Bestand der Grundrechte gehörende Meinungsfreiheit ist die umfassende Garantie des Menschen für die freie Mitteilung von Gedanken, Vorstellungen und Nachrichten aller Art, also für den in der Regel mit Hilfe der Sprache erfolgenden geistigen Verkehr der Menschen untereinander und für die Fähigkeit des Menschen, sich anderen mitzuteilen und auf andere einzuwirken. Das Grundrecht richtet sich gegen die öffentliche Gewalt, aber auch gegen Dritte, von denen eine Behinderung oder eine Unterdrückung der Äußerung oder Verbreitung von Meinungen ihren Ausgang nehmen kann (zur ,,Drittwirkung" siehe RNr. 21). Die Meinungsfreiheit ist ein für die rechtsstaatliche Demokratie schlechthin konstituierendes Grundrecht (BVerfGE 7, 198/208; 61, 1/10 f.). Sie ist nicht zuletzt auch ein Element der politischen Freiheit (RNr. 97).
Die ,,Verbreitung" einer Meinung ist eine besondere Form der ,,Äußerung" einer Meinung. Das Werkzeug der Äußerung kann das Wort, die Schrift, das Bild und jedes sonstige Medium sein, das der Übermittlung eines Gedankeninhalts dienen kann. Das Grundrecht schützt diese Äußerungs- und Verbreitungsformen und damit letztlich die Möglichkeit, andere mit seiner Meinung zu erreichen. Es gewährleistet jedoch nicht, darüber hinaus, daß geeignete Werkzeuge oder ein geeignetes Forum für die Äußerung oder Verbreitung der Meinung zur Verfügung steht oder verschafft wird. Es kann deshalb aus der Meinungsfreiheit kein Anspruch darauf abgeleitet werden, eine bestimmte Anzeige in einer Zeitung unterzubringen oder in Rundfunk und Fernsehen Sendezeit zu erhalten.
Die ,,allgemeinen Gesetze", in deren Vorschriften die Meinungsfreiheit Schranken findet, sind solche Gesetze, die ohne eine gegen die Meinungsfreiheit gerichtete Zielsetzung zum Schutze von Allgemeininteressen oder der Rechte Dritter erlassen worden sind, wie u. a. die Strafgesetze, die Gesetze zum Schutz der öffentlichen Sicherheit und Ordnung und die Vorschriften des bürgerlichen Rechts. Die Meinungsfreiheit gibt kein Recht zur Beleidigung (§§ 185 ff. StGB) und kann auch einem zivilrechtlichen Unterlassungsanspruch nicht entgegengesetzt werden, mit dem die Unterlassung einer unrichtigen Tatsachenbehauptung oder eines verleumderischen Werturteils begehrt wird. Soweit es um zivilrechtliche Ansprüche geht, mit denen sich ein

Die Freiheit der Meinung

Betroffener gegen eine ihn beeinträchtigende Meinungsäußerung wendet oder Schadensersatz wegen einer Rechtsverletzung begehrt, kann die Meinungsfreiheit eine privatrechtsgestaltende Wirkung enthalten. Dasselbe gilt für Beschränkungen, die im Rahmen eines Arbeitsverhältnisses einem Arbeitnehmer auferlegt werden sollten. Für Art. 5 Abs. 1 GG gilt danach nichts anderes als durch Art. 118 Abs. 1 Satz 2 WeimRVerf. ausdrücklich anerkannt worden war, nämlich daß den Grundrechtsberechtigten an der Meinungsfreiheit kein Arbeits- oder Anstellungsverhältnis hindern darf und daß ihn niemand benachteiligen darf, wenn er von diesem Recht Gebrauch macht. Das Zivilrecht kann sich somit nicht schlechthin gegen die Meinungsfreiheit durchsetzen. Für das Zivilrecht, wie für alle anderen „allgemeine Gesetze" im Sinne des Art. 5 Abs. 2 GG gilt, daß sie im Einzelfall so auszulegen sind, daß der Schutzgehalt der Meinungsfreiheit hinreichend zur Geltung kommt (BVerfGE 7, 198; 54, 129; 54, 208; 61, 1; 68, 226). Bei der Anwendung der Gesetze können demnach die Schranken der Meinungsfreiheit im Einzelfall von einer **Abwägung** abhängig sein, z. B. mit den staatlichen oder mit den privaten Geheimhaltungsinteressen, mit den Erfordernissen der öffentlichen Sicherheit und Ordnung, mit dem Schutz der Jugend oder mit dem Persönlichkeitsrecht oder mit dem Recht der persönlichen Ehre. Die im Einzelfall streitige Meinungsäußerung kann dann einen besonderen Schutz beanspruchen, wenn sie ein „Beitrag zum geistigen Meinungskampf in einer die Öffentlichkeit wesentlich berührenden Frage" ist. Auf seiten des Gekränkten ist von Gewicht, „ob und in welchem Ausmaß der von herabsetzenden Äußerungen Betroffene seinerseits an dem von Art. 5 Abs. 1 GG geschützten Prozeß öffentlicher Meinungsbildung teilgenommen hat, sich damit aus eigenem Entschluß den Bedingungen des Meinungskampfes unterworfen und sich durch dieses Verhalten eines Teils seiner schützenswerten Privatsphäre begeben hat". So kommt es zu einem Schutz auch „scharfer und übersteigerter Äußerungen", namentlich im „öffentlichen Meinungskampf". Für **Tatsachenbehauptungen** gilt das nicht in gleicher Weise. Hier spielt eine Rolle, welches Maß an Sorgfaltspflicht bei der Ermittlung der behaupteten Tatsachen und welches Maß an Genauigkeit bei der Wiedergabe billigerweise verlangt werden kann. Es macht demnach einen Unterschied, ob eine bewußte Behauptung unwahrer Tatsachen vorliegt. Die Anforderungen an die Wahrheitspflicht dürfen nicht so bemessen werden, daß darunter die Funktion der Meinungsfreiheit leiden kann. Der Kernpunkt ist stets, daß eine Äußerung geschützt ist, soweit sie „durch die Elemente der Stellungnahme, des Dafürhaltens oder Meines geprägt ist". Das gilt auch dann, wenn diese Elemente mit einer Tatsachenmitteilung verbunden oder vermischt sind, jedenfalls dann, „wenn der tatsächliche Gehalt gegenüber der Wertung in den Hintergrund tritt". Siehe dazu BVerfGE 42, 143 („rechtsradikales Hetzblatt"); 42, 163 (Deutschland-Stiftung); 54, 129 (Römerberg-Gespräche); 54, 148 (Eppler); 54, 208 (Böll), 60, 234 („Kredithaie"); 61, 1 („NPD von Europa"). Beispielsweise ist die öffentliche Kritik an einem Planungsvorhaben der öffentlichen Hand wegen in ihr enthaltener falscher Angaben über Planungsdaten nicht widerrechtlich im Sinne des Zivilrechts, solange der Äußernde bei der Ermittlung und Weitergabe der Daten „redlich" vorgegangen ist; die öffentliche Hand trägt die Beweislast für das Gegenteil, wenn sie

Unterlassung verlangt (BGH JZ 1984, 1099, mit Anm. von P. SCHWERDT-NER).

P. J. TETTINGER, Der Schutz der persönlichen Ehre im freien Meinungskampf, JZ 1983, 317.

Die Informationsfreiheit

61 Jeder hat das Recht, sich aus allgemein zugänglichen Quellen ungehindert zu unterrichten (Art. 5 Abs. 1 Satz 1 GG). Dieses in der Tradition der Freiheitsrechte neuartige Grundrecht ist eine Reaktion auf die Verbote und Unterdrückungsmaßnahmen des Dritten Reiches, insbes. zur Verhinderung des Hörens ausländischer Sender. Über diesen Anstoß sachlich weit hinausreichend, schützt die Informationsfreiheit eine der wesentlichen Bedingungen der individuellen **Meinungsbildung** und damit des Prozesses des geistigen Austausches und der Auseinandersetzung. „Allgemein zugänglich" ist eine Informationsquelle dann, wenn sie technisch geeignet ist, der Allgemeinheit, d. h. einem individuell nicht bestimmten Personenkreis, als Grundlage für Information und Unterrichtung zu dienen. Eine durch Rechtssatz herbeigeführte oder durch hoheitliche Entscheidung angeordnete Beschränkung zu einer technisch allgemein zugänglichen Quelle, z. B. durch ein Einfuhrverbot, kann vor dem Grundrecht nur Bestand haben, wenn ein zwingendes Erfordernis des Allgemeininteresses das gebietet (vgl. BVerfGE 27, 71; 27, 88). Das Grundrecht sichert den ungehinderten Zugang zu einer allgemein zugänglichen Quelle der Information, hauptsächlich zu Presse und Rundfunk, gewährt aber nicht einen **Verschaffungsanspruch** für gesuchte Informationen oder im Hinblick auf solche Informationsquellen, die ihrer Eigenart nach nicht allgemein zugänglich sind. Die Informationsfreiheit erlaubt nicht etwa die Beschaffung von Informationen durch strafbare Handlungen (BVerfGE 25, 296).

Die Versammlungfreiheit

62 Alle Deutschen haben das Recht, sich ohne Anmeldung oder Erlaubnis friedlich und ohne Waffen zu versammeln. Für Versammlungen unter freiem Himmel, wozu auch Demonstrationen gehören, kann dieses Recht durch Gesetz oder aufgrund eines Gesetzes beschränkt werden (Art. 8 GG). Eine nähere Regelung enthält vor allem das **Gesetz über Versammlungen und Aufzüge** in der Fass. d. Bek. vom 15. Nov. 1978 (BGBl. I S. 1789), zuletzt geänd. durch Gesetz vom 18. Juli 1985 (BGBl. I S. 1511), dessen Vorschriften für ihren Anwendungsbereich den allgemeinen Ermächtigungen des Polizei- und Sicherheitsrechts vorgehen. Nach § 15 Versammlungsgesetz kann die zuständige Behörde eine öffentliche Versammlung unter freiem Himmel oder einen Aufzug verbieten oder von bestimmten Auflagen abhängig machen, wenn nach den zur Zeit des Erlasses der Verfügung erkennbaren Umständen die öffentliche Sicherheit oder Ordnung bei Durchführung der Versammlung oder des Aufzuges unmittelbar gefährdet ist. Sie kann eine Versammlung oder einen Aufzug auflösen, wenn sie nicht angemeldet sind, wenn von den Angaben der Anmeldung abgewichen oder den Auflagen zuwider gehandelt

Die Freiheit der Meinung

wird oder wenn die Voraussetzungen zu einem Verbot nach der eben genannten Klausel gegeben sind. Eine verbotene Versammlung ist aufzulösen. Eine weitere Regelung, welche die Ausübung der Versammlungsfreiheit beschränkt, betrifft den Schutz der Bannmeile der Gesetzgebungsorgane des Bundes und der Länder sowie des Bundesverfassungsgerichts (§ 16 Versammlungsgesetz, Bannmeilengesetz vom 6. Aug. 1955, BGBl. I S. 504).
Das Grundrecht der Versammlungsfreiheit steht in innerem Zusammenhang mit der **Meinungsfreiheit** und empfängt seinen Sinn vor allem aus dem Schutz der kollektiven und auch demonstrativen Äußerung einer Meinung, die konkludent oder ausdrücklich durch eine Versammlung verkörpert und dadurch mit einer besonderen Wirksamkeit versehen wird. Da Versammlungen, vor allem Versammlungen unter freiem Himmel, ein politisches Kampfmittel sein können, ist die Versammlungsfreiheit auch ein Ausdruck der politischen Freiheit (RNr. 97). Aus diesem Sinn der grundrechtlichen Gewährleistung ergibt sich zugleich die nähere Bestimmung dessen, was als „**Versammlung**" geschützt werden soll. Versammlung ist die durch einen gemeinsamen Zweck des Meinungsaustausches oder der Meinungsartikulation verbundene und an einem bestimmten Ort zusammengekommene Gruppe von Menschen. Zufällige oder sonst nur äußerlich eine Gruppe bildende Ansammlungen fallen nicht unter den Anwendungsbereich des Grundrechts.
Die Versammlungsfreiheit ist zuerst ein Abwehrrecht gegen die öffentliche Gewalt zugunsten derjenigen, die eine Versammlung veranstalten oder leiten, und aller, die an der Versammlung teilnehmen. Als ausdrückliche Voraussetzung des Schutzes fordert die Verfassung, daß die Versammlung „friedlich und ohne Waffen" stattfinden muß. Versammlungen, in denen zur Begehung von Straftaten aufgerufen wird oder Dritte mit Worten oder Schrifttafeln provoziert oder angegriffen werden, verlieren ebenso den Charakter der Friedlichkeit wie Versammlungen, die einen gewalttätigen oder aufrührerischen Verlauf nehmen (vgl. BGH NJW 1984, 1226). Eine Versammlung verliert den Grundrechtsschutz also nicht erst dann, wenn Gewalt gegen Personen oder Sachen geübt wird. Eine Blockade von Ein- oder Ausgängen eines Gebäudes oder Grundstücks oder von Straßen oder sonstigen Verbindungswegen kann keine „friedliche" Versammlung sein. Rechtsverletzungen durch einzelne oder durch Gruppen von einzelnen, die der Versammlung zugerechnet werden können, genießen den Schutz der Versammlungsfreiheit nicht. Unter „Waffen" sind nicht nur Waffen im technischen Sinn zu verstehen, sondern alle Gegenstände, die in der konkreten Situation eine Verstärkung der körperlichen Kräfte für den Fall von Gewalttätigkeiten ermöglichen.
Die Vorschriften, welche die Ausübung der Versammlungsfreiheit beschränken, müssen dem **Grundsatz der Verhältnismäßigkeit** entsprechen und müssen auch so ausgelegt und angewandt werden, daß der durch das Grundrecht beabsichtigte Schutz der Versammlungen gegen Eingriffe der öffentlichen Gewalt soweit wie nach Sachlage möglich zur Geltung kommt. Außerdem aber ist dem Grundrecht auch ein Schutzauftrag zu entnehmen, den der Gesetzgeber und die Exekutive wahrzunehmen haben, um die Ausübung der Versammlungsfreiheit gegen Dritte zu gewährleisten (siehe RNr. 20). Dieser Schutzauftrag ist z. B. bei der Anwendung der Ermächtigungen des Polizei-

und Sicherheitsrechts zum Schutz von Versammlungen gegen Störer oder „Gegendemonstrationen" zu berücksichtigen.

A. DIETEL/K. GINTZEL, Demonstrations- und Versammlungsfreiheit, 8. Aufl., 1985; W. D. DROSDZOL, Grundprobleme des Demonstrationsrechts, JuS 1983, 409.

Die Vereinigungsfreiheit

63 Alle Deutschen haben das Recht, Vereine und Gesellschaften zu bilden (Art. 9 Abs. 1 GG). Allgemeine Vorschriften über Vereine finden sich in den §§ 21 ff. BGB und in dem Gesetz zur Regelung des öffentlichen Vereinsrechts (Vereinsgesetz) vom 5. Aug. 1964 (BGBl. I S. 583), zuletzt geänd. durch Gesetz vom 2. März 1974 (BGBl. I S. 469).

Die Vereinigungsfreiheit ist ein klassisches Grundrecht, das den dauerhaften und organisierten Zusammenschluß einzelner zu selbstgewählten Zwecken gegen Eingriffe der öffentlichen Gewalt schützt. Die Zwecke einer Vereinigung können verschiedenartig sein; von besonderem Gewicht sind die Vereinigungen zu wirtschaftlichen Zwecken, also hauptsächlich die Handelsgesellschaften (RNr. 85), die Koalitionen (RNr. 93) und die politischen Vereinigungen (RNr. 97); die **politischen Parteien** unterliegen der Bestimmung des Art. 21 GG, sind also für ihre Mitwirkung bei der politischen Willensbildung des Volkes aus dem Anwendungsbereich der Vereinigungsfreiheit ausgenommen und damit der Sphäre der Grundrechte entzogen. Die Freiheit der Vereinigung zu Religionsgesellschaften in Ausübung der Religionsfreiheit richtet sich nach Art. 4 Abs. 1 GG und Art. 140 GG i. V. m. Art. 137 Abs. 2 WeimRVerf. (RNr. 55 und L RNr. 40).

Das Grundrecht der Vereinigungsfreiheit steht den einzelnen zu, deren Recht zur Bildung einer Vereinigung, zum Beitritt zu einer Vereinigung und zur Betätigung in einer Vereinigung gesichert wird. Außerdem steht das Grundrecht der Vereinigung selbst zu, sei sie eine juristische Person, sei sie eine nicht rechtsfähige Personenvereinigung. Als Gewährleistung zugunsten der Vereinigung sichert das Grundrecht deren Autonomie im Hinblick auf Organisation, Willensbildung und Betätigung im Rahmen des Vereinigungszwecks. Die **Vereinsautonomie** schließt das Recht des Vereins ein, selbst zu bestimmen, wer Mitglied werden soll und wer nicht. Dieses Recht kann durch Gesetz bei Vereinigungen mit Monopolstellung oder mit wirtschaftlicher oder sozialer Macht beschränkt werden; vgl. etwa §§ 27, 35 GWB (BGH NJW 1980, 186, mit Anm. von K. REDEKER).

Schließlich umfaßt das Grundrecht auch die sog. **negative Vereinigungsfreiheit**, d. h. das Recht, einer Vereinigung fernzubleiben oder ohne unangemessene Behinderung aus ihr auszutreten sowie nicht aufgrund gesetzlichen Zwangs zu einer Vereinigung zusammengeschlossen zu werden. Ein gesetzlicher Zusammenschluß in einer **öffentlich-rechtlichen** Vereinigung, also insbes. in einer Körperschaft des öffentlichen Rechts, ist nicht nach Art. 9 Abs. 1 GG zu beurteilen, sondern nach der allgemeinen Handlungsfreiheit des Art. 2 Abs. 1 GG. Die Zwangsmitgliedschaft in einem öffentlich-rechtlichen Verband, z. B. einer Ärztekammer, kann durch Gesetz oder aufgrund Gesetzes begründet werden, wenn sie zur Erfüllung eines vorrangigen öffentlichen Interesses erforderlich ist (BVerfGE 10, 89, 10, 354; 15, 235; 20, 312; 36, 383; 38, 281).

Vereinigungen, deren Zwecke oder deren Tätigkeit den Strafgesetzen zuwiderlaufen oder die sich gegen die verfassungsmäßige Ordnung oder gegen den Gedanken der Völkerverständigung richten, sind verboten (Art. 9 Abs. 2 GG). Die Verfassung gibt damit ausdrücklich eine Grenze der Vereinigungsfreiheit an und legt zugleich fest, unter welchen Voraussetzungen eine Vereinigung verboten werden darf. Das Verfahren des Verbotes von Vereinen ist im Vereinsgesetz geregelt. Das Verbot eines Vereins tritt danach nicht unmittelbar durch die Erfüllung der in Art. 9 Abs. 2 GG genannten Voraussetzungen ein, sondern erst aufgrund einer durch den Bundesminister der Innern oder einen Landesinnenminister auszusprechenden Verfügung, die den Verein verbietet und dessen Auflösung anordnet; mit dem Verbot ist in der Regel die Beschlagnahme und die Einziehung des Vereinsvermögens zu verbinden. Auch außerhalb des in Art. 9 Abs. 2 GG ausdrücklich genannten Bereichs von Verbotsmaßnahmen ist der Gesetzgeber befugt, der Betätigung von Vereinigungen Schranken zu ziehen, die zum Schutz anderer Rechtsgüter von der Sache her geboten sind (BVerfGE 30, 227/243 – Wahlvorschriften für die Selbstverwaltungsorgane der Sozialversicherung).

B. REICHERT/F. J. DANNECKER/CHR. KÜHR, Handbuch des Vereins- und Verbandsrechts, 3. Aufl., 1984; H. BETHGE, Grundrechtsprobleme einer Zwangsmitgliedschaft in Verbänden des öffentlichen Rechts, JA 1979, 281.

8. Pressefreiheit und andere Medienfreiheiten

Die Pressefreiheit

Mit der Gewährleistung der Pressefreiheit (Art. 5 Abs. 1 Satz 2 GG) nimmt **64** das Grundgesetz ein zentrales Freiheitsrecht der bürgerlichen Verfassungsbewegung in seinen Grundrechtskatalog auf. Die Bedeutung einer freien Presse für den freiheitlichen und demokratischen Staat hat das Bundesverfassungsgericht mit besonderem Nachdruck hervorgehoben (siehe bes. BVerfGE 20, 162/174f. – Spiegel-Fall; 52, 283/296 – Tendenzschutz; 66, 116 – WALLRAFF).Die Presse ist ein durch individuelle und privatwirtschaftliche Information und Meinungsäußerung gegenüber einem Publikum bestimmtes Element der öffentlichen Meinung und der Kultur, Presseunternehmen müssen sich – dies fordert das Grundrecht – im gesellschaftlichen Raum frei bilden können; sie arbeiten nach privatwirtschaftlichen Grundsätzen und in privatrechtlichen Organisationsformen; sie stehen miteinander in geistiger und wirtschaftlicher Konkurrenz, in welche die öffentliche Gewalt grundsätzlich nicht eingreifen darf (BVerfGE 20, 162/175).
Der Aufgabe der Pressefreiheit entsprechend ist der Begriff der geschützten „Presse" weit und formal auszulegen. Er kann nicht von einer – an welchen Maßstäben auch immer ausgerichteten – Bewertung des Druckerzeugnisses abhängig gemacht werden. Die Pressefreiheit ist nicht auf die „seriöse" Presse beschränkt (BVerfGE 34, 269/283 – SORAYA; 66, 116 – WALLRAFF). Presse im Sinne des Grundrechts ist nicht nur die (Zeitungs- und Zeitschriften-) Presse im Sinne des allgemeinen Sprachgebrauchs. Das Grundrecht schützt alle im Wege der Massenvervielfältigung hergestellten und verbreiteten Drucker-

zeugnisse, die sich an ein Publikum richten, das sie informieren und in seiner Meinungsbildung beeinflussen können oder wollen. Den Schutz der Pressefreiheit genießt die in einem Druckerzeugnis verkörperte **publizistische** Tätigkeit, ebenso aber die dieser in der Regel zugrunde liegende **unternehmerische** oder sonstige **wirtschaftliche** Tätigkeit. Die Pressefreiheit umfaßt also die Verlegerfreiheit, d. h. die Freiheit der Gründung von Presseunternehmen sowie die Freiheit der Tendenzbestimmung und Tendenzverwirklichung von Presseerzeugnissen (BVerfGE 42, 53; 52, 283). Auch der Anzeigenteil eines Presseerzeugnisses wird geschützt (BVerfGE 64, 108 – Chiffregeheimnis). Die in einem Presseunternehmen im Rahmen eines Arbeitsverhältnisses tätigen Journalisten können nach überwiegender, wenn auch umstrittener Auffassung, dem Verleger, Herausgeber oder Chefredakteur nicht eigene Rechte aus dem Grundrecht der Pressefreiheit entgegenhalten (vgl. P. LERCHE, Verfassungsrechtliche Aspekte der ,,inneren Pressefreiheit", 1974). Der im Betriebsverfassungsgesetz ausdrücklich gesicherte Tendenzschutz zugunsten der Presse (§ 118 Abs. 1 BetrVerfG) ist eine notwendige Folge des Grundrechts.

Als subjektives Recht gewährleistet die Pressefreiheit den im Pressewesen tätigen Personen und Unternehmen Freiheit von staatlichem Zwang. In ihrer objektiven Bedeutung schützt das Grundrecht die ,,institutionelle Eigenständigkeit" der Presse von der Beschaffung der Information bis zur Verbreitung der Nachricht und der Meinung (BVerfGE 10, 118/121; 62, 230/243). Dieser Grundrechtsschutz umfaßt die Informationsquellen, denen für das Pressewesen eine besondere Bedeutung zukommt. Ein Verschaffungsanspruch, etwa ein Rechtsanspruch der Presse gegenüber einer Rundfunkanstalt auf Erteilung von Auskünften, läßt sich aus Art. 5 Abs. 1 Satz 2 GG nicht herleiten (BVerwG JZ 1985, 624). Der Schutzbereich des Grundrechts umfaßt auch die Vertraulichkeit der Redaktionsarbeit eines Presseunternehmens (BVerfGE 66, 116). Schranken des Grundrechts können sich aus den in Art. 5 Abs. 2 GG genannten Gesetzen, aber auch unmittelbar aus der Verfassung selbst ergeben (RNr. 69).

Der Auslegungsgedanke einer ,,objektiven Bedeutung" der Pressefreiheit und der Garantie des **Instituts der ,,Freien Presse"** kann bei einem wesentlichen Versagen des privaten und privatwirtschaftlichen Funktionierens der Presse einen durch den Gesetzgeber zu erfüllenden Schutzauftrag des Staates hervorrufen. Diese Möglichkeit ist im Hinblick auf ein Fortschreiten der Pressekonzentration wegen der daraus etwa hervorgehenden Gefahren für die individuelle und öffentliche Meinungsbildung in Betracht gezogen worden (vgl. BVerfGE 20, 162/176; 52, 283/296). Eine pressespezifische, wenn auch wettbewerbsrechtlich ansetzende **Fusionskontrolle** ist durch das Dritte Gesetz zur Änderung des Gesetzes gegen Wettbewerbsbeschränkungen vom 28. Juni 1976 (BGBl. I S. 1697) eingeführt worden (siehe §§ 22 ff. GWB – BGH NJW 1985, 1626). Staatliche Maßnahmen der Verhinderung übermäßiger Pressekonzentration (P. LERCHE, Verfassungsrechtliche Fragen zur Pressekonzentration, 1971) und der Subventionierung einzelner Presseerzeugnisse (OVG Berlin DVBl. 1975, 905) sind nur durch Gesetz oder aufgrund Gesetzes möglich. Sie können – soll nicht die durch das Grundrecht verpönte Beeinflussung oder gar Lenkung der Presse nach politischen Rücksichten die Folge sein – nur als äußerster Notbehelf oder zur Sicherung überragender Gemeinschaftsinteressen zulässig sein.

Der Bund hat das Recht, **Rahmenvorschriften** über die allgemeinen Rechtsverhältnisse der Presse zu erlassen (Art. 75 Nr. 2 GG). Ein derartiges Presserechtsrahmengesetz des Bundes ist bisher trotz mehrfacher Anläufe nicht zustande gekommen. Die Pressegesetzgebung ist demnach Sache der Länder.

In Einzelfragen kann sich eine Bundeskompetenz kraft Sachzusammenhangs ergeben, so für das Zeugnisverweigerungsrecht von Presseangehörigen, das zur Materie „gerichtliches Verfahren" (Art. 74 Nr. 1 GG) gehört (siehe § 53 Abs. 1 Nr. 5 StPO), oder für wettbewerbsrechtliche Vorschriften, die zur Materie „Recht der Wirtschaft" (Art. 74 Nr. 11 GG) zu rechnen sind.

Das Presserecht als Gegenstand eines **Pressegesetzes** ist eine Garantie für die Freiheit der Presse. Das kommt in besonders klarer Weise dann zum Ausdruck, wenn die Freiheit der Presse nur denjenigen Beschränkungen unterworfen ist, die im Pressegesetz vorgeschrieben oder zugelassen sind, wie das beim Reichsgesetz über die Presse vom 7. Mai 1874 (RGBl. S. 65) der Fall war, das in seinen wesentlichen Teilen nach dem Krieg zunächst als Landesrecht weiter Geltung behalten hatte. Im Reichspressegesetz war selbst die zur Materie des Strafprozeßrechts gehörende Beschlagnahme von Druckschriften geregelt, für die jetzt die Bestimmungen der §§ 111 m, 111n StPO maßgebend sind. Eine präventivpolizeiliche Beschlagnahme von Druckwerken kommt nur nach dem Landespressegesetz, nicht nach allgemeinem Polizei- und Ordnungsrecht in Betracht (BayVGH NJW 1983, 1339).

U. SCHEUNER/R. SCHNUR, Pressefreiheit, VVDStRL 22, 1965, S. 1, 101; P. LERCHE, Die Gesetzgebungskompetenz von Bund und Ländern auf dem Gebiet des Presserechts, JZ 1972, 468; DERS., Pressefreiheit, in: Deutsch-Amerikanisches Verfassungsrechtssymposium 1976, 1978, S. 67; M. LÖFFLER/R. RICKER, Handbuch des Presserechts, 1978; R. SCHOLZ, Pressefreiheit und Arbeitsverfassung, 1978; M. LÖFFLER, Presserecht, Bd. 1: Die Landesgesetze, 3. Aufl., 1983; B. RÜTHERS, Sonderarbeitskampfrecht der Presse? NJW 1984, 201; M. STOCK, Medienfreiheit als Funktionsgrundrecht, 1985.

Die Rundfunkfreiheit

Als ein neuartiges Grundrecht gewährleistet das Grundgesetz in Art. 5 Abs. 1 Satz 2 GG die „Freiheit der Berichterstattung durch Rundfunk". Über den zunächst enger erscheinenden Wortlaut hinaus wird dieses Grundrecht allgemein als „Rundfunkfreiheit" verstanden. Inhalt und Tragweite dieses Grundrechts als Gewährleistung der Freiheit des Rundfunks sind in ausschlaggebender Weise durch die Praxis des Bundesverfassungsgerichts bestimmt worden (BVerfGE 12, 205 – Fernseh-Urteil; 31, 314; 35, 202; 57, 295; 59, 231; 60, 53).

Unter „**Rundfunk**" sind Hörfunk und Fernsehen zu verstehen. Nach der sehr weiten Begriffsbestimmung in Art. 1 des Gebührenstaatsvertrages vom 5. 12. 1974 ist Rundfunk „die für die Allgemeinheit bestimmte Veranstaltung und Verbreitung von Darbietungen aller Art in Wort, in Ton und in Bild unter Benutzung elektrischer Schwingungen ohne Verbindungsleitung oder längs oder mittels eines Leiters". Für die verfassungsrechtliche Rundfunkfrei-

C 65   Die Grundrechte

heit dürfte zumindest der Kernbereich des Rundfunks durch das zusätzliche Kriterium bestimmt sein, daß die beschriebenen Signale Bestandteile eines publizistisch produzierten und dargebotenen Programmes eines Rundfunkveranstalters sind.
Für die Entwicklung des Rundfunks in Deutschland und für die verfassungsrechtliche Garantie der Freiheit des Rundfunks ist von Bedeutung, daß der Rundfunk zunächst seit 1923 unter der Initiative und der Direktion der Reichspost, dann des Propagandaministeriums entstanden und entwickelt worden ist und daß nach dem Ende des Krieges unter dem maßgeblichen Einfluß der Besatzungsmächte im Gegenzug zu dem „Staatsrundfunk" des Reiches nunmehr eine dezentralisierte Organisation in Gestalt öffentlichrechtlicher Rundfunkanstalten der Länder nach dem Vorbild der britischen BBC eingerichtet worden ist. Der **öffentlich-rechtliche Rundfunk,** der im Zeitpunkt des Inkrafttretens des Grundgesetzes die alleinige Organisationsform des Rundfunks war, bildet somit eine bewußte politische Entscheidung im Interesse eines der unmittelbaren politischen und staatlichen Beeinflussung entzogenen Rundfunks. Daß die bestehenden Rundfunkanstalten der Länder durch Landesgesetze, so der Bayerische Rundfunk, oder durch Staatsverträge, so der Norddeutsche Rundfunk, als Anstalten des öffentlichen Rechts mit einem rechtlichen oder praktischen Veranstaltungsmonopol organisiert sind, ist entgegen einer vielfach vertretenen Auffassung nicht die Konsequenz einer technisch-finanziellen „Sondersituation" des Rundfunks, sondern eine im Interesse der Freiheit des Rundfunks getroffene rundfunkpolitische Entscheidung. Dementsprechend kommt das Grundrecht der Rundfunkfreiheit den öffentlich-rechtlichen Rundfunkanstalten aus eigenem Recht zu (BVerfGE 31, 314/322). Die öffentlich-rechtlichen Rundfunkanstalten sind durch die Rundfunkfreiheit geschützt und deshalb insoweit grundrechtsfähig; das durchbricht den sonst bestehenden Grundsatz, daß juristische Personen des öffentlichen Rechts als Grundrechtsberechtigte ausscheiden (RNr. 13). Die Grundrechtsfähigkeit der öffentlich-rechtlichen Rundfunkanstalten kann nicht auf Rechte erstreckt werden, die nicht mehr von dem Zweck der Wahrung ihnen spezifisch zugeordneter Freiheitsbereiche umfaßt werden (BVerfGE 59, 231/254f. betr. Art. 9 Abs. 3 und 2 Abs. 1 GG).
Das sog. öffentlich-rechtliche **Rundfunkmonopol** ist eine verfassungsrechtlich zulässige Organisationsentscheidung des Gesetzgebers. Der Gesetzgeber ist jedoch nicht gehindert, auch **privatrechtliche Rundfunkunternehmen** zu ermöglichen, sofern hinreichende Garantien dafür bestehen, daß die freie individuelle und öffentliche Meinungsbildung gesichert bleibt, der die Rundfunkfreiheit dient (BVerfGE 57, 295). Die organisatorische Sicherung der gebotenen Meinungsvielfalt wird im Falle des öffentlich-rechtlichen Rundfunks in der durch die landesrechtlichen Vorschriften eingerichteten publizistisch-kulturellen Selbstverwaltung der Rundfunkanstalten mit Hilfe der pluralistisch zusammengesetzten Rundfunkräte gesehen. Im Falle neu zuzulassender privatrechtlicher Rundfunkunternehmen sind ähnliche oder andere Vorkehrungen vorzusehen, durch die für den Gesamtbereich der Rundfunkveranstaltungen Meinungsvielfalt und Ausgewogenheit sichergestellt werden. Ob unter gewissen Voraussetzungen aus Art. 5 Abs. 1 Satz 2 GG ein An-

spruch eines privaten Trägers auf Zulassung als Rundfunkveranstalter oder auf Teilnahme an durch Dritte veranstalteten Rundfunksendungen abzuleiten ist, wie durch eine starke Meinung in der Literatur angenommen wird, ist vom Bundesverfassungsgericht bisher offen gelassen worden. Eine andere Frage ist es, ob ein derartiger Anspruch aus Art. 12 Abs. 1 GG gewonnen werden könnte. In jedem Falle bedarf es für die Veranstaltung von Rundfunksendungen durch private Unternehmen einer gesetzlichen Grundlage. Anders als bei den anderen Grundrechten zielt die Rundfunkfreiheit nicht in erster Linie darauf ab, individuelle Rechte einzelner zu garantieren. Das beherrschende Schutz- und Ordnungsziel des Grundrechts ist vielmehr die Gewährleistung der **Freiheit des Rundfunks**, also eines bestimmten Ordnungszustandes im Interesse der freien individuellen und öffentlichen Meinungsbildung, soweit hierzu die Veranstaltung von Rundfunksendungen beitragen kann. Nur nach Maßgabe dieser Gewährleistung kann es subjektive Rechte der Rundfunkanstalten, einzelner Rundfunkunternehmen oder der einzelnen geben. Gegen die öffentliche Gewalt gewendet bedeutet die Freiheit des Rundfunks, daß der Rundfunk staatsfrei und unabhängig ist; darüber hinaus fällt es in den durch Gesetz zu erfüllenden Schutzauftrag des Staates, zu verhindern, daß der Rundfunk durch politische, wirtschaftliche oder publizistische Macht instrumentalisiert oder mißbraucht wird. Die Rundfunkfreiheit ist demnach in besonderer Weise auf eine gesetzliche Ausgestaltung angewiesen. Die ,,öffentliche" Aufgabe des Rundfunks bringt es auch mit sich, daß der Wirtschaftswerbung im Rundfunk zur Verhinderung kommerzieller Einflußnahme Grenzen gesetzt werden dürfen und weiter daß ein die Funktionsfähigkeit der Rundfunkanstalten beeinträchtigender Streik mit der Rundfunkfreiheit in Widerspruch tritt.

Der Bund hat auf dem Gebiet des **Rundfunkrechts** kein Gesetzgebungsrecht. Seine ausschließliche Gesetzgebungskompetenz für das ,,Post- und Fernmeldewesen" (Art. 73 Nr. 7 GG) betrifft lediglich die sendetechnischen Voraussetzungen der Veranstaltung von Rundfunksendungen (BVerfGE 12, 205). Die bestehenden Landesrundfunkanstalten, die in der Arbeitsgemeinschaft der öffentlich-rechtlichen Rundfunkanstalten der Bundesrepublik Deutschland (ARD) aufgrund von Staatsverträgen und Vereinbarungen der Anstalten untereinander verbunden sind, sind durch Landesrecht geschaffen und geordnet. Das ,,Zweite Deutsche Fernsehen" (ZDF) beruht auf dem Staatsvertrag der Länder vom 6. Juni 1961. Zur Materie des landesrechtlich zu regelnden Rundfunkrechts gehört auch die Festsetzung und Erhöhung der Rundfunkgebühr; hierüber sind bisher Staatsverträge unter den Ländern geschlossen worden, zuletzt der Staatsvertrag vom 6. Juli/26. Okt. 1982.

P. LERCHE, Rundfunkmonopol, 1970; DERS., Presse und privater Rundfunk 1984; H. H. KLEIN, Die Rundfunkfreiheit, 1978; P. BADURA, Verfassungsrechtliche Bindungen der Rundfunkgesetzgebung, 1980; DERS., Die Gewährleistung der Freiheit des Rundfunks und die finanzwirtschaftliche Autonomie der öffentlich-rechtlichen Rundfunks, 1986; H. D. JARASS, Die Freiheit des Rundfunks vom Staat, 1981; E.-W. BÖKENFÖRDE/J. WIELAND, Die Rundfunkfreiheit – ein Grundrecht? AfP 1982, 77; M. LÖWISCH, Der rundfunkpolitische Streik, RdA 1982, 73; U. SCHEUNER, Das Grundrecht der Rundfunkfreiheit, 1982; M. BULLINGER, Strukturwandel von Rundfunk und Presse, NJW 1984, 385; W. HOFFMANN-RIEM, Medienfreiheit und der außenplurale Rundfunk, AöR 109, 1984, S. 304; J. WIELAND, Die Freiheit des Rundfunks, 1984; B. RÜTHERS, Rundfunkfreiheit und Arbeitsrechtsschutz, RdA 1985, 129; M. STOCK, Medienfreiheit als Funktionsgrundrecht, 1985.

Die Filmfreiheit

66 Die Freiheit der Berichterstattung durch Film wird im Grundgesetz als ein selbständiges Grundrecht gewährleistet (Art. 5 Abs. 1 Satz 2 GG). Die Produktion und der Verleih von Spielfilmen sowie ihre Vorführung durch Filmtheater erhalten dadurch einen besonderen Schutz, der in eine Reihe mit den anderen Freiheiten der Massenmedien tritt.
Die Filmwirtschaft ist – wie die Presse – im wesentlichen privatwirtschaftlich organisiert. Das Grundrecht der Filmfreiheit wendet sich demnach in erster Linie gegen Eingriffe oder sonstige Beeinträchtigungen seitens der öffentlichen Gewalt. Eine **wirtschaftliche Förderung** einzelner Filmproduzenten aus kulturellen oder wirtschaftspolitischen Gründen ist dadurch nicht ausgeschlossen, sofern die freie Entschließung und Betätigung des Produzenten nicht in Frage gestellt wird und politische Instrumentalisierung ausgeschlossen ist. Die Vergabe einer Filmförderung kann jedoch von wirtschaflichen oder kulturellen Qualitätsanforderungen abhängig gemacht werden. Eine Subventionierung des Spielfilms erfolgt gegenwärtig nach dem Gesetz über Maßnahmen zur Förderung des deutschen Films vom 25. Juni 1979 (BGBl. I S. 803); die der Förderung dienende Filmabgabe wird von der Filmförderungsanstalt in Berlin verwaltet. Kompetenzgrundlage dafür ist Art. 74 Nr. 11 GG (BVerwG JuS 1974, 809).
Der besondere Schutz des Filmes erklärt sich aus seiner Eigenschaft als **Massenmedium**, das sich an ein Publikum wendet, um es zu informieren, zu belehren oder zu unterhalten. Soweit ein Spielfilm sich als eine Darbietung der Kunst erweist, kann dafür zusätzlich der Schutz der Kunstfreiheit nach Art. 5 Abs. 3 GG (RNr. 76) in Anspruch genommen werden.
Der Bund hat das Recht, **Rahmenvorschriften** über die allgemeinen Rechtsverhältnisse des Films zu erlassen (Art. 75 Nr. 2 GG). Der Bund hat von diesem Gesetzgebungsrecht bisher nicht Gebrauch gemacht.
Die Strafvorschriften gegen pornographische Schriften und gegen Schriften, die Gewalttätigkeiten gegen Menschen in grausamer oder sonst unmenschlicher Weise schildern und dadurch eine Verherrlichung oder Verharmlosung solcher Gewalttätigkeiten ausdrücken oder die zum Rassenhaß aufstacheln (§§ 131, 184, 74d StGB), gelten auch für Filme.

W. WOHLAND, Informationsfreiheit und politische Filmkontrolle, 1968; P. WEIDES, Bundeskompetenz und Filmförderung, 1971; H. v. HARTLIEB, Handbuch des Film-, Fernseh- und Videorechts, 2. Aufl., 1984.

„Neue Medien"

67 Im Zuge der nachrichtentechnischen Entwicklung der Telekommunikation sind Möglichkeiten der Signalübermittlung entstanden oder in der überschaubaren Zukunft zu erwarten, die eine Veränderung der bestehenden Einrichtungen und Systeme der Nachrichtenübermittlung und der Massenmedien zur Folge haben werden. Im Hinblick auf die Massenmedien gehören zu

diesen „Neuen Medien" hauptsächlich die im Aufbau befindlichen **Breitbandkabelnetze** als Verteilungstechnik von Rundfunk, insbes. des „Kabelfernsehens", und die **Satellitentechnik**. Die rechtmäßige und sinnvolle Nutzung dieser neuen Medien macht politische Entscheidungen des Bundes und der Länder erforderlich, die nur bei einem Zusammenwirken zu sachgerechten Ergebnissen führen können. Denn die technischen Voraussetzungen der neuen Medien sind Gegenstand des Fernmeldewesens, das zur ausschließlichen Gesetzgebung des Bundes gehört und hinsichtlich der Verwaltungsaufgaben in der Hand der Deutschen Bundespost liegt. Soweit mit diesen technischen Vorkehrungen Rundfunksendungen veranstaltet werden, besteht die allein den Ländern zukommende Gesetzgebungszuständigkeit auf dem Gebiet des Rundfunkwesens. Schließlich kann der Bund wegen der wirtschaftlichen und wirtschaftspolitischen Auswirkungen der neuen Medien sein Gesetzgebungsrecht aus Art. 74 Nr. 11 GG in Anspruch nehmen.
Die komplizierten medienpolitischen und verfassungsrechtlichen Fragen, die durch die neuen Medien aufgeworfen werden, ergeben sich daraus, daß die bisherige klare Scheidung von Rundfunk und Presse bis zu einem gewissen Grade aufgelöst wird, daß die Massenkommunikation und die Individualkommunikation zum Teil vermischt werden, nämlich durch den „Rückkanal", daß eine neue Aufteilung des öffentlich-rechtlichen und des privatwirtschaftlichen Sektors der Medien notwendig wird und daß neuartige Gefahren der Medienkonzentration und der staatlichen oder wirtschaftlichen Meinungsbeeinflussung zu befürchten sind. Die vier „Kabelpilotprojekte" in Dortmund, Berlin, Ludwigshafen und München, die von den Ländern auf der Grundlage der Empfehlungen des Telekommunikationsberichts der Kommision für den Ausbau des technischen Kommunikationssystems eingerichtet worden sind, sind in der Anlage heute schon überholte Vorreiter für eine umfassende Einführung der Breitbandverkabelung.

Kommision für den Ausbau des technischen Komminikationssystems (KtK), Telekommunikationsbericht, mit acht Anlagebänden, 1976; Bericht der Bundesregierung über die Lage von Presse und Rundfunk in der Bundesrepublik Deutschland (1978), BTag Drucks. 8/2264, S. 76 ff.; Expertenkommission Neue Medien – EKM Baden-Württemberg, Abschlußbericht, 3 Bände, 1981; Anwort der Bundesregierung auf eine Kleine Anfrage über Verkabelung und Neue Medien (1984), BTag Drucks. 10/1726. – D. STAMMLER, Verfassungs- und organisationsrechtliche Probleme des Kabelrundfunks, 1974; DERS., Kabelkommunikation und Rundfunkorganisation, Archiv für Presserecht 1978, 123; P. LERCHE, Verfassungsrechtliche Aspekte neuer kommunikationstechnischer Entwicklungen, BayVBl. 1976, 530; R. SCHOLZ, Audiovisuelle Medien und bundesstaatliche Gesetzgebungskompetenz, 1976; H. H. KLEIN, Die Rundfunkfreiheit, 1978; E.-J. MESTMÄCKER, Medienkonzentration und Meinungsvielfalt, 1978; M. BULLINGER, Kommunikationsfreiheit im Strukturwandel des Telekommunikation, 1980; DERS., Elektronische Medien als Marktplatz der Meinungen, AöR 108, 1983, S. 161; P. J. TETTINGER, Neue Medien und Verfassungsrecht, 1980; H. BISMARK, Neue Medientechnologien und grundgesetzliche Kommunikationsverfassung, 1982; K. STERN, Neue Medien – neue Aufgaben des Rechts? DVBl. 1982, 1109; D. RATZKE, Handbuch der Neuen Medien, 2. Aufl. 1984; B. SCHLINK/J. WIELAND, Rechtsprobleme der Organisation neuer Medien, JURA 1985, 570; J. SCHERER, Telekommunikationsrecht und Telekommunikationspolitik, 1985.

Das Zensurverbot

68 Im Anschluß an die Gewährleistung der Meinungsfreiheit und der drei Medienfreiheiten statuiert das Grundgesetz: Eine Zensur findet nicht statt (Art. 5 Abs. 1 Satz 3 GG). Damit wird eine charakteristische Beeinträchtigung der Verbreitung von Meinungen mit Hilfe von an ein Publikum gerichteten Verbreitungsformen ausdrücklich als unzulässig erklärt. Unter „Zensur" ist nicht jede vorgängige oder nachträgliche Beeinflussung oder Sanktionierung von Meinungsäußerungen oder der medialen Verbreitung von Meinungen oder Informationen gemeint. Vielmehr ist nur die sog. Vorzensur auf der Grundlage des formellen Zensurbegriffs untersagt, es sind also staatliche Maßnahmen verboten, die eine Veröffentlichung von vorheriger Genehmigung durch eine staatliche Stelle abhängig machen (BVerfGE 33, 54/71 ff.). Da nur der staatliche Eingriff ausgeschlossen sein soll, fallen Entscheidungen im Rahmen eines Presseunternehmens oder einer Rundfunkanstalt über die Veröffentlichung oder Sendung bestimmter Beiträge nicht unter das Zensurverbot. Ebensowenig schließt das Zensurverbot es aus, daß auf der Grundlage von privatrechtlichen Unterlassungsansprüchen die Veröffentlichung oder Sendung bestimmter Beiträge unterbunden wird, oder daß nach Veröffentlichung oder Sendung eines Beitrages die nach den allgemeinen Gesetzen in Betracht kommenden strafrechtlichen oder zivilrechtlichen Rechtsfolgen eintreten. Historisch betrachtet bedeutet die Zensur eine vom Staat oder von der Kirche als den maßgeblichen Herrschaftseinrichtungen ausgeübte planmäßige Überwachung des Geisteslebens, insbes. die Kontrolle des Inhalts von Schriftwerken, um das Aufkommen unerwünschter Ideen und Nachrichten zu verhindern oder deren Verbreitung zu unterbinden.

Schranken der Grundrechte

69 Die Pressefreiheit, die Rundfunkfreiheit und die Filmfreiheit finden ihre Schranken in den Vorschriften der allgemeinen Gesetze, den gesetzlichen Bestimmungen zum Schutze der Jugend und in dem Recht der persönlichen Ehre (Art. 5 Abs. 2 GG). Die in dieser Klausel genannten Gesetze, aber auch andere Vorschriften der Verfassung können Beschränkungen der Medienfreiheiten zur Folge haben.
Unter den Vorschriften der **„allgemeinen Gesetze"** werden solche Rechtsvorschriften verstanden, die – ohne spezifische Zielsetzung zum Nachteil der geschützten Grundrechte – im Interesse des Gemeinwohls oder zur Sicherung der Rechte Dritter erlassen sind. Derartige Gesetze wie z. B. das bürgerliche Recht, das Strafrecht, das Polizei- und Sicherheitsrecht, das Kartellrecht (BGHZ 76, 55/67 f.), bilden Schranken der vorgenannten Grundrechte. Die zivilrechtlichen Ansprüche zur Abwehr von rechtswidrigen Störungen des Eigentums oder des allgemeinen Persönlichkeitsrechts und die strafrechtlichen Verbote, z. B. der Beleidigung und der Verleumdung, gelten auch für Presse, Rundfunk und Fernsehen. Das Bundesverfassungsgericht hat jedoch anerkannt, daß derartige schrankenziehende Gesetze als Eingriffe in die genannten Grundrechte einer Rechtfertigung bedürfen und daß diese Gesetze nur in der Weise ausgelegt und angewandt werden dürfen, daß der verfas-

sungsrechtliche Grundrechtsschutz hinreichend zur Geltung kommt (z. B. BVerfGE 30, 336 – Jugendschutz). Auch „allgemeine Gesetze", die an sich geeignet sind, den Grundrechten Schranken zu setzen, müssen im Lichte der verfassungsrechtlich gewollten Bedeutung und Tragweite der zu beschränkenden Grundrechte ausgelegt werden (BVerfGE 7, 198).
Das hat zur Folge, daß die Pressefreiheit nicht die bewußte oder leichtfertige Wiedergabe oder Weitergabe falscher Nachrichten schützt (BVerfGE 12, 113/130; 54, 208/219 f.). Die Pressefreiheit erlaubt nicht den Aufruf zum Boykott (BVerfG NJW 1985, 1181). Andererseits können sich das allgemeine Persönlichkeitsrecht und dessen zivilrechtliches Werkzeug, der Unterlassungs- oder Beseitigungsanspruch, nicht in jedem Falle gegen die Pressefreiheit durchsetzen (vgl. BVerfGE 42, 143/153; 54, 208/216; 60, 234/240 ff.). Auch Interessen der Allgemeinheit, so die Sicherheit der Bundesrepublik, können je nach Lage des Falles den Vorrang vor den Grundrechten genießen (BVerfGE 21, 239/243).
Den besonderen Anforderungen des Art. 5 Abs. 2 GG sind nur solche Gesetze unterworfen, die die genannten Grundrechte **einschränken** oder **beeinträchtigen** können. Davon sind solche Gesetze zu unterscheiden, die die grundrechtlich geschützte Freiheit lediglich näher ausgestalten, wie z. B. die Rundfunkgesetze, die den öffentlich-rechtlichen Rundfunk organisieren. Derartige das Grundrecht ausgestaltende Gesetze sind anhand der grundrechtlichen Gewährleistung selbst zu beurteilen; sie sind nicht „allgemeine Gesetze" i. S. d. Art. 5 Abs. 2 GG.

O.-F. FRHR. VON GAMM, Persönlichkeitsschutz und Massenmedien, NJW 1979, 513.

9. Schule und Bildung, Wissenschaft und Kunst

Die staatliche Schulaufsicht

70 Das Schulrecht und das Schulwesen sind Sache der Länder. Das Grundgesetz enthält jedoch in Art. 7 (dazu Art. 141 – „Bremer Klausel") und Art. 6 Abs. 2 GG eine Reihe von grundsätzlichen Bestimmungen, an die sich die Länder bei der Ausgestaltung des Schulwesens zu halten haben. Die meisten Landesverfassungen haben in z. T. sehr ausführlichen Abschnitten über „Bildung und Schule" (so Art. 128 f. BayVerf) oder „Erziehung und Unterricht" (so Art. 26 f. BremVerf) Organisationsgrundsätze, Erziehungsziele und sonstige materielle Direktiven für das Schulwesen aufgestellt.
Das gesamte Schulwesen steht unter der Aufsicht des Staates (Art. 7 Abs. 1 GG). In der Formulierung und im Inhalt dieses leitenden Grundsatzes der Schulverfassung, der sich historisch vor allem gegen die frühere geistliche Schulaufsicht richtete, knüpft das Grundgesetz an Art. 144 WeimRVerf an. Anders als im modernen Sprachgebrauch des Verwaltungsrechts, in dem „Aufsicht" in der Regel die rechtliche oder fachliche Beaufsichtigung eines nichtstaatlichen Verwaltungsträgers, z. B. einer Gemeinde, durch staatliche Behörden meint, ist in Art. 7 Abs. 1 GG der ältere Aufsichtsbegriff fortgeführt, der eine umfassende Organisations-, Bestimmungs- und Leitungsbefugnis bedeutet.

Unter **Schulaufsicht** sind dementsprechend alle staatlichen Aufgaben und Befugnisse zu verstehen, die sich auf die organisatorische Gestaltung, die Planung, die Leitung und die Beaufsichtigung des Schulwesens einschließlich der Entscheidung über die Erziehungsziele, die Unterrichtsinhalte und die Prüfungsanforderungen richten. Der Staat übt in der Schulerziehung durch die Schulaufsicht einen eigenen **Erziehungsauftrag** aus (BVerfGE 34, 165/183; 41, 29/44). Ein wesentlicher Gegenstand der Schulaufsicht in diesem weiten Sinne ist die **Gliederung des Schulwesens** in allgemeinbildende und berufsbildende Schulen, in Volksschulen, Realschulen und höhere Schulen oder aber in Gesamtschulen. ,,Das Grundgesetz gibt keinen Maßstab für die pädagogische Beurteilung von Schulsystemen" (BVerfGE 34, 165/185). Im Rahmen der durch Art. 7 GG gewährleisteten Schulhoheit ist es den Ländern auch freigestellt, ob sie in nicht bekenntnisfreien Gemeinschaftsschulen ein freiwilliges, überkonfessionelles **Schulgebet** außerhalb des Religionsunterrichts zulassen. Die ,,negative Religionsfreiheit" (Art. 4 GG) einzelner dissentierender Schüler oder Eltern wird dadurch nicht verletzt, wenn sie frei und ohne Zwang über die Teilnahme am Gebet entscheiden können (BVerfGE 52, 223. – Dazu E.-W. BÖCKENFÖRDE, DÖV 1966, 30 und 1980, 323; K. HESSE, ZevKR 25, 1980, S. 239; U. SCHEUNER, DÖV 1980, 513).

Daß eine Aufgabenstellung, Entscheidungsbefugnis oder Gestaltungsmöglichkeit von der ,,Aufsicht" des Staates erfaßt wird, unter der das gesamte Schulwesen steht, besagt noch nichts darüber, ob die in Betracht kommende Regelung **durch Gesetz** oder durch Rechtsverordnungen, Verwaltungsvorschriften oder sonstige Entscheidungen der Exekutive zu treffen ist. In neuerer Zeit hat sich unter maßgeblicher Einwirkung der Entscheidungspraxis des Bundesverfassungsgerichts die Auffassung durchgesetzt, daß alle wesentlichen und grundlegenden Entscheidungen über das Schulwesen und über die Ausgestaltung des Rechtsverhältnisses des Schulträgers zu den Schülern durch Gesetz getroffen werden müssen, so die Einführung einer obligatorischen Förderstufe (BVerfGE 34, 165), die wesentliche Neuordnung des gymnasialen Oberstufe (BVerfGE 45, 400), die Einführung und Ausgestaltung eines Sexualkundeunterrichts (BVerfGE 47, 46) und die Regelungen über den Ausschluß aus einer Schule (BVerfGE 41, 251; 58, 257). Diese gegenständliche Ausdehnung des **Gesetzesvorbehaltes** im Schulwesen, die nach den Grundsätzen der ,,Wesentlichkeitsdoktrin" auf rechtsstaatliche und demokratische Erfordernisse gestützt worden ist, hat die fraglichen Gestaltungen und Entscheidungen sowohl der Bestimmungsgewalt der Exekutive als auch der pädagogisch bestimmten Festlegung durch Schule oder Lehrer entzogen. Insgesamt ist es dadurch zu einer weitreichenden ,,Verrechtlichung" des Schulwesens gekommen.

Die staatliche Schulaufsicht wird durch verschiedene Verfassungsvorschriften begrenzt, die das Elternrecht (Art. 6 Abs. 2, 7 Abs. 2 GG), die Garantien zugunsten des kirchlichen Religionsunterrichts (Art. 7 Abs. 3 GG) und das Selbstverwaltungsrecht der Gemeinden (Art. 28 Abs. 2 GG) schützen.

Art. 7 GG überläßt es dem demokratischen Landesgesetzgeber, den **religiösweltanschaulichen Charakter** der öffentlichen Schulen unter Berücksichtigung der Grundrechte des Art. 4 GG zu bestimmen. Aufgabe des Gesetzgeber ist es, in der von ihm gewählten Schulform, z. B. der christlichen Gemein-

Schule und Bildung, Wissenschaft und Kunst   71 C

schaftsschule, eine „Konkordanz" der verschiedenen betroffenen Verfassungsgüter herzustellen und dabei auch einen Ausgleich zwischen „negativer" und „positiver" Religionsfreiheit zu schaffen. Eltern und Kinder, die eine religiöse Erziehung ablehnen, dürfen ebensowenig in einen verfassungsrechtlich unzumutbaren Glaubens- und Gewissenskonflikt geführt werden, wie Eltern und Kinder, die eine bekenntnisgebundene religiöse Erziehung wünschen. Dieser Konflikt ist u. a. dann vermieden, wenn in einer christlichen Gemeinschaftsschule sich die Bejahung des Christentums in den profanen Fächern in erster Linie auf die Anerkennung des prägenden Kultur- und Bildungsfaktors, wie er sich in der abendländischen Geschichte herausgebildet hat, bezieht, nicht aber auf die Glaubenswahrheit (BVerfGE 41, 29 – christliche Gemeinschaftsschule badischer Überlieferung; 41, 65 – bayerische Gemeinschaftsschule; 41, 88 – Gemeinschaftsschule in Nordrhein-Westfalen. – Dazu H. WEBER, JuS 1976, 462).

Bericht der Bundesregierung über die strukturellen Probleme des föderativen Bildungssystems, mit Ergänzungen und Schlußfolgerungen, BTag Drucks. 8/1551, 1956. – A. FRHR. V. CAMPENHAUSEN; Erziehungsauftrag und staatliche Schulträgerschaft, 1967; TH. OPPERMANN, Kulturverwaltungsrecht, 1969; DERS., Bildung, in: I. V. MÜNCH (Hrsg.), Besonderes Verwaltungsrecht, 7. Aufl., 1985, S. 686; H. HECKEL, Einführung in das Erziehungs- und Schulrecht, 1977; R. SCHOLZ/H. BISMARK, Schulrecht zwischen Parlament und Verwaltung, Gutachten für die Kommission Schulrecht des Deutschen Juristentages, in: Schule im Rechtsstaat, Bd. II, 1980, S. 73; N. NIEHUES, Schul- und Prüfungsrecht, 2. Aufl., 1983; P. J. TETTINGER, Die politischen und kulturellen Freiheitsrechte der Landesverfassungen in der Rechtsprechung der Landesverfassungsgerichte, in: CHR. STARCK/K. STERN (Hrsg.), Landesverfassungsgerichtsbarkeit, 1983, III, S. 271; TH. MAUNZ, Schule und Religion in der Rechtsprechung des Bundesverfassungsgerichts, in: Festschrift für H. J. Faller, 1984, S. 175.

Die Privatschulfreiheit

Das in Art. 7 Abs. 4 und 5 GG gewährleistete Recht zur Errichtung von   71
privaten Schulen ist ein Grundrecht des privaten Schulträgers, für dessen Inhalt und Schranken die Verfassung selbst eine Reihe von Bestimmungen trifft. Für private Schulen als Ersatz für öffentliche Schulen und unter diesen in gesteigertem Maße für die privaten Volksschulen werden die Anforderungen näher umrissen, bei deren Erfüllung der private Schulträger ein subjektiv öffentliches Recht auf **Zulassung der privaten Schule** hat. Da bei diesen „Ersatzschulen" die private Schule an die Stelle einer öffentlichen Schule tritt, soll sichergestellt werden, daß der Standard des öffentlichen Schulwesens nicht unterschritten wird. Sie unterscheiden sich deshalb von den in Art. 7 GG nicht näher behandelten „**Ergänzungsschulen**", also solchen privaten Schulen, die nicht einen Ersatz für öffentliche Schulen darstellen und in denen insbes. nicht die Schulpflicht erfüllt werden kann, wie z. B. Sprachschulen oder Sportschulen (BVerfGE 27, 195). Hier ist es Sache des Landesgesetzgebers, unter Respektierung der gewährleisteten Privatschulfreiheit die notwendigen Anforderungen festzulegen.
Über die Bedeutung als Grundlage subjektiver Rechte hinaus stellt die Privatschulfreiheit eine objektive Wertentscheidung dar, in der die Institution der Privatschule garantiert und damit eine immanente Grenze des staatlichen

Schulmonopols aufgerichtet wird. Für die privaten Ersatzschulen ist aus dieser Gewährleistung auch ein grundsätzlicher Anspruch des Schulträgers auf staatliche Finanzzuschüsse („Privatschulsubventionierung") abgeleitet worden (BVerwGE 23, 347; 27, 360; BVerwG NVwZ 1985, 111). Nach den Grundsätzen des Gesetzesvorbehalts bedarf eine derartige Finanzierung gesetzlicher Regelung (vgl. NdrhWestf. VerfGH DVBl. 1983, 223).

CHR. LINK, Privatschulfinanzierung und Verfassung, JZ 1973, 1; F. MÜLLER, Das Recht der Freien Schule nach dem Grundgesetz, 2. Aufl., 1982.

Recht auf Bildung?

72 Die in Deutschland bis in das 18. Jahrhundert zurückreichende und durch den Erziehungsgedanken der Aufklärung getragene Einführung einer allgemeinen Volksschulpflicht ist die erste und elementare Verwirklichung einer auf Volksbildung und Chancengleichheit abstellenden Bildungspolitik. In der folgenden Zeit haben die Verfassungen, besonders eingehend die Weimarer Reichsverfassung in ihrem Abschnitt „Bildung und Schule", Leitgrundsätze und Programmsätze für das Schul- und Bildungswesen festgelegt. Das Grundgesetz, das allgemein von einer Normierung der Lebensordnungen Abstand genommen hat, enthält – im Unterschied zu den Landesverfassungen – keine Grundsätze der Schul- und Bildungspolitik.

Die Vorstellung eines „Rechts auf Bildung" drückt ein bestimmtes bildungspolitisches Programm in der überkommenen Technik eines Grundrechts aus. Anders als die zuerst auf Abwehr bestimmter Eingriffe der öffentlichen Gewalt in Freiheit und Eigentum gerichteten Freiheitsrechte gehört der Gedanke eines Rechts auf Bildung zu den „sozialen Grundrechten", die den Grundfragen der sozialen Gerechtigkeit und der gesicherten und gleichen Teilhabe an staatlichen Leistungen gewidmet sind. Ein Recht auf Bildung als verfassungsrechtliche Gewährleistung kann über ein Recht auf gleichen Zugang zu den bestehenden Bildungseinrichtungen hinaus nur den Charakter einer durch die Gesetzgebung auszuführenden Staatszielbestimmung haben.

Einige **Landesverfassungen** enthalten Rechtszusicherungen, die der Sache nach einem Recht auf Bildung entsprechen. Art. 27 BremVerf. verspricht: Jeder hat nach Maßgabe seiner Begabung das gleiche Recht auf Bildung. Dieses Recht wird durch öffentliche Einrichtungen gesichert. In Art. 8 Abs. 1 der Verfassung von Nordrhein-Westfalen ist festgelegt: Jedes Kind hat Anspruch auf Erziehung und Bildung. Das natürliche Recht der Eltern, die Erziehung und Bildung ihrer Kinder zu bestimmen, bildet die Grundlage des Erziehungs- und Schulwesens. Die staatliche Gemeinschaft hat Sorge zu tragen, daß das Schulwesen den kulturellen und sozialen Bedürfnissen des Landes entspricht. Art. 31 der Verfassung von Rheinland-Pfalz formuliert: Jedem jungen Menschen soll zu einer seiner Begabung entsprechenden Ausbildung verholfen werden. Begabten soll der Besuch von höheren und Hochschulen, nötigenfalls aus öffentlichen Mitteln, ermöglicht werden.

Durch Art. 2 des Zusatzprotokolls zur Europäischen Konvention zum Schutze der Menschenrechte und Grundfreiheiten vom 20. März 1952 (BGBl. 1956 II S. 1880), das mit der Verbindlichkeit eines Bundesgesetzes gilt, ist bestimmt: Das Recht auf Bildung darf niemandem verwehrt werden. Der

Staat hat bei Ausübung der von ihm auf dem Gebiete der Erziehung und des Unterichts übernommenen Aufgaben das Recht der Eltern zu achten, die Erziehung und den Unterricht entsprechend ihren eigenen religiösen und weltanschaulichen Überzeugungen sicherzustellen.

K.-D. HEYMANN/E. STEIN, Das Recht auf Bildung, dargestellt am Beispiel der Schulbildung, AöR 97, 1972, S. 185; H. J. FALLER, Bestand und Bedeutung der Grundrechte im Bildungsbereich, EuGRZ 1981, S. 611.

Die freie Wahl der Ausbildungsstätte

Alle Deutschen haben das Recht, Beruf, Arbeitsplatz und Ausbildungsstätte frei zu wählen (Art. 12 Abs. 1 Satz 1 GG). Das hier garantierte selbständige Grundrecht der freien Wahl der Ausbildungsstätte steht in innerem Zusammenhang mit der zuvor genannten **Berufsfreiheit**. Die ausdrückliche Regelung dieses Rechts geht auf eine vom Parlamentarischen Rat aufgenommene Anregung der Studentenschaft zurück.

„Ausbildungsstätte" im Sinne des Grundrechts sind alle Einrichtungen des Schul- und Hochschulwesens und außerdem auch alle sonst durch den Staat bereitgestellten oder vorgeschriebenen Ausbildungseinrichtungen für einen bestimmten Beruf, wie z. B. die Referendarzeit vor der Zweiten Juristischen Staatsprüfung. Keinen Unterschied macht es, ob die „Ausbildungsstätte" durch den Staat oder durch nichtstaatliche Träger einer Ausbildungseinrichtung, wie z. B. ein Unternehmen, bereitgestellt wird.

Das gewährleistete Recht, die Ausbildungsstätte frei zu wählen, soll den freien und durch öffentliche Maßgaben grundsätzlich ungehinderten Zugang zu den Ausbildungsstätten sicherstellen. Das Grundrecht verbietet sachwidrige Beschränkungen und Diskriminierungen, gewährleistet aber nicht den freien und allein vom Willen des Interessenten abhängigen Zugang zu den Ausbildungsstätten oder gar die Schaffung oder Erweiterung von Ausbildungsstätten.

Das Recht auf freie Wahl der Ausbildungsstätte darf nur durch Gesetz oder aufgrund Gesetzes eingeschränkt werden, soweit dafür eine hinreichende und verhältnismäßige Rechtfertigung besteht (BVerfGE 33, 303/336 f.). Ein besonderer Fall einer derartigen Beschränkung ist der Numerus clausus im Hochschulwesen.

Numerus clausus

Unter „numerus clausus" (wörtlich: geschlossene Zahl) versteht man eine Regelung, durch die die Immatrikulation an einer Universität oder der sonstige Zugang zu einer Hochschule nach der Zahl der Aufzunehmenden beschränkt wird. Eine derartige Beschränkung könnte an sich aus Gründen der mangelnden Kapazität der Hochschule, aus pädagogischen Gründen oder im berufspolitischen Interesse vorgenommen werden. Die Grundrechte der Berufsfreiheit und der freien Wahl der Ausbildungsstätte haben jedoch zur Folge, daß ein Numerus clausus lediglich aus Gründen angeordnet werden darf, die in der Kapazität oder Eigenart der Hochschule liegen, deren Zugang geregelt wird. Der Gesichtspunkt der Berufspolitik oder Berufslenkung scheidet damit als sachliche Rechtfertigung für einen Numerus clausus aus.

Das Bundesverfassungericht hat in einer langen Serie von Entscheidungen die nach der Verfassung zulässigen formellen und materiellen Gestaltungen eines Numerus clausus entwickelt (insbes. BVerfGE 33, 303; 43, 34; 45, 393; 54, 173). Das Recht auf Zugang zum Hochschulstudium kann danach nur durch Gesetz oder aufgrund Gesetzes und weiter nur durch staatliche Entscheidung und nicht allein durch die Hochschule selbst beschränkt werden. Inhaltlich muß eine Regelung des Numerus clausus unter Beachtung der besonderen Bedeutung der Berufsfreiheit und nach den rechtsstaatlichen Grundsätzen der Verhältnismäßigkeit und des Willkürverbots geordnet sein. Es muß nachgewiesen werden können, daß die Beschränkung sich in den Grenzen des unbedingt Erforderlichen hält und daß die vorhandenen Ausbildungskapazitäten einer erschöpfenden Nutzung zugeführt werden. Auch die festgelegten Auswahlkriterien müssen also den verfassungsrechtlichen Anforderungen standhalten.

Gesetzliche Vorschriften über einen Numerus clausus fallen unter die allgemeinen Grundsätze des Hochschulwesens, die der Rahmengesetzgebung des Bundes unterliegen, sind im übrigen jedoch Sache der Länder. Maßgebend sind das Hochschulrahmengesetz vom 26. Januar 1976 (BGBl. I S. 185), zuletzt geändert durch Gesetz vom 14. November 1985 (BGBl. I S. 2090), der Staatsvertrag der Länder über die Vergabe von Studienplätzen vom 23. Juni 1978, die Hochschulgesetze der Länder und die aufgrund dieser Hochschulgesetze jeweils für bestimmte Zeitabschnitte erlassenen Rechtsverordnungen. Dabei ist zu unterscheiden, ob ein Numerus clausus für ein Fach insgesamt besteht oder ob er lediglich „lokal" für ein bestimmtes Fach an einer bestimmten Hochschule festgelegt ist. Im ersten Fall findet ein zentrales Verteilungsverfahren statt, dessen Durchführung in der Hand der Zentralstelle für die Vergabe von Studienplätzen in Dortmund, einer rechtsfähigen Anstalt des öffentlichen Rechts, liegt.

O. KIMMINICH, Wissenschaft in: I. v. MÜNCH (Hrsg.), Besonderes Verwaltungsrecht, 7. Aufl., 1985, S. 749.

Die Wissenschaftsfreiheit

75 Kunst und Wissenschaft, Forschung und Lehre sind frei. Die Freiheit der Lehre entbindet nicht von der Treue zur Verfassung (Art. 5 Abs. 3 GG). Das hier gewährleistete Freiheitsrecht des einzelnen Wissenschaftlers geht auf die Paulskirchen-Verfassung zurück und hat im Ausgangspunkt die Zielsetzung, die Eingriffsrechte des Dienstherrn gegenüber dem beamteten Wissenschaftler im Interesse der freien Forschung und Lehre zu beschneiden. Der persönliche und sachliche Geltungsbereich des Grundrechts ging aber von vornherein über diese engere Zielsetzung hinaus und erfaßte die wissenschaftliche Tätigkeit innerhalb und außerhalb der Universitäten und ohne Rücksicht darauf, ob der Wissenschaftler im öffentlichen Dienst tätig ist.
Liegt die erste Bedeutung der Wissenschaftsfreiheit darin, dem einzelnen Wissenschaftler Schutz gegen die öffentliche Gewalt zu bieten, die ihn wegen seiner Tätigkeit oder der wissenschaftlichen Ergebnisse, zu denen er gelangt, diskriminieren könnte oder die eine politische Inpflichtnahme anstrebt, so erschöpft sich doch die verfassungsrechtliche Bedeutung des Grundrechts

Schule und Bildung, Wissenschaft und Kunst 75 C

darin nicht. Mit der Gewährleistung der Wissenschaftsfreiheit wird eine objektivrechtliche Entscheidung dahin getroffen, daß der Staat die freie Wissenschaft, Forschung und Lehre zu sichern und zu schützen hat. Der durch den Staat wahrzunehmende Schutzauftrag gegenüber nichtstaatlichen Kräften, früher gegenüber einer möglichen Einflußnahme der Kirchen, ist geschichtlich ein wesentlicher Anlaß dafür gewesen, eine selbständige Gewährleistung der Wissenschaftsfreiheit in die Verfassungen aufzunehmen. Unter den heutigen Verhältnissen der durch das Hochschulrahmengesetz und die Landeshochschulgesetze geschaffenen „Gruppenuniversität" gewinnt die Wissenschaftsfreiheit eine neuartige Schutzwirkung gegenüber den an der Hochschulselbstverwaltung beteiligten Gruppen, die entweder zur selbständigen Forschung und Lehre nicht berechtigt sind, wie die Studenten oder das nichtwissenschaftliche Personal, oder in Forschung und Lehre nur über einen eingeschränkten korporativen oder dienstrechtlichen Status verfügen (BVerfGE 35, 79).
Die herkömmliche Betrachtung der Wissenschaftsfreiheit hat dieses Grundrecht vorzugsweise auf die **Universität** bezogen, in der Wissenschaft, Forschung und Lehre seit der Zeit des deutschen Idealismus und der Humboldtschen Universitätsreform eine geschichtlich und kulturelle einzigartige Verkörperung gefunden hatten. Dieser Gedanke ist zuerst in der Weimarer Zeit für die Auslegung der Gewährleistung (Art. 142 WeimRVerf) im Sinne eines „Grundrechts der Universität" fruchtbar gemacht worden (R. SMEND, Das Recht der freien Meinungsäußerung, VVDStRL 4, 1928 S. 44; A. KÖTTGEN, Das Grundrecht der deutschen Universität, 1959). Das geltende Verfassungsrecht schließt zwar den Schutz der **Autonomie** der wissenschaftlichen Hochschulen, also der akademischen Selbstverwaltung, gegenüber dem Staat ein, so daß auch die wissenschaftlichen Hochschulen als Grundrechtsberechtigte des Art. 5 Abs. 3 GG auftreten können. Das Grundrecht ist jedoch nicht eine Art institutionelle Garantie der Universität oder der wissenschaftlichen Hochschule in ihrer überkommenen Gestalt. Der Gestaltungsfreiheit des Gesetzgebers sind demnach in dieser Richtung Grenzen nicht gesetzt. Dem Staat kommt im Bereich der von den Universitäten und Hochschulen getragenen Wissenschaft eine Organisationsbefugnis zu (BVerfGE 67, 202/207f.).
Gegenstand der Gewährleistung sind die Freiheit der Wissenschaftler in Forschung und Lehre und die Freiheit der Wissenschaft einschließlich ihrer Verkörperung in der **Selbstverwaltung** der wissenschaftlichen Hochschulen. Dem Gegenstand nach sind damit die wissenschaftliche Tätigkeit und, soweit diese in Universitäten, wissenschaftlichen Hochschulen oder anderen öffentlich-rechtlichen Einrichtungen ausgeübt wird, deren unmittelbare organisatorische Bedingungen geschützt. Kein Gegenstand der Wissenschaftsfreiheit sind jedoch die sachliche und personelle Ausstattung der Wissenschaftseinrichtungen und deren Finanzierung. Das Grundrecht gewährt dem einzelnen Hochschullehrer keinen selbständigen Anspruch auf eine bestimmte Ausstattung (BVerwG NJW 1978, 842).
Mit der besonderen Einschärfung, daß die Freiheit der Lehre nicht von der **Treue zur Verfassung** entbindet, hat das Grundgesetz auf wirkliche oder vermeintliche Mißbräuche des Katheders in der Weimarer Republik reagiert, vorzugsweise durch Staatsrechtslehrer, denen eine Feindschaft gegenüber der

republikanischen Verfassung zugeschrieben wurde. Soweit diese „Treueklausel" den Mißbrauch des Katheders zu politischer Indoktrinierung oder Agitation verbietet, drückt sie eine der Wissenschaftsfreiheit ohnehin immanente Grenze aus. Die sachliche Kritik an der Verfassung, an den Verfassungseinrichtungen und an den bestehenden politischen Zuständen wird durch die Klausel nicht untersagt.

CH. FLÄMIG u. a. (Hrsg.), Handbuch des Wissenschaftsrechts, 2 Bde., 1982.

Die Kunstfreiheit

76 Die Freiheit der Kunst ist ein Grundrecht, das den Künstler selbst als denjenigen, der Kunstwerke hervorbringt, sowie den Künstler und andere Personen schützt, die an der öffentlichen Darstellung und Verbreitung von Kunstwerken beteiligt sind. Wie die Wissenschaftsfreiheit ist die Kunstfreiheit auch die Gewährleistung einer bestimmten kulturellen Lebensordnung, der die Verfassung eine freie und selbstbestimmte Wirksamkeit sichern will. Als objektive Wertentscheidung für die Freiheit der Kunst stellt Art. 5 Abs. 3 GG dem modernen Staat zugleich die Aufgabe, ein freiheitliches Kunstleben zu erhalten und zu fördern (BVerfGE 36, 321/331). Dieser kulturstaatliche Schutz- und Förderungsauftrag zielt, soweit das Grundrecht der Kunstfreiheit die Grundlage ist, nicht auf die Förderung der Kunst schlechthin, sondern auf den Schutz und die Förderung der Freiheit der Kunst.
Die freie und selbstbestimmte Tätigkeit des Künstlers und dessen Wirken auf sein Publikum dürfen durch Gesetz oder aufgrund Gesetzes nur eingeschränkt werden, wenn überragende und von der Verfassung anerkannte Gemeinschaftsinteressen dies erfordern. Die staatliche oder kommunale Kunstförderung, z. B. durch das Filmförderungsgesetz vom 25. 6. 1979 (BGBl. I S. 803), darf durch ihre Art und ihre Auswirkungen das freie und selbstbestimmte Tätigwerden und Wirken des Künstlers nicht willkürlich beeinträchtigen. Doch steht das Grundrecht nicht von vornherein und grundsätzlich der Festlegung positiver und qualitativer Merkmale für Förderungsentscheidungen, also einer staatliche Kulturpolitik, entgegen (vgl. BVerfGE 36, 321/330ff.). Das Grundrecht kann auch einem privatrechtlichen Unterlassungsanspruch entgegengehalten werden (BGH JZ 1975, 637, mit Anm. H. HUBMANN).
Indem die Verfassung der „Kunst" zusichert, daß sie frei sei, setzt sie die Existenz von Kriterien voraus, nach denen eine bestimmte Handlungsweise oder ihr Produkt, also ein Bild, eine Skulptur, ein Schriftwerk, eine Theateraufführung usw., die Eigenschaft haben, „Kunst" zu sein. Da die Verfassung einen undefinierten Schutzgegenstand nicht rechtlich schützen kann, muß es einen verfassungsrechtlichen Kunstbegriff geben (sh. BVerfGE 30, 173/188f.; 67, 213). Tradition und Anschauung führen dazu, daß Kunst durch eine bestimmte Qualität eigenschöpferischer Formgebung, nicht notwendig der „Schönheit", gekennzeichnet ist; diese Besonderheit der künstlerischen Tätigkeit und öffentlichen Wirksamkeit ist es, die den Grund für eine selbständige Verfassungsgarantie gegeben hat. Der Gesetzgeber und kraft gesetzlicher Ermächtigung die Exekutive können nach dem Leitmaß des Grundrechts und der kulturellen Praxis über die sachliche Abgrenzung der als „Kunst" ge-

Die Grundrechte der wirtschaftlichen Freiheit

schützten Tätigkeiten befinden. Die Auffassung, daß das Grundrecht der Kunstfreiheit ein „Definitionsverbot" zu Lasten des Staates enthalte, läuft auf die abstruse Vorstellung hinaus, daß der einzelne letztverbindlich darüber entscheiden könnte, ob seine Handlungsweise den Schutz eines Grundrechtes in Anspruch nehmen kann.

W. Knies, Schranken der Kunstfreiheit als verfassungsrechtliches Problem, 1967; Ders., Freiheit der Kunst im kunstfördernden Staat, AfP 1978, S. 57; F. Müller, Freiheit der Kunst als Problem der Grundrechtsdogmatik 1969; P. Lerche, Schranken der Kunstfreiheit, AfP 1973, 496; P. Kirchhof, Die Garantie der Kunstfreiheit im Steuerstaat des Grundgesetzes, NJW 1985, 225; P. Häberle, Die Freiheit der Kunst im Verfassungsstaat, AöR 110, 1985, S. 577; J. Hoffmann, Kunstfreiheit und Sacheigentum, NJW 1985, 237.

10. Die Grundrechte der wirtschaftlichen Freiheit

Berufsfreiheit

Beruf und Arbeit sind für den einzelnen materielle Bedingung der Lebensführung und Chance der freien Entfaltung der Persönlichkeit. Durch das Grundrecht der Berufsfreiheit gewährleistet die Verfassung für alle Deutschen das Recht, frei einen Beruf zu wählen und bei der Ausübung des Berufes nur durch solche gesetzliche Regelungen beschränkt zu werden, die im öffentlichen Interesse erforderlich sind. Mit der Zusicherung der Berufsfreiheit unterscheidet sich das Grundgesetz von der Weimarer Reichsverfassung, die sich auf die Verankerung der überkommenen Gewerbefreiheit beschränkt hatte (Art. 151 Abs. 3 WeimRVerf). Die sachlich einen Ausschnitt aus der Berufsfreiheit bildenden Rechte, Arbeitsplatz und Ausbildungsstätte frei zu wählen, sind selbständig geschützt (Art. 12 Abs. 1 GG); RNrn. 73, 88. Kern dieser Rechte ist die freie Entscheidung des einzelnen darüber, in welcher Weise er sich die materiellen Voraussetzungen seiner Lebensführung und Daseinsgestaltung beschaffen will, nicht etwa die verfassungsrechtliche Zusicherung, in dem selbst gewählten Beruf unterzukommen oder eine ausreichende Subsistenz zu erlangen.

Da das Grundrecht gerade die freie Entscheidung des einzelnen über die berufliche Daseinssicherung und Persönlichkeitsentfaltung garantieren will, darf der den sachlichen Schutzbereich des Grundrechts bestimmende Begriff des „Berufs" nicht auf solche soziale Tatbestände beschränkt werden, die nach der gesellschaftlichen Praxis oder der staatlichen Regelung für die allgemeine Anschauung ein akzeptiertes „Berufsbild" darstellen. Beruf ist jede erlaubte, für eine bestimmte Dauer und nicht nur vorübergehend ausgeübte wirtschaftliche Betätigung des einzelnen, die der Schaffung und Erhaltung einer Lebensgrundlage dient, sei es in einem freien Beruf, als Unternehmer oder Handwerker oder sonst in einer selbständigen Wirtschaftstätigkeit, sei es in abhängiger Arbeit. Darunter können sowohl bekannte und in ihren Merkmalen weitgehend festliegende Erwerbstätigkeiten fallen, wie z. B. die des Arztes oder des Bauern, ebenso aber auch untypische und von keinem traditionellen oder rechtlich fixierten „Berufsbild" erfaßte Betätigungen, mit denen der einzelne einen frei bestimmten Beitrag zur Erwirtschaftung des Sozialprodukts leisten will. Auch **juristische Personen des Privatrechts** können sich auf das Grundrecht der Berufsfreiheit berufen (Art. 19 Abs. 3 GG). Eine Handelsgesellschaft kann zwar nicht einen „Beruf" im Sinne des allgemeinen Sprachgebrauchs wählen oder ausüben, in ihr findet aber mit einem mehr oder weniger großen „personalen Bezug" die berufliche Entscheidung und Tätigkeit einzelner ein Wirkungsfeld. Auch die freie Bestimmung des Unternehmenszwecks und die zur Erfüllung des Unternehmenszwecks entfaltete gewerbliche Tätigkeit der juristischen Person werden vom Schutz der Berufsfreiheit umfaßt, mag auch der soziale Bezug der Unternehmenstätigkeit dem Gesetzgeber eine weiterreichende Regelungsbefugnis eröffnen (BVerfGE 50, 290/363 – Mitbestimmungsgesetz).

Der Wortlaut der Verfassungsbestimmung, mit der die Berufsfreiheit gewährleistet wird, macht einen Unterschied zwischen der freien **Wahl** des Berufes und der Berufs**ausübung**, über die gesagt ist, daß sie durch Gesetz oder aufgrund eines Gesetzes geregelt werden könne. Die Unterscheidung von Wahl und Ausübung des Berufes bringt das unterschiedliche Maß der Regelungs- und Eingriffsbefugnis des Gesetzgebers zum Ausdruck, mit dem Inhalt und Schranken des einheitlichen Grundrechts der Berufsfreiheit in abgestufter Weise geregelt werden dürfen (BVerfGE 7, 377 – Apotheken-Urteil, dazu P. LERCHE, BayVBl. 1958, 231). Die Anforderungen, die im Interesse der Allgemeinheit oder zum Schutz Dritter an die Berufsausübung gestellt werden müssen, können bereits den **Zugang** zu einem Beruf berühren, etwa im Hinblick auf eine notwendige Sachkunde, und müssen dem Gesetzgeber deshalb auch Regelungsbefugnisse im Hinblick auf die Wahl des Berufes geben. Unter diesem Blickwinkel ist es dem Gesetzgeber auch nicht verwehrt, unter Wahrung der freiheitsrechtlichen Anforderungen des Grundrechts in ausgestaltender und auch beschränkender Regelung typisierend „**Berufsbilder**" festzulegen, wie es hauptsächlich für das Handwerk und eine Reihe freier Berufe geschehen ist, z. B. für die Ärzte und andere Heilberufe, für die Apotheker, für die Rechtsanwälte, für die Wirtschaftsprüfer, für die Steuerberater und für die Architekten. Soweit eine Berufstätigkeit die Erfüllung staatlicher Aufgaben betrifft, wie bei den Beamten, oder wegen zwingender Erfordernisse des Gemeinwohls eine Ausgestaltung als „staatlich gebundener Beruf" fordert, wie bei den Notaren, werden die freiheitsrechtlichen Garantien des Art. 12 Abs. 1 GG durch die Anerkennung hoheitsrechtlicher Erfordernisse kraft Art. 33 Abs. 4 und 5 GG eingeschränkt.

Die Regelungs- und Eingriffsbefugnisse des Gesetzgebers im Bereich der Berufsfreiheit sind in der Rechtsprechung des Bundesverfassungsgerichts nach dem Maße des Grundsatzes der Verhältnismäßigkeit in einer „**Stufentheorie**" geordnet und begrenzt worden. Danach muß das Gewicht eines eine Einschränkung der Berufsfreiheit rechtfertigenden öffentlichen Interesses um so schwerer wiegen, desto einschneidender es sich auf die freie Wahl des Berufes auswirkt. Die Berufsausübung kann gesetzlich geregelt werden, soweit vernünftige Erwägungen des Gemeinwohls es zweckmäßig erscheinen lassen; der grundrechtliche Schutz erschöpft sich hier in der Abwehr unverhältnismäßiger und willkürlicher Regelungen (BVerfGE 30, 292/316; 46, 246/256f.). Demgegenüber darf die freie Wahl des Berufes nur eingeschränkt werden, wenn und soweit der Schutz besonders wichtiger Gemeinschaftsgüter es zwingend gebietet. Die gesetzlichen Bestimmungen, durch die die freie

Die Grundrechte der wirtschaftlichen Freiheit   78 C

Berufswahl eingeschränkt wird, können typischerweise subjektive oder objektive Zulassungsvoraussetzungen sein; die intensiver wirkenden objektiven Zulassungsvoraussetzungen dürfen nur vorgesehen werden, wenn die weniger einschneidenden subjektiven Zulassungsvoraussetzungen nicht ausreichen, um das Gemeinschaftsinteresse zu sichern. **Subjektive Zulassungsvoraussetzungen** sind hauptsächlich Anforderungen der Sachkunde oder der Zuverlässigkeit für die Aufnahme und die Fortsetzung einer Berufstätigkeit (BVerfGE 13, 97 – Handwerk; 19, 330 – Einzelhandel). **Objektive Zulassungsvoraussetzungen**, z. B. durch eine Bedürfnisprüfung oder eine Kontingentierung der Berufszulassung, dürfen nur festgelegt werden, wenn das zur Abwehr nachweisbarer höchstwahrscheinlicher schwerer Gefahren für ein überragend wichtiges Gemeinschaftsgut erforderlich ist (BVerfGE 7, 377; 25, 1).
Dadurch daß das Grundgesetz die Berufsfreiheit allen **Deutschen** zusichert, bleibt es der politischen Entscheidung des Gesetzgebers überlassen, in welcher Weise er die Berufstätigkeit von Ausländern regeln will. Das Grundrecht bildet deswegen kein Hindernis dafür, bei ausländischen Arbeitnehmern eine Arbeitserlaubnis zu fordern (vgl. § 19 ArbFördG). Angehörige der Mitgliedstaaten der Europäischen Gemeinschaften können allerdings gem. Art. 48 ff. EWG-Vertrag das Recht der Freizügigkeit, die Niederlassungsfreiheit und die Dienstleistungsfreiheit in Anspruch nehmen.

H. SCHOLTISSEK, Die Berufsfreiheit und der Regelungsvorbehalt des Art. 12 Abs. 1 GG, in: Festgabe für Günther Küchenhoff, 1967, S. 203; H. H. RUPP, Das Grundrecht der Berufsfreiheit in der Rechtsprechung des Bundesverfassungsgerichts, AöR 92, 1967, S. 212; P. J. TETTINGER, desgl., AöR 108, 1983, S. 92; H. P. SCHNEIDER/H. LECHELER, Artikel 12 GG – Freiheit des Berufs und Grundrecht der Arbeit, VVDStRL 43, 1985, S. 7, 48.

Unternehmensfreiheit

Das allgemeine Freiheitsrecht, das jedem das Recht auf die freie Entfaltung seiner Persönlichkeit zusichert, soweit er nicht die Rechte anderer verletzt und nicht gegen die verfassungsmäßige Ordnung oder das Sittengesetz verstößt, gibt allen Handlungsmöglichkeiten des einzelnen einen Schutz, also auch der Teilnahme an der wirtschaftlichen Produktion, an dem Anbieten von Dienstleistungen und an der sonstigen Teilnahme am Wirtschaftsverkehr. Soweit nicht die spezielleren Grundrechte der wirtschaftlichen Freiheit, wie insbes. die Berufsfreiheit oder die Eigentumsgarantie, wirtschaftlichem Handeln einen grundrechtlichen Schutz bieten, ist die Berufung auf das Grundrecht des Art. 2 Abs. 1 GG möglich.
Eine selbständig entwickelte Erscheinungsform der wirtschaftlichen Handlungsfreiheit nach Art. 2 Abs. 1 GG ist die Unternehmensfreiheit. Mit ihr erhält die Freiheit der unternehmerischen Entscheidungen über die Art und Weise, in der auf den Unternehmenserfolg hingearbeitet werden soll, über den Einsatz der Betriebs- und Investitionsmittel und über das Verhalten des Unternehmens im marktwirtschaftlichen Wettbewerb einen grundrechtlichen Schutz, soweit nicht die besonderen Wirtschaftsfreiheiten einschlägig sind (vgl. BVerfGE 4, 7/15 f.; 29, 260/267; 50, 290/363). Ein selbstbestimmter Spielraum unternehmerischer Initiative und Entscheidung ist unantastbar.

78

Vertragsfreiheit

79 Zu der durch Art. 2 Abs. 1 GG gewährleisteten Freiheit im wirtschaftlichen Verkehr gehört auch die Vertragsfreiheit, die in der Weimarer Reichsverfassung als ein selbständiges Grundrecht garantiert worden war (Art. 152 Abs. 1 WeimRVerf). Das Grundgesetz erkennt damit eine „Freiheit rechtsgeschäftlichen Handelns" an, deren wesentlicher Ausdruck die Vertragsfreiheit ist (BVerfGE 8, 274/328f.; 65, 196).
Die Vertragfreiheit ist ein Ausschnitt aus der **Privatautonomie**. Vertragsfreiheit bedeutet, durch rechtsgeschäftliche Willenseinigung mit einer anderen Vertragspartei gegenseitige Rechte und Pflichten begründen zu können, und zwar auf der Grundlage einer rechtlich freien Entscheidung darüber, ob überhaupt ein Vertrag geschlossen werden soll, mit wem der Vertrag geschlossen werden soll und welchen Inhalt der Vertrag haben soll. Der grundrechtliche Schutz der Vertragfreiheit unterwirft gesetzliche Regelungen, mit denen der Abschluß von Verträgen an bestimmte Anforderungen gebunden oder einer Genehmigungspflicht unterworfen wird, der verfassungsrechtlichen Anforderung, daß die Beschränkung der Vertragsfreiheit im öffentlichen Interesse geboten und verhältnismäßig sein muß.
Der Abschluß von Verträgen zur Wahl oder Ausübung eines Berufes, zur Nutzung des Eigentums oder zum Zusammenwirken mit anderen in einem Verein oder einer Gesellschaft fällt in den sachlichen Anwendungsbereich der spezielleren Grundrechte der Berufsfreiheit, der Eigentumsgarantie und der Vereinigungsfreiheit.

L. RAISER, Vertragsfunktion und Vertragfreiheit, in: Hundert Jahre Deutsches Rechtsleben, 1960, Bd. I, S. 101; H. HUBER, Die verfassungsrechtliche Bedeutung der Vertragsfreiheit, 1966.

Allgemeine Wirtschaftsfreiheit

80 Die Unternehmensfreiheit und die Vertragsfreiheit sind zwei besondere Ausprägungen der allgemeinen wirtschaftlichen Handlungsfreiheit, die durch Art. 2 Abs. 1 GG geschützt ist. Grundlage dafür, derartige Teilfreiheiten aus der allgemeinen Handlungsfreiheit des Art. 2 Abs. 1 GG abzuleiten, ist die allgemein anerkannte Auffassung, daß dieses – allerdings nur subsidiär wirkende – Grundrecht die Handlungsfreiheit des einzelnen auch auf wirtschaftlichem Gebiet schützt und daß damit die privatautonome und privatwirtschaftliche Betätigung auch außerhalb der Berufstätigkeit im Sinne des Art. 12 Abs. 1 GG und der Nutzung des Eigentums i. S. d. Art. 14 GG freiheitsrechtlichen Schutz genießt. In der Reihe der durch das Grundgesetz anerkannten und gewährleisteten Grundrechte der wirtschaftlichen Freiheit nimmt damit der Art. 2 Abs. 1 GG die Stellung einer subsidiär geltenden allgemeinen Wirtschaftsfreiheit ein.

Eigentumsgarantie

81 Durch das Grundrecht der Eigentumsgarantie (Art. 14 GG) wird das Eigentum verfassungsrechtlich gewährleistet. Es werden die erworbenen und bestehenden vermögenswerten Rechte der einzelnen, die die Verfassung als

Die Grundrechte der wirtschaftlichen Freiheit   81   C

„Eigentum" bezeichnet, geschützt und es wird darüber hinaus und zur Verstärkung dieser subjektiven Schutzwirkung das Eigentum als eine Einrichtung der Rechtsordnung gewährleistet, die eine individuelle, privatautonome und privatwirtschaftliche Zuordnung, Nutzung und sonstige Verwendung vermögenswerter Rechte ermöglicht und ordnet.
Das „Eigentum" im Sinne des Grundrechts ist zuerst das Recht an einer Sache, das die Privatrechtsordnung als Eigentum hervorgebracht und geregelt hat, das sogenannte sachenrechtliche Eigentum. Im Hinblick auf den verfassungspolitischen Sinn der Eigentumsgarantie, dem einzelnen einen „Freiheitsraum im vermögensrechtlichen Bereich" zu erhalten und ihm damit die Entfaltung und eigenverantwortliche Lebensgestaltung zu ermöglichen (BVerfGE 51, 193/218), greift der Schutzbereich der Eigentumsgarantie weit über diesen sachenrechtlichen Eigentumsbegriff hinaus. „Eigentum" im Sinne des Grundrechts sind alle vermögenswerten Rechte des Privatrechts sowie diejenigen vermögenswerten Rechtspositionen des öffentlichen Rechts, die nicht nur auf staatlicher Gewährung oder Zuteilung beruhen, soweit das Schutzziel der Eigentumsgarantie nach dem rechtsstaatlichen Grundgedanken der Sicherung von individueller Freiheit und materiellen Vertrauenstatbeständen eine Gleichbehandlung mit den privatrechtlichen Vermögensrechten verlangt. Die bedeutsamsten öffentlich-rechtlichen Rechtsstellungen, denen der Schutz der Eigentumsgarantie zukommt, sind die Anwartschaften und Ansprüche auf Renten aus der Sozialversicherung (BVerfGE 53, 257; 54, 11; BVerfG DVBl. 1985, 1015). Zu den geschützten Rechten des Privatrechts gehören z. B. Geldforderungen, gesellschaftsrechtliche Mitgliedschaftsrechte („Anteilseigentum"; vgl. BVerfGE 50, 290) und Rechtstellungen des Urheberrechts und des gewerblichen Rechtsschutzes (BVerfGE 31, 229; 31, 275; 36, 281; 49, 382; 51, 193/216ff.).
Stets muß es sich um nach der Rechtsordnung bestehende, konkrete Rechte eines individuellen Rechtsinhabers handeln. Das Vermögen einer Person im ganzen oder der wirtschaftlich errechenbare Wert einer Sache oder eines Rechtes, ebenso faktische oder rechtlich mögliche Aussichten, Chancen oder Gewinnerwartungen, sind nicht Eigentum im Sinne des Grundrechts. Die Eigentumsgarantie bezieht sich also auf Rechte, die nach der jeweils bestehenden Rechtsordnung entstanden sind und einem einzelnen zustehen. Diese Rechte erhalten durch das Grundrecht einen verfassungsrechtlichen Schutz gegen ungerechtfertigte Entziehung oder Beeinträchtigung. Außerdem gibt das Grundrecht dem Gesetzgeber eine Richtlinie für die Ausgestaltung der Rechtsordnung, soweit es sich um die Sphäre vermögenswerter Rechte der einzelnen handelt (BVerfGE 24, 367; 58, 300). Die subjektive Wirkung des Grundrechts wird als **„Rechtsstellungsgarantie"**, seine objektivrechtliche Wirkung als **„Instituts-"** oder **„Einrichtungsgarantie"** bezeichnet.
Für den einzelnen ist das Eigentum eine materielle Sicherung seiner Lebensführung, letztlich seiner wirtschaftlichen Unabhängigkeit und seiner Freiheit. Für die Gesellschaft bedeutet die Existenz privaten und privatwirtschaftlich nutzbaren Eigentums die Grundlage einer Ordnung privaten Interesses und privater Initiative unter den Bedingungen einer dezentralisierten Wirtschaft, aber auch den Auftrag für den Gesetzgeber, soziale Gerechtigkeit und Kontrolle wirtschaftlicher Macht gegenüber den Gefahren und Nachteilen einer

139

C 81 Die Grundrechte

privatautonomen Eigentumsnutzung und Güterzuteilung zu sichern. Die **Sozialgebundenheit** des Eigentums (Art. 14 Abs. 2 GG) ist nur der Sammelname für die vielfältigen Veränderungen des Inhalts und der Schranken des Eigentums, die durch die sozialstaatlichen Aufgaben hervorgebracht worden sind. Zu diesen Erscheinungen gehören die steuerstaatliche Umverteilung, die Wirtschaftssteuerung durch Konjunktur-, Wachstums- und Strukturpolitik und die Mitbestimmung der Arbeitnehmer im Unternehmen. Die Gesellschafts- und Wirtschaftspolitik des Sozialstaates bleibt im Rahmen des nach der Eigentumsgarantie Zulässigen, soweit nicht die Privatnützigkeit des Eigentums mißachtet wird oder im Einzelfall eine enteignende Wirkung eintritt. Verschiedene Programme und Projekte der „Wirtschaftsdemokratie", der Investitionslenkung, der paritätischen Unternehmensbestimmung und der Vermögensbildung mit Hilfe überbetrieblicher Fonds überschreiten diese Grenze. Für die Möglichkeit einer Sozialisierung gilt die besondere Vorschrift des Art. 15 GG.

Inhalt und Schranken des Eigentums werden durch die Gesetze bestimmt (Art. 14 Abs. 1 Satz 2 GG), die je nach der Eigenart der vermögenswerten Rechte den sozialen Bezug und die Sozialgebundenheit des Eigentums als Richtschnur nehmen. Die Bindungsklausel des Art. 14 Abs. 2 GG: „Eigentum verpflichtet. Sein Gebrauch soll zugleich dem Wohle der Allgemeinheit dienen" schärft ausdrücklich ein, daß bei der Gesetzgebung über das Eigentum auch die Anforderungen der sozialen Gerechtigkeit zur Geltung gebracht werden müssen. Dies gilt in besonderem Maße für das Grundeigentum und für das Wirtschaftseigentum, bei denen der „soziale Bezug" und die „soziale Funktion", auf die das Bundesverfassungsgericht formelhaft abstellt (BVerfGE 52, 1/32), ein augenfälliges Gewicht haben. Kraft der grundrechtlichen Gewährleistung des Eigentums muß die dem Gesetzgeber abverlangte Ausgleichs- und Ordnungsentscheidung die maßgebliche Funktion des Eigentums in der Rechtsordnung aufrechterhalten, die in der **Privatnützigkeit** und in dem grundsätzlichen Recht des Eigentümers besteht, über sein Recht **frei zu verfügen**. Aus der Gewährleistung des Eigentums kann also keinesfalls geschlossen werden, daß der Gesetzgeber das „Privateigentum", d. h. die verschiedenen von der Eigentumsgarantie geschützten Rechtsstellungen einzelner, als grundsätzlich unbeschränkte Handlungs- und Verfügungsrechte im vermögensrechtlichen Bereich ausgestalten müßte.

Die Schutzwirkung der Eigentumsgarantie für bestehende konkrete Rechte individueller Eigentümer ist zuerst ein **„Bestandsschutz"**, mit der der gegebene Bestand des Rechtes in der Hand des Rechtsinhabers gegen Entzug oder sonstige wesentliche Beeinträchtigung seitens der öffentlichen Gewalt gesichert wird. Auch diese Bestandssicherung ist nicht so zu verstehen, daß ein einmal erworbenes vermögenswertes Recht ohne Rücksicht auf soziale Veränderungen und sich als sachlich notwendig erweisende Neuordnungen des Inhalts oder der Schranken des Eigentums ungeschmälert erhalten bleiben muß. Der Gesetzgeber kann auch bestehende Rechte inhaltlich ändern, selbst verkürzen. Die Grenze dieser Gestaltungs- und Eingriffsmöglichkeit des Gesetzgebers, deren Rechtfertigung durch Art. 14 Abs. 1 Satz 2 und Abs. 2 GG verfassungsrechtlich ausdrücklich ausgesprochen ist, ist eine etwa eintretende **enteignende** Wirkung. In der verfassungsrechtlich gesicherten Respektierung der erworbenen Rechte des einzelnen kommt zugleich der Grundsatz der Lastengleichheit der einzelnen zum Ausdruck; wenn unter Durchbrechung der Lastengleichheit ein Sonderopfer abverlangt wird, muß das im Interesse der Allgemeinheit notwendig sein und darf das nur gegen eine Entschädigung erfolgen. Hier zeigt sich der innere Zusammenhang, der zwischen der Eigentumsgarantie und der verfassungsrechtlichen Regelung der rechtmäßigen Voraussetzungen einer Enteignung in Art. 14 Abs. 3 GG besteht.

R. REINHARDT/U. SCHEUNER, Verfassungsschutz des Eigentums, 1954; W. WEBER, Eigentum und Enteignung, in: Die Grundrechte, II, 1954, S. 331; U. SCHEUNER/E. KÜNG, Der Schutz des Eigentums, 1966; W. LEISNER, Sozialbindung des Eigentums, 1972; R. BREUER, Die Bodennutzung im Konflikt zwischen Städtebau und Eigentumsgarantie, 1976; G.-K. KALTENBRUNNER (Hrsg.), Was gehört mir? Vom Nutzen und Nachteil des Eigentums, 1982; P. BADURA, Eigentum, in: Handbuch des Verfassungsrechts, 1983, S. 653; R. WENDT, Eigentum und Gesetzgebung, 1985.

Enteignung

Eine Enteignung ist nur zum Wohle der Allgemeinheit und nur unter strikter Wahrung des Grundsatzes der Verhältnismäßigkeit zulässig. Die Enteignung darf nur durch Gesetz (Legalenteignung) oder aufgrund eines Gesetzes (Administrativenteignung) erfolgen. Das Gesetz muß Art und Ausmaß der Entschädigung regeln („Junktimklausel"). Ein Streit über die Höhe der Entschädigung ist vor den ordentlichen Gerichten auszutragen (Art. 14 Abs. 3 GG).

Um eine Enteignung handelt es sich, wenn ein vermögenswertes Recht zur Erfüllung einer Verwaltungsaufgabe oder sonstwie im öffentlichen Interesse durch die öffentliche Gewalt dem bisherigen Rechtsinhaber ganz oder zum Teil entzogen oder derart beeinträchtigt wird, daß seine privatnützige Zweckbestimmung wesentlich beschnitten wird. Der Regelfall ist die Entziehung oder Belastung des Grundeigentums durch einen nach einem förmlichen Verfahren erlassenen Verwaltungsakt.

Das Grundgesetz regelt die verfassungsrechtlichen Voraussetzungen einer zulässigen Enteignung als wesentliches Element der Eigentumsgarantie. Denn die Enteignung ist dadurch charakterisiert, daß sie einen Zugriff der öffentlichen Gewalt auf das Eigentum des einzelnen bedeutet (BVerfGE 52, 1/27; 56, 249/260 ff.; 58, 300/321 ff.). Ist dieser Zugriff zur Sicherung eines überwiegenden Interesses der Allgemeinheit unvermeidlich, muß das private Recht weichen; die Bestandsgarantie des Eigentums verwandelt sich unter dieser Voraussetzung und bei Erfüllung der verfassungsrechtlich geforderten Bedingungen in eine „Eigentumswertgarantie", nämlich in den verfassungsrechtlich zugesicherten Anspruch auf angemessene Entschädigung. Enteignungsbegünstiger kann auch ein **Privater** sein, vorausgesetzt daß durch ihn ein bestimmtes Allgemeininteresse wirksam und nachhaltig gesichert wahrgenommen wird; es ist beispielsweise verfassungsmäßig, daß § 11 Abs. 3 EWiG die Enteignung für Zwecke der öffentlichen Energieversorgung auch zugunsten privatrechtlich organisierter Energieversorgungsunternehmen zuläßt (BVerfGE 66, 248).

Bundesgesetze und Landesgesetze enthalten **Enteignungsermächtigungen** für eine Vielzahl von Verwaltungszwecken, fast durchweg zur Enteignung von

Grundstücken, z. B. für Zwecke des Verkehrswesens und für Zwecke des Städtebaus. Ob von diesen Ermächtigungen im Einzelfall ein rechtmäßiger Gebrauch gemacht worden ist, unterliegt der verwaltungsgerichtlichen Kontrolle, im Falle der Enteignungen aufgrund des Bundesbaugesetzes der Kontrolle durch die Baulandgerichte.

Die verfassungsrechtliche Ausgestaltung der rechtsstaatlichen Voraussetzungen einer zulässigen Enteignung geht auf den **Aufopferungsgedanken** zurück, der in der Aufklärungszeit mit dem Inhalt entwickelt worden ist, daß der einzelne der Gemeinschaft ein notwendiges „Sonderopfer" nicht verwehren darf, daß er jedoch Ausgleichsentschädigung erhalten muß. Die in Art. 14 Abs. 3 GG und den enteignungsrechtlichen Bestimmungen des Bundes- und Landesrechts behandelte Enteignung erschöpft die Reichweite des allgemeinen Aufopferungsgedankens im vermögensrechtlichen Bereich nicht. Über die Fälle der Enteignung im technischen Sinn hinaus zwingt der Aufopferungsgedanke zu der Anerkennung einer **Entschädigungspflicht nach Enteignungsgrundsätzen** in solchen Fällen einer Beeinträchtigung vermögenswerter Rechte, die der Wirkung nach einer Enteignung gleichkommen, wie z. B. störende Einwirkungen öffentlicher Baumaßnahmen oder des Betriebs von Verkehrsanlagen zu Lasten eines Anliegers oder eines Gewerbebetriebs (vgl. BGHZ 6, 270; 13, 88; 64, 220). Sofern diese Störung nach dem dafür maßgeblichen Recht zu dulden ist, Beseitigung oder Unterlassung also nicht verlangt werden kann, muß zum Ausgleich eine Entschädigung ausgekehrt werden.

M. FRENZEL, Das öffentliche Interesse als Voraussetzung der Enteignung, 1978; K. GELZER/F. BUSSE, Der Umfang des Entschädigungsanspruchs aus Enteignung und enteignungsgleichem Eingriff, 2. Aufl., 1980; W. BÖHMER, Die rechtsgeschichtlichen Grundlagen der Abgrenzungsproblematik von Sozialbindung und Enteignung, Staat 24, 1985, S. 157.

Sozialisierung

83 Die Überführung der „Produktionsmittel" und weiterer wirtschaftlich wesentlicher Güter, wie z. B. des Grund und Bodens, in die Hand des Staates oder „gemeinwirtschaftlicher" Rechtsträger ist ein überkommener Programmpunkt sozialistischer Bestrebungen. Unter dem Begriff der „Sozialisierung" werden dabei häufig die durchaus verschiedenen Formen der „Verstaatlichung" und der „Vergesellschaftung" zusammengefaßt. Dem Sozialisierungsartikel des Grundgesetzes (Art. 15 GG), wie schon dem Sozialisierungsartikel der Weimarer Reichsverfassung (Art. 156), der als Muster diente, liegt ein **Vergesellschaftungsprogramm** zugrunde. Dasselbe gilt für die Sozialisierungsartikel, die sich in verschiedenen Landesverfassungen finden (vgl. Art. 39 ff. HessVerf; Art. 160 BayVerf). Die Sozialisierung ist eine Materie der konkurrierenden Gesetzgebung (Art. 74 Nr. 15 GG), die landesverfassungsrechtlichen Regelungen sind jedoch durch das bundesverfassungsrechtliche Sozialisierungsstatut verdrängt (Art. 31, 142 GG).

Sozialisierung und Enteignung sind dem Prinzip nach unterschieden. Während die Enteignung auf die Beschaffung oder sonstige Inanspruchnahme eines sonst nicht für ein notwendiges öffentliches Interesse erwerbbaren privaten Rechtes gerichtet ist, zielt die Sozialisierung auf eine wirtschaftsverfassungsrechtliche, im Fall des Art. 15 GG auf eine staatlich organisierte „gemeinwirtschaftliche" Umformung des produktiven Eigentums. Die äußerlich einer Enteignung ähnelnde Wegnahme oder Einschränkung des privaten Eigentums ist hier nur eine Technik im Dienste des weitergreifenden Gestaltungswillens für die Einrichtung einer das kapitalistische Eigentum und das privatwirtschaftliche Erwerbsprinzip überwindenden Wirtschaftsverfassung des vergesellschafteten Arbeits- und Produktionsprozesses.

Der Sozialisierungsartikel ist eine **Ermächtigung**, kein Verfassungsauftrag zur Vergesellschaftung. Es können danach Grund und Boden, Naturschätze und Produktionsmittel zum Zwecke der Vergesellschaftung durch ein Gesetz, das Art und Ausmaß der Entschädigung regelt, in Gemeineigentum oder in andere Formen der Gemeinwirtschaft überführt werden. Diese Verfassungsbestimmung legt den Kreis sozialisierungsfähiger Objekte fest und erkennt abstrakt an, daß deren Vergesellschaftung ein zulässiges Ziel der Gesetzgebung ist. Durch die Anerkennung der Entschädigungspflicht ist eine konfiskatorische Vergesellschaftung ausgeschlossen.

H. P. IPSEN/H. RIDDER, Enteignung und Sozialisierung, VVDStRL 10, 1952, S. 74 und 124.

Erbrecht

Etwas beiläufig wird in Art. 14 GG neben dem Eigentum auch „das Erbrecht" gewährleistet. Das Grundgesetz unterstreicht damit den inneren Zusammenhang beider Garantien. Die selbständige Gewährleistung des Erbrechts stellt einerseits eine Anerkennung der grundsätzlichen Verfügungsbefugnis des Eigentümers über die Zuordnung der von ihm während seiner Lebenszeit erworbenen vermögenswerten Rechte dar, bedeutet aber auf der anderen Seite praktisch die Anerkennung der Möglichkeit, Vermögen in der Hand einer Familie über die Generationen hinweg aufzubauen und zu erhalten. Schließlich wäre die Institutsgarantie des Eigentums in ihrer Tragweite für die Wirtschafts- und Gesellschaftsordnung unvollständig, wenn ein Erbfall dem Staat ein ungemessenes Zugriffsrecht auf die vermögenswerten Rechte des Erblassers eröffnen würde.

Da es vor dem Erbfall ein subjektives Recht potentieller Erben nicht geben kann und da die nach dem Erbfall den Erben zustehenden Rechte und Ansprüche eigentumsrechtlichen Schutz genießen, tritt als spezifisches Schutz- und Ordnungsziel der Gewährleistung des Erbrechts die Garantie des **Rechtsinstituts der privaten Erbfolge** einschließlich der Freiheit, letztwillig zu verfügen, also insbesondere der **Testierfreiheit,** zutage. Das Grundrecht wendet sich damit hauptsächlich gegen Gesetze, mit denen der Erbgang unter Privaten im Interesse globaler Umverteilungsziele ausgehöhlt wird, z. B. durch eine konfiskatorische Erbschaftsteuer. Grundrechtsberechtigte können der potentielle Erblasser und die möglichen oder berufenen Erben sein. Nach Art. 14 Abs. 1 Satz 2 GG kommt dem Gesetzgeber die Befugnis zu, das Erbrecht näher auszugestalten.

G. BÖHMER, Erbrecht, in: Die Grundrechte, II, 1954, S. 401; W. LEISNER, Verfassungsrechtliche Grenzen der Erbschaftsbesteuerung, 1970; H. BARTHOLOMEYCZEK/W. SCHLÜTER, Erbrecht, 11. Aufl., 1980; H. BROX, Erbrecht, 9. Aufl., 1984; D. LEIPOLD, Grundzüge des Erbrechts, 5. Aufl., 1984.

Vereinigungsfreiheit

85 Das allen Deutschen zugesicherte Recht, Vereine und Gesellschaften zu bilden (Art. 9 Abs. 1 GG), schließt schon nach dem Wortlaut der Gewährleistung auch die **wirtschaftliche Vereinigungsfreiheit** ein. Das Zusammenwirken mit anderen in wirtschaftlichen Vereinen und in Handelsgesellschaften, um damit eine wirksamere Grundlage der unternehmerischen Betätigung zu schaffen oder – wie vor allem bei den Kapitalgesellschaften – die gesellschaftsrechtliche Eigenfinanzierung eines Unternehmens zu ermöglichen, genießt damit einen selbständigen grundrechtlichen Schutz. Die Bedeutung dieses Grundrechts für das Wirtschaftsleben ist um so größer, als unter den Bedingungen der heutigen Wirtschaft eine unternehmerische Betätigung in nennenswertem Umfang ohne die überindividuelle Kapitalsammlung in der gesellschaftsrechtlichen Organisation des Eigentums nicht möglich ist.

Das Grundrecht schützt die freie Assoziation zu selbst gewählten wirtschaftlichen Zwecken. Die Ausübung des Grundrechts ist insofern von einer **organisatorischen Ausgestaltung** durch den Gesetzgeber abhängig, als das wirtschaftliche Assoziationsbedürfnis auf die Bereitstellung rechtlich geordneter Gesellschaftsformen angewiesen ist. Die Gestaltungsfreiheit des Gesetzgebers bei der Ordnung des **Gesellschaftsrechts** ist erheblich. Doch muß kraft des Grundrechts ein substantielles Maß an Gründungs-, Organisations- und Satzungsautonomie gewahrt bleiben. Ein Rechtsformzwang, der das wirtschaftliche Assoziationsinteresse auf eine bestimmte organisatorische Gestaltung festlegt, beschränkt die Vereinigungsfreiheit und muß durch ein überwiegendes Interesse des Gemeinwohls gerechtfertigt sein. Ebenso trifft eine gesetzlich eingeführte oder zugelassene „Fremdbestimmung" der gesellschaftsrechtlichen Willensbildung, z. B. durch das Mitbestimmungsrecht der Arbeitnehmer im Unternehmen, auf eine verfassungsrechtliche Grenze (BVerfGE 50, 290/357 ff.).

In größeren Kapitalgesellschaften und in Konzernen entfernt sich die Ausübung der wirtschaftlichen Vereinigungsfreiheit mehr oder weniger von dem „personalen" Ausgangspunkt dieses Grundrechts. Dennoch kann die Privatautonomie im Gesellschaftsrecht auch hier den Schutz der Vereinigungsfreiheit in Anspruch nehmen. Der erhebliche „soziale Bezug" dieser Art der Grundrechtsausübung erweitert allerdings den Gestaltungsspielraum des Gesetzgebers (BVerfGE 50, 290/354 ff.).

R. Reinhardt, Aktienrecht und Eigentumsordnung, in: Festschrift für Walther Schmidt, 1959, S. 23; F. Rittner, Die Funktion des Eigentums im modernen Gesellschaftsrecht, in: Marburger Gespräche über Eigentum – Gesellschaftsrecht – Mitbestimmung, 1967, S. 50; Ders., Unternehmensverfassung und Eigentum, in: Festschr. f. Wolfgang Schilling, 1973, S. 363; H. Wiedemann, Gesellschaftsrecht, Bd. I, 1980; F. Kübler, Gesellschaftsrecht, 1981; R. Reinhardt/D. Schultz, Gesellschaftsrecht, 2. Aufl., 1981; G. Hueck, Gesellschaftsrecht, 18. Aufl., 1983.

Freizügigkeit

86 Das allen Deutschen gewährleistete Recht, Freizügigkeit im ganzen Bundesgebiet zu genießen (Art. 11 GG), bedeutet die vor allem für die Wirtschaftstätigkeit wesentliche Garantie, ungehindert durch die öffentliche Gewalt an

Die Grundrechte der wirtschaftlichen Freiheit 87 C

jedem Ort innerhalb des Bundesgebietes Aufenthalt und Wohnsitz zu nehmen. Der damit zugesicherte „freie Zug" hatte ursprünglich vor allem eine **bundesstaatliche** Tragweite. Die Freizügigkeit schließt nicht auch das Recht der freien Ausreise oder der freien Auswanderung aus dem Bundesgebiet ein (BVerfGE 6, 32); insoweit ist Art. 2 Abs. 1 GG einschlägig.
Die Freizügigkeit sichert nicht nur die persönliche Bewegungsfreiheit von Ort zu Ort, sondern auch und vor allem das Recht, im gesamten Bundesgebiet eine Erwerbstätigkeit auszuüben und Grundstücke zu erwerben. Dieses Recht steht allen Deutschen zu, worunter auch die Angehörigen der DDR fallen. Darüber hinaus aber hat Art. 2 des Protokolls Nr. 4 zur Europäischen Konvention zum Schutze der Menschenrechte und Grundfreiheiten vom 16. September 1963 (BGBl. 1968 II S. 423) eine Freizügigkeit von jedermann, also auch des Ausländers in dem Staatsgebiet, in dem er sich aufhält, zugesichert. Staatsangehörige von Mitgliedstaaten der EWG sind in Einreise, Aufenthalt, Freizügigkeit der Arbeitnehmer und Freiheit der Niederlassung Inländern praktisch gleichgestellt (Art. 48, 52 EWG-Vertrag; Gesetz über die Einreise und den Aufenthalt von Staatsangehörigen der Mitgliedstaaten der Europäischen Wirtschaftsgemeinschaft vom 22. Juli 1969, BGBl. I S. 927).
Die Fälle, für die eine Einschränkung des Grundrechts durch Gesetz oder aufgrund eines Gesetzes zugelassen ist, werden in Art. 11 Abs. 2 GG detailliert aufgeführt. Außerdem können Gesetze, die der Verteidigung einschließlich des Schutzes der Zivilbevölkerung dienen, Einschränkungen bestimmen. Die Übergangsregelung für die Wohnraumbewirtschaftung der Nachkriegszeit (Art. 117 Abs. 2 GG), ist heute gegenstandslos (vgl. BVerfGE 8, 95).

D. MERTEN, Der Inhalt des Freizügigkeitsrechts (Artikel 11 des Grundgesetzes), 1970; CHR. TOMUSCHAT, Freizügigkeit nach deutschem Recht und Völkerrecht, DÖV 1974, 757; B. PIEROTH, Das Grundrecht der Freizügigkeit (Art. 11 GG), JuS 1985, 81.

Wirtschaftsverfassung des Grundgesetzes?

Die **Weimarer Reichsverfassung** hatte in dem Abschnitt über das Wirtschaftsleben (Art. 151–165) Programme und Grundsätze einer Wirtschaftsverfassung aufgestellt. Einige **Landesverfassungen** sind diesem Vorbild gefolgt, z. B. die bayerische Verfassung, die hessische Verfassung, die bremische Verfassung. Das **Grundgesetz** hat demgegenüber auf eine ausdrückliche Festlegung der Wirtschaftsordnung verzichtet. Es enthält jedoch eine Reihe von Festlegungen, Garantien, Rechten und Freiheiten, denen eine wirtschaftsverfassungrechtliche Tragweite nicht abgesprochen werden kann. Dies sind hauptsächlich die Grundrechte der wirtschaftlichen Freiheit, der Sozialstaatssatz, die konjunkturpolitische Richtlinie des Art. 109 Abs. 2 GG und die Koalitionsfreiheit nach Art. 9 Abs. 3 GG. Das Recht der Wirtschaft ist Gegenstand der konkurrierenden Gesetzgebung (Art. 74 Nr. 11 GG). Aus diesen Vorschriften ergeben sich zwar verfassungsrechtliche Bindungen der wirtschaftspolitischen Gesetzgebung, nicht jedoch das Postulat oder die Garantie einer bestimmten Wirtschaftsverfassung, etwa der „sozialen Marktwirtschaft".
Das Bundesverfassungsgericht ist Vorstellungen einer objektivrechtlichen „Wirtschaftsverfassung" des Grundgesetzes mit der These der „wirtschafts-

politischen Neutralität" des Grundgesetzes entgegengetreten (BVerfGE 4, 7/ 17f.; 7, 377/400; 50, 290/336ff.). Der Gesetzgeber darf jede ihm sachgemäß erscheinende Wirtschaftspolitik verfolgen, sofern er dabei die bundesstaatliche Kompetenzverteilung, den sozialstaatlichen Auftrag, die rechtsstaatlichen Verfassungsgrundsätze und die grundrechtlichen Gewährleistungen beachtet. Die Doktrin der wirtschaftspolitischen Neutralität des Grundgesetzes betont die politische Gestaltungsfreiheit des Gesetzgebers, ohne die verfassungsrechtlichen Bindungen zu negieren; sie bedeutet demnach nicht etwa eine wirtschaftspolitische „Offenheit" des Grundgesetzes für die nur von politischer Zweckmäßigkeit oder Programmatik bestimmte Ordnung oder Umgestaltung der Wirtschaft.

H.-J. PAPIER, Grundgesetz und Wirtschaftsordnung, in: Handbuch des Verfassungsrechts, 1983, S. 609.

11. Freiheit von Arbeit und Beruf

Die freie Wahl des Berufs und des Arbeitsplatzes

88 Durch das Grundrecht der Berufsfreiheit geschützter Beruf ist auch die Tätigkeit in **abhängiger Arbeit,** d.h. aufgrund eines Arbeitsverhältnisses zu einem Arbeitgeber. Das zusätzlich zur Berufsfreiheit allen Deutschen ausdrücklich zugesicherte Recht, den „Arbeitsplatz" frei zu wählen, gibt der rechtlichen und faktischen Handlungsfreiheit im Hinblick auf den Abschluß und die Auflösung eines Arbeitsverhältnisses einen selbständigen grundrechtlichen Schutz (BAG NJW 1962, 1981; BAG NJW 1964, 568; BVerwGE 30, 65; 42, 296). Für die Berufe, die nicht in der Ausübung abhängiger Arbeit bestehen, wird das entsprechende Recht als Niederlassungsfreiheit bezeichnet; sie ist hier ein Element der Berufsfreiheit.

Das Recht, den **Arbeitsplatz frei zu wählen,** richtet sich gegen die öffentliche Gewalt, aber auch gegen den Arbeitgeber, z.B. dadurch, daß es die zeitweise Abdingung oder faktische Erschwerung des Kündigungsrechts des Arbeitnehmers, etwa durch unbillige Rückzahlungspflichten für Gratifikationen, nicht wirksam werden läßt. Arbeitsvertragliche Pflichten im Hinblick auf die Art und Weise der Erbringung der geschuldeten Arbeit und das Direktionsrecht des Arbeitgebers für den Einsatz des Arbeitnehmers im Betrieb werden durch das Grundrecht nicht beschränkt. Ebensowenig gehören zum Inhalt dieses Grundrechts ein Recht darauf, einen bestimmten Arbeitsplatz zu erhalten oder beizubehalten oder das Recht auf Arbeit im Sinne eines Verschaffungsanspruches gegen den Staat oder einen bestimmten Arbeitgeber.

Auf dem allgemeinen Gedanken der freien Entscheidung über das Eingehen oder Beibehalten eines bestimmten Arbeitsverhältnisses im Rahmen der Gesetze beruhen auch die Verbote, zu einer bestimmten Arbeit gezwungen zu werden, außer im Rahmen einer herkömmlichen allgemeinen, für alle gleichen öffentlichen Dienstleistungspflicht, und der Zwangsarbeit (Art. 12 Abs. 2 und 3 GG).

Das Recht, den Arbeitsplatz frei zu wählen ist im Kernpunkt eine Erscheinungsform der **arbeitsrechtlichen Vertragsfreiheit** (vgl. § 105 GewO). Durch

Freiheit von Arbeit und Beruf

das Grundrecht des Art. 12 Abs. 1 GG erhält es eine privatrechtsgestaltende Wirkung im Verhältnis zum Arbeitgeber. Für die Fragen, welche Leistungsanforderungen für die Zuteilung einer bestimmten Arbeit durch den Arbeitgeber aufgestellt werden dürfen und unter welchen Voraussetzungen öffentlich-rechtliche Leistungen, z. B. aus der Arbeitslosenversicherung, von der Bereitschaft abhängig gemacht werden dürfen, eine zumutbare Arbeit zu übernehmen, ist dieses Grundrecht nicht einschlägig.

B.-O. BRYDE, Art. 12 Grundgesetz – Freiheit des Berufs und Grundrecht der Arbeit, NJW 1984, 2177; H. J. PAPIER, Art. 12 GG – Freiheit des Berufs und Grundrecht der Arbeit, DVBl. 1984, 801; H. P. SCHNEIDER/H. LECHELER, Art. 12 GG – Freiheit des Berufs und Grundrecht der Arbeit, VVDStRL 43, 1985, S. 7, 48.

Recht auf Arbeit?

Bestrebungen, in die Verfassungen ein „Recht auf Arbeit" als ein besonderes **soziales Grundrecht** aufzunehmen, gehen bis in die Mitte des 19. Jahrhunderts zurück. Daß jedermann von seiner Arbeit soll leben können, ist als moralische oder politische Maxime für die gerechte Ordnung eines Gemeinwesens ein auf ältere Vorstellungen zurückgehender Grundgedanke der Aufklärung. Als ein verfassungsmäßiges Recht soll der Anspruch darauf verbürgt werden, daß der Staat jedermann bezahlte Arbeit zu verschaffen hat, der – aus welchen Gründen auch immer – selbst Arbeit nicht finden kann. Ein Weg dafür, den beispielsweise die II. französische Republik nach der Februar-Revolution von 1848 beschritten hat, ist die Organisation öffentlicher Arbeiten. Die geschichtliche Erfahrung hat gezeigt, daß dieser Weg als eine allgemeine Lösung des Beschäftigungsproblems nicht gangbar ist, jedenfalls wenn an einer grundsätzlichen privatwirtschaftlichen Ordnung festgehalten wird. Demgegenüber lassen sich die **sozialistischen** Gesellschaftsordnungen letzten Endes als eine Verwirklichung des Rechts auf Arbeit begreifen, in dem die Arbeit insgesamt vergesellschaftet wird und eine gemeinwirtschaftliche Organisation erfährt.
Einige **Landesverfassungen** haben – im Unterschied zum Grundgesetz – Rechtszusicherungen aufgenommen, die ihrem Wortlaut nach als ein „Recht auf Arbeit" verstanden werden können, so beispielsweise Art. 166 Abs. 2 BayVerf: „Jedermann hat das Recht, sich durch Arbeit eine auskömmliche Existenz zu schaffen". Derartige Verfassungsgarantien stellen der Sache nach Programmsätze oder Staatszielbestimmungen dar, die allein an den Gesetzgeber gerichtet sind, jedoch nicht subjektive Rechte einzelner hervorbringen können. Eine derartige Staatszielbestimmung läßt sich auch dem Sozialstaatssatz des Grundgesetzes entnehmen.

R. SCHOLZ, Das Recht auf Arbeit, in: E.-W. BÖCKENFÖRDE/J. JEKEWITZ/TH. RAMM, Soziale Grundrechte, 1980, S. 75; R. WANK, Das Recht auf Arbeit im Verfassungsrecht und im Arbeitsrecht, 1980.

Angemessene Arbeitsbedingungen

Der in einem Arbeitsverhältnis stehende Arbeitnehmer hat nach den Vorschriften des **Arbeitsrechts** gegen den Arbeitgeber einen Anspruch auf angemessene Arbeitsbedingungen. Der Arbeitgeber teilt seine Verantwortung hier

mit dem Betriebsrat (vgl. § 75 BetrVG). Arbeitsrechtliche Vorschriften über angemessene Arbeitsbedingungen enthalten hauptsächlich der § 618 BGB und die §§ 120a ff. GewO. Arbeitsbedingungen sind vor allem aber Gegenstand von Tarifverträgen (§ 1 Abs. 1 TVG).
Das Grundrecht des Arbeitnehmers, das für den Standard der Arbeitsbedingungen in erster Linie eine Gewährleistung enthält, ist das **allgemeine Persönlichkeitsrecht** nach Art. 2 Abs. 1 i. V. m. Art. 1 Abs. 1 GG. Dieses Recht schützt schon den Bewerber um einen Arbeitsplatz vor unangemessenen und nicht sachbezogenen Fragen, Testverfahren und psychologischen Begutachtungen. Es beschränkt weiter das Direktionsrecht des Arbeitgebers im Hinblick auf die äußeren Umstände der Arbeitserbringung einschließlich der Verwendung von Arbeitskontrollgeräten. Das allgemeine Persönlichkeitsrecht beschränkt auch die Einbeziehung der persönlichen und privaten Verhältnisse des Arbeitnehmers in die arbeitsvertraglichen Pflichten. Zum Schutz des Arbeitnehmers gegen unangemessene Arbeitsbedingungen wendet sich das allgemeine Persönlichkeitsrecht privatrechtsgestaltend gegen den Arbeitgeber.
Der Grundsatz, daß die Arbeitskraft unter dem besonderen Schutz des Staates steht (vgl. Art. 157 Abs. 1 WeimRVerf), ist in das Grundgesetz nicht ausdrücklich aufgenommen worden. Die damit gemeinte **Schutzpflicht,** auch im Hinblick auf die Sicherung angemessener Arbeitsbedingungen, wird jedoch aus dem allgemeinen Persönlichkeitsrecht und auch aus dem Sozialstaatssatz abgeleitet werden müssen (vgl. BAG NJW 1984, 1476 – Datensichtgeräte; BAG NJW 1985, 450 – Leistungskontrolle durch EDV).

A. Hueck/H. C. Nipperdey, Lehrbuch des Arbeitsrechts, 7. Aufl., Bd. 1, 1963, Bd. 2/1, 1967, Bd. 2/2, 1970; W. Zöllner, Arbeitsrecht, 3. Aufl., 1983; A. Söllner, Arbeitsrecht, 8. Aufl., 1984; F. Gamillscheg, Die Grundrechte im Arbeitsrecht, AcP 164, 1964, S. 385; P. Badura, Grundfreiheiten der Arbeit, in: Festschr. für Friedrich Berber, 1973, S. 11.

Gleichbehandlungsgrundsatz und Diskriminierungsverbote

91 Unter der Diskriminierung eines Menschen im Rechtssinne ist zu verstehen, daß er durch die öffentliche Gewalt oder durch einen in einer bestimmten Rechtsbeziehung überlegenen Träger privater Macht ohne sachlich gerechtfertigten Grund trotz gleicher Umstände ungleich oder trotz ungleicher Umstände gleich behandelt wird. Der **allgemeine Gleichheitssatz** (Art. 3 Abs. 1 GG) schließt in diesem Sinne einen Grundsatz der Gleichbehandlung ein, der auch im Arbeitsrecht gilt. Ebenso ist die Gleichberechtigung von Mann und Frau (Art. 3 Abs. 2 GG), einschließlich des Grundsatzes der Lohngleichheit von Mann und Frau bei gleichwertiger Arbeit, und sind auch die besonderen Diskriminierungsverbote des Art. 3 Abs. 3 GG im Arbeitsverhältnis mit privatrechtsgestaltender Wirkung gegen den Arbeitgeber und im kollektiven Arbeitsrecht als Bindung der Tarifparteien anwendbar (BAG AP Nrn. 69 u. 77 zu Art. 3 GG). Auf dieser verfassungsrechtlichen Grundlage beruht der in der betriebsverfassungsrechtlichen Regelung des § 75 Abs. 1 BetrVG einbegriffene materiellrechtliche Grundsatz, daß alle im Betrieb tätigen Personen nach den Grundsätzen von Recht und Billigkeit zu behandeln sind, insbes.

Freiheit von Arbeit und Beruf   92 C

daß jede unterschiedliche Behandlung von Personen wegen ihrer Abstammung, Religion, Nationalität, Herkunft, politischen und gewerkschaftlichen Betätigung oder Einstellung oder wegen ihres Geschlechtes zu unterbleiben hat.

Der **arbeitsrechtliche Gleichbehandlungsgrundsatz,** der zunächst für die freiwilligen Sozialleistungen des Arbeitgebers entwickelt worden ist, gilt allgemein für die Gewährung von Vorteilen seitens des Arbeitgebers durch generelle Regelungen, z. B. auch bei der Gewährung von Gratifikationen (BAG NJW 1985, 165 und 168). Er bindet die Ausübung des Direktionsrechts des Arbeitgebers. Eine ausdrückliche Regelung, die dem Arbeitgeber bestimmte Benachteiligungen in Anknüpfung an das Geschlecht des Arbeitnehmers verbietet, findet sich in der durch das arbeitsrechtliche EG-Anpassungsgesetz vom 13. Aug. 1980 (BGBl. I S. 1308) in das BGB eingefügten Vorschrift des § 611 a BGB. Darüber hinaus gilt europarechtlich die Richtlinie 76/207 EWG des Rates vom 9. Febr. 1976 zur Verwirklichung des Grundsatzes der Gleichbehandlung von Männern und Frauen hinsichtlich des Zugangs zur Beschäftigung, zur Berufsbildung und zum beruflichen Aufstieg sowie in bezug auf die Arbeitsbedingungen (ABl. L 39, S. 40); dazu die Urteile des EuGH vom 8. 11. 1983 in der Rechtssache 165/82 (NJW 1985, 539) und vom 10. 4. 1984 in den Rechtssachen 14/83 und 79/83 betr. § 611a Abs. 3 BGB (SAE 1984, 237 und 244 mit Anm. von R. SCHOLZ).

Das in dem Grundrecht der Gleichberechtigung von Mann und Frau enthaltene **Gebot der Lohngleichheit** bei gleichwertiger Arbeit ist als allgemeine Garantie in Art. 4 Abs. 1 Nr. 3 Europ. Sozialcharta, in dem Übereinkommen Nr. 100 der Internationalen Arbeitsorganisation vom 29. Juni 1951 über die Gleichheit des Entgelts männlicher und weiblicher Arbeitskräfte für gleichwertige Arbeit und in Art. 119 EWG-Vertrag ausgesprochen.

G. HUECK, Der Grundsatz der gleichmäßigen Behandlung im Privatrecht, 1958; R.-A. EICH, Das Gesetz über die Gleichbehandlung von Männern und Frauen am Arbeitsplatz, NJW 1980, 2329.

Sozialstaatssatz

Für die Freiheit von Arbeit und Beruf ist der Sozialstaatssatz (Art. 20 Abs. 1 GG) eine allgemeine verfassungsrechtliche Richtlinie der wirtschafts- und sozialpolitischen Gesetzgebung. Der geschichtliche und verfassungspolitische Grund der sozialen Staatsaufgabe sind die Bedingungen, die das Industriezeitalter für die menschliche Arbeit, besonders für die abhängige Arbeit hervorgebracht hat. In der industriellen Massendemokratie ist die sozialstaatliche Programmatik die dem Staat auferlegte politische Garantie für Arbeit, Wohlfahrt und soziale Sicherheit, der sachlich umfassende Auftrag zur Daseinsvorsorge und Sozialgestaltung nach dem Leitmaß der sozialen Gerechtigkeit. Für die große Zahl der einzelnen ist Freiheit nicht eine Funktion des Eigentums, sondern eine Funktion der Arbeit und der die Bedingungen der Arbeit und ihres Ertrages unablässig beeinflussenden Gesetzgebung und Verwaltung. Die Ausbeutung der Arbeitskraft des Lohnarbeiters, seine Beschäftigung zu unwürdigen Bedingungen und unzureichendem Lohn ist das Gegenbild des Sozialstaates (vgl. BVerfGE 5, 85/198, 206). Im Sozialstaatssatz

92

ist auch das Gebot einer staatlichen Beschäftigungspolitik begründet (BVerfGE 21, 245/251).
D RNrn. 33 ff.

12. Grundgesetz und kollektives Arbeitsrecht

Die Koalitionsfreiheit

93 Das Recht, zur Wahrung und Förderung der Arbeits- und Wirtschaftsbedingungen Vereinigungen zu bilden, ist für jedermann und für alle Berufe gewährleistet. Abreden, die dieses Recht einschränken oder zu behindern suchen, sind nichtig, hierauf gerichtete Maßnahmen sind rechtswidrig (Art. 9 Abs. 3 S. 1 und 2 GG). Dieses Recht, das im Unterschied zur Vereinigungsfreiheit jedermann zusteht, wird „Koalitionsfreiheit" genannt. Denn die Vereinigungen, um die es hier geht, sind die Koalitionen der Arbeitgeber und der Arbeitnehmer, die untereinander in einer antagonistischen Kampf- und Ausgleichsordnung verbunden sind.
Dem Wortlaut nach handelt es sich um ein Grundrecht der einzelnen, gerichtet auf die Gründung, den Beitritt und das Verlassen einer Koalition; insofern ist die Koalitionsfreiheit ein **individuelles Freiheitsrecht**. Das Grundrecht schützt aber zugleich auch die Koalitionen selbst und ist deshalb außerdem eine **kollektive Gewährleistung** für den Bestand, die Organisationsautonomie und die Betätigung der Koalitionen. In einer dritten Richtung schließlich ist die Koalitionsfreiheit eine **Einrichtungsgarantie** für die zentralen Erscheinungen des kollektiven Arbeitsrechts im Tarifvertrags- und Arbeitskampfsystem. Die Koalitionsfreiheit trägt der Angewiesenheit des einzelnen auf koalitionsweise Geltendmachung und Wahrung seiner Interessen im Hinblick auf die Arbeits- und Wirtschaftsbedingungen Rechnung. Die weitergehende wirtschaftsverfassungsrechtliche und gesellschaftspolitische Programmatik des Art. 165 WeimRVerf (Tarifsystem, Räte), an die einige Landesverfassungen angeknüpft haben, ist in die grundrechtliche Garantie der Koalitionsfreiheit durch Art. 9 Abs. 3 GG nicht eingegangen.
Als individuelles Freiheitsrecht der arbeitsrechtlichen Vereinigungsfreiheit wendet sich die Koalitionsfreiheit zuerst gegen die öffentliche Gewalt, dann aber auch gegen Dritte, insbes. gegen den Arbeitgeber (vgl. Art. 9 Abs. 3 S. 2 GG). Indem neben dem Gesichtspunkt der Interessenwahrung auch der Gedanke der persönlichen Entschließungsfreiheit in die Koalitionsfreiheit Eingang gefunden hat, umfaßt ihr Schutz über die ausdrücklich behandelte „positive" Koalitionsfreiheit hinaus auch die „**negative" Koalitionsfreiheit**, nämlich das Recht, nach freiem Entschluß einer Koalition fernzubleiben oder aus ihr wieder auszutreten (BVerfGE 50, 290/367). In dieser Schutzrichtung wendet sich die Koalitionsfreiheit auch gegen die Gewerkschaft oder die Begünstigung einer Gewerkschaftszugehörigkeit. Die Praktizierung oder tarifliche Vereinbarung von Organisationsklauseln, die die Betriebszugehörigkeit von einer Gewerkschaftsmitgliedschaft abhängig machen (closed shop) ist ebenso unzulässig, wie Differenzierungsklauseln in Tarifverträgen, die bestimmte Begünstigungen Gewerkschaftsmitgliedern vorbehalten (BAGE 20, 175).

Grundgesetz und kollektives Arbeitsrecht

W. Weber, Koalitionsfreiheit und Tarifautonomie als Verfassungsproblem, 1965: R. Scholz, Koalitionsfreiheit als Verfassungsproblem, 1971; P. Badura, Arbeitsgesetzbuch, Koalitionsfreiheit und Tarifautonomie, RdA 1974, 129; G. Schwerdtfeger, Die Koalitionsfreiheit des Arbeitnehmers in der Bundesrepublik Deutschland, in: Die Koalitionsfreiheit des Arbeitnehmers, Beiträge zum ausländ. öffentl. Recht und Völkerrecht, Bd. 75/I, 1980, S. 149.

Koalitionen und deren Organisations- und Betätigungsfreiheit

Als kollektive Gewährleistung zugunsten der Koalitionen schützt die Koalitionsfreiheit auch den Bestand, die Organisationsautonomie und die Betätigungsfreiheit der Koalitionen, soweit diese zur Wahrung und Förderung der Arbeits- und Wirtschaftsbedingungen handeln (BVerfGE 4, 96/101 f.; 50, 290/267 f.).

Koalitionen sind frei gebildete Vereinigungen von Arbeitgebern oder Arbeitnehmern, die gegnerfrei und unabhängig sind und dementsprechend die auch faktische Fähigkeit besitzen, Interessen ihrer Mitglieder im Rahmen der kollektivrechtlichen Grundbeziehung zwischen Arbeitgebern und Arbeitnehmern zu wahren. Die Koalitionen der Arbeitnehmer sind hauptsächlich die Gewerkschaften, deren Organisation und selbstbestimmte Aufgabenstellung geschichtlich mit der Arbeiterbewegung verbunden ist. Tariffähigkeit ist nicht eine notwendige Eigenschaft einer Koalition (sh. § 2 Abs. 1 TVG).

Die Gewerkschaften folgen dem Prinzip der Einheitsgewerkschaft (und nicht der ideologischen Richtungsgewerkschaft) und dem Industrieverbandsprinzip (und nicht dem Berufsverbandsprinzip). Ein großer Teil der Gewerkschaften ist im Deutschen Gewerkschaftsbund (DGB) zusammengeschlossen. Daneben bestehen die Deutsche Angestellten-Gewerkschaft (DAG), der Deutsche Beamtenbund und der Christliche Gewerkschaftsbund Deutschlands (CGB). Dem DGB gehören gegenwärtig 17 Industriegewerkschaften an. Die Arbeitgeberverbände sind fachlich und regional organisiert; ihr Spitzenverband ist die Bundesvereinigung der Deutschen Arbeitgeberverbände (BDA).

Als **Bestandsgarantie** sichert die Koalitionsfreiheit die Existenz der Koalitionen gegen die öffentliche Gewalt, aber auch ihre Fähigkeit zur Erhaltung und Vermehrung des Mitgliederbestandes. Als **Organisationsautonomie** bedeutet die Koalitionsfreiheit die selbstbestimmte Entscheidung über die Rechtsform und die Aufgabenstellung der Koalition einschließlich der Verfahren der inneren Willensbildung. Das Grundrecht schützt nicht jedes Interesse einer Koalition an notfalls zwangsweiser Durchsetzung der verbandsmäßigen Geschlossenheit, sichert jedoch grundsätzlich die vereinsrechtliche Befugnis, über die Aufnahme und den Ausschluß eines Mitgliedes zu entscheiden, das die satzungsmäßigen Zwecke durchkreuzt oder den Bestand und die Betätigung der Koalition ernsthaft stört (BGHZ 45, 314; 71, 126; BGH JZ 1985, 532 und 534, mit Anm. von D. Reuter). Die **Betätigungsgarantie** schließlich bezieht sich auf die Freiheit der „koalitionsgemäßen" Betätigungen, d. h. der Tätigkeiten, die der Wahrung und Förderung der Arbeits- und Wirtschaftsbedingungen dienen. Die Tarifautonomie, der Arbeitskampf, die Beteiligung an der Betriebsverfassung, der Personalvertretung und der Unternehmensmitbestimmung stehen dabei im Vordergrund (BVerfGE 4, 96; 18, 18; 19, 303; 28, 295). Im Hinblick auf die Ausgleichung der Betätigungsfreiheit der Koalitionen mit den Rechten und Interessen Dritter und mit den Erfordernissen des Gemeinwohls hat das Bundesverfassungsgericht die Formel aufgestellt, daß dem Betätigungsrecht der Koalitionen nur solche Schranken gezogen werden dürfen, die zum Schutz anderer Rechtsgüter von der Sache her geboten sind, und daß ein „**Kernbereich**" des Grundrechts stets erhalten bleiben muß.

U. Scheuner, Die Rolle der Sozialpartner in Staat und Gesellschaft, 1973; K.-H. Giessen, Die Gewerkschaften im Prozeß der Volks- und Staatswillensbildung, 1976; P. Badura, Das Recht der Koalitionen, ArbRGgwart 15, 1978, S. 17.

Die Tarifautonomie und der Arbeitskampf

95 Die **Tarifautonomie** ist die rechtliche Fähigkeit der Koalitionen, im Wege der Vereinbarung ihre gegenseitigen Rechte und Pflichten im Hinblick auf die Wahrung und Förderung der Arbeits- und Wirtschaftsbedingungen festzulegen und Arbeitsbedingungen zu regeln, die als Rechtsnormen unmittelbar für die Arbeitsverhältnisse ihrer Mitglieder verbindlich sind. Die Tarifautonomie ist die wesentliche kollektivrechtliche Gestaltungsbefugnis, in der sich das durch die Koalitionsfreiheit geschützte und gewährleistete Betätigungsrecht der Koalitionen äußert. Hauptsächlich mit Hilfe der Tarifautonomie können die Koalitionen die von der Koalitionsfreiheit intendierte autonome Ordnung des Arbeitslebens bewirken. Die durch den **Tarifvertrag** in Geltung gesetzten Rechtsnormen über die Arbeitsbedingungen, die Bestandteil der Arbeitsverhältnisse zwischen den Mitgliedern der Tarifvertragsparteien sind, sind autonomes Recht kraft Anerkennung durch die staatliche Gewalt (BVerfGE 28, 295; 34, 307; 44, 322; 64, 208).

Der Inhalt und die Ausübung der Tarifautonomie sind in dem **Tarifvertragsgesetz** (TVG) vom 9. April 1949, jetzt i. d. Fass. vom 25. August 1969 (BGBl. I S. 1323), zuletzt geänd. dch. Gesetz vom 29. Okt. 1974 (BGBl. I S. 2879), in einzelnen Punkten näher geregelt. Für den normativen Teil des Tarifvertrages bestimmt das Gesetz, daß durch ihn der Inhalt, der Abschluß und die Beendigung von Arbeitsverhältnissen sowie betriebliche und betriebsverfassungsrechtliche Fragen geordnet werden können (§ 1 Abs. 1 TVG). Damit ist zugleich gesagt, daß andere Gegenstände kein gesetzlich zulässiger Inhalt eines Tarifvertrages sein können, wie z. B. Fragen des Gesellschaftsrechts oder der unternehmerischen Mitbestimmung. Davon ist die andere Frage zu unterscheiden, ob der Gesetzgeber die Regelung durch Tarifvertrag auch für andere Gegenstände öffnen dürfte, soweit diese der Wahrung und Förderung der Arbeits- und Wirtschaftsbedingungen dienen. In diesem Punkt, wie auch in anderen Regelungsgegenständen, stellt das Tarifvertragsgesetz eine mögliche, aber nicht die einzig mögliche Ausgestaltung der in der Koalitionsfreiheit, also der Verfassung, begründeten Tarifautonomie dar. Anhand der Tarifautonomie ist z. B. auch die Frage zu entscheiden, von welchen Voraussetzungen der Gesetzgeber die Tariffähigkeit einer Koalition abhängig machen darf. Diese und andere Fragen, über die das Tarifvertragsgesetz keine oder nur eine allgemein gehaltene Regelung getroffen hat, müssen ohnehin durch eine un-

Grundgesetz und kollektives Arbeitsrecht

mittelbar auf die verfassungsrechtlich gewährleistete Koalitionsfreiheit zurückgehende Auslegung geklärt werden. Die Rechtsnormen des Tarifvertrages über den Inhalt, den Abschluß und die Beendigung von Arbeitsverhältnissen gelten nur zwischen den beiderseits **Tarifgebundenen**, die unter den jeweiligen Geltungsbereich des Tarifvertrages fallen, also für die Mitglieder der Tarifvertragsparteien und für den einzelnen Arbeitgeber, sofern dieser Partei des Tarifvertrages ist (§§ 3 Abs. 1, 4 Abs. 1 TVG). Die Tarifvertragsparteien können allein durch ihre Vereinbarung nicht Rechtswirkungen zugunsten oder zu Lasten solcher Arbeitgeber oder Arbeitnehmer begründen, die nicht Mitglieder der tarifschließenden Koalitionen sind („Außenseiter"). Kraft Gesetzes tritt eine derartige weitergehende Wirkung nur hinsichtlich der Rechtsnormen des Tarifvertrages ein, die sich mit betrieblichen und betriebsverfassungsrechtlichen Fragen befassen; derartige Rechtsnormen des Tarifvertrages gelten für alle Betriebe, deren Arbeitgeber tarifgebunden ist (§ 3 Abs. 2 TVG). Außerdem kann durch eine besondere Entscheidung des Bundesministers für Arbeit und Sozialordnung ein Tarifvertrag unter bestimmten Voraussetzungen für **allgemeinverbindlich** erklärt werden, wodurch der personelle Geltungsbereich der Rechtsnormen des Tarifvertrages auch auf Außenseiter erstreckt wird (§ 5 TVG). Dies ist verfassungsrechtlich hinnehmbar, weil die Grundlage der Geltungserstreckung durch die Ausübung der Tarifautonomie hervorgebracht worden ist, die Geltungserstreckung selbst aber auf einem staatlichen Hoheitsakt beruht (BVerfGE 44, 322; 64, 208).
Dadurch daß die Koalitionsfreiheit, von deren Schutz und Gewährleistung die Tarifautonomie umfaßt wird, auch ein Abwehrrecht gegen die öffentliche Gewalt ist, wird durch sie der **Gesetzgeber** daran gehindert, ohne weiteres in den Bereichen tätig zu werden, die der Tarifautonomie unterfallen. Die Regelungsvollmacht des Gesetzgebers ist insoweit zwar nicht ausgeschlossen, aber sie ist von einem besonderen öffentlichen Interesse abhängig gemacht und sie kann nur subsidiär, also wenn eine befriedigende Regelung durch die Tarifautonomie nicht erwartet werden kann, auf den Plan treten. Nach diesem Leitgedanken beurteilt sich auch die **Gemeinwohlverantwortung** der Tarifvertragsparteien. Durch seine Ordnungs- und Verteilungsfunktion hat der Tarifvertrag zunehmend Bedeutung auch als Werkzeug der gesamtwirtschaftlichen Datensetzung erlangt und berührt dadurch, über seine eigentliche Schutzfunktion hinaus, das Allgemeininteresse und die Belange Dritter. Unter der Voraussetzung einer gegenläufigen Gleichgewichtigkeit der Tarifparteien, die damit zu einer praktischen Bedingung der Tarifautonomie wird, wird erwartet werden können, daß die sozialen und wirtschaftlichen Interessen beider Seiten zu einem gerechten Ausgleich gelangen können, ohne daß die Rechte und Interessen Dritter oder die Erfordernisse der Allgemeinheit dadurch beeinträchtigt werden. Soweit diese „Richtigkeitsgewähr" der tarifvertraglichen Vereinbarung reicht, werden die Koalitionen durch die Verfassung vor einem Eingriff des Gesetzgebers geschützt. Im übrigen jedoch bleibt die allgemeine sozialstaatliche Verantwortung des Gesetzgebers für die gerechte und effektive Wirtschaftsordnung und für eine sinnvolle Ordnung des Arbeitslebens unberührt. Durch die Tarifautonomie wird nicht etwa den Koalitionen ein bestimmter Bereich des Arbeits- und Wirtschafts-

lebens zu einer ausschließlichen Kompetenz sozialer Selbstverwaltung vorbehalten.
Die Tarifautonomie ist ein Element der Kampf- und Ausgleichsordnung des Tarifvertragssystems. Zu diesem gehören außerdem die rechtlichen Befugnisse der Koalitionen zur Durchführung eines **Arbeitskampfes,** um nach Ablauf der tarifvertraglichen Friedenspflicht eine neue tarifvertragliche Ordnung notfalls im Wege von Druck und Gegendruck herbeizuführen. Die rechtlich – und auch verfassungsrechtlich – anerkannten Mittel des Arbeitskampfes sind der Streik und die Aussperrung. Als Befugnisse im Rahmen des Tarifvertragssystems sind Streik und Aussperrung auch durch die Koalitionsfreiheit verfassungsrechtlich geschützte koalitionsgemäße Betätigungen der Tarifvertragsparteien. Der durch die Notstandsnovelle vom 24. Juni 1968 in das Grundgesetz eingefügte Art. 9 Abs. 3 S. 3 GG hat ,,Arbeitskämpfen" einen besonderen rechtlichen Schutz gegenüber bestimmten Maßnahmen des ,,inneren Notstandes" zuerkannt.
Maßnahmen des Arbeitskampfes sind **kollektivrechtliche** Erscheinungen, deren Rechtmäßigkeitsbedingungen nicht nach den Bestimmungen des Individualarbeitsrechts, sondern nach Grundsätzen zu beurteilen ist, die aus der historischen Entwicklung und der verfassungsrechtlichen Garantie der Koalitionsfreiheit entwickelt worden sind. Mangels gesetzlicher Regelungen hat die Rechtsprechung des Bundesarbeitsgerichts die wesentlichen Grundsätze des Arbeitskampfrechts richterrechtlich gebildet (BAG NJW 1971, 1668; BAG NJW 1980, 1642 und 1653).
Als Befugnisse im Rahmen des Tarifvertragssystems können die **Mittel des Arbeitskampfes** nur von möglichen Tarifvertragsparteien angewandt werden und können Arbeitskampfmaßnahmen nur für solche Ziele ergriffen werden, die tarifvertraglich regelbar sind. Dies bedeutet insbes., daß der ohne Mitwirkung einer Gewerkschaft ausgerufene ,,wilde Streik" rechtswidrig ist und weiter, daß ein ,,politischer" Streik, mit dem politische Entscheidungen der Staatsorgane beeinflußt werden sollen oder sonstige tarifvertraglich nicht regelbare Ziele angestrebt werden, unzulässig ist. **Streik** ist eine kollektive Arbeitsverweigerung der Arbeitnehmer, durch die kraft Entscheidung der kampfführenden Gewerkschaft deren Mitglieder dem Arbeitgeber ihre Arbeitskraft vorenthalten und damit die Erfüllung des Arbeitsvertrages zeitweise verweigern. **Aussperrung** bedeutet, daß der Arbeitgeber als Mitglied eines Arbeitgeberverbandes oder, wenn er selbst den Tarifvertrag schließt, für sich allein die angebotene Arbeitsleistung der bei ihm beschäftigten Arbeitnehmer ablehnt und damit auch von der Zahlung des geschuldeten Lohnes frei wird.
Weil ein Arbeitskampf nur als Druckmittel im Rahmen des Tarifvertragssystems rechtlich zulässig ist, steht den **Beamten,** deren öffentlich-rechtliches Dienst- und Treueverhältnis nach einem hergebrachten Grundsatz des Berufsbeamtentums durch Gesetz geregelt wird (Art. 33 Abs. 4 u. 5 GG), ein Streikrecht nicht zu (BVerfGE 8, 1/17; 19, 303/322; 44, 249/264; BVerwG NJW 1980, 1809). Demgegenüber ist für die Angestellten und Arbeiter im öffentlichen Dienst, deren Arbeitsverhältnisse durch Tarifverträge geregelt werden, ein Streikrecht nicht ausgeschlossen, wenngleich die hier im öffentlichen Interesse bestehenden oder möglichen Schranken des Streikrechts noch nicht hinreichend geklärt sind.

Grundgesetz und kollektives Arbeitsrecht

Zu den wesentlichen Grundsätzen für das Arbeitskampfrecht, die das Bundesarbeitsgericht vor allem auf der Grundlage des Art. 9 Abs. 3 GG entwickelt hat, gehören die **Neutralitätspflicht des Staates**, wonach z. B. eine Zwangsschlichtung grundsätzlich ausgeschlossen ist und die Zuerkennung staatlicher Versicherungs- und Sozialleistungen das Arbeitskampfrisiko nicht verändern darf, die vorauszusetzende ,,Waffengleichheit" oder **Gleichgewichtigkeit der Kampfparteien**, die z. B. durch eine erweiterte Unternehmensmitbestimmung und die dadurch hervorgerufene Beeinträchtigung der Gegnerunabhängigkeit nicht in Frage gestellt werden darf, und das vom Bundesarbeitsgericht als beherrschende Richtlinie für die rechtlichen Grenzen von Arbeitskampfmaßnahmen aufgestellte **Gebot der Verhältnismäßigkeit.** Soweit die Bestimmung des Art. 29 Abs. 5 HessVerf: ,,Die Aussperrung ist rechtswidrig", so zu verstehen ist, daß den Arbeitgebern das Kampfmittel der Aussperrung schlechthin entzogen wäre, ist die landesverfassungsrechtliche Bestimmung wegen Verletzung des aus Art. 9 Abs. 3 GG abzuleitenden Grundsatzes der Gleichgewichtigkeit der Tarifvertrags- und Arbeitskampfparteien unanwendbar (BAG NJW 1980, 1642/1646).

P. LERCHE, Verfassungsrechtliche Zentralfragen des Arbeitskampfes, 1968; W. ZÖLLNER/H. SEITER, Paritätische Mitbestimmung und Art. 9 Abs. 3 Grundgesetz, 1970; CL.-W. CANARIS, Tarifdispositive Normen und richterliche Rechtsfortbildung, in: Gedächtnisschrift für Rolf Dietz, 1973, S. 199; R. RICHARDI, Richterrecht und Tarifautonomie, ebd. S. 269; H. SEITER, Streikrecht und Aussperrungsrecht, 1975; H. WIEDEMANN/H. STUMPF, Tarifvertragsgesetz, 5. Aufl., 1977; R. SCHOLZ/R. KONZEN, Die Aussperrung im System von Arbeitsverfassung und kollektivem Arbeitsrecht, 1980; H. BROX/B. RÜTHERS, Arbeitskampfrecht, 2. Aufl., 1982; H. REICHEL, Tarifvertragsrecht, 6. Aufl., 1982; A. FUCHS, Tarifautonomie, in: Handbuch des Verfassungsrechts, 1983, S. 733; P. BADURA, Verfassungsfragen des nicht koalitionsmäßigen Streiks, DB 1985, Beilage Nr. 14.

Betriebsverfassung

Das Betriebsverfassungsgesetz vom 15. Januar 1972 (BGBl. I S. 13) und sein Vorgänger, das Betriebsverfassungsgesetz vom 11. Oktober 1952 (BGBl. I S. 681) gehen zurück auf das Betriebsrätegesetz vom 4. Febr. 1920 (RGBl. S. 147). Das Betriebsrätegesetz war zur Ausführung des Art. 165 Abs. 2 WeimRVerf erlassen worden, wonach die Arbeiter und Angestellten zur Wahrnehmung ihrer sozialen und wirtschaftlichen Interessen gesetzliche Vertretungen u. a. in Betriebsarbeiterräten erhielten.

Das **Betriebsverfassungsgesetz** regelt hauptsächlich die Mitwirkung und Mitbestimmung der Arbeitnehmer durch das Organ des Betriebsrates und durch den Wirtschaftsausschuß in sozialen, personellen und wirtschaftlichen Angelegenheiten und bei der Gestaltung von Arbeitsplatz, Arbeitsablauf und Arbeitsumgebung. Tarifliche Regelungen gehen den Rechten des Betriebsrates und auch einer Betriebsvereinbarung vor (§ 77 Abs. 3, 87 Abs. 1 BetrVG). Das Betriebsverfassungsrecht bezieht sich im wesentlichen nicht auf unternehmerische Entscheidungen als solche, sondern auf deren betriebliche Auswirkungen und insbes. auf das Direktionsrecht des Arbeitgebers gegenüber dem einzelnen Arbeitnehmer und auf die Einwirkungsbefugnisse des Arbeitgebers auf die einzelnen Arbeitsverhältnisse, z. B. durch deren Begründung oder durch die Kündigung. Darin unterscheidet sich die Mitwirkung und Mitbestimmung nach dem Betriebsverfassungsgesetz von der **unternehmerischen Mitbestimmung** der Arbeitnehmer, wie sie vor allem in dem Gesetz über die Mitbestimmung der Arbeitnehmer (Mitbestimmungsgesetz) vom 4. Mai 1976 (BGBl. I S. 1153) geregelt ist. Die Unternehmensmitbestimmung greift „sozialordnungsrechtlich" in die gesellschaftsrechtliche Organisation des Unternehmens mit dem Ziel einer Beeinflussung der unternehmerischen Entscheidungen ein (BVerfGE 50, 290). Dem für die privatrechtlichen Unternehmen geltenden Betriebsverfassungsrecht entspricht im Bereich des öffentlichen Dienstes das Personalvertretungsrecht.

Die Mitwirkung der **Gewerkschaften** im Rahmen der Betriebsverfassung und der Personalvertretung, z. B. auch die Wahlwerbung bei Betriebs- oder Personalratswahlen, gehört zu den durch das Grundrecht der Koalitionsfreiheit geschützten koalitionsmäßigen Betätigungen der Gewerkschaften (BVerfGE 19, 303; 51, 77; 60, 162).

R. Dietz/R. Richardi, BetrVG, 2 Bde., 6. Aufl., 1981/82; H. Galperin/H. Löwisch, BetrVG, 2 Bde., 6. Aufl., 1982; K. Fitting/F. Auffarth/H. Kaiser, BetrVG, 14. Aufl., 1984, mit Nachtrag, 1985.

13. Die politische Freiheit

Meinungs-, Versammlungs- und Vereinigungsfreiheit

97 Die Meinungsfreiheit (Art. 5 Abs. 1 Satz 1 GG) und die zu einer kollektiven Meinungsäußerung geeigneten Grundrechte der Versammlungsfreiheit (Art. 8 GG) und der Vereinigungsfreiheit (Art. 9 Abs. 1 GG) sind durch ihren personalen Grundzug im Ausgangspunkt Gewährleistungen, die bestimmte Erscheinungsformen der freien Entfaltung der Persönlichkeit schützen. Die durch diese Grundrechte mit einer besonderen verfassungsrechtlichen Garantie versehenen Äußerungs- und Handlungsmöglichkeiten des einzelnen können über die eigentliche Persönlichkeitsentfaltung hinaus, also jenseits ihres individualistischen Schutzprinzips, in verschiedenen Richtungen eine soziale Bedeutung haben. Eine dieser sozialen Bedeutungen der genannten Grundrechte ist die **Teilhabe an der politischen Meinungs- und Willensbildung**, die durch die individuelle und gemeinschaftliche Meinungsäußerung bewirkt werden kann. Insofern haben diese Grundrechte eine konstitutive Bedeutung für die politische Freiheit und für die demokratische Willensbildung. Die Offenheit dieses Prozesses, insbes. im Sinne der affirmativen oder kritischen Partizipation, auch innerhalb der verschiedenen gesellschaftlichen Bereiche, welche die Substruktur der Demokratie ausmachen, der freie politische Wettbewerb der Demokratie insgesamt also, setzen die Freiheit der Meinungsäußerung und die Freiheit, sich zu selbstbestimmten Zwecken zu vereinigen und zu versammeln, voraus. Der demokratische Prozeß soll ein Prozeß der Auseinandersetzung der einzelnen sein. Die mit einer globalen Vorstellung umrissene „öffentliche Meinung" ist unter den heutigen Bedingungen allerdings zuerst ein Produkt der Massenmedien, in denen die

Die politische Freiheit 98 C

individuellen und kollektiven Meinungsäußerungen eine Verarbeitung erfahren. Meinungsfreiheit, Versammlungsfreiheit und Vereinigungsfreiheit tragen in durchaus unterschiedlicher Weise zu der Möglichkeit bei, in politischer Freiheit auf den Prozeß der demokratischen Meinungs- und Willensbildung einzuwirken. Die unüberholbare Quelle dieses Prozesses ist die individuelle Meinungsfreiheit. Gerade im Interesse der politischen Freiheit muß sie auch gegen die kollektiven Einwirkungsmöglichkeiten sozialer Mächte geschützt werden, die andererseits in der Versammlungsfreiheit und in der Vereinigungsfreiheit eine besondere Garantie besitzen. Das politische Wirkungspotential ist bei der Versammlungsfreiheit, soweit diese sich auf Versammlungen unter freiem, Himmel („Demonstration" oder „Manifestationen") bezieht, bei einer Reihe von Autoren sogar als die primäre Gewährleistungsschicht des Grundrechts aufgefaßt worden. Dabei darf allerdings nicht übersehen werden, daß dieses Recht dahin geht, sich „friedlich und ohne Waffen" zu versammeln und daß es gerade für Versammlungen unter freiem Himmel durch Gesetz oder aufgrund eines Gesetzes beschränkt werden darf. Das Grundrecht enthält also nicht etwa eine Privilegierung der durch die Masse der einzelnen bewirkten oder ermöglichten Gewalttätigkeit.
Ein räumlich ausgedehntes präventives Verbot einer geplanten „Großdemonstration" mit einer vielgestaltigen Teilnahme zahlreicher Gruppen und die Anordnung der sofortigen Vollziehung eines derartigen Verbots (§ 80 Abs. 2 Nr. 4 VwGO) sind nur unter strengen Voraussetzungen verfassungsrechtlich hinnehmbar, wenn die befürchtete Unfriedlichkeit nur von seiten einzelner oder einer Minderheit erwartet wird; die Behörde hat auch alle sinnvoll anwendbaren Mittel zu erschöpfen, um die Versammlungsfreiheit der „friedlichen Demonstranten" zu wahren (BVerfGE 69, 315 = DÖV 1985, 778 – Brokdorf– mit Anm. von H. SCHNEIDER).
Eine weitaus tiefere Bedeutung kommt der **Vereinigungsfreiheit** als einem Werkzeug der politischen Freiheit zu (siehe R. SMEND, Bürger und Bourgeois im deutschen Staatsrecht, 1933). Dieses Grundrecht schützt die dem dauerhaften Zusammenwirken der einzelnen eigene Integrationsaufgabe auch außerhalb der politischen Parteien, deren Mitwirkung bei der politischen Willensbildung des Volkes in der parlamentarischen Demokratie notwendig einen stärker institutionalisierten Charakter haben muß (siehe Art. 21 GG). Die Ordnung der Trennung und des Zusammenwirkens der politischen Parteien und der nach Maßgabe der Vereinigungsfreiheit organisierten Interessen ist die Lebensfrage des Staates, der nach dem Legitimations- und Organisationsprinzip der parlamentarischen Demokratie aufgebaut ist.

Wahlrecht

Die Wahlen zur parlamentarischen Volksvertretung sind nicht ein Vorgang 98 der Willensbildung des Staates, sondern der für die Willensbildung des Staates eine Voraussetzung bildende Vorgang, in dem der fortdauernde und diffuse Prozeß der Meinungs- und Willensbildung des Volkes verbindlich zum Ausdruck gelangt. Das Wahlrecht als subjektives Recht des einzelnen und die Wahlrechtsgrundsätze, die ein Kernstück der demokratischen Staatsform bilden (siehe Art. 20 Abs. 2, 38 GG), sind zugleich ein Ausdruck der politischen Freiheit. Sie sind der Sache nach Grundrechte, können deshalb auch mit der Verfassungsbeschwerde durchgesetzt werden. D RNr. 12, E RNrn. 3 ff. Das manchmal als Kern des Status activus bezeichnete Wahlrecht leitet sich, nach einem schon in der französischen Revolution verwendeten Gedanken, aus der Zugehörigkeit zur „Aktivbürgerschaft" des Volkes, der „Nation" ab. Diese Gemeinschaft der Staatsbürger wird rechtlich durch die Staatsangehörigkeit definiert. Deshalb steht ein Wahlrecht von Ausländern und von Staatenlosen mit der verfassungsrechtlichen Regelung des Wahlrechts ebenso in Widerspruch, wie die unbeschränkte Zuerkennung eines Wahlrechts für solche Staatsangehörige, die durch andauernde Abwesenheit im Ausland ihre persönliche Gemeinschaftsbeziehung gelockert haben. Diesen Grundgedanken entspricht die Regelung des Wahlrechts und der Wählbarkeit in §§ 12 und 15 BWahlG.

H. QUARITSCH, Staatsangehörigkeit und Wahlrecht, DÖV 1983, 1.

Asylrecht

99 Politisch Verfolgte genießen Asylrecht (Art. 16 Abs. 2 Satz 2 GG). Das Grundgesetz gewährt damit Ausländern und Staatenlosen ein Recht auf Zuflucht im Bundesgebiet, wenn diese in ihrem Heimatstaat oder in einem anderen Staat persönlich oder als Angehörige einer Gruppe politisch verfolgt werden. Die notwendige gesetzliche Ausgestaltung dieses Grundrechts ist jetzt durch das **Gesetz über das Asylverfahren** (Asylverfahrensgesetz) vom 16. Juli 1982 (BGBl. I S. 946), zuletzt geändert durch Gesetz vom 11. Juli 1984 (BGBl. I S. 874), erfolgt. Über Asylanträge entscheidet danach das Bundesamt für die Anerkennung ausländischer Flüchtlinge in dem gesetzlich geregelten Asylverfahren. Die Entscheidungen der Ausländerbehörden und des genannten Bundesamtes unterliegen unbeschränkt der verwaltungsgerichtlichen Nachprüfung. Auch eine Erklärung oder Auskunft der Bundesregierung oder des Auswärtigen Amtes über den Tatbestand der politischen Verfolgung in einem bestimmten Staat sind nicht als solche der gerichtlichen Beurteilung entzogen (BVerfG Beschluß vom 23. 2. 1983 DVBl. 1983, 549; BVerfG Beschluß vom 2. 5. 1984 DVBl. 1984, 673).

In Antike und Mittelalter wurde unter „Asyl" ein für den König oder die sonstige weltliche Herrschaft unverletzlicher Ort, eine Freistätte, verstanden, die regelmäßig für eine Stelle des religiösen Ritus oder ein sonstiges Heiligtum anerkannt wurde. Ein Asyl in diesem Sinne ist dem heutigen Recht fremd. Das heutige Völker- und Staatsrecht unterscheidet das diplomatische Asyl, das unter bestimmten Voraussetzungen gegen die öffentliche Gewalt des Gaststaates in einer diplomatischen Vertretung gewährt werden darf, von dem Asylrecht, das einem einzelnen auf dem Gebiet eines Staates gewährt wird. Nach Völkerrecht ist zwar kein Staat verpflichtet, Fremde aufzunehmen. Andererseits jedoch wird die Personalhoheit eines Staates nicht dadurch verletzt, daß ein anderer Staat den Angehörigen des Verfolgungsstaates auf seinem Gebiet Asyl gewährt. Der Zufluchtstaat darf also dem Verfolgerstaat ein Hindernis der Verfolgung entgegensetzen und der fliehenden Person Schutz vor Verfolgung gewähren, ohne das Völkerrecht zu verletzen.

Die politische Freiheit   99 C

Gegenstand des Staatsrechts des Zufluchtsstaates ist es, ob ein politisch Verfolgter mit einem **subjektiven Recht** darauf ausgestattet wird, Zugang zum Staatsgebiet des Zufluchtsstaates zu erhalten, ein Aufenthaltsrecht dort zu erhalten, gegen Ausweisung in den Verfolgerstaat geschützt zu werden und eine Auslieferung an den Verfolgerstaat nicht befürchten zu müssen. Das staatsrechtliche Asylrecht gehört demgemäß sachlich zum sog. **Fremdenrecht,** dessen hauptsächliche Vorschriften für die Bundesrepublik im Ausländergesetz vom 28. April 1965 (BGBl. I S. 353), zuletzt geänd. durch Gesetz vom 16. Juli 1982 (BGBl. I S. 946), enthalten sind. Das Ausländergesetz enthält auch in den Bestimmungen der §§ 11 Abs. 2 und 14 Abs. 1 Satz 2 die gesetzlichen Schranken des Asylrechts, z. B. wegen schwerwiegender Gründe der öffentlichen Sicherheit oder Ordnung, die ihrerseits den Bestimmungen der Art. 32 und 33 der Genfer Konvention über die Rechtsstellung der Flüchtlinge vom 28. Juli 1951 entsprechen.

Das verfassungsrechtlich gewährte Asylrecht gewinnt Gewicht, wenn der Asylberechtigte in das Bundesgebiet einreist oder die Berechtigung zum Aufenthalt im Bundesgebiet begehrt, wenn gegen den Asylberechtigten aus besonderem Grund die Ausweisung angeordnet wird (§§ 10 ff. AuslG) oder wenn der Heimatstaat oder ein dritter Staat die Auslieferung des Asylberechtigten nach den dafür bestehenden völkerrechtlichen Vereinbarungen verlangt. Die deutschen Bestimmungen über die **Auslieferung,** die früher im Deutschen Auslieferungsgesetz vom 23. Dezember 1929 (RGBl. I S. 239) enthalten waren, finden sich jetzt in dem Gesetz über die internationale Rechtshilfe in Strafsachen vom 23. Dez. 1982 (BGBl. I S. 2071). Wird die Auslieferung wegen bestimmter schwerer Verbrechen gefordert oder kann der Auszuliefernde Schutz vor politischer Verfolgung durch den Grundsatz der Spezialität erlangen (dazu BVerfGE 63, 197; 63, 215), kann das Asylrecht dem Auslieferungsverlangen nicht entgegengesetzt werden. Der Zufluchtsuchende darf an der Grenze nicht abgewiesen und nicht in einen Verfolgungsstaat ausgewiesen oder ausgeliefert werden. Darüber hinaus kann dem Grundrecht – entsprechend der humanitären Zielsetzung – der Auftrag an den Gesetzgeber entnommen werden, dem Asylberechtigten die Voraussetzungen für einen menschenwürdigen Aufenthalt zu schaffen (BVerwGE 49, 202).

Der Tatbestand, an den das Grundrecht seinen Schutz knüpft, ist die „**politische Verfolgung**". Asyl wird dem Ausländer gewährt, der in seinem Land nicht mehr leben kann, weil er durch das politische System seiner Freiheit, seines Lebens und seiner Güter beraubt würde (BVerfGE 54, 341; BVerwGE 67, 184 und 195). Die Verfolgung kann sich auch gegen eine Gruppe richten, der der Asylsuchende angehört (BVerwG NJW 1985, 574 – Tamilen in Ceylon). „Verfolgung" ist im Kernpunkt eine Gefahr, in der die Verpflichtung aller staatlichen Gewalt, die Würde des Menschen zu achten und zu schützen, nicht eingehalten wird. Wirtschaftliche Benachteiligung, Strafverfolgung, die vermeintlich oder wirklich zu Unrecht erfolgt, staatsbürgerliche Pflichten, z. B. die Wehrpflicht, auch wenn diese über das in der Bundesrepublik bestehende Maß hinausgehen, begründen als solche keine Tatbestände der politischen Verfolgung.

159

Antwort der Bundesregierung auf eine Kleine Anfrage betr. Probleme des Asylrechts, BTag Drucks. 10/3346. – R. MARX/G. STRATE, Kommentar zum Asylverfahrensgesetz, 1982; P. BAUMÜLLER/B. BRUNN/R. FRITZ/B. HILLMANN, Kommentar zum Asylverfahrensgesetz, 1983; B. HUBER, Ausländer- und Asylrecht, 1983; O. KIMMINICH, Grundprobleme des Asylrechts, 1983; F. ROTTMANN, Das Asylrecht des Art. 16 GG als liberal-rechtsstaatliches Abwehrrecht, Staat 23, 1984, S. 337; W. ZEIDLER, Einige Bemerkungen zu den Versuchen, den Begriff der „politischen Verfolgung" zu bestimmen, in: Festgabe für die Bitburger Gespräche, 1984, S. 551; H. QUARITSCH, Recht auf Asyl, 1985; W. KANEIN, Ausländerrecht. 4. Aufl., 1986.

14. Die allgemeine Handlungsfreiheit

Das „Auffanggrundrecht" des Art. 2 Abs. 1 GG

100 Jeder hat das Recht auf die freie Entfaltung seiner Persönlichkeit, soweit er nicht die Rechte anderer verletzt und nicht gegen die verfassungsmäßige Ordnung oder das Sittengesetz verstößt (Art. 2 Abs. 1 GG). Dieses Grundrecht schützt als „Auffanggrundrecht" die allgemeine Handlungsfreiheit des einzelnen nach Maßgabe der verfassungsmäßigen Rechtsordnung, soweit nicht eine Entscheidungs- oder Handlungsmöglichkeit Gegenstand des Schutzes eines spezielleren Grundrechts ist (BVerfGE 6, 32). Außerdem gewährleistet das allgemeine Persönlichkeitsrecht nach Art. 2 Abs. 1 i.V.m. Art. 1 Abs. 1 GG in Ergänzung zu den spezielleren Freiheitsrechten zum Schutz der Persönlichkeit die engere persönliche Lebenssphäre und die Erhaltung ihrer Grundbedingungen, soweit sie sich durch die traditionellen Freiheitsgarantien nicht abschließend erfassen lassen, so z. B. das Recht der persönlichen Ehre (BVerfGE 54, 148). RNr. 30.

Als Auffanggrundrecht für den Schutz der allgemeinen Handlungsfreiheit in jeglichem Lebensbereich beschränkt sich die Gewährleistung der Freiheit durch das Grundrecht des Art. 2 Abs. 1 GG nicht auf irgendwie wertbetonte Entfaltungs- oder Handlungsmöglichkeiten des einzelnen im Sinne einer anspruchsvollen Vorstellung von der menschlichen „Persönlichkeit". In dieser umfassenden Schutzfunktion vervollständigt die allgemeine Handlungsfreiheit den spezielleren und in der Regel stärkeren Schutz der im Grundrechtskatalog folgenden Einzelgrundrechte. Innerhalb dieser subsidiären Schutzsphäre sind einzelne besonders identifizierbare Schutzgüter hervorgehoben worden, so durch die Vertragsfreiheit (RdNr. 79) und durch die Ausreisefreiheit.

R. SCHOLZ, Das Grundrecht der freien Entfaltung der Persönlichkeit in der Rspr. des BVerfGs, AöR 100, 1975, S. 80, 265.

Die Schranken des Grundrechts

101 Die Interpretation des Art. 2 Abs. 1 GG im Sinne der allgemeinen Handlungsfreiheit hat naturgemäß zur Folge, daß der Schrankenvorbehalt der „verfassungsmäßigen Ordnung" eine beherrschende Bedeutung erlangt. Die allgemeine Handlungsfreiheit kann durch jedes Gesetz oder jede sonstige Rechtsvorschrift beschränkt werden, die ihrerseits mit der Verfassung im Einklang steht. Das Grundrecht erscheint damit letzten Endes als die Ge-

Die allgemeine Handlungsfreiheit 102 C

währleistung der gesetzmäßigen Freiheit. Es bringt zum Ausdruck, daß die verfassungsrechtlich geschützte und gewährleistete Freiheit des einzelnen eine rechtliche, d. h. begrenzte, aber in ihren Grenzen geschützte, nicht abstrakte und unbegrenzte „natürliche" Freiheit ist.
Mit dem Inhalt, nur durch solche Rechtsvorschriften in der allgemeinen Handlungsfreiheit beschränkt zu werden, die im Einklang mit dem Verfassungsrecht, z. B. mit den rechtsstaatlichen Grundsätzen oder mit der bundesstaatlichen Kompetenzordnung, stehen, ist das Grundrecht nicht etwa dem **Gesetzgeber** gegenüber „leerlaufend". Denn es bindet den Gesetzgeber an den Grundsatz der Verhältnismäßigkeit im Gesamtbereich möglicher Freiheitsbeeinträchtigung und gibt weiter dem Grundsatz der Gesetzmäßigkeit der Verwaltung insgesamt eine subjektivrechtliche Auswirkung, sofern nur die Verwaltungstätigkeit die allgemeine Handlungsfreiheit des einzelnen berührt (siehe BVerfGE 6, 32; 17, 306; 20, 150, 55, 159; 65, 297). Verfahrensrechtlich bedeutet das, daß jedermann im Wege der Verfassungsbeschwerde geltend machen kann, ein Gesetz, das ihn in seiner Handlungsfreiheit beschränke, gehöre nicht zur verfassungsmäßigen Ordnung, weil es formell oder inhaltlich gegen Verfassungsrecht verstoße.
Die Schrankenvorbehalte der „Rechte anderer" und des „Sittengesetzes" bringen zum Ausdruck, daß auch unabhängig von einer bestehenden gesetzlichen Regelung niemand einen Anspruch darauf haben kann, Rechte anderer zu verletzen oder gegen das Sittengesetz zu verstoßen. Die Verfassung erkennt damit an, daß die Normen des positiven Rechts nicht notwendig alle die Gebote und Verbote zum Gegenstand des Rechts machen, die von den sittlichen Anschauungen gefordert werden. Diese Grenze zu bestimmen, ist im Einzelfall Sache des Richters (vgl. BVerfGE 6, 389; 49, 286; R. ZIPPELIUS, Wertungsprobleme im System der Grundrechte, 1962).

Die innere Einheit und Vielfalt der Grundrechte

Die bürgerliche Verfassungsbewegung, die dem Freiheitsgedanken eine 102 rechtliche Verkörperung in den Grundrechten gegeben hat, hatte in dem Schutz der individuellen Freiheit gegen die öffentliche Gewalt des Staates und gegen die Machtansprüche der alten sozialen Mächte ein Prinzip, das die einzelnen Grundrechtsverbürgungen durch eine innere Einheit verbinden konnte. Die Weiterentwicklung des Freiheitsgedankens unter den Bedingungen des Industriezeitalters und der sozialstaatlichen Demokratie hat zu einer höheren Komplexität des grundrechtlich zu schützenden Freiheitsgedankens führen müssen. Dennoch kann der Grundrechtskatalog des Grundgesetzes für sich in Anspruch nehmen, von einem allgemeinen Prinzip der inneren Einheit durchdrungen zu sein, nämlich von der Achtung und dem Schutz der Würde des Menschen und der Anerkennung des Rechts auf die freie Entfaltung der Persönlichkeit. Dieser Grundgedanke steht dem Aufbau objektivrechtlicher Systeme mit Hilfe der materialen „Wertentscheidungen" der verschiedenen Grundrechte entgegen, dürfte aber auf der anderen Seite nicht mit einer Spitze gegen den Schutz wirtschaftlicher Freiheiten, auch wenn diese durch juristische Personen des Privatrechts ausgeübt werden, versehen werden. Zu dem die innere Einheit der Grundrechte stiftenden Grundgedanken gehört es, daß die einzelnen zu selbstbestimmten Zwecken zusammenwirken und dadurch auch die besonderen Wirkungsmöglichkeiten der Verbindung persönlicher und sachlicher Kräfte ausnutzen.

Eine Überbetonung des Gedankens der inneren Einheit der Grundrechte, etwa als einer Gleichrichtung aller grundrechtlichen Verbürgungen im Sinne eines „personalen Grundzugs" der Grundrechte birgt die Gefahr in sich, daß die Vielfalt der Grundrechte, wie sie durch die Verfassung ausgesprochen wird, eine Einebnung erleidet. Besonders der alle Grundrechtsfragen durchdringende Grundsatz der Verhältnismäßigkeit zeigt eine gewisse Gleichgültigkeit gegenüber den einzelnen Grundrechten, für die eine spezifische Verstärkung des rechtlichen Schutzes bestimmter Freiheiten, bestimmter Einrichtungen oder bestimmter Rechtsstellungen kennzeichnend ist, die nach der geschichtlichen Erfahrung besonderer Gefährdung durch die öffentliche Gewalt oder durch die Übermacht sozialer Kräfte ausgesetzt sind. Dieser selbständige sachliche Gehalt der einzelnen Grundrechte, in dem sich die Vielfalt des verfassungsrechtlichen Freiheitsschutzes äußert, darf nicht durchgehenden Grundsätzen geopfert werden, die aus der inneren Einheit der Grundrechte abgeleitet werden.

D. Der Bund und die Länder

II. Der Bund und die Länder

Art. 20

(1) Die Bundesrepublik Deutschland ist ein demokratischer und sozialer Bundesstaat.

(2) Alle Staatsgewalt geht vom Volke aus. Sie wird vom Volke in Wahlen und Abstimmungen und durch besondere Organe der Gesetzgebung, der vollziehenden Gewalt und der Rechtsprechung ausgeübt.

(3) Die Gesetzgebung ist an die verfassungsmäßige Ordnung, die vollziehende Gewalt und die Rechtsprechung sind an Gesetz und Recht gebunden.

(4) Gegen jeden, der es unternimmt, diese Ordnung zu beseitigen, haben alle Deutschen das Recht zum Widerstand, wenn andere Abhilfe nicht möglich ist.

Art. 21

(1) Die Parteien wirken bei der politischen Willensbildung des Volkes mit. Ihre Gründung ist frei. Ihre innere Ordnung muß demokratischen Grundsätzen entsprechen. Sie müssen über die Herkunft und Verwendung ihrer Mittel sowie über ihr Vermögen öffentlich Rechenschaft geben.

(2) Parteien, die nach ihren Zielen oder nach dem Verhalten ihrer Anhänger darauf ausgehen, die freiheitliche demokratische Grundordnung zu beeinträchtigen oder zu beseitigen oder den Bestand der Bundesrepublik Deutschland zu gefährden, sind verfassungswidrig. Über die Frage der Verfassungswidrigkeit entscheidet das Bundesverfassungsgericht.

(3) Das Nähere regeln Bundesgesetze.

Art. 22

Die Bundesflagge ist schwarz-rot-gold.

Art. 23

Dieses Grundgesetz gilt zunächst im Gebiete der Länder Baden, Bayern, Bremen, Groß-Berlin, Hamburg, Hessen, Niedersachsen, Nordrhein-Westfalen, Rheinland-Pfalz, Schleswig-Holstein, Württemberg-Baden und Württemberg-Hohenzollern. In anderen Teilen Deutschlands ist es nach deren Beitritt in Kraft zu setzen.

Art. 24

(1) Der Bund kann durch Gesetz Hoheitsrechte auf zwischenstaatliche Einrichtungen übertragen.

(2) Der Bund kann sich zur Wahrung des Friedens einem System gegenseitiger kollektiver Sicherheit einordnen; er wird hierbei in die Beschränkungen seiner Hoheitsrechte einwilligen, die eine friedliche und dauerhafte Ordnung in Europa und zwischen den Völkern der Welt herbeiführen und sichern.

(3) Zur Regelung zwischenstaatlicher Streitigkeiten wird der Bund Vereinbarungen über eine allgemeine, umfassende, obligatorische, internationale Schiedsgerichtsbarkeit beitreten.

Art. 25

Die allgemeinen Regeln des Völkerrechtes sind Bestandteil des Bundesrechtes. Sie gehen den Gesetzen vor und erzeugen Rechte und Pflichten unmittelbar für die Bewohner des Bundesgebietes.

Art. 26

(1) Handlungen, die geeignet sind und in der Absicht vorgenommen werden, das friedliche Zusammenleben der Völker zu stören, insbesondere die Führung eines Angriffskrieges vorzubereiten, sind verfassungswidrig. Sie sind unter Strafe zu stellen.

(2) Zur Kriegführung bestimmte Waffen dürfen nur mit Genehmigung der Bundesregierung hergestellt, befördert und in Verkehr gebracht werden. Das Nähere regelt ein Bundesgesetz.

Art. 27

Alle deutschen Kauffahrteischiffe bilden eine einheitliche Handelsflotte.

Art. 28

(1) Die verfassungsmäßige Ordnung in den Ländern muß den Grundsätzen des republikanischen, demokratischen und sozialen Rechtsstaates im Sinne dieses Grundgesetzes entsprechen. In den Ländern, Kreisen und Gemeinden muß das Volk eine Vertretung haben, die aus allgemeinen, unmittelbaren, freien, gleichen und geheimen Wahlen hervorgegangen ist. In Gemeinden kann an die Stelle einer gewählten Körperschaft die Gemeindeversammlung treten.

(2) Den Gemeinden muß das Recht gewährleistet sein, alle Angelegenheiten der örtlichen Gemeinschaft im Rahmen der Gesetze in eigener Verantwortung zu regeln. Auch die Gemeindeverbände haben im Rahmen ihres gesetzlichen Aufgabenbereiches nach Maßgabe der Gesetze das Recht der Selbstverwaltung.

(3) Der Bund gewährleistet, daß die verfassungsmäßige Ordnung der Länder den Grundrechten und den Bestimmungen der Absätze 1 und 2 entspricht.

Art. 29

(1) Das Bundesgebiet kann neu gegliedert werden, um zu gewährleisten, daß die Länder nach Größe und Leistungsfähigkeit die ihnen obliegenden Aufgaben wirksam erfüllen können. Dabei sind die landsmannschaftliche Verbundenheit, die geschichtlichen und kulturellen Zusammenhänge, die wirtschaftliche Zweckmäßigkeit sowie die Erfordernisse der Raumordnung und der Landesplanung zu berücksichtigen.

(2) Maßnahmen zur Neugliederung des Bundesgebietes ergehen durch Bundesgesetz, das der Bestätigung durch Volksentscheid bedarf. Die betroffenen Ländern sind zu hören.

(3) Der Volksentscheid findet in den Ländern statt, aus deren Gebieten oder Gebietsteilen ein neues oder neu umgrenztes Land gebildet werden soll

Der Bund und die Länder

(betroffene Länder). Abzustimmen ist über die Frage, ob die betroffenen Länder wie bisher bestehenbleiben sollen oder ob das neue oder neu umgrenzte Land gebildet werden soll. Der Volksentscheid für die Bildung eines neuen oder neu umgrenzten Landes kommt zustande, wenn in dessen künftigem Gebiet und insgesamt in den Gebieten oder Gebietsteilen eines betroffenen Landes, deren Landeszugehörigkeit im gleichen Sinne geändert werden soll, jeweils eine Mehrheit der Änderung zustimmt. Er kommt nicht zustande, wenn im Gebiet eines der betroffenen Länder eine Mehrheit die Änderung ablehnt; die Ablehnung ist jedoch unbeachtlich, wenn in einem Gebietsteil, dessen Zugehörigkeit zu dem betroffenen Land geändert werden soll, eine Mehrheit von zwei Dritteln der Änderung zustimmt, es sei denn, daß im Gesamtgebiet des betroffenen Landes eine Mehrheit von zwei Dritteln die Änderung ablehnt.

(4) Wird in einem zusammenhängenden, abgegrenzten Siedlungs- und Wirtschaftsraum, dessen Teile in mehreren Ländern liegen und der mindestens eine Million Einwohner hat, von einem Zehntel der in ihm zum Bundestag Wahlberechtigten durch Volksbegehren gefordert, daß für diesen Raum eine einheitliche Landeszugehörigkeit herbeigeführt werde, so ist durch Bundesgesetz innerhalb von zwei Jahren entweder zu bestimmen, ob die Landeszugehörigkeit gemäß Absatz 2 geändert wird, oder daß in den betroffenen Ländern eine Volksbefragung stattfindet.

(5) Die Volksbefragung ist darauf gerichtet festzustellen, ob eine in dem Gesetz vorzuschlagende Änderung der Landeszugehörigkeit Zustimmung findet. Das Gesetz kann verschiedene, jedoch nicht mehr als zwei Vorschläge der Volksbefragung vorlegen. Stimmt eine Mehrheit einer vorgeschlagenen Änderung der Landeszugehörigkeit zu, so ist durch Bundesgesetz innerhalb von zwei Jahren zu bestimmen, ob die Landeszugehörigkeit gemäß Absatz 2 geändert wird. Findet ein der Volksbefragung vorgelegter Vorschlag eine den Maßgaben des Absatzes 3 Satz 3 und 4 entsprechende Zustimmung, so ist innerhalb von zwei Jahren nach der Durchführung der Volksbefragung ein Bundesgesetz zur Bildung des vorgeschlagenen Landes zu erlassen, das der Bestätigung durch Volksentscheid nicht mehr bedarf.

(6) Mehrheit im Volksentscheid und in der Volksbefragung ist die Mehrheit der abgegebenen Stimmen, wenn sie mindestens ein Viertel der zum Bundestag Wahlberechtigten umfaßt. Im übrigen wird das Nähere über Volksentscheid, Volksbegehren und Volksbefragung durch ein Bundesgesetz geregelt; dieses kann auch vorsehen, daß Volksbegehren innerhalb eines Zeitraumes von fünf Jahren nicht wiederholt werden können.

(7) Sonstige Änderungen des Gebietsbestandes der Länder können durch Staatsverträge der beteiligten Länder oder durch Bundesgesetz mit Zustimmung des Bundesrates erfolgen, wenn das Gebiet, dessen Landeszugehörigkeit geändert werden soll, nicht mehr als 10 000 Einwohner hat. Das Nähere regelt ein Bundesgesetz, das der Zustimmung des Bundesrates und der Mehrheit der Mitglieder des Bundestages bedarf. Es muß die Anhörung der betroffenen Gemeinden und Kreise vorsehen.

Art. 30
Die Ausübung der staatlichen Befugnisse und die Erfüllung der staatlichen Aufgaben ist Sache der Länder, soweit dieses Grundgesetz keine andere Regelung trifft oder zuläßt.

D   Der Bund und die Länder

Art. 31
Bundesrecht bricht Landesrecht.

Art. 32
(1) Die Pflege der Beziehungen zu auswärtigen Staaten ist Sache des Bundes.

(2) Vor dem Abschlusse eines Vertrages, der die besonderen Verhältnisse eines Landes berührt, ist das Land rechtzeitig zu hören.

(3) Soweit die Länder für die Gesetzgebung zuständig sind, können sie mit Zustimmung der Bundesregierung mit auswärtigen Staaten Verträge abschließen.

Art. 33
(1) Jeder Deutsche hat in jedem Lande die gleichen staatsbürgerlichen Rechte und Pflichten.

(2) Jeder Deutsche hat nach seiner Eignung, Befähigung und fachlichen Leistung gleichen Zugang zu jedem öffentlichen Amte.

(3) Der Genuß bürgerlicher und staatsbürgerlicher Rechte, die Zulassung zu öffentlichen Ämtern sowie die im öffentlichen Dienste erworbenen Rechte sind unabhängig von dem religiösen Bekenntnis. Niemandem darf aus seiner Zugehörigkeit oder Nichtzugehörigkeit zu einem Bekenntnisse oder einer Weltanschauung ein Nachteil erwachsen.

(4) Die Ausübung hoheitsrechtlicher Befugnisse ist als ständige Aufgabe in der Regel Angehörigen des öffentlichen Dienstes zu übertragen, die in einem öffentlich-rechtlichen Dienst- und Treueverhältnis stehen.

(5) Das Recht des öffentlichen Dienstes ist unter Berücksichtigung der hergebrachten Grundsätze des Berufsbeamtentums zu regeln.

Art. 34
Verletzt jemand in Ausübung eines ihm anvertrauten öffentlichen Amtes die ihm einem Dritten gegenüber obliegende Amtspflicht, so trifft die Verantwortlichkeit grundsätzlich den Staat oder die Körperschaft, in deren Dienst er steht. Bei Vorsatz oder grober Fahrlässigkeit bleibt der Rückgriff vorbehalten. Für den Anspruch auf Schadensersatz und für den Rückgriff darf der ordentliche Rechtsweg nicht ausgeschlossen werden.

Art. 35
(1) Alle Behörden des Bundes und der Länder leisten sich gegenseitig Rechts- und Amtshilfe.

(2) Zur Aufrechterhaltung oder Wiederherstellung der öffentlichen Sicherheit oder Ordnung kann ein Land in Fällen von besonderer Bedeutung Kräfte und Einrichtungen des Bundesgrenzschutzes zur Unterstützung seiner Polizei anfordern, wenn die Polizei ohne diese Unterstützung eine Aufgabe nicht oder nur unter erheblichen Schwierigkeiten erfüllen könnte. Zur Hilfe bei einer Naturkatastrophe oder bei einem besonders schweren Unglücksfall kann ein Land Polizeikräfte anderer Länder, Kräfte und Einrichtungen anderer Verwaltungen sowie des Bundesgrenzschutzes und der Streitkräfte anfordern.

Der Bund und die Länder D

(3) Gefährdet die Naturkatastrophe oder der Unglücksfall das Gebiet mehr als eines Landes, so kann die Bundesregierung, soweit es zur wirksamen Bekämpfung erforderlich ist, den Landesregierungen die Weisung erteilen, Polizeikräfte anderen Ländern zur Verfügung zu stellen, sowie Einheiten des Bundesgrenzschutzes und der Streitkräfte zur Unterstützung der Polizeikräfte einsetzen. Maßnahmen der Bundesregierung nach Satz 1 sind jederzeit auf Verlangen des Bundesrates, im übrigen unverzüglich nach Beseitigung der Gefahr aufzuheben.

Art. 36

(1) Bei den obersten Bundesbehörden sind Beamte aus allen Ländern in angemessenem Verhältnis zu verwenden. Die bei den übrigen Bundesbehörden beschäftigten Personen sollen in der Regel aus dem Lande genommen werden, in dem sie tätig sind.

(2) Die Wehrgesetze haben auch die Gliederung des Bundes in Länder und ihre besonderen landsmannschaftlichen Verhältnisse zu berücksichtigen.

Art. 37

(1) Wenn ein Land die ihm nach dem Grundgesetze oder einem anderen Bundesgesetze obliegenden Bundespflichten nicht erfüllt, kann die Bundesregierung mit Zustimmung des Bundesrates die notwendigen Maßnahmen treffen, um das Land im Wege des Bundeszwanges zur Erfüllung seiner Pflichten anzuhalten.

(2) Zur Durchführung des Bundeszwanges hat die Bundesregierung oder ihr Beauftragter das Weisungsrecht gegenüber allen Ländern und ihren Behörden.

Gliederungsübersicht

	RNr.		RNr.
1. Die Staatsform der Bundesrepublik Deutschland		Bürgerinitiativen und andere Erscheinungsformen der Partizipationsdemokratie	14
a) Staatsform und verfassungsgestaltende Grundentscheidungen		Politische Selbstverwaltung	15
		Die organisierten Interessen	16
Staatsform	1	Die öffentliche Meinung	17
Das Grundgesetz ist kein bloßes Organisationsstatut	2	Demokratie als Organisation politischer Herrschaft	18
Verfassungsgestaltende Grundentscheidungen	3	„Wirtschaftsdemokratie"	19
„Streitbare Demokratie"	4	c) Parteien in der Demokratie	
Das Recht zum Widerstand	5	Verfassungsrechtliche Stellung und Aufgaben der Parteien	20
b) Die Bundesrepublik Deutschland ist eine Demokratie		Das Parteiengesetz	21
Volkssouveränität	6	Finanzen der Parteien und Rechenschaftspflicht	22
Freiheit und Gleichheit	7	Parteienverbot	23
Das Mehrheitsprinzip	8	„Parteienstaat"	24
Pluralismus	9	d) Die Bundesrepublik Deutschland ist eine Republik	
Repräsentative und plebiszitäre Demokratie	10	Republik und Monarchie	25
Parlamentarische Demokratie	11	Die republikanische Staatsform im Grundgesetz	26
Wahlen und Abstimmungen	12		
Die politischen Parteien	13		

D   Der Bund und die Länder

	RNr.
e) Staatssymbole	
Bundesflagge	27
Bundeswappen	28
Bundeshauptstadt	29
Nationalhymne	30
2. Die Staatsaufgaben	
a) Der Staatszweck und die Aufgaben des Staates	
„Rechtfertigung" des Staates: der Staatszweck	31
Die politischen und sozialen Aufgaben des Staates heute	32
b) Der Sozialstaatssatz	
Die soziale Staatsaufgabe	33
Die Rechtsidee der sozialen Gerechtigkeit	34
Verfassungsrechtliche Bindungskraft der Sozialstaatsklausel	35
Sozialstaatliche Rechte?	36
Wirtschafts- und Arbeitsverfassung	37
Sozialstaat und Wirtschaftswachstum	38
Der Mitbestimmungsgedanke	39
c) Die Staatsaufgaben im Grundgesetz	
Die Vollmacht des Gesetzgebers	40
Gesetzgebungskompetenzen des Bundes	41
Verwaltungskompetenzen des Bundes	42
Staatszielbestimmungen	43
Gesetzgebungsaufträge	44
Leistungsfähigkeit der politischen Institutionen	45
3. Das Rechtsstaatsprinzip	
a) Die Bundesrepublik ist ein sozialer Rechtsstaat	
Das Verfassungsprinzip des sozialen Rechtsstaats	46
Die rechtsstaatlichen Verfassungsgrundsätze und ihr innerer Zusammenhang	47
b) Die Gewaltenteilung	
Geschichtliche und ideelle Grundlage	48
Verwirklichung im Grundgesetz	49
c) Die Bindung der Gesetzgebung an die verfassungsmäßige Ordnung	
Der rechtsstaatliche Gesetzesbegriff	50
Die verfassungsmäßige Ordnung (Art. 20 Abs. 3 GG)	51

	RNr.
Der Stufenbau der Rechtsordnung	52
d) Der Grundsatz der Gesetzmäßigkeit der Verwaltung	
Gesetz und Verwaltung	53
Der Vorrang des Gesetzes	54
Der Vorbehalt des Gesetzes	55
Gesetzesvorbehalt in der Leistungsverwaltung?	56
Rechtsetzung durch die Exekutive (Art. 80 Abs. 1 Satz 2 GG)	57
e) Die Bindung der Rechtsprechung an Gesetz und Recht	
Rechtsgebundenheit der Rechtsprechung	58
Richterliche Rechtsbildung und Rechtsfortbildung	59
Maßstabsabhängigkeit der richterlichen Entscheidung	60
Richterliche Überprüfbarkeit des Ermessens und der Gestaltungsfreiheit der Verwaltung	61
f) Staatshaftung und Entschädigung	
Rechtsstaatliche Verantwortlichkeit des Staates und sonstiger Verwaltungsträger	62
Von der Beamtenhaftung zur Staatshaftung	63
Schadensersatz wegen Amtspflichtverletzung	64
Aufopferung und Entschädigung	65
Das gescheiterte Staatshaftungsgesetz	66
4. Die Bundesrepublik ist ein Bundesstaat	
a) Bundesstaat und Föderalismus	
Historische und ideelle Grundlagen	67
Staatsrechtliche Betrachtung des Bundesstaates	68
Gebietseinteilung, Neugliederung	69
b) Die Verfassungsautonomie der Länder und das Landesverfassungsrecht	
Verfassungsautonomie	70
Landesverfassungsrecht	71
Landesverfassungsgerichtsbarkeit	72
c) Grundlinien der bundesstaatlichen Kompetenzverteilung	
Zuständigkeitsvermutung zugunsten der Länder	73

Der Bund und die Länder   D

	RNr.
"Materie" als Kriterium kompetenzrechtlicher Zuordnung....	74
Bundeskompetenzen kraft Sachzusammenhangs	75
Bundeskompetenz kraft Natur der Sache	76
Auswärtige Beziehungen	77

d) **Die Rechts- und Wirtschaftseinheit im Bundesstaat**

Rechts- und Amtshilfe	78
Wahrung der Rechts- und Wirtschaftseinheit	79
Handelsflotte	80

e) **Die gegenseitigen Rechte und Pflichten des Bundes und der Länder**

Grundsatz des bundesfreundlichen Verhaltens	81
Bundeszwang	82
Bundesaufsicht	83
Gewährleistungspflicht des Bundes für die verfassungsmäßige Ordnung der Länder	84
Einzelregelungen bundesstaatlicher Rechte und Pflichten	85
Vereinbarungen von Bund und Ländern	86

f) **Die kommunale Selbstverwaltung**

Die verfassungsrechtliche Gewährleistung	87
Die Gemeinde und das Gemeinderecht	88
Die Landkreise	89
Selbstverwaltung und Autonomie in den Angelegenheiten der örtlichen Gemeinschaft	90
Kommunale Daseinsvorsorge	91
Kommunale Planungshoheit	92
Kommunale Finanzhoheit	93
Die kommunale Verfassungsbeschwerde	94
Die Gemeindereform	95

5. **Der öffentliche Dienst**

a) **Das Berufsbeamtentum**

Die verfassungsrechtliche Garantie	96
Grundsätze des Berufsbeamtentums	97
Eignung, Befähigung und fachliche Leistung	98
Rechte und Pflichten des Beamten	99
Insbesondere die Verfassungstreuepflicht	100

	RNr.
Parlamentarische Inkompatibilität	101
Art. 131 GG	102
Beamte, Richter, Soldaten	103

b) **Beamtenrecht im Bundesstaat**

Bundeseinheitliche Regelung	104
Das föderative Prinzip in der Personalpolitik der obersten Bundesbehörden	105

c) **Angestellte und Arbeiter im öffentlichen Dienst**

Beamtenrecht und öffentliches Dienstrecht	106
Das Dienstverhältnis	107

6. **Die auswärtige Gewalt und die internationalen Beziehungen**

a) **Außenpolitik und Verfassung**

Die Auswärtige Gewalt	108
Außenpolitik ist Sache des Bundes	109
Völkerrechtsfreundlichkeit des Grundgesetzes	110

b) **Völkerrecht und nationales Recht**

Das Völkerrecht und seine Rechtsquellen	111
Dualismus von Völkerrecht und nationalem Recht; Transformation	112
Verhältnis der inkorporierten Regeln zum nationalen Recht	113

c) **Bündnisse und Mitgliedschaften in internationalen Organisationen**

Grundgedanke des Art. 24 GG	114
Mitgliedschaft in internationalen Organisationen	115
Verteidigungspolitische Integration	116
Schiedsgerichtsbarkeit	117

d) **Völkerrechtliche Verträge**

Begriff des völkerrechtlichen Vertrages	118
Vertragsschließungsverfahren	119
Transformation in die nationale Rechtsordnung	120
Verträge mit der DDR	121

e) **Die Vertretung der Bundesrepublik Deutschland im internationalen Verkehr**

Vertretungsmacht des Bundespräsidenten	122
Vertretungspraxis	123

D 1   Der Bund und die Länder

	RNr.		RNr.
f) Kriegsverhütung und Friedenssicherung		7. Die Bundesrepublik Deutschland in einem vereinten Europa	
Grundsatz des friedlichen Zusammenlebens der Völker	124	a) Die Übertragung von Hoheitsrechten	
Kontrolle des Kriegswaffenhandels	125	Die „supranationale" Öffnung des Grundgesetzes	136
g) Bund und Länder im völkerrechtlichen Verkehr		b) Die Europäischen Gemeinschaften und das Europarecht	
Das Anhörungsrecht zugunsten der Länder	126	Die Entstehung der Europäischen Gemeinschaften: die Gemeinschaftsverträge	137
Eigene außenpolitische Beziehungen der Länder	127	Assoziierung, Außenbeziehungen	138
Das Lindauer Abkommen	128	Gemeinsamer Markt	139
		Insbesondere der Agrarmarkt	140
h) Verfassungsrechtliche Justiziabilität der auswärtigen Gewalt		Die Gemeinschaften und ihre Organe	141
Theorie der Regierungsakte	129	Insbesondere der Europäische Gerichtshof	142
Bindung des deutschen Richters an Akte der deutschen auswärtigen Gewalt?	130	Das Gemeinschaftsrecht	143
Überprüfung der Akte fremder Staaten	131	Das Gemeinschaftsrecht und die Grundrechte	144
Praxis der gerichtlichen Kontrolle	132	Politische Union	145
Einstweilige Anordnung	133	c) Der Europarat	
Normenqualifizierungsverfahren	134	Der Europarat und die Europäische Menschenrechtskonvention	146
		Die Europäische Sozialcharta	147

1. Die Staatsform der Bundesrepublik Deutschland

a) Staatsform und verfassungsgestaltende Grundentscheidungen

Staatsform

1   Die Grundsatznorm des Art. 20 Abs. 1 GG bestimmt, daß die Staatsform der Bundesrepublik Deutschland **republikanisch** und **demokratisch** ist. Unter der Staatsform versteht man die Form der politischen Herrschaft, die einen bestimmten Staat kennzeichnet. Die bis in die Antike zurückreichende Lehre von den Staatsformen orientiert sich an der äußeren Erscheinung des bestimmenden Herrschaftsorgans (Monarchie – Republik) und an der Organisation der politischen Willensbildung, entsprechend der durch die verfassungsrechtlichen Institutionen geordneten Machtverteilung (absolute oder konstitutionelle Monarchie, Diktatur – Aristokratie, Oligarchie – Demokratie). Da die Lehre von den Staatsformen stets an die normative Ordnung der politischen Herrschaft anknüpft, wie sie in der **Verfassung** hervortritt, haftet ihr unvermeidlich ein formaler Zug an. Das unterscheidet sie von der Theorie der „politischen" oder „sozialen Systemen", die zu den Gegenständen der politischen Wissenschaft und der politischen Soziologie gehört.

Die Staatsform der Bundesrepublik Deutschland 2–4 **D**

Das Grundgesetz ist kein bloßes Organisationsstatut
Durch die Festlegung der republikanischen und demokratischen Staatsform, 2
durch die ausdrückliche Hervorhebung der sozialen Staatsaufgabe, durch die
Bindung der Staatsgewalt an die rechtsstaatlichen Grundsätze und durch die
Gewährleistung der Grundrechte wird der durch das Grundgesetz verfaßten
Staatsgewalt eine inhaltlich bestimmte Legitimation und Ordnung gegeben.
Die verfassungsrechtlichen Institutionen, durch welche die Staatsgewalt
wirksam wird, und die Organisation und Funktionsweise des Staates insgesamt erhalten durch die Verfassung eine materiale Grundlage und Zielweisung.

Verfassungsgestaltende Grundentscheidungen
Die in den Art. 1 und 20 GG niedergelegten Grundsätze, die auch durch eine 3
Verfassungsänderung nicht berührt werden dürfen (Art. 79 Abs. 3 GG), bilden das normative Kernstück der Verfassungsordnung. Der an die Spitze der
Verfassung gestellte Satz von der unantastbaren Würde des Menschen und
das damit verbundene Bekenntnis zu unverletzlichen und unveräußerlichen
Menschenrechten, die Gesetzgebung, vollziehende Gewalt und Rechtsprechung als unmittelbar geltendes Recht binden, verwerfen alle Vorstellungen
und Programme einer Verabsolutierung des Staates, die den einzelnen nur als
Glied einer übergeordneten staatlichen Gemeinschaft oder als Objekt einer
selbstzweckhaften Staatsautorität betrachten.
Die republikanische und demokratische Staatsform, die soziale Staatsaufgabe,
die rechtsstaatliche Gebundenheit der Staatsgewalt und die bundesstaatliche
Ordnung sind die Prinzipien, auf denen die Institutionen der Staatsgewalt
und die Ordnung und Ausübung der öffentlichen Gewalt beruhen (Art. 20
GG). Die Teilung der Gewalten, wonach die Staatsgewalt durch besondere
Organe der Gesetzgebung, der vollziehenden Gewalt und der Rechtsprechung ausgeübt wird und wonach die Gesetzgebung an die verfassungsmäßige Ordnung, die vollziehende Gewalt und die Rechtsprechung an Gesetz und
Recht gebunden sind, gibt dem politischen Prozeß und der öffentlichen Gewalt eine rechtliche Verfaßtheit, die Mißbrauch verhindern und letzten Endes
dem Schutz der Freiheit des einzelnen dienen soll. Ebenso aber ist auch die
Freiheit des einzelnen, soweit sie verfassungsrechtlicher Gewährleistung zugänglich ist, eine rechtlich verfaßte Freiheit; sie ist damit inhaltlich bestimmt
und beschränkt, nicht etwa an sich „natürlich" und unbegrenzt.
Auch außerhalb der Hauptvorschriften der Art. 1 und 20 GG enthält die
Verfassung Vorschriften, Garantien und Grundsätze, die der Sache nach verfassungsgestaltende Grundentscheidungen sind. Dazu gehört die Festlegung
auf die parlamentarische Demokratie mit parlamentarischem Regierungssystem, das Absehen von einer selbständigen (insbes. plebiszitären) Präsidentschaft und die Absage an die plebiszitären Formen der Gesetzgebung durch
Volksbegehren und Volksentscheid.

„Streitbare Demokratie"
Auch ohne daß das in der Verfassung besonders hervorgehoben werden muß, 4
gehört die **Gewährleistung des Bestandes** und der **Sicherheit des Staates** zu

171

D 5 Der Bund und die Länder

den politischen Grundwerten, deren Wahrung der dabei auf die rechtsstaatlichen Anforderungen verpflichteten Staatsgewalt aufgegeben ist. Das Grundgesetz geht über diese allgemeine Notwendigkeit hinaus und setzt auch die Wahrung der „freiheitlichen demokratischen Grundordnung" als Aufgabe fest (vgl. Art. 18, 21 Abs. 2 GG). Es erkennt damit ausdrücklich an, daß die Gesetzgebung und nach Maßgabe des Gesetzes die vollziehende Gewalt und die Rechtsprechung Gefahren für den Bestand oder die Funktionsweise der freiheitlichen demokratischen Grundordnung entgegentreten dürfen. Wegen der ausdrücklichen Betonung dieser Aufgabe und Befugnis der öffentlichen Gewalt durch das Grundgesetz ist von der Bundesrepublik als einer „streitbaren Demokratie" gesprochen worden (siehe BVerfGE 2, 1/10 ff.; 5, 85; 39, 334; 28, 36/48; 63, 266). Das Strafrecht, das Polizei- und Sicherheitsrecht und das Beamtenrecht enthalten gesetzliche Bestimmungen, durch welche die Grundbedingungen der freiheitlichen Demokratie gegen mögliche Beeinträchtigungen oder Störungen gesichert werden sollen.

F. K. Fromme, Die streitbare Demokratie im Bonner Grundgesetz, in: Verfassungsschutz und Rechtsstaat, 1981, S. 185; A. Sattler, Die rechtliche Bedeutung der Entscheidung für die streitbare Demokratie, 1982.

Das Recht zum Widerstand

5 Gegen jeden, der es unternimmt, die verfassungsmäßige Ordnung des Grundgesetzes zu beseitigen, haben alle Deutschen das Recht zum Widerstand, wenn andere Abhilfe nicht möglich ist (Art. 20 Abs. 4 GG). Diese Bestimmung ist durch das Siebzehnte Gesetz zur Ergänzung des Grundgesetzes (**Notstands-Novelle**) vom 24. Juni 1968 (BGBl. I S. 709) in Art. 20 GG eingefügt worden.

Das verfassungsrechtlich ausdrücklich anerkannte, zugleich aber auch begrenzte Recht zum Widerstand, knüpft an die hergebrachte naturrechtliche Lehre vom Widerstandsrecht des einzelnen gegen tyrannische Herrschaft an. Sie ist davon jedoch deutlich zu unterscheiden. Denn Art. 20 Abs. 4 GG erkennt das Recht zum Widerstand nur für den Fall an, daß durch Staatsstreich, Revolution oder sonstige gewaltsame Umwälzung die Beseitigung der verfassungsmäßigen Ordnung des Grundgesetzes unternommen wird, vorausgesetzt, daß andere Abhilfe nicht möglich ist. Das Recht zum Widerstand dient somit nur dem Schutz der verfassungsmäßigen Ordnung und hat einen konservierenden Charakter. In dem gewählten Wortlaut hat sich der verfassungsändernde Gesetzgeber von einer Formulierung leiten lassen, die sich im KPD-Urteil des Bundesverfassungsgerichts findet (BVerfGE 5, 85/376 f.). Eine historische Situation, an die dabei offenbar gedacht worden ist, war der Generalstreik zum Schutz der republikanischen Ordnung gegen den Kapp-Putsch im Frühjahr 1920.

Das Ziel einer Ausübung des Rechts zum Widerstand kann nur die Sicherung oder Wiederherstellung der gefährdeten verfassungsmäßigen Ordnung sein. Dementsprechend scheidet dieses Recht als Rechtfertigungsgrund für Bestrebungen oder Unternehmen zur revolutionären oder gewaltsamen Verfassungsumwälzung ebenso aus wie als Rechtfertigungsgrund für Rechtsverlet-

Die Staatsform der Bundesrepublik Deutschland 6 D

zungen beim Kampf gegen eine bestimmte Politik oder gegen sonst mißbilligte Erscheinungen der verfassungsmäßig ausgeübten Staatsgewalt.

J. ISENSEE, Das legalisierte Widerstandsrecht, 1969; H. SCHNEIDER, Widerstand im Rechtsstaat, 1969; CHR. BÖCKENFÖRDE, Die Kodifizierung des Widerstandsrechts im Grundgesetz, JZ 1970, 168.

b) Die Bundesrepublik Deutschland ist eine Demokratie

Volkssouveränität

Der Satz „Alle Staatsgewalt geht vom Volke aus" (Art. 20 Abs. 2 Satz 1 GG) 6 drückt in einer traditionellen Formel das Prinzip der Volkssouveränität aus, das die ideelle und politische **Legitimation** der demokratischen Staatsform verkörpert. Jedes Organ staatlicher Gewalt und jede Ausübung der Staatsgewalt muß danach ihre Grundlage in einer Entscheidung des Volkes finden. Diese Entscheidung sind die periodischen **Wahlen** zur Volksvertretung, die ihrerseits nach den Regeln des Parlamentarismus und des parlamentarischen Regierungssystems die demokratische Legitimation der Gesetzgebung, der vollziehenden Gewalt und der Rechtsprechung vermitteln. Die Rolle der **Volksvertretung** bei der Vermittlung des sich in den Wahlen ausdrückenden „Willens" des Volkes in die Ausübung der Gesetzgebung, der vollziehenden Gewalt und der Rechtsprechung wird mit dem staatstheoretischen und staatsrechtlichen Begriff der „Repräsentation" erfaßt. Diese Legitimation äußert sich organisatorisch und praktisch in der Berufung, Abberufung und Kontrolle derjenigen Personen, denen die Ausübung der Staatsgewalt in den verschiedenen Erscheinungsformen der politischen oder bürokratischen Willensbildung und der politischen, administrativen oder gerichtlichen Entscheidung zukommt.

In der Geschichte der politischen Ideen und der Verfassungsentwicklung ist der Begriff der Volkssouveränität als Gegenbegriff zu dem Begriff der Fürstensouveränität gebildet worden. Er wendet sich damit hauptsächlich gegen die absolutistische Erscheinungsform der Monarchie von Gottes Gnaden, die eine praktizierte Verantwortlichkeit der Obrigkeit gegenüber den Untertanen negierte. Die französische Revolution – dabei vor allem den Vorstellungen Rousseaus folgend – definierte die Volkssouveränität als die souveräne Entscheidungsgewalt der Nation, so z. B. in Art. 3 der Erklärung der Menschen- und Bürgerrechte vom 26. Aug. 1789: „Das Prinzip jeder Souveränität entspringt seinem Wesen nach der Nation. Keine Körperschaft, kein einzelner kann eine Hoheitsgewalt ausüben, die nicht ausdrücklich von ihr ausgeht." Mit einer deutlichen Wendung gegen die plebiszitäre Unmittelbarkeit des „Volkswillens" bestimmte dann Art. 2 der (ersten) französischen Verfassung vom 3. Sept. 1791: „Die Nation, von der allein alle Gewalten ausgehen, kann diese nur im Wege der Delegation ausüben."

R. THOMA, Der Begriff der modernen Demokratie in seinem Verhältnis zum Staatsbegriff, in: Erinnerungsgabe für Max Weber, 1923, II, S. 37; H. KELSEN, Vom Wesen und Wert der Demokratie, 2. Aufl., 1929, Neudruck 1963; W. LEISNER, Volk und Nation als Rechtsbegriffe der französischen Revolution, in: Festschrift für Hans Liermann, 1964, S. 96; C. J. FRIEDRICH, Demokratie als Herrschafts- und Lebensform, 2. Aufl.,

1966; K. D. BRACHER, Staatsbegriff und Demokratie in Deutschland, PVS 9, 1968, S. 2;
I. FETSCHER, Die Demokratie. Grundlagen und Erscheinungsformen, 1970.

Freiheit und Gleichheit

7 Freiheit und Gleichheit des einzelnen als Mensch und als Bürger nach der Ordnung des durch den Staat geschaffenen und garantierten Rechts sind die Bedingung der Demokratie. Hoffnung und Programm der neuen Zeit faßte die französische Revolution in das Losungswort „Freiheit – Gleichheit – Brüderlichkeit".
Als abstrakte Vorstellungen und Zielsetzungen je für sich zu Ende gedacht müßten Freiheit und Gleichheit notwendig in einen Gegensatz treten. Die **konkrete Verfassungsordnung** und auf ihrer Grundlage die Gesetzgebung müssen die Freiheit des einzelnen sichern, ihr zugleich aber die gemeinschaftsnotwendigen Schranken setzen und verhindern, daß die Freiheit des Stärkeren zur Unterdrückung des Schwächeren mißbraucht werden kann. Die **Gleichheit**, häufig als der Wesenskern und die kennzeichnende Tugend der Demokratie angesehen, wendet sich gegen Diskriminierung und Privilegierung einzelner oder einzelner Gruppen, verbindet sich jedoch darüber hinaus mit der sozialen Staatsaufgabe zu dem Ziel einer sozial gerechten Verteilungsordnung. In dem politischen Prozeß der Demokratie, vor allem im Wahlrecht, in der Gruppenbildung, in der öffentlichen Meinung und im gleichen Zugang zu den öffentlichen Ämtern, kommt es auf die politische Freiheit und auf die staatsbürgerliche Gleichheit an.

J. A. SCHUMPETER, Kapitalismus, Sozialismus und Demokratie, 2. Aufl., 1950; W. KÄGI, Rechtsstaat und Demokratie, in: Festgabe für Zaccaria Giacometti, 1953, S. 107; S. I. BENN/R. S. PETERS, Social Principles and the Democratic State, 1959; G. LEIBHOLZ, Strukturprobleme der modernen Demokratie, 3. Aufl., 1967; W. ABENDROTH, Antagonistische Gesellschaft und politische Demokratie, 2. Aufl., 1972; H. STEINBERGER, Konzeption und Grenzen freiheitlicher Demokratie, 1974.

Das Mehrheitsprinzip

8 Die Verfahren politischer Willensbildung und Entscheidung folgen in der Demokratie dem Mehrheitsprinzip. In den Wahlen zur parlamentarischen Volksvertretung und in den Wahlen und Abstimmungen, durch welche die parlamentarische Volksvertretung ihren Willen bildet, entscheidet die Mehrheit der abgegebenen Stimmen. Das Mehrheitsprinzip ist die unmittelbarste Konsequenz aus der **Gleichheit**, die in der Demokratie jedem den gleich bemessenen Anteil an dem Prozeß der politischen Willensbildung gibt. Damit ist zugleich gesagt, daß die Demokratie in dem Verfahren der politischen Willensbildung einen Vorrang von Bildung und Besitz nicht duldet und daß eine dem politischen Prozeß vorgegebene politische „Richtigkeit" oder „Sachgerechtigkeit" weder vorausgesetzt noch anerkannt wird. Die Vernünftigkeit, Richtigkeit oder Gerechtigkeit einer Entscheidung ist gerade durch das geordnete und dem Mehrheitsprinzip folgende Verfahren der politischen Willensbildung zu finden. Dieser Grundgedanke der politischen Willensbildung in der Demokratie beruht allerdings auf einer Reihe von zum Teil anspruchsvollen Prämissen. Es ist vor allem vorausgesetzt, daß die an der

Wahl oder Abstimmung Beteiligten in den politischen und kulturellen Wertvorstellungen im wesentlichen übereinstimmen, daß sie bei ihrer Urteilsbildung aus einem freien und offenen Prozeß der Meinungen schöpfen können und daß diejenigen, die bei der Wahl oder Abstimmung in der Minderheit bleiben, mit der Chance einer Änderung der Mehrheitsverhältnisse rechnen können.

Die Ordnung des dem Mehrheitsprinzip unterworfenen Verfahrens der politischen Willensbildung und Entscheidung und auch die Prämissen einer Anerkennung von Mehrheitsentscheidungen sollen durch die Verfassung gewährleistet werden. Das Verfassungsrecht und die in ihm festgelegten Grundvorstellungen über die Richtigkeit, Vernünftigkeit und Gerechtigkeit politischer Entscheidungen erweisen sich damit als **Grenzen des Mehrheitsprinzips.** Soweit das Verfassungsrecht die politische Entscheidung ordnet und ihr Maßstäbe setzt, können Mängel und Irrtümer der Mehrheitsentscheidung mit rechtlichen Mitteln korrigiert werden. Der demokratische Verfassungsstaat vertraut demnach Gerechtigkeit und politische Vernünftigkeit nicht schlechthin der jeweiligen Mehrheit an. Er fordert aber gerade deswegen, daß derjenige oder diejenige Gruppe, die mit ihrem Votum nicht zur Mehrheit gehört haben, die verfassungsrechtlich ordnungsgemäß ergangene Entscheidung, z. B. ein Gesetz, als auch für sich bindend anerkennen.

U. SCHEUNER, Das Mehrheitsprinzip in der Demokratie, 1973; R. HERZOG, Mehrheitsprinzip, in: EvStL, 2. Aufl., 1975, Sp. 1547; W. HEUN, Das Mehrheitsprinzip in der Demokratie, 1983.

Pluralismus

„Pluralismus" als **Verfassungsprinzip** bedeutet die Anerkennung der politischen Vielfalt von Meinungen und Interessen, wie sie organisatorisch in den politischen Parteien und in den Verbänden oder Interessengruppen in Erscheinung tritt. In diesem Sinne ist die freiheitliche Demokratie notwendig pluralistisch; denn sie beruht auf politischer Freiheit und auf der freien Bildung und Tätigkeit von Gruppen.

In einem engeren Sinn bedeutet „Pluralismus" die Lehre, daß der Staat und die Staatsgewalt im letzten Grunde aus dem Zusammenwirken und dem Gegeneinander politischer Gruppen hervorgehen, also keine selbstständige und in einem objektiven Staatsbild verkörperte Existenzweise haben. Diese Lehre wendet sich vor allem gegen die Vorstellung, daß es ein objektivierbares Gemeinwohl gäbe, das durch die Institutionen und Verfahren des Staates in Überwindung des bloßen Interessenstandpunktes und des Interessenausgleichs hervorgebracht werden könnte. Gegen diese einseitige Vorstellung des **pluralistischen Staates,** dessen bekanntester Theoretiker der Engländer HAROLD J. LASKI war, wandte sich die ebenso einseitige, etatistisch ausgerichtete Lehre, daß der Staat und seine Essenz, das „Politische", jenseits und oberhalb des Interessenantagonismus begründet und legitimiert werden müßten (siehe bes. CARL SCHMITT, Der Begriff des Politischen, 1932; W. WEBER, Spannungen und Kräfte im westdeutschen Verfassungssystem, 3. Aufl., 1970, S. 36, 121). Der in der Tat für das Staatsrecht des Verfassungsstaates unverzichtbare Grundgedanke, daß der Herrschaftsverband des Staates, die verfassungsrechtlich geordnete und begrenzte Staatsgewalt und das nach den Regeln der parlamentarischen Demokratie zu schaffende Recht nicht nur Ableitungen eines Kräfteparallelogramms der politischen Macht und nicht nur der naturalistische Kompromiß der organisierten Interessen sind, wird hier in den Gegensatz der gesellschaftlichen und politischen Vielfalt der Interessen und Meinungen auf der einen Seite und des davon dem Prinzip nach getrennten Staates übersteigert.

R. STEINBERG, Pluralismus und öffentliches Interesse als Problem der amerikan. und deutschen Verbandslehre, AöR 96, 1971, S. 465; H. F. ZACHER, Aktuelle Probleme der Repräsentationsstruktur der Gesellschaft in der Bundesrepublik Deutschland, in: Festschrift für Friedrich Berber, 1973, S. 549; U. SCHEUNER, Konsens und Pluralismus als verfassungsrechtliches Problem, in: G. JAKOBS (Hrsg.), Rechtsgeltung und Konsens, 1976, S. 33; H. H. v. ARNIM, Gemeinwohl und Gruppeninteressen. Die Durchsetzungsschwäche allgemeiner Interessen in der pluralistischen Demokratie, 1977; DERS., Staatslehre der Bundesrepublik Deutschland, 1984, S. 103 ff.; H. QUARITSCH, Zur Entstehung der Theorie des Pluralismus, Staat 19, 1980, S. 29.

Repräsentative und plebiszitäre Demokratie

10 Der Satz „Alle Staatsgewalt geht vom Volke aus" gründet die Staatsgewalt auf die Anerkennung und Billigung durch das Volk, die in vielfältigen Vorgängen und Verfahren gegeben oder verweigert werden kann. Der Satz enthält nicht den Gedanken, daß die Demokratie in ihrem eigentlichen Sinn darin bestünde, daß die Staatsgewalt unmittelbar durch Entscheidungen (Abstimmungen) des Volkes ausgeübt wird. Die unmittelbare oder plebiszitäre Demokratie, in der alle oder alle wesentlichen Entscheidungen durch Abstimmung in der Volksversammlung zu treffen wären („Identität von Herrschern und Beherrschten"), ist die nur theoretische Vorstellung einer Volksherrschaft ohne Staat.

Das Prinzip der **Volkssouveränität** propagiert nicht den im Widerspruch zum Verfassungsstaat stehenden und rein abstrakten Gedanken, daß die Staatsgewalt außerhalb verfaßter Staatlichkeit existieren könnte. Es schließt andererseits die für jede Ausprägung der demokratischen Staatsform grundlegende Verfassungsidee ein, daß der politische Prozeß der freien Willensbildung des Volkes nicht in den staatlich geordneten Institutionen und Verfahren aufgehen kann und daß dieser politische Prozeß sich grundsätzlich unbeeinflußt durch staatlich Einflußnahme zu entfalten hat. „Während die im gesellschaftlich-politischen Raum erfolgende Bildung der öffentlichen Meinung und die Vorformung der politischen Willensbildung des Volkes sich ungeregelt und durch alle verfassungsrechtlich begrenzten Kompetenzräume hindurch unter Mitbeteiligung aller lebendigen Kräfte nach dem Maße ihres tatsächlichen Gewichts und Einflusses vollziehen, ist das Tätigwerden als Staatsorgan - gleichgültig in welcher Form und mit welcher Wirkung es geschieht – im freiheitlich-demokratischen Rechtsstaat durch Kompetenznormen verfassungsrechtlich begrenzt" (BVerfGE 8, 104/115 f.). Auch soweit es um die Teilnahme des Volkes an der Staatswillensbildung geht, genügt der den einzelnen Mitgliedern des Volkes zukommende grundrechtliche Titel des status activus (des „Bürgers") nicht, sondern muß ein geordnetes Verfahren der Wahl oder der Abstimmung verfassungsrechtlich gegeben sein und beachtet

Die Staatsform der Bundesrepublik Deutschland

werden. Der staatsrechtlich ausschlaggebende Vorgang im Rahmen des politischen Prozesses, die **Wahlen zur parlamentarischen Volksvertretung,** ist durch strenge Formalisierung gesichert. Die Demokratie ist demnach notwendig eine mittelbare oder repräsentative Demokratie.

Für die Verfassung der repräsentativen Demokratie bildet die Volksvertretung und bilden die Wahlen zur Volksvertretung das Kernstück der staatlichen Institutionen. „Repräsentation" bedeutet hier, daß die gewählte Volksvertretung – und nur sie – gewährleistet, daß die Staatsgewalt konkret auf der Anerkennung und Billigung des Volkes beruht. Die repräsentative Demokratie ist also nicht nur die technische Notlösung anstelle der an sich erstrebenswerten und nur nicht praktisch durchführbaren unmittelbaren Demokratie. „Repräsentation" ist vielmehr die praktische Verwirklichung der Volkssouveränität in einem verfassungsrechtlich geordneten Staat. E RNr. 11.

Daß in der repräsentativen Demokratie die Staatsgewalt durch besondere Organe der Gesetzgebung, vollziehenden Gewalt und Rechtsprechung ausgeübt wird und insbes. die parlamentarische Volksvertretung die Schlüsselstellung der staatlichen Institutionen einnimmt, schließt nicht aus, daß die parlamentarische Repräsentation mit **plebiszitären Verfahren** verbunden wird, z. B. durch eine „Volksgesetzgebung" im Wege von Volksbegehren und Volksentscheid, wie es eine Reihe von Landesverfassungen nach dem Vorbild der Weimarer Reichsverfassung vorsehen (E RNr. 12). Demgegenüber ist die häufig vertretene Annahme, die **Räterepublik** sei die praktisch mögliche Form der unmittelbaren oder plebiszitären Demokratie, unberechtigt. Denn das imperative Mandat, das das Volk mit den Räten und die Räte niederer Stufe mit den Räten höherer Stufe verbindet, ist für sich allein ungeeignet, eine unmittelbare Volksherrschaft mit einer bloßen Quasi-Staatsgewalt zu organisieren. Auch in der Rätedemokratie wird – nicht anders, wenn auch in anderer Weise als in der parlamentarischen Demokratie – im Hauptpunkt über die Berufung und Abberufung von Personen entschieden, denen die Entscheidung über die politischen Sachfragen zukommt.

C. SCHMITT, Volksentscheid und Volksbegehren, 1927; U. SCHEUNER, Das repräsentative Prinzip in der modernen Demokratie, in: Festschrift für Hans Huber, 1961, S. 222; E. W. BÖCKENFÖRDE, Mittelbare/repräsentative Demokratie als eigentliche Form der Demokratie, in: Festschrift für Kurt Eichenberger, 1982, S. 301.

Parlamentarische Demokratie

Die Repräsentation des Volkes in der Organisation des demokratischen Staates setzt die Existenz eines besonderen Organes voraus, in dem sich das Prinzip der Volkssouveränität verwirklicht. Dieses Organ ist die parlamentarische Volksvertretung. Die repräsentative Demokratie tritt in der Geschichte und Praxis des Verfassungsstaates als parlamentarische Demokratie in Erscheinung. Die politische Herrschaft einer einzelnen Person oder einer bestimmten Partei oder sonstigen Gruppe kann – wie immer sie durch Wahlen oder Abstimmungen approbiert werden sollte – eine Legitimation im Sinne der demokratischen Repräsentation nicht für sich in Anspruch nehmen; sie ist nach aller Erfahrung nur eine verdeckte plebiszitäre Diktatur oder ein autoritärer Einparteienstaat.

D 12   Der Bund und die Länder

Die parlamentarische Volksvertretung der Bundesrepublik ist der **Bundestag**. Mit seinen verfassungsmäßigen Rechten der Berufung des Bundeskanzlers, der Kontrolle der Regierung, der Gesetzgebung und der Entscheidung über den Staatshaushalt verfügt der Bundestag über die für die Staatsform der parlamentarischen Demokratie wesensbestimmenden Aufgaben und Entscheidungsbefugnisse. Der Vorrang des Gesetzes in der staatlichen Rechtsordnung ist in der Eigenschaft des Gesetzes als Rechtsetzungsakt der parlamentarischen Volksvertretung begründet.

Von der parlamentarischen Demokratie sind der **Parlamentarismus** und das **parlamentarische Regierungssystem** zu unterscheiden. Von „Parlamentarismus" wird dort gesprochen, wo ein Vertretungsorgan des Volkes im Staatsaufbau vorhanden ist, auch wenn der Staat nicht demokratisch verfaßt ist, wie z. B. in der konstitutionellen Monarchie (E RNr. 10). Unter „parlamentarischem Regierungssystem" versteht man eine bestimmte staatsrechtliche Beziehung zwischen dem Parlament und der Regierung, nämlich eine solche, in der das Parlament über die Berufung und den Sturz der Regierung entscheiden kann und wo die Regierung dem Parlament verantwortlich ist, dessen Vertrauen sie bedarf und dessen Kontrolle sie unterliegt. Wie vor allem die präsidentiellen Regierungsformen in den Vereinigten Staaten und in Frankreich zeigen, ist die parlamentarische Demokratie nicht notwendig mit dem parlamentarischen Regierungssystem verbunden.

MAX WEBER, Parlament und Regierung im neugeordneten Deutschland, 1918; C. SCHMITT, Die geistesgeschichtliche Lage des heutigen Parlamentarismus, 1923.

Wahlen und Abstimmungen

12   Die Verfahren, in denen das Volk nach dem Prinzip der Volkssouveränität unmittelbar an der politischen Willensbildung teilnimmt, sind die Wahlen und die Abstimmungen. In der parlamentarischen Demokratie sind **Wahlen** die Wahlen zur parlamentarischen Volksvertretung (siehe Art. 38 GG). Die Aktivbürgerschaft wählt die Abgeordneten, also bestimmte Personen oder von Parteien aufgestellte Listen, und bestimmt durch diesen Wahlakt die personelle Zusammensetzung der Vertretungskörperschaft. Wahlen sind staatsrechtlich keine Sachentscheidungen, sondern die Berufung (und ggf. zugleich die Abberufung) von Personen, die dadurch zu Mitgliedern der Vertretungskörperschaft bestimmt werden. In ihrer politischen Bedeutung sind Wahlen Entscheidungen über die Einflußrechte der konkurrierenden Parteien in Parlament und Regierung und mehr oder weniger zugleich eine plebiszitäre Entscheidung über die Person des – dann vom Parlament zu bestimmenden – Regierungschefs. Die nähere rechtliche Regelung findet sich im Wahlrecht. E RNrn. 1, 3 ff.

Abstimmungen sind zum Unterschied von Wahlen plebiszitäre Entscheidungen über bestimmte, der Aktivbürgerschaft vorgelegte Sachfragen. Charakteristische Beispiele für verfassungsrechtlich vorgesehene Abstimmungen sind das Referendum über eine Verfassungsänderung und die Volksgesetzgebung im Wege von Volksbegehren und Volksentscheid. Das Grundgesetz sieht – anders als eine Reihe von Landesverfassungen – derartige Abstimmungen nicht vor und schließt sie durch seine abschließende Regelung über die Teil-

Die Staatsform der Bundesrepublik Deutschland

nahme des Volkes an der formalisierten politischen Willensbildung aus. Als einen Anwendungsfall für Abstimmungen kennt das Grundgesetz nur die Neugliederung des Bundesgebietes nach Art. 29 GG.

Die Wahlen zur Volksvertretung sind der ausschlaggebende Vorgang der politischen Meinungs- und Willensbildung in der parlamentarischen Demokratie. Damit ist jedoch nicht gesagt, daß sich in ihnen die Beteiligung der einzelnen, der Gruppen und des Volkes insgesamt an dem freien Prozeß der politischen Meinungs- und Willensbildung erschöpft. Die Bildung und die Tätigkeit politischer Vereinigungen, vor allem der politischen Parteien, und anderer auf Dauer oder für einen bestimmten Zweck sich zusammenfindender Vereine oder Gesellschaften ist für die Lebensfähigkeit der parlamentarischen Demokratie ebenso unverzichtbar wie die freie öffentliche Meinung mit ihren vielfältigen Ausdrucksformen der privaten oder öffentlichen Auseinandersetzung, in Versammlungen, durch Presse und Rundfunk und in den anderen Medien der Massenkommunikation.

Die politischen Parteien

Das Grundgesetz hat die Mitwirkung der Parteien bei der politischen Willensbildung des Volkes ausdrücklich anerkannt und zugleich eine Art verfassungsrechtliches Statut der politischen Parteien in der parlamentarischen Demokratie festgelegt (Art. 21 GG). Dieser **Parteienartikel,** der mit dem Recht der freien Parteigründung ein Kernstück der politischen Vereinigungsfreiheit aufgenommen hat, gewährleistet den Pluralismus des demokratischen Prozesses, soweit es um die Parteien geht, gibt den Parteien aber darüber hinaus eine besondere verfassungsrechtliche Stellung in der institutionellen Ordnung der parlamentarischen Demokratie. Die Wahlen zur Volksvertretung, die Arbeitsweise und Leistungsfähigkeit der Volksvertretung selbst und die Bildung und Tätigkeit der Regierung als Organ der Staatsleitung sind auf leistungsfähige und gegenüber der Verfassung loyale Parteien angewiesen. Die Verfassung allein kann durch ihre Grundsätze und Institutionen die Funktionsfähigkeit der parlamentarischen Demokratie nicht garantieren. Mit einer gewissen Überspitzung ist deshalb auch gesagt worden, daß die parlamentarische Demokratie notwendig eine „**parteienstaatliche**" Demokratie sei. Siehe des näheren RNrn. 20–24.

R. MICHELS, Zur Soziologie des Parteiwesens in der modernen Demokratie, 1911, Neudruck 1957; L. BERGSTRÄSSER, Geschichte der politischen Parteien in Deutschland, 11. Aufl., 1965; W. FENSKE, Wahlrecht und Parteiensystem, 1972; R. KUNZ/ H. MAIER/TH. STAMMEN, Programme der politischen Parteien in der Bundesrepublik, 1975; R. SCHOLZ, Krise der parteienstaatlichen Demokratie? 1983; H. H. VON ARNIM, Politische Parteien, DÖV 1985, 593.

Bürgerinitiativen und andere Erscheinungsformen der Partizipationsdemokratie

Das Wort „**Partizipation**" bedeutet in der modernen politischen Sprache bestimmte Formen der Mitwirkung oder Teilhabe an politischen oder administrativen Entscheidungen, die nicht aus der individuellen Rechtsbetroffenheit des einzelnen, sondern aus dem demokratischen Anspruch der in einem weiteren Sinne „Betroffenen" abgeleitet und begründet werden. Das Pathos der „Basis", der Unmittelbarkeit, der fundamentaldemokratischen Entscheidungsfindung wendet sich gegen die institutionellen Einrichtungen politischen oder administrativen Handelns, aber auch gegen die als verfestigt empfundenen politischen Parteien und die herkömmlichen Organisationsformen der Interessen. Die Vorstellung der „Partizipations-Lücke" eröffnet den Boden zur Rechtfertigung unterschiedlichster Formen eines autonomen Eintretens für örtliche, regionale oder auf eine grundsätzliche Neuorientierung gerichteter Bestrebungen und Programme. Allen ist gemeinsam, daß nicht rechtliches Gehör im Sinne des Verfahrensrechts, sondern Teilhabe und Mitwirkung im Stile der Selbstverwaltung gefordert wird. Die **„Bürgerinitiativen"**, mit denen in der Regel ein örtlich oder sachlich begrenztes Ziel verfolgt wird, wie die Schaffung einer gemeinnützigen Einrichtung oder die Verhinderung eines als schädlich empfundenen Vorhabens, werden im Spektrum der Partizipationsdemokratie ergänzt und möglicherweise instrumentalisiert durch nationale und selbst übernationale Bewegungen zugunsten überstaatlicher Vorstellungen oder Bestrebungen, besonders zur Erhaltung des Friedens, zur Solidarität mit der „Dritten Welt" und zur Sicherung der natürlichen Lebensgrundlagen des Menschen. Die Beteiligung derartiger Gruppen an den Wahlen auf kommunaler Ebene oder zur parlamentarischen Volksvertretung ist nach den bisherigen Erfahrungen nicht mit der Preisgabe der im Kern außerparlamentarischen und „alternativen" Grundlinie verbunden.

Die Verfassungsordnung der **parlamentarischen Demokratie**, gegründet auf die durch Wahlen vermittelte Legitimation der Volksvertretung, läßt paraparlamentarische Entscheidungswege nicht zu, durch welche die rechtlich geordnete Verfahrensweise des politischen Handelns und des administrativen Entscheidens durchkreuzt werden könnte. Die verfassungsrechtliche Grundlage der fundamentaldemokratischen Bestrebungen kann deswegen nicht in den demokratischen Institutionen gefunden werden. Sie ergibt sich vielmehr aus den verschiedenen **Grundrechten** der politischen Freiheit und auch aus dem Petitionsrecht (Art. 5, 8, 9 Abs. 1, 17 GG). Der grundrechtliche Schutz dieser Meinungsäußerungen und kollektiven Handlungsweisen fügt sich jedoch in das Element der Demokratie ein, das durch die freie politische Meinungs- und Willensbildung verkörpert wird.

F. SCHUPPERT, Bürgerinitiative als Bürgerbeteiligung an staatlichen Entscheidungen, AöR 102, 1977, S. 369.

Politische Selbstverwaltung

15 Seit dem 19. Jahrhundert haben sich auf bürgerschaftlicher und dann demokratischer Grundlage verschiedene Formen der politischen Selbstverwaltung, hauptsächlich in Gestalt von öffentlich-rechtlichen Selbstverwaltungskörperschaften entwickelt. Im Vordergrund stand und steht dabei die kommunale Selbstverwaltung in den Gemeinden und Kreisen, also im eigenen Wirkungskreis der kommunalen Gebietskörperschaften. In dem Gedanken der politischen Selbstverwaltung kam zumindest ursprünglich auch eine Wendung gegen den damals noch vom monarchischen Prinzip beherrschten Staat zum Ausdruck, doch verband sich mit diesem Abwehrprinzip der Gemeindefrei-

Die Staatsform der Bundesrepublik Deutschland 16 D

heit von vornherein das Ziel einer Aktivierung und Beteiligung der bürgerlichen Gesellschaft an den öffentlichen Angelegenheiten. Dieser Punkt ist es, der heute den inneren Zusammenhang der politischen Selbstverwaltung mit der demokratischen Staatsform begründet.

Die wirtschaftliche, soziale und kulturelle Selbstverwaltung, die in vielfältigen Körperschaften und Anstalten des öffentlichen Rechts wirksam ist, wie z. B. in den Industrie- und Handelskammern, den Handwerkskammern, den Sozialversicherungsträgern, den Universitäten und den Rundfunkanstalten, darf in ihrer jeweiligen Eigenart nicht dadurch nivelliert werden, daß sie insgesamt der politischen Selbstverwaltung zugeschlagen wird. Dennoch hat sie naturgemäß in mehr oder minder großem Maße eine Bedeutung für die politische Meinungs- und Willensbildung. Diese Erscheinungsformen der Selbstverwaltung können aber ihre selbständige Bedeutung nur wahren, wenn sie ihre Wirksamkeit dem Grundsatz nach aus den durch sie organisierten Lebensbereichen ableiten, sich also nicht in die parteipolitischen Kampflinien einordnen.

H. H. KLEIN, Demokratie und Selbstverwaltung, in: Festschrift für Ernst Forsthoff, 1972, S. 165; R. BREUER, Selbstverwaltung und Mitverwaltung Beteiligter im Widerstreit verfassungsrechtlicher Postulate, Staat 10, 1977, S. 1; R. HENDLER, Selbstverwaltung als Ordnungsprinzip, 1984.

Die organisierten Interessen

Interessengruppen oder kurz „Verbände" sind auf Dauer angelegte Vereinigungen, durch deren Existenz und Tätigkeit die Mitglieder bestimmte wirtschaftliche, soziale oder kulturelle Interessen wirksamer zu verfolgen hoffen. Die Tätigkeit der Verbände wendet sich gegen widerstreitende Interessen oder Interessengruppen – z. B. Arbeitgeber gegen Arbeitnehmer, Landwirtschaft gegen Industrie, Ärzte gegen Krankenkassen –, richtet sich auf die Mobilisierung von Unterstützung in der öffentlichen Meinung und zielt vor allem auf die Beeinflussung von Regierung und Parlament. Im Hinblick auf den zuletzt genannten Tätigkeitsbereich der Verbände spricht man auch von pressure groups und von dem **Lobbyismus** der organisierten Interessen. Die Verbände wirken auf den Staatsapparat und die politischen Parteien von außen ein, vor allem durch Öffentlichkeitsarbeit, Einflußpflege und Lobbyismus zugunsten konkreter Anliegen, ebenso aber auch „von innen", u. a. durch Verbands-Abgeordnete, Ämterpatronage, Beiräte, Selbstverwaltungseinrichtungen, Laienrichter. 16

Die Einschätzung organisierter Interessen und des Verbandspluralismus muß ambivalent ausfallen. Das abstrakte Leitbild der Aufklärung und der demokratischen Republik des Liberalismus sieht die staatsbürgerliche Gesellschaft nur in der Verbindung der Individuen, die mit ihrer verfassungsrechtlich zu garantierenden Freiheit dem Staat gegenüberstehen. Die politische Praxis zeigt demgegenüber, daß der einzelne in zahlreichen Lebensbereichen sein Interesse gegenüber anderen Interessen streitig nur als Angehöriger einer Gruppe zu behaupten vermag. Das Musterbeispiel dafür ist die Ausbildung des **Koalitionswesens**. Auf der anderen Seite aber ist dieses kollektiv wahrgenommene und in der sozialen Auseinandersetzung behauptete Interesse, gemessen am öffentlichen Interesse und dem Wohl der Gesamtheit, stets nur partikulär. Ein weiterer Gesichtspunkt ist, daß im organisatorischen Apparat der Interessengruppen ein sonst nicht zu gewinnender Sachverstand verfügbar ist, dieser jedoch jenseits der reinen Aufbereitung von Fakten vom Interessenstandpunkt kaum trennbar ist. Die Interessengruppen sind ein demokratischer Faktor der politischen Willensbildung, zugleich aber durch ihre unvermeidlichen organisationspolitischen Wirkungen und oligarchischen Tendenzen den Gefahren der Vermachtung und der Zurücksetzung des einzelnen und seiner Freiheit ausgesetzt.

Nach einem Beschluß des Bundestages vom 21. Sept. 1972 findet eine Anhörung von Verbandsvertretern nur statt, wenn diese sich in eine beim Deutschen Bundestag geführte Liste als Vertreter ihrer Interessengruppen haben eintragen lassen. Die Zahl der **registrierten Verbände** hat beständig zugenommen und belief sich nach der zuletzt erfolgten Bekanntmachung (Bundesanzeiger 1985, Nr. 156a, vom 23. Aug. 1985) auf 1247 Verbände und Organisationen.

Die verfassungsrechtliche Grundlage des Verbandswesens sind die **Grundrechte** der Vereinigungsfreiheit (Art. 9 Abs. 1 GG), der Koalitionsfreiheit (Art. 9 Abs. 3 GG) sowie der Meinungs-, Presse- und Rundfunkfreiheit (Art. 5 Abs. 1 GG). Im Kernpunkt geht es um die Freiheit des Zusammenschlusses zu selbstgewählten Zwecken und die Selbstorganisation mit den Mitteln der Vereinsautonomie. Die Forderung nach einer „innerverbandlichen Demokratie" will der **Vereinsautonomie** rechtliche Grenzen setzen, die über die allgemeinen bürgerlichrechtlichen Anforderungen (vgl. BGHZ 47, 172) hinausgehen.

E.-W. BÖCKENFÖRDE, Die politische Funktion wirtschaftlich-sozialer Verbände und Interessenträger in der sozialstaatlichen Demokratie, Staat 15, 1976, S. 457; J. H. KAISER, Die Repräsentation organisierter Interessen, 2. Aufl., 1978; H. LESSMANN, Die Verbände in der Demokratie und ihre Regelungsprobleme, NJW 1978, S. 1545; K. VON BEYME, Interessengruppen in der Demokratie, 5. Aufl., 1980; D. GRIMM, Verbände, HdbVerfR, 1983, S. 373.

Die öffentliche Meinung

17 „Öffentliche Meinung" war ursprünglich ein Kampfbegriff der aufsteigenden bürgerlichen Gesellschaft, die politisch aktive Seite der aufgeklärten Vernunft (J. HABERMAS, Strukturwandel der Öffentlichkeit, 13. Aufl., 1982). Der Gedanke, daß der freie öffentliche Prozeß der Meinungs- und Willensbildung eine notwendige Bedingung der Demokratie und der öffentlichen Kontrolle politischer, wirtschaftlicher und sozialer Macht ist, ist keineswegs überholt, auch wenn die ideologischen Prämissen des bürgerlichen Zeitalters, insbes. das Vertrauen auf die rationalitätsschaffende Wirkung der freien öffentlichen Auseinandersetzung, heute eine nur geringe Überzeugungskraft besitzen. Die **Massenkommunikation** durch die Medien der Presse und des Rundfunks ist in hohem Maße durch organisatorische Verfestigung und durch den Anspruch der den Prozeß der Massenkommunikation tragenden Gruppen, vor allem der publizistischen Berufe, auf Meinungsbeeinflussung und auf einen spezifischen Kontrollauftrag zu einem neuartigen Feld und Kampfplatz öf-

Die Staatsform der Bundesrepublik Deutschland

fentlicher Macht geworden. Die politischen Parteien und die organisierten Interessen bedienen sich der damit geschaffenen Möglichkeiten durch Einfluß und durch personelle Verflechtung, ohne daß diese Zusammenhänge für den Empfänger der Nachricht oder Meinung in hinreichendem Maße durchschaubar werden können.

Der verfassungsrechtliche Schutz der Einrichtungen, Gruppen und Personen, die an der Bildung und Verbreitung der öffentlichen Meinung beteiligt sind, wird hauptsächlich durch die Grundrechte der Meinungsfreiheit, der Pressefreiheit und der Rundfunkfreiheit gewährleistet (Art. 5 Abs. 1 GG). Die weitreichenden Auseinandersetzungen über die Medienpolitik und über die verfassungsrechtlichen Anforderungen und Bindungen des medienpolitischen Gesetzgebers sind nur der Widerschein der außerordentlichen Bedeutung, die der Freiheit und der Organisation der Massenmedien zukommt. C RNrn. 64 ff.

Demokratie als Organisation politischer Herrschaft

Durch Art. 20 Abs. 1 und 2 GG wird die Demokratie als die **Staatsform** der Bundesrepublik bestimmt. Diese fundamentale verfassungsrechtliche Entscheidung ist für die Organisation der politischen Herrschaft in den Institutionen der parlamentarischen Demokratie, für die Legitimation und Kontrolle der Staatsgewalt, für den freien öffentlichen Prozeß der Meinungs- und Willensbildung und für die politische Freiheit und Gleichheit der einzelnen maßgebend. Es ist deshalb mißverständlich, wenn zur Kennzeichnung der danach bestehenden Rechtslage von „Demokratieprinzip" oder „Demokratiegebot" gesprochen wird. Die aus der demokratischen Staatsform ableitbaren institutionellen und objektivrechtlichen Anforderungen für die Begründung und Ausübung der Staatsgewalt enthalten weder einen Maßstab für die politische Vernünftigkeit oder die Gerechtigkeit einzelner Entscheidungen oder Handlungsweisen der Gesetzgebung, Vollziehung und Rechtsprechung, noch eine Forderung oder auch nur eine Rechtfertigung für Programme einer „Demokratisierung" gesellschaftlicher Lebensbereiche. Eine andere Frage ist es, welchen Bindungen der Gesetzgeber unterliegt, der Einrichtungen der Selbstverwaltung oder Verfahren der Partizipation für einzelne Sozialbereiche, z. B. kultureller Prägung einführen will.

Das außerordentliche Anwachsen der **Staatsaufgaben,** vor allem der sozialen Leistungsaufgaben, und die damit unvermeidlich verbundene Entwicklung zu einer hochgradigen Komplexität des Rechts und einer tiefgestaffelten Demokratie bilden für die Leistungsfähigkeit der überkommenen Erscheinungsformen und Organisationsmittel der demokratischen Staatsform eine sehr ernstzunehmende Herausforderung. Die verschiedenartigen Bestrebungen fundamentaldemokratischen Charakters, die sich auf eine Partizipations-Lücke berufen, treffen jedenfalls insoweit eine ungelöste politische Aufgabe, als sie die rechtsstaatlichen Schutzvorkehrungen und Garantien als nicht hinreichend betrachten. Der Ausweg einer Auflösung der Institutionen der parlamentarischen Demokratie und die Mißachtung des Schutzes, den allein das Gesetz zu geben vermag, können die politischen Legitimations- und Willensbildungsmängel nicht beheben.

183

„Wirtschaftsdemokratie"

19 Das zuerst in der Weimarer Zeit entwickelte Programm einer „Wirtschaftsdemokratie" (siehe bes. F. NAPHTALI, Wirtschaftsdemokratie, 1929) fordert die **Demokratisierung der Wirtschaft** durch ein gestuftes, überbetriebliches Rätesystem, das zugleich der als „formal" aufgefaßten Institutionenordnung der parlamentarischen Demokratie entgegengesetzt werden soll. Nach der Aufstellung des wirtschaftsdemokratischen Leitprinzips: „Die Arbeiter und Angestellten sind dazu berufen, gleichberechtigt in Gemeinschaft mit den Unternehmern an der Regelung der Lohn- und Arbeitsbedingungen sowie an der gesamten wirtschaftlichen Entwicklung der produktiven Kräfte mitzuwirken", entwirft Art. 165 WeimRVerf ein kompliziertes **wirtschaftliches Rätesystem**, das nur zu einem geringen Teil ins Werk gesetzt wurde. Das Programm der Wirtschaftsdemokratie schließt bis heute vor allem den organisatorischen Grundgedanken der „sozialen Selbstbestimmung" und der „**gemeinwirtschaftlichen**" Verwaltung der Produktionsmittel ein. Die Neuordnung der Wirtschaft ist nur der erste Schritt zu einer Neuordnung des Staates.

Unter den verschiedenen heute vertretenen Forderungen gesellschaftspolitischer Art, die sich aus Vorstellungen der Wirtschaftsdemokratie ableiten, finden sich die Vergesellschaftung der Produktionsmittel (siehe Art. 15 GG), eine Investitionslenkung mit Hilfe von Wirtschafts- und Sozialräten und eine durch überbetriebliche Fonds bewirtschaftete Vermögensbeteiligung der Arbeitnehmer am unternehmerisch genutzten Produktivvermögen. Auch für die unternehmerische Mitbestimmung der Arbeitnehmer, soweit für diese eine paritätische Ausgestaltung gefordert wird, ist eine mit wirtschaftsdemokratischen Argumenten begründete Rechtfertigung gegeben worden; RNr. 39.

P. BADURA, Unternehmerische Mitbestimmung, soziale Selbstverwaltung und Koalitionsfreiheit, RdA 1976, S. 275.

c) Parteien in der Demokratie

Verfassungsrechtliche Stellung und Aufgaben der Parteien

20 Das Grundgesetz setzt die Parteien als „frei konkurrierende, aus eigener Kraft wirkende und vom Staat unabhängige Gruppen" voraus (BVerfGE 20, 56/101) und spricht ihnen die Aufgabe zu, bei der politischen Willensbildung des Volkes mitzuwirken (Art. 21 Abs. 1 Satz 1 GG). Die hier gemeinte politische Willensbildung des Volkes ist notwendig jener politische Prozeß, auf den sich die Einrichtungen und Verfahren der parlamentarischen Demokratie beziehen, ohne sich darin zu erschöpfen. Eine politische Partei im Sinne des Art. 21 GG kann demnach nur eine Gruppierung sein, die sich auf Dauer bildet, um durch die Beteiligung an den Wahlen zum Bundestag oder zu den parlamentarischen Volksvertretungen der Länder auf Parlament und Regierung Einfluß zu gewinnen (BVerfGE 24, 260). Abweichend von der Weimarer Reichsverfassung hat das Grundgesetz die Bildung und Betätigung der politischen Parteien nicht dem Grundrecht der

Die Staatsform der Bundesrepublik Deutschland

Vereinigungsfreiheit (Art. 9 Abs. 1 und 2 GG) zugeordnet, sondern in einer verfassungsrechtlichen Grundsatzbestimmung „institutionalisiert", d. h. in Aufgabe und Stellung objektivrechtlich bestimmt und dieser Aufgabe und Stellung entsprechend mit verfassungsmäßigen Rechten und Pflichten ausgestattet (Art. 21 GG). Wenngleich sich danach die Bedeutung der Parteien nicht darauf beschränkt, „Wahlvorbereitungsorganisationen" zu sein, sondern ihnen eine hervorgehobene Stellung im politischen Prozeß der parlamentarischen Demokratie zukommt (RNr. 13), wird mit der in der Verfassung genannten Mitwirkung an der politischen Willensbildung des Volkes den Parteien nicht eine allgemeine oder gar ausschließliche Befugnis zur Teilnahme an den öffentlichen Angelegenheiten zugewiesen.
Der Parteienartikel statuiert die **Gründungsfreiheit** der Parteien und damit zugleich das Verbot eines „Einparteienstaates". Die Gründungsfreiheit schützt die freie Bildung und Betätigung der Parteien und ihrer Mitglieder im Rahmen der verfassungsmäßigen Aufgabe der politischen Parteien. Als ein „**Parteienprivileg**" ist es zu verstehen, daß die Entscheidung über die Verfassungswidrigkeit einer Partei dem Bundesverfassungsgericht vorbehalten und damit der administrativen, vereinsrechtlichen Entscheidung der Exekutive entzogen ist (Art. 21 Abs. 2 GG). Mit der herausragenden Stellung der Parteien sind folgerichtig besondere Pflichten verbunden. Die Anforderung, daß ihre **innere Ordnung** demokratischen Grundsätzen entsprechen muß, ist eine Einschränkung der Vereinsautonomie. Die Pflicht, über die **Herkunft und Verwendung ihrer Mittel** sowie über ihr **Vermögen** öffentlich Rechenschaft zu geben, ist den Parteien auferlegt, um zu einer Durchsichtigkeit der wirtschaftlichen Beziehungen und der Finanzierung der Parteien beizutragen und mögliche Abhängigkeiten sichtbar zu machen. Das Nähere über diese Pflichten bestimmt das **Parteiengesetz**. Eine den Status der Parteien insgesamt erfassende Grundpflicht der Parteien wird in Art. 21 Abs. 2 GG so ausgedrückt, daß Parteien nach ihren Zielen und nach dem Verhalten ihrer Anhänger nicht darauf ausgehen dürfen, die freiheitliche demokratische Grundordnung zu beeinträchtigen oder zu beseitigen oder den Bestand der Bundesrepublik Deutschland zu gefährden.
Für das Verfassungsprozeßrecht hat die besondere verfassungsrechtliche Stellung der Parteien die Folge, daß sie ihre Rechte aus Art. 21 und 38 GG im Wege der **Organstreitigkeit** nach Art. 93 Abs. 1 Nr. 1 GG vefolgen dürfen (BVerfGE 4, 27). Die Parteien sind insoweit also nicht auf die Verfassungsbeschwerde angewiesen.

G. RADBRUCH, Die politischen Parteien im System des deutschen Verfassungsrechts, HDStR I, 1930, S. 285; K. HESSE, Die verfassungsrechtliche Stellung der politischen Parteien, VVDStRL Heft 17, 1959, S. 11; W. HENKE, Das Recht der politischen Parteien, 2. Aufl., 1972; W. SCHMIDT, Politische Parteien und andere Vereinigungen, NJW 1984, S. 762; H. H. VON ARNIM, Politische Parteien, DÖV 1985, 593.

Das Parteiengesetz

Das Gesetz über die politischen Parteien vom 24. Juli 1967 (BGBl. I S. 773), jetzt in der Fass. d. Bek. vom 15. Febr. 1984 (BGBl. I S. 242) enthält die näheren Bestimmungen über die Rechte und Pflichten der Parteien nach

Art. 21 GG. Das Parteiengesetz umreißt die verfassungsrechtliche Stellung und Aufgaben der Parteien, legt den Begriff der Partei fest und regelt dann vor allem die innere Ordnung der Parteien, die gebotene Rechenschaftslegung und den Vollzug des Verbots verfassungswidriger Parteien. Darüber hinaus enthält das Parteiengesetz die Vorschriften über die vom Bundesverfassungsgericht für zulässig angesehene Erstattung von Wahlkampfkosten sowie neuerdings den durch das Gesetz über die Neuordnung der Parteienfinanzierung vom 22. Dez. 1983 (BGBl. I S. 1577) eingeführten „Chancenausgleich" (§ 22a PartG), der ungleichen Auswirkungen von Mitgliedsbeiträgen und Spenden entgegenwirken soll.

Die Vorschriften des Parteiengesetzes über die **innere Ordnung** der Parteien enthalten nähere Bestimmungen über die Satzungs- und Organisationsautonomie der Parteien und legen einen Mindeststandard für die Rechte der Mitglieder fest (§§ 6 bis 16 PartG). Die Satzungen müssen Bestimmungen über Aufnahme und Austritt der Mitglieder enthalten. Die zuständigen Organe der Parteien entscheiden nach näherer Bestimmung der Satzung frei über die Aufnahme von Mitgliedern. Ein Mitglied kann nur dann aus der Partei ausgeschlossen werden, wenn es vorsätzlich gegen die Satzung oder erheblich gegen Grundsätze oder Ordnung der Partei verstößt und ihr damit schweren Schaden zufügt; das Verfahren des Parteiausschlusses vor dem zuständigen Schiedsgericht der Partei ist in den Grundzügen durch das Gesetz bestimmt (§§ 6 Abs. 2 Nr. 2, 10 Abs. 1, 4 und 5 PartG). Diese Anforderungen legen den Parteien keine materiellen Schranken für die Sicherung von Programmloyalität und organisationspolitischer Schlagkraft auf (siehe BGH JZ 1980, 106).

R. WOLFRAM, Die innerparteiliche demokratische Ordnung nach dem Parteiengesetz, 1974; L.-A. VERSTEYL, Änderungen des Parteiengesetzes, NJW 1980, 925; J. RISSE, Der Parteiausschluß, 1985.

Finanzen der Parteien und Rechenschaftspflicht

22 Aus der **Gründungsfreiheit** der Parteien folgt, daß es grundsätzlich eine Sache der freien Entscheidung der Parteien ist, in welcher Weise sie ihren Finanzbedarf durch Mitgliedsbeiträge, Spenden oder andere allgemein erlaubte Finanzierungsmöglichkeiten decken und wie sie ihre Mittel zur Erfüllung der satzungsmäßigen Aufgaben verwenden. Damit korrespondiert der Grundsatz, daß es in die eigene Verantwortung der Parteien fällt, sich die erforderlichen Finanzmittel zu verschaffen und damit die materiellen Voraussetzungen der parteipolitischen Betätigung zu sichern. Eine Verpflichtung des Gesetzgebers oder der öffentlichen Hand, die Existenz oder Betätigung politischer Parteien durch Zuwendungen aus öffentlichen Mitteln zu gewährleisten oder zu fördern, besteht verfassungsrechtlich nicht.

Die grundsätzliche Freiheit der Parteien in der Beschaffung und Bewirtschaftung ihrer finanziellen Mittel muß im Hinblick auf die besondere Stellung der Parteien für die politische Willensbildung des Volkes **Einschränkungen** unterworfen werden. Bereits die Verfassung selbst legt den Parteien eine Publizitätspflicht hinsichtlich der Herkunft und Verwendung ihrer Mittel und ihres Vermögens auf (Art. 21 Abs. 1 Satz 3 GG). Diese Pflicht zur **Rechenschaftslegung** ist in den Vorschriften der §§ 23 ff. PartG näher geregelt. Die

Die Staatsform der Bundesrepublik Deutschland 22 **D**

Rechenschaftsberichte der Parteien, die jährlich zu erstatten und durch einen Wirtschaftsprüfer oder eine Wirtschaftsprüfergesellschaft nach Maßgabe der gesetzlichen Bestimmungen zu prüfen sind, werden von dem Präsidenten des Deutschen Bundestages als Bundestagsdrucksache veröffentlicht. Darüber hinaus erstattet der Präsident des Deutschen Bundestages dem Deutschen Bundestag jährlich über die Entwicklung der Parteienfinanzen sowie über die Rechenschaftsberichte der Parteien Bericht; auch dieser Bericht wird als Bundestagsdrucksache verteilt (Bericht 1984 vom 28. 10. 1985: BTag Drucks. 10/4104 neu).

Weitere Einschränkungen der freien Finanzierung und Mittelbewirtschaftung der Parteien sind zur Sicherung der verfassungsmäßigen Aufgaben der Parteien durch Gesetz bestimmt. Diese Beschränkungen betreffen vor allem die Berechtigung der Parteien, **Spenden** anzunehmen. Die Annahme bestimmter Spenden ist den Parteien untersagt, z. B. anonymer Spenden oder von Spenden, die erkennbar in Erwartung eines bestimmten wirtschaftlichen oder politischen Vorteils gewährt werden (§§ 25, 23a PartG). Des weiteren ist die **steuerliche Berücksichtigung** von Beiträgen und Spenden an politische Parteien verfassungsrechtlich durch das Recht der Bürger auf gleiche Teilhabe am Willensbildungsprozeß sowie durch die Grundsätze der Chancengleichheit und Parteienfreiheit begrenzt (BVerfGE 52, 63/70 ff.).

Eine allgemeine **staatliche** Parteienfinanzierung ist mit den verfassungsrechtlichen Grundsätzen der parlamentarischen Demokratie und mit der verfassungsrechtlichen Stellung der politischen Parteien unvereinbar. Es verstößt gegen Art. 21 und 20 Abs. 2 GG, den Parteien laufende Zuschüsse aus Haushaltsmitteln für ihre gesamte Tätigkeit im Bereich der politischen Meinungs- und Willensbildung zu gewähren. Den Parteien als ,,frei konkurrierenden, aus eigener Kraft wirkenden und vom Staat unabhängigen Gruppen" dürfen aus Haushaltsmitteln nur die notwendigen Kosten eines angemessenen Wahlkampfes erstattet werden (BVerfGE 20, 56; 20, 119; 24, 300; 52, 63). Da die Abhaltung von Wahlen eine öffentliche Aufgabe ist und den Parteien, die an der politischen Willensbildung des Volkes vor allem durch Beteiligung an den Parlamentswahlen mitwirken, bei der Durchführung dieser öffentlichen Aufgabe von Verfassungs wegen eine entscheidende Rolle zukommt, ist es zulässig, politischen Parteien, die sich an einem Bundestagswahlkampf beteiligt haben, die notwendigen Kosten eines angemessenen Wahlkampfes aus Mitteln des Bundeshaushalts zu ersetzen. Ob eine solche **Erstattung von Wahlkampfkosten** vorgesehen werden soll, ist eine verfassungspolitische Frage, deren Entscheidung im pflichtgemäßen Ermessen des Gesetzgebers steht. Entschließt sich der Gesetzgeber dazu, so hat er dabei den Grundsätzen der Parteienfreiheit und der Chancengleichheit Rechnung zu tragen (BVerfGE 41, 399/414 f.). Die nähere gesetzliche Regelung der Erstattung von Wahlkampfkosten findet sich in den Bestimmungen der §§ 18 ff. PartG. Die für die Erstattung der Wahlkampfkosten erforderlichen Mittel sind im Falle der Bundestagswahlen im Bundeshaushaltsplan auszubringen. Der Erstattungsbetrag wird von dem Präsidenten des Deutschen Bundestags festgesetzt und ausgezahlt. In der Pauschalierung der Wahlkampfkosten und in der Zulassung von Abschlagszahlungen bereits im zweiten und dritten Jahr der Wahlperiode liegen gestaltende Entscheidungen, durch welche die vom Bundesverfassungsgericht für richtig gehaltene Trennung der Parteitätigkeit im ganzen und der Vorbereitung von und der Beteiligung an Wahlen verwischt werden. Tatsächlich ist die Wahlkampfkostenerstattung „nichts anderes als eine allgemeine Parteienfinanzierung, die auf der Grundlage von Wahlergebnissen berechnet wird" (D. GRIMM, Handbuch des Verfassungsrechts, 1983, S. 317/352).

Das Recht der Parteien und der nichtparteigebundenen Wahlbewerber auf **gleiche Wettbewerbschancen** bindet auch im übrigen die Vergabe und die Verwendung öffentlicher Mittel, soweit sie auf die Wahlen Einfluß haben kann. Es ist deshalb auch den **Fraktionen** verfassungsrechtlich verwehrt, die ihnen als Teil eines Staatsorgans (des Bundestages oder eines Landtages) aus öffentlichen Mitteln zur Verfügung gestellten Zuschüsse zur Finanzierung des Wahlkampfs der Parteien zu verwenden (BVerfG DÖV 1983, 153, mit Anm. von H. H. VON ARNIM).

Im Jahre 1983 ist auf der Grundlage des Berichts der vom Bundespräsidenten eingesetzten Sachverständigenkommission zur Neuordnung der Parteienfinanzierung (Beilage Nr. 25/83 zum Bundesanzeiger vom 26. Mai 1983) durch eine Neufassung des Art. 21 Abs. 1 Satz 4 GG (35. Änderungsgesetz zum Grundgesetz vom 21. 12. 1983, BGBl. I S. 1481) und durch weitgreifende Änderungen des Parteiengesetzes (Parteienfinanzierungsgesetz vom 22. 12. 1983, BGBl. I S. 1577) eine **Neuregelung der Parteienfinanzierung** im Wege der Wahlkampfkostenerstattung und der Spenden und deren steuerlicher Abzugsfähigkeit erfolgt. Nach der Neufassung des Art. 21 Abs. 1 Satz 4 GG und den entsprechenden Änderungen der §§ 23ff. PartG müssen die Parteien nunmehr nicht nur über die Herkunft ihrer Mittel, sondern auch über deren Verwendung sowie über ihr Vermögen öffentlich Rechenschaft geben. Die Wahlkampfkostenpauschale ist auf einen Betrag von DM 5,00 je Wahlberechtigten angehoben worden; der Anteil an der Wahlkampfkostenpauschale (Erstattungsbetrag) bemißt sich wie bisher grundsätzlich nach dem Verhältnis der von einer Partei im Wahlgebiet erreichten Zweitstimmen. Es ist nunmehr ausdrücklich der Grundsatz festgelegt worden, daß die Summe der Erstattungsbeträge gegenüber den Gesamteinnahmen einer Partei nicht überwiegen darf (§ 18 Abs. 6 PartG). Für die wahlkampfbezogenen Kosten ist eine eigene Rechnungslegungspflicht begründet worden (§ 24 Abs. 5 PartG). Neu ist weiter, daß größere Parteispenden nach dem Muster der Spenden an gemeinnützige Institutionen steuerlich begünstigt werden und insofern eine erweiterte Rechenschaftslegungspflicht besteht. Zugleich ist ein „Chancenausgleich" zur Neutralisierung der unterschiedlichen Steuerentlastungswirkungen von Mitgliedsbeiträgen und Spenden eingeführt worden (§ 22a PartG). Diese Neuerung unterliegt erheblichen verfassungsrechtlichen Zweifeln, weil sie eine gesetzlich bewirkte Umverteilung von Teilen der Mitgliedsbeiträge und Spenden entgegen dem Willen des Mitglieds oder Spenders zum Ausgleich der unterschiedlichen steuerbegünstigenden Wirkungen darstellt, ohne die Gefahren einseitiger Beeinflussung und Abhängigkeit der Parteien von Spendengebern zu beheben.

H. H. V. ARNIM, Parteienfinanzierung, 1982; DERS., Zur Neuordnung der Parteienfinanzierung, DÖV 1983, 486; DERS., Verfassungsrechtliche Aspekte der Neuregelung der Parteienfinanzierung 1984, Aus Politik und Zeitgeschichte B 8/84, S. 9; DERS.,

Die Staatsform der Bundesrepublik Deutschland 23 D

Verfassungsfragen der Parteienfinanzierung, JA 1985, 121, 207; H. H. FRIAUF, Parteienfinanzierung im Spannungsfeld von Bürgergleichheit und staatlicher Neutralitätspflicht, Aus Politik und Zeitgeschichte B 8/84, S. 3.

Parteienverbot

Parteien, die nach ihren Zielen oder nach dem Verhalten ihrer Anhänger 23
darauf ausgehen, die freiheitliche demokratische Grundordnung zu beeinträchtigen oder zu beseitigen oder den Bestand der Bundesrepublik Deutschland zu gefährden, sind verfassungswidrig. Über die Frage der Verfassungswidrigkeit entscheidet das Bundesverfassungsgericht (Art. 21 Abs. 2 GG; §§ 43 ff. BVerfGG). Der Antrag auf Entscheidung, ob eine Partei verfassungswidrig ist, kann von dem Bundestag, dem Bundesrat oder von der Bundesregierung gestellt werden. Eine Landesregierung kann den Antrag nur gegen eine Partei stellen, deren Organisation sich auf das Gebiet ihres Landes beschränkt.
Die Entscheidung über die Verfassungswidrigkeit einer politischen Partei ist danach dem **Bundesverfassungsgericht** vorbehalten („Parteienprivileg"). Ob das Bundesverfassungsgericht durch eines der antragsberechtigten Organe angerufen wird, ist eine Sache des politischen Ermessens. Erweist sich der Antrag als begründet, so stellt das Bundesverfassungsgericht fest, daß die politische Partei verfassungswidrig ist. Mit dieser Feststellung ist die Auflösung der Partei und das Verbot, eine Ersatzorganisation zu schaffen, zu verbinden. Das Bundesverfassungsgericht kann in diesem Fall außerdem die Einziehung des Vermögens der Partei zugunsten des Bundes oder des Landes zu gemeinnützigen Zwecken aussprechen. Die Feststellung der Verfassungswidrigkeit und die Nebenentscheidungen können auch auf einen rechtlich oder organisatorisch selbständigen Teil einer Partei beschränkt werden (§ 46 BVerfGG). Die näheren Bestimmungen über den Vollzug des Verbots verfassungswidriger Parteien enthalten die §§ 32, 33 PartG. Mit dem Verbot der Partei verlieren die ihr angehörigen Abgeordneten ihre Mitgliedschaft im Deutschen Bundestag (§ 46 Abs. 1 Satz 1 Nr. 5 und Abs. 4 BWahlG). Die Fortführung des organisatorischen Zusammenhalts der aufgelösten Partei ist verboten (§§ 84 ff. StGB; dazu BGH NJW 1976, 575).
Durch Art. 21 Abs. 2 GG soll Gefahren begegnet werden, „die von der Existenz einer von einer verfassungsfeindlichen Grundtendenz geprägten Partei und ihrer typischen verbandsmäßigen Wirkungsmöglichkeit ausgehen" (BVerfGE 25, 44/56). Die Entscheidung des Bundesverfassungsgerichts hat **konstitutive** Wirkung; darin zeigt sich der besondere Schutz, der durch Art. 21 Abs. 2 GG für politische Parteien ohne Rücksicht darauf geschaffen ist, ob sie den in dieser Verfassungsbestimmung genannten Pflichten genügen. Das Parteienprivileg schließt ein administratives Einschreiten gegen den Bestand einer Partei aus und schützt auch die parteipolitische Betätigung der Funktionäre und Mitglieder, solange nicht das Bundesverfassungsgericht entschieden hat (BVerfGE 40, 287). Das Parteienprivileg entbindet aber nicht von den bestehenden Gesetzen und schafft auch sonst keine besonderen Rechte (BVerfGE 39, 334 zu der durch Art. 33 Abs. 5 GG legitimierten Forderung nach Verfassungstreue der Beamten; BVerfGE 47, 130 zur strafbaren Einwirkung auf Bundeswehr und öffentliche Sicherheitsorgane nach § 89 StGB).

189

D 24   Der Bund und die Länder

Aufgrund des Art. 21 Abs. 2 GG sind bisher Entscheidungen des Bundesverfassungsgerichts gegen die Sozialistische Reichspartei, SRP (BVerfGE 2, 1) und gegen die Kommunistische Partei Deutschlands, KPD (BVerfGE 5, 85) ergangen.

H. RAPP, Das Parteienprivileg des Grundgesetzes und seine Auswirkungen auf das Strafrecht, 1970; H. MAURER, Das Verbot politischer Parteien, AöR 96, 1971, S. 203; H. BERNSTEIN/K. ZWEIGERT, Die Rehabilitation einer aufgelösten politischen Partei, 1972; F. STOLLBERG, Die verfassungsrechtlichen Grundlagen des Parteiverbots, 1976.

„Parteienstaat"

24 Die heutige Erscheinung und Bedeutung der politischen Parteien in der parlamentarischen Demokratie haben ihren Ausgangspunkt in dem Aufstieg des modernen Parlamentarismus im 19. Jahrhundert und vor allem in der Einführung des allgemeinen und gleichen Wahlrechts. Die damit gegebenen politischen und verfassungsrechtlichen Bedingungen des demokratischen Verfassungsstaates haben die politischen Parteien zu den ausschlaggebenden Faktoren auch des durch die staatlichen Institutionen rechtlich geordneten politischen Prozesses erhoben, haben die organisatorischen und programmatischen Frontlinien zwischen den politischen Parteien zu den ausschlaggebenden Richtpunkten politischen Handelns in Parlament und Regierung gemacht und haben insgesamt die überkommenen Beziehungen von Verantwortung und Kontrolle im parlamentarischen Regierungssystem verschoben. Das Gegenüber von Parlament und Regierung wird weithin überlagert durch die Frontstellung der Mehrheitsfraktion oder der Mehrheitsfraktionen im Parlament, welche die Regierung stellen und unterstützen, gegenüber der an der Regierung nicht beteiligten Opposition der parlamentarischen Minderheit.

Im 19. Jahrhundert und auch noch unter der Geltung der Weimarer Reichsverfassung wurden die politischen Parteien als privatrechtliche Vereinigungen nach Vereinsrecht behandelt. Dementsprechend fanden sie ihren Schutz durch das Grundrecht der Vereinigungsfreiheit. In dieser Betrachtungsweise waren die Parteien und ihre politische Wirksamkeit für den Staat und seine Einrichtungen etwas nur Äußerliches. Mit deutlicher Abwehr postulierte die Weimarer Reichsverfassung: „Die Beamten sind Diener der Gesamtheit, nicht einer Partei" (Art. 130 Abs. 1). Die juristische Behandlung der Parteien wurde aber auch von verschiedenen Seiten als exemplarisch für ein Auseinandertreten des Verfassungsrechts und der „Verfassungswirklichkeit" angesehen (vgl. z.B. G. RADBRUCH, Die politischen Parteien im System des deutschen Verfassungsrechts, in: Handbuch des Deutschen Staatsrechts, I. Band, 1930, S. 285 ff.). Das verbreitete Schlagwort vom „Parteienstaat" wurde von GERHARD LEIBHOLZ zu einer theoretisch tief gegründeten Doktrin geführt, wonach der „Gestaltwandel der Demokratie" die frühere Form der Repräsentation durch den „plebiszitären Charakter des modernen Parteienstaates" verdrängt habe. Die politischen Parteien seien das „Sprachrohr", dessen sich das in der Demokratie mündig gewordene Volk zur Äußerung seines politischen Willens bediene (G. LEIBHOLZ, Das Wesen der Repräsentation, 1929, 3. Aufl. 1966 unter dem Titel: Das Wesen der Repräsentation und der Gestal-

tungswandel der modernen Demokratie; DERS., Strukturprobleme der modernen Demokratie, 3. Aufl., 1967).
Die Lehre vom „parteienstaatlichen" Charakter der modernen Demokratie hat auch die Rechtsprechung des Bundesverfassungsgerichts beeinflußt und ist – in einer eher vagen und vereinfachenden Version – zu einem politischen und auch staatsrechtlichen Gemeinplatz geworden. Das sollte jedoch nicht darüber hinwegtäuschen, daß die Parteien aus dieser Vorstellung keine Anerkennung für Versuche zu einer durchgehenden Beherrschung der freien politischen Meinungs- und Willensbildung des Volkes oder eine Durchdringung der Exekutive und der Gerichte durch Ämterpatronage finden können. Die Vorstellungen des Parteienstaates sind schon in der Weimarer Zeit kritisiert worden, soweit daraus besondere Ansprüche oder Rechtsfolgen abgeleitet werden sollten, so durch den Lehrer von LEIBHOLZ, HEINRICH TRIEPEL (Die Staatsverfassung und die politischen Parteien, 1928). TRIEPEL sieht im Gedanken des Parteienstaates einen „schwer auflösbaren Widerspruch" und wendet sich gegen das „Vordringen des Parteienstaates", das nur aufzuhalten ist, „wenn die atomistisch-individualistische Staatsauffassung, aus der er geboren ist, aufgegeben und durch eine organische ersetzt worden ist".

D. GRIMM, Die politischen Parteien, HbVerfR, 1983, S. 317; H. H. VON ARNIM, Ämterpatronage durch politische Parteien, 1980.

d) Die Bundesrepublik Deutschland ist eine Republik

Republik und Monarchie

Mit der an die Spitze des neuen Staatsgrundgesetzes gesetzten Norm: „Das Deutsche Reich ist eine Republik" (Art. 1 Abs. 1) bestätigte die **Weimarer Reichsverfassung** den Sturz der deutschen Fürstenhäuser und den Umbruch der Staatsform des Reiches durch die Novemberrevolution. Sie legte zugleich mit dieser Grundnorm die Staatsform der neuen Verfassungsordnung fest. Republik ist die Absage an die Monarchie.
Die Staatsphilosophie des späteren Mittelalters und der Renaissance, anknüpfend an die Lehren der griechischen und römischen Antike, verstand unter „Republik" ein Zweifaches. Republik ist einmal das wohlgeordnete Gemeinwesen, wie es durch den Wortsinn des lateinischen „res publica" nahegelegt wird. In einer zweiten Bedeutung stellt die Republik in der Lehre der Staatsformen den Gegenbegriff zur Monarchie dar. Republik ist die Staatsform, in der ein durch Erbschaft oder Wahl berufener Monarch fehlt. Im Hinblick auf die Verteilung der politischen Macht ist Republik die Staatsform, in der alle (Demokratie) oder bestimmte Gruppen (Aristokratie, Patriziat) die politische Herrschaft ausüben. Über Jahrhunderte hinweg war das bedeutendste Beispiel die Republik Venedig.

G. JELLINEK, Allgemeine Staatslehre, 3. Aufl., 1914; J. ISENSEE, Republik – Sinnpotential eines Begriffs, JZ 1981, S. 1.

Die republikanische Staatsform im Grundgesetz

Das Grundgesetz hat die Bezeichnung der Staatsform bereits in den Staatsnamen „Bundesrepublik Deutschland" aufgenommen und deswegen in Art. 20

D 27   Der Bund und die Länder

Abs. 1 GG nicht selbständig wiederholt. In Art. 28 Abs. 1 GG erscheint „republikanisch" als eine der normativen Eigenschaften des durch das Grundgesetz verfaßten Staates. Die republikanische Staatsform gehört zu den Grundsätzen, die nach Art. 79 Abs. 3 GG einer Verfassungsänderung entzogen sind. Während für die Weimarer Reichsverfassung der Satz über die Staatsform der Republik ein wesentliches Ergebnis der vorangegangenen Revolution gewesen war, wurde bei der Schaffung des Grundgesetzes ohne weiteres vorausgesetzt, daß der neue Staat republikanischen Charakter haben würde. Die Staatsgrundnormen über Demokratie, Rechtsstaat, Sozialstaat und Bundesstaat haben deshalb naturgemäß ein deutlich größeres Gewicht erhalten. Die republikanische Staatsform tritt äußerlich dadurch in Erscheinung, daß Staatsoberhaupt der Bundesrepublik der Bundespräsident ist (Art. 54 GG).

e) Staatssymbole

Bundesflagge

27 Die Bundesflagge ist **schwarz-rot-gold** (Art. 22 GG). Damit sind zugleich die Bundesfarben für die im internationalen Verkehr und zur nationalen Repräsentation dienenden Hoheitszeichen der Bundesrepublik Deutschland festgelegt (siehe die Anordnung des Bundespräsidenten über die deutschen Flaggen vom 7. Juni 1950, BGBl. I S. 205). Die Führung der Bundesflagge durch die deutschen See- und Binnenschiffe bestimmt sich nach dem **Flaggenrechtsgesetz** vom 8. Febr. 1951 (BGBl. I S. 79), zuletzt geänd. durch Gesetz vom 10. Mai 1978 (BGBl. I S. 613); siehe auch Art. 27 GG.
Die Farben schwarz-rot-gold waren für das freisinnige nationale Bürgertum Deutschlands im 19. Jahrhundert das Symbol der Freiheit und Einheit des deutschen Nationalstaates. Es waren die Farben der Märzrevolution und dann der Frankfurter Nationalversammlung. Zuvor waren die Farben schwarz-rot-gold von den Burschenschaften auf der Wartburg 1818 und auf dem Hambacher Fest 1832 gezeigt worden, offenbar in Anlehnung an die Uniform des Lützow'schen Freikorps aus der Zeit der Befreiungskriege. Im Kaiserreich war die Flagge der Kriegs- und Handelsmarine **schwarz-weiß-rot** (Art. 55 ReichsVerf von 1870). Die Bestimmung des Art. 3 WeimRVerf: „Die Reichsfarben sind schwarz-rot-gold. Die Handelsflagge ist schwarz-weiß-rot mit den Reichsfarben in der oberen inneren Ecke", war Gegenstand des erbittert geführten „Flaggenstreits".
Die Farben, die ein Staat in seiner Flagge und in seinen sonstigen Hoheitszeichen führt, gehört zu den wesentlichen **Staatssymbolen,** sinnlich wahrnehmbaren Zeichen, mit denen die nationale Repräsentation stattfindet und die häufig durch ihre Verbindung mit der nationalen Geschichte ein hervorgehobenes Objekt der staatlichen Identifikation sind. Die von Staatssymbolen ausgehende appellative Wirkung bestimmte Rudolf Smend dazu, in ihnen einen Typus der „sachlichen Integration" zu sehen (Verfassung und Verfassungsrecht, 1928). Soweit die Staatssymbole nicht durch die Verfassung selbst festgelegt werden, gehört es zu den überkommenen Vorrechten des Staatsoberhaupts, über die wesentlichen Staatssymbole Bestimmungen zu treffen.

Die Staatsform der Bundesrepublik Deutschland   28–30 **D**

Die Verunglimpfung des Staates und seiner Symbole ist strafbar (§ 90a StGB). Das unbefugte Benutzen von Wappen oder Dienstflaggen ist eine Ordnungswidrigkeit (§ 124 OWiG).

G. HOOG, Deutsches Flaggenrecht, 1982; H. HATTENHAUER, Deutsche Nationalsymbole, 1984. – Strafrechtlicher Schutz der Staatssymbole gegen Verunglimpfung durch politische Kunst: OLG Frankfurt NStZ 1984, 119 mit Anm. v. K. VOLK, JR 1984, 441.

Bundeswappen

Der Bundespräsident hat aufgrund eines Beschlusses der Bundesregierung **28** das Bundeswappen bestimmt (Bekanntmachung betreffend das Bundeswappen und den Bundesadler vom 20. Jan. 1950, BGBl. I S. 26). Es zeigt auf goldgelbem Grund den einköpfig schwarzen Adler, den Kopf nach rechts gewendet, die Flügel offen, aber mit geschlossenem Gefieder, Schnabel, Zunge und Fänge in roter Farbe.
Die heute als Staatssymbole verwendeten Wappen gehen vielfach auf heraldische Zeichen der feudalen Tradition zurück. Der **Adler,** das am häufigsten verwendete Wappentier, ist zuerst von Karl dem Großen nach seiner Kaiserkrönung als Herrschaftssymbol verwendet worden und ist später als Reichsadler in verschiedenartigen heraldischen Stilisierungen zum Symbol des Reiches, der Reichsstädte und der zum Reich gehörenden Länder und Gebiete, z. B. des deutschen Ordensstaates und Brandenburg-Preußens, dann zum Staatssymbol des BISMARCKreiches und der Weimarer Reichsverfassung geworden.

Bundeshauptstadt

Der Parlamentarische Rat beschloß am 10. Mai 1949 mit 33 gegen 29 Stim- **29** men, daß **Bonn** der vorläufige Sitz der Bundesorgane sein solle. Der Bundestag überwies die „Hauptstadtfrage" einem Ausschuß für die Frage des Sitzes der Bundesorgane und übernahm die zuvor vom Parlamentarischen Rat getroffene Entscheidung. Die Hauptstadtfrage wurde 1950/51 zum Gegenstand eines vom Bundestag eingesetzten Untersuchungsausschusses, der sich mit einem in der Presse geäußerten Korruptionsverdacht zu befassen hatte.
Die, wenn auch knappe Mehrheit des Parlamentarischen Rates und des Bundestages wählte Bonn und nicht Frankfurt am Main als „vorläufige Bundeshauptstadt", um damit den provisorischen Charakter der neuen Staatsbildung zu betonen und den historischen Anspruch Berlins als Hauptstadt eines geeinten Deutschlands nicht in Frage zu stellen.

Nationalhymne

Nachdem der Versuch, eine eigene Hymne der Bundesrepublik zu schaffen **30** und einzuführen, keine Anerkennung gefunden hatte, schlug der Bundeskanzler (KONRAD ADENAUER) in einem Schreiben vom 29. April 1952 dem Bundespräsidenten (THEODOR HEUSS) vor, das **Deutschlandlied** als Nationallied zu bestimmen, von dem allerdings bei staatlichen Veranstaltungen nur die dritte Strophe gesungen werden solle. Der Bundespräsident akzeptierte in einem Schreiben vom 2. Mai 1952 diesen Vorschlag.

Das Deutschlandlied wurde von HOFFMANN V. FALLERSLEBEN am 26. Aug. 1848 auf Helgoland geschrieben und gewann später, nach der Melodie des Kaiserquartetts von JOSEPH HAYDN (und der am 12. Febr. 1797 proklamierten österreichischen Kaiserhymne „Gott erhalte Franz den Kaiser") vertont, den Rang eines die nationalen und freiheitlichen Bestrebungen in Deutschland charakterisierenden Nationalliedes. Nach dem Sturz des BISMARCKreiches trat das Deutschlandlied als Nationalhymne an die Stelle des Kaiserliedes „Heil dir im Siegerkranz", das zuvor die Nationalhymne Preußens gewesen war.

2. Die Staatsaufgaben

a) Der Staatszweck und die Aufgaben des Staates

„Rechtfertigung" des Staates: Der Staatszweck

31 Der Grund für den Staat und seine Zwangsgewalt, die Rechtfertigung dafür, daß der Staat für seine Gesetze, Anordnungen und Maßnahmen Gehorsam fordert und findet, wird seit der Aufklärung zuerst im **Staatszweck** gesehen. Die moderne, rationalistische Lehre vom Staatszweck rechtfertigt (legitimiert) den Staat und seine Tätigkeit durch die vom Staat durch Gesetzgebung, Vollziehung und Rechtsprechung zu erfüllenden Aufgaben zur Gewährleistung des Rechts und des Friedens und zum Schutz der Rechte und Freiheiten des einzelnen. Die Entfaltung von Macht und Zwangsgewalt ist kein Selbstzweck, sondern dient dem Leben und der Wohlfahrt des einzelnen in seinem Zusammenleben in der staatlich geordneten Gesellschaft. Die Art und Weise der Erfüllung der staatlichen Aufgaben und damit die Befugnisse und Mittel, deren sich die staatlichen Organe bedienen, sind im Verfassungsstaat rechtlich geordnet und begrenzt.

G. JELLINEK, Allgemeine Staatslehre, 3. Aufl., 1914; H. HELLER, Staatslehre, 1934; R. ZIPPELIUS, Allgemeine Staatslehre, 8. Aufl., 1982; K. HESPE, Zur Entwicklung der Staatszwecklehre in der deutschen Staatsrechtswissenschaft des 19. Jahrhunderts, 1964.

Die politischen und sozialen Aufgaben des Staates heute

32 Die überkommenen und dauernden Aufgaben des Staates werden von der Staatszwecklehre unter den Begriffen des „Rechtszwecks" und des „Machtzwecks" des Staates erfaßt. Die Herstellung und Wahrung des Rechtes und des inneren Friedens, der Schutz von Leben, Freiheit und Eigentum, die Selbstbehauptung des Staates nach innen und außen sind danach die wesentlichen und unaufgebbaren Aufgaben des Staates. Als stärker zeitbedingt treten hinzu der Wohlfahrtszweck und der Kulturzweck des Staates. Charakteristisch für die Aufgaben des heutigen Staates ist die dem Prinzip nach umfassende Verantwortung des Staates für die materielle Wohlfahrt, die Wirtschaftsentwicklung und die soziale Sicherheit, ebenso aber auch für die Bildung und Ausbildung und die Entwicklung der Kultur und der Wissenschaft. Diese politischen und sozialen Aufgaben soll der Staat durch seine Gesetzge-

Die Staatsaufgaben   33 **D**

bung und durch die ihm im Wege der Besteuerung zufließenden Finanzmittel erfüllen. Bei dieser Auffassung der Staatsziele und der vom Staat zu erfüllenden Aufgaben ist eine innere Grenze der Staatstätigkeit nicht mehr vorhanden. Das zentrale Streben des älteren Verfassungsstaates war es, der Staatstätigkeit eine Grenze zu setzen und die Freiheit des einzelnen durch rechtsstaatliche Garantien und durch Freiheitsrechte „abwehrend" gegen die öffentliche Gewalt des Staates zu sichern. Das Signum des heutigen Zeitalters ist angesichts des ausschlaggebenden Gewichtes, das die wirtschafts- und sozialpolitischen Aufgaben des Staates erlangt haben, der vom Staat zu gewährleistende Schutz der wirtschaftlichen und sozialen Interessen.

H. F. ZACHER, Zur Rechtsdogmatik der sozialen Umverteilung, DÖV 1970, 3; F. WIEACKER, Industriegesellschaft und Privatrechtsordnung, 1974; CHR. STARCK, Gesetzgeber und Richter im Sozialstaat, DVBl. 1978, 937; G. HAVERKATE, Rechtsfragen des Leistungsstaats. Verhältnismäßigkeitsgebot und Freiheitsschutz im leistenden Staatshandeln, 1983.

b) Der Sozialstaatssatz

Die soziale Staatsaufgabe

Der Verfassungsstaat der Gegenwart muß die politische Garantie für soziale 33
Gerechtigkeit übernehmen. Denn unter den Bedingungen der demokratischen Industriegesellschaft ist es auf lange Sicht nicht möglich, eine gerechte, die sozialen Gegensätze ausgleichende Gesellschaftsordnung allein durch die staatliche Gewährleistung von Freiheit und Eigentum zu schaffen und zu erhalten.
Der Sozialstaatssatz als geschriebene (Art. 20 GG) oder ungeschriebene Staatszielbestimmung einer Verfassung spricht die kennzeichnende Staatsaufgabe der demokratischen Industriegesellschaft aus. Mit der fortschreitenden Durchsetzung des demokratischen Prinzips in der Organisation der politischen Willensbildung und der Legitimierung politischer Herrschaft korrespondiert die durchgängige Bestimmung der Staatsaufgaben durch die sozialstaatliche Idee der sozialen Gerechtigkeit. Der heutige Wohlfahrtsstaat gewinnt immer weitere Ausdehnung seiner Aufgaben und damit verfügende Kraft über die Menschen. Die verfassungsrechtliche Bekräftigung der sozialen Staatsaufgaben muß in einer zukunftsweisenden **Verfassungspolitik** verbunden werden mit der Einsicht in die wirtschafts- und gesellschaftspolitischen Voraussetzungen eines leistungsfähigen Sozialstaats und mit freiheitsbewahrenden Bindungen sozialstaatlicher Politik und Verwaltung durch Verfassung und Gesetz.
Der Sozialstaatssatz ist „Ermächtigung und Auftrag zur Gestaltung der Sozialordnung", gerichtet auf „Herstellung und Wahrung sozialer Gerechtigkeit und auf Abhilfe sozialer Bedürftigkeit" (BSGE 6, 213/219). Er hat die dem Staat auferlegte Gewährleistung der sozialen Gerechtigkeit und die damit der Gesellschaft auferlegte Solidarität aller Gesellschaftsglieder in ein juristisches Problem verwandelt. Die Lösung dieses Problems findet sich in der Doktrin von der politischen Gestaltungsfreiheit des Gesetzgebers ange-

sichts der Unbestimmtheit und Unbestimmbarkeit der an veränderlichen Erfordernissen orientierten Staatsaufgaben und in der sozialen Einbindung der wirtschaftlichen Freiheit zur Sicherung der gerechten Wirtschafts- und Gesellschaftsordnung, insbes. durch den Schutz der Arbeit und ihres Ertrages. Eine sozial gerechte Gesellschaftsordnung bewährt sich zuerst darin, daß sie die Möglichkeit für jedermann sichert, durch eigene Entscheidung und Leistung einen selbstbestimmten Beitrag in Wirtschaft und Kultur zu erbringen.

E. FORSTHOFF/O. BACHOF, Begriff und Wesen des sozialen Rechtsstaates, VVDStRL Heft 12, 1954, S. 8, 37; W. WEBER, Die verfassungsrechtlichen Grenzen sozialstaatlicher Forderungen, Staat 4, 1965, S. 409; H. F. ZACHER, Was können wir über das Sozialstaatsprinzip wissen? in: Festschrift für Hans Peter Ipsen, 1977, S. 207; P. BADURA, Sozialstaatlichkeit und Sozialrecht, Sozialgerichtsbarkeit 1980, S. 1; J. ISENSEE, Der Sozialstaat in der Wirtschaftskrise, in: Festschrift für Johannes Broermann, 1982, S. 365.

Die Rechtsidee der sozialen Gerechtigkeit

34 Die im Wege der Gesetzgebung zu erfüllenden **sozialen Gestaltungsaufgaben** des modernen Staates orientieren sich an einem Verteilungsprinzip, das in allgemeiner Weise als ,,soziale Gerechtigkeit" bezeichnet werden kann. Die zeitlose Maxime der Gerechtigkeit als Grund und Grenze des Rechts wird hier auf eine bestimmte geschichtliche und politische Lage bezogen, nämlich auf die besonderen Bedürftigkeiten und Hilfsbedürftigkeiten des einzelnen in der entwickelten Industriegesellschaft. Der vorrangige **Schutz der Arbeit** und ihres Ertrages und die Gewährleistung der **sozialen Sicherheit** ohne Rücksicht auf die Arbeitsfähigkeit des einzelnen bedingen eine ständige, vor allem durch den Gleichheitssatz bestimmte Umverteilung. Das zugrundeliegende ethische Prinzip ist das der Solidarität.

Verfassungsrechtliche Bindungskraft der Sozialstaatsklausel

35 Die soziale Staatsaufgabe wird durch Art. 20 Abs. 1 und 28 Abs. 1 GG als ausdrückliche **Staatszielbestimmung** ausgesprochen. Sie ist damit eine verfassungsrechtlich bindende Richtlinie für die Ausübung der öffentlichen Gewalt. Da die vollziehende Gewalt und die Rechtsprechung an Gesetz und Recht gebunden sind, wirkt sich diese verfassungsrechtliche Festlegung hauptsächlich für die Gesetzgebung aus. Die Sozialgestaltungsfunktion des Staates liegt zuerst in der Hand der parlamentarischen Volksvertretung und der von ihr auszuübenden Gesetzgebung.

Da der Inhalt der ,,sozialen" Staatsaufgabe schon wegen der Vieldeutigkeit des Wortes ,,sozial" sehr weit gespannt ist und da die Art und Weise der Erfüllung dieser Aufgabe in hohem Maße von den sich verändernden wirtschaftlichen und politischen Verhältnissen abhängig ist, ist das Sozialstaatsprinzip in hohem Maße der Ausgestaltung durch den Gesetzgeber bedürftig und fähig. Der Sozialstaatssatz gesteht dem Gesetzgeber einen großen Gestaltungsspielraum zu (BVerfGE 18, 257/273; 29, 221/235; 59, 231/263). Der Sozialstaatssatz ist als selbständige und alleinige Grundlage für **subjektive Rechte** der einzelnen nicht geeignet. Er kann allerdings, vor allem in Verbindung mit Art. 3 Abs. 1 GG, Anforderungen an die Gesetzgebung und an die

Die Staatsaufgaben 36 D

Ausführung gesetzlicher Ermächtigungen durch die Exekutive zur Folge haben, auf deren Einhaltung der betroffene einzelne einen grundrechtlichen Anspruch hat (BVerfGE 27, 253/283; 39, 316/326 ff.; 45, 376/385 ff.; 55, 100/111 f.).
Das Sozialstaatsprinzip des Grundgesetzes enthält infolge seiner Weite und Unbestimmtheit regelmäßig keine unmittelbaren Handlungsanweisungen, die durch die Gerichte ohne gesetzliche Grundlage in einfaches Recht umgesetzt werden könnten. Insoweit ist es richterlicher Inhaltsbestimmung weniger zugänglich als die Grundrechte; es zu verwirklichen ist in erster Linie Aufgabe des Gesetzgebers (BVerfGE 65, 182/193).

Sozialstaatliche Rechte?

Der **Sozialstaatssatz** enthält einen hinreichend faßbaren Gehalt an individualisierbarer Rechtszuweisung nicht und kann deshalb keine Grundlage subjektiv öffentlicher Rechte sein. Sozialstaatliche Rechte lassen sich aus ihm also nicht gewinnen. Nur in einem allgemeinen und untechnischen Sinn können die spezielleren verfassungsrechtlichen Direktiven, die aus dem Sozialstaatssatz hervorgehen, als „Rechte" bezeichnet werden. Der Sache nach handelt es sich dabei lediglich um Gesetzgebungsprogramme oder detailliertere Staatszielbestimmungen, wie z. B. die Direktive, daß Bund und Länder bei ihrer Haushaltswirtschaft den Erfordernissen des gesamtwirtschaftlichen Gleichgewichts Rechnung zu tragen haben (Art. 109 Abs. 2 GG).
Eine Reihe von **Grundrechten** weist eine Dimension auf, die sie als sozialstaatliche Rechte charakterisiert. Dazu zählen die verschiedenen Garantien und Rechte, die sich auf den Schutz der Ehe und Familie, auf die Pflege und Erziehung der Kinder, auf den Schutz und die Fürsorge der Gemeinschaft für die Mutter und auf die Gleichstellung der unehelichen Kinder beziehen (Art. 6 GG). Auch die Grundsätze, die sich dem Schulartikel über die Ausgestaltung des Schulwesens entnehmen lassen (Art. 7 GG), sind hier zu nennen; deutlicher wird dieser Zusammenhang zwischen Sozialstaat und Bildungswesen allerdings in den ausführlicheren Bestimmungen der Landesverfassungen. Ein zentrales sozialstaatliches Grundrecht ist die allen Deutschen zugesicherte Freiheit, Beruf, Arbeitsplatz und Ausbildungsstätte zu wählen (Art. 12 Abs. 1 GG). Die Koalitionsfreiheit schließlich (Art. 9 Abs. 3 GG) ist für den Schutz der abhängigen Arbeit von zentraler Bedeutung. C RNr. 8.
Das **Sozialgesetzbuch – Allgemeiner Teil** – vom 11. Dezember 1975 (BGBl. I S. 3015) umschreibt die grundlegenden sozialpolitischen Ziele als „Aufgaben des Sozialgesetzbuches" und führt eine Reihe „sozialer Rechte" auf, deren Gegenstand die gesetzlich vorgesehenen Sozialleistungen sind: Bildungs- und Arbeitsförderung, Sozialversicherung, Sozialhilfe, u. a. (§§ 1 ff. SGB-AT). Diese sozialen Rechte haben keinen verfassungsrechtlichen Geltungsrang, sind subjektivrechtlich gefaßte Kurzbeschreibungen sozialrechtlicher Regelungsbereiche und können für sich Ansprüche nicht hervorbringen.
W. MARTENS/P. HÄBERLE, Grundrechte im Leistungsstaat, VVDStRL Heft 30, 1973.

Wirtschafts- und Arbeitsverfassung

37 Das Grundgesetz enthält weder in seinem äußeren Aufbau eigene Abschnitte über die Wirtschaftsordnung oder über die Arbeitsordnung, noch läßt sich ihm sachlich eine besondere Wirtschafts- oder Arbeitsverfassung entnehmen. Es ist Sache des Gesetzgebers und seiner politischen Gestaltungsfreiheit, die notwendigen Bestimmungen über das Wirtschafts- und das Arbeitsleben zu erlassen, dabei die Rechte und Pflichten der einzelnen auszuformen und auch die erforderlichen Beschränkungen der wirtschaftlichen Freiheiten festzulegen. In diesem Sinne ist das Grundgesetz **wirtschaftspolitisch „neutral"** (BVerfGE 4, 7/17f.; 7, 377/400; 50, 290/336ff.). Der Gesetzgeber ist bei der Erfüllung dieser Aufgabe – wie auch sonst – an die verfassungsmäßige Ordnung, insbes. die rechtsstaatlichen Garantien und Freiheiten gebunden. Der Sozialstaatssatz gibt dem Gesetzgeber dabei eine allgemeine Richtlinie. Durch die Gesetzgebung auf dem Gebiet des Arbeitsrechts wird der **Schutz der abhängigen Arbeit** angestrebt, vor allem zum Ausgleich der Unterlegenheit des Arbeitnehmers im Einzelarbeitsverhältnis und angesichts der Gesundheitsgefahren und Freiheitsbedrohungen durch die Entwicklung der Technik. Die Verantwortung des Gesetzgebers tritt hier in dem Maße zurück, als der notwendige Schutz durch kollektive Vereinbarungen der Arbeitgeber und Gewerkschaften zur Wahrung und Förderung der Arbeits- und Wirtschaftsbedingungen erreicht wird (Art. 9 Abs. 3 GG).

Das stets von neuem durch politische Gestaltung auszugleichende Spannungsverhältnis von sozialer Staatsaufgabe und Wirtschaftsfreiheit ist die verfassungsrechtliche und verfassungspolitische Kernfrage des **sozialen Rechtsstaates**. Sie darf nicht einseitig durch politische Direktion der Wirtschaft nach dieser oder jener Spielart sozialistischer Programmatik aufgelöst werden. In diesem Sinn sind Sozialordnung und Wirtschaftsverfassung des sozialen Rechtsstaates **dualistisch**. Eine staatliche oder wirtschaftsdemokratische Investitionslenkung nach der Leitlinie einer normativen Wohlfahrtsfunktion und daraus abgeleiteten „Bedürfnissen" des einzelnen würde die Dispositionsbefugnis, Initiative und Verantwortung – und damit auch das Risiko – unternehmerischer Entscheidungen dem Prinzip nach von der privatwirtschaftlichen und marktwirtschaftlichen Ordnung ablösen und so das sozialstaatliche Gegenüber privatwirtschaftlicher Autonomie und öffentlicher Sozialgestaltung aufheben.
C RNrn. 87, 88ff., 93ff.

Sozialstaat und Wirtschaftswachstum

38 Wirtschaftswachstum ist der materielle Hauptartikel des Sozialstaats. Denn die praktische Prämisse des Sozialstaats, soweit er die politische Garantie sozialer Sicherheit und das Postulat sozialen Ausgleichs einschließt, ist die Leistungskraft der produktiven Wirtschaft. Die sozialstaatlichen Garantien und Leistungen setzen die Funktionsfähigkeit und das Wachstum der Wirtschaft voraus. Nur in der theoretischen Spekulation und in der ideologischen Programmatik kann der Sozialstaat allein auf die politische Verfügung über den wirtschaftlichen Prozeß gegründet werden. Der Sozialstaat ist ökono-

Die Staatsaufgaben 39 D

misch kontingent. Ebensowenig wie die Verfassung den Wirtschaftserfolg garantieren kann, kann sie eine die Generationen überspannende Gewährleistung sozialer Gleichheit oder auch nur der Chancengleichheit aufstellen. Die materiellen Grenzen des Wohlfahrtsstaates bilden auch Kriterien der verfassungsrechtlichen Beurteilung derjenigen Gesetze, mit denen die soziale Staatsaufgabe verfolgt und erfüllt wird.

Der Zusammenhang von Sozialstaat und Wirtschaftswachstum kommt verfassungsrechtlich in der Direktive zum Ausdruck, daß Bund und Länder bei ihrer Haushaltswirtschaft den Erfordernissen des **gesamtwirtschaftlichen Gleichgewichts** Rechnung zu tragen haben (Art. 109 Abs. 2 GG). Die detailliertere Ausformung dieser Staatszielbestimmung durch § 1 des Stabilitätsgesetzes nennt ausdrücklich das „stetige und angemessene Wirtschaftswachstum" als eine der Komponenten einer sachgerechten Wirtschafts- und Finanzpolitik. Folgerichtig ist aus dem Sozialstaatssatz und dann aus der konjunkturpolitischen Maxime des Art. 109 Abs. 2 GG ein „Verfassungsauftrag zur Wachstumsvorsorge" abgeleitet worden (H. P. IPSEN, VVDStRL 24, 1966, S. 221 f.). Alle Mittel und Schritte der **Wachstumsvorsorge** müssen nicht nur bei der durch sie unvermeidlich bewirkten Beeinflussung privatwirtschaftlicher Investitionen nach dem Grundsatz der Erforderlichkeit und Verhältnismäßigkeit die Verfassungsgarantien der Wirtschaftsfreiheit respektieren, sondern auch an der Zielbestimmung orientiert bleiben, daß das gewünschte Wirtschaftswachstum letztlich von der Initiative und Leistungskraft unternehmerischen Handelns abhängt.

Antwort der BReg auf eine Kleine Anfrage betr. die langfristige Bevölkerungsentwicklung, BTag Drucks. 8/680; Antwort der BReg auf eine Kleine Anfrage betr. die langfristige Sicherung des Generationenvertrages in der Alterssicherung im Zusammenhang mit der Geburtenentwicklung, BTag Drucks. 8/1982. – P. BADURA, Wachstumsvorsorge und Wirtschaftsfreiheit, in: Festschrift für Hans Peter Ipsen, 1977, S. 367; W. RÜFNER, Das Sozialleistungssystem zwischen Anpassungszwang und Bestandsschutz, JZ 1984, 801; M. STOLLEIS, Möglichkeiten der Fortentwicklung des Rechts der Sozialen Sicherheit zwischen Anpassungszwang und Bestandsschutz, 55. DJT, 1984, N 9.

Der Mitbestimmungsgedanke

Die Mitbestimmung der Arbeitnehmer im Betrieb, im Unternehmen und in der Wirtschaft insgesamt bildet ein differenziertes Programm der Sozial- und Gesellschaftspolitik, das in erster Linie durch den Deutschen Gewerkschaftsbund und die in ihm zusammengeschlossenen Einzelgewerkschaften vertreten wird. Es zielt auf eine Neuordnung der Wirtschaft auf ihren verschiedenen Ebenen im Sinne einer wirtschaftsdemokratischen Beteiligung der Arbeitnehmer und ihrer Gewerkschaften (RNr. 19) vom Arbeitsplatz über den Betrieb und das Unternehmen bis in die politischen Institutionen, die an den sozial- und wirtschaftspolitischen Entscheidungen beteiligt sind. Die Gestaltungsformen der Verwirklichung des Mitbestimmungsgedankens, die Rechtsfragen und die verfassungsrechtlichen Erwägungen lassen sich nicht auf ein einzelnes Prinzip zurückführen. Die gegenwärtige Front der Auseinandersetzungen betrifft die Einführung einer paritätischen (qualifizierten) Mitbestimmung der Arbeitnehmer und ihrer Gewerkschaften im Unternehmen. Die **betriebliche** Mitbestimmung ist Gegenstand des Betriebsverfassungsge-

39

setzes vom 15. Jan. 1972 (BGBl. I S. 13), zuletzt geänd. durch Gesetz vom 2. März 1974 (BGBl. I S. 469); C RNr. 96. Die **unternehmerische** Mitbestimmung weist wegen der unterschiedlichen Unternehmensorganisationen und -größen, aber auch aus historischen Gründen verschiedenartige Erscheinungsformen auf, unter denen die Montan-Mitbestimmung und die Mitbestimmung nach dem Gesetz über die Mitbestimmung der Arbeitnehmer (Mitbestimmungsgesetz) vom 4. Mai 1976 (BGBl. I S. 1153) das Hauptgewicht haben. Der Bericht einer von der Bundesregierung zur Auswertung der bisherigen Erfahrungen bei der Montan-Mitbestimmung eingesetzten Sachverständigenkommission (Biedenkopf-Kommission) ,,Mitbestimmung im Unternehmen" (BTag Drucks. VI/334) hat besondere Beachtung gefunden. Das Bundesverfassungsgericht hat das Mitbestimmungsgesetz 1976 für verfassungsmäßig befunden (BVerfGE 50, 290).

K. FITTING/O. WLOTZKE/H. WISSMANN, Mitbestimmungsgesetz, 2. Aufl., 1978; P. HANAU/P. ULMER, Mitbestimmungsgesetz, 1981; P. BADURA/F. RITTNER/B. RÜTHERS, Mitbestimmungsgesetz 1976 und Grundgesetz, 1977; F. KÜBLER/W. SCHMIDT/ SP. SIMITIS, Mitbestimmung als gesetzgebungspolitische Aufgabe, 1978; P. BADURA, Paritätische Mitbestimmung und Verfassung, 1985.

c) Die Staatsaufgaben im Grundgesetz

Die Vollmacht des Gesetzgebers

40 Zu den einer ausdrücklichen verfassungsrechtlichen Regelung nicht bedürftigen Wesenszügen der parlamentarischen Demokratie gehört es, daß es die Sache des **Gesetzgebers** ist, im Rahmen seiner politischen Gestaltungsfreiheit über die Art und Weise der Erfüllung der Staatsaufgaben zu entscheiden, vor allem auch über das Zeitmaß und die Verwendung der Haushaltsmittel. Einer ausdrücklichen Regelung der Staatsaufgaben in der Verfassung oder gar einer besonderen verfassungsrechtlichen Ermächtigung des Gesetzgebers, bestimmte Staatsaufgaben zu erfüllen, bedarf es nicht. Es ist allerdings vielfach üblich, in Verfassungen mehr oder weniger allgemeine **Programmvorschriften** niederzulegen, mit denen bestimmte Staatsaufgaben hervorgehoben oder für ihre Erfüllung dem Gesetzgeber bestimmte Pflichten auferlegt werden. Die außerordentliche Vielgestaltigkeit möglicher Staatsaufgaben und die sich oft rasch verändernden Umstände und Bedingungen ihrer Erledigung setzen dem Bemühen des Verfassungsgebers, bindende Regelungen über die Staatsaufgaben aufzustellen, enge Grenzen.
Anders als die Weimarer Reichsverfassung und eine Reihe von Landesverfassungen hat das Grundgesetz fast vollständig davon abgesehen, ausdrückliche Vorschriften über die Staatsaufgaben aufzunehmen. Der Sozialstaatssatz, die konjunkturpolitische Direktive des Art. 109 Abs. 2 GG und einige andere spezielleren Klauseln sind bindendes Verfassungsrecht, haben aber ihrem Inhalt nach aber dem Spielraum des Gesetzgebers nur verhältnismäßig geringfügige Schranken gezogen. Die Kataloge der Materien, in denen dem Bund das Gesetzgebungsrecht zusteht (Art. 73 ff. GG), geben Anschauung und auch gewisse Fingerzeige dafür, welche Gegenstände als Staatsaufgaben bestehen oder in Betracht zu ziehen sind. Diese Kompetenzvorschriften können für

Die Staatsaufgaben 41–43 **D**

sich allein aber weder Pflichten noch Ermächtigungen des Bundes zur Gesetzgebung begründen.

A. KÖTTGEN, Der soziale Bundesstaat, in: Festschrift für Hans Muthesius, 1960, S. 19.

Gesetzgebungskompetenzen des Bundes

Das Recht der Gesetzgebung steht den Ländern zu, soweit nicht das Grund- **41** gesetz dem Bund Gesetzgebungsbefugnisse verleiht. Eine Durchsicht der dem Bund zugewiesenen Gesetzgebungsbefugnisse zeigt, daß im Interesse der **Rechts- und Wirtschaftseinheit** im Bundesgebiet die Gesetzgebung im Bereich fast aller wesentlicher Staatsaufgaben in der Hand des Bundes liegt. Das gilt sowohl für die überkommenen Aufgaben der Wahrung von Recht und Sicherheit (siehe besonders Art. 74 Nr. 1, 73 Nr. 1 GG), als auch für die modernen wirtschafts- und sozialpolitischen Aufgaben des Staates (siehe bes. Art. 74 Nr. 11, 11a, 12, 13, 16, 17 und 24 sowie Art. 75 Nr. 3 und 4 GG). Eine wichtige Staatsaufgabe, deren gesetzliche Regelung den Ländern zusteht, ist das allgemeine Recht der Gefahrenabwehr (Polizei- und Sicherheitsrecht).
F RNrn. 25 ff.

Verwaltungskompetenzen des Bundes

Die Länder führen ihre eigenen Gesetze und weiter die Bundesgesetze als **42** eigene Angelegenheit aus, soweit nicht das Grundgesetz eine Verwaltungszuständigkeit des Bundes vorsieht oder zuläßt (Art. 83 ff. GG). Die administrative Erfüllung der Staatsaufgaben liegt damit im weit überwiegenden Maße in der Hand der Länder. Staatsaufgaben, deren Erfüllung in die Verantwortung der **Bundesverwaltung** fällt, sind u. a. die großen Verkehrsanstalten (Bundeseisenbahnen und Bundespost), die Bundesbank als Währungs- und Notenbank und die sozialen Versicherungsträger, deren Zuständigkeitsbereich sich über das Gebiet eines Landes hinaus erstreckt. In wichtigen Bereichen der Energieversorgung und der Verkehrswirtschaft hat das Grundgesetz dem Bund Weisungsrechte gegenüber den Landesverwaltungen eingeräumt, so hinsichtlich der Erzeugung und Nutzung der Kernenergie einschließlich der Errichtung und dem Betrieb von Kernenergieanlagen, des Luftverkehrs, der Bundeswasserstraßen und der Bundesfernstraßen.
G RNrn. 27 ff.

Staatszielbestimmungen

Die materielle Regelung von Staatsaufgaben in der Verfassung kann unter- **43** schiedliche Grade der rechtlichen Verpflichtungswirkung aufweisen, von der bloßen Deklamation in der Präambel bis hin zu strikt bindenden Verfassungsanordnungen für bestimmte Gesetze. Inhaltlich können derartige Aufgabennormen von großer Allgemeinheit sein, wie etwa eine programmatische welfare clause, oder aber mehr oder weniger detailliert sachliche Festlegungen, Richtlinien oder Aufträge regeln. Vor dem weiten Hintergrund dieser vielfältigen Gestaltungsmöglichkeiten des Verfassungsrechts heben sich als spezifische Regelungsformen für Staatsaufgaben die Staatszielbestimmungen und die Gesetzgebungsaufträge ab. Die Verfassung kann der **Auswahl und Erfüllung der Staatsaufgaben** eine sachliche Richtschnur durch Staatszielbestimmungen und Gesetzgebungsaufträge geben, darf dadurch aber die Gestaltungsfreiheit und Reaktionsfähigkeit der parlamentarischen Gesetzgebung nicht so weit binden, daß die politische Entscheidung angesichts der gesellschaftlichen und wirtschaftlichen Entwicklung behindert oder mit dem Schein rechtlicher „Verfassungsverwirklichung" umkleidet wird.

Staatszielbestimmungen sind Verfassungsnormen mit rechtlich bindender Wirkung, die der Staatstätigkeit die fortdauernde Beachtung oder Erfüllung bestimmter Aufgaben – sachlich umschriebener Ziele – vorschreiben. Sie umreißen ein bestimmtes Programm der Staatstätigkeit und sind dadurch eine Richtlinie oder Direktive für das staatliche Handeln, auch für die Auslegung von Gesetzen und sonstigen Rechtsvorschriften. Im Regelfall wendet sich eine Staatszielbestimmung an den Gesetzgeber, dessen politischer Gestaltungsfreiheit es überlassen bleibt, in welcher Weise und zu welchem Zeitpunkt er die ihm eingeschärfte Staatsaufgabe normativ erfüllt und dabei etwa auch Ansprüche einzelner auf öffentliche Leistungen oder gegen Dritte entstehen läßt (F RNr. 10). Ein Gesetz oder eine sonstige Rechtsvorschrift, die eine Staatszielbestimmung mißachtet, ist verfassungswidrig.

Ausdrückliche Staatszielbestimmungen des Grundgesetzes sind der Sozialstaatssatz, die konjunkturpolitische Direktive des Art. 109 Abs. 2 GG, das Verbot des Angriffskriegs und die Aufgabe der Friedenssicherung (Art. 24 Abs. 2, 26 Abs. 1 GG) und das Gebot der Wiedervereinigung Deutschlands, das sich aus der Präambel und Art. 146 GG ergibt. Neuerdings sind Bestrebungen hervorgetreten, das Grundgesetz durch einen Umweltschutzartikel und auch durch weitere Staatszielbestimmungen (Arbeit, Kultur) zu ergänzen. Staatszielbestimmungen zum Schutz der Umwelt und der natürlichen Lebensgrundlagen des Menschen sind in jüngster Zeit in einige Landesverfassungen aufgenommen worden (Novellierungen der BayVerf. durch Gesetz vom 20. Juni 1984, GVBl. S. 223, der Verf. des Saarlandes durch Gesetz vom 25. Jan. 1985, ABl. S. 106, und der NordrhWestf. Verf. durch Gesetz vom 19. März 1985, GV. NW. S. 255).

Staatszielbestimmungen – Gesetzgebungsaufträge, Bericht, der von den Bundesministern des Innern und der Justiz eingesetzten Sachverständigenkommission, 1983; P. LERCHE, Das Bundesverfassungsgericht und die Verfassungsdirektiven, AöR 90, 1965, S. 341; U. SCHEUNER, Staatszielbestimmungen, in: Festschrift für Ernst Forsthoff, 1972, S. 325; J. LÜCKE, Soziale Grundrechte als Staatszielbestimmungen und Gesetzgebungsaufträge, AöR 107, 1982, S. 15.

Gesetzgebungsaufträge

44 Gesetzgebungsaufträge sind Verfassungsnormen, die dem Gesetzgeber die Regelung oder die bestimmte Regelung einzelner Vorhaben oder in einzelnen Sozialbereichen vorschreiben, sei es überhaupt, sei es mit Bindung auch in zeitlicher Hinsicht. Sie verpflichten den Gesetzgeber und können auch so ausgestaltet sein, daß einer begünstigten Gruppe Individualansprüche auf Tätigwerden des Gesetzgebers zugewiesen werden (siehe Art. 3 Abs. 2 und Art. 117 Abs. 1 GG; Art. 6 Abs. 5 GG). Ein Gesetzgebungsauftrag ist über

Das Rechtsstaatsprinzip

die Anordnung gegenüber dem Gesetzgeber hinaus mit einer gewissen Garantiewirkung zugunsten seines Programmes verbunden und kann durch seinen materiellen Inhalt auch die Wirkung einer Auslegungsrichtlinie haben. Es ist weiter vorstellbar, daß eine Staatszielbestimmung mit einem Gesetzgebungsauftrag gekoppelt ist.

Leistungsfähigkeit der politischen Institutionen

Der umfassende Zuschnitt der sozialen Staatsaufgaben fordert Regierung und Parlament permanent eine Fülle komplexer politischer Entscheidungen ab. Damit scheint eine Art unbegrenzte und im Zeitablauf praktisch verzögerungslose Arbeitskraft der **Volksvertretung** postuliert zu werden. Die Auslegung des Sozialstaatssatzes, wie aller Verfassungsbestimmungen, die Staatsaufgaben normieren, muß demgegenüber beachten, daß es Funktionsbedingungen und Funktionsgrenzen des gesetzgebenden Parlaments gibt, die z. B. in faktischen Gegebenheiten, z. T. aber auch darin ihren Grund haben, daß politische Entscheidungen im Parteien- und Verbändestaat auf einem Prozeß der Auseinandersetzung und Kompromißfindung beruhen, der nach Zeit und Inhalt nur in geringem Maße rechtlicher Bindung unterworfen werden kann. Durch Verfassungsauslegung und durch Verfassungsänderung können den Institutionen politischen Entscheidens in der parlamentarischen Demokratie nicht beliebig wünschbare Verantwortlichkeiten auferlegt werden, denen sie aufgrund ihrer Funktionsbedingungen nicht gewachsen sein können. **Handlungspflichten des Gesetzgebers** kraft Staatszielbestimmungen, Gesetzgebungsaufträgen oder aus Grundrechten abgeleiteter Schutzpflichten dürfen daher grundsätzlich nicht so konstruiert werden, daß die politische Gestaltungsfreiheit des Gesetzgebers verdrängt wird.

3. Das Rechtsstaatsprinzip

a) Die Bundesrepublik ist ein sozialer Rechtsstaat

Das Verfassungsprinzip des sozialen Rechtsstaats

Die dem Gesetzgeber, der Exekutive und den Gerichten zukommenden Befugnisse sind im Rechtsstaat rechtlich geordnet und begrenzt, so daß die Rechte des einzelnen geschützt und seine Pflichten meßbar sind. Vom einzelnen aus betrachtet ist der Rechtsstaat der Staat gesetzmäßiger Freiheit. Das Grundgesetz drückt das Verfassungsprinzip des Rechtsstaates durch die Bestimmung aus, daß die Staatsgewalt durch besondere Organe der Gesetzgebung, der vollziehenden Gewalt und der Rechtsprechung ausgeübt wird und daß die Gesetzgebung an die verfassungsmäßige Ordnung, die vollziehende Gewalt und die Rechtsprechung an Gesetz und Recht gebunden sind (Art. 20 Abs. 2 und 3 GG; vgl. auch Art. 28 Abs. 1 GG).
Der politische Liberalismus des 19. Jahrhunderts forderte den Rechtsstaat als einen Staat, der durch Verfassung und Gesetz gebunden tätig wird und in dem Freiheit und Eigentum des einzelnen einen Schutz durch die Gesetze

und die Gerichte erfahren. In einem eingeengten, ,,formalen" Sinn wurde das Kernstück des Rechtsstaats auch nur in der Gesetzmäßigkeit der Verwaltung gesehen, unter Aussparung also der verfassungsstaatlichen und inhaltlichen Elemente des Rechtsstaatsgedankens für den Aufbau und die Tätigkeit des Staates. In diesem Sinne wurde der Rechtsstaat dem ,,Polizeistaat" gegenübergestellt, allerdings mit der mitgedachten Prämisse, daß die Staatsaufgaben und damit die möglichen Inhalte der Gesetze sich im wesentlichen auf den Schutz von Freiheit und Eigentum des einzelnen beschränken würden. In der Weimarer Zeit wurde einem nur formal verstandenen Rechtsstaat der ,,materiale" Rechtsstaat entgegengesetzt, ein Rechtsstaat nämlich, in dem auch bestimmte sachliche Anforderungen an die Staatsaufgaben und die Gesetzgebung bestehen. Das Grundgesetz folgt dieser Vorstellung, indem es den ,,sozialen" Rechtsstaat als Verfassungsprinzip aufstellt und betont auch die Gesetzgebung inhaltlich an die Verfassung bindet.

U. SCHEUNER, Die neuere Entwicklung des Rechtsstaats in Deutschland, in: Hundert Jahre deutsches Rechtsleben, 1960, II, S. 229; F. SCHNEIDER, Die politische Komponente der Rechtsstaatsidee in Deutschland, PVS IX, 1968, S. 330; E.-W. BÖCKENFÖRDE, Entstehung und Wandel des Rechtsstaatsbegriffs, in: Festschrift für Adolf Arndt, 1969, S. 53; E. BENDA, Der soziale Rechtsstaat, in: Handbuch des Verfassungsrechts, 1983, S. 477.

Die rechtsstaatlichen Verfassungsgrundsätze und ihr innerer Zusammenhang

47 Das Rechtsstaatsprinzip schließt als sachliche Direktiven für die Gesetzgebung, die vollziehende Gewalt und die Rechtsprechung die materielle Gerechtigkeit und die Rechtssicherheit ein. Die Verwirklichung dieser – u. U. in einen Widerstreit tretenden – Prinzipien der Rechtsstaatlichkeit ist im Rahmen der Verfassung die Aufgabe des Gesetzgebers. Besonders in diesem Punkt erweist sich das Rechtsstaatsprinzip als konkretisierungsbedürftig (BVerfGE 35, 41/47f.; 65, 283/290).
Um eine rechtliche Ordnung und Begrenzung der Befugnisse und Mittel staatlicher Hoheitsgewalt und Machtausübung zu erreichen, sind eine Reihe von Verfassungsgrundsätzen aus dem Rechtsstaatsprinzip abgeleitet oder ihm zugeordnet worden, zu denen hauptsächlich die Gewaltenteilung, die Bindung der Gesetzgebung an die verfassungsmäßige Ordnung, der Grundsatz der Gesetzmäßigkeit der Verwaltung, die Bindung der Rechtsprechung an Gesetz und Recht und der Schutz der Rechte und Freiheiten des einzelnen gehören. Diese Verfassungsgrundsätze, in denen sich die Rechtsstaatlichkeit zur Geltung bringt, führen ihrerseits zu einer Reihe von Geboten und Verboten des Verfassungsrechts, an die sich die Ausübung öffentlicher Gewalt zu halten hat.
Ein Beispiel dafür, daß sich aus den sachlichen Gehalten des Rechtsstaatsprinzips auch verhältnismäßig detaillierte Rechtsfolgen gewinnen lassen, ist der Verfassungsgrundsatz ,,nulla poena sine culpa" (**keine Strafe ohne Schuld**), der aus der zum Rechtsstaatsprinzip gehörenden Idee der materiellen Gerechtigkeit folgt. Die Strafe setzt Vorwerfbarkeit voraus; andernfalls wäre sie eine mit dem Rechtsstaatsprinzip unvereinbare Vergeltung für einen Vorgang, den der Betroffene nicht zu verantworten hat. Die strafrechtliche

Das Rechtsstaatsprinzip 48 D

oder strafrechtsähnliche Ahndung einer Handlung ohne Schuld des Täters ist demnach rechtsstaatswidrig und verletzt den Betroffenen in seinem Grundrecht aus Art. 2 Abs. 1 GG (BVerfGE 20, 323). **Rechtssicherheit** bedeutet für den einzelnen Verläßlichkeit und Berechenbarkeit des Rechts, Vertrauensschutz; RNr. 51. Ein **Vertrauensschutz** kommt auch hinsichtlich „sozialer Besitzstände" in Betracht (BVerfGE 55, 100 – Neunzehntes Rentenanpassungsgesetz 1976; 56, 175 – Zweites BesVNG 1975; 63, 152 – Zwanzigstes Rentenanpassungsgesetz 1977; 64, 87 – Einundzwanzigstes Rentenanpassungsgesetz 1978; 64, 158 – Haushaltsstrukturgesetz 1975). Für vermögenswerte Rechte hat der rechtsstaatliche Vertrauensgrundsatz eine eigene Ausprägung und verfassungsrechtliche Ordnung in der Eigentumsgarantie des Art. 14 GG erfahren (BVerfGE 36, 281/293; 45, 142/168; 58, 81/120f.; 64, 87/104). Für das Beamtenrecht sind die Grundsätze des Art. 33 Abs. 5 GG maßgebend (BVerfGE 55, 372/396; 64, 367/384ff.). Gemäß Art. 12 Abs. 1 GG können die Grundsätze der Verhältnismäßigkeit und des Vertrauensschutzes dazu nötigen, bei der Ausgestaltung von Berufsbildern eine angemessene **Übergangsregelung** für diejenigen zu erlassen, die eine künftig unzulässige Tätigkeit in der Vergangenheit bereits in zulässiger Weise ausgeübt haben (BVerfGE 64, 72/83). Neue und geänderte Vorschriften des Verfahrens- und Prozeßrechts ergreifen mit ihrem Inkrafttreten anhängige Verfahren; diese Verfahren sind – unbeschadet des Vertrauensschutzes gegenüber einer Rechtsverkürzung – nach dem neuen Recht fortzuführen (BVerfGE 63, 343/359f.; 65, 76/97f.).

B. Pieroth, Die neuere Rechtsprechung des Bundesverfassungsgerichts zum Grundsatz des Vertrauensschutzes, JZ 1984, 971.

b) Die Gewaltenteilung

Geschichtliche und ideelle Grundlage

48 Das Grundgesetz unterscheidet Gesetzgebung, vollziehende Gewalt und Rechtsprechung und weist die Ausübung der in diesen drei „Gewalten" in Erscheinung tretenden Staatsgewalt besonderen Organen zu (Art. 20 Abs. 2 und 3 GG). Die Gewaltenteilung ist das Kernstück der rechtsstaatlichen Verfassung, wie sie im Grundgesetz verwirklicht ist.
In der Entwicklung des modernen Staates und in der Geschichte der politischen Ideen begegnet die Gewaltenteilung überall dort, wo die Ordnung und Bindung staatlicher Herrschaft, die Verhinderung des Mißbrauchs politischer Macht und die Sicherung der Freiheit das Ziel ist. Die Gewaltenteilung ist so sehr mit allen Hauptelementen des Rechtsstaats und des Verfassungsdenkens verbunden, daß sie als Prinzip gleichgesetzt werden kann mit dem Grundgedanken der neuzeitlichen Verfassungsbewegung, nämlich der Bindung aller Staatsgewalt an fundamentale Grundsätze des Rechts. Nichts anderes meint jener berühmte Art. 16 der Erklärung der Menschen- und Bürgerrechte der französischen Nationalversammlung von 1789: „Eine Gesellschaft, in der die Garantie der Rechte nicht zugesichert und die Teilung der Gewalten nicht festgelegt ist, hat keine Verfassung."

D 48   Der Bund und die Länder

Die Gewaltenteilung als Bestandteil der Rechtsordnung des heutigen Verfassungsstaates und als Doktrin der heutigen Staatsrechtslehre geht auf zwei ursprünglich getrennte Einsichten und Vorstellungen zurück: die Lehre von der gemischten Staatsverfassung und die Lehre von der Trennung der Gewalten bei der Ausübung staatlicher Herrschaft.

Die Lehre von der **gemischten Staatsverfassung** bezieht sich auf die sozialen und politischen Kräfte, deren gerechtes und erfolgreiches Zusammenwirken gegenseitige Anerkennung in einer gesicherten Ordnung des Gleichgewichts voraussetzt. In der alteuropäischen Version der gemäßigten Monarchie bedeutet das die Zusammenfügung der selbständigen Anteile des Königs, des Adels und des Volkes an der Herrschaft.

Die Lehre von der **Trennung der Gewalten** ist eine rechtlich dogmatisierte Unterscheidung der Wirksamkeit staatlicher Herrschaft in den abstrahierenden Begriffen der gesetzgebenden, vollziehenden und rechtsprechenden Gewalt. Obwohl der Blick zuerst auf die drei Gewalten oder Funktionen fällt, ist der begriffsleitende, weil politisch ausschlaggebende Ausgangspunkt in den Organen zu suchen, denen jeweils die Gesetzgebung, die Vollziehung und die Rechtsprechung zukommt. Bei der ,,Teilung" oder ,,Trennung" der Gewalten kommt es stets auf rechtliche Ordnung der Staatsgewalt und auf wechselseitige Beschränkung der an der Ausübung der Staatsgewalt beteiligten politischen Kräfte, Institutionen und Personengruppen an. ,,Die Teilung der Gewalten ist die erste Bedingung einer freien Regierung" (Verfassung der II. Französischen Republik von 1848). Der Rechtsstaat beruht auf Berechenbarkeit, Kontrollierbarkeit, Kompetenzmäßigkeit der öffentlichen Gewalt. ,,Die Teilung und Unterscheidung der Gewalten enthält das Grundprinzip dieser allgemeinen Meßbarkeit aller staatlichen Machtäußerungen" (C. Schmitt, Verfassungslehre, 1928, S. 131).

Erscheinung und Wirkungsweise der mit der Balance- und Gleichgewichtsvorstellung des Naturrechtsdenkens verbundenen Gewaltentrennung müssen sich verschieden darbieten, je nachdem ob eine ständisch gebundene Monarchie, eine mit Einrichtungen des bürgerlichen Verfassungsstaates umgebene Monarchie, eine demokratische Republik mit volksgewähltem Staatspräsidenten oder eine parteienstaatliche Demokratie mit parlamentarischem Regierungssystem als Staatsform die Grundlage der gewaltenteilend zu organisierenden Staatsgewalt bildete oder bildet. Im Verlauf der großen Auseinandersetzung zwischen König und Parlament in England wurde seit der Mitte des 17. Jahrhunderts die Staatsidee der rechtlich begrenzten Monarchie im Rahmen einer gemischten Verfassung, verbunden mit dem Ordnungsgedanken der getrennten und untereinander in ein Balanceverhältnis gebrachten Gewalten zu der leitenden Doktrin der Staatsverfassung. Die Vorstellung der verfassungsmäßig gebundenen Monarchie wendet sich auf der einen Seite gegen die absolute Monarchie mit ihrer selbstherrlichen Exekutive und auf der anderen Seite gegen die Willkür einer Parlamentsherrschaft. Nach dem erneuten Sturz des Hauses Stuart rechtfertigt und erklärt John Locke die endlich gewonnene und befestigte Verfassungsordnung in seinen ,,Two Treatises of Civil Government" (1690). Die gemäßigte Monarchie, in der Gesetzgebung und Vollziehung in verschiedenen Händen liegen, ist die allein legitime Staatsform und Verfassungsordnung. Die zuerst in den nordamerikani-

Das Rechtsstaatsprinzip 49 D

schen Kolonien Englands, dann auf dem europäischen Kontinent einflußreichste Darstellung der Gewaltenteilung ist diejenige MONTESQUIEUS. Er behandelt die Gewaltenteilung unter ausdrücklichem Hinweis auf die Verfassung Englands im Elften Buch seines epochemachenden Werkes „Über den Geist der Gesetze" (1748). MONTESQUIEU unterscheidet die Gesetze, welche die bürgerliche Freiheit in bezug auf die Staatsform ausgestalten – hierzu gehört die Einrichtung der Gewaltenteilung –, und die Gesetze, welche die bürgerliche Freiheit in bezug auf die einzelnen ausgestalten – hierzu gehört z. B. die rechtsstaatliche Ordnung des Strafprozesses –. Damit die staatliche Gewalt nicht mißbraucht werden kann, ist es erforderlich, durch entsprechende Vorkehrungen zu erreichen, daß die Gewalt die Gewalt hemmt.
Die neuen Kraftlinien und Gleichgewichtslagen, vor allem das Balancesystem des **Parteien- und Verbändestaates,** haben die Wirkung und Leistungsfähigkeit der Verfassung heute auf eine andere Grundlage gestellt. Der Grundgedanke des Gewaltenteilungsprinzips ist dadurch nicht hinfällig geworden. Die organisatorische und funktionelle Trennung und Balancierung von Gesetzgebung, Vollziehung und Rechtsprechung auf der Grundlage der Verfassung ist eine der Mäßigung der Staatsgewalt und der individuellen Freiheit zugute kommende Vorkehrung gegen Willkür der Parteien, der Bürokratie und der Richter. Die auf diesem Wege erreichbare „Vergesetzlichung des Staates" gilt ungeachtet dessen, daß der demokratische Staat nur sachlich unterscheidbare „Funktionen" der einheitlichen und einheitlich legitimierten Herrschaftsgewalt kennt, in ihm also das Spannungsverhältnis mehrerer aus verschiedener Wurzel stammender Gewalten fehlt (siehe E. FORSTHOFF, Art. Gewaltenteilung, Evang. Staatslexikon, 2. Aufl., 1975, Sp. 857).

K. KLUXEN, Die Herkunft der Lehre von der Gewaltentrennung, in: Festschrift für Gerhard Kallen, 1957, S. 219; W. WEBER, Die Teilung der Gewalten als Gegenwartsproblem (1959), in: DERS., Spannungen und Kräfte im westdeutschen Verfassungssystem, 3. Aufl., 1970, S. 152; W. B. GWYN, The meaning of the Separation of Powers, 1965; M. J. C. VILE, Constitutionalism and the separation of powers, 1967; F. OSSENBÜHL, Aktuelle Probleme der Gewaltenteilung, DÖV 1980, S. 545.

Verwirklichung im Grundgesetz
Das Grundgesetz hat den nicht überholten und als Schutzwehr gegen Machtmißbrauch und totalitäre Staatsmacht nicht überholbaren Sinn der Gewaltenteilung aufgenommen und in seinen staatsrechtlichen Organisationsbestimmungen und seinen verfassungsrechtlichen Grundsätzen im einzelnen ausgestaltet. Gewaltenteilung ist ein Grundprinzip der rechtsstaatlichen Verfassung. Sie ist eine organisatorische Voraussetzung dafür, daß eine den Machtmißbrauch erleichternde Konzentration der staatlichen Entscheidungskompetenzen und Machtmittel verhindert und andererseits ein geordnetes Zusammenwirken verschiedener Gruppen und Entscheidungsträger bei der Ausübung politischer Herrschaft und öffentlicher Gewalt ermöglicht wird. Zusammenwirken der Gewalten und gegenseitige Kontrollbeziehungen sind nicht Ausnahmen von dem Grundsatz, sondern Bestandteil der effektiven Gewaltenteilung. Das parlamentarische Regierungssystem ist deshalb ebenso eine Erscheinungsform der Gewaltenteilung wie das richterliche Prüfungsrecht gegenüber Gesetzen. Die Gewaltenteilung ist weiter eine sachliche Vor-

49

aussetzung dafür, daß die staatlichen Aufgaben und Befugnisse in der Verfassung rechtlich geordnet und begrenzt werden können, so daß das Staatsrecht des Verfassungsstaates auf die Grundbegriffe des Gesetzes, der Gesetzmäßigkeit der Verwaltung und der die Wahrung von Recht, Gesetz und Verfassung sichernden Rechtsprechung gegründet werden kann. In Übereinstimmung mit dieser grundsätzlichen Einschätzung hat das Bundesverfassungsgericht die Bedeutung der Gewaltenteilung zuerst in der politischen Machtverteilung, in der gegenseitigen Kontrolle, Hemmung und Mäßigung der Gewalten, in ihrer Selbständigkeit und ihrem Ineinandergreifen zur Vermeidung übermäßiger Machtkonzentration gesehen (BVerfGE 3, 225/247f.; 5, 85/199f.; 7, 183/188; 9, 268/279f.; 34, 52/59). So soll beispielsweise das traditionelle Werkzeug der **Inkompatibilität**, auf das Art. 137 Abs. 1 GG abstellt, die organisatorische Gewaltenteilung auch personell gegen Gefahren sichern, die durch ein Zusammentreffen von Exekutivamt und Abgeordnetenmandat entstehen können (BVerfGE 18, 172/183).

Gewaltenteilung ist nur in der **repräsentativen Demokratie** möglich, in der besondere Organe der Gesetzgebung, der vollziehenden Gewalt und der Rechtsprechung mit je selbständigen Aufgaben und Befugnissen bestehen und verfassungsrechtlich gesichert sind. In dieser Verfassungsordnung kommt dem unmittelbar vom Volke gewählten Parlament ein demokratischer Vorrang zu, nicht aber ein Zugriffsrecht auf die besonderen Entscheidungsvollmachten der Regierung und der Gerichtsbarkeit. Das Grundgesetz setzt durch die gewaltenteilende Kompetenzzuordnung den Befugnissen der parlamentarischen Volksvertretung rechtliche Grenzen. Die in der Verfassung vorgenommene Verteilung der Gewichte zwischen den drei Gewalten muß aufrechterhalten bleiben. Keine Gewalt darf ein von der Verfassung nicht vorgesehenes Übergewicht über die andere Gewalt erhalten und keine Gewalt darf der für die Erfüllung ihrer verfassungsmäßigen Aufgaben erforderlichen Zuständigkeiten beraubt werden (BVerfGE 9, 268/279f.; 22, 106/111; 34, 52/59). Die gewaltenteilende Ordnung der Verfassung darf auch nicht „durch einen aus dem Demokratieprinzip fälschlich abgeleiteten Gewaltenmonismus in Form eines allumfassenden Parlamentsvorbehalts unterlaufen werden" (BVerfGE 49, 89/124ff. 67, 101/139; 68, 1/87). Das Grundgesetz gibt weitreichende und wesentliche politische Entscheidungen in die Hand von obersten Staatsorganen, die gegenüber dem Parlament selbständig sind, so die Befugnis des Bundeskanzlers, die Richtlinien der Politik zu bestimmen. Das parlamentarische Regierungssystem setzt Gewaltenteilung voraus, um die Ausübung der Regierungsgewalt, also der Staatsleitung, auf Verantwortung und Kontrolle gründen zu können. Das Parlament hat hier die Befugnis zur Kontrolle und zur Mißbilligung, nicht aber eine Entscheidungskompetenz.

c) Die Bindung der Gesetzgebung an die verfassungsmäßige Ordnung

Der rechtsstaatliche Gesetzesbegriff

50 Der Kernpunkt der verfassungsmäßigen Bindung und Verrechtlichung der öffentlichen Gewalt ist der Begriff der **Gesetzgebung**. Das **Gesetz** ist der

Das Rechtsstaatsprinzip   51 D

Schlüsselbegriff des demokratischen Rechtsstaates. Der Gesetzesbegriff ist praktisch wie theoretisch nur aus einer gewaltenteilenden Verfassungsordnung ableitbar; denn er ist von der rechtlichen Unterscheidung und Trennung der gesetzgebenden Gewalt von der vollziehenden Gewalt und der Rechtsprechung abhängig. Nur auf der Grundlage der Gewaltenteilung kann das Gesetz vom Dekret einer regierenden Partei, einer herrschenden Clique oder der Bürokratie unterschieden werden.
Das Gesetz erweist sich als Garantie des Rechtsstaates und der individuellen Freiheit. Nur durch Gesetz oder aufgrund Gesetzes darf der Staat in Freiheit und Eigentum der einzelnen eingreifen. Es gehört also zu den Prämissen des Gesetzesbegriffs, daß durch das Gesetz Freiheit und Eigentum zu sichern sind. Ebenso kann die sozialstaatliche Garantie von Arbeit und sozialer Sicherheit nur durch Gesetz zur Geltung gebracht werden. Durch die dem Gesetz zugemessene Bedeutung und den ihm abverlangten Inhalt ist es von Verfassungs wegen nicht schlechthin ein Willensakt der parlamentarischen Mehrheit und nicht ein bloßes Werkzeug der jeweiligen Machthaber.
F RNrn. 4 ff.

Die verfassungsmäßige Ordnung

Die Gesetzgebung ist an die verfassungsmäßige Ordnung gebunden (Art. 20 **51** Abs. 3 GG). Ein Gesetz kann danach nur wirksam zustande kommen, wenn es mit den ausdrücklichen Vorschriften des Verfassungsgesetzes und den sich durch Auslegung erschließbaren Grundsätzen des Verfassungsrechts im Einklang hält. Zu diesen Grundsätzen des Verfassungsrechts gehören vor allem die Anforderungen, die sich aus dem Rechtsstaatsprinzip ableiten lassen.
Die **Rechtssicherheit** fordert, daß Gesetze klar, bestimmt und eindeutig sind, soweit es der Regelungsgegenstand ermöglicht. Für den einzelnen bedeutet Rechtssicherheit vor allem Vertrauensschutz. Damit ist nicht ein Vertrauen auf unverändertes Fortbestehen der dem einzelnen günstigen Gesetze, sondern das Vertrauen darauf zu verstehen, daß ein Gesetz, auf das ein schutzwürdiges Vertrauen des einzelnen gegründet werden konnte, nicht ohne besonderen und überwiegenden Grund des öffentlichen Interesses ,,rückwirkend" geändert wird. Eine ,,echte" **Rückwirkung,** mit dem ein Gesetz in einen in der Vergangenheit liegenden und abgeschlossenen Tatbestand zum Nachteil derjenigen eingreift, die sich auf die damals bestehende Rechtslage verlassen konnten, ist grundsätzlich rechtsstaatswidrig. Ein ,,**unecht**" **rückwirkendes** Gesetz, das auf Sachverhalte nachteilig einwirkt, die in der Vergangenheit begründet worden sind und in der Gegenwart fortdauern – also durch geänderte Umstände in ihrer Entwicklung noch berührt werden können –, ist nach rechtsstaatlichen Grundsätzen nicht zu beanstanden, wenn das mit dem schutzwürdigen Vertrauensinteresse an dem unverändert fortbestehenden Gesetz abzuwägende öffentliche Interesse an einer Änderung ein überwiegendes Gewicht hat (BVerfGE 25, 371/403; 30, 250/268; 30, 392/401; 51, 356/362; 57, 361/391; 59, 128/164 f.). Für das Strafgesetz ist ausdrücklich ein Verbot des ex post facto-Gesetzes ausgesprochen: Eine Tat kann nur bestraft werden, wenn die Strafbarkeit gesetzlich bestimmt war, bevor die Tat begangen wurde (Art. 103 Abs. 2 GG).

Der Bindung des Gesetzgebers an die Verfassung korrespondiert das **richterliche Prüfungsrecht**: Jedes Gericht ist berechtigt und verpflichtet, die Gültigkeit eines Gesetzes, auf das es für die zu findende Entscheidung ankommt, als Vorfrage („inzident") zu prüfen; hält es das Gesetz für verfassungswidrig, muß es nach Art. 100 Abs. 1 GG das Verfahren aussetzen und die Entscheidung des Bundesverfassungsgerichts einholen. Soweit sich die richterliche Prüfung allgemein auf die Gültigkeit entscheidungserheblicher Rechtssätze richtet, z. B. auf die Gesetzmäßigkeit einer Rechtsverordnung, ist ihre Grundlage das Rechtsstaatsprinzip. Die inzidente Prüfung der Verfassungsmäßigkeit von Gesetzen – das ist der Gegenstand des richterlichen Prüfungsrechts im strengen Sinne – dagegen ist zusätzlich eine Folgerung aus dem Vorrang der Verfassung. Auf dieser Grundlage ist es zuerst im amerikanischen Verfassungsrecht entwickelt (U. S. Supreme Court in der Sache MARBURY v. MADISON, 1803, der Auffassung von ALEXANDER HAMILTON im Federalist No. 78 folgend) und für das deutsche Staatsrecht in der Weimarer Republik anerkannt worden (RGZ 111, 320).

D. ENGELHARDT, Das richterliche Prüfungsrecht im modernen Verfassungsstaat, JöR 8, 1959, S. 101; H. MAURER, Das richterliche Prüfungsrecht zur Zeit der Weimarer Verfassung, DÖV 1963, 683; P. BADURA, Richterliches Prüfungsrecht und Wirtschaftspolitik, in: Festschrift für Ludwig Fröhler, 1980, S. 321; B. PIEROTH, Rückwirkung und Übergangsrecht, 1981; CHR. GUSY, Richterliches Prüfungsrecht, 1985; K. SCHLAICH, Das Bundesverfassungsgericht, 1975, S. 60ff.

Der Stufenbau der Rechtsordnung

52 Die Bindung der Gesetzgebung an die verfassungsmäßige Ordnung bedeutet den **Vorrang der Verfassung** vor dem Gesetz. Die Bindung der vollziehenden Gewalt an Gesetz und Recht wiederum bedeutet, daß die von der Exekutive erlassenen Rechtssätze, die Rechtsverordnungen und Satzungen, dem **Gesetz** nachgeordnet sind. Die Rechtsordnung weist somit entsprechend der Grundbeziehung zwischen den verschiedenen Rechtssetzungssubjekten einen Stufenbau der Normen der Verfassung, des Gesetzes, der Verordnung und der Satzung auf. In dieser Normenhierarchie kommt der Verfassung außerdem die Bedeutung zu, die Einheit der Rechtsordnung organisatorisch und normativ zu sichern. Entsprechend dem bundesstaatlichen Prinzip (Art. 31 GG) geht das gesamte Bundesrecht dem gesamten Landesrecht vor.
Der Vorrang z. B. der Verfassung vor dem Gesetz oder des Bundesgesetzes vor dem Landesgesetz bedeutet rechtlich die Bindung der nachgeordneten Norm an die höherrangige Norm und weiter, im Falle der Normenkollision, die Unwirksamkeit der nachgeordneten Norm. Der Richter, der diese Normenkollision konstatiert, stellt die Unwirksamkeit der nachgeordneten Norm im Rahmen seiner Zuständigkeit (siehe aber Art. 100 Abs. 1 GG) fest; der Richterspruch hat deklaratorische, nicht konstitutive Bedeutung.
Der Stufenbau der Rechtsordnung ist nicht so zu verstehen, daß die jeweils nachgeordneten „Stufen" sich aus der davorliegenden „Stufe" allein im Wege der rechtlichen Ableitung gewinnen ließen. Die Normsetzung ist stets eine gestaltende Entscheidung des zur Normsetzung befugten Organs. Die rechtsstaatliche Bindung der **Exekutive** an das Gesetz hat allerdings zur Folge, daß

Das Rechtsstaatsprinzip 53 **D**

die Rechtsvorschriften der Exekutive, insbes. die Rechtsverordnungen, nur einen abgeleiteten Charakter haben können. Sie sind auf eine gesetzliche Ermächtigung angewiesen und müssen in den Grenzen der nach Inhalt, Zweck und Ausmaß bestimmten Ermächtigung bleiben, durch die das Gesetz einer Stelle der Exekutive die Normsetzungsbefugnis einräumt. (KF RNr. 11).

Für das Verhältnis von Verfassung und Gesetz gilt dieses Ableitungsverhältnis nicht. Die **Gesetzgebung** kann nicht als „Verfassungsvollzug" verstanden werden. Die Verfassung ordnet die Organe, die Zuständigkeiten und das Verfahren der Gesetzgebung, bildet jedoch – was den sachlichen Inhalt der Gesetzgebung anbetrifft – nicht etwa die „Ermächtigung" für den Gesetzgeber. Ob und welche Gesetze von der parlamentarischen Volksvertretung erlassen werden, ist im Rahmen der Verfassung Sache der politischen Entscheidungs- und Gestaltungsfreiheit des parlamentarischen Gesetzgebers.

Satzungen sind Rechtsvorschriften, die von einer dem Staat eingeordneten juristischen Person des öffentlichen Rechts im Rahmen der ihr gesetzlich verliehenen Autonomie mit Wirksamkeit für die ihr angehörigen und unterworfenen Personen erlassen werden. Die Satzungsautonomie dient vor allem der Selbstverwaltung in einem bestimmten Lebensbereich. Sie muß daher über einen hinreichenden Gestaltungsraum verfügen, um als autonome Regelung der eigenen Angelegenheiten gelten zu können. Doch bleibt auch im Rahmen einer an sich zulässigen Autonomiegewährung der Grundsatz bestehen, daß der Gesetzgeber sich seiner Rechtsetzungsbefugnis nicht völlig entäußern und seinen Einfluß auf den Inhalt der von den körperschaftlichen Organen zu erlassenden Satzungsvorschriften nicht gänzlich preisgeben darf. Vor allem muß das für die Grundrechte der Betroffenen, z. B. der Ärzte als Mitglied einer Ärztekammer, Wesentliche durch Gesetz geregelt werden; insoweit bestehen rechtsstaatliche Grenzen der Autonomiegewährung (BVerfGE 33, 125/156 ff.).

Die Vorstellung eines Stufenbaus der Rechtsordnung ist von ADOLF MERKL entwickelt worden (siehe z. B. Prolegomena einer Theorie des rechtlichen Stufenbaus, in: Festschrift für Hans Kelsen, 1931, S. 251) und von HANS KELSEN als ein Kernstück seiner „Reinen Rechtslehre" übernommen worden (Reine Rechtslehre, 1934).

F. OSSENBÜHL, Die Quellen des Verwaltungsrechts, in: ERICHSEN/MARTENS, Allgemeines Verwaltungsrecht, 7. Aufl., 1985, S. 59.

d) Der Grundsatz der Gesetzmäßigkeit der Verwaltung

Gesetz und Verwaltung

Die Bestimmung des Art. 20 Abs. 3 GG, wonach die vollziehende Gewalt an 53 Gesetz und Recht gebunden ist, drückt den Grundsatz der Gesetzmäßigkeit der Verwaltung aus. Dieser Grundsatz sichert die Verwirklichung des Rechtsstaates in der Organisation und Tätigkeit der Exekutive bei der Ausübung öffentlicher Verwaltung. Das Gesetz als Grundlage und Grenze der Verwaltungstätigkeit gewährleistet die rechtsstaatlichen Anforderungen der Berechenbarkeit des Rechts und der Rechtssicherheit und es bringt die Entscheidungsvollmacht des gesetzgebenden Parlaments zur Geltung. Gesetzmäßigkeit der Verwaltung setzt nicht nur die Existenz eines Gesetzes voraus, sondern schließt auch die Forderung ein, daß das der Verwaltungstätigkeit zugrunde liegende Gesetz hinreichend bestimmt sein muß, um der Verantwortung des Parlaments zu genügen und um Bindung und Berechenbarkeit des Verwaltungshandelns zu ermöglichen. Die Wahrung der Gesetzmäßigkeit der Verwaltung ist zuerst Sache der Exekutive selbst, dann aber in Gestalt einer Rechtsschutz- und Kontrollaufgabe Sache der Verwaltungsgerichte. Es ist ein Gebot der Gewaltenteilung, daß die Verwaltungsgerichte organisatorisch und personell in klarer Trennung von den Verwaltungsbehörden als selbständige Einrichtung der Rechtsprechung ausgestaltet sind (BVerfGE 54, 159/166).

Daß die Verwaltung zur „vollziehenden Gewalt" gehört, ist nicht so zu verstehen, daß die Exekutive durchgängig nur aufgrund Gesetzes tätig werden dürfte. Soweit nicht durch besondere Bestimmung der Verfassung oder aus rechtsstaatlichen Gründen eine besondere gesetzliche Ermächtigung erforderlich ist, mit anderen Worten, soweit eine Tätigkeit der Exekutive nicht unter den „Vorbehalt des Gesetzes" fällt, ist auch eine **„gesetzesfreie" Tätigkeit der Verwaltung** im Rahmen der einer Verwaltungsbehörde oder einem Verwaltungsträger zugewiesenen Aufgabe zulässig. Die sozialstaatlichen Planungs- und Gestaltungsaufgaben der Exekutive führen überdies in zunehmendem Maße zu selbständigen Befugnissen der Verwaltung, die nicht in vollem Umfang durch das Gesetz determiniert werden können. Das Gesetz erscheint hier als Ermächtigung, aber auch als Auftrag und Richtlinie für die Ausübung öffentlicher Verwaltung. Es räumt der Verwaltung eine selbständige Beurteilungs- und Entscheidungsvollmacht ein. Die Hauptbereiche dieses Verhältnisses von Gesetz und Verwaltung sind das technische Sicherheitsrecht, in dem normative Entscheidungsgrundlagen für die Beaufsichtigung großtechnischer Anlagen festgelegt sind, das Recht der raumbezogenen Planung und der städtebaulichen Ordnung und das Recht der Wirtschaftsverwaltung. Soweit es für die **Planungs- und Gestaltungsaufgaben der Exekutive** unvermeidlich ist, darf das Gesetz der Exekutive einen Bereich selbständiger Verantwortung, d. h. selbständiger Wertung, Programmentscheidung und Regelbildung, für abgeleitete Rechtsetzung, Verwaltungsvorschriften und Einzelfallentscheidungen einräumen.

Gesetzmäßigkeit der Verwaltung bedeutet den Vorrang des Gesetzes gegenüber der Tätigkeit der Verwaltung und den Vorbehalt des Gesetzes hinsichtlich der Tätigkeitsbereiche der Verwaltung, die wegen ihrer Wirkung oder Bedeutung auf eine gesetzliche Ermächtigung angewiesen sind.
G RNrn. 1, 8 ff.

D. JESCH, Gesetz und Verwaltung, 1961; K. VOGEL/R. HERZOG, Gesetzgeber und Verwaltung, VVDStRL 24, 1966; U. SCHEUNER, Das Gesetz als Auftrag der Verwaltung, DÖV 1969, 585.

Der Vorrang des Gesetzes

54 Die Exekutive ist bei der Erfüllung ihrer Aufgaben und bei der Wahrnehmung ihrer Befugnisse ausnahmslos an das Gesetz gebunden. Die Entschei-

Das Rechtsstaatsprinzip

dung, welche die parlamentarische Volksvertretung durch Gesetz trifft, hat den Vorrang vor den Entscheidungen und Handlungen der vollziehenden Gewalt. **Rechtssätze**, zu deren Erlaß die Exekutive aufgrund gesetzlicher Ermächtigung befugt ist, vor allem also Rechtsverordnungen und Satzungen, sind unwirksam, wenn sie mit ihrer gesetzlichen Ermächtigung nicht im Einklang stehen, ohne ausreichende Ermächtigung erlassen worden sind oder sonst gegen eine gesetzliche Vorschrift verstoßen. **Verwaltungsakte**, die wegen Gesetzesverstoßes fehlerhaft sind, sind nur bei schweren und offenkundigen Fehlern unwirksam, sonst – d. h. im Regelfall – zwar wirksam, aber aufhebbar. Derjenige, der durch den fehlerhaften Verwaltungsakt in seinen Rechten betroffen ist, kann mit den Mitteln des Verwaltungsprozeßrechts den Gesetzesverstoß geltend machen und die Aufhebung des Verwaltungsaktes erreichen.

Der Vorbehalt des Gesetzes

Initiative und Gestaltungsfreiheit der Exekutive bleiben zwar stets an die Gesetze gebunden – Vorrang des Gesetzes –, sie sind aber nur in den Tätigkeitsfeldern auf eine Ermächtigung durch Gesetz angewiesen, bei denen normative Regelungen durch Verordnung zu treffen sind oder wo im Einzelfall Rechte und Pflichten der einzelnen unmittelbar berührt werden – Vorbehalt des Gesetzes –. Eine Betätigung der Verwaltung durch Verwaltungsvorschriften und durch Verwaltungsakt bleibt ohne besondere gesetzliche Ermächtigung möglich, soweit fördernde oder leistende Tätigkeiten den einzelnen rechtlich nur begünstigen oder soweit planende und vorbereitende Verwaltungstätigkeit individuelle Rechtsstellungen nicht rechtserheblich berührt. Mit dem Begriff des Vorbehalt des Gesetzes wird zum Ausdruck gebracht, daß nach dem Grundsatz der Gesetzmäßigkeit der Verwaltung Entscheidungen und Regelungen der Exekutive, welche **Eingriffe in Freiheit und Eigentum** der einzelnen bewirken oder zulassen, einer Ermächtigung durch Gesetz bedürfen. Eingriffe in Freiheit und Eigentum sind im Rechtsstaat dem Gesetz, d. h. dem gesetzgebenden Parlament, vorbehalten. Auch in den Fällen, wo aus anderen Gründen, z. B. nach den verfassungsrechtlichen Grundsätzen der Verwaltungsorganisation, eine Entscheidung oder Regelung nur durch Gesetz oder aufgrund Gesetzes zulässig ist, wird von einem „Gesetzesvorbehalt" gesprochen.

Soweit eine Regelung oder Entscheidung dem Gesetz vorbehalten ist, muß in dem Gesetz – je nach der Eigenart des Sachgebiets und der Bedeutung der gesetzlichen Ermächtigung – alles „Wesentliche" bestimmt werden, weil sonst der Exekutive ein Handlungsspielraum zufallen würde, der ihr nach dem Grundgedanken des Vorbehalts des Gesetzes gerade nicht zukommen soll. Das Bundesverfassungsgericht hat diese Wirkung des Vorbehalts des Gesetzes hauptsächlich im Hinblick auf solche Befugnisse der Exekutive schärfer entwickelt, welche Einschränkungen oder sonstige Beeinträchtigung von Grundrechten zur Folge haben können oder sonst „wesentlich" für die Ausübung der Grundrechte sind (siehe z. B. BVerfGE 47, 46/78ff.; 49, 89/126ff.). C RNr. 16.

D 56 Der Bund und die Länder

Der Grundsatz der Gesetzmäßigkeit der Verwaltung und insbes. der Vorbehalt des Gesetzes schließen nicht aus, daß das Gesetz der Exekutive Ermessen einräumt, Beurteilungs- oder Gestaltungsspielräume zugesteht oder durch weit gefaßte Ermächtigungen, wie z. B. durch die polizeiliche Generalklausel, eine allgemeiner gefaßte Handlungsgrundlage verschafft. Da im Bereich des Gesetzesvorbehalts die Entscheidung und Regelung dem Gesetzgeber zufallen soll, ist es zuerst seine Sache über Art und Ausmaß der Ermächtigungen zu befinden, die der Exekutive zur Verfügung gestellt werden sollen. Dem Gesetzgeber kann nur nicht zugestanden werden, der Exekutive ohne hinreichende Rechtfertigung in der Art des zu regelnden Sachgebietes eine rechtlich nicht mehr hinreichend meßbare Entscheidungsvollmacht zu überlassen und damit den rechtsstaatlichen Sinn des Grundsatzes der Gesetzmäßigkeit der Verwaltung zu verfehlen.

R. THOMA, Der Vorbehalt des Gesetzes im preußischen Verfassungsrecht, in: Festgabe für Otto Mayer, 1916, S. 165; K. VOGEL, Gesetzgeber und Verwaltung, VVDStRL Heft 24, 1966, S. 125; H.-J. PAPIER, Der finanzrechtliche Gesetzesvorbehalt und das grundgesetzliche Demokratieprinzip, 1973.

Gesetzesvorbehalt in der Leistungsverwaltung?

56 Der Vorbehalt des Gesetzes beschränkt sich auf „**Eingriffe**" in Freiheit und Eigentum durch die Ausübung öffentlicher Verwaltung, also auf die Verwaltungstätigkeit, soweit sie die Rechte und Pflichten des einzelnen berührt. Davon lassen sich Verwaltungsbereiche und Verwaltungstätigkeiten unterscheiden, die eine rechtsbeeinträchtigende oder sonst nachteilige Wirkung zu Lasten des einzelnen nicht aufweisen; sie unterliegen dem Vorbehalt des Gesetzes nicht. Hierzu gehören nach der bis heute festgehaltenen Interpretation des Grundsatzes der Gesetzmäßigkeit der Verwaltung Leistungen, Vorteilsgewährungen und sonstige fördernde Tätigkeiten der Verwaltung, auch soweit sie Gegenstand von Verwaltungsakten sind, also als rechtliche Regelungen eines Einzelfalles ergehen. In diesem Sinn ist die Exekutive im Bereich der **Leistungsverwaltung** nicht auf eine Ermächtigung durch ein besonderes Gesetz angewiesen. Soweit Leistungen, Vorteilsgewährungen oder sonstige Förderungen den Schutz- und Ordnungsbereich eines einzelnen Grundrechts spezifisch berühren oder notwendig mit Belastungen für Dritte verbunden sind, bleiben sie dem Gesetzesvorbehalt unterworfen. Deshalb wären beispielsweise Pressesubventionen, wenn sie überhaupt im Hinblick auf Art. 5 GG als verfassungsmäßig möglich angesehen werden, nur aufgrund Gesetzes zulässig (OVG Berlin NJW 1975, 1938).
Für die im Bereich der Leistungsverwaltung aufzuwendenden öffentlichen Mittel ist nach den Vorschriften des **Haushaltsrechts** ein spezifizierter Ansatz im Haushaltsplan erforderlich. Da der Haushaltsplan durch Gesetz festgestellt wird, liegt insoweit eine parlamentarische Entscheidung durch ein Gesetz vor. Die rechtliche Wirkung des durch Gesetz festgestellten Haushaltsansatzes beschränkt sich jedoch darauf, Haushaltsmittel für einen bestimmten Zweck bereit zu stellen und die Exekutive zu ermächtigen, die Mittel zu bewirtschaften und die entsprechenden Ausgaben vorzunehmen. Das Haushaltsgesetz ist jedoch nicht geeignet, Eingriffsermächtigungen im Sinne des

Das Rechtsstaatsprinzip

Vorbehalts des Gesetzes zu schaffen; denn Rechte und Pflichten einzelner werden durch das Haushaltsgesetz nicht begründet (§ 3 HGrG). Soweit also im Bereich der Leistungsverwaltung die Geltung des Gesetzesvorbehalts angenommen wird, kann durch das Haushaltsgesetz dem Erfordernis einer gesetzlichen Grundlage der Verwaltungstätigkeit nicht genügt werden.

Rechtsetzung durch die Exekutive

Nach dem Grundsatz der Gesetzmäßigkeit der Verwaltung gilt für die gesamte Rechtsetzungstätigkeit der Exekutive, also für Rechtsverordnungen und entsprechende normative Regelungen sowie für Satzungen, der Vorbehalt des Gesetzes. Alle Rechtsvorschriften der Exekutive bedürfen einer hinreichenden **gesetzlichen Ermächtigung.** 57
Für **Bundesgesetze** schreibt Art. 80 Abs. 1 Satz 2 GG ausdrücklich vor, daß Inhalt, Zweck und Ausmaß einer **Verordnungsermächtigung** im Gesetz bestimmt werden müssen. Diese inhaltliche Anforderung an eine Verordnungsermächtigung ist Ausdruck des rechtsstaatlichen Gesetzesbegriffs und eine Ausprägung des Gewaltenteilungsprinzips (BVerfGE 1, 14/60; 34, 52/59f.). Die Verordnungsermächtigung, die aus dem Zusammenhang der gesetzlichen Regelung interpretiert werden muß, zu der sie gehört, muß inhaltlich so bestimmt sein, daß jedenfalls voraussehbar ist, in welchen Fällen und mit welcher Tendenz von ihr Gebrauch gemacht werden kann und welchen Inhalt die aufgrund der Ermächtigung erlassenen Rechtsverordnungen haben können. Entsprechende Grundsätze gelten nach dem Landesverfassungsrecht für Verordnungsermächtigungen in Landesgesetzen.
Diese strenge Anforderung an die Ermächtigung zum Erlaß von Rechtsverordnungen gilt nicht auch unmittelbar für Gesetze, mit denen einer Selbstverwaltungskörperschaft die **Autonomie** zum Erlaß von Satzungen in eigenen Angelegenheiten verliehen wird. Denn Rechtsverordnungen betreffen Angelegenheiten der staatlichen Gemeinschaft, die bürokratisch durch Organe der Exekutive normativ geregelt werden. Demgegenüber ist die Satzungsautonomie eine Erscheinung der Selbstverwaltung, für die gerade ein selbstverantwortlicher Spielraum der Gestaltung und Regelung wesentlich ist (BVerfGE 33, 125/157ff.).
F RNrn. 11ff.

e) Die Bindung der Rechtsprechung an Gesetz und Recht

Rechtsgebundenheit der Rechtsprechung

Die Rechtsprechung ist an „Gesetz und Recht" gebunden (Art. 20 Abs. 3 58 GG). In dieser Formel, die nach dem Willen des Parlamentarischen Rates zur „besseren Kennzeichnung der Rechtsstaatlichkeit als der Grundlage des Grundgesetzes" gewählt worden ist, wird zum Ausdruck gebracht, daß das Gesetz als ein Bestandteil der **Rechtsordnung** zu verstehen ist und auch daran erinnert, daß Recht und Gerechtigkeit nicht notwendig mit dem jeweils geltenden positiven Recht im Einklang stehen (siehe BVerfGE 23, 98). Die Formel gibt jedoch dem Richter keine Handhabe für eine naturrechtliche

Kritik des Gesetzes. Der Richter kann an einem Gesetz nur beanstanden, daß es verfassungswidrig sei; in diesem Fall hat er die Entscheidung des Bundesverfassungsgerichts herbeizuführen (Art. 100 Abs. 1 GG). Das richterliche Prüfungsrecht in der Ausgestaltung, die es im Grundgesetz gefunden hat, steht demnach in einem inneren Zusammenhang damit, daß der Richter unabhängig und nur dem Gesetz unterworfen ist (Art. 97 Abs. 1 GG).

Richterliche Rechtsbildung und Rechtsfortbildung

59 Die Wahrung des Rechts und die Durchsetzung der Rechte und Ansprüche des einzelnen ist den **Gerichten** und damit den mit Unabhängigkeit ausgestatteten Richtern anvertraut. Die richterliche Rechtsfindung ist an das Gesetz gebunden. Allerdings ist die Rechtsbildung nicht ausschließlich in der Gesetzgebung konzentriert. Das Gesetz gibt auch in seinen oft generalklauselartigen oder mehrdeutigen Rechtsvorschriften dem Richter nicht immer eine nur abzulesende Rechtsfolge vor. Überhaupt ist eine „lückenlose" Ordnung des Sozialebens durch das Gesetz nicht vorstellbar. Das Gesetz allein kann im Streitfall, über den der Richter zu befinden hat, den umgreifenden Zusammenhang des Rechts und der Gerechtigkeit nicht zur Geltung bringen. Dazu ist nur der Richterspruch fähig. Deshalb kommt der Rechtsprechung notwendig ein rechtsbildender und rechtsfortbildender Charakter zu. Dieser Anteil des Richters an der Rechtsbildung äußert sich in den Rechtsauffassungen, die zur Entscheidung eines konkreten Streitfalles nach den Regeln der Auslegung und Anwendung des Rechts gefunden werden, aber über die Entscheidung des konkreten Einzelfalles hinaus zur Beurteilung gleichartiger Fälle geeignet sind. Diese Rechtsauffassungen können in einer beständigen Gerichtspraxis anerkannt werden und schließlich in Rechtsgrundsätzen und auch in neuen Rechtsinstituten in Erscheinung treten. Im Hinblick auf diesen Anteil des Richters an der Rechtsbildung und Rechtsfortbildung wird gelegentlich von „**Richterrecht**" gesprochen. Es handelt sich dabei um eine aus der Rechtsprechungsaufgabe der Gerichte hervorgehende, notwendige Wirksamkeit des Richters (vgl. BVerfGE 34, 269; 65, 182; BVerfG JZ 1985, 673). Anders als bei rückwirkender Gesetzgebung schützt das Rechtsstaatsprinzip das Vertrauen auf den Fortbestand einer bestimmten Gerichtspraxis oder auf das Festhalten der Gerichte an bestimmten Rechtsauffassungen grundsätzlich nicht (zu dieser noch nicht abschließend geklärten Frage: BGH NJW 1983, 2692; BAG DB 1974, 2261; BVerfG NJW 1984, 2345). Das Arbeitsrecht, vor allem das Tarif- und Arbeitskampfrecht, sind ein besonders auffälliger Schauplatz richterrechtlicher Rechtsbildung.

J. Esser, Grundsatz und Norm in der richterlichen Fortbildung des Privatrechts, 1959, 3. Aufl., 1974; K. Larenz, Methodenlehre der Rechtswissenschaft, 5. Aufl., 1983; J. Ipsen, Richterrecht und Verfassung, 1975; H. Heussner, Die Rechtsprechung des Bundesverfassungsgerichts zum Richterrecht, in: Festschrift für M. L. Hilger und H. Stumpf, 1983, S. 317; P. Badura, Die Bedeutung von Präjudizien im öffentlichen Recht, in: U. Blaurock (Hrsg.), Die Bedeutung von Präjudizien im deutschen und französischen Recht, 1985, S. 49; F. Bydlinski, Hauptpositionen zum Richterrecht, JZ 1985, 149.

Das Rechtsstaatsprinzip

Maßstabsabhängigkeit der richterlichen Entscheidung

Aus der Einsicht in den Anteil, der dem Richter notwendig an der Rechtsbildung zufällt, darf wegen der Gesetzesunterworfenheit des Richters und zur Erhaltung seiner Unabhängigkeit nicht auf ein politisches oder sozialgestaltendes Mandat des Richters geschlossen werden. Die rechtsbildenden Elemente richterlichen Entscheidens eröffnen dem mit der Rechtsanwendung betrauten Richter nicht eine das Gesetz überspielende Verfügung über die Maßstäbe seiner Entscheidung des Streitfalles. Die Abhängigkeit der richterlichen Entscheidung von einem vorgegebenen normativen Maßstab ist in der Eigenart der Rechtsprechungsaufgabe, in der Unabhängigkeit der Richter und damit letzten Endes im Gewaltenteilungsprinzip begründet. Die Rechtssicherheit und die Verläßlichkeit des Rechts, die ein wesentliches Merkmal des Rechtsstaates ist, gibt dem Richter eine weittragende Entscheidungsvollmacht, begrenzt diese aber zugleich dadurch, daß sie den Richter strikt an normative Maßstäbe bindet. Der Richter bleibt an dem Ort, den das Gewaltenteilungsprinzip ihm zuweist, wenn er sich auf die Entscheidung einzelner Streitfälle beschränkt und wenn er dabei seine Entscheidung nur so weit erstreckt, als ihm rechtliche Maßstäbe zur Verfügung stehen. Diese Maßstäbe der Rechtsfindung gibt hauptsächlich das Gesetz. Soweit eine Verfassungsvorschrift einen greifbaren Inhalt und meßbare Rechtsfolgen auch für den Fall einer Untätigkeit des Gesetzgebers enthält, dem Gesetzgeber also einen Verfassungsauftrag auferlegt, fällt es in die Aufgabe der Gerichte, die Verfassung auch gegenüber einer Untätigkeit des Gesetzgebers durchzusetzen (vgl. Art. 3 Abs. 2 und Art. 6 Abs. 5 GG). Der so entstehende Funktionszuwachs der Rechtsprechung ist nur subsidiärer Natur. Dem Gesetzgeber steht es jederzeit frei, die Erfüllung des zunächst an ihn gerichteten Verfassungsauftrages wieder an sich zu ziehen und nach seinen Vorstellungen zu verwirklichen (BVerfGE 3, 225/247f.; 25, 167/181).

Richterliche Überprüfbarkeit des Ermessens und der Gestaltungsfreiheit der Verwaltung

Für den Rechtsschutz des einzelnen gegenüber der Ausübung öffentlicher Verwaltung enthält Art. 19 Abs. 4 GG die Garantie, daß der Rechtsweg offen steht, wenn jemand durch die öffentliche Gewalt in seinen Rechten verletzt wird. Diese Gewährleistung sichert nicht nur überhaupt den Weg zu einem kompetenten Gericht, sondern schließt auch ein, daß der durch das Gericht zu gewährende Rechtsschutz so weit reichen muß, als die Exekutive rechtlichen Normen und Maßstäben unterworfen ist. Auch dort, wo das Gesetz der Exekutive Ermessen einräumt oder wo eine Gestaltungsfreiheit der Verwaltung, z. B. im Planungsrecht, besteht, kann eine Überprüfung durch die Verwaltungsgerichte erreicht werden und findet nach dem Maße der Rechtsgebundenheit der Exekutive eine richterliche Überprüfung statt. Allein daraus, daß die von der Exekutive ausgeführten gesetzlichen Ermächtigungen Generalklauseln oder weit gefaßte Begriffe enthalten, folgt ein für das Gericht unüberprüfbarer Beurteilungs- oder Entscheidungsspielraum der Verwaltung noch nicht. Beispielsweise ist es verwaltungsgerichtlich voll überprüfbar, ob die „nach dem Stand der Technik" (§§ 5 Nr. 2, 3 Abs. 6 BImSchG) notwendigen Schutzvorkehrungen in der Genehmigung einer großtechnischen Anlage angeordnet worden sind. Ist die Behörde ermächtigt, nach ihrem Ermessen zu handeln, hat sie ihr Ermessen entsprechend dem Zweck der Ermächtigung auszuüben und die gesetzlichen Grenzen des Ermessens einzuhalten (§ 40 VwVfG; siehe auch § 114 VwGO).

f) Staatshaftung und Entschädigung

Rechtsstaatliche Verantwortlichkeit des Staates und sonstiger Verwaltungsträger

62 Es ist ein Gebot der Rechtsstaatlichkeit, daß die Exekutive in ihrem Handeln an das Gesetz gebunden ist und daß der durch das Handeln der Exekutive betroffene einzelne die gesicherte Möglichkeit hat, durch Anrufung eines Gerichts Rechtsschutz zu finden, insbes. dadurch, daß er die Aufhebung eines ihn in seinen Rechten verletzenden Verwaltungsaktes oder die Verpflichtung zum Erlaß eines Verwaltungsaktes erreichen kann, auf den er einen Anspruch hat. Den danach zu fordernden Rechtsschutz gewähren vor allem die Verwaltungsgerichte. Es ist aber auch ein Gebot der Rechtsstaatlichkeit, daß der Staat oder ein sonstiger Verwaltungsträger für den Schaden einstehen muß, der dem einzelnen durch die Ausübung hoheitlicher Befugnisse widerrechtlich zugefügt worden ist oder der ihm aus überwiegenden Gründen des Gemeinwohls als ein Sonderopfer abverlangt wird. Es geht dabei nicht um die Haftung der öffentlichen Hand, wo diese sich am Privatrechtsverkehr beteiligt und dementsprechend nach den Grundsätzen des Privatrechts haftet. Staatshaftung und Entschädigung betreffen vielmehr die Verantwortlichkeit des Staates oder eines sonstigen Verwaltungsträgers für Schäden und Rechtsbeeinträchtigungen, die im Zuge der Ausübung hoheitlicher Gewalt dem einzelnen zugefügt worden sind.
Der Grundsatz der Staatshaftung bei **Amtspflichtverletzungen** ist in Art. 34 GG in der Art einer rechtsstaatlichen Garantie niedergelegt. Der Grundsatz der Entschädigung für ein Sonderopfer, das im Wege der **Enteignung** abgefordert worden ist, ist in Art. 14 Abs. 3 GG ausgestaltet. Soweit ein Schaden durch Verletzung eines nicht vermögenswerten Rechtes, insbes. von Leben, Gesundheit oder Freiheit zugefügt worden ist, ergibt sich ein **Aufopferungsanspruch** aus der in dem entsprechenden Grundrecht, z. B. Art. 2 Abs. 2 GG, enthaltenen Schutzpflicht des Staates. Aus dem rechtsstaatlichen Grundsatz der Gesetzmäßigkeit der Verwaltung (Art. 20 Abs. 3 GG) schließlich folgt ein öffentlich-rechtlicher Anspruch auf Beseitigung der rechtswidrigen Folgen von Entscheidungen oder Maßnahmen der Exekutive („**Folgenbeseitigungsanspruch**").

B. BENDER, Staatshaftungsrecht, 3. Aufl., 1981; F. OSSENBÜHL, Staatshaftungsrecht, 3. Aufl., 1983; DERS., Neuere Entwicklungen im Staatshaftungsrecht, 1984.

Von der Beamtenhaftung zur Staatshaftung

63 Die **Amtshaftung** betrifft die Verantwortlichkeit für einen Schaden, der einem Dritten durch die widerrechtliche und schuldhafte Verletzung einer ihm

Das Rechtsstaatsprinzip

gegenüber bestehenden Amtspflicht zugefügt worden ist. Das Bürgerliche Gesetzbuch regelt die Amtshaftung als eine deliktische Haftung des Beamten in Gestalt eines besonderen Tatbestandes der unerlaubten Handlung (§ 839 BGB).

Erst zu Beginn dieses Jahrhunderts wurde durch besondere gesetzliche Vorschriften die **Staatshaftung** an die Stelle der Beamtenhaftung gesetzt, so durch das preußische Gesetz über die Haftung des Staates und anderer Verbände für Amtspflichtverletzungen von Beamten bei Ausübung der öffentlichen Gewalt vom 1. August 1909 (GS S. 691) und das Gesetz über die Haftung des Reichs für seine Beamten vom 22. Mai 1910 (RGBl. S. 798). Nach diesen Bestimmungen trifft die in § 839 BGB bestimmte Verantwortlichkeit an Stelle des Beamten den Staat, sofern die Amtspflichtverletzung in Ausübung der dem Beamten anvertrauten öffentlichen Gewalt erfolgt. Der nunmehr unmittelbar gegenüber dem Geschädigten haftende Staat kann im Wege des Regresses unter bestimmten Voraussetzungen von dem Beamten Ersatz des Schadens verlangen, den er durch die staatshaftungsrechtliche Verantwortlichkeit erleidet. Die durchgängige und einheitliche Einführung der Staatshaftung anstelle der Beamtenhaftung erfolgte dann durch Art. 131 WeimRVerf. Diese Bestimmung ist das Vorbild des Art. 34 GG.

Mit der einheitlichen Anerkennung des Grundsatzes der Staatshaftung für den Bereich der öffentlich-rechtlich ausgestalteten Tätigkeit des Staates oder einer sonstigen zum öffentlich-rechtlichen Handeln befähigten Körperschaft wurde die haftungsrechtliche Verantwortlichkeit von der Voraussetzung gelöst, daß ein Beamter im staatsrechtlichen Sinn den Schaden herbeigeführt hat. Das interne Verhältnis der den schadenstiftenden Tatbestand herbeiführenden Person zu dem Staat oder der sonstigen Körperschaft als Beamtenverhältnis, Arbeitsverhältnis oder sonstige Rechtsbeziehung ist für das Eingreifen der Staatshaftung ohne Belang. Dem trägt der Wortlaut des Art. 34 GG Rechnung.

Für den Anspruch auf Schadensersatz gegen den Staat oder die verantwortliche Körperschaft und für den Rückgriff gegenüber dem Amtsträger darf der ordentliche Rechtsweg nicht ausgeschlossen werden (Art. 34 Satz 3 GG; vgl. § 40 Abs. 2 VwGO).

Schadensersatz wegen Amtspflichtverletzung

Die rechtliche Grundlage für einen Anspruch des Geschädigten auf Schadensersatz wegen Amtspflichtverletzung gegen den Staat oder die Körperschaft, in deren Dienst der Beamte oder sonstige Amtsträger stehen, sind § 839 BGB i.V.m. Art. 34 GG. Verletzt jemand in Ausübung eines ihm anvertrauten öffentlichen Amtes vorsätzlich oder fahrlässig die ihm einem Dritten gegenüber obliegende Amtspflicht, so hat der Staat oder die sonstige Anstellungskörperschaft dem Dritten den daraus entstehenden Schaden zu ersetzen. Im Falle der fahrlässigen Amtspflichtverletzung kann der Staat oder die sonstige Körperschaft nur dann in Anspruch genommen werden, wenn der Verletzte nicht auf andere Weise Ersatz zu erlangen vermag.

Haftungsauslösend ist nicht jegliche Verletzung einer Amtspflicht, sondern nur die Verletzung einer Amtspflicht, die dem Geschädigten gegenüber besteht. Das bedeutet, daß die verletzte Amtspflicht nach den darüber bestehenden Rechtsvorschriften im Zuge der dadurch erfüllten öffentlichen Aufgabe auch dem Schutz des geschädigten Dritten dienen muß; dies entspricht dem Deliktstatbestand des § 823 Abs. 2 BGB, wonach der Verstoß gegen ein den Schutz eines anderen bezweckendes Gesetz bei Erfüllung der sonstigen Voraussetzungen zur Haftung führt. Eine Besonderheit nur der Amtshaftung ist das sog. **Verweisungsprivileg** der öffentlichen Hand, wonach im Falle einer effektiven anderweitigen Ersatzmöglichkeit, z. B. durch eine Haftpflichtversicherung eines anderen am Schaden beteiligten Dritten, die Staatshaftung entfällt.

Nach Art. 34 GG tritt die Staatshaftung nur „grundsätzlich" ein. Das bedeutet, daß durch Gesetz für bestimmte Fallgruppen und aus besonderem Grund ein **Haftungsausschluß** oder eine **Haftungserleichterung** zugunsten der öffentlichen Hand vorgesehen werden darf. Davon ist u. a. im Hinblick auf die Haftung der Bundespost für Schäden Gebrauch gemacht worden, die durch die nicht ordnungsgemäße Ausführung der Dienstleistungen der Bundespost entstehen (§§ 11 ff. PostG). Die typischen Risiken des postalischen Massenverkehrs werden dadurch im Interesse des billigen und schnellen Postverkehrs zu einem erheblichen Teil aus der Amtshaftung ausgenommen.

Die „Verantwortlichkeit", von der Art. 34 GG spricht, betrifft zwar vor allem, aber nicht nur den Haftungstatbestand des § 839 BGB. Unter die staatshaftungsrechtliche Verantwortlichkeit fallen insbesondere auch die Tatbestände einer Gefährdungshaftung, z. B. nach §§ 7 ff. StVG und §§ 25 ff. AtG.

Liegen die Voraussetzungen der Amtshaftung vor, hat der Geschädigte einen Schadensersatzanspruch, der inhaltlich nach §§ 249 ff. BGB zu bemessen ist; der Geschädigte kann allerdings nur Geldersatz erlangen, ggf. auch Schmerzensgeld nach § 847 BGB.

Aufopferung und Entschädigung

65 Von der Verantwortlichkeit der öffentlichen Hand nach den Grundsätzen der Amtshaftung sind die Ansprüche gegen den Staat oder eine sonstige Körperschaft zu unterscheiden, mit denen der einzelne **Entschädigung** wegen eines **Sonderopfers** verlangen kann, das er wegen eines im Einzelfall vorrangigen Gemeinwohlzweckes erbringen mußte. Die Entschädigung wegen Aufopferung beruht auf dem Grundgedanken, daß im Einzelfall Rechte des einzelnen einem bestimmten Interesse des Gemeinwohls nachstehen müssen, wenn das erforderlich ist, daß jedoch derjenige, dem unter Durchbrechung der Lastengleichheit aller ein derartiges Sonderopfer abverlangt wird, einen Ausgleich durch Entschädigung erhalten muß. Der Hauptfall ist die **Enteignung** (sh. Art. 14 Abs. 3 GG); C RNr. 82. Dem stehen rechtmäßige oder rechtswidrige Eingriffe gleich, die nach ihren Wirkungen ein vermögenswertes Recht enteignungsähnlich beeinträchtigen (C RNr. 82). Von einem „**Aufopferungsanspruch**" im engeren Sinn wird dann gesprochen, wenn Leben oder Gesundheit als Nebenfolge rechtmäßiger Ausübung öffentlicher Gewalt beeinträchtigt werden, z. B. im Falle einer gesetzlich angeordneten Impfung oder bei der Verletzung unbeteiligter Dritter im Zuge polizeilichen Einschreitens (BGHZ 9, 83). Der Grundgedanke der Aufopferung ist zuerst in §§ 74 und 75 der

Das Rechtsstaatsprinzip

Einleitung zum Preußischen Allgemeinen Landrecht von 1794 prägnant ausgesprochen worden. Ein wesentlicher Unterschied zu den haftungsrechtlichen Voraussetzungen der Amtshaftung besteht in den Fällen der Entschädigung wegen Enteignung oder sonstiger Aufopferung darin, daß der Entschädigungsanspruch von einem Verschulden unabhängig ist. Auf der anderen Seite bleibt die Entschädigung als gerechter Ausgleich einer hinzunehmenden Rechtsbeeinträchtigung u. U. hinter einem Schadensersatz zurück, z. B. hinsichtlich des entgangenen Gewinns (§ 252 BGB).
Entschädigungsansprüche sind im ordentlichen Rechtsweg geltend zu machen (Art. 14 Abs. 3 Satz 4 GG; § 40 Abs. 2 VwGO).

Das gescheiterte Staatshaftungsgesetz

66 Nach längerer Vorbereitung, an der auch eine unabhängige Sachverständigenkommission beteiligt war (siehe deren Bericht ,,Reform des Staatshaftungsrechts", 1973), erging das **Staatshaftungsgesetz** vom 26. Juni 1981 (BGBl. I S. 553). Dieses Gesetz sollte die Haftung für rechtswidriges Verhalten der öffentlichen Gewalt des Bundes oder eines Landes regeln und an die Stelle der bisherigen Amtshaftung und der bisherigen Entschädigung nach Enteignungsgrundsätzen und für Aufopferung treten, soweit nicht Schadensersatz oder Entschädigung sich nach besonderen Vorschriften bestimmten. Es wurde damit eine einheitliche und übersichtliche Regelung der Haftung für rechtswidriges Verhalten der öffentlichen Gewalt angestrebt, verbunden mit einer Reihe sachlicher Verbesserungen des Staatshaftungsrechts. Das ursprüngliche Ziel, zugleich mit dem Erlaß des Staatshaftungsgesetzes eine Änderung des Art. 34 GG vorzunehmen und damit dem neuen Gesetz eine unangreifbare verfassungsrechtliche Grundlage zu verschaffen, konnte mangels einer Einigung über die Verfassungsänderung nicht weiter verfolgt werden.
Das Staatshaftungsgesetz ist vom Bundesverfassungsgericht mangels einer hinreichenden **Bundeskompetenz** für verfassungswidrig und nichtig erklärt worden (BVerfGE 61, 149). Die Staatshaftung in dem Ausmaß, wie sie in dem Gesetz geregelt werden sollte, überschritt nach Auffassung des Bundesverfassungsgerichts die der konkurrierenden Gesetzgebung des Bundes allein zugängliche Materie des ,,bürgerlichen Rechts" nach Art. 74 Nr. 1 GG. Ungeachtet der damit verfassungsrechtlich gegebenen Lage erscheint es nicht möglich, nicht zuletzt wegen der für Bund und Länder einheitlichen Rechtsprechung des Bundesgerichtshofes zur Amtshaftung und zur Entschädigung nach Enteignungsgrundsätzen, daß der Bund und die einzelnen Länder sachlich unterschiedliche Regelungen der Verantwortlichkeit der öffentlichen Hand für die schadenstiftende Verletzung öffentlich-rechtlicher Pflichten vornehmen.

A. SCHÄFER/H. J. BONK, Staatshaftungsgesetz, 1982; P. LERCHE, Mögliche Wege künftiger Staatshaftungsreform – zur Verzahnung von Bundes- und Landeskompetenzen, in: Festschrift für Karl Carstens, 1984, S. 687.

4. Die Bundesrepublik ist ein Bundesstaat

a) Bundesstaat und Föderalismus

Historische und ideelle Grundlagen

67 Der **Föderalismus** (von lat. foedus, Bund, Bündnis) als politisches Formprinzip des Bundesstaates bedeutet die Anerkennung politischer und kultureller Verschiedenartigkeit, die sich in Gliedstaaten eines verfassungsrechtlich und im völkerrechtlichen Verkehr die nationale Einheit darstellenden Staates verkörpert. Die in der föderativen Gliederung wirksame Verschiedenartigkeit geht in vielen Bundesstaaten auf jahrhundertealte, oft dynastische Traditionen und Gebietsabgrenzungen zurück. Die Schweizerische Eidgenossenschaft und die Vereinigten Staaten von Amerika, aber auch Deutschland gehören zu den klassischen Ländern föderalistischer Staatlichkeit. Dem stehen als ausgeprägte Beispiele des Einheitsstaates Frankreich, England und Italien gegenüber, wenngleich auch dort das unitarische Grundmuster durch die mehr oder weniger weit geführte Anerkennung regionaler Autonomie abgeschwächt ist.

Der **Bundesstaat** schließt zur staatsrechtlichen Gewährleistung des bundesstaatlichen Aufbaus zwei Ebenen der Staatlichkeit ein, die Ebene des Gesamt- oder Zentralstaates und die Ebene der Gliedstaaten oder Bundesländer. Aus historischen oder politischen Gründen ist die Abgrenzung und Zuordnung des Gesamtstaates und der Gliedstaaten in unterschiedlicher Weise ausgestaltet und sind auch das Gewicht und das Ausmaß der politischen Entscheidungsrechte im Bundesstaat mehr föderativ oder mehr unitarisch verteilt. Die rechtliche Grundlage der bundesstaatlichen Ordnung ist die Verfassung des die gegliederte Einheit darstellenden Staates, in der auch die Verteilung der staatlichen Aufgaben und Befugnisse auf den Zentralstaat und die Gliedstaaten eine feste Kompetenzregelung erhält.

Föderalismus darf nicht mit Separatismus oder einem auf möglichst weitgehende „Eigenständigkeit" bedachten Regionalismus gleichgesetzt werden. Die ausschlaggebende Zielsetzung des Föderalismus und des Bundesstaates ist das **Zusammenwirken** der Bundesglieder in der verbindenden Einheit des Staates, der durch die zentralstaatlichen Aufgaben, Zuständigkeiten und Befugnisse die bundesstaatliche Ordnung gewährleistet. Unter dem Blickwinkel der demokratischen Staatsform ist die bundesstaatliche Ordnung ein willkommenes Element der Vermittlung eines pluralen politischen Prozesses. Die sozialstaatlichen Staatsaufgaben demgegenüber bestärken die Entwicklung zu einer stärker unitarischen Ausformung des Bundesstaates im Interesse einer möglichst weitgehenden Garantie einheitlicher Lebensverhältnisse.

Der **deutsche Bundesstaat** zeigt in seiner über hundert Jahre währenden Entwicklung über die verschiedenen Verfassungszustände hinweg eine in vielen Punkten auffällige Kontinuität der rechtstechnischen Gestaltungen, dennoch aber – ganz abgesehen von den grundstürzenden territorialen Veränderungen – eine erhebliche Verschiedenartigkeit in der Tarierung der föderativen und der unitarischen Gewichte. Der durch die Deutsche Bundesakte vom

Die Bundesrepublik ist ein Bundesstaat   68 D

8. Juni 1815 nach dem Ende des alten Reiches und der Niederwerfung NAPOLEONS als Teil der Neuordnung Europas errichtete „Deutsche Bund" war ein „völkerrechtlicher Verein der deutschen souverainen Fürsten und freien Städte, zur Bewahrung der Unabhängigkeit und Unverletzbarkeit ihrer im Bunde begriffenen Staaten, und zur Erhaltung der inneren und äußern Sicherheit Deutschlands" (Art. I der Wiener Schlußakte vom 15. Mai 1820); der Deutsche Bund war ein Staatenbund, nicht ein Bundesstaat. Ein Bundesstaat mit einer stark ausgebildeten Staatlichkeit der Gliedstaaten war der Norddeutsche Bund gemäß seiner Verfassung vom 17. April 1867 und dann das aus ihm hervorgegangene Deutsche Reich nach seiner Verfassung vom 16. April 1871. Einen betont unitarischen Charakter dagegen wies die Bundesstaatlichkeit der Weimarer Republik auf. Das Gesetz über den Neuaufbau des Reichs vom 30. Januar 1934 (RGBl. I S. 75) beseitigte die Länder als Staaten mit eigenen Hoheitsrechten. Die nach dem Zweiten Weltkrieg neu gebildeten Länder im Bereich der drei westlichen Besatzungszonen wurden durch den Akt der verfassunggebenden Gewalt des deutschen Volkes, durch den das Grundgesetz legitimiert wurde, als Gliedstaaten in die Bundesrepublik Deutschland eingefügt, deren Bundesstaatlichkeit den Ländern einen beträchtlichen Spielraum eigener Gestaltung zugesteht.

E. R. HUBER, Deutsche Verfassungsgeschichte seit 1789, Bd. 1, 2. Aufl., 1967, Bd. 3, 2. Aufl., 1969, Bd. 6, 1981.

Staatsrechtliche Verwirklichung des Föderalismus: Der Bundesstaat

Der durch das Grundgesetz geschaffene Bundesstaat umfaßt den Bund und 68
die Länder in durch das Bundesverfassungsrecht geordneten staatsrechtlichen Beziehungen, die die staatliche Einheit gewährleisten und die Ausübung der staatlichen Befugnisse und die Erfüllung der staatlichen Aufgaben in einer rechtlichen Ordnung auf Bund und Länder aufteilen. Die staatsrechtlichen Beziehungen zwischen Bund und Ländern wie auch im Verhältnis der Länder untereinander sind ausschließlich und lückenlos durch das Bundesverfassungsrecht geordnet, teils durch ausdrückliche Regelungen im Grundgesetz, teils durch bundesstaatliche Verfassungsgrundsätze, wie z. B. den Grundsatz des bundesfreundlichen Verhaltens. Auch soweit die Länder untereinander Verträge schließen, richtet sich die rechtliche Wirksamkeit derartiger Vereinbarungen allein nach dem Verfassungsrecht der beteiligten Länder und nach dem Bundesverfassungsrecht; Völkerrecht ist nicht anwendbar (BVerfGE 13, 54; 34, 216).
Die Gliederung des Bundes in Länder, die grundsätzliche Mitwirkung der Länder bei der Gesetzgebung und die in den Art. 1 und 20 niedergelegten Grundsätze, zu denen auch die Bundesstaatlichkeit gehört, sind einer Verfassungsänderung entzogen (Art. 79 Abs. 3 GG). Unter Beachtung dieser verfassungsrechtlichen Schranken sind zahlreiche Regelungen des Grundgesetzes, in denen die Bundesstaatlichkeit näher ausgestaltet ist oder die für den Bundesstaat von Bedeutung sind, geändert worden. Die überwiegende Zahl der Novellierungen des Grundgesetzes hatte Anpassungen oder Weiterbildungen der bundesstaatlichen Ordnung zum Gegenstand. Darüber hinaus ist das Verhältnis von Bund und Ländern immer wieder kritischer Prüfung un-

D 69   Der Bund und die Länder

terworfen worden und Gegenstand verfassungspolitischer Bestrebungen und Vorschläge gewesen. Die Sicherung der Selbständigkeit der Länder und des Länderparlamentarismus gegen eine Entwicklung, die das Übergewicht des Bundes verstärkt, die Verteilung der Gesetzgebungskompetenzen, das Zusammenwirken von Bund und Ländern bei der politischen Planung, die Stellung des Bundesrates und die Finanzverfassung sind die wesentlichen Felder der fortdauernden Auseinandersetzung; siehe z. B. die Große Anfrage betreffend Weiterentwicklung des föderativen Systems, BTag Drucks. 5/3099 und 5/4002 (dazu P. LERCHE, Aktuelle föderalistische Verfassungsfragen, 1968), und den Bericht der Enquete-Kommission Verfassungsreform vom Dezember 1976, BTag Drucks. 7/5924. In jüngster Zeit ist eine von den Fraktionsvorsitzenden-Konferenzen von CDU/CSU, SPD und FDP einberufene interfraktionelle Arbeitsgruppe mit neuen oder erneuerten Vorschlägen zur Stärkung der Kompetenzen der Länder und ihrer Volksvertretungen an die Öffentlichkeit getreten (Bericht in der FAZ vom 10. 1. 1985).

    K. HESSE, Der unitarische Bundesstaat, 1962; DERS., Bundesstaatsreform und Grenzen der Verfassungsänderung, AöR 98, 1973, S. 1; U. SCHEUNER, Struktur und Aufgaben des Bundesstaates in der Gegenwart, DÖV 1962, 641; DERS., Kooperation und Konflikt. Das Verhältnis von Bund und Ländern im Wandel, DÖV 1972, 585; P. LERCHE, Föderalismus als nationales Ordnungsprinzip, VVDStRL Heft 21, 1964; W. WEBER, Die Gegenwartslage des deutschen Föderalismus, 1966; H.-J. VOGEL, Die bundesstaatliche Ordnung des Grundgesetzes, in: Handbuch des Verfassungsrechts, 1983, S. 809.

Gebietseinteilung, Neugliederung

69 Entsprechend der im Jahre 1949 unter dem Einfluß der drei westlichen Besatzungsmächte nach Kriegsende gebildeten und nun vorhandenen Länder, Ländereinteilung und Ländergrenzen gibt das Grundgesetz in der Präambel und in Art. 23 die Länder an, aus deren Gebieten sich das Bundesgebiet zusammensetzt und in denen das Grundgesetz „zunächst" gilt. Für das Gebiet des Landes „Groß-Berlin" wird zwar die Geltung des Grundgesetzes beansprucht (siehe aber Art. 144 Abs. 2 GG), dennoch aber in der Präambel die Bevölkerung dieses Gebietes nicht in das „Deutsche Volk" eingeschlossen, dessen verfassunggebende Gewalt das Grundgesetz beschlossen hat.
Die **Neugliederung** des Bundesgebietes und sonstige Änderungen des Gebietsbestandes der Länder sind Gegenstand des Art. 29 GG und der dazu ergangenen Ausführungsgesetze (Gesetz über das Verfahren bei Volksentscheid, Volksbegehren und Volksbefragung nach Artikel 29 Abs. 6 des Grundgesetzes vom 30. Juli 1979, BGBl. I S. 1317; Gesetz über das Verfahren bei sonstigen Änderungen des Gebietsbestandes der Länder nach Artikel 29 Abs. 7 des Grundgesetzes vom 30. Juli 1979, BGBl. S. 1325). Diese Bestimmung brachte in ihrer ursprünglichen Fassung den Willen des Parlamentarischen Rates zum Ausdruck, das Bundesgebiet unter Berücksichtigung der landsmannschaftlichen Verbundenheit, der geschichtlichen und kulturellen Zusammenhänge, der wirtschaftlichen Zweckmäßigkeit und des sozialen Gefüges neu zu gliedern. Daß die Neugliederung als Verfassungsauftrag festgelegt worden war, hatte seinen Grund hauptsächlich darin, daß die nach Ende des Krieges neu geschaffenen Länder zum Teil ohne Beachtung der überkom-

Die Bundesrepublik ist ein Bundesstaat 70 D

menen territorialen Verhältnisse und ohne hinreichende Berücksichtigung der politischen und wirtschaftlichen Leistungsfähigkeit der neuen Gebietseinheiten errichtet und abgegrenzt worden waren (siehe H. v. MANGOLDT, Das Bonner Grundgesetz, 1953, Art. 29, Anm. 1–3). Eine Erfüllung des Verfassungsauftrages gelang nicht. Art. 29 GG wurde durch das Fünfundzwanzigste Gesetz zur Änderung des Grundgesetzes vom 19. Aug. 1969 (BGBl. I S. 1241) und erneut durch das Dreiunddreißigste Gesetz zur Änderung des Grundgesetzes vom 23. Aug. 1976 (BGBl. I S. 2381) unter weitgehender sachlicher Änderung neu gefaßt; zu dieser Entwicklung und zu den verschiedenen durchgeführten Volksbegehren und Volksentscheiden siehe die Begründung zu dem Entwurf der Bundesregierung für die 33. Grundgesetz-Novelle, BTag Drucks. 7/4958, S. 5f.

Eine besondere Rechtslage bestand von vornherein für die Neugliederung in dem die Länder **Baden, Württemberg-Baden** und **Württemberg-Hohenzollern** umfassenden Gebiete (siehe Art. 118 GG) und hinsichtlich des **Saarlandes**. Die Neugliederung des Südwestens erfolgte durch das Zweite Gesetz über die Neugliederung in den Ländern Baden, Württemberg-Baden und Württemberg-Hohenzollern vom 4. Mai 1951 (BGBl. I S. 284), das mit Wirkung vom 25. April 1952 aus den genannten Ländern das neue Bundesland Baden-Württemberg bildete. Das Saarland war schon nach dem Ersten Weltkrieg als „Saargebiet" einem internationalen Regime unterworfen worden und erst im Jahre 1935 nach einer Volksabstimmung wieder unbeschränkter Teil des Deutschen Reiches geworden. Die erneute Abtrennung des Saargebietes zusammen mit Teilen der früheren bayerischen Pfalz und der früheren preußischen Rheinprovinz nach dem Zweiten Weltkrieg führte zunächst zu einem autonomen Territorium, das wirtschaftlich, zoll- und währungsrechtlich mit Frankreich verbunden war. Nachdem das deutsch-französische Abkommen über das Statut der Saar vom 23. Okt. 1954 in der Volksabstimmung vom 23. Okt. 1955 mit großer Mehrheit abgelehnt worden war, wurde das Saarland aufgrund des deutsch-französischen Saarvertrages vom 27. Okt. 1956 (BGBl. II S. 1587) mit Wirkung vom 1. Jan. 1957 im Wege des „Beitritts" (siehe Art. 23 Satz 2 GG) ein Bundesland der Bundesrepublik Deutschland; dazu das Gesetz über die Eingliederung des Saarlandes vom 23. Dez. 1956 (BGBl. I S. 1011).

Bericht der „ERNST-Kommission": Vorschläge zur Neugliederung des Bundesgebiets gemäß Artikel 29 des Grundgesetzes, November 1972, 1973; H. RESCHKE, Die Neugliederung des Bundesgebietes, DVBl. 1973, 728; H. SCHÄFER, Plädoyer für die baldige und vernünftige Neugliederung des Bundesgebietes, DVBl. 1973, 732; E. RÖPER, Aspekte der Neugliederung des Bundesgebiets, Staat 14, 1975, S. 305; M. GÖGLER/ G. RICHTER (Hrsg.), Das Land Württemberg-Hohenzollern 1945 bis 1952, 1982; P. FEUCHTE, Verfassungsgeschichte von Baden-Württemberg, 1983.

b) Die Verfassungsautonomie der Länder und das Landesverfassungsrecht

Verfassungsautonomie

Die Staatlichkeit der Länder im Rahmen des durch das Grundgesetz geordne- 70 ten Bundesstaates schließt das Recht der Länder ein, sich kraft eigener verfassunggebender Gewalt eine Verfassung zu geben und so die Organisation des Staates, die Ausübung der Staatsgewalt und die Grundrechte der einzelnen autonom zu gestalten. Die verfassungsmäßige Ordnung in den Ländern muß jedoch den Grundsätzen des republikanischen, demokratischen und sozialen Rechtsstaates im Sinne des Grundgesetzes entsprechen (Art. 28 Abs. 1 Satz 1 GG). Der Bund gewährleistet, daß die verfassungsmäßige Ordnung der Länder den Grundrechten, den genannten Anforderungen eines Mindestmaßes an „Verfassungshomogenität" und den anderen Bestimmungen des Art. 28 Abs. 1 und 2 GG entspricht (Art. 28 Abs. 3 GG). Die verfassungspolitische Gestaltungsfreiheit der Länder ist danach weit gespannt, z. B. hinsichtlich der Zuordnung von Parlament und Regierung oder für die Formulierung der Staatsaufgaben (BVerfGE 9, 268/275; 27, 44; 36, 342/361). Das Grundgesetz spricht überdies ausdrücklich aus, daß ungeachtet der Vorschrift des Art. 31 GG Bestimmungen der Landesverfassungen auch insoweit in Kraft bleiben, als sie in Übereinstimmung mit den Art. 1 bis 18 GG Grundrechte gewährleisten (Art. 142 GG).

Landesverfassungsrecht

71 Die **Landesverfassungen** zeigen eine große Vielfalt in der Ordnung des Verhältnisses von parlamentarischer Volksvertretung (Landtag, Bürgerschaft, Abgeordnetenhaus) zur Regierung, in der Organisation der Verwaltung und besonders in der Regelung der Staatsaufgaben und in den Grundrechtskatalogen. Das Vorbild der Weimarer Reichsverfassung ist besonders in den Landesverfassungen wirksam, die vor Inkrafttreten des Grundgesetzes erlassen worden sind, wie die Verfassung des Freistaates Bayern vom 2. Dez. 1946, die Landesverfassung der Freien Hansestadt Bremen vom 21. Okt. 1947 und die Verfassung des Landes Hessen vom 1. Dez. 1946. A RNr. 30.

Der **Vorrang des Grundgesetzes** als der Bundesverfassung vor den Landesverfassungen betrifft hauptsächlich die Grundrechtskataloge und die anderen Vorschriften über die materiellen Ziele und Schranken der Landesstaatsgewalt. Soweit der Grundrechtsschutz einer Landesverfassung hinter den Rechten und Freiheiten des Grundgesetzes zurückbleibt, also dem Gesetzgeber einen weiteren Spielraum für Einschränkungen der grundrechtlich geschützten Freiheit gestatten will, wird das Landesverfassungsrecht durch die Grundrechte des Grundgesetzes verdrängt (vgl. Art. 142 GG). Nach dem Grundsatz des Art. 31 GG verdrängen auch Gesetze und sonstige Rechtsvorschriften des Bundes das Landesverfassungsrecht, soweit es sich um eine nicht durch Landesrecht ergänzungsfähige Regelung desselben Gegenstandes handelt. Deshalb kann z. B. die Vorschrift des Art. 29 Abs. 5 der Hessischen Verfassung: „Die Aussperrung ist rechtswidrig", keine Geltung beanspruchen, weil sie mit den tragenden Grundsätzen des geltenden und dem Bundesrecht angehörenden Tarifrechts unvereinbar ist (BAG AP Art. 9 GG Arbeitskampf Nr. 64). Aus dem Grundsatz der Verfassungsautonomie der Länder folgt, daß Vorschriften von Landesverfassungen, die vorrangigem Bundesrecht weichen müssen, nicht unwirksam werden, sondern lediglich durch das Bundesrecht verdrängt, also an ihrer Anwendbarkeit gehindert werden (BVerfGE 36, 342).

Verfassungen der deutschen Bundesländer mit Gesetzen über die Landesverfassungsgerichte, Textausgabe mit einer Einführung von CHR. PESTALOZZA, dtv 5530, 2. Aufl., 1981; CHR. STARCK/K. STERN (Hrsg.), Landesverfassungsgerichtsbarkeit, Teilband III: Verfassungsauslegung, 1983; E.-W. BÖCKENFÖRDE/W. GRAWERT, Kollisionsfälle und Geltungsprobleme im Verhältnis von Bundesrecht und Landesverfassung, DÖV 1971, S. 119; B. BEUTLER, Das Staatsbild in den Länderverfassungen nach 1945, 1973; M. SACHS, Die Grundrechte im Grundgesetz und in den Landesverfassungen, DÖV 1985, 469.

Landesverfassungsgerichtsbarkeit

Aus der Verfassungsautonomie der Länder folgt auch deren Recht, zur Entscheidung von Streitigkeiten des Landesverfassungsrechts eine eigene Landesverfassungsgerichtsbarkeit zu errichten. Von dieser Möglichkeit haben die Länder in unterschiedlicher Weise durch die Errichtung von Staatsgerichtshöfen oder Verfassungsgerichtshöfen Gebrauch gemacht. So hat beispielsweise der Niedersächsische Staatsgerichtshof in Bückeburg einen deutlich geringeren Kreis von Zuständigkeiten als der Bayerische Verfassungsgerichtshof (siehe § 13 des niedersächsischen Gesetzes über den Staatsgerichtshof und Art. 2 des bayerischen Gesetzes über den Verfassungsgerichtshof). Schleswig-Holstein hat auf die Errichtung eines Verfassungsgerichts verzichtet und die Entscheidung von Verfassungsstreitigkeiten dem Bundesverfassungsgericht zugewiesen (Art. 99 GG, Art. 37 der Landessatzung für Schleswig-Holstein).
Die Verfassungsgerichtsbarkeit des **Bundes** und die Verfassungsgerichtsbarkeiten der **Länder** stehen selbständig nebeneinander. Insbes. bleibt das Recht, eine Verfassungsbeschwerde an das Landesverfassungsgericht nach dem Recht der Landesverfassung zu erheben, durch die Verfassungsbeschwerde zum Bundesverfassungsgericht unberührt (§ 90 Abs. 3 BVerfGG). Die Jurisdiktion des Landesverfassungsgerichts ist dadurch beschränkt, daß es lediglich Verfassungsstreitigkeiten innerhalb des Landes entscheiden und daß es nur die Ausübung von Landesstaatsgewalt am Maßstab des Landesverfassungsrechts überprüfen darf. Für den Fall der konkreten Normenkontrolle ist diese Scheidung der Gerichtsbarkeiten in Art. 100 Abs. 1 GG ausdrücklich gekennzeichnet.
H RNrn. 61 ff.

CHR. STARCK/K. STERN (Hrsg.), Landesverfassungsgerichtsbarkeit, 3 Teilbände, 1983; F. KNÖPFLE, Verfassungsgerichtsbarkeit in Bayern, BayVBl. 1984, 257, 296; H. BETHGE, Verfassungsgerichtsbarkeit im Bundesstaat, BayVBl. 1985, 257.

c) Grundlinien der bundesstaatlichen Kompetenzverteilung

Zuständigkeitsvermutung zugunsten der Länder

Die Ausübung der staatlichen Befugnisse und die Erfüllung der staatlichen Aufgaben ist Sache der Länder, soweit das Grundgesetz keine andere Regelung trifft oder zuläßt (Art. 30 GG). Diese bundesverfassungsrechtliche Grundregel über die Verteilung der Zuständigkeiten zwischen dem Bund und den Ländern legt fest, daß eine staatliche Aufgabe und die Ausübung öffentlicher Gewalt in Gesetzgebung, Vollziehung und Rechtsprechung dem Bund nur zusteht, wenn sich dem Grundgesetz eine entsprechende Kompetenz des Bundes entnehmen läßt. Ist das nicht der Fall, ist also z. B. für eine bestimmte Materie ein Gesetzgebungsrecht des Bundes durch das Grundgesetz nicht begründet, fällt der Gegenstand in die Zuständigkeit der Länder. Die Zuständigkeit des Bundes kann ausdrücklich vorgesehen sein oder sich durch eine Auslegung einzelner Vorschriften des Grundgesetzes oder des Grundgesetzes im ganzen ergeben. Soweit eine Zuständigkeit des Bundes nicht aus einer ausdrücklichen Vorschrift des Grundgesetzes abgeleitet wird, spricht man von „ungeschriebenen" oder „stillschweigenden" Zuständigkeiten des Bundes.

Die Grundregel des Art. 30 GG wird für die Gesetzgebung in Art. 70 GG, für die Ausführung der Bundesgesetze in Art. 83 GG und für die Rechtsprechung in Art. 92 GG spezifiziert. Die Kompetenzverteilung im Finanzwesen ist Gegenstand der Finanzverfassung (Art. 104a ff. GG).

M. BULLINGER, Die Zuständigkeit der Länder zur Gesetzgebung, DÖV 1970, 761, 797; DERS., Ungeschriebene Kompetenzen im Bundesstaat, AöR 96, 1971, S. 237; R. SCHOLZ, Ausschließliche und konkurrierende Gesetzgebungskompetenz von Bund und Ländern in der Rechtsprechung des Bundesverfassungsgerichts, in: Festschrift für das Bundesverfassungsgericht, 1976, II, S. 252; H. H. KLEIN, Verwaltungskompetenzen von Bund und Ländern in der Rechtsprechung des Bundesverfassungsgerichts, ebd. S. 277.

„Materie" als Kriterium kompetenzrechtlicher Zuordnung

74 Für einen bestimmten Sachbereich als Gegenstand eines Gesetzes oder eines Aktes der vollziehenden Gewalt kann nach der bundesstaatlichen Kompetenzordnung des Grundgesetzes die Zuordnung zu einer bestimmten „Materie" der Gesetzgebung des Bundes oder der Bundesverwaltung gegeben sein. Maßgebend für die **Abgrenzung der Gesetzgebungskompetenzen** ist die unmittelbar durch das zu beurteilende Gesetz geregelte Materie. Da z. B. die Pressefusions-Novelle zum GWB nicht den „publizistischen Wettbewerb" regelt, sondern die Regelung der wirtschaftlichen Konzentrationskontrolle den besonderen Strukturmerkmalen der Pressemärkte anpaßt, fällt sie unter die Bundeskompetenz nach Art. 74 Nr. 16 GG, nicht unter die Rahmenkompetenz nach Art. 75 Nr. 2 GG (BGHZ 76, 55/64 ff.).

Sofern ein Sachbereich eine **mehrfache Zuordnung** erlaubt, wie z. B. die Pressesubventionierung als möglicher Gegenstand eines Gesetzes die Zuordnung zu der Materie „Recht der Wirtschaft" (Art. 74 Nr. 11 GG) oder der Materie „allgemeine Rechtsverhältnisse der Presse" (Art. 75 Nr. 2 GG), muß der Gegenstand nach Inhalt und Wirkung der zu beurteilenden Regelung oder Maßnahme, seiner „wesensmäßigen und historischen Zugehörigkeit" zu der einen oder der anderen Materie kompetenzrechtlich zugeordnet werden; dabei kommt es auf den Schwerpunkt der Regelung oder Maßnahme an (BVerfGE 36, 193/202 f.; 36, 314/319). Ein historisch bestehender Sachzusammenhang ist dabei besonders zu berücksichtigen.

Eine „**Doppelzuständigkeit**", auf deren Grundlage Bund und Länder ein und denselben Gegenstand gleichzeitig in unterschiedlicher Weise gesetzgeberisch regeln könnten, ist mit der verfassungsrechtlich vorausgesetzten Abgren-

Die Bundesrepublik ist ein Bundesstaat 75–77 D

zungsfunktion der Verteilung der Gesetzgebungsbefugnisse (siehe Art. 70 Abs. 2 GG) unvereinbar. Die Regelung des Parkens auf öffentlichen Straßen beispielsweise ist deshalb allein der Materie des ,,Straßenverkehrs" (Art. 74 Nr. 22 GG) zuzuordnen und nicht außerdem auch dem Straßenrecht (des Bundes oder des Landes), das die Bereitstellung des Weges für die in der Widmung festgelegte besondere Verkehrsfunktion ordnet (BVerfGE 67, 299).
F RNrn. 26, 36.

Bundeskompetenzen kraft Sachzusammenhangs

Läßt sich der Gegenstand einer Regelung oder einer Maßnahme einer der aufgezählten Materien der Gesetzgebung des Bundes oder der Bundesverwaltung nicht zuordnen, kann dennoch eine Zuständigkeit des Bundes kraft Sachzusammenhangs gegeben sein, wenn die beabsichtigte Regelung oder Maßnahme in einem notwendigen Sachzusammenhang mit einer dem Bund ausdrücklich zugewiesenen Materie steht, also als deren ,,Annex" betrachtet werden muß. Kann eine dem Bund ausdrücklich zugewiesene Materie verständigerweise nicht geregelt werden, ohne daß eine nicht ausdrücklich zugewiesene Materie mit geregelt wird, kommt eine Bundeskompetenz kraft Sachzusammenhangs in Betracht (vgl. BVerfGE 3, 407/421; 12, 205/238; 22, 180/210). Der Auslegungsgedanke des Sachzusammenhangs wird vom Grundgesetz selbst in Art. 74 Nr. 14 GG herangezogen, wonach die konkurrierende Gesetzgebung sich auf das Recht der Enteignung erstreckt, soweit sie auf den Sachgebieten der Art. 73 und 74 GG in Betracht kommt. In ähnlicher Weise sind Verfahrensvorschriften kompetenzrechtlich als Annexregelungen zu einzelnen Sachbereichen der Bundeskompetenz anzusehen (BVerfGE 8, 143/149 f.). 75

Bundeskompetenz kraft Natur der Sache

Eine Bundeskompetenz ist ,,aus der Natur der Sache" begründet, wenn ein Sachgebiet seiner Natur nach nur dem Bund zugeordnet und dementsprechend nur von ihm geregelt oder verwaltet werden kann (BVerfGE 3, 407/421, 427f.; 11, 89/98; 12, 205/242; 15, 1/24; 22, 180/217; 26, 246/257). Die ,,Überregionalität" eines Sachgebiets oder einer Aufgabe genügt danach nicht, um eine Bundeszuständigkeit kraft Natur der Sache zu begründen. Auf dieser ungeschriebenen Bundeskompetenz beruhen beispielsweise die Rundfunkanstalten des Bundesrechts ,,Deutsche Welle" (Auslandssendungen über Kurzwelle) und ,,Deutschlandfunk" (Sendungen für Deutschland und das europäische Ausland über Langwelle) nach dem Gesetz über die Errichtung von Rundfunkanstalten des Bundesrechts vom 29. Nov. 1960 (BGBl. I S. 862), zuletzt geändert durch Gesetz vom 14. Dez. 1976 (BGBl. I S. 3341). 76

Auswärtige Beziehungen

Die Pflege der Beziehungen zu auswärtigen Staaten ist Sache des Bundes (Art. 32 GG). Die auswärtigen Angelegenheiten sind eine Materie der ausschließlichen Gesetzgebung des Bundes (Art. 73 Nr. 1 GG). Der Auswärtige 77

Dienst wird in bundeseigener Verwaltung mit eigenem Verwaltungsunterbau geführt (Art. 87 Abs. 1 GG).
Im „**Lindauer Abkommen**" vom 14. Nov. 1957 (RNr. 128) haben Bund und Länder eine Vereinbarung über das Recht des Bundes zum Abschluß völkerrechtlicher Verträge geschlossen, die auf Gebieten der ausschließlichen Zuständigkeit der Länder Verpflichtungen des Bundes oder der Länder begründen sollen. Ohne ausdrückliche Basis im Grundgesetz ist in dem Abkommen bestimmt worden, daß für derartige Verträge das vorherige Einverständnis der Länder eingeholt werden muß. Darüber hinaus ist vorgesehen, daß bei Verträgen, die wesentliche Interessen der Länder berühren, die Länder rechtzeitig Gelegenheit haben müssen, ihre Auffassung geltend zu machen. Auf der Grundlage des Lindauer Abkommens ist ein ständiges Gremium aus Vertretern der Länder gebildet worden, die „Ständige Vertragskommission der Länder" (MAUNZ/DÜRIG, Grundgesetz, Art. 32, RNr. 45).
Ungeachtet der vom Grundgesetz übernommenen Regel, daß ein Bundesstaat „im völkerrechtlichen Verkehr grundsätzlich als Einheit auftritt" (BVerfGE 2, 347/378 f.), können die **Länder** mit Zustimmung der Bundesregierung mit auswärtigen Staaten Verträge abschließen, soweit sie für die Gesetzgebung zuständig sind (Art. 32 Abs. 3 GG). Diese Klausel eröffnet den Ländern z. B. die Möglichkeit, Kulturabkommen mit auswärtigen Staaten abzuschließen. RNrn. 126, 127.

W. RUDOLF, Internationale Beziehungen der deutschen Länder, ArchVR 13, 1966, S. 53.

d) Die Rechts- und Wirtschaftseinheit im Bundesstaat

Rechts- und Amtshilfe

78 Alle Behörden des Bundes und der Länder leisten sich gegenseitig Rechts- und Amtshilfe (Art. 35 Abs. 1 GG). In dieser verfassungsrechtlichen Pflicht kommt ungeachtet der getrennten Verwaltungs- und Justizhoheit des Bundes und der Länder die bundesstaatliche Einheit der vollziehenden Gewalt und der Rechtsprechung zum Ausdruck.
Rechtshilfe wird von Gerichten (§§ 156 ff. GVG) und von Verwaltungsbehörden gegenüber Gerichten im Hinblick auf eine Tätigkeit der Rechtspflege geleistet. **Amtshilfe** ist die im Rahmen der Erfüllung von Aufgaben der öffentlichen Verwaltung auf Ersuchen einer Behörde geleistete „ergänzende Hilfe" einer anderen Behörde (§ 4 Abs. 1 VwVfG). Die bisher nur in Einzelbestimmungen geregelte Amtshilfe hat in den §§ 4 ff. VwVfG eine nähere Ausgestaltung durch eine allgemeine Regelung erhalten. Amtshilfe erfolgt z. B. durch die Erteilung einer Auskunft seitens der ersuchten Behörde an die ersuchende Behörde. Durch die Amtshilfe werden die kompetenzmäßigen und sachlich-rechtlichen Grenzen für das Tätigwerden sowohl der ersuchenden wie der ersuchten Behörde nicht verändert. Die Verantwortlichkeit für die Rechtmäßigkeit des Verfahrens und der Entscheidung, die durch das Ersuchen gefördert werden sollen, bleibt Sache der ersuchenden Behörde, während die ersuchte Behörde für die Art und Weise der geleisteten Amtshilfe, deren Rechtmäßigkeit sich nach dem für die ersuchte Behörde geltenden

Recht richtet, verantwortlich ist (§§ 5 Abs. 2, 7 VwVfG). Die Übermittlung personenbezogener Daten innerhalb des öffentlichen Bereichs muß die datenschutzrechtlichen Beschränkungen beachten (§ 10 Bundesdatenschutzgesetz). Die Vorschriften über die Amtshilfe stellen für sich allein keine dem rechtsstaatlichen Gesetzvorbehalt entsprechende Ermächtigung für Rechtseingriffe dar.

B. SCHLINK, Die Amtshilfe, 1982; K. MEYER-TESCHENDORF, JuS 1981, S. 187.

Wahrung der Rechts- und Wirtschaftseinheit

Der Bundesstaat vereinigt die anerkannte und gewährleistete Verschiedenheit **79** der Politik und der Kultur in den Ländern mit den Erfordernissen der Rechts- und Wirtschaftseinheit im gesamten Bundesgebiet. Die Materien der **ausschließlichen Gesetzgebung** des Bundes veranschaulichen eine Reihe von Sachgebieten, die einer unterschiedlichen Regelung von Land zu Land nicht zugänglich sind, wie beispielsweise das Währungs-, Geld- und Münzwesen, Maße und Gewichte, die Zeitbestimmung, Bundeseisenbahnen und Luftverkehr oder das Post- und Fernmeldewesen. Für die Materien der **konkurrierenden Gesetzgebung** bestimmt Art. 72 Abs. 2 Nr. 3 GG, daß der Bund in diesem Bereich das Gesetzgebungsrecht hat, soweit ein Bedürfnis nach bundesgesetzlicher Regelung besteht, weil die Wahrung der Rechts- oder Wirtschaftseinheit, insbes. die Wahrung der Einheitlichkeit der Lebensverhältnisse über das Gebiet eines Landes hinaus, sie erfordert. Den Notwendigkeiten der Rechts- und Wirtschaftseinheit im Bundesgebiet trägt auch die Ordnung des **Finanzwesens** Rechnung. Der Bund hat die konkurrierende Gesetzgebung über nahezu alle Steuern, wenn ihm das Aufkommen der Steuer ganz oder zum Teil zusteht oder die Voraussetzungen des Art. 72 Abs. 2 GG vorliegen (Art. 105 Abs. 2 GG).
Die durch das Grundgesetz eingerichteten Gerichte des Bundes, vor allem das **Bundesverfassungsgericht** und die für die Gebiete der ordentlichen, der Verwaltungs-, der Finanz-, der Arbeits- und der Sozialgerichtsbarkeit errichteten **obersten Gerichtshöfe des Bundes** sichern durch ihre Rechtsprechung die Rechtseinheit (Art. 92, 95, 96 GG). Die obersten Gerichtshöfe des Bundes sind Gerichte, die im Wege der Revision nur angegangen werden können, wenn die Verletzung von Bundesrecht gerügt wird. Soweit ausnahmsweise auch die Verletzung von Landesrecht gerügt werden kann, wie im Falle des Beamtenrechts und des Verwaltungsverfahrensrechts (§ 137 VwGO), ist der Grund dafür die Sicherung der Rechtseinheit auf diesen wichtigen Sachgebieten.

Handelsflotte

Alle deutschen Kauffahrteischiffe bilden eine einheitliche Handelsflotte **80** (Art. 27 GG). Diese Bestimmung geht auf Art. 54 Abs. 1 der Reichsverfassung von 1871 und Art. 81 WeimRVerf zurück. „**Kauffahrteischiffe**" sind die zum Erwerb durch die Seefahrt bestimmten Schiffe (Gesetz betr. das Flaggenrecht der Kauffahrteischiffe vom 22. Juni 1899, RGBl. S. 319). Die Bedeutung der Vorschrift liegt auf dem Gebiet des Völkerrechts. Der **völkerrechtli-**

che **Schutz** soll den unter deutscher Flagge fahrenden Handelsschiffen einheitlich zukommen. Für das Recht und die Pflicht, die Bundesflagge zu führen, gilt nunmehr das Flaggenrechtsgesetz vom 8. Febr. 1951 (BGBl. I S. 79), zuletzt geänd. durch Gesetz v. 10. Mai 1978 (BGBl. I S. 613). Dazu RNr. 27.

e) Die gegenseitigen Rechte und Pflichten des Bundes und der Länder

Grundsatz des bundesfreundlichen Verhaltens

81 Die staatsrechtliche Ordnung des Bundesstaates folgt dem Grundgedanken, daß die Bundesglieder untereinander und der Bund und die Länder in ihrem Verhältnis zueinander zusammenwirken sollen, um den Aufgaben und Verantwortlichkeiten des Staates gerecht zu werden. Die **Bundestreue** als Richtschnur für die gegenseitigen Rechte und Pflichten ist demnach ein ungeschriebener Grundsatz des Bundesstaates. Aus ihm ist das Gebot des ,,bundesfreundlichen Verhaltens" abzuleiten. Dieses Gebot verpflichtet den Bund ebenso wie die einzelnen Länder (BVerfGE 8, 122/138; 12, 205/254f.; 21, 312/326; 43, 291/348f.; 61, 149/205). Das Gebot des bundesfreundlichen Verhaltens schafft keine Rechte oder Pflichten über das verfassungsrechtlich geordnete **bundesstaatliche Rechtsverhältnis** hinaus, sondern bezieht sich auf die Art und Weise der Ausübung von Rechten und der Erfüllung von Pflichten, wie sie sich aus diesem bundesstaatlichen Rechtsverhältnis ergeben. Auf die Länder bezogen verpflichtet dieses Gebot jedes Land, bei der Inanspruchnahme seiner Rechte die gebotene Rücksicht auf die Interessen der anderen Länder und des Bundes zu nehmen und nicht auf Durchsetzung rechtlich eingeräumter Positionen zu dringen, die elementare Interessen eines anderen Landes schwerwiegend beeinträchtigen (BVerfGE 34, 216/232). Der Grundsatz der Bundestreue und das Gebot des bundesfreundlichen Verhaltens, wie es in der Rechtsprechung des Bundesverfassungsgerichts entwickelt worden ist, geht zurück auf einen fruchtbaren Gedanken RUDOLF SMENDS in der Abhandlung ,,Ungeschriebenes Verfassungsrecht im monarchischen Bundesstaat" (in: Festgabe für Otto Mayer, 1916, S. 245); siehe BVerfGE 1, 299/315.

H. J. FALLER, Zum Prinzip der Bundestreue in der Rechtsprechung des Bundesverfassungsgerichts, in: Festschrift für Theodor Maunz, 1981, S. 53.

Bundeszwang

82 Das Grundgesetz hat die weitgehenden Vorschriften über die **Reichsexekution** in Art. 48 Abs. 1 WeimRVerf nicht übernommen. Die Befugnis des Reichspräsidenten, ein Land, das die ihm nach der Reichsverfassung oder den Reichsgesetzen obliegenden Pflichten nicht erfüllt, dazu mit Hilfe der bewaffneten Macht anzuhalten, ist von der Diktaturgewalt des Reichspräsidenten nach Art. 48 Abs. 2 bis 4 zu unterscheiden.
Wenn ein Land die ihm nach dem Grundgesetz oder einem anderen Bundesgesetz obliegenden **Bundespflichten** nicht erfüllt, kann die Bundesregierung mit Zustimmung des Bundesrats die notwendigen Maßnahmen treffen, um das Land im Wege des Bundeszwanges zur Erfüllung seiner Pflichten anzuhalten. Zur Durchführung des Bundeszwanges hat die Bundesregierung oder

Die Bundesrepublik ist ein Bundesstaat

ihr Beauftragter das Weisungsrecht gegenüber allen Ländern und ihren Behörden (Art. 37 GG). Bundeszwang ist danach das Einschreiten des Bundes gegen ein Land im Wege hoheitlicher Anordnungen und unter der Voraussetzung, daß das Land seine Bundespflichten nicht erfüllt. Zu diesen Pflichten gehört z. B. die verfassungs- und gesetzmäßige Ausführung der Bundesgesetze. Der Einsatz des Bundesgrenzschutzes oder der Streitkräfte, der in den Vorschriften der Art. 91 Abs. 2 und 87a Abs. 4 GG für besondere Fälle einer Verletzung der öffentlichen Sicherheit und Ordnung geregelt ist, gehört nicht zu den „notwendigen Maßnahmen" im Sinne des Art. 37 Abs. 1 GG. Zur Anwendung von Bundeszwang ist es seit der Gründung der Bundesrepublik noch nicht gekommen.

Bundesaufsicht

Die Länder unterliegen nicht einer allgemeinen Aufsicht des Bundes über die Rechtmäßigkeit oder Zweckmäßigkeit der Ausübung ihrer Staatsgewalt. Das Grundgesetz kennt nur eine unselbständige (abhängige, akzessorische) Bundesaufsicht im Hinblick auf die Ausführung des Bundesrechts (Art. 84 Abs. 3 und 4, 85 Abs. 3 und 4, 108 Abs. 3 GG). G RNrn. 37ff., 42f.

H. TRIEPEL, Die Reichsaufsicht, 1917; J. A. FROWEIN, Die selbständige Bundesaufsicht nach dem Grundgesetz, 1961.

Gewährleistungspflicht des Bundes für die verfassungsmäßige Ordnung der Länder

Der Bund gewährleistet, daß die verfassungsmäßige Ordnung der Länder den Grundrechten und den Bestimmungen des Art. 28 Abs. 1 und 2 GG entspricht (Art. 28 Abs. 3 GG). Zur Erfüllung der danach bestehenden Bundespflichten der Länder kann der Bund die Befugnisse des Bundeszwangs nach Art. 37 GG ausüben. Soweit sich diese Gewährleistungspflicht zugleich auf die Ausführung von Bundesgesetzen bezieht, stehen dem Bund auch die Befugnisse der Bundesaufsicht nach Art. 84 Abs. 3 und 4 GG zu.

Einzelregelungen bundesstaatlicher Rechte und Pflichten

Die Erfüllung der staatlichen Aufgaben und die Ausübung hoheitlicher Befugnisse durch den Bund kann in vielfältiger Weise die Rechte und Interessen der Länder berühren. Dementsprechend hat das Grundgesetz durch verschiedene Vorschriften sichergestellt, daß der Bund die Rechte und Interessen der Länder angemessen berücksichtigt. Die Personalpolitik der obersten Bundesbehörden und der übrigen Bundesbehörden hat die Gliederung in Länder nach Maßgabe des Art. 36 Abs. 1 GG zu berücksichtigen. Ebenso haben die Wehrgesetze auch die Gliederung des Bundes in Länder und ihre besonderen landsmannschaftlichen Verhältnisse zu berücksichtigen (Art. 36 Abs. 2 GG). Bei der Verwaltung, dem Ausbau und dem Neubau von Wasserstraßen sind die Bedürfnisse der Landeskultur und der Wasserwirtschaft im Einvernehmen mit den Ländern zu wahren (Art. 89 Abs. 3 GG). Die Leiter der Mittelbehörden der Bundesfinanzverwaltung sind im Benehmen mit den Landesregierungen zu bestellen (Art. 108 Abs. 1 Satz 3 GG).

Zur Aufrechterhaltung oder Wiederherstellung der öffentlichen Sicherheit oder Ordnung und zur Hilfe bei einer Naturkatastrophe oder bei einem besonders schweren Unglücksfall kann ein Land unter bestimmten Voraussetzungen Polizeikräfte anderer Länder, Kräfte und Einrichtungen anderer Verwaltungen sowie des Bundesgrenzschutzes und der Streitkräfte anfordern (Art. 35 Abs. 2 GG). Die Bundesregierung kann, wenn die Naturkatastrophe oder der Unglücksfall das Gebiet mehr als eines Landes gefährdet, soweit es zur wirksamen Bekämpfung erforderlich ist, den Landesregierungen die Weisung erteilen, Polizeikräfte anderen Ländern zur Verfügung zu stellen, sowie Einheiten des Bundesgrenzschutzes und der Streitkräfte zur Unterstützung der Polizeikräfte einsetzen (Art. 35 Abs. 3 GG).

Vor dem Abschluß eines völkerrechtlichen Vertrages, der die besonderen Verhältnisse eines Landes berührt, ist das Land rechtzeitig zu hören (Art. 32 Abs. 2 GG).

Vereinbarungen von Bund und Ländern

86 Der Bund und die Länder sind in einem Bundesstaat verbundene Staaten, deren Rechtsverhältnisse untereinander sich nach dem Grundgesetz bestimmen. Im Rahmen dieses bundesstaatlichen Rechtsverhältnisses und in den Grenzen des Verfassungsrechts steht dem Bund und den Ländern Vertragsfreiheit für den Abschluß von Vereinbarungen über solche Gegenstände zu, die der Verfügung der Vertragsparteien unterliegen. Als derartige Vereinbarungen kommen Staatsverträge und Verwaltungsabkommen in Betracht. Als „**Staatsverträge**" bezeichnet man solche Vereinbarungen der Länder untereinander oder des Bundes mit einem Land oder mit mehreren Ländern, die nach ihrem Gegenstand wirksam nicht allein von den beteiligten Regierungen oder Verwaltungsbehörden abgeschlossen werden können, sondern einer Mitwirkung der Volksvertretungen im Wege eines Zustimmungsgesetzes oder einer Zustimmung durch parlamentarische Beschlußfassung bedürfen. Die Notwendigkeit einer Mitwirkung der Volksvertretung besteht dann, wenn über die Begründung gegenseitiger Rechte und Pflichten der Vertragsparteien hinaus die Schaffung unmittelbar verbindlicher Rechtsvorschriften des Bundesrechts oder des Landesrechts erreicht werden soll, aus denen auch Rechte und Pflichten einzelner abzuleiten sind. Der Abschluß von Staatsverträgen richtet sich nach dem Verfassungsrecht der beteiligten Vertragsparteien. Die in Bayern bestehende Regelung (Art. 72 Abs. 2 BayVerf), daß die Zustimmung des Landtages zu einem Staatsvertrag nicht der Gesetzesform bedarf, diesen jedoch ungeachtet dessen in seinen normativen Bestimmungen als bayerisches Recht mit dem Rang des Landesgesetzes in Geltung setzt (BayVGHE 28, 143), verstößt nicht gegen Bundesverfassungsrecht (BVerfGE 37, 197).

Die Vereinbarungen im bundesstaatlichen Rechtsverhältnis unterliegen dem **Verfassungsrecht,** nicht etwa dem Völkerrecht. Die zwingenden Vorschriften des Grundgesetzes, also nicht nur die Grundrechte, sondern auch die Bestimmungen über die staatlichen Institutionen und über die Zuständigkeitsordnung, sind der vertraglichen Vereinbarung entzogen. Einer besonderen verfassungsrechtlichen Ermächtigung für den Abschluß von Staatsverträgen

Die Bundesrepublik ist ein Bundesstaat

oder Verwaltungsabkommen bedarf es nicht. Beispiele sind der Staatsvertrag über die Errichtung der Anstalt des öffentlichen Rechts (Zweites Deutsches Fernsehen) vom 6. Juni 1961 und der Staatsvertrag über die Vergabe von Studienplätzen vom 23. Juni 1978. Ein ausdrücklich geregelter Fall findet sich in Art. 29 Abs. 7 GG, wonach bestimmte Änderungen des Gebietsbestandes der Länder durch Staatsverträge der beteiligten Länder erfolgen können. Ein weiteres Beispiel für eine ausdrückliche Regelung in der Verfassung ist Art. 91 b GG, wonach Bund und Länder aufgrund von Vereinbarungen bei der Bildungsplanung und bei der Förderung von Einrichtungen und Vorhaben der wissenschaftlichen Forschung von überregionaler Bedeutung zusammenwirken können. Die Zustimmungsgesetze oder -beschlüsse der Vertragsparteien werden mit dem Staatsvertrag als Anlage in den Gesetzblättern der vertragschließenden Parteien verkündet. Zu den Verwaltungsabkommen siehe G RNr. 34.

Streitigkeiten zwischen Ländern oder zwischen dem Bund und den Ländern über die Rechte und Pflichten aus einem zwischen ihnen geschlossenen Staatsvertrag sind vor dem Bundesverwaltungsgericht auszutragen; § 50 Abs. 1 Nr. 1 VwGO (BVerwGE 54, 29 – NDR-Staatsvertrag). Wenn der Vertragsinhalt verfassungsrechtlicher Art ist, ist für Streitigkeiten aus einem Staatsvertrag gemäß Art. 94 Abs. 1 Nr. 4 GG das Bundesverfassungsgericht zuständig (BVerfGE 43, 103; BVerwGE 60, 173).

H. SCHNEIDER/W. SCHAUMANN, Verträge zwischen Gliedstaaten im Bundesstaat, VVDStRL Heft 19, 1961; G. KISKER, Kooperation im Bundesstaat, 1971.

f) Die kommunale Selbstverwaltung

Die verfassungsrechtliche Gewährleistung

Das Grundgesetz gibt der kommunalen Selbstverwaltung in **Gemeinden** und **Landkreisen** (Gemeindeverbänden) verfassungsrechtlichen Schutz durch eine ausdrückliche Garantie: Den Gemeinden muß das Recht gewährleistet sein, alle Angelegenheiten der örtlichen Gemeinschaft im Rahmen der Gesetze in eigener Verantwortung zu regeln. Auch die Gemeindeverbände haben im Rahmen ihres gesetzlichen Aufgabenbereiches nach Maßgabe der Gesetze das Recht der Selbstverwaltung (Art. 28 Abs. 2 GG). Die kommunale Selbstverwaltung ist damit Gegenstand einer objektiven Gewährleistung, die von der öffentlichen Gewalt des Bundes und der Länder, vor allem auch von der Bundes- und Landesgesetzgebung zu beachten ist. Weil dadurch die kommunale Selbstverwaltung in ihrer überkommenen Eigentümlichkeit und Selbständigkeit als eine leistungsfähige Einrichtung der Verwaltungsorganisation, geschieden von der staatlichen Verwaltung des Landes, zu erhalten und ggf. fortzuentwickeln ist, spricht man von einer „**institutionellen Garantie**". Daraus folgt zugleich, daß die verfassungsrechtliche Gewährleistung nicht etwa als eine Bestandsgarantie für die im Zeitpunkt des Inkrafttretens des Grundgesetzes vorhandenen Gemeinden zu verstehen ist. Durch Gesetz und aufgrund Gesetzes können Gemeinden aufgelöst, in andere Gemeinden eingegliedert („eingemeindet") oder in ihren Grenzen verändert werden, soweit dabei der gewährleistete Grundtatbestand der kommunalen Selbstverwaltung in seinen Wesenszügen nicht mißachtet wird. Gesetzliche Beschränkungen oder sonstige Veränderungen der Rechtsstellung der Gemeinden dürfen nicht dazu führen, daß die kommunale Selbstverwaltung die Gelegenheit zu kraftvoller Betätigung verliert und nur noch ein Scheindasein führen kann (BVerfGE 23, 353/365; 38, 258/279; 52, 95/116; 56, 298/312; BVerwG DVBl. 1984, 679).

Für die einzelne bestehende Gemeinde folgt aus der verfassungsrechtlichen Garantie ein **subjektives Recht** darauf, daß staatliche Eingriffe gegenüber der Gemeinde deren Selbstverwaltungsrecht respektieren und auf dieses Selbstverwaltungsrecht nur in einer verfassungsrechtlich zulässigen Weise einwirken. Das subjektive Recht der Gemeinde richtet sich weiter darauf, daß das staatliche Handeln den objektiven Gewährleistungsgehalt der Verfassungsgarantie beachtet.

Im Zusammenhang mit den Anforderungen, die das Grundgesetz für die verfassungsmäßige Ordnung in den Ländern aufstellt, ist die weitere Garantie ausgesprochen, daß das Volk in den Kreisen und Gemeinden eine Vertretung haben muß, die aus allgemeinen, unmittelbaren, freien, gleichen und geheimen Wahlen hervorgegangen ist (Art. 28 Abs. 1 GG). Damit ist festgelegt, daß die kommunale Selbstverwaltung in einer nach den demokratischen Wahlrechtsgrundsätzen gewählten **Vertretungskörperschaft** wirksam werden muß, der die Erledigung der wesentlichen kommunalen Aufgaben zufällt und die mit den notwendigen Befugnissen der Rechtsetzung und Verwaltung ausgestattet ist.

E. SCHMIDT-ASSMANN, Kommunalrecht, in: I. v. MÜNCH (Hrsg.), Besonderes Verwaltungsrecht, 7. Aufl., 1984, S. 91; E. SCHMIDT-JORTZIG, Kommunalrecht, 1982; F.-L. KNEMEYER, Bayerisches Kommunalrecht, 5. Aufl., 1984; W. BLÜMEL/R. GRAWERT, Gemeinden und Kreise vor den öffentlichen Aufgaben der Gegenwart, VVDStRL 36, 1978; W. BLÜMEL, Wesensgehalt und Schranken des kommunalen Selbstverwaltungsrechts, in: Festgabe für Georg Christoph v. Unruh, 1983, S. 265. – Antwort der Bundesregierung auf eine Große Anfrage zur Lage der Städte, Gemeinden und Kreise, BTag Drucks. 10/1506.

Die Gemeinde und das Gemeinderecht

88 Dem bundesstaatlichen Aufbau entsprechend gehören die Gemeinden zum Bereich der **Länder,** in deren Verwaltungsorganisation sie eingegliedert sind. Den Ländern kommt die Gesetzgebungszuständigkeit für das Gemeinderecht zu, also für die Organisation und die allgemeinen Rechtsverhältnisse der Gemeinden. Die Länder haben nach dem Kriege unter Fortbildung der Grundlinien der Deutschen Gemeindeordnung vom 30. Jan. 1935 (RGBl. I S. 49) **Gemeindeordnungen** erlassen. Davon abgesehen können sich Aufgaben und Befugnisse der Gemeinden je nach dem Gegenstand sowohl aus dem Bundesrecht wie aus dem Landesrecht ergeben.

Die Gemeinden sind **Gebietskörperschaften.** Als solche sind sie von anderen Körperschaften des öffentlichen Rechts dadurch unterschieden, daß sie über Gebietshoheit verfügen und daß sich ihre Aufgaben nach dem Grundsatz der Universalität der kommunalen Zuständigkeit im Gemeindegebiet bemessen. Gebietshoheit bedeutet, daß die Hoheitsgewalt der Gemeinde das Gemeindegebiet und seine gesamte Bevölkerung umfaßt. Nach dem Grundsatz der

Die Bundesrepublik ist ein Bundesstaat

Universalität steht den Gemeinden in ihrem Gebiet die Erfüllung aller öffentlichen Aufgaben zu, soweit nicht das Gesetz etwas anderes bestimmt. Die Aufgaben, welche die Gemeinden für ihr Gebiet erfüllen, sind eigene Angelegenheiten oder übertragene Angelegenheiten. In den **eigenen Wirkungskreis** fallen die Angelegenheiten der örtlichen Gemeinschaft; auf diesen Wirkungskreis bezieht sich die verfassungsrechtliche Garantie der kommunalen Selbstverwaltung. Die Gemeinde handelt hier im Rahmen der Gesetze nach eigenem Ermessen und unterliegt nur einer Rechtsaufsicht des Staates. Die **übertragenen Angelegenheiten** dagegen sind Aufgaben, die sich in Bedeutung und Wirkung nicht im örtlichen Bereich erschöpfen und den Gemeinden durch Gesetz zugewiesen werden, wie z. B. die Aufgaben im Bereich der öffentlichen Sicherheit und Ordnung.

Die sogenannten **Stadtstaaten** Berlin, Bremen und Hamburg sind Länder. In der Freien und Hansestadt Hamburg werden staatliche und gemeindliche Tätigkeiten nicht getrennt (Art. 4 HambVerf). Demgegenüber bilden die Stadt Bremen und die Stadt Bremerhaven jede für sich eine Gemeinde des bremischen Staates (Art. 143 ff. BremVerf). Berlin gliedert sich in Bezirke, die an der Verwaltung nach den Grundsätzen der Selbstverwaltung zu beteiligen sind (Art. 50 ff. Verfassung von Berlin).

Die Landkreise

Die Gemeinden sind durch die Organisationsgesetzgebung des Staates zu **Gemeindeverbänden** zusammengeschlossen, den Kreisen oder Landkreisen. Nur einzelne sehr große und verwaltungskräftige Städte sind kreisfrei, gehören also nicht zu einem Landkreis. Die Landkreise sind auch ihrerseits für ihr Gebiet **Gebietskörperschaften**. Ihnen steht die Erfüllung der auf das Kreisgebiet beschränkten öffentlichen Aufgaben zu, die über die Zuständigkeit oder das Leistungsvermögen der kreisangehörigen Gemeinden hinausgehen, soweit es sich nicht um Staatsaufgaben handelt.

Eine Eigentümlichkeit der Landkreise besteht darin, daß durch ihre Verwaltungsbehörde – das **Landratsamt** – zugleich auch die staatlichen Aufgaben der Unterstufe der inneren Verwaltung wahrgenommen werden. Einige Länder haben diese an sich staatlichen Aufgaben „kommunalisiert", so daß sie als Aufgaben des Landkreises in dessen übertragenem Wirkungskreis wahrgenommen werden. Andere Länder dagegen, z. B. der Freistaat Bayern, haben den staatlichen Charakter dieser Aufgaben auch organisatorisch aufrecht erhalten, indem das Landratsamt einerseits für die Kreisangelegenheiten Behörde des Landkreises, andererseits als Unterstufe der staatlichen Verwaltung Staatsbehörde ist. Als Unterstufe der inneren Verwaltung wird das Landratsamt in dem einen wie dem anderen Organisationsform als „**Kreisverwaltungsbehörde**" bezeichnet. Die **kreisfreien Städte** sind für ihr Gebiet selbst Kreisverwaltungsbehörde.

Die in Art. 28 Abs. 2 GG ausgesprochene Garantie der kommunalen Selbstverwaltung steht auch den – als „Gemeindeverbände" bezeichneten – Landkreisen zu. Schon der Wortlaut zeigt jedoch einen deutlichen Unterschied; denn das Selbstverwaltungsrecht wird hier nur im Rahmen des gesetzlichen Aufgabenbereiches und nach Maßgabe der Gesetze gewährleistet. Für das

Verhältnis der Landkreise zu den kreisangehörigen Gemeinden gilt nicht schlechthin ein Subsidiaritätsprinzip, sondern vielmehr ein gesetzlich zu ordnendes Verhältnis, das auf „Ausgleich und Ergänzung angelegt" ist. Der Gesetzgeber muß bei der Zuordnung von Aufgaben und insbes. Übertragung bisher kommunaler Aufgaben auf die Landkreise die Verfassungsgarantie zugunsten der Gemeinden beachten, kann aber Planungs- und Versorgungsaufgaben mit deutlich überörtlichen oder die Leistungskraft einzelner Gemeinden übersteigenden Merkmalen, wie z. B. die Abfallbeseitigung, den Landkreisen zuweisen. Die darüber hinausgehende Annahme der neueren Gerichtspraxis, daß sich der Wesensgehalt des den Gemeinden gewährten Selbstverwaltungsrechts in seiner Substanz nicht von dem der Kreise unterscheide (BVerwGE 67, 321), ebnet die auch in der verfassungsrechtlichen Garantie vorausgesetzte Verschiedenartigkeit der Selbstverwaltung in den Gemeinden und in den Kreisen ohne sachliche Rechtfertigung zu sehr ein.

W. BLÜMEL, Das verfassungsrechtliche Verhältnis der kreisangehörigen Gemeinden zu den Kreisen, VerwArch. 75, 1984, S. 197, 297; E. SCHMIDT-JORTZIG, Die Selbstverwaltungsbereiche von Kreisen und kreisangehörigen Gemeinden nach der Verfassung, DÖV 1984, 821.

Selbstverwaltung und Autonomie in den Angelegenheiten der örtlichen Gemeinschaft

90 Das verfassungsrechtlich gewährleistete **Selbstverwaltungsrecht** der Gemeinden ist die gesetzlich geordnete Befugnis, die Angelegenheiten der örtlichen Gemeinschaft grundsätzlich eigenverantwortlich und nur unter einer staatlichen Rechtsaufsicht durch Verwaltungsentscheidungen zu erledigen und durch Satzungen zu regeln. Die zum Selbstverwaltungsrecht der Gemeinden gehörende und auf Gesetz beruhende Fähigkeit, in den eigenen Angelegenheiten Satzungen zu erlassen, wird als „**Autonomie**" bezeichnet. Dadurch, daß die Verfassung die Institution der kommunalen Selbstverwaltung garantiert, wird ein Kernbereich von Eigenverantwortlichkeit der Gemeinde geschützt, für dessen Abmessung die geschichtliche Entwicklung der kommunalen Selbstverwaltung zu berücksichtigen ist. Es wird dadurch ein die Entfaltung eigener Initiative und Verantwortung ermöglichender Bestand sachlicher Verwaltungsaufgaben der Gemeinde gesichert, als Grundausstattung jedenfalls die Eigenschaft als Gebietskörperschaft, die Organisationshoheit, die Personalhoheit, die Finanzhoheit, die Planungshoheit, die Satzungsautonomie, die kommunale Daseinsvorsorge und ein Anhörungsrecht bei überörtlichen Planungs- und Reformentscheidungen (BVerfGE 8, 122/134; 22, 180/204 f.; 52, 95/117). Mit dem Ausdruck „-hoheit" wird die Zuständigkeit der kommunalen Selbstverwaltungskörperschaft und deren Eigenverantwortlichkeit bei der administrativen Aufgabenerfüllung gekennzeichnet.
Die verfassungsrechtliche Klausel von den „**Angelegenheiten der örtlichen Gemeinschaft**" gibt die Vorstellung wieder, daß ein gewisser Grundbestand von Aufgaben angegeben werden kann, der in den besonderen Bedürfnissen der örtlichen Verhältnisse und der örtlichen Aufgabenerfüllung begründet ist. Die Abgrenzungskraft dieses Begriffes ist verhältnismäßig gering. Außerdem hat die überörtliche Verflechtung der kommunalen Aufgabenerfüllung, be-

Die Bundesrepublik ist ein Bundesstaat

sonders in den modernen Aufgaben der Verkehrs- und Versorgungsbetriebe und der Planung, steigend an Gewicht gewonnen. Dennoch läßt sich der Grundgedanke der Verfassungsgarantie kommunaler Selbstverwaltung schwer mit einer neuerdings hervorgetretenen Auffassung einer „funktionalen" Deutung des Selbstverwaltungsrechts der Gemeinden in Einklang bringen. Das vorrangige Abstellen auf die mit Hilfe der Gemeinden erreichbare dezentralisierende Funktion der Verwaltungsausübung, das deutlich von leistungsstaatlichen Erwägungen der Effektivität bestimmt ist, vernachlässigt die Individualität der einzelnen Gemeinden zugunsten einer einseitigen Hervorhebung des generalisierten Gesichtspunktes „bürgernaher" Verwaltung.
Die Enquete-Kommission Verfassungsreform (Schlußbericht, BTag Drucks. 7/5924, Kap. 13) konstatierte einen „zunehmenden Prozeß der Integration von kommunaler und staatlicher Verwaltung" und resumierte: „Kommunale Selbstverwaltung ist heute nicht mehr eine primär genossenschaftlich oder gesellschaftlich verwurzelte vorstaatliche Institution, sondern eine dezentralisierte Verwaltungsform zur eigenberechtigten Erledigung öffentlicher Angelegenheiten durch Organe, die von örtlichen Gemeinschaften konstituiert werden." Damit wird auf den in Art. 28 Abs. 1 Satz 2 GG gesicherten institutionellen Grundgedanken der Gemeinden und Gemeindeverbände als Elemente des demokratischen Staatsaufbaus abgestellt.

U. SCHEUNER, Zur kommunalen Verwaltungsreform in Deutschland, Archiv für Kommunalwissenschaften 8, 1969, S. 209; DERS., Zur Neubestimmung der kommunalen Selbstverwaltung, Archiv für Kommunalwissenschaften 12, 1973, S. 1; P. BADURA, Entwicklungsplanung und gemeindliche Selbstverwaltung, in: Festschrift für Werner Weber, 1974, S. 911; J. BURMEISTER, Verfassungstheoretische Neukonzeption der kommunalen Selbstverwaltungsgarantie, 1977.

Kommunale Daseinsvorsorge

Die **leistungsverwaltungsrechtlichen Aufgaben** sind den Gemeinden nicht erst in neuerer Zeit zugefallen. Schon seit dem Ende des vergangenen Jahrhunderts ist die Bedeutung der Gemeinde als Leistungsträger zunehmend hervorgetreten. In dem damaligen Schlagwort „Munizipalsozialismus" drückte sich die Einsicht aus, daß die örtliche Versorgung mit Wasser, Gas und Elektrizität und die Sicherung des örtlichen Nahverkehrs nicht der marktwirtschaftlichen Bedarfsdeckung überlassen bleiben dürfe, sondern in die Verantwortung der Gemeinde falle und dort nicht allein als Wirtschaftstätigkeit einzuordnen sei, sondern vielmehr als Erfüllung einer öffentlichen Aufgabe, also als Verwaltungstätigkeit. Verwaltungsrechtlich ist diese Einsicht bahnbrechend in ERNST FORSTHOFFS Lehre von der „**Daseinsvorsorge**" entwickelt worden (Die Verwaltung als Leistungsträger, 1938; Rechtsfragen der leistenden Verwaltung, 1959). Der Begriff der Daseinsvorsorge entstammt zunächst soziologischen Betrachtungen über die spezifische Bedürftigkeit des Menschen in den modernen zivilisatorischen und städtischen Lebensformen. FORSTHOFF übernahm diesen Begriff dann, um damit zu erläutern, daß die Leistungstätigkeit der Verwaltung, zumindest im Bereich des existenzwichtigen Bedarfs, eine den modernen Verhältnissen mit Notwendigkeit entspringende Aufgabe und Funktion der öffentlichen Verwaltung sei.

Demnach können also nicht Grundsätze der Privatwirtschaft und der Privatautonomie für die hier auftretenden Rechtsformen und Bindungen der Verwaltung, vorzugsweise der kommunalen Leistungsverwaltung, maßgebend sein. Auch soweit die Verwaltung hier **privatrechtlich** handelt, z. B. mit Hilfe von Kapitalgesellschaften oder durch die Verwendung privatrechtlicher Anstaltsnutzungsverhältnissen, tritt sie nicht vollständig auf die Ebene des Privatrechts, sondern bleibt sie den Grundsätzen des Verwaltungshandelns und den Bindungen durch die Grundrechte unterworfen.

Die kommunale Daseinsvorsorge gehört zum überkommenen und notwendigen Bild der kommunalen Selbstverwaltung. Kraft der **Verfassungsgarantie** darf sie deshalb nicht grundsätzlich aus dem eigenen Wirkungskreis der Gemeinden ausgegliedert oder mit solchen gesetzlichen Bindungen beschränkt werden, daß eine selbständige kommunale Initiative und Entfaltung unmöglich wird. Art und Zeitmaß der kommunalen Daseinsvorsorge kann deshalb auch nicht von der konkreten Leistungsfähigkeit der Gemeinde abgelöst werden. Der Gesetzgeber ist jedoch nicht daran gehindert, die daseinsnotwendigen Aufgaben der kommunalen Leistungsverwaltung als Pflichtaufgaben der Gemeinden auszugestalten (siehe z. B. Art. 57 BayGO).

K. STERN/G. PÜTTNER, Die Gemeindewirtschaft, 1965; G. PÜTTNER (Hrsg.), Handbuch der kommunalen Wissenschaft und Praxis, 2. Aufl., Bd. 5: Kommunale Wirtschaft, 1984.

Kommunale Planungshoheit

92 Die vielfältigen Planungsaufgaben der Gemeinde, insbes. im Bereich der städtebaulichen Ordnung, der Stadtentwicklung und der Stadterneuerung, haben erst nach dem Kriege eine größere Tragweite erlangt. Im Bereich des **Städtebaurechts** gibt das Gesetz den Gemeinden die „Planungshoheit", die hauptsächlich im Wege der Bauleitplanung durch vorbereitende Flächennutzungspläne und verbindliche Bebauungspläne ausgeübt wird (§§ 1 ff. BBauG). Aufgabe der **Bauleitplanung** ist es, die bauliche und sonstige Nutzung der Grundstücke in der Gemeinde vorzubereiten und zu leiten. Die Bauleitpläne sollen eine geordnete städtebauliche Entwicklung und eine dem Wohl der Allgemeinheit entsprechende sozialgerechte Bodennutzung gewährleisten und dazu beitragen, eine menschenwürdige Umwelt zu sichern. Die planerische Entscheidungsbefugnis der Gemeinde im Bereich der städtebaulichen Entwicklung, wenn auch nicht notwendig in der gegenwärtigen gesetzlichen Ausgestaltung der Planungsinstrumente, ist eine von der Verfassungsgarantie geschützte Angelegenheit der örtlichen Gemeinschaft (BVerfGE 56, 298). Entsprechend der **überörtlichen Verflechtung** muß sich die örtliche Bauleitplanung den überörtlichen Erfordernissen und Zielen der Raumordnung und Landesplanung anpassen, die durch staatliche Entscheidungen festgelegt werden. Kraft des kommunalen Selbstverwaltungsrechts kommt der Gemeinde gegenüber den landesplanerischen Entscheidungen und auch gegenüber den verschiedenen Fachplanungen im Verkehrs- und Versorgungsbereich, etwa der Anlage von Flughäfen oder Autobahnen, ein Beteiligungsanspruch zu. Die Landesplanung und auch die überörtlichen Fachplanungen des Staates genießen jedoch den Vorrang vor den kommunalen Planungen.

Die Bundesrepublik ist ein Bundesstaat 93–95 D

K. GELZER, Bauplanungsrecht, 4. Aufl., 1984; R. WAHL, Rechtsfragen der Landesplanung und Landesentwicklung, 1978.

Kommunale Finanzhoheit

Die Gemeinden besitzen nach dem Gesetz das Recht, ihr Finanzwesen im 93 Rahmen der gesetzlichen Bestimmungen selbst zu regeln und auch zur Deckung ihres Finanzbedarfs Abgaben nach Maßgabe der Gesetze zu erheben, soweit ihre sonstigen Einnahmen nicht ausreichen. Die **Finanzhoheit** der Gemeinde, d. h. ihr Recht zu einer eigenverantwortlichen Einnahmen- und Ausgabenwirtschaft, ist auch durch die verfassungsrechtliche Garantie der kommunalen Selbstverwaltung geschützt. Diese Garantie schließt die Zusicherung ein, daß den Gemeinden das Recht zur Erhebung eigener Steuern und sonstiger Abgaben in ausreichendem Maße zu gewährleisten ist. Die entsprechenden Regelungen finden sich vor allem in den landesrechtlichen **Kommunalabgabengesetzen.** Zu den eigenen Steuern der Gemeinden gehören hauptsächlich die Realsteuern, nämlich die Grund- und die Gewerbesteuer; außerdem steht den Gemeinden das Aufkommen der örtlichen Verbrauch- und Aufwandsteuern zu (Art. 106 Abs. 6 GG; sog. Realsteuergarantie). Das eigene Steueraufkommen der Gemeinden reicht allerdings bei weitem nicht aus, ihren Finanzbedarf zu decken. Durch das **Gemeindefinanzreformgesetz** vom 8. Sept. 1969, jetzt in der Fass. der Bek. vom 28. Jan. 1985 (BGBl. I S. 202), haben die Gemeinden auch einen Anteil an dem Aufkommen der Einkommensteuer erhalten. Nach wie vor sind die Gemeinden aber ausschlaggebend auf die Zuweisungen im Rahmen des landesrechtlich geregelten **Finanzausgleichs** angewiesen. In den verfassungsrechtlich ausdrücklich zugelassenen Fällen (siehe Art. 104 a Abs. 4 Satz 1 und Art. 106 Abs. 7 Satz 1 GG) ist auch der Bund zu eigenen Finanzzuweisungen an die Gemeinden berechtigt (BVerfGE 26, 172; 39, 96; 41, 291). I RNrn. 58 ff.

Die kommunale Verfassungsbeschwerde

Gemeinden und Gemeindeverbände können die Verfassungsbeschwerde zum 94 Bundesverfassungsgericht mit der Behauptung erheben, daß ein Gesetz des Bundes oder des Landes die Vorschrift des Art. 28 GG verletzt, bei Landesgesetzen jedoch nur, soweit nicht Beschwerde beim Landesverfassungsgericht erhoben werden kann (Art. 93 Abs. 1 Nr. 4b GG, § 91 BVerfGG). Diese kommunale Verfassungsbeschwerde bedurfte ausdrücklicher Regelung, weil die Garantie der kommunalen Selbstverwaltung kein Grundrecht darstellt. Grundlage dieser Verfassungsbeschwerde ist demgemäß die Verfassungsgarantie des Art. 28 Abs. 2 GG (siehe BVerfGE 38, 258/268; 56, 298/309; 59, 216/225).

Die Gemeindereform

Die in allen Ländern der Bundesrepublik, mit Ausnahme der Stadtstaaten, 95 vor etwa 20 Jahren in Angriff genommene Gemeindereform war sowohl eine Gebietsreform als auch eine Funktionalreform. Die **Gebietsreform** diente der Schaffung größerer Gemeinden durch Zusammenschluß der vorhandenen

Gemeinden, die im Zuge der Reform ihre bisherige selbständige Existenz einbüßten. Es ging dabei um die Beseitigung von Zwerggemeinden und vor allem um die Bereinigung des sogenannten Stadt-Umland-Problems. Mit der Gemeindereform ist in der Regel auch eine **Landkreisreform** verbunden worden, die eine Vergrößerung der Landkreise und eine Herunterstufung bisher kreisfreier Städte zu kreisangehörigen Städten zur Folge hatte.

Die Notwendigkeit der Gemeindegebietsreform ist dem Prinzip nach allgemein anerkannt worden. In zahlreichen Einzelfällen aber hat die staatlich verordnete Auflösung und Zusammenlegung von Gemeinden und Städten zu größeren politischen Auseinandersetzungen geführt. Die in ihrer Existenz betroffenen Gemeinden haben in zahlreichen Prozessen die Verwaltungsgerichte und die Verfassungsgerichte angerufen, um die Reformentscheidungen des Staates wieder rückgängig zu machen. Die Gerichte haben aus der **Verfassungsgarantie** der kommunalen Selbstverwaltung die verfahrensrechtliche Befugnis einer hinreichenden Anhörung und die materiellrechtlichen Erfordernisse einer hinreichenden Folgerichtigkeit und „Systemgerechtigkeit" von Reformmaßnahmen abgeleitet, z. T. auch darüber hinaus Reformmaßnahmen nach den Grundsätzen der Erforderlichkeit und Verhältnismäßigkeit überprüft (siehe z. B. BVerfGE 50, 50; 50, 195; BayVerfGH VGHE 27, 14; 31, 99; 34, 64; 36, 162 – Horgau).

Die Gebietsreform ist mit einer **Funktionalreform** verbunden worden. Unter Funktionalreform läßt sich die Gesamtheit aller Maßnahmen verstehen, die geeignet sind, die Arbeit der öffentlichen Verwaltung in allen Ebenen zu verbessern und das Verhältnis zwischen Aufwand und Erfolg günstig zu beeinflussen. Funktionalreform im Bereich der Gemeinden bedeutet in erster Linie die Neuverteilung der Zuständigkeit zwischen den einzelnen Verwaltungsebenen, also zwischen Staat, Landkreis und Gemeinde, vor allem durch eine Verlagerung von Aufgaben auf die – im Wege der Gebietsreform leistungsfähiger zugeschnittenen – Gemeinden.

H. MEYER, Die kommunale Neuordnung als verfassungsrechtliches Problem, DÖV 1971, 801; W. HOPPE/H.-W. RENGELING, Rechtsschutz bei der kommunalen Gebietsreform, 1973; G. J. RICHTER, Verfassungsprobleme der kommunalen Funktionalreform, 1977; CHR. V. UNRUH/W. THIEME/U. SCHEUNER, Die Grundlagen der kommunalen Gebietsreform, 1981.

5. Der öffentliche Dienst

a) Das Berufsbeamtentum

Die verfassungsrechtliche Garantie

96 Die Beamten stehen zu ihrem Dienstherrn (dem Bund, einem Land oder einer sonstigen Anstellungskörperschaft) in einem „**öffentlich-rechtlichen Dienst- und Treueverhältnis**". Der „**Funktionsvorbehalt**" des Art. 33 Abs. 4 GG fordert, die Ausübung hoheitsrechtlicher Befugnisse als ständige Aufgabe in der Regel Angehörigen des öffentlichen Dienstes zu übertragen, die in einem öffentlich-rechtlichen Dienst- und Treueverhältnis stehen. Der Verfassungsauftrag des Art. 33 Abs. 5 GG, wonach das Recht des öffentlichen Dienstes

Der öffentliche Dienst

unter Berücksichtigung der **hergebrachten Grundsätze des Berufsbeamtentums** zu regeln ist, stellt eine institutionelle Garantie des Berufsbeamtentums dar. Eine Fortbildung des Berufsbeamtentums und eine Anpassung des Beamtenrechts an veränderte Verhältnisse wird dadurch insoweit nicht ausgeschlossen, als die rechtlichen Tragpfeiler des Berufsbeamtentums und die prägenden Merkmale des Beamtenverhältnisses erhalten bleiben (BVerfGE 15, 167/195; 43, 154/168; 46, 97/117). Die Gewährleistung des Art. 33 Abs. 5 GG ist, über ihren objektiven Garantiegehalt hinaus, Grundlage individueller Rechte des Beamten, der von Verfassungs wegen einen Schutz dagegen beanspruchen kann, daß seine Rechtsstellung in den Punkten nicht durch den Gesetzgeber beeinträchtigt wird, welche als Ausprägung des Kernbereichs des Berufsbeamtentums anzusehen sind.

Die Weimarer Reichsverfassung hatte in ihren Beamtenartikeln eine weitaus eingehendere verfassungsrechtliche Verankerung des Berufsbeamtentums vorgenommen (Art. 128 ff.). Im Unterschied zum Grundgesetz hatte sie die ,,Unverletzlichkeit der wohlerworbenen Rechte der Beamten" gewährleistet (Art. 129 Abs. 4).

W. LEISNER (Hrsg.), Das Berufsbeamtentum im demokratischen Staat, 1975; J. ISENSEE, Öffentlicher Dienst, in: Handbuch des Verfassungsrechts, 1983, S. 1149; H. W. SCHEERBARTH/H. HÖFFKEN, Beamtenrecht, 4. Aufl., 1982.

Die hergebrachten Grundsätze des Berufsbeamtentums

Das Grundgesetz nimmt schon in dem Wortlaut der Klausel von den ,,hergebrachten" Grundsätzen des Berufsbeamtentums darauf Bezug, daß diese Institution durch eine Reihe von historisch überkommenen rechtlichen Merkmalen gekennzeichnet ist, die der Gesetzgeber zu berücksichtigen hat. Durch eine Änderung des Beamtenrechts kann danach die **Einrichtung des Berufsbeamtentums** nicht abgeschafft werden, z. B. durch Schaffung eines einheitlichen und am Arbeitsrecht ausgerichteten öffentlichen Dienstrechts, und dürfen auch die rechtlichen Gestaltungen nicht beseitigt werden, in denen sich die Eigenart des Berufsbeamtentums wesentlich äußert.

Zu den hergebrachten Grundsätzen des Berufsbeamtentums gehören vor allem die folgenden **Hauptpunkte:** Das Beamtenverhältnis ist ein öffentlich-rechtliches Dienst- und Treueverhältnis, das in seinen Grundlagen (vgl. Art. 128 Abs. 3 WeimRVerf), nämlich hinsichtlich des Status, der Besoldung und der Versorgung des Beamten und seiner Angehörigen, durch Gesetz zu regeln ist. Den Dienstherrn trifft gegenüber dem Beamten und dessen Angehörigen eine beamtenrechtliche Fürsorgepflicht, unter die auch der Anspruch auf eine amtsangemessene Besoldung und Versorgung nach dem Alimentationsprinzip fällt (BVerfGE 43, 154/165 ff.; 44, 249/263 ff.). Der Beamte schuldet dem Dienstherrn die Erfüllung der beamtenrechtlichen Treuepflicht, einschließlich der Pflicht zu einem aktiven Eintreten für die verfassungsmäßige Ordnung. Ein Streikrecht steht dem Beamten nicht zu. Der Zugang zum Beruf des Beamten und die Einstufung und Beförderung im Rahmen rechtlich geordneter Laufbahnen folgen den Grundsätzen der Eignung, Befähigung und fachlichen Leistung. Die Sicherung der Beamtenpflichten wird durch ein besonderes Disziplinarrecht gewährleistet.

H. LECHELER, Die „hergebrachten Grundsätze des Berufsbeamtentums" in der Rechtsprechung des Bundesverfassungsgerichts, AöR 103, 1978, S. 349.

Eignung, Befähigung und fachliche Leistung

98 Jeder Deutsche hat nach seiner Eignung, Befähigung und fachlichen Leistung gleichen Zugang zu jedem öffentlichen Amt (Art. 33 Abs. 2 GG). Die Zulassung zu öffentlichen Ämtern ist unabhängig von dem religiösen Bekenntnis (Art. 33 Abs. 3 Satz 1 GG). In diesen Bestimmungen findet sich die verfassungsrechtliche Anerkennung des **Leistungsprinzips** für das Beamtenrecht und zugleich eine besondere Ausprägung des **allgemeinen Gleichheitssatzes**. Es wird damit eine objektive Richtlinie für die Ausgestaltung und Handhabung des Beamtenrechts festgelegt, zugleich aber auch dem einzelnen Bewerber und Beamten ein subjektives Recht zuerkannt. Ein Anspruch auf Ernennung zum Beamten oder zur Beförderung im Rahmen eines bestehenden Beamtenverhältnisses ergibt sich weder aus den genannten Vorschriften der Verfassung, noch aus dem Beamtenrecht. Es ist Sache des Gesetzgebers und im Rahmen der Gesetze Sache des Dienstherrn die den zu erfüllenden öffentlichen Aufgaben entsprechenden Anforderungen an Bewerber und an Beamte im Wege einer sachgerechten Ausgestaltung der Kriterien der Eignung, Befähigung und fachlichen Leistung festzulegen (BVerwGE 68, 109). Das gesetzesgebundene personalpolitische Ermessen des Dienstherrn bei der Auswahl mehrerer Bewerber, bei der Beförderung und bei der Betrauung mit Amtsaufgaben ist den Erfordernissen der öffentlichen Aufgaben und Befugnisse untergeordnet, deren Ausübung dem Beamten anvertraut werden soll. Bereits durch das Verfassungsrecht wird damit der möglichen Parteipatronage eine klare Grenze gesetzt.

J. ISENSEE, Der Zugang zum öffentlichen Dienst, in: Festgabe für das Bundesverwaltungsgericht, 1978, S. 337.

Rechte und Pflichten des Beamten

99 Die **Treuepflicht** einschließlich der Gehorsamspflicht des Beamten (§§ 35 ff. BRRG) und die **Fürsorgepflicht** des Dienstherrn (§ 48 BRRG) sind die beiden Grundpflichten, aus denen sich die einzelnen Rechte und Pflichten ableiten, die den Inhalt des Beamtenverhältnisses ausmachen. Die schuldhafte Verletzung einer beamtenrechtlichen Pflicht ist ein Dienstvergehen, das dem Disziplinarrecht unterliegt. Für ein schadenstiftendes Dienstvergehen haftet der Beamte dem Dienstherrn nach den Grundsätzen des Regresses (vgl. Art. 34 Satz 2 GG). Die Treuepflicht des Beamten wird durch den (prommissorischen) Diensteid bekräftigt (§ 40 BRRG). Die Rechte des Beamten wurzeln in der Fürsorgepflicht des Dienstherrn, die sich auch auf die Angehörigen des Beamten erstreckt. Die Besoldung, die „funktionsgerecht" sein soll (§ 18 BBesG), und die Versorgung folgen dem **Alimentationsprinzip**. Der Beamte kann danach von dem Dienstherrn beanspruchen, dafür daß er ihm seine Arbeitskraft in vollem Umfang zur Verfügung stellt, amtsangemessen „alimentiert" zu werden. Der beamtenrechtliche Besoldungs- und Versorgungsanspruch ist nicht „Eigentum" im Sinn des Art. 14 GG, sein Kernbestand wird jedoch durch

Der öffentliche Dienst

Art. 33 Abs. 5 GG in der gleichen Weise gesichert, wie er es durch die Eigentumsgarantie sein würde (BVerfGE 16, 94/111 ff.; 21, 329/344 f.; 44, 249/281). Die **Ausübung der Grundrechte** ist in dem Beamtenverhältnis nur insoweit beschränkt, als sie mit der Erfüllung der in dem besonderen Dienst- und Treueverhältnis wurzelnden Pflichten unvereinbar wäre. Die Koalitionsfreiheit steht auch den Beamten zu (§ 57 BRRG), nicht jedoch das Streikrecht (BVerfG NJW 1980, 169; BVerwGE 53, 330; BGHZ 69, 128; 70, 277).

F. ROTTMANN, Grundrechte und Rechtsschutz im Beamtenverhältnis, ZBR 1983, 77.

Die Pflicht des Beamten zur Verfassungstreue

Die gesetzliche Voraussetzung, daß von dem Beamten eine verfassungsbezogene politische Loyalität erwartet werden muß, ist ein hergebrachter Grundsatz des Berufsbeamtentums (BVerfGE 39, 334). Die „Treue zur Verfassung" ist nicht nur eine Grenze der Ausübung des Grundrechts der freien Lehre (Art. 5 Abs. 3 Satz 2 GG), sondern eine von der Verfassung vorausgesetzte Bedingung für eine gesetzmäßige Erfüllung derjenigen Pflichten, die dem Beamten im Rahmen des öffentlich-rechtlichen Dienst- und Treueverhältnisses auferlegt sind. Die **Eignung** eines Bewerbers kann insbes. deshalb zu verneinen sein, weil dieser Mitglied einer Partei mit der Verfassungsordnung widersprechenden Zielsetzungen ist. Desgleichen verletzt ein Beamter, der sich aktiv für eine Organisation einsetzt, deren Ziele mit der freiheitlichen demokratischen Grundordnung des Grundgesetzes unvereinbar sind, seine politische Treuepflicht und er ist aus dem Dienst zu entfernen, wenn er diese Pflichtverletzung beharrlich fortsetzen will (BVerwGE 61, 176; 61, 194; BVerwG NJW 1982, 779; BAG AP Nr. 2 zu Art. 33 Abs. 2 GG). Die Vorschrift des § 4 Abs. 1 Nr. 2 BRRG, wonach ins Beamtenverhältnis nur berufen werden darf, wer die Gewähr dafür bietet, jederzeit für die freiheitlich demokratische Grundordnung einzutreten, ist verfassungsrechtlich nicht nur erlaubt, sondern geboten. Angesichts der auch für das Beamtenrecht maßgeblichen **Berufsfreiheit** (Art. 12 Abs. 1 GG) bedarf die Handhabung dieses Kriteriums jedoch einer strikten Bindung an nachprüfbare Tatsachen und berechenbarer Maßstäbe hinsichtlich der Erfordernisse des öffentlichen Dienstes (siehe BVerwGE 61, 176).

Parlamentarische Inkompatibilität

Die Parlamentarische Inkompatibilität bedeutet im Falle der Beamten die Unvereinbarkeit der Ausübung eines Amtes im Organisationsbereich der Exekutive mit der Ausübung eines parlamentarischen Mandats als Abgeordneter im Bundestag oder in einer Volksvertretung der Länder. Die damit verbundene Einschränkung der Handlungsfreiheit des Betroffenen hat ihren Grund im Gewaltenteilungsprinzip (BVerfGE 38, 326/338 f.; 40, 296/320). Das Grundgesetz bestimmt ausdrücklich, daß die **Wählbarkeit** von Beamten, Angestellten des öffentlichen Dienstes, Berufssoldaten, freiwilligen Soldaten auf Zeit und Richtern im Bund, in den Ländern und den Gemeinden gesetzlich beschränkt werden kann (Art. 137 Abs. 1 GG); BVerfGE 48, 64.

Die Regelung über die Rechtsstellung der in den Bundestag gewählten Angehörigen des öffentlichen Dienstes findet sich in den Bestimmungen der §§ 5 ff. des **Gesetzes zur Neuregelung der Rechtsverhältnisse der Mitglieder des Deutschen Bundestages (Abgeordnetengesetz)** vom 18. Febr. 1977 (BGBl. I S. 297), zuletzt geänd. durch Gesetz vom 30. Juli 1985 (BGBl. I S. 1623). Kernpunkt dieser Vorschriften ist, daß die Rechte und Pflichten aus dem Dienstverhältnis eines in den Bundestag gewählten Beamten mit Dienstbezügen vom Tage der Annahme der Wahl für die Dauer der Mitgliedschaft ruhen, mit Ausnahme der Pflicht zur Amtsverschwiegenheit und des Verbots der Annahme von Belohnungen und Geschenken. Für **Bundesbeamte** gilt weiter, daß der Beamte zu entlassen ist, wenn er zur Zeit der Ernennung Mitglied des Bundestags war und nicht innerhalb der von der obersten Dienstbehörde gesetzten angemessenen Frist sein Mandat niedergelegt (§ 28 Nr. 2 BBG). Entsprechend ist hinsichtlich der **Landesbeamten** festgelegt, daß durch Gesetz bestimmt werden kann, daß ein Beamter zu entlassen ist, wenn er zur Zeit seiner Ernennung Mitglied des Bundestages, der Volksvertretung seines Landes oder einer Vertretungskörperschaft seines Dienstherrn war und nicht innerhalb einer von der obersten Dienstbehörde zu bestimmenden angemessenen Frist sein Mandat niedergelegt (§ 33 Abs. 3 BRRG). Ebenso wie der Bund haben die Länder die Rechtsstellung der in die gesetzgebende Körperschaft ihres oder eines anderen Landes oder in die Vertretungskörperschaft ihres oder eines anderen Dienstherrn gewählten Beamten durch landesrechtliche Bestimmungen geregelt (siehe § 33 Abs. 2 BRRG).

Art. 131 GG

102 Durch den in Art. 131 GG festgelegten Verfassungsauftrag ist der Bundesgesetzgeber verpflichtet worden, die Rechtsverhältnisse von Angehörigen des öffentlichen Dienstes und von Versorgungsberechtigten, die aufgrund des Kriegsendes und des Zusammenbruchs des Dritten Reiches und der damit im Zusammenhang stehenden Ereignisse, insbes. des Verlustes der deutschen Gebiete jenseits von Oder und Neiße, oder im Zusammenhang mit der sog. Entnazifizierung aus ihrer Stellung verdrängt worden sind oder keine entsprechende Versorgung mehr erhalten, zu regeln. Diese Regelung ist durch das **Gesetz zur Regelung der Rechtsverhältnisse der unter Art. 131 GG fallenden Personen** vom 11. Mai 1951 (BGBl. I S. 307), zuletzt geänd. durch Gesetz vom 22. Dez. 1981 (BGBl. I S. 1523), erfolgt. Durch Art. 131 GG ist dem Bundesgesetzgeber insofern eine besondere Regelungsermächtigung zugesprochen worden, als dadurch ein zwar rechtsstaatlich gebundenes, aber von den überkommenen Grundsätzen des Beamtenrechts nicht festgelegtes politisches Ermessen zur Neuordnung und Bereinigung der Rechtsverhältnisse der verdrängten Beamten und Versorgungsberechtigten eingeräumt worden ist. Dem liegt insbes. die – auch vom Bundesverfassungsgericht gebilligte – Auffassung zugrunde, daß am 8. Mai 1945 alle Beamtenverhältnisse und sonstigen Dienstverhältnisse erloschen sind (BVerfGE 3, 58; 3, 187; 3, 288; 15, 167; 22, 387).

O. BACHOF, Das Bundesverfassungsgericht und die Beamtenverhältnisse, DÖV 1954, S. 33.

Der öffentliche Dienst

Beamte, Richter, Soldaten

Bundesbeamter ist, wer zum Bund oder zu einer bundesunmittelbaren Körperschaft, Anstalt oder Stiftung des öffentlichen Rechts in einem Beamtenverhältnis steht (§ 2 BBG). Entsprechend ist **Landesbeamter,** wer zu einem Land oder zu einer landesunmittelbaren Körperschaft, Anstalt oder Stiftung des öffentlichen Rechts in einem Beamtenverhältnis steht. Entscheidend ist demnach, wer Anstellungskörperschaft des Beamten, wer also der ,,Dienstherr" des Beamten ist. 103

Der Regelfall ist der **Beamte auf Lebenszeit,** der hauptberuflich und hauptamtlich tätig ist. Der Laufbahn nach gibt es Beamte des einfachen, des mittleren, des gehobenen und des höheren Dienstes. Eine Laufbahn umfaßt alle Ämter derselben Fachrichtung, die eine gleiche Vorbildung und Ausbildung voraussetzen (§§ 11 ff. BRRG).

Durch Gesetz kann bestimmt werden, daß der Beamte auf Lebenszeit jederzeit in den einstweiligen Ruhestand versetzt werden kann, wenn er ein Amt bekleidet, bei dessen Ausübung er in fortdauernder Übereinstimmung mit den grundsätzlichen politischen Ansichten und Zielen der Regierung stehen muß. Welche Beamte hierzu gehören, ist gesetzlich zu bestimmen (§ 31 BRRG). Eine entsprechende Regelung findet sich für Bundesbeamte in § 36 BBG. Im Hinblick auf diese ,,politischen" Beamten, z. B. die Staatssekretäre und Ministerialdirektoren, wird dem Dienstherrn aus wohlerwogenen Gründen ein besonderes personalpolitisches Ermessen zugestanden (siehe BVerwGE 52, 33).

Die spezifischen Garantien des Berufsbeamtentums (siehe Art. 33 Abs. 5 GG) gelten auch für die **Richter,** soweit nicht der besondere Amtsauftrag und die Stellung der Richter Besonderheiten zur Folge haben. Das Dienstrecht der Richter ist gem. Art. 97 und 98 GG im Interesse einer Stärkung der rechtsprechenden Gewalt im Rahmen der Gewaltenteilung durch das Deutsche Richtergesetz und durch die Richtergesetze der Länder geregelt (H RNr. 9).

Das Recht der **Berufssoldaten** folgt nicht den hergebrachten Grundsätzen des Berufsbeamtentums (BVerfGE 16, 94; 22, 387; 31, 212). Das Dienstrecht der Soldaten ergibt sich aus dem Gesetz über die Rechtsstellung der Soldaten in der Fass. d. Bek. vom 19. Aug. 1975 (BGBl. I S. 2273), zuletzt geänd. durch Gesetz v. 21. Febr. 1985 (BGBl. I S. 371).

G. WACKE, Die Versetzung politischer Beamter in den einstweiligen Ruhestand, AöR 91, 1966, S. 441; H.-U. DERLIEN, Einstweiliger Ruhestand politischer Beamter des Bundes 1949 bis 1983, DÖV 1984, 689.

b) Beamtenrecht im Bundesstaat

Bundeseinheitliche Regelung

Der Bund hat die ausschließliche Gesetzgebung über die Rechtsverhältnisse der im Dienst des Bundes und der bundesunmittelbaren Körperschaften des öffentlichen Rechts stehenden Personen (Art. 73 Nr. 8 GG). Die Besoldung und Versorgung der Landesbeamten unterliegen der konkurrierenden Ge- 104

setzgebung (Art. 74a GG), die Rechtsverhältnisse der im öffentlichen Dienst der Länder, Gemeinden und anderen Körperschaften des öffentlichen Rechts stehenden Personen im übrigen fallen unter die Rahmenkompetenz des Bundes (Art. 75 Nr. 1 GG).
Auf dieser Kompetenzgrundlage ist das Beamtenrecht hauptsächlich durch folgende Bundesgesetze geordnet: Bundesbeamtengesetz in der Fass. der Bek. vom 27. Febr. 1985 (BGBl. I S. 479), zuletzt geändert durch Gesetz vom 14. Nov. 1985 (BGBl. I S. 2090); Rahmengesetz zur Vereinheitlichung des Beamtenrechts (Beamtenrechtsrahmengesetz) in der Fass. d. Bek. v. 27. Febr. 1985 (BGBl. I S. 463), zuletzt geändert durch Gesetz vom 14. Nov. 1985 (BGBl. I S. 2090); Bundesbesoldungsgesetz in der Fass. d. Bek. v. 13. Nov. 1980 (BGBl. I S. 2081), zuletzt geänd. durch Gesetz v. 20. Dez. 1985 (BGBl. I S. 2466); Gesetz über die Versorgung der Beamten und Richter in Bund und Ländern (Beamtenversorgungsgesetz) vom 24. Aug. 1976 (BGBl. S. 2485, ber. S. 3839), zuletzt geänd. durch Gesetz vom 20. Dez. 1985 (BGBl. I S. 2466).

U. BATTIS, Bundesbeamtengesetz, 1980.

Das föderative Prinzip in der Personalpolitik der obersten Bundesbehörden

105 Bei den obersten Bundesbehörden sind Beamte aus allen Ländern in angemessenem Verhältnis zu verwenden. Die bei den übrigen Bundesbehörden beschäftigten Personen sollen in der Regel aus dem Lande genommen werden, in dem sie tätig sind (Art. 36 GG). Der damit ausgesprochene Verfassungsgrundsatz kommt als Grundlage individueller Rechte einzelner Beamter nicht in Betracht. Er begründet jedoch eine Pflicht des Bundes und ein entsprechendes Recht der einzelnen Länder (siehe Art. 93 Abs. 1 Nr. 3 GG).

c) Angestellte und Arbeiter im öffentlichen Dienst

Beamtenrecht und öffentliches Dienstrecht

106 Das öffentlich-rechtliche Dienst- und Treueverhältnis des **Beamten** zu seinem Dienstherrn wird nach einem hergebrachten Grundsatz des Berufsbeamtentums **durch Gesetz** geregelt. Die wesentlichen Entscheidungen über das Beamtenverhältnis sind damit der Entscheidung der parlamentarischen Volksvertretung vorbehalten. Das kollektive Arbeitsrecht, insbes. das Tarif- und Arbeitskampfrecht bleiben für Beamte außer Betracht.
Demgegenüber sind die Dienstverhältnisse der Angestellten und Arbeiter im öffentlichen Dienst privatrechtliche Rechtsverhältnisse des **Arbeitsrechts**, die durch Vertrag begründet und inhaltlich im wesentlichen durch **Tarifverträge** bestimmt werden. Ungeachtet der Annäherung der Rechte und Pflichten der Arbeitnehmer im öffentlichen Dienst an die Rechte und Pflichten der Beamten bleibt der grundsätzliche Unterschied im Status der einen und der anderen Gruppe bestehen. Da dieser Unterschied auch verfassungsrechtlich vorgegeben ist (Art. 33 Abs. 4 und 5 GG), steht es dem Gesetzgeber nicht frei, ein „einheitliches Dienstrecht" für die jetzigen Beamten und die Angestellten und Arbeiter im öffentlichen Dienst einzuführen.

Das Dienstverhältnis

Das Dienstverhältnis der Angestellten und Arbeiter im öffentlichen Dienst ist 107 ein **arbeitsrechtlicher** Vertrag. Die inhaltliche Ausgestaltung des Dienstverhältnisses richtet sich nach einer Reihe von **Tarifverträgen:** Bundes-Angestelltentarifvertrag (Bund, Länder, Gemeinden) (BAT) vom 23. Febr. 1961 (GMBl. S. 138); Mantel-Tarifvertrag für Arbeiter des Bundes (MTB II) vom 27. Febr. 1964 (GMBl. S. 173); Mantel-Tarifvertrag für die Arbeiter der Länder (MTL II) vom 27. Febr. 1964; Bundes-Mantel-Tarifvertrag für Arbeiter der gemeindlichen Verwaltungen und Betriebe (BMT-G II) vom 31. Jan. 1962. Eigene Tarifverträge gelten im Bereich der Bundespost und der Bundesbahn.

Eine spezifische Folge des arbeitsrechtlichen Charakters des Dienstverhältnisses der Angestellten und Arbeiter im öffentlichen Dienst ist die grundsätzliche Anwendbarkeit des **Arbeitskampfrechts.** Auch in diesem Punkt zeigt sich der Unterschied zu dem Status der Beamten. Das Streikrecht der Angestellten und Arbeiter im öffentlichen Dienst ist allerdings in seiner Ausübung weitgehend durch die Erfordernisse des Gemeinwohls beschränkt, besonders im Bereich der Leistungsverwaltung. Während eines Streiks von Angestellten oder Arbeitern im öffentlichen Dienst können Beamte auf Arbeitnehmer-Dienstposten der Verwaltung eingesetzt werden (BVerwG DVBl. 1984, 952).

M. LÖWITSCH, Zulässiger und unzulässiger Arbeitskampf im öffentlichen Dienst, 1980; FÜRST u. a., GKÖD IV, Recht der Angestellten und Arbeiter im öffentlichen Dienst, Stand 1984; R. DITTMAIER/A. RUBENBAUER, Bundes-Angestelltentarifvertrag (BAT), 1985.

6. Die auswärtige Gewalt und die internationalen Beziehungen

a) Außenpolitik und Verfassung

Die auswärtige Gewalt

Die „auswärtige Gewalt" sind die verfassungsrechtlich geordneten Aufgaben 108 und Befugnisse des Staates, die sich auf die Pflege der Beziehungen zu auswärtigen Staaten und auf die sonstige Teilnahme am internationalen Verkehr beziehen. Gegenstand der auswärtigen Gewalt ist im Hauptpunkt die Außenpolitik, vor allem soweit Vertragsverhandlungen und der Abschluß völkerrechtlicher Verträge ihr Gegenstand sind. Dementsprechend wird die „vertragsschließende Gewalt", „treaty-making power", als ein besonderer Teil der auswärtigen Gewalt aufgefaßt.

Die verfassungsrechtlichen Regelungen über die auswärtige Gewalt betreffen die Zuteilung der einschlägigen Aufgaben und Befugnisse im bundesstaatlichen Verhältnis, die Zuordnung dieser Aufgaben und Befugnisse zur Exekutive oder zum Parlament, die Vertretungsmacht in den auswärtigen Beziehungen und die Regelung der Gesetzgebung und Verwaltung in auswärtigen Angelegenheiten.

Die herkömmliche Auffassung, daß die auswärtige Gewalt im wesentlichen der Exekutive zukommt, ist durch die „Parlamentarisierung" der auswärtigen Gewalt in der parlamentarischen Demokratie erheblich modifiziert. Es bleibt allerdings richtig, daß die Beteiligung der parlamentarischen Volksvertretung an der Führung der auswärtigen Angelegenheiten sich auf einige wesentliche Entscheidungsvollmachten beschränkt, insbes. die Zustimmung zu bestimmten völkerrechtlichen Verträgen (Art. 59 Abs. 2 GG) und die Entscheidung über Krieg und Frieden (Art. 115a, 115l GG). Die Staatsleitung in den auswärtigen Angelegenheiten ist danach auch im demokratischen Verfassungsstaat ein Element der von der Exekutive ausgeübten Regierung, soweit die Initiative, die laufenden Angelegenheiten und die außenpolitischen Einzelentscheidungen in Rede stehen (siehe BVerfGE 68, 1/86ff.).

Das seit dem 18. Jahrhundert zur Geltung gelangte **Gewaltenteilungsprinzip** ist an den Inhalten und Wirkungen der Staatsgewalt orientiert, die sich auf die der Staatsgewalt unterworfenen einzelnen beziehen. Die auswärtige Gewalt läßt sich dementsprechend in die so verstandene Lehre von der Gewaltenteilung nicht ohne Gewaltsamkeit einfügen. Die häufig zu findende Auffassung, daß die auswärtige Gewalt der Exekutive und dem Parlament „zur gesamten Hand" zustünde, ist deshalb nur eine Verlegenheitslösung. In der frühen Form der Gewaltenteilungslehre bei JOHN LOCKE (Zwei Abhandlungen über Regierung, 1690; Ausgabe von W. EUCHNER, 1967) findet sich die in diesem Punkte treffendere Gegenüberstellung der legislativen und exekutiven Gewalt auf der einen Seite und der „federative power" auf der anderen Seite.

W. GREWE/E. MENZEL, Die auswärtige Gewalt der Bundesrepublik, VVDStRL Heft 12, 1954; E. FRIESENHAHN, Parlament und Regierung im modernen Staat, VVDStRL Heft 16, 1958; TREVIRANUS, Außenpolitik im demokratischen Bundesstaat, 1966; F. SCHUPPERT, Die verfassungsgerichtliche Kontrolle der Auswärtigen Gewalt, 1973; R. GEIGER, Grundgesetz und Völkerrecht, 1985; W. G. GREWE, Auswärtige Gewalt, Staatslexikon, 7. Aufl., Bd. 1, 1985, Sp. 463; W. MÖSSLE, Regierungsfunktionen des Parlaments, 1985.

Außenpolitik ist Sache des Bundes

109 Die Pflege der Beziehungen zu auswärtigen Staaten ist Sache des Bundes (Art. 32 Abs. 1 GG). Der Bund hat die ausschließliche Gesetzgebung über die auswärtigen Angelegenheiten (Art. 73 Nr. 1 GG). Der Auswärtige Dienst wird in bundeseigener Verwaltung mit eigenem Verwaltungsunterbau geführt (Art. 87 Abs. 1 GG).
Der durch das Grundgesetz errichtete Bundesstaat tritt nach den genannten Vorschriften im auswärtigen Verkehr grundsätzlich als eine **Einheit** auf. Seine Handlungsfähigkeit in den internationalen Beziehungen unterscheidet sich demgemäß nicht wesentlich von der eines Einheitsstaates (siehe BVerfGE 2, 347/378). Eine irgendwie geartete Außenpolitik einzelner Bundesländer ist demnach verfassungsrechtlich ausgeschlossen. RNrn. 126ff.

Völkerrechtsfreundlichkeit des Grundgesetzes

110 Der in den verschiedenen Vorschriften des Grundgesetzes über die Teilnahme der Bundesrepublik an den internationalen Beziehungen zu findende

Auswärtige Gewalt und internat. Beziehungen **111 D**

Grundgedanke läßt sich als ,,Völkerrechtsfreundlichkeit" kennzeichnen. Bereits die **Präambel** des Grundgesetzes bekennt sich dazu, daß das Deutsche Volk in seiner neuen staatlichen Ordnung als gleichberechtigtes Glied in einem vereinten Europa dem Frieden der Welt dienen wolle. Die **Menschenrechte** werden als Grundlage jeder menschlichen Gemeinschaft, des Friedens und der Gerechtigkeit in der Welt aufgefaßt (Art. 1 Abs. 2 GG). Handlungen, die geeignet sind und in der Absicht vorgenommen werden, das **friedliche Zusammenleben der Völker** zu stören, insbes. die Führung eines Angriffskrieges vorzubereiten, sind verfassungswidrig und sind unter Strafe zu stellen (Art. 26 Abs. 1 GG). Zur Wahrung des Friedens kann sich der Bund einem **System gegenseitiger kollektiver Sicherheit** einordnen und dabei in die Beschränkungen seiner Hoheitsrechte einwilligen, die eine friedliche und dauerhafte Ordnung in Europa und zwischen den Völkern der Welt herbeiführen und sichern (Art. 24 Abs. 2 GG). Die Regelung zwischenstaatlicher Streitigkeiten im Wege der internationalen Schiedsgerichtsbarkeit soll gefördert werden (Art. 24 Abs. 3 GG). Die allgemeinen Regeln des Völkerrechts sind Bestandteil des Bundesrechts mit dem Range vor den Bundesgesetzen (Art. 25 GG). Vereinigungen, die sich gegen den Gedanken der Völkerverständigung richten, sind verboten (Art. 9 Abs. 2 GG). Eine ,,völkerrechtsfreundliche Grundhaltung des Grundgesetzes" ist danach unverkennbar (BVerfGE 6, 309/362; 18, 112/121; 31, 58/75); sie kann als ein Verfassungsgrundsatz angesehen werden.

K. VOGEL, Die Verfassungsentscheidung des Grundgesetzes für eine internationale Zusammenarbeit, 1964; A. BLECKMANN, Völkerrechtsfreundlichkeit der deutschen Rechtsordnung, DÖV 1979, 309.

b) Völkerrecht und nationales Recht

Das Völkerrecht und seine Rechtsquellen

Das Völkerrecht (internationale Recht) ist die selbständige Rechtsordnung **111** der Staatengemeinschaft, welche die Rechtsgrundsätze und Rechtsvorschriften umfaßt, denen sich alle Staaten oder die jeweils in eine engere Vertragsbeziehung eingetretenen Staaten unterworfen haben, um die internationalen Beziehungen und den internationalen Rechtsverkehr in Frieden und Krieg rechtlich zu ordnen, eine Zusammenarbeit in bestimmten Sachbereichen zu gewährleisten und die Rechte und Freiheiten der Menschen zu schützen. Die Rechtsregeln des Völkerrechts begründen Rechte und Pflichten der Staaten und anderer Rechtssubjekte in den internationalen Beziehungen und unterscheiden sich dadurch von den Anforderungen der Moral und der außerpositiven Gerechtigkeit, wie auch von außenpolitischen Grundsätzen, die einzelne Staaten oder Staatengruppen ihrem internationalen Verhalten zugrunde legen.

Das Völkerrecht entbehrt im Unterschied zum nationalen Recht einer zentralen Erzeugungsquelle und Durchsetzungsgewähr; es besteht nicht – wie das nationale Recht – aus institutionell garantierten Regelungen einer überlegenen Zwangsorganisation. Das Völkerrecht beruht auf der rechtsschaffenden Vereinbarung und Praxis der Staaten, deren souveräne Gleichheit das Grundprinzip der Völkerrechtsgemeinschaft ist. Es hat einen dezentralisierten, genossenschaftlichen Charakter. Die Völkerrechtsgemeinschaft der Staaten besitzt zwar in den Vereinten Nationen eine nahezu universale Organisation der Friedenswahrung, der Zusammenarbeit und der Rechtsentwicklung (Charta vom 26. Juni 1945), nicht jedoch eine universale übernationale Organisation der Rechtsetzung und Rechtsdurchsetzung. Ursprüngliche Mitglieder der Völkerrechtsgemeinschaft und originäre Rechtssubjekte des Völkerrechts sind allein die Staaten. Für den Staatsbegriff knüpft das Völkerrecht an den ideologisch und politisch nicht bewerteten Tatbestand an, daß eine bestimmte Gesellschaft (Nation, ,,Staatsvolk") auf einem umgrenzten Territorium (,,Staatsgebiet") eine hinreichend effektive und stabilisierte politische Organisation (,,Staatsgewalt") aufweist, um als allgemeines und selbständiges Subjekt völkerrechtlicher Rechte und Pflichten geeignet zu sein. Die Staaten schaffen durch ihre Vereinbarungen verschiedene abgeleitete Rechtssubjekte des Völkerrechts wie internationale Organisationen, Minderheiten und – in sehr begrenztem Maße – Einzelpersonen.

Die wesentlichen **Rechtsquellen** des Völkerrechts sind das Gewohnheitsrecht und der Vertrag. Art. 38 des Statuts des Internationalen Gerichtshofs vom 26. Juni 1945 (BGBl. 1973 II S. 505) bestimmt: Der Gerichtshof, dessen Aufgabe es ist, die ihm unterbreiteten Streitigkeiten nach dem Völkerrecht zu entscheiden, wendet an a) internationale Übereinkünfte allgemeiner oder besonderer Natur, in denen von den streitenden Staaten ausdrücklich anerkannte Regeln festgelegt sind, b) das internationale Gewohnheitsrecht als Ausdruck einer allgemeinen, als Recht anerkannten Übung, c) die von den Kulturvölkern anerkannten Rechtsgrundsätze und d) richterliche Entscheidungen nach Maßgabe ihrer Rechtskraft und die Lehrmeinung der fähigsten Völkerrechtler der verschiedenen Nationen als Hilfsmittel zur Feststellung von Rechtsnormen.

F. BERBER, Lehrbuch des Völkerrechts, 2. Aufl., Bd. 1, 1975, Bd. 2, 1969, Bd. 3, 1977; E. MENZEL/K. IPSEN, Völkerrecht, 2. Aufl., 1979; A. VERDROSS/B. SIMMA, Universelles Völkerrecht, 3. Aufl., 1984.

Dualismus von Völkerrecht und nationalem Recht; Transformation

112 Das Völkerrecht und das nationale Recht (,,Landesrecht") sind nach Geltungsgrund, Entstehung und Anwendungsbereich zwei selbständige Rechtsordnungen. Die Normen und Rechtsgebote des Völkerrechts können danach, soweit sie überhaupt ihrem Inhalt nach geeignet sind, Rechte und Pflichten einzelner hervorzubringen, nur durch einen staatlichen Hoheitsakt zum Bestandteil der nationalen Rechtsordnung werden. Dieser **dualistischen** Deutung des Verhältnisses von Völkerrecht und nationalem Recht folgt die Praxis der Staaten und die überwiegende Rechtsauffassung der Völkerrechtslehre. Die **,,monistische"** Lehre, die Völkerrecht und nationales Recht als Teilbereiche einer auf einen gemeinsamen Geltungsgrund zurückführbaren und nur in sich differenzierten Rechtsordnung ansieht, läßt sich mit dem Souveränitätsanspruch der Staaten nicht in Einklang bringen.

Der staatliche Hoheitsakt, der zu einer innerstaatlichen Geltung völkerrechtlicher Grundsätze, Normen oder sonstiger Rechtsgebote führt, kann ver-

Auswärtige Gewalt und internat. Beziehungen 113 **D**

schiedenartig ausgestaltet sein. Das **Grundgesetz** folgt nach der überwiegenden Auffassung einer Gestaltung, die als „Transformation" der völkerrechtlichen Rechtsgebote in solche des innerstaatlichen Rechts zu kennzeichnen ist. Der die Transformation bewirkende staatliche Hoheitsakt der Bundesrepublik ist danach unterschiedlich beschaffen bei den **„allgemeinen Regeln des Völkerrechtes"** (Art. 25 GG), also bei den für eine innerstaatliche Geltung in Betracht kommenden Rechtsvorschriften des Völkergewohnheitsrechts, und bei den **Verträgen und Abkommen,** die von der Bundesrepublik mit auswärtigen Staaten oder sonstigen Völkerrechtssubjekten abgeschlossen werden (Art. 59 Abs. 2 GG). Für die allgemeinen Regeln des Völkerrechts ordnet das Grundgesetz selbst – auch mit Wirkung für die Zukunft – an, daß sie „Bestandteil des Bundesrechts" sind. Hier bildet die Verfassung den staatlichen Hoheitsakt, der die innerstaatliche Geltung der völkerrechtlichen Rechtsgebote bewirkt. Für die Verträge und Abkommen dagegen bedarf es von Fall zu Fall eines Transformationsaktes des Gesetzgebers oder – bei Verwaltungsabkommen – der Exekutive, der dann die fraglichen Vorschriften des Völkervertragsrechts zum Bestandteil des nationalen Rechtes macht. Soweit allerdings ein Vertrag lediglich bestehende allgemeine Regeln des Völkerrechts kodifiziert oder sonst anerkennt, bleibt es für diese Regeln bei der Transformation gemäß Art. 25 GG.

W. RUDOLF, Völkerrecht und deutsches Recht, 1967.

Verhältnis der inkorporierten Regeln zum nationalen Recht

Die als Bestandteil des Bundesrechtes geltenden **allgemeinen Regeln des Völ-** 113 **kerrechts** gehen den Gesetzen vor und erzeugen Rechte und Pflichten unmittelbar für die Bewohner des Bundesgebietes (Art. 25 Satz 2 GG). Damit ist gesagt, daß es neben der Bestimmung des Art. 25 GG eines weiteren Aktes des deutschen Gesetzgebers (interpositio auctoritatis) nicht bedarf, um Rechte und Pflichten für die Bewohner des Bundesgebietes hervorzubringen, und weiter, daß deutsche Gesetze und sonstige Rechtsvorschriften im Falle eines Widerspruchs zu den allgemeinen Regeln des Völkerrechts nicht wirksam bleiben oder wirksam werden können. Das gilt auch für verfassungsändernde Gesetze nach Art. 79 GG. Ist in einem Rechtsstreit zweifelhaft, ob eine bestimmte Regel eine allgemeine Regel des Völkerrechts im Sinne des Art. 25 GG ist und die dort festgelegten rechtlichen Wirkungen hat, hat das Gericht die Entscheidung des Bundesverfassungsgerichts einzuholen (Art. 100 Abs. 2 GG); RNr. 134. Zu Zweifeln hat z. B. die Frage geführt, ob die Immunität eines fremden Staates gegenüber der deutschen Gerichtsbarkeit auch für die Tätigkeit im Wirtschaftsverkehr (acta iure gestionis im Unterschied zu den acta iure imperii) und die mit diesem im Zusammenhang stehenden Rechte gilt (BVerfGE 64, 1 – National Iranian Oil Company). Außerhalb eines konkreten Rechtsstreites kann eine derartige Frage im Wege der abstrakten Normenkontrolle nach Art. 93 Abs. 1 Nr. 2 GG dem Bundesverfassungsgericht unterbreitet werden.

Rechtsgebote, die in **Verträgen** enthalten sind, welche der Zustimmung oder der Mitwirkung der gesetzgebenden Körperschaften in der Form eines Bundesgesetzes bedürfen (Art. 59 Abs. 2 Satz 1 GG), werden im Range eines

Bundesgesetzes Bestandteil der deutschen Rechtsordnung. Ein späteres, in Widerspruch zu einem derartigen Zustimmungsgesetz tretendes Bundesgesetz kann demnach nach der allgemeinen Regel, daß das spätere Gesetz dem früheren Gesetz vorgeht, die innerstaatliche Wirkung der vertraglichen Rechtsgebote beseitigen. Eine andere Frage ist es, daß dadurch eine Völkerrechtsverletzung bewirkt werden könnte. Im Falle der Transformation von Verwaltungsabkommen durch einen Hoheitsakt der Exekutive (Art. 59 Abs. 2 Satz 2 GG) kommt dem transformierten völkerrechtlichen Rechtsgebot der Rang des transformierenden Hoheitsaktes zu.

c) Bündnisse und Mitgliedschaften in internationalen Organisationen

Grundgedanke des Art. 24 GG

114 Nach der Bestimmung des Art. 24 Abs. 1 GG kann der Bund durch Gesetz „Hoheitsrechte" auf **zwischenstaatliche Einrichtungen** übertragen. Damit wird durch eine ausdrückliche Verfassungsbestimmung, mit der hauptsächlich auf eine Politik der **europäischen Integration** abgezielt worden ist, eine ungewöhnliche Durchbrechung des nationalstaatlichen Souveränitätsanspruchs ermöglicht (D RNrn. 135, 136). In ähnlicher Weise stellt die Ermächtigung in Art. 24 Abs. 2 GG und die dort vorgesehene Einwilligung des Bundes in bestimmte Beschränkungen seiner Hoheitsrechte eine Abkehr vom überkommenen Prinzip des Nationalstaates dar. Während dort zuerst an die europäische Integration gedacht ist, ist hier der Weg zu einer **verteidigungspolitischen Integration** eröffnet. Obwohl in beiden Fällen eine verfassungsrechtliche Festlegung im Sinne eines Verfassungsauftrages nicht erfolgt und die außenpolitische Entscheidungsfreiheit der Bundesrepublik insofern unberührt geblieben ist, kommt diesen Bestimmungen der Charakter einer **Staatszielbestimmung** mit programmatischer Wirkung zu, in Ausführung der Bekundung der Präambel, daß das Deutsche Volk von dem Willen beseelt ist, seine nationale und staatliche Einheit zu wahren und als gleichberechtigtes Glied in einem vereinten Europa dem Frieden der Welt zu dienen. Der allgemeine Gedanke einer friedlichen Beilegung zwischenstaatlicher Streitigkeiten kommt schließlich in Anknüpfung an schon seit der Jahrhundertwende verfolgte Bestrebungen in dem Verfassungsauftrag des Art. 24 Abs. 3 GG zum Ausdruck, Vereinbarungen über eine internationale **Schiedsgerichtsbarkeit** beizutreten.

Mitgliedschaft in internationalen Organisationen

115 Die Bundesrepublik kann die Mitgliedschaft in internationalen Organisationen dadurch erwerben, daß sie **völkerrechtliche Verträge** abschließt oder bestehenden völkerrechtlichen Verträgen beitritt, durch welche derartige Organisationen errichtet werden. Dem vielgestaltigen Bedürfnis internationaler Zusammenarbeit dienen eine große Zahl von internationalen Organisationen teils universalen, teils regionalen Charakters mit teils umfassender und teils gegenständlich beschränkter Zielsetzung, wie z. B. die **Vereinten Nationen** als nahezu universale Organisation der Friedenswahrung, der Zusammenarbeit

und der Rechtsentwicklung (Charta vom 26. Juni 1945) mit ihren Unterorganisationen, der Weltpostverein, die Rundfunkunion, die OECD, der Europarat, die Europäischen Gemeinschaften, die Westeuropäische Union und die NATO. Soweit der Bund internationalen Organisationen nicht Hoheitsrechte übertragen oder zu deren Gunsten in Beschränkungen seiner Hoheitsrechte eingewilligt hat, hat die Mitgliedschaft in einer internationalen Organisation nicht die Folge, daß die Organe jener Organisation durch Rechtsvorschriften oder Einzelentscheidungen unmittelbar Rechte und Pflichten für die Bewohner des Bundesgebietes begründen können. Welche Pflichten mit der Mitgliedschaft verbunden sind und in welchem Umfang die Bundesrepublik durch Entscheidungen von internationalen Organisationen, deren Mitglied sie ist, auch gegen ihren Willen gebunden werden kann, hängt von dem völkerrechtlichen Vertrag ab, welcher der Mitgliedschaft zugrunde liegt. Die Bundesrepublik und die DDR sind seit dem 18. Sept. 1973 Mitglieder der Vereinten Nationen.

I. SEIDL-HOHENVELDERN, Das Recht der Internationalen Organisationen einschließlich der Supranationalen Gemeinschaften, 4. Aufl., 1984.

Verteidigungspolitische Integration

Der Bund kann sich zur Wahrung des Friedens einem **System gegenseitiger kollektiver Sicherheit** einordnen; er wird hierbei in die Beschränkungen seiner Hoheitsrechte einwilligen, die eine friedliche und dauerhafte Ordnung in Europa und zwischen den Völkern der Welt herbeiführen und sichern (Art. 24 Abs. 2 GG). Angesichts des ausdrücklichen verfassungsrechtlichen Verbots aller Handlungen, die geeignet sind und in der Absicht vorgenommen werden, das friedliche Zusammenleben der Völker zu stören, insbes. die Führung eines Angriffskrieges vorzubereiten (Art. 26 Abs. 1 GG), ist außer Zweifel, daß ein System gegenseitiger kollektiver Sicherheit, dem sich der Bund einordnet, nur ein auf **Verteidigung** gerichtetes militärisches Bündnissystem sein darf. Defensivbündnisse im Interesse der kollektiven Selbstverteidigung stehen mit der Charta der Vereinten Nationen im Einklang (siehe Art. 52 der Charta). Der Beitritt der Bundesrepublik zu einem derartigen Bündnis wird stets ein Vertrag sein, welcher die politischen Beziehungen des Bundes regelt, und dementsprechend ein Zustimmungsgesetz nach Art. 59 Abs. 2 GG voraussetzen.
Die Mitgliedschaft der Bundesrepublik in der auf dem **Nordatlantikvertrag** vom 4. April 1949 beruhenden Verteidigungsorganisation und in der auf dem Brüsseler Pakt vom 17. März 1948 und den Pariser Verträgen vom 23. Okt. 1954 beruhenden **Westeuropäischen Union** fällt in den Anwendungsbereich des Art. 24 Abs. 2 GG. RNrn. G 85 und K 4.
Nach Auffassung des Bundesverfassungsgerichts, die von der bisher dazu mit guten Gründen vertretenen Meinung abweicht, ist die NATO auch eine zwischenstaatliche Einrichtung im Sinne des Art. 24 Abs. 1 GG. Die Zustimmung der Bundesregierung zur Stationierung von Raketen und Marschflugkörpern auf deutschem Boden sei eine Übertragung von Hoheitsrechten im Sinne dieser Bestimmung, hätte jedoch im Hinblick auf die mit dem Beitritt zum Bündnis getroffenen und durch Gesetz gedeckten Vorentscheidung kei-

nes besonderen Gesetzes bedurft (BVerfGE 68, 1/89 ff., mit Abw. Meinung des Richters MAHRENHOLZ).

CHR. TOMUSCHAT, Zweitbearbeitung der Kommentierung zu Art. 24 Abs. 1 GG, BonnKomm., 1985.

Schiedsgerichtsbarkeit

117 Zur Regelung zwischenstaatlicher Streitigkeiten wird der Bund Vereinbarungen über eine allgemeine, umfassende, obligatorische, internationale Schiedsgerichtsbarkeit beitreten (Art. 24 Abs. 3 GG). Die internationale Schiedsgerichtsbarkeit ist ein seit langem anerkannter und geförderter Weg der friedlichen Beilegung zwischenstaatlicher Streitigkeiten. Das Abkommen zur friedlichen Erledigung internationaler Streitfälle (I. Haager Abkommen) vom 18. Okt. 1907 (RGBl. 1910 S. 5) hat den **Ständigen Schiedshof im Haag** errichtet und sich über das Schiedswesen allgemein dahin ausgesprochen, daß die internationale Schiedssprechung die Erledigung von Streitigkeiten zwischen den Staaten durch Richter ihrer Wahl aufgrund der Achtung vor dem Recht zum Gegenstand hat und daß die Anrufung der Schiedssprechung die Verpflichtung in sich schließt, sich nach Treu und Glauben dem Schiedsspruch zu unterwerfen (Art. 37 des Abkommens). Die Staaten können Schiedsabkommen für alle Streitigkeiten oder nur für Streitigkeiten einer bestimmten Art oder auch nur für einzelne Streitverhältnisse abschließen. Die Schiedsgerichtsbarkeit unterscheidet sich von der internationalen Gerichtsbarkeit, wie sie vor allem durch den Internationalen Gerichtshof im Haag gemäß Art. 92 ff. der Charta der Vereinten Nationen und nach dem Statut des Internationalen Gerichtshofs vom 26. Juni 1945 (BGBl. 1973 II S. 505) ausgeübt wird.

Die Bundesrepublik ist Vertragspartei des Europäischen Übereinkommens zur friedlichen Beilegung von Streitigkeiten vom 29. April 1957 (BGBl. 1961 II S. 82), das im Rahmen des Europarates zustande gekommen ist und das in Art. 19 ff. Bestimmungen über ein Schiedsverfahren enthält.

H. V. MANGOLDT, Die Schiedsgerichtsbarkeit als Mittel internationaler Streitschlichtung, 1974.

d) Völkerrechtliche Verträge

Begriff des völkerrechtlichen Vertrages

118 Die Staaten begründen im Wege völkerrechtlicher Verträge mit anderen Staaten, ausnahmsweise auch mit sonstigen Rechtssubjekten des Völkerrechts, wie z. B. internationalen Organisationen, gegenseitige Rechte und Pflichten. Gegenstand eines völkerrechtlichen Vertrages können auch die Festlegung oder Klarstellung völkerrechtlicher Grundsätze oder allgemeiner Verhaltensregeln, die Schaffung internationaler Organisationen und die Begründung von Rechten Dritter, wie z. B. von nationalen Minderheiten oder von Einzelpersonen sein. Neben zweiseitigen (bilateralen) Verträgen gibt es eine große Zahl von mehrseitigen (multilateralen) Abkommen. Geltungsgrund der völ-

kerrechtlichen Verträge ist die auf rechtliche Bindung gerichtete Willenseinigung der Vertragsparteien, der nach einer allgemeinen Regel des Völkergewohnheitsrechts (pacta sunt servanda) rechtliche Verbindlichkeit zukommt. Das Zustandekommen, die Wirksamkeit, der zulässige Inhalt und die Beendigung völkerrechtlicher Verträge bestimmen sich allein nach Völkerrecht; die dafür maßgeblichen Regeln sind in dem Wiener Übereinkommen vom 23. Mai 1969 über das Recht der Verträge (Zustimmungsgesetz vom 3. August 1985, BGBl. II S. 926; Entwurf des Zustimmungsgesetzes und Denkschrift: BTag Drucks. 10/1604) niedergelegt.

Das Auswärtige Amt gibt seit 1955 eine Sammlung ,,Verträge der Bundesrepublik Deutschland" heraus. Der vom Bundesminister der Justiz als Beilage zum Bundesgesetzblatt Teil II jährlich herausgegebene Fundstellennachweis B verzeichnet die völkerrechtlichen Vereinbarungen und die Verträge mit der DDR, die von der Bundesrepublik unterzeichnet oder ratifiziert worden sind; siehe zuletzt den Fundstellennachweis, abgeschlossen am 31. Dez. 1984.

R. BERNHARDT, Die Auslegung völkerrechtlicher Verträge, 1963; E. HÄRLE, Die völkerrechtlichen Verwaltungsabkommen der Bundesrepublik, JIR 12, 1965, S. 63; D. BLUMENWITZ, Der Schutz innerstaatlicher Rechtsgemeinschaften beim Abschluß völkerrechtlicher Verträge, 1972; H. BROSCHE, Zwang beim Abschluß völkerrechtlicher Verträge, 1974; R. GEIGER, Die völkerrechtliche Beschränkung der Vertragsschlußfähigkeit von Staaten, 1979.

Vertragsschließungsverfahren

Die Verhandlungen über einen völkerrechtlichen Vertrag werden zweiseitig oder auf internationalen Konferenzen durch die bevollmächtigten Vertreter der beteiligten Staaten geführt. Nach Einigung über einen Vertragsentwurf wird dieser durch die Verhandlungsführer **paraphiert,** d. h. mit den Anfangsbuchstaben des Namens (Paraphe) gezeichnet. Sofern die politische Führung oder die sonst für den Vertragsschluß zuständige Stelle der beteiligten Staaten das erzielte Verhandlungsergebnis billigt, schließt sich die **Unterzeichnung** des Vertragstextes durch dafür bevollmächtigte Vertreter, u. U. durch den Außenminister oder den Regierungschef an. Mit der Unterzeichnung verpflichten sich die Beteiligten, das innerstaatliche Verfahren in Gang zu setzen, das für das Zustandekommen eines völkerrechtlich verbindlichen Vertrages erforderlich ist. Ob ein Vertragsentwurf in einem Staat der Billigung durch die parlamentarische Volksvertretung oder durch andere Vertretungskörperschaften bedarf, ist allein eine Sache des Verfassungsrechts der beteiligten Staaten. Die **Ratifikation** ist die Erklärung des dafür zuständigen Organs eines Staates, daß ein bestimmter völkerrechtlicher Vertrag als bindend angesehen und für seine innerstaatliche Durchführung, falls erforderlich, eingestanden wird (E RNr. 85). Eine völkerrechtliche Pflicht, einen unterzeichneten Vertrag auch zu ratifizieren, besteht nicht. Bei Verträgen, bei denen ein parlamentarisches Zustimmungsverfahren nicht in Betracht kommt, z. B. bei Verwaltungsabkommen, wird die völkerrechtliche Bindung durch die Unterzeichnung aufgrund gehöriger Vollmacht herbeigeführt.

D 120   Der Bund und die Länder

Transformation in nationales Recht

120 Entsprechend der völkerrechtlichen Praxis unterscheidet Art. 59 Abs. 2 GG **Staatsverträge** und **Verwaltungsabkommen**. Verträge, welche die politischen Beziehungen des Bundes regeln oder sich auf Gegenstände der Bundesgesetzgebung beziehen, bedürfen der Zustimmung oder der Mitwirkung der jeweils für die Bundesgesetzgebung zuständigen Körperschaften in der Form eines Bundesgesetzes. Dieses Bundesgesetz wird „**Zustimmungsgesetz**" genannt, weil es in der Form eines Gesetzes die parlamentarische Zustimmung zu der dem Bundespräsidenten zustehenden Ratifikation des Vertrages ausspricht. Das Zustimmungsgesetz hat außerdem die Wirkung, daß es den Inhalt des Vertrages, soweit er geeignet ist, unmittelbar Rechte und Pflichten einzelner zu begründen (self-executing treaty) in Recht der Bundesrepublik transformiert. Die entsprechenden Rechtsgebote des Vertrages gelten dementsprechend mit dem Inkrafttreten des Vertrages als Normen des Bundesrechtes mit dem Range eines **Bundesgesetzes**.
Zustimmungsbedürftig sind Verträge, welche die politischen Beziehungen des Bundes regeln. Damit sind solche Verträge gemeint, welche die Existenz des Staates, seine territoriale Integrität, seine Unabhängigkeit, seine Stellung oder sein maßgebliches Gewicht in der Staatengemeinschaft berühren (BVerfGE 1, 372/381 f.). Dazu gehören vor allem alle Arten von Bündnissen, der Erwerb der Mitgliedschaft in internationalen Organisationen, Handels- und Schiffahrtsverträge und Abkommen über eine engere politische Zusammenarbeit. Zustimmungsbedürftig sind weiter Verträge, welche sich auf die Gegenstände der Bundesgesetzgebung beziehen. Damit sind Vereinbarungen gemeint, deren innerstaatliche Durchführung nach dem Verfassungsrecht der Bundesrepublik nur durch Gesetz oder aufgrund Gesetzes möglich ist, vor allem also solche Rechtsgebote, durch die Rechte oder Pflichten einzelner begründet oder verändert werden. Die genannte Klausel bezieht sich demnach auf die Abgrenzung zur Bundes- oder Landesverwaltung, nicht jedoch auf die Abgrenzung zur Landesgesetzgebung.
Verwaltungsabkommen sind nicht von der Zustimmung oder der Mitwirkung der gesetzgebenden Körperschaften abhängig. Für sie gelten die Vorschriften über die Bundesverwaltung entsprechend. Die übliche Unterscheidung zwischen Regierungsabkommen und Ressortabkommen stellt darauf ab, ob das Verwaltungsabkommen seinem Gegenstand nach in die Zuständigkeit der Bundesregierung oder in die Zuständigkeit eines Ressortministeriums fällt.
Aus Art. 59 Abs. 2 Satz 1 GG, der den Abschluß bestimmter Verträge an die Mitwirkung der gesetzgebenden Körperschaften bindet, kann angesichts des Gewaltenteilungsgrundsatzes (Art. 20 Abs. 2 GG) nicht geschlossen werden, daß auch **andere völkerrechtliche Akte der Bundesregierung**, welche die politischen Beziehungen des Bundes regeln oder sonstwie berühren, einem Gesetzesvorbehalt unterliegen. Über die Befugnis hinaus, den Bundespräsidenten zum Abschluß der genannten Verträge zu ermächtigen oder diese Ermächtigung zu verweigern, verleiht Art. 59 Abs. 2 Satz 1 GG den gesetzgebenden Körperschaften keine Initiativ-, Gestaltungs- oder Kontrollbefugnis im Bereich der auswärtigen Beziehungen (BVerfGE 68, 1/84 ff. – Raketenstationierung).

Verträge mit der DDR

121 Obwohl das Wiedervereinigungsgebot der Verfassung es hindert, die DDR im Verhältnis zur Bundesrepublik als Ausland zu behandeln (BVerfGE 36, 1) – A RNrn. 39 ff. –, sind die Beziehungen der Bundesrepublik zur DDR durch **völkerrechtliche** Grundsätze, darunter auch durch den Grundsatz der souveränen Gleichheit aller Staaten, bestimmt (Art. 1 und 2 des Grundvertrages vom 21. Dez. 1972). Der Rechtsverkehr mit der DDR fällt dementsprechend unter die Pflege der Beziehungen zu auswärtigen Staaten, welche nach Art. 32 Abs. 1 GG dem Bund vorbehalten ist. Der **Grundvertrag** selbst sowie auch andere Abkommen mit der DDR unterliegen dementsprechend den Regeln des Völkerrechts (BVerfGE 36, 1/23 f.). Im Hinblick auf die besonderen Beziehungen, die zwischen der Bundesrepublik und der DDR bestehen, kommt derartigen Verträgen außerdem auch ein **staatsrechtlicher** Charakter zu. Nach Auffassung der DDR dagegen sind die Rechtsbeziehungen zwischen der Bundesrepublik und der DDR allein nach Völkerrecht zu bemessen; die zwischen beiden Staaten abgeschlossenen Verträge sind demnach allein solche des Völkerrechts.

B. SIMMA, Grundvertrag und völkerrechtliches Vertragsrecht, AöR 100, 1975, S. 4; G. RESS, Die Rechtslage Deutschlands nach dem Grundlagenvertrag vom 21. 12. 1972, 1978.

e) Die Vertretung der Bundesrepublik Deutschland im internationalen Verkehr

Vertretungsmacht des Bundespräsidenten

122 Der Bundespräsident vertritt den Bund völkerrechtlich. Er schließt im Namen des Bundes die Verträge mit auswärtigen Staaten. Er beglaubigt und empfängt die Gesandten (Art. 59 Abs. 1 GG; E RNrn. 83–85). Die Vertretungsmacht, die das Grundgesetz dem Bundespräsidenten für den völkerrechtlichen Verkehr zuspricht, gehört zu den herkömmlichen Rechten des **Staatsoberhauptes** als des Organs, das im völkerrechtlichen Verkehr für den Staat handelt.
Die Vertretungsmacht des Bundespräsidenten im internationalen Verkehr bezieht sich allein auf das völkerrechtlich erhebliche Handeln der Bundesrepublik nach außen. Ein Entscheidungsrecht oder ein Recht zur Mitwirkung an politischen Entscheidungen wird dem Bundespräsidenten damit nicht eingeräumt. Die Außenpolitik ist, soweit nicht Mitwirkungsbefugnisse des Bundestages und des Bundesrates bestehen, Sache des Bundeskanzlers oder – innerhalb der vom Bundeskanzler bestimmten Richtlinien der Politik – des Außenministers oder des sonst zuständigen Ressortministers (Art. 65 GG).

Vertretungspraxis

123 Der Bundespräsident übt die ihm zustehende Vertretungsmacht nicht stets selbst aus. Vielfach erfolgt ausdrücklich eine Bevollmächtigung des Bundeskanzlers, des Bundesaußenministers oder anderer Stellen der Bundesexekutive, z. B. bei Verhandlungen über Verwaltungsabkommen, doch verfährt die Vertretungspraxis in großem Maße auf der Grundlage einer stillschweigend angenommenen Delegation für entsprechende Verhandlungen oder Erklärungen. In jedem Falle handelt der Bundespräsident selbst, wenn er einen völkerrechtlichen Vertrag aufgrund des Zustimmungsgesetzes ratifiziert. Eine ausdrückliche Vollmacht des Bundespräsidenten, wie sie z. B. für die Aufnahme diplomatischer Beziehungen mit einem auswärtigen Staat zu fordern ist, unterliegt der Gegenzeichnung (Art. 58 GG).

K. STERN, Das Staatsrecht der BRep Dtld., Bd. II, 1980, S. 223 ff.

f) Kriegsverhütung und Friedenssicherung

Grundsatz des friedlichen Zusammenlebens der Völker

124 Die Erhaltung und Sicherung des Friedens, die Gewährleistung des friedlichen Zusammenlebens der Völker und die Förderung der Völkerverständigung sind Zielsetzungen im Rahmen eines allgemeinen Verfassungsprinzips, das in der Präambel und in verschiedenen Einzelbestimmungen des Grundgesetzes (vgl. Art. 1 Abs. 2, 9 Abs. 2, 24 Abs. 2, 26 GG) des Grundgesetzes zum Ausdruck kommt.
Der Verhütung eines Krieges dienen in besonderem Maße die Bestimmungen über die Einordnung des Bundes in ein System gegenseitiger kollektiver Sicherheit (Art. 24 Abs. 2 GG) und über die Verfassungswidrigkeit von Handlungen, die geeignet sind und in der Absicht vorgenommen werden, das friedliche Zusammenleben der Völker zu stören, insbes. die Führung eines Angriffskrieges vorzubereiten (Art. 26 Abs. 1 GG). Das Gebot der Verfassung, diese Handlungen unter Strafe zu stellen, ist durch die Bestimmungen der §§ 80 und 80 a StGB ausgeführt worden. K RNrn. 3, 4.
Eine bestimmte Außenpolitik, etwa im Sinne einer unbedingten Abrüstung oder einer Neutralisierung, z. B. im Sinne der Schaffung einer atomwaffenfreien Zone, kann aus den genannten Verfassungsvorschriften nicht abgeleitet werden. Es bleibt Aufgabe und Verantwortung der Außen- und Verteidigungspolitik, die geeigneten Schritte zu unternehmen, um den Frieden und das friedliche Zusammenleben der Völker zu sichern und zu fördern.

J. DELBRÜCK (Hrsg.), Völkerrecht und Kriegsverhütung, 1979.

Kontrolle des Kriegswaffenhandels

125 Zur Kriegführung bestimmte Waffen dürfen nur mit Genehmigung der Bundesregierung hergestellt, befördert und in Verkehr gebracht werden. Das Nähere ist in dem **Gesetz über die Kontrolle von Kriegswaffen** vom 20. April 1961 (BGBl. I S. 444), zuletzt geänd. durch Gesetz vom 31. Mai 1978 (BGBl. I S. 641), geregelt (Art. 26 Abs. 2 GG). Die Verfassung legt dem Gesetzgeber die Verantwortung auf, die Voraussetzungen und Grenzen für die Herstellung, die Beförderung und das Inverkehrbringen von Kriegswaffen allgemein festzulegen, und behält es für den Einzelfall der politischen Entscheidung der Bundesregierung vor, ob eine entsprechende Genehmigung erteilt wird. Die Bundesregierung hat für ihre Genehmigungspraxis die „Poli-

tischen Grundsätze der Bundesregierung für den Export von Kriegswaffen und sonstigen Rüstungsgütern" vom 28. April 1982 (Bulletin 1982, S. 309) aufgestellt.

J. KRAUSE, Trendwende in der deutschen Rüstungsexport-Politik? Europa-Archiv 37, 1982, S. 527.

g) Bund und Länder im völkerrechtlichen Verkehr

Anhörungsrecht zugunsten der Länder

Die Pflege der Beziehungen zu auswärtigen Staaten ist Sache des **Bundes** (RNr. 109). Vor dem Abschluß eines Vertrages jedoch, der die besonderen Verhältnisse eines Landes berührt, ist das Land rechtzeitig zu hören (Art. 32 Abs. 2 GG). Dieses Anhörungsrecht beruht auf dem Verfassungsgrundsatz des **bundesfreundlichen Verhaltens** (RNr. 81). Die allgemeine Berücksichtigung der föderativen Belange wird durch die Mitwirkung des Bundesrates an dem Zustimmungsgesetz nach Art. 59 Abs. 2 GG gewährleistet. Beispiele für Verträge, welche die besonderen Verhältnisse eines Landes berühren, waren die Abkommen der Bundesrepublik über die Abgrenzung des Festlandsockels unter der Nordsee mit den Niederlanden und Dänemark vom 28. Jan. 1971 (BGBl. 1972 II S. 881) und mit dem Vereinigten Königreich vom 25. Nov. 1971 (BGBl. 1972 II S. 897).

R. BERNHARDT, Der Abschluß völkerrechtlicher Verträge im Bundesstaat, 1957; J. A. FROWEIN, Verfassungsrechtliche Probleme um den deutschen Festlandsockel, ZaöRVR 25, 1975, S. 3.

Eigene außenpolitische Beziehungen der Länder

Der Verfassungssatz, durch den die Pflege der Beziehungen zu auswärtigen Staaten dem Bund vorbehalten wird, entspricht dem allgemeinen Prinzip, daß ein **Bundesstaat** im völkerrechtlichen Verkehr grundsätzlich als ein einheitliches Völkerrechtssubjekt auftritt. Eine Ausnahme von diesem Grundsatz ist die Bestimmung, daß die Länder mit Zustimmung der Bundesregierung mit auswärtigen Staaten Verträge abschließen können, soweit sie für die Gesetzgebung zuständig sind (Art. 32 Abs. 3 GG). Der Zustimmungsvorbehalt zugunsten der Bundesregierung setzt es außer Zweifel, daß den Ländern auch beim Abschluß völkerrechtlicher Verträge im Bereich ihrer Gesetzgebungsbefugnisse ein Recht zu einer selbständigen Außenpolitik nicht zusteht (vgl. BVerfGE 2, 347/378 f.). Nichts anderes kann für amtliche Auslandsreisen der Mitglieder von Landesregierungen und für besondere Beziehungen einzelner Länder zu auswärtigen Staaten gelten; in entsprechender Anwendung des Art. 32 Abs. 3 GG bedürfen sie der Zustimmung der Bundesregierung. RNr. 77.

Die Landeskompetenz für den **Abschluß von Verträgen** mit auswärtigen Staaten besteht nur insoweit, als die Länder im Hinblick auf den Vertragsgegenstand für die Gesetzgebung zuständig sind. Für die Materien der konkurrierenden Gesetzgebung bedeutet das, daß auch die Vertragsabschlußkompetenz nur solange und soweit bestehen kann, als nicht der Bund von seinem Gesetzgebungsrecht Gebrauch gemacht hat (Art. 72 Abs. 1 GG). Die auf das

Gesetzgebungsrecht der Länder abstellende Beschränkung der Vertragsabschlußkompetenz gilt für sämtliche völkerrechtlichen Vereinbarungen der Länder, auch für Verwaltungsabkommen. Eine entsprechende Beschränkung der Vertragsabschlußkompetenz des **Bundes** besteht nach Art. 32 Abs. 1 GG nicht. Der Bund ist dementsprechend befugt, ohne Rücksicht auf die Reichweite seiner innerstaatlichen Gesetzgebungsbefugnisse über alle in Betracht kommenden Gegenstände völkerrechtliche Verträge abzuschließen. Das Lindauer Abkommen enthält insofern ein Entgegenkommen des Bundes gegenüber den Ländern. Für die innerstaatliche Ausführung der vom Bund abgeschlossenen Verträge gilt die allgemeine bundesstaatliche Kompetenzverteilung nach Art. 30, 70 ff., 83 ff. GG.

Abkommen der Länder mit auswärtigen Staaten bestehen vor allem im Bereich der Kulturpolitik und zur Lösung grenzüberschreitender Fragen. Ein Beispiel ist das Übereinkommen vom 27. Okt. 1960 über den Schutz des Bodensees gegen Verunreinigung, das von den Ländern Baden-Württemberg und Bayern mit der Republik Österreich und der Schweizerischen Eidgenossenschaft abgeschlossen worden ist (BayGVBl. 1961, S. 237).

W. Rudolf, Internationale Beziehungen der deutschen Länder, ArchVR 13, 1966, S. 53; D. Blumenwitz, Der Schutz innerstaatlicher Rechtsgemeinschaften beim Abschluß völkerrechtlicher Verträge, 1972; P. Seidel, Die Zustimmung der Bundesregierung zu Verträgen der Bundesländer mit auswärtigen Staaten gem. Art. 32 III GG, 1975.

Das Lindauer Abkommen

128 Unter dem Lindauer Abkommen versteht man die „Verständigung zwischen der Bundesregierung und den Staatskanzleien der Länder über das Vertragsschließungsrecht des Bundes" vom 14. Nov. 1957 (abgedruckt in: Maunz/Dürig/Herzog/Scholz, Art. 32, RNr. 45). Durch dieses Abkommen ist ein Kompromiß im Hinblick darauf gefunden worden, daß einerseits der Bund auch im Bereich der allein dem Gesetzgebungsrecht der Länder zustehenden Materien völkerrechtliche Verträge abschließen darf, andererseits aber die Ausführung derartiger Verträge der allgemeinen bundesstaatlichen Kompetenzverteilung unterliegt.

Nach dem Lindauer Abkommen gesteht der Bund den Ländern zu, daß bei Verträgen im Bereich der allein dem Gesetzgebungsrecht der Länder zukommenden Materien vor dem Abschluß des Vertrages das Einverständnis mit den Ländern herbeigeführt werden soll. Auch sollen die Länder bei diesen Verträgen möglichst frühzeitig beteiligt werden.

W. Busch, Die Lindauer Vereinbarung und die Ständige Vertragskommission der Länder, Diss. Tübingen 1969.

h) Verfassungsgerichtliche Justiziabilität der auswärtigen Gewalt

Theorie der Regierungsakte

129 Die ältere Rechtsauffassung betrachtete die Ausübung der auswärtigen Gewalt als im wesentlichen politisch bestimmt und ordnete deshalb die in den

Bereich der auswärtigen Gewalt fallenden Handlungen der Regierung und des Parlaments den gerichtlich nicht überprüfbaren Regierungsakten zu. Dieser Lehre vergleichbar ist die englische Doktrin der ,,Acts of State" und die amerikanische Doktrin der ,,Political question". Demgegenüber hat das Bundesverfassungsgericht von vornherein auch die Akte der deutschen auswärtigen Gewalt, einschließlich der Zustimmungsgesetze zu völkerrechtlichen Verträgen, als justiziabel angesehen, ohne dabei allerdings außer acht zu lassen, daß die verfassungsrechtlichen Maßstäbe der auswärtigen Gewalt einen weiten Spielraum politischer Gestaltung überlassen. Demgemäß kann in den Verfahren der abstrakten und der konkreten Normenkontrolle und der Verfassungsbeschwerde durch die Prüfung des Zustimmungsgesetzes nach Art. 59 Abs. 2 GG mittelbar auch der Inhalt eines von der Bundesrepublik abgeschlossenen völkerrechtlichen Vertrages der verfassungsgerichtlichen Beurteilung unterworfen werden (Art. 93 Abs. 1 Nr. 2 und 4a, 100 Abs. 1 GG). Diese Beurteilung beschränkt sich auf die Frage der **Verfassungsmäßigkeit** nach deutschem Recht, kann also nicht zu einer verfassungsgerichtlichen Entscheidung über die **völkerrechtliche** Gültigkeit eines Vertrages führen.

F.-CHR. ZEITLER, Verfassungsgericht und völkerrechtlicher Vertrag, 1974; R. BERNHARDT, Bundesverfassungsgericht und völkerrechtliche Verträge, in: Festschrift für das Bundesverfassungsgericht, 1976, Bd. II, S. 154.

Bindung des deutschen Richters an Akte der deutschen auswärtigen Gewalt?

Mit der Anerkennung des Grundsatzes, daß die Akte der auswärtigen Gewalt materiellrechtlich bestimmten Bindungen, insbes. des Verfassungsrechts, unterworfen sind, und daß diese rechtlichen Bindungen auch der richterlichen Beurteilung unterliegen, ist die Auffassung verworfen, daß bei einem Streitfall, bei dem es auf die Rechtmäßigkeit von Handlungen der auswärtigen Gewalt ankommt, der deutsche Richter an Erklärungen oder Rechtsauffassungen des Auswärtigen Amtes, der Regierung oder des Parlaments gebunden ist (siehe BGH NJW 1984, 2048 – Fall TABATABAI). Dem Richter ist es jedoch unbenommen, Stellungnahmen des Auswärtigen Amtes zum Streitfall einzuholen (vgl. BVerwGE 42, 143/148). Die Auslegung und Anwendung des Rechts wie die Ermittlung des entscheidungserheblichen Sachverhalts und die freie Beweiswürdigung sind auch im Bereich der auswärtigen Gewalt allein Sache des Richters.

Überprüfung der Akte fremder Staaten

Daß Akte der deutschen auswärtigen Gewalt verfassungsgerichtlich justiziabel sind, folgt aus der Bindung der deutschen öffentlichen Gewalt an die Verfassung. Für Akte fremder Staaten gilt das nicht. Die Gültigkeit oder Rechtmäßigkeit der Hoheitsakte auswärtiger Staaten unterliegt nicht der Jurisdiktion deutscher Gerichte. Dem liegt der völkerrechtliche Grundsatz der **souveränen Gleichheit der Staaten** zugrunde und der daraus abgeleitete Satz, daß ein Staat über Handlungen des anderen Staates nicht zu Gericht sitzen darf (par in parem non habet iudicium).

Soweit allerdings die Handlungen auswärtiger Staaten Grundlage oder Voraussetzung von Handlungen **deutscher** Behörden oder Gerichte werden können, steht nicht schlechthin die Gültigkeit oder Rechtmäßigkeit der Handlungen des fremden Staates in Frage, sondern vielmehr die Rechtmäßigkeit von Handlungen der deutschen Staatsgewalt. Demzufolge gilt im Internationalen Privatrecht seit jeher der eigene **ordre public** als Grenze der Anerkennung von Rechtsvorschriften oder Rechtsakten eines fremden Staates: „Die Anwendung eines ausländischen Gesetzes ist ausgeschlossen, wenn die Anwendung gegen die guten Sitten oder gegen den Zweck eines deutschen Gesetzes verstoßen würde" (Art. 30 EGBGB). Zu dem danach der Anwendbarkeit fremden Rechts vor deutschen Behörden und Gerichten entgegenstehenden deutschen ordre public gelten auch die Grundrechte des Grundgesetzes, die als unmittelbares Recht die deutsche Gesetzgebung, vollziehende Gewalt und Rechtsprechung binden (Art. 1 Abs. 3 GG). Der Schutz der Grundrechte gilt somit vor den deutschen Gerichten auch dann, wenn nach den Vorschriften des Kollisionsrechts im Streitfall die Rechtsvorschriften eines fremden Rechts maßgeblich sind (BVerfGE 31, 58/70 ff. – Spanier-Fall).

Praxis der gerichtlichen Kontrolle

132 Außenpolitische Handlungen des Bundeskanzlers, des Bundesaußenministers oder der Bundesregierung werden in der Regel von den materiellrechtlichen Maßstäben des Verfassungsrechts nicht erfaßt werden, so daß insoweit eine verfassungsgerichtliche Justiziabilität praktisch die Ausnahme darstellen wird. Die Praxis der gerichtlichen Kontrolle von Handlungen der auswärtigen Gewalt betrifft deshalb hauptsächlich den Abschluß **völkerrechtlicher Verträge**. Das Zustimmungsgesetz nach Art. 59 Abs. 2 GG ist möglicher Gegenstand einer abstrakten oder konkreten Normenkontrolle und einer Verfassungsbeschwerde. Ob im Einzelfall ein entsprechender Antrag zulässig ist, hängt von den verfassungsprozeßrechtlichen Voraussetzungen der einzelnen Verfahrensarten ab. **Prüfungsmaßstab** ist jeweils das Grundgesetz, soweit die Verletzung einer allgemeinen Regel des Völkerrechts behauptet wird, ist es diese Regel, die nach Art. 25 GG ein den Gesetzen vorgehender Bestandteil des Bundesrechtes ist. Die Verfahren der Normenkontrolle und die Verfassungsbeschwerde sind nur zur Beanstandung von bereits verkündeten Gesetzen zulässig. Im Falle der Zustimmungsgesetze zu völkerrechtlichen Verträgen ist jedoch ausnahmsweise die Anrufung des Bundesverfassungsgerichts bereits dann zulässig, wenn das Gesetz gemäß Art. 78 GG zustande gekommen ist; denn andernfalls könnte durch die schon erfolgte Ratifikation eine völkerrechtliche Bindung der Bundesrepublik eintreten, die selbst dann fortbestünde, wenn das Bundesverfassungsgericht das Zustimmungsgesetz für verfassungswidrig erklären würde (BVerfGE 1, 396/411 ff.; 31, 1/15).

Das Bundesverfassungsgericht hatte über die Verfassungsmäßigkeit von Vertragsgesetzen im Verfahren der abstrakten Normenkontrolle (BVerfGE 1, 396; 4, 157; 36, 1), der konkreten Normenkontrolle (BVerfGE 14, 1; 18, 353; 29, 348; 30, 272; 45, 83; 52, 187) und der Verfassungsbeschwerde (BVerfGE 6, 290; 18, 441; 24, 33; 24, 203; 29, 183; 40, 141) zu entscheiden. Als verfassungswidrig und nichtig wurde das Zustimmungsgesetz zum deutsch-schwei-

Auswärtige Gewalt und internat. Beziehungen

zerischen Doppelbesteuerungsabkommen angesehen (BVerfGE 30, 272). Die Zulässigkeit der Verfassungsbeschwerde gegen ein Zustimmungsgesetz ist nur unter den strengen Voraussetzungen gegeben, daß der Beschwerdeführer durch das Zustimmungsgesetz selbst, gegenwärtig und unmittelbar in seinen Grundrechten beschwert wird (siehe bes. BVerfGE 40, 141 – Ostverträge). Wenn das Bundesverfassungsgericht gegen einen **Akt der auswärtigen Gewalt** mit der Behauptung angerufen wird, daß die fragliche Handlung zu Unrecht ohne die erforderliche Mitwirkung oder Zustimmung von Bundestag oder Bundesrat oder unter Verstoß gegen die bundesstaatliche Kompetenzverteilung erfolgt sei, beispielsweise also ein völkerrechtlicher Vertrag unter Verstoß gegen Art. 59 Abs. 2 GG ohne das erforderliche Zustimmungsgesetz abgeschlossen worden sei, handelt es sich nicht um die **materielle** Prüfung von Akten der auswärtigen Gewalt. Vielmehr wird damit ein verfassungsrechtlich erheblicher Kompetenz- oder Verfahrensverstoß geltend gemacht. Dafür wird in der Regel der Antrag im Organstreitverfahren nach Art. 93 Abs. 1 Nr. 1 GG oder im Verfahren der Bund-Länder-Streitigkeit nach Art. 93 Abs. 1 Nr. 3 GG der gegebene Weg sein.

G. F. SCHUPPERT, Die verfassungsgerichtliche Kontrolle der auswärtigen Gewalt, 1973; S. MAGIERA, Das internationale Recht in der neueren Rechtsprechung des Bundesverfassungsgerichts, NJW 1985, 1739.

Einstweilige Anordnung

In Streitigkeiten über die Verfassungsmäßigkeit von Vertragsgesetzen liegt es 133 nahe, daß der Antragsteller oder der Beschwerdeführer durch den Antrag auf eine einstweilige Anordnung nach § 32 BVerfGG versuchen wird, das Eintreten der völkerrechtlichen Bindung der Bundesrepublik durch die Ratifikation zu verhindern. Der Antragsteller könnte sich insoweit darauf berufen, daß der Erlaß einer einstweiligen Anordnung zur Abwehr schwerer Nachteile dringend geboten sei. In der bisherigen Praxis des Bundesverfassungsgerichts sind derartige Anträge bisher stets erfolglos geblieben (vgl. insbes. BVerfGE 33, 232; 35, 193; 35, 257; 35, 280).

Normenqualifikationsverfahren

Ist in einem Rechtsstreit zweifelhaft, ob eine Regel des Völkerrechts Bestand- 134 teil des Bundesrechts ist und ob sie unmittelbar Rechte und Pflichten für den einzelnen erzeugt (Art. 25 GG), so hat das Gericht die Entscheidung des Bundesverfassungsgerichts einzuholen (Art. 100 Abs. 2 GG; §§ 83, 84 BVerfGG). Dieses Streitverfahren dient insofern der Normenqualifikation, als es einen Zweifel darüber beheben soll, ob eine bestimmte Norm – eine allgemeine Regel des Völkerrechts – **Bestandteil des Bundesrechts** ist und Rechte und Pflichten für den einzelnen zu erzeugen vermag. Zu diesem Streitverfahren kann es nur aus Anlaß eines konkreten Rechtsstreits vor einem Gericht kommen, in dem der Zweifel über die Normqualität entscheidungserheblich ist (BVerfGE 15, 25; 16, 27; 23, 288; 46, 342). Das Bundesverfassungsgericht hat in derartigen Verfahren u. a. die Reichweite der inländischen Jurisdiktion über die nichthoheitliche Tätigkeit auswärtiger

Staaten (BVerfGE 16, 27; 64, 1) und der diplomatischen Immunität (BVerfGE 46, 342) geklärt.

W. K. GECK, Das Bundesverfassungsgericht und die allgemeinen Regeln des Völkerrechts, in: Festschrift für das Bundesverfassungsgericht, 1976, Bd. II, S. 125.

7. Die Bundesrepublik Deutschland in einem vereinten Europa

a) Die Übertragung von Hoheitsrechten

Die „supranationale" Öffnung des Grundgesetzes

135 Der Bund kann durch Gesetz Hoheitsrechte auf zwischenstaatliche Einrichtungen übertragen (Art. 24 Abs. 1 GG). Diese ausdrückliche verfassungsrechtliche Ermächtigung steht in einem inneren Zusammenhang mit dem Bekenntnis der Präambel des Grundgesetzes, wo für das Deutsche Volk in Anspruch genommen wird, „als gleichberechtigtes Glied in einem vereinten Europa dem Frieden der Welt zu dienen". Der Bund wird ermächtigt, zwischenstaatlichen Einrichtungen beizutreten, deren Besonderheit darin besteht, daß sie „Hoheitsrechte" auszuüben vermögen. Hoheitsrechte kommen regelmäßig nur Staaten zu, so daß hier also Staatenverbindungen gemeint sind, denen die Fähigkeit zugestanden wird, ohne besondere Zustimmung oder Anerkennung des Mitgliedstaates Hoheitsgewalt auszuüben, die unmittelbar für die Angehörigen und sonstigen Bewohner des Mitgliedstaates verbindlich ist. Die Staatenverbindung, um die es sich hier handelt, verfügt über eine **selbständige, nicht-staatliche öffentliche Gewalt** im Rahmen der Aufgaben und Befugnisse, die ihr durch Gründung und Beitritt zugesprochen worden sind. Mißverständlich ist, daß das Grundgesetz von „übertragen" spricht; denn der zwischenstaatlichen Einrichtung wird nicht etwa von der Bundesrepublik oder anderen Mitgliedstaaten ein Teil oder Ausschnitt aus der eigenen Staatsgewalt überantwortet. Die Hoheitsrechte der zwischenstaatlichen Einrichtung sind originär und mit einer aus der Staatsgewalt der Mitgliedstaaten allein nicht erklärbaren Eigenart durch Gründung und Beitritt der Mitgliedstaaten geschaffen. Der Gründungsakt oder der Beitritt ist ein völkerrechtlicher Vertrag, aber eben mit der weitreichenden Wirkung, daß er in der neuen Organisation, zu der sich die Staaten zusammengefunden haben, eine eigene öffentliche Gewalt ins Leben gerufen hat, die zu normativen Regelungen und zu Entscheidungen im Einzelfall befähigt ist. Für diese besondere Eigenschaft der in Art. 24 Abs. 1 GG gemeinten zwischenstaatlichen Einrichtungen ist früher häufig der Ausdruck „supranational" verwendet worden, um damit eine auch terminologische Abgrenzung gegenüber den regulären internationalen Organisationen auszudrücken.
Die Bestimmung des Art. 24 Abs. 1 GG erlaubt es dem **Gesetzgeber,** die deutsche Staatlichkeit und Rechtsordnung derart zu öffnen, daß der ausschließliche Herrschaftsanspruch der Bundesrepublik zurückgenommen und der unmittelbaren Geltung und Anwendung eines Rechts aus anderer Quelle innerhalb des staatlichen Herrschaftsbereichs Raum gelassen wird (BVerfGE 37, 271/280; 58, 1/28). Dem entspricht die Interpretation der Verträge zur

Gründung der Europäischen Gemeinschaften dahin, daß diese Verträge eine selbständige Rechtsordnung eigener Art geschaffen haben (EuGH Slg. 1964, 1251/1269).
Die verfassungsrechtliche Bedeutung des Art. 24 Abs. 1 GG besteht darin, daß diese Bestimmung es zuläßt, die Beteiligung der Bundesrepublik an einer mit eigener Hoheitsgewalt begabten Staatenverbindung allein durch Gesetz herbeizuführen. Obwohl dieser Vorgang materiell eine **Verfassungsdurchbrechung** darstellt, wird er durch das Grundgesetz ausdrücklich ohne eine Verfassungsänderung und allein durch ein Vertragsgesetz nach Art. 59 Abs. 2 GG erlaubt. Die Ausführung der politischen Entscheidung für eine Souveränitätsdurchbrechung wird damit, was den rechtlichen Weg anbelangt, wesentlich erleichtert.
Die zwischenstaatliche Einrichtung im Sinne des Art. 24 Abs. 1 GG übt nicht **deutsche** öffentliche Gewalt aus. Sie ist deshalb auch insoweit nicht an das Grundgesetz gebunden, als auf sie deutsche Hoheitsrechte „übertragen" worden sind (BVerfGE 22, 293 und 37, 271 für die EWG; 58, 1 – Rechtsstreitigkeiten über Gebührenforderungen von Eurocontrol; 59, 63 – Rechtsstreitigkeiten zwischen Eurocontrol und deren Bediensteten). Eurocontrol, die neben den Europäischen Gemeinschaften eine zwischenstaatliche Einrichtung im Sinne des Art. 24 Abs. 1 GG ist, ist gemäß dem Vertrag vom 13. 12. 1960 (BGBl. 1962 II S. 2273) eine gemeinsame Einrichtung westeuropäischer Staaten mit Sitz in Brüssel zur Sicherung der Luftfahrt im oberen Luftraum.

J. H. Kaiser/P. Badura, Bewahrung und Veränderung demokratischer und rechtsstaatlicher Verfassungsstruktur in den internationalen Gemeinschaften, VVDStRL Heft 23, 1966.

Grenzen eines möglichen Hoheitsverzichts

Durch Art. 24 Abs. 1 GG wird lediglich dahingehend eine Ausnahmeregelung geschaffen, daß die wegen der Souveränitätsdurchbrechung an sich verfassungsändernde „Übertragung von Hoheitsrechten" im Wege der **Gesetzgebung** zugelassen wird. In diese Ermächtigung ist naturgemäß einbegriffen, daß es überhaupt verfassungsrechtlich zulässig ist, Hoheitsrechte in die Hand zwischenstaatlicher Einrichtungen zu geben, so daß die damit notwendigerweise verbundenen Wirkungen, z. B. in der Funktionsweise des Bundesstaates, ebenfalls als verfassungsrechtlich gebilligt angesehen werden müssen. Die Ermächtigung des Art. 24 Abs. 1 GG schließt jedoch im übrigen eine Dispensierung von der Bindung auch der auswärtigen Gewalt – als deren Sonder- und Grenzfall die in Art. 24 Abs. 1 GG behandelte „Integrationsgewalt" betrachtet werden kann – nicht ein. Der Bundesgesetzgeber kann demnach nicht etwa im Wege des Vertragsgesetzes nach Art. 59 Abs. 2 GG unter Berufung auf Art. 24 Abs. 1 GG Eingriffe in Grundrechte oder Veränderungen der bundesstaatlichen Ordnung oder sonstige Veränderungen der verfassungsmäßigen Ordnung des Grundgesetzes zulassen, die nach dem Grundgesetz verfassungsrechtlich ausgeschlossen sind (vgl. BVerfGE 37, 271/296).
Art. 24 Abs. 1 GG räumt dem Gesetzgeber ein weites Ermessen ein, ob und inwieweit einer zwischenstaatlichen Einrichtung Hoheitsrechte eingeräumt werden und in welcher Weise die Einrichtung rechtlich und organisatorisch

ausgestattet werden soll. Die Vorschrift eröffnet nicht den Weg, das „Grundgefüge der Verfassung" anzutasten. Ein unaufgebbarer Bestandteil des Verfassungsgefüges sind „die fundamentalen Rechtsgrundsätze, die in den Grundrechten des Grundgesetzes anerkannt und verbürgt sind" (BVerfGE 58, 1/28, 40).

Die **Zustimmungsgesetze** zu den Verträgen, durch welche die **Europäischen Gemeinschaften** gegründet worden sind, sind dementsprechend nicht anders als die Zustimmungsgesetze zu sonstigen völkerrechtlichen Verträgen nach Maßgabe des Art. 24 Abs. 1 GG an das Verfassungsrecht gebunden und können folgerichtig auch an den Maßstäben des Grundgesetzes gemessen werden. Es konnte bisher nicht festgestellt werden, daß die Verträge durch den mit ihnen grundsätzlich eingeschlagenen Weg der Integration oder in Einzelbestimmungen einen Widerspruch zu den verfassungsrechtlichen Anforderungen des Grundgesetzes aufweisen.

Eine andere Frage ist es, ob die Rechtsvorschriften und Einzelentscheidungen der **Organe** der Europäischen Gemeinschaften aufgrund der Gemeinschaftsverträge in einem Mitgliedstaat nur anwendbar sind, wenn sie mit dessen Verfassungsrecht im Einklang stehen. Der Ausgangspunkt zur Beantwortung dieser Frage ist die den Gemeinschaftsverträgen zu entnehmende Rechtslage, daß die Mitgliedstaaten eine selbständige und einheitliche öffentliche Gewalt in der Hand der Organe der Europäischen Gemeinschaften schaffen wollten und geschaffen haben. Damit ergibt sich aus den europäischen Verträgen selbst, daß die auf ihrer Grundlage von den europäischen Organen erlassenen Rechtsvorschriften und Einzelentscheidungen grundsätzlich nur an den Verträgen selbst, nicht jedoch an dem – von Staat zu Staat unterschiedlichen – Verfassungsrecht oder sonstigen Recht der Mitgliedstaaten gemessen werden dürfen. Diese Rechtslage kann als „Rechtsanwendungsvorrang" (H. P. IPSEN) des Gemeinschaftsrechts, soweit dieses von nationalen Behörden oder Gerichten anzuwenden wäre, bezeichnet werden. Diese Rechtslage ist der Angelpunkt, um die Funktionsfähigkeit der Europäischen Gemeinschaften im Rahmen der ihnen zustehenden Befugnisse zu sichern.

H. P. IPSEN, Der deutsche Jurist und das europäische Gemeinschaftsrecht, Verh. des 45. DJT, Bd. 2, 1965, S. L 1.

b) Die Europäischen Gemeinschaften und das Europarecht

Die Entstehung der Europäischen Gemeinschaften: die Gemeinschaftsverträge

137 Die Idee eines vereinten Europa, gestützt auf die Legitimation der europäischen Geschichte und Kultur und gefördert durch das politische Ziel der Sicherung des Friedens, hatte bereits in der Zwischenkriegszeit zu einer eindrucksvollen „Paneuropa-Bewegung" geführt. Nach dem Zweiten Weltkrieg gewann die Idee des geeinten Europa, fortdauernd bis heute, zwingende politische Kraft. Die weltpolitische Blockbildung mußte eine Verwirklichung des Europagedankens von vornherein auf Westeuropa beschränken. Da außerdem eine für alle Beteiligten überzeugungskräftige Organisation eines durch eine Verfassung politisch vereinigten Europa, etwa als Bundesstaat, zumindest zunächst nicht gelingen wollte, wurde der **wirtschaftlichen** Eini-

Bundesrepublik Deutschland in einem vereinten Europa   137 D

gung Westeuropas, die möglich und für alle Beteiligten vorteilhaft, wenn nicht unausweichlich war, der Vorrang eingeräumt. Die wirtschaftliche Einigung Europas stellte jedoch für deren Befürworter nur den ersten Schritt für eine politische Einigung dar. Mit den späteren Erweiterungen des ursprünglichen Kreises der an der europäischen Einigung beteiligten Staaten ist die Leuchtkraft dieses Programms etwas verblaßt.
Am Anfang der wirtschaftlichen Einigung Europas stand die **Europäische Gemeinschaft für Kohle und Stahl**, gegründet durch den Vertrag vom 18. April 1951 (BGBl. II S. 445), in Kraft getreten am 23. Sept. 1952. Politische Grundlage dieser Gemeinschaft war der nach dem französischen Außenminister ROBERT SCHUMAN benannte „SCHUMAN-Plan". Die Montanunion umfaßte die damals ausschlaggebende westeuropäische Schwerindustrie, die in Kontrolle und Förderung europäisiert wurde. Die Schaffung der Montanunion war zugleich der Weg, um die Ruhrkontrolle der Westalliierten abzulösen und die Saarfrage zu entschärfen; siehe die Erklärung der französischen Regierung vom 9. Mai 1950 über die Vereinigung der deutschen und französischen Kohle- und Stahlindustrie (SCHUMAN-Plan). Die wirtschaftslenkenden Befugnisse der damals noch so genannten „Hohen Behörde" sind nach dem Montanunion-Vertrag sehr weitgehend.
Nach dem Ende des Besatzungsregimes im Jahre 1955 erfolgte als der zweite wesentliche Schritt der Abschluß der Römischen Verträge, nämlich des **Vertrages zur Gründung der Europäischen Wirtschaftsgemeinschaft** vom 25. März 1957 (BGBl. II S. 766) und des **Vertrages zur Gründung der Europäischen Atomgemeinschaft** vom 25. März 1957 (BGBl. II S. 1014). Diese Verträge sind am 1. Januar 1958 in Kraft getreten. Während der EURATOM-Vertrag einen engeren Bereich der Energieversorgung und Energiewirtschaft regelt und hier verhältnismäßig detailliert festgelegte Lenkungs- und Eingriffsbefugnisse vorsieht, stellt der EWG-Vertrag eher einen Rahmen dar, durch den den neuen Organen der Europäischen Wirtschaftsgemeinschaft die wesentlichen Aufgaben gestellt und die erforderlichen Befugnisse zugesprochen werden.
Institutionelle Weiterentwicklungen der drei europäischen Gemeinschaften erfolgten durch den Vertrag zur Einsetzung eines gemeinsamen Rates und einer gemeinsamen Kommission der Europäischen Gemeinschaften vom 8. April 1965 (BGBl. II S. 1454) und durch den Beschluß über die Ersetzung der Finanzbeiträge der Mitgliedstaaten durch eigene Mittel der Gemeinschaften vom 21. April 1970 (BGBl. II S. 1262). An die Stelle des Beschlusses von 1970 ist der Beschluß des Rates vom 7. Mai 1985 über das System der eigenen Mittel der Gemeinschaften getreten, der auf Art. 201 EWG-Vertrag und Art. 173 EAG-Vertrag gestützt ist und der Zustimmung gemäß Art. 59 Abs. 2 GG bedurfte (Zustimmungsgesetz vom 19. Dez. 1985, BGBl. II S. 1690; Vorlage der BReg., BTag Drucks. 10/3791; Ausschußbericht: BTag Drucks. 10/4185). Das Volumen der eigenen Einnahmen beträgt im EG-Haushalt 1985 25,95 Mrd. ECU.
Die bereits in den Verträgen vorgesehene allgemeine **unmittelbare Wahl der Versammlung** nach einem einheitlichen Verfahren in allen Mitgliedstaaten (sh. Art. 138 Abs. 3 EWG-Vertrag) wurde durch den Beschluß und Akt des Rates der Europäischen Gemeinschaften vom 20. Sept. 1976 zur Einführung

allgemeiner unmittelbarer Wahlen der Abgeordneten der Versammlung (BGBl. 1977 II S. 733) ausgeführt. Den „Europawahlen" liegt in der Bundesrepublik das Gesetz über die Wahl des Europäischen Parlaments aus der Bundesrepublik Deutschland vom 16. Juni 1978 (BGBl. I S. 709), zuletzt geändert durch Gesetz vom 22. Dez. 1983 (BGBl. I S. 1577), zugrunde. Vom 14. bis 17. Juni 1984 haben die 2. Direktwahlen zum Europäischen Parlament mit einer Wahlbeteiligung von 60 v. H., in der Bundesrepublik von 56,8 v. H. (1979: 65,7 v. H.) stattgefunden.

Die drei europäischen Gemeinschaften wurden gegründet von Frankreich, Italien, der Bundesrepublik Deutschland, Belgien, den Niederlanden und Luxemburg. Aufgrund besonderer Verträge sind den Europäischen Gemeinschaften im Jahre 1973 das Vereinigte Königreich, Irland und Dänemark (Vertrag vom 22. Januar 1972, BGBl. II S. 1125) und im Jahre 1981 Griechenland (Vertrag vom 28. Mai 1979, BGBl. 1980 II S. 229) beigetreten; im Falle der Montanunion erfolgt der Beitritt gem. Art. 98 EGKS-Vertrag durch einen Beschluß des Rates (Beschluß vom 22. Januar 1972, BGBl. II 1125, 1140; Beschluß vom 24. Mai 1979, BGBl. 1980 II S. 234). Der Beitritt Spaniens und Portugals ist zum 1. Jan. 1986 erfolgt.

Über die Integration in den Europäischen Gemeinschaften erstattet die Bundesregierung zweimal im Jahr einen Bericht, siehe den Bericht für den Zeitraum Oktober 1984 bis März 1985, BTag Drucks. 10/3435.

W. HALLSTEIN, Zu den Grundlagen und Verfassungsprinzipien der europäischen Gemeinschaften, in: Festschrift für C. F. Ophüls, 1965, S. 1; H. P. IPSEN, Europäisches Gemeinschaftsrecht, 1972; J. A. FROWEIN, Europäisches Gemeinschaftsrecht und Bundesverfassungsgericht, in: Festschrift für das Bundesverfassungsgericht, 1976, Bd. II, S. 187; B. BEUTLER u. a., Die Europäische Gemeinschaft. Rechtsordnung und Politik, 2. Aufl., 1982; H. VON DER GROEBEN/H. von BOECKH/J. THIESING/CL.-D. EHLERMANN, Kommentar zum EWG-Vertrag, 3. Aufl., 1982; E. GRABITZ (Hrsg.), Kommentar zum EWG-Vertrag, 1984 ff.

Assoziierung, Außenbeziehungen

138 Durch eine Assoziierung treten dritte Staaten zu den Europäischen Gemeinschaften in eine engere und auch institutionalisierte Wirtschaftsbeziehung, ohne daß der assoziierte Staat die Mitgliedschaft in den Gemeinschaften erwirbt (siehe Art. 238 EWG-Vertrag). Die Assoziierung der **überseeischen** Länder und Hoheitsgebiete einzelner Mitgliedstaaten, um den Handelsverkehr zu steigern und die wirtschaftliche und soziale Entwicklung durch gemeinsame Bemühungen zu fördern, gehört zu den Aufgaben der Europäischen Wirtschaftsgemeinschaft (Art. 3 lit. k, 131 ff. EWG-Vertrag); das hierfür vertragsrechtlich vorgesehene System ist weitgehend gegenstandslos, weil die dadurch begünstigten Länder seither die Unabhängigkeit erlangt haben. Der Grundgedanke ist in erweiterter Form durch das erste **Abkommen von Lomé** vom 28. Febr. 1975 mit den Staaten Afrikas, des Karibischen und des Pazifischen Raums („AKP-Staaten") zunächst bis zum Jahre 1980 (BGBl. II S. 2318) und dann durch das zweite Abkommen von Lomé vom 31. Okt. 1979 bis zum Jahre 1985 (BGBl. 1980 II, S. 965) ersetzt worden. Das dritte Abkommen von Lomé ist am 8. Dez. 1984 unterzeichnet worden (Entwurf des Zustimmungsgesetzes, BTag Drucks. 10/3960).

Bundesrepublik Deutschland in einem vereinten Europa 139 D

Die Europäischen Gemeinschaften sind von den Mitgliedstaaten als ein selbständiges Völkerrechtssubjekt geschaffen und von einer großen Zahl von Staaten auch als solches anerkannt worden. Sie führen eine gemeinsame Handelspolitik nach einheitlichen Grundsätzen aus (Art. 110 ff. EWG-Vertrag) und unterhalten deshalb eigene Handelsbeziehungen mit dritten Staaten. Die wichtigsten Handelspartner sind die USA und Japan.

D. FRISCH, Lomé III – Das neue Abkommen zwischen der Europäischen Gemeinschaft und den AKP-Staaten, EA 40, 1985, S. 57.

Gemeinsamer Markt

Die **Europäische Wirtschaftsgemeinschaft** besteht aus einer Zoll- und -Wirtschaftsunion, in der die Beschränkungen des Handelsverkehrs der Mitgliedstaaten durch Zölle und Kontingente beseitigt, die Freizügigkeit der Arbeitnehmer und die Freiheit des Dienstleistungs- und Kapitalverkehrs hergestellt werden und eine gemeinsame Handelspolitik gegenüber dritten Staaten stattfindet. Aufgabe der Gemeinschaft ist es, durch die Errichtung eines Gemeinsamen Marktes und die schrittweise Annäherung der Wirtschaftspolitik der Mitgliedstaaten eine harmonische Entwicklung des Wirtschaftslebens innerhalb der Gemeinschaft, eine beständige und ausgewogene Wirtschaftsausweitung, eine größere Stabilität, eine beschleunigte Hebung der Lebenshaltung und engere Beziehungen zwischen den Staaten zu fördern, die in dieser Gemeinschaft zusammengeschlossen sind (Art. 2 EWG-Vertrag). Mengenmäßige Einfuhrbeschränkungen sowie „alle Maßnahmen gleicher Wirkung" sind, mit gewissen vertragsrechtlich festgelegten Abmaßen, zwischen den Mitgliedstaaten verboten (Art. 30 EWG-Vertrag). Dieses Verbot beläßt den Mitgliedstaaten einen Gestaltungsspielraum bei der Bestimmung der Erforderlichkeit und des Umfangs etwa von Maßnahmen des Gesundheitsschutzes (vgl. Art. 36 EWG-Vertrag), auch wenn dadurch etwa die Verkehrsfähigkeit von Lebensmitteln eingeschränkt wird (EuGH Slg. 1983, 3883; 6. 6. 1984 RS 97/83; 11. 7. 1984 RS 51/83). Die Kommission hat eine Klage wegen Vertragsverletzung (Art. 169 EWG-Vertrag) gegen die Bundesrepublik erhoben, weil diese durch die Aufrechterhaltung des deutschen Reinheitsgebots für Bier den Warenverkehr unzulässig behindere (EuGH RS 178/84). Die Zielsetzung, jederzeit eine Mindestversorgung mit Erdölerzeugnissen sicherzustellen, geht über Erwägungen rein wirtschaftlicher Art hinaus und kann somit ein Ziel darstellen, das unter den Begriff der „öffentlichen Sicherheit" i. S. d. Art. 36 EWG-Vertrag fällt (EuGH RS 72/83 DVBl. 1985, 333). Die Gemeinschaft verfügt über eigene Organe mit wirtschaftspolitischen und wirtschaftsverwaltungsrechtlichen Aufgaben und Befugnissen nach Maßgabe der vertragsrechtlichen Bestimmungen. Zu den Zielen des Gemeinsamen Marktes gehört auch eine Vereinheitlichung des für den wirtschaftlichen Prozeß wesentlichen nationalen Rechts, insbes. des Wirtschafts- und Steuerrechts, sowie – auf weitere Sicht – eine gemeinschaftliche Währungspolitik. Seit dem 13. März 1979 besteht das „**Europäische Währungssystem**". Der ECU (European Currency Unit, Europäische Rechnungseinheit) ist keine Währung, sondern eine Rechnungseinheit für die Gemeinschaftsorgane und eine Leitlinie für die Bindung der Wechselkurse der europäischen Währungen. Sein Wert (ca. DM 2,25 nach dem Haushaltskurs 1985) wird nach einem Währungskorb mit gewichteten Anteilen der Währungen der Mitgliedstaaten ermittelt.

H.-E. SCHARRER/W. WESSELS (Hrsg.), Das Europäische Währungssystem, 1983; E. STEINDORFF, Probleme des Art. 30 EWG-Vertrag, ZHR 148, 1984, S. 338.

Insbesondere der Agrarmarkt

140 Die Tätigkeit der Europäischen Wirtschaftsgemeinschaft umfaßt die Einführung einer gemeinsamen Politik auf dem Gebiet der Landwirtschaft, zu deren Verwirklichung eine gemeinsame Organisation der Agrarmärkte geschaffen worden ist (Art. 3 lit. d., 38 ff. EWG-Vertrag). Das Kernstück des gemeinschaftsrechtlichen Agrarmarktes, der nicht von marktwirtschaftlicher Freiheit, sondern von einem höchst komplexen System wirtschaftslenkender Maßnahmen bestimmt wird, ist die **Europäische Marktordnung**. In den gemeinschaftsrechtlich im Rahmen der verschiedenen landwirtschaftlichen Marktorganisationen, z. B. für Getreide, periodisch festgelegten Preisen wird durch eine politische Entscheidung ein Ausgleich zwischen den Interessen der Produzenten und Anbieter auf der einen Seite und der Verbraucher auf der anderen Seite angestrebt. Der diffizilen Steuerung der Agrarmärkte dienen etwa vier Fünftel der von den Organen der Europäischen Wirtschaftsgemeinschaft erlassenen Rechtsvorschriften. Zu der Agrarpolitik der EWG gehört neben der Marktordnung für die verschiedenen landwirtschaftlichen Produkte die einen großen Teil der eigenen Ausgaben der EWG ausmachende strukturpolitische Förderung der Landwirtschaft mit Hilfe des Ausrichtungs- und Garantiefonds.

Eine allgemeine Regelung über die Ausführung des Marktordnungsrechts durch deutsche Behörden ist das Gesetz zur Durchführung der gemeinsamen Marktorganisationen vom 31. Aug. 1972 (BGBl. I S. 1617), zuletzt geänd. durch Gesetz vom 4. Nov. 1982 (BGBl. I S. 1450).

R. BOEST, Die Agrarmärkte im Recht der EWG, 1984.

Die Gemeinschaften und ihre Organe

141 Nach den vertragsrechtlichen Grundlagen bestehen nach wie vor die drei Gemeinschaften EWG, Montanunion und EURATOM nebeneinander, wenngleich die Organe dieser drei Gemeinschaften „fusioniert" worden sind. Der Ministerrat, die Kommission, die Versammlung und der Europäische Gerichtshof sind Organe der drei Gemeinschaften und handeln jeweils, entsprechend der wahrgenommenen Aufgabe, aufgrund und nach Maßgabe des einschlägigen Vertragsrechts.

Der **Rat** (**Ministerrat**) ist das politisch und rechtlich führende Organ der Gemeinschaften (siehe Art. 145 ff. EWG-Vertrag). Die wesentlichen gemeinschaftsrechtlichen Befugnisse sind, zumeist nach dem Mehrheitsprinzip, in die Hand des Rates gelegt. Die Stellung des Rates und sein Zusammenwirken mit der Kommission bilden das institutionelle Kernstück der Europäischen Gemeinschaften, das zugleich ihre besondere Eigenart als eine enge Staatenverbindung diesseits des Bundesstaates kennzeichnet. Eine Verantwortlich-

Bundesrepublik Deutschland in einem vereinten Europa   142 D

keit des Rates gegenüber der Versammlung, etwa im Sinne des verfassungsstaatlichen parlamentarischen Regierungssystems, besteht nicht. Im Ministerrat ist die nationale Rückbindung und zugleich die jeweils gegenüber der nationalen Volksvertretung bestehende Verantwortlichkeit des Rates verkörpert.

Die **Kommission** besteht aus vierzehn Mitgliedern, die ihre Tätigkeit in voller Unabhängigkeit zum allgemeinen Wohl der Gemeinschaften ausüben. Die Mitglieder der Kommission werden von den Regierungen der Mitgliedstaaten im gegenseitigen Einvernehmen auf eine Amtszeit von jeweils vier Jahren ernannt (Art. 9 ff. des Vertrages zur Einsetzung eines Gemeinsamen Rates und einer Gemeinsamen Kommission der Europäischen Gemeinschaften). Die Kommission, die an der Spitze einer umfangreichen Bürokratie steht, ist der reinste Ausdruck der integrierten Hoheitsbefugnisse der Gemeinschaften. Die Mitglieder der Kommission sind der Versammlung verantwortlich (vgl. Art. 144 EWG-Vertrag).

Die **Versammlung** („Europäisches Parlament") besteht aus Vertretern der Völker der in der Gemeinschaft zusammengeschlossenen Staaten; sie übt die Beratungs- und Kontrollbefugnisse aus, die ihr nach den Verträgen zustehen (Art. 137 ff. EWG-Vertrag). Seit 1979 werden die Abgeordneten der Versammlung nach einem einheitlichen Verfahren in den Mitgliedstaaten unmittelbar gewählt. Die Versammlung hat nicht das Recht zum Erlaß von Rechtsvorschriften, sie verfügt jedoch über ein begrenztes Budgetrecht (siehe Art. 203, 206 b EWG-Vertrag).

Beratende Aufgaben hat der **Wirtschafts- und Sozialausschuß** (Art. 193 ff. EWG-Vertrag).

D. ALLEN, Die Direktwahlen zum Europäischen Parlament im Juni 1984, Europa-Archiv 1984, S. 685; E. KLEIN, Neuere Entwicklungen des Rechts der Europäischen Gemeinschaften, DÖV 1984, 1010; S. MAGIERA, Die Finanzierungsgrenzen der Europäischen Gemeinschaften und ihre Erweiterung, in: Festschrift für Karl Carstens, 1984, S. 185; J. SEDEMUND, Europäisches Gemeinschaftsrecht, NJW 1985, 526.

Insbesondere der Europäische Gerichtshof

Der Gerichtshof sichert die Wahrung des Rechts bei der Auslegung und Anwendung der **Gemeinschaftsverträge** (Art. 164 ff. EWG-Vertrag; Art. 31 ff. EGKS-Vertrag, Art. 136 ff. EAG-Vertrag; Protokoll über die Satzung des Gerichtshofs der Europäischen Wirtschaftsgemeinschaft vom 17. April 1957, BGBl. II S. 1166, Protokoll über die Satzung des Gerichtshofs der Europäischen Gemeinschaft für Kohle und Stahl vom 18. April 1951, BGBl. 1952 II S. 482, Protokoll über die Satzung des Gerichtshofs der Europäischen Atomgemeinschaft vom 17. April 1957, BGBl. II S. 1194; Verfahrensordnung vom 4. Dez. 1974, ABl. Nr. L 350/1, zuletzt geänd. am 27. Mai 1961, ABl. Nr. L 199/1, Zusätzliche Verfahrensordnung vom 4. Dez. 1974, ABl. Nr. L 350/29). Der Gerichtshof besteht aus elf Richtern und wird von fünf Generalanwälten unterstützt. Die Richter und die Generalanwälte werden von den Regierungen der Mitgliedstaaten im gegenseitigen Einvernehmen auf sechs Jahre ernannt. Der Sitz des Gerichtshofes ist Luxemburg. Der Europäische Gerichtshof kann von den Mitgliedstaaten, von den Organen der Gemeinschaften und von jeder natürlichen oder juristischen Person gegen die an sie ergangenen oder sie unmittelbar und individuell betreffenden Entscheidungen und Verordnungen angerufen werden. Er ist weiter zuständig für alle gemeinschaftsrechtlichen Streitsachen zwischen den Gemeinschaften und deren Bediensteten. Er kann schließlich im Wege der **Vorabentscheidung** von einem Gericht eines Mitgliedstaates angerufen werden, soweit es für dessen Entscheidung auf die Auslegung der Verträge oder die Gültigkeit oder Auslegung von Handlungen der Gemeinschaftsorgane ankommt. Entscheidungen des EuGH über die Ungültigkeit von Rechtsakten eines Gemeinschaftsorgans, z. B. einer Verordnung, gelten unmittelbar nur für das konkrete Vorabentscheidungsverfahren. Derartige Entscheidungen stellen jedoch einen hinreichenden Grund dafür dar, daß jedes nationale Gericht einen entsprechenden Rechtsakt bei einer von ihm zu fällenden Entscheidung als ungültig ansehen könnte (EuGH RS 66/80 Slg. 1981, 1191).

Soweit das Gemeinschaftsrecht durch Organe der Gemeinschaften ausgeführt wird, können die Angehörigen der Mitgliedstaaten Rechtsschutz nur durch Anrufung des Europäischen Gerichtshofes und nach Maßgabe des Gemeinschaftsrechts erlangen. Soweit das Gemeinschaftsrecht durch Behörden der Mitgliedstaaten ausgeführt wird, üben diese nationale Staatsgewalt aus, so daß sich der Rechtsschutz nach dem nationalen Rechtsschutzsystem richtet, vorbehaltlich der Vorabentscheidung des Gerichtshofes nach Art. 177 EWG-Vertrag.

Der Europäische Gerichtshof hat durch seine Entscheidungspraxis in hervorgehobener Weise zur Effektuierung des Gemeinschaftsrechts beigetragen. Er veröffentlicht seine Entscheidungen in einer nach Jahrgängen geordneten Sammlung.

Das Gemeinschaftsrecht

143 Die Europäischen Gemeinschaften sind durch die Gemeinschaftsverträge – völkerrechtliche Abkommen – gegründet und mit hoheitlichen Aufgaben und Befugnissen ausgestattet worden. Soweit die Gemeinschaftsverträge die Organe der Gemeinschaften und deren Rechtsstellung, die Aufgaben und Befugnisse der Gemeinschaften und Ermächtigungen zugunsten der Gemeinschaftsorgane zum Erlaß von Rechtsvorschriften oder Entscheidungen geregelt haben, bilden die Gemeinschaftsverträge das „**primäre**" Gemeinschaftsrecht. Das primäre Gemeinschaftsrecht kann gewissermaßen als die „Verfassung" der Gemeinschaften bezeichnet werden; es ist jedoch mit dem nationalen Verfassungsrecht nicht vergleichbar, sondern eine vertraglich geschaffene Rechtsordnung eigener Art.

Zur Erfüllung ihrer Aufgaben und nach Maßgabe der Verträge erlassen der Rat und die Kommission Verordnungen, Richtlinien und Entscheidungen, sprechen Empfehlungen aus und geben Stellungnahmen ab (Art. 189 EWG-Vertrag, Art. 14 EGKS-Vertrag, Art. 161 EAG-Vertrag). Erscheint ein Tätigwerden der EWG erforderlich, um im Rahmen des Gemeinsamen Marktes eines ihrer Ziele zu verwirklichen, und sind in dem Vertrag die hierfür erforderlichen Befugnisse nicht vorgesehen, so erläßt der Rat einstimmig auf Vorschlag der Kommission und nach Anhörung der Versammlung die geeigneten Vorschriften (Art. 235 EWG-Vertrag).

Der Rat und die Kommission sind somit nach Maßgabe der Verträge auch zum Erlaß von Rechtsvorschriften befähigt, insbes. in Gestalt der **Verordnungen** der EWG. Die Verordnung hat allgemeine Geltung. Sie ist in allen ihren Teilen verbindlich und gilt unmittelbar in jedem Mitgliedstaat (Art. 189 Abs. 2 EWG-Vertrag). Die aufgrund des primären Gemeinschaftsrechts von den Organen der Gemeinschaften erlassenen Rechtsvorschriften werden „sekundäres" Gemeinschaftsrecht genannt. Das sekundäre Gemeinschaftsrecht gehört wie das primäre Gemeinschaftsrecht zu einer selbständigen Rechtsordnung eigener Art, dem „Gemeinschaftsrecht" oder „Europarecht" (vgl. BVerfGE 22, 293). Die Rechtmäßigkeit und Gültigkeit des sekundären Gemeinschaftsrechts beurteilt sich allein nach dem dafür maßgeblichen primären Gemeinschaftsrecht.

Die Rechtsvorschriften der Europäischen Gemeinschaften lassen sich mit den **staatsrechtlichen** Kategorien des Gesetzes und der Rechtsverordnung nicht erfassen. Denn diese beruhen auf den Grundsätzen des Parlamentarismus, der Gewaltenteilung und der Abhängigkeit des Rechtsetzungsrechts der Exekutive von einer gesetzlichen Ermächtigung. In der Bezeichnung als „Verordnung" wird auf das wesentliche Merkmal abgestellt, daß diese Rechtsvorschriften nicht parlamentarisch zustande kommen. Auf der anderen Seite sind die gemeinschaftsrechtlichen Verordnungen anders als die Rechtsverordnungen des nationalen Rechts nicht als eine delegierte Rechtsetzung der Exekutive anzusehen. Die Zulässigkeit und die Wirkung dieser Verordnungen bestimmen sich allein nach den Gemeinschaftsverträgen; Analogien zum nationalen Recht wären insoweit irreführend.

U. EVERLING, Elemente eines europäischen Verwaltungsrechts, DVBl. 1983, 649; DERS., Zum Vorrang des EG-Rechts vor nationalem Recht, DVBl. 1985, 1201; J. V. LOUIS, Die Rechtsordnung der Europäischen Gemeinschaften, 1980.

Das Gemeinschaftsrecht und die Grundrechte

Die Gemeinschaftsverträge enthalten keine ausdrücklich geregelten Grundrechte im Stil der nationalen Verfassung. Es ist jedoch anerkannt, insbes. in der Rechtsprechung des Europäischen Gerichtshofes, daß die Grundrechte zu den **allgemeinen Rechtsgrundsätzen** gehören, die der Gerichtshof zu wahren hat, und daß er bei der Gewährleistung dieser Rechte von den gemeinsamen Verfassungsüberzeugungen der Mitgliedstaaten auszugehen hat (siehe z. B. EuGH Slg. 1974, S. 491/507). Die rechtsstaatlichen Grundsätze und Garantien entsprechend den in den Verfassungen der Mitgliedstaaten anerkannten und geschützten Grundrechte, sind danach als ein ungeschriebener Bestandteil des primären Gemeinschaftsrechts anzusehen, an das die Organe der Gemeinschaften beim Erlaß von Rechtsvorschriften und Entscheidungen gebunden sind und das vom Europäischen Gerichtshof gegenüber den Organen der Gemeinschaften zu wahren ist.

Wenn **deutsche** Behörden und Gerichte Rechtsvorschriften des sekundären Gemeinschaftsrechts anwenden und ihren Entscheidungen zugrunde legen, üben sie deutsche Staatsgewalt aus. Wenn ein deutsches Gericht die Gültigkeit einer von einem Organ der Europäischen Gemeinschaften erlassenen Rechtsvorschrift wegen Verstoßes gegen das primäre Gemeinschaftsrecht verneint, kommt nach Art. 177 EWG-Vertrag eine Vorabentscheidung des Europäischen Gerichtshofes in Betracht. An Gesetzen oder sonstigen Rechtssätzen des deutschen Rechts dagegen können gemeinschaftsrechtliche Rechtsvorschriften nicht gemessen werden. Eine Ausnahme besteht nach der Rechtsprechung des Bundesverfassungsgerichts für die **Grundrechte des Grundgesetzes**. Nach Auffassung des Bundesverfassungsgerichts ist die Anwendung sekundären Gemeinschaftsrechts durch deutsche Gerichte und Behörden als Ausübung deutscher Staatsgewalt auch an das Grundgesetz gebunden mit der Folge, daß das Gemeinschaftsrecht, wenn es Grundrechte verletzt, durch ein Gericht nicht anzuwenden ist, solange der Integrationsprozeß der Gemeinschaften nicht so weit fortgeschritten ist, daß das Gemeinschaftsrecht auch einen von einem Parlament beschlossenen und in Geltung stehenden formulierten Katalog von Grundrechten enthält, der dem Grundrechtskatalog des Grundgesetzes adäquat ist (BVerfGE 37, 271; BVerfGE 52, 187 läßt eine gewisse Distanzierung angesichts „mittlerweile eingetretener politischer und rechtlicher Entwicklungen im europäischen Bereich" durchblicken); dazu H. P. IPSEN, EuR 1975, S. 1 und 1980, S. 68; U. SCHEUNER, AöR 100, 1975, S. 30; CHR. TOMUSCHAT, NJW 1980, 2611. Kommt ein deutsches Gericht zu der Überzeugung, daß eine Norm des sekundären Gemeinschaftsrechts gegen Grundrechte des Grundgesetzes verstößt, ist nach Einholung einer Vorabentscheidung des Europäischen Gerichtshofs eine **Vorlage zum Bundesverfassungsgericht** in entsprechender Anwendung des Art. 100 Abs. 1 GG zulässig und notwendig.

J. A. FROWEIN, Europäisches Gemeinschaftsrecht und Bundesverfassungsgericht, in: Festschrift für das Bundesverfassungsgericht, 1976, Bd. II, S. 187; J. SCHWARZE, Das Verhältnis von deutschem Verfassungsrecht und europäischem Gemeinschaftsrecht auf dem Gebiet des Grundrechtsschutzes im Spiegel der jüngsten Rechtsprechung, in: Festschrift für Werner von Simson, 1983, S. 343; D. FEGER, Die Grundrechte im Recht der Europäischen Gemeinschaften, 1984.

Politische Union

145 Die zur Grundidee der europäischen Integration gehörende Programmatik eines **politisch** vereinten Europa soll in den Europäischen Gemeinschaften eine – zunächst auf die wirtschaftliche Integration beschränkte – Vorstufe haben. Innerhalb des vertragsrechtlich bestehenden Rahmens kann allerdings die Weiterentwicklung zu einer wie auch immer gestalteten politischen Union nicht erfolgen. Hierfür ist vielmehr eine eigene politische Initiative und vor allem eine über die Europäischen Gemeinschaften qualitativ hinausgehende neue vertragliche Einigung der Mitgliedstaaten erforderlich. Darüber hinaus reichen, jedenfalls in der Bundesrepublik, die bestehenden verfassungsrechtlichen Grundlagen (insbes. Art. 24 Abs. 1 GG) nicht aus, um im Wege des Zustimmungsgesetzes zu einem völkerrechtlichen Abkommen die Bundesrepublik als Mitgliedstaat in einen europäischen Bundesstaat oder in eine europäische Union politischen, d. h. verfassungsrechtlichen Charakters einzufügen.

Die **Weiterentwicklung der Europäischen Gemeinschaften** zu einer politischen Europäischen Union ist ein Ziel, das von einer Reihe politischer Parteien in den Mitgliedstaaten vertreten wird, wenn auch mit durchaus unter-

Bundesrepublik Deutschland in einem vereinten Europa　　　146　D

schiedlichen Grundvorstellungen. Innerhalb der Europäischen Gemeinschaften hat vor allem die Versammlung konsequent den Weg zur Vorbereitung einer Europäischen Union beschritten, nicht zuletzt aufgrund der ,,feierlichen Deklaration zur Europäischen Union", welche die Staats- und Regierungschefs der Mitgliedstaaten auf der Tagung des Europäischen Rates in Stuttgart am 19. Juni 1983 unterzeichnet haben. Die Versammlung hat aufgrund der Vorarbeiten ihres Institutionellen Ausschusses unter dem Vorsitz des Abgeordneten SPINELLI am 14. Februar 1984 den ,,Vorentwurf eines Vertrages zur Gründung der Europäischen Union" verabschiedet (ABl. C 77/ 33).

Von dem Bestreben zu einer politischen Union Europas ist die seit 1974 bestehende Einrichtung des ,,**Europäischen Rates**" zu unterscheiden, zu dem die Regierungschefs der Mitgliedstaaten mehrmals jährlich zusammentreffen, um sich in grundsätzlichen politischen Fragen zu verständigen. Die Beschlüsse des Europäischen Rates bilden häufig Leitlinien für die Entscheidungen des Rates der Europäischen Gemeinschaften.

H. P. IPSEN, Utopisches im Parlaments-Entwurf einer Europäischen Union, in: Festschrift für Karl Carstens, 1984, S. 155; DERS., Zum Parlaments-Entwurf einer Europäischen Union, Staat 24, 1985, S. 325; H.-W. RENGELING/M. CH. JAKOBS, Europäische Verfassung, DVBl. 1984, 773; W. WESSELS, Der Vertragsentwurf des Europäischen Parlaments für eine Europäische Union, Europa-Archiv 1984, S. 239; J. SCHWARZE, Mitgliedschaft in einer zukünftigen politischen Union, DVBl. 1985, 309.

c) Der Europarat

Der Europarat und die Europäische Menschenrechtskonvention

Der **Europarat** ist als eine engere Staatenverbindung in Westeuropa im Jahre 1949 durch Belgien, Dänemark, Frankreich, Italien, Luxemburg, die Niederlande, Norwegen, Schweden und das Vereinigte Königreich gegründet worden (Satzung des Europarates vom 5. Mai 1949). Dem Europarat sind später die Türkei, Griechenland, Island, die Bundesrepublik Deutschland, Österreich, Cypern, die Schweiz, Malta, Portugal, Spanien und Liechtenstein beigetreten. Der Beitritt der Bundesrepublik erfolgte aufgrund des Zustimmungsgesetzes vom 8. Juli 1950 (BGBl. S. 263); sie war zunächst seit dem 13. Juli 1950 assoziiertes Mitglied und dann seit dem 2. Mai 1951 Vollmitglied.　　　146

Der Europarat hat zur Aufgabe, eine engere Verbindung zwischen seinen Mitgliedern zum Schutze und zur Förderung der Ideale und Grundsätze, die ihr gemeinsames Erbe bilden, herzustellen und ihren wirtschaftlichen und sozialen Fortschritt zu fördern (Art. 1 Abschn. a der Satzung). Der Sitz des Europarates ist in Straßburg, seine Organe sind das Ministerkomitee und die Beratende Versammlung.

Als eine politische und rechtliche Leistung von erheblicher Bedeutung ist im Rahmen des Europarates die **Römische Konvention zum Schutze der Menschenrechte und Grundfreiheiten** vom 4. Nov. 1950 zustande gekommen (C RNr. 10). Um die Einhaltung der Verpflichtungen, welche die Vertragsparteien dieser Konvention übernommen haben, sicherzustellen, sind eine

Europäische Kommission für Menschenrechte und ein Europäischer Gerichtshof für Menschenrechte errichtet worden.

Die Europäische Sozialcharta

147 Als ein Seitenstück zur Menschenrechtskonvention, die sich im wesentlichen auf eine Gewährleistung der Freiheitsrechte des einzelnen beschränkt, ist im Rahmen des Europarates die Europäische Sozialcharta vom 18. Okt. 1961 (BGBl. 1964 II S. 1262) zustande gekommen. Die Sozialcharta ist am 26. Febr. 1965 in Kraft getreten. Sie verpflichtet die Vertragsparteien auf eine Reihe sozial- und wirtschaftspolitischer Grundsätze und auf bestimmte Maßnahmen zur Verwirklichung dieser Grundsätze. Die Maßnahmen, zu denen sich die Vertragsparteien verpflichtet haben, um die in der Sozialcharta festgelegten ,,Rechte und Grundsätze" wirksam zu gewährleisten, sind als ,,Rechte" gefaßt, z. B. als ,,Recht auf Arbeit", ,,Recht auf gerechte Arbeitsbedingungen". Dennoch handelt es sich dabei nicht um Rechte in dem Sinn, daß sich der einzelne unmittelbar auf die fraglichen Bestimmungen der Sozialcharta gegenüber seinem Heimatstaat berufen dürfte. Für die Rechtsstellung der einzelnen bleiben die Gesetze und Rechtsvorschriften maßgebend, welche die Vertragsparteien zur Erfüllung ihrer Verpflichtungen aus der Sozialcharta erlassen (C RNr. 9).

W. WIESE, Die Europäische Sozialcharta, JiR 16, 1973, S. 328.

E. Die Staatsorgane

III. Der Bundestag

Art. 38

(1) Die Abgeordneten des Deutschen Bundestages werden in allgemeiner, unmittelbarer, freier, gleicher und geheimer Wahl gewählt. Sie sind Vertreter des ganzen Volkes, an Aufträge und Weisungen nicht gebunden und nur ihrem Gewissen unterworfen.

(2) Wahlberechtigt ist, wer das achtzehnte Lebensjahr vollendet hat; wählbar ist, wer das Alter erreicht hat, mit dem die Volljährigkeit eintritt.

(3) Das Nähere bestimmt ein Bundesgesetz.

Art. 39

(1) Der Bundestag wird auf vier Jahre gewählt. Seine Wahlperiode endet mit dem Zusammentritt eines neuen Bundestages. Die Neuwahl findet frühestens fünfundvierzig, spätestens siebenundvierzig Monate nach Beginn der Wahlperiode statt. Im Falle einer Auflösung des Bundestages findet die Neuwahl innerhalb von sechzig Tagen statt.

(2) Der Bundestag tritt spätestens am dreißigsten Tage nach der Wahl zusammen.

(3) Der Bundestag bestimmt den Schluß und den Wiederbeginn seiner Sitzungen. Der Präsident des Bundestages kann ihn früher einberufen. Er ist hierzu verpflichtet, wenn ein Drittel der Mitglieder, der Bundespräsident oder der Bundeskanzler es verlangen.

Art. 40

(1) Der Bundestag wählt seinen Präsidenten, dessen Stellvertreter und die Schriftführer. Er gibt sich eine Geschäftsordnung.

(2) Der Präsident übt das Hausrecht und die Polizeigewalt im Gebäude des Bundestages aus. Ohne seine Genehmigung darf in den Räumen des Bundestages keine Durchsuchung oder Beschlagnahme stattfinden.

Art. 41

(1) Die Wahlprüfung ist Sache des Bundestages. Er entscheidet auch, ob ein Abgeordneter des Bundestages die Mitgliedschaft verloren hat.

(2) Gegen die Entscheidung des Bundestages ist die Beschwerde an das Bundesverfassungsgericht zulässig.

(3) Das Nähere regelt ein Bundesgesetz.

Art. 42

(1) Der Bundestag verhandelt öffentlich. Auf Antrag eines Zehntels seiner Mitglieder oder auf Antrag der Bundesregierung kann mit Zweidrittelmehrheit die Öffentlichkeit ausgeschlossen werden. Über den Antrag wird in nichtöffentlicher Sitzung entschieden.

(2) Zu einem Beschlusse des Bundestages ist die Mehrheit der abgegebenen Stimmen erforderlich, soweit dieses Grundgesetz nichts anderes bestimmt. Für die vom Bundestage vorzunehmenden Wahlen kann die Geschäftsordnung Ausnahmen zulassen.

(3) Wahrheitsgetreue Berichte über die öffentlichen Sitzungen des Bundestages und seiner Ausschüsse bleiben von jeder Verantwortlichkeit frei.

Art. 43

(1) Der Bundestag und seine Ausschüsse können die Anwesenheit jedes Mitgliedes der Bundesregierung verlangen.

(2) Die Mitglieder des Bundesrates und der Bundesregierung sowie ihre Beauftragten haben zu allen Sitzungen des Bundestages und seiner Ausschüsse Zutritt. Sie müssen jederzeit gehört werden.

Art. 44

(1) Der Bundestag hat das Recht und auf Antrag eines Viertels seiner Mitglieder die Pflicht, einen Untersuchungsausschuß einzusetzen, der in öffentlicher Verhandlung die erforderlichen Beweise erhebt. Die Öffentlichkeit kann ausgeschlossen werden.

(2) Auf Beweiserhebungen finden die Vorschriften über den Strafprozeß sinngemäß Anwendung. Das Brief-, Post- und Fernmeldegeheimnis bleibt unberührt.

(3) Gerichte und Verwaltungsbehörden sind zur Rechts- und Amtshilfe verpflichtet.

(4) Die Beschlüsse der Untersuchungsausschüsse sind der richterlichen Erörterung entzogen. In der Würdigung und Beurteilung des der Untersuchung zugrunde liegenden Sachverhaltes sind die Gerichte frei.

Art. 45 *(gestrichen)*

Art. 45 a

(1) Der Bundestag bestellt einen Ausschuß für auswärtige Angelegenheiten und einen Ausschuß für Verteidigung.

(2) Der Ausschuß für Verteidigung hat auch die Rechte eines Untersuchungsausschusses. Auf Antrag eines Viertels seiner Mitglieder hat er die Pflicht, eine Angelegenheit zum Gegenstand seiner Untersuchung zu machen.

(3) Artikel 44 Abs. 1 findet auf dem Gebiet der Verteidigung keine Anwendung.

Art. 45 b

Zum Schutz der Grundrechte und als Hilfsorgan des Bundestages bei der Ausübung der parlamentarischen Kontrolle wird ein Wehrbeauftragter des Bundestages berufen. Das Nähere regelt ein Bundesgesetz.

Art. 45 c

(1) Der Bundestag bestellt einen Petitionsausschuß, dem die Behandlung der nach Artikel 17 an den Bundestag gerichteten Bitten und Beschwerden obliegt.

(2) Die Befugnisse des Ausschusses zur Überprüfung von Beschwerden regelt ein Bundesgesetz.

Die Staatsorgane E

Art. 46

(1) Ein Abgeordneter darf zu keiner Zeit wegen seiner Abstimmung oder wegen einer Äußerung, die er im Bundestage oder in einem seiner Ausschüsse getan hat, gerichtlich oder dienstlich verfolgt oder sonst außerhalb des Bundestages zur Verantwortung gezogen werden. Dies gilt nicht für verleumderische Beleidigungen.

(2) Wegen einer mit Strafe bedrohten Handlung darf ein Abgeordneter nur mit Genehmigung des Bundestages zur Verantwortung gezogen oder verhaftet werden, es sei denn, daß er bei Begehung der Tat oder im Laufe des folgenden Tages festgenommen wird.

(3) Die Genehmigung des Bundestages ist ferner bei jeder anderen Beschränkung der persönlichen Freiheit eines Abgeordneten oder zur Einleitung eines Verfahrens gegen einen Abgeordneten gemäß Artikel 18 erforderlich.

(4) Jedes Strafverfahren und jedes Verfahren gemäß Artikel 18 gegen einen Abgeordneten, jede Haft und jede sonstige Beschränkung seiner persönlichen Freiheit sind auf Verlangen des Bundestages auszusetzen.

Art. 47

Die Abgeordneten sind berechtigt, über Personen, die ihnen in ihrer Eigenschaft als Abgeordnete oder denen sie in dieser Eigenschaft Tatsachen anvertraut haben, sowie über diese Tatsachen selbst das Zeugnis zu verweigern. Soweit dieses Zeugnisverweigerungsrecht reicht, ist die Beschlagnahme von Schriftstücken unzulässig.

Art. 48

(1) Wer sich um einen Sitz im Bundestage bewirbt, hat Anspruch auf den zur Vorbereitung seiner Wahl erforderlichen Urlaub.

(2) Niemand darf gehindert werden, das Amt eines Abgeordneten zu übernehmen und auszuüben. Eine Kündigung oder Entlassung aus diesem Grunde ist unzulässig.

(3) Die Abgeordneten haben Anspruch auf eine angemessene, ihre Unabhängigkeit sichernde Entschädigung. Sie haben das Recht der freien Benutzung aller staatlichen Verkehrsmittel. Das Nähere regelt ein Bundesgesetz.

Art. 49 *(gestrichen)*

IV. Der Bundesrat

Art. 50

Durch den Bundesrat wirken die Länder bei der Gesetzgebung und Verwaltung des Bundes mit.

Art. 51

(1) Der Bundesrat besteht aus Mitgliedern der Regierungen der Länder, die sie bestellen und abberufen. Sie können durch andere Mitglieder ihrer Regierungen vertreten werden.

(2) Jedes Land hat mindestens drei Stimmen, Länder mit mehr als zwei Millionen Einwohner haben vier, Länder mit mehr als sechs Millionen Einwohner fünf Stimmen.

(3) Jedes Land kann so viele Mitglieder entsenden, wie es Stimmen hat. Die Stimmen eines Landes können nur einheitlich und nur durch anwesende Mitglieder oder deren Vertreter abgegeben werden.

Art. 52

(1) Der Bundesrat wählt seinen Präsidenten auf ein Jahr.

(2) Der Präsident beruft den Bundesrat ein. Er hat ihn einzuberufen, wenn die Vertreter von mindestens zwei Ländern oder die Bundesregierung es verlangen.

(3) Der Bundesrat faßt seine Beschlüsse mit mindestens der Mehrheit seiner Stimmen. Er gibt sich eine Geschäftsordnung. Er verhandelt öffentlich. Die Öffentlichkeit kann ausgeschlossen werden.

(4) Den Ausschüssen des Bundesrates können andere Mitglieder oder Beauftragte der Regierungen der Länder angehören.

Art. 53

Die Mitglieder der Bundesregierung haben das Recht und auf Verlangen die Pflicht, an den Verhandlungen des Bundesrates und seiner Ausschüsse teilzunehmen. Sie müssen jederzeit gehört werden. Der Bundesrat ist von der Bundesregierung über die Führung der Geschäfte auf dem laufenden zu halten.

IVa. Gemeinsamer Ausschuß

Art. 53a

(1) Der Gemeinsame Ausschuß besteht zu zwei Dritteln aus Abgeordneten des Bundestages, zu einem Drittel aus Mitgliedern des Bundesrates. Die Abgeordneten werden vom Bundestage entsprechend dem Stärkeverhältnis der Fraktionen bestimmt; sie dürfen nicht der Bundesregierung angehören. Jedes Land wird durch ein von ihm bestelltes Mitglied des Bundesrates vertreten; diese Mitglieder sind nicht an Weisungen gebunden. Die Bildung des Gemeinsamen Ausschusses und sein Verfahren werden durch eine Geschäftsordnung geregelt, die vom Bundestage zu beschließen ist und der Zustimmung des Bundesrates bedarf.

(2) Die Bundesregierung hat den Gemeinsamen Ausschuß über ihre Planungen für den Verteidigungsfall zu unterrichten. Die Rechte des Bundestages und seiner Ausschüsse nach Artikel 43 Abs. 1 bleiben unberührt.

V. Der Bundespräsident

Art. 54

(1) Der Bundespräsident wird ohne Aussprache von der Bundesversammlung gewählt. Wählbar ist jeder Deutsche, der das Wahlrecht zum Bundestage besitzt und das vierzigste Lebensjahr vollendet hat.

(2) Das Amt des Bundespräsidenten dauert fünf Jahre. Anschließende Wiederwahl ist nur einmal zulässig.

(3) Die Bundesversammlung besteht aus den Mitgliedern des Bundestages und einer gleichen Anzahl von Mitgliedern, die von den Volksvertretungen der Länder nach den Grundsätzen der Verhältniswahl gewählt werden.

(4) Die Bundesversammlung tritt spätestens dreißig Tage vor Ablauf der Amtszeit des Bundespräsidenten, bei vorzeitiger Beendigung spätestens dreißig Tage

Die Staatsorgane

nach diesem Zeitpunkt zusammen. Sie wird von dem Präsidenten des Bundestages einberufen.

(5) Nach Ablauf der Wahlperiode beginnt die Frist des Absatzes 4 Satz 1 mit dem ersten Zusammentritt des Bundestages.

(6) Gewählt ist, wer die Stimmen der Mehrheit der Mitglieder der Bundesversammlung erhält. Wird diese Mehrheit in zwei Wahlgängen von keinem Bewerber erreicht, so ist gewählt, wer in einem weiteren Wahlgang die meisten Stimmen auf sich vereinigt.

(7) Das Nähere regelt ein Bundesgesetz.

Art. 55

(1) Der Bundespräsident darf weder der Regierung noch einer gesetzgebenden Körperschaft des Bundes oder eines Landes angehören.

(2) Der Bundespräsident darf kein anderes besoldetes Amt, kein Gewerbe und keinen Beruf ausüben und weder der Leitung noch dem Aufsichtsrate eines auf Erwerb gerichteten Unternehmens angehören.

Art. 56

Der Bundespräsident leistet bei seinem Amtsantritt vor den versammelten Mitgliedern des Bundestages und des Bundesrates folgenden Eid:
„Ich schwöre, daß ich meine Kraft dem Wohle des deutschen Volkes widmen, seinen Nutzen mehren, Schaden von ihm wenden, das Grundgesetz und die Gesetze des Bundes wahren und verteidigen, meine Pflichten gewissenhaft erfüllen und Gerechtigkeit gegen jedermann üben werde. So wahr mir Gott helfe."
Der Eid kann auch ohne religiöse Beteuerung geleistet werden.

Art. 57

Die Befugnisse des Bundespräsidenten werden im Falle seiner Verhinderung oder bei vorzeitiger Erledigung des Amtes durch den Präsidenten des Bundesrates wahrgenommen.

Art. 58

Anordnungen und Verfügungen des Bundespräsidenten bedürfen zu ihrer Gültigkeit der Gegenzeichnung durch den Bundeskanzler oder durch den zuständigen Bundesminister. Dies gilt nicht für die Ernennung und Entlassung des Bundeskanzlers, die Auflösung des Bundestages gemäß Artikel 63 und das Ersuchen gemäß Artikel 69 Abs. 3.

Art. 59

(1) Der Bundespräsident vertritt den Bund völkerrechtlich. Er schließt im Namen des Bundes die Verträge mit auswärtigen Staaten. Er beglaubigt und empfängt die Gesandten.

(2) Verträge, welche die politischen Beziehungen des Bundes regeln oder sich auf Gegenstände der Bundesgesetzgebung beziehen, bedürfen der Zustimmung oder der Mitwirkung der jeweils für die Bundesgesetzgebung zuständigen Körperschaften in der Form eines Bundesgesetzes. Für Verwaltungsabkommen gelten die Vorschriften über die Bundesverwaltung entsprechend.

Art. 59a *(aufgehoben)*

E

Die Staatsorgane

Art. 60

(1) Der Bundespräsident ernennt und entläßt die Bundesrichter, die Bundesbeamten, die Offiziere und Unteroffiziere, soweit gesetzlich nichts anderes bestimmt ist.

(2) Er übt im Einzelfalle für den Bund das Begnadigungsrecht aus.

(3) Er kann diese Befugnisse auf andere Behörden übertragen.

(4) Die Absätze 2 bis 4 des Artikels 46 finden auf den Bundespräsidenten entsprechende Anwendung.

Art. 61

(1) Der Bundestag oder der Bundesrat können den Bundespräsidenten wegen vorsätzlicher Verletzung des Grundgesetzes oder eines anderen Bundesgesetzes vor dem Bundesverfassungsgericht anklagen. Der Antrag auf Erhebung der Anklage muß von mindestens einem Viertel der Mitglieder des Bundestages oder einem Viertel der Stimmen des Bundesrates gestellt werden. Der Beschluß auf Erhebung der Anklage bedarf der Mehrheit von zwei Dritteln der Mitglieder des Bundestages oder von zwei Dritteln der Stimmen des Bundesrates. Die Anklage wird von einem Beauftragten der anklagenden Körperschaft vertreten.

(2) Stellt das Bundesverfassungsgericht fest, daß der Bundespräsident einer vorsätzlichen Verletzung des Grundgesetzes oder eines anderen Bundesgesetzes schuldig ist, so kann es ihn des Amtes für verlustig erklären. Durch einstweilige Anordnung kann es nach der Erhebung der Anklage bestimmen, daß er an der Ausübung seines Amtes verhindert ist.

VI. Die Bundesregierung

Art. 62

Die Bundesregierung besteht aus dem Bundeskanzler und aus den Bundesministern.

Art. 63

(1) Der Bundeskanzler wird auf Vorschlag des Bundespräsidenten vom Bundestage ohne Aussprache gewählt.

(2) Gewählt ist, wer die Stimmen der Mehrheit der Mitglieder des Bundestages auf sich vereinigt. Der Gewählte ist vom Bundespräsidenten zu ernennen.

(3) Wird der Vorgeschlagene nicht gewählt, so kann der Bundestag binnen vierzehn Tagen nach dem Wahlgange mit mehr als der Hälfte seiner Mitglieder einen Bundeskanzler wählen.

(4) Kommt eine Wahl innerhalb dieser Frist nicht zustande, so findet unverzüglich ein neuer Wahlgang statt, in dem gewählt ist, wer die meisten Stimmen erhält. Vereinigt der Gewählte die Stimmen der Mehrheit der Mitglieder des Bundestages auf sich, so muß der Bundespräsident ihn binnen sieben Tagen nach der Wahl ernennen. Erreicht der Gewählte diese Mehrheit nicht, so hat der Bundespräsident binnen sieben Tagen entweder ihn zu ernennen oder den Bundestag aufzulösen.

Art. 64

(1) Die Bundesminister werden auf Vorschlag des Bundeskanzlers vom Bundespräsidenten ernannt und entlassen.

Die Staatsorgane E

(2) Der Bundeskanzler und die Bundesminsiter leisten bei der Amtsübernahme vor dem Bundestage den in Artikel 56 vorgesehenen Eid.

Art. 65

Der Bundeskanzler bestimmt die Richtlinien der Politik und trägt dafür die Verantwortung. Innerhalb dieser Richtlinien leitet jeder Bundesminister seinen Geschäftsbereich selbständig und unter eigener Verantwortung. Über Meinungsverschiedenheiten zwischen den Bundesministern entscheidet die Bundesregierung. Der Bundeskanzler leitet ihre Geschäfte nach einer von der Bundesregierung beschlossenen und vom Bundespräsidenten genehmigten Geschäftsordnung.

Art. 65 a

Der Bundesminister für Verteidigung hat die Befehls- und Kommandogewalt über die Streitkräfte.

Art. 66

Der Bundeskanzler und die Bundesminister dürfen kein anderes besoldetes Amt, kein Gewerbe und keinen Beruf ausüben und weder der Leitung noch ohne Zustimmung des Bundestages dem Aufsichtsrate eines auf Erwerb gerichteten Unternehmens angehören.

Art. 67

(1) Der Bundestag kann dem Bundeskanzler das Mißtrauen nur dadurch aussprechen, daß er mit der Mehrheit seiner Mitglieder einen Nachfolger wählt und den Bundespräsidenten ersucht, den Bundeskanzler zu entlassen. Der Bundespräsident muß dem Ersuchen entsprechen und den Gewählten ernennen.

(2) Zwischen dem Antrag und der Wahl müssen achtundvierzig Stunden liegen.

Art. 68

(1) Findet ein Antrag des Bundeskanzlers, ihm das Vertrauen auszusprechen, nicht die Zustimmung der Mehrheit der Mitglieder des Bundestages, so kann der Bundespräsident auf Vorschlag des Bundeskanzlers binnen einundzwanzig Tagen den Bundestag auflösen. Das Recht zur Auflösung erlischt, sobald der Bundestag mit der Mehrheit seiner Mitglieder einen anderen Bundeskanzler wählt.

(2) Zwischen dem Antrage und der Abstimmung müssen achtundvierzig Stunden liegen.

Art. 69

(1) Der Bundeskanzler ernennt einen Bundesminister zu seinem Stellvertreter.

(2) Das Amt des Bundeskanzlers oder eines Bundesministers endigt in jedem Falle mit dem Zusammentritt eines neuen Bundestages, das Amt eines Bundesministers auch mit jeder anderen Erledigung des Amtes des Bundeskanzlers.

(3) Auf Ersuchen des Bundespräsidenten ist der Bundeskanzler, auf Ersuchen des Bundeskanzlers oder des Bundespräsidenten ein Bundesminister verpflichtet, die Geschäfte bis zur Ernennung seines Nachfolgers weiterzuführen.

E   Die Staatsorgane

Gliederungsübersicht

	RNr.
1. Parlamentarismus und parlamentarische Demokratie	
a) Der Bundestag als Volksvertretung	
Legitimation durch Wahlen	1
Die Aufgabe der parlamentarischen Volksvertretung	2
b) Das Wahlrecht	
Wahlrechtsgrundsätze	3
Wahlsysteme	4
Aktives und passives Wahlrecht	5
Bundeswahlgesetz	6
Wahlverfahren	7
Parteien im Wahlverfahren	8
Die 5%-Klausel	9
c) Repräsentation durch das Parlament	
Geschichte des Parlamentarismus	10
Repräsentation	11
Plebiszitäre Ergänzungen der parlamentarischen Repräsentation	12
2. Staatsleitung im parlamentarischen Regierungssystem	
a) Die Verfassungsorgane	
Staats- und Verfassungsorgane	13
Organe und Funktionen	14
b) Parlament und Regierung	
Regierung im parlamentarischen Regierungssystem	15
Kontroll- und Entscheidungsrechte des Parlaments	16
Staatsleitung und Regierung	17
Politische Planung	18
Die Rolle der Opposition	19
c) Der gemeinsame Ausschuß	
Notstand – Stunde der Exekutive?	20
Strukturgedanken des Gemeinsamen Ausschusses	21
Aufgaben und Befugnisse des Gemeinsamen Ausschusses	22
3. Der Bundestag	
a) Wahl und Wahlperiode	
Der Deutsche Bundestag	23
Wahlperiode, Sitzungen	24
Grundsatz der Diskontinuität	25
Wahlprüfung	26

	RNr.
b) Abgeordneter und Fraktion	
Das parlamentarische Mandat	27
Das freie Mandat	28
Rechte des Abgeordneten	29
Insbesondere die Immunität	30
Insbesondere die Indemnität	31
Partei und Fraktion	32
c) Organisation des Bundestages	
Präsident, Präsidium, Ältestenrat	33
Ausschüsse	34
Insbesondere der Petitionsausschuß	35
Bundestagsverwaltung	36
Wissenschaftlicher Dienst	37
Enquete-Kommissionen	38
d) Parlamentsrecht und Geschäftsordnungsautonomie des Bundestages	
Parlamentsrecht	39
Verhandlungen und Beschlußfassung	40
Die Geschäftsordnung	41
Hausrecht und Polizeigewalt im Bundestag	42
Die Bannmeile	43
e) Die Rechte des Bundestages im Rahmen des parlamentarischen Regierungssystems	
Bundestag und Exekutive	44
Zitierungs- und Interpellationsrecht	45
Enquêterecht	46
Der Wehrbeauftragte	47
Bundestag und Richterwahl	48
f) Der Bundestag als Gesetzgeber	
Initiativrecht	49
Beratung von Gesetzentwürfen im Plenum und in den Ausschüssen	50
Beschlußfassung über Gesetze	51
Mitwirkung des Bundestages beim Erlaß von Rechtsverordnungen	52
4. Der Bundesrat	
a) Die föderative Kammer als Bundesorgan	
Der Bundesrat	53
Senat oder Gesandtenkongreß?	54
Verfassungsgeschichte	55
Zusammensetzung des Bundesrates	56

Die Staatsorgane E

	RNr.
Organisation und Geschäftsgang	57
Bundesrat und Länder	58
Mitwirkung des Bundesrates an der Ausübung von Befugnissen des Bundes gegenüber den Ländern	59
Weitere Befugnisse des Bundesrates	60

b) Die Mitwirkung an der Gesetzgebung des Bundes

Initiativrecht	61
Einspruchs- und Zustimmungsgesetze	62
Verfassungsändernde Gesetze	63

c) Die Mitwirkung an der Verwaltung des Bundes

Bundesaufsicht	64
Mitwirkung beim Erlaß von Rechtsverordnungen	65
Verwaltungsvorschriften	66
Weitere Befugnisse	67

5. Der Bundespräsident

a) Das Staatsoberhaupt in der Republik

Der Bundespräsident als Staatsoberhaupt	68
Reichspräsident und Bundespräsident	69
Verfassungsrechtliche Stellung des Bundespräsidenten	70
Vertreter des Bundespräsidenten	71
Präsidentenanklage	72

b) Die Wahl des Bundespräsidenten

Die Bundesversammlung	73
Bisherige Amtsinhaber	74

c) Bundespräsident und Bundeskanzler

Der Bundespräsident bei der Regierungsbildung	75
Information und Beratung	76
Die Gegenzeichnung	77

d) Die Aufgaben und Rechte des Bundespräsidenten

Selbständige Entscheidungsbefugnisse	78
Begnadigungsrecht	79
Ernennung und Entlassung von Beamten	80
Ausfertigung und Verkündung von Bundesgesetzen	81
Prüfungsrecht des Bundespräsidenten	82

e) Der Bundespräsident vertritt den Bund völkerrechtlich

	RNr.
Vertretungszuständigkeit im völkerrechtlichen Verkehr	83
Aktives und passives Gesandtschaftsrecht	84
Ratifikation von völkerrechtlichen Verträgen	85

6. Die Bundesregierung

a) Die Bundesregierung und ihre Organisation

Der Bundeskanzler und die Bundesregierung	86
Kanzler- und Ressortprinzip	87
Das Bundeskanzleramt	88
Die Geschäftsordnung der Bundesregierung	89

b) Die Regierungsbildung

Die Wahl des Bundeskanzlers	90
Berufung und Ernennung von Bundesministern	91
Koalitionsabsprachen	92

c) Der Bundeskanzler und die Bundesminister

Der Bundeskanzler bestimmt die Richtlinien der Politik	93
Organisationsgewalt des Bundeskanzlers	94
Personalpolitische Entscheidungsmacht des Bundeskanzlers	95
Die Bundesminister	96
Amtsstellung des Bundeskanzlers und der Bundesminister	97
Parlamentarische Staatssekretäre	98

d) Aufgaben und Rechte der Bundesregierung

Organisationsgewalt	99
Kollegiale Zuständigkeiten	100
Insbesondere das Initiativrecht	101

e) Die Ministerialbürokratie

Die Ministerien	102
Der Aufbau der Ministerien	103
Die Mitwirkung der Ministerialbürokratie bei der Gesetzgebung	104

f) Parlamentarische Verantwortlichkeit

Verantwortlichkeit des Bundeskanzlers und der Bundesminister	105
Tadelsanträge	106
Mißtrauensvotum	107
Vertrauensfrage	108

287

1. Parlamentarismus und parlamentarische Demokratie

a) Der Bundestag als Volksvertretung

Legitimation durch Wahlen

1 Der Bundestag ist die durch periodische Wahlen berufene und legitimierte **parlamentarische Volksvertretung** der Bundesrepublik. Die nach demokratischen Wahlrechtsgrundsätzen gewählten Abgeordneten des Bundestages sind Vertreter des ganzen Volkes, an Aufträge und Weisungen nicht gebunden und nur ihrem Gewissen unterworfen. Mit der Umschreibung des parlamentarischen Mandats der Abgeordneten kennzeichnet das Grundgesetz zugleich die Stellung des Bundestages selbst (Art. 38 Abs. 1 GG). In der parlamentarischen Demokratie stellt die Volksvertretung das Staatsorgan dar, in dem kraft seiner Legitimation durch den periodischen Akt der Wahlen und durch seine Befugnisse der Gesetzgebung und – im Rahmen des parlamentarischen Regierungssystems – gegenüber der Exekutive die ausschlaggebenden Entscheidungs- und Handlungsmöglichkeiten politischer Herrschaft vereinigt sind. Da nach der Verfassungsordnung des Grundgesetzes der Bundestag das einzige Organ des Bundes ist, das unmittelbar aus Wahlen hervorgeht und außerdem Abstimmungen – abgesehen von dem Fall des Art. 29 GG – weder vorgesehen noch zugelassen sind, ist die selbständige und zentrale Stellung des Bundestages als Verfassungsorgan eindeutig gesichert.

Die Aufgabe der parlamentarischen Volksvertretung

2 Die Aufgaben des Bundestages bei der **Staatsleitung** und der **Gesetzgebung** sind verfassungsrechtlich begründet und inhaltlich bestimmt. In der parlamentarischen Demokratie, in der die Staatsgewalt nach dem Gewaltenteilungsgrundsatz durch besondere Organe der Gesetzgebung, der vollziehenden Gewalt und der Rechtsprechung ausgeübt wird, muß sich auch die Volksvertretung in die verfassungsmäßige Ordnung und Zuordnung der Aufgaben, Befugnisse und Zuständigkeiten einfügen. Die Entscheidungsbefugnisse und Wirkungsmöglichkeiten des Bundestages bei der Ausübung der Staatsgewalt und der Erfüllung staatlicher Aufgaben sind sachlich nicht unbegrenzt und sind auf diejenigen Werkzeuge angewiesen, die das Verfassungsrecht zur Verfügung stellt, z. B. die normative Ordnung und Gestaltung im Wege der Gesetzgebung oder die Mitwirkung an der Regierungsbildung durch die Wahl des Bundeskanzlers.

b) Das Wahlrecht

Wahlrechtsgrundsätze

3 Die Abgeordneten des Bundestages werden in allgemeiner, unmittelbarer, freier, gleicher und geheimer Wahl gewählt (Art. 38 Abs. 1 Satz 1 GG). Diese Grundsätze einer demokratischen Wahl stellen verfassungsrechtliche Anfor-

Parlamentarismus und parlamentarische Demokratie 3 **E**

derungen an die Rechtsvorschriften auf, in denen die Wahlen zum Bundestag geregelt sind, und binden auch die Ausführung dieser Vorschriften. Sie sind darüber hinaus grundrechtsähnliche verfassungsmäßige Rechte der Wähler und der Wahlkandidaten sowie der sich an den Wahlen beteiligenden politischen Parteien (vgl. Art. 93 Abs. 1 Nr. 4a GG).
Die Allgemeinheit und die Gleichheit der Wahl sind Ausprägungen des allgemeinen Gleichheitssatzes (Art. 3 Abs. 1 GG). Der Grundsatz der **Allgemeinheit** der Wahl bedeutet, daß die Zugehörigkeit zum Staatsvolk grundsätzlich die Fähigkeit vermittelt, zu wählen oder gewählt zu werden; zu den herkömmlichen Ausnahmen zählen Altersgrenzen für die aktive und passive Wahlberechtigung sowie der Ausschluß vom Wahlrecht und von der Wählbarkeit wegen bestimmter entehrender Straftaten und im Falle der Entmündigung (§§ 12ff. BWahlG). Der Grundsatz der **Gleichheit** der Wahl bedeutet, daß jede wirksam abgegebene Stimme denselben Zählwert und denselben (praktischen) „Erfolgswert" für die Bemessung des Wahlergebnisses haben muß, soweit sich nicht aus der demokratischen Funktion der Wahlen die Rechtfertigung für eine Abweichung von dieser – streng formal zu verstehenden – Wahlrechtsgleichheit ergibt, z. B. aus dem Sinn und Ziel der Wahlen, eine herrschaftsfähige Volksvertretung zu gewährleisten. Auf die Wahlbewerber und die Wahlvorschläge der **Parteien** bezogen bedeutet die Wahlrechtsgleichheit den Grundsatz der „Chancengleichheit", der „gleichen Wettbewerbschancen" bei den Wahlen, einschließlich der Wahlvorbereitung und des Wahlkampfes. Die öffentliche Gewalt wird damit an ein spezifisches Gebot der Neutralität gegenüber dem sich in den Wahlen artikulierenden Kandidaten- und Parteienwettbewerb gebunden (BVerfGE 34, 160/163; 44, 125; BVerfG NJW 1985, 1017).
Der Grundsatz der **Unmittelbarkeit** der Wahl bedeutet, daß zwischen die Stimmabgabe durch den Wähler und die Feststellung des Wahlergebnisses keine weitere Entscheidung durch andere Personen, z. B. Wahlmänner, oder Stellen der öffentlichen Gewalt treten darf, die erst die endgültige Bestimmung über die Zusammensetzung der Volksvertretung treffen würde. Verfahrensweisen einer mittelbaren Wahl könnten die Entscheidung des Wählers durch unberechenbare Einflüsse Dritter verfälschen. Die bei der Verhältniswahl unvermeidliche Einrichtung der Listenwahlvorschläge bleibt so lange mit dem Grundsatz der Unmittelbarkeit der Wahl im Einklang, als die Zusammensetzung der Liste und das Verfahren der Umsetzung der auf die Liste entfallenen Stimmen in die damit gewonnenen Parlamentssitze im Zeitpunkt der Wahl festliegt und einer nachfolgenden Änderung nicht zugänglich ist.
Die Grundsätze der **freien** und der **geheimen** Wahl schützen die selbständige und unbefangene Entscheidung des Wählers über die Art seiner Stimmabgabe (BVerfGE 66, 369/380). Die Regelungen über die Briefwahl verletzen diese Grundsätze nicht (BVerfGE 59, 119). Wahlbehinderung, Verletzung des Wahlgeheimnisses, Wählernötigung, Wählertäuschung und Wählerbestechung sind mit Strafe bedroht (§§ 107, 107c, 108, 108a, 108b StGB).

W. Schreiber/J. Hahlen, Handbuch des Wahlrechts zum Deutschen Bundestag, 2 Bde, 3. Aufl., 1986.

E 4   Die Staatsorgane

Wahlsysteme

4 Herkömmlicherweise werden die Wahlsysteme der Mehrheitswahl und der Verhältniswahl unterschieden. Beide Grundtypen der Wahlsysteme, vor allem die Verhältniswahl, sind verschiedenartiger Ausgestaltung durch das Wahlrecht zugänglich. Sie können auch bis zu einem gewissen Grade miteinander verbunden werden, besonders in der Weise, daß die Verhältniswahl mit Elementen der Mehrheitswahl „verbessert" wird.
Die **Mehrheitswahl** ist nach dem zu beobachtenden Wahlverfahren eine Personenwahl. Das Wahlgebiet ist in so viele Wahl- oder Stimmkreise eingeteilt als Sitze in der Volksvertretung zu vergeben sind. In den einzelnen Wahl- oder Stimmkreisen ist derjenige Kandidat gewählt, der die meisten Stimmen auf sich vereinigt. Bei der relativen Mehrheitswahl genügt dafür die Mehrheit der abgegebenen Stimmen, bei der absoluten Mehrheitswahl ist die Mehrheit der Stimmen der Wahlberechtigten für den Gewinn des Sitzes erforderlich. Bei der absoluten Mehrheitswahl muß ein zweiter Wahlgang, eine „Stichwahl", in denjenigen Wahl- oder Stimmkreisen vorgesehen werden, in denen keiner der Bewerber die Mehrheit der Stimmen der Wahlberechtigten zu erlangen vermochte. Die Mehrheitswahl, wenn auch zunächst mit stark eingeschränkter Wahlberechtigung, stellte die ursprüngliche Erscheinung der Parlamentswahlen dar. Das klassische Land der Mehrheitswahl ist England. Dort ist zugleich erkennbar, daß die Mehrheitswahl der Substanz nach nicht weniger eine Entscheidung zwischen Parteien darstellt, deren Kandidaten sich in den Wahlkreisen oder Stimmbezirken präsentieren, als die Verhältniswahl.
Bei der **Verhältniswahl** muß der Wähler sich zwischen mehreren von politischen Parteien vorgeschlagenen Listen von Bewerbern entscheiden. Das Wahlergebnis, d. h. die Sitzverteilung im Parlament, bemißt sich nach der proportionalen Verteilung der abgegebenen Stimmen auf die konkurrierenden Listenwahlvorschläge. Der durch die Verhältniswahl ermöglichte „Proporz" ermöglicht in höherem Maße die Erfüllung der Vorstellung, daß die Volksvertetung ein möglichst getreues „Spiegelbild" der politischen Gliederung der Wählerschaft sein soll. Eine Auflockerung der Listenwahl kann dadurch erreicht werden, daß dem Wähler nach einem bestimmten Verfahren eine Wahlmöglichkeit auch zwischen den auf der Liste aufgeführten Bewerbern eröffnet wird; dementsprechend wird zwischen einer Verhältniswahl mit freier Liste und einer solchen mit starrer Liste unterschieden.
Die Wahlen zum Reichstag des Kaiserreichs erfolgten nach dem Wahlsystem der absoluten Mehrheitswahl. Da weniger das System der Mehrheitswahl als vielmehr die ungleiche Abmessung der Wahlkreise die Sozialdemokratische Partei Deutschlands benachteiligte, gehörte der Übergang zum System der Verhältniswahl zu den leitenden Programmpunkten nach dem Erfolg der Novemberrevolution von 1918. In Art. 22 WeimRVerf wurde ausdrücklich bestimmt, daß die Abgeordneten des Reichstages „nach den Grundsätzen der Verhältniswahl" gewählt werden. Das Grundgesetz enthält eine Festlegung des Wahlsystems nicht. Nach § 1 Abs. 1 BWahlG werden die Abgeordneten des Bundestages „nach den Grundsätzen einer mit der Personenwahl verbundenen Verhältniswahl" gewählt.

H. MEYER, Wahlsystem und Verfassungsordnung, 1973.

Aktives und passives Wahlrecht

Die Wahlberechtigung (aktives Wahlrecht) und die Wählbarkeit (passives **5** Wahlrecht) stehen als grundrechtsähnliche verfassungsmäßige Rechte unter den durch Gesetz zulässigerweise vorgesehenen Voraussetzungen allen **Deutschen** zu. Wahlberechtigt ist, wer das achtzehnte Lebensjahr vollendet hat; wählbar ist, wer das Alter erreicht hat, mit dem die Volljährigkeit eintritt, also ebenfalls derjenige, der das achtzehnte Lebensjahr vollendet hat (Art. 38 Abs. 2 GG; §§ 12ff. BWahlG). Ein aktives oder passives Wahlrecht von **Ausländern** oder von **Staatenlosen** ist mit dem demokratischen Charakter der Wahlen, in denen das Staatsvolk die maßgebliche Entscheidung der politischen Willensbildung trifft, unvereinbar.

Die **Wahlberechtigung** hängt grundsätzlich auch davon ab, daß der Wähler am Wahltag seit mindestens drei Monaten im Geltungsbereich des Bundeswahlgesetzes eine Wohnung innehat oder sich sonst gewöhnlich aufhält (§ 12 Abs. 1 Nr. 2 BWahlG). Die Voraussetzung der **Seßhaftigkeit im Wahlgebiet** ist eine überkommene Einschränkung der Allgemeinheit der Wahl, die ihren Grund darin findet, daß neben dem Band der Staatsangehörigkeit auch ein formal faßbares Mindestmaß an persönlicher Beziehung zu der Wahlentscheidung zu fordern ist, um die legitimierende Wirkung des Wahlaktes zu sichern (siehe BVerfGE 36, 139/142; 58, 202). Die Voraussetzung der Seßhaftigkeit im Wahlgebiet war schon bisher zugunsten der Wahlberechtigung von Angehörigen des öffentlichen Dienstes, die sich auf Anordnung ihres Dienstherrn außerhalb der Bundesrepublik aufhalten, und der Mitglieder ihres Hausstandes gelockert. Seit der Novelle von 1985 zum Bundeswahlgesetz (Siebentes Gesetz zur Änderung des Bundeswahlgesetzes vom 8. März 1985, BGBl. I S. 521) sind weitergehende Erleichterungen für Deutsche eingetreten, die am Wahltag in den Gebieten der übrigen Mitgliedstaaten des Europarates oder selbst in anderen Gebieten außerhalb der Bundesrepublik leben (§ 12 Abs. 2 BWahlG).

Wahlgebiet ist das Gebiet der Bundesrepublik Deutschland ohne Berlin. Für Berlin gilt die Übergangsregelung des § 53 BWahlG. Einer Wahlberechtigung derjenigen Deutschen, die als Staatsbürger der DDR in dem Gebiet dieses Staates leben, steht nicht ihre Eigenschaft als Staatsbürger der DDR, sondern die gesetzliche Voraussetzung entgegen, daß die Wahlberechtigung nur denjenigen Deutschen zusteht, die mindestens drei Monate im Geltungsbereich des Bundeswahlgesetzes eine Wohnung innegehabt oder sich sonst gewöhnlich aufgehalten haben (§ 12 Abs. 2 Satz 1 Nr. 3 BWahlG).

J. Henkel, Wahlrecht für Deutsche im Ausland, AöR 99, 1974, S. 1; H. Quaritsch, Staatsangehörigkeit und Wahlrecht, DÖV 1983, 1.

Das Bundeswahlgesetz

Das Nähere über die Wahlen zum Bundestag bestimmt das Bundeswahlge- **6** setz in der Fass. d. Bek. vom 1. Sept. 1975 (BGBl. I S. 2325), zuletzt geänd. durch Gesetz vom 8. März 1985 (BGBl. I S. 521). Das Bundeswahlgesetz enthält Regelungen über das Wahlsystem, die Wahlorgane, Wahlrecht und Wählbarkeit, die Vorbereitung der Wahl, die Wahlhandlung, die Feststellung

E 7 Die Staatsorgane

des Wahlergebnisses und über Erwerb und Verlust der Mitgliedschaft im Bundestag. Detailliertere Vorschriften zur Durchführung des Bundeswahlgesetzes enthält die Bundeswahlordnung vom 8. Nov. 1979 (BGBl. I S. 1805). Obwohl seit dem Inkrafttreten des Grundgesetzes eine Reihe von Bundeswahlgesetzen aufeinander gefolgt sind, hat der Inhalt des Bundeswahlrechts von damals bis heute in fast allen wesentlichen Fragen eine weitgehende sachliche Kontinuität bewahrt. Vor allem sind Eingriffe in das Wahlsystem der personalisierten Verhältniswahl trotz verschiedenartiger Bestrebungen unterblieben. Auf das Bundeswahlgesetz vom 15. Juni 1949 (BGBl. I S. 21) folgte das Bundeswahlgesetz vom 8. Juli 1953 (BGBl. I S. 470). Das geltende Bundeswahlgesetz stellt die Neubekanntmachung des Bundeswahlgesetzes vom 7. Mai 1956 (BGBl. I S. 383) unter Berücksichtigung der seitherigen Änderungen dar.

P. SCHINDLER, Datenhandbuch zur Geschichte des Deutschen Bundestages 1949 bis 1982, 3. Aufl., 1984; W. SCHREIBER, Novellierung des Bundestagswahlrechts, NJW 1985, 1433.

Wahlverfahren

7 Von den 496 Abgeordneten des Bundestages, die durch Wahlen zu bestimmen sind, werden 248 nach **Kreiswahlvorschlägen** in den Wahlkreisen und die übrigen nach von den Parteien einzureichenden **Landeswahlvorschlägen** (Landeslisten) gewählt (§§ 1 Abs. 2, 20, 27, 53 Nr. 1 BWahlG). Dementsprechend hat jeder Wähler zwei Stimmen, eine Erststimme für die Wahl eines Wahlkreisabgeordneten, eine Zweitstimme für die Wahl einer Landesliste (§§ 4 ff. BWahlG). Landeslisten derselben Partei gelten als verbunden, soweit nicht erklärt wird, daß eine oder mehrere beteiligte Landeslisten von der Listenverbindung ausgeschlossen sein sollen. Derart verbundene Listen gelten bei der Sitzverteilung im Verhältnis zu den übrigen Listen als eine Liste.
Die **Wahlkreiseinteilung** muß dem Grundsatz der gleichen Wahl entsprechen. Damit der Erfolgswert der Stimmen in den einzelnen Wahlkreisen annähernd gleich ist, darf die Zahl der Wahlberechtigten in den Wahlkreisen nicht in nennenswertem Maße variieren (§ 3 BWahlG; siehe den Bericht der Wahlkreiskommission für die 10. Wahlperiode des Deutschen Bundestages vom 26. 9. 1984, BAnz. Nr. 228, Beilage 62/84).
Dem Wahlsystem der mit der Personenwahl verbundenen Verhältniswahl (§ 1 Abs. 1 Satz 2 BWahlG) entsprechend kommt das wesentliche Gewicht der für die Wahl einer Landesliste abgegebenen **Zweitstimme** zu; siehe die Regelung des Verhältnisausgleichs und der Zuteilung der Sitze auf die auf die Landeslisten abgegebenen Zweitstimmen in § 6 BWahlG.
Die Stimmabgabe ist das Kernstück der Wahlhandlung (§ 31 ff. BWahlG). Neben der Wahl mit Hilfe amtlicher Stimmzettel in einem Wahlraum läßt das Gesetz die Stimmabgabe mit Wahlgeräten und die Briefwahl zu. Ein gewählter Bewerber erwirbt die Mitgliedschaft im Bundestag mit dem frist- und formgerechten Eingang der auf die Benachrichtigung durch den Kreiswahlausschuß oder den Landeswahlausschuß erfolgenden Annahmeerklärung beim zuständigen Wahlleiter (§ 45 BWahlG).

Parlamentarismus und parlamentarische Demokratie 8 E

An die Stelle des früher für die Verteilung der Mandate auf die Landeslisten angewandten Höchstzahlverfahrens d'HONDT (§ 6 Abs. 1 Satz 4 a. F. BWahlG), das eine leichte Begünstigung der Listen mit höherer Stimmenzahl zur Folge hatte, ist durch das Änderungsgesetz vom 8. März 1985 das **Proportionalverfahren nach** HARE **und** NIEMEYER getreten (§ 6 Abs. 2 und 3 BWahlG). Wenn eine Partei durch ihre Bewerber in den Wahlkreisen eine höhere Zahl an Sitzen im Bundestag erwirbt als über die Landesliste, bleiben ihr diese „Überhangmandate" erhalten; in diesem Fall erhöht sich die Gesamtzahl der Abgeordneten des Bundestages (§ 6 Abs. 5 BWahlG). Wegen der Zulassung derartiger Überhangmandate kommt es auch im Rahmen der Verhältniswahl auf die der Wahlrechtsgleichheit entsprechende Wahlkreiseinteilung an.
Entscheidungen und Maßnahmen, die sich unmittelbar auf das Wahlverfahren beziehen, können nur mit den im Bundeswahlgesetz und in der Bundeswahlordnung vorgesehenen Rechtsbehelfen sowie im Wahlprüfungsverfahren **angefochten** werden (§ 49 BWahlG).

Parteien im Wahlverfahren

Die Aufgabe der Parteien, bei der politischen Willensbildung des Volkes 8 mitzuwirken, ist verfassungsrechtlich gewährleistet (Art. 21 GG). Den Parteien kommt für die Aufstellung der **Wahlvorschläge** ein ausschlaggebendes Gewicht zu, sowohl für die Kreiswahlvorschläge, mit denen ein Bewerber für den Wahlkreis nominiert wird (§§ 19 ff. BWahlG), als auch für die Landeslisten, die überhaupt nur von Parteien eingereicht werden können (§§ 27 ff. BWahlG). Die Aufstellung von Bewerbern für Wahlen zu Volksvertretungen muß durch die zuständigen Organe der Partei in geheimer Abstimmung erfolgen. Die Aufstellung regeln die Wahlgesetze und die Satzungen der Parteien (§ 17 PartG). Die Aufstellung von Parteibewerbern ist in §§ 21, 27 Abs. 5 BWahlG im einzelnen unter Begrenzung der Vereinsautonomie der Parteien geregelt. Diese Bestimmungen müssen als Ausprägung des verfassungsrechtlichen Gebotes betrachtet werde, daß die innere Ordnung der Parteien demokratischen Grundsätzen entsprechen muß (Art. 21 Abs. 1 Satz 3 GG).
Parteien, die im Bundestag oder einem Landtag seit deren letzter Wahl nicht aufgrund eigener Wahlvorschläge ununterbrochen mit mindestens fünf Abgeordneten vertreten waren, können Wahlvorschläge nur einreichen, wenn diese von einer bestimmten Mindestzahl von Wahlberechtigten persönlich und handschriftlich unterzeichnet sind. Dieses **Unterschriftsquorum** beträgt bei Kreiswahlvorschlägen mindestens 200, bei Landeswahlvorschlägen 1 vom Tausend der Wahlberechtigten des Landes bei der letzten Bundestagswahl, jedoch höchstens 2000 Wahlberechtigte (§§ 20 Abs. 2, 27 Abs. 1 BWahlG). Diese Durchbrechung der Wahlrechtsgleichheit ist verfassungsrechtlich gerechtfertigt (BVerfGE 6, 84; 12, 135; 24, 260,; 41, 399). Das Unterschriftsquorum soll verhindern, daß eine Zersplitterung der Stimmen zugunsten von möglicherweise kurzlebigen Zufallsgruppierungen stattfindet.
Die **Chancengleichheit der Parteien** als Anwendungsfall des Grundsatzes der gleichen Wahl (Art. 38 Abs. 1 Satz 1 GG) gilt für das Wahlverfahren und für die Wahlvorbereitung; RNr. 3. Rundfunk- und Fernsehanstalten des öffentli-

293

chen Rechts sind nicht befugt, die Ausstrahlung einer **Wahlsendung** lediglich deshalb zu verweigern, weil der vorgelegte Werbespot „verfassungsfeindliche" Äußerungen enthält. Sie sind befugt, die Ausstrahlung von Werbespots politischer Parteien an die Voraussetzung zu knüpfen, daß die Sendezeit nur zum Zweck der Wahlwerbung und in rechtlich zulässiger Form, insbes. ohne evidenten und ins Gewicht fallenden Verstoß gegen allgemeine Normen des Strafrechts (wie etwa § 90a Abs. 1 StGB – Verunglimpfung des Staates und seiner Symbole) genutzt wird, und die Erfüllung dieser Voraussetzungen zu überprüfen (BVerfGE 47, 198; BVerfG JZ 1985, 837, mit Anm. von H. P. SCHNEIDER). Eine gesetzliche Ausformung des Grundsatzes der Chancengleichheit für den Fall, daß ein Träger öffentlicher Gewalt, z. B. eine Gemeinde, eine Rundfunkanstalt, den Parteien Einrichtungen zur Verfügung stellt oder andere öffentliche Leistungen gewährt, enthält die Vorschrift des § 5 PartG.

Die 5%-Klausel

9 Bei Verteilung der Sitze auf die Landeslisten werden nur Parteien berücksichtigt, die mindestens 5 v. Hundert der im Wahlgebiet abgegebenen gültigen Zweitstimmen erhalten oder in mindestens drei Wahlkreisen einen Sitz errungen haben. Diese Beschränkung findet auf die von Parteien nationaler Minderheiten eingereichten Listen keine Anwendung (§ 6 Abs. 6 BWahlG). Diese Klausel bedeutet eine Durchbrechung der Wahlrechtsgleichheit im Interesse einer Vermeidung von Stimmenzersplitterungen und einer Sicherstellung eines regierungsfähigen Parlaments. Sie sind deshalb verfassungsrechtlich gerechtfertigt (BVerfGE 6, 84; 14, 121; 34, 81; 51, 222).
In den Wahlen zum Bundestag hat sich von Anbeginn eine verhältnismäßig deutliche Tendenz zur Konzentration auf wenige Parteien herausgebildet. Darüber, ob die 5%-Klausel des Wahlrechts an dieser Entwicklung einen greifbaren Anteil hat, sind die Meinungen geteilt (siehe dazu D. Grimm, Die politischen Parteien, Handbuch des Verfassungsrechts 1983, S. 317/344 f.). Es dürfte schwer zu bestreiten sein, daß allein die Existenz dieses Quorums eine prohibitive Wirkung gegenüber dem Wunsch politischer Gruppierungen zur Folge hatte und hat, sich an Bundestagswahlen zu beteiligen. Zumindest insofern hat die 5%-Klausel zur Stabilisierung des Parteiensystems in der Bundesrepublik beigetragen.

c) Repräsentation durch das Parlament

Parlamentarismus

10 Nach den Verfassungsprinzipien der parlamentarischen Demokratie kann eine als staatsleitendes Organ eingesetzte Versammlung nur dann als **parlamentarische Volksvertretung** gelten, wenn ihre Zusammensetzung aufgrund periodischer und nach demokratischen Grundsätzen erfolgender Wahlen bestimmt wird und wenn sie über einige wesentliche verfassungsmäßige Befugnisse verfügt, vor allem über das Recht der Gesetzgebung und über das Budgetrecht. Die Geschichte dieses heute allgemein für richtunggebend angesehenen demokratischen Parlamentarismus reicht nur bis in das 19. Jahrhun-

dert zurück. Der ältere Parlamentarismus, dessen Anfänge im späteren Mittelalter liegen, zeigt Versammlungen sehr verschiedenartiger Zusammensetzung mit beschließenden oder auch nur beratenden Befugnissen hauptsächlich bei der Gesetzgebung und der Steuererhebung. Das Steuerbewilligungsrecht und das Recht, dem Monarchen eine angestrebte gesetzliche Regelung in Gestalt einer Petition zu unterbreiten, gehören schon in der Zeit der ständischen Vertretungen, der ersten Entwicklungsstufe des Parlamentarismus, zu den Wesensmerkmalen einer parlamentarischen Versammlung.

Die **Ständeversammlungen** in den sich ausbildenden europäischen Nationalstaaten, meistens aus den Vertretern der drei Stände Klerus, Adel und Bürger zusammengesetzt, sprechen für das ,,Land" gegenüber dem Monarchen und stehen in einem mehr oder weniger antagonistischen Verhältnis zu dem Monarchen. Die Mitglieder der ständischen Versammlung gehören ihr kraft Geburt oder kraft Benennung durch die Standesgenossen an; im zweiten Fall handelt der Vertreter kraft eines inhaltlich gebundenen Mandats. Die Gebundenheit des ständischen Mandats unterscheidet es von dem freien Mandat des dem Repräsentationsgedanken folgenden neueren Parlamentarismus. Parlamentarische Repräsentation und freies Mandat des Abgeordneten werden seit dem 18. Jahrhundert die wesentlichen Forderungen des politischen Liberalismus für die Mitwirkung des Bügertums an der Staatsleitung.

Die ersten kontinuierlicheren Formen der ständischen Vertretung und ebenso die Verwirklichung der Idee der Aufklärung, daß das Parlament als Volksvertretung das Staatsvolk repräsentiert, gehören der englischen Verfassungsgeschichte an. Das englische Parlament, vor allem in der Tudor-Zeit, als Oberhaus (Lords) und Unterhaus (Commons) bildete zusammen mit dem Monarchen die entscheidende politische Kraft beim Aufstieg der englischen Weltmacht und der Loslösung von der katholischen Kirche. Aus dem Kampf zwischen dem Unterhaus und den Stuart-Königen in der englischen Revolution des 17. Jahrhunderts entsteht die konstitutionelle Monarchie und damit im Gefolge der weiteren Entwicklung der moderne Verfassungsstaat. In Frankreich dagegen geschah der Übergang von der ständischen Vertretung zur parlamentarischen Repräsentation in einem gewaltsamen Umbruch, der französischen Revolution Ende des 18. Jahrhunderts. Die französische politische Theorie faßte die Nationalversammlung als das Organ der Nation auf, die nicht durch den natürlichen Willen ihrer Mitglieder, sondern durch den in der **Nationalrepräsentation** gebildeten Gemeinwillen handelt. Mit der Einführung des allgemeinen Wahlrechts und der festen Ausbildung des Parteienstaates ist der Parlamentarismus seit der zweiten Hälfte des 19. Jahrhunderts in eine neue Phase seiner Entwicklung getreten. Die in der Hochzeit des Parlamentarismus in Anspruch genommene ,,**Parlamentssouveränität**" ist der parteienstaatlichen und pluralistischen politischen Willensbildung des Volkes nach dem Grundatz der Volkssouveränität gewichen. Die parlamentarische Volksvertretung ist nichtsdestoweniger das zentrale Organ der politischen Entscheidung und das wirksamste Forum der öffentlichen Debatte in den Angelegenheiten der Staatsleitung geblieben.

G. LOEWENBERG, Parlamentarismus im politischen System der Bundesrepublik Deutschland, 2. Aufl., 1971; K. BOSL (Hrsg.), Der moderne Parlamentarismus und seine Grundlagen in der ständischen Repräsentation, 1977; K. KLUXEN (Hrsg.), Parlamentarismus, 5. Aufl., 1980; DERS., Geschichte und Problematik des Parlamentarismus, 1983.

Repräsentation

11 In bezug auf die Einrichtungen und Verfahrensweisen der parlamentarischen Demokratie bedeutet ,,Repräsentation" das politische Prinzip der Anerkennung der Gesetze und sonstigen Entscheidungen, die nach den Regeln der Verfassung von der gewählten Volksvertretung verabschiedet werden. Dieser Begriff ist ein Leitgedanke der parlamentarischen Einrichtungen und ein Argument der Rechtfertigung für die Entscheidungs- und Handlungsvollmacht, die durch die Verfassung der Volksvertretung zugewiesen sind. Der Begriff der Repräsentation beschreibt also nicht etwa eine tatsächlich bestehende Übereinstimmung des natürlichen Willens der einzelnen Mitglieder des Staatsvolkes mit den Entscheidungen und Handlungen der Volksvertretung. Er setzt nur voraus, daß eine solche Übereinstimmung möglich ist und sieht dieses Ziel gewährleistet durch die legitimierende Kraft der periodisch stattfindenden Wahlen nach demokratischen Grundsätzen. Die Staatsgewalt geht vom Volke aus, wird aber – außerhalb der Wahlen – durch die Volksvertretung und die anderen verfassungsmäßig bestehenden Organe ausgeübt. Die theoretische Entgegensetzung von Repräsentation (des parlamentarischen Verfassungsstaats) und Identität von Volkswillen und Staatswillen (in der Demokratie) ist durchaus abstrakt, da Identität lediglich ein gedachter Grenzbegriff, nicht dagegen ein der Verwirklichung fähiges Verfassungsprinzip ist. Es ist deshalb mißverständlich, wenn die Identität von Volkswillen und Staatswillen als die eigentliche und dem demokratischen Ideal entsprechende ,,Wirklichkeit" angesehen wird, die zu erreichen das Ziel des Verfassungslebens wäre. Die politische Organisation des Volkes kann nur in den Einrichtungen und Verfahren des demokratischen Verfassungsstaates politisch wirklich und rechtlich faßbar werden. Repräsentation als **Erklärungs- und Rechtfertigungsprinzip** für die Volksvertretung in der parlamentarischen Demokratie bedeutet gegenüber den realen Machtgruppen und Interessen des politischen Prozesses ein unterscheidendes Kriterium der Bildung des Staatswillens. In diesem Sinne können Machtgruppen und Interessen nicht ,,repräsentiert", d.h. als für die Bildung des Staatswillens maßgeblich, angesehen werden. Das bedeutet jedoch nicht etwa, daß die Erscheinungen des Parteien- und Verbändestaates und die Wirksamkeit der Interessen in der politischen Realität und in den Grenzen der ihnen rechtlich zukommenden Tätigkeit und Wirkung gegen das Prinzip der Repräsentation verstießen. Denn dieses Prinzip betrifft die verfassungsrechtlich geordnete Bildung des **Staatswillens,** vor allem soweit diese durch die parlamentarische Volksvertretung erfolgt. Damit diese Bildung des Staatswillens aus einem freien politischen Prozeß der Willensbildung des Volkes hervorgehen kann, sind Parteien, Verbände und organisierte Interessen eine praktische Voraussetzung.

G. LEIBHOLZ, Das Wesen der Repräsentation und der Gestaltwandel der Demokratie im 20. Jahrhundert, 1929, 3. Aufl., 1966; J. H. KAISER, Die Repräsentation organisierter Interessen, 2. Aufl., 1978.

Plebiszitäre Ergänzungen der parlamentarischen Repräsentation

Die Entscheidungsbefugnisse der parlamentarischen Volksvertretung können 12 auch in der repräsentativen Demokratie durch verfassungsrechtlich geordnete Verfahren plebiszitären Entscheidens beschränkt oder ergänzt werden. Von grundsätzlicher Bedeutung für die institutionelle Ordnung ist es, wenn die Verfassung eine unmittelbare Volkswahl des Staatsoberhauptes vorsieht. Demgegenüber wird die Art und Weise der Ausübung der Staatsgewalt betroffen, wenn die Verfassung Verfahren der „**Volksgesetzgebung**" (Volksbegehren und Volksentscheid, Referendum) vorsieht. Dadurch können entweder besonders wesentliche Entscheidungen, wie insbes. Verfassungsänderungen, einer plebiszitären Entscheidung unterworfen werden oder aber das Gesetzgebungsrecht des Parlaments durch die Möglichkeit beschränkt werden, daß unter bestimmten Voraussetzungen gegen ein Parlamentsgesetz das Referendum in Gang gebracht oder ein Gesetzentwurf im Wege des Volksbegehrens zum Gegenstand einer parlamentarischen oder plebiszitären Gesetzgebung (Volksentscheid) gemacht wird.

Die **Weimarer Reichsverfassung** bestimmte, daß der Reichspräsident „vom ganzen deutschen Volke gewählt" wird (Art. 41), und enthielt dadurch ein wesentliches personalplebiszitäres Element. Sie sah außerdem vor, daß im Falle eines erfolgreichen Volksbegehrens ein Volksentscheid über einen Gesetzentwurf stattzufinden hatte, wenn nicht der begehrte Gesetzentwurf im Reichstag unverändert angenommen wurde. Dieses Verfahren der Volksgesetzgebung war auch für Verfassungsänderungen zulässig. Über den Haushaltsplan, über Abgabengesetze und Besoldungsordnungen dagegen konnte nur der Reichspräsident einen Volksentscheid veranlassen. Der Reichspräsident konnte ferner bestimmen, daß ein vom Reichstag beschlossenes Gesetz vor seiner Verkündung zum Volksentscheid zu bringen war. Außerdem war ein Gesetz, dessen Verkündung auf Antrag von mindestens einem Drittel des Reichstags ausgesetzt wurde, dem Volksentscheid zu unterbreiten, wenn ein Zwanzigstel der Stimmberechtigten es beantragte. Ein Beschluß des Reichstags konnte durch den Volksentscheid allerdings nur dann außer Kraft gesetzt werden, wenn sich die Mehrheit der Stimmberechtigten an der Abstimmung beteiligte (Art. 73 ff. WeimRVerf). Derartige realplebiszitäre Verfahren hat auch eine Reihe der **Landesverfassungen** nach 1945 eingeführt. Demgegenüber kennt das **Grundgesetz** – abgesehen von den Abstimmungen nach Art. 29 GG – keine Verfahren plebiszitären Entscheidens. Ein durch Gesetz oder politische Entscheidung der Bundesregierung herbeigeführtes Volksbegehren über eine bestimmte Sachfrage wäre wegen Verletzung der Grundsätze der parlamentarischen Demokratie und wegen Verstoßes gegen das Gesetzgebungsrecht von Bundestag und Bundesrat verfassungswidrig.

H. Schneider, Volksabstimmungen in der rechtsstaatlichen Demokratie, in: Gedächtnisschrift für Walter Jellinek, 1955, S. 155; W. Skouris, Plebiszitäre Elemente im repräsentativen System, in: Seminar für Karl August Bettermann, Schriften zum Öffentlichen Recht, Bd. 474, 1984, S. 77.

2. Staatsleitung im parlamentarischen Regierungssystem

a) Die Verfassungsorgane

Staats- und Verfassungsorgane

13 Das Grundgesetz spricht davon, daß die Staatsgewalt durch besondere **Organe** der Gesetzgebung, der vollziehenden Gewalt und der Rechtsprechung ausgeübt wird (Art. 20 Abs. 2 GG). Es handelt sich dabei um die Staatsgewalt der Bundesrepublik Deutschland, die zugleich die Staatsgewalt des Bundes ist. Für deren Ausübung sind durch die Verfassung selbst, vor allem aber durch Gesetze, sonstige Rechtsvorschriften und Organisationsakte der Exekutive Staatsorgane errichtet, denen durch die einzelnen Regelungen der **Zuständigkeitsordnung** bestimmte sachlich umgrenzte Aufgaben und Befugnisse zugewiesen sind. Durch das Gewaltenteilungsprinzip sind die Staatsorgane in grundsätzlicher Hinsicht organisatorisch aufgeteilt in die Legislative, die Exekutive und die Gerichte.
Als eine besondere Gruppe der Staatsorgane lassen sich die **Verfassungsorgane** herausheben. Deren Besonderheit besteht darin, daß sie durch die Verfassung selbst als notwendige Staatsorgane eingerichtet und mit verfassungsmäßig geordneten Aufgaben und Befugnissen ausgestattet sind. Auch das Verhältnis dieser Verfassungsorgane zueinander ist als ein solches der grundsätzlichen Gleichordnung durch das Verfassungsrecht selbst festgelegt. Die vom Grundgesetz geschaffenen Verfassungsorgane des Bundes sind der Bundestag, der Bundesrat, die Bundesversammlung, der Gemeinsame Ausschuß, der Bundespräsident, die Bundesregierung, der Bundeskanzler, die einzelnen Bundesminister und das Bundesverfassungsgericht. Darin, daß das Bundesverfassungsgericht ein „allen übrigen Verfassungsorganen gegenüber selbständiger und unabhängiger Gerichtshof des Bundes" ist (§ 1 Abs. 1 BVerfGG), kommt sein besonderer Status im Rahmen der von den Gerichten ausgeübten rechtsprechenden Gewalt in einer Kurzformel zum Ausdruck. Im Grundgesetz genannte oberste Staatsorgane, die nicht auch Verfassungsorgane sind, sind der Bundesrechnungshof (Art. 114 Abs. 2 GG), die Bundesbank (Art. 88 GG) und die obersten Gerichtshöfe des Bundes (Art. 95 GG). Verfassungsorgane haben bei Inanspruchnahme ihrer verfassungsmäßigen Zuständigkeiten auf die Rechte anderer Verfassungsorgane Rücksicht zu nehmen, um das Zusammenwirken in der übergreifenden Zuständigkeitsordnung der Verfassung nicht zu stören (BVerfGE 35, 257/261 f.; 45, 1/39).

Organe und Funktionen

14 Der Verfassungssatz, daß die Staatsgewalt vom Volke durch besondere Organe der Gesetzgebung, der vollziehenden Gewalt und der Rechtsprechung ausgeübt wird, drückt das Prinzip der repräsentativen Demokratie und das Gewaltenteilungsprinzip aus. Er unterscheidet die **Organe**, durch die die Staatsgewalt ausgeübt wird, und die **drei „Gewalten"**, in die geordnet und getrennt sich die Staatsgewalt im Verfassungsstaat verkörpert. Sofern beson-

ders unterstrichen werden soll, daß in der Demokratie eine einheitliche Wurzel der Staatsgewalt im Volke gegeben ist, so daß die Teilung der drei Gewalten nicht auch auf unterschiedlichen Macht- oder Legitimationsgrundlagen beruht, können die drei Gewalten auch als „Funktionen" bezeichnet werden. Der sehr vielfältig gebrauchte Ausdruck „Funktion" bezieht sich auf eine zu erfüllende Aufgabe und die zur Erfüllung der Aufgabe in Betracht kommende Wirksamkeit. Vor diesem Hintergrund ist es verständlich, wenn zur Erläuterung des Gewaltenteilungsprinzips eine **organisatorische** und eine **funktionelle** Teilung der Gewalten unterschieden wird.
Rechtssubjekt, (juristische) Person, „Träger" der Staatsgewalt ist die Bundesrepublik Deutschland, die vermittels der durch die Rechtsordnung errichteten Organe die von der Verfassung vorgesehenen oder zugelassenen staatlichen Funktionen durch verschiedenartige Entscheidungen und Handlungen wahrnimmt, vor allem durch Gesetzgebung, vollziehende Gewalt und Rechtsprechung.

b) Parlament und Regierung

Regierung im parlamentarischen Regierungssystem

Das Kernstück des parlamentarischen Regierungssystems ist die **Verantwortung der Regierung** gegenüber dem Parlament und die Abhängigkeit der Regierung von dem **Vertrauen des Parlaments.** „Verantwortlichkeit" und „Vertrauen" sind überkommene staatsrechtliche Begriffe für das besondere verfassungsrechtliche Verhältnis zwischen dem gewählten Parlament und der in der Zeit des Konstitutionalismus vom Monarchen berufenen, in der parlamentarischen Demokratie vom Parlament gewählten Regierung oder dem Regierungschef. Das parlamentarische Regierungssystem sichert zwar die vorrangige Entscheidungsgewalt des Parlaments, behält aber die Ausübung der Regierungsfunktion für den Regelfall dem staatsleitenden Organ der Exekutive vor. Die Regierung verfügt über in der Verfassung begründete selbständige, nicht vom Parlament abgeleitete Aufgabe und Befugnisse. Das Parlament regiert nicht selbst mit Hilfe der Regierung, wie wenn diese sein Ausschuß wäre, sondern es kontrolliert die ihm verantwortliche Regierung.
Nach der **Reichsverfassung von 1871,** welche die wesentlichen staatsleitenden Befugnisse in die Hand des Bundesrats und des Reichskanzlers legte, war der Reichskanzler nicht vom Reichstag nach den Grundsätzen des parlamentarischen Regierungssystems abhängig. Erst durch das verfassungsändernde Gesetz vom 28. Okt. 1918 (RGBl. S. 1274) wurde bestimmt, daß der Reichskanzler zu seiner Amtsführung des Vertrauens des Reichstags bedurfte und daß er und sein Stellvertreter für ihre Amtsführung dem Bundesrat und dem Reichstag verantwortlich waren (Art. 15 RVerf 1871). Die **Weimarer Reichsverfassung** folgte dem parlamentarischen Regierungssystem, allerdings mit den Einschränkungen, die sich aus der Stellung des – parlamentarisch nicht verantwortlichen – Reichspräsidenten ergaben. Das **Grundgesetz** hat sich gegen ein volksgewähltes Staatsoberhaupt entschieden und folgerichtig die Stellung des Bundestages, aber auch des Bundeskanzlers verstärkt. Nicht die

E 15 Die Staatsorgane

Bundesregierung als Kollegialorgan, sondern allein der Bundeskanzler ist in vollem Sinne dem Bundestag verantwortlich und von dessen Vertrauen abhängig; nur er wird vom Bundestag gewählt, nicht jedoch die Bundesminister, wenngleich auch diese parlamentarisch verantwortlich sind (Art. 63, 65, 67 GG). Eine Reihe von **Landesverfassungen** hat zwar an der Verantwortlichkeit der Landesregierung oder des Ministerpräsidenten festgehalten, aber die Abhängigkeit der Spitze der Exekutive vom Vertrauen der Volksvertretung nicht auch dadurch gesichert, daß mit dem Beginn einer neuen Wahlperiode zugleich auch eine Neuberufung der Regierung oder des Ministerpräsidenten erforderlich ist.

Nach den Regeln des parlamentarischen Regierungssystems wird der **Regierungschef** durch das Parlament gewählt, insbes. jeweils nach dem Zusammentreten einer neu gewählten Volksvertretung. Nicht die Wahlen für sich allein, mögen sie auch durch den Wahlkampf der ,,Kanzlerkandidaten" bestimmt sein, sondern nur die Entscheidung des Parlaments kann durch die Wahl des Bundeskanzlers über den Regierungschef und damit über die Regierungsbildung bestimmen. Da die Mehrheitsverhältnisse im Parlament häufig in berechenbarer Weise die Wahl eines bestimmten Bundeskanzlers zur Folge haben und die Mehrheitsverhältnisse ihrerseits unmittelbar von der Wahlentscheidung abhängen, entspricht es der von der Verfassung auch vorausgesetzten politischen Praxis, daß die Bundestagswahl im Regelfall durch die Auseinandersetzung zwischen dem bisherigen Bundeskanzler und seiner Regierung auf der einen Seite und dem Führer der stärksten Oppositionspartei auf der anderen Seite geprägt sein wird.

Zumindest in der Zeit vor einer Bundestagswahl ist der Bundeskanzler zugleich auch **Kanzlerkandidat**. Daß er als Kanzlerkandidat Arbeit und Leistungen der von ihm geführten Bundesregierung auch im Wahlkampf erläutern und ggf. verteidigen wird, ist unvermeidlich, und insofern kann die Position des kandidierenden Bundeskanzlers nicht aufgespalten werden. Dennoch muß eine Trennung jedenfalls insoweit erfolgen, als es dem Bundeskanzler, den Bundesministern und den ihnen nachgeordneten Stellen der Regierung nicht erlaubt sein kann, die Befugnisse und Mittel ihrer staatlichen Amtsstellungen für Zwecke des Wahlkampfes zu benutzen. Dementsprechend findet die – als solche zulässige – **Öffentlichkeitsarbeit** der Regierung dort ihre Grenze, wo die Wahlwerbung beginnt. Die Rücksicht auf einen freien und offenen Prozeß der Meinungsbildung sowie auf die Chancengleichheit der Parteien und Wahlbewerber verbietet es staatlichen Organen, sich in amtlicher Funktion im Hinblick auf Wahlen mit politischen Parteien oder Wahlbewerbern zu identifizieren und sie unter Einsatz staatlicher Mittel zu unterstützen oder zu bekämpfen (BVerfGE 44, 125; 63, 230).

U. Scheuner, Verantwortung und Kontrolle in der demokratischen Verfassungsordnung, in: Festschrift für Gebhard Müller, 1970, S. 379; P. Badura, Parlamentarismus und parteienstaatliche Demokratie, in: Festschrift für Karl Michaelis, 1971, S. 9; Th. Oppermann/H. Meyer, Das parlamentarische Regierungssystem des Grundgesetzes, VVDStRL 33, 1975, S. 7, 69; M. Friedrich, Das parlamentarische Regierungssystem in den Bundesländern, JöR 30, 1981, S. 197.

Staatsleitung im parlamentar. Regierungssystem 16 E

Kontroll- und Entscheidungsrechte des Parlaments
Der Bundestag nimmt mit Hilfe seines Gesetzgebungsrechts, in das ja das in 16
der Frühzeit des Parlamentarismus selbständige Steuerbewilligungsrecht einbegriffen ist, und durch sein Recht, den Haushaltsplan durch das Haushaltsgesetz festzustellen (parlamentarisches Budgetrecht) einen maßgeblichen Einfluß auf die staatsleitende und administrative Aufgabenerfüllung durch die Exekutive. Darüber hinaus kann der Bundestag durch Resolutionen oder sonstige Beschlüsse seinen politischen Willen über einzelne Fragen der Staatsleitung und über die allgemeine Richtung der Regierungspolitik zum Ausdruck bringen. Derartige „schlichte" Parlamentsbeschlüsse entbehren zwar mangels der Gesetzesform einer rechtlichen Bindungskraft, können jedoch in ihrer politischen Wirkung von bestimmender Kraft für die Tätigkeit der Regierung werden.
Die **Regierungsbildung** ist dadurch in die Hand des Bundestages gelegt, daß der Bundeskanzler vom Bundestag gewählt wird. Eine Berufung von „Präsidialkabinetten" durch den Bundespräsidenten im Stile der Reichskabinette BRÜNING, VON PAPEN und VON SCHLEICHER in den letzten Jahren der Weimarer Republik, wäre mit dem Grundgesetz unvereinbar.
Der Bundeskanzler bestimmt die Richtlinien der Politik und trägt dafür die Verantwortung (RNrn. 105 ff.). Diese **parlamentarische Verantwortlichkeit** kann dadurch zur Geltung kommen, daß der Bundestag den Bundeskanzler durch ein Mißtrauensvotum stürzt; das ist nur durch die Wahl eines Nachfolgers möglich („konstruktives" Mißtrauensvotum). Der Bundeskanzler kann auch seinerseits im Bundestag den Antrag stellen, ihm das Vertrauen auszusprechen. Findet dieser Antrag nicht die Zustimmung der Mehrheit der Mitglieder des Bundestages, hat das nicht notwendig den Rücktritt oder Sturz des Bundeskanzlers zur Folge, sondern eröffnet dem Bundeskanzler nur das Recht, dem Bundespräsidenten die Auflösung des Bundestages vorzuschlagen. Ein Bundesminister kann nicht Gegenstand eines Mißtrauensvotums sein und kann auch nicht seinerseits die Vertrauensfrage stellen. Mißbilligungs- und Tadelsanträge gegen einzelne Bundesminister, die eine allein politische Bedeutung haben, sind verfassungsrechtlich möglich und sind in fast allen Wahlperioden gestellt worden.
Zu den überkommenen Kontrollrechten des Parlaments gegenüber der Regierung zählen das **Zitierungsrecht** und das in Art. 43 GG stillschweigend als dessen Bestandteil vorausgesetzte **Interpellationsrecht** sowie das **Untersuchungsrecht** (Enquêterecht) nach Art. 44 GG. Der **Wehrbeauftragte** und der **Petitionsausschuß** sind besondere Einrichtungen für eine Kontrolle der Regierung, ohne sich in dieser Funktion zu erschöpfen (Art. 45 b, Art. 45 c GG). Der Wehrbeauftragte wird sogar ausdrücklich als „Hilfsorgan des Bundestages bei der Ausübung der parlamentarischen Kontrolle" bezeichnet.
Zur Praxis des parlamentarischen Regierungssystems unter dem Grundgesetz siehe P. SCHINDLER, Datenhandbuch zur Geschichte des Deutschen Bundestages 1949 bis 1982, 3. Aufl., 1984, S. 293 ff.

Staatsleitung und Regierung

17 Der Bundeskanzler, der die Richtlinien der Politik bestimmt, die Bundesregierung, die aus dem Bundeskanzler und aus den Bundesministern besteht, und die einzelnen Bundesminster sind Verfassungsorgane, die organisatorisch die **Spitze der Exekutive** bilden. Sie üben die **staatsleitenden** Aufgaben und Befugnisse aus, die funktional zur vollziehenden Gewalt gehören. Diese staatsleitenden Aufgaben und Befugnisse werden unter dem Begriff der „**Regierung**" zusammengefaßt. Die Funktion der Regierung wird durch eine selbständige politische Entscheidungs- und Handlungsvollmacht gekennzeichnet und unterscheidet sich dadurch von der Verwaltung, die von der Verfassung selbst als Ausführung der Gesetze aufgefaßt wird, selbst dort, wo die Verwaltung nach Maßgabe der Gesetze ein selbständiges Gestaltungs- und Planungsermessen einschließt.
In den Bereich der Regierung fallen hauptsächlich die wesentlichen außenpolitischen Entscheidungen und Handlungen und die grundlegenden und richtungsbestimmenden Akte der inneren Staatsführung, so die Festlegung der „Richtlinien der Politik", die Verabschiedung des Haushaltsplans und die Ausübung der Gesetzesinitiative. Da die richtungsbestimmenden Entscheidungen über die Erledigung der Staatsaufgaben und die Erfüllung der Staatsziele zur Regierung gehören, ist die politische Planung ein charakteristischer Bestandteil dieser Staatsfunktion.

R. SMEND, Die politische Gewalt im Verfassungsstaat und das Problem der Staatsform, in: Festgabe für Wilhelm Kahl, III, 1923, S. 1; U. SCHEUNER, Der Bereich der Regierung, in : Festgabe für Rudolf Smend, 1952, S. 253; W. FROTSCHER, Regierung als Rechtsbegriff, 1975; S. MAGIERA, Parlament und Staatsleitung in der Verfassungsordnung des Grundgesetzes, 1979; W. MÖSSLE, Regierungsfunktionen des Parlaments, 1985.

Politische Planung

18 Unter politischer Planung versteht man die Staatsleitung mit Hilfe einer planmäßigen Vorbereitung und Erledigung der Staatsaufgaben. Die politische Planung tritt im Bereich der Regierung, der Haushaltswirtschaft und der Gesetzgebung in Erscheinung.
Siehe im einzelnen G RNrn. 4–7.

Die Rolle der Opposition

19 Die Opposition tritt in Gestalt der **parlamentarischen Minderheit** der Regierung und der die Regierung stützenden parlamentarischen Mehrheit entgegen. Sie kann, je nach der Zusammensetzung des Parlaments, durch eine Fraktion oder durch mehrere Fraktionen gebildet werden. Da die Opposition sich als Alternative zur Regierung versteht und im Regelfall auch danach streben wird, durch Veränderung der Mehrheitsverhältnisse im Parlament – sei es aufgrund von Wahlen, sei es durch den Bruch einer Regierungskoalition oder andere Verschiebungen innerhalb des Parlaments – ihrerseits an die Regierung zu gelangen, ist das Verhältnis der Regierung und der Regierungsmehrheit im Parlament zur Opposition durch Auseinandersetzung und

Kampf bestimmt, sowohl im Grundsätzlichen wie in einzelnen Fragen der Tagespolitik. Vor allem wird der Opposition daran gelegen sein, die an sich dem Parlament insgesamt zustehenden Kontrollrechte gegenüber der Regierung überall dort einzusetzen, wo Fehler, Mängel oder Mißstände in der Führung der Staatsgeschäfte durch die Regierung bestehen oder angenommen werden. Die Opposition ist eine im Parlament wirksame politische Erscheinung, die im Rahmen des parlamentarischen Regierungssystems eine eigene Bedeutung erlangt. Sie ist keine Verfassungseinrichtung, sofern ihr nicht durch ausdrückliche Regelung eine derartige Rolle verschafft wird. Dies ist nach Art. 23a der Verfassung der Freien und Hansestadt Hamburg der Fall, wo es heißt: ,,(1) Die Opposition ist ein wesentlicher Bestandteil der parlamentarischen Demokratie. (2) Sie hat die ständige Aufgabe, die Kritik am Regierungsprogramm im Grundsatz und im Einzelfall öffentlich zu vertreten. Sie ist die politische Alternative zur Regierungsmehrheit."

H. P. SCHNEIDER, Die parlamentarische Opposition im Verfassungsrecht der Bundesrepublik Deutschland, 1974.

c) Der Gemeinsame Ausschuß

Notstand – Stunde der Exekutive?

Die frühere Rechtspraxis des ,,**Belagerungs-**" oder ,,**Ausnahmezustandes**" legte bei einer erheblichen Störung oder Gefährdung der öffentlichen Sicherheit und Ordnung die Befugnis zur Wiederherstellung der öffentlichen Sicherheit und Ordnung und die Ermächtigung zu den nötigen Maßnahmen in die Hand der Exekutive. Diesem Vorbild folgte vor allem die Weimarer Reichsverfassung, indem sie in Art. 48 Abs. 2 und 3 die ,,**Diktaturgewalt**" des Reichspräsidenten begründete. Die demnach mögliche kommissarische Diktatur der Exekutive stellte ein durch die Verfassung selbst geschaffenes und geordnetes Rechtsinstitut dar, das den Befugnissen der Exekutive von vornherein die Schranken der Erforderlichkeit in sachlicher und zeitlicher Hinsicht auferlegte. Nach dem Kriege sind einzelne Landesverfassungen (vgl. Art. 48 BayVerf.) bei diesem Grundgedanken geblieben, während das Grundgesetz zunächst auf eine Regelung des ,,inneren Notstandes" ebenso verzichtete wie auf Vorschriften über den Kriegsfall. Es war dann ein wesentliches Element der in der **Notstands-Novelle** vom 24. Juni 1968 verwirklichten Kompromißlösung, daß entscheidende Notstandsbefugnisse in die Hand eines quasi-parlamentarischen Organs, nämlich des Gemeinsamen Ausschusses nach Art. 53a GG, gelegt wurden.

E.-W. BÖCKENFÖRDE, Der verdrängte Ausnahmezustand. Zum Handeln der Staatsgewalt in außergewöhnlichen Lagen, NJW 1978, 1881.

Strukturgedanke des Gemeinsamen Ausschusses

Der Gemeinsame Ausschuß besteht zu zwei Dritteln aus Abgeordneten des Bundestages, zu einem Drittel aus Mitgliedern des Bundesrates. Die Abgeordneten werden vom Bundestag entsprechend dem Stärkeverhältnis der

Franktionen bestimmt; sie dürfen nicht der Bundesregierung angehören. Jedes Land wird durch ein von ihm bestelltes Mitglied des Bundesrates vertreten; diese Mitglieder sind nicht an Weisungen gebunden. Nach der Geschäftsordnung für den Gemeinsamen Ausschuß vom 23. Juli 1969 (BGBl. I S. 1102) besteht dieses Verfassungsorgan aus 22 vom Bundestag aus seiner Mitte bestimmten Abgeordneten und 11 Mitgliedern des Bundesrates. Für diese Zusammensetzung ist maßgebend, daß der Gemeinsame Ausschuß unter bestimmten Voraussetzungen im Verteidigungsfall die Stellung von Bundestag und Bundesrat hat und die Rechte dieser Verfassungsorgane einheitlich wahrnimmt (Art. 115e GG).

Aufgaben und Befugnisse des Gemeinsamen Ausschusses

22 Für den Fall des sogenannten **inneren Notstandes,** nämlich zur Abwehr einer drohenden Gefahr für den Bestand oder die freiheitliche demokratische Grundordnung des Bundes oder eines Landes, auch in dem Fall eines Angriffes organisierter und militärisch bewaffneter Aufständischer, regelt das Grundgesetz selbst die hier bestehenden Befugnisse der Exekutive (Art. 91, 97a Abs. 4 GG). Aufgaben und Befugnisse des Gemeinsamen Ausschusses bestehen hier nicht. Dessen Bedeutung beschränkt sich auf den **Verteidigungsfall,** in dem ihm unter bestimmten Voraussetzungen Entscheidungsbefugnisse des Bundestages und des Bundesrates zufallen. Hierzu im einzelnen K RNr. 13. Im Hinblick auf diese Eventualität hat die Bundesregierung den Gemeinsamen Ausschuß bereits im Frieden über ihre Planungen für den Verteidigungsfall zu unterrichten (Art. 53a Abs. 2 GG).

3. Der Bundestag

a) Wahl und Wahlperiode des Bundestages

Der Deutsche Bundestag in der Verfassungsordnung

23 Das Grundgesetz behandelt unter allen Verfassungsorganen des Bundes zuerst den Bundestag. Die Vorschriften der Verfassung werden vor allem durch die parlamentsrechtlichen Vorschriften der Geschäftsordnung des Deutschen Bundestages ergänzt.
Der Bundestag ist die gewählte **Volksvertretung** der Bundesrepublik, ihr **Parlament.** Er besteht, solange der vollen Anwendung des Grundgesetzes und des Bundeswahlgesetzes im Lande Berlin aufgrund der Vereinbarungen mit den Westalliierten Hindernisse entgegenstehen, aus 496 Abgeordneten, zu denen 22 Abgeordnete des Landes Berlin nach Maßgabe besonderer Bestimmungen treten (§§ 1 Abs. 1, 53 BWahlG).

F. SCHÄFER, Der Deutsche Bundestag, 4. Aufl., 1982; H. TROSSMANN, Der Bundestag: Verfassungsrecht und Verfassungswirklichkeit, JöR 28, 1979, S. 1; P. SCHINDLER, Datenhandbuch zur Geschichte des Deutschen Bundestages 1949 bis 1982, 3. Aufl., 1984.

Der Bundestag 24–26 E

Wahlperiode, Sitzungen

Der Bundestag wird auf **vier Jahre** gewählt. Seine Wahlperiode endet mit dem 24 Zusammentreten eines neuen Bundestages. Der Bundestag tritt spätestens am dreißigsten Tag nach der Wahl zusammen. Im Falle einer Auflösung des Bundestages findet die Neuwahl innerhalb von 60 Tagen statt (Art. 39 Abs. 1 und 2 GG).
Der Bundestag bestimmt den Schluß und den Wiederbeginn seiner Sitzungen. Anders als die Volksvertretungen der konstitutionellen Zeit verfügt der Bundestag also über das **Selbstversammlungsrecht** (Art. 39 Abs. 3 GG). Der Präsident des Bundestags ist dazu verpflichtet, den Bundestag einzuberufen, wenn ein Drittel der Mitglieder, der Bundespräsident oder der Bundeskanzler es verlangen.

Grundsatz der Diskontinuität

Zwischen dem Bundestag, dessen Wahlperiode endet, und dem neuen Bun- 25 destag besteht keine Kontinuität. Die Mandate der Abgeordneten, auch wenn diese schon dem alten Bundestg angehört haben, werden durch die Neuwahl begründet und dauern nicht etwa im Falle der Wiederwahl fort. Der neue Bundestag wählt seinen Präsidenten, seine Schriftführer und seine Ausschüsse neu. Er gibt sich neu die Geschäftsordnung, wenn auch im Regelfall die Geschäftsordnung des alten Bundestages übernommen wird.
Der Grundsatz der Diskontinuität im technischen Sinn besagt, daß am Ende der Wahlperiode des Bundestages alle Vorlagen, die einer Beschlußfassung bedürfen, als erledigt gelten (§ 125 GeschO BTag). Damit verfallen insbes. alle Gesetzesvorlagen der Erledigung, die vom Bundestag noch nicht verabschiedet worden sind; sie müssen, um erneut Gegenstand der Beratung und Beschlußfassung zu werden, im neuen Bundestag erneut gem. Art. 76 Abs. 1 GG eingebracht werden.

J. Jekewitz, Der Grundsatz der Diskontinuität der Parlamentsarbeit im Staatsrecht der Neuzeit und seine Bedeutung unter der parlamentarischen Demokratie des Grundgesetzes, 1977.

Wahlprüfung

Unter Wahlprüfung versteht man im Hinblick auf eine parlamentarische 26 Volksvertretung das Verfahren, in dem die **ordnungsmäßige Zusammensetzung** der gewählten Vertretungskörperschaft festgestellt wird. Die Wahlprüfung dient der Gewährleistung der ordnungsmäßigen Zusammensetzung der Volksvertretung, nicht dagegen dem Schutz subjektiver Rechte von Wahlbewerbern oder Wahlberechtigten (BVerfGE 59, 119; 66, 369). Ein bei der Wahlprüfung festgestellter Mangel des Wahlverfahrens führt nur dann und **nur insoweit** zu einer Ungültigkeitserklärung der Wahl, als der Fehler auf das Wahlergebnis, d. h. auf die Sitzverteilung in der Volksvertretung, von Einfluß gewesen sein konnte.
Die Wahlprüfung ist Sache des Bundestages. Das Nähere ist in dem **Wahlprüfungsgesetz** i. d. Fass. d. Bek. vom 12. März 1951 (BGBl. I S. 166), zuletzt geänd. durch Gesetz vom 24. Juni 1975 (BGBl. I S. 1593), geregelt. Die Prü-

fung erfolgt nur auf Einspruch, den jeder Wahlberechtigte, jede Gruppe von Wahlberechtigten und in amtlicher Eigenschaft jeder Landeswahlleiter, der Bundeswahlleiter und der Präsident des Bundestages einlegen kann. Die Entscheidung des Bundestages über den Einspruch wird durch den Wahlprüfungsausschuß vorbereitet. Der Wahlprüfungsausschuß entscheidet, sofern nicht die Beteiligten darauf verzichten, aufgrund mündlicher Verhandlung, die öffentlich stattfindet.
Gegen die Entscheidung des Bundestages ist die Beschwerde an das Bundesverfassungsgericht zulässig (Art. 41 Abs. 2 GG; § 48 BVerfGG).

b) Abgeordneter und Fraktion

Das parlamentarische Mandat

27 Die zum Mitglied des Bundestages gewählten Abgeordneten erwerben mit der ordnungsmäßig erfolgenden Annahmeerklärung beim zuständigen Wahlleiter das parlamentarische Mandat. Gibt der Gewählte bis zum Ablauf der gesetzlichen Frist keine oder keine formgerechte Erklärung ab, so gilt die Wahl zu diesem Zeitpunkt als angenommen (§ 45 BWahlG).
Die Rechtsstellung des Abgeordneten, die mit dem parlamentarischen Mandat verbundenen Rechte und Pflichten, ergeben sich aus dem Grundgesetz und aus einer Reihe von gesetzlichen Vorschriften, insbes. dem Bundeswahlgesetz (RNr. 6) und dem Abgeordnetengesetz vom 18. Febr. 1977 (BGBl. I S. 297), zuletzt geänd. durch Gesetz vom 30. Juli 1985 (BGBl. I S. 1623). Niemand darf gehindert werden, sich um ein Mandat im Bundestag zu bewerben, es anzunehmen oder auszuüben. Benachteiligungen am Arbeitsplatz oder im Arbeitsverhältnis im Zusammenhang mit der Bewerbung um ein Mandat sowie der Annahme und Ausübung eines Mandats sind unzulässig (§ 2 Abgeordnetengesetz). Die Zeit der Mitgliedschaft im Bundestag ist nach Beendigung des Mandats auf die Berufs- und Betriebszugehörigkeit anzurechnen (§ 4 Abs. 1 Abgeordnetengesetz). Eine besondere und ausführliche Regelung hat die Rechtsstellung der in den Bundestag gewählten **Angehörigen des öffentlichen Dienstes** gefunden, insbes. auch im Hinblick auf die nach Art. 137 Abs. 1 GG mögliche Unvereinbarkeit (Inkompatibilität) des parlamentarischen Mandats mit dem Amt von Beamten, Angestellten des öffentlichen Dienstes, Berufssoldaten, freiwilligen Soldaten auf Zeit und Richtern im Bund, in den Ländern und den Gemeinden (§§ 5 ff. Abgeordnetengesetz); D RNr. 100. Weitere **parlamentarische Inkompatibilitäten** bestehen unmittelbar aufgrund der Verfassung, so mit dem Amt des Bundespräsidenten (Art. 55 Abs. 1 GG) und mit der Mitgliedschaft im Bundesverfassungsgericht (Art. 94 Abs. 1 Satz 3 GG). Die Zugehörigkeit zur Spitze der Exekutive als Bundeskanzler, Bundesminister oder Parlamentarischer Staatssekretär ist nach den Grundsätzen des parlamentarischen Regierungssystems nicht nur zulässig, sondern für den Regelfall vorausgesetzt.
Der Abgeordnete kann auf seine Mitgliedschaft im Bundestag verzichten. Andere Gründe des Verlustes des parlamentarischen Mandats sind gesetzlich geregelt, so die Feststellung der Verfassungswidrigkeit der Partei nach Art. 21 Abs. 2 GG (§§ 46, 47 BWahlG). Wenn ein gewählter Bewerber stirbt oder die

Der Bundestag   28 E

Annahme der Wahl ablehnt oder wenn ein Abgeordneter stirbt oder sonst
nachträglich aus dem Bundestag ausscheidet, so wird der Sitz aus der Landesliste derjenigen Partei besetzt, für die der Ausgeschiedene bei der Wahl aufgetreten ist. Eine Ersatzwahl im Wahlkreis findet nur statt, wenn der Ausgeschiedene als Wahlkreisabgeordneter einer Wählergruppe oder einer Partei gewählt ist, für die im Land keine Landesliste zugelassen worden war (§ 48 BWahlG).

Das freie Mandat

Die Abgeordneten sind Vertreter des ganzen Volkes, an Aufträge und Weisungen nicht gebunden und nur ihrem Gewissen unterworfen (Art. 38 Abs. 1 Satz 2 GG). Diese Verfassungsbestimmung gibt nicht nur dem Abgeordneten das für sein parlamentarisches Mandat zentrale Recht der Freiheit, d. h. der **Unabhängigkeit** des Mandats. In ihr kommt auch der für die parlamentarische Demokratie ausschlaggebende Gedanke der **Repräsentation** zum Ausdruck, auf dem die Wahl und die Tätigkeit der Volksvertretung verfassungsrechtlich beruhen (RNr. 11).   28

Der Gegensatz zum freien Mandat ist das gebundene oder **imperative Mandat,** mit dem der Abgeordnete dem Willen der Gruppe unterworfen wird, die ihn in die Volksvertretung entsandt hat oder die kraft Delegation den Willen seiner Wähler artikuliert. Das imperative Mandat, verbunden mit dem Rückrufrecht (recall), ist Merkmal der Rätedemokratie.

Das freie Mandat schützt den Abgeordneten gegen eine **politische** Abhängigkeit von seinen Wählern, aber auch von seiner Partei und Fraktion oder von anderen politischen Gruppen. Sein Mandat ist in Bestand und Ausübung rechtlich unabhängig von Willensäußerungen seiner Partei oder Fraktion. Er behält es auch dann, wenn er die Partei oder Fraktion verläßt. Ein **Fraktionszwang** derart, daß die mangelnde Gefügigkeit gegenüber Beschlüssen der Fraktion oder Willensäußerungen der Fraktions- oder Parteispitze zu Sanktionen oder sonstigen Nachteilen führen dürfte, durch die Bestand oder Ausübung des Mandats beeinträchtigt werden, ist rechtlich unzulässig. Nicht im Widerspruch zum freien Mandat steht dagegen das Bestreben von Fraktion und Partei, eine einheitliche Haltung der Abgeordneten der Fraktion sicherzustellen und mit diesem Ziel auch auf die Meinung des Abgeordneten Einfluß auszuüben. In der parteienstaatlichen Demokratie, die in Art. 21 GG ausdrücklich anerkannt ist, kann es der Partei, welcher der Abgeordnete regelmäßig seine Stellung als Bewerber und dann als Abgeordneter verdankt, nicht verwehrt sein, auf die politischen Meinungen und auf das Abstimmungsverhalten der zur Fraktion gehörenden Abgeordneten einzuwirken. Diese Einwirkung muß jedoch die verfassungsmäßigen Grenzen des freien Mandats wahren. Deshalb sind insbes. alle von einem Abgeordneten vor oder nach der Wahl geforderten Erklärungen über einen Mandatsverzicht unter bestimmten Voraussetzungen oder nach dem Willen der Fraktions- oder Parteiführung unzulässig. Das Recht des Abgeordneten, auf sein Mandat zu verzichten, kann nicht Gegenstand von Vereinbarungen sein. Demnach verletzt auch eine vorab verabredete „Rotation" das freie Mandat.

Das freie Mandat will den Abgeordneten auch gegen **wirtschaftliche** Abhängigkeit sichern. Vereinbarungen des Abgeordneten mit Wirtschaftsverbänden, Unternehmen, Gewerkschaften oder irgendwelchen Interessengruppen, die sich auf die Art und Weise der Mandatsausübung beziehen, verstoßen gegen das freie Mandat. Das gleiche gilt für Zuwendungen im Hinblick auf ein bestimmtes Verhalten des Abgeordneten bei der Mandatsausübung, wenn auch ein Straftatbestand der Abgeordnetenbestechung wegen der naheliegenden Mißbrauchsgefahr nicht geltendes Recht ist. Der Bundestag gibt sich „Verhaltensregeln", in denen u. a. Bestimmungen über die Offenlegung von Interessenverknüpfungen und die Unzulässigkeit der Annahme bestimmter Zuwendungen enthalten sein müssen (§ 44 a Abgeordnetengesetz). Die „Verhaltensregeln für Mitglieder des Deutschen Bundestages" sind als Anlage 1 der Geschäftsordnung des Bundestages festgelegt.

G. FRANK/R. STOBER (Hrsg.), Rotation im Verfassungsstreit, 1985; H. SENDLER, Abhängigkeiten der unabhängigen Abgeordneten, NJW 1985, 1425.

Rechte des Abgeordneten

29 Die verfassungsrechtliche Grundlage der Rechtsstellung des Abgeordneten ist sein freies parlamentarisches Mandat nach Art. 38 Abs. 1 Satz 2 GG. Als Mitglied des Bundestages hat er im einzelnen im Rahmen der Verhandlungen des Bundestages und seiner Ausschüsse diejenigen Rechte, die den Abgeordneten nach der Geschäftsordnung des Bundestages zukommen. Während das Recht, an Abstimmungen teilzunehmen, keinerlei Beschränkungen unterliegen kann, sind die Rechte, im Plenum des Bundestages zu sprechen und zum Mitglied eines Ausschusses bestimmt zu werden, wesentlich von politischen Entscheidungen seiner Fraktion abhängig. Die darin zum Ausdruck kommende Organisation der Arbeit des Bundestages ist verfassungsrechtlich zulässig (BVerfGE 10, 4).
Die **Redefreiheit** des Abgeordneten im Bundestag ist nicht durch die Meinungsfreiheit (Art. 5 Abs. 1 GG), sondern durch das freie Mandat geschützt. Eine nach der Geschäftsordnung dem Abgeordneten erteilte „Rüge" des amtierenden Präsidenten berührt in der Regel nicht dessen Status als Abgeordneter; eine Antragsbefugnis im Organstreit wird dafür in der Regel fehlen (BVerfGE 60, 374).
Zu den Rechten, die den Status des Abgeordneten bestimmen, gehören der Anspruch auf eine angemessene, die Unabhängigkeit des Abgeordneten sichernde Entschädigung (Art. 48 Abs. 3 Satz 1 GG), das Recht der freien Benutzung aller staatlichen Verkehrsmittel (Art. 48 Abs. 3 Satz 2 GG), der Anspruch auf den zur Vorbereitung der Wahl erforderlichen Urlaub (Art. 48 Abs. 1 GG), der Schutz des Amtes nach Art. 48 Abs. 2 GG (BGH NJW 1985, 2635) und das Zeugnisverweigerungsrecht nach Art. 47 GG.
Der Anspruch auf eine angemessene **Entschädigung** („Diäten") ist näher im Abgeordnetengesetz geregelt. Der Abgeordnete erhält danach eine monatliche Entschädigung und zur Abgeltung seiner durch das Mandat veranlaßten Aufwendungen eine Amtsausstattung als Aufwandsentschädigung. Zu den Leistungen an ehemalige Mitglieder des Bundestages und ihre Hinterbliebenen gehören ein Übergangsgeld für ausscheidende Abgeordnete, ein Anspruch auf Altersentschädigung unter bestimmten Voraussetzungen und

sonst ein Anspruch auf eine Versorgungsabfindung. Außerdem werden Zuschüsse zu den Kosten in Krankheits-, Geburts- und Todesfällen und in besonderen Fällen Unterstützungen gewährt. Über die Angemessenheit der Entschädigung erstattet der Präsident des Bundestages nach § 30 AbgG dem Bundestag in regelmäßigen Abständen Bericht (siehe z. B. den Bericht vom 11. 10. 1983, BTag Drucks. 10/464). Im Hinblick auf die rechtliche Kennzeichnung der Abgeordneten-Diäten hat das Bundesverfassungsgericht einen Wandel von der früheren eigentlichen Entschädigung für die Tätigkeit als Abgeordneter zu einer beamtenähnlichen „Alimentation" des heutigen „Berufsabgeordneten" angenommen (BVerfGE 40, 296. – Siehe auch BayVGH DVBl. 1983, 706, mit Anm. von H. H. v. ARNIM).

Materialien zu dem Entwurf eines Gesetzes zur Neuregelung der Rechtsverhältnisse der Mitglieder des Deutschen Bundestages, BTag Drucks 7/5531. – P. HÄBERLE, Freiheit, Gleichheit und Öffentlichkeit des Abgeordnetenstatus, NJW 1976, 537; K. SCHLAICH/H. J. SCHREINER, Die Entschädigung der Abgeordneten, NJW 1979, 673.

Insbesondere die Immunität

Wegen einer mit Strafe bedrohten Handlung darf ein Abgeordneter nur mit 30 Genehmigung des Bundestages zur Verantwortung gezogen oder verhaftet werden, es sei denn, daß er bei Begehung der Tat oder im Laufe des folgenden Tages festgenommen wird. Auch jede andere Beschränkung der persönlichen Freiheit eines Abgeordneten bedarf der Genehmigung des Bundestages. Auf Verlangen des Bundestages sind jedes Strafverfahren, jede Haft und jede sonstige Beschränkung der persönlichen Freiheit eines Abgeordneten auszusetzen. Das gleiche gilt für Verfahren nach Art. 18 GG gegen einen Abgeordneten (Art. 46 Abs. 2 bis 4 GG).
Die Immunität des Abgeordneten ist ein **Recht der Volksvertretung** selbst, nicht eigentlich des einzelnen Abgeordneten. Dieses Privileg soll die Zusammensetzung des Parlaments gegen einen willkürlichen Zugriff der Exekutive und gegen zufällige Veränderungen schützen. Solange die erforderliche Genehmigung des Bundestages fehlt, steht der Strafverfolgung ein persönliches **Strafverfolgungshindernis** entgegen. Das Hindernis entfällt mit der Genehmigung des Bundestages und auch mit der Beendigung des Mandats des Abgeordneten. Die Immunität schützt den Abgeordneten also nur für die Dauer seiner Mitgliedschaft im Bundestag.
Ersuchen in Immunitätsangelegenheiten werden vom Ausschuß des Bundestages für Wahlprüfung, Immunität und Geschäftsordnung behandelt, der dabei die von ihm aufgestellten Grundsätze in Immunitätsangelegenheiten anwendet (§ 107 GeschO BTag sowie Anlage 6 zur Geschäftsordnung).

Insbesondere die Indemnität

Ein Abgeordneter darf zu keiner Zeit wegen seiner Abstimmung oder wegen 31 einer Äußerung, die er im Bundestag oder in einem seiner Ausschüsse getan hat, gerichtlich oder dienstlich verfolgt oder sonst außerhalb des Bundestages zur Verantwortung gezogen werden. Dies gilt nicht für verleumderische Beleidigungen (Art. 46 Abs. 1 GG). Die Indemnität ist ein persönlicher **Strafausschließungsgrund** zugunsten des Abgeordneten, der auch nach dem Ende der Mitgliedschaft im Bundestag fortdauert. Die Indemnität sichert die Freiheit und Unabhängigkeit der parlamentarischen Tätigkeit des Abgeordneten und bildet zugleich eine Grundlage der Funktionsfähigkeit des Parlaments selbst. Dies gibt die Richtschnur dafür, welcher gegenständliche Bereich von Äußerungen eines Abgeordneten unter die Indemnität fällt. Auch Abstimmungen und Äußerungen in der Fraktion, die der Vorbereitung der Ausübung des Mandats im Plenum oder im Ausschuß dienen, fallen unter die Indemnität. Nicht geschützt dagegen ist die Handlungsweise und sind die Erklärungen des Abgeordneten in Sitzungen von Parteigliederungen und im Wahlkampf.

E. FRIESENHAHN, Zur Indemnität der Abgeordneten in Bund und Ländern, DÖV 1981, 512.

Partei und Fraktion

32 Die **Fraktionen** sind die Erscheinungsweise der Parteien im Parlament. Die Fraktion ist nicht nur Teil ihrer Partei, sondern „als Gliederung des Bundestages der organisierten Staatlichkeit eingefügt" (BVerfGE 20, 56/104). Die Geschäftsordnung des Bundestages bezeichnet die Fraktionen als Vereinigungen von mindestens fünf v. Hundert der Mitglieder des Bundestages, die derselben Partei oder solchen Parteien angehören, die aufgrund gleichgerichteter politischer Ziele in keinem Land miteinander im Wettbewerb stehen. Schließen sich Mitglieder des Bundestages abweichend von diesen Voraussetzungen zusammen, bedarf die Anerkennung als Fraktion der Zustimmung des Bundestages (§ 10 Abs. 1 GeschO BTag). Die Fraktionen und vor allem ihr Stärkeverhältnis sind für die Arbeitsweise des Bundestages und der Bundestagsausschüsse von ausschlaggebender Bedeutung. Nach der Stärke der Fraktionen bestimmt sich ihre Reihenfolge. Die Zusammensetzung des Ältestenrates und der Ausschüsse sowie die Regelung des Vorsitzes in den Ausschüssen ist im Verhältnis der Stärke der einzelnen Fraktionen vorzunehmen. Derselbe Grundsatz wird bei Wahlen, die der Bundestag vorzunehmen hat, angewandt (§§ 11, 12 GeschO BTag; vgl. auch Art. 53a Abs. 1 Satz 2 GG). Daraus, daß die Fraktionen die Erscheinungsweise der Parteien im Parlament sind, darf nicht geschlossen werden, daß eine Partei einen Anspruch darauf hat, daß die Geschäftsordnung die Mindestzahl für die Bildung einer Fraktion so festlegt, daß die ihr angehörenden Abgeordneten auch in der Lage sind, eine Fraktion zu bilden (siehe für den Bayer. Landtag BayVerfGH BayVBl. 1976, 431). Die Regelungen über die Bildung der Fraktionen und über deren Rechte in der Tätigkeit des Parlaments fallen, gebunden an die Verfassung, in die Geschäftsordnungsautonomie des Parlaments.

Daraus, daß die Fraktionen die Erscheinungsweise der Parteien im Parlament sind, darf auch nicht geschlossen werden, daß die Fraktionen in ihrer Arbeitsweise und Programmatik von den Entscheidungen der Partei oder der Parteispitze abhängig wären. Das wird zwar in der Regel politisch der Fall sein, bildet aber keinen verfassungsrechtlichen Grundsatz. Im Unterschied zu den Parteien sind die Fraktionen mit eigenen Rechten ausgestattete Teile des

Der Bundestag   33, 34 **E**

Bundestages. Der für ihre Arbeit notwendige Aufwand wird folgerichtig ganz oder zum Teil durch Mittel aus dem Bundeshaushalt gedeckt.

W.-D. HAUENSCHILD, Wesen und Rechtsnatur der Parlamentarischen Fraktionen, 1968; H. BORCHERT, Die Fraktion, AöR 102, 1977, S. 210.

c) Organisation des Bundestages

Präsident, Präsidium, Ältestenrat

Der Bundestag wählt seinen Präsidenten, dessen Stellvertreter und die **33** Schriftführer (Art. 40 Abs. 1 GG; §§ 2, 3 GeschO BTag). Nach einer bis in die Weimarer Zeit zurückreichenden Übung wird bei der Wahl des **Präsidenten** der stärksten Fraktion des Hauses ein Vorschlagsrecht zuerkannt. Der Präsident vertritt den Bundestag und regelt seine Geschäfte. Er wahrt die Würde und die Rechte des Bundestages, fördert seine Arbeiten, leitet die Verhandlungen gerecht und unparteiisch und wahrt die Ordnung im Hause. Er ist die oberste Dienstbehörde der Bundestagsbeamten (§ 7 GeschO BTag). Der Präsident des Bundestages entscheidet über die Festsetzung und die Auszahlung der Erstattung von Wahlkampfkosten (§ 19 PartG). Der Präsident und die stellvertretenden Präsidenten bilden das **Präsidium** des Bundestages (§ 5 GeschO BTag). In den Sitzungen des Bundestages bilden der amtierende Präsident und zwei Schriftführer den **Sitzungsvorstand** (§ 8 GeschO BTag). Der **Ältestenrat** besteht aus dem Präsidenten, seinen Stellvertretern und dreiundzwanzig weiteren von den Fraktionen nach deren Stellenanteilen zu benennenden Mitgliedern. Der Ältestenrat unterstützt den Präsidenten bei der Führung der Geschäfte. Er beschließt über die inneren Angelegenheiten des Bundestages, soweit sie nicht dem Präsidenten oder dem Präsidium vorbehalten sind (§ 6 GeschO BTag).

J. WERMSER, Der Bundestagspräsident, 1984.

Ausschüsse

Einige Ausschüsse des Bundestages sind durch das Grundgesetz selbst vorge- **34** schrieben und in ihrer Aufgabenstellung geregelt, so die Ausschüsse für auswärtige Angelegenheiten und für Verteidigung und der Petitionsausschuß (Art. 45a, 45c GG). Andere Ausschüsse werden nach Herkommen und Zweckmäßigkeit durch den Bundestag eingesetzt. Für die Einsetzung und Arbeitsweise der Ausschüsse sind, soweit das Grundgesetz nicht Vorschriften enthält, die Bestimmungen der Geschäftsordnung des Bundestages maßgebend (siehe insbes. §§ 54ff.).
Die Ausschüsse sind „vorbereitende Beschlußorgane des Bundestages" (§ 62 Abs. 1 GeschO BTag). Die Empfehlungen des Ausschusses dürfen sich nur auf die ihm überwiesenen Vorlagen oder mit diesen in unmittelbarem Zusammenhang stehende Fragen beziehen. Die Ausschüsse können sich jedoch mit anderen Fragen aus ihrem Geschäftsbereich befassen.
Das System für eine den Stellenanteilen der Fraktionen entsprechende Zusammensetzung der Ausschüsse und die Zahl der Mitglieder bestimmt der

E 35–37 Die Staatsorgane

Bundestag. Die Fraktionen benennen die Ausschußmitglieder und deren Stellvertreter. Die Ausschüsse bestimmen ihre Vorsitzenden und deren Stellvertreter nach den Vereinbarungen im Ältestenrat (§§ 57, 58 GeschO BTag). Der Bundestag hat in der zehnten Wahlperiode 20 Ausschüsse eingesetzt (Beschluß vom 30. 3. 1983, Sten. Berichte, S. 32 B–37 D). Zum Haushaltsausschuß I RNr. 97, zu den Untersuchungsausschüssen RNr. 46.

H. Frost, Die Parlamentsausschüsse, AöR 95, 1970, S. 38; H.-J. Berg, Der Verteidigungsausschuß des Deutschen Bundestages, 1982.

Insbesondere der Petitionsausschuß

35 Der Bundestag bestellt einen Petitionsausschuß, dem die Behandlung der nach Art. 17 an den Bundestag gerichteten Bitten und Beschwerden obliegt (Art. 45c GG). Die Befugnisse des Ausschusses zur Überprüfung von Beschwerden regelt das Gesetz über die Befugnisse des Petitionsausschusses des Deutschen Bundestages vom 19. Juli 1975 (BGBl. I S. 1921). Der Bericht über die vom Petitionsausschuß behandelten Petitionen wird mit einer Beschlußempfehlung dem Bundestag in einer Sammelübersicht – möglichst monatlich – vorgelegt; darüber hinaus erstattet der Petitionsausschuß dem Bundestag jährlich einen Bericht über seine Tätigkeit (§ 112 GeschO BTag). Der Tätigkeitsbericht für das Jahr 1984 ist in BTag Drucks. 10/2979 veröffentlicht. Der Petitionsausschuß ist keine Behörde und ihm stehen auch keine besonderen Aufsichts- oder Inspektionsrechte zu. Seine Aufgaben und Befugnisse werden durch die Reichweite des Petitionsrechtes (C RNr. 27) und der parlamentarischen Kontrollbefugnisse bestimmt. Der Petitionsausschuß hat das Recht, die Vorlage von Akten, die Erteilung von Auskünften und den Zutritt zu Einrichtungen zu verlangen und ist weiter berechtigt, den Petenten, Zeugen und Sachverständige anzuhören.

W. Graf Vitzthum, Petitionsrecht und Volksvertretung, 1985.

Bundestagsverwaltung

36 Zur Erledigung der verschiedenartigen und vom Grundgesetz vorausgesetzten Verwaltungsaufgaben des Bundestages verfügt dieser über eine eigene Bundestagsverwaltung. Diese wird von dem **Direktor beim Deutschen Bundestag** geleitet, der unmittelbar dem Präsidenten des Bundestages untersteht.
Die Verwaltung des Bundestages ist in die Hauptabteilungen Verwaltung und wissenschaftliche Dienste gegliedert. Dem Direktor unmittelbar unterstellt sind die Abteilung Parlamentsdienste mit dem stenographischen Dienst, die Verwaltung des Amtes des Wehrbeauftragten und das Presse- und Informationszentrum.

Wissenschaftlicher Dienst

37 Die Hauptabteilung Wissenschaftliche Dienste der Bundestagsverwaltung umfaßt die Abteilung Wissenschaftliche Dokumentation, die zwei Abteilun-

gen des wissenschaftlichen Fachdienstes und die Zentralstelle für Petitionen und Eingaben. Zur Abteilung Wissenschaftliche Dokumentation gehören auch die Bibliothek des Bundestages, das Parlamentsarchiv und die Datenverarbeitung.

Der Wissenschaftliche Dienst des Bundestages verwirklicht vor allem den Gedanken eines „**parlamentarischen Hilfsdienstes**", durch den das Parlament im ganzen, die einzelnen Fraktionen und die Abgeordneten in die Lage versetzt werden sollen, sich zuverlässige und unparteiische Information als Grundlage ihrer Arbeit zu verschaffen.

H. QUARITSCH, Die wissenschaftlichen Dienste des Bundestages, in: Festschrift für Ernst Forsthoff, 1972, S. 303.

Enquete-Kommissionen

Nach § 56 der Geschäftsordnung kann der Bundestag zur Vorbereitung von Entscheidungen über umfangreiche und bedeutsame Sachkomplexe eine Enquete-Kommission einsetzen. Die Enquete-Kommissionen unterscheiden sich von den Bundestagsausschüssen u. a. dadurch, daß ihnen nicht nur Abgeordnete anzugehören brauchen. Es handelt sich bei diesen Kommissionen um eine Weiterentwicklung des parlamentarischen Untersuchungsrechts (Enquêterecht), zu dessen früherer Praxis auch Untersuchungen zur Vorbereitung komplexerer Gesetzesarbeiten gehörten. In der jetzt gefundenen Ausgestaltung sind die Enquete-Kommissionen keine Fälle der Ausübung des parlamentarischen Enquêterechts; sie verfügen deshalb auch nicht über die besonderen Befugnisse eines Untersuchungsausschusses.

Die bisherige Praxis ist dargestellt in: P. SCHINDLER, Datenhandbuch zur Geschichte des Deutschen Bundestages, 1949 bis 1982, 3. Aufl., 1984, S. 641 ff. Als Beispiele sind hervorzuheben die Enquete-Kommission für Fragen der Verfassungsreform (1971–1976), Schlußbericht: BTag Drucks. 7/5924; die Enquete-Kommission Frau und Gesellschaft (1974–1980), Bericht: BTag Drucks. 8/4461.

d) Parlamentsrecht und Geschäftsordnungsautonomie des Bundestages

Parlamentsrecht

Unter „Parlamentsrecht" versteht man herkömmlicherweise die Vorschriften über die innere Organisation, die Verhandlungen und die sonstige Geschäftserledigung des Parlaments, gleichgültig ob diese Regeln in der Verfassung, in Gesetzen oder in der Geschäftsordnung niedergelegt sind. Für die Reichstage der Kaiserzeit und der Weimarer Republik und ebenso für den Bundestag des Grundgesetzes finden sich die wesentlichen Vorschriften des Parlamentsrechts in der Geschäftsordnung. Die Geschäftsordnungsautonomie des Bundestages (Art. 40 Abs. 1 Satz 2 GG) ist demgemäß die wesentliche verfassungsrechtliche Grundlage des Parlamentsrechts.

J. HATSCHEK, Das Parlamentsrecht des Deutschen Reiches, Bd. 1, 1915 (Nachdruck, 1973); M. SCHRÖDER, Grundlagen und Anwendungsbereich des Parlamentsrechts, 1979; N. ACHTERBERG, Parlamentsrecht, 1983.

Verhandlungen und Beschlußfassung

40 Der Bundestag verhandelt grundsätzlich öffentlich (Art. 42 Abs. 1 GG). Termin und Tagesordnung jeder Sitzung des Bundestages werden im Ältestenrat vereinbart, es sei denn, daß der Bundestag vorher darüber beschließt oder der Präsident, wenn der Bundestag ihn dazu ermächtigt hat oder aus einem anderen Grund als dem der Beschlußunfähigkeit nicht entscheiden kann, ihn selbständig festsetzt (§ 21 Abs. 1 GeschO BTag). Die Leitung der Sitzungen obliegt dem amtierenden Präsidenten. Ablauf der Sitzungen und Art und Weise der Geschäftserledigung sind in der Geschäftsordnung näher geregelt.

Zu einem **Beschluß** des Bundestages ist die Mehrheit der **abgegebenen Stimmen** erforderlich, soweit das Grundgesetz nichts anderes bestimmt. Etwas anderes bestimmt ist vor allem in den Fällen, wo zu einem Beschluß die Mehrheit der Stimmen der **Mitglieder des Bundestages** erforderlich ist, wie z. B. für die Wahl des Bundeskanzlers im ersten und im zweiten Wahlgang (Art. 63 GG). Mehrheit der Mitglieder des Bundestages bedeutet die Mehrheit der gesetzlichen Mitgliederzahl, die sog. absolute Mehrheit (Art. 121 GG). Der Bundestag hat das verfassungsmäßige Recht, die Voraussetzungen seiner Beschlußfähigkeit in der Geschäftsordnung zu regeln (BVerfGE 44, 308). Der Bundestag ist **beschlußfähig**, wenn mehr als die Hälfte seiner Mitglieder im Sitzungssaal anwesend ist. Wird vor Beginn einer Abstimmung die Beschlußfähigkeit von einer Fraktion oder von anwesenden 5 v. Hundert der Mitglieder des Bundestages bezweifelt und auch vom Sitzungsvorstand nicht einmütig bejaht, so ist in Verbindung mit der Abstimmung die Beschlußfähigkeit durch Zählung der Stimmen festzustellen (§ 45 GeschO BTag). Die Abstimmungsregeln im einzelnen ergeben sich aus den §§ 46 ff. GeschO BTag.

Wahrheitsgetreue Berichte über die öffentlichen Sitzungen des Bundestages und seiner Ausschüsse bleiben von jeder Verantwortlichkeit frei (Art. 42 Abs. 3 GG).

Die Geschäftsordnung

41 Der Bundestag gibt sich eine Geschäftsordnung (Art. 40 Abs. 1 Satz 2 GG). In dieser ausdrücklichen verfassungsrechtlichen Ermächtigung kommt die parlamentarische **Geschäftsordnungsautonomie** zum Ausdruck. Nach dem Grundsatz der Diskontinuität (RNr. 25) kommt diese Befugnis jedem neu gewählten Bundestag zu. Üblicherweise wird die Geschäftsordnung in der Fassung übernommen, wie sie für den alten Bundestag gegolten hat. Mehrfach sind während der Wahlperiode Novellierungen oder grundlegende Reformen des Geschäftsordnungsrechts vorgenommen worden. Gegenwärtig gilt die Geschäftsordnung des Deutschen Bundestages in der Fass. d. Bek. vom 2. Juli 1980 (BGBl. I S. 1237), geändert durch Bek. vom 17. März 1982 (BGBl. I S. 400).

Gegenstand der Geschäftsordnung können nur die innere Organisation des Bundestages und dessen Geschäftsgang sein. Rechte und Pflichten einzelner können durch die Geschäftsordnung nicht begründet oder verändert werden. Da die Geschäftsordnung nicht den Rang eines Gesetzes hat, sind Gesetzesbeschlüsse des Bundestages, die geschäftsordnungswidrig zustande gekom-

Der Bundestag 42–44 **E**

men sind, ungeachtet dessen rechtlich nicht fehlerhaft. Im übrigen können Abweichungen von den Vorschriften der Geschäftsordnung im einzelnen Fall mit Zweidrittelmehrheit der anwesenden Mitglieder des Bundestages beschlossen werden, wenn die Bestimmungen des Grundgesetzes dem nicht entgegenstehen (§ 126 GeschO BTag).

Bericht der Ad-hoc-Kommission Parlamentsreform gemäß Beschluß des Deutschen Bundestages vom 20. September 1984 (BTag Drucks. 10/3600). – H. TROSSMANN, Parlamentsrecht des Deutschen Bundestages 1977, Erg.-Bd. 1981.

Hausrecht und Polizeigewalt im Bundestag

Der Präsident übt das Hausrecht und die Polizeigewalt im Gebäude des Bundestages aus. Ohne seine Genehmigung darf in den Räumen des Bundestages keine Durchsuchung oder Beschlagnahme stattfinden (Art. 40 Abs. 2 GG). Entsprechend dem üblichen juristischen Sprachgebrauch ist unter **Hausrecht** die Geltendmachung der aus dem Eigentum entspringenden Rechte zu verstehen, während **Polizeigewalt** die Aufrechterhaltung der öffentlichen Sicherheit und Ordnung mit hoheitlichen Mitteln meint. In Wahrnehmung der Befugnisse der Polizeigewalt ist der Präsident des Bundestages eine eigene Polizeibehörde mit einem territorial und sachlich begrenzten Zuständigkeitsbereich. Die allgemeinen Polizeikräfte sind zur Amtshilfe verpflichtet (Art. 35 GG). 42

Die Bannmeile

Die Gesetzgebungsorgane des Bundes verfügen über einen gesetzlich umschriebenen „befriedeten Bannkreis" (Bannmeilengesetz vom 6. Aug. 1955, BGBl. I S. 504, geänd. durch Gesetz vom 28. Mai 1969, BGBl. I S. 449). Öffentliche Versammlungen unter freiem Himmel und Aufzüge sind innerhalb dieses befriedeten Bannkreises verboten (§ 16 Versammlungsgesetz). Ausnahmen von dem Verbot kann der Bundesminister des Innern im Einvernehmen mit den Präsidenten des Bundestages und des Bundesrates zulassen. Entsprechende Regelungen gelten im Landesrecht. 43

Die Einrichtung der Bannmeile erklärt sich aus der historischen Erfahrung von parlamentarischen Volksvertretungen, die bei ihrer Beratung und Beschlußfassung einem gegenwärtigen Druck von Demonstrationen unterworfen waren. Der Sinn der Bannmeile ist es demgemäß, unter allen Umständen eine freie und unabhängige Beratung und Beschlußfassung der gesetzgebenden Körperschaften zu gewährleisten.

Über eine Bannmeile verfügt nach § 2 BannmeilenG auch das Bundesverfassungsgericht.

e) Die Rechte des Bundestages im Rahmen des parlamentarischen Regierungssystems

Bundestag und Exekutive

Die verfassungsrechtliche Ausgestaltung des parlamentarischen Regierungssystems im Grundgesetz gibt dem Bundestag einige spezifische Befugnisse, 44

315

mit deren Hilfe die **Verantwortlichkeit der Regierung** im Gesamtbereich ihrer politischen Entscheidungen zur Geltung gebracht werden kann, einschließlich der Verantwortlichkeit der einzelnen Ressortminister für die Gesetzmäßigkeit und Sachgerechtigkeit der bei ihnen ressortierenden Zweige und Stellen der Bundesverwaltung. Die Ausübung dieser Befugnisse darf die selbständige Entscheidungsvollmacht der Exekutive nicht in Frage stellen. RNrn. 15–19.

Zitierungs- und Interpellationsrecht

45 Der Bundestag und seine Ausschüsse können die Anwesenheit jedes Mitgliedes der Bundesregierung verlangen (Art. 43 Abs. 1 GG). Mit dieser Bestimmung wird das überkommene **Zitierungsrecht** des Parlaments gegenüber der parlamentarisch verantwortlichen Exekutive fortgeführt. Es schließt nach überkommenem Verständnis das **Interpellationsrecht** ein, nämlich die Befugnis des Parlaments, an die anwesenden Mitglieder der Regierung Fragen zu stellen und von ihnen Auskünfte zu verlangen. Es fällt in das politische Ermessen des interpellierten Mitglieds der Regierung und letzten Endes des Bundeskanzlers, in welcher Weise die Fragen beantwortet und ob die verlangten Auskünfte gegeben werden. Sollten Antwort oder Auskunft verweigert werden, läge es in der Hand des Parlaments, daraus Schlüsse für die politische Beurteilung zu ziehen. In der heutigen Praxis spielt die Wirkung der Fragen, der Antworten und der Auskünfte auf die öffentliche Meinung nicht selten eine wesentliche Rolle.
Die **Geschäftsordnung** des Bundestages enthält die näheren Vorschriften. Der Bundestag kann die Herbeirufung eines Mitgliedes der Bundesregierung nur auf Antrag einer Fraktion oder von anwesenden fünf vom Hundert der Mitglieder des Bundestages beschließen (§ 42). Besondere Erscheinungen des Interpellationsrechts sind die Großen Anfragen, die Kleinen Anfragen, die „kurzen Einzelfragen zur mündlichen oder schriftlichen Beantwortung" einzelner Abgeordneter und die Aktuelle Stunde (§§ 100ff.).
Die Mitglieder des Bundesrates und der Bundesregierung sowie ihre Beauftragten haben zu allen Sitzungen des Bundestages und seiner Ausschüsse Zutritt. Sie müssen jederzeit gehört werden (Art. 43 Abs. 2 GG).

G. WITTE-WEGMANN, Recht und Kontrollfunktion der Großen, Kleinen und Mündlichen Anfragen im Deutschen Bundestag, 1972.

Enquêterecht

46 Das Untersuchungs- oder Enquêterecht des Bundestages ist im Grundgesetz in der Weise geregelt, daß Bestimmungen über die Organisation von **Untersuchungsausschüssen** und über deren Verfahren getroffen worden sind (Art. 44 GG). Der Bundestag kann das Untersuchungsrecht nur durch einen Untersuchungsausschuß ausüben. Nur diesem Ausschuß stehen die besonderen Befugnisse zu, die nach der Verfassung die Besonderheit des Enquêterechts ausmachen, nämlich die Beweiserhebungen im Rahmen des Untersuchungszwecks.
Zum Gegenstand eines Untersuchungsausschusses können alle Angelegenheiten von öffentlichem Interesse gemacht werden, die auch Gegenstand ei-

ner Beschlußfassung durch den Bundestag sein könnten. Es muß sich dabei nicht notwendigerweise um Mißstände im Bereich der Exekutive handeln, wie z. B. ein ,,Vollzugsdefizit" bei der Ausführung bestimmter Gesetze. Die **,,Mißbrauchs-Enquête"** hat sich allerdings zu dem charakteristischen Anwendungsfall der Einsetzung eines Untersuchungsausschusses entwickelt. Dafür ist auch von Bedeutung gewesen, daß der Bundestag auf Antrag eines Viertels seiner Mitglieder die Pflicht hat, einen Untersuchungsausschuß einzusetzen. Diese Regelung, die in ähnlicher Weise schon in Art. 34 WeimRVerf enthalten war, hat das parlamentarische Recht zur Einsetzung eines Untersuchungsausschusses mit einer gewissen Zwangsläufigkeit hauptsächlich zu einem Werkzeug der oppositionellen Minderheit gemacht. Auch die Entwicklung, Handlungen oder Unterlassungen von Privaten, z. B. von Unternehmen, als Untersuchungszweck zu bestimmen und damit Untersuchungsausschüsse – neben der Exekutive – zum Subjekt hoheitlicher Eingriffe zu machen, dürfte davon beeinflußt worden sein.

Zwar hat eine Minderheit das Recht, die Einsetzung eines Untersuchungsausschusses zu verlangen und damit auch einen bestimmten Untersuchungszweck durchzusetzen. Das bedeutet jedoch nicht etwa, daß auch diese Minderheit die von ihr geforderte und erreichte Untersuchung durchführt. Vielmehr ist der Untersuchungsausschuß stets und auch in **dem** Fall ein Organ des Bundestages, über dessen Zusammensetzung und Verfahrensweise die Bundestagsmehrheit nach den Bestimmungen der Geschäftsordnung beschließt, wenn der Anstoß von einer Minderheit ausgegangen ist. Die parlamentarische Mehrheit kann demnach auch im Untersuchungsausschuß mit Hilfe ihres Mehrheitswillens den Gang der Untersuchung, die Beweiserhebungen und den Bericht über das Ergebnis der Untersuchung bestimmen, unbeschadet der gleichen Rechte aller Ausschußmitglieder und unbeschadet des Rechts der Minderheit zur Beifügung eines Minderheitsberichts.

Die Aufgabe von Untersuchungsausschüssen ist die Klärung von politisch erheblichen Sachverhalten, um damit dem Parlament die Möglichkeit zu geben, auf der Grundlage des Berichts des Untersuchungsausschusses die erforderlichen Entscheidungen zu treffen. Der Untersuchungsausschuß erhebt die erforderlichen Beweise grundsätzlich in öffentlicher Verhandlung. Auf **Beweiserhebungen** finden die Vorschriften über den Strafprozeß sinngemäß Anwendung. Das ausdrücklich erwähnte Brief-, Post- und Fernmeldegeheimnis, aber ebenso auch alle anderen Grundrechte und die sonstigen rechtsstaatlichen Grundsätze binden den Untersuchungsausschuß bei Beweiserhebungen und insgesamt bei seinem Vorgehen, soweit dabei Rechte Dritter berührt werden. Die bisherigen Versuche, die Verfahrensweise und die Beweiserhebungen von Untersuchungsausschüssen durch Bundesgesetz zu regeln, sind nicht erfolgreich gewesen. Die Unklarheiten über die Frage, wie weit die sinngemäße Anwendung der Vorschriften über den Strafprozeß auch die Anordnung von Zwangsbefugnissen einschließt, deren Ausführung dann in die Rechtshilfe durch Gerichte und die Amtshilfe durch Verwaltungsbehörden fallen würde, sind durch das Bundesverfassungsgericht erst in einigen Punkten geklärt worden (vgl. BVerfGE 67, 100 – Steuergeheimnis, Aktenvorlage; BVerfG DÖV 1984, 759 – Durchsuchungen und Beschlagnahmen. – W. LÖWER, JURA 1985, 258; G. MEMMINGER, DÖV 1986, 15).

Die **Beschlüsse** der Untersuchungsausschüsse sind der richterlichen Erörterung entzogen. Das bedeutet vor allem, daß eine Anrufung des Bundesverfassungsgerichts oder der Verwaltungsgerichte gegen diese Beschlüsse nicht in Betracht kommt, auch dann nicht, wenn dadurch Rechte einzelner berührt werden. Soweit es sich um die Anordnung von Zwangsmitteln im Rahmen von Beweiserhebungen handelt, ist Rechtsschutz in der Weise zu finden, daß Rechtsbehelfe gegen die Handlungen der zur Rechts- und Amtshilfe verpflichteten Gerichte und Verwaltungsbehörden eingelegt werden. Insbes. die notwendige Entscheidung der Gerichte im Falle von Durchsuchungen oder Beschlagnahmen soll gerade die Wahrung der rechtsstaatlichen Grenzen durch den Untersuchungsausschuß sicherstellen. Mit der Klausel, daß in der Würdigung und Beurteilung des der Untersuchung zugrunde liegenden Sachverhaltes die Gerichte frei sind, wird gesagt, daß in gerichtlichen Verfahren, in denen dieselben Sachverhalte entscheidungserheblich sind, wie diejenigen, denen die Tätigkeit des Untersuchungsausschusses gilt, das gesetzliche Ermittlungs-, Beweiswürdigungs- und Entscheidungsrecht der Gerichte durch Beschlüsse von Untersuchungsausschüssen nicht festgelegt oder sonst gebunden wird.
Zur bisherigen Praxis des Bundestages, Untersuchungsausschüsse einzusetzen, siehe P. SCHINDLER, Datenhandbuch zur Geschichte des Deutschen Bundestages 1949–1982, 3. Aufl., 1984, S. 617ff.

A. SCHLEICH, Das parlamentarische Untersuchungsrecht des Bundestages, 1985.

Der Wehrbeauftragte

47 Zum Schutz der Grundrechte und als Hilfsorgan des Bundestages bei der Ausübung der parlamentarischen Kontrolle wird ein Wehrbeauftragter des Bundestages berufen (Art. 45 b GG). Das Nähere regelt das Gesetz über den Wehrbeauftragten des Bundestages in der Fass. d. Bek. vom 16. 6. 1982 (BGBl. I S. 677).
Die Einrichtung des Wehrbeauftragten wurde durch die Grundgesetznovelle vom 19. März 1956 geschaffen. Soweit der Wehrbeauftragte die Aufgabe hat, den Schutz der Grundrechte im Bereich der Streitkräfte zu sichern, ähnelt seine Stellung der des skandinavischen Ombudsmans. Insofern als er ein Hilfsorgan des Bundestages bei der Ausübung der parlamentarischen Kontrolle ist, fügen sich die ihm zuerkannten Befugnisse in das grundsätzliche Verhältnis des parlamentarischen Regierungssystems ein. In dieser Hinsicht kann sich zwischen dem Wehrbeauftragten und dem Ausschuß für Verteidigung ein Spannungsverhältnis ergeben.
Der Wehrbeauftragte wird vom Bundestag für eine Amtsperiode von fünf Jahren gewählt. Er legt dem Bundestag jedes Jahr einen Bericht vor (siehe den Jahresbericht 1984, BTag Drucks. 10/2946). Der Präsident erteilt dem Wehrbeauftragten in der Aussprache über den von ihm vorgelegten Bericht das Wort, wenn es von einer Fraktion oder von anwesenden fünf vom Hundert der Mitglieder des Bundestages verlangt worden ist (§ 115 GeschO BTag).

G. ERBEL, Parlament und Wehrbeauftragter in der Verfassungsentwicklung der Bundesrepublik Deutschland, Staat 14, 1975, S. 347.

Der Bundestag 48–50 E

Bundestag und Richterwahl

Die Mitglieder des **Bundesverfassungsgerichts** werden je zur Hälfte vom **48** Bundestag und vom Bundesrat gewählt (Art. 94 Abs. 1 Satz 2 GG). Die vom Bundestag zu berufenden Richter werden in indirekter Wahl mit Hilfe eines zwölfköpfigen Wahlmännerausschusses gewählt (§ 6 BVerfGG). Über die Berufung der Richter der **obersten Gerichtshöfe des Bundes** entscheidet der für das jeweilige Sachgebiet zuständige Bundesminister gemeinsam mit einem Richterwahlausschuß, der aus den für das jeweilige Sachgebiet zuständigen Ministern der Länder und einer gleichen Anzahl von Mitgliedern besteht, die vom Bundestag gewählt werden (Art. 95 Abs. 2 GG). Die nähere Regelung enthält das Richterwahlgesetz vom 25. Aug. 1950 (BGBl. I S. 368), zuletzt geänd. durch Gesetz vom 30. Juli 1968 (BGBl. I. S. 873).
Die Befugnisse des Bundestages bei der Berufung von Richtern an den Gerichten des Bundes sind keine Erscheinung des parlamentarischen Regierungssystems. In ihnen kommt das verfassungsrechtlich anerkannte Bedürfnis einer demokratischen Legitimierung auch der rechtsprechenden Gewalt zum Ausdruck.
RNrn. 10, 18, 44.

f) Der Bundestag als Gesetzgeber

Initiativrecht

Gesetzesvorlagen können auch „**aus der Mitte des Bundestages**" eingebracht **49** werden (Art. 76 Abs. 1 GG). Damit wird das Recht der Gesetzesinitiative einer bestimmten, in der Geschäftsordnung des Bundestages näher festgelegten Gruppe innerhalb des Gesetzgebungsorgans Bundestag selbst eingeräumt. Ein Gesetzentwurf ist im Sinne der Geschäftsordnung eine selbständige Vorlage. Als solche muß er von einer Fraktion oder von fünf vom Hundert der Mitglieder des Bundestages unterzeichnet sein. Er muß mit einer kurzen Begründung versehen werden (§ 76 GeschO BTag).
F RNrn. 41–43.

Beratung von Gesetzentwürfen im Plenum und in den Ausschüssen

Die parlamentarische Behandlung von Gesetzentwürfen ist im Grundgesetz **50** nur im Hinblick auf die Beschlußfassung des Bundestages und die Mitwirkung des Bundesrates näher geregelt. Im übrigen richtet sich die Behandlung von Gesetzentwürfen durch das Plenum und die Ausschüsse des Bundestages nach der Geschäftsordnung. Gesetzentwürfe werden in drei Beratungen behandelt. Am Schluß der ersten Beratung wird der Gesetzentwurf in der Regel einem Ausschuß oder einem federführenden Ausschuß und mitberatenden Ausschüssen überwiesen. Die zweite und die dritte Beratung von Gesetzentwürfen erfolgt auf der Grundlage des Berichts und der Empfehlungen der Ausschüsse. Siehe im einzelnen die Vorschriften der §§ 78 ff. GeschO BTag.
F RNrn. 44–46.

E 51, 52   Die Staatsorgane

Beschlußfassung über Gesetze

51 Die Bundesgesetze werden vom Bundestag beschlossen (Art. 77 Abs. 1 Satz 1 GG). Die Abstimmung über den Gesetzentwurf erfolgt nach Schluß der dritten Beratung (§ 86 GeschO BTag).
In der Beschlußfassung über den Gesetzentwurf übt der Bundestag das ihm zukommende Gesetzgebungsrecht aus. Es ist dies der staatsrechtliche Kern der Aufgabe des Bundestages als Legislative. Der **Gesetzesbeschluß** des Bundestages stellt den Inhalt des Gesetzes fest und schließt zugleich den „Gesetzesbefehl" ein, nämlich die Anordnung, daß die verabschiedeten Rechtsvorschriften Gesetz sein sollen.
F RNr. 47.

Mitwirkung des Bundestages bei Erlaß von Rechtsverordnungen

52 Die Rechtsverordnungen des Bundes werden aufgrund einer Ermächtigung in einem Bundesgesetz durch die **Bundesregierung** oder einen **Bundesminister** erlassen (Art. 80 Abs. 1 GG). Es liegt demnach in der Hand des Bundestages als Legislativorgan, durch die gesetzliche Ermächtigung und durch die Bestimmung von Inhalt, Zweck und Ausmaß dieser Ermächtigung die Reichweite des Verordnungsrechts der Exekutive festzulegen. Darüber hinaus kann der Bundestag nach dem Grundsatz des Vorranges des Gesetzes jede durch Verordnung getroffene Regelung durch eine entsprechende gesetzliche Regelung unwirksam machen. Außerdem entspricht es der Staatspraxis schon der Weimarer Zeit, daß sich der Gesetzgeber in Gesetzen, durch die die Exekutive zum Erlaß von Rechtsverordnungen ermächtigt wird, eine besondere Mitwirkung vorbehalten darf, sei es dadurch, daß er den Erlaß der Verordnung von der vorherigen **Zustimmung** des Bundestages oder eines Bundestagsausschusses abhängig macht, sei es dadurch, daß er vorsieht, daß Rechtsverordnungen **auf Verlangen** des Bundestages wieder **aufzuheben** sind. In Art. 109 Abs. 4 Satz 4 GG ist in der Verfassung selbst festgelegt, daß bestimmte konjunkturpolitische Rechtsverordnungen aufzuheben sind, soweit der Bundestag es verlangt. Die Praxis des Bundestages, Rechtsverordnungen einem Mitwirkungsvorbehalt zu unterwerfen, ist im einzelnen nachgewiesen in: P. SCHINDLER, Datenhandbuch zur Geschichte des Deutschen Bundestages 1949–1982, 3. Aufl., 1984, S. 701 ff.
Die gesetzliche Einführung von Mitwirkungsvorbehalten des Bundestages bei Rechtsverordnungen und von Aufhebungsverlangen gegenüber erlassenen Rechtsverordnungen wird damit verfassungsrechtlich gerechtfertigt, daß dem Bundestag das Recht zusteht, über Art und Ausmaß von Verordnungsermächtigungen zu befinden und daß es ihm deshalb auch zustehen muß, derartige verfahrensrechtliche Beschränkungen des der Exekutive eingeräumten Verordnungsrechts zu bestimmen.

Th. KLOTZ, Das Aufhebungsrecht des Bundestages gegenüber Rechtsverordnungen, Diss. München 1977.

4. Der Bundesrat

a) Die föderative Kammer als Bundesorgan

Der Bundesrat

Durch den Bundesrat wirken die Länder bei der Gesetzgebung und Verwaltung des Bundes mit (Art. 50 GG). Die Aufgaben, Befugnisse und Zuständigkeiten des Bundesrates ergeben sich aus einer großen Zahl von Vorschriften, die je nach dem Gegenstand auf die verschiedenen Abschnitte des Grundgesetzes verteilt sind. Beispielsweise sind die Mitwirkungsrechte des Bundesrates bei der Gesetzgebung in Art. 77 GG und die Rechte des Bundesrates bei der Wahl der Mitglieder des Bundesverfassungsgerichts in Art. 94 GG festgelegt.

Die Kennzeichnung des Bundesrates als der „Zweiten Kammer" neben dem Bundestag stellt eine gewisse Vereinfachung dar. Den historischen Vorbildern entsprechend versteht man unter einer „Zweiten Kammer" eine neben der parlamentarischen Volksvertretung bestehende zweite Vertretungskörperschaft, die entweder ständisch oder korporativ zusammengesetzt ist, wie in dem historischen Hauptbeispiel des englischen Oberhauses, oder aber im Bundesstaat die föderative Gliederung des Bundes und die föderative politische Machtverteilung in einem eigenen Organ des Bundes zur Geltung bringt. Nur wenn jene zweite Vertretungskörperschaft zumindest im Bereich der Gesetzgebung das gleiche Entscheidungsrecht hat wie die parlamentarische Volksvertretung, kann im eigentlichen Sinn von einer „Zweiten Kammer" gesprochen werden. Eine derartige Stellung kommt dem Bundesrat nur hinsichtlich der Zustimmungsgesetze, nicht jedoch bei der Gesetzgebung des Bundes insgesamt zu. Es ist deshalb auch nicht berechtigt, mit Hilfe einer allgemeinen Vorstellung vom Bundesrat als der „Zweiten Kammer" die Befugnisse des Bundesrates im Wege einer extensiven oder ergänzenden Verfassungsauslegung zu umschreiben.

Bundesrat (Hrsg.), Der Bundesrat als Verfassungsorgan und politische Kraft, 1974; H. LAUFER, Der Bundesrat, Aus Politik und Zeitgeschichte, B 4/72, 1972; D. WILKE/B. SCHULTE, Der Bundestag als Forum des Bundesrates, in: Gedächtnisschrift für Friedrich Klein, 1977, S. 574; G. LIMBERGER, Die Kompetenzen des Bundesrates und ihre Inanspruchnahme, 1982; H. H. KLEIN, Der Bundesrat der Bundesrepublik Deutschland – die „Zweite Kammer", AöR 108, 1983, S. 329; R. SCHOLZ, Landesparlamente und Bundesrat, in: Festschrift für Karl Carstens, 1984, S. 831; G. ZILLER, Der Bundesrat, 7. Aufl., 1984.

Senat oder Gesandtenkongreß?

Für die föderative Kammer von Bundesstaaten haben sich historisch zwei Grundtypen herausgebildet: Der Senatstyp und der Gesandtenkongreß- oder Bundesratstyp. Die föderative Kammer entspricht dem **Senatstyp**, wenn die Mitglieder durch unmittelbare Wahlen der Bevölkerung in den Gliedstaaten oder durch Wahlen der Volksvertretungen der Gliedstaaten berufen werden.

Diesem Wahlmodus entsprechend sind die Mitglieder des Senats in ihrem Stimmrecht unabhängig. Diesem System folgt der Senat der Vereinigten Staaten, deren Kongreß aus den beiden Häusern des Senats und des Abgeordnetenhauses besteht.

Im Falle des **Gesandtenkongreß-** oder **Bundesratstyps** werden die Mitglieder der föderativen Kammer durch die Regierungen der Gliedstaaten entsandt und instruiert. Die Mitglieder der föderativen Kammer sind folgerichtig an die Weisungen ihrer Regierungen gebunden.

Das Grundgesetz hat die föderative Kammer nicht als Senat ausgestaltet. Dafür war maßgebend, daß der Bundesrat nicht als eine echte Zweite Kammer neben den Bundestag treten sollte und weiter, daß der föderative Charakter bei der Bundesratslösung mit gegenüber den Landesregierungen weisungsabhängigen Mitgliedern stärker zur Geltung kommt.

Verfassungsgeschichte

55 Die historischen Vorläufer des Bundesrates in der deutschen Verfassungsgeschichte sind der Bundesrat der Reichsverfassung von 1871 und der Reichsrat der Weimarer Reichsverfassung. Nicht vergleichbar ist demgegenüber die Bundesversammlung des Deutschen Bundes nach der Bundesakte vom 8. Juni 1815; denn der Deutsche Bund war kein Bundesstaat, sondern ein Staatenbund und die Bundesversammlung war das alleinige Zentralorgan des Bundes. Die nicht in Geltung getretene Paulskirchen-Verfassung von 1849 sah einen aus zwei Häusern, dem Staatenhaus und dem Volkshaus, bestehenden Reichstag vor.

Der Bundesrat der **Reichsverfassung von 1871** – wie schon zuvor der Bundesrat der Verfassung des Norddeutschen Bundes von 1867 – stellte im Gesamtgefüge der Verfassung das politisch führende Organ dar. In der Stellung des Bundesrates äußerte sich die stark föderative Ordnung des Reiches von 1871 und zugleich die Betonung des fortbestehenden monarchischen Prinzips in den Einzelstaaten. Der Bundesrat bestand aus den Vertretern der Mitglieder des Bundes, unter welchen die Stimmführung sich in der Weise verteilte, daß Preußen 17 Stimmen, Bayern 6 Stimmen, Sachsen 4 Stimmen, Württemberg 4 Stimmen, und alle Mitglieder des Bundes zusammen 58 Stimmen führten. Mit der Schaffung des Reichslandes Elsaß-Lothringen kamen 1911 dessen drei Stimmen hinzu (Art. I des Gesetzes über die Verfassung Elsaß-Lothringens vom 31. Mai 1911, RGBl. S. 225). Der Vorsitz im Bundesrat und die Leitung der Geschäfte stand dem Reichskanzler zu, welcher vom Kaiser zu ernennen war. Die Reichsgesetzgebung wurde durch den Bundesrat und den Reichstag ausgeübt; die Übereinstimmung der Mehrheitsbeschlüsse beider Versammlungen war zu einem Reichsgesetz erforderlich und ausreichend.

Nach der **Weimarer Reichsverfassung** wurde zur Vertretung der deutschen Länder bei der Gesetzgebung und Verwaltung des Reichs ein Reichsrat gebildet (Art. 60ff.). Die Stimmenzahl der Länder im Reichsrat wurde in Abhängigkeit von der Einwohnerzahl bestimmt. Die Länder wurden im Reichsrat durch Mitglieder ihrer Regierungen vertreten, jedoch wurde die Hälfte der preußischen Stimmen nach Maßgabe eines Landesgesetzes von den preußi-

Der Bundesrat 56, 57 E

schen Provinzialverwaltungen bestellt. Den Vorsitz im Reichsrat und in seinen Ausschüssen führte ein Mitglied der Reichsregierung. Die Stellung des Reichsrates war gegenüber der des Bundesrates weit abgeschwächt. Der Reichsrat hatte nicht das Recht der Gesetzesinitiative. Die Reichsgesetze wurden vom Reichstag beschlossen; dem Reichsrat stand gegen die vom Reichstag beschlossenen Gesetze nur der Einspruch zu.

E. R. HUBER, Deutsche Verfassungsgeschichte seit 1789, Bd. 3, 2. Aufl., 1970, Bd. 4, 1969, Bd. 6, 1981.

Zusammensetzung des Bundesrates

Der Bundesrat besteht aus **Mitgliedern der Regierungen der Länder.** Die 56 Regierungen der Länder bestellen die Bundesratsmitglieder und können sie abberufen. Jedes Land kann so viele Mitglieder entsenden, wie es Stimmen hat. Die Stimmen eines Landes können nur einheitlich und nur durch anwesende Mitglieder oder deren Vertreter abgegeben werden (Art. 51 Abs. 1 und 3 GG). Durch welche Mitglieder ein Land im Bundesrat vertreten wird, richtet sich demgemäß nach dem Verfassungsrecht des Landes.
Die Mitgliedschaft im Bundesrat ist unvereinbar mit dem parlamentarischen Mandat als Abgeordneter des Bundestages. Diese Inkompatibilität, die im Grundgesetz nicht ausdrücklich ausgesprochen ist, ergibt sich aus der unterschiedlichen und z. T. gegenläufigen Aufgabe des Bundestages und des Bundesrates.
Das **Stimmgewicht der Länder** im Bundesrat ist unterschiedlich, je nach der Einwohnerzahl. Jedes Land hat mindestens drei Stimmen; diese Stimmenzahl kommt Bremen, Hamburg und dem Saarland zu. Länder mit mehr als zwei Millionen Einwohnern haben vier Stimmen (Berlin, Hessen, Rheinland-Pfalz, Schleswig-Holstein), Länder mit mehr als sechs Millionen Einwohnern haben fünf Stimmen (Baden-Württemberg, Bayern, Niedersachsen, Nordrhein-Westfalen). Diese verfassungsrechtlich vorgesehene Stimmenverteilung im Bundesrat (Art. 51 Abs. 2 GG) begünstigt die kleineren Länder. Sie ist Ausdruck des föderalistischen Prinzips, durch welches das demokratische Mehrheitsprinzip eine Abschwächung erfährt.
Auch Berlin hat das Recht, Vertreter in den Bundesrat zu entsenden (Art. 144 Abs. 2 GG). Die Berlin im Bundesrat vertretenden Mitglieder sind aufgrund des alliierten Berlinvorbehalts bei Sachentscheidungen nicht abstimmungsberechtigt (Nr. 4 des Genehmigungsschreibens der Militärgouverneure zum Grundgesetz vom 12. Mai 1949).

Organisation und Geschäftsgang

Die Mitglieder des Bundesrates werden nicht durch periodische Wahlen be- 57 rufen. Der Bundesrat hat deshalb keine Wahlperioden; seine Sitzungen werden demgemäß fortlaufend gezählt. Veränderungen in der Mitgliedschaft im Bundesrat können sich jedoch aufgrund der Wahlen in den Ländern ergeben.
Der Bundesrat wählt einen **Präsidenten,** dessen Amtszeit ein Jahr ist (Art. 52 Abs. 1 GG). Nach dem Königsteiner Abkommen von 1950 wird bei der Präsidentschaft des Bundesrates ein fester Turnus befolgt, der damals mit

dem Regierungschef des Landes mit der größten Bevölkerungszahl (Nordrhein-Westfalen) begann und seither jeweils nach dem Durchlaufen der Reihe der Länder von neuem begonnen hat.
Der Präsident beruft den Bundesrat ein. Er ist dazu verpflichtet, den Bundesrat einzuberufen, wenn die Vertreter von mindestens zwei Ländern oder die Bundesregierung es verlangen (Art. 52 Abs. 2 GG). Der Bundesrat faßt seine Beschlüsse mit mindestens der Mehrheit seiner Stimmen. Er gibt sich eine **Geschäftsordnung,** in der der Geschäftsgang im Bundesrat, die Vorbereitung und Durchführung der Sitzungen und das Verfahren in den Ausschüssen geregelt sind (Art. 52 Abs. 3 GG; GeschO BRat vom 1. Juli 1966, BGBl. I S. 437).
Die Mitglieder der Bundesregierung haben das Recht und auf Verlangen die Pflicht, an den Verhandlungen des Bundesrates und seiner Ausschüsse teilzunehmen. Sie müssen jederzeit gehört werden (Art. 53 GG).

Bundesrat und Länder

58 Der Bundesrat ist ein **Organ des Bundes,** dient aber der Beteiligung der Länder an der Gesetzgebung und Verwaltung des Bundes. Der Bundesrat gewährleistet damit, seiner Eigenschaft als föderative Kammer gemäß, die Berücksichtigung der verschiedenartigen Interessen und Bedürfnisse der Länder, je nach ihrer regionalen und historischen Eigenart. Da nach dem bundesstaatlichen Aufbau der Bundesrepublik auch die Gesetze des Bundes grundsätzlich durch die Länder ausgeführt werden (Art. 83 ff. GG), kann über den Bundesrat und dessen Mitwirkung an der Gesetzgebung des Bundes die Verwaltungserfahrung der Länder unmittelbar der Ausübung der Bundesgesetzgebung dienstbar gemacht werden.
Die Verfassungsordnungen der Länder sind nach demokratischen Grundsätzen aufgebaut und führen deshalb in den Volksvertretungen und den Regierungen der Länder notwendig zu bestimmten parteipolitischen Mehrheiten und Machtverhältnissen. Diese werden sowohl in einzelnen Bundesländern, wie auch nach der Mehrheit der Stimmen im Bundesrat von den Mehrheitsverhältnissen und der politischen Machtverteilung im Bundestag und in der Bundesregierung abweichen können. Die Regierungspartei oder die Regierungsparteien im Bund müssen nicht notwendig auch über die Mehrheit der Simmen im Bundesrat verfügen. Das daraus resultierende **parteipolitische Spannungsverhältnis,** das sich den föderativen Verschiedenheiten überlagert, ist in der Konstruktion des Bundesrates vorausgesetzt. Auch wenn die Bundesverfassung ein Zusammenwirken der Verfassungsorgane des Bundes begünstigt, kann daraus nicht darauf geschlossen werden, daß eine Opposition mit Hilfe der Bundesratsmehrheit verfassungsrechtlich angreifbar wäre. Im demokratischen Bundesstaat kann die föderative Staatsgliederung nicht von den parteipolitischen Machtverhältnissen in den Bundesländern getrennt werden.

Mitwirkung des Bundesrates an der Ausübung von Befugnissen des Bundes gegenüber den Ländern

59 Als eine für den deutschen Bundesstaat charakteristische Erscheinung muß es angesehen werden, daß die Verfassung den Bund bei der Ausübung bestimm-

Der Bundesrat 60, 61 E

ter Befugnisse gegenüber den Ländern an die Mitwirkung des Bundesrates bindet. Das gilt zuerst für die Ausübung der **Bundesaufsicht** (Art. 84 Abs. 3 und 4 GG); RNr. 64. Vor allem ist dem Bundesrat die Entscheidung darüber zugewiesen, ob das Land bei von der Bundesregierung festgestellten Mängeln bei der Ausführung der Bundesgesetze das Recht verletzt hat, wenn das Land sich weigert, die Mängel zu beseitigen. Weiter ist die Durchführung des **Bundeszwanges** durch die Bundesregierung von der Zustimmung des Bundesrates abhängig (Art. 37 GG). Schließlich kann der Bundesrat verlangen, daß eine Anordnung der Bundesregierung, mit der diese die Polizei in einem Land und die Polizeikräfte anderer Länder ihren Weisungen unterstellt und Einheiten des Bundesgrenzschutzes einsetzt, wenn anders eine drohende Gefahr für den Bestand oder die freiheitliche demokratische Grundordnung des Bundes oder eines Landes nicht abgewehrt werden kann, aufgehoben wird und daß der Einsatz von Streitkräften einzustellen ist, die von der Bundesregierung zur Unterstützung der Polizei und des Bundesgrenzschutzes beim Schutze von zivilen Objekten und bei der Bekämpfung organisierter und militärisch bewaffneter Aufständischer eingesetzt werden (Art. 91 Abs. 2, 87a Abs. 4 GG).

Weitere Befugnisse des Bundesrates

Im Vordergrund stehen die Mitwirkungsrechte des Bundesrates an der Gesetzgebung und an der Verwaltung des Bundes. Davon abgesehen kommen dem Bundesrat eine Reihe weiterer Befugnisse zu, die außerhalb dieser Mitwirkungsrechte bestehen. Dazu gehören die Antragsbefugnisse des Bundesrates in einigen Verfassungsstreitigkeiten, nämlich bei der Organstreitigkeit (Art. 93 Abs. 1 Nr. 1 GG, § 63 BVerfGG), im Parteiverbotsverfahren (Art. 21 Abs. 2 GG, § 43 BVerfGG) und bei der Präsidentenanklage (Art. 61 GG, §§ 49ff. BVerfGG). 60
Die Mitglieder des Bundesrates sowie ihre Beauftragten haben zu allen Sitzungen des Bundestages und seiner Ausschüsse Zutritt. Sie müssen jederzeit gehört werden (Art. 43 Abs. 2 GG).

b) Die Mitwirkung an der Gesetzgebung des Bundes

Initiativrecht

Gesetzesvorlagen für Bundesgesetze können beim Bundestag durch den Bundesrat eingebracht werden (Art. 76 Abs. 1 GG) Der Bundesrat verfügt danach im Verfahren der Bundesgesetzgebung über das Recht der Gesetzesinitiative. Vorlagen des Bundesrates sind dem Bundestag durch die Bundesregierung innerhalb von drei Monaten zuzuleiten. Die Bundesregierung hat hierbei ihre Auffassung darzulegen (Art. 76 Abs. 3 GG). 61
Die Ausübung des Initiativrechts des Bundesrates wird in der Regel von dem Antrag eines Landes innerhalb des Bundesrates ihren Ausgang nehmen. Zu einer Initiative des Bundesrates kann es jedoch nur kommen, wenn der Bundesrat mit Mehrheit die Einbringung der Gesetzesvorlage beschließt. Die tatsächliche Bedeutung des Initiativrechts des Bundesrates ist in den einzel-

nen Wahlperioden sehr verschieden gewesen. In der siebenten und in der achten Wahlperiode belief sich der Anteil der Bundesratsinitiativen auf etwa 10 % der insgesamt im Bundestag eingebrachten Gesetzentwürfe.

Einspruchs- und Zustimmungsgesetze

62 Das Gewicht, das der Mitwirkung des Bundesrates an der Gesetzgebung des Bundes zukommt, ist grundsätzlich verschieden je danach, ab das fragliche Bundesgesetz nur dem Einspruch des Bundesrates unterworfen ist oder ob es aufgrund ausdrücklicher Verfassungsbestimmung ein Zustimmungsgesetz ist (Art. 77 Abs. 2–4 GG); F RNrn. 50–54. Bedarf ein Gesetz der Zustimmung des Bundesrates, kann es ohne oder gegen den Willen des Bundesrates nicht zustande kommen. Die Anrufung des Vermittlungsausschusses ist bei Zustimmungsgesetzen fakultativ. Bei Einspruchsgesetzen ist in jedem Fall vor Einlegung des Einspruchs die Anrufung des Vermittlungsausschusses erforderlich.

H. Rössler, Die Zustimmungsgesetzgebung in der Staatspraxis (1949–1967), Diss. Heidelberg 1969; F. Ossenbühl, Die Zustimmung des Bundesrates beim Erlaß von Bundesrecht, AöR 99, 1974, S. 369.

Verfassungsändernde Gesetze

63 Ein verfassungsänderndes Gesetz bedarf der Zustimmung von zwei Dritteln der Mitglieder des Bundestages und zwei Dritteln der Stimmen des Bundesrates (Art. 79 Abs. 2 GG). Das danach bestehende Erfordernis der qualifizierten Mehrheit für Verfassungsänderungen hat zur Folge, daß bereits drei der großen Länder mit ihren zusammen fünfzehn Stimmen eine Verfassungsänderung verhindern können.
F RNrn. 61 und 62

c) Die Mitwirkung an der Verwaltung des Bundes

Bundesaufsicht

64 Die Länder führen die Bundesgesetze als eigene Angelegenheit aus, soweit das Grundgesetz nichts anderes bestimmt oder zuläßt. Die Länder handeln dabei unter Bundesaufsicht oder – wenn das durch das Grundgesetz festgelegt ist – „im Auftrag" des Bundes. Soweit die Länder die Bundesgesetze unter Bundesaufsicht ausführen, richten sich die Aufsichtsbefugnisse der Bundesregierung darauf, daß die Ausführung der Bundesgesetze dem geltenden Recht gemäß erfolgt. Werden Mängel, die die Bundesregierung bei der Ausführung der Bundesgesetze in den Ländern festgestellt hat, nicht beseitigt, so beschließt auf Antrag der Bundesregierung oder des Landes der Bundesrat, ob das Land das Recht verletzt hat. Gegen den Beschluß des Bundesrates kann das Bundesverfassungsgericht angerufen werden (Art. 84 Abs. 4 GG).
G RNrn. 37 ff.

G. Dux, Bundesrat und Bundesaufsicht, 1963.

Der Bundesrat

Verwaltungsvorschriften

Soweit die Länder die Bundesgesetze unter Bundesaufsicht oder im Auftrag 65
des Bundes ausführen, kann die Bundesregierung mit Zustimmung des Bundesrates allgemeine Verwaltungsvorschriften erlassen (Art. 84 Abs. 2, 85 Abs. 2 GG). Im Bereich der Finanzverwaltung kann die Bundesregierung allgemeine Verwaltungsvorschriften mit Zustimmung des Bundesrates erlassen, soweit diese den Landesfinanzbehörden oder Gemeinden (Gemeindeverbänden) obliegt (Art. 108 Abs. 7 GG).
F RNrn. 18 ff.

Rechtsverordnungen des Bundes

Der Zustimmung des Bundesrates bedürfen, vorbehaltlich anderweitiger 66
bundesgesetzlicher Regelung, Rechtsverordnungen der Bundesregierung oder eines Bundesministers aufgrund von Bundesgesetzen, die der Zustimmung des Bundesrates bedürfen oder die von den Ländern im Auftrag des Bundes oder unter Bundesaufsicht ausgeführt werden. Das gleiche gilt für Rechtsverordnungen des Bundes über Grundsätze und Gebühren für die Benutzung der Einrichtung der Bundeseisenbahnen und des Post- und Fernmeldewesens sowie über den Bau und den Betrieb der Eisenbahnen (Art. 80 Abs. 2 GG). Von den Benutzungsverordnungen abgesehen bedürfen nur Rechtsverordnungen aufgrund von nichtzustimmungsbedürftigen Bundesgesetzen oder von Bundesgesetzen, die im Wege der Bundesverwaltung ausgeführt werden, nicht der Zustimmung des Bundesrates.
Die Zustimmungsbedürftigkeit von Rechtsverordnungen kann durch anderweitige bundesgesetzliche Regelung ausgeschlossen werden; ein derartiges Bundesgesetz ist seinerseits zustimmungsbedürftig (BVerfGE 28, 66).
Der Gesetzgeber ist durch Art. 80 Abs. 2 GG nicht daran gehindert, auch in weiteren Fällen eine Zustimmungsbedürftigkeit für Rechtsverordnungen des Bundes vorzusehen. Ein weiterer im Grundgesetz selbst ausdrücklich geregelter Fall sind die konjunkturpolitischen Rechtsverordnungen nach Art. 109 Abs. 4 GG.

Weitere Befugnisse des Bundesrates

Der Bundesrat ist von der Bundesregierung über die Führung der Geschäfte 67
auf dem laufenden zu halten (Art. 53 Satz 3 GG). Die Pflicht des Bundesministers der Finanzen zur Rechnungslegung besteht gegenüber dem Bundestag und dem Bundesrat (Art. 114 Abs. 1 GG). Bundesregierung und Bundesrat sind auf Verlangen über die Durchführung der Gemeinschaftsaufgaben zu unterrichten (Art. 91a Abs. 5 GG).
Die Schaffung neuer bundeseigener Verwaltungen mit eigenem Verwaltungsunterbau, also die Errichtung der eine derartige Verwaltung bildenden Mittel- und Unterbehörden (G RNr. 68), ist von der Zustimmung des Bundesrates abhängig (Art. 87 Abs. 3 Satz 2 GG). In einer Reihe von Gesetzen sind dem Bundesrat weitere Befugnisse im Hinblick auf die Verwaltung des Bundes eingeräumt, z. B. im Falle der Veräußerung bundeseigener Grundstücke mit erheblichem Wert oder besonderer Bedeutung (§ 64 Abs. 2 BHO) oder

im Hinblick auf die Besetzung der Verwaltungsräte der Deutschen Bundespost und der Deutschen Bundesbahn (§ 5 Abs. 2 PostVerwG, § 10 Abs. 2 BBahnG). Die Präsidenten der Landeszentralbanken werden vom Bundespräsidenten auf Vorschlag des Bundesrates bestellt (§ 8 Abs. 4 BBankG).

5. Der Bundespräsident

a) Das Staatsoberhaupt in der Republik

Der Bundespräsident als Staatsoberhaupt

68 Stellung, Wahlmodus und Aufgaben kennzeichnen den Bundespräsidenten als das Staatsoberhaupt der Bundesrepublik Deutschland.
Nach Herkommen und Staatspraxis gehört zu den Verfassungseinrichtungen einer Republik ein gewähltes Staatsoberhaupt, das in der Politik, in der Wirkungsweise und im Zusammenspiel der Verfassungsorgane und im völkerrechtlichen Verkehr die Existenz und Einheit des Staates durch seine Autorität und seine Amtsbefugnisse vertritt. Für das republikanische Staatsoberhaupt ist nicht vorausgesetzt, daß ihm nach der Verfassung politische Entscheidungs- und Handlungsvollmachten zustehen. Im Fall der „**selbständigen**" Präsidentschaft, die durch die Volkswahl des Staatsoberhaupts charakterisiert ist, muß es allerdings als praktische Folge dieses Wahlmodus angesehen werden, daß dem Präsidenten auch wesentliche Befugnisse der Staatsleitung zukommen, soweit diese in den Bereich der Exekutive fällt. Diese Gestaltung des republikanischen Staatsoberhauptes ist am stärksten im Beispiel des amerikanischen Präsidenten ausgeprägt, der einer parlamentarischen Verantwortung nicht unterliegt und auch keinen mehr oder weniger selbständigen verantwortlichen Ministerpräsidenten neben sich hat. Ein anderes Beispiel ist der Staatspräsident der V. Französischen Republik, der für die Leitung der Staatsgeschäfte einen Ministerpräsidenten beruft. Als „**unselbständige**" Präsidentschaft läßt sich dagegen die Ausprägung des parlamentarischen Staatsoberhauptes verstehen, bei der dieses durch die parlamentarische Volksvertretung oder eine besondere Wahlkörperschaft gewählt wird. Ist hier neben dem Präsidenten ein parlamentarisch verantwortlicher Regierungschef vorhanden, liegen folgerichtig in dessen Händen die wesentlichen staatsleitenden Befugnisse. Ist das nicht der Fall, wie in den Bundesländern, bedeutet das praktisch, daß der Ministerpräsident zugleich die Funktion des Staatsoberhaupts wahrnimmt.
Der Bundespräsident, der für eine Amtszeit von fünf Jahren durch die Bundesversammlung gewählt wird, ist durch das Grundgesetz mit einem Amt ausgestattet, das dem Typ der unselbständigen Präsidentschaft entspricht. Die wesentlichen Aufgaben und Befugnisse der Staatsleitung sind, soweit sie in den Bereich der Exekutive fallen, dem Bundeskanzler zugewiesen.

U. Scheuner, Das Amt des Bundespräsidenten als Aufgabe verfassungsrechtlicher Gestaltung, 1966; O. Kimminich, Das Staatsoberhaupt in der parlamentarischen Demokratie, VVDStRL 25, 1967, S. 2; W. Kaltefleiter, Die Funktionen des Staatsoberhauptes in der parlamentarischen Demokratie, 1970.

Der Bundespräsident 69 E

Reichspräsident und Bundespräsident

Die Ausgestaltung des Amtes des Bundespräsidenten, vor allem hinsichtlich 69
der mittelbaren Wahl, der Befugnisse gegenüber dem Bundestag und der
staatsrechtlichen Beziehungen zum Bundeskanzler, gehört zu den Teilen des
Grundgesetzes, in denen der Parlamentarische Rat am deutlichsten von dem
Muster der Weimarer Reichsverfassung abrückte. Die starke Stellung des
Reichspräsidenten, die schließlich gegen Ende der Weimarer Republik zu der
Erscheinung der ,,Präsidialkabinette" BRÜNING, VON PAPEN und VON
SCHLEICHER führte, wurde zu den verfassungsbedingten Umständen gerechnet, welche den Zusammenbruch der Weimarer Republik und die Machtergreifung des Nationalsozialismus erleichtert hätten.
Der **Reichspräsident** wurde unmittelbar vom Volke gewählt. Sein Amt dauerte sieben Jahre. Ihm stand der Oberbefehl über die gesamte Wehrmacht des
Reichs zu. Der Reichskanzler und auf seinen Vorschlag die Reichsminister
wurden vom Reichspräsidenten ernannt und entlassen. Der Reichspräsident
konnte ein vom Reichstag beschlossenes Gesetz dem Volksentscheid unterwerfen; das war selbst für den Haushaltsplan, Abgabegesetze und Besoldungsordnungen möglich. Der Reichspräsident konnte den Reichstag auflösen, jedoch nur einmal aus dem gleichen Anlaß. Die Reichsexekution gegen
ein Land und die Diktaturgewalt waren in die Hand des Reichspräsidenten
gelegt. Wesentliche Stimmen der Weimarer Staatsrechtslehre betrachteten
den Reichspräsidenten als den ,,Hüter der Verfassung". Nach einem Wort
von WERNER WEBER (Spannungen und Kräfte im westdeutschen Verfassungssystem, 3. Aufl., 1970, S. 159) hatte die Weimarer Reichsverfassung dem
Reichspräsidenten ,,die Rolle eines demokratischen Statthalters des konstitutionellen Monarchen" zugewiesen. HUGO PREUSS (Deutschlands republikanische Reichsverfassung, ohne Jahr, S. 25) war der Überzeugung daß in der
parlamentarischen Demokratie der Präsident durch Volkswahl eine ebenbürtige Stellung neben dem Parlament erhalten müsse. Dieses System wehre dem
schrankenlosen Parlaments-Absolutismus. Die unmittelbare Volkswahl gebe
dem Präsidenten eine ,,tribunizische Stellung neben dem Parlament". Der
Gefahr, daß die tribunizische Gewalt zur cäsarischen werde, wirke das streng
parlamentarische Regierungssystem entgegen. Aber seine Selbständigkeit gegenüber dem Parlament gebe dem Präsidenten, wenn er der Mann danach sei,
die Möglichkeit, dem Kleinkrieg der Parteien und ihren Eintagsintrigen in
verhältnismäßiger Unabhängigkeit die Stirn zu bieten, ihnen gegenüber die
großen Grundfragen des politischen Lebens zur Geltung zu bringen. Die
Erfahrung der letzten Jahre der Weimarer Republik hat diese hochgespannten Erwartungen nicht erfüllt.
Das Grundgesetz befolgt demgegenüber konsequent eine Linie der **Parlamentarisierung der Staatsleitung**. Dies kommt in der starken Stellung des
parlamentarisch verantwortlichen Bundeskanzlers zum Ausdruck. Dem Bundespräsidenten sind politische Entscheidungs- und Handlungsbefugnisse fast
durchweg versagt. Es ist ausgeschlossen, daß der Bundespräsident einen nur
von seinem Vertrauen abhängigen Bundeskanzler gegen den Willen oder ohne den Willen des Bundestages berufen könnte. Eine Auflösung des Bundestages durch den Bundespräsidenten ist nur in zwei eng begrenzten Fällen

329

möglich, die überdies eine selbständige Initiative des Bundespräsidenten weitgehend ausschließen. Ungeachtet dieser vornehmlich „repräsentativen" Rolle des Bundespräsidenten können die Autorität dieses Amtes und die Amtsführung durch den gewählten Bundespräsidenten einen nicht zu unterschätzenden Einfluß auf die Führung der Staatsgeschäfte durch den Bundeskanzler und die einzelnen Bundesminister ausüben.

F. K. FROMME, Von der Weimarer Verfassung zum Bonner Grundgesetz, 1960.

Verfassungsrechtliche Stellung des Bundespräsidenten

70 Die **mittelbare Wahl** des Bundespräsidenten durch die Bundesversammlung bringt es notwendig mit sich, daß die im Wahlorgan bestehenden parteipolitischen Mehrheitsverhältnisse den Ausschlag geben. Auch bei einer Volkswahl des Staatsoberhauptes würden die parteipolitische Gliederung der Wähler und die Wahlempfehlungen der politischen Parteien die maßgeblichen Faktoren der Wahlentscheidung sein. Wie jede politische Entscheidung in der parlamentarischen Demokratie läßt sich auch die Wahl des Bundespräsidenten nicht aus den Frontlinien der parteipolitischen Auseinandersetzung herauslösen. Dennoch aber ist das **Amt des Bundespräsidenten** – anders als das des Bundeskanzlers – von der Verfassung so eingerichtet, daß es nur in Distanz und Neutralität gegenüber den parteipolitischen Programmen und Bestrebungen und insbes. gegenüber der parteipolitischen Opportunität ausgeübt werden kann. Der Bundespräsident steht nicht für das Trennende, sondern für das, was in Staat und Verfassungsordnung über die Parteigrenzen hinaus das Einende und Verbindende ist. Diese Eigenart und Bedeutung des Amtes des Bundespräsidenten kommt in den Worten des **Eides** zum Ausdruck, den der Bundespräsident bei seinem Amtsantritt vor den versammelten Mitgliedern des Bundestages und des Bundesrates leistet (Art. 56 GG). Auch die in Art. 55 GG festgelegten Inkompatibilitäten sind darin begründet.

Der Bundespräsident verfügt zur Erfüllung seiner Aufgaben und Befugnisse über das **Bundespräsidialamt.** Es wird von dem Chef des Bundespräsidialamtes geleitet, der die Amtsstellung eines Staatssekretärs hat. Er nimmt an den Sitzungen der Bundesregierung regelmäßig teil (§ 23 Abs. 1 Gesch BReg).

Zur inneren Fragwürdigkeit des Verfassungseides im verweltlichten Staat vgl. H. PETERS, Verfassung, 1969, S. 160ff.

Vertreter des Bundespräsidenten

71 Die Befugnisse des Bundespräsidenten werden im Falle seiner Verhinderung oder bei vorzeitiger Erledigung des Amtes durch den **Präsidenten des Bundesrates** wahrgenommen (Art. 57 GG). Der Vertreter des Bundespräsidenten nimmt im Vertretungsfalle alle Aufgaben und Rechte des Bundespräsidenten selbständig wahr.

Die **Weimarer Reichsverfassung** hatte eine andere Regelung vorgesehen. Der Reichspräsident wurde im Falle seiner Verhinderung und im Falle einer vorzeitigen Erledigung der Präsidentschaft zunächst durch den Reichskanzler

Der Bundespräsident 72, 73 E

vertreten. Für eine Verhinderung von voraussichtlich längerer Zeitdauer war die Vertretung durch ein Reichsgesetz zu regeln (Art. 51 WeimRVerf.). Nach dem Tode FRIEDRICH EBERTS am 28. Febr. 1925 wurde die Vertretung zunächst durch den Reichskanzler LUTHER wahrgenommen, dann aufgrund des nach Art. 51 Abs. 1 Satz 2 erlassenen Gesetzes vom 10. März 1925 (RGBl. S 17) durch den Präsidenten des Reichsgerichts, SIMONS. Durch das Gesetz über Änderung der Reichsverfassung vom 17. Dez. 1932 (RGBl. I S. 547) wurde bestimmt, daß der Reichspräsident im Falle seiner Verhinderung und im Falle einer vorzeitigen Erledigung der Präsidentschaft bis zur Durchführung der neuen Wahl durch den Präsidenten des Reichsgerichts vertreten wurde.

Präsidentenanklage

Der Bundespräsident ist parlamentarisch nicht verantwortlich. Seine Anordnungen und Verfügungen bedürfen deshalb der Gegenzeichnung durch den Bundeskanzler oder durch den zuständigen Bundesminister (Art. 58 GG). Der Bundestag oder der Bundesrat können jedoch den Bundespräsidenten wegen vorsätzlicher Verletzung des Grundgesetzes oder eines anderen Bundesgesetzes vor dem Bundesverfassungsgericht anklagen (Art. 61 GG). Ebenso wie die aus dem konstitutionellen Staatsrecht stammende Ministeranklage dient die Präsidentenanklage, wie schon in Art. 59 WeimRVerf, nicht der Feststellung einer Schuld im Sinne des Strafrechts. Sie soll vielmehr für einen Grenzfall die Reinheit der Amtsführung gewährleisten und führt deshalb dann, wenn die Berechtigung des Vorwurfs festgestellt wird, zu einem Ausspruch des Bundesverfassungsgerichts dahingehend, daß der Bundespräsident des Amtes für verlustig erklärt wird. Diese Verfassungsstreitigkeit hat somit eine **staatsrechtliche Verantwortung** zum Gegenstand. 72

b) Die Wahl des Bundespräsidenten

Die Bundesversammlung

Der Bundespräsident wird ohne Aussprache von der Bundesversammlung gewählt. Die Bundesversammlung besteht aus den Mitgliedern des Bundestages und einer gleichen Anzahl von Mitgliedern, die von den Volksvertretern der Länder nach den Grundsätzen der Verhältniswahl gewählt werden. Die Volksvertretungen der Länder können auch solche Personen zu Mitgliedern der Bundesversammlung wählen, die nicht Abgeordnete des Landesparlaments sind. Die Bundesversammlung wird von dem Präsidenten des Bundestages einberufen (Art. 54 GG). Das Nähere regelt das Gesetz über die Wahl des Bundespräsidenten durch die Bundesversammlung vom 25. April 1959 (BGBl. I S. 230), zuletzt geänd. durch Gesetz vom 24. Juni 1975 (BGBl. I S. 1593). 73

In der Einrichtung der Bundesversammlung als Wahlorgan für den Bundespräsidenten, die auf einen Vorschlag von THEODOR HEUSS zurückgeht, verbinden sich das unitarische und das föderative Element, beide in ihrer parlamentarischen Ausprägung. Die Bundesversammlung besteht – einschließlich der Berliner Mitglieder – aus 1036 Mitgliedern. Die Eigenart der Bundesversammlung als eines jeweils ad hoc zusammentretenden Wahlorgans bringt es mit sich, daß es auf die jeweiligen Mehrheitsverhältnisse in den Landtagen zu dem Zeitpunkt ankommt, in denen diese die Wahl vorzunehmen haben (siehe § 2 des Gesetzes über die Wahl des Bundespräsidenten). Die Mitglieder der Bundesversammlung sind an Aufträge und Weisungen nicht gebunden (§ 7 des Gesetzes über die Wahl des Bundespräsidenten). Die Stimmen der Berliner Mitglieder wurden in der neueren Staatspraxis nicht mehr gesondert gezählt, wobei bisher offen bleiben konnte, ob sie ungeachtet des alliierten Berlinvorbehalts als wirksame Stimmabgabe gelten können.

Gewählt ist, wer die Stimmen der Mehrheit der Mitglieder der Bundesversammlung erhält. Wird diese Mehrheit in zwei Wahlgängen von keinem Bewerber erreicht, so ist gewählt, wer in einem weiteren Wahlgang die meisten Stimmen auf sich vereinigt (Art. 54 Abs. 6 GG). Das Amt des Bundespräsidenten dauert fünf Jahre. Anschließende Wiederwahl ist nur einmal zulässig (Art. 54 Abs. 2 GG).

Die Bundesversammlung. Wahl der Bundespräsidenten 1949–1974, hrsg. v. Presse- und Informationszentrum des Deutschen Bundestages, 1978.

Bisherige Amtsinhaber

74 Die bisherigen Bundespräsidenten waren:
1. THEODOR HEUSS (FDP), gewählt am 12. Sept. 1949 im zweiten Wahlgang; Amtszeit vom 13. Sept. 1949 bis zum 12. Sept. 1954; wiedergewählt am 17. Juli 1954 im ersten Wahlgang, Amtszeit vom 13. Sept. 1954 bis zum 12. Sept. 1959.
2. HEINRICH LÜBKE (CDU), gewählt am 1. Juli 1959 im zweiten Wahlgang, Amtszeit vom 13. Sept. 1959 bis zum 12. Sept. 1964; wiedergewählt am 1. Juli 1964 im ersten Wahlgang, Amtszeit vom 13. Sept. 1964 bis zum 30. Juni 1969 (aufgrund vorzeitigen Rücktritts).
3. GUSTAV W. HEINEMANN (SPD), gewählt am 5. März 1969 im dritten Wahlgang, Amtszeit vom 1. Juli 1969 bis zum 30. Juni 1974.
4. WALTER SCHEEL (FDP), gewählt am 15. Mai 1974 im ersten Wahlgang, Amtszeit vom 1. Juli 1974 bis zum 30. Juni 1979.
5. KARL CARSTENS (CDU), gewählt am 23. Mai 1979 im ersten Wahlgang, Amtszeit vom 1. Juli 1979 bis zum 30. Juni 1984.
6. RICHARD VON WEIZSÄCKER (CDU), gewählt am 23. Mai 1984 im ersten Wahlgang, Amtszeit vom 1. Juli 1984 bis zum 30. Juni 1989.

c) Bundespräsident und Bundeskanzler

Der Bundespräsident bei der Regierungsbildung

75 Die Regierungsbildung ist nach jeder Neuwahl des Bundestages (Art. 39 GG) erforderlich. Ihr Kernstück ist die Wahl des **Bundeskanzlers** durch den Bundestag (Art. 63 GG).
Der Bundespräsident hat das Recht, dem Bundestag einen Kandidaten für die Wahl zum Bundeskanzler vorzuschlagen. Wird der Bundeskanzler daraufhin

Der Bundespräsident

mit den Stimmen der Mehrheit der Mitglieder des Bundestages, d.h. mit absoluter Mehrheit (Art. 121 GG), gewählt, ist er vom Bundespräsidenten zu ernennen.
Das **Vorschlagsrecht** für die Wahl zum Bundeskanzler ist in das Ermessen und die Verantwortung des Bundespräsidenten gestellt. Dem Sinn der Regierungsbildung und des der Regierungsbildung dienenden Vorschlagsrechts des Bundespräsidenten entsprechend, wird man es als eine politische Pflicht des Bundespräsidenten ansehen müssen, das Vorschlagsrecht mit dem Ziel auszuüben, eine alsbaldige Wahl des Bundeskanzlers dadurch zu sichern, daß den Mehrheitsverhältnissen im Bundestag Rechnung getragen wird. Man wird den Bundespräsidenten jedoch nicht für politisch verpflichtet halten müssen, eine Person als Kandidat für die Wahl zum Bundeskanzler vorzuschlagen, die der Bundespräsident nach seiner gewissenhaften Verantwortung nach Persönlichkeit oder Programm für das Amt als ungeeignet erkennt.
Wird der vom Bundespräsidenten Vorgeschlagene im **ersten Wahlgang** nicht gewählt, ist das Vorschlagsrecht des Bundespräsidenten damit erschöpft. Der Bundestag kann binnen vierzehn Tagen nach dem Wahlgang mit mehr als der Hälfte seiner Mitglieder einen Bundeskanzler wählen. Der Gewählte ist vom Bundespräsidenten zu ernennen.
Kommt eine Wahl innerhalb dieser Frist – in einer oder in mehreren Abstimmungen – nicht zustande, so findet unverzüglich ein neuer Wahlgang statt, in dem gewählt ist, wer die meisten Stimmen erhält. Im **dritten Wahlgang** genügt somit die relative Mehrheit, so daß auch ein von einer Minderheit des Bundestages getragener Bundeskanzler in das Amt gelangen kann. Für diesen Fall sieht die Verfassung vor, daß der Bundespräsident entweder binnen sieben Tagen den Gewählten zu ernennen hat oder den Bundestag auflösen muß (Art. 63 Abs. 4 Satz 3 GG). In dieser Konstellation fällt dem Bundespräsidenten die u. U. sehr weittragende politische Entscheidung zu, die Erfolgschance einer **Minderheitsregierung** zuzulassen oder aber im Wege der Neuwahl des Bundestages die Möglichkeit stabilerer Mehrheitsverhältnisse zu eröffnen. Wird hingegen im dritten Wahlgang mit den Stimmen der Mehrheit der Mitglieder des Bundestages, also mit absoluter Mehrheit, ein Bundeskanzler gewählt, so muß der Bundespräsident ihn binnen sieben Tagen nach der Wahl ernennen.
Die Vorschriften über die Wahl des Bundeskanzlers haben als ihren Grundgedanken, daß der Bundestag es in der Hand haben soll, wer in das Amt des Bundeskanzlers berufen wird und ob dafür eine hinreichende parlamentarische Mehrheit aufgebracht werden kann. Der Bundespräsident kann dem Bundestag keinen Bundeskanzler eigener Wahl aufzwingen. Sein zunächst bestehendes Vorschlagsrecht ist für den Bundestag nicht bindend. Nur in dem Grenzfall eines Minderheitskanzlers wird dem Bundestag das Gegengewicht einer eigenen politischen Entscheidung des Bundespräsidenten mit der Möglichkeit einer Auflösung des Bundestages entgegengesetzt.
Die **Bundesminister** werden ohne Mitwirkung des Bundestages vom Bundeskanzler bestimmt und auf dessen Vorschlag vom Bundespräsidenten ernannt (Art. 64 Abs. 1 GG). Soweit keine rechtlichen Hindernisse gegen die Berufung eines vom Bundeskanzler vorgeschlagenen Bundesministers bestehen, hat der Bundespräsident nicht die Befugnis, die Ernennung zu verweigern.

Die politische Verantwortung für die Eignung von Bundesministern trägt allein der Bundeskanzler.

H. Schneider, Die Mitwirkung des Bundespräsidenten bei der Regierungsbildung nach dem Grundgesetz, in: Festgabe für B. Kraft, 1955, S. 129; H. Rein, Die verfassungsrechtlichen Kompetenzen des Bundespräsidenten bei der Bildung der Regierung, JZ 1969, 573.

Information und Beratung

76 Der Bundespräsident ist für die Erfüllung seiner Amtsaufgaben darauf angewiesen, daß er **durch den Bundeskanzler** über die Politik der Bundesregierung in ausreichendem Maße unterrichtet wird. Dieses, auch ohne ausdrückliche Regelung im Grundgesetz bestehende verfassungsrechtliche Unterrichtungsrecht des Bundespräsidenten gegenüber dem Bundeskanzler ist in allgemeiner Weise durch § 5 der Geschäftsordnung der Bundesregierung ausgestaltet. Der Bundeskanzler unterrichtet danach den Bundespräsidenten laufend über seine Politik und die Geschäftsführung der einzelnen Bundesminister durch Übersendung der wesentlichen Unterlagen, durch schriftliche Berichte über Angelegenheiten von besonderer Bedeutung sowie nach Bedarf durch persönlichen Vortrag. Die Teilnahme des **Chefs des Bundespräsidialamtes** an den Sitzungen der Bundesregierung (§ 23 Abs. 1 GeschO BReg) eröffnet dem Bundespräsidenten eine weitere Möglichkeit der Information über die Politik und Geschäftsführung der Bundesregierung. Im übrigen ist es dem Bundespräsidenten unbenommen, den ihm geboten erscheinenden Rat aus dem Bereich der Bundesregierung oder in anderer Weise in Anspruch zu nehmen. Eine unmittelbare Unterrichtung des Bundespräsidenten über dienstliche Angelegenheiten der Bundesministerien durch einzelne Bundesminister oder Bedienstete der Ministerien bedarf der Zustimmung des Bundeskanzlers.

Die Gegenzeichnung

77 Anordnungen und Verfügungen des Bundespräsidenten bedürfen zu ihrer Gültigkeit der Gegenzeichnung durch den Bundeskanzler oder durch den zuständigen Bundesminister (Art. 58 GG).
In seinem ursprünglichen Inhalt und Sinn geht die Einrichtung der Gegenzeichnung auf das konstitutionelle Staatsrecht zurück. Mit der Gegenzeichnung übernimmt der Gegenzeichnende die **Verantwortlichkeit** für die Anordnung oder Verfügung (siehe Art. 17 Reichsverfassung 1871). Diese Verantwortlichkeit bedeutet heute die parlamentarische Verantwortlichkeit.
Damit daß ,,Anordnungen und Verfügungen" des Bundespräsidenten von der Gegenzeichnung abhängig sind, werden diese der **Zustimmung** des gegenzeichnenden Bundeskanzlers und Bundesministers unterworfen. Dem Wortsinn nach können nur schriftliche Entscheidungen gegengezeichnet werden. Dementsprechend ist in § 29 GeschO BReg festgelegt, daß Gesetze dem Bundespräsidenten erst nach der Gegenzeichnung durch den Bundeskanzler und den zuständigen Bundesminister, Verfügungen und Anordnungen anderer Art erst nach der Gegenzeichnung durch den zuständigen Bundesminister zur Vollziehung vorzulegen sind. Bei gegenzeichnungspflichti-

Der Bundespräsident

gen Präsidialakten, die keine urkundliche Form aufweisen, wie z. B. politische Reden des Bundespräsidenten, bedarf es folgerichtig einer nicht urkundlichen Billigung seitens des Bundeskanzlers in einer dem Gegenstand angemessenen Form.

„Anordnungen und Verfügungen" bezeichnen in einer überkommenen Formel sämtliche rechtlich erheblichen oder politisch bedeutsamen Handlungen und Äußerungen des Bundespräsidenten. Von der Gegenzeichnungspflicht sind ausgenommen die Ernennung und Entlassung des Bundeskanzlers, die Auflösung des Bundestages gemäß Art. 63 GG und das Ersuchen des Bundespräsidenten gegenüber dem Bundeskanzler oder einem Bundesminister, die Geschäfte bis zur Ernennung des Nachfolgers weiterzuführen (Art. 69 Abs. 3 GG). Für einige weitere Amtshandlungen des Bundespräsidenten entfällt darüber hinaus die Gegenzeichnungspflicht nach der Natur der Sache, so für den Vorschlag zur Wahl des Bundeskanzlers nach Art. 63 Abs. 1 GG und einen Antrag des Bundespräsidenten im Verfahren der Organstreitigkeit nach Art. 93 Abs. 1 Nr. 1 GG.

R. HERZOG, Entscheidung und Gegenzeichnung, in: Festschrift für Gebhard Müller, 1970, S. 117; M. NIERHAUS, Entscheidung, Präsidialakt und Gegenzeichnung, 1973.

d) Die Aufgaben und Rechte des Bundespräsidenten

Selbständige Entscheidungsbefugnisse

Die Verfassung gibt dem Bundespräsidenten in einer Reihe von Fällen selbständige Entscheidungsbefugnisse von politischer oder rechtlicher Bedeutsamkeit. Der Bundespräsident kann die Einberufung des Bundestages verlangen (Art. 39 Abs. 3 Satz 3 GG). Er schlägt den Bundeskanzler dem Bundestag zur Wahl vor (Art. 63 Abs. 1 GG). Der Bundespräsident kann – wenn auch unter engen Voraussetzungen – den Bundestag auflösen (Art. 63 Abs. 4 Satz 3, 69 Abs. 1 GG). Der Bundespräsident hat gegenüber von ihm auszufertigenden Gesetzen ein Prüfungsrecht hinsichtlich des verfassungsmäßigen Zustandekommens und – nach der Staatspraxis – auch hinsichtlich der inhaltlichen Verfassungsmäßigkeit. Ihm steht das Begnadigungsrecht für den Bund zu (Art. 60 Abs. 2 GG). Der Bundespräsident kann im Hinblick auf seine verfassungsrechtliche Rechtsstellung das Bundesverfassungsgericht anrufen (Art. 93 Abs. 1 Nr. 1 GG, § 63 BVerfGG).

In anderen Fällen schließen Amtsaufgaben des Bundespräsidenten ein selbständiges Entscheidungsrecht nicht ein, so bei der Ernennung eines vom Bundestag mit absoluter Mehrheit gewählten Bundeskanzlers und bei der Ernennung der Bundesminister auf Vorschlag des Bundeskanzlers.

Begnadigungsrecht

Der Bundespräsident übt im Einzelfall für den Bund das Begnadigungsrecht aus (Art. 60 Abs. 2 GG). Das Begnadigungsrecht gehört zu den überkommenen Vorrechten des Staatsoberhaupts. Es bedeutet, daß der Bundespräsident im Hinblick auf eine rechtskräftig durch das – erstinstanzliche – Urteil eines

Gerichtes des Bundes ausgesprochene Strafe „Gnade vor Recht" ergehen lassen kann, d. h. die Strafe ganz oder zum Teil erlassen darf. Eine allgemeine Regelung ist durch die Anordnung des Bundespräsidenten über die Ausübung des Begnadigungsrechts des Bundes vom 5. Okt. 1965 (BGBl. I S. 1573), geändert durch Anordnung vom 3. Nov. 1970 (BGBl. I S. 1513) getroffen worden. Der Bundespräsident hat danach die Ausübung des Gnadenrechts weitgehend auf andere Behörden übertragen (siehe Art. 60 Abs. 3 GG).

Die Ausübung des Gnadenrechts ist ungeachtet ihrer kompetenz- und verfahrensrechtlichen Ordnung keine der **gerichtlichen Überprüfung** unterliegende Entscheidung (BVerfGE 25, 352; 30, 108. − A. A. BayVerfGH VGHE 18, 140; 21, 11; 23, 6; 24, 53; 29, 38).

Die Begnadigung ist von der **Amnestie** zu unterscheiden. Die Begnadigung betrifft stets einen Einzelfall, die Amnestie dagegen eine allgemeine Regelung für eine zeitlich und sachlich bestimmte Gruppe von Straftaten, ohne Rücksicht darauf, ob diese bereits zu einer Verurteilung geführt haben oder nicht. Eine Amnestie kann nur durch Gesetz erfolgen. Siehe beispielsweise das Gesetz über Straffreiheit vom 20. Mai 1970 (BGBl. I S. 509).

O. BACHOF, Über Fragwürdigkeiten der Gnadenpraxis und der Gnadenkompetenz, JZ 1983, 469.

Ernennung und Entlassung von Beamten

80 Der Bundespräsident ernennt und entläßt die Bundesrichter, die Bundesbeamten, die Offiziere und Unteroffiziere, soweit gesetzlich nichts anderes bestimmt ist (Art. 60 Abs. 1 GG). Diese Befugnis des Bundespräsidenten schließt eine eigene personalpolitische Entscheidung nicht ein. Der Bundespräsident kann jedoch eine ihm vorgeschlagene Ernennung verweigern, wenn die Ernennung gegen das Gesetz verstoßen würde.
Der Bundespräsident hat entsprechend Art. 60 Abs. 3 GG die ihm zustehenden Ernennungsbefugnisse weitgehend auf andere Behörden übertragen; siehe die Anordnung über die Ernennung und Entlassung der Bundesbeamten und Richter im Bundesdienst vom 14. Juli 1975 (BGBl. I S. 1915) und die Anordnung über die Ernennung und Entlassung der Soldaten vom 10. Juli 1969 (BGBl. I S. 775), geänd. durch die Anordnung vom 17. März 1972 (BGBl. I S. 499).

Ausfertigung und Verkündung von Bundesgesetzen

81 Die nach den Vorschriften des Grundgesetzes zustande gekommenen Gesetze werden vom Bundespräsidenten nach Gegenzeichnung ausgefertigt und im Bundesgesetzblatt verkündet (Art. 82 Abs. 1 Satz 1 GG).
F RNrn. 55–57.

Prüfungsrecht des Bundespräsidenten

82 Der Bundespräsident hat das Recht und die Pflicht, vor Ausfertigung eines Bundesgesetzes das verfassungsrechtlich ordnungsgemäße Zustandekommen des Gesetzes zu prüfen, z. B. ob die verfassungsmäßigen Rechte des Bundes-

Der Bundespräsident   83 E

rates gewahrt worden sind. Diese Amtsaufgabe wird als „**formelles Prüfungsrecht**" des Bundespräsidenten bezeichnet.

Nach der Staatspraxis hat der Bundespräsident auch das Recht, ein von ihm auszufertigendes Bundesgesetz auf seine Verfassungsmäßigkeit insgesamt, insbes. auf seine inhaltliche Übereinstimmung mit den Anforderungen des Grundgesetzes zu prüfen. Dieses Recht betrifft beispielsweise die Gesetzgebungskompetenz des Bundes oder die Beachtung der Grundrechte. Es wird als „**materielles Prüfungsrecht**" des Bundespräsidenten bezeichnet. Bei der Frage, ob dieses Recht besteht und wie weit es reichen kann, wird zu beachten sein, daß die Ausfertigung eines Bundesgesetzes durch den Bundespräsidenten nicht bedeutet, daß dieser damit eine politische Verantwortung für das von den gesetzgebenden Körperschaften verabschiedete Gesetz übernimmt, und weiter, daß die Entscheidung über die Verfassungsmäßigkeit von Gesetzen unter das richterliche Prüfungsrecht fällt und damit vor allem eine Aufgabe des Bundesverfassungsgerichts ist. Eine durchaus gewichtige Meinung in der Staatsrechtslehre bestreitet aus diesen Gründen und in Rücksicht auf die allgemeine Stellung des Bundespräsidenten das Bestehen eines derartigen materiellen Prüfungsrechts.

Der Bundespräsident hat bisher in fünf Fällen ein materielles Prüfungsrecht gegenüber Gesetzen mit dem Ergebnis in Anspruch genommen, daß eine Ausfertigung des Gesetzes unterblieben ist (siehe die Zusammenstellung in: P. SCHINDLER, Datenhandbuch zur Geschichte des Deutschen Bundestages 1949–1982, 3. Aufl., 1984, S. 719f.). So teilte z.B. mit Schreiben vom 23. April 1970 (BTag Drucks. 6/1143) der Bundespräsident HEINEMANN dem Präsidenten des Bundestages mit, daß er sich wegen der mangelnden Gesetzgebungskompetenz des Bundes außerstande sehe, das vom Bundestag am 11. Juli 1969 beschlossene Architektengesetz auszufertigen und zu verkünden. Der Bundespräsident SCHEEL sah sich mangels der nach Art. 87b Abs. 2 Satz 1 GG erforderlichen Zustimmung des Bundesrates nicht in der Lage, Zweifel am verfassungsmäßigen Zustandekommen des vom Bundestag am 8. April 1976 beschlossenen Gesetzes zur Änderung des Wehrpflichtgesetzes und des Zivildienstgesetzes zu überwinden (Schreiben vom 4. Nov. 1976, BTag Drucks. 7/5856).

E. FRIESENHAHN, Zum Prüfungsrecht des Bundespräsidenten, in: Festschrift für Gerhard Leibholz, 1966, Bd. II, S. 679; K.H. FRIAUF, Zur Prüfungszuständigkeit des Bundespräsidenten bei der Ausfertigung der Bundesgesetze, in: Festschrift für Karl Carstens, 1984, S. 545.

e) Der Bundespräsident vertritt den Bund völkerrechtlich

Vertretungszuständigkeit im völkerrechtlichen Verkehr

Der Bundespräsident vertritt den Bund völkerrechtlich (Art. 59 Abs. 1 Satz 1   83 GG). Durch diese Verfassungsbestimmung ist festgelegt, daß der Bundespräsident das verfassungsmäßig berufene Organ ist, durch das die Bundesrepublik Deutschland im völkerrechtlichen Verkehr rechtserheblich handelt. Aus dieser Regelung der Vertretungsmacht folgt jedoch nicht, daß der Bundespräsident auch die politischen Entscheidungen trifft oder an den politischen

Entscheidungen beteiligt ist, die der Ausübung der Vertretungsmacht nach außen zugrunde liegen. Die Außenpolitik ist Sache des Bundeskanzlers und – innerhalb der Richtlinien der Politik, die der Bundeskanzler bestimmt – Sache des Bundesaußenministers. Der Bundespräsident hat seine Vertretungsmacht in erheblichem Ausmaß auf den Bundeskanzler, den Bundesaußenminister und das Auswärtige Amt übertragen. Siehe im übrigen D RNrn. 122, 123.

D. SEIDEL, Der Bundespräsident als Träger der auswärtigen Gewalt, 1972.

Aktives und passives Gesandtschaftsrecht

84 Ein ausdrücklich hervorgehobener Fall der Vertretungsmacht des Bundespräsidenten im völkerrechtlichen Verkehr ist das Recht des Bundespräsidenten, die diplomatischen Vertreter der Bundesrepublik bei auswärtigen Staaten zu beglaubigen und die diplomatischen Vertreter der auswärtigen Staaten bei der Bundesrepublik Deutschland zu empfangen (Art. 59 Abs. 1 Satz 3 GG).
Die „Beglaubigung" ist die Bevollmächtigung des deutschen diplomatischen Vertreters, die ausgesprochen wird, wenn der auswärtige Staat das Agrément erteilt und damit erklärt hat, daß die fragliche Person dem fremden Staat als diplomatischer Vertreter der Bundesrepublik genehm ist. Die Beglaubigung des Bundespräsidenten wird durch den diplomatischen Vertreter dem Staatsoberhaupt des auswärtigen Staates förmlich übergeben.
Der Bundespräsident „empfängt" den diplomatischen Vertreter eines auswärtigen Staates in der Weise, daß er ihn zur **Übergabe des Beglaubigungsschreibens** empfängt.

Ratifikation von völkerrechtlichen Verträgen

85 Ein weiterer ausdrücklich im Grundgesetz geregelter Fall der völkerrechtlichen Vertretungsmacht des Bundespräsidenten ist, daß er im Namen des Bundes die Verträge mit auswärtigen Staaten schließt (Art. 59 Abs. 1 Satz 2 GG). Die Erklärung, mit welcher der Bundespräsident einen bestimmten Vertrag im Namen des Bundes schließt, die völkerrechtlich maßgebliche Willenserklärung also, wird „**Ratifikation**" genannt. Der Ratifikation gehen die Vertragsverhandlungen und die Unterzeichnung des Vertrages, bei Verträgen, welche die politischen Beziehungen des Bundes regeln oder sich auf Gegenstände der Bundesgesetzgebung beziehen, außerdem die Verabschiedung des Zustimmungsgesetzes in den gesetzgebenden Körperschaften nach Art. 59 Abs. 2 GG voraus. Die Art und Weise der Ratifikation wird durch die Regeln des Völkerrechts bestimmt; siehe besonders das Wiener Übereinkommen vom 23. Mai 1969 über das Recht der Verträge (Wiener Vertragsrechtskonvention), BTag Drucks. 10/1004 (Entwurf des Zustimmungsgesetzes) und 10/3468 (Ausschußbericht). Vgl. oben unter D RNr. 119.

6. Die Bundesregierung

a) Die Bundesregierung und ihre Organisation

Der Bundeskanzler und die Bundesregierung

Die Bundesregierung besteht aus dem Bundeskanzler und aus den Bundesministern (Art. 62 GG). Der Bundeskanzler nimmt durch die ihm zustehenden organisatorischen, personellen und sachlichen Befugnisse (Art. 64 Abs. 1, 65 Satz 1 GG) innerhalb der Bundesregierung und gegenüber den Bundesministern eine selbständige Stellung ein. Der Bundeskanzler – und nicht die Bundesregierung als Kollegialorgan – bildet die mit den wesentlichen Vollmachten der Staatsleitung ausgestattete Spitze der Exekutive. Dies gilt ungeachtet der geschäftsordnungsgemäßen Regelung, daß der Bundesregierung alle Angelegenheiten von allgemeiner innen- oder außenpolitischer, wirtschaftlicher, sozialer, finanzieller oder kultureller Bedeutung zur Beratung und Beschlußfassung zu unterbreiten sind (§ 15 GeschO BReg) und daß die Bundesregierung ihre Beschlüsse mit Stimmenmehrheit faßt (§ 24 Abs. 2 GeschO BReg). Namentlich bei Koalitionsregierungen wird allerdings die Geschäftsführung der Bundesregierung einer kollegialen Regierungsweise auch in der Sache stärker angenähert sein, da sie die Koordinierung und den Ausgleich verschiedener Interessen und ein höheres Maß an Abstimmung gewährleistet. Die Bundesregierung wird mit einem aus der monarchischen Zeit überkommenen Ausdruck oft als „Kabinett" bezeichnet, wenn auf ihre kollegiale Beratung und Beschlußfassung bezug genommen wird. Eine verfassungsrechtliche Bedeutung kommt diesem Begriff nicht zu. Der Bundeskanzler, die einzelnen Bundesminister und die Bundesregierung insgesamt legen ihre Politik in vielfältiger Weise der Öffentlichkeit dar, insbes. durch das **Presse- und Informationsamt der Bundesregierung.** Die nicht nur erlaubte, sondern notwendige Information der Öffentlichkeit muß, da sie sich auf die Amtstätigkeit und Geschäftsführung staatlicher Organe bezieht, objektiv, sachlich und parteipolitisch neutral erfolgen. Gesteigerte Anforderungen der Unparteilichkeit bestehen für die Öffentlichkeitsarbeit der Bundesregierung vor Bundestagswahlen, aber auch vor Landtags- und Kommunalwahlen. „Die Rücksicht auf einen freien und offenen Prozeß der Meinungsbildung sowie auf die Chancengleichheit der Parteien und Wahlbewerber verbietet es staatlichen Organen, sich in amtlicher Funktion im Hinblick auf Wahlen mit politischen Parteien oder Wahlbewerbern zu identifizieren und sie unter Einsatz staatlicher Mittel zu unterstützen oder zu bekämpfen" (BVerfGE 63, 230).

E.-W. BÖCKENFÖRDE, Die Organisationsgewalt im Bereich der Regierung, 1964; M. OLDIGES, Die Bundesregierung als Kollegium, 1983.

Kanzlerprinzip und Ressortprinzip

Der Bundeskanzler bestimmt die Richtlinien der Politik und trägt dafür die Verantwortung. Innerhalb dieser Richtlinien leitet jeder Bundesminister seinen Geschäftsbereich selbständig und unter eigener Verantwortung (Art. 65 GG). In dieser zentralen Bestimmung über die Organisation der Bundesregierung und der in ihr bestehenden Verteilung der politischen Verantwortung sind das Kanzlerprinzip und das Ressortprinzip miteinander verbunden. Meinungsverschiedenheiten zwischen dem Bundeskanzler und einzelnen Bundesministern unterliegen nicht einer Abstimmung innerhalb der Bundesregierung, sondern können durch den Bundeskanzler mit Hilfe seiner Richtlinienkompetenz oder seiner personellen Befugnisse im Hinblick auf die Zusammensetzung und Organisation der Bundesregierung entschieden werden.

Durch das **Ressortprinzip** wird für den mit der Verantwortung für den jeweiligen Geschäftsbereich betrauten Bundesminister die selbständige Leitung des Ressorts gesichert, wenn auch „innerhalb" der durch den Bundeskanzler zu bestimmenden Richtlinien der Politik. Weder der Bundeskanzler noch die Bundesregierung als Kollegialorgan sind berechtigt, in diese Selbständigkeit von Fall zu Fall einzugreifen. Nur bei Meinungsverschiedenheiten zwischen den Bundesministern entscheidet die Bundesregierung, sofern der Gegenstand nicht durch den Bundeskanzler kraft seiner Richtlinienkompetenz erledigt wird. Die „Verantwortung" der einzelnen Bundesminister besteht gegenüber dem Bundeskanzler und gegenüber dem Bundestag. Sie stellt jedoch nicht im vollen Sinne eine parlamentarische Verantwortlichkeit dar, weil der Bundestag nicht zu einem Mißtrauensvotum gegenüber einem Bundesminister berechtigt ist.

Das Bundeskanzleramt

88 Der Bundeskanzler leitet die Geschäfte der Bundesregierung nach einer von der Bundesregierung beschlossenen und vom Bundespräsidenten genehmigten Geschäftsordnung (Art. 65 Satz 4 GG). Neben der Bestimmung der Richtlinien der Politik hat der Bundeskanzler auch auf die Einheitlichkeit der Geschäftsführung in der Bundesregierung hinzuwirken (§§ 1 ff. GeschO BReg). Zur Vorbereitung und zur Ausübung der Aufgaben und Befugnisse des Bundeskanzlers besteht das Bundeskanzleramt. Es bildet angesichts der hervorgehobenen Stellung des Bundeskanzlers in der Bundesregierung und bei der Staatsleitung insgesamt das organisatorische Kernstück der Regierungspolitik. Es untersteht dem Bundeskanzler, wird jedoch unmittelbar durch den **Chef des Bundeskanzleramtes** geleitet, der im Range eines Staatssekretärs oder auch eines Bundesministers stehen kann. Der Chef des Bundeskanzleramts nimmt zugleich die Geschäfte eines Staatssekretärs der Bundesregierung wahr (§ 7 GeschO BReg). Er bereitet die Sitzungen der Bundesregierung nach näherer Anweisung des Bundeskanzlers vor (§ 21 GeschO BReg). Neben dem Chef des Bundeskanzleramtes kann der Bundeskanzler weitere Staatssekretäre und Parlamentarische Staatssekretäre (auch als Staatsminister) berufen.

Als selbständige Dienststellen unterstehen dem Bundeskanzler das **Presse- und Informationsamt der Bundesregierung,** das von dem „Sprecher der Bundesregierung" im Range eines Staatssekretärs geleitet wird, der **Bundesnachrichtendienst** und der **Bevollmächtigte der Bundesregierung in Berlin.** Die

Die Bundesregierung 89, 90 **E**

Ständige Vertretung der Bundesrepublik bei der DDR nach Art. 8 des Grundvertrages untersteht demgegenüber dem Bundeskanzleramt.

G. BEHRENDT, Das Bundeskanzleramt, 1967; S. SCHÖNE, Von der Reichskanzlei zum Bundeskanzleramt, 1968.

Die Geschäftsordnungen der Bundesregierung

Die Bundesregierung beschließt ihre Geschäftsordnung, die vom Bundespräsidenten zu genehmigen ist (Art. 65 Satz 4 GG). Auf dieser Grundlage gilt die **Geschäftsordnung der Bundesregierung** vom 11. Mai 1951 (GMBl. S. 137), zuletzt geänd. mit Bek. vom 12. Juli 1976 (GMBl. S. 354). Nach dieser Geschäftsordnung leitet der Bundeskanzler die Geschäfte der Bundesregierung (§§ 6, 15 ff. GeschO BReg). 89

Neben der Geschäftsordnung der Bundesregierung besteht die **Gemeinsame Geschäftsordnung der Bundesministerien** in der Fass. d. Bek. vom 15. Okt. 1976 (GMBl. S. 550), die von der Bundesregierung beschlossen worden ist und sich in einen **allgemeinen Teil (GGO I)** und einen **besonderen Teil (GGO II)** gliedert. Die verhältnismäßig umfangreiche GGO II enthält Vorschriften über den Geschäftsverkehr mit anderen Verfassungsorganen, über die Aufstellung der Entwürfe für Gesetze, Rechtsverordnungen und allgemeine Verwaltungsvorschriften und anderes. Die Gemeinsame Geschäftsordnung der Bundesministerien stellt in ihren beiden Teilen eine Dienstanweisung für den internen Verwaltungsbetrieb dar; es handelt sich um eine Verwaltungsvorschrift.

Antwort der Bundesregierung auf eine Kleine Anfrage betr. Geschäftsordnung der Bundesministerien, BTag Drucks. 8/733.

b) Die Regierungsbildung

Die Wahl des Bundeskanzlers

Der verfassungsrechtlich und politisch wesentliche Vorgang bei der Regierungsbildung ist die Wahl des Bundeskanzlers nach Art. 63 GG. Die Wahl des Bundeskanzlers erfolgt mit den Stimmen der Mehrheit der Mitglieder des Bundestages, also mit absoluter Mehrheit. Nur wenn nach zwei Wahlgängen eine Wahl mit dieser Mehrheit nicht zustande kommt, ist gewählt, wer die meisten Stimmen erhält. Wird im dritten Wahlgang die absolute Mehrheit nicht erreicht, kann der Bundespräsident – wenn er den Gewählten nicht ernennen will – den Bundestag auflösen. RNr. 75. 90

Die Wahl des Bundeskanzlers, für die im ersten Wahlgang ein Vorschlag des Bundespräsidenten erforderlich ist, wird ohne Aussprache vorgenommen. Sie erfolgt mit verdeckten Stimmzetteln. Wahlvorschläge zu den folgenden Wahlgängen, wenn der Bundestag dem Vorschlag des Bundespräsidenten nicht mit absoluter Mehrheit folgt, sind von einem Viertel der Mitglieder des Bundestages oder einer Fraktion, die mindestens ein Viertel der Mitglieder des Bundestages umfaßt, zu unterzeichnen (§ 4 GeschO BTag).

Das **Amt des Bundeskanzlers** endigt in jedem Falle mit dem Zusammentritt

eines neuen Bundestages, außerdem durch die Wahl eines Nachfolgers (konstruktives Mißtrauensvotum) oder durch Rücktritt (Art. 69 Abs. 2, 67 GG). Im Falle des Rücktritts ist der Bundeskanzler auf Ersuchen des Bundespräsidenten verpflichtet, die Geschäfte bis zu Ernennung seines Nachfolgers weiterzuführen (Art. 69 Abs. 3 GG). Die „geschäftsführende" Regierung hat die vollen Amtsbefugnisse (vgl. StGH LAMMERS/SIMONS I, S. 267).
Nach der Wahl des Bundeskanzlers bildet dieser die Bundesregierung, indem er dem Bundespräsidenten die Bundesminister zur Ernennung vorschlägt. Der Bundeskanzler und die Bundesminister leisten bei der Amtsübernahme vor dem Bundestag den in Art. 56 GG formulierten Eid (Art. 64 Abs. 2 GG).

Berufung und Ernennung von Bundesministern

91 Die Bundesminister werden auf Vorschlag des Bundeskanzlers vom Bundespräsidenten ernannt und entlassen (Art. 64 Abs. 1 GG). In dieser Vorschrift kommt das **Kabinettsbildungsrecht** des Bundeskanzlers zum Ausdruck, das eine organisatorische und eine personelle Seite hat. Der Bundeskanzler entscheidet über Art und Zahl der Geschäftsbereiche und über die Personen, die als Bundesminister mit oder ohne Geschäftsbereich zu berufen sind.
Der Bundespräsident hat im Hinblick auf die Ernennung oder Entlassung von Bundesministern kein Initiativrecht und keine personalpolitische Entscheidungsbefugnis. Er muß dem Vorschlag des Bundeskanzlers folgen, es sei denn, daß er dadurch die Verfassung oder die Gesetze verletzen würde.

Koalitionsabsprachen

92 Die nach der Verfassung bestehenden organisatorischen, personellen und sachlichen Entscheidungsbefugnisse des Bundeskanzlers können politisch durch eine Koalitionsabsprache eingeschränkt sein. Eine „Koalition" in diesem Sinne der Kabinettsbildung und Geschäftsführung der Regierung beruht auf einer Absprache zwischen zwei oder mehreren politischen Parteien, die durch Fraktionen im Bundestag vertreten sind.
Die zwingenden Vorschriften der Verfassung und der Gesetze können durch Koalitionsvereinbarungen nicht durchbrochen oder sonst beiseite geschoben werden. Durch sie werden **politische** Absprachen getroffen, sei es auf Zeit oder für die Dauer einer Wahlperiode des Bundestages, sei es nur für die Organisation oder personelle Besetzung der Bundesregierung oder für ein durch die so gebildete Bundesregierung durchzuführendes Programm. Koalitionsabsprachen sind, soweit sie sich auf die Regierungsbildung oder das Regierungsprogramm beziehen, keine Verträge im Rechtssinne. Sie begründen keine von den Gerichten durchsetzbaren Rechte oder Pflichten der Koalitionsbeteiligten. Eine derartige politische Koalitionsabsprache könnte allerdings mit einzelnen auch rechtlich verbindlichen Vereinbarungen verbunden werden.

W. KEWENIG, Zur Rechtsproblematik der Koalitionsvereinbarungen, AöR 90, 1965, S. 182.

Die Bundesregierung 93–95 E

c) Der Bundeskanzler und die Bundesminister

Der Bundeskanzler bestimmt die Richtlinien der Politik

In der verfassungsrechtlich im Sinne des Kanzlerprinzips festgelegten **Richtlinienkompetenz** des Bundeskanzlers (Art. 65 Satz 1 GG) kommt dessen hervorgehobene und selbständige Stellung bei der Staatsleitung und in der Führung der Geschäfte der Bundesregierung zum Ausdruck. Mit der überkommenen Formel, daß der Kanzler die „Richtlinien der Politik" bestimmt (sh. Art. 56 WeimRVerf), wird diese Stellung des Bundeskanzlers mit einer Generalklausel umschrieben. Eine weitere inhaltliche Aufschlüsselung derjenigen Angelegenheiten und Entscheidungen, die davon erfaßt werden, ist deswegen unfruchtbar, weil es allein in das politische Ermessen des Bundeskanzlers fällt, welche Angelegenheiten und Entscheidungen er zum Gegenstand seiner Richtlinienkompetenz machen will. Kein Bundesminister und auch nicht der Bundestag können mit dem Bundeskanzler darüber rechten, ob eine bestimmte Angelegenheit oder Entscheidung zu dem Bereich gehört, welchen die Verfassung dem Bundeskanzler vorbehalten will. Zu der Richtlinienkompetenz gehören auch das Recht und die Pflicht des Bundeskanzlers, auf die Durchführung der Richtlinien zu achten (§ 1 Abs. 2 GeschO BReg). 93

W. HENNIS, Richtlinienkompetenz und Regierungstechnik, 1964; E. U. JUNKER, Die Richtlinienkompetenz des Bundeskanzlers, 1965.

Organisationsgewalt des Bundeskanzlers

In die Zuständigkeit des Bundeskanzlers fällt die Entscheidung darüber, welche **Geschäftsbereiche** in der Bundesregierung bestehen sollen und in welcher Weise diese Geschäftsbereiche voneinander abzugrenzen sind. Die Organisationsgewalt des Bundeskanzlers im Hinblick auf die Organisation der Bundesregierung in Geschäftsbereiche ist Bestandteil des Kabinettsbildungsrechts des Bundeskanzlers nach Art. 64 Abs. 1 GG. 94
Die Organisationsgewalt des Bundeskanzlers ist durch die Verfassung selbst insofern begrenzt, als bestimmte Geschäftsbereiche von der Verfassung vorausgesetzt werden, so das Bundesministerium der Finanzen (Art. 112, 114 Abs. 1 GG), das Bundesministerium für Verteidigung (Art. 65a GG) und das Bundesjustizministerium (Art. 96 Abs. 2 Satz 4 GG). Außerdem muß der Bundeskanzler einen Bundesminister zu seinem Stellvertreter ernennen (Art. 69 Abs. 1 GG). Eine mittelbare Schranke der Organisationsgewalt des Bundeskanzlers ist das Budgetrecht des Parlaments, das die erforderlichen Mittel für die Geschäftsbereiche der Bundesregierung bewilligen muß (Art. 110 Abs. 2 GG). Eine politische Bindung schließlich kann sich aus Koalitionsabsprachen ergeben.

E.-W. BÖCKENFÖRDE, Die Organisationsgewalt im Bereich der Regierung, 1964.

Personalpolitische Entscheidungsmacht des Bundeskanzlers

Die politischen Entscheidungen, die der Ernennung oder der Entlassung von Bundesministern vorausgehen, liegen allein in der Hand des Bundeskanzlers 95

(Art. 64 Abs. 1 GG); RNr. 91. Der Bundeskanzler braucht die Eignung und Befähigung eines von ihm für das Amt eines Bundesministers vorgesehenen Amtsinhabers weder gegenüber dem Bundespräsidenten noch gegenüber dem Bundestag zu rechtfertigen. Es fällt jedoch in seine **parlamentarische Verantwortung,** in welcher Weise er von der personalpolitischen Entscheidungsvollmacht Gebrauch macht.

Die Bundesminister

96 Die Bundesminister sind **Mitglieder der Bundesregierung** (Art. 62 GG) und außerdem mit der selbständigen und verantwortlichen **Leitung eines Geschäftsbereichs** (Ressorts) – eines Ministeriums – betraut (Art. 65 Satz 2 GG). Sie haben damit eine Doppelstellung. Nur die gelegentlich in das Kabinett berufenen Minister ohne Geschäftsbereich haben lediglich Aufgaben als Mitglieder der Bundesregierung.
Der Bundesminister für Verteidigung und der Bundesminister der Finanzen haben unmittelbar durch die Verfassung bestimmte Befugnisse zugewiesen erhalten. Der **Bundesminister für Verteidigung** hat die Befehls- und Kommandogewalt über die Streitkräfte (Art. 65a GG; G RNr. 86). Der **Bundesminister der Finanzen** ist mit einem Zustimmungsvorbehalt für überplanmäßige und außerplanmäßige Ausgaben ausgestattet (Art. 112 GG). Seine Aufgabe ist es weiter, für die Bundesregierung vor dem Bundestag und Bundesrat Rechnung zu legen (Art. 114 Abs. 1 GG).
Das **Amt eines Bundesministers** endigt mit dem Zusammentritt eines neuen Bundestages und mit jeder anderen Erledigung des Amtes des Bundeskanzlers (Art. 69 Abs. 2 GG). Es endigt weiter mit der Entlassung durch den Bundespräsidenten auf Vorschlag des Bundeskanzlers (Art. 64 Abs. 1 GG); die Entlassung kann auf einer Entscheidung des Bundeskanzlers oder auf dem „Rücktritt" des Bundesministers beruhen.

K. Kröger, Die Ministerverantwortlichkeit in der Verfassungsordnung der Bundesrepublik Deutschland, 1972.

Amtsstellung des Bundeskanzlers und der Bundesminister

97 Die Mitglieder der Bundesregierung stehen zum Bund in einem **öffentlichrechtlichen Amtsverhältnis,** das im einzelnen durch das Gesetz über die Rechtsverhältnisse der Mitglieder der Bundesregierung (Bundesministergesetz) in der Fass. vom 27. Juli 1971 (BGBl. I S. 1166), zuletzt geänd. durch Gesetz vom 22. Dez. 1982 (BGBl. I S. 2007), geregelt ist. Der Bundeskanzler und die Bundesminister sind keine Beamten. Ein Disziplinarverfahren gegen Mitglieder der Bundesregierung findet nicht statt.
Die Mitglieder der Bundesregierung dürfen neben ihrem Amt kein anderes besoldetes Amt, kein Gewerbe und keinen Beruf ausüben und weder der Leitung noch ohne Zustimmung des Bundestages dem Aufsichtsrate eines auf Erwerb gerichteten Unternehmens angehören (Art. 66 GG, § 5 BMinG). Ein Mitglied der Bundesregierung kann nicht zugleich Mitglied einer Landesregierung sein (§ 4 BMinG). Das Bundesministergesetz regelt auch die Amtsbezüge, das Ruhegehalt, die Unfallfürsorge und die Hinterbliebenenversorgung der Mitglieder der Bundesregierung.

Die Bundesregierung 98, 99 **E**

Zur wirtschaftlichen Inkompatibilität nach Art. 66 GG und den Nebentätigkeiten von Bundesministern siehe die Antwort der Bundesregierung auf eine kleine Anfrage, BTag Drucks. 10/3202.

Parlamentarische Staatssekretäre

Mitgliedern der Bundesregierung können Parlamentarische Staatssekretäre 98 beigegeben werden; sie müssen Mitglieder des Deutschen Bundestages sein. Die Parlamentarischen Staatssekretäre unterstützen die Mitglieder der Bundesregierung, denen sie beigegeben sind, bei der Erfüllung ihrer Regierungsaufgaben. Sie stehen nach Maßgabe des **Gesetzes über die Rechtsverhältnisse der Parlamentarischen Staatssekretäre** vom 24. Juli 1974 (BGBl. I S. 1538), geänd. durch Gesetz v. 22. Dez. 1982 (BGBl. I S. 2007), zum Bund in einem öffentlich-rechtlichen Amtsverhältnis. Der Bundeskanzler schlägt dem Bundespräsidenten die Ernennung eines Parlamentarischen Staatssekretärs im Einvernehmen mit dem Bundesminister vor, für den dieser tätig werden soll. Auf Vorschlag des Bundeskanzlers im Einvernehmen mit dem zuständigen Bundesminister kann der Bundespräsident einem Parlamentarischen Staatssekretär für die Dauer seines Amtsverhältnisses oder für die Wahrnehmung einer bestimmten Aufgabe das Recht verleihen, die Bezeichnung „Staatsminister" zu führen. Der Bundesminister bestimmt im einzelnen, welche Aufgaben der Parlamentarische Staatssekretär wahrnehmen soll (§ 14a GeschO BReg). Für Erklärungen vor dem Bundestag, vor dem Bundesrat und in den Sitzungen der Bundesregierung wird der Bundesminister durch den Parlamentarischen Staatssekretär vertreten (§ 14 Abs. 2 GeschO BReg). Der Parlamentarische Staatssekretär unterscheidet sich auf der einen Seite von dem Bundesminister und auf der anderen Seite von dem „beamteten" Staatssekretär. Er ist im Unterschied zum Bundesminister nicht Mitglied der Bundesregierung. Anders ist die Rechtslage nach Art. 50 Abs. 2 BayVerf, wonach jedem Minister ein Staatssekretär als Stellvertreter für einen bestimmten Geschäftsbereich zugewiesen wird und wonach die Staatssekretäre Sitz und Stimme in der Staatsregierung haben. Die **beamteten Staatssekretäre** sind Beamte, die im Bundesbereich unter die Besoldungsgruppe B 11 fallen. Der Bundespräsident kann sie jederzeit in den einstweiligen Ruhestand versetzen (§ 36 Abs. 1 Nr. 1 BBG); sie sind „politische" Beamte. In den einzelnen Bundesministerien sind jeweils ein oder mehrere beamtete Staatssekretäre und ein oder mehrere Parlamentarische Staatssekretäre mit unterschiedlichen Aufgabenbereichen tätig. Die Vertretung des Bundesministers in der Leitung des Ministeriums als oberster Bundesbehörde kommt einem beamteten Staatssekretär zu.

I. STAFF, Die Rechtsstellung der Parlamentarischen Staatssekretäre, 1970.

d) Aufgaben und Rechte der Bundesregierung

Organisationsgewalt

Die Organisation der Bundesregierung nach einzelnen Geschäftsbereichen 99 einschließlich der Abgrenzung der Geschäftsbereiche voneinander fällt in die

Zuständigkeit des **Bundeskanzlers** (Art. 64 GG). Die Organisation innerhalb der einzelnen Bundesministerien ist Sache des zuständigen **Ressortministers**, soweit nicht durch die Verfassung oder durch Gesetz organisatorische Festlegungen getroffen sind. Die Bundesregierung als Kollegialorgan oder der zuständige Ressortminister regelt für den Bereich der bundeseigenen Verwaltung und der bundesunmittelbaren Körperschaften und Anstalten des öffentlichen Rechts die Einrichtung der Behörden, soweit das Gesetz nichts anderes bestimmt (Art. 86 GG); G RNrn. 60–63.

E.- W. BÖCKENFÖRDE, Die Organisationsgewalt im Bereich der Regierung, 1964.

Kollegiale Zuständigkeiten

100 Das Grundgesetz hat in einer Reihe von Fällen bestimmte Zuständigkeiten und Befugnisse der **Bundesregierung als Kollegialorgan** zugewiesen. Es sind dies Angelegenheiten von einer besonderen politischen Bedeutung, wie z. B. die Ausübung der Gesetzesinitiative (Art. 76 Abs. 1 GG), zum anderen Befugnisse des Bundes gegenüber den Ländern im bundesstaatlichen Rechtsverhältnis, z. B. die Mängelrüge im Rahmen der Bundesaufsicht nach Art. 84 Abs. 4 GG. Weitere Beispiele der ersten Gruppe sind die Entscheidung von Meinungsverschiedenheiten zwischen den Bundesministern (Art. 65 Satz 3 GG), der Erlaß der Geschäftsordnung der Bundesregierung (Art. 65 Satz 4 GG), das Verlangen, den Bundesrat einzuberufen (Art. 52 Abs. 2 Satz 2 GG), das Verlangen, den Vermittlungsausschuß einzuberufen (Art. 77 Abs. 2 Satz 4 GG), die Zustimmung zu Gesetzen, welche die von der Bundesregierung vorgeschlagenen Ausgaben des Haushaltsplanes erhöhen oder neue Ausgaben in sich schließen oder für die Zukunft mit sich bringen (Art. 113 Abs. 1 GG), der Einsatz von Streitkräften zur Unterstützung der Polizei und des Bundesgrenzschutzes beim Schutze von zivilen Objekten und bei der Bekämpfung organisierter und militärisch bewaffneter Aufständischer (Art. 87a Abs. 4 GG) und schließlich die Anrufung des Bundesverfassungsgerichts im Wege der Organstreitigkeit, der abstrakten Normenkontrolle und der Bund-Länder-Streitigkeit (Art. 93 Abs. 1 Nrn. 1, 2 und 3 GG). Beispiele der zweiten Gruppe sind der Erlaß von allgemeinen Verwaltungsvorschriften nach Art. 84 Abs. 2 GG, die Befugnis zum Erlaß von Einzelweisungen nach Art. 84 Abs. 5 GG und die Durchführung des Bundeszwanges nach Art. 37 GG.
Nicht überall, wo das Grundgesetz die Bundesregierung als Träger einer Zuständigkeit oder Befugnis nennt, ist damit notwendig die Bundesregierung als Kollegialorgan gemeint. Die Auslegung kann ergeben, daß die fragliche Zuständigkeit oder Befugnis auch einem einzelnen **Bundesminister** zukommen kann, z. B. im Falle des Erlasses der allgemeinen Verwaltungsvorschriften und der Regelung der Einrichtung der Behörden im Bereich der bundeseigenen Verwaltung (Art. 86 GG). „Bundesregierung" im Sinne des Art. 86 Satz 1 GG ist nicht nur das kollegiale Verfassungsorgan Bundesregierung, sondern auch der einzelne Fachminister (BVerfGE 36, 327).

Die Bundesregierung 101, 102 E

Insbesondere das Recht der Gesetzesinitiative

Unter den kollegialen Zuständigkeiten der Bundesregierung ist das Recht der 101 Gesetzesinitiative nach Art. 76 Abs. 1 GG von besonderer Bedeutung. Das gilt sowohl für das Gesetzgebungsrecht des Bundes selbst, dessen Ausübung in der weit überwiegenden Zahl der Fälle auf eine Initiative der Bundesregierung zurückgeht (F RNrn. 41–43), als auch für die von einer bestimmten Bundesregierung verfolgte Politik; denn wesentliche Vorhaben der Innen-, Wirtschafts- und Sozialpolitik können nur im Wege der Gesetzgebung verwirklicht werden.

Der Anstoß für ein bestimmtes Gesetzesvorhaben wird häufig von einer politischen Entscheidung des Bundeskanzlers, der Bundesregierung oder des Ressortministers ausgehen. Die technische Ausarbeitung des Entwurfs ist dann Sache der zuständigen Abteilung innerhalb des Ressorts und dort wieder Sache des zuständigen Referenten. Die erste Etappe eines Gesetzesvorhabens ist demnach der „Referentenentwurf", der nach Beteiligung der sonst betroffenen Ressorts und Billigung durch die Spitze des Hauses den Charakter einer „Kabinettsvorlage" annimmt und schließlich, nach Beschlußfassung durch das Kabinett, als „Gesetzesvorlage" der Bundesregierung beim Bundestag eingebracht wird. RNr. 104.

e) Die Ministerialbürokratie

Die Ministerien

Jedes Bundesministerium wird durch einen Bundesminister selbständig und 102 unter eigener Verantwortung geleitet (Art. 65 Satz 2 GG). Die Aufgaben der Ministerien umfassen die Vorbereitung und Durchführung der in den Geschäftsbereich fallenden Entscheidungen der Staatsleitung, einschließlich der Zuarbeit für den Bundeskanzler und die Bundesregierung, die Vorbereitung von Gesetzentwürfen, die Ausarbeitung von Rechtsverordnungen und Verwaltungsvorschriften und schließlich – wenn auch in begrenztem Umfang – die Erledigung eigentlicher Verwaltungsaufgaben durch Einzelfallentscheidungen. Diese Gruppen geben einen typisierenden Überblick über die Geschäftsaufgaben eines Ministeriums, ohne die große und sich ständig ändernde Vielgestaltigkeit der einzelnen zu erledigenden Angelegenheiten abschließend zu erfassen. Je nach der Eigenart der einzelnen Geschäftsbereiche treten Aufgaben der Staatsleitung, der Gesetzgebung und der Verwaltung in unterschiedlicher Gewichtung auf. Soweit ein Bundesministerium Aufgaben bundeseigener Verwaltung ausführt, ist es **oberste Bundesbehörde.**
Seit der Einführung des Systems der Geschäftsbereiche als Einteilungsprinzip für die Organisation der Exekutive zu Beginn des 19. Jahrhunderts werden als **„klassische" Ressorts** angesehen das Innenministerium, das Außenministerium, das Finanzministerium, das Justizministerium und das Kriegsministerium (Verteidigungsministerium). Mit dem Anwachsen der Staatsaufgaben ist die Zahl der Ressorts stark vermehrt worden, besonders seit dem Zweiten Weltkrieg. Die meisten der neueren Ministerien sind organisatorisch oder funktional durch Ausgliederung aus dem **Innenministerium** entstanden, so die Ministerien für Wirtschaft, für Arbeit und Sozialordnung, für Ernährung,

Landwirtschaft und Forsten, für Jugend, Familie und Gesundheit, für Forschung und Technologie, für Verkehr und für Raumordnung, Bauwesen und Städtebau. Eine Sonderstellung hat das **Bundesministerium für das Post- und Fernmeldewesen**, das zugleich die Deutsche Bundespost als Verkehrsanstalt und Sondervermögen des Bundes in bundeseigener Verwaltung mit eigenem Verwaltungsunterbau führt.

Die Bundesrepublik Deutschland. Staatshandbuch, Teilausgabe Bund, Ausgabe 1980.

Der Aufbau der Ministerien

103 Die Vielgestaltigkeit der Geschäftsbereiche erlaubt es nicht, den Aufbau der Ministerien nach einem einheitlichen Muster vorzunehmen. Es besteht jedoch ein organisatorisches Grundmuster, das in der **Gemeinsamen Geschäftsordnung der Bundesministerien Teil I** geregelt ist. Danach gliedern sich die Ministerien in **Abteilungen**, die Abteilungen in **Unterabteilungen** und diese wiederum in **Referate**. Der Abteilungsleiter ist in der Regel ein Ministerialdirektor, der Unterabteilungsleiter ist in der Regel ein Ministerialdirigent, der Referatsleiter ist in der Regel ein Ministerialrat.

An der Spitze des Hauses steht der Minister als **Ressortchef** mit dem Ministerbüro und dem persönlichen Referenten. Dem Minister unmittelbar nachgeordnet sind die beamteten und die Parlamentarischen Staatssekretäre. Als Leiter einer obersten Bundesbehörde wird der Bundesminister im Falle seiner Verhinderung durch den Staatssekretär und in dem Aufgabenbereich, der dem Parlamentarischen Staatssekretär übertragen worden ist sowie in den von ihm bestimmten Einzelfällen von diesem vertreten (§ 14 Abs. 3 GeschO BReg).

Organisation der Ministerien des Bundes und der Länder, Schriftenreihe der Hochschule Speyer, Bd. 52, 1973; R. WAHL, Probleme der Ministerialorganisation, Staat 13, 1974, S. 385.

Die Mitwirkung der Ministerialbürokratie bei der Gesetzgebung

104 Die Ministerialbürokratie verkörpert ein Sachwissen in allen wesentlichen Angelegenheiten der Staatsleitung und der sonstigen Geschäftsführung der Bundesregierung und der einzelnen Bundesministerien, das weitgehend von der wechselnden parteipolitischen Leitung und von den jeweiligen persönlichen Impulsen des Ressortchefs unabhängig ist. Diese Erscheinung bildet eine Konstante, ungeachtet wechselnder parteipolitischer Einflüsse auf die Auswahl und den Aufstieg der höheren Beamten. Der außerordentliche Umfang und die hochgradige Komplexität der heutigen, vor allem sozialstaatlich beeinflußten Tätigkeiten der Exekutive kann ohne das Sachwissen und die Loyalität des Beamtenkörpers in den Ministerien nicht erfolgreich bewältigt werden. Die Ministerialbürokratie stellt deshalb neben den mit der Staatsleitung betrauten Politikern, den Mitgliedern der parlamentarischen Volksvertretung und der mit den Rechtsprechungsaufgaben betrauten Richterschaft einen selbständigen und wesentlichen Faktor moderner Staatlichkeit dar.

Im Hinblick auf das der Bundesregierung zustehende Recht der Gesetzesinitiative fällt die wesentliche Aufgabe der Vorbereitung von Gesetzentwürfen in den Aufgabenbereich der einzelnen Geschäftsbereiche der Bundesre-

Die Bundesregierung   105 E

gierung. Die Verfahrensweise bei der Vorbereitung von Gesetzentwürfen ist in den Vorschriften der §§ 21 ff. der Gemeinsamen Geschäftsordnung der Bundesministerien Teil II näher geregelt. In den Fällen, in denen die Auslegung des Grundgesetzes in Frage steht, sind das Innenministerium und das Justizministerium durch das für den Gesetzentwurf federführende Ressort zu beteiligen. Das Justizministerium ist überdies wegen der Prüfung der Rechtsförmlichkeit an allen Gesetzentwürfen zu beteiligen.

f) Parlamentarische Verantwortlichkeit

Verantwortlichkeit des Bundeskanzlers und der Bundesminister

Die parlamentarische Verantwortlichkeit der Bundesregierung äußert sich 105 darin, daß der **Bundeskanzler** die Richtlinien der Politik bestimmt und dafür gegenüber dem Bundestag die Verantwortung trägt. Diese parlamentarische Verantwortlichkeit kann sich darin äußern, daß der Bundestag dem Bundeskanzler das Mißtrauen ausspricht, oder daß ein Antrag des Bundeskanzlers, ihm das Vertrauen auszusprechen, nicht die Mehrheit der Mitglieder des Bundestages findet (Art. 67, 68 GG). Jeder **Bundesminister** leitet innerhalb der Richtlinien der Politik, die der Bundeskanzler bestimmt, seinen Geschäftsbereich selbständig und unter eigener Verantwortung. Die parlamentarische Verantwortlichkeit der Bundesminister ist nicht durch eigene Entscheidungsmöglichkeiten des Bundestages sanktioniert. Der Bundestag kann einen einzelnen Bundesminister nicht stürzen. In dieser Hinsicht ist die Rechtslage unter dem Grundgesetz eine andere, als sie nach der Weimarer Reichsverfassung gegeben war. Art. 54 WeimRVerf bestimmte: Der Reichskanzler und die Reichsminister bedürfen zu ihrer Amtsführung das Vertrauen des Reichstags. Jeder von ihnen muß zurücktreten, wenn ihm der Reichstag durch ausdrücklichen Beschluß sein Vertrauen entzieht. Die parlamentarische Verantwortlichkeit auch der einzelnen Bundesminister äußert sich in dem Zitierungs- und Interpellationsrecht und in dem Untersuchungsrecht des Bundestages (Art. 43, 44 GG). Sie erstreckt sich auf die gesamte Tätigkeit seines Geschäftsbereichs, ohne Rücksicht darauf, ob der Bundesminister von den einzelnen Vorgängen Kenntnis hatte oder Kenntnis hätte haben müssen. Soweit es sich um Anordnungen und Verfügungen des Bundespräsidenten handelt, die der Bundesminister gegengezeichnet hat (Art. 58 GG), wird die entsprechende parlamentarische Verantwortlichkeit ausdrücklich bekundet.

Die parlamentarische Verantwortlichkeit des Bundeskanzlers und der Bundesminister ist nicht eine Verantwortlichkeit im Rechtssinne, etwa im Sinne einer Haftung. Sie bedeutet vielmehr die politische Rechtfertigungsbedürftigkeit für den Handlungsbereich, welcher der parlamentarischen Verantwortlichkeit unterliegt. Es ist dann allein eine Frage des politischen Ermessens des Bundestages, ob und in welcher Weise er die parlamentarische Verantwortlichkeit des Bundeskanzlers und der Bundesminister zum Anlaß einer Beschlußfassung nimmt.

K. KRÖGER, Die Ministerverantwortlichkeit in der Verfassungsordnung der Bundesrepublik Deutschland, 1972; P. BADURA, Die parlamentarische Verantwortlichkeit der Minister, Zeitschrift für Parlamentsfragen 11, 1980, S. 573.

Tadelsanträge

106 Unter einem „Tadelsantrag" versteht man den im Bundestag zur Beschlußfassung eingebrachten Antrag, ein bestimmtes Verhalten des Bundeskanzlers oder eines Bundesministers aus politischen oder rechtlichen Gründen zu rügen. Die Möglichkeit von Tadelsanträgen und einer entsprechenden Beschlußfassung des Bundestages ist im Grundgesetz nicht ausdrücklich geregelt. Sie ist jedoch auch nicht durch die ausdrücklich geregelten Rechtseinrichtungen des Mißtrauensvotums und der Vertrauensfrage ausgeschlossen. Eine besondere Einkleidung des Tadelsantrages stellt es dar, wenn der Bundeskanzler aufgefordert werden soll, dem Bundespräsidenten die Entlassung eines bestimmten Bundesministers vorzuschlagen. Unzulässig wäre es dagegen, dem Bundeskanzler in einer anderen Weise als durch Art. 67 GG vorgesehen, das Mißtrauen auszusprechen oder ein Mißtrauensvotum gegen einen einzelnen Bundesminister zu beschließen.

Die Praxis des Bundestages hinsichtlich von Mißbilligungs-, Tadels- und Entlassungsanträgen ist dargestellt in: P. Schindler, Datenhandbuch zur Geschichte des Deutschen Bundestages 1949–1982, 3. Aufl., 1984, S. 418 ff.

Mißtrauensvotum

107 Das Mißtrauensvotum ist im parlamentarischen Regierungssystem der Beschluß des Parlaments, mit dem der Regierung ausdrücklich das Vertrauen entzogen wird. Die rechtliche Folge des Mißtrauensvotums ist der Sturz der Regierung. Das Parlament bringt mit dem Mißtrauensvotum also zum Ausdruck, daß es hinfort nicht bereit ist, die bisherige Regierung im Amt zu belassen. Darin liegt die schärfste Waffe des Parlaments gegenüber der parlamentarisch verantwortlichen Regierung.
Die Ausgestaltung des Mißtrauensvotums im Grundgesetz ist durch zwei Besonderheiten gekennzeichnet: Der Bundestag kann nicht die Bundesregierung im ganzen und er kann auch nicht einzelne Bundesminister, sondern er kann nur den **Bundeskanzler** durch das Mißtrauensvotum stürzen, bringt damit aber auch die Bundesregierung insgesamt zu Fall. Weiterhin kann der Bundestag dem Bundeskanzler das Mißtrauen nur dadurch aussprechen, daß er mit der Mehrheit seiner Mitglieder einen Nachfolger wählt und den Bundespräsidenten ersucht, den Bundeskanzler zu entlassen – „**konstruktives Mißtrauensvotum**" – (Art. 67 GG). Das Mißtrauensvotum liegt allein im politischen Ermessen des Bundestages.
Der Antrag gemäß Art. 67 Abs. 1 GG ist von einem Viertel der Mitglieder des Bundestages oder einer Fraktion, die mindestens ein Viertel der Mitglieder des Bundestages umfaßt, zu unterzeichnen und in der Weise zu stellen, daß dem Bundestag ein namentlich benannter Kandidat als Nachfolger zur Wahl vorgeschlagen wird (§ 97 GeschO BTag). Zwischen dem Antrag und der Wahl müssen achtundvierzig Stunden liegen (Art. 67 Abs. 2 GG). Ist das Mißtrauensvotum erfolgreich, muß der Bundespräsident den Bundeskanzler entlassen und den Gewählten ernennen. Der im Wege eines konstruktiven Mißtrauensvotums ins Amt gelangte Bundeskanzler nimmt dieses Amt mit derselben Legitimität ein wie ein Bundeskanzler, der nach der Neuwahl des Bundestages gem. Art. 63 GG gewählt worden ist.

Die Bundesregierung 108 E

Ein Mißtrauensvotum ist unter der Geltung des Grundgesetzes bisher zweimal eingebracht worden. Das Mißtrauensvotum gegen den Bundeskanzler WILLY BRANDT (BTag Drucks. VI/3380) blieb am 27. April 1972 erfolglos, weil die erforderliche absolute Mehrheit im Bundestag nicht erreicht wurde. Das Mißtrauensvotum gegen den Bundeskanzler HELMUT SCHMIDT (BTag Drucks. 9/2004) war am 1. Oktober 1982 dadurch erfolgreich, daß der Bundestag mit der erforderlichen absoluten Mehrheit den Bundeskanzler HELMUT KOHL wählte.

Vertrauensfrage

Eine herkömmliche Befugnis des Regierungschefs im Rahmen des parlamentarischen Regierungssystems ist die auf eine Beschlußfassung des Parlaments gerichtete Bitte, ausdrücklich der Regierung das Vertrauen auszusprechen. Die Vertrauensfrage ist ein Werkzeug der Regierung, um sich der Unterstützung einer parlamentarischen Mehrheit zu versichern oder um durch einen besonderen Akt des Parlaments das Vorhandensein einer hinreichenden parlamentarischen Unterstützung zu bekräftigen. Der Mißerfolg einer Vertrauensfrage beläßt es in dem politischen Ermessen der Regierung, ob sie ungeachtet dessen ihr Amt fortführen will oder aber den Weg für eine neue Regierungsbildung freimacht. 108

Die Regelung der Vertrauensfrage im Grundgesetz verbindet zwei verschiedenartige Entscheidungsmöglichkeiten. Sie eröffnet einerseits eine Möglichkeit, die **Auflösung des Bundestages** herbeizuführen, und eröffnet auf der anderen Seite den Weg zu dem besonderen Verfahren des „**Gesetzgebungsnotstandes**" (Art. 81 GG). Nach der danach bestehenden Ausgestaltung der Vertrauensfrage in Art. 68 und 81 GG muß die Vertrauensfrage kein Selbstzweck sein; sie kann vielmehr sowohl auf eine Auflösung des Bundestages wie auf die den Bundestag umgehende Gesetzgebung im Gesetzgebungsnotstand gerichtet sein. Ob die Vertrauensfrage gestellt wird, in welcher Weise der Bundestag über die Vertrauensfrage beschließt und welche Folgerungen aus der Beschlußfassung des Bundestages gezogen werden, sind Fragen des politischen Ermessens der beteiligten Verfassungsorgane.

Die rechtliche Grenze dieses Ermessens ist der **Mißbrauch** insbes. durch die Anmaßung eines nach dem Grundgesetz nicht bestehenden Auflösungs- oder Selbstauflösungsrechts des Bundestages.

Abweichend von dieser Annahme hat das Bundesverfassungsgericht den Standpunkt eingenommen, daß der Bundeskanzler den Antrag nach Art. 68 GG nur stellen dürfe, wenn es „politisch für ihn nicht mehr gewährleistet ist, mit den im Bundestag bestehenden Kräfteverhältnissen weiter zu regieren" (BVerfGE 62, 1; dazu H.-J. TOEWS, AöR 109, 1984, S. 593). Der Versuch des Bundesverfassungsgerichts, die Vertrauensfrage und die sich daraus weiter ergebenden Konsequenzen zu verrechtlichen, kann nicht überzeugen.

Die Regelung in Art. 68 GG geht dahin, daß der Bundespräsident auf Vorschlag des Bundeskanzlers binnen einundzwanzig Tagen den Bundestag auflösen kann, wenn ein Antrag des Bundeskanzlers, ihm das Vertrauen auszusprechen, nicht die Zustimmung der Mehrheit der Mitglieder des Bundestages findet. Das Recht zur Auflösung erlischt, sobald der Bundestag mit der

Mehrheit seiner Mitglieder einen anderen Bundeskanzler wählt. Zwischen dem Antrag des Bundeskanzlers und der Abstimmung über die Vertrauensfrage müssen achtundvierzig Stunden liegen. Diese verfassungsrechtliche Vorschrift stellt es in das Ermessen des **Bundeskanzlers**, die Vertrauensfrage zu stellen, in das Ermessen des **Bundestages**, wie er über die Vertrauensfrage Beschluß fassen will, in das Ermessen wiederum des **Bundeskanzlers**, ob er dem Bundespräsidenten die Auflösung des Bundestages vorschlagen will und schließlich in das Ermessen des **Bundespräsidenten**, ob er dem Vorschlag des Bundeskanzlers folgen will. Der Sinn der Regelung, die im Falle der Ablehnung der Vertrauensfrage den Weg zu einer Auflösung des Bundestages eröffnet, liegt darin, durch einen Appell an die Wähler zu versuchen, klare Mehrheitsverhältnisse im Bundestag für oder gegen den Bundeskanzler herbeizuführen, der die Vertrauensfrage stellt. Es ist nicht ersichtlich, warum der in die Hand des Bundeskanzlers gelegte Schritt zur Herbeiführung von Neuwahlen rechtlich von der ungeschriebenen Voraussetzung abhängig sein soll, daß die politischen Mehrheitsverhältnisse im Bundestag die Handlungsfähigkeit des Bundeskanzlers beeinträchtigen oder lähmen, wie das Bundesverfassungsgericht angenommen hat.

Unter der Geltung des Grundgesetzes ist bisher dreimal durch einen Bundeskanzler die Vertrauensfrage nach Art. 68 GG gestellt worden. Der Bundeskanzler WILLY BRANDT hat die Vertrauensfrage mit dem Ergebnis gestellt, daß am 22. Sept. 1972 sein Antrag nicht die erforderliche Mehrheit gefunden hat. Der Bundespräsident hat daraufhin auf Vorschlag des Bundeskanzlers den Sechsten Deutschen Bundestag aufgelöst (BGBl. I S. 1833). Die Vertrauensfrage des Bundeskanzlers HELMUT SCHMIDT führte am 5. Febr. 1982 dazu, daß dem Bundeskanzler mit der verfassungsrechtlich vorgesehenen Mehrheit das Vertrauen ausgesprochen wurde. Die Vertrauensfrage des Bundeskanzlers HELMUT KOHL, die von vornherein mit dem Ziel einer Herbeiführung von Neuwahlen gestellt wurde, führte am 17. Dez. 1982 dazu, daß dem Bundeskanzler nicht mit der erforderlichen Mehrheit das Vertrauen ausgesprochen wurde. Der Bundespräsident hat daraufhin auf Vorschlag des Bundeskanzlers die Auflösung des Neunten Deutschen Bundestages angeordnet. Die Neuwahlen fanden am 6. März 1983 statt. Die im Organstreitverfahren beim Bundesverfassungsgericht gestellten Anträge verschiedener Bundestagsabgeordneter, festzustellen, daß der Bundespräsident durch seine Anordnung über die Auflösung des Bundestages und seine Anordnung über die Bundestagswahl 1983 gegen Art. 68 Abs. 1 GG verstoßen und dadurch die Antragsteller in ihren verfassungsmäßigen Rechten aus Art. 38 Abs. 1 Satz 2 GG verletzt oder unmittelbar gefährdet habe, wurden vom Bundesverfassungsgericht mit Urteil vom 16. Febr. 1983 zurückgewiesen (BVerfGE 62, 1).

H. H. KLEIN, Die Auflösung des Bundestages nach Art. 68 GG ZfP 1983, 402; H.-P. SCHNEIDER, Die vereinbarte Parlamentsauflösung, JZ 1983, 652; J. DELBRÜCK/ R. WOLFRUM, Die Auflösung des neunten Deutschen Bundestages vor dem Bundesverfassungsgericht, JuS 1983, 758; W. ZEH, Bundestagsauflösung über die Vertrauensfrage – Möglichkeiten und Grenzen der Verfassung, Zeitschrift für Parlamentsfragen, 1983, S. 119; W. SCHREIBER/K.-D. SCHNAPAUFF, Rechtsfragen „im Schatten" der Diskussion um die Auflösung des Deutschen Bundestages nach Art. 68 GG, AöR 109, 1984, S. 369.

F. Gesetzgebung

VII. Die Gesetzgebung des Bundes

Art. 70

(1) Die Länder haben das Recht der Gesetzgebung, soweit dieses Grundgesetz nicht dem Bunde Gesetzgebungsbefugnisse verleiht.

(2) Die Abgrenzung der Zuständigkeit zwischen Bund und Ländern bemißt sich nach den Vorschriften dieses Grundgesetzes über die ausschließliche und die konkurrierende Gesetzgebung.

Art. 71

Im Bereiche der ausschließlichen Gesetzgebung des Bundes haben die Länder die Befugnis zur Gesetzgebung nur, wenn und soweit sie hierzu in einem Bundesgesetze ausdrücklich ermächtigt werden.

Art. 72

(1) Im Bereiche der konkurrierenden Gesetzgebung haben die Länder die Befugnis zur Gesetzgebung, solange und soweit der Bund von seinem Gesetzgebungsrechte keinen Gebrauch macht.

(2) Der Bund hat in diesem Bereiche das Gesetzgebungsrecht, soweit ein Bedürfnis nach bundesgesetzlicher Regelung besteht, weil

1. eine Angelegenheit durch die Gesetzgebung einzelner Länder nicht wirksam geregelt werden kann oder
2. die Regelung einer Angelegenheit durch ein Landesgesetz die Interessen anderer Länder oder der Gesamtheit beeinträchtigen könnte oder
3. die Wahrung der Rechts- oder Wirtschaftseinheit, insbesondere die Wahrung der Einheitlichkeit der Lebensverhältnisse über das Gebiet eines Landes hinaus sie erfordert.

Art. 73

Der Bund hat die ausschließliche Gesetzgebung über:
1. die auswärtigen Angelegenheiten sowie die Verteidigung einschließlich des Schutzes der Zivilbevölkerung;
2. die Staatsangehörigkeit im Bunde;
3. die Freizügigkeit, das Paßwesen, die Ein- und Auswanderung und die Auslieferung;
4. das Währungs-, Geld- und Münzwesen, Maße und Gewichte sowie die Zeitbestimmung;
5. die Einheit des Zoll- und Handelsgebietes, die Handels- und Schiffahrtsverträge, die Freizügigkeit des Warenverkehrs und den Waren- und Zahlungsverkehr mit dem Auslande einschließlich des Zoll- und Grenzschutzes;
6. die Bundeseisenbahnen und den Luftverkehr;
7. das Post- und Fernmeldewesen;

F   Gesetzgebung

8. die Rechtsverhältnisse der im Dienste des Bundes und der bundesunmittelbaren Körperschaften des öffentlichen Rechtes stehenden Personen;
9. den gewerblichen Rechtsschutz, das Urheberrecht und das Verlagsrecht;
10. die Zusammenarbeit des Bundes und der Länder
    a) in der Kriminalpolizei,
    b) zum Schutze der freiheitlichen demokratischen Grundordnung, des Bestandes und der Sicherheit des Bundes oder eines Landes (Verfassungsschutz) und
    c) zum Schutze gegen Bestrebungen im Bundesgebiet, die durch Anwendung von Gewalt oder darauf gerichtete Vorbereitungshandlungen auswärtige Belange der Bundesrepublik Deutschland gefährden,
    sowie die Einrichtung eines Bundeskriminalpolizeiamtes und die internationale Verbrechensbekämpfung;
11. die Statistik für Bundeszwecke.

Art. 74

Die konkurrierende Gesetzgebung erstreckt sich auf folgende Gebiete:
1. das bürgerliche Recht, das Srtafrecht und den Strafvollzug, die Gerichtsverfassung, das gerichtliche Verfahren, die Rechtsanwaltschaft, das Notariat und die Rechtsberatung;
2. das Personenstandswesen;
3. das Vereins- und Versammlungsrecht;
4. das Aufenthalts- und Niederlassungsrecht der Ausländer;
4a. das Waffen- und das Sprengstoffrecht;
5. den Schutz deutschen Kulturgutes gegen Abwanderung in das Ausland;
6. die Angelegenheiten der Flüchtlinge und Vertriebenen;
7. die öffentliche Fürsorge;
8. die Staatsangehörigkeit in den Ländern;
9. die Kriegsschäden und die Wiedergutmachung;
10. die Versorgung der Kriegsbeschädigten und Kriegshinterbliebenen und die Fürsorge für die ehemaligen Kriegsgefangenen;
10a. die Kriegsgräber und Gräber anderer Opfer des Krieges und Opfer von Gewaltherrschaft;
11. das Recht der Wirtschaft (Bergbau, Industrie, Energiewirtschaft, Handwerk, Gewerbe, Handel, Bank- und Börsenwesen, privatrechtliches Versicherungswesen);
11a. die Erzeugung und Nutzung der Kernenergie zu friedlichen Zwecken, die Errichtung und den Betrieb von Anlagen, die diesen Zwecken dienen, den Schutz gegen Gefahren, die bei Freiwerden von Kernenergie oder durch ionisierende Strahlen entstehen, und die Beseitigung radioaktiver Stoffe;
12. das Arbeitsrecht einschließlich der Betriebsverfassung, des Arbeitsschutzes und der Arbeitsvermittlung sowie die Sozialversicherung einschließlich der Arbeitslosenversicherung;
13. die Regelung der Ausbildungsbeihilfen und die Förderung der wissenschaftlichen Forschung;
14. das Recht der Enteignung, soweit sie auf den Sachgebieten der Artikel 73 und 74 in Betracht kommt;
15. die Überführung von Grund und Boden, von Naturschätzen und Produk-

Gesetzgebung F

tionsmitteln in Gemeineigentum oder in andere Formen der Gemeinwirtschaft;
16. die Verhütung des Mißbrauchs wirtschaftlicher Machtstellung;
17. die Förderung der land- und forstwirtschaftlichen Erzeugung, die Sicherung der Ernährung, die Ein- und Ausfuhr land- und forstwirtschaftlicher Erzeugnisse, die Hochsee- und Küstenfischerei und den Küstenschutz;
18. den Grundstücksverkehr, das Bodenrecht und das landwirtschaftliche Pachtwesen, das Wohnungswesen, das Siedlungs- und Heimstättenwesen;
19. die Maßnahmen gegen gemeingefährliche und übertragbare Krankheiten bei Menschen und Tieren, die Zulassung zu ärztlichen und anderen Heilberufen und zum Heilgewerbe, den Verkehr mit Arzneien, Heil- und Betäubungsmitteln und Giften;
19 a. die wirtschaftliche Sicherung der Krankenhäuser und die Regelung der Krankenhauspflegesätze;
20. den Schutz beim Verkehr mit Lebens- und Genußmitteln, Bedarfsgegenständen, Futtermitteln und land- und forstwirtschaftlichem Saat- und Pflanzgut, den Schutz der Pflanzen gegen Krankheiten und Schädlinge sowie den Tierschutz;
21. die Hochsee- und Küstenschiffahrt sowie die Seezeichen, die Binnenschiffahrt, den Wetterdienst, die Seewasserstraßen und die dem allgemeinen Verkehr dienenden Binnenwasserstraßen;
22. den Straßenverkehr, das Kraftfahrwesen, den Bau und die Unterhaltung von Landstraßen für den Fernverkehr sowie die Erhebung und Verteilung von Gebühren für die Benutzung öffentlicher Straßen mit Fahrzeugen;
23. die Schienenbahnen, die nicht Bundeseisenbahnen sind, mit Ausnahme der Bergbahnen;
24. die Abfallbeseitigung, die Luftreinhaltung und die Lärmbekämpfung.

Art. 74 a

(1) Die konkurrierende Gesetzgebung erstreckt sich ferner auf die Besoldung und Versorgung der Angehörigen des öffentlichen Dienstes, die in einem öffentlich-rechtlichen Dienst- und Treueverhältnis stehen, soweit dem Bund nicht nach Artikel 73 Nr. 8 die ausschließliche Gesetzgebung zusteht.

(2) Bundesgesetze nach Absatz 1 bedürfen der Zustimmung des Bundesrates.

(3) Der Zustimmung des Bundesrates bedürfen auch Bundesgesetze nach Artikel 73 Nr. 8, soweit sie andere Maßstäbe für den Aufbau oder die Bemessung der Besoldung und Versorgung einschließlich der Bewertung der Ämter oder andere Mindest- oder Höchstbeträge vorsehen als Bundesgesetze nach Absatz 1.

(4) Die Absätze 1 und 2 gelten entsprechend für die Besoldung und Versorgung der Landesrichter. Für Gesetze nach Artikel 98 Abs. 1 gilt Absatz 3 entsprechend.

Art. 75

Der Bund hat das Recht, unter den Voraussetzungen des Artikels 72 Rahmenvorschriften zu erlassen über:
1. die Rechtsverhältnisse der im öffentlichen Dienste der Länder, Gemeinden und anderen Körperschaften des öffentlichen Rechtes stehenden Personen, soweit Artikel 74 a nichts anderes bestimmt,
1 a. die allgemeinen Grundsätze des Hochschulwesens;
2. die allgemeinen Rechtsverhältnisse der Presse und des Films;

3. das Jagdwesen, den Naturschutz und die Landschaftspflege;
4. die Bodenverteilung, die Raumordnung und den Wasserhaushalt;
5. das Melde- und Ausweiswesen.

Art. 76

(1) Gesetzesvorlagen werden beim Bundestage durch die Bundesregierung, aus der Mitte des Bundestages oder durch den Bundesrat eingebracht.

(2) Vorlagen der Bundesregierung sind zunächst dem Bundesrate zuzuleiten. Der Bundesrat ist berechtigt, innerhalb von sechs Wochen zu diesen Vorlagen Stellung zu nehmen. Die Bundesregierung kann eine Vorlage, die sie bei der Zuleitung an den Bundesrat ausnahmsweise als besonders eilbedürftig bezeichnet hat, nach drei Wochen dem Bundestage zuleiten, auch wenn die Stellungnahme des Bundesrates noch nicht bei ihr eingegangen ist; sie hat die Stellungnahme des Bundesrates unverzüglich nach Eingang dem Bundestage nachzureichen.

(3) Vorlagen des Bundesrates sind dem Bundestage durch die Bundesregierung innerhalb von drei Monaten zuzuleiten. Sie hat hierbei ihre Auffassung darzulegen.

Art. 77

(1) Die Bundesgesetze werden vom Bundestage beschlossen. Sie sind nach ihrer Annahme durch den Präsidenten des Bundestages unverzüglich dem Bundesrate zuzuleiten.

(2) Der Bundesrat kann binnen drei Wochen nach Eingang des Gesetzesbeschlusses verlangen, daß ein aus Mitgliedern des Bundestages und des Bundesrates für die gemeinsame Beratung von Vorlagen gebildeter Ausschuß einberufen wird. Die Zusammensetzung und das Verfahren dieses Ausschusses regelt eine Geschäftsordnung, die vom Bundestag beschlossen wird und der Zustimmung des Bundesrates bedarf. Die in diesen Ausschuß entsandten Mitglieder des Bundesrates sind nicht an Weisungen gebunden. Ist zu einem Gesetze die Zustimmung des Bundesrates erforderlich, so können auch der Bundestag und die Bundesregierung die Einberufung verlangen. Schlägt der Ausschuß eine Änderung des Gesetzesbeschlusses vor, so hat der Bundestag erneut Beschluß zu fassen.

(3) Soweit zu einem Gesetze die Zustimmung des Bundesrates nicht erforderlich ist, kann der Bundesrat, wenn das Verfahren nach Absatz 2 beendigt ist, gegen ein vom Bundestage beschlossenes Gesetz binnen zwei Wochen Einspruch einlegen. Die Einspruchsfrist beginnt im Falle des Absatzes 2 letzter Satz mit dem Eingange des vom Bundestage erneut gefaßten Beschlusses, in allen anderen Fällen mit dem Eingange der Mitteilung des Vorsitzenden des in Absatz 2 vorgesehenen Ausschusses, daß das Verfahren vor dem Ausschusse abgeschlossen ist.

(4) Wird der Einspruch mit der Mehrheit der Stimmen des Bundesrates beschlossen, so kann er durch Beschluß der Mehrheit der Mitglieder des Bundestages zurückgewiesen werden. Hat der Bundesrat den Einspruch mit einer Mehrheit von mindestens zwei Dritteln seiner Stimmen beschlossen, so bedarf die Zurückweisung durch den Bundestag einer Mehrheit von zwei Dritteln, mindestens der Mehrheit der Mitglieder des Bundestages.

Art. 78

Ein vom Bundestage beschlossenes Gesetz kommt zustande, wenn der Bundesrat zustimmt, den Antrag gemäß Artikel 77 Abs. 2 nicht stellt, innerhalb der Frist

Gesetzgebung F

des Artikels 77 Abs. 3 keinen Einspruch einlegt oder ihn zurücknimmt oder wenn der Einspruch vom Bundestage überstimmt wird.

Art. 79

(1) Das Grundgesetz kann nur durch ein Gesetz geändert werden, das den Wortlaut des Grundgesetzes ausdrücklich ändert oder ergänzt. Bei völkerrechtlichen Verträgen, die eine Friedensregelung, die Vorbereitung einer Friedensregelung oder den Abbau einer besatzungsrechtlichen Ordnung zum Gegenstand haben oder der Verteidigung der Bundesrepublik zu dienen bestimmt sind, genügt zur Klarstellung, daß die Bestimmungen des Grundgesetzes dem Abschluß und dem Inkrafsetzen der Verträge nicht entgegenstehen, eine Ergänzung des Wortlautes des Grundgesetzes, die sich auf die Klarstellung beschränkt.

(2) Ein solches Gesetz bedarf der Zustimmung von zwei Dritteln der Mitglieder des Bundestages und zwei Dritteln der Stimmen des Bundesrates.

(3) Eine Änderung dieses Grundgesetzes, durch welche die Gliederung des Bundes in Länder, die grundsätzliche Mitwirkung der Länder bei der Gesetzgebung oder die in den Artikeln 1 und 20 niedergelegten Grundsätze berührt werden, ist unzulässig.

Art. 80

(1) Durch Gesetz können die Bundesregierung, ein Bundesminister oder die Landesregierung ermächtigt werden, Rechtsverordnungen zu erlassen. Dabei müssen Inhalt, Zweck und Ausmaß der erteilten Ermächtigung im Gesetze bestimmt werden. Die Rechtsgrundlage ist in der Verordnung anzugeben. Ist durch Gesetz vorgesehen, daß eine Ermächtigung weiter übertragen werden kann, so bedarf es zur Übertragung der Ermächtigung einer Rechtsverordnung.

(2) Der Zustimmung des Bundesrates bedürfen, vorbehaltlich anderweitiger bundesgesetzlicher Regelung, Rechtsverordnung der Bundesregierung oder eines Bundesministers über Grundsätze und Gebühren für die Benutzung der Einrichtungen der Bundeseisenbahnen und des Post- und Fernmeldewesens, über den Bau und Betrieb der Eisenbahnen, sowie Rechtsverordnungen auf Grund von Bundesgesetzen, die der Zustimmung des Bundesrates bedürfen oder die von den Ländern im Auftrage des Bundes oder als eigene Angelegenheit ausgeführt werden.

Art. 80a

(1) Ist in diesem Grundgesetz oder in einem Bundesgesetz über die Verteidigung einschließlich des Schutzes der Zivilbevölkerung bestimmt, daß Rechtsvorschriften nur nach Maßgabe dieses Artikels angewandt werden dürfen, so ist die Anwendung außer im Verteidigungsfalle nur zulässig, wenn der Bundestag den Eintritt des Spannungsfalles festgestellt oder wenn er der Anwendung besonders zugestimmt hat. Die Feststellung des Spannungsfalles und die besondere Zustimmung in den Fällen des Artikels 12a Abs. 5 Satz 1 und Abs. 6 Satz 2 bedürfen einer Mehrheit von zwei Dritteln der abgegebenen Stimmen.

(2) Maßnahmen auf Grund von Rechtsvorschriften nach Absatz 1 sind aufzuheben, wenn der Bundestag es verlangt.

(3) Abweichend von Absatz 1 ist die Anwendung solcher Rechtsvorschriften auch auf der Grundlage und nach Maßgabe eines Beschlusses zulässig, der von einem internationalen Organ im Rahmen eines Bündnisvertrages mit Zustimmung der Bundesregierung gefaßt wird. Maßnahmen nach diesem Absatz sind aufzuheben, wenn der Bundestag es mit der Mehrheit seiner Mitglieder verlangt.

F Gesetzgebung

Art. 81

(1) Wird im Falle des Artikels 68 der Bundestag nicht aufgelöst, so kann der Bundespräsident auf Antrag der Bundesregierung mit Zustimmung des Bundesrates für eine Gesetzesvorlage den Gesetzgebungsnotstand erklären, wenn der Bundestag sie ablehnt, obwohl die Bundesregierung sie als dringlich bezeichnet hat. Das gleiche gilt, wenn eine Gesetzesvorlage abgelehnt worden ist, obwohl der Bundeskanzler mit ihr den Antrag des Artikels 68 verbunden hatte.

(2) Lehnt der Bundestag die Gesetzesvorlage nach Erklärung des Gesetzgebungsnotstandes erneut ab oder nimmt er sie in einer für die Bundesregierung als unannehmbar bezeichneten Fassung an, so gilt das Gesetz als zustande gekommen, soweit der Bundesrat ihm zustimmt. Das gleiche gilt, wenn die Vorlage vom Bundestage nicht innerhalb von vier Wochen nach der erneuten Einbringung verabschiedet wird.

(3) Während der Amtszeit eines Bundeskanzlers kann auch jeder andere vom Bundestage abgelehnte Gesetzesvorlage innerhalb einer Frist von sechs Monaten nach der ersten Erklärung des Gesetzgebungsnotstandes gemäß Absatz 1 und 2 verabschiedet werden. Nach Ablauf der Frist ist während der Amtszeit des gleichen Bundeskanzlers eine weitere Erklärung des Gesetzgebungsnotstandes unzulässig.

(4) Das Grundgesetz darf durch ein Gesetz, das nach Absatz 2 zustande kommt, weder geändert, noch ganz oder teilweise außer Kraft oder außer Anwendung gesetzt werden.

Art. 82

(1) Die nach den Vorschriften dieses Grundgesetzes zustande gekommenen Gesetze werden vom Bundespräsidenten nach Gegenzeichnung ausgefertigt und im Bundesgesetzblatte verkündet. Rechtsverordnungen werden von der Stelle, die sie erläßt, ausgefertigt und vorbehaltlich anderweitiger gesetzlicher Regelung im Bundesgesetzblatte verkündet.

(2) Jedes Gesetz und jede Rechtsverordnung soll den Tag des Inkrafttretens bestimmen. Fehlt eine solche Bestimmung, so treten sie mit dem vierzehnten Tage nach Ablauf des Tages in Kraft, an dem das Bundesgesetzblatt ausgegeben worden ist.

Gliederungsübersicht

	RNr.		RNr.
1. Das Gesetz		Politische Leitung und Planung durch Gesetz	8
a) Die Rechtsordnung		Alle „wesentlichen" Regelungen bedürfen des Gesetzes	9
Rechtsetzung durch Normerlaß	1		
Rechtsetzung durch Gesetz	2		
Das Gesetz als parlamentarische Entscheidung	3	Die politische Gestaltungsfreiheit des Gesetzgebers	10
b) Der rechtsstaatliche Gesetzesbegriff		**2. Gesetz und Verordnung**	
Die gesetzgebende Gewalt	4	a) Abgeleitete Rechtsetzung der Exekutive im Wege der Rechtsverordnung	
Garantiefunktion des Gesetzes	5		
Verfassungsrechtliche Bindungen der Gesetzgebung	6	Rechtsverordnung aufgrund Gesetzes	10
„Maßnahme-Gesetze"	7	Praxis der Verordnungsgebung	12

Gesetzgebung

	RNr.
b) Delegation der Verordnungsmacht durch eine gesetzliche Ermächtigung	
Kein selbständiges Verordnungsrecht der Exekutive	13
Adressaten bundesgesetzlicher Ermächtigungen	14
Das rechtsstaatliche Bestimmtheitsgebot	15
Bestimmtheitsgebot bei landesgesetzlichen Ermächtigungen	16
Reformüberlegungen	17
c) Verwaltungsvorschriften	
Begriff und Erscheinungsformen	18
Insbes. die Ermessensdirektiven	19
Zulässigkeitsvoraussetzungen	20
Gleichbehandlung und Vertrauensschutz	21
Verwaltungsvorschriften in der Gerichtspraxis	22
d) „Normenflut" – „Normenhunger"	
Sozialgestaltung durch Rechtssetzung	23
Gesetzmäßigkeit der Verwaltung	24

3. Gesetzgebung im Bundesstaat

a) Die Zuständigkeitsvoraussetzungen	
Der Grundsatz	25
Die „Materie" der Gesetzgebung als Abgrenzungskriterium	26
Ausmaß und Gewicht der Bundesgesetzgebung	27
„Ungeschriebene" Bundeszuständigkeiten	28
Bundesrecht bricht Landesrecht	29
b) Die ausschließliche Gesetzgebung des Bundes	
Grundgedanken	30
Wesentliche Materien	31
Ausschluß der Landesgesetzgebung	32
c) Die konkurrierende Gesetzgebung	
Grundgedanken	33
Wesentliche Materien	34
Voraussetzungen der Bundesgesetzgebung	35
„Abschließende" Regelung einer Materie durch Bundesgesetz	36
d) Rahmenvorschriften des Bundes	
Grundgedanken	37

F

	RNr.
Wesentliche Materien	38
Voraussetzungen der Bundesgesetzgebung	39
Ausfüllungsfähigkeit und Ausfüllungsbedürftigkeit eines Rahmengesetzes	40

4. Der Gang der Bundesgesetzgebung

a) Die Gesetzesinitiative	
Das Initiativrecht	41
Insbes. das Initiativrecht der Bundesregierung	42
Ausübung des Initiativrechts und Verfahren	43
b) Die Bundesgesetze werden durch den Bundestag beschlossen	
Parlamentarische Behandlung einer Gesetzesvorlage	44
Die drei Beratungen einer Vorlage	45
Die Vorlage in den Bundestagsausschüssen	46
Die Beschlußfassung im Bundestag	47
„Berichtigungen" eines Gesetzes	48
Verweisungen in einem Gesetz	49
c) Die Mitwirkung des Bundesrates	
Sinn und Bedeutung der Stellung des Bundesrates im Gesetzgebungsverfahren	50
Einspruchsgesetze	51
Zustimmungsgesetze	52
Das Vermittlungsverfahren	53
„Zustandekommen" eines Bundesgesetzes	54
d) Ausfertigung, Verkündung und Inkrafttreten von Bundesgesetzen	
Ausfertigung durch den Bundespräsidenten	55
Verkündung im Bundesgesetzblatt	56
Das Bundesgesetzblatt (BGBl. I, II, III)	57
Das Inkrafttreten des Bundesgesetzes	58

5. Die verfassungsändernde Gesetzgebung

a) Die verfassungsändernde Gewalt	
Verfassunggebung und Verfassungsänderung	59
Verfassungswandel	60

	RNr.		RNr.
b) Das Verfahren der Verfassungsänderung		c) Grenzen der Verfassungsänderung	
Initiativrecht und Behandlung der Vorlage	61	Materielle Bindung der verfassungsändernden Gewalt durch das Verfassungsgesetz (Art. 79 Abs. 3 GG)	64
Mehrheitserfordernisse	62		
Verbot von Verfassungsdurchbrechungen	63	Inhalt der Bindungsklausel	65
		Justiziabilität der Bindungsklausel	66
		Überschießende Bedeutung des Art. 79 Abs. 3 GG für die Verfassungsauslegung?	67

1. Das Gesetz

a) Die Rechtsordnung

Rechtsetzung durch Normerlaß

1 Das Recht der Gegenwart besteht aus Normen, die vom Staat geschaffen werden oder zumindest aufgrund staatlicher Ermächtigung oder Zulassung durch nichtstaatliche Normgeber, wie z. B. die Gemeinden, gesetzt werden. Das heutige Recht ist **positives Recht**. Gewohnheitsrecht, d. h. Rechtssätze die aus einer länger dauernden und auf Rechtsüberzeugung beruhenden Übung hervorgehen, spielen eine ganz untergeordnete Rolle. A RNr. 5.
Die politisch und verfassungsrechtlich ausschlaggebende Erscheinung der Rechtsetzung ist die **Gesetzgebung**, d. h. der Erlaß von Gesetzen durch die parlamentarische Volksvertretung nach den in der Verfassung festgelegten Regeln der Ausübung gesetzgebender Gewalt. Die Gesetze enthalten die wesentlichen Normen der Rechtsordnung. Daneben gehören zur Rechtsordnung die Rechtsverordnungen und die Satzungen, die jeweils von einer gesetzlichen Ermächtigung abhängig sind. Ein Gesetz ist nur wirksam, wenn es im Einklang mit der Verfassung zustande gekommen ist und auch inhaltlich nicht gegen die Verfassung verstößt, Rechtsverordnungen und Satzungen sind nur wirksam, wenn sie aufgrund einer hinreichenden gesetzlichen Ermächtigung erlassen worden sind und auch sonst mit Verfassung und Gesetz im Einklang stehen.
Die Rationalität, die das staatliche Handeln und der Rechtsverkehr durch das in seinem Bestand jederzeit eindeutig feststellbare, in Inhalt und Wirkung berechenbare und gleichmäßig angewendete positive Recht erhalten, ist ein Wesenszug des modernen Staates; siehe MAX WEBER, Wirtschaft und Gesellschaft, 4. Aufl., 1956, Bd. 2, S. 503 ff.

W. RUDOLF/W. HABSCHEID, Territoriale Grenzen der staatlichen Rechtsetzung, 1973; H. HILL, Einführung in die Gesetzgebungslehre, 1982; H. SCHNEIDER, Gesetzgebung, 1982; W. HUGGER, Gesetze – Ihre Vorbereitung, Abfassung und Prüfung, 1983.

Rechtsetzung durch Gesetz

2 Das Gesetz ist ein Rechtssatz, der von der **parlamentarischen Volksvertretung** in dem verfassungsmäßig vorgesehenen Verfahren und in Einklang mit den

Das Gesetz 3, 4 F

inhaltlichen Anforderungen der Verfassung erlassen wird. Die Fähigkeit der parlamentarischen Volksvertretung, Gesetze zu erlassen, wird als „**gesetzgebende Gewalt**" bezeichnet.
Das Gesetz regelt die Organisation und die Ausübung der Staatsgewalt, soweit die Verfassung darüber keine Bestimmung getroffen hat. Die vollziehende Gewalt und die Rechtsprechung sind an das Gesetz gebunden. Die Rechte und Pflichten des einzelnen ergeben sich aus dem Gesetz. Das Gesetz gestaltet die Grundrechte aus und bestimmt deren Schranken.
Beschlüsse – „**Entschließungen**" – des Bundestages, die nicht in Ausübung der gesetzgebenden Gewalt verabschiedet werden („schlichte Parlamentsbeschlüsse"), sind von politischer Bedeutung, entbehren jedoch der rechtlichen Bindungswirkung eines Gesetzes.

Das Gesetz als parlamentarische Entscheidung

Die **gesetzgebenden Körperschaften** des Bundes sind der Bundestag und der Bundesrat. 3
Durch den Bundesrat wirken die Länder bei der Gesetzgebung des Bundes mit (Art. 50 GG). Ein vom Bundestage beschlossenes Gesetz kommt zustande, wenn die verfassungsmäßigen Mitwirkungsrechte des Bundesrates gewahrt sind (Art. 78 GG).
Der **Bundestag** ist die parlamentarische Volksvertretung, der nach den Grundsätzen der parlamentarischen Demokratie im Zusammenwirken mit der Bundesregierung die politische Willensbildung des Bundes anvertraut ist. Soweit sich die parlamentarische politische Willensbildung auf die Hervorbringung und Fortbildung der Rechtsordnung richtet, geschieht dies im Wege der Gesetzgebung.

b) Der rechtsstaatliche Gesetzesbegriff

Die gesetzgebende Gewalt

Die gesetzgebende Gewalt ist die durch die Verfassung begründete, geordnete und beschränkte Fähigkeit der parlamentarischen Volksvertretung, Rechtssätze in Gestalt des Gesetzes zu erlassen. 4
In der parlamentarischen Demokratie ist die Gesetzgebung die beherrschende Erscheinungsform der politischen Willensbildung. Durch das **Gewaltenteilungsprinzip** wird die gesetzgebende Gewalt als eine selbständige und rechtlich faßbare Erscheinungsform der Ausübung politischer Herrschaft hervorgebracht und von den anderen Erscheinungsformen der Staatsgewalt, hauptsächlich von der vollziehenden Gewalt und der Rechtsprechung, unterschieden.
Die Gesetzgebung ist an die verfassungsmäßige Ordnung, die vollziehende Gewalt und die Rechtsprechung sind an Gesetz und Recht gebunden (Art. 20 Abs. 3 GG).

E.-W. BÖCKENFÖRDE, Gesetz und gesetzgebende Gewalt, 2. Aufl., 1981; CHR. DEGENHART, Gesetzgebung im Rechtsstaat, DÖV 1981, 477; V. GRAWERT, Gesetz und Gesetzgebung im modernen Staat, JURA 1982, S. 247, 300.

Garantiefunktion des Gesetzes

5 Richtschnur für die Notwendigkeit einer gesetzlichen Regelung ist die rechtsstaatliche und demokratische Garantiefunktion des Gesetzes: Das Gesetz als Grundlage und Grenze der Verwaltungstätigkeit und der Rechtsprechung sichert die rechtsstaatlichen Anforderungen der Berechenbarkeit des Rechts, der Rechtssicherheit und des grundrechtlichen Schutzes des einzelnen und wahrt die politische Entscheidungsvollmacht und Leitungsaufgabe der parlamentarischen Volksvertretung.

Die dem konstitutionellen Staatsrecht eigentümliche Unterscheidung von Gesetz im formellen Sinn und Gesetz im materiellen Sinn ist im demokratischen Verfassungsstaat überholt (dazu M. FRIEDRICH, zwischen Positivismus und materialem Verfassungsdenken, 1971, S. 55 ff., in Anknüpfung an A. HÄNELS dritte Studie zum Deutschen Staatsrecht, 1888). Sie setzt die dem liberalen Staatsbild verhaftete Vorstellung voraus, daß **Gesetz im eigentlichen** („**materiellen**") Sinn nur eine Rechtsnorm sein könne und daß als Rechtsnorm nur eine allgemeine, die Freiheit und das Eigentum der einzelnen berührende Regelung anzusehen sei. Der materielle Gesetzesbegriff umschreibt damit zugleich den Kreis der Rechtsakte, die verfassungsmäßig nur unter Mitwirkung der Volksvertretung erlassen werden dürfen. Mit dem Kriterium der „Allgemeinheit" des Gesetzes wird zugleich eine innere Richtigkeitsgewähr der getroffenen Regelung vorausgesetzt, nach dem vernunftrechtlichen Gedanken der Herrschaft des Rechts anstelle des Despotismus der Willkür des Herrschers oder der situationsbezogenen Maßnahme (C. SCHMITT, Die geistesgeschichtliche Lage des heutigen Parlamentarismus, 2. Aufl., 1926, S. 53 ff.; F. NEUMANN, Der Funktionswandel des Gesetzes im Recht der bürgerlichen Gesellschaft, 1937, in: DERS., Demokratie und autoritärer Staat, 1967, S. 31). Unter den Begriff des **Gesetzes im (nur) formellen Sinn** fallen solche Rechtsakte, die aufgrund positiver Verfassungsvorschrift als Gesetz, also unter Mitwirkung der Volksvertretung, zu erlassen sind, obwohl sie keine Rechtsnormen schaffen, wie (nach damaliger Auffassung) der in Gesetzesform zu verabschiedende Haushaltsplan (Art. 99 Abs. 2 der Verfassungs-Urkunde für den Preußischen Staat von 1850).

Wenn das heutige Staatsrecht das kennzeichnende Merkmal des Gesetzes darin sieht, daß es ein **normativer Parlamentsakt** ist, so ist doch damit untrennbar die Verfassungsgebundenheit der parlamentarischen Entscheidung verbunden, also eine Verpflichtung der Volksvertretung auf feste Maßstäbe der Gerechtigkeit und der Vernünftigkeit. Das Gesetz ist nicht nur eine parlamentarische Mehrheitsentscheidung und „nicht nur Instrument zur Steuerung gesellschaftlicher Prozesse nach soziologischen Erkenntnissen und Prognosen, es ist auch bleibender Ausdruck sozialethischer und – ihr folgend – rechtlicher Bewertung menschlicher Handlungen; es soll sagen, was für den Einzelnen Recht und Unrecht ist" (BVerfGE 39, 1/59).

Verfassungsrechtliche Bindungen der Gesetzgebung

6 Im Rechtsstaat ist das Gesetz nicht allein als ein Willensakt der parlamentarischen Mehrheit zu begreifen. Das Mehrheitsprinzip, das politisch entscheidet, ist durch die Bindung der Gesetzgebung an die Verfahrensregeln und die

Das Gesetz 7 **F**

inhaltlichen Anforderungen des Verfassungsrechts gemäßigt. Kraft dieser verfassungsstaatlichen Rahmenbedingungen kommt eine gewisse Gewähr der sachlichen „Vernünftigkeit" des Gesetzes, eine **verfassungsstaatliche Richtigkeitsgewähr** des Rechts zustande. Gegenüber der weitgespannten politischen Gestaltungsvollmacht der gesetzgebenden Volksvertretung stellt die Verfassung durch ihre rechtsstaatlichen Grundsätze sicher, daß die grundlegenden Anforderungen der Gerechtigkeit und des Freiheitsschutzes vom Mehrheitswillen nicht übergangen werden. Die Bindung der Gesetzgebung an die verfassungsmäßige Ordnung bedeutet, daß ein Gesetz nur wirksam wird, also Bestandteil der geltenden Rechtsordnung werden kann, wenn es in seinem Entstehen und in seinem Inhalt mit den Vorschriften der Verfassung übereinstimmt.

Ein **Bundesgesetz** kann danach nur wirksam zustande kommen, wenn der Bund für dieses Gesetz die notwendige Gesetzgebungsbefugnis besitzt (Art. 70ff. GG), wenn das verfassungsrechtlich vorgeschriebene Verfahren der Gesetzgebung eingehalten worden ist (Art. 76ff. GG), wenn es vom Bundespräsidenten nach Gegenzeichnung ausgefertigt und wenn es im Bundesgesetzblatt verkündet worden ist (Art. 82 GG) und wenn es auch inhaltlich mit den verfassungsrechtlichen Anforderungen z. B. den Grundrechten, dem Rechtsstaatsprinzip, vereinbar ist.

Das verfassungsmäßige Zustandekommen eines Gesetzes setzt voraus, daß spätestens im Zeitpunkt seiner Ausfertigung durch den Bundespräsidenten und in besonders gelagerten Ausnahmefällen bei seiner Verkündung keine verfassungsrechtlichen Hindernisse für seinen Erlaß bestehen. Ein Gesetz, dessen Erlaß erst durch eine Verfassungsänderung möglich wird – wie es z. B. beim Stabilitätsgesetz vom 8. Juni 1967 der Fall war (15. Änderungsgesetz zum Grundgesetz betr. Art. 109 GG) –, darf deshalb nicht zugleich mit dem verfassungsändernden Gesetz ausgefertigt und verkündet werden (BVerfGE 34, 9; dazu das Gesetz zur Bereinigung von Verfahrensmängeln bei Erlaß einiger Gesetze vom 25. März 1974, BGBl. I S. 769, BTag Drucks. 7/1000). Die Verfassungsmäßigkeit der Gesetze wird durch das richterliche Prüfungsrecht und damit zuletzt durch das Bundesverfassungsgericht (Art. 100 Abs. 1 GG) sichergestellt.

„*Maßnahme-Gesetz*"

Der Begriff des Maßnahme-Gesetzes ist in kritischer Absicht im Hinblick auf 7 solche Gesetze geprägt worden, die dem Leitbild der „**Allgemeinheit**" des **Gesetzes** nicht genügen.
Der politische Liberalismus des 19. Jahrhunderts forderte von einem Gesetz, daß es „allgemein" zu sein habe, d. h. daß es entweder in abstrakter Situationsunabhängigkeit die Rechte und Pflichten des einzelnen festzulegen oder der Verwaltung durch eine abstrakte Ermächtigung die Grundlage für die Entscheidung über den Einzelfall zu geben habe. Demgegenüber ist es eine für die wirtschaftslenkende und sozialgestaltende Gesetzgebung des modernen Staates nicht seltene Erscheinung, daß das Gesetz wie eine „Maßnahme" der Exekutive eine bestimmte Situation durch die gesetzliche Regelung selbst zu gestalten oder sonst zu verändern sucht.

Das Maßnahme-Gesetz ist eine durch die soziale Staatsaufgaben bedingte und deswegen nicht als irregulär zu brandmarkende Erscheinungsform heutiger Gesetzgebung. Der Begriff des Maßnahme-Gesetzes ist dementsprechend „verfassungsrechtlich irrelevant" (BVerfGE 35, 371). Das Maßnahme-Gesetz mag seinen Anlaß in einem Einzelfall haben. Es ist jedoch von dem in Art. 19 Abs. 1 Satz 1 GG behandelten „**Einzelfallgesetz**" zu unterscheiden. Das Einzelfallgesetz regelt die konkreten Rechtsverhältnisse einer bestimmten Person oder einer bestimmten Personengruppe. Wenn es Grundrechte einschränkt, ist es willkürlich und kraft ausdrücklicher Regelung der Verfassung verboten. Die Größe der von einer gesetzlichen Regelung betroffenen Gruppe spielt unter dem Gesichtspunkt des Einzelfallgesetzes keine Rolle, solange die Gruppe sachgerecht abgegrenzt und in sich gleichartigen Regeln unterworfen ist; ob nur ein Fall oder wenige Fälle den Anstoß für die gesetzliche Regelung gegeben haben, ist unerheblich (BVerfGE 13, 225/228f.; 25, 371/397; BVerwG NJW 1982, 2458).

E. Forsthoff, Über Maßnahme-Gesetze, in: Gedächtnisschrift für Walter Jellinek, 1955, S. 221; K. Huber, Maßnahmegesetz und Rechtsgesetz, 1963.

Politische Leitung und Planung durch Gesetz

8 Die selbständige Entscheidungsvollmacht der **Regierung** über die Angelegenheiten der Staatsleitung ist in der parlamentarischen Demokratie nicht zugunsten einer umfassenden Entscheidungsbefugnis des **Parlaments** aufgehoben. Sie ist jedoch in verschiedener Hinsicht durch ausdrückliche Bestimmungen der Verfassung und durch die Entwicklung der sozialstaatlichen Aufgaben durch Mitwirkungs- und Regelungsbefugnisse des Parlaments eingeschränkt worden. Dementsprechend nimmt die parlamentarische Volksvertretung in gewissem Umfang an der politischen Leitung und Planung teil, indem sie wesentliche politische Entscheidungen oder Planungsakte durch Gesetz trifft.

Schon in der Zeit der konstitutionellen Monarchie ist dem Parlament das **Budgetrecht** zugestanden worden, nämlich die Befugnis, über den Haushaltsplan durch Gesetz zu entscheiden (jetzt Art. 110 Abs. 2 GG). In zunehmendem Maße ist dem Parlament dann auch das Recht zugesprochen worden, an dem Abschluß bestimmter **politischer Verträge** mit auswärtigen Staaten dadurch mitzuwirken, daß die Ratifikation dieser Verträge von einer Zustimmung durch Gesetz abhängig gemacht worden ist (vgl. jetzt Art. 59 Abs. 2 GG). Über die in der Verfassung ausdrücklich geregelten Fälle hinaus fällt es in die gesetzgebende Gewalt des Parlamentes, in den wesentlichen Bereichen der Wirtschafts-, Sozial- und Gesellschaftspolitik durch die Festlegung der Grundlinien selbständig über die Entwicklung zu bestimmen.

Alle „wesentlichen" Regelungen bedürfen des Gesetzes

9 Nach einem festen Grundsatz des überkommenen Rechtsstaatsprinzips bedürfen alle **Eingriffe in „Freiheit und Eigentum"** des Gesetzes. Die Rechte und Pflichten des einzelnen werden danach durch die parlamentarische Volksvertretung im Wege der Ausübung der gesetzgebenden Gewalt abgegrenzt. Soweit das Handeln der **Exekutive** einen Eingriff in Freiheit und

Das Gesetz 10 **F**

Eigentum bewirkt, bedarf es hierfür einer Ermächtigung durch **Gesetz**; dies ist der Inhalt des zu dem Grundsatz der Gesetzmäßigkeit der Verwaltung gehörenden **Vorbehalts des Gesetzes.** In Fortentwicklung des überkommenen Vorbehalts des Gesetzes hat das Bundesverfassungsgericht den Grundsatz aufgestellt, daß alle „**wesentlichen**" Regelungen, die die grundrechtliche Rechtsstellung des einzelnen betreffen, durch Gesetz zu treffen sind (BVerfGE 33, 1 – Strafvollzug; 47, 194 – Sexualkundeunterricht in der Schule; u. a.). Das praktische Gewicht dieser Lehre geht insbesondere dahin, daß sich für Gesetze, die sich im Bereich von Grundrechten regelnd oder beschränkend auswirken, besondere Anforderungen der **Bestimmtheit** der Normierung ergeben, und weiter daß die für den Eingriff in Freiheit und Eigentum „wesentlichen" Regelungen durch das Gesetz selbst und nicht durch eine gesetzliche Ermächtigung für die Exekutive zum Erlaß einer Rechtsverordnung oder Satzung zu erfolgen haben. C RNr. 16, D RNr. 55.

Die politische Gestaltungsfreiheit des Gesetzgebers

Die **Verfassung** bestimmt die Aufgabe der gesetzgebenden Gewalt und legt 10 die Kompetenzen zu ihrer Ausübung fest. Sie ordnet das Verfahren der Gesetzgebung und stellt die inhaltlichen Anforderungen an ein verfassungsmäßiges Gesetz auf. Alle diese Elemente des rechtsstaatlichen Gesetzesbegriffs heben jedoch den Grundgedanken der parlamentarischen Demokratie nicht auf, daß der Inhalt und der Zeitpunkt für den Erlaß eines bestimmten Gesetzes von der Volksvertretung nach **politischen Kriterien** der Sachgerechtigkeit und Zweckmäßigkeit beurteilt werden. In der politischen Gestaltungsfreiheit des Gesetzgebers zeigt sich eine materielle Grenze der Bindung der gesetzgebenden Gewalt durch die Verfassung, letzten Endes eine Grenze der Leistungsfähigkeit der Verfassung. Zugleich wird damit eine **Grenze der verfassungsgerichtlichen Jurisdiktion** bezeichnet; denn die verfassungsgerichtliche Beurteilung eines Gesetzes ist nur in dem Maße möglich, als verfassungsrechtliche Kriterien für die Gültigkeit des Gesetzes bestehen. Das Bundesverfassungsgericht hat deshalb stets erneut hervorgehoben, daß es nicht die Aufgabe habe zu prüfen, ob eine durch den Gesetzgeber gefundene Lösung die zweckmäßigste, vernünftigste oder gerechteste Regelung einer bestimmten Sachfrage sei.

Eine „**Selbstbindung**" des Gesetzgebers durch früher erlassene Gesetze widerspricht der nur durch die Verfassung gebundenen politischen Gestaltungsfreiheit des Gesetzgebers. Der Gesetzgeber ist jedoch zur Wahrung einer von anerkennenswerten Gründen bestimmten Folgerichtigkeit („Systemgerechtigkeit") – Art. 3 Abs. 1 GG – und zur Respektierung von schutzwürdigem Vertrauen – rechtsstaatliche Rechtssicherheit – verpflichtet.

CHR. DEGENHART, Systemgerechtigkeit und Selbstbindung des Gesetzgebers als Verfassungspostulat, 1976.

2. Gesetz und Verordnung

a) Abgeleitete Rechtsetzung der Exekutive im Wege der Rechtsverordnung

Rechtsverordnung aufgrund Gesetzes

11 Die Rechtsverordnung ist ein Rechtssatz, der von der **Exekutive**, d. h. von der Bundesregierung, einem Ministerium oder einer Verwaltungsbehörde, aufgrund einer gesetzlichen Ermächtigung erlassen wird. Die **Ermächtigung** („Delegation") kann in einem Bundesgesetz oder in einem Landesgesetz enthalten sein. Sofern das in der gesetzlichen Ermächtigung vorgesehen ist, kann die Rechtsverordnung ihrerseits eine Ermächtigung zum Erlaß von Rechtsverordnungen enthalten („Subdelegation").
Der Erlaß einer Rechtsverordnung ist Ausübung vollziehender Gewalt. In den Grenzen der gesetzlich umrissenen Verordnungsermächtigung kommt dem Verordnungsgeber ein **„Regelungsermessen"** zu (BVerwG JZ 1985, 840, mit Anm. von G. PÜTTNER).
D RNr. 57; G RNr. 9.

Praxis der Verordnungsgebung

12 Die verfassungsrechtlich vorgesehene Möglichkeit, der Exekutive durch Gesetz die Befugnis zu geben, Recht im Wege der Rechtsverordnung zu setzen, soll die Gesetzgebung in vorwiegend technisch bestimmten und rasch veränderlichen Materien entlasten. Auch Zuständigkeits- und Verfahrensregelungen werden häufig durch Rechtsverordnungen getroffen.
Die Zahl der in Bund, Ländern und Gemeinden geltenden Rechtsverordnungen übertrifft die Zahl der Gesetze um ein Vielfaches. Zu ihnen zählen auch Vorschriften von durchaus bedeutendem Gewicht, wie z.B. die Straßenverkehrsordnung und die Straßenverkehrszulassungsordnung, die aufgrund des Straßenverkehrsgesetzes erlassen worden sind, oder die Großfeuerungsanlagenverordnung, die auf dem Bundesimmissionsschutzgesetz beruht.

b) Delegation der Verordnungsmacht durch eine gesetzliche Ermächtigung

Kein selbständiges Verordnungsrecht der Exekutive

13 Die Grundsätze der parlamentarischen Demokratie und das rechtsstaatliche Gewaltenteilungsprinzip stimmen darin überein, daß die gesetzgebende Gewalt der **parlamentarischen Volksvertretung** zusteht und daß sich das zur Gesetzgebung berufene Palament der ihm vorbehaltenen Gesetzgebungsaufgabe auch nicht in der Weise entäußern darf, daß es durch Gesetz selbständige Rechtsetzungsbefugnisse auf die **Exekutive** überträgt. Ein selbständiges Verordnungsrecht der Exekutive, d. h. ein Verordnungsrecht, das ohne gesetzliche Ermächtigung gegeben wäre, ist nach geltendem Verfassungsrecht ausgeschlossen. Soweit in Rechtsvorschriften aus der Zeit vor Inkrafttreten des Grundgesetzes Ermächtigungen zum Erlaß von **„gesetzesvertretenden"**

Gesetz und Verordnung · **14, 15 F**

Rechtsverordnungen enthalten waren, sind diese Ermächtigungen mit Inkrafttreten des Grundgesetzes erloschen (Art. 129 Abs. 3 GG). Aus dieser Vorschrift des Überleitungsrechtes läßt sich mittelbar erschließen, daß Ermächtigungen zum Erlaß gesetzesvertretender Verordnungen durch Gesetz auch nicht mehr neu begründet werden dürfen.
Die Rechtsverordnung ist demnach eine Erscheinung der **abgeleiteten** Rechtsetzung. Sie ist Ausübung der **vollziehenden Gewalt**, soweit eine hinreichende Ermächtigung durch Gesetz besteht. Rechtsverordnungen, die einer Ermächtigung entbehren oder sonst gegen das Gesetz verstoßen, sind nach dem Grundsatz der Gesetzmäßigkeit der Verwaltung unwirksam.

Adressaten bundesgesetzlicher Ermächtigungen

Durch ein Bundesgesetz können nur die Bundesregierung, ein Bundesminister oder die Landesregierungen ermächtigt werden, Rechtsverordnungen zu erlassen (Art. 80 Abs. 1 Satz 1 GG).
Daß durch Bundesgesetz nur die **Landesregierungen** zum Erlaß von Rechtsverordnungen ermächtigt werden dürfen, also nicht ein einzelner Landesminister oder andere Behörden eines Landes, beruht auf der im Bundesstaatsprinzip begründeten Respektierung der Organisationsgewalt der Länder. Die Möglichkeit der Subdelegation nach Art. 80 Abs. 1 Satz 4 GG ist dadurch nicht ausgeschlossen.
Das Gesetz kann **Mitwirkungsrechte** des Bundestages oder des Bundesrates beim Erlaß von Rechtsverordnungen durch die Bundesregierung oder eines Bundesminister vorsehen (E RNrn. 52, 65). Beteiligungsrechte anderer Organe oder Rechtsträger – z. B. von Interessenverbänden (siehe § 58 BRRG, § 94 BBG) – können nicht als Wirksamkeitsbedingung einer Rechtsverordnung festgelegt werden (BVerwG NJW 1980, 1763).

14

Das rechtsstaatliche Bestimmtheitsgebot

Wird durch ein Bundesgesetz die Ermächtigung zum Erlaß von Rechtsverordnungen ausgesprochen, müssen **Inhalt**, **Zweck** und **Ausmaß** der erteilten Ermächtigung im Gesetz bestimmt werden (Art. 80 Abs. 1 Satz 2 GG). Diese Vorschrift legt eine im **Rechtsstaatsprinzip** angelegte Anforderung an Gesetze, die die Exekutive zum Erlaß von Rechtsverordnungen ermächtigen, ausdrücklich fest.
Das rechtsstaatliche Bestimmtheitsgebot für gesetzliche Verordnungsermächtigungen ist von großer Tragweite. Es war in einer beträchtlichen Zahl von Entscheidungen des Bundesverfassungsgerichts Maßstab der verfassungsrechtlichen Beurteilung von Gesetzen (vgl. z. B. BVerfGE 33, 358/364 f.; 36, 224/228 f.; 42, 191/200 f.; 55, 207/225 f.).
Die Ermächtigung ist dann nicht hinreichend bestimmt, wenn aus ihr nicht berechenbar vorausgesehen werden kann, in welchen Fällen und in welcher Weise Rechtsverordnungen auf dieser Grundlage erlassen werden können. Das Gesetz muß ein hinreichend bestimmtes „Programm" der Verordnungsgebung enthalten. Die wesentlichen Entscheidungen müssen im Gesetz selbst getroffen worden sein und dürfen nicht der Exekutive überlassen bleiben. Art. 80 Abs. 1 Satz 2 GG enthält eine verhältnismäßig strenge Anforderung

15

an den Gesetzgeber, der eine abgeleitete Rechtsetzungsbefugnis der Exekutive schaffen will. Es ist jedoch zu berücksichtigen, daß die Grenzen des Verordnungsrechtes, insbesondere auch der Inhalt und das Ausmaß der erteilten Ermächtigung, nicht notwendig **ausdrücklich** im Gesetz enthalten zu sein brauchen. Es ist vielmehr auch hinreichend, wenn sich das notwendige Maß der Bestimmtheit im Wege der **Auslegung des Gesetzes** ermitteln läßt.

Bestimmtheitsgebot bei landesgesetzlichen Ermächtigungen

16 Die Bestimmung des Art. 80 GG, und damit auch die besonderen Anforderungen des Art. 80 Abs. 1 Satz 2 GG, gelten nur für **Bundesgesetze**. Soweit die Ermächtigung zum Erlaß von Rechtsverordnungen in einem **Landesgesetz** enthalten ist, ist Art. 80 GG unmittelbar nicht anwendbar.
Da jedoch Art. 80 Abs. 1 Satz 2 GG eine Ausprägung des Rechtsstaatsprinzips darstellt, ist der in ihm zu findende Grundgedanke, nämlich das Gebot hinreichender Bestimmtheit von Gesetzen, die zum Erlaß von Rechtsverordnungen ermächtigen, als eine durch das Bundesverfassungsrecht aufgestellte rechtsstaatliche Anforderung an den Landesgesetzgeber anzusehen (Art. 20 Abs. 2, 28 Abs. 1 Satz 1 GG); BVerfGE 33, 44/49; 34, 52/58 ff.; 41, 251/265 f.
Unabhängig davon kann eine dem rechtsstaatlichen Bestimmtheitsgebot im allgemeinen oder den Anforderungen des Art. 80 Abs. 1 Satz 2 GG im besonderen entsprechende Vorschrift des **Landesverfassungsrechts** zu beachten sein.

Reformüberlegungen

17 Die strenge Fassung, die das rechtsstaatliche Gebot der Bestimmtheit von Verordnungsermächtigungen in Art. 80 Abs. 1 Satz 2 GG erhalten hat, hat Anlaß zu Reformüberlegungen gegeben. Insbesondere ist erwogen worden, ob es nicht hinreichend wäre, wenn die Verfassung von dem zur Verordnungsgebung ermächtigenden Gesetzgeber lediglich verlangen würde, daß der **Zweck** der erteilten Ermächtigung im Gesetz bestimmt ist.
Vgl. den Schlußbericht der Enquete-Kommission Verfassungsreform, BTag Drucks. 7/5924, S. 89 ff.; KLEIN, DÖV 1975, 523; SCHENKE, VerwArch 1977, S. 118.
Die Reformüberlegungen sind in zwei Richtungen gegangen. Einerseits ist erwogen worden, ob es nicht eine zu weitgehende Fesselung der zur Verordnungsgebung berufenen Exekutive ist, wenn ihr das Gesetz auch den **Inhalt** und das **Ausmaß** der in Betracht kommenden Rechtsverordnungen vorgibt. Auf der anderen Seite, und mit größerem Nachdruck, ist darauf abgestellt worden, daß die Einschränkung der Möglichkeit zu Verordnungsermächtigungen eine die Arbeitsfähigkeit des Parlaments übermäßig einschränkende Bedingung sei. Das Parlament werde daran gehindert, sich von untergeordneten und nur die Einzelheiten betreffenden Regelungsaufgaben **zu entlasten**. Solange die Vorschrift des Art. 80 Abs. 1 Satz 2 GG nicht im Wege der Verfassungsänderung eine Neuregelung erfährt, bleibt es bei den dort aufgestellten strengen Voraussetzungen.

Gesetz und Verordnung 18, 19 F

c) *Verwaltungsvorschriften*

Begriff und Erscheinungsformen

Unter **Verwaltungsvorschriften** versteht man Regelungen, die innerhalb der Verwaltungsorganisation („innerdienstlich") erlassen werden, um nachgeordnete Behörden oder der Weisungsbefugnis unterworfene Bedienstete in der Erledigung ihrer dienstlichen Aufgaben zu binden, und die dazu dienen, im Rahmen des Gesetzes und der sonstigen Rechtsvorschriften die Organisation und die Handlungsweise der Verwaltung näher zu bestimmen. Verwaltungsvorschriften sind **innerdienstliche** Instruktionen, die ihren Grund in dem allgemeine Auftrag der Exekutive haben, die Gesetze ordnungsgemäß und sachgerecht auszuführen. Sie können daher als solche und ohne einen zusätzlichen Rechtsgrund Rechte und Pflichten einzelner nicht begründen oder verändern. Verwaltungsvorschriften sind keine Rechtssätze. Die praktischen Bedürfnisse der Verwaltungsführung haben eine große Vielfalt von Verwaltungsvorschriften hervorgebracht. Durch Verwaltungsvorschriften können die technischen Einzelheiten des Dienstbetriebes einer Behörde geordnet werden. Verwaltungsvorschriften können aber auch als Ausführungsvorschriften zu einem Gesetz eine norminterpretierende Bedeutung haben. Schließlich können Verwaltungsvorschriften eine durch das Gesetz gegebene Gestaltungsfreiheit der Exekutive oder ihre Befugnis zur Ausübung von Ermessen durch bestimmte Anordnungen steuern. Diese dritte Kategorie von Verwaltungsvorschriften, die **Ermessensrichtlinien,** kommen in ihrer Bedeutung und Wirkung den Rechtsverordnungen sehr nahe. 18

H. H. KLEIN, Rechtsqualität und Rechtswirkung von Verwaltungsnormen, in: Festgabe für Ernst Forsthoff, 1967, S. 163; F. OSSENBÜHL, Verwaltungsvorschriften und Grundgesetz, 1968; P. SELMER, Rechtsverordnung und Verwaltungsvorschrift, Verw-Arch. 59, 1968, S. 114.

Insbesondere die Ermessensdirektiven

Die Ermessensrichtlinien oder -direktiven können eine **anspruchs-** oder **pflichtbegründende Außenwirkung** zugunsten oder zu Lasten des einzelnen erlangen. Denn die durch derartige Verwaltungsvorschriften intendierte und auch bewirkte **Gleichbehandlung** der erfaßten Fälle ist geeignet, eine „**Selbstbindung**" **der Verwaltung** hervorzurufen. Der Rechtsgrund dieser Außenwirkung von Verwaltungsvorschriften findet sich entweder in Art. 3 Abs. 1 GG und dem dort festgelegten Gleichbehandlungsgebot oder in dem rechtsstaatlichen Vertrauensschutz, wonach das begründete Vertrauen auf eine gleichmäßige und folgerichtige Verwaltungspraxis schutzwürdig ist. Besonders wesentliche Beispiele für Verwaltungsvorschriften als Ermessensdirektiven sind die wirtschaftsverwaltungsrechtlichen Subventionsrichtlinien und die beamtenrechtlichen Beihilfevorschriften. Auch die mögliche **Außenwirkung** von Verwaltungsvorschriften bleibt dem Grundsatz der **Gesetzmäßigkeit der Verwaltung** unterworfen. Ob und in welchem Ausmaß und nach welchen Kriterien Gestaltungsfreiheit oder Er- 19 messen der Verwaltung gegeben sind, bemißt sich zugunsten und zu Lasten des einzelnen allein nach dem Gesetz.

Zulässigkeitsvoraussetzungen

20 Verwaltungsvorschriften sind keine Rechtssätze. Sie bedürfen deswegen nicht einer besonderen gesetzlichen Ermächtigung und sie sind den besonderen Publikationserfordernissen für Rechtssätze nicht unterworfen.

Soweit in dem durch Verwaltungsvorschriften behandelten Gebiet eine Regelung durch Gesetz oder sonstige Rechtsvorschrift nicht erfolgt ist, verfügt die Exekutive über die der Übertragung vollziehender Gewalt ohne weiteres innewohnende Vollmacht, die Organisation und die Art und Weise der Geschäftserledigung durch **innerdienstliche Anordnungen** zu regeln.

Die besonderen Verfassungsbestimmungen darüber, daß die Bundesregierung mit Zustimmung des Bundesrates **allgemeine Verwaltungsvorschriften** über die Ausführung der Bundesgesetze durch die Länder erlassen darf (Art. 84 Abs. 2, 85 Abs. 2 GG), erklären sich daraus, daß hier, abweichend von der sich nach Landesrecht bestimmenden Möglichkeit der Landesbehörden, Verwaltungsvorschriften zu erlassen, eine derartige Befugnis zugunsten der Bundesregierung vorgesehen ist. Demgegenüber soll durch Art. 86 Satz 1 GG für den Bereich der **Bundesverwaltung** durch bundeseigene Behörden oder durch bundesunmittelbare Körperschaften oder Anstalten des öffentlichen Rechtes klargestellt werden, daß die Befugnis der Bundesregierung zum Erlaß von allgemeinen Verwaltungsvorschriften unberührt bleibt, soweit nicht das Gesetz Besonderes vorschreibt.

W. BLÜMEL, Bundesstaatliche Aspekte der Verwaltungsvorschriften, AöR 93, 1968, S. 200.

Gleichbehandlung und Vertrauensschutz

21 Verwaltungsvorschriften besitzen keine normative Allgemeinverbindlichkeit. Die Exekutive kann sich für einen Regelungsgegenstand mit dem Erlaß von Verwaltungsvorschriften begnügen, soweit nicht nach den Grundsätzen über den **Gesetzesvorbehalt** eine Regelung durch Rechtssatz erforderlich ist (vgl. BVerwG NJW 1982, 1168).

Verwaltungsvorschriften, die inhaltlich die Ausübung von Ermessen oder Gestaltungsfreiheit bei der Ausübung öffentlicher Verwaltung regeln, gewinnen kraft des allgemeinen Gleichheitssatzes (Art. 3 Abs. 1 GG) und des Grundsatzes des Vertrauensschutzes eine gerichtlich nachprüfbare **Bindungswirkung** und können dementsprechend auch Rechte einzelner begründen. Sie haben eine „anspruchsbegründende Außenwirkung" kraft der „Selbstbindung der Verwaltung" (BVerwGE 34, 278; 35, 159; BVerwG DÖV 1981, 221). Für die durch die Verwaltungsvorschriften betroffenen Dritten erlangen deren Inhalte erst als „Prüfungs- und Vergleichsmaßstab zur Ausfüllung ihres Anspruchs auf Gleichbehandlung" rechtliche Bedeutung. Eine Rechtsverletzung durch Abweichung von den Verwaltungsvorschriften kann sich nur mittelbar aus einem Verstoß gegen den Gleichbehandlungsgrundsatz ergeben (BVerwG DVBl. 1982, 195).

Gesetz und Verordnung　　　　　　　　　　　　　　22–24　F

Verwaltungsvorschriften in der Gerichtspraxis

Ein Verwaltungsgericht, für dessen Entscheidung es auf eine bestehende Verwaltungsvorschrift ankommt, ist an diese Verwaltungsvorschrift, weil sie keinen Rechtssatz darstellt, nicht gebunden. Lediglich soweit die Grundsätze der Gleichbehandlung oder des Vertrauensschutzes eine Außenwirkung der Verwaltungsvorschrift begründen, muß das Gericht die daraus hervorgehenden Rechte und Pflichten der einzelnen berücksichtigen. Da Verwaltungsvorschriften für sich allein eine Bindungswirkung nicht entfalten, ist das **Abweichen** von einer bestehenden Verwaltungsvorschrift in einem bestimmten Einzelfall nur dann auch eine **Rechtsverletzung**, wenn diese Abweichung den Gleichheitssatz oder ein schutzwürdiges Vertrauen verletzt. Dementsprechend können Verwaltungsvorschriften für die Zukunft geändert werden und kann auch im Einzelfall von einer bestehenden Verwaltungsvorschrift abgewichen werden, soweit wesentliche Besonderheiten das rechtfertigen (BVerwG DÖV 1979, 793).

22

d) „Normenflut" – „Normenhunger"

Sozialgestaltung durch Rechtsetzung

Der umfassende Zuschnitt der sozialstaatlichen Aufgaben, deren Regelung und Erfüllung Sache der Gesetzgebung und der Verwaltung sind, führt naturgemäß zu einem nicht abreißenden Strom von Gesetzen und sonstigen Rechtsvorschriften. Die politischen Programme, Bestrebungen und Ansprüche, wie sie von den Verbänden und sonstigen organisierten Interessen artikuliert und von den politischen Parteien aufgenommen werden, sind ein nicht versiegender Motor für die Gesetzgebung. Diese Lage ist – mit einem kulturkritischen Unterton – nicht selten als „Normenflut" gekennzeichnet worden.
Versuche, die Normenflut einzudämmen, werden im Einzelfall erfolgreich sein können. Der treibende Grund dieses Vorganges jedoch, der in den sozialstaatlichen Aufgaben und in der Arbeitsweise der parlamentarischen Demokratie liegt, wird ernsthaft nicht in Frage gestellt werden können. Die Kritik wird sich somit lediglich auf die übertriebene Reglementierungssucht und den häufig zu beobachtenden Perfektionismus richten können.

23

J. Isensee, Mehr Recht durch weniger Gesetze? ZRP 1985, 139.

Gesetzmäßigkeit der Verwaltung

Eine spezifische Ursache der heutigen Normenflut ist der aus dem Grundsatz der Gesetzmäßigkeit der Verwaltung und dem Gebot der Gleichbehandlung hervorgehende **„Normenhunger" der Exekutive**. Vor allem die in neuerer Zeit immer höher geschraubten Anforderungen an die Bestimmtheit von Gesetzen und an die Detailliertheit von Rechtsvorschriften überhaupt haben die Entwicklung zu einer **„Verrechtlichung"** der Entscheidungs- und Handlungsgrundlagen der Verwaltung verstärkt. Die „Wesentlichkeitstheorie" des Bundesverfassungsgerichts (RNr. 9) hat dazu beigetragen.

24

Besonders anschauliche Beispiele für die weit getriebene Verrechtlichung lassen sich aus dem Schulrecht zusammenstellen. Das stark betonte und auch in den Verästelungen mit einer verfassungsrechtlichen Verankerung versehene Schutzinteresse der Schüler hat hier ein hohes Maß der Verrechtlichung und folgerichtig auch der Justiziabilität des Schulwesens hervorgebracht.

N. NIEHUES, Der Vorbehalt des Gesetzes im Schulwesen (Eine Zwischenbilanz), DVBl. 1980, 465.

3. Gesetzgebung im Bundesstaat

a) Die Zuständigkeitsvoraussetzungen

Der Grundsatz

Die **Länder** haben das Recht der Gesetzgebung, soweit das Grundgesetz nicht dem Bund Gesetzgebungsbefugnisse verleiht (Art. 70 Abs. 1 GG). Diese Grundsatznorm für die Abgrenzung der Zuständigkeit zur Gesetzgebung zwischen Bund und Ländern konkretisiert die bundesstaatliche Grundentscheidung über die Abgrenzung der Zuständigkeiten zwischen Bund und Ländern nach Art. 30 GG für den Bereich der Gesetzgebung. Der **Bund** ist demnach zur Gesetzgebung nur berufen, wenn er eine ihm durch das Grundgesetz zugewiesene Zuständigkeit zur Gesetzgebung besitzt.

Die **Gesetzgebungsbefugnisse des Bundes** sind hauptsächlich solche der ausschließlichen oder der konkurrierenden Gesetzgebung. Das Recht des Bundes, Rahmenvorschriften zu erlassen (Art. 75 GG), und die für spezielle Bereiche bestehende Grundsatzgesetzgebung (Art. 109 Abs. 3 GG) lassen sich als besondere Erscheinungsformen der konkurrierenden Gesetzgebung auffassen.

Die vom Grundgesetz gewählte Technik der Abgrenzung der Gesetzgebungsbefugnisse des Bundes und der Länder beruht auf der verfassungsgeschichtlichen Tradition. Bereits die Reichsverfassung von 1871 (siehe dort Art. 4, 35) und dann die Weimarer Reichsverfassung (siehe dort Art. 6–11) haben für die Gesetzgebungsbefugnisse des Bundes das **Enumerationsprinzip** gewählt und haben außerdem bei diesen Befugnissen eine Abstufung vorgenommen, wie sie heute insbes. durch die Unterscheidung der ausschließlichen und der konkurrierenden Gesetzgebung des Bundes besteht.

Die „Materie" der Gesetzgebung als Abgrenzungskriterium

Die von der Verfassung gewählte Technik, dem Bund nur insoweit das Recht der Gesetzgebung zuzusprechen als dafür in der Verfassung enthaltene Gesetzgebungsbefugnisse zu finden sind, hat zur Folge, daß die Verfassung die Gesetzgebungsbefugnisse des Bundes durch die Aufzählung bestimmter Gegenstände beschreiben muß. Diese **Gegenstände der Bundesgesetzgebung** sind hauptsächlich in den Katalogen der Art. 73–75 GG aufgeführt. Diese zuständigkeitsbegründenden Gegenstände der Gesetzgebung, z. B. das „Post- und Fernmeldewesen" (Art. 73 Nr. 7 GG), das „Recht der Wirtschaft" (Art. 74 Nr. 11 GG) oder der „Wasserhaushalt" (Art. 75 Nr. 4 GG) werden „Materien" der Gesetzgebung genannt. Für die Frage, ob für ein bestimmtes Gesetz der Bund über die notwendige Zuständigkeit verfügt, ist es demnach eine wesentliche Vorfrage, ob der Gegenstand oder die Gegenstände, die in dem fraglichen Gesetz geregelt werden sollen, unter eine der Materien fallen, für die dem Bund eine Gesetzgebungsbefugnis zusteht. Diese Zuordnung ist nach dem **Schwerpunkt** der beabsichtigten gesetzlichen Regelung vorzunehmen, soweit in Fällen der Überschneidung von Gesetzgebungsgegenständen Zweifel bestehen. Beispielsweise ist eine nach Wettbewerbsgesichtspunkten vorgenommene Regelung über die Fusionskontrolle im Pressewesen der Materie „Recht der Wirtschaft" zuzuordnen, nicht dagegen dem Presserecht, für das der Bund nur über die eingeschränkte Gesetzgebungsbefugnis nach Art. 75 Nr. 1 GG verfügt. D RNr. 74.

Ausmaß und Gewicht der Bundesgesetzgebung

Daß nach der Grundregel des Art. 70 Abs. 1 GG der Bund ein Gesetzgebungsrecht nur kraft einer verfassungsrechtlichen Zuweisung besitzt, darf nicht darüber hinwegtäuschen, daß nach dem Ausmaß und dem Gewicht der der Gesetzgebung des Bundes zugewiesenen Materien die Bundesgesetzgebung bei weitem überwiegt. Dies gilt nicht nur der Möglichkeit nach, sondern angesichts der bestehenden Tendenzen der Verrechtlichung der Verwaltungstätigkeit und allgemein aller politisch erheblichen gesellschaftlichen Beziehungen auch nach dem tatsächlichen Entwicklungsstand der Bundesgesetzgebung. 27

Zu den Bereichen, in denen nach wie vor die **Landesgesetzgebung** dominiert, gehören vor allem das Recht der kommunalen Gebietskörperschaften, insbes. das Gemeinderecht, das Polizei- und Sicherheitsrecht, das Schulwesen und das Rundfunkrecht. Nicht unerheblich ist ferner das Gewicht der Landesgesetzgebung in den Materien, in denen der Bund Rahmenvorschriften erlassen darf; beispielsweise zeigt das Rechtsgebiet des Landesplanungsrechts eine nicht unbeträchtliche landesrechtliche Vielfalt (vgl. Art. 75 Nr. 4 GG „Raumordnung").

„Ungeschriebene" Bundeszuständigkeiten

Ungeachtet der erheblichen Detailliertheit der verschiedenen Kataloge, in denen das Grundgesetz die Materien der Bundesgesetzgebung aufzählt, werden – entsprechend einer überkommenen Verfassungstradition – außerdem auch sogenannte ungeschriebene Gesetzgebungszuständigkeiten des Bundes „kraft Sachzusammenhangs" und „kraft Natur der Sache" anerkannt. Eine Bundeszuständigkeit **kraft Sachzusammenhanges** besteht in den Fällen, wo eine dem Bund ausdrücklich zur Gesetzgebung zugewiesene Materie sinnvoll nur geregelt werden kann, wenn auch die unter dem Gesichtspunkt des Sachzusammenhangs erfaßte Materie ebenfalls der Regelung durch den Bund zugänglich ist. Ein ausdrücklich geregelter Fall einer derartigen Zuständigkeit des Bundes kraft Sachzusammenhangs ist das Recht der Enteignung, das der Bund regeln darf, soweit eine Enteignung auf den dem Bund aus- 28

drücklich in Art. 73 und 74 GG zugewiesenen Sachgebieten in Betracht kommt (Art. 74 Nr. 14 GG). Ein Beispiel für eine „ungeschriebene" Bundeszuständigkeit kraft Sachzusammenhangs ist die Regelung des Verwaltungsverfahrens, soweit es auf den ausdrücklich dem Bund zur Gesetzgebung zustehenden Sachgebieten in Betracht kommt.
Eine Zuständigkeit des Bundes zur Gesetzgebung **kraft Natur der Sache** ist in solchen Fällen gegeben, wo eine Materie durch die Eigenart des zu regelnden Gegenstandes allein einer Regelung durch den Bund zugänglich ist, weil es an einem möglichen landesrechtlichen Bezugspunkt fehlt. So kann beispielsweise die Bestimmung des Sitzes der Bundesregierung und die Entscheidung über die Bundessymbole nur durch den Bund getroffen werden. Ein anderes Beispiel ist die Veranstaltung von Rundfunksendungen für Deutsche außerhalb des Bundesgebiets oder für das Ausland. Die technische Überregionalität, z. B. der Rundfunkwellen oder der Bundeswasserstraßen, und die administrative Überregionalität, z. B. die Geltung der von einer Landesbehörde aufgrund Bundesrechts ausgestellten Fahrerlaubnisse im gesamten Bundesgebiet, genügen für die Annahme einer Bundeszuständigkeit kraft Natur der Sache nicht.
D RNr. 75, 76.

Bundesrecht bricht Landesrecht

29 Der Verfassungssatz „Bundesrecht bricht Landesrecht" (Art. 31 GG) bedeutet, daß eine landesrechtliche Vorschrift, die denselben Gegenstand wie eine Vorschrift des Bundesrechtes inhaltlich übereinstimmend oder inhaltlich abweichend regelt, unwirksam ist. Ist die Vorschrift des Bundesrechts später als die des Landesrechts entstanden, tritt die landesrechtliche Vorschrift mit dem Inkrafttreten der bundesrechtlichen Vorschrift außer Geltung. Wird die landesrechtliche Vorschrift später als die bundesrechtliche Vorschrift erlassen, kann die landesrechtliche Vorschrift nicht wirksam in Geltung treten.
Die Verfassungsbestimmung des Art. 31 GG regelt einen bestimmten Fall der **bundesstaatlichen Normenkollision**. Sie setzt voraus, daß die Vorschrift des Bundesrechtes, die einer Vorschrift des Landesrechtes mit Vorrang entgegentritt, kompetenzgemäß und auch sonst wirksam zustande gekommen und gültig ist.
Die Kollisionsregel des Art. 31 GG gilt für sämtliche Vorschriften des Bundesrechts und für sämtliche Vorschriften des Landesrechts. Im Hinblick auf die den Ländern zukommende Staatsqualität und Verfassungsautonomie wird allerdings angenommen, daß eine Vorschrift des **Landesverfassungsrechts**, die durch vorrangiges Bundesrecht gebrochen wird, nicht außer Geltung tritt, sondern lediglich unanwendbar ist.
Für die **Grundrechte** trifft Art. 142 GG eine Sonderregelung. Danach bleiben Bestimmungen der Landesverfassungen auch insoweit in Kraft, als sie in Übereinstimmung mit den Art. 1 bis 18 GG oder mit sonstigen Grundrechtsartikeln des Grundgesetzes (siehe Art. 101, 103, 104 GG) Grundrechte gewährleisten. Landesverfassungsrechtliche Grundrechte bleiben demnach nur insoweit unanwendbar, als sie ein geringeres Maß an Freiheitsgewährleistung und Rechtsbegründung zusagen als die Grundrechte des Grundgesetzes.

Gesetzgebung im Bundesstaat 30–33 F

b) *Die ausschließliche Gesetzgebung des Bundes*

Grundgedanke

Die ausschließliche Gesetzgebung des Bundes (Art. 71, 73 GG) besteht in solchen Materien, die von vornherein nur einheitlich für den Gesamtstaat und im Bundesgebiet geregelt werden können. Um Materien der ausschließlichen Gesetzgebung des Bundes handelt es sich der Sache nach auch in den Fällen, in denen durch eine ausdrückliche Vorschrift des Grundgesetzes eine Regelung durch Bundesgesetz vorgesehen oder vorgeschrieben ist, wie z. B. in Art. 21 Abs. 3 (Parteienrecht), Art. 38 Abs. 3 (Bundeswahlrecht) und in Art. 4 Abs. 3 GG (Kriegsdienstverweigerung). 30

Wesentliche Materien

Der Katalog der in Art. 73 GG aufgezählten Materien der ausschließlichen Gesetzgebung des Bundes entspricht weitgehend der verfassungsgeschichtlichen Überlieferung. Daß es sich um Gegenstände der ausschließlichen Gesetzgebung des Bundes handelt, ist nahezu durchweg unmittelbar einsichtig. Neben Gebieten, die der Natur der Sache nach durch den Gesamtstaat geregelt werden müssen, finden sich hier vor allem eine Reihe von Materien, in denen die Rechts- und Wirtschaftseinheit des Bundesgebietes zum Tragen kommt, z. B. für das Verkehrswesen. 31
Die Gesetzgebungskompetenz des Bundes für das **Post- und Fernmeldewesen** (Art. 73 Nr. 7 GG) schließt nicht auch die Regelung des Rundfunkrechts ein; dies ist allein Sache der Länder (BVerfGE 12, 205).

Ausschluß der Landesgesetzgebung

Im Bereiche der ausschließlichen Gesetzgebung des Bundes haben die **Länder** die Befugnis zur Gesetzgebung nur, wenn und soweit sie hierzu in einem Bundesgesetz ausdrücklich ermächtigt werden (Art. 71 GG). Ohne eine derartige Ermächtigung ist somit den Ländern die gesetzliche Regelung dieser Materien schlechthin entzogen. 32

c) *Die konkurrierende Gesetzgebung*

Grundgedanke

Auf den Gebieten der konkurrierenden Gesetzgebung steht an sich sowohl dem **Bund** wie den **Ländern** das Recht der Gesetzgebung zu. Sofern und soweit jedoch der Bund von seinem Gesetzgebungsrecht Gebrauch macht, entfällt die Befugnis der Länder zur Gesetzgebung (Art. 72, 74 GG). Bei Betonung dieses Gesetzgebungsvorrechtes des Bundes kann auch von einer „Vorranggesetzgebung" gesprochen werden. 33
Das Gesetzgebungsrecht des Bundes ist im Bereich der konkurrierenden Gesetzgebung von dem zusätzlichen Kriterium abhängig, daß ein **Bedürfnis** nach bundesgesetzlicher Regelung entsprechend der in Art. 72 Abs. 2 GG

aufgeführten Gesichtspunkte besteht. Der Bundesgesetzgeber entscheidet nach seinem Ermessen, ob diese Voraussetzungen jeweils für ein Gesetzgebungsvorhaben erfüllt sind.

Wesentliche Materien

34 Der Katalog der Materien der konkurrierenden Gesetzgebung in Art. 74 GG umfaßt den größeren Teil der möglichen Gegenstände einer gesetzlichen Regelung. Es finden sich hier das bürgerliche Recht, das Strafrecht, das Recht der Wirtschaft, das Arbeitsrecht, das Kernstück des Sozialrechts (Art. 74 Nr. 7 und 12), wesentliche Materien des Umweltschutzrechts (Art. 74 Nr. 24), das Straßenverkehrsrecht, schließlich die Gerichtsverfassung und das gerichtliche Verfahren aller Gerichtszweige. Die konkurrierende Gesetzgebung erstreckt sich ferner auf die Besoldung und Versorgung der Beamten, soweit deren Rechtsverhältnisse nicht nach Art. 73 Nr. 8 GG (Bundesbeamte) der ausschließlichen Gesetzgebung des Bundes unterliegen (Art. 74 a GG).

Voraussetzungen der Bundesgesetzgebung

35 In den Materien der konkurrierenden Gesetzgebung hat der Bund das Gesetzgebungsrecht nur, soweit ein **Bedürfnis nach bundesgesetzlicher Regelung** nach den besonderen Gesichtspunkten des Art. 72 Abs. 2 GG besteht. Ob ein Bedürfnis nach bundesgesetzlicher Regelung besteht, z. B. weil die Wahrung der Rechts- oder Wirtschaftseinheit, insbes. die Wahrung der Einheitlichkeit der Lebensverhältnisse über das Gebiet eines Landes hinaus sie erfordert, entscheidet der Bundesgesetzgeber für das jeweilige Gesetzgebungsvorhaben nach Ermessen.

„Abschließende" Regelung einer Materie durch Bundesgesetz

36 Im Bereich der konkurrierenden Gesetzgebung haben die Länder die Befugnis der Gesetzgebung, **solange** und **soweit** der Bund von seinem Gesetzgebungsrecht keinen Gebrauch macht (Art. 72 Abs. 1 GG). Das Gesetzgebungsrecht der Länder wird somit für die Zukunft ausgeschlossen, wenn und soweit der Bund von seinem Gesetzgebungsrecht Gebrauch macht. Das bedeutet, daß nicht schon der Umstand allein, daß der Bund in einer Materie der konkurrierenden Gesetzgebung ein Gesetz erläßt, eine Sperrwirkung für das Gesetzgebungsrecht der Länder entfaltet. Entscheidend ist vielmehr, wie weit die sachliche Regelung durch den Bund reicht, vor allem ob der Bund eine abschließende Regelung der in Anspruch genommenen Materie getroffen hat. Ob eine abschließende oder erschöpfende Regelung vorliegt, ist in der Regel durch die Auslegung des fraglichen Bundesgesetzes zu ermitteln. Abschließende Regelungen durch Bundesgesetz bestehen beispielsweise auf den Gebieten des bürgerlichen Rechts, des Strafrechts, der Gerichtsverfassung und des gerichtlichen Verfahrens. Für das bürgerliche Recht wird diese Wirkung in Gestalt des durch das Bürgerliche Gesetzbuch verwirklichten „Kodifikationsprinzips" zum Ausdruck gebracht (Art. 3 EGBGB).

Gesetzgebung im Bundesstaat 37–40 **F**

d) Rahmenvorschriften des Bundes

Grundgedanke

Das Recht des Bundes, unter den Voraussetzungen des Art. 72 GG Rahmen- 37
vorschriften auf den Sachgebieten zu erlassen, die in Art. 75 GG genannt
sind, erlaubt die bundesrechtliche Regelung gewisser Minimalbedingungen
der Rechts- und Wirtschaftseinheit im Bundesgebiet, überläßt es aber im
übrigen der Landesgesetzgebung, ob und welche Regelungen getroffen werden sollen. Ein Sonderfall der konkurrierenden Gesetzgebung ist dieses Gesetzgebungsrecht des Bundes nur insoweit, als es sich um die bundesrechtlichen Rahmenvorschriften handelt.
Es ist eine verfassungsgerichtlich nachprüfbare Rechtsfrage, ob ein bestimmtes Bundesgesetz den verfassungsrechtlich vorausgesetzten Charakter als
,,Rahmenvorschrift" wahrt.

Wesentliche Materien

Der äußerlich kurze Katalog des Art. 75 GG erfaßt doch Materien von erheb- 38
lichem Gewicht. Unter die Rahmengesetzgebung fallen die Rechtsverhältnisse der im öffentlichen Dienst der Länder, Gemeinden und anderen Körperschaften des öffentlichen Rechts stehenden Personen, abgesehen von der Besoldung und Versorgung (Art. 74 a Abs. 1 GG). Auf dieser Grundlage ist das
Beamtenrechtsrahmengesetz erlassen worden.
Vor allem das Hochschulwesen, der Naturschutz und die Landschaftspflege,
die Raumordnung, der Wasserhaushalt und das Melde- und Ausweiswesen
sind Gegenstand von Rahmengesetzen des Bundes: Hochschulrahmengesetz,
Bundesnaturschutzgesetz, Raumordnungsgesetz, Wasserhaushaltsgesetz,
Melderechtsrahmengesetz.
Verschiedene Anläufe, dem Bundestag den Entwurf eines Presserechtsrahmengesetzes vorzulegen, sind bisher nicht bis zum Stadium einer Gesetzesvorlage gelangt.

Voraussetzungen der Bundesgesetzgebung

Das Gesetzgebungsrecht des Bundes zum Erlaß von Rahmenvorschriften ist 39
im Einzelfall davon abhängig, daß die Voraussetzungen des Art. 72 GG gegeben sind. Auch hier muß also ein **Bedürfnis nach bundesgesetzlicher Regelung** nach den besonderen in Art. 72 Abs. 2 GG genannten Gesichtspunkten
gegeben sein, worüber für das einzelne Gesetzgebungsvorhaben der Bundesgesetzgeber nach Ermessen entscheidet.

Ausfüllungsfähigkeit und Ausfüllungsbedürftigkeit eines Rahmengesetzes

Mit der Bestimmung, daß der Bund über die Sachgebiete des Art. 75 GG 40
,,Rahmenvorschriften" erlassen darf, ist zugleich ein einschränkendes materielles Kriterium dieses Gesetzgebungsrechts des Bundes aufgestellt.
Von einer Rahmenvorschrift kann nur die Rede sein, wenn den **Ländern**, die
ja den ,,Rahmen" des Bundesgesetzes durch Landesgesetz ausfüllen können,

eine ins Gewicht fallende gesetzgeberische Entscheidungsmöglichkeit belassen wird. Der Bund darf nicht schon alles Wesentliche selbst regeln, sondern die von ihm getroffene Regelung muß darauf angelegt sein, durch Landesgesetz ausgefüllt zu werden, sie muß seitens des Landesgesetzgebers ausfüllungsfähig und ausfüllungsbedürftig sein.
Die kompetenzrechtliche Anforderung, daß eine Rahmenvorschrift des Bundes dem Landesgesetzgeber eine Entscheidungsmöglichkeit von Gewicht belassen muß, schließt nicht aus, daß das Bundesgesetz unmittelbar, d. h. unabhängig von einer landesrechtlichen Regelung geltende Rechtsvorschriften enthält und daß das Bundesgesetz einzelne Teile einer Materie der Rahmenkompetenz vollständig und abschließend regelt (BVerfGE 4, 115/130; 7, 29/41; 43, 291/343).

4. Der Gang der Bundesgesetzgebung

a) Die Gesetzesinitiative

Das Initiativrecht

41 Unter Gesetzesinitiative versteht man das Recht, bei der parlamentarischen Volksvertretung als Legislative Gesetzesvorlagen mit dem Anspruch darauf einzubringen, daß die gesetzgebende Körperschaft über die Vorlage beraten und beschließen muß.
Nach dem Grundgesetz werden Gesetzesvorlagen beim Bundestag durch die **Bundesregierung, aus der Mitte des Bundestages** oder durch den **Bundesrat** eingebracht (Art. 76 Abs. 1 GG). Das Initiativrecht steht somit der Bundesregierung, dem Bundesrat und einer in der Verfassung nicht näher umschriebenen Gruppe von Abgeordneten des Bundestages zu. Vorlagen aus der Mitte des Bundestages müssen von einer Fraktion oder von fünf vom Hundert der Mitglieder des Bundestages unterzeichnet sein (§§ 76, 10 Geschäftsordnung des Deutschen Bundestages).
Ein plebiszitäres Initiativrecht (,,Volksbegehren") besteht nach dem Grundgesetz nicht.
E RNr. 49, 61.

Insbesondere das Initiativrecht der Bundesregierung

42 Entsprechend dem Grundgedanken des parlamentarischen Regierungssystems hat das Initiativrecht der Bundesregierung die bei weitem größte praktische Bedeutung. Demgegenüber wird das Recht, Gesetzesvorlagen aus der Mitte des Bundestages einzubringen, hauptsächlich als ein Werkzeug der Opposition eingesetzt.
Wenn das Grundgesetz der Bundesregierung das Initiativrecht gibt, ist damit das Kollegialorgan ,,Bundesregierung" (Art. 62 GG) gemeint. Die Einbringung einer Gesetzesvorlage bedarf daher stets der Beschlußfassung der Bundesregierung (vgl. auch §§ 15, 28 Geschäftsordnung der Bundesregierung). Die dieser Beschlußfassung zugrunde liegende **Kabinettsvorlage** geht in der Regel aus einem federführenden Ministerium hervor. Die erste Erscheinung

Der Gang der Gesetzgebung 43, 44 F

der späteren **Gesetzesvorlage** in der vorbereitenden Tätigkeit des Ressortministeriums ist der sogenannte **Referentenentwurf.** Nach der Gemeinsamen Geschäftsordnung der Bundesministerien (§§ 22 ff.) sind frühzeitig das Bundeskanzleramt, andere betroffene Ressorts und die Bundesländer zu beteiligen. Das Ressortministerium kann auch betroffene Fachkreise und Verbände bei der Vorbereitung eines Gesetzesentwurfs beteiligen (§ 24 GGO II). E RNr. 101.

Ausübung des Initiativrechts und Verfahren

Die Ausübung des Initiativrechts besteht darin, daß ein Gesetzentwurf als **Gesetzesvorlage** beim Bundestag eingebracht wird. 43
Vorlagen der **Bundesregierung** sind zunächst dem Bundesrat zuzuleiten, der berechtigt ist, innerhalb von sechs Wochen zu der Vorlage Stellung zu nehmen (Art. 76 Abs. 2 GG). Die erstmalige Beteiligung des Bundesrates wird als „erster Durchgang" bezeichnet. Nach Abschluß dieses Verfahrensschrittes wird die Gesetzesvorlage in einer Bundestags-Drucksache, in welche die Stellungnahme des Bundesrates und gegebenenfalls eine Gegenäußerung der Bundesregierung aufgenommen werden, dem Bundestag zugeleitet.
Vorlagen des **Bundesrates** sind dem Bundestag durch die Bundesregierung innerhalb von drei Monaten zuzuleiten. Die Bundesregierung hat hierbei ihre Auffassung darzulegen (Art. 76 Abs. 3 GG).
Vorlagen **aus der Mitte des Bundestages** führen ohne vorherige Beteiligung des Bundesrates unmittelbar zu einer Behandlung durch den Bundestag.

b) Die Bundesgesetze werden durch den Bundestag beschlossen

Parlamentarische Behandlung einer Gesetzesvorlage

Die parlamentsinterne Behandlung einer Gesetzesvorlage durch den Bundestag ist nicht im Grundgesetz, sondern in der Geschäftsordnung des Deutschen Bundestages (§§ 78 ff.) geregelt. Unbeschadet dessen gelten natürlich die allgemeinen Vorschriften der Verfassung über die Öffentlichkeit der Parlamentsverhandlungen, über die Beschlußfassung des Bundestages (Art. 42 GG) auch für die Beratung und Beschlußfassung über Gesetzesvorlagen. 44
Die Bundesgesetze werden vom Bundestag beschlossen (Art. 77 Abs. 1 Satz 1 GG). Der Beschlußfassung gehen die Beratungen im Plenum und in den Ausschüssen des Bundestages voraus.
In der **ersten Beratung,** die der öffentlichen Einbringung der Vorlage dient, wird diese – sofern sie nicht von vornherein der Ablehnung verfällt – an die sachlich zuständigen **Ausschüsse** verwiesen; dabei wird der federführende Ausschuß bestimmt. Je nach dem Gewicht und der Komplexität des Gesetzentwurfs wird die Behandlung in den Ausschüssen eine längere Zeit andauern. Der federführende Ausschuß legt dann dem Plenum des Bundestages einen Bericht und eine Beschlußempfehlung vor; auch die mitberatenden Ausschüsse erstatten einen Bericht. Es schließt sich die **zweite** und – häufig in unmittelbarer zeitlicher Folge – die **dritte Beratung** an. Nach Schluß der dritten Beratung wird über den Gesetzentwurf abgestimmt.

Ein vom Bundestag beschlossenes Gesetz kommt zustande, wenn die Mitwirkungsrechte des Bundesrates gewahrt worden sind (Art. 78 GG).

Die drei Beratungen einer Vorlage

45 Gesetzentwürfe werden in der Regel in drei Beratungen behandelt. Eine Ausnahme gilt nur für völkerrechtliche Verträge nach Art. 59 Abs. 2 GG (§§ 78 f. GeschO BTag).
In der **ersten Beratung** kann eine „allgemeine Aussprache" stattfinden, in der allerdings nur die „Grundsätze" der Vorlage besprochen werden; Sachanträge dürfen nicht gestellt werden. Am Schluß der ersten Beratung wird über die Überweisung des Gesetzentwurfs an die Ausschüsse Beschluß gefaßt.
In der **zweiten Beratung** können Änderungen beantragt werden. Derartige Anträge können von jedem einzelnen Mitglied des Bundestages gestellt werden. Änderungsanträge zu Verträgen nach Art. 59 Abs. 2 GG sind nicht zulässig. In der zweiten Beratung wird über Änderungsanträge und über jede selbständige Bestimmung des Gesetzentwurfs der Reihenfolge nach, zuletzt über Einleitung und Überschrift, beraten und Beschluß gefaßt. Die Prozedur kann nach den Vorschriften der Geschäftsordnung vereinfacht werden.
Die **dritte Beratung** erfolgt, wenn in zweiter Beratung keine Änderungen beschlossen worden sind, anschließend. Eine allgemeine Aussprache ist nicht erneut erforderlich. Nach Schluß der dritten Beratung wird über den Gesetzentwurf abgestimmt. Sind die Beschlüsse der zweiten Beratung unverändert geblieben, so folgt die Schlußabstimmung unmittelbar.
Die Behandlung einer Gesetzesvorlage in drei parlamentarischen Beratungen ist verfassungsrechtlich nicht vorgeschrieben. Sie ist, wie die Erfahrung zeigt, zweckmäßig und durch die Geschäftsordnung vorgesehen und geregelt.

Die Vorlage in den Bundestagsausschüssen

46 Der Regelfall ist, daß eine Gesetzesvorlage am Schluß der ersten Beratung einem Ausschuß überwiesen wird. Sie kann auch gleichzeitig mehreren Ausschüssen überwiesen werden, wobei der federführende Ausschuß zu bestimmen ist, dessen Aufgabe die Berichterstattung gegenüber dem Bundestagsplenum ist (§ 80 GeschO BTag).
Die Ausschüsse, in denen die einzelnen Fraktionen im Verhältnis ihrer Stärke im Bundestag vertreten sind (§ 12 GeschO BTag) haben als „vorbereitende Beschlußorgane des Bundestages" die Aufgabe, dem Bundestag aufgrund der Ausschußberatung bestimmte Beschlüsse zu empfehlen (§ 62 GeschO BTag).

Die Beschlußfassung im Bundestag

47 Die Bundesgesetze werden vom Bundestag beschlossen (Art. 77 Abs. 1 Satz 1 GG). Mit dieser Beschlußfassung, der Schlußabstimmung über den Gesetzentwurf (§ 86 GeschO Tag), wird die Vorlage parlamentarisch als Bundesgesetz verabschiedet. Für die Beschlußfassung ist, abgesehen von dem Fall eines verfassungsändernden Gesetzes, die Mehrheit der abgegebenen Stimmen erforderlich (Art. 42 Abs. 2 GG).

Der Gang der Gesetzgebung   48, 49 F

Von der parlamentarischen Verabschiedung durch den Bundestag sind das Zustandekommen des Gesetzes nach Art. 78 GG, die Ausfertigung des Gesetzes durch den Bundespräsidenten (Art. 82 Abs. 1 GG), die Verkündung des Gesetzes im Bundesgesetzblatt (Art. 82 Abs. 1 GG) und das Inkrafttreten des Gesetzes (Art. 82 Abs. 2 GG) zu unterscheiden.
E RNr. 51.

„Berichtigungen" eines Gesetzes

Mit der **Beschlußfassung des Bundestages** über die Gesetzesvorlage wird der   48
Wortlaut des Gesetzes für das weitere Gesetzgebungsverfahren und für den zu verkündenden Gesetzestext maßgeblich festgelegt. Dies gilt für den gesamten Text des Gesetzes, einschließlich der Interpunktion und der äußeren Einteilung in Paragraphen, Absätze, Sätze usw. Eine spätere den Gesetzestext in irgendeinem Punkt verändernde „Berichtigung" durch eine Stelle der Exekutive, die nach der Beschlußfassung des Bundestages vor oder nach der Verkündung des Gesetzes im Bundesgesetzblatt mit dem Gesetzesbeschluß amtlich befaßt wird, ist lediglich für Schreibversehen, Druckfehler und sonstige offenbare Unrichtigkeiten erlaubt. Eine Berichtigung des Gesetzesbeschlusses oder des Gesetzes wegen aller anderen Irrtümer oder Fehler ist lediglich im Wege der Gesetzgebung zulässig (vgl. BVerfGE 48, 1/18). Für das Verfahren der Berichtigung eines vom Bundestag beschlossenen Gesetzes ist § 122 Abs. 3 GeschO BTag maßgebend (dazu BTag Drucks. 7/3242).
Ein anderer Fall ist es, wenn bei dem **Abdruck** des Gesetzes im Bundesgesetzblatt ein Druckfehler unterlaufen ist. Dies beträfe lediglich einen Mangel bei der Verkündung des Gesetzes, der durch eine entsprechende Berichtigung im Bundesgesetzblatt korrigiert werden darf.

E. SCHIFFER, Feststellung des Inhalts und Änderung von Beschlüssen sowie Berichtigungen im Gesetzgebungsverfahren, in: Festschrift für Hans Schäfer, 1975, S. 39.

Verweisungen in einem Gesetz

Nach einer geläufigen Gesetzestechnik wird in einem Gesetz im Interesse der   49
Vereinfachung und zur Vermeidung von Wiederholungen auf andere Bestimmungen desselben Gesetzes, auf andere Gesetze oder auf sonstige Rechtsvorschriften verwiesen. Die Möglichkeit derartiger Verweisungen von einer Rechtsnorm auf eine andere unterliegt verfassungsrechtlichen Beschränkungen, sowohl zur Wahrung des parlamentarischen Entscheidungsrechts als auch aus rechtsstaatlichen Gründen. Der Gesetzgeber darf sich seiner Entscheidungsaufgabe nicht praktisch entäußern und die Technik der Verweisung darf weiter nicht dazu führen, daß die Regelung dem Inhalt nach das Bestimmtheitsgebot verletzt oder den formellen Anforderungen nach den Publikationserfordernissen nicht genügt.
Für die verfassungsrechtliche Beurteilung wird nach der Art der Verweisung unterschieden. Soll nach der Norm, die die Verweisung enthält („Verweisungsnorm"), die Norm, auf die verwiesen wird („Verweisungsobjekt") in ihrer jeweiligen Fassung gelten, handelt es sich um eine **„dynamische" Verweisung**. Soll hingegen der bei Erlaß der Verweisungsnorm oder der zu einem früheren Zeitpunkt geltende Normtext, auf den verwiesen wird, maßgebend

sein, liegt eine „statische" Verweisung vor. Beide Verweisungsarten sind nach der Rechtsprechung des Bundesverfassungsgerichts grundsätzlich möglich (BVerfGE 47, 287/311 f.; 48, 240; 60, 135/155). Die genannten Anforderungen werden jedoch nicht erfüllt, wenn eine dynamische Verweisung auf eine nicht in einem Gesetz enthaltene Rechtsvorschrift erfolgt; eine derartige Verweisung ist verfassungsrechtlich unzulässig.
Die dynamische Verweisung in einem Gesetz auf **nichtstaatliche Regelungen**, z. B. auf den normativen Teil eines Tarifvertrages, ist grundsätzlich unzulässig, da der Inhalt der Regelungen, auf die verwiesen wird, nicht feststeht und der Gesetzgeber deshalb nicht nur in unzulässiger Weise auf seine Rechtsetzungsbefugnisse verzichtet, sondern auch die rechtsstaatlichen Anforderungen verletzen würde, soweit das Gesetz Einschränkungen der grundrechtlichen Freiheit bewirkt. Der Gesetzgeber darf seine Normsetzungsbefugnis nicht in beliebigem Umfang außerstaatlichen Stellen überlassen, soll der Bürger nicht schrankenlos einer normsetzenden Gewalt nichtstaatlicher Einrichtungen ausgeliefert werden (BVerfGE 64, 208).

U. KARPEN, Die Verweisung als Mittel der Gesetzgebungstechnik, 1970; H. SCHNEIDER, Gesetzgebung, 1982, S. 209 ff.

c) Die Mitwirkung des Bundesrates

Sinn und Bedeutung der Stellung des Bundesrates im Gesetzgebungsverfahren

50 Durch den Bundesrat wirken die Länder bei der Gesetzgebung des Bundes mit (Art. 50 GG). Der Bundesrat, eine gesetzgebende Körperschaft des Bundes, deren Mitglieder von den Regierungen der Länder instruiert werden, bringt die politischen Interessen der Länder, aber auch die Verwaltungserfahrung der Landesexekutiven in die Gesetzgebung des Bundes ein.
Die Mitwirkung des Bundesrates an der Gesetzgebung des Bundes äußert sich in verschiedenen Befugnissen. Der Bundesrat hat das Recht der Gesetzesinitiative und ist außerdem berechtigt, zu den Vorlagen der Bundesregierung Stellung zu nehmen (Art. 76 GG). Vor allem aber werden alle vom Bundestag beschlossenen Gesetze nach ihrer Annahme dem Bundesrat zugeleitet, damit dieser von seinen verfassungsmäßigen Rechten Gebrauch machen kann. Je nach der Reichweite der Mitwirkungsrechte unterscheidet man Einspruchsgesetze, die den Regelfall bilden, und Zustimmungsgesetze. E RNr. 62, 63.

Einspruchsgesetze

51 Vom Bundestag verabschiedete Gesetze werden im Hinblick auf die Mitwirkungsrechte des Bundesrates als „Einspruchsgesetze" bezeichnet, wenn sich dieses Mitwirkungsrecht darauf beschränkt, daß der Bundesrat die Einberufung des **Vermittlungsausschusses** verlangen und nach Abschluß des Vermittlungsverfahrens „Einspruch" einlegen darf. Der Einspruch des Bundesrates kann durch den Bundestag zurückgewiesen werden, mit der Folge, daß das Bundesgesetz damit zustande kommt (Art. 77 Abs. 2–4 GG).

Der Gang der Gesetzgebung

Alle vom Bundestag beschlossenen Bundesgesetze sind Einspruchsgesetze, wenn sie nicht durch eine ausdrückliche Bestimmung des Grundgesetzes als „Zustimmungsgesetze" gekennzeichnet sind.

Zustimmungsgesetze

Sofern das Grundgesetz bestimmt, daß ein Bundesgesetz nur mit „Zustimmung" des Bundesrates zustande kommen kann, kann der Bundesrat durch die Verweigerung der Zustimmung das beabsichtigte Gesetz verhindern. Der Bundesrat kann seine Zustimmung sogleich verweigern oder aber auch, wie im Falle eines Einspruchsgesetzes, die Einberufung des Vermittlungsausschusses verlangen. Auch der Bundestag und die Bundesregierung können in diesem Falle die Einberufung des Vermittlungsausschusses verlangen (Art. 77 Abs. 2 GG). Das Mitwirkungsrecht des Bundesrates hat bei Zustimmungsgesetzen den Charakter einer vom Bundestag nicht überwindbaren Veto-Position. Ein Bundesgesetz ist ein Zustimmungsgesetz, wenn es durch den Gegenstand seiner Regelung im ganzen oder auch nur in einer einzelnen Vorschrift kraft besonderer Bestimmung des Grundgesetzes **zustimmungsbedürftig** ist. Die Zustimmungsbedürftigkeit kann von einer Einzelvorschrift eines Gesetzes hervorgerufen werden, bezieht sich aber stets auf das Gesetz im ganzen. Der das Gesetz beschließende Bundestag hat dementsprechend die Möglichkeit, durch den äußeren Zuschnitt der gesetzestechnischen Einheit einer Regelung das Maß der Zustimmungsbedürftigkeit zu beeinflussen (BVerfGE 24, 184/197f.). Wird ein als Zustimmungsgesetz zustande gekommenes Bundesgesetz später durch ein anderes Bundesgesetz geändert, ist das Änderungsgesetz nur zustimmungsbedürftig, wenn es nach seinem eigenen Inhalt der Zustimmung des Bundesrates bedarf oder wenn die geänderte – und als solche nicht zustimmungsbedürftige – Regelung mit anderen Regelungen des geänderten Gesetzes, die für sich allein eine zustimmungsbedürftige Regelung darstellten, in einem inneren Zusammenhang steht. Die Änderung eines als Zustimmungsgesetz erlassenen Bundesgesetzes durch ein neues Bundesgesetz ist also nicht stets wiederum ein Zustimmungsgesetz (BVerfGE 37, 363/382; 39, 1/33). Ein Bundesgesetz bedarf nur dann der Zustimmung des Bundesrates, wenn das Grundgesetz dies ausdrücklich bestimmt. Wichtige Beispiele sind Bundesgesetze, die von den Ländern ausgeführt werden und Vorschriften über die Einrichtung der Behörden oder das Verwaltungsverfahren enthalten (Art. 84 Abs. 1, 85 Abs. 1 GG), Bundesgesetze über die nähere Regelung der Gemeinschaftsaufgaben (Art. 91a GG), Bundesgesetze über Finanzhilfen des Bundes an die Länder (Art. 104a Abs. 4 GG) und Bundesgesetze über die Neufestsetzung der Anteile von Bund und Ländern an der Umsatzsteuer (Art. 106 Abs. 3 u. 4 GG).

F. Ossenbühl, Die Zustimmung des Bundesrates beim Erlaß von Bundesrecht, AöR 99, 1974, S. 369, 436; Ders., in: Festschrift für Hermann Jahrreiß, 1974, S. 161.

Das Vermittlungsverfahren

Im Hinblick auf die Mitwirkungsrechte des Bundesrates bei der Gesetzgebung des Bundes kann der **Bundesrat** vor einer Entscheidung darüber, ob gegen ein vom Bundestag beschlossenes Gesetz Einspruch eingelegt oder dem

Gesetz die erforderliche Zustimmung verweigert werden soll, verlangen, daß ein aus Mitgliedern des Bundestages und des Bundesrates für die gemeinsame Beratung von Vorlagen gebildeter Ausschuß („Vermittlungsausschuß") einberufen wird; ist zu einem Gesetz die Zustimmung des Bundesrates erforderlich, so können auch der **Bundestag** und die **Bundesregierung** die Einberufung des Vermittlungsausschusses verlangen (Art. 77 Abs. 2 GG). Der Vermittlungsausschuß dient der gemeinsamen Beratung von Vorlagen durch die beiden gesetzgebenden Körperschaften des Bundes, hauptsächlich mit dem Ziele einer „Vermittlung" unterschiedlicher Standpunkte. Der Vermittlungsausschuß hat keine eigenen gesetzgebenden Befugnisse. Sofern er eine Änderung des Gesetzesbeschlusses des Bundestages vorschlägt, hat der Bundestag erneut Beschluß zu fassen.

Die Zusammensetzung und das Verfahren des Vermittlungsausschusses regelt eine **Geschäftsordnung,** die vom Bundestag beschlossen wird und der Zustimmung des Bundesrates bedarf; siehe die Gemeinsame Geschäftsordnung des Bundestages und des Bundesrates für den Ausschuß nach Artikel 77 des Grundgesetzes (Vermittlungsausschuß) vom 19. April 1951 (BGBl. II S. 103), zuletzt geändert durch Bekanntmachung vom 11. Februar 1970 (BGBl. I S. 184). Die in den Vermittlungssausschuß entsandten Mitglieder des Bundesrates sind – in Abweichung von Art. 51 Abs. 1 GG – nicht an Weisungen gebunden (Art. 77 Abs. 2 Satz 3 GG). Die Mitglieder der Bundesregierung haben das Recht und auf Beschluß des Ausschusses die Pflicht, an den Sitzungen teilzunehmen (§ 5 GeschO des Vermittlungsausschusses; vgl. Art. 43, 53 GG).

Der Vermittlungsausschuß ist durch seine Geschäftsordnung als ein ständiger Ausschuß eingerichtet worden, in den Bundestag und Bundesrat je 11 ihrer Mitglieder entsenden.

M. J. Dietlein, Zulässigkeitsfragen bei der Anrufung des Vermittlungsausschusses, AöR 106, 1981, S. 525; E. Hasselsweiler, Der Vermittlungsausschuß, 1981; W.-R. Schenke, Die verfassungsrechtlichen Grenzen der Tätigkeit des Vermittlungsausschusses, 1984.

„Zustandekommen" eines Bundesgesetzes

54 Ein vom Bundestag beschlossenes Gesetz kommt zustande, wenn der Bundesrat zustimmt, den Antrag auf Einberufung des Vermittlungsausschusses nicht stellt, innerhalb der dafür bestehenden Frist von zwei Wochen keinen Einspruch einlegt oder ihn zurücknimmt oder wenn der Einspruch vom Bundestag überstimmt wird (Art. 78 GG).
Die Verfassung unterscheidet also zwischen dem Gesetzesbeschluß des Bundestages und dem Zustandekommen eines Bundesgesetzes durch das Zusammenwirken der beiden gesetzgebenden Körperschaften.

d) Ausfertigung, Verkündung und Inkrafttreten von Bundesgesetzen

Ausfertigung durch den Bundespräsidenten

55 Die nach den Vorschriften des Grundgesetzes zustande gekommenen Gesetze werden vom Bundespräsidenten nach Gegenzeichnung durch den Bundes-

Der Gang der Gesetzgebung

kanzler und den oder die zuständigen Bundesminister (Art. 58 GG) ausgefertigt (Art. 82 Abs. 1 GG).
Die **Ausfertigung** des Gesetzes bedeutet, daß der Bundespräsident die Authentizität des Gesetzestextes entsprechend den Beschlüssen der gesetzgebenden Körperschaften und die Ordnungsmäßigkeit des Gesetzgebungsverfahrens durch seine Unterschrift bestätigt. Nach der Staatspraxis, die allerdings nicht unangefochten ist, steht dem Bundespräsidenten im Zusammenhang mit der Ausfertigung eines Gesetzes auch ein materielles Prüfungsrecht hinsichtlich der inhaltlichen Übereinstimmung des Gesetzes mit dem Grundgesetz zu (E RNr. 81).

K. RODE, Die Ausfertigung der Bundesgesetze, 1968.

Verkündung im Bundesgesetzblatt

Die Ausfertigung eines Bundesgesetzes durch den Bundespräsidenten schließt die Anordnung ein, das Gesetz im Bundesgesetzblatt zu verkünden (Art. 82 Abs. 1 GG). Damit wird dem rechtsstaatlichen Grundsatz Genüge getan, daß alle allgemein verbindlichen Rechtsnormen in der Weise amtlich publiziert werden müssen, daß jedermann sich ohne weiteres sichere Kenntnis über den Bestand und den Inhalt der geltenden Gesetze verschaffen können muß. Durch die Einrichtung des amtlichen Verkündungsblattes wird außerdem eine Gewähr dafür erreicht, daß die zum Gesetzesvollzug berufenen Behörden und Gerichte ohne Zeitverzug und mit unangreifbarer Zuverlässigkeit Kenntnis von dem Inhalt der Gesetze erlangen können.
Für die Verkündung der Gesetze gilt das **formelle Publikationsprinzip**. Danach kommt es nicht darauf an, wann eine Behörde, ein Gericht oder ein einzelner tatsächlich von einem Gesetz Kenntnis erlangt hat oder Kenntnis hätte erlangen können. Es kommt vielmehr allein darauf an, wann das Stück des Bundesgesetzblattes, in dem das zu verkündende Gesetz abgedruckt ist, in den allgemeinen Verkehr gelangt ist. Das wird in der Regel die Einlieferung des gedruckten Bundesgesetzblattes bei dem Postamt Bonn sein. Dies ist zugleich auch der **maßgebliche Zeitpunkt** der Verkündung des Gesetzes. Da der Zeitbedarf der Produktions- und Verteilungsprozeduren vorab veranschlagt werden kann, wird der Tag der Verkündung des Gesetzes jeweils in der Kopfleiste der einzelnen Stücke des Bundesgesetzblattes gedruckt. Sollte durch besondere Umstände der ausgedruckte Zeitpunkt und der Zeitpunkt der tatsächlichen Ausgabe des Bundesgesetzblattes nicht übereinstimmen, wäre der zweite Zeitpunkt maßgebend.

Das Bundesgesetzblatt (BGBl. I, II, III)

Die Verkündung eines Bundesgesetzes wird technisch durch die Bundesregierung ausgeführt; hierfür ist der **Bundesminister der der Justiz** das zuständige Ressort (§ 58 GGO II).
Das Bundesgesetzblatt erscheint in drei Teilen (§ 87 GGO II):
- **BGBl.** I ist amtliches Publikationsorgan für alle Gesetze, Rechtsverordnungen und sonstigen Rechtsvorschriften des Bundes, soweit nicht eine Verkündung im BGBl. II vorgesehen ist, sowie für die Entscheidungsformel

von Entscheidungen des Bundesverfassungsgerichts in den Streitfällen, in denen die Entscheidung Gesetzeskraft hat (§ 31 Abs. 2 Satz 2 BVerfGG).
- BGBl. II ist amtliches Publikationsorgan für Gesetze und sonstige Rechtsvorschriften des Bundes, bei denen nicht ohne weiteres ein allgemeines Kenntnisnahme- und Vollzugsinteresse vorausgesetzt werden muß, wie z. B. die Zustimmungsgesetze zu völkerrechtlichen Verträgen nach Art. 59 Abs. 2 GG.
- BGBl. III dient der systematischen Sammlung des geltenden Bundesrechts, hat also nicht den Charakter eines amtlichen Publikationsorgans.

M. SEVERIN, Das Bundesgesetzblatt, 1962.

Das Inkrafttreten des Bundesgesetzes

58 Mit dem Tag des Inkrafttretens wird ein Gesetz Bestandteil der Rechtsordnung und damit **geltendes Recht**. Erst von diesem Tage an können Rechte oder Pflichten einzelner entstehen. Um eine sachgerechte und rechtsstaatliche Ordnung für diejenigen Rechtsverhältnisse oder Rechtsbeziehungen zu erreichen, die im Zeitpunkt des Inkrafttretens eines Gesetzes bereits bestehen, werden in die Gesetze häufig **Übergangs-** oder **Überleitungsvorschriften** aufgenommen.
Jedes Gesetz soll den **Tag des Inkrafttretens** ausdrücklich bestimmen. Diese Bestimmung kann entweder kalendermäßig erfolgen oder dadurch, daß das Inkrafttreten für einen Tag nach Ablauf einer bestimmten Zeit, gerechnet vom Tage der Verkündigung des Gesetzes an, festgelegt wird. Fehlt in dem Gesetz eine Regelung über den Tag des Inkrafttretens, so tritt das Gesetz mit dem 14. Tage nach Ablauf des Tages in Kraft, an dem das Bundesgesetzblatt ausgegeben worden ist (Art. 82 Abs. 2 GG).
Gewöhnlich tritt ein Gesetz am Tage nach seiner Verkündung oder eine bestimmte Zeit nach seiner Verkündung in Kraft. Es ist jedoch nicht ausgeschlossen, daß ein Gesetz auch **rückwirkend** in Kraft tritt, d. h. daß der Tag des Inkrafttretens vor dem Tage der Verkündigung des Gesetzes liegt. Eine derartige zeitliche Geltungsanordnung ist verfassungsrechtlich nur zulässig, wenn dadurch nicht erworbene und schutzwürdige Vertrauenspositionen ohne hinreichende Rechtfertigung beeinträchtigt werden oder sonst die vom Rechsstaat geforderte Rechtssicherheit in Frage gestellt wird. Zu den Grundsätzen über die verfassungsrechtliche Zulässigkeit rückwirkender Gesetze D RNr. 51.

5. Die verfassungsändernde Gesetzgebung

a) Die verfassungsändernde Gewalt

Verfassunggebung und Verfassungsänderung

59 Verfassungsänderung ist die aufgrund und nach Maßgabe des geltenden Verfassungsgesetzes bestehende rechtliche Möglichkeit, das geltende Verfassungsgesetz in einem besonderen Verfahren der Gesetzgebung zu ändern, sei es durch eine Abänderung der bestehenden Vorschriften, sei es durch eine

Die verfassungsändernde Gesetzgebung 60 **F**

Ergänzung des Verfassungsgesetzes. Im Wege der verfassungsändernden Gesetzgebung kann die Verfassung an neue Bedürfnisse, Erfahrungen und Einsichten angepaßt werden.

Die Verfassungsänderung ist von der „ungeschriebenen" Verfassungsentwicklung zu unterscheiden, wie sie im Wege der **Verfassungsauslegung** oder des **Verfassungswandels** erfolgt. Sie ist auch nach Legitimität und rechtlicher Eigenart nicht mit der **Verfassunggebung** gleichzusetzen, die als ein ursprünglicher Gründungs- und Gestaltungsakt eine neue Verfassung schafft. Denn die Verfassungsänderung ist eine aufgrund der geltenden Verfassung bestehende und in deren Rahmen verbleibende Befugnis des Gesetzgebers, die nur dort der Verfassunggebung praktisch näher kommt, wo sie mit einer plebiszitären Entscheidung verbunden ist.

Das Grundgesetz kann nach Art. 79 GG **im Wege der Gesetzgebung** geändert werden. Das Grundgesetz kennt – anders als die Weimarer Reichsverfassung – weder eine Volksinitiative zur Änderung der Verfassung, noch die Notwendigkeit, eine Verfassungsänderung durch Referendum einer plebiszitären Entscheidung zu unterwerfen. Es unterscheidet sich darin von einer Reihe von Landesverfassungen, die plebiszitäre Verfahren der Verfassungsänderung vorgesehen haben, z. B. Art. 74, 75 BayVerf.; Art. 123, 124 HessVerf. A RNr. 8, 34.

H. EHMKE, Grenzen der Verfassungsänderung, 1953; DERS., Verfassungsänderung und Verfassungsdurchbrechung, AöR 79, 1983/84, S. 385; K. LOEWENSTEIN, Über Wesen, Technik und Grenzen der Verfassungsänderung, 1961; B.-O. BRYDE, Verfassungsentwicklung, 1982; ST. SCHAUB, Der verfassungsändernde Gesetzgeber 1949–1980, 1984.

Verfassungswandel

Unter „Verfassungswandel" versteht man den Vorgang, daß durch eine von 60 sozialen oder politischen Veränderungen abhängige Praxis Verfassungsbestimmungen inhaltlich geändert werden, ohne daß der Text der betroffenen Verfassungsbestimmung ausdrücklich abgeändert wird. Verfassungswandel ist ein Vorgang der Rechtsbildung, ein durch die Verfassung selbst hervorgerufener und gesteuerter Vorgang der **Fortbildung des Verfassungsrechts** über den Lauf der Zeit hinweg. Sie ist ein Grenzfall der Verfassungsauslegung. Denn Grund und Leitmaß der gewandelten Regelung ist die Verfassung selbst, so daß nicht allein durch neue Fakten oder Vorstellungen ein neuer, anderer Verfassungssatz geschaffen wird. Die Formel von der „normativen Kraft des Faktischen" (G. JELLINEK) ist insofern mißverständlich, als gerade nicht die Fakten allein über eine rechtsbildende Kraft verfügen. Die Fortbildung des Verfassungsrechts ist im wesentlichen eine Sache der **Staatspraxis,** also der politischen Entscheidungen des gesetzgebenden Parlaments und der Regierung. Sie findet letztlich rechtliche Anerkennung dadurch, daß das Verfassungsgericht sie im Streitfall durch die prüfende, kontrollierende und maßstabsgebundene Anwendung der Verfassung zum Ausdruck bringt.

P. LERCHE, Stiller Verfassungswandel als aktuelles Politikum, in: Festgabe für Theodor Maunz, 1971. S. 285; K. HESSE, Grenzen der Verfassungswandlung, in: Festschrift für Ulrich Scheuner, 1973, S. 123.

b) Das Verfahren der Verfassungsänderung

Initiativrecht und Behandlung der Vorlage

61 Das Grundgesetz kann nur durch ein Gesetz geändert werden, das den Wortlaut der Verfassung **ausdrücklich ändert** oder **ergänzt** und das die Zustimmung von zwei Dritteln der Mitglieder des **Bundestages** und zwei Dritteln der Stimmen des **Bundesrates** erlangt (Art. 79 Abs. 1 GG). Das Verfahren der Verfassungsänderung entspricht, abgesehen von den besonderen dafür bestehenden Anforderungen, dem Verfahren der Gesetzgebung. Die **Gesetzesinitiative** für eine Verfassungsänderung kann deshalb, wie bei anderen Gesetzesvorlagen, von der Bundesregierung, vom Bundesrat oder aus der Mitte des Bundestages hervorgehen (Art. 76 Abs. 1 GG).

Mehrheitserfordernisse

62 Die wesentliche verfahrensrechtliche Voraussetzung für das Zustandekommen eines verfassungsändernden Gesetzes ist die Zustimmung von zwei Dritteln der Mitglieder des Bundestages und zwei Dritteln der Stimmen des Bundesrates (Art. 79 Abs. 2 GG). Die damit geforderten qualifizierten Mehrheiten in den gesetzgebenden Körperschaften bieten eine Gewähr dafür, daß die Verfassungsänderung durch eine breite Zustimmung der politischen Kräfte gebilligt wird.

Verbot von Verfassungsdurchbrechungen

63 Die Änderung des Grundgesetzes kann nur in der Weise geschehen, daß das verfassungsändernde Gesetz den Wortlaut des Grundgesetzes ausdrücklich ändert oder ergänzt (Art. 79 Abs. 1 Satz 1 GG). Diese besondere Anforderung soll verhindern, daß es auch unter dem Grundgesetz zu der in der Weimarer Zeit geübten Praxis sogenannter Verfassungsdurchbrechungen kommen kann. Unter „**Verfassungsdurchbrechung**" versteht man, daß ein mit der Verfassung nicht in Einklang stehendes Gesetz in den gesetzgebenden Körperschaften mit den für eine Verfassungsänderung erforderlichen qualifizierten Mehrheiten beschlossen wird, so daß also politisch und verfahrensrechtlich die Voraussetzungen einer Verfassungsänderung erfüllt sind, dennoch aber der Wortlaut der Verfassung nicht entsprechend geändert wird. Die Verfassungsdurchbrechung ist also eine Art verfassungsänderndes Einzelfallgesetz.
Die besonderen Umstände der Rückgewinnung deutscher Souveränität im Rahmen des westlichen Verteidigungsbündnisses haben es erforderlich gemacht, die dafür erforderlichen völkerrechtlichen Verträge im Hinblick auf die Zustimmungsgesetze nach Art. 59 Abs. 2 GG ausnahmsweise in der Form zu billigen, daß ihre Verfassungsmäßigkeit durch eine entsprechende Verfassungsergänzung „klargestellt" wird (Art. 79 Abs. 1 Satz 2 GG, eingefügt durch das Änderungsgesetz vom 26. März 1954, BGBl. I S. 45). Der bisher einzige Fall der Anwendung dieser Klausel betraf die **Bonner** und **Pariser Verträge**; zur Klarstellung ihrer Verfassungsmäßigkeit wurde durch das genannte Änderungsgesetz der Art. 142a GG eingefügt, der inzwischen – ge-

Die verfassungsändernde Gesetzgebung

wissermaßen als historisch überholt – durch das Siebzehnte Gesetz zur Änderung des Grundgesetzes vom 24. Juni 1968 (BGBl. I S. 709) aufgehoben worden ist.

c) Grenzen der Verfassungsänderung

Materielle Bindung der verfassungsändernden Gewalt durch das Verfassungsgesetz

Durch Art. 79 Abs. 3 GG ist festgelegt, daß eine Änderung des Grundgeset- **64** zes, durch welche die Gliederung des Bundes in Länder, die grundsätzliche Mitwirkung der Länder bei der Gesetzgebung oder die in den Art. 1 und 20 GG niedergelegten Grundsätze berührt werden, unzulässig ist.

Diese Bestimmung bedeutet, daß die verfassungsändernde Gewalt sachliche Grenzen, nämlich die verfassungsgestaltenden Grundentscheidungen der bestehenden Verfassungsordnung, zu respektieren hat. Diese Schranken erklären sich aus dem allgemeinen Gedanken, daß die verfassungsändernde Gewalt durch die Verfassung eingesetzt ist und deshalb die Grundlagen dieser Verfassung zu wahren hat.

Die Bestimmung des Art. 79 Abs. 3 GG geht auf eine in der Spätzeit der Weimarer Republik, u. a. von CARL SCHMITT vertretene Lehre zurück. Diese Lehre von den materiellen Grenzen der verfassungsändernden Gewalt wandte sich gegen die vom Rechtspositivismus bestimmte herrschende Auffassung, wonach die verfassungsändernde Gesetzgebung allein dem Mehrheitsprinzip unterworfen sei und deshalb den Inhalt der Verfassung beliebig ändern dürfe, auch in den grundlegenden Bestandteilen der Verfassungsordnung. Es ist diese Lehre, auf die sich das Ermächtigungsgesetz von 1933 zum Erweis seiner Legalität stützen konnte.

Inhalt der Bindungsklausel

Die in Art. 79 Abs. 3 GG gewählten Formulierungen wollen die wesentlichen **65** verfassungsrechtlichen Bedingungen der freiheitlichen, demokratischen und bundesstaatlichen Verfassungsordnung der Verfügung im Wege verfassungsändernder Gesetzgebung entziehen.

Die Bindungsklausel hindert nicht die Änderung einzelner Verfassungsbestimmungen, auch nicht der Art. 1 und 20 GG, erlaubt aber darüber hinaus selbst eine Fortbildung auch der grundlegenden Verfassungsentscheidungen, soweit nur die Grundgestalt der vom Grundgesetz geschaffenen freiheitlichen, demokratischen und bundesstaatlichen Verfassungsordnung erhalten bleibt, wie sie in Art. 79 Abs. 3 GG umrissen ist (vgl. BVerfGE 30, 1 betr. Art. 10 Abs. 2 Satz 2, 19 Abs. 4 Satz 3 GG).

Justiziabilität der Bindungsklausel

Die Bindungsklausel des Art. 79 Abs. 3 GG, wie insgesamt die verfassungs- **66** rechtlichen Anforderungen an eine verfassungsändernde Gesetzgebung bilden verfassungsrechtliche Bestimmungen, an die der Gesetzgeber gebunden ist. Wie andere Gesetze auch, unterliegt dementsprechend ein verfassungsän-

derndes Gesetz dem **richterlichen Prüfungsrecht,** letzten Endes der Entscheidung des Bundesverfassungsgerichts in den dafür in Betracht kommenden Streitverfahren. Soweit die verfassungsrechtliche Bindung des verfassungsändernden Gesetzgebers reicht, kann es demnach „**verfassungwidriges Verfassungsrecht**" geben, und kann demzufolge das Bundesverfassungsgericht eine Vorschrift des Grundgesetzes, die auf einem verfassungsändernden Gesetz beruht, für verfassungswidrig und nichtig erklären.
In den bisher durch Art. 79 GG ausgelösten Streitfällen vor dem Bundesverfassungsgericht haben die beanstandeten verfassungsändernden Gesetze Bestand gehabt.

Überschießende Bedeutung des Art. 79 Abs. 3 GG für die Verfassungsauslegung?

67 Durch die materielle Bindungsklausel zu Lasten des verfassungsändernden Gesetzgebers gibt das Grundgesetz zu erkennen, daß es in seinen grundlegenden Elementen eine auf Dauer bestehende Ordnung sein will, die nicht zur Verfügung der jeweiligen politischen Mehrheiten steht. Dies gilt bis zu einer neuen Verfassunggebung (vgl. Art. 146 GG).
Aus diesem Grundgedanken des Art. 79 Abs. 3 GG läßt sich folgern, daß die dort der verfassungsändernden Gesetzgebung entzogenen grundsätzlichen Bedingungen der freiheitlichen, demokratischen und bundesstaatlichen Verfassungsordnung als das Kernstück der im Grundgesetz geschaffenen Verfassung anzusehen sind. Dies muß eine Verfassungsauslegung berücksichtigen, die den inneren Zusammenhang der Verfassung vor Augen hat. Es bedeutet jedoch nicht, daß innerhalb der Verfassungsnormen des Grundgesetzes eine weitere Abstufung nach dem Leitmaß des Art. 79 Abs. 3 GG vorgenommen werden dürfte. Auch die nicht von dieser Bestandsgewähr geschützten Verfassungsbestimmungen haben eine selbständige und nach ihrem selbständigen Inhalt zu beachtende Geltungskraft, die nicht etwa im Hinblick auf bestimmte Vorstellungen der freiheitlichen, demokratischen oder bundesstaatlichen Verfassungsordnung relativiert werden darf.

G. Vollziehung

VIII. Die Ausführung der Bundesgesetze und die Bundesverwaltung

Art. 83

Die Länder führen die Bundesgesetze als eigene Angelegenheit aus, soweit dieses Grundgesetz nichts anderes bestimmt oder zuläßt.

Art. 84

(1) Führen die Länder die Bundesgesetze als eigene Angelegenheiten aus, so regeln sie die Einrichtung der Behörden und das Verwaltungsverfahren, soweit nicht Bundesgesetze mit Zustimmung des Bundesrates etwas anderes bestimmen.

(2) Die Bundesregierung kann mit Zustimmung des Bundesrates allgemeine Verwaltungsvorschriften erlassen.

(3) Die Bundesregierung übt die Aufsicht darüber aus, daß die Länder die Bundesgesetze dem geltenden Rechte gemäß ausführen. Die Bundesregierung kann zu diesem Zwecke Beauftragte zu den obersten Landesbehörden entsenden, mit deren Zustimmung und, falls diese Zustimmung versagt wird, mit Zustimmung des Bundesrates auch zu den nachgeordneten Behörden.

(4) Werden Mängel, die die Bundesregierung bei der Ausführung der Bundesgesetze in den Ländern festgestellt hat, nicht beseitigt, so beschließt auf Antrag der Bundesregierung oder des Landes der Bundesrat, ob das Land das Recht verletzt hat. Gegen den Beschluß des Bundesrates kann das Bundesverfassungsgericht angerufen werden.

(5) Der Bundesregierung kann durch Bundesgesetz, das der Zustimmung des Bundesrates bedarf, zur Ausführung von Bundesgesetzen die Befugnis verliehen werden, für besondere Fälle Einzelweisungen zu erteilen. Sie sind, außer wenn die Bundesregierung den Fall für dringlich erachtet, an die obersten Landesbehörden zu richten.

Art. 85

(1) Führen die Länder die Bundesgesetze im Auftrag des Bundes aus, so bleibt die Einrichtung der Behörden Angelegenheit der Länder, soweit nicht Bundesgesetze mit Zustimmung des Bundesrates etwas anderes bestimmen.

(2) Die Bundesregierung kann mit Zustimmung des Bundesrates allgemeine Verwaltungsvorschriften erlassen. Sie kann die einheitliche Ausbildung der Beamten und Angestellten regeln. Die Leiter der Mittelbehörden sind mit ihrem Einvernehmen zu bestellen.

(3) Die Landesbehörden unterstehen den Weisungen der zuständigen obersten Bundesbehörden. Die Weisungen sind, außer wenn die Bundesregierung es für dringlich erachtet, an die obersten Landesbehörden zu richten. Der Vollzug der Weisung ist durch die obersten Landesbehörden sicherzustellen.

(4) Die Bundesaufsicht erstreckt sich auf Gesetzmäßigkeit und Zweckmäßigkeit der Ausführung. Die Bundesregierung kann zu diesem Zwecke Bericht und Vorlage der Akten verlangen und Beauftragte zu allen Behörden entsenden.

G Vollziehung

Art. 86

Führt der Bund die Gesetze durch bundeseigene Verwaltung oder durch bundesunmittelbare Körperschaften oder Anstalten des öffentlichen Rechtes aus, so erläßt die Bundesregierung, soweit nicht das Gesetz Besonderes vorschreibt, die allgemeinen Verwaltungsvorschriften. Sie regelt, soweit das Gesetz nichts anderes bestimmt, die Einrichtung der Behörden.

Art. 87

(1) In bundeseigener Verwaltung mit eigenem Verwaltungsunterbau werden geführt der Auswärtige Dienst, die Bundesfinanzverwaltung, die Bundeseisenbahnen, die Bundespost und nach Maßgabe des Artikels 89 die Verwaltung der Bundeswasserstraßen und der Schiffahrt. Durch Bundesgesetz können Bundesgrenzschutzbehörden, Zentralstellen für das polizeiliche Auskunfts- und Nachrichtenwesen, für die Kriminalpolizei und zur Sammlung von Unterlagen für Zwecke des Verfassungsschutzes und des Schutzes gegen Bestrebungen im Bundesgebiet, die durch Anwendung von Gewalt oder darauf gerichtete Vorbereitungshandlungen auswärtige Belange der Bundesrepublik Deutschland gefährden, eingerichtet werden.

(2) Als bundesunmittelbare Körperschaften des öffentlichen Rechtes werden diejenigen sozialen Versicherungsträger geführt, deren Zuständigkeitsbereich sich über das Gebiet eines Landes hinaus erstreckt.

(3) Außerdem können für Angelegenheiten, für die dem Bunde die Gesetzgebung zusteht, selbständige Bundesoberbehörden und neue bundesunmittelbare Körperschaften und Anstalten des öffentlichen Rechtes durch Bundesgesetz errichtet werden. Erwachsen dem Bunde auf Gebieten, für die ihm die Gesetzgebung zusteht, neue Aufgaben, so können bei dringendem Bedarf bundeseigene Mittel- und Unterbehörden mit Zustimmung des Bundesrates und der Mehrheit der Mitglieder des Bundestages errichtet werden.

Art. 87a

(1) Der Bund stellt Streitkräfte zur Verteidigung auf. Ihre zahlenmäßige Stärke und die Grundzüge ihrer Organisation müssen sich aus dem Haushaltsplan ergeben.

(2) Außer zur Verteidigung dürfen die Streitkräfte nur eingesetzt werden, soweit dieses Grundgesetz es ausdrücklich zuläßt.

(3) Die Streitkräfte haben im Verteidigungsfalle und im Spannungsfalle die Befugnis, zivile Objekte zu schützen und Aufgaben der Verkehrsregelung wahrzunehmen, soweit dies zur Erfüllung ihres Verteidigungsauftrages erforderlich ist. Außerdem kann den Streitkräften im Verteidigungsfalle und im Spannungsfalle der Schutz ziviler Objekte auch zur Unterstützung polizeilicher Maßnahmen übertragen werden; die Streitkräfte wirken dabei mit den zuständigen Behörden zusammen.

(4) Zur Abwehr einer drohenden Gefahr für den Bestand oder die freiheitliche demokratische Grundordnung des Bundes oder eines Landes kann die Bundesregierung, wenn die Voraussetzungen des Artikels 91 Abs. 2 vorliegen und die Polizeikräfte sowie der Bundesgrenzschutz nicht ausreichen, Streitkräfte zur Unterstützung der Polizei und des Bundesgrenzschutzes beim Schutze von zivilen Objekten und bei der Bekämpfung organisierter und militärisch bewaffneter Aufständischer einsetzen. Der Einsatz von Streitkräften ist einzustellen, wenn der Bundestag oder der Bundesrat es verlangen.

Vollziehung G

Art. 87b

(1) Die Bundeswehrverwaltung wird in bundeseigener Verwaltung mit eigenem Verwaltungsunterbau geführt. Sie dient den Aufgaben des Personalwesens und der unmittelbaren Deckung des Sachbedarfs der Streitkräfte. Aufgaben der Beschädigtenversorgung und des Bauwesens können der Bundeswehrverwaltung nur durch Bundesgesetz, das der Zustimmung des Bundesrates bedarf, übertragen werden. Der Zustimmung des Bundesrates bedürfen ferner Gesetze, soweit sie die Bundeswehrverwaltung zu Eingriffen in Rechte Dritter ermächtigen; das gilt nicht für Gesetze auf dem Gebiete des Personalwesens.

(2) Im übrigen können Bundesgesetze, die der Verteidigung einschließlich des Wehrersatzwesens und des Schutzes der Zivilbevölkerung dienen, mit Zustimmung des Bundesrates bestimmen, daß sie ganz oder teilweise in bundeseigener Verwaltung mit eigenem Verwaltungsunterbau oder von den Ländern im Auftrage des Bundes ausgeführt werden. Werden solche Gesetze von den Ländern im Auftrage des Bundes ausgeführt, so können sie mit Zustimmung des Bundesrates bestimmen, daß die der Bundesregierung und den zuständigen obersten Bundesbehörden auf Grund des Artikels 85 zustehenden Befugnisse ganz oder teilweise Bundesoberbehörden übertragen werden; dabei kann bestimmt werden, daß diese Behörden beim Erlaß allgemeiner Verwaltungsvorschriften gemäß Artikel 85 Abs. 2 Satz 1 nicht der Zustimmung des Bundesrates bedürfen.

Art. 87c

Gesetze, die auf Grund des Artikels 74 Nr. 11a ergehen, können mit Zustimmung des Bundesrates bestimmen, daß sie von den Ländern im Auftrage des Bundes ausgeführt werden.

Art. 87d

(1) Die Luftverkehrsverwaltung wird in bundeseigener Verwaltung geführt.

(2) Durch Bundesgesetz, das der Zustimmung des Bundesrates bedarf, können Aufgaben der Luftverkehrsverwaltung den Ländern als Auftragsverwaltung übertragen werden.

Art. 88

Der Bund errichtet eine Währungs- und Notenbank als Bundesbank.

Art. 89

(1) Der Bund ist Eigentümer der bisherigen Reichswasserstraßen.

(2) Der Bund verwaltet die Bundeswasserstraßen durch eigene Behörden. Er nimmt die über den Bereich eines Landes hinausgehenden staatlichen Aufgaben der Binnenschiffahrt und die Aufgaben der Seeschiffahrt wahr, die ihm durch Gesetz übertragen werden. Er kann die Verwaltung von Bundeswasserstraßen, soweit sie im Gebiete eines Landes liegen, diesem Lande auf Antrag als Auftragsverwaltung übertragen. Berührt eine Wasserstraße das Gebiet mehrerer Länder, so kann der Bund das Land beauftragen, für das die beteiligten Länder es beantragen.

(3) Bei der Verwaltung, dem Ausbau und dem Neubau von Wasserstraßen sind die Bedürfnisse der Landeskultur und der Wasserwirtschaft im Einvernehmen mit den Ländern zu wahren.

G Vollziehung

Art. 90

(1) Der Bund ist Eigentümer der bisherigen Reichsautobahnen und Reichsstraßen.

(2) Die Länder oder die nach Landesrecht zuständigen Selbstverwaltungskörperschaften verwalten die Bundesautobahnen und sonstigen Bundesstraßen des Fernverkehrs im Auftrage des Bundes.

(3) Auf Antrag eines Landes kann der Bund Bundesautobahnen und sonstige Bundesstraßen des Fernverkehrs, soweit sie im Gebiet dieses Landes liegen, in bundeseigene Verwaltung übernehmen.

Art. 91

(1) Zur Abwehr einer drohenden Gefahr für den Bestand oder die freiheitliche demokratische Grundordnung des Bundes oder eines Landes kann ein Land Polizeikräfte anderer Länder sowie Kräfte und Einrichtungen anderer Verwaltungen und des Bundesgrenzschutzes anfordern.

(2) Ist das Land, in dem die Gefahr droht, nicht selbst zur Bekämpfung der Gefahr bereit oder in der Lage, so kann die Bundesregierung die Polizei in diesem Lande und die Polizeikräfte anderer Länder ihren Weisungen unterstellen sowie Einheiten des Bundesgrenzschutzes einsetzen. Die Anordnung ist nach Beseitigung der Gefahr, im übrigen jederzeit auf Verlangen des Bundesrates aufzuheben. Erstreckt sich die Gefahr auf das Gebiet mehr als eines Landes, so kann die Bundesregierung, soweit es zur wirksamen Bekämpfung erforderlich ist, den Landesregierungen Weisungen erteilen; Satz 1 und 2 bleiben unberührt.

VIIIa. Gemeinschaftsaufgaben

Art. 91a

(1) Der Bund wirkt auf folgenden Gebieten bei der Erfüllung von Aufgaben der Länder mit, wenn diese Aufgaben für die Gesamtheit bedeutsam sind und die Mitwirkung des Bundes zur Verbesserung der Lebensverhältnisse erforderlich ist (Gemeinschaftsaufgaben):
1. Ausbau und Neubau von Hochschulen einschließlich der Hochschulkliniken,
2. Verbesserung der regionalen Wirtschaftsstruktur,
3. Verbesserung der Agrarstruktur und des Küstenschutzes.

(2) Durch Bundesgesetz mit Zustimmung des Bundesrates werden die Gemeinschaftsaufgaben näher bestimmt. Das Gesetz soll allgemeine Grundsätze für ihre Erfüllung enthalten.

(3) Das Gesetz trifft Bestimmungen über das Verfahren und über Einrichtungen für eine gemeinsame Rahmenplanung. Die Aufnahme eines Vorhabens in die Rahmenplanung bedarf der Zustimmung des Landes, in dessen Gebiet es durchgeführt wird.

(4) Der Bund trägt in den Fällen des Absatzes 1 Nr. 1 und 2 die Hälfte der Ausgaben in jedem Land. In den Fällen des Absatzes 1 Nr. 3 trägt der Bund mindestens die Hälfte; die Beteiligung ist für alle Länder einheitlich festzusetzen. Das Nähere regelt das Gesetz. Die Bereitstellung der Mittel bleibt der Feststellung in den Haushaltsplänen des Bundes und der Länder vorbehalten.

(5) Bundesregierung und Bundesrat sind auf Verlangen über die Durchführung der Gemeinschaftsaufgaben zu unterrichten.

Vollziehung G

Art. 91 b

Bund und Länder können auf Grund von Vereinbarungen bei der Bildungsplanung und bei der Förderung von Einrichtungen und Vorhaben der wissenschaftlichen Forschung von überregionaler Bedeutung zusammenwirken. Die Aufteilung der Kosten wird in der Vereinbarung geregelt.

Gliederungsübersicht

	RNr.
1. Staatsaufgaben und Verwaltungszwecke	
a) Das Gesetz bestimmt über die Auswahl und die Staatsaufgaben	
Die parlamentarische Entscheidung über die Staatsaufgaben	1
Die vollziehende Gewalt	2
Verwaltungszwecke und Rechtsformen des Verwaltungshandelns	3
b) Politische Planung	
Planungsaufgaben	4
Planung in der gewaltenteilenden parlamentarischen Demokratie	5
Planung durch Gesetz	6
Planung aufgrund Gesetzes	7
c) Die Gesetzmäßigkeit der Verwaltung	
Der verfassungsrechtliche Grundsatz	8
Freiheit und Gebundenheit der Verwaltung	9
Allgemeines und besonderes Verwaltungsrecht	10
d) Verwaltung im Bundesstaat	
Organisationsprinzip der Exekutive	11
Gesetzgebungskompetenz und Verwaltungskompetenz	12
Aufgabenverantwortung und Finanzierungslast	13
2. Verwaltung und Verwaltungsrecht	
a) Die Verwaltung in der gewaltenteilenden Ordnung der Staatsfunktionen	
Der organisatorische Begriff: die Exekutive	14
Der funktionale Begriff: die öffentliche Verwaltung	15
Die juristischen Personen des öffentlichen Rechts	16
Das Verwaltungshandeln	17
Die Verwaltungsgrundsätze	18
Das Verwaltungsverfahren	19

	RNr.
b) Die Ausübung öffentlicher Verwaltung	
Rechtsformen des Verwaltungshandelns	20
Verwaltungsprivatrecht	21
Privatrechtliche Betätigung der Exekutive	22
c) Die Organisationsgewalt	
Behörde und Zuständigkeit	23
Einrichtung von Behörden durch Gesetz und aufgrund Gesetzes	24
Der organisatorische Gesetzesvorbehalt	25
Selbständige Organisationsgewalt der Exekutive?	26
3. Die bundesstaatliche Kompetenzordnung im Bereich der Verwaltung	
a) Grundsatz: Das Bundesrecht wird durch die Länder ausgeführt	
Ausführung des Bundesrechts durch die Länder	27
Landesvollzug von Bundesrecht in Ausübung von Landesstaatsgewalt	28
Nicht-gesetzesakzessorische Verwaltung	29
Ungeschriebene Bundeszuständigkeiten	30
b) Die Trennung von Bundesverwaltung und Landesverwaltung	
Die getrennten Verwaltungsräume	31
Das grundsätzliche Verbot einer „Mischverwaltung"	32
Die „Organleihe"	33
Verwaltungsabkommen	34
4. Die Ausführung der Bundesgesetze durch die Länder	
a) Landesvollzug von Bundesrecht unter Aufsicht des Bundes und im Auftrag des Bundes	
Die Länder führen die Bundes-	

395

G Vollziehung

	RNr.
gesetze als eigene Angelegenheit aus	35
Die Grundformen des Landesvollzugs von Bundesrecht	36

b) Die Bundesaufsicht

Selbständige und unselbständige Bundesaufsicht	37
Die Mittel der Bundesaufsicht	38
Die Bundesaufsicht als Rechtsaufsicht	39
Verfahrensweise bei der Ausübung der Bundesaufsicht	40
Die Bund-Länder-Streitigkeit aus Anlaß der Bundesaufsicht	41

c) Bundesauftragsverwaltung

Fachaufsicht und Weisungsrecht des Bundes	42
Verfahrensweise bei der Ausübung des Weisungsrechts	43
Gegenstände der Bundesauftragsverwaltung	44
Bundesstraßen des Fernverkehrs	45
Ausführung des Kernenergierechts	46
Ausführung des Luftverkehrsrechts	47

d) Zustimmungsbedürftige Bundesgesetze über die Einrichtung der Behörden und das Verwaltungsverfahren

Der die Zustimmungsbedürftigkeit auslösende Tatbestand	48
Reichweite des Zustimmungsvorbehalts	49
Änderung von Zustimmungsgesetzen	50
Die kommunalen Gebietskörperschaften und die Ausführung der Bundesgesetze	51

e) Der Vollzug des Landesrechts

Ausübung der staatlichen Befugnisse und Erfüllung der staatlichen Aufgaben durch die Länder	52
Verwaltungsorganisation in den Ländern	53
Der Bund darf Landesrecht nicht vollziehen, muß es aber anwenden	54

5. Die Bundesverwaltung

a) Obligatorische und fakultative Bundesverwaltung

Bundesverwaltung kraft Verfassung	55

	RNr.
Bundesverwaltung kraft Gesetzes	56

b) Die Organisationsgewalt im Bereich der Bundesverwaltung

Die Zuständigkeit der Bundesregierung und der Ressortminister	57
Allgemeine Verwaltungsvorschriften	58
Einrichtung der Behörden	59
Vorrang, aber nicht Vorbehalt des Gesetzes	60

c) Bundeseigene Verwaltung mit eigenem Verwaltungsunterbau

Die Kompetenzzuweisung	61
Der Auswärtige Dienst	62
Die Bundeseisenbahnen	63
Die Bundespost	64
Bundeswasserstraßen	65
Der Gesetzesvorbehalt des Art. 87 Abs. 3 Satz 2 GG	66

d) Zentralstellen des Bundes

Die Kompetenzzuweisung	67
Das Bundeskriminalamt	68
Der Verfassungsschutz	69

e) Der Bundesgrenzschutz

Bund und Länder bei der Wahrnehmung der Grenzschutzaufgaben	70
Das Bundesgrenzschutzgesetz	71
Grenzschutzbehörden und Zollbehörden	72

f) Selbständige Bundesoberbehörden

Die Kompetenzzuweisung	73
Organisatorische Gestaltung	74
Bisherige Praxis	75

g) Bundesunmittelbare Körperschaften und Anstalten des öffentlichen Rechts

Die Kompetenzzuweisung	76
Die sozialen Versicherungsträger	77
Die Bundesbank	78

6. Streitkräfte und Bundesverwaltung

a) Der Verteidigungsauftrag

Die Bundeswehr: Streitkräfte zur Verteidigung	79
Die Wehrpflicht	80
Annexaufgaben der Streitkräfte im Verteidigungsfall und im Spannungsfall	81
Gesetzgebung über die Streitkräfte	82

Staatsaufgaben und Verwaltungszwecke

	RNr.		RNr.
Bundeswehr und NATO	83	7. Die Gemeinschaftsaufgaben	
b) Führung und Organisation der Streitkräfte		a) Der kooperative Föderalismus	
		Grundgedanke	94
Der Bundesminister für Verteidigung	84	Ausgestaltung in der Verfassung	95
Befehls- und Kommandogewalt	85	Bildungsplanung und überregionale Forschungsaufgaben	96
Vorbehalt des Haushaltsgesetzes	86		
Spitzengliederung der Bundeswehr	87	b) Die Bundesgesetze über die Gemeinschaftsaufgaben	
c) Die Bundeswehrverwaltung		Der Numerus clausus der Gemeinschaftsaufgaben	97
Organisation und Aufgabe	88	Die einzelnen Gesetze	98
Wehrersatzwesen	89	Durch Gesetz aufgestellte allgemeine Grundsätze für die Erfüllung der Gemeinschaftsaufgaben	99
Schutz der Zivilbevölkerung	90		
d) Einsatz der Streitkräfte im „inneren Notstand"			
Anforderung der Polizeikräfte eines Landes und des Bundesgrenzschutzes durch ein Land	91	c) Die gemeinsame Rahmenplanung	
		Zielsetzung und Bindungswirkung	100
		Verfassungsrechtliche Grundlagen	101
		Gesetzliche Ausgestaltung	102
Weisungsbefugnis des Bundes gegenüber Polizeikräften und Einsatz des Bundesgrenzschutzes	92	d) Die Finanzierung	
		Die Grundregel	103
Einsatz der Bundeswehr	93	Gesetzliche Ausgestaltung	104
		Bereitstellung der Mittel	105

1. Staatsaufgaben und Verwaltungszwecke

a) Das Gesetz bestimmt über die Auswahl und die Erledigung der Staatsaufgaben

Die parlamentarische Entscheidung über die Staatsaufgaben

Die Ausführung der Gesetze durch die Organe der vollziehenden Gewalt, die Exekutive, ist die Erfüllung bestimmter Staatsaufgaben. Indem das Gesetz der Exekutive die Erfüllung von Verwaltungsaufgaben und die Ausübung öffentlicher Gewalt zuweist, bestimmt es – abgeleitet von den Staatsaufgaben – die Zwecke der Verwaltungstätigkeit.
In gewissem Umfang, nämlich soweit Eingriffe in Freiheit und Eigentum der einzelnen nicht in Betracht kommen, kann sich die Art und Weise der Verwaltungstätigkeit aus dem allgemeinen Aufgabenkreis ergeben, der einer Behörde oder einer sonstigen Stelle der Exekutive im Rahmen der Zuständigkeitsordnung übertragen ist. Auch soweit aber eine Verwaltungstätigkeit nicht die Ermächtigung in einem besonderen Gesetz voraussetzt, bleibt es dem Gesetzgeber unbenommen, die Aufgabenerfüllung der Exekutive durch Gesetz zu regeln. Bedarf es zur Erfüllung einer Verwaltungsaufgabe der Eingriffe in Freiheit und Eigentum, ist ohnehin nach dem Grundsatz der Gesetzmäßigkeit der Verwaltung die Exekutive auf die Ermächtigung in einem Gesetz angewiesen. Die Bedeutung, die das Gesetz verfassungsrechtlich für die Ausübung der vollziehenden Gewalt durch die Organe der Exekutive hat,

erklärt sich aus der Eigenschaft des Gesetzes als einer parlamentarischen Entscheidung. Es ist ein Grundgedanke der parlamentarischen Demokratie und des Rechtsstaates, daß die parlamentarische Volksvertretung durch Gesetz über die Auswahl und die Erledigung der Staatsaufgaben und damit auch über die Verwaltungszwecke und über die zu deren Erfüllung nötigen Befugnisse bestimmt.

Die vollziehende Gewalt

2 Die Unterscheidung, die das Grundgesetz zwischen der Gesetzgebung, der vollziehenden Gewalt und der Rechtsprechung und weiter zwischen den besonderen Organen der Gesetzgebung, der vollziehenden Gewalt und der Rechtsprechung trifft (Art. 1 Abs. 2, 20 Abs. 2 GG), entspricht dem **Gewaltenteilungsprinzip**. Die Gewaltenteilung ist eine sachliche Voraussetzung dafür, daß die staatlichen Aufgaben und Befugnisse in der Verfassung rechtlich geordnet und begrenzt werden können, so daß das Staatsrecht des Verfassungsstaates auf die Grundbegriffe des Gesetzes, der Gesetzmäßigkeit der Verwaltung und der die Wahrung von Recht, Gesetz und Verfassung sichernden Rechtsprechung gegründet werden kann.
Die in die Hand der Organe der **Exekutive** gelegte „vollziehende Gewalt" empfängt ihre Bezeichnung daher, daß sie nach dem Grundprinzip der parlamentarischen Demokratie und des Rechtsstaates ihre wesentliche Eigenart darin hat, die in der Gesetzesform in Erscheinung tretenden Entscheidungen der parlamentarischen Volksvertretung auszuführen, sei es daß sie abgeleitetes Recht in der Gestalt von Rechtsverordnungen und Satzungen setzt, sei es daß sie Verwaltungsaufgaben im Einzelfall erfüllt. Dieses Grundprinzip schließt weder aus, daß die Verwaltung dort, wo es der Eingriffe in Freiheit und Eigentum nicht bedarf, auch ohne besondere gesetzliche Ermächtigung handeln darf („**gesetzesfrei**" Verwaltung), noch daß das Gesetz im Bereich der planenden und gestaltenden Verwaltungsaufgaben der Exekutive einen mehr oder weniger großen Bereich **selbständiger Entscheidungsverantwortung** eröffnet.
Die vollziehende Gewalt umfaßt **Regierung** und **Verwaltung**, also staatsleitende Aufgaben und administrative Aufgaben. Während die administrativen Aufgaben durch den Grundsatz der Gesetzmäßigkeit der Verwaltung bestimmt werden, gelten für die **politischen Aufgaben der Staatsleitung** durch die Regierung die Grundsätze des parlamentarischen Regierungssystems und der danach gegebenen parlamentarischen Kontrolle der Regierung.

Verwaltungszwecke und Rechtsformen des Verwaltungshandelns

3 Zur Erfüllung der Verwaltungszwecke stellt das Gesetz der Exekutive verschiedenartige Rechtsformen der Ausübung öffentlicher Verwaltung zur Verfügung.
Unter den „Rechtsformen" der Ausübung öffentlicher Verwaltung versteht man die Unterscheidung des **öffentlich-rechtlichen** oder **privatrechtlichen** Verwaltungshandelns und weiter – im Bereich des öffentlich-rechtlichen Verwaltungshandelns – die Unterscheidung danach, ob **normativ**, also durch Rechtsverordnung oder sonstige Rechtsvorschrift, oder hoheitlich durch Ver-

Staatsaufgaben und Verwaltungszwecke 4, 5 **G**

waltungsakt oder rechtsgeschäftlich im Wege des öffentlich-rechtlichen **Vertrages** Verwaltungszwecke erfüllt werden. Soweit nicht das Gesetz oder die Eigenart der Verwaltungsaufgabe das Handeln in einer bestimmten Rechtsform festlegen, wird der Exekutive bei Einhaltung der rechtsstaatlichen Grundsätze eine Wahlfreiheit zwischen den in Betracht kommenden Rechtsformen zugestanden, um eine möglichst sachgerechte und geeignete Verwaltungsführung zu erreichen. Auf hoheitliches Verwaltungshandeln ist die Exekutive z. B. im Bereich der Gefahrenabwehr (Polizei- und Sicherheitsrecht) und im Bereich des Steuerrechts zwingend festgelegt.

b) Politische Planung

Planungsaufgaben

Die fortschreitende Expansion und Eindringtiefe der Staatsaufgaben seit dem 4 Ersten Weltkrieg hat ein zunehmendes Bedürfnis nach einer möglichst weitgehenden Sicherung der Rationalität des Staatshandelns, also auch der Planmäßigkeit in der Erfüllung der Staatsaufgaben und der Verwirklichung der Verwaltungszwecke mit sich gebracht. Seit der Gründung der Bundesrepublik hat diese Zielsetzung in den verschiedenen Bereichen der Staats- und Verwaltungstätigkeit zunehmend Fortschritte gemacht, die sich auch in den Gesetzen und den sonstigen rechtlichen Entscheidungsgrundlagen der Verwaltung niedergeschlagen haben.
Die Aufgabenzweige der Exekutive, in denen eine rechtliche Durchführung der Planungsaufgaben am deutlichsten hervorgetreten sind, sind die folgenden:
1) Die **politische Planung,** d. h. die Planung der Staatsaufgaben auf der Ebene der Staatsleitung, also im Bundeskanzleramt und in den Ressortministerien. Hierzu gehören auch das traditionelle Instrument des **Haushaltsplanes** im Interesse einer ordnungsmäßigen Haushaltswirtschaft der öffentlichen Hand sowie das erst in neuerer Zeit eingeführte Werkzeug der **mittelfristigen Finanzplanung** (vgl. Art. 109 Abs. 3 GG).
2) Die **Planung einzelner Sachgebiete** der Strukturpolitik und der Wirtschaftsförderung, z. B. im Rahmen der Gemeinschaftsaufgaben nach Art. 91a GG.
3) Die zur Sicherung des Sozialversicherungssystems, insbes. nach Einführung der dynamischen Rente, erforderliche mittel- und langfristige **Planung der Finanzierungs- und Leistungssysteme.**
4) Die **raumbezogene Planung,** sowohl in der Raumordnung und Landesplanung, als auch in der städtebaulichen Bauleitplanung und in den verschiedenen Zweigen der Fachplanung, z. B. im Verkehrswesen.

Planung in der gewaltenteilenden parlamentarischen Demokratie

Für die Aufgaben der politischen Planung, aber auch für die in den Hand- 5 lungsfeldern der anderen Planungsarten nötigen Leitentscheidungen stellt sich die Frage, in welcher Weise sich die Planung in das überkommene Muster der Gewaltenteilung einordnen läßt. Gelegentlich ist von der Planung als der ,,Vierten Gewalt" gesprochen worden. Überwiegend geht die Ansicht jedoch dahin, daß die politische Planung und die sonstigen planerischen Grundentscheidungen als eine Erscheinung der **Staatsleitung** anzusehen sind. Für die Zuordnung der Planungsaufgaben zu **Parlament** und **Regierung** gelten dementsprechend die Grundsätze des parlamentarischen Regierungssystems und der rechtsstaatlichen Bindung der öffentlichen Gewalt, soweit Rechte und Freiheiten einzelner betroffen sein können.

Eine allgemeine Formel für die politische Planung und die planerischen Grundentscheidungen läßt sich dementsprechend nicht aufstellen. Weder kann Planung als ,,sachlogisch gouvernemental" betrachtet und damit von vornherein der Regierung zugewiesen werden, noch läßt sich aus der Stellung der parlamentarischen Volksvertretung eine grundsätzliche Zuständigkeit des Parlaments behaupten. Keine verfassungsrechtlichen Einwände sind demnach dagegen möglich, daß die Initiative und die Vorbereitung von Planungsentscheidungen in der Hand der Regierung liegen. Soweit Planungsentscheidungen rechtliche Verbindlichkeit erlangen sollen, sind sie nach allgemeinen Grundsätzen ohnehin nur durch Gesetz oder aufgrund Gesetzes möglich.

E.-W. BÖCKENFÖRDE, Planung zwischen Regierung und Parlament, Staat 11, 1972, S. 429; U. SCHEUNER, Zur Entwicklung der politischen Planung in der Bundesrepublik Deutschland, in: Festschrift für Werner Weber, 1974, S. 369; W. GRAF VITZTHUM, Parlament und Planung, 1978; TH. WÜRTENBERGER, Staatsrechtliche Probleme politischer Planung, 1979.

Planung durch Gesetz

6 Das Gesetz ist durch seinen abstrakten Entscheidungsgehalt und durch die Eigenart des Gesetzgebungsverfahrens nur eingeschränkt als ein Werkzeug politischer Planung geeignet. Als klassisches Beispiel läßt sich der durch Gesetz festzustellende **Haushaltsplan** anführen, der Gegenstand des parlamentarischen Budgetrechts ist (Art. 110 Abs. 2 GG). Der regelmäßig nur für ein Kalenderjahr geltende Haushaltsplan ist allerdings kein Planungsakt, sondern lediglich ein Instrument planmäßiger Haushaltsführung. Der mittelfristige **Finanzplan,** der die Haushaltsentscheidungen mit einer gewissen Vorausschau verbinden soll, ergeht nicht durch Gesetz, sondern wird durch Beschluß der Bundesregierung aufgestellt; I RNr. 102. Als ein Beispiel für Planung durch Gesetz läßt sich die jeweils auf bestimmte Zeiträume bezogene **Ausbauplanung für die Bundesfernstraßen** nennen.

Planung aufgrund Gesetzes

7 Der Aufgabenverteilung zwischen parlamentarischer Volksvertretung und Regierung nach dem Gewaltenteilungsprinzip entspricht es, wenn das Gesetz die Grundsätze, Kriterien und sonstigen Entscheidungsregeln für die Planungsentscheidungen der Exekutive festlegt. Insbesondere im Bereich der raumbezogenen Planung, z. B. durch Bebauungspläne der Gemeinden oder durch Planfeststellungsbeschlüsse für bestimmte Vorhaben, schafft nahezu durchweg das Gesetz die rechtlichen Voraussetzungen für die Planungsentscheidungen der Exekutive; nur die höchststufigen landesplanerischen Ent-

Staatsaufgaben und Verwaltungszwecke 8, 9 **G**

scheidungen, z. B. ein Landesentwicklungsprogramm, werden in einigen Bundesländern durch Gesetz getroffen. Aber auch für die politische Planung und die sonstigen planerischen Grundentscheidungen, etwa der Strukturpolitik, erscheint es als die hauptsächliche Aufgabe des Gesetzes, die Planungsaufgabe, die Grundsätze der Planung und das Planungsverfahren festzulegen, es im übrigen aber der Entscheidung der Exekutive zu überlassen, in welcher Weise die Planungsaufgaben zu erledigen sind. Das Gesetz zur Förderung der Stabilität und des Wachstums der Wirtschaft vom 8. Juni 1967 (BGBl. I S. 582), zuletzt geänd. durch Gesetz vom 18. März 1975 (BGBl. I S. 705), und die Gesetze über die Gemeinschaftsaufgaben nach Art. 91 a GG können als Beispiele dienen.

c) Die Gesetzmäßigkeit der Verwaltung

Der verfassungsrechtliche Grundsatz

Der für die gesamte Tätigkeit der Exekutive zentrale Grundsatz der Gesetz- 8
mäßigkeit der Verwaltung ist in Art. 20 Abs. 3 GG in der Formulierung ausgedrückt, daß die vollziehende Gewalt an Gesetz und Recht gebunden ist.
Dieser Grundsatz bedeutet, daß das Gesetz die Grundlage und Grenze der Verwaltungstätigkeit ist; er sichert die rechtsstaatlichen Anforderungen der Berechenbarkeit des Rechts und der Rechtssicherheit und die Entscheidungsvollmacht des gesetzgebenden Parlaments. Jede Ausübung von Verwaltung muß im Einklang mit dem Gesetz bleiben („Vorrang" des Gesetzes). Soweit eine Verwaltungstätigkeit einen Eingriff in Freiheit und Eigentum des einzelnen bewirkt, bedarf sie der Ermächtigung durch ein Gesetz („Vorbehalt" des Gesetzes). Der Erlaß eines belastenden Verwaltungsaktes ist also nur kraft einer gesetzlichen Ermächtigung zulässig. Eine „gesetzesfreie" Betätigung der Verwaltung durch Verwaltungsvorschriften oder durch Verwaltungsakt bleibt möglich, soweit fördernde oder leistende Tätigkeiten der Verwaltung den einzelnen rechtlich nur begünstigen oder soweit planende und vorbereitende Verwaltungstätigkeit individuelle Rechtsstellungen nicht rechtserheblich berührt.
D RNrn. 53 ff.

Freiheit und Gebundenheit der Verwaltung

Der Grundsatz der Gesetzmäßigkeit der Verwaltung schließt, soweit die Exe- 9
kutive für ihre Handlungen eines Gesetzes bedarf, das Gebot der **Bestimmtheit des Gesetzes** ein. Denn das Gesetz, das als rechtsstaatlich notwendige Grundlage des Verwaltungshandelns dient, insbes. indem es im Wege der Ermächtigung belastende Verwaltungsakte zuläßt, muß Berechenbarkeit des Rechts und Rechtssicherheit sichern und es muß der Entscheidungsvollmacht des parlamentarischen Gesetzgebers Rechnung tragen.
Das Gebot der hinreichenden Bestimmtheit des die Exekutive zu Rechtseingriffen ermächtigenden Gesetzes bildet eine verfassungsrechtliche Grenze

der Verwendung von **Generalklauseln** und von **unbestimmten Rechtsbegriffen** in einem Gesetz und vor allem eine Schranke für die gesetzliche Einräumung von **Ermessen** oder **Gestaltungsfreiheit** an die Exekutive. Der Gesetzgeber muß die staatliche Eingriffsmöglichkeit und Entscheidungsbefugnis selbst abgrenzen und darf diese Abgrenzung nicht durch eine zu weite oder unbestimmte Regelung praktisch der Exekutive überlassen. Wie hoch die Anforderungen an die Bestimmtheit des Gesetzes zu stellen sind, ist von der Eigenart der Verwaltungsaufgabe abhängig, die das Gesetz regelt und für die es der Exekutive Befugnisse zumißt. Die sozialstaatlichen Planungs- und Gestaltungsaufgaben führen mit innerer Notwendigkeit zu selbständigen Befugnissen der Verwaltung, die nicht in vollem Umfange durch das Gesetz determiniert werden können. Das Gesetz erscheint hier als **Ermächtigung,** aber auch als **Auftrag** und **Richtlinie** für die Ausübung öffentlicher Verwaltung. Es räumt der Exekutive eine **selbständige Beurteilungs- und Entscheidungsvollmacht** ein. Diese Erscheinung findet sich hauptsächlich im technischen Sicherheitsrecht, das die normativen Entscheidungsgrundlagen für die Beaufsichtigung großtechnischer Anlagen festlegt, im Recht der raumbezogenen Planung und der städtebaulichen Ordnung und im Recht der Wirtschaftsverwaltung. Soweit es für die Planungs- und Gestaltungsaufgaben der Exekutive unvermeidlich ist, darf das Gesetz unter Wahrung der rechtsstaatlichen Grundsätze der Exekutive einen Bereich selbständiger Verantwortung, d. h. selbständiger Wertung, Programmentscheidung und Regelbildung, für abgeleitete Rechtsetzung, Verwaltungsvorschriften und Einzelfallentscheidungen einräumen. Dementsprechend beschränkt sich die verwaltungsgerichtliche Kontrolle insoweit auf die Beachtung der gesetzlichen Maßstäbe und die Wahrung der allgemeinen rechtsstaatlichen Grundsätze.

P. BADURA, Gestaltungsfreiheit und Beurteilungsspielraum der Verwaltung, bestehend aufgrund und nach Maßgabe des Gesetzes, in: Festschrift für Otto Bachof, 1984, S. 169.

Allgemeines und besonderes Verwaltungsrecht

10 Die Gesetze und sonstigen Rechtsvorschriften, in denen die Organisation und das Verfahren der Verwaltungsbehörden und die Ermächtigungen und Entscheidungsregeln für die Ausübung öffentlicher Verwaltung niedergelegt sind, die ,,Verwaltungsnormen", bilden das Lehr- und Forschungsgebiet des **Verwaltungsrechts.**
Soweit sich die wissenschaftliche Behandlung des Verwaltungsrechts auf die einzelnen Gesetze und Regelungen bezieht, in denen die Aufgaben und Befugnisse für die einzelnen Zweige der öffentlichen Verwaltung geregelt sind, spricht man von diesem Stoffgebiet als dem ,,**besonderen Verwaltungsrecht**". Hierzu gehören hauptsächlich das Recht der Gefahrenabwehr (Polizei- und Sicherheitsrecht), das Recht der kommunalen Gebietskörperschaften, insbes. das Gemeinderecht, das Bau-, Boden- und Raumordnungsrecht, das Wege- und Verkehrsrecht, das Wirtschaftsverwaltungsrecht, das Wasserrecht, das Schul- und Hochschulrecht, das Sozialrecht, das Steuerrecht und das Beamtenrecht.

Staatsaufgaben und Verwaltungszwecke 11 G

Die Behandlung der allgemeinen Vorschriften über die Organisation und das Verfahren der öffentlichen Verwaltung sowie derjenigen Grundsätze und Rechtseinrichtungen, die als gemeinsame Erscheinungen der verschiedenen Zweige der Verwaltungstätigkeit aufgefaßt werden können, gehört zum „**allgemeinen Verwaltungsrecht**". Die Entstehung des allgemeinen Verwaltungsrechts am Ende des 19. Jahrhunderts bezeichnet den Entwicklungsabschnitt, mit dem über bloße Stoffsammlung und Beschreibung hinaus eine wissenschaftliche und von rechtsstaatlichen Grundsätzen geleitete Durchdringung der Verwaltung und der Verwaltungstätigkeit ihren Anfang genommen hat. Das allgemeine Verwaltungsrecht umfaßt die letztlich im Rechtsstaatsprinzip wurzelnden und nicht auf einzelne Materien des Verwaltungshandelns beschränkten Entcheidungsregeln und Grundsätze der öffentlichen Verwaltung. Die mit dem **Verwaltungsverfahrensgesetz** des Bundes vom 25. Mai 1976 (BGBl. I S. 1253), geänd. durch Gesetz vom 2. Juli 1976 (BGBl. I S. 1749), und den damit weitgehend übereinstimmenden Verwaltungsverfahrensgesetzen der Länder erreichte Kodifikation des Verwaltungsverfahrensrechts und wesentlicher Gebiete des allgemeinen Verwaltungsrechts hat eine neue Etappe der Rechtsentwicklung eingeleitet.

D. MAYER, Deutsches Verwaltungsrecht, 2 Bde., 3. Aufl., 1924; F. FLEINER, Institutionen des deutschen Verwaltungsrechts, 8. Aufl., 1928; W. JELLINEK, Verwaltungsrecht, 3. Aufl., 1931; E. FORSTHOFF, Lehrbuch des Verwaltungsrechts, I. Bd.: Allgem. Teil, 10. Aufl., 1973; HANS J. WOLFF/O. BACHOF, Verwaltungsrecht I, 9. Aufl., 1974; II, 4. Aufl., 1976; III, 4. Aufl., 1978; H.-U. ERICHSEN/W. MARTENS (Hrsg.), Allgemeines Verwaltungsrecht, 7. Aufl., 1985; I. v. MÜNCH (Hrsg.), Besonderes Verwaltungsrecht, 7. Aufl., 1985; H. MAURER, Allgemeines Verwaltungsrecht, 4. Aufl., 1985; P. BADURA, Verwaltungsrecht im liberalen und im sozialen Rechtsstaat, 1966; DERS., Das Verwaltungsrecht des liberalen Rechtsstaates, 1967.

d) Verwaltung im Bundesstaat

Organisationsprinzip der Exekutive

Der bundesstaatlichen Ordnung von Bund und Ländern entsprechend sind 11 die **Bundesverwaltung** und die **Landesverwaltungen** getrennt. Das Grundgesetz regelt die Organisation und die Zuständigkeiten der Bundesverwaltung und die Ausführung der Bundesgesetze durch die Bundesverwaltung oder die Landesverwaltungen. Die Organisation und die Zuständigkeiten der Landesverwaltungen werden durch die Landesverfassungen und auf deren Grundlage durch die Gesetze und sonstigen Rechtsvorschriften der Länder geregelt, soweit nicht das Grundgesetz im Hinblick auf die Ausführung der Bundesgesetze dem Bund ein Gesetzgebungsrecht über die Einrichtung der Behörden und das Verwaltungsverfahren der Länder zuspricht.
Der Grundsatz für die Zuständigkeitsverteilung im Verhältnis zwischen dem Bund und den Ländern besagt, daß die Ausübung der staatlichen Befugnisse und die Erfüllung der staatlichen Aufgaben Sache der Länder ist, soweit das Grundgesetz keine andere Regelung trifft oder zuläßt (Art. 30 GG). Dieser Grundsatz wird für die Ausführung der Bundesgesetze durch die Bestimmung bekräftigt, daß die Länder die Bundesgesetze als eigene Angelegenheit

ausführen, soweit das Grundgesetz nichts anderes bestimmt oder zuläßt (Art. 83 GG). Das bedeutet, daß der **Vollzug des Bundesrechtes** nur unter der Voraussetzung in der Hand der Bundesverwaltung liegt, also einer Behörde des Bundes zukommt, daß das Grundgesetz eine entsprechende Verwaltungskompetenz zugunsten des Bundes vorsieht. Der **Vollzug des Landesrechtes** ist ohnehin Sache der Länder; darüber enthält das Grundgesetz keine Vorschriften.

A. KÖTTGEN, Der Einfluß des Bundes auf die deutsche Verwaltung und die Organisation der bundeseigenen Verwaltung, JÖR 3, 1954, S. 67 und 11, 1962, S. 173; A. DITTMANN, Die Bundesverwaltung, 1983.

Gesetzgebungskompetenz und Verwaltungskompetenz

12 Die Verwaltungskompetenz folgt nicht der Gesetzgebungskompetenz. Daraus, daß das Grundgesetz dem Bund das Gesetzgebungsrecht für eine bestimmte Materie verleiht, ergibt sich nicht auch, daß der Bund für die Ausführung eines nach dieser Kompetenz erlassenen Gesetzes zuständig ist. Die Zuständigkeit des Bundes für die **Ausführung des Bundesrechts**, d. h. für die Ausübung öffentlicher Verwaltung, kann nur in der Weise gegeben sein, daß das Grundgesetz entweder die Verwaltungszuständigkeit des Bundes bestimmt, wie z. B. im Fall der Bundespost (Art. 87 Abs. 1 GG), oder zuläßt, daß durch Bundesgesetz für einen bestimmten Bereich Stellen der Bundesverwaltung eingerichtet werden, wie z. B. im Falle der selbständigen Bundesoberbehörden (Art. 87 Abs. 3 Satz 1 GG). Für den deutschen Bundesstaat war es seit jeher kennzeichnend, daß das Schwergewicht der Gesetzgebung beim Bund, das Schwergewicht der Verwaltung dagegen bei den Ländern liegt. Das Grundgesetz folgt dieser Linie. Es hat die Verwaltungszuständigkeiten des Bundes strenger begrenzt als die Weimarer Reichsverfassung.

Aufgabenverantwortung und Finanzierungslast

13 Der Bund und die Länder tragen gesondert die **Ausgaben,** die sich aus der Wahrnehmung ihrer **Aufgaben** ergeben, soweit das Grundgesetz nichts anderes bestimmt (Art. 104a Abs. 1 GG). Das gilt für die Länder auch insoweit, als sie die Gesetze des Bundes ausführen; nur für den besonderen Fall, daß die Länder die Bundesgesetze ,,im Auftrage" des Bundes ausführen (Art. 85 GG), ist bestimmt, daß der Bund die sich daraus ergebenden Ausgaben trägt (Art. 104a Abs. 2 GG). Der Bund und die Länder tragen die bei ihren Behörden entstehenden Verwaltungsausgaben und haften im Verhältnis zueinander für eine ordnungsmäßige Verwaltung (Art. 104a Abs. 5 GG). Der Grundsatz, daß die Finanzierungslast der Aufgabenverantwortung folgt, ist für einige eng umschriebene Bereiche durchbrochen, nämlich für Bundesgesetze, die Geldleistungen gewähren und von den Ländern ausgeführt werden, für die Gewährung von Finanzhilfen des Bundes an die Länder für besonders bedeutsame Investitionen der Länder und Gemeinden und für die Gemeinschaftsaufgaben (Art. 104a Abs. 3 und 4, 91a, 91b GG). I RNrn. 17, 18.

2. Verwaltung und Verwaltungsrecht

a) Die Verwaltung in der gewaltenteilenden Ordnung der Staatsfunktionen

Der organisatorische Begriff: die Exekutive

Die nach dem **Gewaltenteilungsprinzip** bestehende Unterscheidung und Trennung von Gesetzgebung, vollziehender Gewalt und Rechtsprechung ist zuerst eine Unterscheidung und Trennung in **organisatorischer** Hinsicht; die Staatsgewalt wird durch „besondere Organe" der Gesetzgebung, der vollziehenden Gewalt und der Rechtsprechung ausgeübt (Art. 20 Abs. 2 GG). Diejenigen Organe, denen nach Verfassung und Gesetz hauptsächlich die Ausübung der vollziehenden Gewalt zusteht, nämlich die Regierung, die Ministerien, die Verwaltungsbehörden, sonstige Verwaltungsstellen und die juristischen Personen des öffentlichen Rechts, werden mit dem Sammelnamen der „**Exekutive**" bezeichnet. Zur Exekutive gehören demnach alle Organe des Staates und sonstiger Verwaltungsträger, deren wesentliche Aufgabe in der Ausübung der vollziehenden Gewalt besteht.

Der funktionale Begriff: die öffentliche Verwaltung

Die staatsrechtlichen Grundbegriffe, mit denen das Gewaltenteilungsprinzip die zu unterscheidenden und zu trennenden drei „Gewalten" unterscheidet und trennt, nämlich Gesetzgebung, vollziehende Gewalt und Rechtsprechung, beziehen sich auf drei zu unterscheidende und zu trennende **Entscheidungs- und Handlungsbereiche** oder „Funktionen" der Staatsgewalt. Die hauptsächlich in der Hand der Exekutive liegende **vollziehende Gewalt** tritt als Regierung (als Funktion betrachtet), Verwaltung (als Funktion betrachtet) und Befehls- und Kommandogewalt (im Bereich der Streitkräfte) in Erscheinung. Die Ausübung öffentlicher Verwaltung ist demnach eine wesentliche Erscheinungsweise der vollziehenden Gewalt als einer Staatsfunktion. „Öffentliche Verwaltung" ist in diesem Sinne also ein Sammelname für bestimmte Aufgaben, Befugnisse und Tätigkeiten im Rahmen der vollziehenden Gewalt.

G. F. Schuppert, Die öffentliche Aufgabe als Schlüsselbegriff der Verwaltungswissenschaft, VerwArch 71, 1980. S. 309.

Die juristischen Personen des öffentlichen Rechts

Der Bund und die Länder üben öffentliche Verwaltung durch **staatliche Behörden** oder durch **selbständige Verwaltungsträger**, nämlich juristische Personen des öffentlichen Rechts aus. Juristische Personen des öffentlichen Rechts sind die Körperschaften, Anstalten und Stiftungen des öffentlichen Rechts (vgl. § 89 BGB, Art. 87 Abs. 3 Satz 1 GG). Unter den Körperschaften des öffentlichen Rechts nehmen die kommunalen Gebietskörperschaften, nämlich die Gemeinden und Gemeindeverbände, eine besondere Stellung ein (vgl. Art. 28 Abs. 1 Satz 2 und Abs. 2, Art. 106 Abs. 5 bis 9 GG).

G 17 Vollziehung

Menschen („natürliche Personen") und juristische Personen sind **Rechtssubjekte,** d. h. mit einer grundsätzlich unbeschränkten Fähigkeit ausgestattet, im Rechtsverkehr zu handeln und Subjekt von Rechten und Pflichten zu sein. Die rechtliche Verselbständigung einer Personenvereinigung oder einer Vermögensmasse dient der Ordnung und Stabilisierung überindividueller Zwecke und ihrer Verfolgung mit Hilfe einer rechts- und handlungsfähigen Organisationseinheit. Da die juristischen Personen des **Privatrechts** typischerweise ihren Grund und ihre Zwecksetzung aus dem privatautonomen Handeln natürlicher Personen gewinnen, gelten auch für sie die Grundrechte, soweit diese ihrem Wesen nach auf sie anwendbar sind und sofern die juristische Person ihren Sitz im Inland hat (Art. 19 Abs. 3 GG). C RNr. 12.

Juristische Personen des **öffentlichen Rechts** sind durch Gesetz oder aufgrund Gesetzes durch einen Organisationsakt der Exekutive errichtete juristische Personen mit einer öffentlich-rechtlichen Organisation und mit öffentlich-rechtlich geordneten Aufgaben und Befugnissen. Die Rechtsfähigkeit der juristischen Personen des öffentlichen Rechts gilt auch für den Privatrechtsverkehr, unbeschadet der Schranken, die Trägern öffentlicher Gewalt für das Handeln in privatrechtlicher Rechtsform auferlegt sind.

W. WEBER, Der nicht staatsunmittelbare öffentliche Organisationsbereich, Juristen-Jahrbuch 8 1967/68, S. 137; W. FLUME, Allgem. Teil des Bürgerlichen Rechts, Erster Band, Zweiter Teil: Die juristische Person, 1983.

Das Verwaltungshandeln

17 Die von der Exekutive in Verfolgung der Verwaltungsaufgaben entfalteten Tätigkeiten, das Verwaltungshandeln, lassen sich nach der Art der **Verwaltungszwecke** und nach den **Rechtsformen,** in denen Verwaltung ausgeübt wird, in verschiedener Weise unterscheiden und ordnen.
Bis heute am geläufigsten ist die Unterscheidung von **Eingriffsverwaltung** und **Leistungsverwaltung,** wobei die erste auf die hoheitliche Erfüllung von Verwaltungsaufgaben durch Eingriffe in Freiheit und Eigentum, die zweite auf die neueren sozialstaatlichen Aufgaben bezogen ist. Schärfere Unterscheidungen lassen sich mit Hilfe des Kriteriums der **Rechtsform** gewinnen. Dem Verwaltungshandeln in öffentlich-rechtlicher Rechtsform stehen die Ausübung öffentlicher Verwaltung in privatrechtlicher Rechtsform und die privatrechtliche Verwaltungstätigkeit anderer Art („fiskalische" oder „privatwirtschaftliche" Verwaltungstätigkeit) gegenüber. Außerdem sind die **normativen** Rechtsakte der Exekutive, insbes. die Rechtsverordnungen und Satzungen, von den **im Einzelfall** zu treffenden Entscheidungen zu trennen. Die charakteristische Handlungsform, mit der eine Verwaltungsbehörde im Einzelfall verbindlich über Rechte und Pflichten einzelner entscheidet, ist der **Verwaltungsakt.** „Verwaltungsakt" ist jede Verfügung, Entscheidung oder andere hoheitliche Maßnahme, die eine Behörde zur Regelung eines Einzelfalles auf dem Gebiet des öffentlichen Rechts trifft und die auf unmittelbare Rechtswirkung nach außen gerichtet ist (§ 35 VwVfG). Die vor allem durch das Medium des allgemeinen Verwaltungsrechts angestrebte rechtsstaatliche Ordnung der Verwaltungstätigkeit richtete und richtet sich vor allem auf die verfahrensrechtlichen und materiellen Entscheidungsregeln für den Erlaß, die Wirksamkeit und die Rechtmäßigkeit von Verwaltungsakten.

Verwaltung und Verwaltungsrecht 18, 19 G

Die Verwaltungsgrundsätze

Die Grundsätze, nach denen die Exekutive öffentliche Verwaltung ausübt, 18
ergeben sich aus dem rechtsstaatlichen Anforderungen der Verfassung, aus
den jeweils einschlägigen Gesetzen und sonstigen Rechtsvorschriften und
schließlich aus den Rechtsgrundsätzen des allgemeinen Verwaltungrechts.
Die für das **Verwaltungsverfahren** geltenden Grundsätze sollen auf der einen
Seite eine rechtmäßige, sachgerechte und effektive Verwaltungsführung sichern, auf der anderen Seite gewährleisten, daß der einzelne, dessen Rechte
oder Interessen durch das Verwaltungshandeln berührt werden können, in
hinreichender und geeigneter Weise in die Lage versetzt ist, seine Rechte zu
wahren. Vom einzelnen aus betrachtet, erscheint das Recht auf Gehör (§ 28
VwVfG) als das Kernstück eines rechtsstaatlich geordneten Verwaltungsverfahrens. Überdies muß auch schon durch die Gestaltung des Verwaltungsverfahrens – antizipierend – der in Betracht kommende Rechtsschutz durch die
Verwaltungsgerichte, soweit dafür ein Grund bestehen kann, ermöglicht werden, z. B. durch die Verfahrensregeln über die Begründung und die Bekanntgabe des Verwaltungsaktes (§§ 39, 41 VwVfG).
Als Verwaltungsgrundsätze, die ein allgemeines Gewicht für die Verwaltungtätigkeit insgesamt haben, sind vor allem das **Willkürverbot** (Art. 3
Abs. 1 GG), der Grundsatz der **Verhältnismäßigkeit der Mittel** und das Gebot **pflichtgemäßer Ermessensausübung** (§ 40 VwVfG) zu nennen. Darüber
hinaus hat das allgemeine Verwaltungsrecht eine Reihe von Rechtsgrundsätzen entwickelt, die jetzt zu einem erheblichen Teil in den Verwaltungsverfahrensgesetzen des Bundes und der Länder positivrechtlich geregelt worden
sind, z. B. die Grundsätze über den Widerruf und die Rücknahme von Verwaltungsakten, die Grundsätze über die Nichtigkeit von Verwaltungsakten
und die Grundsätze über die Auswirkung von Verfahrensmängeln auf die
Rechtsbeständigkeit von Verwaltungsakten.

Das Verwaltungsverfahren

Unter dem Verwaltungsverfahren im Sinne der Verwaltungsverfahrensgeset- 19
ze des Bundes und der Länder ist die nach außen wirkende Tätigkeit der
Behörden, die auf die Prüfung der Voraussetzungen, die Vorbereitung und
den Erlaß eines Verwaltungsaktes oder auf den Abschluß eines öffentlichrechtlichen Vertrages gerichtet ist, zu verstehen (§ 9 VwVfG).
Die **Verwaltungsverfahrensgesetze** des Bundes und der Länder stimmen inhaltlich fast durchgehend überein. In ihnen ist eine auf langjährige Vorbereitung zurückgehende und lange Zeit sehr umstrittene Kodifikationsbemühung
zu einem vorläufigen Abschluß gekommen. Die nun erreichte Regelung –
siehe insbes. das Verwaltungsverfahrensgesetz des Bundes vom 25. Mai 1976
(BGBl. I S. 1253), geänd. durch das Gesetz vom 2. Juli 1976 (BGBl. I S. 1749)
– beschränkt sich nicht auf die Ordnung des Verwaltungsverfahrens und die
Gestaltung der verfahrensrechtlichen Rechte und Pflichten der Beteiligten. In
sehr erheblichem Maße sind auch allgemeine Rechtsgrundsätze des materiellen Rechts in die Kodifikation aufgenommen worden, z. B. die Regeln über
den Inhalt des Verwaltungsaktes, die Bestimmungen über die Rücknahme

und den Widerruf von Verwaltungsakten und die Regelung des öffentlichrechtlichen Vertrages. Die bundesstaatliche Verteilung der staatlichen Aufgaben und Befugnisse auf den Bund und die Länder schließt es aus, durch Bundesgesetz das Verwaltungsverfahren umfassend für die Bundesverwaltung und die Landesverwaltung zu regeln. Durch Bundesgesetz kann das Verwaltungsverfahren der Bundesverwaltung sowie das Verwaltungsverfahren der Behörden der Länder geregelt werden, soweit diese Bundesrecht im Auftrag des Bundes ausführen (Art. 85 Abs. 1 GG). Das Verwaltungsverfahren bei der Ausführung des Bundesrechts durch die Länder unter Aufsicht des Bundes kann nur durch ein zustimmungsbedürftiges Bundesgesetz erfolgen (Art. 84 Abs. 1 GG). Das Verwaltungsverfahren beim landeseigenen Vollzug von Landesrecht dagegen fällt in die Gesetzgebungszuständigkeit der Länder.

H. C. ULE/H. LAUBINGER, Verwaltungsverfahrensrecht, 2. Aufl., 1979; H. J. KNACK, VwVfG, 2. Aufl., 1982; H. MEYER/H. BORGS-MACIEJEWSKI, VwVfG, 2. Aufl., 1982; F. KNOPP, VwVfG, 3. Aufl., 1983; K. OBERMAYER, VwVfG, 1983; P. STELKENS/H. J. BONK/K. LEONHARDT, VwVfG, 2. Aufl., 1983; P. BADURA, Das Verwaltungsverfahren, in: H.-U. ERICHSEN/W. MARTENS (Hrsg.), Allgemeines Verwaltungsrecht, 7. Aufl. 1985, S. 333.

b) Die Ausübung öffentlicher Verwaltung

Rechtsformen des Verwaltungshandelns

20 Der Exekutive steht ein selbständiges **Rechtsetzungsrecht** nicht zu. Der Erlaß von Rechtsverordnungen oder Satzungen setzt demgemäß eine gesetzliche Ermächtigung voraus. **Verwaltungsvorschriften** sind keine Rechtssätze; ihr Rechtsgrund ist die allgemeine Organisations- und Geschäftsführungsvollmacht der Verwaltungsbehörden im Rahmen ihrer jeweiligen Zuständigkeit.
Zur Erledigung einer konkreten Verwaltungsaufgabe kommen Rechtsformen des öffentlichen Rechts und des Privatrechts in Betracht. Der wesentliche Unterschied bei den öffentlich-rechtlichen Rechtsformen des Verwaltungshandelns ist hier derjenige zwischen der **hoheitlichen Entscheidung** über den Einzelfall im Wege des Verwaltungsaktes und der **rechtsgeschäftlichen Abrede** im Wege des öffentlich-rechtlichen Vertrages (§§ 54 ff. VwVfG).

Verwaltungsprivatrecht

21 Wenn die Exekutive zur Erfüllung einer ihr gestellten Aufgabe öffentliche Verwaltung in den Rechtsformen des Privatrechts ausübt, ist der Rechtsgrund dieser Teilnahme am Privatrechtsverkehr nicht die Privatautonomie. Entscheidend ist vielmehr, daß die Verwaltungsbehörde unmittelbar einen ihr aufgegebenen öffentlichen Zweck erfüllt. Daß dies im Wege **privatrechtlichen** Rechtsgeschäfts erfolgt, enthebt die Exekutive nicht der Bindung an die allgemeinen Grundsätze und Schranken des Verwaltungshandelns, wie sie z. B. aus dem Willkürverbot nach Art. 3 Abs. 1 GG hervorgehen. Diese besondere Bindung der sich der privatrechtlichen Rechtsformen bei der Ausübung öf-

fentlicher Verwaltung bedienenden Exekutive kommt in dem Begriff des „Verwaltungsprivatrechts" (HANS J. WOLFF) zum Ausdruck; BGHZ 91, 84.

D. EHLERS, Verwaltung in Privatrechtsform, 1984.

Privatrechtliche Betätigung der Exekutive

Wenn eine Verwaltungsbehörde am Privatrechtsverkehr teilnimmt, ohne dabei unmittelbar eine Aufgabe öffentlicher Verwaltung zu erfüllen, spricht man von „fiskalischer" oder „privatwirtschaftlicher" Verwaltungstätigkeit. Die wesentlichen Anwendungsbereiche sind die Hilfsgeschäfte der Verwaltung, mit denen eine Behörde die äußeren Voraussetzungen ihrer Tätigkeit schafft, wie z. B. durch den Erwerb von Grundstücken oder Büromaterial, und die unternehmerische Tätigkeit der öffentlichen Hand durch die Beteiligung an einer Kapitalgesellschaft, deren Unternehmenszweck nicht die leistungsverwaltungsrechtliche Darbietung von Waren oder Dienstleistungen ist, wie z. B. bei der Deutschen Bundespost oder bei den kommunalen Versorgungsbetrieben, sondern das erwerbswirtschaftliche Angebot von Waren oder Dienstleistungen auf dem Markt, wie z. B. bei den Industriebeteiligungen des Bundes und der Länder. I 103 ff., 109 ff.

Das fiskalische Handeln der Exekutive unterliegt haushaltsrechtlichen Bindungen, folgt jedoch nicht den Grundsätzen des Verwaltungsprivatrechts. Die öffentliche Hand bedient sich hier nicht nur des Privatrechts, sondern der Privatautonomie.

c) Die Organisationsgewalt

Behörde und Zuständigkeit

Behörde im Sinne des Verwaltungsverfahrensrechts ist jede Stelle, die Aufgaben der öffentlichen Verwaltung wahrnimmt (§ 1 Abs. 4 VwVfG). Eine Behörde ist demnach ein Organ des Staates oder eines anderen Verwaltungsträgers, mit dessen Hilfe dieser öffentliche Verwaltung ausübt. Welche organisatorisch verselbständigten Handlungseinheiten („Stellen") des Staates oder eines anderen Verwaltungsträgers als Behörden anzusehen sind, ergibt sich aus der **Zuständigkeitsordnung**. Diejenigen Stellen der Exekutive, die durch die in den Rechtsvorschriften niedergelegte Zuständigkeitsordnung mit eigenen Entscheidungsaufgaben betraut sind, wie z. B. das Landratsamt als Kreisverwaltungsbehörde, sind Behörden, also die Organe, durch welche der Staat oder ein anderer Verwaltungsträger gegenüber Dritten („nach außen") handelnd hervortritt. Der Begriff kann somit nur auf der Grundlage der normativ bestimmten Zuständigkeitsordnung gebildet werden.

Einrichtungen von Behörden durch Gesetz und aufgrund Gesetzes

Die Fähigkeit, Behörden einzurichten und mit Verwaltungaufgaben zu versehen, wird als „**Organisationsgewalt**" bezeichnet. Soweit die Einrichtung von Behörden und die Zuweisung von Zuständigkeiten zur Erledigung von Verwaltungsaufgaben **durch Gesetz** oder **aufgrund Gesetzes** durch einen Organisationsakt der Exekutive erfolgt, wird die Organisationsgewalt durch die Legislative ausgeübt.

Der organisatorische Gesetzesvorbehalt

25 In den Fällen, in denen kraft Verfassungsrechts die Einrichtung von Behörden und die Zuweisung von Verwaltungszuständigkeiten nur durch Gesetz oder aufgrund Gesetzes erfolgen darf, die Organisationsgewalt also dem **Gesetzgeber** zusteht, kann von einem organisatorischen Gesetzesvorbehalt gesprochen werden.

Für den Bereich der **Bundesverwaltung** hat das Grundgesetz im Interesse des bundesstaatsrechtlichen Schutzes der Länderzuständigkeiten durchgehend einen organisatorischen Gesetzesvorbehalt festgelegt. Soweit das Grundgesetz eine Verwaltungszuständigkeit des Bundes nicht selbst bestimmt, sondern lediglich zuläßt, kann der Bund von dieser Möglichkeit nur im Wege des Bundesgesetzes Gebrauch machen. So können beispielsweise für Angelegenheiten, für die dem Bunde die Gesetzgebung zusteht, selbständige Bundesoberbehörden und neue bundesunmittelbare Körperschaften und Anstalten des öffentlichen Rechts durch Bundesgesetz errichtet werden (Art. 87 Abs. 3 Satz 1 GG).

Ob ein organisatorischer Gesetzesvorbehalt auch für die **Landesverwaltungen** gilt, läßt sich nicht allgemein beantworten. Nach heutiger Auffassung scheint immerhin anerkannt zu sein, daß jedenfalls die Errichtung von **juristischen Personen des öffentlichen Rechts,** sofern diesen Befugnisse zur Ausübung öffentlicher Gewalt zustehen sollen, nur durch Gesetz oder aufgrund Gesetzes möglich ist. Dieser organisatorische Gesetzesvorbehalt hat einen zweifachen Grund. Die Begründung von Befugnissen zu Eingriffen in Freiheit und Eigentum in der Hand nichtstaatlicher Verwaltungsträger bedeutet eine Durchbrechung des Grundsatzes, daß öffentliche Gewalt lediglich durch den Staat ausgeübt werden darf. Zum zweiten entspricht es rechtsstaatlichen Grundsätzen, daß durch Gesetz entschieden und festgelegt wird, in welchen Fällen nichtstaatliche Verwaltungsträger zur Ausübung öffentlicher Gewalt befähigt sein sollen.

Im übrigen ist es eine Frage des jeweiligen Landesverfassungsrechts, in welchem Umfang die Errichtung von Behörden des Landes und die Zuweisung von Verwaltungszuständigkeiten einer gesetzlichen Entscheidung bedarf. Einen verallgemeinerungsfähigen Grundgedanken drückt Art. 77 Abs. 1 BayVerf aus, der folgendes bestimmt: Die Organisation der allgemeinen Staatsverwaltung, die Regelung der Zuständigkeiten und der Art der Bestellung der staatlichen Organe erfolgen durch Gesetz. Die Einrichtung der Behörden im einzelnen obliegt der Staatsregierung und aufgrund der von ihr erteilten Ermächtigung den einzelnen Staatsministerien.

HANS J. WOLFF/O. BACHOF, Verwaltungsrecht II, 4. Aufl., 1976, § 78 II.

Selbständige Organisationsgewalt der Exekutive?

26 Die Exekutive verfügt nur insoweit über eine selbständige Organisationsgewalt, als nicht durch das Verfassungsrecht vorgeschrieben ist, daß die Ein-

richtung der Behörden einschließlich ihrer Ausstattung mit Verwaltungszuständigkeiten nur durch Gesetz oder aufgrund Gesetzes erfolgen darf. Dieser Bereich ist nach dem geltenden Verfassungsrecht im Bund und in den Ländern verhältnismäßig schmal.
Behörden und Verwaltungsträger der Bundesverwaltung können nach Art. 83 ff. GG nur bestehen, soweit das Grundgesetz deren Einrichtung bestimmt oder zuläßt. In diesem Rahmen ist es dann, soweit das Gesetz nichts anderes bestimmt, Sache der Bundesregierung, die Einrichtung der Behörden zu regeln (Art. 86 Satz 2 GG).

E.-W. BÖCKENFÖRDE, Die Organisationsgewalt im Bereich der Bundesregierung, 1964.

3. Die bundesstaatliche Kompetenzordnung im Bereich der Verwaltung

a) Grundsatz: Das Bundesrecht wird durch die Länder ausgeführt

Ausführung des Bundesrechts durch die Länder

27 Die Länder führen die Bundesgesetze als eigene Angelegenheit aus, soweit das Grundgesetz nichts anderes bestimmt oder zuläßt (Art. 83 GG). Das Grundgesetz bestimmt etwas anderes, d. h. die Ausführung des Bundesrechts durch die **Bundesverwaltung,** wenn verfassungsrechtlich festgelegt ist, daß dem Bund eine bestimmte Verwaltungsaufgabe zustehen soll, wie z. B. im Falle des Auswärtigen Dienstes oder der Bundesfinanzverwaltung (Art. 87 Abs. 1 Satz 1 GG). Mit der Klausel, daß das Grundgesetz etwas anderes „zuläßt", sind diejenigen Fälle gemeint, in denen durch eine Verfassungsbestimmung dem Bund die Möglichkeit eröffnet ist, **durch Bundesgesetz** eine bestimmte Verwaltungsaufgabe im Wege der Bundesverwaltung zu erledigen, wie z. B. im Falle der selbständigen Bundesoberbehörden (Art. 87 Abs. 3 Satz 1 GG).
Es gibt demnach eine **obligatorische** Bundesverwaltung (Bundesverwaltung kraft Verfassung) und eine **fakultative** Bundesverwaltung (Bundesverwaltung kraft Gesetzes).

Landesvollzug von Bundesrecht ist Ausübung von Landesstaatsgewalt

28 Der von der Verfassung vorausgesetzte Regelfall ist es, daß Bundesgesetze von den **Ländern** als „eigene Angelegenheit" ausgeführt werden. Mit dieser Formulierung wird ausdrücklich bekräftigt, daß die Länder, sofern sie Bundesrecht ausführen, ihre **Landesstaatsgewalt** ausüben. Die Anwendung einer im Bundesrecht enthaltenen Ermächtigung durch eine Landesbehörde ist also Ausübung der Staatsgewalt des Landes.

Nicht-gesetzesakzessorische Verwaltung

29 Dem ausdrücklichen Wortlaut der Art. 83 ff. GG nach bezieht sich die dort geregelte Zuständigkeitsverteilung im Bereich der Verwaltung auf die **Ausführung der Bundesgesetze,** also auf die sogenannte **gesetzesakzessorische**

Verwaltung. Daraus darf jedoch nicht geschlossen werden, daß es dem Bunde freistünde, Stellen oder Verwaltungsträger der Bundesverwaltung für solche Verwaltungsaufgaben zu schaffen, die nicht in der Ausführung geltender Bundesgesetze bestehen. Die Grundregel für die Zuständigkeitsverteilung zwischen Bund und Ländern, die in Art. 30 GG ausgesprochen ist, stellt klar, daß auch eine „gesetzesfreie" Verwaltung des Bundes nur unter der Voraussetzung zulässig ist, daß eine entsprechende Verwaltungskompetenz des Bundes durch die Verfassung begründet ist (BVerfGE 12, 205/247).

Ungeschriebene Bundeszuständigkeiten

30 Ob die Ausübung staatlicher Befugnisse und die Erfüllung staatlicher Aufgaben Sache des Bundes ist, ist zunächst eine Frage der **ausdrücklichen** Bestimmungen des Grundgesetzes. Dementsprechend ist es auch zunächst eine Frage der ausdrücklichen Regelungen im Rahmen der Art. 83 ff. GG, ob dem Bund für eine bestimmte Verwaltungsaufgabe eine Zuständigkeit zugewiesen ist.
Wie im Bereiche der Gesetzgebung, ist auch für die Verwaltung anerkannt, daß es **ungeschriebene** Zuständigkeiten des Bundes **kraft Sachzusammenhangs** und **kraft Natur der Sache** geben kann. D RNrn. 75, 76; F Rnr. 28.
Die „Überregionalität" einer Verwaltungsentscheidung genügt für sich allein nicht, um eine ungeschriebene Bundeszuständigkeit zur Ausführung von Bundesrecht kraft Natur der Sache annehmen zu dürfen. Denn die Entscheidungen, die ein Land bei der Ausführung von Bundesrecht trifft, gelten im gesamten Bundesgebiet. Kraft Natur der Sache kann eine ungeschriebene Verwaltungszuständigkeit des Bundes nur in Betracht kommen, wenn es sich um die Verwaltungstätigkeit zentraler Einrichtungen handelt, deren Wirkungsbereich auf das Bundesgebiet als ganzes zu erstrecken ist, oder um gesamtdeutsche oder internationale Verwaltungsaufgaben (BVerfGE 22, 180/217).

J. KÖLBLE, Zur Lehre von den (stillschweigend) zugelassenen Verwaltungszuständigkeiten des Bundes, DÖV 1963, 660.

b) Die Trennung von Bundesverwaltung und Landesverwaltung

Die getrennten Verwaltungsräume

31 Die **Bundesverwaltung** und die **Landesverwaltungen** bestehen als für sich selbständige Exekutiven des Bundes und der Länder **organisatorisch getrennt** nebeneinander. Eine organisatorische Verbindung z. B. durch einen Instanzenzug, der Bundes- und Landesbehörden verbindet, steht zu der bundesstaatlichen Ordnung grundsätzlich in Widerspruch.
Die Einwirkungsmöglichkeiten, die der Exekutive des Bundes im Rahmen der Ausführung der Bundesgesetze durch die Länder zustehen, beruhen nicht auf einer organisatorischen Überordnung der Bundesregierung oder eines Bundesministeriums gegenüber den Landesbehörden, sondern auf dem be-

Die bundesstaatl. Kompetenzordnung i. Ber. d. Verwaltung

sonderen bundesstaatlichen Rechtsverhältnis der Bundesaufsicht (vgl. Art. 84 Abs. 3–5, 85 Abs. 3 und 4 GG).

TH. MAUNZ, Die geteilte Verwaltung im Bundesstaat, in: W. SCHMITT GLAESER (Hrsg.), Verwaltungsverfahren, 1977, S. 95; R. LOESER, Die bundesstaatliche Verwaltungsorganisation in der Bundesrepublik Deutschland, 1981.

Das grundsätzliche Verbot einer „Mischverwaltung"

Unter „Mischverwaltung" versteht man eine organisatorische Gestaltung im Verhältnis des Bundes zu den Ländern der Art, daß für eine bestimmte Verwaltungsaufgabe eine Bundesbehörde einer Landesbehörde übergeordnet ist oder ein Zusammenwirken von Bundes- und Landesbehörden, z. B. durch Zustimmungserfordernisse, stattfindet.
Die Mischverwaltung ist bundesstaatsrechtlich grundsätzlich ausgeschlossen. Sie ist deshalb nur kraft besonderer verfassungsrechtlicher Zulassung erlaubt (BVerfGE 11, 105/124 f.; 32, 145/156). Als Beispiele einer derartigen ausnahmsweise zugelassenen Mischverwaltung sind die Fälle der – jetzt weitgehend historischen – Durchführung des Lastenausgleichs (Art. 120a GG), der Gemeinschaftsaufgaben nach Art. 91a GG und des Zusammenwirkens von Bundes- und Landesfinanzbehörden bei der Verwaltung von Steuern (Art. 108 Abs. 4 GG) aufzuführen.

M. RONELLENFITSCH, Die Mischverwaltung im Bundesstaat, 1975.

Die „Organleihe"

Ein besonderer Fall des Zusammenwirkens mehrerer Verwaltungsträger im Hinblick auf eine bestimmte Verwaltungsaufgabe ist die Erscheinung, daß ein Verwaltungsträger, z. B. das Land, einem anderen Verwaltungsträger, z. B. dem Bund, die personellen und sachlichen Mittel eines seiner Organe zur Erledigung der Verwaltungsaufgabe im Interesse einer zweckmäßigen und wirtschaftlichen Verwaltungsführung zur Verfügung stellt. Im Falle dieser „Organleihe" handelt nach außen derjenige Verwaltungsträger, dem das Organ des anderen Verwaltungsträgers „entliehen" worden ist.
Im Unterschied zur **Amtshilfe** (vgl. Art. 35 GG; §§ 4 ff. VwVfG.– D RNr. 78), die eine zwischen Behörden im Einzelfall und auf Ersuchen geleistete „ergänzende" Hilfe ist, ist die Organleihe ein Fall des **institutionell geordneten** Zusammenwirkens verschiedener Verwaltungsträger. Innerhalb der Bundesverwaltung oder einer Landesverwaltung hängt ihre Zulässigkeit davon ab, ob eine gesetzliche Vorschrift dem entgegensteht. Im Verhältnis des Bundes zu den Ländern ist das darin liegende Abgehen von dem Grundsatz eigenverantwortlicher Aufgabenwahrnehmung ungeachtet einer anzuerkennenden organisatorischen Gestaltungsfreiheit des Bundes nur ausnahmsweise und in eng begrenzten, durch einen besonderen sachlichen Grund gerechtfertigten Ausnahmefällen zulässig (BVerfGE 63, 1 – Betrauung der Bayerischen Versicherungskammer mit der Geschäftsführung der Versorgungsanstalt der deutschen Bezirksschornsteinfegermeister, einer Versorgungsanstalt des Bundes nach Art. 87 Abs. 2 GG).

Verwaltungsabkommen

34 Vereinbarungen zwischen Ländern oder zwischen dem Bund und einem Land oder mehreren Ländern, die nach ihrem Gegenstand einer Mitwirkung der Volksvertretungen im Wege der Gesetzgebungen nicht bedürftig sind, können zwischen den Regierungen, einzelnen Ministerien oder Verwaltungsbehörden aller Art in Gestalt von Verwaltungsvereinbarungen abgeschlossen werden. Die Bezeichnung dieser Abkommen erklärt sich daraus, daß die beteiligten Vertragsparteien jeweils durch ihre Exekutive handeln. Verwaltungsvereinbarungen können jeweils nur im Zuständigkeitsbereich der beteiligten Stellen der Exekutive abgeschlossen werden. Der Inhalt der Verwaltungsvereinbarung muß mit der Verfassung, Gesetz und sonstigen Rechtsvorschriften im Einklang bleiben.

R. GRAWERT, Verwaltungsabkommen zwischen Bund und Ländern, 1967; TH. MAUNZ, Verwaltungsabkommen zwischen Bund und Ländern, Verwaltung 1971, S. 231.

4. Die Ausführung der Bundesgesetze durch die Länder

a) Landesvollzug von Bundesrecht unter Aufsicht des Bundes und im Auftrag des Bundes

Die Länder führen die Bundesgesetze als eigene Angelegenheit aus

35 Nur soweit das Grundgesetz es bestimmt oder zuläßt, daß die Bundesgesetze durch die Bundesverwaltung vollzogen werden, besteht eine Verwaltungszuständigkeit des Bundes (Art. 83 GG). Als verfassungsrechtlicher Grundsatz gilt, daß die Bundesgesetze von den **Ländern** als eigene Angelegenheit ausgeführt werden. Das bedeutet, daß die Länder auch dann, wenn sie Bundesgesetze ausführen, in Ausübung der **Landesstaatsgewalt** handeln und über die Organisation und das Verfahren des Gesetzesvollzugs selbst entscheiden, soweit nicht in verfassungsrechtlich zulässiger Weise durch Bundesgesetz etwas anderes bestimmt ist. Die Bundesgesetze auszuführen, ist eine verfassungsrechtliche Pflicht der Länder. Die Erfüllung dieser **Bundespflicht** wird durch die Bundesaufsicht (Art. 84, 85 GG), nötigenfalls durch den Bundeszwang (Art. 37 GG) gesichert. Bei Meinungsverschiedenheiten über Rechte und Pflichten des Bundes und der Länder bei der Ausführung von Bundesrecht durch die Länder und bei der Ausübung der Bundesaufsicht entscheidet das Bundesverfassungsgericht (Art. 93 Abs. 1 Nr. 3 GG).

Die Grundformen des Landesvollzugs von Bundesrecht

36 Die Bundesgesetze werden von den Ländern entweder **unter der Aufsicht** des Bundes (Art. 84 GG) oder **im Auftrage** des Bundes (Art. 85 GG) ausgeführt. Die Ausführung der Bundesgesetze unter Aufsicht des Bundes ist der Regelfall. Nur wenn das Grundgesetz die Bundesauftragsverwaltung vorsieht oder zuläßt, kommt dieser Verwaltungstyp mit den weitergehenden Einwirkungsmöglichkeiten des Bundes zum Zuge.

Ausführung d. Bundesgesetze durch die Länder   37, 38   G

b) Die Bundesaufsicht

Selbständige und unselbständige Bundesaufsicht

Nach einer herkömmlichen Unterscheidung, die auf das grundlegende Werk 37
von H. TRIEPEL, Die Reichsaufsicht, 1917, zurückgeht, wird zwischen selbständiger und unselbständiger Aufsicht des Zentralstaates über die Gliedstaaten unterschieden. Unter **selbständiger** Reichs- bzw. Bundesaufsicht versteht man den Fall, daß die Aufsichtsbefugnisse des Zentralstaates ohne Rücksicht auf das Bestehen eines durch die Gliedstaaten auszuführenden Gesetzes des Zentralstaates gegeben sind. Die **unselbständige** Aufsicht ist demgegenüber akzessorisch einem bereits geltenden Gesetz des Zentralstaates; sie dient der Gewährleistung der Ausführung dieses Gesetzes.
Nach dem Grundgesetz besteht für die Ausführung von Bundesgesetzen durch die Länder lediglich eine unselbständige Bundesaufsicht. Der Bund darf dementsprechend nicht etwa im Gesamtbereich seiner Gesetzgebungszuständigkeiten und ohne Rücksicht darauf, ob und in welchem Maße er von diesen Zuständigkeiten Gebrauch gemacht hat, die Verwaltungstätigkeit der Länder beaufsichtigen.
Von einer selbständigen Bundesaufsicht über die Länder läßt sich lediglich insoweit sprechen, als dem Bunde Befugnisse dafür zustehen, die Erfüllung der nach dem Grundgesetz oder einem anderen Bundesgesetz obliegenden **Bundespflichten** durch die Länder sicherzustellen (vgl. Art. 37 GG).

Die Mittel der Bundesaufsicht

Wenn die Länder die Bundesgesetze – wie es der Regelfall ist – als eigene 38
Angelegenheit unter **Aufsicht** des Bundes ausführen, bezieht sich die Aufsicht des Bundes, die durch die Bundesregierung ausgeübt wird, lediglich darauf, daß die Länder die Bundesgesetze **dem geltenden Recht gemäß** ausführen (Art. 84 Abs. 3 GG). Die Verfassung gibt der Bundesregierung verschiedene Mittel an die Hand, um dieses Aufsichtsziel erreichen zu können. Als wesentliches Mittel der Aufsicht ist die sogenannte „**Mängelrüge**" zulässig: Werden Mängel, die die Bundesregierung bei der Ausführung der Bundesgesetze in den Ländern festgestellt hat, nicht beseitigt, so beschließt auf Antrag der Bundesregierung oder des Landes der Bundesrat, ob das Land das Recht verletzt hat (Art. 84 Abs. 4 GG). Regelmäßig wird die Behebung des Mangels bereits aufgrund einer Beanstandung der Bundesregierung erfolgen, sofern nicht ein Streit über die Berechtigung der Beanstandung entsteht und ggf. auf Initiative der einen oder der anderen Seite vor dem Bundesverfassungsgericht ausgetragen wird.
In einem weiteren Sinne lassen sich als Mittel der Bundesaufsicht auch die Vorkehrungen nennen, durch die der Bund von vornherein eine gleichmäßige und ordnungsmäßige Ausführung des Bundesrechts sicherstellen kann. Dazu gehören das Recht des Bundesgesetzgebers, im Wege des zustimmungsbedürftigen Bundesgesetzes die Einrichtung der Behörden und das Verwaltungsverfahren der Länder bei der Ausführung der Bundesgesetze zu regeln (Art. 84 Abs. 1 GG), und die Befugnis der Bundesregierung, mit Zustim-

mung des Bundesrates allgemeine Verwaltungsvorschriften zu erlassen (Art. 84 Abs. 2 GG).

Die Bundesaufsicht als Rechtsaufsicht

39 Indem das Grundgesetz das „geltende Recht" als den **Aufsichtsmaßstab** der Bundesaufsicht über die Länder nach Art. 84 Abs. 3 GG bestimmt, ist damit die hier mögliche Bundesaufsicht als eine **Rechtsaufsicht** festgelegt. Zweckmäßigkeit und Wirtschaftlichkeit der Verwaltungsführung der Länder bei der Ausführung der Bundesgesetze sind dementsprechend nicht Gegenstand der Bundesaufsicht.
Die allgemeine Formulierung, daß die Aufsicht sich darauf erstreckt, daß die Länder die Bundesgesetze „dem geltenden Rechte gemäß" ausführen, schließt sämtliche für die fragliche Verwaltungstätigkeit des Landes maßgeblichen Rechtsvorschriften ein, also neben dem Grundgesetz und dem jeweils auszuführenden Bundesgesetz auch alle anderen etwa einschlägigen Rechtsvorschriften des Bundesrechts und schließlich auch die einschlägigen Vorschriften des Landesverfassungsrechts und des sonstigen Landesrechts.

Verfahrensweise bei der Ausübung der Bundesaufsicht

40 Der **Information** der Bundesregierung, die die Bundesaufsicht ausübt, dient das Recht, Beauftragte zu den obersten Landesbehörden oder selbst – mit Zustimmung der zuständigen obersten Landesbehörde und nötigenfalls mit Zustimmung des Bundesrates – auch zu den nachgeordneten Behörden zu entsenden.
Im Falle der Feststellung von Mängeln, kann deren **Beseitigung** verlangt werden. Gibt das Land dem nicht nach, so beschließt auf Antrag der Bundesregierung oder des Landes der **Bundesrat**, ob das Land das Recht verletzt hat. Das betroffene Land ist bei der Beschlußfassung stimmberechtigt (§ 28 Abs. 3 GeschO des Bundesrates).
Gegen den Beschluß des Bundesrates kann das Bundesverfassungsgericht angerufen werden (Art. 84 Abs. 4 Satz 2, 93 Abs. 1 Nr. 3 GG).

Die Bund-Länder-Streitigkeit aus Anlaß der Bundesaufsicht

41 Das **Bundesverfassungsgericht** entscheidet bei Meinungsverschiedenheiten über Rechte und Pflichten des Bundes und der Länder, insbes. bei der Ausführung von Bundesrecht durch die Länder und bei der Ausübung der Bundesaufsicht (Art. 93 Abs. 1 Nr. 3 GG; § 13 Nr. 7 BVerfGG). Die besonderen Verfahrensvorschriften für die Bund-Länder-Streitigkeit ergeben sich aus den §§ 68–70 BVerfGG.
Bei der Bund-Länder-Streitigkeit aus Anlaß der Bundesaufsicht bestehen für die Zulässigkeit des Antrages die besonderen Voraussetzungen, daß vorher das in Art. 84 Abs. 4 GG geregelte Verfahren der „Mängelrüge" durchgeführt worden ist und daß die Monatsfrist für die Anfechtung des Beschlusses des Bundesrates eingehalten wird.

Ausführung d. Bundesgesetze durch die Länder 42–44 G

c) *Bundesauftragsverwaltung*

Fachaufsicht und Weisungsrecht des Bundes

Führen die Länder die Bundesgesetze im Auftrage des Bundes aus, unterstehen die Landesbehörden den **Weisungen** der zuständigen obersten Bundesbehörden. Die Bundesaufsicht erstreckt sich hier auf **Gesetzmäßigkeit und Zweckmäßigkeit** der Ausführung des Bundesrechts (Art. 85 Abs. 3 und 4 GG). Im Interesse des einheitlichen Vollzugs des Bundesrechts hat die Bundesregierung die in Art. 85 Abs. 2 GG geregelten Befugnisse. Sie kann insbes. – wie auch bei der Ausführung des Bundesrechts unter Bundesaufsicht – mit Zustimmung des Bundesrates allgemeine Verwaltungsvorschriften erlassen. Der **Information** der Bundesregierung und der weisungsbefugten obersten Bundesbehörden dient das besondere Recht, zum Zwecke der Bundesaufsicht Bericht und Vorlage der Akten zu verlangen und Beauftragte zu allen Behörden zu entsenden (Art. 85 Abs. 4 Satz 2 GG). 42

Verfahrensweise bei der Ausübung des Weisungsrechts

Mit Hilfe des Weisungsrechts können die obersten Bundesbehörden ihre Vorstellung über die Gesetzmäßigkeit und Zweckmäßigkeit der Ausführung des Bundesrechts gegenüber den Landesbehörden durchsetzen. Dieses Weisungsrecht besteht allgemein, nicht etwa nur darin, für besondere Fälle Einzelweisungen zu erteilen, wie es im Falle der Ausführung von Bundesrecht unter Bundesaufsicht durch zustimmungsbedürftiges Bundesgesetz vorgesehen werden kann (vgl. Art. 84 Abs. 5 GG). Die Weisungen sind, außer wenn die Bundesregierung es für dringlich erachtet, an die **obersten Landesbehörden** zu richten. In jedem Fall ist der Vollzug der Weisung durch die obersten Landesbehörden sicherzustellen (Art. 85 Abs. 3 GG). Dies gilt auch für den Fall, daß es sich um die Ausführung eines Bundesgesetzes durch kommunale Gebietskörperschaften handelt. 43

Gegenstände der Bundesauftragsverwaltung

Der Verwaltungstyp der Bundesauftragsverwaltung mit den weitreichenden Einwirkungsmöglichkeiten des Bundes auf die Ausführung des Bundesrechts durch die Länder kommt nur für die Verwaltungsaufgaben zum Zuge, für die das **im Grundgesetz** ausdrücklich vorgesehen oder zugelassen ist. Allen diesen Fällen ist gemeinsam, daß bei ihnen ein besonderes Vollzugsinteresse des Bundes hinsichtlich der Gesetzmäßigkeit und Zweckmäßigkeit des Gesetzesvollzugs besteht. 44
In Bundesauftragsverwaltung werden geführt:
– Bundesgesetze, die der **Verteidigung** einschließlich des Wehrersatzwesens und des Schutzes der Zivilbevölkerung dienen, können mit Zustimmung des Bundesrates bestimmen, daß sie ganz oder teilweise von den Ländern im Auftrage des Bundes ausgeführt werden (Art. 87b Abs. 2 GG).
– Gesetze, die aufgrund des Gesetzgebungsrechts des Bundes nach Art. 73 Nr. 11a GG (**Kernenergierecht**) ergehen, können mit Zustimmung des

Bundesrates bestimmen, daß sie von den Ländern im Auftrage des Bundes ausgeführt werden (Art. 87 c GG).
- Durch zustimmungsbedürftiges Bundesgesetz können Aufgaben der **Luftverkehrsverwaltung** den Ländern als Auftragsverwaltung übertragen werden (Art. 87 d Abs. 2 GG).
- Der Bund kann die Verwaltung von **Bundeswasserstraßen** – deren Eigentümer er ist –, soweit sie im Gebiet eines Landes liegen, diesem Lande auf Antrag als Auftragsverwaltung übertragen (Art. 89 Abs. 2 Satz 3 und 4 GG).
- Die **Bundesautobahnen** und sonstigen **Bundesstraßen** des Fernverkehrs werden von den Ländern oder den nach Landesrecht zuständigen Selbstverwaltungskörperschaften im Auftrage des Bundes verwaltet (Art. 90 Abs. 2 GG).
- Bundesgesetze, die **Geldleistungen** gewähren und von den Ländern ausgeführt werden, können bestimmen, daß die Geldleistungen ganz oder zum Teil vom Bund getragen werden; ein derartiges Gesetz wird im Auftrag des Bundes durchgeführt, wenn es bestimmt, daß der Bund die Hälfte der Ausgaben oder mehr trägt (Art. 104 a Abs. 3 GG).
- Verwalten die Landesfinanzbehörden **Steuern**, die ganz oder zum Teil dem **Bund zufließen**, wie z. B. die Umsatzsteuer, die Einkommensteuer und die Körperschaftsteuer, so werden sie im Auftrag des Bundes tätig (Art. 108 Abs. 3 GG).
- Die Gesetze, die der Durchführung des **Lastenausgleichs** dienen, können bestimmen, daß sie auf dem Gebiete der Ausgleichsleistungen teils durch den Bund, teils im Auftrag des Bundes durch die Länder ausgeführt werden (Art. 120 a GG).

Bundesstraßen des Fernverkehrs

45 Die Bundesstraßen des Fernverkehrs, nämlich die Bundesautobahnen und die Bundesstraßen, stehen im **Eigentum** des Bundes. Sie werden von den Ländern oder den nach Landesrecht zuständigen Selbstverwaltungskörperschaften, z. B. den Gemeinden im Bereich der Ortsdurchfahrten, im Auftrage des Bundes **verwaltet** (Art. 90 Abs. 2 GG).
Rechtliche Grundlage der Erfüllung dieser Verwaltungsaufgabe ist hauptsächlich das **Bundesfernstraßengesetz** i. d. Fass. vom 1. 10. 1974 (BGBl. I S. 2413), zuletzt geänd. durch Gesetz vom 1. Juni 1980 (BGBl. I S. 649).

Ausführung des Kernenergierechts

46 Der Bund hat ein konkurrierendes Gesetzgebungsrecht für die Erzeugung und Nutzung der Kernenergie zu friedlichen Zwecken, die Errichtung und den Betrieb von Anlagen, die diesen Zwecken dienen, den Schutz gegen Gefahren, die bei Freiwerden von Kernenergie oder durch ionisierende Strahlen entstehen, und die Beseitigung radioaktiver Stoffe (Art. 74 Nr. 11 a GG). Gesetze, die aufgrund dieser Zuständigkeitsvorschrift ergehen, können mit Zustimmung des Bundesrates bestimmen, daß sie von den Ländern im Auftrag des Bundes ausgeführt werden (Art. 87 c GG)
Durch das **Gesetz über die friedliche Verwendung der Kernenergie und den**

Ausführung d. Bundesgesetze durch die Länder **47, 48** G

Schutz gegen ihre Gefahren (Atomgesetz) i. d. Fass. d. Bek. vom 15. Juli 1985 (BGBl. I S. 1566) ist von dieser Möglichkeit Gebrauch gemacht worden (siehe § 24 AtG).

R. STEINBERG, Handlungs- und Entscheidungsspielräume des Landes bei der Bundesauftragsverwaltung unter bes. Berücksichtigung der Ausführung des Atomgesetzes, AöR 110, 1985, S. 419.

Ausführung des Luftverkehrsrechts

Der Bund hat die ausschließliche Gesetzgebung über den Luftverkehr **47** (Art. 73 Nr. 6 GG). Die gesetzliche Regelung ist hauptsächlich durch das **Luftverkehrsgesetz** i. d. Fass. d. Bek. vom 14. Januar 1981 (BGBl. I S. 61) erfolgt. Zum Vollzug des Luftverkehrsgesetzes besteht die in bundeseigener Verwaltung geführte Luftverkehrsverwaltung. Durch zustimmungsbedürftiges Bundesgesetz können jedoch Aufgaben der Luftverkehrsverwaltung den Ländern als Auftragsverwaltung übertragen werden. Dies ist in erheblichem Umfang, insbes. durch § 31 LuftVG, geschehen. Die Länder sind für die Genehmigung von Flughäfen und sonstigen Flugplätzen und für die Planfeststellung von Flughäfen zuständig.

d) Zustimmungsbedürftige Bundesgesetze über die Einrichtung der Behörden und das Verwaltungsverfahren

Der die Zustimmungsbedürftigkeit auslösende Tatbestand

Die Länder führen die Bundesgesetze als eigene Angelegenheit aus und regeln **48** deshalb auch die **Einrichtung der Behörden** und das **Verwaltungsverfahren**. Durch zustimmungsbedürftiges Bundesgesetz kann jedoch etwas anderes bestimmt werden. Im Falle der Ausführung von Bundesgesetzen unter Bundesaufsicht kann der Bund die Einrichtung der Behörden und das Verwaltungsverfahren regeln (Art. 84 Abs. 1 GG). Dasselbe gilt im Falle der Bundesauftragsverwaltung, obwohl in Art. 85 Abs. 1 nur die Einrichtung der Behörden als möglicher Gegenstand des zustimmungsbedürftigen Bundesgesetzes genannt ist (vgl. BVerfGE 26, 338/385); die Regelung des Verwaltungsverfahrens ist hier jedoch nicht zustimmungsbedürftig. Das **Zustimmungserfordernis** schützt die Grundentscheidung der Verfassung für den bundesstaatlichen Aufbau und soll verhindern, daß im Wege der Bundesgesetzgebung „Systemverschiebungen" im bundesstaatlichen Gefüge herbeigeführt werden (BVerfGE 37, 363/379ff.; 55, 274/319). Durch die genannten Klauseln wird nicht in vollem Umfang eine selbständige Gesetzgebungskompetenz des Bundes begründet. Denn die Regelung des Verwaltungsverfahrens muß jeweils als eine Bundeszuständigkeit kraft Sachzusammenhangs für die einzelnen Materien betrachtet werden, für die dem Bund das Gesetzgebungsrecht zusteht. Insoweit bedeuten die Vorschriften der Art. 84 Abs. 1 und 85 Abs. 1 GG lediglich, daß die Zustimmungsbedürftigkeit der fraglichen Bundesgesetze gefordert wird. Soweit es sich jedoch um die Regelung der Einrichtung der Behörden handelt, die eine Angelegenheit der Organisationsgewalt der Länder ist, wird eine selbständige Bundeskompetenz begründet; lediglich Zuständigkeitsvorschriften können als Annexkompetenz der Bundesgesetzgebung angesehen werden. Weitergehend betrachtet P. LERCHE die Regelungsvollmacht des Bundes nach Art. 84 Abs. 1 GG als selbständig und konstitutiv (MAUNZ/DÜRIG, GG, Art. 84, RNr. 14).

Reichweite des Zustimmungsvorbehalts

49 Wie in allen Fällen der Zustimmungsgesetze erstreckt sich die Zustimmungsbedürftigkeit eines Bundesgesetzes stets auf das **gesamte Bundesgesetz** als eine **gesetzestechnische Einheit**, auch wenn die Zustimmungsbedürftigkeit nur durch eine Einzelvorschrift ausgelöst wird (BVerfGE 8, 274/299f.; 24, 184/195; 55, 274/319). Der Bundesgesetzgeber ist jedoch nicht gehindert, durch die Aufteilung des gesetzlich zu regelnden Stoffes die materiellrechtlichen Regelungen, die als solche eine Zustimmungsbedürftigkeit nicht auslösen, dem Zustimmungsrecht des Bundesrates zu entziehen (BVerfGE 37, 363/382).

Änderung von Zustimmungsgesetzen

50 Ein Gesetz, das ein mit Zustimmung des Bundesrates ergangenes Gesetz ändert, ist zustimmungsbedürftig, wenn es durch die in ihm enthaltenen Regelungen selbst zustimmungsbedürftig ist, wenn es Regelungen des novellierten Gesetzes ändert, welche die Zustimmungsbedürftigkeit des geänderten Gesetzes ausgelöst hatten, oder wenn es durch die Änderung materiellrechtlicher Normen den nicht ausdrücklich geänderten Vorschriften über das Verwaltungsverfahren oder über sonstige zustimmungsbedürftige Materien, die das novellierte Gesetz enthält, „bei sinnorientierter Auslegung" eine „wesentlich andere Bedeutung und Tragweite" gibt (BVerfGE 37, 363 betr. das Vierte Rentenversicherungs-Änderungsgesetz vom 30. 3. 1973, mit Abweichender Meinung der Richter VON SCHLABRENDORFF, GEIGER und RINCK; 48, 127/177f. betr. das Wehrpflichtänderungsgesetz vom 13. 7. 1977, mit Abweichender Meinung des Richters HIRSCH).

Die kommunalen Gebietskörperschaften und die Ausführung der Bundesgesetze

51 Die **Gemeinden** und **Landkreise** sind nach dem Kommunalrecht der Länder rechtlich selbständige Gebietskörperschaften mit dem Recht der Selbstverwaltung. Das Recht der Selbstverwaltung ist verfassungsrechtlich garantiert (Art. 28 Abs. 2 GG). Sowohl in ihrem eigenen Wirkungskreis als Selbstverwaltungskörperschaften, als auch im übertragenen Wirkungskreis können die Gemeinden und Landkreise zur Ausführung von Bundesgesetzen berufen sein. Der Verwaltungsträger, der in einem solchen Fall das Bundesrecht ausführt, ist nicht das Land, sondern die kommunale Gebietskörperschaft (BGH JuS 1979, 441 für einen Fall der Auftragsverwaltung).
Der Aufbau des Bundesstaates und damit auch das bundesstaatliche Rechtsverhältnis bei der Ausführung von Bundesgesetzen durch die Länder stellt den Bund und die Länder gegenüber. Die kommunalen Gebietskörperschaften sind in dieser Beziehung ein **Teil der Landesverwaltung.** Soweit daher

Ausführung d. Bundesgesetze durch die Länder 52, 53 G

durch Bundesgesetz die Einrichtung der Behörden und das Verwaltungsverfahren bei der Ausführung des Bundesrechts durch die Länder geregelt werden darf, gilt das auch für die kommunalen Gebietskörperschaften als Teil der das Bundesrecht vollziehenden Landesverwaltung. Im Hinblick darauf jedoch, daß das Kommunalrecht eine der **Landesgesetzgebung** zustehende Materie ist, muß sich der Bund bei derartigen Regelungen auf solche „Eingriffe" in den kommunalrechtlichen Bereich beschränken, die für die Gewährleistung eines wirksamen Gesetzesvollzugs notwendig sind (BVerfGE 22, 180/209 f.).

G. PÜTTNER, Kommunalrecht und Vollzug von Bundesgesetzen durch die Gemeinden, in: Festgabe für das Bundesverwaltungsgericht, 1978, S. 499.

e) Der Vollzug des Landesrechts

Ausübung der staatlichen Befugnisse und Erfüllung der staatlichen Aufgaben durch die Länder

Das Grundgesetz regelt die Ausführung der Bundesgesetze und die Bundesverwaltung, nicht jedoch die **Ausführung der Landesgesetze** und die **Organisation der Landesverwaltung**. Dafür sind die Landesverfassungen und die sonstigen Vorschriften des Landesrechts maßgebend. Da das Grundgesetz auch die Länder bindet, muß der Vollzug des Landesrechts mit den materiellen Anforderungen des Grundgesetzes für die Ausübung der öffentlichen Gewalt übereinstimmen, insbes. mit den rechtsstaatlichen Grundsätzen und den Grundrechten. 52

Verwaltungsorganisation in den Ländern

Die Spitze der Exekutive bilden in den Ländern die **Landesregierungen** (in den Stadtstaaten: **Senate**); diese sind die oberste leitende und vollziehende Behörde des Staates (vgl. z. B. Art. 43 Abs. 1 BayVerf). Die einzelnen Ressortministerien sind die **obersten Landesbehörden** ihres Verwaltungszweiges. Nach dem Herkommen und dem auch heute noch fortbestehenden Gewicht nehmen die Ministerien des Innern insofern eine hervorgehobene Stellung ein, als sie die oberste Landesbehörde der allgemeinen inneren Verwaltung sind. Die Verwaltungsbehörden der anderen Geschäftsbereiche werden im Unterschied dazu als „Sonderverwaltungen" bezeichnet. In den größeren Flächenstaaten ist der Aufbau der allgemeinen inneren Verwaltung **dreistufig**. Dem **Ministerium** als oberster Landesbehörde sind die **Regierungen** (Bezirksregierungen) als höhere Verwaltungsbehörden („Mittelinstanz") nachgeordnet, diesen wiederum sind die Landratsämter als Staatsbehörden (in einigen Ländern auch die Landkreise als „kommunalisierte" Unterstufe der inneren Verwaltung), die kreisfreien Städte und bestimmte nach Landesrecht dazu befähigte kreisangehörige Gemeinden (Große Kreisstädte u. ä.) als **Kreisverwaltungsbehörden** nachgeordnet. Schleswig-Holstein und das Saarland begnügen sich mit einem zweistufigen Verwaltungsaufbau der allgemeinen inneren Verwaltung; Bezirksregierungen sind hier nicht vorhanden. 53

G 54, 55 Vollziehung

In den **Stadtstaaten** Berlin, Freie Hansestadt Bremen, Freie und Hansestadt Hamburg sind staatliche und kommunale Verwaltungsaufgaben in einer einheitlichen Verwaltungsorganisation verbunden. Hier bestehen auf der Verwaltungsebene unterhalb des Senats die Bezirke als nachgeordnete Verwaltungseinheiten.

Der Bund darf Landesrecht nicht vollziehen, muß es aber anwenden

54 Die bundesstaatsrechtlichen Vorschriften des Grundgesetzes kennen eine Ausführung des Bundesrechts durch die Landesverwaltungen oder – soweit von der Verfassung vorgesehen oder zugelassen – durch die Bundesverwaltung. Als Verwaltungsaufgabe der **Bundesverwaltung** kommt demnach nur eine Ausführung von **Bundesgesetzen** in Betracht. Eine Ausführung von Landesgesetzen durch die Bundesverwaltung ist verfassungsrechtlich ausgeschlossen (BVerfGE 12, 205/221, 21, 312/325, 327; BVerwGE 29, 214/218). Davon zu unterscheiden ist, daß die Bundesbehörden bei ihrer Verwaltungstätigkeit einschlägige Rechtsvorschriften der Länder zu beachten haben. Auch die Bundesbehörden sind an kompetenzmäßig erlassenes Landesrecht gebunden (BVerfGE 21, 312/327; BVerwGE 29, 52/58; 31, 263/271 ff.; 44, 351/357 ff.).

5. Die Bundesverwaltung

a) Obligatorische und fakultative Bundesverwaltung

Bundesverwaltung kraft Verfassung

55 Die Ausführung von Bundesrecht durch Behörden der Bundesverwaltung setzt voraus, daß der Bund für die betreffende Materie eine **Verwaltungszuständigkeit** kraft ausdrücklicher Zuweisung durch das Grundgesetz oder nach ungeschriebenem Verfassungsrecht besitzt. Die ausdrücklichen Kompetenzzuweisungen legen entweder den Vollzug des Bundesrechts durch die Bundesverwaltung unmittelbar fest (**obligatorische** Bundesverwaltung, Bundesverwaltung kraft Verfassung; das Grundgesetz „bestimmt" anderes im Sinne des Art. 83) oder macht den Bundesvollzug des Bundesrechts von einer Entscheidung des Bundesgesetzgebers abhängig (**fakultative** Bundesverwaltung, Bundesverwaltung kraft Gesetzes; das Grundgesetz „läßt" im Sinne des Art. 83 anderes „zu").
Die Art. 87 ff. GG enthalten in komplexen Regelungen sowohl die der gesetzesakzessorischen Bundesverwaltung zugewiesenen **Materien** als auch die für die Wahrnehmung dieser Verwaltungszuständigkeiten jeweils vorgesehenen **Organisationsformen** der Bundesverwaltung. Wesentliche Bereiche der Bundesverwaltung kraft Verfassung sind in Art. 87 Abs. 1 und 2 GG aufgeführt.

A. Dittmann, Die Bundesverwaltung. Verfassungsgeschichtliche Grundlagen, grundgesetzliche Vorgaben und Staatspraxis ihrer Organisation, 1983.

Die Bundesverwaltung 56–59 G

Bundesverwaltung kraft Gesetzes

In einer Reihe von Fällen überläßt es das Grundgesetz der organisatorischen 56
Gestaltungsfreiheit des **Bundesgesetzgebers,** ob er für die Ausführung von
Bundesgesetzen Behörden der Bundesverwaltung einrichten will. So können
für Angelegenheiten, für die dem Bund die Gesetzgebung zusteht, selbständige Bundesoberbehörden und neue bundesunmittelbare Körperschaften und
Anstalten des öffentlichen Rechts durch Bundesgesetz errichtet werden
(Art. 87 Abs. 3 Satz 1 GG).

b) Die Organisationsgewalt im Bereich der Bundesverwaltung

Die Zuständigkeit der Bundesregierung und der Ressortminister

Die Organisationsgewalt im Bereich der **Bundesregierung** einschließlich der 57
Errichtung von Geschäftsbereichen und der Geschäftsverteilung unter den
Ressorts bestimmt sich nach Art. 65 GG. Danach kommen die wesentlichen
Befugnisse der Organisationsgewalt dem **Bundeskanzler** zu. Innerhalb der
Richtlinien der Politik, die der Bundeskanzler bestimmt, leitet jeder **Bundesminister** seinen Geschäftsbereich selbständig und unter eigener Verantwortung. Die Ministerien sind, soweit ihnen Verwaltungsaufgaben zukommen
oberste Bundesbehörden.
Für den Bereich der **Bundesverwaltung** steht die Organisationsgewalt, soweit
nicht das Gesetz besonderes vorschreibt, der Bundesregierung zu (Art. 86
GG). Diese Verfassungsbestimmung hat keinen bundesstaatlichen Charakter,
sie trifft vielmehr eine Zuordnung der Organisationsgewalt im Verhältnis der
Bundesregierung zum Bundestag. Dementsprechend kann ,,Bundesregierung" im Sinne des Art. 86 GG auch ein einzelner Bundesminister sein.
E RNr.99.

E.-W. BÖCKENFÖRDE, Die Organisationsgewalt im Bereich der Regierung, 1964.

Allgemeine Verwaltungsvorschriften

Werden Bundesgesetze durch Behörden der Bundesverwaltung ausgeführt, 58
werden die allgemeinen Verwaltungsvorschriften, z. B. Vorschriften zur
Durchführung des Gesetzes, nach Art. 86 Satz 1 GG von der Bundesregierung oder dem zuständigen Ressortminister erlassen (BVerwGE 36, 327).
Dies gilt, soweit nicht das Gesetz besonderes vorschreibt.

Einrichtung der Behörden

Wenn Bundesgesetze durch Behörden der Bundesverwaltung ausgeführt 59
werden, regelt die Bundesregierung oder der zuständige Ressortminister auch
die Einrichtung der Behörden, soweit das Gesetz nichts anderes bestimmt
(Art. 86 Satz 2 GG). Unter ,,**Einrichtung**" der Behörden ist die rechtliche
Errichtung einer Behörde und ihre Ausstattung mit Zuständigkeiten zu verstehen, nicht die faktische Einrichtung durch die Ausstattung mit Stellen und
sachlichen Verwaltungsmitteln.

Für die Reichweite der organisatorischen Befugnisse nach Art. 86 Satz 2 GG ist zu beachten, daß die wesentlichen organisatorischen Gestaltungen für die Bundesverwaltung bereits **durch das Grundgesetz selbst** festgelegt oder vorgeschrieben sind. Der Organisationsgewalt der Bundesregierung ist es dementsprechend entzogen, in welchen Fällen eine bundeseigene Verwaltung mit eigenem Verwaltungsunterbau, eine Verwaltung mit Hilfe selbständiger Bundesoberbehörden oder die Errichtung neuer bundesunmittelbarer Körperschaften und Anstalten des öffentlichen Rechts zulässig ist.

Vorrang, aber nicht Vorbehalt des Gesetzes

60 Die Regelung über die Organisationsgewalt im Bereich der Bundesverwaltung, wie sie in Art. 86 GG erfolgt ist, zeigt, daß die Einrichtung der Behörden im Sinne dieser Vorschrift der **Exekutive** zukommt und nicht unter einem Gesetzesvorbehalt steht. Art. 86 GG enthält aber auf der anderen Seite nicht etwa einen **Vorbehalt** der Organisationsgewalt zugunsten der Bundesregierung; denn dem **Gesetzgeber** bleibt es ausdrücklich überlassen, auch die Einrichtung der Behörden zu regeln. Soweit das geschieht, ist die Organisationsgewalt der Bundesregierung verdrängt.

c) Bundeseigene Verwaltung mit eigenem Verwaltungsunterbau

Die Kompetenzzuweisung

61 Unter „**bundeseigener Verwaltung**" versteht das Grundgesetz die Ausübung öffentlicher Verwaltung durch **Behörden des Bundes,** zum Unterschied zu der Ausübung öffentlicher Verwaltung des Bundes durch bundesunmittelbare Körperschaften oder Anstalten des öffentlichen Rechts. Der Ausdruck „Bundesverwaltung" bezeichnet die bundeseigene Verwaltung und die Verwaltung durch bundesunmittelbare Körperschaften und Anstalten des öffentlichen Rechts.
Soweit das Grundgesetz dem Bund eine bundeseigene Verwaltung „**mit eigenem Verwaltungsunterbau**" zugesteht oder vorschreibt, darf oder muß der Bund für die fragliche Verwaltungsaufgabe eine mehrstufige Verwaltungsorganisation mit oberster, höherer und unterer Bundesbehörde errichten. In bundeseigener Verwaltung mit eigenem Verwaltungsunterbau werden geführt der Auswärtige Dienst, die Bundesfinanzverwaltung, die Bundeseisenbahnen, die Bundespost, nach Maßgabe des Art. 89 die Verwaltung der Bundeswasserstraßen und der Schiffahrt und nach Maßgabe des Art. 87b Abs. 1 GG die Bundeswehrverwaltung (Art. 87, 87b GG). Fälle der **fakultativen** bundeseigenen Verwaltung mit eigenem Verwaltungsunterbau ergeben sich aus Art. 87b Abs. 2 und 87 Abs. 3 Satz 2 GG.

Der Auswärtige Dienst

62 Die Pflege der Beziehungen zu auswärtigen Staaten ist Sache des Bundes (Art. 32 Abs. 1 GG). Die oberste Bundesbehörde des Auswärtigen Dienstes ist das **Auswärtige Amt,** nachgeordnet sind die diplomatischen und konsularischen Vertretungen der Bundesrepublik Deutschland im Ausland.

Die Bundesverwaltung   63, 64   **G**

Für den konsularischen Dienst gilt das Gesetz über die Konsularbeamten, ihre Aufgaben und Befugnisse (Konsulargesetz) vom 11. 9. 1974 (BGBl. I S. 2317).

Vierter Bericht des Auswärtigen Amtes über den Stand der Reform des Auswärtigen Dienstes, BTag Drucks. 10/882.

Die Bundeseisenbahnen

Das frühere Reichseisenbahnvermögen ist auf die Bundesrepublik übergegangen, soweit es auf dem Gebiet der Bundesrepublik belegen war (Gesetz über die vermögensrechtlichen Verhältnisse der Deutschen Bundesbahn vom 2. 3. 1951, BGBl. I S. 155). Nach Art. 73 Nr. 6 GG hat der Bund die ausschließliche Gesetzgebung über die Bundeseisenbahnen (BVerfGE 26, 338). Der Bund verwaltet die in seinem Eigentum stehenden Eisenbahnen durch die „Deutsche Bundesbahn". Die Deutsche Bundesbahn ist ein nicht rechtsfähiges Sondervermögen des Bundes mit eigener Wirtschafts- und Rechnungsführung, das im Rechtsverkehr unter eigenem Namen handeln, klagen und verklagt werden kann (BBahnG vom 13. 12. 1951, BGBl. I S. 955, zuletzt geänd. durch Gesetz vom 22. 12. 1981, BGBl. I S. 1689). Organe der Deutschen Bundesbahn sind der Verwaltungsrat und der Vorstand, ihre oberste Verwaltungsbehörde ist die Hauptverwaltung in Frankfurt a. Main. Mittelbehörden sind die Bundesbahndirektionen, nachgeordnete Ämter sind insbes. die Betriebsämter und die Verkehrsämter. 63

G. FROMM, Bundesbahnautonomie und Grundgesetz, DVBl. 1982, 288.

Die Bundespost

Der Bund verwaltet das Post- und Fernmeldewesen durch die „**Deutsche Bundespost**". Die Deutsche Bundespost ist ein nicht rechtsfähiges Sondervermögen des Bundes mit eigener Wirtschafts- und Rechnungsführung, das im Rechtsverkehr unter eigenem Namen handeln, klagen und verklagt werden kann (Gesetz über die Verwaltung der Deutschen Bundespost, PostVG vom 24. 7. 1953, BGBl. I S. 676, zuletzt geänd. durch Gesetz vom 26. 6. 1981, BGBl. I S. 537). Sie wird geleitet durch den **Bundesminister für das Post- und Fernmeldewesen** als oberste Bundesbehörde unter Mitwirkung eines Verwaltungsrates. Mittelbehörde sind die Oberpostdirektionen und das Sozialamt der Deutschen Bundespost in Stuttgart, nachgeordnete Ämter sind insbes. die Postämter, die Fernmeldeämter und die Postgiroämter (PostgiroO v. 5. 12. 1984, BGBl. I S. 1478). Das Vermögen der früheren Deutschen Reichspost, soweit es im Bundesgebiet belegen ist, ist auf die Deutsche Bundespost übergegangen (Gesetz über die vermögensrechtlichen Verhältnisse der Deutschen Bundespost vom 21. 5. 1953, BGBl. I S. 225). Die **Inanspruchnahme der Leistungen** der Deutschen Bundespost und die **Benutzung ihrer Einrichtungen** im Bereich des Post- und Fernmeldewesens sind geregelt durch das Gesetz über das Postwesen (Postgesetz) vom 28. 7. 1969 (BGBl. I S. 1006), geänd. durch Gesetz vom 2. 3. 1974 (BGBl. I S. 469), durch das Gesetz über Fernmeldeanlagen i. d. Fass. d. Bek. vom 17. 3. 1977 64

G 65   Vollziehung

(BGBl. I S. 459, ber. S. 573) und durch Benutzungsverordnungen des Bundesministers für das Post- und Fernmeldewesen aufgrund § 14 PostVG. Die Vorschrift des § 14 PostVG ist mit dem Grundgesetz vereinbar (BVerfGE 28, 66); verfassungsmäßig ist auch die Postgebührenordnung vom 1. 10. 1981 (BVerfG Beschl. vom 22. 3. 1984 BayVBl. 1984, 400).

F. Ossenbühl, Bestand und Erweiterung des Wirkungskreises der Deutschen Bundespost, 1980; A. Eidenmüller, Fernmeldehoheitsrecht und Grundgesetz, DÖV 1985, 522; P. Lerche/Chr. Graf v. Pestalozza, Die Deutsche Bundespost als Wettbewerber, 1985.

Bundeswasserstraßen

65 Die konkurrierende Gesetzgebung des Bundes erstreckt sich auf die Hochsee- und Küstenschiffahrt sowie die Seezeichen, die Binnenschiffahrt, den Wetterdienst, die Seewasserstraßen und die dem allgemeinen Verkehr dienenden Binnenwasserstraßen (Art. 74 Nr. 21 GG). Der Bund hat außerdem das Recht, Rahmenvorschriften über den Wasserhaushalt zu erlassen (Art. 75 Nr. 4 GG). Für die Abgrenzung dieser beiden, in ihrer Reichweite unterschiedlichen Kompetenzen des Bundes ist maßgebend, daß die Zuständigkeit zur konkurrierenden Gesetzgebung nach Art. 74 Nr. 21 GG keine Regelungen der Materie **Wasserhaushalt** oder **Wasserwirtschaft** (Wasserrecht im überkommenen Sinne) einschließt, sondern lediglich Rechtsvorschriften im Hinblick auf die **Verkehrsfunktion** der oberirdischen Gewässer und die für die **Schiffahrt** erheblichen Fragen. Diese inhaltliche Begrenzung des Gesetzgebungsrechts des Bundes gilt auch für die Regelung der Rechtsverhältnisse an den Bundeswasserstraßen (BVerfGE 15, 1).
Die **Bundeswasserstraßen** – vorher Reichswasserstraßen (Art. 97 WeimRVerf, Staatsvertrag, betr. den Übergang der Wasserstraßen von den Ländern auf das Reich von 1921, RGBl. S. 961, und Ergänzungsverträge von 1922, RGBl. S. 222; Gesetz über die vermögensrechtlichen Verhältnisse der Bundeswasserstraßen vom 21. Mai 1951, BGBl. I S. 352) – stehen im **Eigentum** des Bundes (Art. 89 Art. 1 GG). Zu den Bundeswasserstraßen gehören die **Binnenwasserstraßen** des Bundes, die dem allgemeinen Verkehr dienen, und die **Seewasserstraßen**. Die Bundeswasserstraßen werden vom Bund nur insoweit verwaltet, als sie **Verkehrswege** sind; dafür ist das **Bundeswasserstraßengesetz** vom 2. April 1968 (BGBl. II S. 173), zuletzt geänd. durch Gesetz vom 1. Juni 1980 (BGBl. I S. 649), maßgebend. Soweit die Bundeswasserstraßen Bestandteil des Wasserhaushalts sind, also als Wasserspender und Vorfluter in Betracht kommen, sind sie in Ausführung des **Gesetzes zur Ordnung des Wasserhaushalts** in der Fass. d. Bek. vom 16. Okt. 1976 (BGBl. I S. 3017), zuletzt geänd. durch Gesetz vom 28. März 1980 (BGBl. I S. 373), und des jeweiligen **Landeswassergesetzes** Gegenstand von Verwaltungsbefugnissen der **Länder** (BVerfGE 21, 312). Oberste Bundesbehörde der Wasserstraßenverwaltung ist der Bundesminister für Verkehr, Mittelbehörden sind die Wasser- und Schiffahrtsdirektionen, auf der Unterstufe bestehen die Wasser- und Schiffahrtsämter.
Der Bund kann die Verwaltung von Bundeswasserstraßen, soweit sie im Gebiet eines Landes liegen, auf Antrag diesem Land, und soweit sie das

Die Bundesverwaltung 66–68 **G**

Gebiet mehrerer Länder berühren, dem Land in Auftragsverwaltung übertragen werden, für das die beteiligten Länder es beantragen (Art. 89 Abs. 2 Sätze 3 und 4 GG).

A. FRIESECKE, Bundeswasserstraßengesetz, 2. Aufl., 1981. Zum Rhein-Main-Donau-Kanal siehe die Antwort der Bundesregierung auf eine Kleine Anfrage, BTag Drucks. 10/627.

Der Gesetzesvorbehalt des Art. 87 Abs. 3 Satz 2 GG

Durch zustimmungsbedürftiges Bundesgesetz, das mit der Mehrheit der Mitglieder des Bundestages (siehe Art. 121 GG) verabschiedet werden muß, können bei dringendem Bedarf **bundeseigene Mittel- und Unterbehörden** errichtet werden, wenn dem Bunde auf Gebieten, für die ihm die Gesetzgebung zusteht, neue Aufgaben erwachsen. Diese Kompetenzvorschrift hat bisher keine Bedeutung erlangt. 66

d) Zentralstellen des Bundes

Die Kompetenzzuweisung

Durch Bundesgesetz können Zentralstellen für das polizeiliche Auskunfts- und Nachrichtenwesen, für die Kriminalpolizei und zur Sammlung von Unterlagen für Zwecke des Verfassungsschutzes und des Schutzes gegen Bestrebungen im Bundesgebiet, die durch Anwendung von Gewalt oder darauf gerichtete Vorbereitungshandlungen auswärtige Belange der Bundesrepublik Deutschland gefährden, eingerichtet werden (Art. 87 Abs. 1 Satz 2 GG). Unter ,,Zentralstellen" sind Behörden zu verstehen, die für das gesamte Bundesgebiet zuständig sind; sie sind unmittelbar einem Ministerium nachgeordnet. Aufgrund Art. 87 Abs. 1 Satz 2 GG sind das Bundeskriminalamt in Wiesbaden und das Bundesamt für Verfassungsschutz in Köln errichtet worden. 67

Das Bundeskriminalamt

Die Aufgaben und Befugnisse des Bundeskriminalamts ergeben sich aus dem Gesetz über die Einrichtung eines Bundeskriminalpolizeiamtes (Bundeskriminalamtes) i. d. Fass. vom 29. Juni 1973 (BGBl. I S. 704), zuletzt geänd. durch Gesetz vom 9. 12. 1974 (BGBl. I S. 3393). Dem Bundeskriminalamt sind auch die in der Verfassungsbestimmung genannten Aufgaben des polizeilichen Auskunfts- und Nachrichtenwesens übertragen.
Das Bundeskriminalamt dient der Zusammenarbeit des Bundes und der Länder in der Kriminalpolizei, d. h. in der **Aufklärung und Verfolgung von Straftaten**. Seine Aufgabe ist die Bekämpfung des Straftäters, soweit er sich international oder über das Gebiet eines Landes hinaus betätigt oder voraussichtlich betätigen wird. Das Bundeskriminalamt ist zugleich Nationales Zentralbüro der Internationalen Kriminalpolizeilichen Organisation (Interpol) für die Bundesrepublik Deutschland. Den Bediensteten des Bundeskriminalamtes stehen keine polizeilichen Vollzugsbefugnisse zu; das Bundeskriminalamt kann jedoch polizeiliche Strafverfolgungsmaßnahmen durch die Polizeibe- 68

hörden der Länder unterstützen, wenn die zuständige Landesbehörde darum ersucht oder wenn dies den Ermittlungen dienlich sein kann. Dem Bundeskriminalamt obliegt auch der erforderliche unmittelbare persönliche Schutz der Mitglieder der Verfassungsorgane des Bundes sowie in besonderen Fällen der Gäste dieser Verfassungsorgane aus anderen Staaten sowie der innere Schutz der Dienst- und der Wohnsitze sowie der jeweiligen Aufenthaltsräume des Bundespräsidenten, der Mitglieder der Bundesregierung und in besonderen Fällen ihrer Gäste aus anderen Staaten. Zur Erfüllung dieser Aufgaben stehen dem Bundeskriminalamt auch polizeiliche Vollzugsbefugnisse zu (§ 9 BKAG).

R. RIEGEL, Bundespolizeirecht, 1985.

Der Verfassungsschutz

69 Die Aufgabe der Sammlung von Unterlagen für Zwecke des Verfassungsschutzes sowie die Aufgaben und Befugnisse des **Bundesamtes für Verfassungsschutz**, das eine Bundesoberbehörde ist, ergeben sich aus dem Gesetz über die Zusammenarbeit des Bundes und der Länder in Angelegenheiten des Verfassungsschutzes vom 27. Sept. 1950 (BGBl. I S. 682), geänd. durch Gesetz vom 7. Aug. 1972 (BGBl. I S. 1382). Daneben bestehen nach Maßgabe des Landesrechts **Landesämter** für Verfassungsschutz. Die Zusammenarbeit des Bundes und der Länder auf dem Gebiet des Verfassungsschutzes fällt in die ausschließliche Gesetzgebung des Bundes (Art. 73 Nr. 10 lit. b GG). Dementsprechend ist auch die Zusammenarbeit der Länder in Angelegenheiten des Verfassungsschutzes, z. B. durch Übermittlung von Unterlagen und Informationen von einer Verfassungsschutzbehörde an eine andere Verfassungsschutzbehörde, bundesrechtlich geregelt (BVerwG JZ 1984, 737, mit Anm. von H. P. BULL).
Das dem Bundesminister des Innern unterstehende Bundesamt für Verfassungsschutz hat die Aufgabe der Zusammenarbeit des Bundes mit den Ländern auf dem Gebiet des Verfassungsschutzes. Polizeiliche Befugnisse oder Kontrollbefugnisse stehen dem Bundesamt für Verfassungsschutz nicht zu. Zur Wahrnehmung seiner Aufgaben, die das Gesetz näher umschreibt, ist das Bundesamt für Verfassungsschutz befugt, ,,nachrichtendienstliche Mittel" anzuwenden. Die Gerichte und Behörden und das Bundesamt für Verfassungsschutz leisten sich gegenseitig Rechts- und Amtshilfe.
Die Bundesregierung unterliegt hinsichtlich der Tätigkeit des Bundesamtes für Verfassungsschutz, des Militärischen Abschirmdienstes und des Bundesnachrichtendienstes der Kontrolle durch die **Parlamentarische Kontrollkommission** nach dem Gesetz über die parlamentarische Kontrolle nachrichtendienstlicher Tätigkeit des Bundes vom 11. 4. 1978 (BGBl. I S. 453). Die politische Verantwortung der Bundesregierung für diese Stellen und Dienste bleibt unberührt.

Bundesministerium des Innern (Hrsg.), Verfassungsschutz und Rechtsstaat, 1981; H. J. SCHWAGERL, Verfassungsschutz in der Bundesrepublik Deutschland, 1985.

Die Bundesverwaltung 70–72 G

e) Der Bundesgrenzschutz

Bund und Länder bei der Wahrnehmung der Grenzschutzaufgaben

Der Bund hat die ausschließliche Gesetzgebung über den Waren- und Zahlungsverkehr mit dem Ausland einschließlich des Zoll- und Grenzschutzes (Art. 73 Nr. 5 GG). Durch Bundesgesetz können Bundesgrenzschutzbehörden eingerichtet werden (Art. 87 Abs. 1 Satz 2 GG). Der Bund hat von diesen Kompetenzen durch das **Gesetz über den Bundesgrenzschutz** vom 18. Aug. 1972 (BGBl. I S. 1834), zuletzt geänd. durch Gesetz vom 14. 7. 1976 (BGBl. I S. 1801), Gebrauch gemacht. Danach obliegt dem Bundesgrenzschutz der grenzpolizeiliche Schutz des Bundesgebietes (Grenzschutz), soweit nicht ein Land im Einvernehmen mit dem Bund Aufgaben des grenzpolizeilichen Einzeldienstes mit eigenen Kräften wahrnimmt. Aufgrund des Verwaltungsabkommens zwischen dem Bundesminister des Innern und der Bayerischen Staatsregierung vom 16. 7. 1975 (GVBl. S. 257) nimmt die **Bayerische Grenzpolizei** (siehe Art. 5 POG) an sich dem Bund zustehende Grenzschutzaufgaben wahr. Die Grundlage dieser Vereinbarung bildet die Vorschrift des § 63 Bundesgrenzschutzgesetz. 70

R. RIEGEL, Bundespolizeirecht, 1985.

Das Bundesgrenzschutzgesetz

Das Bundesgrenzschutzgesetz regelt die Organisation des in bundeseigener Verwaltung durchgeführten **Bundesgrenzschutzes,** der eine Polizei des Bundes ist und dem Bundesminister des Innern untersteht, sowie die Aufgaben, die Verwendung und die Befugnisse des Bundesgrenzschutzes. 71
Dem Bundesgrenzschutz obliegen der Grenzschutz, bestimmte polizeiliche Schutz- und Sicherungsaufgaben im Notstands- und Verteidigungsfall sowie eine Reihe einzelner durch Gesetz zugewiesener Aufgaben. Der Grenzschutz umfaßt die polizeiliche Überwachung der Grenzen, die polizeiliche Kontrolle des grenzüberschreitenden Verkehrs und im Grenzgebiet bis zu einer Tiefe von dreißig Kilometern die Beseitigung von Störungen und die Abwehr von Gefahren, die die Sicherheit der Grenzen beeinträchtigen. Er ist auch mit dem Schutz von Bundesorganen betraut.
Mit dem Beginn eines bewaffneten Konflikts sind die Grenzschutzkommandos, die Verbände und Einheiten des Bundesgrenzschutzes sowie die Grenzschutzschule Teil der bewaffneten Macht der Bundesrepublik Deutschland (§ 64 BGSG).

Grenzschutzbehörden und Zollbehörden

Der **Bundesgrenzschutz** ist eine Polizei des Bundes und untersteht dem Bundesminister des Innern (§ 42 BGSG), während die **Zollverwaltung** zu den Bundesfinanzbehörden gehört, die dem Bundesminister der Finanzen unterstehen (Art. 108 GG). Zur Vereinfachung des grenzüberschreitenden Verkehrs können den Behörden der Zollverwaltung allgemein und auch für den Einzelfall bestimmte Aufgaben und Befugnisse des Grenzschutzes übertragen 72 werden (§§ 62, 68 BGSG). Desgleichen können Beamte des Bundesgrenzschutzes mit der Wahrnehmung von Aufgaben der Zollverwaltung an einzelnen Grenzzollstellen betraut werden (§ 67 BGSG).

f) Selbständige Bundesoberbehörden

Die Kompetenzzuweisung

73 Für Angelegenheiten, für die dem Bunde die Gesetzgebung zusteht, können selbständige Bundesoberbehörden durch Bundesgesetz errichtet werden (Art. 87 Abs. 3 Satz 1 GG). Diese Kompetenzzuweisung enthält ein nicht unerhebliches Verwaltungspotential des Bundes, da das erforderliche Bundesgesetz kein Zustimmungsgesetz ist und da lediglich vorausgesetzt ist, daß für die der Bundesoberbehörde zur Erledigung zugewiesene Materie eine Gesetzgebungskompetenz des Bundes besteht, nicht aber auch, daß von dieser bereits Gebrauch gemacht worden ist. Bundesoberbehörden können also sowohl für gesetzesakzessorische als auch für gesetzesfreie Verwaltung errichtet werden (BVerfGE 14, 197).

Organisatorische Gestaltung

74 Der von der Verfassung verwendete Begriff der „selbständigen Bundesoberbehörde" bildet eine **einschränkende Voraussetzung** für die Ausübung dieser Verwaltungskompetenz des Bundes. Es muß sich um Behörden für **zentrale Aufgaben** handeln, die für das ganze Bundesgebiet durch eine Zentralbehörde ohne Verwaltungsunterbau und ohne Inanspruchnahme der Landesverwaltungen wahrgenommen werden können. Die Bundesoberbehörde ist **ressortgebunden** und gegenüber der übergeordneten obersten Bundesbehörde weisungsunterworfen. Sie ist nur insofern „selbständig", als sie eine organisatorische Einheit außerhalb der Ministerialverwaltung darstellt.

Bisherige Praxis

75 Der Bund hat bisher von der ihm durch Art. 87 Abs. 3 Satz 1 GG eröffneten Möglichkeit in nicht unbeträchtlichem Umfang Gebrauch gemacht. Er hat mehr als 20 Bundesoberbehörden geschaffen, unter ihnen das Bundesverwaltungsamt in Köln, das Statistische Bundesamt in Wiesbaden, das Kraftfahrt-Bundesamt in Flensburg, das Bundesamt für gewerbliche Wirtschaft in Frankfurt und das Bundeskartellamt in Berlin.

g) Bundesunmittelbare Körperschaften und Anstalten des öffentlichen Rechts

Die Kompetenzzuweisung

76 Die **sozialen Versicherungsträger,** deren Zuständigkeitsbereich sich über das Gebiet eines Landes hinaus erstreckt (Art. 87 Abs. 2 GG) und die **Bundesbank** (Art. 88 GG) sind kraft Verfassung zur Bundesverwaltung gehörende juristische Personen des öffentlichen Rechts. Außerdem können für Angelegenheiten, für die dem Bund die Gesetzgebung zusteht, **neue bundesunmit-**

Die Bundesverwaltung 77, 78 G

telbare Körperschaften und Anstalten des öffentlichen Rechts durch Bundesgesetz errichtet werden (Art. 87 Abs. 3 Satz 1 GG). Von dieser fakultativen Verwaltungszuständigkeit hat der Bund bereits mehrfach Gebrauch gemacht, z. B. durch die Errichtung der Bundesrechtsanwaltskammer (Gesetz vom 1. 8. 1959, BGBl. I S. 565), der Bundesanstalt für landwirtschaftliche Marktordnung (Gesetz zur Durchführung der gemeinsamen Marktorganisation vom 31. 8. 1972, BGBl. I S. 1617; Gesetz über die Neuorganisation der Marktordnungsstellen vom 23. 6. 1976, BGBl. I S. 1608), der Deutschen Welle und des Deutschlandfunks als Rundfunkanstalten des Bundesrechts (Gesetz über die Errichtung von Rundfunkanstalten des Bundesrechts vom 29. 11. 1960, BGBl. I S. 862) und der Bundesanstalt für Flugsicherung (Gesetz vom 23. 3. 1953, BGBl. I S. 70, zuletzt geändert durch Gesetz vom 18. 9. 1980, BGBl. I S. 1729). Unter die Kompetenzzuweisung fallen auch Stiftungen des öffentlichen Rechts, die von der Verfassung offenbar als ein Sonderfall der Anstalten betrachtet werden; siehe die Errichtung der Stiftung Preußischer Kulturbesitz durch Gesetz vom 25. 7. 1957 (BGBl. I S. 841).

W. WEBER, Die bundesunmittelbaren juristischen Personen des öffentlichen Rechts, in: Festschrift für Rudolf Reinhardt, 1972, S. 499.

Die sozialen Versicherungsträger

Als bundesunmittelbare Körperschaften des öffentlichen Rechts werden diejenigen sozialen Versicherungsträger geführt, deren Zuständigkeitsbereich sich über das Gebiet eines Landes hinaus erstreckt (Art. 87 Abs. 2 GG). Zu diesen Sozialversicherungsträgern gehören die **Bundesversicherungsanstalt für Angestellte** in Berlin (Gesetz vom 9. Mai 1956, BGBl. I S. 415, geänd. durch Gesetz vom 23. Dez. 1976, BGBl. I S. 3845) und die **Bundesanstalt für Arbeit** in Nürnberg (Arbeitsförderungsgesetz vom 25. Juni 1969, BGBl. I S. 582, zuletzt geänd. durch Gesetz vom 27. Juli 1984, BGBl. I S. 1029). 77

H. BOGS, Die Sozialversicherung im Staat der Gegenwart, 1973.

Die Bundesbank

Der Bund errichtet eine **Währungs- und Notenbank** als Bundesbank (Art. 88 GG). Auf dieser Grundlage hat das **Gesetz über die Deutsche Bundesbank** vom 26. 7. 1957 (BGBl. I S. 745), zuletzt geänd. durch Gesetz vom 23. 5. 1975 (BGBl. I S. 1173) die Deutsche Bundesbank als eine bundesunmittelbare Anstalt des öffentlichen Rechts errichtet und ihr die Aufgabe zugewiesen, mit Hilfe der währungspolitischen Befugnisse, die ihr nach dem Gesetz zustehen, den Geldumlauf und die Kreditversorgung der Wirtschaft mit dem Ziel zu regeln, die Währung zu sichern, und für die bankmäßige Abwicklung des Zahlungsverkehrs im Inland und mit dem Ausland zu sorgen. In ihrer Eigenschaft als „Notenbank" hat die Bundesbank das ausschließliche Recht, Banknoten auszugeben, die das unbeschränkte gesetzliche Zahlungsmittel sind (§ 14 BBankG). 78

Die Deutsche Bundesbank ist verpflichtet, unter Wahrung ihrer Aufgabe die allgemeine Wirtschaftspolitik der Bundesregierung zu unterstützen. Sie ist bei der Ausübung der Befugnisse, die ihr nach dem Bundesbankgesetz zuste-

hen, von Weisungen der Bundesregierung unabhängig (§ 12 BBankG). Die Bundesbank ist auch keinem Ressort der Bundesregierung zugeordnet; dies bedeutet, daß sie „ministerialfrei" ist und dementsprechend auch der parlamentarischen Kontrolle entzogen ist. Die **Unabhängigkeit der Bundesbank,** die mit gutem Grunde im Interesse der Währungssicherheit besteht, beruht auf Gesetz, nicht auf einer verfassungsrechtlichen Anordnung oder Gewährleistung (BVerwG DVBl. 1973, 854).
Die Landeszentralbanken sind Bundesbehörden, die der Bundesbank nachgeordnet sind.

v. SPINDLER/BECKER/STARCKE, Die Deutsche Bundesbank, 4. Aufl., 1973; R. SCHMIDT, Die Zentralbank im Verfassungsgefüge der Bundesrepublik Deutschland, Staat 1981, Beiheft 5, S. 61; D. v. STEBUT, Die Sicherung des Geldwerts und der Währung, JURA 1983, S. 449.

6. Streitkräfte und Bundeswehrverwaltung

a) Der Verteidigungsauftrag

Die Bundeswehr: Streitkräfte zur Verteidigung

79 Der Bund stellt Streitkräfte zur Verteidigung auf. Außer zur Verteidigung dürfen die Streitkräfte nur eingesetzt werden, soweit das Grundgesetz es ausdrücklich zuläßt (Art. 87 a GG).
Durch diese Verfassungsvorschriften wird eine selbständige Bundeskompetenz begründet, die Aufstellung von Streitkräften zur Verteidigung als Verfassungsauftrag ausgesprochen und eine spezifische Begrenzung der den Streitkräften zukommenden Aufgabe festgelegt.
Mit den nachträglich in das GG eingefügten wehrverfassungsrechtlichen Bestimmungen, insbes. den Vorschriften der Art. 12a, 73 Nr. 1, 87a und 115b, hat der Verfassungsgeber eine verfassungsrechtliche Grundentscheidung für eine wirksame militärische Landesverteidigung getroffen. Einrichtung und Funktionsfähigkeit der Bundeswehr haben verfassungsrechtlichen Rang (BVerfGE 69, 1 mit Abweichender Meinung der Richter MAHRENHOLZ und BÖCKENFÖRDE).

Die Wehrpflicht

80 Das Grundgesetz gibt es in die Hand der politischen Entscheidung des Gesetzgebers, ob und in welchem Maße eine Wehrpflicht bestehen soll, um die Verteidigung der Bundesrepublik Deutschland zu ermöglichen (Art. 12a Abs. 1, 73 Nr. 1 GG). Männer können vom vollendeten achtzehnten Lebensjahr an zum Dienst in den Streitkräften, im Bundesgrenzschutz oder in einem Zivilschutzverband verpflichtet werden. Eine Wehrpflicht oder eine entsprechende Dienstverpflichtung für Frauen könnte demnach nur im Wege der Verfassungsänderung eingeführt werden. Der Vollzug der aufgrund der Ermächtigung in Art. 12a Abs. 2 GG eingeführten allgemeinen Wehrpflicht muß dem Gebot der Wehrgerechtigkeit (Art. 3 Abs. 1 GG) genügen (BVerfGE 69, 1).

Streitkräfte und Bundeswehrverwaltung 81, 82 G

Durch das **Wehrpflichtgesetz** in der Fass. d. Bek. vom 6. Mai 1983 (BGBl. I S. 529), geändert durch Gesetz vom 20. Dez. 1984 (BGBl. I S. 1654), ist die Wehrpflicht als eine staatsbürgerliche Grundpflicht eingeführt worden. Wer aus Gewissensgründen den Kriegsdienst mit der Waffe verweigert, kann zu einem Ersatzdienst verpflichtet werden (Art. 4 Abs. 3, 12a Abs. 2 GG); C RNr. 59.

Die von der Verfassung geforderte militärische Landesverteidigung kann auf der Grundlage der allgemeinen Wehrpflicht, aber – sofern ihre Funktionstüchtigkeit gewährleistet bleibt – verfassungsrechtlich unbedenklich beispielsweise auch durch eine Freiwilligenarmee sichergestellt werden (BVerfG NJW 1978, 1245).

Annexaufgaben der Streitkräfte im Verteidigungsfall und im Spannungsfall

Die Streitkräfte haben im Verteidigungsfall und im Spannungsfall die Befugnis, zivile Objekte zu schützen und Aufgaben der Verkehrsregelung wahrzunehmen, soweit dies zur Erfüllung ihres Verteidigungsauftrags erforderlich ist. Darüber hinaus kann den Streitkräften in diesen Fällen der Schutz ziviler Objekte auch zur Untersützung polizeilicher Maßnahmen übertragen werden (Art. 87a Abs. 3 GG). 81

„Verteidigungsfall" ist die Situation, daß das Bundesgebiet mit Waffengewalt angegriffen wird oder ein solcher Angriff unmittelbar droht. Die Feststellung des Verteidigungsfalles erfolgt nach Art. 115a GG. Für eine zeitlich vor dem Verteidigungsfall liegende, sich möglicherweise aber zum Verteidigungsfall entwickelnde Situation benutzt das Grundgesetz den Begriff des „Spannungsfalles", der nach Art. 80a Abs. 1 GG festzustellen ist.

Gesetzgebung über die Streitkäfte

Die verfassungsrechtlichen Grundvorschriften der Art. 87a, 87b und 12a GG sind entsprechend dem Gesetzgebungsrecht des Bundes für die Verteidigung einschließlich des Schutzes der Zivilbevölkerung (Art. 73 Nr. 1 GG) durch eine Reihe von Gesetzen im einzelnen ausgestaltet worden. Hauptsächlich sind zu nennen: 82

– Wehrpflichtgesetz i. d. Fass. d. Bek. vom 6. 5. 1983 (BGBl. I S. 529), geändert durch Gesetz vom 20. 12. 1984 (BGBl. I S. 1654);
– Gesetz über den Zivildienst der Kriegsdienstverweigerer (Zivildienstgesetz) i. d. Fass. d. Bek. vom 29. 9. 1983 (BGBl. I S. 1221, ber. S. 1370), geändert durch Gesetz vom 20. 12. 1984 (BGBl. I S. 1654), sowie das Gesetz zur Neuordnung des Rechts der Kriegsdienstverweigerung und des Zivildienstes vom 28. 2. 1983 (BGBl. I S. 203);
– Gesetz über die Rechtsstellung der Soldaten (Soldatengesetz) i. d. Fass. d. Bek. vom 19. 8. 1975 (BGBl. I S. 2273), zuletzt geändert durch Gesetz vom 6. 12. 1985 (BGBl. I S. 2154);
– Gesetz über den Zivilschutz i. d. Fass. d. Bek. vom 9. 8. 1976 (BGBl. I S. 2109);
– Bundesleistungsgesetz i. d. Fass. vom 27. 9. 1961 (BGBl. I S. 1769), zuletzt geändert durch Gesetz vom 20. 12. 1976 (BGBl. I S. 3574);
– Gesetz über die Landbeschaffung für Aufgaben der Verteidigung (Landbe-

schaffungsgesetz) vom 23. 2. 1957 (BGBl. I S. 134), zuletzt geändert durch Gesetz vom 20. 12. 1976 (BGBl. I S. 3574);
- Gesetz über die Beschränkung von Grundeigentum für die militärische Verteidigung (Schutzbereichgesetz) vom 7. 12. 1956 (BGBl. I S. 899), zuletzt geändert durch Gesetz vom 20. 12. 1976 (BGBl. I S. 3574).

Bundeswehr und NATO

83 Die Aufstellung der Bundeswehr stand politisch und völkerrechtlich im Zusammenhang mit dem Beitritt der Bundesrepublik Deutschland zum Nordatlantikvertrag vom 4. April 1949 entsprechend den **Bonner Verträgen** von 1952 und den **Pariser Verträgen** von 1954, insbes. dem Vertrag über die Beziehungen zwischen der Bundesrepublik Deutschland und den drei Mächten (Generalvertrag) vom 26. Mai 1952 in der gem. Liste I zu dem am 23. Okt. 1954 in Paris unterzeichneten Protokoll über die Beendigung des Besatzungsregimes in der Bundesrepublik Deutschland geänderten Fassung (BGBl. 1955 II S. 305). Durch die Mitgliedschaft in der NATO hat sich die Bundesrepublik zur Wahrung des Friedens einem System gegenseitiger kollektiver Sicherheit eingeordnet (Art. 24 Abs. 2 GG). Der Beitrag zur NATO ist aufgrund Gesetzes vom 24. 3. 1955 (BGBl. II S. 256, 289) erfolgt. Der Nordatlantikvertrag ist für Deutschland am 6. 5. 1955 in Kraft getreten.
Die zur Verteidigung bestimmten Streitkräfte der Bundesrepublik sind der aufgrund des Nordatlantikvertrages eingerichteten multinationalen militärischen Organisation in Westeuropa unterstellt.
D RNr. 116.

b) Führung und Organisation der Streitkräfte

Der Bundesminister für Verteidigung

84 Der **Bundesminister für Verteidigung** hat die Befehls- und Kommandogewalt über die Streitkräfte (Art. 65a GG). Mit der Verkündung des Verteidigungsfalles geht die Befehls- und Kommandogewalt über die Streitkräfte auf den **Bundeskanzler** über (Art. 115b GG). Die Führung der Streitkräfte unterliegt damit der parlamentarischen Verantwortung und Kontrolle entsprechend den Grundsätzen des parlamentarischen Regierungssystems. Im Hinblick darauf schreibt die Verfassung überdies obligatorisch einen **Ausschuß des Bundestages für Verteidigung** vor (Art. 45a GG). Zum Schutz der Grundrechte und als Hilfsorgan des Bundestages bei der Ausübung der parlamentarischen Kontrolle wird ein **Wehrbeauftragter des Bundestages** berufen (Art. 45b GG; Gesetz über den Wehrbeauftragten des Bundestages in der Fass. der Bek. vom 16. Juni 1982 (BGBl. I S. 677).

E.-W. BÖCKENFÖRDE, Die Eingliederung der Streitkräfte in die demokratisch-parlamentarische Verfassungsordnung und die Vertretung des Bundesverteidigungsministers in der militärischen Befehlsgewalt, in: Stellvertretung im Oberbefehl, 1966, S. 43.

Befehls- und Kommandogewalt

85 Die Befehls- und Kommandogewalt stellt eine besondere Erscheinungsform der **vollziehenden Gewalt** dar. Dies erklärt sich aus der Eigenart der Führung der Streitkräfte und der Befehlsgewalt gegenüber einzelnen Einheiten oder

Streitkräfte und Bundeswehrverwaltung　　　　　　　86–88　G

Angehörigen der Streitkräfte. Die durch das Grundgesetz geschaffene besondere Rechtseinrichtung der Befehls- und Kommandogewalt stellt nicht etwa eine Fortbildung des im konstitutionellen Staatsrecht dem Monarchen vorbehaltenen Oberbefehls dar (vgl. Art. 46 Preuß. Verfassungsurkunde von 1850, Art. 53 und 63 Reichsverfassung 1871).
K RNr. 18.

Vorbehalt des Haushaltsgesetzes

Die **zahlenmäßige Stärke** der Streitkräfte und die **Grundzüge ihrer Organisa-** 86
tion müssen sich aus dem Haushaltsplan ergeben (Art. 87a Abs. 1 Satz 2 GG). Da der Haushaltsplan durch Gesetz festgestellt wird (Art. 110 Abs. 2 GG), werden damit die zahlenmäßige Stärke der Streitkräfte und die Grundzüge ihrer Organisation der parlamentarischen Entscheidung vorbehalten. Dies ist also nicht eine Angelegenheit der Organisationsgewalt der Exekutive.

Die Bundeswehr gliedert sich in das Heer (mit den in drei Korps zusammengefaßten zwölf Divisionen des Feldheeres), die Luftwaffe (mit den vier Divisionen der Luftwaffe) und in die Marine (mit der Marinefliegerdivision, den fünf Flottillen und der Amphibischen Gruppe im Bereich der Flotte); Bundeshaushaltsplan für das Haushaltsjahr 1985, Einzelplan 14, bes. Kap. 1403 (Bd. 2, S. 43 ff.).

Spitzengliederung der Bundeswehr

Die militärische Spitze der Bundeswehr ist in das **Bundesministerium der** 87
Verteidigung integriert. Sie besteht aus dem Generalinspekteur der Bundeswehr und den Inspekteuren des Heeres, der Luftwaffe, der Marine und des Sanitäts- und Gesundheitswesens. Während der **Generalinspekteur** als Hauptabteilungsleiter mit seinem Stab, dem Führungsstab der Streitkräfte, über keine truppendienstliche Befehlsgewalt verfügt, haben die **Inspekteure** eine Doppelstellung. Sie sind im ministeriellen Aufgabenbereich als ministerielle Abteilungsleiter dem Generalinspekteur nachgeordnet. Sie sind außerdem truppendienstlich Vorgesetzte ihrer Teilstreitkräfte und unterstehen als solche truppendienstlich unmittelbar dem Minister als dem Inhaber der Befehls- und Kommandogewalt; siehe die aufgrund § 1 Abs. 4 SoldatenG erlassene Verordnung über die Regelung des militärischen Vorgesetztenverhältnisses vom 4. Juni 1956 (BGBl. I S. 459), zuletzt geändert durch Verordnung vom 7. Okt. 1981 (BGBl. I S. 1129).

c) Die Bundeswehrverwaltung

Organisation und Aufgabe

Die Bundeswehrverwaltung wird in bundeseigener Verwaltung mit eigenem 88
Verwaltungsunterbau geführt. Sie dient den Aufgaben des Personalwesens und der unmittelbaren Deckung des Sachbedarfs der Streitkräfte (Art. 87b Abs. 1 GG).
Die Bundeswehrverwaltung untersteht dem Bundesministerium für Verteidigung, das demnach auf der einen Seite die Spitze der Streitkräfte und auf der

anderen Seite die Spitze eines Zweiges der bundeseigenen Verwaltung ist. Im Rahmen der Bundeswehrverwaltung bestehen als Bundesoberbehörden das Bundeswehrverwaltungsamt und das Bundesamt für Wehrtechnik und Beschaffung, als Mittelbehörden die sechs Wehrbereichsverwaltungen und als Unterstufe verschiedene Ämter, darunter die Kreiswehrersatzämter und die Standortverwaltungen.

H. REINFRIED/N. STEINEBACH, Die Bundeswehrverwaltung, 1982.

Wehrersatzwesen

89 Durch Bundesgesetz nach Art. 87b Abs. 2 GG ist bestimmt, daß das Wehrersatzwesen in bundeseigener Verwaltung mit eigenem Verwaltungsunterbau geführt wird (§§ 14ff. Wehrpflichtgesetz).

Zum **Wehrersatzwesen** gehören die Erfassung der wehrpflichtigen Geburtsjahrgänge, die Musterung der für die erstmalige Heranziehung zum Wehrdienst vorgesehenen Wehrpflichtigen, die Verteilung der Wehrpflichtigen auf die Teilstreitkräfte und Truppengattungen und die Wehrüberwachung. Die Kreiswehrersatzämter, deren Aufgabe die Durchführung der Musterungen ist, gehören zur Unterstufe der Bundeswehrverwaltung.

Die **Wehrerfassung** ist als Bundesauftragsverwaltung gem. § 15 Abs. 3 Wehrpflichtgesetz Sache der Länder.

Schutz der Zivilbevölkerung

90 Der Zivilschutz gehört zur ausschließlichen Gesetzgebung des Bundes (Art. 73 Nr. 1 GG) und ist eine Verwaltungsaufgabe des Bundes nach Art. 87b Abs. 2 GG. Maßgebend ist das Gesetz über den Zivilschutz i. d. Fass. d. Bek. vom 9. 8. 1976 (BGBl. I S. 2109). Die Aufgaben des Schutzes der Zivilbevölkerung werden von den Ländern im Auftrag des Bundes wahrgenommen.

d) Einsatz der Streitkräfte im „inneren Notstand"

Anforderung der Polizeikräfte eines Landes und des Bundesgrenzschutzes durch ein Land

91 Zur Abwehr einer drohenden Gefahr für den Bestand oder die freiheitliche demokratische Grundordnung des Bundes oder eines Landes kann ein Land Polizeikräfte anderer Länder sowie Kräfte und Einrichtungen anderer Verwaltungen und des Bundesgrenzschutzes anfordern (Art. 91 Abs. 1 GG). Diese Verfassungsbestimmung orientiert sich an der Möglichkeit einer bestimmten polizeilichen Gefahr. Sie beläßt die Verantwortung für die Beseitigung der Störung bei dem betreffenden Land, erweitert aber dessen personelles Potential.

Weisungsbefugnis des Bundes gegenüber Polizeikräften und Einsatz des Bundesgrenzschutzes

92 Wenn in einem Land eine drohende Gefahr für den Bestand oder die freiheitliche demokratische Grundordnung des Bundes oder des Landes entsteht und

Die Gemeinschaftsaufgaben

wenn das Land, in dem diese Gefahr droht, nicht selbst zu ihrer Bekämpfung bereit oder in der Lage ist, so kann die Bundesregierung die Polizei in diesem Lande und die Polizeikräfte anderer Länder ihren Weisungen unterstellen sowie Einheiten des Bundesgrenzschutzes einsetzen. Darüber hinaus kann die Bundesregierung, wenn sich die Gefahr auf das Gebiet mehr als eines Landes erstreckt, den Landesregierungen Weisungen erteilen, soweit es zur wirksamen Bekämpfung erforderlich ist (Art. 91 Abs. 2 GG). Diese Verfassungsvorschrift regelt die **bundesstaatsrechtliche** Frage, unter welchen Voraussetzungen die Bundesregierung in Fällen eines ,,inneren Notstandes" ein Recht zum Eingreifen besitzt. Deshalb muß die von der Bundesregierung getroffene Anordnung jederzeit auf Verlangen des Bundesrates aufgehoben werden.
Die nach der Vorschrift des Art. 91 Abs. 2 GG den Ländern obliegenden Pflichten sind **Bundespflichten,** die ggf. im Wege des Bundeszwanges nach Art. 37 GG durchgesetzt werden dürfen. Ein Streit über die Rechtmäßigkeit des Verhaltens der Bundesregierung kann nach Art. 93 Abs. 1 Nr. 3 GG vor dem Bundesverfassungsgericht ausgetragen werden.

Einsatz der Bundeswehr

Zur Abwehr einer drohenden Gefahr für den Bestand oder die freiheitliche demokratische Grundordnung des Bundes oder eines Landes können die Streitkräfte nur eingesetzt werden, soweit das Grundgesetz es ausdrücklich zuläßt (Art. 87a Abs. 2 GG). Ein derartiger Fall ergibt sich aus Art. 87a Abs. 4 GG. Wenn das Land, in dem die Gefahr droht, nicht selbst zur Bekämpfung der Gefahr bereit oder in der Lage ist und wenn weiter die nach Art. 91 Abs. 2 GG für die Bundesregierung eingesetzten Polizeikräfte und der Bundesgrenzschutz nicht ausreichen, darf die Bundesregierung Streitkräfte zur Unterstützung der Polizei und des Bundesgrenzschutzes beim Schutz von zivilen Objekten und ,,bei der Bekämpfung organisierter und militärisch bewaffneter Aufständischer" einsetzen. Diese Bestimmung, die bei der Verabschiedung der Notstandsnovelle vom 24. Juni 1968, auf die sie zurückgeht, sehr umkämpft war, erlaubt den Einsatz der Streitkräfte nur in einer bürgerkriegsartigen Situation, wenn nämlich die Gefahr den Charakter eines organisierten und mit militärischen Mitteln durchgeführten Aufstandes angenommen hat (Art. 87a Abs. 4 GG).

7. Die Gemeinschaftsaufgaben

a) Der kooperative Föderalismus

Grundgedanke

Ein wesentliches Element der bundesstaatlichen Ordnung, wie sie im Grundgesetz ausgeformt ist, besteht darin, daß die Ausübung der staatlichen Befugnisse und die Erfüllung der staatlichen Aufgaben nach einer grundsätzlich festen **Kompetenzordnung** zwischen dem Bund und den Ländern **verteilt**

sind. Diese Trennung der Kompetenzen wird durch die verschiedenen Vorkehrungen und Grundsätze ergänzt, die das **Zusammenwirken von Bund und Ländern** regeln. Die gegenseitigen Rechte und Pflichten im Rahmen der bundesstaatlichen Kompetenzordnung werden schließlich über die positivrechtlichen Regelungen der Verfassung hinaus durch den ungeschriebenen allgemeinen Grundsatz der „**Bundestreue**" oder des „**bundesfreundlichen Verhaltens**" bestimmt.
Vor allem durch das im Jahre 1966 von der Kommission für Finanzreform („TROEGER-Kommission") erstattete „Gutachten über die Finanzreform in der Bundesrepublik Deutschland" brach sich die Einsicht Bahn, daß für eine wirkungsvolle Erledigung der Staatsaufgaben unter den gegenwärtigen Bedingungen und für eine erfolgreiche Verwirklichung des Bundesstaates „Neue Formen der Zusammenarbeit zwischen Bund und Ländern" notwendig seien. Zu diesen „Neuen Formen" zählte das Gutachten auch die Einführung von „**Gemeinschaftsaufgaben von Bund und Ländern**" (Gutachten, S. 34 ff.), wobei auf ältere Überlegungen zurückgegriffen werden konnte. Als einer der Leitgedanken des Gutachtens wurde der „kooperative Föderalismus" genannt, unter dem ein Prinzip verstärkten Zusammenwirkens von Bund und Ländern und auch der Länder untereinander verstanden wurde. „Es muß ... eine Form des Föderalismus entwickelt werden, die ein ausgewogenes und bewegliches System der Zusammenordnung und der Zusammenarbeit zwischen dem Bund und den Ländern und unter den Ländern ermöglicht. Der Föderalismus unserer Zeit kann deshalb nur ein kooperativer Föderalismus sein" (Gutachten, Tz 76).

K. HESSE, Aspekte des kooperativen Föderalismus in der Bundesrepublik, in: Festschrift für Gebhard Müller, 1970, S. 141; G. KISKER, Kooperation im Bundesstaat, 1971; J. A. FROWEIN/I. v. MÜNCH, Gemeinschaftsaufgaben im Bundesstaat, VVDStRL Heft 31, 1973; R. GRAWERT, Zusammenarbeit und Steuerung im Bundesstaat, Staat 14, 1975, S. 229.

Ausgestaltung in der Verfassung

95 Durch das **Einundzwanzigste Gesetz zur Änderung des Grundgesetzes** (Finanzreformgesetz) vom 12. Mai 1969 (BGBl. I S. 359) wurden neben anderen Änderungen die Vorschriften über die Gemeinschaftsaufgaben (Art. 91a, 91b GG) und über die Finanzhilfen des Bundes für besonders bedeutsame Investitionen der Länder und Gemeinden (Art. 104a Abs. 4 GG) in das Grundgesetz eingefügt.
Ausbau und Neubau von Hochschulen einschließlich der Hochschulkliniken, Verbesserung der regionalen Wirtschaftsstruktur und Verbesserung der Agrarstruktur und des Küstenschutzes sind Aufgaben der Länder, bei deren Erfüllung aber der Bund mitwirkt, wenn diese Aufgaben für die Gesamtheit bedeutsam sind und die Mitwirkung des Bundes zur Verbesserung der Lebensverhältnisse erforderlich ist; dadurch werden die genannten Aufgaben der Länder „Gemeinschaftsaufgaben" (Art. 91a GG). Die nähere Bestimmung der Gemeinschaftsaufgaben erfolgt durch zustimmungsbedürftiges **Bundesgesetz,** in dem vor allem die beiden Punkte zu regeln sind, in denen sich das Zusammenwirken des Bundes und der Länder im Hinblick auf die

Die Gemeinschaftsaufgaben

Gemeinschaftsaufgaben zeigt: die gemeinsame Rahmenplanung und die Finanzierung. Das neuartige Rechtsinstitut der Gemeinschaftsaufgabe ist nicht ohne Kritik geblieben, über seine Bewährung in der gegebenen verfassungsrechtlichen Ausgestaltung gehen die Meinungen auseinander. Die Kritik ist hauptsächlich von der Seite der Länder geäußert worden. Die Gemeinschaftsaufgaben hätten zu einer unrationellen Vermischung der Verantwortlichkeiten für die Aufgabenerfüllung und die Finanzierung geführt. Die Volksvertretungen der Länder hätten einen nur unzulänglichen Einfluß auf die Planungsentscheidungen. Die Enquete-Kommission Verfassungsreform hat sich für eine Weiterentwicklung der Gemeinschaftsaufgaben zu einer gemeinsamen Rahmenplanung von Bund und Ländern ausgesprochen (Schlußbericht, BTag Drucks. 7/5924, S. 148 ff.).

J. KÖLBLE, Reform der Gemeinschaftsaufgaben? DVBl. 1972, 701.

Bildungsplanung und überregionale Forschungsaufgaben

Bund und Länder können aufgrund von Vereinbarungen bei der Bildungsplanung und bei der Förderung von Einrichtungen und Vorhaben der wissenschaftlichen Forschung von überregionaler Bedeutung zusammenwirken (Art. 91 b GG). Diese Vorschrift trifft eine Klarstellung, die sich auf eine schon länger praktizierte Übung stützen kann; siehe z. B. die Errichtung des Wissenschaftsrates durch Vereinbarung vom 5. Sept. 1957 (GMBl. 1957, S. 553 und 1973, S. 589) und die Zusammenarbeit von Bund und Ländern im Rahmen der Deutschen Forschungsgemeinschaft und der Max-Planck-Gesellschaft.

Der Ausdruck „Bildungsplanung" stammt aus einer vor allem in den pädagogischen Wissenschaften vertretenen Denkrichtung, wonach eine staatlich gesteuerte und planmäßig durchgeführte Ausschöpfung der „Bildungsreserven" erfolgversprechend sei. Dabei ist weniger an die durch höhere Schule und Universität zu vermittelnde Bildung im Sinne des deutschen Idealismus und seiner Folgeerscheinungen gedacht, als an berufsbezogene Ausbildung, Weiterbildung und Erwachsenenbildung.

F. HUFEN, Gleichheitssatz und Bildungsplanung, 1975.

b) Die Bundesgesetze über die Gemeinschaftsaufgaben

Der Numerus clausus der Gemeinschaftsaufgaben

Die Aufgaben der Länder, für die eine institutionalisierte Zusammenarbeit in den durch Art. 91 a GG vorgezeichneten Formen verfassungsrechtlich zulässig ist, sind in der genannten Bestimmung abschließend aufgezählt. Die zustimmungsbedürftigen Bundesgesetze, in denen die Gemeinschaftsaufgaben näher bestimmt werden, können für die Abgrenzung einen gewissen Spielraum in Anspruch nehmen, doch nicht weitere Aufgaben der Länder dem Regime der Gemeinschaftsaufgaben unterwerfen.

Die einzelnen Gesetze

98 In Ausführung des Gesetzgebungsauftrages in Art. 91 a Abs. 2 GG sind die zur näheren Bestimmung der Gemeinschaftsaufgaben erforderlichen Bundesgesetze erlassen worden:
1. Gesetz über die Gemeinschaftsaufgabe ,,Ausbau und Neubau von Hochschulen" (Hochschulbauförderungsgesetz) vom 1. Sept. 1969 (BGBl. I S. 1556), zuletzt geänd. durch Gesetz vom 23. Dez. 1971 (BGBl. I S. 2140).
2. Gesetz über die Gemeinschaftsaufgabe ,,Verbesserung der regionalen Wirtschaftsstruktur" vom 6. Okt. 1969 (BGBl. I S. 1861), zuletzt geänd. durch Gesetz vom 23. Dez. 1971 (BGBl I S. 2140).
3. Gesetz über die Gemeinschaftsaufgabe ,,Verbesserung der Agrarstruktur und des Küstenschutzes" vom 3. Sept. 1969 (BGBl. I S. 1573), geänd. durch Gesetz vom 23. Dez. 1971 (BGBl. I S. 2140).

Durch Gesetz aufgestellte allgemeine Grundsätze für die Erfüllung der Gemeinschaftsaufgaben

99 Wie es die Verfassung fordert, treffen die Bundesgesetze über die Gemeinschaftsaufgaben Bestimmungen über das Verfahren und über Einrichtungen für eine gemeinsame Rahmenplanung. Sie enthalten außerdem ,,allgemeine Grundsätze für ihre Erfüllung" (Art. 91 a Abs. 2 Satz 2 GG). Diese allgemeinen Grundsätze stellen materiellrechtliche **Richtlinien des Gesetzgebers** für die Durchführung der **Förderungsmaßnahmen** dar, die im Rahmen der Gemeinschaftsaufgabe stattfinden. Die konkreten Planungs- und Förderungsentscheidungen werden dadurch allerdings nur in geringem Maße vorherbestimmt. Einer dieser allgemeinen Grundsätze in § 2 des Gesetzes über die Gemeinschaftsaufgabe ,,Verbesserung der Agrarstruktur und des Küstenschutzes" lautet z. B.: ,,Die Erfüllung der Gemeinschaftsaufgabe dient dazu, eine leistungsfähige, auf künftige Anforderungen ausgerichtete Land- und Forstwirtschaft zu gewährleisten, und deren Eingliederung in den Gemeinsamen Markt der Europäischen Gemeinschaften zu erleichtern sowie den Küstenschutz zu verbessern." Von weitaus größerem Gewicht sind die in den Vorschriften des jeweiligen § 1 der drei Gesetze vorgenommenen näheren Umschreibungen der Maßnahmen, die unter die Gemeinschaftsaufgabe fallen.

c) Die gemeinsame Rahmenplanung

Zielsetzung und Bindungswirkung

100 Die gemeinsame Rahmenplanung stellt das wesentliche Instrument des Zusammenwirkens von Bund und Ländern bei der maßnahmen- und zeitbestimmten Verwirklichung der Gemeinschaftsaufgaben dar. In dem Begriff der ,,Rahmenplanung" kommt zum Ausdruck, daß die erfaßten Aufgaben an sich Aufgaben der Länder sind und daß den Ländern, ungeachtet der Einrichtung der Gemeinschaftsaufgabe, ein selbständiger Bereich der Planung und Entscheidung verbleiben muß.

Die Gemeinschaftsaufgaben 101, 102 G

Die Verfassung legt nicht fest, welche **Rechtsform** die gemeinsame Rahmenplanung haben soll. Nach der gewählten Ausgestaltung der Gemeinschaftsaufgaben in Art. 91 a GG können die Rahmenpläne keinen normativen Charakter haben und auch nicht für sich allein Rechte und Pflichten einzelner hervorbringen. Entsprechend dem Planungsverfahren tritt jedoch eine **Bindung des Bundes und der Länder** ein. Die in Art. 91 a Abs. 3 GG genannten „Einrichtungen" für eine gemeinsame Rahmenplanung sind keine rechtsfähigen Planungsträger. Die Rahmenpläne haben der Sache nach den Charakter von Verwaltungsabkommen. Die Bereitstellung der Mittel bleibt der Feststellung in den **Haushaltsplänen** des Bundes und der Länder vorbehalten (Art. 91 a Abs. 4 Satz 4 GG). Das faktische Gewicht der erzielten Einigung ist für die Haushaltsgesetzgeber im Bund und in den Ländern ein kaum zu ignorierender politischer Sachverhalt.

Verfassungsrechtliche Grundlagen

Die Gesetze über die Gemeinschaftsaufgaben treffen Bestimmungen über das **101** Verfahren und über Einrichtungen für eine gemeinsame Rahmenplanung. Die Aufnahme eines Vorhabens in die Rahmenplanung bedarf der **Zustimmung des Landes,** in dessen Gebiet es durchgeführt wird. Die Bereitstellung der Mittel bleibt der Feststellung in den **Haushaltsplänen** des Bundes und der Länder vorbehalten (Art. 91 a Abs. 3 und Abs. 4 Satz 4 GG). Die Verantwortung der Länder für ihre in die Gemeinschaftsaufgaben einbezogenen Aufgaben bleibt somit erhalten (vgl. BVerfGE 39, 96/110). Die Länder sind auch nicht gehindert, sich der Erfüllung dieser Aufgaben anzunehmen, soweit nicht durch die Bundesgesetze nach Art. 91 a Abs. 2 GG und durch verbindliche Festlegungen im Wege der gemeinsamen Rahmenplanung eine Einschränkung der Verfügungsbefugnis erfolgt ist.

Gesetzliche Ausgestaltung

Die in Ausführung des Art. 91 a GG ergangenen Bundesgesetze haben als **102** Einrichtungen für die gemeinsame Rahmenplanung **Planungsausschüsse** errichtet, die von der Bundesregierung und von den Landesregierungen gebildet werden. In diesen Ausschüssen entspricht die Stimmenzahl des Bundes der Zahl aller Länder; jedes Land hat eine Stimme. Der Planungsausschuß beschließt mit einer Mehrheit von drei Vierteln der Stimmen. Die Gesetze legen außerdem den Planungszeitraum, den Inhalt des Rahmenplanes und das Verfahren der gemeinsamen Rahmenplanung fest. Die Durchführung des Rahmenplanes ist Aufgabe der Länder.
Die gemeinsame Rahmenplanung ist seither in den drei Gemeinschaftsaufgaben erfolgt. Sie wird entsprechend der vorgesehenen **Planungszeiträume** fortgeschrieben. Beispielsweise besteht für die Gemeinschaftsaufgabe „Verbesserung der regionalen Wirtschaftsstruktur" bereits der Vierzehnte Rahmenplan, der von dem zuständigen Planungsausschuß für regionale Wirtschaftsstruktur am 5. Juni 1985 verabschiedet worden ist (BTag Drucks. 10/3562). Aufgrund der Verordnung (EWG) Nr. 797/85 des Rates vom 12. März 1985 (Effizienz-VO) ist die Gemeinschaftsaufgabe „Verbesserung der Agrarstruk-

441

tur und des Küstenschutzes" neu zu gestalten (Bericht der BReg, BTag Drucks. 10/3813).

d) Die Finanzierung

Die Grundregel

103 Für den Ausbau und Neubau von Hochschulen einschließlich der Hochschulkliniken und für die Verbesserung der regionalen Wirtschaftsstruktur ist durch das Grundgesetz selbst festgelegt, daß der Bund **die Hälfte** der Ausgaben in jedem Lande trägt. Für die Verbesserung der Agrarstruktur und des Küstenschutzes trägt der Bund **mindestens die Hälfte**; hier besteht also ein Spielraum der planerischen Entscheidung, der nur daran gebunden ist, daß die Beteiligung für alle Länder einheitlich festzusetzen ist (Art. 91a Abs. 4 GG).
I RNr. 76.

Gesetzliche Ausgestaltung

104 Ein Spielraum des Gesetzgebers für die Anteile des Bundes und der Länder an der Finanzierung der Gemeinschaftsaufgaben besteht nur bei der Gemeinschaftsaufgabe „**Verbesserung der Agrarstruktur und des Küstenschutzes**". Nach § 10 des Ausführungsgesetzes erstattet der Bund jedem Land die ihm in Durchführung des Rahmenplanes entstandenen Ausgaben in Höhe von 60 v. Hundert, mit Ausnahme der Maßnahmen des Küstenschutzes. Bei Maßnahmen des Küstenschutzes, nämlich zur Erhöhung der Sicherheit an den Küsten der Nord- und Ostsee sowie an den fließenden oberirdischen Gewässern im Tidegebiet gegen Sturmfluten, erstattet der Bund 70 v. Hundert der Ausgaben.

Bereitstellung der Mittel

105 Der Planungsausschuß leitet den Rahmenplan für die einzelnen Gemeinschaftsaufgaben der Bundesregierung und den Landesregierungen zu. Nach den Ausführungsgesetzen sind die **Bundesregierung** und die **Landesregierungen** verpflichtet, die für die Durchführung des Rahmenplanes im nächsten Jahr erforderlichen Ansätze in ihre Entwürfe der Haushaltspläne aufzunehmen. Die **Volksvertretungen**, denen das Budgetrecht zusteht, werden dadurch rechtlich nicht gebunden. Die Respektierung des **parlamentarischen Budgetrechts** wird in Art. 91a Abs. 4 Satz 4 GG mit der ausdrücklichen Bestimmung bekräftigt, daß die Bereitstellung der Mittel für die Durchführung der gemeinsamen Rahmenpläne der Feststellung in den Haushaltsplänen des Bundes und der Länder vorbehalten bleibt. Da ungeachtet dessen die politische Präjudizierung der Budgetgesetzgeber durch die von den Exekutiven des Bundes und der Länder vereinbarten gemeinsamen Rahmenpläne nicht ausgeschlossen werden kann, gehen die Bestrebungen dahin, die Landtage möglichst frühzeitig über die beabsichtigten Anmeldungen der Landesregierungen zu den Rahmenplänen zu informieren. Dies ebenso wie der verfassungsrechtliche Budgetvorbehalt ändern nichts daran, daß Planungssubjekte im Rahmen der Gemeinschaftsaufgaben die Bundesregierung und die Landesregierungen sind.

H. Rechtsprechung

IX. Die Rechtsprechung

Art. 92

Die rechtsprechende Gewalt ist den Richtern anvertraut; sie wird durch das Bundesverfassungsgericht, durch die in diesem Grundgesetze vorgesehenen Bundesgerichte und durch die Gerichte der Länder ausgeübt.

Art. 93

(1) Das Bundesverfassungsgericht entscheidet:

1. über die Auslegung dieses Grundgesetzes aus Anlaß von Streitigkeiten über den Umfang der Rechte und Pflichten eines obersten Bundesorgans oder anderer Beteiligter, die durch dieses Grundgesetz oder in der Geschäftsordnung eines obersten Bundesorgans mit eigenen Rechten ausgestattet sind;
2. bei Meinungsverschiedenheiten oder Zweifeln über die förmliche und sachliche Vereinbarkeit von Bundesrecht oder Landesrecht mit diesem Grundgesetz oder die Vereinbarkeit von Landesrecht mit sonstigem Bundesrechte auf Antrag der Bundesregierung, einer Landesregierung oder eines Drittels der Mitglieder des Bundestages;
3. bei Meinungsverschiedenheiten über Rechte und Pflichten des Bundes und der Länder, insbesondere bei der Ausführung von Bundesrecht durch die Länder und bei der Ausübung der Bundesaufsicht;
4. in anderen öffentlich-rechtlichen Streitigkeiten zwischen dem Bunde und den Ländern, zwischen verschiedenen Ländern oder innerhalb eines Landes, soweit nicht ein anderer Rechtsweg gegeben ist;
4 a. über Verfassungsbeschwerden, die von jedermann mit der Behauptung erhoben werden können, durch die öffentliche Gewalt in einem seiner Grundrechte oder in einem seiner in Artikel 20 Abs. 4, 33, 38, 101, 103 und 104 enthaltenen Rechte verletzt zu sein;
4 b. über Verfassungsbeschwerden von Gemeinden und Gemeindeverbänden wegen Verletzung des Rechts auf Selbstverwaltung nach Artikel 28 durch ein Gesetz, bei Landesgesetzen jedoch nur, soweit nicht Beschwerde beim Landesverfassungsgericht erhoben werden kann;
5. in den übrigen in diesem Grundgesetz vorgesehenen Fällen.

(2) Das Bundesverfassungsgericht wird ferner in den ihm sonst durch Bundesgesetz zugewiesenen Fällen tätig.

Art. 94

(1) Das Bundesverfassungsgericht besteht aus Bundesrichtern und anderen Mitgliedern. Die Mitglieder des Bundesverfassungsgerichtes werden je zur Hälfte vom Bundestage und vom Bundesrate gewählt. Sie dürfen weder dem Bundestage, dem Bundesrate, der Bundesregierung noch entsprechenden Organen eines Landes angehören.

(2) Ein Bundesgesetz regelt seine Verfassung und das Verfahren und bestimmt, in welchen Fällen seine Entscheidungen Gesetzeskraft haben. Es kann für Verfas-

sungsbeschwerden die vorherige Erschöpfung des Rechtsweges zur Voraussetzung machen und ein besonderes Annahmeverfahren vorsehen.

Art. 95

(1) Für die Gebiete der ordentlichen, der Verwaltungs-, der Finanz-, der Arbeits- und der Sozialgerichtsbarkeit errichtet der Bund als oberste Gerichtshöfe den Bundesgerichtshof, das Bundesverwaltungsgericht, den Bundesfinanzhof, das Bundesarbeitsgericht und das Bundessozialgericht.

(2) Über die Berufung der Richter dieser Gerichte entscheidet der für das jeweilige Sachgebiet zuständige Bundesminister gemeinsam mit einem Richterwahlausschuß, der aus den für das jeweilige Sachgebiet zuständigen Ministern der Länder und einer gleichen Anzahl von Mitgliedern besteht, die vom Bundestage gewählt werden.

(3) Zur Wahrung der Einheitlichkeit der Rechtsprechung ist ein Gemeinsamer Senat der in Absatz 1 genannten Gerichte zu bilden. Das Nähere regelt ein Bundesgesetz.

Art. 96

(1) Der Bund kann für Angelegenheiten des gewerblichen Rechtsschutzes ein Bundesgericht errichten.

(2) Der Bund kann Wehrstrafgerichte für die Streitkräfte als Bundesgerichte errichten. Sie können die Strafgerichtsbarkeit nur im Verteidigungsfalle sowie über Angehörige der Streitkräfte ausüben, die in das Ausland entsandt oder an Bord von Kriegsschiffen eingeschifft sind. Das Nähere regelt ein Bundesgesetz. Diese Gerichte gehören zum Geschäftsbereich des Bundesjustizministers. Ihre hauptamtlichen Richter müssen die Befähigung zum Richteramt haben.

(3) Oberster Gerichtshof für die in Absatz 1 und 2 genannten Gerichte ist der Bundesgerichtshof.

(4) Der Bund kann für Personen, die zu ihm in einem öffentlich-rechtlichen Dienstverhältnis stehen, Bundesgerichte zur Entscheidung in Disziplinarverfahren und Beschwerdeverfahren errichten.

(5) Für Strafverfahren auf den Gebieten des Artikels 26 Abs. 1 und des Staatsschutzes kann ein Bundesgesetz mit Zustimmung des Bundesrates vorsehen, daß Gerichte der Länder Gerichtsbarkeit des Bundes ausüben.

Art. 97

(1) Die Richter sind unabhängig und nur dem Gesetze unterworfen.

(2) Die hauptamtlich und planmäßig endgültig angestellten Richter können wider ihren Willen nur kraft richterlicher Entscheidung und nur aus Gründen und unter den Formen, welche die Gesetze bestimmen, vor Ablauf ihrer Amtszeit entlassen oder dauernd oder zeitweise ihres Amtes enthoben oder an eine andere Stelle oder in den Ruhestand versetzt werden. Die Gesetzgebung kann Altersgrenzen festsetzen, bei derern Erreichung auf Lebenszeit angestellte Richter in den Ruhestand treten. Bei Veränderung der Einrichtung der Gerichte oder ihrer Bezirke können Richter an ein anderes Gericht versetzt oder aus dem Amte entfernt werden, jedoch nur unter Belassung des vollen Gehaltes.

Art. 98

(1) Die Rechtsstellung der Bundesrichter ist durch besonderes Bundesgesetz zu regeln.

Rechtsprechung H

(2) Wenn ein Bundesrichter im Amte oder außerhalb des Amtes gegen die Grundsätze des Grundgesetzes oder gegen die verfassungsmäßige Ordnung eines Landes verstößt, so kann das Bundesverfassungsgericht mit Zweidrittelmehrheit auf Antrag des Bundestages anordnen, daß der Richter in ein anderes Amt oder in den Ruhestand zu versetzen ist. Im Falle eines vorsätzlichen Verstoßes kann auf Entlassung erkannt werden.

(3) Die Rechtsstellung der Richter in den Ländern ist durch besondere Landesgesetze zu regeln. Der Bund kann Rahmenvorschriften erlassen, soweit Artikel 74 a Abs. 4 nichts anderes bestimmt.

(4) Die Länder können bestimmen, daß über die Anstellung der Richter in den Ländern der Landesjustizminister gemeinsam mit einem Richterwahlausschuß entscheidet.

(5) Die Länder können für Landesrichter eine Absatz 2 entsprechende Regelung treffen. Geltendes Landesverfassungsrecht bleibt unberührt. Die Entscheidung über eine Richteranklage steht dem Bundesverfassungsgericht zu.

Art. 99

Dem Bundesverfassungsgerichte kann durch Landesgesetz die Entscheidung von Verfassungsstreitigkeiten innerhalb eines Landes, den in Artikel 95 Abs. 1 genannten obersten Gerichtshöfen für den letzten Rechtszug die Entscheidung in solchen Sachen zugewiesen werden, bei denen es sich um die Anwendung von Landesrecht handelt.

Art. 100

(1) Hält ein Gericht ein Gesetz, auf dessen Gültigkeit es bei der Entscheidung ankommt, für verfassungswidrig, so ist das Verfahren auszusetzen und, wenn es sich um die Verletzung der Verfassung eines Landes handelt, die Entscheidung des für Verfassungsstreitigkeiten zuständigen Gerichtes des Landes, wenn es sich um die Verletzung dieses Grundgesetzes handelt, die Entscheidung des Bundesverfassungsgerichtes einzuholen. Dies gilt auch, wenn es sich um die Verletzung dieses Grundgesetzes durch Landesrecht oder um die Unvereinbarkeit eines Landesgesetzes mit einem Bundesgesetze handelt.

(2) Ist in einem Rechtsstreite zweifelhaft, ob eine Regel des Völkerrechtes Bestandteil des Bundesrechtes ist und ob sie unmittelbar Rechte und Pflichten für den Einzelnen erzeugt (Artikel 25), so hat das Gericht die Entscheidung des Bundesverfassungsgerichtes einzuholen.

(3) Will das Verfassungsgericht eines Landes bei der Auslegung des Grundgesetzes von einer Entscheidung des Bundesverfassungsgerichtes oder des Verfassungsgerichtes eines anderen Landes abweichen, so hat das Verfassungsgericht die Entscheidung des Bundesverfassungsgerichtes einzuholen.

Art. 101

(1) Ausnahmegerichte sind unzulässig. Niemand darf seinem gesetzlichen Richter entzogen werden.

(2) Gerichte für besondere Sachgebiete können nur durch Gesetz errichtet werden.

Art. 102

Die Todesstrafe ist abgeschafft.

H Rechtsprechung

Art. 103

(1) Vor Gericht hat jedermann Anspruch auf rechtliches Gehör.

(2) Eine Tat kann nur bestraft werden, wenn die Strafbarkeit gesetzlich bestimmt war, bevor die Tat begangen wurde.

(3) Niemand darf wegen derselben Tat auf Grund der allgemeinen Strafgesetze mehrmals bestraft werden.

Art. 104

(1) Die Freiheit der Person kann nur auf Grund eines förmlichen Gesetzes und nur unter Beachtung der darin vorgeschriebenen Formen beschränkt werden. Festgehaltene Personen dürfen weder seelisch noch körperlich mißhandelt werden.

(2) Über die Zulässigkeit und Fortdauer einer Freiheitsentziehung hat nur der Richter zu entscheiden. Bei jeder nicht auf richterlicher Anordnung beruhenden Freiheitsentziehung ist unverzüglich eine richterliche Entscheidung herbeizuführen. Die Polizei darf aus eigener Machtvollkommenheit niemanden länger als bis zum Ende des Tages nach dem Ergreifen in eigenem Gewahrsam halten. Das Nähere ist gesetzlich zu regeln.

(3) Jeder wegen des Verdachtes einer strafbaren Handlung vorläufig Festgenommene ist spätestens am Tage nach der Festnahme dem Richter vorzuführen, der ihm die Gründe der Festnahme mitzuteilen, ihn zu vernehmen und ihm Gelegenheit zu Einwendungen zu geben hat. Der Richter hat unverzüglich entweder einen mit Gründen versehenen schriftlichen Haftbefehl zu erlassen oder die Freilassung anzuordnen.

(4) Von jeder richterlichen Entscheidung über die Anordnung oder Fortdauer einer Freiheitsentziehung ist unverzüglich ein Angehöriger des Festgehaltenen oder eine Person seines Vertrauens zu benachrichtigen.

Gliederungsübersicht

	RNr.
1. Die rechtsprechende Gewalt ist den Richtern anvertraut	
a) Rechtsprechung	
Die „Dritte Gewalt"	1
Rechtsprechung im formellen und im materiellen Sinn	2
Gerichtliche Streitentscheidung	3
b) Gericht	
Organisation der rechtsprechenden Gewalt	4
Die Rechtsprechung ist staatlichen Gerichten vorbehalten	5
Gerichtszweige, Rechtswege	6
Schiedsgerichtsbarkeit	7
c) Richter	
Rechtsstellung	8
Deutsches Richtergesetz und Landesrichtergesetz	9
Richterwahl	10
Die Unabhängigkeit der Richter	11

	RNr.
2. Die rechtsprechende Gewalt wird durch das Bundesverfassungsgericht, durch die Bundesgerichte und durch die Gerichte der Länder ausgeübt	
a) Justizhoheit im Bundesstaat	
Die Verteilung der Gesetzgebungskompetenzen	12
Die Verteilung der Rechtsprechungsaufgaben	13
Gerichte des Bundes und Gerichte der Länder	14
b) Die obersten Gerichtshöfe des Bundes	
Gerichtsbarkeiten	15
Der Gemeinsame Senat der obersten Gerichtshöfe des Bundes	16
Wahrung der Rechtseinheit	17
Berufung der Richter	18

Rechtsprechung H

3. Die Garantien eines rechtsstaatlichen Verfahrens

	RNr.
a) Der Vorbehalt gerichtlicher Entscheidung	
Streiterledigung durch Rechtsprechung	19
Strafsanktion durch Gericht	20
Freiheitsentziehung (Habeas Corpus)	21
Rechtsschutz	22
b) Der gesetzliche Richter	
Das Grundrecht	23
Verbot von Ausnahmegerichten	24
c) Der Anspruch auf rechtliches Gehör	
Das Grundrecht	25
Die gebotene Gewährung des rechtlichen Gehörs	26
d) Rechtsschutz gegen die öffentliche Gewalt	
Das Grundrecht	27
Die verwaltungsgerichtliche Generalklausel	28
e) Die freie Advokatur	
Rechtsberatung und Rechtsanwalt	29
Prozeßvertretung	30

4. Rechtsprechung und Rechtsgang

a) Streiterledigung durch gerichtliche Entscheidung	
Der Prozeß	31
Prozeßrecht und Verfassung	32
Das rechtsstaatliche Gebot eines „fairen Verfahrens"	33
Streitentscheidung in angemessener Frist	34
b) Grenzen der Strafgewalt	
Strafzwecke	35
Das Schuldprinzip	36
Keine Strafe ohne Gesetz	37
Ne bis in idem	38
Die Todesstrafe ist abgeschafft	39
Der Strafprozeß	40
Die Funktionsfähigkeit der Strafrechtspflege	41
Das Verwaltungsunrecht	42

5. Die Verfassungsgerichtsbarkeit

	RNr.
a) Das Bundesverfassungsgericht	
Die Zusammensetzung des Gerichts	43
Die Berufung der Richter	44
Die Organisation des Gerichts	45
Das Bundesverfassungsgerichtsgesetz	46
Die Geschäftsordnung des Bundesverfassungsgerichts	47
b) Die Zuständigkeiten des Bundesverfassungsgerichts	
Zuständigkeitszuweisung durch Verfassung und durch Gesetz	48
Staatsgerichtsbarkeit und Verfassungsgerichtsbarkeit	49
Die Bund-Länder-Streitigkeit	50
Die Organstreitigkeit	51
Die Normenkontrolle	52
Die Verfassungsbeschwerde	53
c) Verfassungsprozeßrecht	
Anrufung des Gerichts	54
Verfahrensgrundsätze	55
Mündliche Verhandlung	56
Die Entscheidung	57
Wirkung der Entscheidung	58
Vollstreckung	59
Die einstweilige Anordnung	60
d) Verfassungsgerichtsbarkeit in den Ländern	
Landesverfassungsgerichte	61
Maßstabsbeschränktheit der Landesverfassungsgerichte	62
Das Bundesverfassungsgericht als Landesverfassungsgericht	63
e) Verfassungsgerichtsbarkeit und Politik	
Bundesverfassungsgericht – Gericht und Verfassungsorgan	64
Politische Gestaltung und richterliche Streitentscheidung	65
Funktionelle Grenzen der Verfassungsgerichtsbarkeit	66
Der „Hüter der Verfassung"	67

1. Die rechtsprechende Gewalt ist den Richtern anvertraut

a) Rechtsprechung

Die „Dritte Gewalt"

1 Die Rechtsprechung ist in der gewaltenteilenden Ordnung der Staatsgewalt die „Dritte Gewalt". Sie ist den Richtern anvertraut und wird durch die Gerichte des Bundes und der Länder ausgeübt (Art. 92 GG). Die Rechtsprechung ist an Gesetz und Recht gebunden (Art. 20 Abs. 3 GG). Das Grundgesetz hat der richterlichen Gewalt, der die Wahrung des Rechts, die Entscheidung von Streitfällen und der Schutz der Rechte und Freiheiten obliegt, ein ungewöhnliches Gewicht gegeben. Das gilt in erster Linie für den Rechtsschutz gegenüber der öffentlichen Gewalt (siehe Art. 19 Abs. 4 GG). Auch die gesetzgebende Gewalt unterliegt in Rücksicht auf ihre Bindung an die Verfassung der gerichtsförmigen Kontrolle in Gestalt des richterlichen Prüfungsrechts und der Verfassungsgerichtsbarkeit (Art. 20 Abs. 3, 93, 100 Abs. 1 GG).

R. BERNHARDT, Die Stellung oberster Gerichte im Staat, ZaöR 26, 1966, S. 269.

Rechtsprechung im formellen und im materiellen Sinn

2 In einem **formellen,** an die organisatorische Erscheinung des Gerichtswesens anknüpfenden Sinn, kann man als „Rechtsprechung" alle Verfahren und Entscheidungsaufgaben bezeichnen, die das Gesetz den **Gerichten** zugewiesen hat.
Mit diesem Begriff läßt sich wenig anfangen; denn das Gewaltenteilungsprinzip, aufgrund dessen die Rechtsprechung den Richtern anvertraut ist, setzt einen **materiellen** Begriff der Rechtsprechung voraus. Der Gesetzgeber darf die der richterlichen Entscheidung zukommenden **Rechtsprechungsaufgaben** nicht beliebig definieren und darf insbes. nicht Materien, die der Sache nach „Rechtsprechung" sind, richterlicher Erledigung entziehen.
Die Rechtsprechung dient der Wahrung und Durchsetzung des Rechts; sie ist die Entscheidung darüber, was im Streitfall rechtens ist, durch einen neutralen Dritten und in Form eines verselbständigten Ausspruchs, der für die am Streitverhältnis Beteiligten maßgeblich ist. Dem Gegenstand nach, „materiell" gehören die Entscheidung bürgerlicher Rechtsstreitigkeiten, die Ausübung der Strafgerichtsbarkeit und der gerichtliche Rechtsschutz gegenüber der öffentlichen Verwaltung zur Rechtsprechung, wie sie die Verfassung voraussetzt.

E. FRIESENHAHN, Über Begriff und Arten der Rechtsprechung, in: Festschrift für Richard Thoma, 1950, S. 21.

Gerichtliche Streitentscheidung

3 Die **Rechtsprechungsaufgaben,** die nach der Verfassung und den Gesetzen den Gerichten zukommen, sind sehr vielgestaltig. Stets jedoch, mag es sich

um die Entscheidung von Streitfällen handeln – was der Kernbereich der überkommenen Erscheinung richterlicher Tätigkeit ist – oder um die Ausübung der staatlichen Strafgewalt oder um die autoritative Bestimmung von Rechtsfolgen, wie in der Freiwilligen Gerichtsbarkeit oder in manchen Bereichen der Verfassungsgerichtsbarkeit, soll die Zuweisung einer bestimmten Entscheidungsaufgabe an das Gericht zu einer endgültigen und für die Betroffenen maßgeblichen Entscheidung führen. Ein kennzeichnendes Merkmal der Wahrung des Rechts durch die Gerichte ist die Wiederherstellung des **Rechtsfriedens** durch eine für die Zukunft maßgebliche Entscheidung. Die allgemeine Zielsetzung der Rechtsprechungsaufgaben der Gerichte wird prozeßrechtlich durch das Rechtsinstitut der **Rechtskraft** erreicht. Eine gerichtliche Entscheidung ist formell rechtskräftig, wenn sie nicht mehr mit den regulären, durch das Gesetz vorgesehenen Rechtsbehelfen angegriffen werden kann. Rechtskräftige Entscheidungen binden die Beteiligten und ihre Rechtsnachfolger so weit, als über den Streitgegenstand entschieden worden ist; das ist die als materielle Rechtskraft bezeichnete Wirkung unanfechtbarer Gerichtsentscheidungen.

Sinn der Rechtskraft ist es, die Wiederholung desselben Streites zwischen denselben Parteien und widersprechende Entscheidungen in derselben Streitsache zu verhindern. Durch die Maßgeblichkeit und Rechtsbeständigkeit des Inhalts der Entscheidung über den Streitgegenstand für die Beteiligten und die Bindung der öffentlichen Gewalt an die Entscheidung soll die Rechtslage verbindlich geklärt und damit dem Rechtsfrieden zwischen den Beteiligten gedient werden. Insbes. soll den Beteiligten ermöglicht werden, ihr Verhalten gemäß dieser Rechtslage einzurichten. Wer in dem Rechtsstreit obsiegt hat, gewinnt in Gestalt der richterlichen Entscheidung ggf. einen Titel für die zwangsweise Durchsetzung seines Rechts.

b) Gericht

Organisation der rechtsprechenden Gewalt

Das staatliche Organ, das die Aufgaben der Rechtsprechung wahrnimmt, ist **4** das „**Gericht**". Dem bundesstaatlichen Aufbau entsprechend gibt es Gerichte des „**Bundes**" und der „**Länder**". Durch die Verfassung selbst (sh. Art. 92, 95, 96 GG) und durch die Gesetze sind die Gerichte in verschiedenen Gerichtszweigen oder **Gerichtsbarkeiten** organisiert.

Abgesehen von bestimmten Entscheidungsaufgaben der Amtsgerichte in Zivil- und Strafsachen sind die Gerichte Kollegialorgane, d. h. sie bestehen aus Spruchkörpern, die mit einer gesetzlich festgelegten Zahl von Richtern besetzt sind. Gerichte sind demnach mit einer Rechtsprechungsaufgabe betraute Organe des Bundes, der Länder oder öffentlich-rechtlicher Körperschaften, die im Rahmen der ihnen gesetzlich zugewiesenen Zuständigkeit durch unabhängige Richter handeln (Art. 92, 97 Abs. 1 GG).

Die Rechtsprechung ist staatlichen Gerichten vorbehalten

Die Rechtsprechung ist ebenso wie die Gesetzgebung und die Ausübung der **5** vollziehenden Gewalt eine Aufgabe des **Staates**. Ein wesentlicher Zug im

H 6 Rechtsprechung

Erscheinungsbild des modernen Staates, wie er sich seit dem Absolutismus und bis gegen Ende des 19. Jahrhunderts ausgebildet hat, ist die Konzentration der Rechtsprechungsaufgaben in der Hand staatlicher Gerichte, besetzt mit einer professionellen und unabhängigen Richterschaft. Dies bedeutet die Überwindung der ständischen und der grundherrschaftlichen Gerichtsbarkeit. Diese Entwicklung ist in Deutschland erst mit den Reichsjustizgesetzen endgültig zum Abschluß gekommen.

Daß die Rechtsprechung den – in staatlich geordneten und gewährleisteten Gerichten tätigen – Richtern anvertraut ist, bedeutet eine ausschlaggebende Garantie des modernen **Rechtsstaates**. Nur so ist eine Rechtsprechung ohne Ansehen der Person zu erwarten und auch die praktische Voraussetzung der richterlichen Unabhängigkeit zu sichern.

Der verfassungsrechtliche Vorbehalt der Rechtsprechung in der Hand der Richter schließt also die Gewährleistung staatlicher Gerichtsbarkeit für die Rechtsprechungsaufgaben ein. Dementsprechend waren die kommunalen „Friedensgerichte" in Baden-Württemberg verfassungswidrig (BVerfGE 10, 200). **Berufsständische** Gerichte von Kammern freier Berufe zur Wahrung des Standesrechtes sind nur zulässig, wenn sie – wie z. B. die Ehrengerichte für Rechtsanwälte nach §§ 92 ff. BRAO – den Anforderungen genügen, die das Grundgesetz an staatliche Gerichte stellt. Dazu gehören eine gesicherte personelle Bindung an den Staat, eine hinreichende organisatorische und personelle Trennung von den Verwaltungsbehörden und eine gesicherte Unabhängigkeit und Neutralität der Richter (BVerfGE 48, 300).

Gerichtszweige, Rechtswege

6 Die rechtsprechende Gewalt wird durch das Bundesverfassungsgericht, durch die in dem Grundgesetz vorgesehenen Bundesgerichte und durch die Gerichte der Länder ausgeübt. Als Gerichtszweige erscheinen dementsprechend die Verfassungsgerichtsbarkeit im Bund und in den Ländern und dann zuerst die ordentliche Gerichtsbarkeit zur Behandlung der Zivil- und Strafsachen, die Verwaltungsgerichtsbarkeit, die Finanzgerichtsbarkeit, die Arbeitsgerichtsbarkeit und die Sozialgerichtsbarkeit (Art. 95 Abs. 1 GG). Neben diesen Gerichtszweigen spricht das Grundgesetz von den Angelegenheiten des gewerblichen Rechtsschutzes (Bundespatentgericht), der Wehrstrafgerichtsbarkeit, der Entscheidung in Disziplinarverfahren für Personen, die in einem öffentlich-rechtlichen Dienstverhältnis stehen (Art. 96 GG). Die von den verschiedenen Gerichtszweigen eröffneten Möglichkeiten, Recht zu suchen und gerichtliche Entscheidungen herbeizuführen, werden als „**Rechtswege**" bezeichnet. Dementsprechend gibt es insbes. den ordentlichen Rechtsweg und den Rechtsweg zu den Arbeits-, Verwaltungs-, Finanz- und Sozialgerichten. Die jeweils einschlägigen Verfahrensgesetze legen fest, unter welchen Voraussetzungen ein bestimmter Rechtsweg beschritten werden kann. So ist beispielsweise der Rechtsweg zu den ordentlichen Gerichten in allen bürgerlichen Rechtsstreitigkeiten eröffnet, soweit nicht etwas anderes bestimmt ist (§ 13 GVG).

Schiedsgerichtsbarkeit

Die Existenz der staatlichen oder staatlich geordneten Gerichte, denen die 7
Rechtsprechungsaufgaben vorbehalten sind, schließt nicht aus, daß die einzelnen Rechtsunterworfenen, soweit ihre Vertragsfreiheit reicht, durch **Vereinbarung** die Erledigung bestimmter Streitfälle einer Schiedsgerichtsbarkeit zuweisen. Soweit eine wirksame Schiedsabrede besteht, können die durch diese Vereinbarung Verpflichteten die staatlichen Gerichte nicht anrufen. Die Vollstreckbarkeit eines **Schiedsspruchs** setzt allerdings voraus, daß das zuständige staatliche Gericht eine Vollstreckbarkeitserklärung ausspricht; im Hinblick darauf wird der Schiedsspruch einer begrenzten Überprüfung unterworfen (BGHZ 68, 356). Im Bereich der bürgerlichen Rechtsstreitigkeiten trifft das Zivilprozeßrecht eine nähere Regelung der Schiedsgerichtsbarkeit (§§ 1025 ff. ZPO). Eine Schiedsabrede ist jedoch auch im Bereich der öffentlich-rechtlichen Rechtsstreitigkeiten möglich, soweit das Gesetz nicht eine zwingende Regelung enthält.

K. H. Schwab, Schiedsgerichtsbarkeit, 3. Aufl., 1979; R. Stober, Staatsgerichtsbarkeit und Schiedsgerichtsbarkeit, NJW 1979, 2001.

c) Richter

Rechtsstellung

Die Richter sind unabhängig und nur dem Gesetz unterworfen (Art. 97 GG). 8
Die Rechtsstellung der **Bundesrichter** ist durch besonderes Bundesgesetz, diejenige der Richter in den **Ländern** durch besondere Landesgesetze zu regeln; der Bund kann für die Richter in den Ländern Rahmenvorschriften erlassen (Art. 98 GG). Das **Deutsche Richtergesetz** in der Fass. d. Bek. vom 19. April 1972 (BGBl. I S. 713), zuletzt geänd. durch Gesetz vom 25. Juli 1984 (BGBl. I S. 995) regelt die Rechtsstellung der Bundesrichter und ist weiter eine Regelung von Rahmenvorschriften für die Richter in den Ländern. Unabdingbare Voraussetzung für die Ernennung von Richtern im Bund oder in den Ländern ist, daß der Bewerber die **Befähigung zum Richteramt** erworben hat, wofür im Regelfall ein rechtswissenschaftliches Studium an einer deutschen juristischen Fakultät, das Bestehen der ersten juristischen Staatsprüfung, das Durchlaufen eines Vorbereitungsdienstes (Referendardienstes) und das Bestehen der zweiten juristischen Staatsprüfung (Assessorexamen) Voraussetzung ist (§§ 5 ff. DRiG).
Die Richter sind, wenn auch mit einem sehr modifizierten Status, Beamte, die in einem öffentlich-rechtlichen Dienst- und Treueverhältnis zu ihrem Dienstherrn stehen. Dementsprechend gilt die verfassungsrechtliche Garantie des Art. 33 Abs. 5 GG, wonach das Recht des öffentlichen Dienstes unter Berücksichtigung der hergebrachten Grundsätze des Berufsbeamtentums zu regeln ist, auch für das **Richterbeamtenrecht** (vgl. BVerfGE 26, 93; 38, 1; 56, 146).
Das Grundgesetz hat die neuartige Erscheinung einer **Richteranklage** eingeführt, sowohl für Bundesrichter, wie für Landesrichter, sofern das Landes-

recht dies bestimmt (Art. 98 Abs. 2 und 5 GG). Die Entscheidung ist dem Bundesverfassungsgericht, auch bei Richteranklagen gegen Landesrichter, vorbehalten (§§ 13 Nr. 9, 58 ff. BVerfGG). Diese Möglichkeit hat bisher keine praktische Anwendung gefunden.
Die Vorschriften über das Richterbeamtenrecht gelten für **Berufsrichter**. Daneben können jedoch Richter im Sinne des Grundgesetzes auch ehrenamtliche „**Laienrichter**" sein. Die Einrichtung des Laienrichters spielt in allen Gerichtsbarkeiten eine bedeutende Rolle. Die Gründe dafür, einen gerichtlichen Spruchkörper mit Berufsrichtern und Laienrichtern zu besetzen, sind in den verschiedenen Gerichtsbarkeiten unterschiedlich. Der Gedanke, den besonderen Sachverstand bestimmter Berufsgruppen für die Rechtsprechung dienstbar zu machen, wie im Falle der Kammern für Handelssachen bei den Landgerichten, ist sonst nicht ausschlaggebend. Bei den Strafgerichten und den Verwaltungsgerichten wird die Verbindung mit der Lebenserfahrung und Praxis für wesentlich angesehen, die dem Laienrichter in höherem Maße zukommen mag als dem Berufsrichter, es spielt außerdem jedoch der allgemeine Gedanke einer zusätzlichen Legitimation der Rechtsprechung nach demokratischen Grundsätzen eine Rolle. Bei den Arbeitsgerichten tritt demgegenüber das Prinzip in den Vordergrund, den Koalitionen, die die soziale Selbstverwaltung des Arbeitslebens beherrschen, eine Mitwirkung auch bei der Rechtsprechung zuzugestehen. In allen Fällen haben die Laienrichter in den kollegialen Spruchkörpern der verschiedenen Gerichtsbarkeiten dieselbe Stimme wie die Berufsrichter und auch ebenso wie diese den Schutz der richterlichen Unabhängigkeit.

Deutsches Richtergesetz und Landesrichtergesetz

9 Die nähere Regelung der Rechtsstellung der Richter findet sich zunächst im Deutschen Richtergesetz in der Fass. d. Bek. vom 19. April 1972 (BGBl. I S. 713), zuletzt geänd. durch Gesetz vom 25. Juli 1984 (BGBl. I S. 995). Dieses Gesetz enthält Vorschriften, die für die Richter im Bund und in den Ländern gleichermaßen gelten. Soweit es sich um die Richter in den Ländern handelt, enthält das Deutsche Richtergesetz Rahmenvorschriften (Art. 98 Abs. 3 GG). Insoweit gilt zusätzlich das jeweilige Richtergesetz des Landes.

G. SCHMIDT-RÄNTSCH, Deutsches Richtergesetz, 3. Aufl., 1983.

Richterwahl

10 Die Richter der verschiedenen Gerichtsbarkeiten werden im Regelfall durch die von dem zuständigen Minister auszusprechende **Ernennung** in ihr richterliches Amt berufen. Die ordentlichen Gerichte beispielsweise gehören zum Ressort des jeweiligen Justizministers des Landes. Abweichend davon sehen die Verfassung oder das Gesetz in bestimmtem Umfange eine Richterwahl vor, d. h. eine Berufung in das Richteramt, die nicht allein von der Entscheidung des zuständigen Ministers abhängt.
Eine Richterwahl findet für die **Verfassungsgerichte** im Bund und in den Ländern statt. Die Mitglieder des Bundesverfassungsgerichts beispielsweise werden je zur Hälfte vom Bundestag und vom Bundesrat gewählt (Art. 94 Abs. 1 GG).

Rechtsprechende Gewalt und Richter 11 H

Über die Berufung der Richter der **obersten Gerichtshöfe des Bundes** entscheidet der für das jeweilige Sachgebiet zuständige Bundesminister gemeinsam mit einem Richterwahlausschuß, der aus den für das jeweilige Sachgebiet zuständigen Ministern der Länder und einer gleichen Anzahl von Mitgliedern besteht, die vom Bundestag gewählt werden (Art. 95 Abs. 2 GG). Die Zusammensetzung und das Verfahren des Richterwahlausschusses ist durch das **Richterwahlgesetz** vom 25. Aug. 1950 (BGBl. I S. 368), zuletzt geänd. durch Gesetz vom 30. Juli 1968 (BGBl. I S. 873), geregelt. E RNr. 48.
Für die Richter in den **Ländern** sieht Art. 98 Abs. 4 GG vor, daß die Länder bestimmen können, daß über die Anstellung der Richter in den Ländern der Landesjustizminister gemeinsam mit einem Richterwahlausschuß entscheidet. Diese Vorschrift wird so verstanden werden müssen, daß das Bundesverfassungsrecht das Ausmaß abschließend festlegt, in dem eine Mitwirkung eines Richterwahlausschusses bei der Anstellung von Richtern in den Ländern zulässig ist. Es muß danach angenommen werden, daß kein Richter in einem Land gegen den Willen des parlamentarisch verantwortlichen Landesjustizministers oder sonst nach dem Sachbereich zuständigen Landesministers berufen werden darf (vgl. BVerwG DVBl. 1985, 452). Die Länder haben von der genannten Klausel in unterschiedlicher Weise Gebrauch gemacht, mit der weitgehendsten Zurückdrängung der Exekutive die Freie und Hansestadt Hamburg und die Freie Hansestadt Bremen. Die unabdingbare Entscheidungsvollmacht des parlamentarisch verantwortlichen Ministers ist die Garantie für eine rechtsstaatliche Personalpolitik im Bereich der Rechtsprechung.

E.-W. BÖCKENFÖRDE, Verfassungsfragen der Richterwahl, 1974.

Die Unabhängigkeit der Richter

Die Richter sind unabhängig und nur dem Gesetz unterworfen (Art. 97 11
Abs. 1 GG; §§ 25 ff. DRiG). Die Unabhängigkeit der Richter ist eine unverzichtbare Voraussetzung für die Unparteilichkeit und Unbestechlichkeit der richterlichen Rechtsfindung. Das Gerichtsverfassungsrecht und das Richterbeamtenrecht enthalten die erforderlichen Garantien für die Sicherung der Unabhängigkeit der Richter. Die Unterwerfung des Richters unter das Gesetz ist das Korrelat der richterlichen Unabhängigkeit; Recht und Pflicht des Richters bilden einen unauflöslichen Zusammenhang. Der Wahrung der richterlichen Unabhängigkeit dient auch die besondere Pflicht des Richters, sich innerhalb seines Amtes, auch bei politischer Betätigung, so zu verhalten, daß das Vertrauen in seine Unabhängigkeit nicht gefährdet wird (§ 39 DRiG). Die Unabhängigkeit des Richters ist eine sachliche und eine persönliche. **Sachliche** Unabhängigkeit bedeutet, daß der Richter allein an das Gesetz gebunden entscheidet und im Hinblick auf seine Entscheidungstätigkeit einer Aufsicht oder einem Weisungsrecht eines anderen Richters oder einer Stelle der Exekutive nicht unterworfen ist. Der Richter untersteht einer Dienstaufsicht nur, soweit nicht seine Unabhängigkeit beeinträchtigt wird. Eine Beeinträchtigung seiner Unabhängigkeit wird in der Regel darin nicht liegen, daß im Wege der Dienstaufsicht dem Richter die ordnungswidrige Art der Ausführung eines Amtsgeschäftes vorgehalten oder er zu ordnungsgemäßer, un-

verzögerter Erledigung der Amtsgeschäfte ermahnt wird (§ 26 DRiG). Die Dienstaufsicht kann sich dementsprechend nur auf die äußere Form der Erledigung von Rechtsprechungsaufgaben beziehen. Jegliche, auch nur mittelbare Beeinflussung der selbständigen richterlichen Disposition über die Art und Weise richterlichen Verfahrens und Entscheidens ist ausgeschlossen. Wenngleich die Unabhängigkeit des Richters sich hauptsächlich gegen die Exekutive richtet, also z. B. gegen das Ministerium, zu dessen Geschäftsbereich das Gericht gehört, in dem der Richter tätig ist, schließt die Garantie der richterlichen Unabhängigkeit auch ein, daß ein Einfluß seitens politischer Parteien oder organisierter Interessen unterbleibt. Ein Richter, der den Anschein erweckt, politischen oder verbandsmäßigen Einflüssen zugänglich zu sein, setzt sich der Ablehnung wegen Besorgnis der Befangenheit durch einen Verfahrensbeteiligten aus.

Die **persönliche** Unabhängigkeit des Richters bedeutet, daß er – soweit er hauptamtlich und planmäßig endgültig oder für eine gesetzlich festgelegte Amtszeit angestellt ist – wider seinen Willen nur kraft richterlicher Entscheidung und nur aus Gründen und unter den Formen, welche die Gesetze bestimmen, vor Ablauf seiner Amtszeit entlassen oder dauernd oder zeitweise seines Amtes enthoben oder an eine andere Stelle oder in den Ruhestand versetzt werden kann (Art. 97 Abs. 2 GG; §§ 30 ff. DRiG). Der Richter ist grundsätzlich unabsetzbar und unversetzbar.

Als eine Art Gegengewicht gegen die starke Stellung des Richters unter dem Grundgesetz ist in Art. 98 Abs. 2 und 5 die neue Einrichtung der „Richteranklage" vorgesehen, über die das Bundesverfassungsgericht zu entscheiden hat. Diese Vorschriften haben bisher keine praktische Bedeutung erlangt.

K. EICHENBERGER, Die richterliche Unabhängigkeit als staatsrechtliches Problem, 1960; D. SIMON, Unabhängigkeit des Richters, 1975.

2. Die rechtsprechende Gewalt wird durch das Bundesverfassungsgericht, durch die Bundesgerichte und durch die Gerichte der Länder ausgeübt

a) Justizhoheit im Bundesstaat

Die Verteilung der Gesetzgebungskompetenzen

12 Die **Gerichtsverfassung** und das **gerichtliche Verfahren** gehören zur konkurrierenden Gesetzgebung (Art. 74 Nr. 1 GG). Für die Finanzgerichtsbarkeit besteht eine ausschließliche Gesetzgebungskompetenz des Bundes (Art. 108 Abs. 6 GG).

Zu den wesentlichen justizstaatlichen Errungenschaften der Zeit nach der Reichsgründung gehörten die **Reichsjustizgesetze,** nämlich das Gerichtsverfassungsgesetz vom 27. Jan. 1877, die Zivilprozeßordnung vom 30. Jan. 1877 und die Strafprozeßordnung vom 1. Febr. 1877. Die Reichsjustizgesetze sind am 1. Oktober 1879 in Kraft getreten. Ungeachtet zahlreicher und tiefgreifender Änderungen bilden diese Gesetze bis heute die Grundlage der Gerichtsverfassung und des gerichtlichen Verfahrens: Gerichtsverfassungsgesetz in der Fass. d. Bek. vom 9. Mai 1975 (BGBl. I S. 1077) zuletzt geänd. durch Gesetz vom 20. Dez. 1984 (BGBl. I S. 1654); Zivilprozeßordnung in der Fas-

Bundesgerichte und Gerichte der Länder 13, 14 **H**

sung vom 12. Sept. 1950 (BGBl. S. 533), zuletzt geänd. durch Gesetz vom 8. März 1984 (BGBl. I S. 364); Strafprozeßordnung in der Fass. d. Bek. vom 7. Jan. 1975 (BGBl. I S. 129, ber. S. 650), zuletzt geänd. durch Gesetz vom 20. Dez. 1984 (BGBl. I S. 1654). In sachlichem Zusammenhang mit diesen Gesetzen steht das Gesetz über die Angelegenheiten der freiwilligen Gerichtsbarkeit vom 17. Mai 1898 in der Fass. d. Bek. vom 20. Mai 1898 (RGBl. S. 771), zuletzt geänd. durch Gesetz vom 29. März 1983 (BGBl. I S. 377). Für die später eingerichteten Gerichtsbarkeiten sind besondere Gesetze erlassen worden: Arbeitsgerichtsgesetz in der Fass. d. Bek. vom 2. Juli 1979 (BGBl. I S. 853, ber. S. 1036), zuletzt geänd. durch Gesetz vom 18. Aug. 1980 (BGBl. I S. 1503); Sozialgerichtsgesetz vom 3. Sept. 1953, jetzt in der Fass. der Bek. vom 23. Sept. 1975 (BGBl. I S. 2535), zuletzt geänd. durch Gesetz vom 18. August 1980 (BGBl. I S. 1469); Verwaltungsgerichtsordnung vom 21. Jan. 1960 (BGBl. I S. 17), zuletzt geänd. durch Gesetz vom 6. Dez. 1985 (BGBl. I S. 2144); Finanzgerichtsordnung vom 6. Okt. 1965 (BGBl. I S. 1477), zuletzt geänd. durch Gesetz vom 13. Juni 1980 (BGBl. I S. 677).

R. KISSEL, Gerichtsverfassungsgesetz, 1981.

Die Verteilung der Rechtsprechungsaufgaben

Nach der allgemeinen Regel der bundesstaatlichen Kompetenzordnung ist 13 die Ausübung der staatlichen Befugnisse und die Erfüllung der staatlichen Aufgaben Sache der Länder, soweit das Grundgesetz keine andere Regelung trifft oder zuläßt (Art. 30 GG). Demzufolge stehen dem **Bund** nur die Rechtsprechungsaufgaben zu und darf der Bund nur die Gerichte errichten, die im Grundgesetz obligatorisch oder fakultativ dem Bunde zugewiesen sind. Die rechtsprechende Gewalt wird also durch das Bundesverfassungsgericht, durch die im Grundgesetz vorgesehenen Bundesgerichte und durch die Gerichte der Länder ausgeübt (Art. 92 GG).

Gerichte des Bundes und Gerichte der Länder

Die im Grundgesetz vorgesehenen Gerichte des Bundes sind in erster Linie 14 das Bundesverfassungsgericht als das die Verfassungsgerichtsbarkeit des Bundes ausübende Gericht und die für die Gebiete der ordentlichen, der Verwaltungs-, der Finanz-, der Arbeits- und der Sozialgerichtsbarkeit errichteten obersten Gerichtshöfe des Bundes, nämlich der Bundesgerichtshof in Karlsruhe, das Bundesverwaltungsgericht in Berlin, der Bundesfinanzhof in München, das Bundesarbeitsgericht in Kassel und das Bundessozialgericht in Kassel (Art. 92, 95, 96 GG).
Die obersten Gerichtshöfe des Bundes bilden die Spitze von **Instanzenzügen,** die im übrigen aus Gerichten der Länder bestehen. So ist z. B. der Instanzenzug der Verwaltungsgerichtsbarkeit aufgebaut aus den Verwaltungsgerichten und Oberverwaltungsgerichten (Verwaltungsgerichtshöfen) der Länder und dem Bundesverwaltungsgericht als Revisionsinstanz. Der Gerichtsaufbau und der Instanzenzug sind jeweils in den einschlägigen Bundesgesetzen geregelt.

b) Die obersten Gerichtshöfe des Bundes

Gerichtsbarkeiten

15 Die obersten Gerichtshöfe des Bundes bilden **Revisionsinstanzen** für die Rechtszüge der ordentlichen, der Verwaltungs-, der Finanz-, der Arbeits- und der Sozialgerichtsbarkeit.
Der **Instanzenzug** in den genannten Gerichtsbarkeiten ist, mit Ausnahme der Finanzgerichtsbarkeit, dreistufig. Auf die Eingangsinstanz, die jeweils durch die Bestimmungen über die sachliche Zuständigkeit im Rahmen des Rechtswegs festgelegt ist, folgt die Berufungsinstanz, an die sich der durch die Entscheidung im ersten Rechtszuge Beschwerte mit dem Rechtsmittel der Berufung wenden kann. Das Eingangsgericht und das Berufungsgericht sind „Tatsachengerichte", d. h. sie ermitteln nach den einschlägigen Vorschriften über die Sachverhaltsermittlung die tatsächlichen Grundlagen der Rechtsanwendung im Einzelfall. Demgegenüber ist das nur unter eingeschränkten Voraussetzungen anzurufende Revisionsgericht an die tatsächlichen Feststellungen des Tatsachengerichtes gebunden.
Zur **ordentlichen Gerichtsbarkeit** in Zivil- und Strafsachen gehören die Amtsgerichte, Landgerichte, Oberlandesgerichte (in Berlin: Kammergericht) und der Bundesgerichtshof; in Bayern zusätzlich das Bayerische Oberste Landesgericht (§§ 8 ff. EGGVG). Die **Arbeitsgerichtsbarkeit** besteht aus den Arbeitsgerichten, den Landesarbeitsgerichten und dem Bundesarbeitsgericht. Die **Verwaltungsgerichtsbarkeit** baut sich aus den Verwaltungsgerichten, den Oberverwaltungsgerichten (nach landesrechtlicher Regelung auch: Verwaltungsgerichtshöfen) und dem Bundesverwaltungsgericht auf. Die **Finanzgerichtsbarkeit** besteht nur aus den Finanzgerichten und dem Bundesfinanzhof. Die **Sozialgerichtsbarkeit** hat einen Rechtszug von den Sozialgerichten über die Landessozialgerichte zum Bundessozialgericht.

Der Gemeinsame Senat der obersten Gerichtshöfe des Bundes

16 Zur Wahrung der Einheitlichkeit der Rechtsprechung ist ein Gemeinsamer Senat der obersten Gerichtshöfe des Bundes gebildet worden (siehe Art. 95 Abs. 3 GG). Das Nähere hat das Gesetz zur Wahrung der Einheitlichkeit der Rechtsprechung der obersten Gerichtshöfe des Bundes vom 19. Juni 1968 (BGBl. I S. 661) geregelt. Der Gemeinsame Senat entscheidet, wenn ein oberster Gerichtshof in einer Rechtsfrage von der Entscheidung eines anderen obersten Gerichtshofs oder des Gemeinsamen Senats abweichen will. Der Gemeinsame Senat besteht aus den Präsidenten der obersten Gerichtshöfe, den Vorsitzenden der beteiligten Senate und je einem weiteren Richter der beteiligten Senate.
Das Grundgesetz hatte in seiner ursprünglichen Fassung mit derselben Zielsetzung die Errichtung eines Obersten Bundesgerichts vorgesehen. Die jetzige Fassung des Art. 95 Abs. 3 geht auf das Sechzehnte Gesetz zur Änderung des Grundgesetzes vom 18. Juni 1968 zurück.
Die Rechtsprechungstätigkeit des Gemeinsamen Senates ist nicht sehr ausgedehnt. Siehe z. B. BGHZ 67, 355 (Zustellungsmangel, § 195 Abs. 2 Satz 2

ZPO); 75, 340 (Schriftform der Revision einer öffentlich-rechtlichen Körperschaft); 88, 353 (Eintritt der Rechtskraft, § 705 ZPO).

K. MIEBACH, Der Gemeinsame Senat der obersten Gerichtshöfe des Bundes, 1971.

Wahrung der Rechtseinheit

Die obersten Gerichtshöfe des Bundes haben die Aufgabe, für den ihrer 17 Jurisdiktion anvertrauten Bereich der Rechtsordnung die Rechtseinheit im Bundesgebiet zu wahren. Sie können grundsätzlich nur mit der Revision angerufen werden, wenn der Revisionsführer sich darauf beruft, daß das angefochtene Urteil auf der Verletzung von **Bundesrecht** beruht (vgl. z. B. § 137 Abs. 1 VwGO). Die obersten Gerichtshöfe des Bundes geben damit dem einzelnen äußerstenfalls eine Garantie, daß seine Rechte und Pflichten, soweit sie durch Bundesrecht geregelt sind, unabhängig davon sind, in welchem Bundesland er seinen Prozeß führt. Vom Standpunkt des Allgemeininteresses aus verbindet sich die Aufgabe, die Rechtseinheit im Bundesgebiet zu wahren, mit der besonderen Verantwortung der Revisionsgerichte für die **Rechtsfortbildung**.

Berufung der Richter

Über die Berufung der Richter der obersten Gerichtshöfe des Bundes ent- 18 scheidet der für das jeweilige Sachgebiet zuständige **Bundesminister** gemeinsam mit einem **Richterwahlausschuß**, der aus den für das jeweilige Sachgebiet zuständigen Ministern der Länder und einer gleichen Anzahl von Mitgliedern besteht, die vom Bundestag gewählt werden (Art. 95 Abs. 2 GG). Die nähere Regelung ist im Richterwahlgesetz vom 25. Aug. 1950 (BGBl. I S. 368), zuletzt geänd. durch Gesetz vom 30. Juli 1968 (BGBl. I S. 873), enthalten. Der auf diese Weise berufene Bundesrichter wird vom **Bundespräsidenten** ernannt (Art. 60 Abs. 1 GG). Ein eigenes personalpolitisches Ermessen steht dem Bundespräsidenten nicht zu; er trägt jedoch die Verantwortung dafür, daß die verfassungsmäßigen und gesetzlichen Voraussetzungen für die Berufung eines von ihm zu ernennenden Bundesrichters gegeben sind.

3. Die Garantien eines rechtsstaatlichen Verfahrens

a) Der Vorbehalt gerichtlicher Entscheidung

Streiterledigung durch Rechtsprechung

Durch den Verfassungsrechtssatz, daß die rechtsprechende Gewalt den Rich- 19 tern anvertraut ist (Art. 92 GG), wird ein verfassungsrechtlicher **Vorbehalt der Rechtsprechung** für diejenigen Angelegenheiten begründet, die materiell als Rechtsprechung anzusehen sind. Der Gesetzgeber darf die der richterlichen Entscheidung zukommenden Rechtsprechungsaufgaben nicht nach politischem Ermessen definieren und darf insbes. auch nicht Streitsachen, die materiell als Rechtsprechung anzusehen sind, der richterlichen Erledigung entziehen. RNr. 5.

Strafsanktion durch Gericht

20 Die Ausübung der **Strafgerichtsbarkeit** gehört zur Rechtsprechung im materiellen Sinn, die den Gerichten nicht entzogen werden darf. Die Verhängung von Kriminalstrafen durch die Finanzämter, wie sie nach einer früheren Vorschrift der Reichsabgabenordnung möglich war, war verfassungswidrig (BVerfGE 22, 49). Es bedarf demnach der Prüfung, ob eine bestimmte Angelegenheit als Ausübung von Strafgewalt anzusehen ist. Für die Verhängung einer Arreststrafe nach dem Wehrdisziplinarrecht z. B. gilt das nicht (BVerfGE 22, 311).

Der verfassungsrechtliche Vorbehalt der Rechtsprechung setzt auch der Möglichkeit Grenzen, bisher mit Kriminalstrafe bedrohte Verkehrsdelikte in Ordnungswidrigkeiten umzuwandeln und damit der Strafgerichtsbarkeit zu entziehen. Dies ist möglich, soweit nicht der materielle Bereich der Rechtsprechung, hier der Ausübung staatlicher Strafgewalt, berührt wird (BVerfGE 27, 18). Gegen die Verfassung würde es verstoßen, wenn sog. Bagatelldelikte etwa im Bereich von Diebstahl, Unterschlagung, Betrug und Untreue in nur nach Ordnungswidrigkeitenrecht zu behandelndes Verwaltungsunrecht umgewandelt würden. Eine andere Frage ist es, in welchem Umfang der Gesetzgeber es für kriminalpolitisch vernünftig hält, sozialschädliches Verhalten zum Gegenstand von Strafgesetzen zu machen und damit der staatlichen Strafgewalt zu unterwerfen.

Freiheitsentziehung (Habeas Corpus)

21 Die Freiheit der Person ist unverletzlich. In dieses Grundrecht der persönlichen Freiheit darf nur aufgrund eines Gesetzes eingegriffen werden (Art. 2 Abs. 2 GG). Die **Rechtsgarantien** im Falle einer Beschränkung der persönlichen Freiheit sind in Art. 104 GG im einzelnen ausgestaltet. Kernpunkt dieser Garantien ist es, daß über die Zulässigkeit und Fortdauer einer Freiheitsentziehung nur der **Richter** zu entscheiden hat und daß bei jeder nicht auf richterlicher Anordnung beruhenden Freiheitsentziehung, z. B. einer vorläufigen Festnahme nach der Strafprozeßordnung, unverzüglich eine richterliche Entscheidung herbeizuführen ist. Die nähere gesetzliche Regelung ist in dem **Gesetz über das gerichtliche Verfahren bei Freiheitsentziehungen** vom 29. Juni 1956 (BGBl. I S. 599), zuletzt geänd. durch Gesetz vom 16. März 1976 (BGBl. I S. 581), enthalten, soweit es sich um die Unterbringung einer Person gegen ihren Willen oder im Zustande der Willenlosigkeit in einer Justizvollzugsanstalt, einem Haftraum, einer abgeschlossenen Verwahranstalt, einer abgeschlossenen Anstalt der Fürsorge, einer abgeschlossenen Krankenanstalt oder einem abgeschlossenen Teil einer Krankenanstalt handelt. Im übrigen sind vor allem die Vorschriften der **Strafprozeßordnung** und der **Polizeigesetze** dafür maßgeblich, unter welchen Voraussetzungen im Interesse der Strafverfolgung oder der Gefahrenabwehr eine Person ihrer Bewegungsfreiheit beraubt werden darf.

Das Grundrecht der persönlichen Freiheit geht zurück auf ein englisches Gesetz aus dem Jahre 1679, das den gesetzlichen und richterlichen Schutz der persönlichen Freiheit erstmals im modernen rechtsstaatlichen Sinne regelt

Garantien eines rechtsstaatlichen Verfahrens 22, 23 **H**

(Habeas Corpus Act). Seither wird es zu den wesentlichen rechtsstaatlichen Garantien der Freiheit des einzelnen gerechnet, daß jede Entziehung der persönlichen Bewegungsfreiheit grundsätzlich eine richterliche Entscheidung aufgrund eines Gesetzes voraussetzt. Die Voraussetzungen der Freiheitsentziehung sowie Art und Ausmaß der zulässigen Freiheitsbeschränkung müssen durch Gesetz festgelegt werden und dürfen nicht einer Regelung durch Rechtsverordnung überlassen werden (BVerfGE 14, 174 und 245).

Rechtsschutz

Der moderne Staat verwehrt es dem einzelnen, sein Recht sich im Wege der 22
Selbsthilfe nach eigenem Belieben zu verschaffen. Die Selbsthilfe ist nur dann nicht widerrechtlich, wenn obrigkeitliche Hilfe nicht rechtzeitig zu erlangen ist und ohne sofortiges Eingreifen Gefahr besteht, daß die Verwirklichung des Anspruchs vereitelt oder wesentlich erschwert werde (§§ 229 ff. BGB). Das **Verbot der Selbsthilfe** ist dadurch gerechtfertigt, daß der Staat durch seine Gerichte und durch die Polizei- und Sicherheitsbehörden dem einzelnen Gewähr dafür bietet, daß er ohne unzumutbaren Aufwand und in angemessener Zeit sein Recht vor den staatlichen Gerichten finden kann. Darin daß der Staat das Recht des einzelnen schützt und ihm notfalls durch seine Gerichte Durchsetzbarkeit verschafft, liegt eine wesentliche Rechtfertigung des Staates, der staatlichen Zwangsgewalt und der Gehorsamspflicht gegenüber dem Staat.
In einem engeren Sinn spricht man von „Rechtsschutz", um damit die Möglichkeit zu bezeichnen, gegen Rechtsverletzungen durch die **öffentliche Gewalt** die Gerichte anzurufen. Nach Art. 19 Abs. 4 GG ist zugesichert, daß der Rechtsweg offensteht, wenn jemand durch die öffentliche Gewalt in seinen Rechten verletzt wird. Dem entspricht nach der gegebenen Ausgestaltung dieses Grundrechts der **verwaltungsgerichtliche** Rechtsschutz vor den allgemeinen Verwaltungsgerichten nach der Verwaltungsgerichtsordnung und vor den besonderen Verwaltungsgerichten, insbes. nach dem Sozialgerichtsgesetz und der Finanzgerichtsordnung.

b) Der gesetzliche Richter

Das Grundrecht

Ausnahmegerichte sind unzulässig. Niemand darf seinem gesetzlichen Richter entzogen werden (Art. 101 Abs. 1 GG). 23
Es ist ein elementares Gebot rechtsstaatlichen Gerichtsverfahrens, sowohl im Interesse der Unabhängigkeit des Richters wie zur Sicherung einer unparteilichen Entscheidung, daß der zur Entscheidung zuständige Richter nicht jeweils von Fall zu Fall bestimmt wird, sondern nach einer vorab festgelegten und allgemeinen Norm der grundsätzlich für den Einzelfall unabänderlichen **Zuständigkeitsordnung**. Die Garantie des gesetzlichen Richters soll der Gefahr vorbeugen, daß die rechtsprechenden Organe durch Manipulierung sachfremden Einflüssen ausgesetzt werden, gleichgültig von welcher Seite die Manipulierung ausgeht, ob von außerhalb oder innerhalb der Justiz.

459

Der für den Einzelfall zuständige Richter muß sich möglichst eindeutig aus einer allgemeinen Norm ergeben (BVerfG EuGRZ 1983, 225). Die allgemeine Norm muß Vorkehrungen dafür enthalten, daß der zur Entscheidung berufene Richter die Gewähr der Unparteilichkeit bietet (BVerfGE 30, 149, 40, 269; 40, 356). Eine Verletzung der gesetzlichen Zuständigkeitsordnung ist nur dann – über den bloßen Rechtsfehler hinaus – ein Verstoß gegen das Gebot des gesetzlichen Richters, wenn der Zuständigkeitsmangel auf einem **willkürlichen** Vorgehen beruht (BVerfGE 29, 166/172; 58, 1/45).

Die Vorschriften, durch die der gesetzliche Richter für den einzelnen Streitfall bestimmt wird, sind die gesetzlichen Bestimmungen über die Unterscheidung der Rechtswege, über die sachliche und örtliche Zuständigkeit der Gerichte und über die Zusammensetzung der Spruchkörper sowie die jeweils allgemein festgelegten Geschäftsverteilungspläne der einzelnen Gerichte.

K. A. BETTERMANN, Der gesetzliche Richter in der Rechtsprechung des Bundesverfassungsgerichts, AöR 94, 1969, S. 263.

Verbot von Ausnahmegerichten

24 Das der allgemeinen Formulierung des Grundrechtes des gesetzlichen Richters vorangestellte Verbot von Ausnahmegerichten ist nur die Vorkehrung gegen einen besonderen, wenn auch charakteristischen Fall der Verletzung dieses Grundrechtes, der deshalb ausdrücklich genannt ist. Ausnahmegerichte sind Gerichte, die in Abweichung von der gesetzlichen Zuständigkeitsordnung besonders gebildet und zur Entscheidung einzelner konkreter und individuell bestimmter Fälle berufen werden (siehe BVerfGE 3, 213/223; 14, 56/72).

Die Verfassung stellt ausdrücklich klar, daß „Gerichte für besondere Sachgebiete" keine Ausnahmegerichte sind, schreibt jedoch vor, daß derartige Gerichte nur durch Gesetz errichtet werden dürfen. Gerichte für besondere Sachgebiete sind beispielsweise die Kammern für Handelssachen bei den Landgerichten (§§ 93 ff. GVG), die Familiengerichte (§§ 606 ZPO, 236 GVG) und die Jugendgerichte (§§ 33 ff. Jugendgerichtsgesetz).

H.-J. RINCK, Gesetzlicher Richter, Ausnahmegericht und Willkürverbot, NJW 1964, S. 1649.

c) Der Anspruch auf rechtliches Gehör

Das Grundrecht

25 Vor Gericht hat jedermann Anspruch auf rechtliches Gehör (Art. 103 Abs. 1 GG). Es ist seit jeher als die vornehmste Aufgabe des Richters angesehen worden, über einen vor ihn gebrachten Streitfall erst zu entscheiden, wenn er die Parteien, den Kläger und den Beklagten, den Anstragsteller und den Antragsgegner, den Angeklagten im Strafprozeß zu der Streitsache „gehört" hat. Jeder Prozeßbeteiligte muß Gelegenheit haben, sich zu dem Streitfall, den entscheidungserheblichen Tatsachen, Beweisen und Beweisergebnissen und auch zu den einschlägigen Rechtsfragen hinreichend und auch in hinreichender Frist zu äußern. Von daher gesehen ist das Recht auf Gehör das

Garantien eines rechtsstaatlichen Verfahrens 26 **H**

ausschlaggebende Werkzeug der Rechtswahrung und Rechtsdurchsetzung im Prozeß. Unter den heutigen Umständen der Prozeßführung wird es oft vorteilhafter sein, hinlängliche Gelegenheit zum Anbringen von Schriftsätzen zu haben, sich also schriftlich zur Sache zu äußern. Das reicht jedoch nicht aus, soweit der Prozeßgrundsatz der Mündlichkeit des Verfahrens reicht, besonders also für die Durchführung einer Beweisaufnahme, an der die Beteiligten teilnehmen können und bei der sie ggf. an Zeugen und Sachverständige die im Interesse ihrer Rechtsverfolgung liegenden Fragen stellen können müssen. Das von dem Richter zu gewährende rechtliche Gehör schließt weiter ein, daß der Richter nicht nur die eine Seite eines Streitverfahrens, sondern beide Seiten anhört: Audiatur et altera pars. Darin zeigt sich die Unparteilichkeit des Richters und eine Rechtsprechung ohne Ansehen der Person, in einem Verfahren also, in dem sich die Streitteile auf gleichem Fuß gegenübertreten können.

Das Recht auf Gehör ist verletzt, wenn der Richter einem Verfahrensbeteiligten den ihm zustehenden Anspruch auf rechtliches Gehör nicht gewährt, z. B. ihm keine hinreichende Gelegenheit gibt, sich zu den entscheidungserheblichen Umständen zu äußern. Der Verstoß gegen das Grundrecht wird allein durch die Rechtsverletzung bewirkt; auf ein Verschulden des Richters kommt es nicht an. Es ist allerdings Sache der Verfahrensbeteiligten, von den ihnen zur Verfügung stehenden oder eingeräumten Möglichkeiten der Äußerung auch nach eigener Verantwortung Gebrauch zu machen. Mit dem Recht auf Gehör ist insoweit auch eine Mitwirkungslast der Streitteile verbunden. Eine gerichtliche Entscheidung ist dann wegen Verstoßes gegen das Recht auf Gehör fehlerhaft und verfassungswidrig, wenn sie auf dem Verstoß beruht, d. h. wenn nicht ausgeschlossen ist, daß bei Beachtung des Grundrechtes anders zu entscheiden gewesen wäre (BVerfGE 60, 313). Der Verletzte muß von den ihm durch das Prozeßrecht zur Korrektur der Rechtsverletzung gebotenen Möglichkeiten, z. B. von der Einlegung eines Rechtsmittels, Gebrauch machen. Insofern kann der Verfassungsverstoß in der gesetzlich vorgesehenen Weise „geheilt" werden.

P. LERCHE, Zum Anspruch auf rechtliches Gehör, ZZP 78, 1965, S. 25; F. KOPP, Das rechtliche Gehör in der Rechtsprechung des Bundesverfassungsgerichts, AöR 106, 1981, S. 604.

Die gebotene Gewährung des rechtlichen Gehörs

Die Verfahrensregeln der verschiedenen **Prozeßordnungen** legen im einzelnen 26 fest, in welcher Weise die Verfahrensbeteiligten ihre Rechte im Prozeß geltend machen können. Sie bestimmen auch, wie der Richter vorzugehen hat, um den Verfahrensbeteiligten die erforderliche und zweckmäßige Gelegenheit zum Vorbringen ihres Standpunktes zu geben. Alle diese Verfahrensvorschriften lassen sich – vom Blickwinkel des Grundrechts aus – als Ausgestaltung des Anspruchs auf rechtliches Gehör auffassen. Das geltende Prozeßrecht ist so ausgestaltet, daß es im Einklang mit dem Grundrecht steht und dem Richter, bei sachgerechter Handhabung des Verfahrens, eine ausreichende Gelegenheit eröffnet, dem Grundrecht Genüge zu tun.

Die Prozeßordnungen legen den Ablauf der einzelnen Verfahren nicht fest, sondern müssen es naturgemäß dem **prozeßleitenden Ermessen** des Richters überlassen, Termine zu bestimmen, die mündliche Verhandlung zu leiten, das Wort zu erteilen oder zu versagen, Fristen für Schriftsätze einzuräumen, eine Verhandlung zu vertagen usw. Zu diesen richterlichen Handlungen und Verfügungen gibt es eine sehr ausgebreitete Kasuistik der Rechtsprechung des Bundesverfassungsgerichts, in der für zahlreiche Einzelfälle und Einzelfragen entschieden worden ist, ob sich das Gericht im konkreten Streitfall so verhalten hat, daß das Grundrecht nicht verletzt worden ist. Eine überproportional große Zahl von erfolgreichen Verfassungsbeschwerden entfällt auf die Aufhebung von gerichtlichen Entscheidungen wegen Verletzung des Anspruchs auf rechtliches Gehör.

Eine große Fallgruppe betrifft die Sicherung des Rechtes, sich vor der Entscheidung hinreichend, und auch mit einer zeitlich hinreichend bemessenen Frist, in tatsächlicher und rechtlicher Hinsicht zum Streitstoff zu äußern (z. B. BVerfGE 54, 117; 55, 72; 60, 1). Das Recht auf Gehör bedeutet selbstverständlich nicht, daß der Richter den Sachvortrag, der ihm zu Gehör gebracht wird, auch akzeptieren und seiner Entscheidung zugrunde legen muß. Er muß dieses Vorbringen zur Kenntnis nehmen und prüfen (BVerfGE 54, 86; 59, 330). Von den Umständen des Einzelfalles hängt es ab, ob und mit welcher Ausführlichkeit in den Entscheidungsgründen eine ausdrückliche Auseinandersetzung mit den einzelnen Punkten des Vortrags der Streitteile erfolgen muß.

Das Grundrecht auf rechtliches Gehör gilt nur für **gerichtliche** Verfahren. Die Gewährung rechtlichen Gehörs ist hingegen auch für alle Verwaltungsverfahren ein zwingendes Gebot rechtsstaatlicher Verfahrenshandhabung (siehe § 28 VwVfG).

d) Rechtsschutz gegen die öffentliche Gewalt

Das Grundrecht

27   Wird jemand durch die öffentliche Gewalt in seinen Rechten verletzt, so steht ihm der Rechtsweg offen (Art. 19 Abs. 4 GG). Dieses Grundrecht wird als **Rechtschutzgarantie** verstanden, durch die sichergestellt wird, daß gegen jede Ausübung öffentlicher Gewalt durch die **Exekutive** für denjenigen, der dadurch in seinen Rechten betroffen wird, das „formelle" Recht besteht, die Entscheidung eines Gerichtes herbeizuführen, ob sein Recht auch verletzt worden ist. Gesetzgebung und Rechtsprechung werden von dem Grundrecht nicht erfaßt (BVerfGE 24, 33; 49, 329).
Die Rechtsschutzgarantie legt den Gesetzgeber nicht darin fest, in welchem Rechtsweg Rechtsschutz erreichbar sein muß und in welcher Weise das Verfahren und der Rechtszug auszugestalten sind. Die den Gerichtszugang des einzelnen regelnde Vorschrift muß nur eine vollständige Nachprüfung der beanstandeten Ausübung der öffentlichen Gewalt ermöglichen, also eine gerichtliche Kontrolle in rechtlicher und tatsächlicher Hinsicht.
Die Rechtsschutzgarantie sichert die **Effektivität** des Rechtsschutzes zu und fordert damit von den Gerichten eine Handhabung des verfahrensleitenden

Garantien eines rechtsstaatlichen Verfahrens 28 H

Ermessens, die dem Rechtsschutzsuchenden eine hinreichende und wirksame Wahrung seiner Rechte im Verfahrensgang und in angemessener Frist ermöglicht (siehe beispielsweise BVerfGE 35, 263; 53, 115; 55, 349). Das Grundrecht des Art. 19 Abs. 4 GG hat die überkommene Lehre des „gerichtsfreien Hoheitsaktes" korrigiert. Jede Handlung oder Unterlassung der öffentlichen Gewalt, die nach ihrer Eigenart und den dafür maßgeblichen Rechtsvorschriften die Beeinträchtigung individueller Rechte bewirken kann, unterliegt nach den Vorschriften der einschlägigen Verfahrensordnungen richterlicher Überprüfung. Politische Akte, wie z. B. außenpolitische oder verteidigungspolitische Handlungsweisen des Bundeskanzlers oder eines Bundesministers sind nicht als „gerichtsfreie" Regierungsakte, sondern deswegen regelmäßig einer gerichtlichen Nachprüfung entzogen, weil sie keine individuellen Rechtsbeeinträchtigungen bewirken können. Auch soweit eine Entscheidung der Exekutive zur gerichtlichen Kontrolle gestellt werden kann, weil sie Rechte einzelner berührt, kann das Gericht seine Nachprüfung nur so weit erstrecken, als rechtliche Maßstäbe zur Verfügung stehen. Dies ist, neben der besonderen Verfassungsbestimmung des Art. 60 Abs. 2 GG, der wesentliche Grund dafür, daß eine gerichtliche Überprüfung von Gnadenakten in der Regel ausscheidet (siehe BVerfGE 25, 352; 30, 108). Der durch die Notstandsnovelle vom 24. Juni 1968 dem Art. 19 Abs. 4 GG angefügte Satz 3 stellt klar, daß die in Art. 10 Abs. 2 Satz 2 GG – ebenfalls durch die Notstandsnovelle – vorgesehene Ersetzung des Rechtsweges zu den Gerichten durch die Nachprüfung seitens von der Volksvertretung bestellter Organe und Hilfsorgane, eine Ausnahme von der Rechtsweggarantie ist (siehe BVerfGE 30, 1).

D. LORENZ, Der grundrechtliche Anspruch auf effektiven Rechtsschutz, AöR 105, 1980, S. 624.

Die verwaltungsgerichtliche Generalklausel

Die Rechtsschutzgarantie des Art. 19 Abs. 4 GG wird im geltenden Recht in 28 grundsätzlicher Hinsicht durch die Vorschrift erfüllt, daß der Verwaltungsrechtsweg in allen öffentlich-rechtlichen Streitigkeiten nichtverfassungsrechtlicher Art gegeben ist, soweit die Streitigkeiten nicht durch Bundesgesetz oder in zulässiger Weise durch Landesgesetz einem anderen Gericht ausdrücklich zugewiesen sind (§ 40 Abs. 1 VwGO). Die subsidiäre Eröffnung des ordentlichen Rechtsweges (Art. 19 Abs. 4 Satz 2 GG) ist damit gegenstandslos.

Die **Verwaltungsgerichtsbarkeit** schützt die in Gesetz und Verfassung begründeten Rechte der einzelnen gegen rechtswidrige Verkürzung durch die Verwaltung und – im Rahmen des richterlichen Prüfungsrechts – auch gegen den Gesetzgeber. Die Rechtsprechungsaufgabe der Gerichte ist zweifach bestimmt:

– Die Verwaltungsgerichte sollen die Verwaltung nicht ersetzen, sondern kontrollieren; sie sind nicht eine Verwaltung höherer oder besserer Art.
– Die Verwaltungsgerichte sollen im Streitfall die Rechte einzelner gegen die Verwaltung wahren; sie dienen dem individuellen Rechtsschutz und nicht einer allgemeinen Rechtmäßigkeitskontrolle der Verwaltung.

H 29 Rechtsprechung

Die öffentliche Verwaltung handelt gebunden an das Gesetz, aber aufgrund des letztlich politisch zu findenden und zu verantwortenden Sozialgestaltungsauftrags. Das Gericht mißt in institutionell gesicherter Unabhängigkeit und Neutralität das Handeln der Verwaltung an den rechtlich vorgegebenen Handlungsgrundlagen.

C. H. ULE, Verwaltungsprozeßrecht, 8. Aufl., 1983; EYERMANN/FRÖHLER, Verwaltungsgerichtsordnung, 8. Aufl., 1980; K. REDEKER/H. J. V. OERTZEN, Verwaltungsgerichtsordnung, 8. Aufl., 1985.

e) Die freie Advokatur

Rechtsberatung und Rechtsanwalt

29 Zum Schutz einer wirksamen Rechtsprechung und zur Sicherung des Rechtsschutzsuchenden hat das Gesetz die Beratung in Rechtsangelegenheiten bestimmten Berufen vorbehalten, von denen aufgrund der gesetzlich geordneten Sachkunde und Zuverlässigkeit der Berufsangehörigen erwartet werden kann, daß sie der ihnen auferlegten Verantwortung gerecht werden. Unter diesen Berufen steht der Rechtsanwalt im Vordergrund, dessen Berufsrecht hauptsächlich in der **Bundesrechtsanwaltsordnung** vom 1. Aug. 1959 (BGBl. I S. 565), zuletzt geänd. durch Gesetz vom 25. Juli 1984 (BGBl. I S. 995), geregelt ist; daneben sind z. B. die Wirtschaftsprüfer und Steuerberater mit einer sachlich eingeschränkten Berufsaufgabe zu nennen. Die Bundesrechtsanwaltsordnung legt das „Berufsbild" des Rechtsanwalts fest, ordnet die Zulassung zur Rechtsanwaltschaft und die Zulassung zu einem Gericht, gestaltet die Rechte und Pflichten des Rechtsanwalts aus, errichtet und organisiert die Rechsanwaltskammern und die Bundesrechtsanwaltskammer und enthält Vorschriften über die Organisation der Ehrengerichte und das ehrengerichtliche Verfahren.
Der Rechtsanwalt ist ein **unabhängiges Organ der Rechtspflege**. Er ist der berufene unabhängige Berater und Vertreter in allen Rechtsangelegenheiten. Jedermann hat im Rahmen der gesetzlichen Vorschriften das Recht, sich in Rechtsangelegenheiten aller Art durch einen Rechtsanwalt seiner Wahl beraten und vor Gericht, Schiedsgerichten oder Behörden vertreten zu lassen (§§ 1 ff. BRAO). Der Rechtsanwalt hat seinen Beruf gewissenhaft auszuüben. Er hat sich innerhalb und außerhalb des Berufes der Achtung und des Vertrauens, welche die Stellung des Rechtsanwalts erfordert, würdig zu erweisen (§ 43 BRAO). Gegen einen Rechtsanwalt, der seine Pflichten schuldhaft verletzt, wird eine ehrengerichtliche Maßnahme verhängt (§§ 113 ff. BRAO). Ein Anwalt oder ein anderer Rechtsbeistand, welcher bei den ihm in dieser Eigenschaft anvertrauten Angelegenheiten in derselben Rechtssache beiden Parteien durch Rat oder Beistand pflichtwidrig dient, begeht das Vergehen des Parteiverrats (§ 356 StGB). Die Vergütung des Rechtsanwalts für seine Berufstätigkeit bemißt sich nach der Bundesgebührenordnung für Rechtsanwälte vom 26. Juli 1957 (BGBl. I S. 907), zuletzt geänd. durch Gesetz vom 23. Dez. 1982 (BGBl. I S. 2071).
Der Rechtsanwalt übt einen **freien Beruf** aus, seine Tätigkeit ist aber kein Gewerbe. Das bedeutet, daß sein Erwerbsstreben sich den im öffentlichen

Garantien eines rechtsstaalichen Verfahrens 30 **H**

Interesse und zum Schutz seiner Mandanten gesetzlich festgelegten **Berufspflichten** unterzuordnen hat. Wenn das Gesetz den Rechtsanwalt ein „unabhängiges Organ der Rechtspflege" nennt, äußert sich darin derselbe Grundgedanke, außerdem aber die für die Stellung des Rechsanwalts seit jeher maßgebliche Vorstellung, daß er nicht als bloßer Interessenvertreter handeln darf, sondern mitverantwortlich für die Ordnungsmäßigkeit der Rechtspflege ist. Verfassungsrechtlich kommt die besondere Stellung des Rechtsanwalts in dem seit dem 19. Jahrhundert anerkannten Grundsatz der **freien Advokatur** zum Ausdruck (vgl. BVerfGE 15, 226/234). Die freie Advokatur besteht im Interesse der rechtsstaatlichen und wirksamen Rechtsprechung, zur Gewährleistung einer sachverständigen und unbefangenen Beratung der Rechtssuchenden in ihren Rechtsangelegenheiten und schließlich auch zum Schutz des Anwaltsberufs und der Berufstätigkeit des einzelnen Rechtsanwalts. Sie ist im Rechtsstaatsprinzip und in der Berufsfreiheit (Art. 12 Abs. 1 GG) verankert. Das Bundesverfassungsgericht hat die Bedeutung der freien Advokatur hauptsächlich für den Strafprozeß und für den Schutz des Angeklagten betont. Die freie Advokatur gilt jedoch schlechthin als ein verfassungsrechtlich gesicherter Grundsatz für die Vertretung der Rechte des einzelnen vor den Gerichten und für die Beratung in Rechtsangelegenheiten.
Die Befugnis zur **Verteidigung** in einem Strafprozeß gehört zum Recht des Anwalts auf freie Berufsausübung. Sie darf daher nach Art. 12 Abs. 1 Satz 2 GG nur durch Gesetz oder aufgrund Gesetzes eingeschränkt werden (BVerfGE 34, 293; 43, 79). Weitergehend berühren die Vorschriften über die **Zulassung** zur und den **Ausschluß** von der Rechtsanwaltschaft die freie Berufswahl. Das setzt voraus, daß diese Vorschriften und ihr Vollzug zur Abwehr konkreter Gefahren für wichtige Gemeinschaftsgüter geboten sind (BVerfGE 66, 337). Es ist mit Art. 12 Abs. 1 GG vereinbar, daß die Zulassung zur Rechtsanwaltschaft zu versagen ist, wenn der Bewerber sich eines Verhaltens schuldig gemacht hat, das ihn unwürdig erscheinen läßt, den Beruf eines Rechtsanwalts auszuüben, § 7 Nr. 5 BRAO (BVerfGE 63, 266). Die ehrengerichtliche Verhängung eines vorläufigen Berufsverbots gegen einen Rechtsanwalt (§ 150 BRAO), z. B. wegen Veruntreuung von Mandantengeldern, ist vor rechtskräftigem Abschluß des Strafverfahrens nur bei besonderem Anlaß nicht grundrechtswidrig (BVerfGE 44, 105).

K. STERN, Anwaltschaft und Verfassungsstaat, 1980; P. J. TETTINGER, Zum Tätigkeitsfeld der Bundesrechtsanwaltskammer, 1985.

Prozeßvertretung

Wer einen Prozeß führt oder in einen Prozeß verwickelt worden ist, kann 30
sich zu seiner Vertretung eines Rechtsanwalts bedienen. Die wirksame Prozeßvertretung setzt eine ordnungsmäßige **Vollmacht** durch den Mandanten voraus. Der Rechtsanwalt wird die Vollmacht dem Gericht regelmäßig zugleich mit der Anzeige übermitteln, daß er seinen Mandanten in dem Prozeß vertreten wird. Die Prozeßvollmacht ermächtigt zu allen den Rechtsstreit betreffenden Prozeßhandlungen (§§ 80 ff. ZPO).
Wenn das Gesetz vorschreibt, daß die Prozeßbeteiligten sich vor Gericht durch einen Rechtsanwalt vertreten lassen müssen, besteht insoweit „An-

waltszwang". So müssen beispielsweise in Zivilsachen die Parteien sich vor den Landgerichten und vor allen Gerichten des höheren Rechtszuges durch einen bei dem Prozeßgericht zugelassenen Rechtsanwalt als Bevollmächtigten vertreten lassen (§§ 78 ff. ZPO). Im Verwaltungsprozeß besteht ein Anwaltszwang nur vor dem Bundesverwaltungsgericht (§ 67 VwGO). Soweit der Anwaltszwang besteht, kann der Prozeßbeteiligte selbst keine wirksamen Verfahrenshandlungen vornehmen; er ist nicht „postulationsfähig".

4. Rechtsprechung und Rechtsgang

a) Streiterledigung durch gerichtliche Entscheidung

Der Prozeß

31 Der Prozeß ist ein gerichtliches Verfahren, das der förmlichen Erledigung eines **Rechtsstreites** dient. Das Verfahren im Rechtssinn ist auf die Gestaltung oder Feststellung von Rechten, Pflichten oder Rechtslagen durch eine das Verfahren abschließende und mit Verbindlichkeit ausgestattete Entscheidung gerichtet. Das Verfahren hat ein durch das Gesetz bestimmtes Verfahrensziel, ist kraft einer zugewiesenen Zuständigkeit vor einem bestimmten Gericht durchzuführen und weist verschiedene Verfahrensbeteiligte mit rechtlich begründeten Handlungsmöglichkeiten im Verfahrensgang auf. Aufgabe der Rechtsprechung ist es, durch eine mit unabhängigen Richtern besetzte neutrale Spruchstelle förmlich über Recht und Unrecht im Einzelfall zu befinden und Rechtsstreitigkeiten zu entscheiden. Das den Rechtsgang vor dem Gericht ordnende **„formelle"** Recht dient, vom Ganzen der Rechtsordnung aus betrachtet, dem materiellen Recht, das die Stellung, die Rechte und Pflichten und das Verhalten der einzelnen im Rechtsverkehr regelt. Unter dem Blickwinkel des Prozesses regelt das formelle Recht die Voraussetzungen der Ausübung von Rechtsprechung und die Verfahrenshandlungen des Gerichts und der Beteiligten, während das materielle Recht die sachlichen Maßstäbe des Entscheidens und damit den Inhalt der Entscheidung bestimmt (G. BOEHMER, Grundlagen der Bürgerlichen Rechtsordnung. Erstes Buch, 1950, S. 93 ff.; W. HENCKEL, Prozeßrecht und materielles Recht, 1970). Die große Vielgestaltigkeit der Prozesse in den verschiedenen Rechtswegen läßt nur eine vergleichsweise abstrakte Beschreibung dessen zu, was allgemein als „Prozeß" anzusehen ist.

STEIN/JONAS, ZPO, 20. Aufl., 1977 ff.; L. ROSENBERG/K. H. SCHWAB/F. GAUL, Zivilprozeßrecht, 13. Aufl., 1981; R. ZÖLLER, Kommentar zur ZPO mit GVG und Nebengesetzen, 14. Aufl., 1984.

Prozeßrecht und Verfassung

32 Die Ausgestaltung des Prozeßrechts für die verschiedenen Gerichtsbarkeiten, Rechtswege und Rechtszüge ist Sache des Gesetzgebers. Der Gesetzgeber legt auch durch die gerichtliche Zuständigkeitsordnung fest, welches Gericht für einen bestimmten Prozeß der „gesetzliche Richter" ist; RNr. 23.

Rechtsprechung und Rechtsgang 33 H

Die gesetzliche Ausgestaltung des Prozeßrechts wird verfassungsrechtlich in erster Linie durch die **rechtsstaatlichen** Anforderungen bestimmt. Neben den besonders auf die Rechtsprechung zugeschnittenen **Grundrechten** des gesetzlichen Richters, des Anspruchs auf rechtliches Gehör und der Rechtsschutzgarantie ergeben sich auch aus einer Reihe weiterer Grundrechte bestimmte verfassungsrechtliche Rechtsfolgen für das Prozeßrecht. Das allgemeine Persönlichkeitsrecht beispielsweise hat auf der Ebene des Prozeßrechts Verwertungsverbote für unzulässig erlangte Beweismittel, z. B. heimliche Tonbandaufnahmen oder Ermittlungsergebnisse mit Hilfe eines Lügendetektors, zur Folge. Auch in dem von dem Untersuchungsgrundsatz beherrschten Strafprozeß fordert das Gesetz nicht eine Wahrheitsermittlung um jeden Preis. Das Grundrecht, die Würde des Menschen als unantastbar zu behandeln, sie zu achten und zu schützen (Art. 1 Abs. 1 GG), beschränkt die Vernehmung des Beschuldigten im Strafprozeß: Die Freiheit der Willensentschließung und der Willensbetätigung des Beschuldigten darf nicht beeinträchtigt werden durch Mißhandlung, durch Ermüdung, durch körperlichen Eingriff, durch Verabreichung von Mitteln, durch Quälerei, durch Täuschung oder durch Hypnose. Zwang darf nur angewandt werden, soweit das Strafverfahrensrecht dies zuläßt. Die Drohung mit einer nach seinen Vorschriften unzulässigen Maßnahme und das Versprechen eines gesetzlich nicht vorgesehenen Vorteils sind verboten. Maßnahmen, die das Erinnerungsvermögen oder die Einsichtsfähigkeit des Beschuldigten beeinträchtigen, sind nicht gestattet (§ 136a StPO). Die Durchsuchung von Wohnungen zum Zwecke strafprozessualer Ermittlungshandlungen ist durch das Grundrecht des Art. 13 GG eingeschränkt.

Für alle Verfahrensarten gilt, daß eine sachlich schlechthin unhaltbare Entscheidung, die durch einen unvertretbaren Verstoß gegen Verfahrensrecht oder materielles Recht zustande gekommen ist, das **Willkürverbot** (Art. 3 Abs. 1 GG) verletzt (BVerfGE 42, 64; 58, 163; 59, 98).

Zahlreiche Vorschriften des Prozeßrechts sind, genau besehen, nähere Ausgestaltungen rechtsstaatlicher Grundsätze oder von Verfahrensgrundrechten. Dennoch ist nicht jeder Verstoß gegen diese Vorschriften des Prozeßrechts zugleich immer auch eine Verletzung der Verfassung. Dies gilt nur bei Mißachtung der verfassungsrechtlichen Garantie oder bei einer willkürlichen Handhabung des Verfahrensrechts, etwa wenn eine Entscheidung sich derart weit von der auszulegenden Norm entfernt, daß sich der Schluß aufdrängt, sie beruhe auf sachfremden Erwägungen (BVerfGE 19, 38; 29, 45; 29, 166; 29, 198; 38, 386; 40, 268; 54, 100). Liegt eine derartig spezifisch verfassungsrechtliche Verletzung des Verfahrensrechts nicht vor, sondern nur eine fehlerhafte Rechtsanwendung, ein **error in procedendo,** kann ein Grundrechtsverstoß nicht geltend gemacht werden.

Das rechtsstaatliche Gebot eines „fairen Verfahrens"

Das Rechtsstaatsprinzip schließt ein „Recht auf ein faires Verfahren" ein, das 33 in Verb. mit Art. 2 Abs. 1 GG als subjektives Recht garantiert ist (vgl. BVerfGE 46, 202). Zu dieser Garantie gehört beispielsweise die selbständige Wahrnehmung prozessualer Möglichkeiten und Rechte, ebenso die Heranziehung des erforderlichen Sachverstandes durch den Verfahrensbeteiligten. Der Ausschluß eines Rechtsbeistandes des Zeugen von der Zeugenvernehmung, etwa im Disziplinarverfahren, verstößt im allgemeinen gegen dieses Recht (BVerfGE 38, 105).

Ein Anspruch auf eine rechtsstaatliche Verfahrensgestaltung und eine faire Verfahrensführung ergibt sich im übrigen aus dem betroffenen Grundrecht selbst (BVerfG 51, 150; 52, 131). Das Gericht muß bei der Prozeßführung die besonderen Gewährleistungen und den spezifischen Schutz berücksichtigen, der durch die Grundrechte bewirkt werden soll, wenn – wie z. B. bei der Zwangsversteigerung eines Grundstücks oder bei der Bemessung der Sorgfaltspflichten im Rahmen der Arzthaftung – Grundrechte einzelner berührt werden.

P. J. TETTINGER, Fairneß und Waffengleichheit, 1984.

Streitentscheidung in angemessener Frist

34 In einem Rechtsstaat kann derjenige, der als Kläger den Schutz der Gerichte angeht, oder als Angeklagter in einem Strafprozeß sich dem Vorwurf kriminellen Handelns gegenübersieht, verlangen, daß seine Sache in angemessener Frist und ohne Verschleppung zur gerichtlichen Verhandlung und Entscheidung gelangt. Das im Prozeßrecht verschiedentlich festgelegte **Beschleunigungsgebot** ist nicht nur eine Frage der Zweckmäßigkeit der Verfahrensführung, sondern auch ein Gebot rechtsstaatlichen Prozedierens. Für den Verwaltungsprozeß kann die Rechtsschutzgarantie des Art 19 Abs. 4 GG als speziellere Gewährleistung für das Recht auf eine Streitentscheidung in angemessener Frist herangezogen werden.
Eine zusätzliche Garantie besteht aufgrund **Art. 6 Abs. 1 der Europäischen Menschenrechtskonvention**, die jedermann einen Anspruch darauf gibt, daß seine Sache in billiger Weise öffentlich und innerhalb einer angemessenen Frist gehört wird. In einem allerdings durchaus atypischen Fall ist der Bundesrepublik attestiert worden, daß sie durch ihre Verwaltungsgerichte diese Garantie verletzt habe (Europäischer Gerichtshof für Menschenrechte EuGRZ 1978, 405 – Fall KÖNIG).
Bei der berechtigten Forderung nach einer Streitentscheidung in angemessener Frist darf nicht nur an den Angeklagten im Strafprozeß und den Kläger im Zivilprozeß gedacht werden. Dieses Postulat gilt auch für den Staat, der seinen Strafanspruch gegen einen Angeklagten verfolgt, und für die Verwaltung, deren Handlungsweise in einem Verwaltungsstreitverfahren angegriffen wird. Überall ist die ungerechtfertigte Verzögerung des Rechts oder die Zulassung der Verschleppung eines Prozesses durch denjenigen, der eine rasche Entscheidung befürchten muß, ein Mangel der Rechtsprechung, dessen Behebung eine dringende rechtsstaatliche Aufgabe ist.

b) Grenzen der Strafgewalt

Strafzwecke

35 Die staatliche Strafgewalt besteht zur Sicherung des Rechts und zum Schutz der einzelnen. Das Strafgesetz bestimmt und begrenzt die staatliche Strafgewalt, indem es in seinen Tatbeständen die Handlungen und Unterlassungen der einzelnen umschreibt, durch die Rechtsgüter oder Rechtspflichten verletzt werden, die für das Zusammenleben in der staatlichen Gemeinschaft ein grundlegendes Gewicht haben. Die Strafe ist nicht eine Reaktion der staatlichen Zwangsgewalt, die nach bestimmten Vorstellungen der Zweckmäßigkeit oder nach bestimmten politischen Zielen zur Unterdrückung unerwünschten Verhaltens eingesetzt wird. Vielmehr ist sie nur dadurch gerechtfertigt, daß in ihr ein letzten Endes sittlich begründetes Unwerturteil über ein bestimmtes Verhalten eines einzelnen zum Ausdruck kommt, allerdings verbunden mit einer Sanktion, die dem Gewicht des verletzten Rechtsgutes oder der verletzten Rechtspflicht und der Handlungsweise und Schuld des Täters entspricht. Für die aufgeklärte Kriminalpolitik des 18. und 19. Jahrhunderts erschien vor allem der Gedanke maßgebend, daß die Wahrung des Rechts und der Schutz der Sicherheit und der Rechte des einzelnen praktisch voraussetzen, daß dem Verstoß gegen die strafrechtlichen Gebote und Verbote mit einer gewissen Berechenbarkeit eine Bestrafung des Täters folgen wird. Dies wird so ausgedrückt, daß Strafzweck die **Generalprävention** ist, die von der **Androhung** der Strafe ausgeht. Das bedeutet zugleich das Ziel einer Vorbeugung gegen eine Verletzung des Rechts, nicht aber der Vergeltung. Der Strafzweck der Generalprävention in diesem Sinne ist in der neueren Zeit verbunden worden mit kriminalpolitischen Zielen der sog. **Spezialprävention,** also einer auf den konkreten Täter gerichteten Zumessung der Sanktion und dann auch der Art und Weise der Vollstreckung einer Strafe; besonders von dem zweiten wird, oft mit einem etwas abstrakten Idealismus, eine ,,Resozialisierung" des Täters erwartet, also eine Art Erziehung und Rückführung auf den Boden der Wertvorstellungen und Verhaltensweisen der Rechtsgemeinschaft. Es ist nicht möglich, den staatlichen Strafanspruch allein durch einen einzigen Strafzweck zu rechtfertigen.

Der rechts- und kriminalpolitische Leitgedanke der Strafzwecke äußert sich zuerst in der Entscheidung des **Gesetzgebers** darüber, welche Rechtsgüter und Rechtspflichten zum Gegenstand des Strafgesetzes zu machen sind. Dieser Leitgedanke kommt weiter in den Grundsätzen zum Ausdruck, die den **Richter** bei der **Strafzumessung** bestimmen dürfen und müssen; dies schließt auch die Maßregeln der Besserung und Sicherung ein. Schließlich werden die Strafzwecke wirksam bei der **Vollstreckung** einer ausgesprochenen Strafe, insbes. durch die Ausgestaltung des Vollzugs einer Freiheitsstrafe.

JESCHECK, Lehrbuch des Strafrechts, 3. Aufl., 1978; H.-J. BRUNS, Die Generalprävention als Zweck und Zumessungsgrund der Strafe, in: Festschrift für Helmut von Weber, 1963, S. 75; CL. ROXIN, Sinn und Grenzen staatlicher Strafe, JuS 1966, 377; K. VOLK, Der Begriff der Strafe in der Rechtsprechung des Bundesverfassungsgerichts, ZgesStrW 83, 1971, S. 405.

Das Schuldprinzip

Das neuzeitliche Strafrecht ist **Schuldstrafrecht**. Es läßt es für eine Bestrafung nicht genügen, daß jemand strafwürdiges Unrecht objektiv begangen hat, sondern verlangt für eine Bestrafung, daß der Täter dabei auch subjektiv gegen das Recht verstoßen, also mit Unrechtsbewußtsein und Schuld gehandelt hat. Die Schuld des Täters ist damit Grund der Strafbarkeit, sie ist außerdem aber auch ein wesentliches Kriterium für die Bemessung der Strafe. Der Grundsatz, daß eine Bestrafung Schuld und damit Vorwerfbarkeit voraussetzt, daß also z. B. eine Schuldunfähigkeit und eine verminderte Schuldfähigkeit berücksichtigt werden müssen, ist ein Grundsatz, der die Grenzen der Strafgewalt auch verfassungsrechtlich bestimmt. Der Satz: Keine Strafe ohne Schuld, gehört zu den Rechten des einzelnen, die durch Art. 2 Abs. 1 GG geschützt werden (BVerfGE 20, 323).

CL. ROXIN, Zur jüngsten Diskussion über Schuld, Prävention und Verantwortlichkeit im Strafrecht, in: Festschrift für Paul Bockelmann, 1979, S. 279.

Keine Strafe ohne Gesetz

37 Eine Tat kann nur bestraft werden, wenn die Strafbarkeit gesetzlich bestimmt war, bevor die Tat begangen wurde (Art. 103 Abs. 2 GG). Dieses Grundrecht besagt zuerst, daß nur durch das Gesetz ein Straftatbestand begründet werden kann (nullum crimen sine lege) und daß dementsprechend eine Strafe nur nach Maßgabe des Gesetzes ausgesprochen werden darf (nulla poena sine lege). Das **Strafgesetz** hat dadurch eine **rechtsstaatliche Garantiefunktion.** Das schließt auch das Verbot ein, eine Strafbarkeit oder eine Strafschärfung im Wege der Analogie zu begründen.
Das Grundrecht besagt zweitens, daß das Strafgesetz über eine hinreichende **Bestimmtheit** verfügen muß (BVerfGE 26, 41; 32, 346). Jeder muß aus dem Strafgesetz entnehmen können, wenn auch nicht im Sinne einer juristischen Beurteilung, wo die Grenze des strafbaren Unrechts verläuft. Der allgemeine rechtsstaatliche Gedanke der Berechenbarkeit des Rechts ist für das Strafrecht, das dem Staat die weitestgehenden Eingriffe in Freiheit und Eigentum ermöglicht, von besonderem Gewicht. Eine mangelnde Bestimmtheit des Strafgesetzes kann durch vage und dehnbare Begriffe zur Beschreibung der Strafbarkeit entstehen, aber auch durch eine übermäßige Kompliziertheit des Strafgesetzes, das damit nicht mehr für jedermann eine erkennbare Grenze zwischen Recht und Unrecht zieht.
Die dritte Bedeutung des Grundrechts liegt darin, daß es fordert, eine Strafe nur auszusprechen, wenn im Zeitpunkt der Tat das Strafgesetz und die in ihm angeordnete Art und Höhe der Strafe bereits geltendes Recht war. Das Grundrecht enthält damit ein ausdrückliches **Verbot der Rückwirkung** des Strafgesetzes. Gegen dieses rechtsstaatliche Gebot wurde verstoßen, als Marinus van der Lubbe, der den Reichstagsbrand im Februar 1933 gelegt hatte, zum Tode verurteilt wurde, obwohl die Todesstrafe für seine Tat erst nach dem Reichstagsbrand eingeführt worden war. Das Rückwirkungsverbot betrifft nur die Strafbarkeit, also das materielle Strafrecht, nicht jedoch die Vorschriften des Strafprozeßrechts. Deshalb kann gegen nachträgliche Erleichterungen der Strafverfolgung, z. B. durch Änderung der Verjährungsvorschriften (BVerfGE 25, 269), das Grundrecht nicht angerufen werden.

Ne bis in idem

38 Niemand darf wegen derselben Tat aufgrund der allgemeinen Strafgesetze mehrmals bestraft werden (Art. 103 Abs. 3 GG). Nach diesem Grundrecht

Rechtsprechung und Rechtsgang

kann ein und dieselbe Tat nur einmal zum Gegenstand eines Strafausspruchs gemacht werden. Das gilt auch dann, wenn sich nach der Entscheidung des Gerichts neue Umstände ergeben, die das Verhalten des Täters in einem anderen Licht erscheinen lassen, also z. B. einen Freispruch als ungerechtfertigt erweisen. Die kursorische Entscheidung im Wege des Strafbefehls begründet diesen Schutz nicht (BVerfG NJW 1984, S. 604).
Der Verbrauch des staatlichen Strafanspruches gilt nur für die Ausübung der **deutschen** Strafgewalt, also nicht im Verhältnis zu Strafverfahren im Ausland oder durch eine fremde Staatsgewalt. Das Grundrecht gilt auch nur für eine Bestrafung, nicht im Verhältnis zum Disziplinarrecht der Beamten und der dort vorgesehenen Sanktionen (BVerfGE 32, 40).

Die Todesstrafe ist abgeschafft

Für die ausdrückliche Festlegung in Art. 102 GG ist die Erschütterung über den Mißbrauch der Todesstrafe in der Zeit des Dritten Reiches maßgebend gewesen. Diese historische Erfahrung hat den auch sonst und schon lange erhobenen Forderungen auf Abschaffung der Todesstrafe das ausschlaggebende Gewicht gegeben. Es bestehen keine Anhaltspunkte dafür, daß die Androhung oder die Vollstreckung der Todesstrafe zur Wahrung des Rechts und zum Schutz der Rechte der einzelnen gegen den Straftäter beitragen. Bei dieser tatsächlichen Voraussetzung kann die Todesstrafe nur aus dem Strafzweck der Vergeltung oder aus dem kriminalpolitischen Ziel, den Täter an dem Begehen weiterer schwerer Straftaten zu hindern, gerechtfertigt werden. Das Grundgesetz hat diese Gründe nicht anerkannt.
Aus Art. 102 GG kann nicht geschlossen werden, daß die deutsche Staatsgewalt durch das Grundgesetz auch verpflichtet wäre, die Verhängung oder Vollstreckung der Todesstrafe durch andere Staaten zu verhindern. Der Gesetzgeber hat jedoch aus Art. 102 GG den Schluß gezogen, daß die **Auslieferung** an einen anderen Staat, der die Tat, weswegen die Auslieferung verlangt wird, mit Todesstrafe bedroht, nur zulässig ist, wenn der die Auslieferung erlangende Staat zusichert, daß die Todesstrafe nicht verhängt oder nicht vollstreckt werden wird (§ 8 Gesetz über die internationale Rechtshilfe in Strafsachen vom 23. Dez. 1982, BGBl. I S. 2071).

Der Strafprozeß

Der Strafprozeß ist das rechtsförmliche Verfahren, in dem der **staatliche Strafanspruch** geltend gemacht wird. Kennzeichen des rechtsstaatlichen Strafprozesses ist es, daß zwar dem Gericht und vorher den Strafverfolgungsbehörden hinreichende Mittel an die Hand gegeben werden, um die für das Bestehen oder Nichtbestehen des staatlichen Strafanspruches erheblichen Umstände zu ermitteln und eine geordnete Entscheidung über die erhobene öffentliche Klage in angemessener Zeit herbeizuführen, auf der anderen Seite aber auch dem Beschuldigten und dann dem Angeklagten die notwendigen Mittel und Wege zu seiner Verteidigung gesichert sind.
Die **Staatsanwaltschaft** ist, soweit nicht gesetzlich ein anderes bestimmt ist, verpflichtet, wegen aller verfolgbaren Straftaten einzuschreiten, sofern zureichende tatsächliche Anhaltspunkte vorliegen („Legalitätsprinzip", § 152

Abs. 2 StPO). Sobald die Staatsanwaltschaft durch eine Anzeige oder auf anderem Wege von dem Verdacht einer Straftat Kenntnis erhält, hat sie zu ihrer Entschließung darüber, ob die öffentliche Klage zu erheben ist, den Sachverhalt zu erforschen; sie hat dabei nicht nur die zur Belastung, sondern auch die zur Entlastung dienenden Umstände zu ermitteln (§ 160 StPO). Das Gericht hat zur Erforschung der Wahrheit die Beweisaufnahme von Amts wegen auf alle Tatsachen und Beweismittel zu erstrecken, die für die Entscheidung von Bedeutung sind („Untersuchungsgrundsatz", § 244 Abs. 2 StPO). Die Wahrheitserforschung durch die Strafverfolgungsbehörden und durch das Gericht darf nicht mit allen technisch in Betracht kommenden Mitteln erfolgen. Die rechtsstaatlichen Grundsätze und insbes. die Würde des Menschen und das allgemeine Persönlichkeitsrecht eines Verdächtigen, Beschuldigten oder Angeklagten (Art. 1 Abs. 1 und 2 Abs. 1 GG) sind Grenzen der Strafverfolgung und der gerichtlichen Sachverhaltsermittlung (vgl. BVerfGE 56, 37).

W. SAX, Grundsätze der Strafrechtspflege, in: Die Grundrechte, III/2, 1959, S. 909; LÖWE/ROSENBERG, StPO, 23. Aufl., 1976/79; CL. ROXIN, Strafverfahrensrecht, 18. Aufl., 1983; M. NIEMÖLLER/G. F. SCHUPPERT, Die Rechtsprechung des Bundesverfassungsgerichts zum Strafverfahrensrecht, AöR 107, 1982, S. 387.

Die Funktionsfähigkeit der Strafrechtspflege

41 So wie der Rechtsstaat und die Grundrechte des einzelnen die allgemeine Pflicht des Staates festlegen, das Recht zu wahren und Freiheit und Eigentum der einzelnen zu schützen, also die kriminalpolitisch notwendigen Gebote und Verbote durch das Strafgesetz festzulegen, so gehört die Sicherung des Rechts und des Rechtsfriedens durch eine funktionsfähige Strafrechtspflege zu den elementaren Aufgaben des Staates. Die Festlegung von Pflichten des einzelnen, z. B. der Pflicht als Zeuge in einem Strafprozeß auszusagen, und die Beschränkung der Ausübung einzelner Grundrechte, z. B der Verteidigung gegen die öffentliche Klage, können durch den allgemeinen Verfassungsgrundsatz, daß eine funktionsfähige und funktionstüchtige Strafrechtspflege zu den Grundbedingungen des Rechtsstaats gehört, gerechtfertigt sein (vgl. BVerfGE 33, 367; 49, 25; 51, 324). Die Strafverfolgung und die gerichtliche Entscheidung über den staatlichen Strafanspruch müssen nach Inhalt und Grenzen durch fest bestimmte Regelungen geordnet sein, um eine ordnungsmäßige und in angemessener Zeit zu einer Entscheidung führende Rechtsprechung in Strafsachen zu sichern und um den einzelnen gegen Willkür und Mißbrauch der staatlichen Zwangsgewalt zu schützen.

Das Verwaltungsunrecht

42 Das Strafrecht droht Sanktionen für die Verletzung grundlegender Rechtsgüter oder Rechtspflichten an. Nach dieser Zielsetzung enthält es keine vollständige Regelung der Verhaltensgebote, die im Interesse der Allgemeinheit erforderlich sind. Jenseits des strafbaren Unrechts gibt es eine breite Zone von Verhaltensweisen, die den Interessen der Allgemeinheit zuwiderlaufen oder Rechte anderer beeinträchtigen. Zu diesem Bereich gehören vor allem Verstöße gegen Regelungen oder Entscheidungen der Exekutive zur Auf-

rechterhaltung der äußeren Ordnung staatlichen Handelns oder zur Sicherung der Erfüllung bestimmter Verwaltungszwecke. Verstöße des einzelnen gegen derartige Anforderungen lassen sich in der Regel nicht auf ein ethisch faßbares Unrecht zurückführen, sie sind ,,Verwaltungsunrecht". Zahllose Vorschriften des Verwaltungsrechts, des Verkehrsrechts, des Steuerrechts und des Sozialrechts legen derartige Verstöße fest. Die allgemeine gesetzliche Regelung ist das **Gesetz über Ordnungswidrigkeiten** in der Fass. d. Bek. v. 2. Jan. 1975 (BGBl. I S. 80, ber. S. 520), zuletzt geänd. durch Gesetz vom 5. Okt. 1978 (BGBl. I S. 1645). Eine Ordnungswidrigkeit ist eine rechtswidrige und vorwerfbare Handlung, die den Tatbestand eines Gesetzes verwirklicht, das die Ahndung mit einer Geldbuße zuläßt. Beispielsweise sind in § 49 StVO die Vorschriften in einem Katalog zusammengefaßt, deren vorsätzliche oder fahrlässige Verletzung ,,ordnungswidrig" ist und mit einer Geldbuße geahndet werden kann (§ 24 StVG).

5. Die Verfassungsgerichtsbarkeit

a) Das Bundesverfassungsgericht

Die Zusammensetzung des Gerichts

Das Bundesverfassungsgericht übt rechtsprechende Gewalt des Bundes aus. 43 Ihm ist die Verfassungsgerichtsbarkeit des Bundes anvertraut (Art. 92, 94 GG). Nach der durch Bundesgesetz geregelten Verfassung des Bundesverfassungsgerichts besteht dieses aus **zwei Senaten** aus jeweils acht Richtern (§ 2 BVerfGG). Das Grundgesetz schreibt vor, daß das Bundesverfassungsgericht aus Bundesrichtern und anderen Mitgliedern besteht. Dem ist das Gesetz in der Weise nachgekommen, daß es festgelegt hat, daß drei Richter jedes Senats aus der Zahl der Richter an den obersten Gerichtshöfen des Bundes gewählt werden und daß alle Richter die Befähigung zum Richteramt nach dem Deutschen Richtergesetz besitzen müssen (§§ 2 Abs. 3, 3 Abs. 2 BVerfGG).

K. SCHLAICH, Das Bundesverfassungsgericht, 1985.

Die Berufung der Richter

Die Verfassung legt fest, daß die Mitglieder des Bundesverfassungsgerichts je 44 zur Hälfte vom Bundestag und vom Bundesrat **gewählt** werden (Art. 94 Abs. 1 Satz 2 GG). Diese allgemeine Bestimmung ist durch das Gesetz in der Weise ausgestaltet worden, daß die vom Bundestag zu berufenden Richter in indirekter Wahl, nämlich durch einen Wahlmännerausschuß aus 12 Mitgliedern des Bundestags gewählt werden, wobei zum Richter gewählt wird, wer mindestens acht Stimmen auf sich vereinigt, während die vom Bundesrat zu berufenden Richter mit zwei Dritteln der Stimmen des Bundesrates gewählt werden (§§ 6, 7 BVerfGG). Das Bundesverfassungsgerichtsgesetz regelt auch im übrigen die Modalitäten und das Verfahren der Richterwahl zum Bundes-

verfassungsgericht. Die **Amtszeit** der Richter dauert zwölf Jahre, längstens bis zur Altersgrenze; eine anschließende oder spätere Wiederwahl der Richter ist ausgeschlossen (§ 4 BVerfGG). Diese Vorschriften haben die davor geltenden Bestimmungen abgelöst, die eine kürzere Amtszeit vorsahen, aber eine Wiederwahl der Richter nicht ausschlossen.
Das durch die Verfassung nicht vorgeschriebene, durch das Gesetz festgelegte Quorum für die Wahl der Richter des Bundesverfassungsgerichts, nämlich jeweils **zwei Drittel** der Stimmen im Wahlmännerausschuß des Bundestages und im Plenum des Bundesrates, hat angesichts des Parteiensystems der Bundesrepublik bis heute die Folge gehabt, daß die Partei oder die Parteien der jeweiligen Regierung allein nicht in der Lage gewesen sind, bei einer fälligen Richterwahl ihre personalpolitische Vorstellung durchzusetzen. Es hat sich dementsprechend eine Art Proporz für die Besetzung der Richterstellen in den beiden Senaten herausgebildet, der den im Bundestag vertretenen Parteien entsprechend ihrer Stärke einen Einfluß auf die Berufung der Richter gesichert hat. Der Autorität und der parteipolitischen Neutralität des Bundesverfassungsgerichts ist dieser Wahlmodus entschieden zugute gekommen.

Die Organisation des Gerichts

45 Verfassung und Zuständigkeit des Bundesverfassungsgerichts sind durch die Bestimmungen der §§ 1 ff. BVerfGG geregelt. Das Bundesverfassungsgericht besteht danach aus zwei Senaten aus jeweils acht Richtern. Bundestag und Bundesrat wählen im Wechsel den Präsidenten des Bundesverfassungsgerichts und seinen Stellvertreter (§ 9 BVerfGG).
Die **Zuständigkeiten** des Bundesverfassungsgerichts ergeben sich aus dem Grundgesetz (§ 13 BVerfGG). Die Verteilung der Streitsachen auf die beiden Senate ist durch das Gesetz bestimmt. Das Plenum des Gerichts kann jedoch Abweichendes regeln, wenn dies infolge einer nicht nur vorübergehenden Überlastung eines Senats unabweislich geworden ist (§ 14 BVerfGG, Beschluß des Plenums des Gerichts vom 30. Dez. 1978, BGBl. I S. 2095).

Die Berufung der Richter

46 Die Verfassung und das Verfahren des Bundesverfassungsgerichts sind gemäß Art. 94 Abs 2 GG durch das Gesetz über das Bundesverfassungsgericht in der Fass. d. Bek. vom 12. Dez. 1985 (BGBl. I S. 2229) geregelt. Die jetzige Fassung des Gesetzes geht auf das ursprüngliche Gesetz vom 12. März 1951 (BGBl. I S. 243) und die verschiedenen Änderungsgesetze zurück.
Das Gesetz regelt neben der Verfassung und Zuständigkeit des Gerichts allgemeine Verfahrensvorschriften und enthält dann für die einzelnen Streitsachen besondere Verfahrensvorschriften, z. B. für die Verfassungsbeschwerde die Bestimmungen der §§ 90 ff. BVerfGG.
Die Novelle vom 12. Dez. 1985 (BGBl. I S. 2226) hat die Entscheidungsbefugnis der jetzt „Kammern" genannten Vorprüfungsausschüsse für die Entscheidung über Verfassungsbeschwerden weiterentwickelt (§§ 15a, 93b BVerfGG).

W. GEIGER, Gesetz über das Bundesverfassungsgericht, 1952; H. LECHNER, BVerfGG, 3. Aufl., 1973; Th. MAUNZ/B. SCHMIDT-BLEIBTREU/F. KLEIN, BVerfGG, Stand 1980;

Die Verfassungsgerichtsbarkeit

R. SCHIFFERS, Grundlegung der Verfassungsgerichtsbarkeit. Das Gesetz über das Bundesverfassungsgericht vom 12. März 1951, 1984.

Die Geschäftsordnung des Bundesverfassungsgerichts

Das Plenum des Gerichts hat die Geschäftsordnung des Bundesverfassungsgerichts vom 2. Sept. 1975 (BGBl. I S. 2515, ber. BGBl. 1976 I S. 507), geänd. durch Beschl. v. 5. Dez. 1978 (BGBl. I S. 2095) erlassen. Eine ausdrückliche Ermächtigung für diese Geschäftsordnung findet sich jetzt in § 1 Abs. 3 BVerfGG. Die rechtliche Grundlage für den Erlaß der Geschäftsordnung wird daraus gewonnen, daß das Bundesverfassungsgericht – wie der Bundestag, der Bundesrat und die Bundesregierung – ein Verfassungsorgan des Bundes ist und dementsprechend über **Geschäftsordnungsautonomie** verfügt. Durch die Geschäftsordnung kann nichts bestimmt werden, das im Widerspruch zum Grundgesetz oder zum Bundesverfassungsgerichtsgesetz stünde.
In der Geschäftsordnung des Bundesverfassungsgerichts finden sich Vorschriften zur Organisation und Verwaltung des Gerichts sowie „verfahrensergänzende Vorschriften", darunter auch Vorschriften über das Verfahren bei Abgabe eines Sondervotums gemäß § 30 Abs. 2 BVerfGG (§ 55 der GeschO).

H. SÄCKER, Die neue Geschäftsordnung des Bundesverfassungsgerichts, NJW 1976, 25.

b) Die Zuständigkeiten des Bundesverfassungsgerichts

Zuständigkeitszuweisung durch Verfassung und durch Gesetz

Die dem Bundesverfassungsgericht zur Entscheidung zugewiesenen Streitsachen lassen sich unter dem Begriff der „**Verfassungsstreitigkeiten**" zusammenfassen. Darunter werden solche Streitigkeiten verstanden, die sich auf verfassungsrechtliche Rechte oder Pflichten, z. B. im bundesstaatlichen Rechtsverhältnis, oder sonst auf aus dem Verfassungsrecht ableitbare Rechtsfolgen beziehen. Dieser Begriff hat eine vorwiegend theoretische Bedeutung, da die Zuständigkeit des Bundesverfassungsgerichts nicht durch eine Generalklausel bestimmt ist, sondern nach dem **Enumerationsprinzip**: Die Anrufung des Bundesverfassungsgerichts ist zulässig, wenn die Streitsache unter eine der zahlreichen Zuständigkeitszuweisungen durch die Verfassung oder durch ein Gesetz fällt.
Das **Grundgesetz** spricht in zahlreichen Vorschriften Zuständigkeitszuweisungen für das Bundesverfassungsgericht aus, z. B. in Art. 93 Abs. 1, 100 Abs. 1, 41 Abs. 2 und 21 Abs. 2 GG. Diese vom Grundgesetz bestimmten Fälle sind in § 13 **BVerfGG** katalogartig aufgeführt. Darunter ist auch der Fall hervorzuheben, daß dem Bundesverfassungsgericht durch Landesgesetz die Entscheidung von Verfassungsstreitigkeiten innerhalb eines Landes zugewiesen werden kann (Art. 99 GG). Eine derartige Zuweisung ist für das Land Schleswig-Holstein erfolgt; siehe Art. 37 der Landessatzung.
Das Bundesverfassungsgericht wird, abgesehen von den im Grundgesetz vorgesehenen Fällen, in den ihm sonst durch **Bundesgesetz** zugewiesenen Fällen

tätig (Art. 93 Abs. 2 GG). Der Bundesgesetzgeber kann demnach neue Zuständigkeiten des Bundesverfassungsgerichts begründen, soweit es sich um Fälle handelt, die mit der Aufgabe der Verfassungsgerichtsbarkeit im Einklang stehen.

Staatsgerichtsbarkeit und Verfassungsgerichtsbarkeit

49 Der ältere Sprachgebrauch, dem auch die Weimarer Reichsverfassung folgte (siehe Art. 108 und das Gesetz über den Staatsgerichtshof vom 9. Juli 1921, RGBl. S. 905), nannte ein Gericht, dem besonders und ausschließlich die Entscheidung bestimmter auf die Verfassungsordnung bezüglicher Streitigkeiten zugewiesen war, „Staatsgerichtshof". Als Streitsachen kamen dabei hauptsächlich solche aus dem bundesstaatlichen Rechtsverhältnis sowie die im konstitutionellen Staatsrecht verfassungspolitisch wichtigen Ministeranklagen in Betracht. Einige Landesverfassungen haben den traditionellen Sprachgebrauch beibehalten, ohne Rücksicht auf Art und Umfang der Zuständigkeiten dieser Staatsgerichtshöfe; siehe z. B. den hessischen Staatsgerichtshof nach Art. 130 ff. HessVerf und den niedersächsischen Staatsgerichtshof in Bückeburg nach Art. 42 der Vorläufigen Niedersächsischen Verfassung.
Für eine Gerichtsbarkeit wie die nach dem Grundgesetz, bei der die verfassungsrechtliche Bindung des Gesetzgebers und die Anrufung des Gerichts auch durch den in seinen Grundrechten beschwerten einzelnen im Vordergrund stehen, ist die Bezeichnung als „Verfassungsgerichtsbarkeit" passender. Dem entspricht es, daß für die Verfassungsgerichtsbarkeit des Bundes der in der bisherigen deutschen Verfassungstradition nicht gebrauchte Name des „Bundesverfassungsgerichts" verwendet wurde.

H. Triepel, Wesen und Entwicklung der Staatsgerichtsbarkeit, VVDStRL Heft 5, 1929; U. Scheuner, Die Überlieferung der deutschen Staatsgerichtsbarkeit im 19. und 20. Jahrhundert, in: Festgabe für das Bundesverfassungsgericht, 1976, I, S. 1.

Die Bund-Länder-Streitigkeit

50 Das Bundesverfassungsgericht entscheidet bei Meinungsverschiedenheiten über Rechte und Pflichten des Bundes und der Länder, insbes. bei der Ausführung von Bundesrecht durch die Länder und bei der Ausübung der Bundesaufsicht (Art. 93 Abs. 1 Nr. 3 GG; §§ 68 ff. BVerfGG). Es handelt sich dabei um ein kontradiktorisches Verfahren, in dem sich für den Bund die Bundesregierung und für ein Land die Landesregierung gegenüberstehen. Ist der Antrag begründet, stellt das Gericht in seiner Entscheidung fest, daß die beanstandete Maßnahme oder Unterlassung des Antragsgegners gegen eine Bestimmung des Grundgesetzes verstößt.
Bis zum 31. 12. 1984 sind beim Bundesverfassungsgericht insges. 20 Bund-Länder-Streitigkeiten anhängig geworden (Hübner/Rohlfs, Jahrbuch der Bundesrepublik Deutschland, 1985/86, S. 364 f.).

Die Organstreitigkeit

51 Die Organstreitigkeit ist ein Verfahren, in dem über die Auslegung des Grundgesetzes aus Anlaß von Streitigkeiten über den Umfang der Rechte

Die Verfassungsgerichtsbarkeit   52 **H**

und Pflichten eines obersten Bundesorgans oder anderer Beteiligter entschieden wird, die durch das Grundgesetz oder in der Geschäftsordnung eines obersten Bundesorgans mit eigenen Rechten ausgestattet sind (Art. 93 Abs. 1 Nr. 1 GG; §§ 63 ff. BVerfGG). Der für diese Streitigkeiten gewählte Name stellt darauf ab, daß Antragsteller und Antragsgegner in diesem Verfahren nur bestimmte oberste Staatsorgane oder Teile dieser Organe, z. B. ein Bundesminister als Teil des Staatsorgans Bundesregierung oder ein Abgeordneter als Teil des Staatsorgans Bundestag, sein können. Das Bundesverfassungsgericht hat in Auslegung der Bestimmung des Art. 21 GG, durch welche die **Parteien** hinsichtlich ihrer Mitwirkung bei der politischen Willensbildung des Volkes in die institutionelle Verfassungsordnung eingefügt worden seien, angenommen, daß ihnen für diese verfassungsrechtliche Aufgabe die Funktion eines ,,Verfassungsorgans" zukomme und daß sie deshalb auch für ihre darauf bezüglichen Rechte Antragsteller einer Organstreitigkeit sein könnten (BVerfGE 4, 27; 44, 137). Diese ihrem Gegenstand nach eine prozeßrechtliche Frage behandelnde Entscheidung bildet eine wesentliche Quelle für die ,,Parteienstaats-"Doktrin des Bundesverfassungsgerichts.
Wenn der Antrag begründet ist, stellt das Bundesverfassungsgericht in seiner Entscheidung fest, daß die beanstandete Maßnahme oder Unterlassung des Antragsgegners gegen eine Bestimmung des Grundgesetzes verstößt. Bis zum 31. 12. 1984 sind beim Bundesverfassungsgericht 62 Organstreitigkeiten anhängig geworden (HÜBNER/ROHLFS, Jahrbuch der Bundesrepublik Deutschland 1985/86, S. 364 f.).

Die Normenkontrolle

Unter Normenkontrolle versteht man in einem allgemeinen Sinn solche Verfahren, in denen ein Gericht als Hauptfrage des Streitverfahrens über die Gültigkeit eines bestimmten Rechtssatzes (,,Prüfungsgegenstand") anhand eines höherrangigen Rechtssatzes (,,Prüfungsmaßstab") entscheidet. Normenkontrollsachen sind demnach z. B. solche Gerichtsverfahren, in denen geprüft wird, ob ein Bundesgesetz mit dem Grundgesetz oder ein Landesgesetz mit einem Bundesgesetz oder ein Landesgesetz mit der Landesverfassung übereinstimmt.
Das Grundgesetz begründet die Zuständigkeit des Bundesverfassungsgerichts für zwei verschiedene Arten der Normenkontrolle. Nach Art. 93 Abs. 1 GG entscheidet das Gericht bei Meinungsverschiedenheiten oder Zweifeln über die förmliche und sachliche Vereinbarkeit von Bundesrecht oder Landesrecht mit dem Grundgesetz oder die Vereinbarkeit von Landesrecht mit sonstigem Bundesrecht (,,abstrakte" Normenkontrolle, §§ 76 ff. BVerfGG). Nach Art. 100 Abs. 1 GG entscheidet das Bundesverfassungsgericht aus Anlaß der Vorlage eines anderen Gerichts darüber, ob ein Bundesgesetz oder ein Landesgesetz mit dem Grundgesetz oder ein Landesgesetz mit sonstigem Bundesrecht im Einklang steht (,,konkrete" Normenkontrolle, §§ 80 ff. BVerfGG).
Die ,,abstrakte" Normenkontrolle wird deshalb so genannt, weil es hier um die Gültigkeit bestimmter Rechtssätze außerhalb eines anhängigen Gerichtsverfahrens geht. Im Falle von ,,Meinungsverschiedenheiten oder Zweifeln" soll eine autoritative Entscheidung darüber herbeigeführt werden können, ob

52

diese Meinungsverschiedenheiten oder Zweifel begründet sind, insbes. zur Durchsetzung des Verfassungsrechts und zur Klärung des Inhalts der Rechtsordnung. Ein Betroffener im eigentlichen Sinn ist hier nicht vorhanden, das Verfahren hat gewissermaßen einen nur objektiven Charakter. Es kann nur durch einen Antrag der Bundesregierung, einer Landesregierung oder eines Drittels der Mitglieder des Bundestages in Gang gebracht werden. Ein Beispiel war das Verfahren über die Gültigkeit der Neufassung des § 218 StGB über die Abtreibung (BVerfGE 39, 1).

Kommt das Bundesverfassungsgericht zu der Überzeugung, daß die in Zweifel gesetzte Norm mit dem als Prüfungsmaßstab heranzuziehenden höherrangigen Recht unvereinbar ist, so erklärt es das Gesetz für nichtig. Diese Entscheidung hat eine feststellende Bedeutung und außerdem nach § 31 Abs. 2 BVerfGG „Gesetzeskraft"; RNr. 58.

Grundlage der **konkreten Normenkontrolle** ist das richterliche Prüfungsrecht, nämlich das Recht und die Pflicht jedes Richters, seine Entscheidung nur anhand einer gültigen, insbes. verfassungsmäßigen Norm zu treffen; D RNr. 51. Das im Grundgesetz nicht ausdrücklich geregelte, sondern vorausgesetzte richterliche Prüfungsrecht wird durch die Zuständigkeit des Bundesverfassungsgerichts für das Verfahren der konkreten Normenkontrolle in den Fällen eingeschränkt, in denen es um die Gültigkeit eines Gesetzes geht. Hält ein Richter ein Bundes- oder Landesgesetz, auf das es für seine Entscheidung ankommt, für verfassungswidrig oder sonst ungültig, darf er es nicht aufgrund dieser Beurteilung beiseite lassen, sondern muß er das bei ihm anhängige Verfahren aussetzen und die Sache dem Bundesverfassungsgericht (bei Verstoß eines Landesgesetzes gegen die Landesverfassung dem Landesverfassungsgericht) zur Entscheidung vorlegen. Das Verfahren der konkreten Normenkontrolle wird also durch einen Aussetzungs- und Vorlagebeschluß eines Gerichtes ausgelöst. Sein Grundgedanke ist es, die rechtlich und politisch wesentliche Entscheidung über die Gültigkeit parlamentarisch beschlossener Gesetze in der Hand des Bundesverfassungsgerichts zu konzentrieren und damit letzten Endes den Gesetzgeber gegen ein unbeschränktes richterliches Prüfungsrecht zu schützen. Für den Inhalt der Entscheidung gilt dasselbe wie im Fall der abstrakten Normenkontrolle.

Bis zum 31. 12. 1984 sind beim Bundesverfassungsgericht 82 Verfahren der abstrakten Normenkontrolle und 2200 Verfahren der konkreten Normenkontrolle anhängig geworden (HÜBNER/ROHLFS, Jahrbuch der Bundesrepublik Deutschland 1985/86, S. 364 f.).

Die Verfassungsbeschwerde

53 Jedermann kann mit der Behauptung, durch die öffentliche Gewalt in einem seiner Grundrechte oder in einem seiner in Art. 20 Abs. 4, Art. 33, 38, 101, 103 und 104 GG enthaltenen Rechte verletzt zu sein, die Verfassungsbeschwerde zum Bundesverfassungsgericht erheben (Art. 93 Abs. 1 Nr. 4a GG; §§ 90 ff. BVerfGG). Die Verfassungsbeschwerde ist das einzige Verfahren, in dem der einzelne das Bundesverfassungsgericht anrufen kann. Es ist ein außerordentlicher Rechtsbehelf zur Verteidigung der Grundrechte gegen die öffentliche Gewalt, d.h. gegen Gesetzgebung, vollziehende Gewalt und Rechtsprechung; C RNr. 28. Der Rechtsschutzcharakter dieses Verfahrens

Die Verfassungsgerichtsbarkeit 54 **H**

kommt darin zum Ausdruck, daß der Beschwerdeführer durch die angegriffene Entscheidung in einem seiner Grundrechte beschwert sein muß. Wendet er sich gegen ein Gesetz oder eine sonstige Rechtsnorm, muß er durch diese selbst, gegenwärtig und unmittelbar beschwert sein. Wendet er sich gegen eine Gerichtsentscheidung, muß er dartun können, daß diese Entscheidung gerade auf der Verletzung eines seiner Grundrechte beruht. Die Beschwer vorausgesetzt, kann jede natürliche oder juristische Person Beschwerdeführer sein, die durch das als verletzt gerügte Grundrecht geschützt wird.
Die Verfassungsbeschwerde ist den sonst durch die Rechtsordnung eröffneten Möglichkeiten, ein Gericht in Verfolgung des Rechtsschutzes anzurufen, **subsidiär**. Ein typischer Fall dieser Subsidiarität wird in § 90 Abs. 2 BVerfGG ausdrücklich genannt: Ist gegen die Verletzung der Rechtsweg – d. h. die Anrufung eines Gerichts – zulässig, so kann die Verfassungsbeschwerde erst nach Erschöpfung des Rechtswegs – d. h. nach Beschreiten aller gesetzlich eröffneten Rechtsschutzmöglichkeiten – erhoben werden.
Ist die Verfassungsbeschwerde gegen eine Gerichtsentscheidung erfolgreich, wird diese Entscheidung aufgehoben. Ist die Verfassungsbeschwerde gegen eine Rechtsnorm erfolgreich, so ist diese für nichtig zu erklären; ebenso ist zu verfahren, wenn die Verfassungsbeschwerde gegen eine Gerichtsentscheidung erfolgreich ist, weil diese Entscheidung auf einer verfassungswidrigen Rechtsvorschrift beruht (§ 95 BVerfGG).
Von der Möglichkeit der Verfassungsbeschwerde wird in überreichem Maß Gebrauch gemacht. Um einer Überlastung des Bundesverfassungsgerichts wenigstens in gewissem Maße zu steuern, sieht das Gesetz (vgl. Art. 94 Abs. 2 Satz 2 GG) vor, daß die Verfassungsbeschwerde der **Annahme zur Entscheidung** bedarf und daß ein aus drei Richtern bestehender Ausschuß („Kammer"), der von dem zuständigen Senat für die Dauer eines Geschäftsjahres berufen wird, die Verfassungsbeschwerde vorprüft. Der Ausschuß kann durch einstimmigen Beschluß u. a. die Annahme der Verfassungsbeschwerde ablehnen, wenn sie unzulässig ist oder aus anderen Gründen „keine hinreichende Aussicht auf Erfolg" hat. Sonst muß der Senat über die Annahme entscheiden (§§ 15a, 93a ff. BVerfGG). Die weit überwiegende Zahl der Verfassungsbeschwerden scheitert daran, daß eine Kammer ihre Annahme ablehnt.
Ein besonderer Fall der Verfassungsbeschwerde ist die den Gemeinden und Gemeindeverbänden eröffnete Beschwerdemöglichkeit zur Verteidigung der Garantie der kommunalen Selbstverwaltung nach Art. 28 GG (Art. 93 Abs. 1 Nr. 4b GG, § 91 BVerfGG); D RNr. 94.
Bis zum 31. 12. 1984 sind beim Bundesverfassungsgericht 58 475 Verfassungsbeschwerden anhängig geworden, von denen bisher 3470 durch Senatsentscheidung und 44 170 durch Richterausschüsse erledigt worden sind (HÜBNER/ROHLFS, Jahrbuch der Bundesrepublik Deutschland 1985/86, S. 364f.).

c) Verfassungsprozeßrecht

Anrufung des Gerichts

Wer die **Antrags-** oder **Beschwerdebefugnis** bei dem Bundesverfassungsgericht hat, ergibt sich jeweils aus den Verfahrensvorschriften über die einzelnen Streitsachen, für die das Bundesverfassungsgericht zuständig ist. 54

479

Anträge, die das Verfahren einleiten, sind schriftlich beim Bundesverfassungsgericht einzureichen. Sie sind zu begründen; die erforderlichen Beweismittel sind anzugeben (§ 23 Abs. 1 BVerfGG). In der Begründung einer Verfassungsbeschwerde sind das Recht, das verletzt sein soll, und die Handlung oder Unterlassung des Organs oder der Behörde, durch die der Beschwerdeführer sich verletzt fühlt, zu bezeichnen (§ 92 BVerfGG). Von dem Beschwerdeführer, der ja in der Regel nicht rechtskundig sein wird, wird dabei nicht etwa verlangt, diesem Begründungserfordernis in juristisch kunstgerechter Weise nachzukommen. Es genügt, wenn sich die Einhaltung der Erfordernisse im Wege der Interpretation ermitteln läßt.

Ein **Anwaltszwang** besteht für die Verfahren vor dem Bundesverfassungsgericht nicht. Die Beteiligten müssen sich allerdings in der mündlichen Verhandlung vor dem Bundesverfassungsgericht durch einen bei einem deutschen Gericht zugelassenen Rechtsanwalt oder durch einen Lehrer des Rechts an einer deutschen Hochschule vertreten lassen. Im übrigen bleibt es den Beteiligten unbenommen, sich in jeder Lage des Verfahrens in dieser Weise vertreten zu lassen (§ 22 BVerfGG).

Das Verfahren des Bundesverfassungsgerichts ist kostenfrei. Bei einer Verfassungsbeschwerde, deren Annahme abgelehnt oder die nach § 24 BVerfGG verworfen wird, kann dem Beschwerdeführer eine ,,Unterliegensgebühr" bis zu DM 1000, bei Mißbrauch eine Gebühr bis zu DM 5000 auferlegt werden (§ 34 BVerfGG).

Verfahrensgrundsätze

55 Die sehr vielgestaltigen Verfassungsstreitigkeiten, die vor das Bundesverfassungsgericht gebracht werden können, erlauben nur in begrenztem Umfang, allgemeine Verfahrensgrundsätze des Verfassungsprozeßrechts zu entwickeln. Allgemeine Verfahrensvorschriften enthalten die §§ 17ff. BVerfGG, in denen u. a. auch die Ausschließung eines Richters von der Ausübung seines Richteramtes, die Ablehnung eines Richters wegen Besorgnis der Befangenheit, das Recht der Akteneinsicht, die Prozeßvertretung, die mündliche Verhandlung und die Beweiserhebung geregelt sind.

E. KLEIN, Verfassungsprozeßrecht, AöR 108, 1983, S. 410 und 561.

Mündliche Verhandlung

56 Das Bundesverfassungsgericht entscheidet, soweit nichts anderes bestimmt ist, aufgrund mündlicher Verhandlung, es sei denn, daß alle Beteiligten ausdrücklich auf sie verzichten (§ 25 BVerfGG). In dem Verfahren der **Verfassungsbeschwerde** kann das Bundesverfassungsgericht von mündlicher Verhandlung absehen, wenn von ihr keine weitere Förderung des Verfahrens zu erwarten ist und die zur Äußerung berechtigten Verfassungsorgane, die dem Verfahren beigetreten sind, auf mündliche Verhandlung verzichten (§ 94 Abs. 5 BVerfGG). In den Verfahren der Verfassungsbeschwerde ist die mündliche Verhandlung eine seltene Ausnahme.

Die Entscheidung

Die Entscheidung aufgrund mündlicher Verhandlung ergeht als **Urteil**, die Entscheidung ohne mündliche Verhandlung als **Beschluß** (§ 25 Abs. 2 BVerfGG). Will ein Senat in einer Rechtsfrage von der in einer Entscheidung des anderen Senats enthaltenen Rechtsauffassung abweichen, so entscheidet darüber das Plenum des Bundesverfassungsgerichts (§ 16 BVerfGG). Die öffentliche Verkündung oder sonstige Bekanntgabe einer Entscheidung des Bundesverfassungsgerichts ist erst dann zulässig, wenn sie schriftlich abgefaßt, begründet und von den Richtern unterzeichnet ist (§ 30 Abs. 1 BVerfGG). Ein Richter kann seine in der Beratung vertretene abweichende Meinung zu der Entscheidung oder zu deren Begründung in einem **Sondervotum** niederlegen (§ 30 Abs. 2 BVerfGG); das Nähere regelt § 55 der Geschäftsordnung des Bundesverfassungsgerichts. Welchen **Inhalt** die Entscheidung hat und wie die **Entscheidungsformel** zu fassen ist, wird durch die Verfahrensart, die gestellten Anträge und den Verfahrensgegenstand bestimmt. Die besonderen Verfahrensvorschriften enthalten jeweils zu den einzelnen Verfahrensarten Regelungen über die zu treffende Entscheidung z. B. zur Organstreitigkeit (§ 67 BVerfGG), zur Normenkontrolle (§§ 78, 82 Abs. 1 BVerfG) und zur Verfassungsbeschwerde (§ 95 BVerfGG). In Normenkontrollsachen kommen neben der Erklärung der beanstandeten Norm für nichtig auch die verfassungskonforme Auslegung der Norm und der Ausspruch der Verfassungswidrigkeit der Norm ohne Nichtigerklärung in Betracht.

H. G. ZIERLEIN, Erfahrungen mit dem Sondervotum beim Bundesverfassungsgericht, DÖV 1981, 83; H. HEUSSNER, Folgen der Verfassungswidrigkeit eines Gesetzes ohne Nichtigerklärung, NJW 1982, 257.

Wirkung der Entscheidung

Den Entscheidungen des Bundesverfassungsgerichts kommt, wie allen Gerichtsentscheidungen, die spezifische Wirkung der **Rechtskraft** zu. Dieselbe Streitsache kann durch dieselben Beteiligten nicht zum zweiten Mal zur Entscheidung durch das Bundesverfassungsgericht gebracht werden, wenn nicht eine Änderung der Sach- oder Rechtslage eingetreten ist. Eine praktische Bedeutung hat die Rechtskraft der verfassungsgerichtlichen Entscheidung vor allem in der Richtung, daß das Bundesverfassungsgericht selbst nach dem Maße der Rechtskraft an seine Entscheidungen gebunden ist. Die Frage der Rechtskraft der Entscheidungen des Bundesverfassungsgerichts tritt deswegen praktisch und theoretisch weit zurück, weil in § 31 BVerfGG eine besondere Regelung über die Wirkung der Entscheidungen des Bundesverfassungsgerichts getroffen ist. Nach § 31 Abs. 1 BVerfGG binden die Entscheidungen des Bundesverfassungsgerichts die Verfassungsorgane des Bundes und der Länder sowie alle Gerichte und Behörden. Diese **Bindungswirkung** umfaßt zum einen die Rechtskraft der Entscheidungen, also die Bindung im Hinblick auf die für den konkreten Einzelfall getroffene Entscheidung. Darüber hinaus aber werden durch diese Bindungswirkung die in den Entscheidungen des Bundesverfassungsgerichts als Prämisse der zu findenden konkreten Entscheidung aufgestellten Rechtsauffassungen, soweit sie tragende Gründe für die Entscheidung sind, erfaßt. Dies bedeutet nichts anderes, als daß im Hinblick auf die entscheidungstragenden Rechtsauffassungen des Bundesverfassungsgerichts eine Bindung an Präjudizien angeordnet ist. Dies erklärt sich aus der besonderen Aufgabe des Bundesverfassungsgerichts, eine Klärung verfassungsrechtlicher Fragen herbeizuführen (vgl. § 93a Abs. 4 Satz 2 BVerfGG). Das Bundesverfassungsgericht selbst wird durch seine präjudiziellen Auffassungen nicht gebunden.

Die Bindungswirkung nach § 31 Abs. 1 BVerfGG gilt auch für Normenkontrollentscheidungen, so daß insbes. eine Bindung des Gesetzgebers eintritt. Darüber hinaus haben die Entscheidungen des Bundesverfassungsgerichts in Normenkontrollsachen „**Gesetzeskraft**" (§ 31 Abs. 2 BVerfGG). Mit dieser Formulierung wird gesagt, daß diese Entscheidungen eine Rechtskraft gegenüber jedermann haben, also allgemeinverbindlich sind, was sonst nur die Eigenschaft von Rechtsvorschriften ist.

Im Falle von Normenkontrollentscheidungen kann sich die Frage ergeben, welches Schicksal Gerichtsentscheidungen oder Verwaltungsakte haben, die nach Erlaß einer für ungültig erklärten Rechtsvorschrift, aber vor der Entscheidung des Bundesverfassungsgerichts über die Ungültigkeit dieser Rechtsvorschrift erlassen worden sind. Diese Frage ist in § 79 BVerfGG geregelt. Abgesehen von dem den einzelnen besonders beschwerenden Fall rechtskräftiger Strafurteile bleiben danach die nicht mehr anfechtbaren Entscheidungen, die auf einer für nichtig erklärten Norm beruhen, grundsätzlich unberührt. Die in dem rechtsstaatlichen Prinzip der **Rechtssicherheit** wurzelnde Rechtskraft von Gerichtsentscheidungen und Unanfechtbarkeit von Verwaltungsakten werden damit auch gegenüber der nachträglichen Erkenntnis der Verfassungswidrigkeit derjenigen Rechtsvorschriften aufrechterhalten, auf deren Grundlage die Entscheidung getroffen worden war.

Vollstreckung

59 Soweit die Entscheidungen des Bundesverfassungsgerichts eine nur **feststellende** Wirkung haben, wie z. B. im Fall der Bund-Länder-Streitigkeiten und im Fall der Normenkontrolle, oder soweit die Entscheidung eine **gestaltende** Wirkung hat, wie im Falle einer erfolgreichen Verfassungsbeschwerde gegen eine Gerichtsentscheidung, wird regelmäßig die Frage einer Vollstreckung der verfassungsgerichtlichen Entscheidung nicht auftreten. Anders ist es beispielsweise im Falle des Parteiverbots nach Art. 21 Abs. 2 GG und §§ 43ff. BVerfGG, wo es auf die **Durchsetzung** dieser Entscheidung gegenüber der für verfassungswidrig erklärten Partei ankommen und wo das Bundesverfassungsgericht außerdem die Einziehung des Vermögens der Partei aussprechen kann. Es kann sich also das Bedürfnis für eine Vollstreckung verfassungsgerichtlicher Entscheidungen ergeben. Hierfür sieht § 35 BVerfGG vor, daß das Bundesverfassungsgericht in seiner Entscheidung bestimmen kann, wer sie vollstreckt und daß es auch im Einzelfall die Art und Weise der Vollstreckung regeln darf. Dem Bundesverfassungsgericht ist insofern also Verfahrensautonomie zuerkannt worden.

Die Verfassungsgerichtsbarkeit 60, 61 **H**

Die einstweilige Anordnung

Das Bundesverfassungsgericht kann im Streitfall, d. h. in allen seiner Zuständigkeit zugewiesenen Verfassungsstreitigkeiten, einen Zustand durch einstweilige Anordnung vorläufig regeln, wenn dies zur Abwehr schwerer Nachteile, zur Verhinderung drohender Gewalt oder aus einem anderen wichtigen Grund zum gemeinen Wohl dringend geboten ist (§ 32 BVerfGG). Die einstweilige Anordnung kann ohne mündliche Verhandlung ergehen. 60
Anträge auf Erlaß einer einstweiligen Anordnung werden verhältnismäßig häufig gestellt. Das Bundesverfassungsgericht muß abwägen, welche Folgen eintreten würden, wenn eine einstweilige Anordnung unterbleibt, der in der Hauptsache gestellte Antrag sich aber als begründet erweisen würde, gegenüber den Nachteilen, mit denen zu rechnen wäre, wenn die begehrte einstweilige Anordnung ergänge, der Antrag in der Hauptsache sich aber als erfolglos erweisen würde. Das Verfahren der einstweiligen Anordnung ist also nicht etwa eine Art summarisches Verfahren in der Hauptsache.
Ein anschauliches Beispiel für einen erfolgreichen Antrag auf Erlaß einer einstweiligen Anordnung ist das Verfahren über das Volkszählungsgesetz 1983 (BVerfGE 64, 67).

d) Verfassungsgerichtsbarkeit in den Ländern

Landesverfassungsgerichte

Die durch das Grundgesetz geschaffene bundesstaatliche Ordnung erkennt – der Tradition des deutschen Bundesstaates entsprechend – den Ländern **Verfassungsautonomie** zu. Darin ist das Recht der Länder eingeschlossen, eine Landesverfassungsgerichtsbarkeit zu errichten und mit Zuständigkeiten für Verfassungsstreitigkeiten im Rahmen des Landesrechts auszustatten. Die besondere Vorschrift in Art. 142 GG, wonach ungeachtet der Grundregel, daß Bundesrecht Landesrecht bricht, Bestimmungen der Landesverfassungen auch insoweit in Kraft bleiben, als sie in Übereinstimmung mit den Art. 1 bis 18 GG Grundrechte gewährleisten, läßt für die Länder die Möglichkeit offen, Verfahren einzurichten, die der Durchsetzung von **Landesgrundrechten** dienen. Folgerichtig bleibt das Recht, eine Verfassungsbeschwerde an das Landesverfassungsgericht nach dem Recht der Landesverfassung zu erheben, unberührt durch die Einrichtung der Verfassungsbeschwerde nach Bundesrecht (§ 90 Abs. 3 BVerfGG). 61
Die Verfassungen aller Länder, mit Ausnahme Schleswig-Holsteins, sehen eine **Landesverfassungsgerichtsbarkeit** vor, sei es unter dem Namen des Staatsgerichtshofs (Baden-Württemberg, Bremen, Hessen, Niedersachsen), des Verfassungsgerichts (Hamburg) oder des Verfassungsgerichtshofes (Bayern, Berlin, Nordrhein-Westfalen, Rheinland-Pfalz, Saarland). Berlin hat den in Art. 72 seiner Verfassung vorgeschriebenen Verfassungsgerichtshof noch nicht gebildet.
Organisation und Zuständigkeiten der verschiedenen Landesverfassungsgerichtsbarkeiten weichen erheblich voneinander ab. Den recht schmalen Zuständigkeiten etwa des Niedersächsischen Staatsgerichtshofs stehen die reich-

haltigen Zuständigkeiten des Bayerischen Verfassungsgerichtshofs gegenüber.

Entscheidungen der Landesverfassungsgerichte können, wie die Entscheidungen aller Gerichte, unter Berufung auf eine Verletzung der Grundrechte des Grundgesetzes mit Verfassungsbeschwerde vor dem Bundesverfassungsgericht angegriffen werden.

CHR. STARCK/K. STERN (Hrsg.), Landesverfassungsgerichtsbarkeit, 3 Bde, 1983; K. STERN, Die Verfassungsgerichtsbarkeit in den Ländern, JA 1984, S. 385.

Maßstabsbeschränktheit der Landesverfassungsgerichte

62 Die Landesverfassungsgerichte werden durch Landesrecht errichtet und können eine Zuständigkeit für Verfassungsstreitigkeiten auch nur zur Wahrung des Landesverfassungsrechts und zum Schutz der Landesgrundrechte erhalten. Rechtsvorschriften des Bundes und Rechtsakte von Organen des Bundes, z. B. einer Bundesbehörde, sind der Jurisdiktion der Landesverfassungsgerichte entzogen. Als Verfassungsstreitigkeiten des Landesrechts kommen deshalb nur Streitfälle in Betracht, die als Hauptfrage Rechtsfolgen aufgrund der Landesverfassung zum Gegenstand haben (vgl. BVerfGE 60, 175/206 ff.). Im Rahmen einer derartigen Verfassungsstreitigkeit, z. B. als Vorfrage, kann es auch auf die Auslegung des Grundgesetzes ankommen (siehe BayVerfGH VGHE 29, 191/201; BayVerfGH NJW 1984, 226). Im Hinblick auf diese Möglichkeit besteht nach Art. 100 Abs. 3 GG eine Vorlagepflicht zur Sicherung der einheitlichen Auslegung des Grundgesetzes.

Das Bundesverfassungsgericht als Landesverfassungsgericht

63 Durch Landesgesetz kann dem Bundesverfassungsgericht die Entscheidung von Verfassungsstreitigkeiten innerhalb eines Landes zugewiesen werden (Art. 99 GG). Von dieser Möglichkeit hat **Schleswig-Holstein** durch Art. 37 seiner Landessatzung Gebrauch gemacht, und zwar für die Verfahren der Organstreitigkeit und der abstrakten Normenkontrolle. Das Bundesverfassungsgericht kann demnach als Landesverfassungsgericht für Schleswig-Holstein angerufen werden. Dies ist in einer Reihe von Fällen auch geschehen (z. B. BVerfGE 4, 27; 27, 240; 49, 70; 60, 53).

e) Verfassungsgerichtsbarkeit und Politik

Bundesverfassungsgericht – Gericht und Verfassungsorgan

64 Das Bundesverfassungsgericht ist nach § 1 Abs. 1 BVerfGG ein „allen übrigen Verfassungsorganen gegenüber selbständiger und unabhängiger Gerichtshof des Bundes".
Der Begriff des „**Verfassungsorgans**" ist nicht ohne weiteres verständlich, vor allem ist zweifelhaft, ob er eine hinreichend faßbare rechtliche Bedeutung hat. Demgegenüber überwiegt die Auffassung, daß die besondere Rechtsprechungsaufgabe des Bundesverfassungsgerichts zur Wahrung der Verfassung, zum Schutz der verfassungsmäßigen Rechte und zur Klärung verfassungsrechtlicher Rechtsfragen hier in einer kurzen Kennzeichnung zum Ausdruck

Die Verfassungsgerichtsbarkeit

kommt. Darüber hinaus wird mit der Umschreibung der Stellung des Bundesverfassungsgerichts als Gericht und Verfassungsorgan darauf Bezug genommen, daß das Bundesverfassungsgericht zu den obersten Staatsorganen gehört und vor allem auch der Bundesregierung und den gesetzgebenden Körperschaften auf gleichem Fuße gegenübertritt. Das Gericht hat zu Beginn seiner Tätigkeit diesen Standpunkt sehr nachdrücklich in der von GERHARD LEIBHOLZ verfaßten „Status-Denkschrift" (JöR 6, 1957, S. 109) verfochten.

Das Bundesverfassungsgericht gehört nicht, wie die obersten Gerichtshöfe des Bundes, zu dem Geschäftsbereich eines Ministeriums und erhält auch im Haushaltsplan des Bundes einen eigenen Einzelplan.

K. SCHLAICH, Die Verfassungsgerichtsbarkeit im Gefüge der Staatsfunktionen, VVDStRL 39, 1981, S. 99; CHR. LANDFRIED, Bundesverfassungsgericht und Gesetzgeber, 1984.

Politische Gestaltung und richterliche Streitentscheidung

Die Aufgabe der Gerichte, nach Gesetz und Recht über die ihnen unterbreiteten Streitfälle zu entscheiden, trennt die dem Richter anvertraute Rechtsprechung von den Gestaltungsaufgaben des parlamentarischen Gesetzgebers, der Regierung und der Verwaltung. Die Bindung des Richters an Gesetz und Recht bedeutet, daß er im konkreten Streitfall nach Normen und Grundsätzen zu entscheiden hat, die seiner eigenen Verfügung entzogen, die ihm also vorgegeben sind. Für die Stellung des Richters in der gewaltenteilenden Verfassungsordnung und in dem Prozeß der Rechtsbildung und Rechtsanwendung ist das ein ausschlaggebender Punkt.

Dieser Leitgedanke für die Stellung des Richters und für die Ausübung der Rechtsprechung gilt auch für das Bundesverfassungsgericht. Seine Stellung und Aufgabe in der Verfassungsordnung ist gerade dadurch begründet und gerechtfertigt, daß es Fragen des Verfassungsrechts zu einer richterlichen Entscheidung bringt. Daß die Entscheidung über Fragen des Verfassungsrechts, vor allem bei der richterlichen Kontrolle von Gesetzgebung und Regierung, politische Wirkungen hat, darf nicht gleichgesetzt werden mit der Aufgabe politischer Gestaltung; diese ist nicht Sache des Bundesverfassungsgerichts.

Jede richterliche Entscheidung enthält dadurch auch eine selbständige richterliche Verantwortung, daß die Entscheidung darüber, was im Einzelfall rechtens ist, sich nicht ohne weiteres aus den (abstrakten) Normen des Gesetzes ablesen läßt. Die Auslegungskunst des Richters, unterstützt durch die rechtswissenschaftliche Dogmatik, enthält zwar Kriterien der rechtmäßigen und gerechten Entscheidung des Streitfalls, determiniert jedoch in aller Regel die Einzelfallentscheidung nicht in dem Maße, daß eine selbständige richterliche Beurteilung überflüssig wäre. Es kommt hinzu, daß die Rechtsordnung vielfach allgemeine und ausdeutbare Begriffe und Generalklauseln enthält, z. B. in den gesetzlichen Anforderungen für eine wirksame arbeitsrechtliche Kündigung oder in den Anspruchsvoraussetzungen für einen Unterhaltsanspruch nach Scheidung einer Ehe, so daß hier die Rechtsfindung des Richters in mehr oder weniger hohem Grade eine rechtsgestaltende Beurteilung des

Richters einschließt. Im Bereich des Verfassungsrechts, vor allem im Grundrechtskatalog und in den Staatszielbestimmungen, kann die gestaltende Verantwortung des Verfassungsrichters bei der Anwendung seines Entscheidungsmaßstabes so beherrschend werden, daß die richterliche Streitentscheidung in ihrer Wirkung einer politischen Gestaltung nahekommt. Der Unterschied wird dennoch nicht aufgehoben, er muß vielmehr durch zusätzliche Kriterien gestützt werden, die aus der ,,Funktion" der Verfassungsgerichtsbarkeit, vor allem im Verhältnis zu Gesetzgebung und Regierung, gewonnen werden müssen.

Funktionelle Grenzen der Verfassungsgerichtsbarkeit

66 Verfassung und Verfassungsrecht sind die sachlich bestimmten Entscheidungsregeln der Verfassungsgerichtsbarkeit und damit die wesentlichen **Maßstäbe** der verfassungsgerichtlichen Entscheidung. Unter dem Blickwinkel des Verhältnisses der Verfassungsgerichtsbarkeit zu den durch sie kontrollierten Handlungen der Gesetzgebung, der vollziehenden Gewalt und der Rechtsprechung erscheinen diese Entscheidungsregeln und Maßstäbe als sachliche Grenzen der Verfassungsgerichtsbarkeit.
Von ,,funktionellen" Grenzen der Verfassungsgerichtsbarkeit wird im Hinblick darauf gesprochen, daß in den Streitfällen, wo die durch das Verfassungsrecht vorgegebenen Entscheidungsregeln und Maßstäbe verhältnismäßig unbestimmt sind oder jedenfalls ein erhebliches Maß selbständiger Beurteilung durch das Gericht voraussetzen, in der Rechtsprechungsaufgabe des Bundesverfassungsgerichts fixierte ,,Funktion" seiner Entscheidungstätigkeit als ein eigenes – und zwar restriktives – Kriterium für die Reichweite der verfassungsgerichtlichen Entscheidungsbefugnis heranzuziehen ist. Die charakteristische Erscheinung dieser funktionellen Grenzen der Verfassungsgerichtsbarkeit ist das ,,judicial self restraint" des Gerichts, z. B. im Hinblick auf außenpolitische Entscheidungen (vgl. das Grundvertragsurteil, BVerfGE 31, 1).

G. F. Schuppert, Funktionell-rechtliche Grenzen der Verfassungsinterpretation, 1980; K. Hesse, Funktionelle Grenzen der Verfassungsgerichtsbarkeit, in: Festschrift für Hans Huber, 1981, S. 261.

Der ,,Hüter der Verfassung"

67 Eine nähere Betrachtung der Praxis des Bundesverfassungsgerichts zeigt, daß die weit überwiegende Zahl seiner Entscheidungen nicht in dem Sinne einen politischen Charakter hat, daß durch sie über die Grundlagen des Gemeinwesens, über Fragen der Staatsleitung oder auch nur über im politischen Meinungskampf zwischen den Parteien umstrittene Fragen befunden worden ist. Ebenso aber wird sich eine ganze Reihe von Streitfällen als ,,politisch" gerade in diesem Sinne erweisen. Von Anbeginn hat das Bundesverfassungsgericht in nahezu allen großen politischen Fragen der Entwicklung der Bundesrepublik das letzte Wort gesprochen, wenn auch beschränkt auf das, was verfassungsrechtlich in diesen Streitfragen greifbar war. Diese Aufgabe hat ihm die Verfassung zugewiesen und dieser Aufgabe konnte das Gericht sich dementsprechend nicht entziehen.

Die Verfassungsgerichtsbarkeit 67 H

Dennoch ist es mißverständlich, wenn das Bundesverfassungsgericht mit einem schon aus der Weimarer Zeit stammenden Wort als der „Hüter der Verfassung" bezeichnet wird. Das Gericht hat die Aufgabe und ist im Rahmen seiner Autorität auch in der Lage, die Geltung der Verfassung zu sichern und in Streitfällen durch seine Entscheidung letztverbindlich zu bestimmen, was von Verfassungs wegen zu gelten habe. Doch ist damit allein der große Anspruch nicht ausgefüllt, der mit der Vorstellung eines „Hüters der Verfassung" verbunden werden kann. Die Gewährleistung der Verfassung jenseits des Rechts, die durch das aktive Eintreten der Staatsbürger für die Verfassungsordnung und durch die Leistungskraft der politischen Parteien in den Institutionen der parlamentarischen Demokratie sichergestellt werden muß, ist eine Erscheinung des politischen Prozesses und nur in Abhängigkeit davon eine mögliche Wirkung der Verfassungsgerichtsbarkeit.

C. SCHMITT, Das Reichsgericht als Hüter der Verfassung, 1929; DERS., Der Hüter der Verfassung, 1931.

I. Finanzwesen und Haushaltswirtschaft

X. Das Finanzwesen

Art. 104a

(1) Der Bund und die Länder tragen gesondert die Ausgaben, die sich aus der Wahrnehmung ihrer Aufgaben ergeben, soweit dieses Grundgesetz nichts anderes bestimmt.

(2) Handeln die Länder im Auftrage des Bundes, trägt der Bund die sich daraus ergebenden Ausgaben.

(3) Bundesgesetze, die Geldleistungen gewähren und von den Ländern ausgeführt werden, können bestimmen, daß die Geldleistungen ganz oder zum Teil vom Bund getragen werden. Bestimmt das Gesetz, daß der Bund die Hälfte der Ausgaben oder mehr trägt, wird es im Auftrage des Bundes durchgeführt. Bestimmt das Gesetz, daß die Länder ein Viertel der Ausgaben oder mehr tragen, so bedarf es der Zustimmung des Bundesrates.

(4) Der Bund kann den Ländern Finanzhilfen für besonderes bedeutsame Investitionen der Länder und Gemeinden (Gemeindeverbände) gewähren, die zur Abwehr einer Störung des gesamtwirtschaftlichen Gleichgewichts oder zum Ausgleich unterschiedlicher Wirtschaftskraft im Bundesgebiet oder zur Förderung des wirtschaftlichen Wachstums erforderlich sind. Das Nähere, insbesondere die Arten der zu fördernden Investitionen, wird durch Bundesgesetz, das der Zustimmung des Bundesrates bedarf, oder auf Grund des Bundeshaushaltsgesetzes durch Verwaltungsvereinbarung geregelt.

(5) Der Bund und die Länder tragen die bei ihren Behörden entstehenden Verwaltungsausgaben und haften im Verhältnis zueinander für eine ordnungsmäßige Verwaltung. Das Nähere bestimmt ein Bundesgesetz, das der Zustimmung des Bundesrates bedarf.

Art. 105

(1) Der Bund hat die ausschließliche Gesetzgebung über die Zölle und Finanzmonopole.

(2) Der Bund hat die konkurrierende Gesetzgebung über die übrigen Steuern, wenn ihm das Aufkommen dieser Steuern ganz oder zum Teil zusteht oder die Voraussetzungen des Artikels 72 Abs. 2 vorliegen.

(2a) Die Länder haben die Befugnis zur Gesetzgebung über die örtlichen Verbrauch- und Aufwandsteuern, solange und soweit sie nicht bundesgesetzlich geregelten Steuern gleichartig sind.

(3) Bundesgesetze über Steuern, deren Aufkommen den Ländern oder den Gemeinden (Gemeindeverbänden) ganz oder zum Teil zufließt, bedürfen der Zustimmung des Bundesrates.

Art. 106

(1) Der Ertrag der Finanzmonopole und das Aufkommen der folgenden Steuern stehen dem Bund zu:

I   Finanzwesen und Haushaltswirtschaft

1. die Zölle
2. die Verbrauchsteuern, soweit sie nicht nach Absatz 2 den Ländern, nach Absatz 3 Bund und Ländern gemeinsam oder nach Absatz 6 den Gemeinden zustehen,
3. die Straßengüterverkehrsteuer,
4. die Kapitalverkehrsteuern, die Versicherungsteuer und die Wechselsteuer,
5. die einmaligen Vermögensabgaben und die zur Durchführung des Lastenausgleichs erhobenen Ausgleichsabgaben,
6. die Ergänzungsabgabe zur Einkommensteuer und zur Körperschaftsteuer,
7. Abgaben im Rahmen der Europäischen Gemeinschaften.

(2) Das Aufkommen der folgenden Steuern steht den Ländern zu:
1. die Vermögensteuer,
2. die Erbschaftsteuer,
3. die Kraftfahrzeugsteuer,
4. die Verkehrsteuern, soweit sie nicht nach Absatz 1 dem Bund oder nach Absatz 3 Bund und Ländern gemeinsam zustehen,
5. die Biersteuer,
6. die Abgabe von Spielbanken.

(3) Das Aufkommen der Einkommensteuer, der Körperschaftsteuer und der Umsatzsteuer steht dem Bund und den Ländern gemeinsam zu (Gemeinschaftsteuern), soweit das Aufkommen der Einkommensteuer nicht nach Absatz 5 den Gemeinden zugewiesen wird. Am Aufkommen der Einkommensteuer und der Körperschaftsteuer sind der Bund und die Länder je zur Hälfte beteiligt. Die Anteile von Bund und Ländern an der Umsatzsteuer werden durch Bundesgesetz, das der Zustimmung des Bundesrates bedarf, festgesetzt. Bei der Festsetzung ist von folgenden Grundsätzen auszugehen:
1. Im Rahmen der laufenden Einnahmen haben der Bund und die Länder gleichmäßig Anspruch auf Deckung ihrer notwendigen Ausgaben. Dabei ist der Umfang der Ausgaben unter Berücksichtigung einer mehrjährigen Finanzplanung zu ermitteln.
2. Die Deckungsbedürfnisse des Bundes und der Länder sind so aufeinander abzustimmen, daß ein billiger Ausgleich erzielt, eine Überbelastung der Steuerpflichtigen vermieden und die Einheitlichkeit der Lebensverhältnisse im Bundesgebiet gewahrt wird.

(4) Die Anteile von Bund und Ländern an der Umsatzsteuer sind neu festzusetzen, wenn sich das Verhältnis zwischen den Einnahmen und Ausgaben des Bundes und der Länder wesentlich anders entwickelt. Werden den Ländern durch Bundesgesetz zusätzliche Ausgaben auferlegt oder Einnahmen entzogen, so kann die Mehrbelastung durch Bundesgesetz, das der Zustimmung des Bundesrates bedarf, auch mit Finanzzuweisungen des Bundes ausgeglichen werden, wenn sie auf einen kurzen Zeitraum begrenzt ist. In dem Gesetz sind die Grundsätze für die Bemessung dieser Finanzzuweisungen und für ihre Verteilung auf die Länder zu bestimmen.

(5) Die Gemeinden erhalten einen Anteil an dem Aufkommen der Einkommensteuer, der von den Ländern an ihre Gemeinden auf der Grundlage der Einkommensteuerleistungen ihrer Einwohner weiterzuleiten ist. Das Nähere bestimmt ein Bundesgesetz, das der Zustimmung des Bundesrates bedarf. Es kann bestimmen, daß die Gemeinden Hebesätze für den Gemeindeanteil festsetzen.

Finanzwesen und Haushaltswirtschaft

(6) Das Aufkommen der Realsteuern steht den Gemeinden, das Aufkommen der örtlichen Verbrauch- und Aufwandsteuern steht den Gemeinden oder nach Maßgabe der Landesgesetzgebung den Gemeindeverbänden zu. Den Gemeinden ist das Recht einzuräumen, die Hebesätze der Realsteuern im Rahmen der Gesetze festzusetzen. Bestehen in einem Land keine Gemeinden, so steht das Aufkommen der Realsteuern und der örtlichen Verbrauch- und Aufwandsteuern dem Land zu. Bund und Länder können durch eine Umlage an dem Aufkommen der Gewerbesteuer beteiligt werden. Das Nähere über die Umlage bestimmt ein Bundesgesetz, das der Zustimmung des Bundesrates bedarf. Nach Maßgabe der Landesgesetzgebung können die Realsteuern und der Gemeindeanteil vom Aufkommen der Einkommensteuer als Bemessungsgrundlagen für Umlagen zugrunde gelegt werden.

(7) Von dem Länderanteil am Gesamtaufkommen der Gemeinschaftsteuern fließt den Gemeinden und Gemeindeverbänden insgesamt ein von der Landesgesetzgebung zu bestimmender Hundertsatz zu. Im übrigen bestimmt die Landesgesetzgebung, ob und inwieweit das Aufkommen der Landessteuern den Gemeinden (Gemeindeverbänden) zufließt.

(8) Veranlaßt der Bund in einzelnen Ländern oder Gemeinden (Gemeindeverbänden) besondere Einrichtungen, die diesen Ländern oder Gemeinden (Gemeindeverbänden) unmittelbar Mehrausgaben oder Mindereinnahmen (Sonderbelastungen) verursachen, gewährt der Bund den erforderlichen Ausgleich, wenn und soweit den Ländern oder Gemeinden (Gemeindeverbänden) nicht zugemutet werden kann, die Sonderbelastungen zu tragen. Entschädigungsleistungen Dritter und finanzielle Vorteile, die diesen Ländern oder Gemeinden (Gemeindeverbänden) als Folge der Einrichtungen erwachsen, werden bei dem Ausgleich berücksichtigt.

(9) Als Einnahmen und Ausgaben der Länder im Sinne dieses Artikels gelten auch die Einnahmen und Ausgaben der Gemeinden (Gemeindeverbände).

Art. 107

(1) Das Aufkommen der Landessteuern und der Länderanteil am Aufkommen der Einkommensteuer und der Körperschaftsteuer stehen den einzelnen Ländern insoweit zu, als die Steuern von den Finanzbehörden in ihrem Gebiet vereinnahmt werden (örtliches Aufkommen). Durch Bundesgesetz, das der Zustimmung des Bundesrates bedarf, sind für die Körperschaftsteuer und die Lohnsteuer nähere Bestimmungen über die Abgrenzung sowie über Art und Umfang der Zerlegung des örtlichen Aufkommens zu treffen. Das Gesetz kann auch Bestimmungen über die Abgrenzung und Zerlegung des örtlichen Aufkommens anderer Steuern treffen. Der Länderanteil am Aufkommen der Umsatzsteuer steht den einzelnen Ländern nach Maßgabe ihrer Einwohnerzahl zu; für einen Teil, höchstens jedoch für ein Viertel dieses Länderanteils, können durch Bundesgesetz, das der Zustimmung des Bundesrates bedarf, Ergänzungsanteile für die Länder vorgesehen werden, deren Einnahmen aus den Landessteuern und aus der Einkommensteuer und der Körperschaftsteuer je Einwohner unter dem Durchschnitt der Länder liegen.

(2) Durch das Gesetz ist sicherzustellen, daß die unterschiedliche Finanzkraft der Länder angemessen ausgeglichen wird; hierbei sind die Finanzkraft und der Finanzbedarf der Gemeinden (Gemeindeverbände) zu berücksichtigen. Die Voraussetzungen für die Ausgleichsansprüche der ausgleichsberechtigten Länder und für die Ausgleichsverbindlichkeiten der ausgleichspflichtigen Länder sowie die Maßstäbe für die Höhe der Ausgleichsleistungen sind in dem Gesetz zu bestimmen. Es kann auch bestimmen, daß der Bund aus seinen Mitteln leistungsschwachen Ländern Zuweisungen zur ergänzenden Deckung ihres allgemeinen Finanzbedarfs (Ergänzungszuweisungen) gewährt.

I   Finanzwesen und Haushaltswirtschaft

Art. 108

(1) Zölle, Finanzmonopole, die bundesgesetzlich geregelten Verbrauchsteuern einschließlich der Einfuhrumsatzsteuer und die Abgaben im Rahmen der Europäischen Gemeinschaften werden durch Bundesfinanzbehörden verwaltet. Der Aufbau dieser Behörden wird durch Bundesgesetz geregelt. Die Leiter der Mittelbehörden sind im Benehmen mit den Landesregierungen zu bestellen.

(2) Die übrigen Steuern werden durch Landesfinanzbehörden verwaltet. Der Aufbau dieser Behörden und die einheitliche Ausbildung der Beamten können durch Bundesgesetz mit Zustimmung des Bundesrates geregelt werden. Die Leiter der Mittelbehörden sind im Einvernehmen mit der Bundesregierung zu bestellen.

(3) Verwalten die Landesfinanzbehörden Steuern, die ganz oder zum Teil dem Bund zufließen, so werden sie im Auftrage des Bundes tätig. Artikel 85 Abs. 3 und 4 gilt mit der Maßgabe, daß an die Stelle der Bundesregierung der Bundesminister der Finanzen tritt.

(4) Durch Bundesgesetz, das der Zustimmung des Bundesrates bedarf, kann bei der Verwaltung von Steuern ein Zusammenwirken von Bundes- und Landesfinanzbehörden sowie für Steuern, die unter Absatz 1 fallen, die Verwaltung durch Landesfinanzbehörden und für andere Steuern die Verwaltung durch Bundesfinanzbehörden vorgesehen werden, wenn und soweit dadurch der Vollzug der Steuergesetze erheblich verbessert oder erleichtert wird. Für die den Gemeinden (Gemeindeverbänden) allein zufließenden Steuern kann die den Landesfinanzbehörden zustehende Verwaltung durch die Länder ganz oder zum Teil den Gemeinden (Gemeindeverbänden) übertragen werden.

(5) Das von den Bundesfinanzbehörden auszuwendende Verfahren wird durch Bundesgesetz geregelt. Das von den Landesfinanzbehörden und in den Fällen des Absatzes 4 Satz 2 von den Gemeinden (Gemeindeverbänden) anzuwendende Verfahren kann durch Bundesgesetz mit Zustimmung des Bundesrates geregelt werden.

(6) Die Finanzgerichtsbarkeit wird durch Bundesgesetz einheitlich geregelt.

(7) Die Bundesregierung kann allgemeine Verwaltungsvorschriften erlassen, und zwar mit Zustimmung des Bundesrates, soweit die Verwaltung den Landesfinanzbehörden oder Gemeinden (Gemeindeverbänden) obliegt.

Art. 109

(1) Bund und Länder sind in ihrer Haushaltswirtschaft selbständig und voneinander unabhängig.

(2) Bund und Länder haben bei ihrer Haushaltswirtschaft den Erfordernissen des gesamtwirtschaftlichen Gleichgewichts Rechnung zu tragen.

(3) Durch Bundesgesetz, da der Zustimmung des Bundesrates bedarf, können für Bund und Länder gemeinsam geltende Grundsätze für das Haushaltsrecht, für eine konjunkturgerechte Haushaltswirtschaft und für eine mehrjährige Finanzplanung aufgestellt werden.

(4) Zur Abwehr einer Störung des gesamtwirtschaftlichen Gleichgewichts können durch Bundesgesetz, das der Zustimmung des Bundesrates bedarf, Vorschriften über

1. Höchstbeträge, Bedingungen und Zeitfolge der Aufnahme von Krediten durch Gebietskörperschaften und Zweckverbände und

2. eine Verpflichtung von Bund und Ländern, unverzinsliche Guthaben bei der Deutschen Bundesbank zu unterhalten (Konjunkturausgleichsrücklagen), erlassen werden. Ermächtigungen zum Erlaß von Rechtsverordnungen können

Finanzwesen und Haushaltswirtschaft I

nur der Bundesregierung erteilt werden. Die Rechtsverordnungen bedürfen der Zustimmung des Bundesrates. Sie sind aufzuheben, soweit der Bundestag es verlangt; das Nähere bestimmt das Bundesgesetz.

Art. 110

(1) Alle Einnahmen und Ausgaben des Bundes sind in den Haushaltsplan einzustellen; bei Bundesbetrieben und bei Sondervermögen brauchen nur die Zuführungen oder die Ablieferungen eingestellt zu werden. Der Haushaltsplan ist in Einnahme und Ausgabe auszugleichen.

(2) Der Haushaltsplan wird für ein oder mehrere Rechnungsjahre, nach Jahren getrennt, vor Beginn des ersten Rechnungsjahres durch das Haushaltsgesetz festgestellt. Für Teile des Haushaltsplanes kann vorgesehen werden, daß sie für unterschiedliche Zeiträume, nach Rechnungsjahren getrennt, gelten.

(3) Die Gesetzesvorlage nach Absatz 2 Satz 1 sowie Vorlagen zur Änderung des Haushaltsgesetzes und des Haushaltsplanes werden gleichzeitig mit der Zuleitung an den Bundesrat beim Bundestage eingebracht; der Bundesrat ist berechtigt, innerhalb von sechs Wochen, bei Änderungsvorlagen innerhalb von drei Wochen, zu den Vorlagen Stellung zu nehmen.

(4) In das Haushaltsgesetze dürfen nur Vorschriften aufgenommen werden, die sich auf die Einnahmen und die Ausgaben des Bundes und auf den Zeitraum beziehen, für den das Haushaltsgesetz beschlossen wird. Das Haushaltsgesetz kann vorschreiben, daß die Vorschriften erst mit der Verkündung des nächsten Haushaltsgesetzes oder bei Ermächtigung nach Artikel 115 zu einem späteren Zeitpunkt außer Kraft treten.

Art. 111

(1) Ist bis zum Schluß eines Rechnungsjahres der Haushaltsplan für das folgende Jahr nicht durch Gesetz festgestellt, so ist bis zu seinem Inkrafttreten die Bundesregierung ermächtigt, alle Ausgaben zu leisten, die nötig sind,

a) um gesetzlich bestehende Einrichtungen zu erhalten und gesetzlich beschlossene Maßnahmen durchzuführen,

b) um die rechtlich begründeten Verpflichtungen des Bundes zu erfüllen,

c) um Bauten, Beschaffungen und sonstige Leistungen fortzusetzen oder Beihilfen für diese Zwecke weiter zu gewähren, sofern durch den Haushaltsplan eines Vorjahres bereits Beiträge bewilligt worden sind.

(2) Soweit nicht auf besonderem Gesetze beruhende Einnahmen aus Steuern, Abgaben und sonstigen Quellen oder die Betriebsmittelrücklage die Ausgaben unter Absatz 1 decken, darf die Bundesregierung die zur Aufrechterhaltung der Wirtschaftsführung erforderlichen Mittel bis zur Höhe eines Viertels der Endsumme des abgelaufenen Haushaltsplanes im Wege des Kredits flüssig machen.

Art. 112

Überplanmäßige und außerplanmäßige Ausgaben bedürfen der Zustimmung des Bundesministers der Finanzen. Sie darf nur im Falle eines unvorhergesehenen und unabweisbaren Bedürfnisses erteilt werden. Näheres kann durch Bundesgesetz bestimmt werden.

Art. 113

(1) Gesetze, welche die von der Bundesregierung vorgeschlagenen Ausgaben des Haushaltsplanes erhöhen oder neue Ausgaben in sich schließen oder für die

493

I Finanzwesen und Haushaltswirtschaft

Zukunft mit sich bringen, bedürfen der Zustimmung der Bundesregierung. Das gleiche gilt für Gesetze, die Einnahmeminderungen in sich schließen oder für die Zukunft mit sich bringen. Die Bundesregierung kann verlangen, daß der Bundestag die Beschlußfassung über solche Gesetzes aussetzt. In diesem Fall hat die Bundesregierung innerhalb von sechs Wochen dem Bundestage eine Stellungnahme zuzuleiten.

(2) Die Bundesregierung kann innerhalb von vier Wochen, nachdem der Bundestag das Gesetz beschlossen hat, verlangen, daß der Bundestag erneut Beschluß faßt.

(3) Ist das Gesetz nach Artikel 78 zustande gekommen, kann die Bundesregierung ihre Zustimmung nur innerhalb von sechs Wochen und nur dann versagen, wenn sie vorher das Verfahren nach Absatz 1 Satz 3 und 4 oder nach Absatz 2 eingeleitet hat. Nach Ablauf dieser Frist gilt die Zustimmung als erteilt.

Art. 114

(1) Der Bundesminister der Finanzen hat dem Bundestage und dem Bundesrate über alle Einnahmen und Ausgaben sowie über das Vermögen und die Schulden im Laufe des nächsten Rechnungsjahres zur Entlastung der Bundesregierung Rechnung zu legen.

(2) Der Bundesrechnungshof, dessen Mitglieder richterliche Unabhängigkeit besitzen, prüft die Rechnung sowie die Wirtschaftlichkeit und Ordnungsmäßigkeit der Haushalts- und Wirtschaftsführung. Er hat außer der Bundesregierung unmittelbar dem Bundestage und dem Bundesrate jährlich zu berichten. Im übrigen werden die Befugnisse des Bundesrechnungshofes durch Bundesgesetz geregelt.

Art. 115

(1) Die Aufnahme von Krediten sowie die Übernahme von Bürgschaften, Garantien oder sonstigen Gewährleistungen, die zu Ausgaben in künftigen Rechnungsjahren führen können, bedürfen einer der Höhe nach bestimmten oder bestimmbaren Ermächtigung durch Bundesgesetz. Die Einnahmen aus Krediten dürfen die Summe der im Haushaltsplan veranschlagten Ausgaben für Investitionen nicht überschreiten; Ausnahmen sind nur zulässig zur Abwehr einer Störung des gesamtwirtschaftlichen Gleichgewichts. Das Nähere wird durch Bundesgesetz geregelt.

(2) Für Sondervermögen des Bundes können durch Bundesgesetz Ausnahmen von Absatz 1 zugelassen werden.

Gliederungsübersicht

	RNr.		RNr.
1. Einnahmen und Ausgaben der öffentlichen Hand		Geschichtlicher Rückblick	8
		Kriterien des Steuerzugriffs	9
a) Die öffentlichen Abgaben		Steuerarten	10
Der staatliche Finanzbedarf	1	„Nebenzwecke" der Besteuerung	11
Finanzhoheit des Staates	2		
Die öffentliche Hand	3	Gesetzmäßigkeit der Besteuerung	12
Steuern, Gebühren, Beiträge	4		
Sonderabgaben	5	Lastengleichheit	13
Europäischen Gemeinschaften	6	Besteuerung nach der Leistungsfähigkeit	14
b) Steuern und Steuerpolitik		„Steuergerechtigkeit"	15
Begriff der Steuer	7	Staatsaufgaben und Besteuerung	16

Finanzwesen und Haushaltswirtschaft I

	RNr.
c) Die bundesstaatliche Finanzverfassung	
Getrennte Finanz- und Haushaltswirtschaft von Bund und Ländern	17
Aufgabenverantwortung und Ausgabenlast	18
Finanzwesen und Finanzverfassung	19
Grundlinie der Kompetenzordnung	20
d) Verfassungsrechtliche Grenzen der Besteuerung	
Rechtsstaatliche Grundsätze	21
„Rückwirkende" Besteuerung	22
Schutz durch die Grundrechte?	23
Insbesondere der Gleichheitssatz	24
Insbesondere die Eigentumsgarantie	25
e) Parlamentarisches Budgetrecht und Haushaltswirtschaft	
Das parlamentarische Budgetrecht	26
Ausgestaltung im Grundgesetz	27
Haushaltswirtschaft	28
Haushaltsrecht	29
Ausgaben der öffentlichen Hand	30
Haushaltspolitik und Sachentscheidung	31
Die Zuschüsse zur Sozialversicherung	32
f) Staatsschulden	
Verfassungsrechtliche Regelungen	33
Geschichtliche Grundlage und Entstehungsgeschichte	34
Insbesondere die Kreditaufnahme	35
Grenzen des Staatskredits	36
Übernahme von Gewährleistungen	37
Sondervermögen	38
Bundesschuldenverwaltung	39
Praxis der Staatsschulden	40

2. Die Finanzverfassung

	RNr.
a) Entwicklung der verfassungsrechtlichen Ordnung des Finanzwesens	
Finanzwesen im Bundesstaat	41
Verfassungsgeschichte	42
Behandlung des Finanzwesens im Parlamentarischen Rat	43
Weiterbildung seit 1949	44
Finanzreform 1967/69	45
Reformbestrebungen	46
b) Gesetzgebungszuständigkeiten	
Steuergesetzgebung des Bundes	47
Steuergesetzgebung der Länder	48
Die Zölle	49
Die Finanzmonopole	50
c) Ertragshoheit des Bundes und der Länder	
Grundsätze der Verteilung des Steueraufkommens	51
Gemeinschaftsteuern (Steuerverbund)	52
Insbesondere die Umsatzsteuer im Steuerverbund	53
Die „Einheitlichkeit der Lebensverhältnisse im Bundesgebiet"	54
d) Der Finanzausgleich	
Ausgangspunkt: Verteilung nach dem örtlichen Aufkommen	55
Ausgleich der unterschiedlichen Finanzkraft der Länder	56
Gesetzliche Ausgestaltung	57
e) Die Gemeinden	
Die Gemeinden gehören zur Verwaltungsgliederung der Länder	58
Die Verfassungsgarantie der kommunalen Selbstverwaltung	59
Realsteuergarantie	60
Anteil am Aufkommen der Einkommensteuer	61
Anteil am Gesamtaufkommen der Gemeinschaftsteuern	62
Landesrecht	63
Gemeindeverbände	64
f) Finanzverwaltung	
Grundsatz	65
Bundesfinanzverwaltung	66
Landesfinanzverwaltungen	67
Verwaltung von Bundessteuern	68
Gesetzliche Regelung des Verwaltungsverfahrens	69
Die Abgabenordnung	70
Die Gemeinden in der Ordnung der Finanzverwaltung	71
Die Finanzgerichtsbarkeit	72
g) Fondswirtschaft	
Begriff und Erscheinungsformen	73
Geldleistungen des Bundes	74
Finanzhilfen des Bundes	75
Finanzierung der Gemeinschaftsaufgaben	76

3. Finanzpolitik und Haushaltswirtschaft

a) Finanzwesen und Wirtschaft

	RNr.
Leistungsfähigkeit der Wirtschaft und Steuerpolitik	77
Auswirkungen der Finanzpolitik auf die Wirtschaft	78
Subventionen und Steuervergünstigungen	79
Kreditpolitik	80
Währungspolitik	81
Konjunkturpolitik	82

b) Finanzpolitik im Bundesstaat

Bund und Länder sind in ihrer Haushaltswirtschaft selbständig und voneinander unabhängig	83
Die Erfordernisse des gesamtwirtschaftlichen Gleichgewichts	84
Grundsatzgesetzgebung über Haushalt und Finanzplan	85
Praxis	86

c) Haushaltswirtschaft und Haushaltsrecht

Das parlamentarische Budgetrecht	87
Die Haushalte der öffentlichen Hand	88
Das Haushaltsgrundsätzegesetz	89
Bundeshaushaltsordnung und Landeshaushaltsordnungen	90
Der Haushaltsplan	91
Das Haushaltsgesetz	92
Ausgabenerhöhungen nur mit Zustimmung der Bundesregierung	93
Die rechtliche Bedeutung der Mittelzuweisungen	94
Haushaltsgrundsätze	95

	RNr.
Ausführung des Haushaltsplans und Bewirtschaftung der Mittel	96
Der Haushaltsausschuß des Bundestages	97
Haushaltsüberschreitungen	98
Haushaltswirtschaft ohne Haushaltsgesetz	99
Die ökonomische Budgetfunktion	100
Das Stabilitätsgesetz	101
Die mehrjährige Finanzplanung	102

d) Die öffentlichen Unternehmen

Unternehmerische Betätigung der öffentlichen Hand	103
Rechtsformen	104
Haushaltsrechtliche Grundsätze und Grenzen	105
Verfassungsrechtliche Schranken	106
Die Beteiligungen des Bundes	107
Privatisierung	108

e) Öffentliche Aufträge

Bedeutung und Praxis	109
Haushaltsrechtliche Regelung	110
Recht der Verdingungsordnungen	111
Verfassungsrechtliche Bindungen?	112
Struktur-, konjunktur- und sozialpolitische „Nebenzwecke"	113

f) Rechnungslegung und Rechnungsprüfung

Parlamentarische Verantwortlichkeit der Exekutive	114
Rechnungslegung	115
Rechnungsprüfung	116
Der Bundesrechnungshof	117
Entlastung der Bundesregierung	118

1. Einnahmen und Ausgaben der öffentlichen Hand

a) Die öffentlichen Abgaben

Der staatliche Finanzbedarf

1 Die Rechtfertigung dafür, daß der Staat seinen Finanzbedarf durch öffentliche Abgaben deckt, d. h. sich Einnahmen **hoheitlich** durch Gesetz und aufgrund Gesetzes beschafft, liegt in den **Aufgaben,** deren Erfüllung von ihm erwartet wird. Die Haushaltspläne lesen sich dementsprechend wie ein Katalog der Staatsaufgaben und der für notwendig gehaltenen Schritte zu ihrer Erledigung. Das Ausmaß der Kostenwirksamkeit einer Aufgabenerledigung muß allerdings nicht notwendig auch ein Beleg für die Bedeutung sein, die der jeweiligen Aufgabe im Gesamtspektrum des Gemeinwohls zukommt, ebensowenig kann daraus ohne weiteres ein Schluß darauf gezogen werden, wie gut oder erfolgreich die Aufgabe erledigt wird.

Die neuzeitliche Staatsauffassung bezeichnet bestimmte Ziele als **notwendige Staatsaufgaben,** zuerst den Schutz von Leben, Freiheit und Eigentum der einzelnen, die Sicherung sozialer Gerechtigkeit, die Vorhaltung der Einrichtungen für Bildung, Ausbildung und Wissenschaft, die Pflege der Kultur, die Vorhaltung von Einrichtungen der leistungsstaatlichen Daseinsvorsorge und die Verteidigung gegen einen Angriff von außen. Weder diese Aufgaben noch weitere Gegenstände staatlichen Handelns sind in der Art und Weise ihrer Erledigung und in der Auswahl der einzelnen Schritte derart bestimmt, daß sich daraus ohne weiteres ein Finanzbedarf ablesen ließe. Über die den Staat bindenden rechtlichen Verpflichtungen hinaus, die auch ihrerseits das Ergebnis einer früheren Politik sind, ist der von Jahr zu Jahr festzulegende Finanzbedarf des Staates das Ergebnis komplexer politischer Entscheidungen, die hier – in den Einnahmen und Ausgaben des Staates – im Gewande der Finanzpolitik und Haushaltswirtschaft auftreten.

Im **Sozialstaat** läßt sich eine politische oder gar rechtliche Grenze der Staatsaufgaben nicht angeben. Das von dem Finanzwissenschaftler ADOLPH WAGNER aufgestellte „Gesetz der wachsenden Staatsausgaben" (Grundlegung der politischen Ökonomie, 1. Theil, 2. Halbband, 3. Aufl., 1893, S. 895) wird in der sozialstaatlichen Demokratie nicht durchbrochen werden können. Die „**Staatsquote",** d. h. der Anteil der Ausgaben des Staates und der anderen Haushalte der öffentlichen Hand, z. B. der Gebietskörperschaften und der Sozialversicherung, im Verhältnis zum jeweiligen Bruttosozialprodukt, die für das Jahr 1951 den Wert von 31,4 v. H. aufwies, ist seither weiter angestiegen und beträgt nunmehr etwa 45 v. H. Fast die Hälfte der staatlichen Ausgaben sind Transferleistungen, wie Renten und Pensionen, Sozialleistungen und Subventionen (BTag Drucks. 9/1546 und 9/1588; Gutachten des Wissenschaftlichen Beirats beim Bundesministerium der Finanzen vom 30. Juli 1976, Bulletin 90/76, S. 849).

W. HARTZ u. a. (Hrsg.), Handwörterbuch des Steuerrechts, 2 Bde., 1972; G. STRICKRODT, Finanzrecht, 1975; F. NEUMARK (Hrsg.), Handbuch der Finanzwissenschaft, 4 Bde., 3. Aufl., 1977–83; N. ANDEL, Finanzwissenschaft, 1983.

Finanzhoheit des Staates

Unter der Finanzhoheit des Staates versteht man das dem Staat zukommende Recht durch Gesetz und in Ausführung des Gesetzes selbst über die staatlichen Einnahmen und Ausgaben zu entscheiden. In einem engeren Sinne kann darunter die staatliche Befugnis, sich Einnahmen im Wege der öffentlichen Abgaben, insbes. also der Steuern, zu verschaffen, begriffen werden. Die **Steuerhoheit** ist das Kernstück der so gesehenen Finanzhoheit. Der moderne Staat ist „Steuerstaat".

Im **Bundesstaat** stellt sich die verfassungspolitische Aufgabe, die Finanzhoheit des Bundes und der Länder gegeneinander abzuscheiden. Die Anerkennung des Selbstverwaltungsrechts kommunaler Gebietskörperschaften bedingt die weitere Notwendigkeit, deren Position in der öffentlichen Finanzwirtschaft festzulegen. Diese technisch als Kompetenzordnung auftretenden Rechtszuweisungen sind der Gegenstand der „Finanzverfassung", über die das Grundgesetz im Abschnitt X. Das Finanzwesen, entschieden hat.

J. ISENSEE, Steuerstaat als Staatsform, in: Festschrift für Hans Peter Ipsen, 1977, S. 409; P. KIRCHHOF, Verfassungsrecht und öffentliches Einnahmesystem, in: Schriften des Vereins für Socialpolitik N. F. 134, 1982, S. 33.

Die öffentliche Hand

3 Mit dem Sammelnamen „öffentliche Hand" bezeichnet man den Staat und die im Staat bestehenden juristischen Personen des öffentlichen Rechts, insoweit als sie Ausgaben tätigen, ihr Vermögen bewirtschaften oder unternehmerisch oder sonst erwerbswirtschaftlich am Wirtschaftsverkehr teilnehmen.
Wenn im Hinblick auf die Bundesrepublik von der öffentlichen Hand gesprochen wird, sind demnach der Bund und die bundesunmittelbaren Körperschaften und Anstalten des öffentlichen Rechts sowie die Länder und die landesunmittelbaren Körperschaften und Anstalten des öffentlichen Rechts, hier insbes. die kommunalen Gebietskörperschaften, gemeint.

Steuern, Gebühren, Beiträge

4 **Öffentliche Abgaben** sind die den Abgabepflichtigen hoheitlich auferlegten Steuern, Beiträge oder Gebühren. Daneben fließen den öffentlichen Haushalten eine Reihe anderer Einkünfte zu, die teils auch hoheitlichen Charakter haben, wie z. B. die verhängten Geldstrafen, teils Erwerbseinkünfte sind, wie z. B. die Gewinnabführungen öffentlicher Unternehmen.
Das wesentliche Kennzeichen aller **Steuern** ist, daß sie als Zwangsabgabe ohne Gegenleistung zur Deckung des allgemeinen Finanzbedarfs erhoben werden; eine Zweckbindung des Steuerertrags wird nur ausnahmsweise vorgenommen. Beiträge und Gebühren demgegenüber sind Entgelte, denen eine bestimmte Leistungs- oder Vorteilsgewährung durch die Verwaltung gegenübersteht.
Der **Beitrag** wird von dem Pflichtigen für die Möglichkeit eines Vorteils oder einer Nutzung erhoben, ohne Rücksicht darauf, ob von dem Vorteil oder der Nutzung auch tatsächlich Gebrauch gemacht wird. Der Beitrag ist eine „Vorzugslast". Beispiele sind die Beiträge im Rahmen des Sozialversicherungssystems, die Erschließungsbeiträge des Anliegers an einer öffentlichen Straße und die Beiträge der Mitglieder öffentlich-rechtlicher Körperschaften.
Die **Gebühr** ist das Entgelt für eine besondere Inanspruchnahme der öffentlichen Verwaltung, sei es wegen einer Amtshandlung zugunsten des Gebührenpflichtigen, z. B. bei der Erteilung einer Erlaubnis („Verwaltungsgebühr"), sei es wegen der Nutzung einer durch die Verwaltung bereitgestellten Einrichtung, wie z. B. die Post- und Fernmeldegebühren („Benutzungsgebühr"). Die Gebühr wird für die tatsächliche Inanspruchnahme der öffentlichen Verwaltung geschuldet und ist deshalb in ihrer Bemessung auch von dem Maß der Inanspruchnahme abhängig. Das für die Gebührenbemessung

maßgebende Äquivalenzprinzip fordert, daß die dem Pflichtigen abverlangte Gebühr der Höhe nach als eine Gegenleistung für den in Anspruch genommenen Vorteil gelten kann.

Sonderabgaben

In einer nicht unbeträchtlichen Zahl von Gesetzen findet sich die Erscheinung, daß einem begrenzten Kreis von Abgabepflichten für eine Aufgabe oder einen Zweck eine öffentliche Abgabe abverlangt wird, von der dieser Kreis in besonderer Weise betroffen ist, weswegen es gerecht erscheint, ihn auch bevorzugt zur Finanzierung heranzuziehen. Man spricht hier von „Sonderabgaben", die durch eine spezifische Zweckbindung und durch den begrenzten Kreis der Pflichtigen charakterisiert sind. Es ist möglich, wenn auch nicht notwendig, daß der aus der Sonderabgabe entstehende Fonds nach bestimmten Kriterien der Umverteilung an Berechtigte innerhalb des Kreises der Abgabepflichtigen wieder zurückfließt.
Beispiele für Sonderabgaben sind die Schwerbehindertenabgabe nach dem Schwerbehindertengesetz in der Fass. vom 8. Okt. 1979 (BGBl. I S. 1649), die Filmabgabe nach dem Filmförderungsgesetz vom 25. Juni 1979 (BGBl. I S. 803). Sonderabgaben sind keine Steuern, so daß sich die **Kompetenz** zu ihrer Erhebung und für die Regelung der Verwendung ihres Ertrages aus den Bestimmungen der Art. 70 ff. GG ergibt und nicht aus den finanzverfassungsrechtlichen Vorschriften der Art. 105 ff. GG. Aus rechtsstaatlichen Gründen und wegen der Gefahr einer Aushöhlung der bundesstaatlichen Finanzverfassung unterliegt die Zulässigkeit der Einführung von Sonderabgaben strengen Rechtfertigungsbedingungen (vgl. BVerfGE 55, 274; 57, 139; 67, 256; BVerwG GewArch. 1984, 289).

Antwort der Bundesregierung auf eine Kleine Anfrage betr. Parafiskalische Sonderabgaben (Quasi-Steuern), BTag Drucks. 9/1580; R. MUSSGNUG, Die zweckgebundene öffentliche Abgabe, in: Festschrift für Ernst Forsthoff, 2. Aufl., 1974, S. 259.

Europäische Gemeinschaften

Die Deckung der Ausgaben der Europäischen Gemeinschaften ist ursprünglich allein durch **Finanzbeiträge der Mitgliedstaaten** erfolgt. Das in Art. 201 EWG-Vertrag vorgesehene Ziel, diese Finanzbeiträge der Mitgliedstaaten durch **eigene Mittel der Gemeinschaften** zu ersetzen, insbes. durch Einnahmen aus dem Gemeinsamen Zolltarif, ist stufenweise verwirklicht worden, insbes. durch den Beschluß des Rates vom 21. April 1970 über die Ersetzung der Finanzbeiträge der Mitgliedstaaten durch eigene Mittel der Gemeinschaften (deutsches Ausführungsgesetz vom 4. Dez. 1970, BGBl. II S. 1261). Neben den Einnahmen aus dem Gemeinsamen Zolltarif fließen die eigenen Mittel der Gemeinschaften vor allem aus dem Mehrwertsteueranteil und aus den Agrarabschöpfungen. Die Europäischen Gemeinschaften sind dadurch in die Lage versetzt, eine eigene Finanzpolitik und insbes. eine selbständige Förderungs- und Strukturpolitik zu betreiben, u. a. mit Hilfe der Europäischen Investitionsbank, des Europäischen Ausrichtungs- und Garantiefonds für die Landwirtschaft und des Europäischen Fonds für regionale Entwicklung. In

der Ausgabenwirtschaft der Europäischen Gemeinschaften nimmt der Landwirtschaftsbereich bei weitem den größten Anteil ein.
D RNrn. 137 ff.
Antwort der Bundesregierung auf eine Kleine Anfrage betr. Entwicklung der Finanzen der Europäischen Gemeinschaften, BTag Drucks. 10/597; CHR. BRÜCKNER, Finanzielle Instrumente der Europäischen Gemeinschaften (EG), AöR 107, 1982, S. 561.

b) Steuern und Steuerpolitik

Begriff der Steuer

7 Die Finanzverfassung des Grundgesetzes, die im Kern eine Zuständigkeitsregelung für die Gesetzgebung über die Steuern und für die Verteilung des Ertrags der Steuern ist, setzt in ihren einzelnen Vorschriften sowohl den Begriff der Steuer selbst als auch die Begriffe zahlreicher Einzelsteuern voraus. Der Begriff der Steuer hat damit eine zentrale verfassungsrechtliche Bedeutung.
Die Regelungstechnik des Grundgesetzes verweist auf den überkommenen und in den gesetzlichen Vorschriften näher ausgeformten Begriff der Steuer und die verschiedenen Erscheinungsformen der Einzelsteuern. Daran muß sich die Auslegung orientieren (BVerfGE 3, 407/435; 49, 343/353). Nach § 3 Abs. 1 AbgO sind Steuern „Geldleistungen, die nicht eine Gegenleistung für eine besondere Leistung darstellen und von einem öffentlich-rechtlichen Gemeinwesen zur Erzielung von Einnahmen allen auferlegt werden, bei denen der Tatbestand zutrifft, an den das Gesetz die Leistungspflicht knüpft". Zölle und Abschöpfungen sind Steuern im Sinne dieses Gesetzes. In dieser Begriffsbestimmung kommt zum Ausdruck, daß die Steuer – im Unterschied zu Beiträgen und Gebühren – nicht dem Prinzip der speziellen Entgeltlichkeit folgt.

Geschichtlicher Rückblick

8 Die Ausbildung des modernen Staates seit der Renaissance und dem Zeitalter des Absolutismus ist untrennbar mit der Entwicklung des Finanzinstruments der Steuer verbunden. Für das Mittelalter und die Zeit des Ständestaates ist die Steuer stets eine außerordentliche Abgabe, die einer besonderen Bewilligung durch die Ständevertretung bedarf. Nach der älteren Anschauung hatte der Fürst seinen Finanzbedarf grundsätzlich aus seinem eigenen Gut, besonders den ihm als Grundherrn zustehenden Herrschaftsrechten zu decken. Steuern wurden zunächst auf den Grund und Boden und auf die Wirtschaftstätigkeit erhoben. Neben diesen direkten Steuern spielten indirekte Steuern, etwa Abgaben auf Salzverbrauch, eine nicht unbedeutende Rolle. Erst im Verlaufe des 19. Jahrhunderts wurde die Einkommensteuer ausgebildet, die allerdings lange Zeit mit einem weit unter 10% liegenden Höchstsatz erhoben wurde. Erst die Kriege des 20. Jahrhunderts und die sozialstaatliche Umorientierung der Staatsaufgaben mit dem außerordentlich gesteigerten Finanzbedarf des Staates haben die Steuer, zumindest der Wirkung nach, in ein Werkzeug der Umverteilung verwandelt. Unter den indirekten Steuern ist heute die Umsatz- oder Mehrwertsteuer beherrschend.

Einnahmen u. Ausgaben d. öffentl. Hand

Die starke Stellung des Reiches, heute des Bundes in der Finanzverfassung ist erst durch die Weimarer Reichsverfassung zustande gekommen. Aufgrund der Erzbergerschen Finanzreform (bes. Gesetz über die Reichsfinanzverwaltung vom 10. 9. 1919, RGBl. S. 1591; Reichsabgabenordnung vom 13. 12. 1919, RGBl. S. 1993) ist auch die Finanzverwaltung Sache des Reiches geworden. Später ist dann die Entstehungsgeschichte des Grundgesetzes in erheblichem Maße von dem Streit zwischen dem Parlamentarischen Rat und den Alliierten über die mehr unitarische oder mehr föderative Finanzverfassung beherrscht worden. Die bundesstaatliche Finanzverfassung hat sich bis in die Gegenwart als ein zentraler Punkt der Auseinandersetzung zwischen Bund und Ländern erwiesen.

H. SCHULZ, Das System und die Prinzipien der Einkünfte im werdenden Staat der Neuzeit, 1982.

Kriterien des Steuerzugriffs

Der Tatbestand, an den das die Steuererhebung regelnde Gesetz die Steuerpflicht knüpft, gibt Aufschluß über das Kriterium des Steuerzugriffs. Es wird damit sachlich der **Steuergegenstand** bestimmt und personell der Kreis der **Steuerpflichtigen** umrissen. So erfaßt z. B. die Einkommen- und Körperschaftsteuer bestimmte im Gesetz näher umschriebene Einkünfte des Steuerpflichtigen. Die Realsteuern (Grundsteuer und Gewerbesteuer) setzen an der angenommenen Ertragsfähigkeit der Steuerobjekte an. Der Umsatzsteuer unterliegen Umsätze aus Lieferungen und sonstigen Leistungen und gleichgestellte Umsatzvorgänge; dieser Tatbestand erweist sich als ein besonders bequemer Gegenstand des Steuerzugriffs.

Allein aus der Betrachtung des Steuertatbestandes kann vielfach kein Aufschluß darüber gewonnen werden, wer **wirtschaftlich** den Steuerzugriff zu tragen hat. Denn die einzelnen Steuerleistungen sind, je nach der Eigenart der Steuer, in unterschiedlichem Maße „überwälzbar". Die **Überwälzbarkeit** der Steuerleistung ist für den Staat, soweit es sich um die Deckung seines Finanzbedarfs handelt, höchstens insoweit von Interesse, als sich daraus Gesichtspunkte für die Erschöpfbarkeit der Steuerquelle ergeben könnten. Soweit dagegen mit der Steuer wirtschaftslenkende oder sozialpolitische Nebenzwecke verbunden werden, muß der Frage der Überwälzbarkeit der Steuerleistung großes Gewicht zukommen.

Es kann nicht erwartet werden, daß die an der Erschließung von Steuerquellen interessierte Steuerpolitik überall für die gewählten Kriterien des Steuerzugriffs eine auch wirtschafts- oder sozialpolitisch vernünftige Rechtfertigung aufbieten kann. Die Wirkungen und Nebenwirkungen des heutigen Steuersystems, dessen Leitgedanke zuerst die Deckung des staatlichen Finanzbedarfs ist, lassen sich nur z. T. zuverlässig erfassen.

Steuerarten

Die mehr als vierzig verschiedenen Steuern, die heute durch den Bund, die Länder und die kommunalen Gebietskörperschaften erhoben werden, können unter verschiedenem Blickwinkel unterschieden und geordnet werden.

Dabei ist zu berücksichtigen, daß die **finanzwirtschaftlichen** Einteilungskriterien nicht notwendig mit den **juristischen** Begriffen übereinstimmen müssen, da diese durch das positive Recht vorgegeben sind. Vor allem in Art. 106 GG, der die Verteilung des Ertrages der Steuern regelt, ist eine große Zahl von Steuerarten verfassungsrechtlich fixiert.
Geläufige Unterscheidungen sind diejenige zwischen direkten und indirekten Steuern und zwischen Realsteuern und anderen Steuern. In der **direkten** Steuer kommt die persönliche Leistungsfähigkeit des Steuerpflichtigen zum Ausdruck, während die **indirekten** Steuern ohne Rücksicht auf die persönliche Leistungsfähigkeit geschuldet werden. Deshalb hat früher das Zensuswahlrecht, das die Wahlberechtigung unter Verletzung des Gleichheitsgrundsatzes beschränkte, in der Regel an die Zahlung einer direkten Steuer in bestimmter Höhe angeknüpft. Die **Verbrauchsteuern,** eine besondere Art der indirekten Steuern, beruhen auf dem Gedanken, daß sich in einem bestimmten Verbrauch, z. B. dem Erwerb von Mineralöl oder von Spirituosen, eine bestimmte steuerbare Leistungsfähigkeit äußert. Verbrauchsteuern sind überdies das Einfallstor für prohibitive Zielsetzungen, z. B. zur Dämpfung des Alkoholverbrauchs, und für die Diskrimination des Luxus. Die Verbrauchsteuern sind, ebenso wie die **Verkehrsteuern,** Steuern auf bestimmte Arten der Einkommensverwendung.
RNr. 51.

„Nebenzwecke" der Besteuerung

11 Die Besteuerung verschafft dem Staat oder anderen öffentlich-rechtlichen Gemeinwesen, dem das Aufkommen der Steuer zufließt, Mittel zur Deckung seines Finanzbedarfs und hat insofern eine Transferwirkung. Über diesen fiskalischen Vorgang hinaus hat die Besteuerung eine je nach der Steuerart verschiedenartige wirtschaftliche oder soziale Wirkung auf das Leistungsvermögen der von der Steuer Betroffenen, als Kostenfaktor für die erfaßten wirtschaftlichen Vorgänge, auch im Sinne einer Verschonung der steuerlich nicht betroffenen Personen und Vorgänge. Diese **„außerfiskalischen"** **Wirkungen** der Besteuerung werden, soweit sie überschaubar sind, bei der Ausgestaltung der einzelnen Steuerarten berücksichtigt, z. B. durch die Steuerbemessung oder durch Steuervergünstigungen, und werden dadurch außerfiskalische „Nebenzwecke" der Besteuerung. Nicht zuletzt kann eine bestimmte Steuer oder eine bestimmte Ausgestaltung einer Steuer eine prohibitive Wirkung haben, z. B. die steuerliche Belastung des Werkfernverkehrs im Interesse einer Entlastung der öffentlichen Straßen und der Begünstigung der Bundesbahn. Derartige außerfiskalische Nebenzwecke der Besteuerung, also der Einsatz des Steuerzugriffs als Werkzeug der Wirtschaftslenkung, Sozialpolitik oder Umverteilung ist als solcher verfassungsrechtlich nicht angreifbar, soweit nur überhaupt eine fiskalische Funktion der Steuer erhalten bleibt (vgl. BVerfGE 16, 147; 38, 61).
Die Eigenschaft einer öffentlichen Abgabe als Steuer, worauf es etwa für die bundesstaatliche Finanzverfassung ankommt, entfällt durch nichtfiskalische Nebenzwecke nicht, selbst dann, wenn dieser Nebenzweck überwiegt und die Erzielung von Einnahmen ihrerseits der „Nebenzweck" ist (siehe § 3

Einnahmen u. Ausgaben d. öffentl. Hand   12, 13 **I**

Abs. 1 Satz 1 AbgO); siehe BVerfGE 55, 274/299 zum Ausbildungsplatzförderungsgesetz. Ein rückzahlbarer Konjunkturzuschlag ist keine Steuer (BVerfGE 29, 402).

Gesetzmäßigkeit der Besteuerung

Der rechtsstaatliche Grundsatz der Gesetzmäßigkeit der Verwaltung gilt auch für die Finanzverwaltung und erscheint hier als das Gebot der Gesetzmäßigkeit der Besteuerung. Jeder Steuerzugriff bedarf der gesetzlichen Ermächtigung. Die Finanzbehörden haben die Steuern nach Maßgabe der Gesetze gleichmäßig festzusetzen und zu erheben. Insbesondere haben sie sicherzustellen, daß Steuern nicht verkürzt, zu Unrecht erhoben oder Steuererstattungen und Steuervergütungen nicht zu Unrecht gewährt oder versagt werden (§ 85 AbgO). Kraft ausdrücklicher gesetzlicher Zulassung ist eine abweichende Festsetzung von Steuern aus Billigkeitsgründen zulässig (§ 163 AbgO). Öffentlich-rechtliche Verträge über Steueransprüche sind rechtswidrig und unwirksam, soweit sie nicht das Gesetz aus besonderen Gründen zuläßt, wie im Fall des Prozeßvergleichs. 12

H.-J. PAPIER, Der finanzrechtliche Gesetzesvorbehalt und das grundgesetzliche Demokratieprinzip, 1973; H. HAHN, Die Grundsätze der Gesetzmäßigkeit der Besteuerung und der Tatbestandsmäßigkeit der Besteuerung in rechtsvergleichender Sicht, 1984.

Lastengleichheit

Die Gleichheit aller Staatsbürger vor dem Gesetz ist ein elementares Gerechtigkeitsprinzip des seit der französischen Revolution zum Durchbruch gelangten Verfassungsstaates. Privilegierungen und Diskriminierungen einzelner oder einzelner Gruppen sind damit unvereinbar. Eine Auswirkung dieses Verfassungsprinzips für den Bereich der vermögensrechtlichen Inanspruchnahme oder Verschonung der Staatsbürger ist der Grundsatz der Lastengleichheit, der ein Leitprinzip der Steuererhebung ist, sich aber auch etwa in dem enteignungsrechtlichen Aufopferungsgedanken zeigt, wonach ein im Wege der Enteignung abgefordertes ,,Sonderopfer" durch eine Entschädigung abgegolten werden muß. Die Weimarer Reichsverfassung hatte den Grundsatz aufgestellt: ,,Alle Staatsbürger ohne Unterschied tragen im Verhältnis ihrer Mittel zu allen öffentlichen Lasten nach Maßgabe der Gesetze bei" (Art. 134). Das Grundgesetz enthält eine ausdrückliche Festlegung dieses Grundsatzes nicht, jedoch wird sein sachlicher Inhalt durch den allgemeinen Gleichheitssatz des Art. 3 Abs. 1 GG aufgenommen. 13

Die **Ausgestaltung des Steuersystems** und auch der einzelnen Steuern wird verfassungsrechtlich durch das Rechtsstaatsprinzip und dann vor allem durch das im allgemeinen Gleichheitssatz enthaltene Willkürverbot bestimmt. Die gebotene verteilende Gerechtigkeit der steuerpolitischen Gesetzgebung muß durch das Willkürverbot sichergestellt werden. Anwendungsfälle dieses allgemeinen Kriteriums sind die Gebote der ,,Systemgerechtigkeit" der Besteuerung und der Sachgerechtigkeit von Typisierungen, die bei den Massenerscheinungen des Steuerrechtes unvermeidlich sind. Ob einzelne durch das Steuergesetz getroffene oder unterlassene Differenzierungen diesen Grund-

503

sätzen genügen, also sachlich gerechtfertigt sind, kann in einzelnen Zwecken der Besteuerung, aber auch im Sozialstaatsprinzip begründet sein (vgl. BVerfGE 29, 402; 31, 306).

Besteuerung nach der Leistungsfähigkeit

14 Der Grundsatz der Lastengleichheit bedeutet nicht eine formale Gleichbehandlung, sondern – wie es dem Willkürverbot entspricht – eine gewogene und von Gründen bestimmte Gleichbehandlung oder Ungleichbehandlung einzelner Gruppen.
Ein bei den direkten Steuern geläufiges steuerpolitisches Kriterium ist die Besteuerung nach der Leistungsfähigkeit. Denn der Steuerzugriff, z. B. der Einkommensteuer, würde bei gleicher Höhe der geschuldeten Steuerleistung sich je nach der Leistungsfähigkeit der Steuerpflichtigen durchaus unterschiedlich auswirken. Höhere Einkünfte werden nach diesem Gedanken nicht nur proportional mit einer höheren Steuerschuld belastet, sondern überproportional, ,,progressiv" besteuert. In sehr vielgestaltiger Weise wirkt sich das steuerpolitische Kriterium der Besteuerung nach der Leistungsfähigkeit außerdem bei der Ausgestaltung der Steuerpflicht aus, z. B. durch die Anerkennung von Freibeträgen oder außergewöhnlichen Belastungen (BVerfGE 66, 214 und BVerfG NJW 1985, 845 zu § 33 a EStG).

D. BIRK, Das Leistungsfähigkeitsprinzip als Maßstab der Steuernormen, 1983; P. KIRCHHOF, Der verfassungsrechtliche Auftrag zur Besteuerung nach der finanziellen Leistungsfähigkeit, StuW 1985, 319.

,,Steuergerechtigkeit"

15 Das politische Ziel der ,,Steuergerechtigkeit", das letzten Endes in der verteilenden Gerechtigkeit des hoheitlich fordernden und gewährenden Staates wurzelt, bildet in dieser allgemeinen Form keinen verfassungsrechtlichen Maßstab der Steuergesetzgebung. Rechtlich betrachtet, führt dieses Postulat auf den für die Lastengleichheit und für die Besteuerung nach der Leistungsfähigkeit maßgeblichen allgemeinen Gleichheitssatz zurück. Daß eine Besteuerung im allgemeinen oder eine konkrete Steuerpflicht als ungerecht oder unbillig empfunden werden, ist ein rechtlicher Einwand nur, wenn das Willkürverbot oder andere Rechte oder Grundsätze der Verfassung verletzt sind (RNr. 24). Der Schutz einzelner Grundrechte und des Rechtsstaatsprinzips, der gegenüber der Steuer als Mittel zur Deckung des **öffentlichen Finanzbedarfs** wenig ausrichten kann, findet greifbare Ansatzpunkte im Hinblick auf die **nicht-fiskalischen Nebenzwecke** der Besteuerung, durch die ein wirtschaftslenkender oder sozialgestaltender Eingriff in die Rechte einzelner erfolgen kann.

K. VOGEL, Steuergerechtigkeit und soziale Gestaltung, DStZ 1975, 409; P. KIRCHHOF, Steuergerechtigkeit und sozialstaatliche Geldleistungen, in: Bitburger Gespräche, Jb 1982, S. 93.

Staatsaufgaben und Besteuerung

16 Die sozialstaatliche Entgrenzung der Staatsaufgaben und das unablässige Bestreben der politischen Parteien in der parlamentarischen Volksvertretung, als

Einnahmen u. Ausgaben d. öffentl. Hand   17–19 **I**

Regierungsparteien eher weniger denn als Oppositionsparteien, finanzwirksame Projekte und Programme zu entwickeln, wirkt dem populären Slogan eines Abbaus der Steuerbelastung entgegen. Soweit Steuererleichterungen ins Auge gefaßt werden und nicht stattdessen der Weg der Staatsverschuldung beschritten wird, handelt es sich in der Regel nur um Umschichtungen der Steuerbelastungen. Eine Zurückführung des Finanzbedarfs widerspricht den bisherigen Erfahrungen.

Wenn auch die Besteuerung der Deckung eines Finanzbedarfs für die Staatsaufgaben dient, ist dem einzelnen Steuerpflichtigen der Einwand verwehrt, die Verwendung der Steuermittel sei unvernünftig, unzweckmäßig oder ungerecht. Da die Steuern ein **allgemeines Deckungsmittel** für die Staatsaufgaben sind, läßt sich aus dem Steuerzugriff ein rechtliches Band zwischen der Erledigung der Staatsaufgaben und der Erfüllung der Steuerpflicht nicht knüpfen. Der einzelne Steuerpflichtige hat, mit anderen Worten, keinen Anspruch darauf, daß seine Steuerleistung in bestimmter Weise verwendet oder nicht verwendet wird. Der einzelne, der eine bestimmte Verwendung öffentlicher Abgaben für grundrechtswidrig hält, kann aus seinen Grundrechten keinen Anspruch auf generelle Unterlassung einer solchen Verwendung herleiten (BVerfGE 67, 26 betr. Sozialabgaben).

c) Die bundesstaatliche Finanzverfassung

Getrennte Finanz- und Haushaltswirtschaft von Bund und Ländern

Der Bund und die Länder tragen gesondert die Ausgaben, die sich aus der 17 Wahrnehmung ihrer Aufgaben ergeben, soweit das Grundgesetz nichts anderes bestimmt (Art. 104a Abs. 1 GG). Bund und Länder sind in ihrer Haushaltswirtschaft selbständig und voneinander unabhängig (Art. 109 Abs. 1 GG).

In diesen Grundsätzen kommt zum Ausdruck, daß in dem Bundesstaat des Grundgesetzes der Bund und die Länder als selbständige Staaten im Rahmen des Bundesverhältnisses zusammenwirken, und weiter, daß weder der Bund Kostgänger der Länder, noch die Länder Kostgänger des Bundes sein sollen.

Aufgabenverantwortung und Ausgabenlast

Die durch die bundesstaatliche Kompetenzordnung vorgezeichnete Auftei- 18 lung der Aufgabenverantwortung ist die Grundlage für die Aufteilung der Finanzierungsverantwortung und dementsprechend der Ausgabenlast bei der Wahrnehmung der dem Bund und den Ländern zukommenden staatlichen Aufgaben (Art. 104a Abs. 1 GG, Konnexitätsprinzip). Die im Grundgesetz enthaltene und aufgrund der Bestimmungen des Grundgesetzes durch Bundesgesetz zu vervollständigende Finanzverfassung muß sicherstellen, daß dem Bund und den Ländern hinreichende Mittel zur Deckung ihres aufgabenorientierten Finanzbedarfs zur Verfügung stehen.

Finanzwesen und Finanzverfassung

Der Abschnitt X des Grundgesetzes über das Finanzwesen behandelt die 19 Gesetzgebung und Verwaltung in diesem Bereich durch besondere Vorschriften, die speziellere Regelungen im Verhältnis zu den allgemeinen Regelungen über die Gesetzgebung des Bundes (Art. 70 ff. GG) und über die Ausführung der Bundesgesetze und die Bundesverwaltung (Art. 83 ff. GG) darstellen. Unter „**Finanzverfassung**" versteht man die in einem Bundesstaat erforderliche verfassungsrechtliche Festlegung der Komptenzverteilung für Gesetzgebung und Verwaltung im Sachgebiet des Finanzwesens und die Aufteilung der Erträge der öffentlichen Finanzwirtschaft, insbes. die Verteilung des Aufkommens der Steuern („Ertragshoheit" des Bundes und der Länder). Zum **Finanzwesen** gehört außerdem die Haushaltswirtschaft, einschließlich des parlamentarischen Budgetrechtes, der Rechnungslegung und der Rechnungsprüfung.

F. KLEIN, Bund und Länder nach der Finanzverfassung des Grundgesetzes, HbVerfR, 1983, S. 863.

Grundlinie der Kompetenzordnung

20 Die Zölle und Finanzmonopole unterliegen der ausschließlichen Gesetzgebung des Bundes. Über die übrigen Steuern hat der Bund die konkurrierende Gesetzgebung, wenn ihm das Aufkommen dieser Steuern ganz oder zum Teil zusteht oder die Voraussetzungen des Art. 72 Abs. 2 GG vorliegen (Art. 105 GG). Diese Kompetenzzuweisung hat praktisch zur Folge, daß die **Steuergesetzgebung** ganz überwiegend Sache des Bundes ist.
Für die Verteilung des **Steueraufkommens** geht das Grundgesetz so vor, daß das Aufkommen einzelner enumerierter Steuern entweder dem Bund oder den Ländern zusteht, für das Aufkommen der Einkommensteuer, der Körperschaftsteuer und der Umsatzsteuer – also der ertragsfähigsten Steuerarten – ein Steuerverbund, also im Ausgangspunkt ein gemeinschaftlicher Fonds, gebildet worden ist (Art. 106 GG). Da das Steueraufkommen, soweit es den Ländern zusteht, dem Grundsatz des „örtlichen Aufkommens" folgt, es dementsprechend „arme" und „reiche" Länder gibt, ist zusätzlich zu der primären Aufteilung der Ertragshoheit ein **Finanzausgleich** notwendig (Art. 107 GG).
Die **Verwaltung der Steuern** liegt überwiegend in der Hand von Landesfinanzbehörden. Die Behörden der Bundesfinanzverwaltung sind für die Verwaltung einiger durch das Grundgesetz aufgezählter Steuern zuständig, z. B. für die Verwaltung der Zölle (Art. 108 GG).
Die Kompetenzverteilung für die Regelung und Verwaltung von Gebühren und Beiträgen folgt der Kompetenzverteilung für die Sachaufgaben, mit denen diese öffentlichen Abgaben im Zusammenhang stehen. So fällt z. B. die Gesetzgebung über die Gebühren der Deutschen Bundespost in die Kompetenz des Bundes, während das Recht der kommunalen Beiträge und Gebühren zur Materie des den Ländern zustehenden Gemeinderechts gehört.

d) Verfassungsrechtliche Grenzen der Besteuerung

Rechtsstaatliche Grundsätze

21 Die Steuergesetze, die im Einzelfall die Grundlage des Steuerzugriffs bilden, müssen den rechtsstaatlichen Grundsätzen entsprechen, die als ein Teil der verfassungsmäßigen Ordnung von der Gesetzgebung zu beachten sind.

Einnahmen u. Ausgaben d. öffentl. Hand 22 I

Das zur Steuererhebung ermächtigende Gesetz muß hinreichend bestimmt sein und muß deshalb insbes. den Tatbestand, an den die steuerliche Leistungspflicht geknüpft wird, klar und genau umschreiben. Die **Festlegung des Steuertatbestandes** durch Generalklauseln wird deshalb regelmäßig ausscheiden; ebenso ist es grundsätzlich ausgeschlossen, daß das Gesetz die Entstehung der Steuerpflicht von einer Ermessensentscheidung der Exekutive abhängig macht. Der Gesetzesvorbehalt ist darüber hinaus im Steuerrecht, von Ausnahmefällen abgesehen (siehe § 51 Abs. 3 EStG, § 53 Abs. 1 Nr. 2b KStG, eingefügt durch §§ 26, 27 StabG), so zu verstehen, daß der Gesetzgeber nicht im Wege der Ermächtigung zum Erlaß einer Rechtsverordnung die Höhe des Steuersatzes dem rechtsetzenden Ermessen der Exekutive überlassen darf. RNr. 12.

Die rechtsstaatlichen Gebote der Voraussehbarkeit, Berechenbarkeit und Meßbarkeit staatlicher Eingriffe, auf denen der Schutz des Vertrauens des einzelnen auf eine bestehende gesetzliche Regelung beruht, haben im Steuerrecht ein besonderes Gewicht. Denn sowohl die einzelnen wie die Unternehmen stellen bei ihren wirtschaftlichen Dispositionen die steuerlichen Auswirkungen in Rechnung. Dieses Vertrauen muß insbes. nach den rechtsstaatlichen Grundsätzen über die Rückwirkung von Gesetzen respektiert werden.

P. SELMER, Finanzordnung und Grundgesetz, AöR 101, 1976, S. 238, 399; P. KIRCHHOF, Die Finanzierung des Leistungsstaates, JURA 1983, 505.

„Rückwirkende" Besteuerung

Rückwirkende Gesetze, mit denen ein in der Vergangenheit entstandener rechtlich erheblicher Umstand durch eine Änderung des Rechtes im Nachhinein zum Nachteil des Betroffenen anders zu beurteilen ist, bedürfen einer besonderen Rechtfertigung. Denn es gehört zum Rechtsstaatsprinzip, daß die Rechte und Pflichten des einzelnen berechenbar sind und auch im Zeitverlauf berechenbar bleiben. Diese **Berechenbarkeit des Rechtes** bedeutet, auf den einzelnen gesehen, den Schutz des Vertrauens in das Bestehen und Fortbestehen des geltenden Rechts. Da nahezu sämtliche wirtschaftlich erheblichen Vorgänge steuerliche Auswirkungen haben, ist das Vertrauen der Steuerpflichtigen in das Fortbestehen einer steuerrechtlichen Regelung, auf die sie sich bei ihren Dispositionen eingestellt haben, grundsätzlich schutzwürdig. Eine rückwirkende nachteilige Veränderung im Hinblick auf einen steuerlich erheblichen Sachverhalt, der im Zeitpunkt der Gesetzesänderung bereits abgeschlossen ist („echte" Rückwirkung), ist von wenigen Ausnahmefällen abgesehen ausgeschlossen. Es kann beispielsweise nicht nach Ablauf des Kalenderjahres die Einkommensteuerpflicht für dieses Kalenderjahr nachträglich abweichend und zum Nachteil des Steuerpflichtigen geregelt werden. Wenn dagegen der steuerlich erhebliche Sachverhalt im Zeitpunkt der Änderung noch nicht abgeschlossen ist, es also an einem endgültigen vollständigen Vertrauenstatbestand noch fehlt, ist auch eine nachteilige Rechtsänderung verfassungsrechtlich zulässig, wenn ein überwiegendes öffentliches Interesse gegeben ist und der Grundsatz der Verhältnismäßigkeit beachtet ist („unechte" Rückwirkung).
D RNr. 51.

Schutz durch die Grundrechte?

23 Der selbstverständlich auch für den Steuergesetzgeber geltende Satz, daß die Grundrechte die Gesetzgebung als unmittelbar geltendes Recht binden, stößt im Falle des Steuerzugriffs auf die Besonderheit, daß der Kern der Steuerpflicht in den verschiedenen Steuerarten in der **Auferlegung einer Geldleistungspflicht zur Deckung des allgemeinen Finanzbedarfs** des Staates und der anderen öffentlich-rechtlichen Gemeinwesen besteht. Art, Ausmaß und Deckung des öffentlichen Finanzbedarfs können nicht Gegenstand individueller Rechte sein. Lediglich in dem Maße, in dem durch die bestimmte Tätigkeiten oder Rechte erfassenden Wirkungen oder durch die ,,Nebenzwecke" der Besteuerung eine wirtschaftslenkende oder sonst sozialgestaltende Wirkung des Steuerzugriffs auf einen individualisierbaren Personenkreis der Steuerpflichtigen eintritt, kann der Steuerzugriff den Charakter eines grundrechtlich erheblichen Eingriffs annehmen. In Fällen dieser Art wird beispielsweise die Eigentumsgarantie auch durch die Auferlegung einer Geldleistungspflicht beeinträchtigt sein können.

Die rechtsstaatlichen Grundsätze und das Willkürverbot des allgemeinen Gleichheitssatzes behalten ungeachtet dessen ihre Bedeutung für die verfassungsrechtliche Meßbarkeit des Steuerzugriffs.

Insbesondere der Gleichheitssatz

24 Der allgemeine Gleichheitssatz (Art. 3 Abs. 1 GG) fordert als **Willkürverbot** vom Gesetzgeber, daß die unterschiedliche Behandlung gleicher Fälle und die gleiche Behandlung unterschiedlicher Fälle nur bei einem sachlichen Grund für die Differenzierung bzw. Nichtdifferenzierung verfassungsrechtlich gerechtfertigt ist. Die besonderen steuerpolitischen und steuerrechtlichen Gesichtspunkte der Lastengleichheit, der Besteuerung nach der Leistungsfähigkeit und der Steuergerechtigkeit sind Erwägungen, die dem Willkürverbot für die Steuergesetzgebung eine etwas speziellere Fassung geben wollen. Das Grundrecht des Art. 3 Abs. 1 GG wird sehr häufig gegen Steuergesetze geltend gemacht; siehe z. B. BVerfGE 19, 64 und 21, 12 (Allphasen-Umsatzsteuer); 19, 101 und 21, 160 (Zweigstellensteuer).

P. KIRCHHOF, Steuergleichheit, StuW 1984, 297.

Insbesondere die Eigentumsgarantie

25 Für die Meßbarkeit des Steuerzugriffs an der Eigentumsgarantie muß als Ausgangspunkt beachtet werden, daß dieses Grundrecht nur einzelne bestehende und einer Person zustehende Rechte, nicht aber das Vermögen insgesamt schützt. Demzufolge bildet die Auferlegung von Geldleistungspflichten, sofern sie nicht eine konfiskatorische oder erdrosselnde Wirkung haben, keinen Eingriff in das Eigentum (BVerfGE 19, 119/128; 23, 288/314). Die Eigentumsgarantie wird auch nicht dadurch verletzt, daß bei der Einkommensteuer die inflationsbedingte Entwertung geldwerter Vermögensanlagen entsprechend dem Grundsatz des Nominalismus nicht berücksichtigt wird (BVerfGE 50, 57/104 ff.).

Einnahmen u. Ausgaben d. öffentl. Hand

P. KIRCHHOF/H. H. v. ARNIM, Besteuerung und Eigentum, VVDStRL Heft 39, 1981; H.-J. PAPIER, Besteuerung und Eigentum, DVBl. 1980, 787; R. H. WEBER, Das Geld in einem sich wandelnden Vermögensrecht, ZSR NF 100 I, 1981, S. 165.

e) Parlamentarisches Budgetrecht und Haushaltswirtschaft

Das parlamentarische Budgetrecht

In der Entwicklung des Parlamentarismus, noch in der Zeit der konstitutionellen Monarchie, setzte die parlamentarische Volksvertretung durch, daß ihr ein Mitwirkungsrecht bei der periodischen Festlegung des Budgets, d. h. des in Einnahmen und Ausgaben für einen bestimmten Zeitraum geordnet aufgestellten **Haushaltsplans** als Grundlage der **Ausgabenwirtschaft** der Exekutive, zugestanden wurde. Dem schon den ständischen Vertretungen des Mittelalters zustehenden Recht der Steuerbewilligung, das heute in der gesetzgebenden Gewalt und dem Grundsatz der Gesetzmäßigkeit der Verwaltung aufgegangen ist, trat erst lange Zeit später in Gestalt des parlamentarischen Budgetrechtes die verfassungsmäßig gesicherte Befugnis der Volksvertretung zur Seite, auch über die Verwendung der staatlichen Finanzmittel zu entscheiden, also einen Einfluß auf die Ausgabenwirtschaft der Exekutive auszuüben. Das Budgetrecht des Parlaments bedeutet, daß die Exekutive den periodisch aufzustellenden Haushaltsplan dem Parlament vorzulegen hat und dieser nur dann zur Grundlage der Bewirtschaftung durch die Exekutive gemacht werden darf, wenn er die Zustimmung der Volksvertretung durch einen Beschluß oder durch gesetzliche Feststellung des Haushaltsplanes erhält. Das parlamentarische Budgetrecht kann dementsprechend als ein Werkzeug der Kontrolle der Regierung im Rahmen des parlamentarischen Regierungssystems verstanden werden.

Der **preußische Budgetkonflikt,** der daraus entstand, daß das Abgeordnetenhaus die von dem Staatsministerium im Haushaltsplan veranschlagten Kosten für eine Heeresvermehrung verweigerte (1865–70), betraf die Reichweite des Budgetrechtes in der durch die preußische Verfassungs-Urkunde von 1850 eingerichteten konstitutionellen Monarchie. Das preußische Staatsministerium und der Ministerpräsident v. BISMARCK beharrten mit Erfolg auf dem Standpunkt, daß die Regierung verfassungsrechtlich nicht gehindert sei, den Haushaltsplan zugrunde zu legen, wenn die parlamentarische Volksvertretung ihre Zustimmung verweigere.

P. LABAND, Das Budgetrecht nach den Bestimmungen der preußischen Verfassungs-Urkunde, Ztschr. für Gesetzgebung und Rechtspflege in Preußen 4, 1870, S. 625; DERS., Staatsrecht, 3. Aufl., 1895, II. Bd., §§ 129, 130; DERS., Dt. Reichsstaatsrecht, 7. Aufl., 1919, S. 428ff.; K. H. FRIAUF, Der Staatshaushaltsplan im Spannungsfeld zwischen Parlament und Regierung, Bd. 1, 1968; E. R. HUBER, Dt. Verfassungsgeschichte, Bd. 3, 2. Aufl., 1970, S. 305ff.; R. MUSSGNUG, Der Haushaltsplan als Gesetz, 1976; CHR. TOMUSCHAT, Die parlamentarische Haushalts- und Finanzkontrolle in der Bundesrepublik Deutschland, Staat 19, 1980, S. 1.

Ausgestaltung im Grundgesetz

Der **Haushaltsplan** wird für ein oder mehrere Rechnungsjahre, nach Jahren getrennt, vor Beginn des ersten Rechnungsjahres durch das **Haushaltsgesetz** festgestellt. In den Haushaltsplan sind alle Einnahmen und Ausgaben des Bundes einzustellen. Die Vorlage für das Haushaltsgesetz sowie Vorlagen zur Änderung des Haushaltsgesetzes und des Haushaltsplanes werden gleichzeitig mit der Zuleitung an den Bundesrat beim Bundestag eingebracht; der Bundesrat ist berechtigt, innerhalb von sechs Wochen, bei Änderungsvorlagen innerhalb von drei Wochen, zu den Vorlagen Stellung zu nehmen (Art. 110 GG). Die zentrale Vorschrift ist Art. 110 Abs. 2 GG, der das parlamentarische Budgetrecht festlegt (BVerfGE 45, 1).

Von entscheidendem Gewicht für die Reichweite des parlamentarischen Budgetrechts ist der **Grundsatz der Spezialität,** wonach die einzelnen Ansätze für die Ausgaben jeweils gesondert mit ihrer Zweckbestimmung im Haushaltsplan veranschlagt werden müssen. Auf diesem Grundsatz beruhen eine Reihe weiterer Regelungen, durch die das Haushaltsrecht die Ausgabenwirtschaft der Exekutive bindet.

In innerem Zusammenhang mit dem in Art. 110 GG geregelten parlamentarischen Budgetrecht stehen die Bestimmungen über die Aufnahme von **Krediten** und die Übernahme von **Bürgschaften, Garantien oder sonstigen Gewährleistungen,** die zu Ausgaben in künftigen Rechnungsjahren führen können; die Regierung bedarf insoweit einer der Höhe nach bestimmten oder bestimmbaren Ermächtigung durch Bundesgesetz (Art. 115 Abs. 1 GG). Die dem Bundesminister der Finanzen obliegende **Rechnungslegung** nach Art. 114 Abs. 1 GG ermöglicht eine Kontrolle über die dem Haushaltsgesetz entsprechende Wirtschaftsführung und Finanzgebarung der Exekutive.

Haushaltswirtschaft

28 Die **Einnahmen und Ausgaben des Bundes,** die jeweils im Haushaltsplan veranschlagt werden, bilden den Gegenstand der Haushaltswirtschaft des Bundes. Die Haushaltswirtschaft wird im zeitlichen Verlauf als ein „Haushaltskreislauf" begriffen: Die Exekutive stellt den Haushaltsplan auf, legt ihn den gesetzgebenden Körperschaften vor, diese verabschieden das Haushaltsgesetz, das wiederum durch die Exekutive im Wege der Bewirtschaftung der bewilligten Mittel ausgeführt wird; Rechnungslegung und Rechnungsprüfung schließen eine Haushaltsperiode ab.

Die Aufgaben des Exekutive in der Haushaltswirtschaft erscheinen zuerst als Bewirtschaftung der bewilligten Mittel im Rahmen der den einzelnen Ressorts zukommenden politischen und administrativen Angelegenheiten. Des weiteren gehören zur Haushaltswirtschaft die Verwaltung und Bewirtschaftung des **Staatsvermögens,** beispielsweise der Industriebeteiligungen des Bundes, und die Verwaltung der **Bundesschuld** durch die dem Bundesministerium der Finanzen nachgeordnete Bundesschuldenverwaltung in Bad Homburg v. d. H. (RNr. 39).

Haushaltsrecht

29 Unter Haushaltsrecht versteht man die Rechtsvorschriften, in denen die öffentliche Haushaltswirtschaft, also die Aufstellung des Haushaltsplanes, die Verabschiedung des Haushaltsgesetzes, die Ausführung des gesetzlich festgestellten Haushaltsplanes, näher geregelt ist. Das Haushaltsrecht ist dem-

Einnahmen u. Ausgaben d. öffentl. Hand 30, 31 **I**

entsprechend zu unterscheiden von dem jeweiligen Haushaltsgesetz, das den aufgrund des Haushaltsrechts aufgestellten Haushaltsplan feststellt. Dem bundesstaatlichen Charakter der Bundesrepublik entsprechend gibt es ein Haushaltsrecht des Bundes und ein Haushaltsrecht jedes Landes; das Haushaltsrecht der landesunmittelbaren juristischen Personen des öffentlichen Rechts, z. B. der Gemeinden, ist Gegenstand der Landesgesetzgebung.

Durch Bundesgesetz, das der Zustimmung des Bundesrates bedarf, können für Bund und Länder gemeinsam geltende Grundsätze für das Haushaltsrecht aufgestellt werden (Art. 109 Abs. 3 GG). Dieser besonderen Kompetenzregelung entsprechend ist das **Haushaltsgrundsätzegesetz** vom 19. Aug. 1969 (BGBl. I S. 1273) erlassen worden. Dieses ist wiederum die Grundlage der **Bundeshaushaltsordnung** vom 19. Aug. 1969 (BGBl. I S. 1284), zuletzt geänd. durch Gesetz vom 11. Juli 1985 (BGBl. I S. 1445), und der **Landeshaushaltsordnungen.**

D. BIRK, Steuerung der Verwaltung durch Haushaltsrecht und Haushaltskontrolle, DVBl. 1983, 865; P. KIRCHHOF, Die Steuerung des Verwaltungshandelns durch Haushaltsrecht und Haushaltskontrolle, NVwZ 1983, 505; E. HEUER/H. DOMMACH, Handbuch der Finanzkontrolle, 1984; A. v. MUTIUS/G. F. SCHUPPERT, Die Steuerung des Verwaltungshandelns durch Haushaltsrecht und Haushaltskontrolle, VVDStRL Heft 42, 1984.

Ausgaben der öffentlichen Hand

Der durch Gesetz festgestellte Haushaltsplan, der die zu erwartenden Einnahmen und die erforderlichen Ausgaben eines öffentlich-rechtlichen Gemeinwesens vor Beginn der Rechnungsperiode, für die er gelten soll, geordnet gegenübergestellt, hat zuerst eine **finanzwirtschaftliche** Funktion. Er soll eine geordnete Wirtschafts- und Rechnungsführung für einen bestimmten Zeitraum und eine nachträgliche Rechnungskontrolle ermöglichen. Das Haushaltsgesetz stellt aber nicht lediglich ein im Haushaltsplan enthaltenes Zahlenwerk fest, sondern enthält zugleich die **Bewilligung** der im Haushaltsplan ausgeworfenen Mittel, also die Ermächtigung an die Regierung, diese Mittel für die in den Ansätzen des Haushaltsplanes festgelegten Zwecke auszugeben. Diese haushaltswirtschaftliche Bewilligung bedeutet nicht zugleich auch eine dem Grundsatz der Gesetzmäßigkeit der Verwaltung entsprechende Ermächtigung zur Ausübung öffentlicher Verwaltung. Denn durch gesetzlich festgestellte Ansätze im Haushaltsplan werden Ansprüche oder Verbindlichkeiten weder begründet noch aufgehoben (§ 3 Abs. 2 HGrG).

V. GÖTZ, Die Staatsausgaben in der Verfassungsordnung, JZ 1969, 89.

Haushaltspolitik und Sachentscheidung

Der gesetzlich festgestellte Haushaltsplan wird gelegentlich als eine Art „Plan der Pläne", also als eine Art jährlicher Grundsatzentscheidung über die Staatsaufgaben, aufgefaßt. Die aus der Weimarer Zeit stammende Lehre, daß es sich bei dem gesetzlich festgestellten Haushaltsplan um einen Regierungsakt in Gesetzesform handle (siehe J. HECKEL, HDStR II, 1932, S. 358 ff.), hat diese Vorstellung begünstigt. Tatsächlich sind die sachlichen Entscheidungen des Haushaltsgesetzgebers in erheblichem Umfang durch die Gesetze vorweggenommen, in denen die ausgabenwirksamen Staatsaufgaben geregelt sind. Der Spielraum für sachliche Gestaltungen im Rahmen der Haushaltsgesetzgebung, die disponible Finanzmasse, über die ohne Bindung an gesetzliche Verpflichtungen entschieden werden kann, ist sehr begrenzt.

Die seit einiger Zeit zur Regel gewordene Erscheinung, daß aus Anlaß der Aufstellung des Haushaltsplanes und der Verabschiedung des Haushaltsgesetzes periodische Anstrengungen unternommen werden, den überbordenden Finanzbedarf des Staates zurückzuschneiden oder wenigstens in eine geordnete und planmäßige Finanzwirtschaft einzuordnen, hat dazu geführt, die parlamentarische Entscheidung über den Haushaltsplan mit ,,Haushaltssicherungsgesetzen" oder ,,Haushaltsbegleitgesetzen" zu verbinden; z.B. Haushaltssicherungsgesetz vom 20. Dez. 1965 (BGBl. I S. 2065), Gesetz zur Verbesserung der Haushaltsstruktur vom 18. Dez. 1975 (BGBl. I S. 3091), Zweites Gesetz zur Verbesserung der Haushaltsstruktur vom 22. Dez. 1981 (BGBl. I S. 1523), Gesetz zur Wiederbelebung der Wirtschaft und Beschäftigung und zur Entlastung des Bundeshaushalts (Haushaltsbegleitgesetz 1983) vom 20. Dez. 1982 (BGBl. I S. 1857), Gesetz über Maßnahmen zur Entlastung der öffentlichen Haushalte und zur Stabilisierung der Finanzentwicklung in der Rentenversicherung etc. (Haushaltsbegleitgesetz 1984) vom 22. Dez. 1983 (BGBl. I S. 1532). Diese Praxis bedeutet, daß aus Anlaß der Verabschiedung des Haushaltsgesetzes durch ein Artikelgesetz eine Reihe von ausgabenwirksamen Gesetzen geändert werden, um damit Art und Maß der gesetzlichen Verpflichtungen, die aus dem öffentlichen Haushalt gedeckt werden müssen, den finanziellen Möglichkeiten anzupassen.

Die Zuschüsse zur Sozialversicherung

32 Der Bund trägt Zuschüsse zu den Lasten der Sozialversicherung mit Einschluß der Arbeitslosenversicherung und der Arbeitslosenhilfe (Art. 120 Abs. 1 Satz 4 GG).

Das **Sozialversicherungssystem** beruht zwar nach wie vor auf dem Versicherungsprinzip, also auf einer bestimmten Relation zwischen den Beiträgen des Versicherten und den Leistungen des Versicherungsträgers, modifiziert aber das Versicherungsprinzip durch verschiedene Regelungen im Interesse des sozialen Ausgleichs und vor allem durch die ,,dynamische Rente", mit der seit 1957 der Staat eine grundsätzliche Garantie für die Anpassung der Renten an das steigende Lohnniveau übernommen hat. Diese sozialpolitischen Entscheidungen haben notwendig zur Folge, daß die Aufwendungen der Sozialversicherungsträger allein aus **Beitragsleistungen der Versicherten** nicht gedeckt werden können und daß staatliche Zuschüsse aus den allgemeinen Steuermitteln geleistet werden müssen. Ausmaß und Zeitpunkt der **Rentenanpassung** bleiben der Gestaltungsfreiheit des Gesetzgebers vorbehalten. Dementsprechend sind die aus dem Staatshaushalt des Bundes zu leistenden Zuschüsse zu den Lasten der Sozialversicherung nicht vorgegeben, sondern von sozialpolitischen Entscheidungen abhängig.

f) Staatsschulden

Verfassungsrechtliche Regelungen

Die parlamentarische Volksvertretung gewinnt durch ihr Budgetrecht die 33
Verfügung über die Ausgabenwirtschaft des Staates, insbes. der Exekutive.
Seinem Grundgedanken entsprechend muß dieses Recht sich auch auf die
Übernahme von Verpflichtungen zu Geldleistungen erstrecken, hauptsächlich also auf die **Aufnahme von Krediten,** den ,,Staatskredit". Zusätzlich zu
dem Erfordernis einer gesetzlichen Ermächtigung haben die Verfassungen
versucht, die Aufnahme von Krediten wegen der damit verbundenen besonderen und zukunftsbezogenen Belastungen an materielle Richtlinien zu binden. So verlangte Art. 87 WeimRVerf, daß im Wege des Kredits Geldmittel
nur bei außerordentlichem Bedarf und in der Regel nur für Ausgaben zu
werbenden Zwecken beschafft werden dürften; eine ähnliche Klausel findet
sich heute beispielsweise in Art. 82 Satz 1 BayVerf.
Das Grundgesetz normiert das Erfordernis eines Bundesgesetzes für die Aufnahme von Krediten sowie die Übernahme von Bürgschaften, Garantien oder
sonstigen Gewährleistungen, die zu Ausgaben in künftigen Rechnungsjahren
führen können, und außerdem eine materielle Bindungsklausel für die Aufnahme von Krediten in Art. 115. Das Nähere ist im Haushaltsrecht geregelt.
Die Kreditaufnahme durch Gemeinden ist Gegenstand des durch Landesgesetze geregelten Gemeinderechts. Durch zustimmungsbedürftiges Bundesgesetz können allerdings zur Abwehr einer Störung des gesamtwirtschaftlichen
Gleichgewichts Vorschriften über Höchstbeträge, Bedingungen und Zeitfolge der Aufnahme von Krediten durch Gebietskörperschaften und Zweckverbände erlassen werden (Art. 109 Abs. 4 Satz 1 Nr. 1 GG). Die entsprechenden Regelungen sind im Stabilitätsgesetz getroffen worden.
Die Inanspruchnahme des Staatskredits bedeutet, daß gegenwärtige Aufgaben und heute den einzelnen zugewandte Leistungen oder sonstige Vorteile
nicht aus den vorhandenen Einnahmen gedeckt werden, sondern als zukünftige Finanzierungslasten insbes. dem zukünftigen Steueraufkommen überbürdet werden. Mit steigender Staatsschuld wachsen die zum Schuldendienst
aufzubringenden Leistungen und engt sich der finanzpolitische Spielraum
ein.

G. PÜTTNER, Staatsverschuldung als Rechtsproblem, 1980; H. H. v. ARNIM, Grundprobleme der Staatsverschuldung, BayVBl. 1981, 514; P. HENSELER, Verfassungsrechtliche Aspekte zukunftsbelastender Parlamentsentscheidungen, AöR 108, 1983, S. 489;
D. BIRK, Die finanzverfassungsrechtlichen Vorgaben und Begrenzungen der Staatsverschuldung, DVBl. 1984, 745.

Geschichtliche Grundlage und Entstehungsgeschichte

Die verfassungsrechtliche Anordnung, daß die Aufnahme von Darlehen 34
durch die Exekutive einer besonderen gesetzlichen Ermächtigung bedarf,
geht auf das konstitutionelle Staatsrecht zurück (vgl. z. B. Art. 103 preuß.
Verfassungs-Urkunde von 1850). Im weiteren Verlauf kamen materielle Bindungen für den Staatskredit hinzu. Dabei wurde u. a. auf den finanzwirt-

schaftlichen Grundsatz abgestellt, daß eine Kreditaufnahme nur für solche Zwecke in Betracht kommen sollte, die wiederum zu Einnahmen öffentlicher Haushalte führen würden („werbende" Zwecke). Die ausdrückliche Einführung der **ökonomischen Budgetfunktion** durch das Fünfzehnte Gesetz zur Änderung des Grundgesetzes vom 8. Juni 1967 (Neufassung des Art. 109 GG) bedeutete u. a. auch die Anerkennung der Politik eines deficit spending. Damit gelangte notwendig auch der Staatskredit in die Reichweite der Konjunktur- und Wachstumspolitik. Die Neufassung des Art. 115 GG durch das Zwanzigste Gesetz zur Änderung des Grundgesetzes vom 12. Mai 1969 bestimmt nunmehr, daß die Einnahmen aus Krediten die Summe der im Haushaltsplan veranschlagten Ausgaben für Investitionen nicht überschreiten dürfen, daß aber Ausnahmen (nur) zur Abwehr einer Störung des gesamtwirtschaftlichen Gleichgewichts zulässig sein sollen.

Insbesondere die Kreditaufnahme

35 Die Aufnahme von Krediten bedarf einer der Höhe nach bestimmten oder bestimmbaren **Ermächtigung durch Bundesgesetz** und ist überdies materiell an bestimmte Grundsätze der Finanzpolitik gebunden (Art. 115 Abs. 1 GG). Kredite sind Darlehen, die zu einer Erhöhung der staatlichen Einnahmen führen, sei es daß sie kurzfristig zur „Kassenverstärkung", sei daß sie längerfristig zur Erfüllung bestimmter Aufgaben aufgenommen werden.
Die verfassungsrechtlich geforderte Ermächtigung wird regelmäßig in das **Haushaltsgesetz** aufgenommen. Die Ausführung der Ermächtigung ist Sache des **Bundesministers der Finanzen,** der dabei an das Haushaltsrecht und an die in der Reichsschuldenordnung festgelegten Formen der Kreditaufnahme gebunden ist (Schuldverschreibungen, Schatzanweisungen, Schuldbuchforderungen, u. a.).

W. PATZIG, Zur Problematik der Kreditfinanzierung staatlicher Haushalte, DÖV 1985, 293.

Grenzen des Staatskredits

36 Die Einnahmen aus Krediten dürfen die Summe der im Haushaltsplan veranschlagten **Ausgaben für Investitionen** nicht überschreiten; Ausnahmen sind nur zulässig zur Abwehr einer Störung des gesamtwirtschaftlichen Gleichgewichts (Art. 115 Abs. 1 Satz 2 GG). Die konjunkturpolitische Richtlinie, daß Bund und Länder bei ihrer Haushaltswirtschaft den Erfordernissen des gesamtwirtschaftlichen Gleichgewichts Rechnung zu tragen haben (Art. 109 Abs. 2 GG), und der Staatskredit sind damit in einen sachlichen Zusammenhang gebracht. Daß die Durchbrechung des finanzwirtschaftlichen Grundsatzes, daß die Summe der im Haushaltsplan veranschlagten Ausgaben für Investitionen die Obergrenze der verfassungsrechtlich zulässigen Einnahmen aus Krediten darstellt, als „Ausnahme" bezeichnet wird, kann immerhin als ein einschränkendes Kriterium verstanden werden. Auf der anderen Seite stellt das Merkmal, daß die Ausnahme nur „zur Abwehr einer Störung des gesamtwirtschaftlichen Gleichgewichts" erlaubt ist, Parlament und Regierung einen nur in Grenzfällen justiziablen Spielraum finanzpolitischer Beurteilung und Entscheidung zur Verfügung.

Unter „Investitionen" i. S. d. Art. 115 Abs. 1 GG sind Ausgaben zu verstehen, die zur Erhaltung, Vermehrung oder Verbesserung der gesamtwirtschaftlichen Produktivkraft beitragen; es sind also nicht nur Eigeninvestitionen des Bundes gemeint. Mit dem Ausdruck „Einnahmen aus Krediten" wird auf die Nettokreditaufnahme abgestellt, also auf den Betrag, der bei Abzug der Tilgungsaufwendungen verbleibt (siehe § 15 Abs. 1 Satz 2 BHO).

Übernahme von Gewährleistungen

Einer der Höhe nach bestimmten oder bestimmbaren Ermächtigung durch Bundesgesetz bedarf auch die Übernahme von Bürgschaften, Garantien oder sonstigen Gewährleistungen, die zu Ausgaben in künftigen Rechnungsjahren führen können. Damit wird die Übernahme eines Risikos der Übernahme einer finanziellen Verpflichtung gleichgestellt. Eine nähere Regelung ist in § 39 BHO erfolgt.
Die Übernahme von Gewährleistungen spielt eine besondere Rolle in der **Außenwirtschaft**. Der Bund übernimmt hier unter bestimmten Voraussetzungen das Risiko der Zahlungsfähigkeit oder Zahlungsbereitschaft ausländischer Gläubiger deutscher Unternehmer. Er bedient sich dabei eines Konsortiums der Hermes-Kreditversicherungs AG und der Deutschen Revisions- und Treuhand AG (deshalb „Hermes-Bürgschaften").

Sondervermögen

Für Sondervermögen des Bundes, die an sich den allgemeinen Vorschriften über den Staatskredit unterliegen, können durch Bundesgesetz Ausnahmen zugelassen werden (Art. 115 Abs. 2 GG).
Diese Ausnahmeregel kommt in erster Linie der Bundespost und der Bundesbahn zugute; sh. § 22 PostVG, § 31 BBahnG. Der rechtspolitische Sinn dieser Vorschrift leitet sich aus den Gründen ab, die für die Schaffung von gegenüber der Haushaltswirtschaft des Bundes verselbständigten Sondervermögen sprechen.

Bundesschuldenverwaltung

Die Bundesschuldenverwaltung ist eine Oberbehörde im Rahmen der Bundesfinanzbehörden (§ 1 FinVG), für deren Organisation und Aufgaben die Reichsschuldenordnung vom 23. Febr. 1923 (RGBl. I S. 95), die als Bundesgesetz fortgilt (Art. 124 GG), das Gesetz über die Errichtung einer Schuldenverwaltung des Vereinigten Wirtschaftsgebietes vom 13. Juli 1948 (WiGBl. S. 73) und die Verordnung über die Bundesschuldenverwaltung vom 13. Dez. 1949 (BGBl. 1950 S. 1) maßgebend sind.
Die Einrichtung einer eigenen Schuldenverwaltung geht auf die Verordnung des preußischen Königs FRIEDRICH WILHELM III. vom 17. Januar 1820 (preuß. Gesetzes-Sammlung S. 9) zurück, in der die Verwaltung der Staatsschulden durch eine von der übrigen Staats- und Finanzverwaltung abgesonderte Behörde unter der Bezeichnung „Hauptverwaltung der Staatsschulden" angeordnet wurde. Der Staat wollte damit seinen Willen und seine Bereit-

schaft unterstreichen, die Staatsschuld gerecht und geordnet zu verwalten und zurückzubezahlen.

F. KARL, 150 Jahre Staatsschuldenverwaltung. 17. 1. 1820 bis 17. 1. 1970, 1970.

Praxis der Staatsschulden

40 Von der Möglichkeit der Staatsverschuldung wurde in den ersten Jahren der Bundesrepublik sehr zurückhaltend Gebrauch gemacht. Als eine Zäsur in der Schuldenpolitik des Bundes werden die Jahre 1974/1975 angesehen, die von der Bundesregierung als Beginn des stärksten, durch die Ölkrise verschärften Konjunktureinbruchs in der Geschichte der Bundesrepublik bezeichnet wurden. Der abgeschwächten Wirtschaftsentwicklung sollte durch eine ausgleichende und stimulierende Finanzpolitik entgegengewirkt werden (BTag Drucks. 8/2804).

Die Kreditaufnahme des Bundes – auch der Länder und der Gemeinden – ist seither zum Teil sprunghaft angestiegen. Eine Verschärfung des gesamtwirtschaftlichen Ungleichgewichts haben die 1979/80 erneut drastisch gestiegene Ölpreise zur Folge gehabt. Die Ursachen der sich vermehrenden Staatsschuld sind jedoch vielgestaltig. Sie sind in wesentlichem Maße in der finanzpolitischen Schubkraft des expandierenden Sozialstaats angelegt.

Die Bruttokreditaufnahme des Bundes belief sich im Jahre 1985 auf 69,5 Milliarden DM (1982: 79,6 Mill. DM), wovon auf die Nettokreditaufnahme 24 Milliarden DM (1982: 37,2 Mill. DM) und auf die Tilgung von Kreditmarktmitteln 45,5 Milliarden DM (1982: 42,4 Mill. DM) entfielen. Die Verschuldung von Bund (ohne Bundesbahn und Bundespost), Ländern und Gemeinden wird per 31. 12. 1983 mit 671,7 Milliarden DM angegeben, wovon den Bund eine Staatsschuld von 341,4 Milliarden DM trifft (H. H. VON ARNIM, Volkswirtschaftspolitik, 5. Aufl., 1985, S. 254 f.).

Öffentliche Verschuldung in der Bundesrepublik Deutschland, Antwort der Bundesregierung auf eine Kleine Anfrage (6. 3. 1980), BTag Drucks. 8/3773; Öffentliche Verschuldung in der Bundesrepublik Deutschland, Antwort der Bundesregierung auf eine Kleine Anfrage (1. 4. 1982), BTag Drucks. 9/1552 (neu); Finanzbericht 1985.

2. Die Finanzverfassung

a) Entwicklung der verfassungsrechtlichen Ordnung des Finanzwesens

Finanzwesen im Bundesstaat

41 Die Finanzverfassung ist ein Kernstück der bundesstaatlichen Verfassung. Durch sie werden die Zuständigkeiten der finanzpolitischen Gesetzgebung, insbes. der Steuergesetzgebung, zwischen dem Bund und den Ländern aufgeteilt, wird das Aufkommen der öffentlichen Abgaben zwischen dem Bund und den Ländern verteilt, wird über die Finanzverwaltung im Bund und in den Ländern entschieden und schließlich insgesamt über das Verhältnis der Haushalts- und Finanzwirtschaft des Bundes und der Länder die grundsätzliche Entscheidung gefällt. RNr. 19.

Die Finanzverfassung 42, 43 **I**

Verfassungspolitisch muß die Finanzverfassung eine hinreichende Selbständigkeit der Länder in Finanzpolitik und Finanzwirtschaft sicherstellen, zugleich aber dem Bund – neben den erforderlichen Zuständigkeiten und den Einnahmen für seine Aufgaben – eine rechtliche Möglichkeit eröffnen, die Rechts- und Wirtschaftseinheit zu wahren, insbes. die Einheitlichkeit der Lebensverhältnisse über das Gebiet eines Landes hinaus zu sichern (vgl. Art. 72 Abs. 2 Nr. 3, 106 Abs. 3 Satz 4 Nr. 2 GG).

K. VOGEL, Finanzverfassung und politisches Ermessen, 1972; DERS., Die bundesstaatliche Finanzverfassung des GG (Art. 104a bis 108 GG), JA 1980, 577; K. H. FRIAUF, Die Finanzverfassung in der Rechtsprechung des Bundesverfassungsgerichts, in: Festgabe für das BVerfG, 1976, II, S. 300; P. SELMER, Finanzordnung und Grundgesetz, AöR 101, 1976, S. 238, 399.

Verfassungsgeschichte

Die Finanzverfassung unter der **Reichsverfassung von 1871** ist schlagwortar- 42 tig so charakterisiert worden, daß das Reich der Kostgänger der Länder gewesen sei. In Anknüpfung an die in dem 1834 gegründeten Deutschen Zollverein bestehende Lage wurden dem Reich als eigene Einkünfte im wesentlichen nur das Aufkommen der Zölle und Verbrauchsteuern zugestanden. Daneben führten die Bundesstaaten Matrikularbeiträge an das Reich ab. Die bei dem Übergang zum Schutzzollsystem eingeführte Franckenstein'sche Klausel begrenzte die selbständigen Einnahmen des Reiches aus Zöllen und Tabaksteuer (später auf andere Verbrauchsteuern erstreckt) auf 130 Mio Reichsmark im Jahr (siehe § 8 des Gesetzes vom 15. Juli 1879, RGBl. I S. 207); diese Klausel, mit der die Bestimmung des Art. 38 RV durchbrochen wurde, wurde durch Gesetz vom 14. Mai 1904 (RGBl. S. 169) wieder gestrichen.

Demgegenüber wurde für die Finanzverfassung der **Weimarer Republik** das Schlagwort geprägt, hier seien die Länder zu Kostgängern des Reiches geworden. Das Reich konnte im Wege der Gesetzgebung darüber befinden, welche Abgaben oder sonstigen Einnahmen es für seine Zwecke in Anspruch nehmen wollte; es hatte dabei „auf die Erhaltung der Lebensfähigkeit der Länder Rücksicht zu nehmen" (siehe Art. 8, 11 WeimRVerf). Durch die **Erzberger'sche Finanzreform** von 1920 wurde eine einheitliche Reichsfinanzverwaltung eingerichtet (RNr. 8).

Eine weit über ein halbes Jahrhundert fortbestehende kodifikatorische Leistung war der – auf den Entwurf ENNO BECKERS zurückgehende – Erlaß der **Reichsabgabenordnung** vom 13. Dez. 1919 (RGBl. S. 1993), neugefaßt als Reichsabgabenordnung vom 22. Mai 1931 (RGBl. I S. 161).

Behandlung des Finanzwesens im Parlamentarischen Rat

Aus eigenem Entschluß der deutschen verfassunggebenden Faktoren, aber 43 auch aufgrund nachdrücklichen Einflusses der Alliierten sollte die stark unitarische Finanzverfassung der Weimarer Zeit durch das Grundgesetz nicht fortgeführt werden. Die finanz- und haushaltswirtschaftliche Selbständigkeit der Länder sollte durch die Verfassung gesichert werden. Als Kernstück des Streites erwies sich dabei die Aufteilung der **Ertragshoheit** im Hinblick auf die Steuern. Die eher unitarische Linie der SPD und die eher föderative Linie der CDU/CSU fanden schließlich zu einem Kompromiß, zu dem auch gehörte, daß die zunächst gefundene Regelung nur provisorisch bis zum 31. Dez. 1952 gelten und dann durch eine endgültige Regelung ersetzt werden sollte (Art. 107 GG in der ursprünglichen Fassung). Diese Frist mußte durch die Novelle vom 20. April 1953 und durch eine weitere Novelle vom 25. Dez. 1954 bis zum 31. Dez. 1955 verlängert werden.

Weiterbildung seit 1949

44 Durch das **Finanzverfassungsgesetz** vom 23. Dez. 1955 (BGBl. I S. 817) wurde in den Art. 106 und 107 GG über die Aufteilung des Aufkommens aus den Steuern und über den Finanzausgleich entschieden. Der bis heute festgehaltene Grundgedanke für die Verteilung des Steueraufkommens ist, daß für eine Reihe von Steuerarten ein „**Trennsystem**", für einige besonders ertragskräftige Steuern (damals die Einkommensteuer und die Körperschaftsteuer) ein „**Verbundsystem**" besteht.
Durch die weitere Novelle vom 24. Dez. 1956 (BGBl. I S. 1077) wurden die Gemeinden und Gemeindeverbände in die Finanzverfassung einbezogen (siehe Art. 106 Abs. 6–8 GG); RNrn. 58 ff.

Finanzreform 1967/69

45 Die von dem Bundeskanzler und den Ministerpräsidenten der Länder im Jahre 1964 eingesetzte **Sachverständigenkommission für die Finanzreform** (TROEGER-Kommission, nach dem Vorsitzenden) legte im Februar 1966 das „Gutachten über die Finanzreform in der Bundesrepublik Deutschland" vor. Die Empfehlungen der Kommission trafen zeitlich mit dem ersten größeren Konjunkturrückschlag in der Wirtschaftsgeschichte der Bundesrepublik zusammen. Die nach dem Rücktritt des Bundeskanzlers ERHARD am 1. Dez. 1966 unter dem Bundeskanzler KIESINGER gebildete „Große Koalition" verwirklichte wesentliche Empfehlungen der TROEGER-Kommission durch das Fünfzehnte Gesetz zur Änderung des Grundgesetzes vom 8. Juni 1967 (BGBl. I S. 581), das Zwanzigste Gesetz zur Änderung des Grundgesetzes vom 12. Mai 1969 (BGBl. I S. 357) und das Einundzwanzigste Gesetz zur Änderung des Grundgesetzes (Finanzreformgesetz) vom 12. Mai 1969 (BGBl. I S. 359); vgl. den Regierungsentwurf des Finanzreformgesetzes, BTag Drucks. V/2861. Die **ökonomische Budgetfunktion** wurde anerkannt, die Haushaltswirtschaft von Bund und Ländern wurde ausdrücklich darauf verpflichtet, den Erfordernissen des **gesamtwirtschaftlichen Gleichgewichts** Rechnung zu tragen. Das Haushaltsrecht, eine konjunkturgerechte Haushaltswirtschaft und eine mehrjährige Finanzplanung wurden für Bund und Länder gemeinsam einer Grundsatz-Gesetzgebung des Bundes unterstellt. Es wurden besondere Instrumente zur Abwehr einer Störung des gesamtwirtschaftlichen Gleichgewichts vorgesehen, die sowohl das bundesstaatliche Verhältnis wie die Garantie der kommunalen Selbstverwaltung berührten. Nach dem Leitgedanken des **kooperativen Föderalismus** wurden die Gemeinschaftsaufgaben und die Fondswirtschaft des Bundes als Verfassungseinrichtungen eingeführt. Das **Verbundsystem** bei der Verteilung des Steueraufkommens wurde auf die Umsatzsteuer ausgedehnt und grundsätzlich neu

Die Finanzverfassung

gestaltet (siehe bes. Art. 91a, 104a, 106 Abs. 3 und 4, 109 GG). Die neue verfassungsrechtliche Lage wurde in einer Reihe von Bundesgesetzen näher ausgeformt, besonders durch das Gesetz zur Förderung der Stabilität und des Wachstums der Wirtschaft vom 8. Juni 1967 (BGBl. I S. 582) und das Haushaltsgrundsätzegesetz vom 19. Aug. 1969 (BGBl. I S. 1273)

W. GRAWERT, Finanzreform und Bundesstaatsreform, Staat 7, 1968, S. 63; H. SPANNER, Über Finanzreform und Bundesstaat, in: Festgabe für Theodor Maunz, 1971, S. 375.

Reformbestrebungen

Die Grundgedanken der durch die Reformen der Jahre 1967 und 1969 neu geordneten Finanzverfassung haben sich bewährt; sie sind bisher nicht zum Gegenstand von grundsätzlichen Reformbestrebungen geworden. Die Enquete-Kommission Vefassungsreform hat empfohlen, an dem gegenwärtigen System der Finanzverfassung festzuhalten (BTag Drucks. 7/5924, S. 200). Der Punkt, der – von seiten einzelner Länder – einer besonderen Kritik unterzogen worden ist, ist die Einrichtung und Ausgestaltung der Gemeinschaftsaufgaben in Art. 91a GG. Die Einwände gegen eine Verwischung der Verantwortlichkeiten und wegen einer zu starken Einbindung der Länder haben bisher den Verfassungsvorschriften und ihrer langjährigen Praktizierung kein hinreichendes Gewicht entgegenzusetzen vermocht. G RNrn. 94 ff.

b) Gesetzgebungszuständigkeiten

Steuergesetzgebung des Bundes

Das Gesetzgebungsrecht des Bundes und der Länder auf dem Gebiet der Steuern bemißt sich nach Art. 105 GG. Diese besondere Kompetenzvorschrift geht den allgemeinen Vorschriften der Art. 70 ff. GG vor. Die Gesetzgebungszuständigkeit für öffentliche Abgaben, die keine Steuern sind, sowie die Auferlegung sonstiger Geldleistungspflichten, wie z. B. der Sonderabgaben, ist nicht besonders geregelt und fällt demnach unter die allgemeinen Vorschriften der Art. 70 ff. GG.
Dem Bund steht über die Zölle und die Finanzmonopole die ausschließliche Gesetzgebung zu. Er hat weiter die konkurrierende Gesetzgebung über die übrigen Steuern, wenn ihm das Aufkommen dieser Steuern ganz oder zum Teil zusteht, worüber Art. 106 GG entscheidet, oder ein Bedürfnis nach bundesgesetzlicher Regelung gemäß Art. 72 Abs. 2 GG gegeben ist. Das Gesetzgebungsrecht des Bundes ist damit praktisch umfassend. Den Ländern ist ausdrücklich nur die Befugnis zur Gesetzgebung über die örtlichen Verbrauch- und Aufwandsteuern vorbehalten, solange und soweit diese nicht bundesgesetzlich geregelten Steuern, insbes. der Umsatzsteuer, gleichartig sind.
Bundesgesetze aufgrund der konkurrierenden Kompetenz nach Art. 105 Abs. 2 GG sind zustimmungsbedürftig, wenn es sich um Steuern handelt, deren Aufkommen den Ländern oder den Gemeinden ganz oder zum Teil zufließt; das gilt für die Einkommensteuer, die Körperschaftsteuer und die Umsatzsteuer.

Steuergesetzgebung der Länder

48 Die in Art. 105 Abs. 2a GG den Ländern ausdrücklich vorbehaltene Befugnis zur Gesetzgebung über die **örtlichen Verbrauch- und Aufwandsteuern**, solange und soweit diese nicht bundesgesetzlich geregelten Steuern gleichartig sind, ist der wesentliche Fall für die steuerpolitische Gesetzgebungsbefugnis der Länder. Der Steuertatbestand, an den diese kompetenzbegründende Vorschrift anknüpft, ist das Inverkehrbringen bestimmter verbrauchsgeeigneter Waren oder Dienstleistungen oder die Einkommensverwendung für einen bestimmten Aufwand zum persönlichen Lebensbedarf, wobei in beiden Fällen nur wirtschaftliche Vorgänge in Betracht kommen, die sich auf einen örtlich bedingten Wirkungskreis beschränken. Das Grundgesetz beläßt damit eine Gruppe herkömmlich der Landesgesetzgebung unterliegender und in ihrem Aufkommen den Gemeinden und Landkreisen zufallender Steuern, z. B. die Getränkesteuer, die Speiseeissteuer, die Jagdsteuer und die Vergnügungssteuer, der Landesgesetzgebung (vgl. BVerfGE 40, 56; 65, 325; BVerwG NJW 1980, 796 – Zweitwohnungssteuer).

Die Einschränkung, daß die fragliche Steuer bundesgesetzlich geregelten Steuern nicht gleichartig sein darf, soll das Aufkommen dieser bundesgesetzlich geregelten Steuern dadurch schützen, daß es deren Quelle einer weiteren Inanspruchnahme aufgrund Landesrechts entzieht.

Die Zölle

49 Unter einem „Zoll" wird herkömmlich eine öffentliche Abgabe verstanden, die auf eine Ware erhoben wird, die eine bestimmte Zollstelle passiert, wie z. B. eine Brücke, ein Stadttor oder eine Grenze. Seitdem im 19. Jahrhundert die Binnenzölle endgültig abgeschafft worden sind, sind in der heutigen Gesetzgebung Zölle solche öffentliche Abgaben, die im **grenzüberschreitenden Warenverkehr** erhoben werden („Außenzölle"). Zölle sind sowohl als Einfuhr- wie als Ausfuhrzölle möglich. Da Ausfuhrzölle den erwünschten Export erschweren, spielen sie heute keine Rolle. Zölle sind Steuern im Sinne des Abgabenrechts (§ 3 Abs. 1 AbgO).

Zölle werden auf Waren erhoben, die grenzüberschreitend in die Bundesrepublik eingeführt werden. Maßgebend für die Erhebung der Zölle ist das **Zollgesetz** in der Fass. v. 18. Mai 1970 (BGBl. I S. 529), zuletzt geänd. durch Gesetz vom 12. Sept. 1980 (BGBl. I S. 1695). Dabei ist allerdings zu beachten, daß aufgrund der Errichtung des **Gemeinsamen Marktes** der Europäischen Wirtschaftsgemeinschaft die Zölle zwischen den Mitgliedstaaten, also für den Grenzübertritt von Waren von einem Mitgliedstaat in einen anderen, abgeschafft sind (Art. 12ff. EWG-Vertrag). Die Erhebung von Zöllen kommt deshalb nur noch an den „Außengrenzen" der Europäischen Wirtschaftsgemeinschaft in Betracht. Seit dem Inkrafttreten des Beschlusses des Rates der Europäischen Gemeinschaften vom 21. April 1970 über die Ersetzung der Finanzbeiträge der Mitgliedstaaten durch eigene Mittel der Gemeinschaften (BGBl. II S. 1261) steht das Aufkommen dieser Zölle nicht mehr den einzelnen Mitgliedstaaten, sondern den Europäischen Gemeinschaften zu.

Die Finanzverfassung 50, 51 **I**

Die Finanzmonopole

Bei Inkrafttreten des Grundgesetzes bestanden lediglich zwei Finanzmono- 50
pole, nämlich das **Zündwarenmonopol** und das **Branntweinmonopol.** Neue
Finanzmonopole sind seither nicht begründet worden. Das Zündwarenmonopol ist seither abgeschafft worden (Gesetz vom 22. Aug. 1982 [BGBl. I
S. 1241]). Das Branntweinmonopol erbringt keinen Ertrag; ein Ertrag würde
dem Bunde zustehen (sh. Art. 106 Abs. 1 GG).

Unter einem **Finanzmonopol** versteht man das ausschließliche Recht des
Staates, eine bestimmte Ware oder Leistung auf dem Markt anzubieten, wenn
der Grund dieser Monopolstellung hauptsächlich in der Erzielung von Einnahmen für einen öffentlichen Haushalt besteht. Darin liegt der Unterschied
gegenüber einem **Verwaltungsmonopol,** bei dem das ausschließliche Recht
für das Anbieten von Waren oder Leistungen oder für sonstige Verrichtungen
oder Tätigkeiten dem Staat oder einem anderen Verwaltungsträger deshalb
vorbehalten ist, weil dafür überwiegende Gründe des öffentlichen Interesses
bestehen, wie z. B. im Fall des Beförderungsvorbehalts der Bundespost für
das Errichten und Betreiben von Einrichtungen zur entgeltlichen Beförderung von Sendungen mit schriftlichen Mitteilungen oder mit sonstigen Nachrichten von Person zu Person (§ 2 PostG).
Das Zündwarenmonopol war zur Sicherung eines Kredits des schwedischen
KREUGER-Konzerns an das Deutsche Reich geschaffen worden (Gesetz vom
29. Jan. 1930 [RGBl. I S. 11]). Das Branntweinmonopol hatte hauptsächlich
den Sinn, die Verwertung von Nebenprodukten der Landwirtschaft zum
Zwecke der Branntweinerzeugung zu sichern und zu ordnen (Gesetz vom
8. April 1922 [RGBl. I S. 335, 405]).

P. BADURA, Das Verwaltungsmonopol, 1963.

c) Ertragshoheit des Bundes und der Länder

Grundsätze der Verteilung des Steueraufkommens

Zur Umschreibung der Technik, nach der das Aufkommen der Steuern zwi- 51
schen dem Bund und den Ländern verteilt wird, wird zwischen dem ,,Trennsystem" und dem ,,Verbundsystem" unterschieden. Das **Trennsystem** bedeutet, daß das Aufkommen einer bestimmten Steuerart entweder dem Bund
oder den Ländern zugewiesen wird; diesem Kriterium folgt Art. 106 Abs. 1
und 2 GG. Das **Verbundsystem** bedeutet, daß das Aufkommen bestimmter
Steuerarten zunächst dem Bund und den Ländern gemeinsam zugewiesen
wird, dann jedoch nach bestimmten Kriterien und Verteilungsschlüsseln das
Aufkommen dieser ,,Gemeinschaftsteuern" auf den Bund und die Länder
verteilt wird; diesem Kriterium folgt Art. 106 Abs. 3 und 4 GG.
Bei der vom Grundgesetz verwendeten Umschreibung der Steuerarten ergibt
sich eine Abgrenzungsfrage hinsichtlich der Verbrauchsteuern (Art. 106
Abs. 1 Nr. 2 GG), der Verkehrsteuern (Art. 106 Abs. 2 Nr. 4 GG) und der
Umsatzsteuer (Art. 106 Abs. 3 GG). Der **Umsatzsteuer** unterliegen die Umsätze aus Lieferungen und sonstigen Lieferungen, die ein Unternehmer im

521

Erhebungsgebiet gegen Entgelt im Rahmen seines Unternehmens ausführt, sowie bestimmte gleichartige Vorgänge (§ 1 UStG vom 26. Nov. 1979, BGBl. I S. 1953, geänd. durch Gesetz vom 18. Aug. 1980, BGBl. I S. 1937). Die Umsatzsteuer ist die ertragsstärkste Steuer; sie ist eine Gemeinschaftsteuer. Die **Verkehrsteuer** knüpft an bestimmte Vorgänge des Rechts- und Wirtschaftsverkehrs an, in denen sich typischerweise eine Leistungsfähigkeit der an diesem Vorgang Beteiligten ausdrückt; Beispiele sind die Grunderwerbsteuer, die Kapitalverkehrsteuer, die Versicherungsteuer, die Rennwett- und Lotteriesteuer und die Wechselsteuer. Das Aufkommen aus den Verkehrsteuern steht den Ländern zu, soweit sie nicht dem Bund oder Bund und Ländern gemeinsam zustehen; das erste gilt für die Kapitalverkehrsteuern, die Versicherungsteuer und die Wechselsteuer, das zweite gilt für die – als Grenzfall der Verkehrsteuern auffaßbare – Umsatzsteuer. Tatbestand der **Verbrauchsteuern** ist das Inverkehrbringen bestimmter Waren und Leistungen für den Verbrauch. Beispiele für Verbrauchsteuern, deren Aufkommen dem Bunde zusteht, sind die Tabak-, Spielkarten- und Mineralölsteuer. Die Biersteuer ist eine kraft ausdrücklicher Bestimmung mit ihrem Aufkommen den Ländern zukommende Verbrauchsteuer, die örtlichen Verbrauchsteuern stehen nach Art. 106 Abs. 6 GG mit ihrem Aufkommen den Gemeinden oder nach Maßgabe der Landesgesetzgebung den Gemeindeverbänden zu.

Gemeinschaftsteuern (Steuerverbund)

52 Das Aufkommen der **Einkommensteuer**, der **Körperschaftsteuer** und der **Umsatzsteuer** steht dem Bund und den Ländern gemeinsam zu. Von dem Aufkommen der Einkommensteuer wird allerdings vorab ein Anteil den Gemeinden zugewiesen (Art. 106 Abs. 5 GG, Gemeindefinanzreformgesetz in der Fass. vom 28. Jan. 1985, BGBl. I S. 201). Am Aufkommen der Einkommensteuer, soweit es in den Steuerverbund fällt, und der Körperschaftsteuer sind der Bund und die Länder je zur Hälfte beteiligt, während die Anteile von Bund und Ländern am Aufkommen der Umsatzsteuer durch zustimmungsbedürftiges Bundesgesetz festgesetzt und ggf. neu festgesetzt werden (Art. 106 Abs. 3 und 4 GG).

Insbesondere die Umsatzsteuer im Steuerverbund

53 Die Anteile von Bund und Ländern am Aufkommen der Umsatzsteuer sind nicht schon durch die Verfassung selbst bestimmt, sondern der Festsetzung durch **zustimmungsbedürftiges Bundesgesetz** überlassen. Die Verfassung stellt jedoch bestimmte Grundsätze für die Festsetzung der Anteile auf. Wenn sich das Verhältnis zwischen den Einnahmen und Ausgaben des Bundes und der Länder wesentlich anders entwickelt, müssen die Anteile neu festgesetzt werden.
Das Aufkommen der Umsatzsteuer im Rahmen des Steuerverbundes ist damit das flexible Element in der finanzverfassungsrechtlichen Aufteilung der Ertragshoheit der Steuern zwischen Bund und Ländern. Die Anteile betragen gegenwärtig 65,5 v. H. für den Bund und 34,5 v. H. für die Länder (Art. 11 Steuerentlastungsgesetz 1984 vom 22. Dez. 1983, BGBl. I S. 1583, in Abände-

Die Finanzverfassung 54–56 I

rung des § 1 Abs. 1 Finanzausgleichsgesetz vom 28. Aug. 1969, BGBl. I S. 1432).

Die „Einheitlichkeit der Lebensverhältnisse im Bundesgebiet"

Zu den Grundsätzen, die für die Festsetzung der Anteile von Bund und Ländern an der Umsatzsteuer maßgeblich sind, gehört, daß die Deckungsbedürfnisse des Bundes und der Länder so aufeinander abzustimmen sind, daß ein billiger Ausgleich erzielt, eine Überbelastung der Steuerpflichtigen vermieden und die „Einheitlichkeit der Lebensverhältnisse im Bundesgebiet" gewahrt wird. Dieser Gesichtspunkt, der letzten Endes auf das Sozialstaatsprinzip zurückgeführt werden kann, beschränkt sich in seiner Bedeutung nicht auf das spezielle finanzverfassungsrechtliche Problem der Verteilung des Aufkommens der Umsatzsteuer. In Art. 72 Abs. 2 GG wird das Bedürfnis nach bundesgesetzlicher Regelung u. a. daraus abgeleitet, daß die Wahrung der Rechts- oder Wirtschaftseinheit, insbes. die Wahrung der „Einheitlichkeit der Lebensverhältnisse über das Gebiet eines Landes hinaus" eine Bundesgesetzgebung erfordert. Die unitarische Wirkung des Sozialstaatsprinzips ist in diesem Kriterium besonders handgreiflich. 54

P. LERCHE, Finanzausgleich und Einheitlichkeit der Lebensverhältnisse, in: Festschrift für Friedrich Berber, 1973, S. 299.

d) Der Finanzausgleich

Ausgangspunkt: Verteilung nach dem örtlichen Aufkommen

Die **Finanzkraft der Länder** ist aus verschiedenen Gründen unterschiedlich. Einer der Gründe ist, daß das Aufkommen der Landessteuern und der Länderanteil am Aufkommen der Einkommensteuer und der Körperschaftsteuer den einzelnen Ländern insoweit zustehen, als die Steuern von den Finanzbehörden in ihrem Gebiet vereinnahmt werden. Das bedeutet eine Ertragszuweisung nach dem „örtlichen Aufkommen" (Art. 107 Abs. 1 GG). Welche Steuern jeweils von den Finanzbehörden in einem Land vereinnahmt werden dürfen, richtet sich nach den gesetzlichen Zuständigkeiten (vgl. §§ 17 ff. AbgO). Für Grenzfälle, z. B. für ein Unternehmen mit mehreren Betriebsstätten, bestehen besondere gesetzliche Bestimmungen (Gesetz über die Steuerberechtigung und die Zerlegung bei der Einkommensteuer und der Körperschaftsteuer – Zerlegungsgesetz – in der Fass. vom 25. 2. 1971, BGBl. I S. 145, zuletzt geänd. durch Gesetz vom 14. Dez. 1984 (BGBl. I S. 1493). 55

K. F. FRIAUF, Der bundesstaatliche Finanzausgleich, JA 1984, 618.

Ausgleich der unterschiedlichen Finanzkraft der Länder

Das Grundgesetz spricht den **Verfassungsauftrag** aus, daß durch Gesetz sicherzustellen ist, daß die unterschiedliche Finanzkraft der Länder angemessen ausgeglichen wird und daß dabei die Finanzkraft und der Finanzbedarf der Gemeinden und Gemeindeverbände zu berücksichtigen ist (Art. 107 Abs. 2 GG). Der Finanzausgleich ist dem Grundsatz nach ein „horizontaler" 56

Finanzausgleich zwischen den „reichen" und den „armen" Ländern. Zu den ersten rechnen Baden-Württemberg, Hamburg, Hessen und Nordrhein-Westfalen, zu den zweiten zählen Bayern, Bremen, Niedersachsen, Rheinland-Pfalz, Saarland und Schleswig-Holstein. Berlin ist aus dem horizontalen Finanzausgleich ausgenommen und erhält Zuschüsse aus dem Bundeshaushalt (§ 11 Abs. 1 FinAusglG).

Neben dem horizontalen Finanzausgleich sieht das Grundgesetz die Möglichkeit vor, daß der Bund aus seinen Mitteln leistungsschwachen Ländern **Zuweisungen** zur ergänzenden Deckung ihres allgemeinen Finanzbedarfs gewährt (Art. 107 Abs. 2 Satz 3 GG). Die praktische Bedeutung dieser Vorschrift ist erheblich. Der Bund darf sie nicht dazu ausnützen, auf die Verwaltungs- und Wirtschaftsführung der Länder einen Einfluß auszuüben.

P. KIRCHHOF, Der Verfassungsauftrag zum Länderfinanzausgleich als Ergänzung fehlender und Garant vorhandener Finanzautonomie, 1982; F. OSSENBÜHL, Verfassungsrechtliche Grundfragen des Länderfinanzausgleichs gem. Art. 107 II GG, 1984.

Gesetzliche Ausgestaltung

57 Der Finanzausgleich ist Gegenstand der Bundesgesetzgebung. Die näheren Bestimmungen sind in dem **Finanzausgleichsgesetz** vom 28. Aug. 1969 (BGBl. I S. 1432), zuletzt geänd. durch Gesetz vom 22. Dez. 1983 (BGBl. I S. 1583), enthalten.

Der Finanzausgleich aufgrund Art. 107 Abs. 2 GG ist nicht die einzige rechtlich mögliche Form, in der zwischen den Ländern und im Verhältnis des Bundes zu den Ländern Transferleistungen zur Deckung eines Finanzbedarfs erfolgen. Aufgrund ausdrücklicher Regelungen des Grundgesetzes gelten besondere Grundsätze für die Gemeinschaftsaufgaben nach Art. 91a und 91b, für die Fondswirtschaft des Bundes nach Art. 104a Abs. 4, für Geldleistungsgesetze nach Art. 104a Abs. 3, für den Ausgleich von Mehrbelastungen der Länder, weil ihnen durch Bundesgesetz zusätzliche Ausgaben auferlegt oder Einnahmen entzogen werden (Art. 106 Abs. 4 Satz 2 GG) und für Sonderbelastungen, die dadurch verursacht werden, daß der Bund in einzelnen Ländern oder Gemeinden (Gemeindeverbänden) besondere Einrichtungen veranlaßt, wie z. B. durch Standorte der Bundeswehr (Art. 106 Abs. 8 GG).

e) Die Gemeinden

Die Gemeinden gehören zur Verwaltungsgliederung der Länder

58 In den Vorschriften über die Verteilung des Aufkommens der Steuern begründet das Grundgesetz neben der Ertragshoheit des Bundes und der Länder auch eine eigene Ertragszuständigkeit der Gemeinden und Gemeindeverbände (Art. 106 Abs. 5–8). Diese Vorschriften tragen der selbständigen Stellung der Gemeinden und – in eingeschränktem Maße – der Gemeindeverbände Rechnung. Sie enthalten zugleich eine Sicherung der durch Art. 28 Abs. 2 GG als Bestandteil der Gewährleistung der kommunalen Selbstverwaltung garantierten „Finanzhoheit" der kommunalen Gebietskörperschaften, insbes. der Gemeinden.

Die Finanzverfassung

Der innere Zusammenhang der Bestimmungen des Art. 106 Abs. 5 bis 8 GG mit der Garantie der kommunalen Selbstverwaltung zeigt, daß den kommunalen Gebietskörperschaften hier nicht etwa eine dem Bund und den Ländern gleichartige und selbständige Rechtsstellung in der Finanzverfassung eingeräumt ist. Die das **bundesstaatliche Rechtsverhältnis** und die Aufgaben- und Zuständigkeitsverteilung zwischen Bund und Ländern ordnende Finanzverfassung rechnet – wie der Bundesstaat des Grundgesetzes überhaupt – die Gemeinden und Gemeindeverbände zur Ordnung der Länder. Folgerichtig bestimmt Art. 106 Abs. 9 GG, daß als Einnahmen und Ausgaben der Länder i. S. d. Art. 106 GG auch die Einnahmen und Ausgaben der Gemeinden und Gemeindeverbände gelten. Ebenso ist zwar in Art. 104 a Abs. 4 GG vorgesehen, daß der Bund Finanzhilfen für besonders bedeutsame Investitionen der Länder und Gemeinden (Gemeindeverbände) gewähren kann, doch erfolgt diese Gewährung von Finanzhilfen zu Händen der Länder, auch soweit sie für Investitionen der kommunalen Gebietskörperschaften bestimmt sind.

Die Verfassungsgarantie der kommunalen Selbstverwaltung

Indem Art. 28 Abs. 2 GG fordert, daß den Gemeinden das Recht gewährleistet sein muß, alle Angelegenheiten der örtlichen Gemeinschaft im Rahmen der Gesetze in eigener Verantwortung zu regeln, und auch den Gemeindeverbänden im Rahmen ihres gesetzlichen Aufgabenbereichs nach Maßgabe der Gesetze das Recht der Selbstverwaltung zuerkennt, wird damit auch eine Garantie zugunsten einer hinreichenden Ausstattung der kommunalen Gebietskörperschaften mit Finanzmitteln ausgesprochen, die es ihnen gestattet, ihren kraft Verfassung oder kraft Gesetzes obliegenden Aufgaben nachzukommen (D RNr. 93). Diese „**Finanzhoheit**" insbes. der Gemeinden näher auszugestalten, ist Sache der **Landesgesetzgebung**. Die Bestimmungen der Finanzverfassung des Grundgesetzes enthalten allerdings in Art. 106 Abs. 5 bis 7 einige bundesverfassungsrechtliche Garantien zugunsten der Gemeinden und der Gemeindeverbände. Das überkommene Kernstück dieser Vorschriften ist die **Realsteuergarantie** nach Art. 106 Abs. 6 GG. Um die kommunale Finanzpolitik von der Dominanz der Realsteuern, insbes. der Gewerbesteuer, zu entlasten, ist durch die Finanzreform von 1969 den Gemeinden ein Anteil an dem Aufkommen der Einkommensteuer zugestanden und andererseits die Möglichkeit eröffnet worden, daß Bund und Länder durch eine Umlage an dem Aufkommen der Gewerbesteuer beteiligt werden können (Art. 106 Abs. 5 und Abs. 6 Satz 4 GG).

Unter der „Finanzhoheit" der Gemeinden als Element der Garantie der kommunalen Selbstverwaltung versteht man, daß die Landesgesetzgebung den Gemeinden eine eigene Haushaltswirtschaft zugestehen und in dem Maße eigene Finanzquellen erschließen und Selbständigkeit in der Verfügung über die Finanzmittel im Rahmen der Ausgabenwirtschaft sichern muß, daß ein substantielles Maß von kommunalpolitischer Aufgabensetzung und Aufgabenverantwortung eröffnet bleibt.

Realsteuergarantie

Durch unmittelbare Gewährleistung des Grundgesetzes ist den **Gemeinden** zugesichert, daß ihnen das Aufkommen der Realsteuern zusteht, vorbehaltlich einer durch Bundesgesetz zu regelnden Beteiligung des Bundes und des Landes an dem Aufkommen der Gewerbesteuer im Wege einer Umlage (Art. 106 Abs. 6 GG). Die nähere gesetzliche Regelung ist im **Gemeindefinanzreformgesetz** vom 8. Sept. 1969, jetzt in der Fass. vom 28. Jan. 1985 (BGBl. I S. 201) enthalten.

Die Realsteuergarantie ist dahingehend vervollständigt, daß den Gemeinden das Recht einzuräumen ist, die **Hebesätze** der Realsteuern im Rahmen der Gesetze festzusetzen. Die Hebesätze sind bestimmte Prozentzahlen von einer nach den Realsteuergesetzen festzusetzenden Bemessungsgrundlage des einzelnen Steuerpflichtigen; diese Prozentsätze werden jedes Jahr in der Haushaltssatzung der Gemeinde festgesetzt, gehen also aus einer eigenen kommunalpolitischen Entscheidung hervor.

Anteil am Aufkommen der Einkommensteuer

61 Das Aufkommen der Einkommensteuer steht zusammen mit dem Aufkommen der anderen Gemeinschaftsteuern dem Bund und den Ländern gemeinsam zu, soweit das Aufkommen der Einkommensteuer nicht nach Art. 106 Abs. 5 GG den Gemeinden zugewiesen wird. Nach dieser Bestimmung erhalten die Gemeinden einen Anteil an dem Aufkommen der Einkommensteuer, der von den Ländern an ihre Gemeinden auf der Grundlage der Einkommensteuerleistungen ihrer Einwohner weiterzuleiten ist. Das Nähere bestimmt ein zustimmungsbedürftiges Bundesgesetz. Diese nähere Regelung ist im **Gemeindefinanzreformgesetz** vom 8. Sept. 1969, jetzt in der Fass. vom 28. Jan. 1985 (BGBl. I S. 201) enthalten.

Anteil am Gesamtaufkommen der Gemeinschaftsteuern

62 Von dem **Länderanteil** am Gesamtaufkommen der Gemeinschaftsteuern (siehe Art. 106 Abs. 3 GG) fließt den Gemeinden und Gemeindenverbänden insgesamt ein von der **Landesgesetzgebung** zu bestimmender Hundertsatz zu. Diese Vorschrift kann als Mindestgarantie eines durch Landesgesetz zu bewirkenden **kommunalen Finanzausgleichs** aufgefaßt werden. Die entsprechenden Regelungen finden sich in den Finanzausgleichsgesetzen der Länder; siehe z. B. Art. 1 des bayerischen Finanzausgleichsgesetzes.

Landesrecht

63 Die Stellung, Organisation, Aufgaben und Finanzausstattung der Gemeinden sind Gegenstand der Landesgesetzgebung, die dabei die im Grundgesetz enthaltenen Gewährleistungen und Bindungen zugunsten der Gemeinden (Art. 28 Abs. 2, 106 Abs. 5–8 GG) zu beachten hat. Die entsprechenden Vorschriften finden sich in den Gemeindeordnungen, Kommunalabgabengesetzen und Finanzausgleichsgesetzen der Länder. Dort ist insbes. die **Finanzhoheit der Gemeinden** gesetzlich ausgestaltet (siehe z. B. Art. 22 Abs. 2 BayGO) und das Recht der Gemeinden zur Erhebung öffentlicher Abgaben im einzelnen geregelt. Garantien und Richtlinien für die durch Landesgesetz einzuräumende kommunale Finanzhoheit sind in einigen **Landesverfassungen** zugesichert, z. B. Art. 11, 83 BayVerf, Art. 137 HessVerf, Art. 44, 45 NdsVerf,

Die Finanzverfassung

Art. 78, 79 NdrhWestfVerf. Das zentrale Werkzeug des kommunalen Finanzausgleichs sind die „**Schlüsselzuweisungen**", das sind Finanzzuweisungen des Staates an die Gemeinden zur Deckung des allgemeinen Finanzbedarfs nach einem gesetzlich festgelegten, die Finanzkraft der Gemeinden erfassenden „Schlüssel".

Die Gemeindeverbände

Das Grundgesetz versteht unter den Gemeindeverbänden die **Landkreise** sowie, soweit nach Landesrecht geschaffen, höchststufige Gemeindeverbände im Stil der bayerischen Bezirke. Die Verwendung des Ausdrucks „Gemeindeverbände" ist insofern etwas mißverständlich, als die Landkreise nach ihrem wesentlichen Charakteristikum kommunale Gebietskörperschaften sind. Die Garantie der kommunalen Selbstverwaltung in Art. 28 Abs. 2 GG trifft eine Abstufung der Gewährleistung für die Gemeinden und für die Gemeindeverbände, auch bei den Ertragszuweisungen im Rahmen des Art. 106 GG stehen die Gemeinden im Vordergrund. Den Gemeindeverbänden steht nach Maßgabe der Landesgesetzgebung das Aufkommen bestimmter örtlicher Verbrauch- und Aufwandsteuern zu, ihnen fließt außerdem von dem Länderanteil am Gesamtaufkommen der Gemeinschaftssteuern ein von der Landesgesetzgebung zu bestimmender Hundertsatz zu.
Die im Grundgesetz zugunsten der Gemeindeverbände genannten Ertragszuständigkeiten bleiben in ihrer Bedeutung weit zurück hinter der landesrechtlich geregelten **Kreisumlage**, die den Landkreisen seitens der kreisangehörigen Gemeinden zu leisten ist.

f) Finanzverwaltung

Grundsatz

Nach dem allgemeinen bundesstaatlichen Verteilungsprinzip besteht eine **Bundesfinanzverwaltung** nur, soweit es das Grundgesetz bestimmt oder zuläßt (Art. 84, 87 Abs. 1, 108 GG); G RNr. 61. Durch Bundesfinanzbehörden werden nur die Zölle, Finanzmonopole, die bundesgesetzlich geregelten Verbrauchsteuern einschließlich der Einfuhrumsatzsteuer und die Abgaben im Rahmen der Europäischen Gemeinschaften verwaltet. Die übrigen Steuern werden ohne Rücksicht darauf, ob ihr Aufkommen dem Bund oder dem Land zufließt durch **Landesfinanzbehörden** verwaltet. Eine abweichende Regelung ist durch zustimmungsbedürftiges Bundesgesetz unter der Voraussetzung möglich, daß dadurch der Vollzug der Steuergesetze erheblich verbessert oder erleichtert wird (Art. 108 Abs. 4 GG).

Bundesfinanzverwaltung

Die Bundesfinanzverwaltung wird in bundeseigener Verwaltung mit eigenem Verwaltungsunterbau geführt (Art. 87 Abs. 1 GG). Der Aufbau der Bundesfinanzbehörden wird durch Bundesgesetz geregelt, ebenso das von den Bundesfinanzbehörden anzuwendende Verfahren. Die wesentlichen Bestimmungen sind in dem **Gesetz über die Finanzverwaltung** (FVG) in der Fass. vom

30. Aug. 1971 (BGBl. I S. 1426), zuletzt geänd. durch Gesetz vom 14. Dez. 1984 (BGBl. I S. 1493), und in der **Abgabenordnung** vom 16. März 1976 (BGBl. I S. 613, ber. 1977 I S. 269), zuletzt geänd. durch Gesetz vom 22. Dez. 1983 (BGBl. I S. 1583), enthalten. Das in Art. 108 Abs. 4 Satz 1 GG zugelassene Zusammenwirken von Bundes- und Landesfinanzbehörden bei der Verwaltung von Steuern ist in §§ 18 ff. FVG geregelt.
Die Bundesfinanzverwaltung ist dreistufig. Oberste Behörde ist der **Bundesminister der Finanzen**; ihm sind als Oberbehörden unmittelbar unterstellt die Bundesschuldenverwaltung, die Bundesmonopolverwaltung für Branntwein, das Bundesamt für Finanzen, das Bundesaufsichtsamt für das Kreditwesen und das Bundesaufsichtsamt für das Versicherungswesen. Mittelbehörden sind die **Oberfinanzdirektionen**, die zugleich eine gemeinsame Mittelbehörde der Bundes- und der Landesfinanzverwaltung sind. Die Oberfinanzdirektionen sind Mittelbehörde der Bundesfinanzverwaltung, soweit sie Steuern verwalten, deren Aufkommen dem Bund zufließt. Das hier zu beobachtende Zusammenwirken von Bundes- und Landesfinanzbehörden äußert sich u. a. darin, daß der Oberfinanzpräsident sowohl Bundesbeamter als auch Landesbeamter ist (Art. 108 Abs. 1 Satz 3 GG, § 9 FVG). Örtliche Behörden der Bundesfinanzverwaltung, also deren Unterstufe, sind insbes. die **Hauptzollämter**.

Landesfinanzverwaltungen

67 Organisation und Verfahren der Landesfinanzbehörden sind Gegenstand der Landesgesetzgebung. Der Aufbau der Landesfinanzbehörden und die einheitliche Ausbildung der Beamten sowie das von den Landesfinanzbehörden anzuwendende Verfahren können durch zustimmungsbedürftiges Bundesgesetz geregelt werden; die Bundesregierung kann allgemeine Verwaltungsvorschriften erlassen (Art. 108 Abs. 2 Satz 2, Abs. 5 Satz 2, Abs. 7 GG). Verwalten die Landesfinanzbehörden Steuern, die ganz oder zum Teil dem Bund zufließen, so werden sie im Auftrag des Bundes tätig (Art. 108 Abs. 3 GG). Die Landesfinanzverwaltungen sind dreistufig aufgebaut und bestehen aus dem Landesminister der Finanzen als oberster Behörde, der Oberfinanzdirektion als Mittelbehörde (deren Leiter sind im Einvernehmen mit der Bundesregierung zu bestellen) und den Finanzämtern als örtlichen Behörden.

Verwaltung von Bundessteuern

68 Die Steuern, deren Aufkommen ganz oder zum Teil, so bei den Gemeinschaftsteuern, dem Bunde zufließen, werden durch **Bundesfinanzbehörden** verwaltet, soweit das Grundgesetz dies bestimmt oder zuläßt (Art. 108 Abs. 1 und 4 GG). Im übrigen werden auch die Steuern, deren Aufkommen ganz oder zum Teil dem Bund zufließt, durch die **Landesfinanzbehörden** verwaltet, das gilt insbes. für die Einkommensteuer, die Körperschaftsteuer und die Umsatzsteuer. Verwalten die Landesfinanzbehörden Steuern, die ganz oder zum Teil dem Bund zufließen, so werden sie **im Auftrage des Bundes** tätig (Art. 108 Abs. 3 i. V. m. Art. 85 GG). Die Oberfinanzdirektionen sind, soweit sie Bundessteuern verwalten, Mittelbehörden der Bundesfinanzverwaltung.

Die Finanzverfassung 69, 70 **I**

Gesetzliche Regelung des Verwaltungsverfahrens

Das von den Bundesfinanzbehörden anzuwendende Verfahren wird durch 69
Bundesgesetz geregelt. Das von den Landesfinanzbehörden anzuwendende
Verfahren kann durch zustimmungsbedürftiges Bundesgesetz geregelt werden (Art. 108 Abs. 5 GG). In beiden Richtungen ist die **Abgabenordnung** das
maßgebliche Gesetz.
Darüber hinaus kann die Bundesregierung **allgemeine Verwaltungsvorschriften** erlassen, die der Zustimmung des Bundesrates unterliegen, soweit die
Verwaltung den Landesfinanzbehörden oder Gemeinden obliegt (Art. 108
Abs. 7 GG). Diese allgemeinen Verwaltungsvorschriften (Steuerrichtlinien)
spielen in der Praxis, z. B. bei der Ausführung des Einkommensteuergesetzes,
eine bedeutende Rolle.

Die Abgabenordnung

Die Abgabenordnung vom 16. März 1976 (BGBl. I S. 613, ber. 1977 I S. 269), 70
zuletzt geänd. durch Gesetz vom 22. Dez. 1983 (BGBl. I S. 1583), hat die
Reichsabgabenordnung vom 22. Mai 1931 (RGBl. I S. 161) in ihrer zuletzt
geltenden Fassung abgelöst. Die Abgabenordnung ist die Kodifikation des
allgemeinen Steuerrechts, sowohl des (materiellen) Steuerschuldrechts, als
auch des bei der Ausführung der Einzelsteuergesetze zu beobachtenden Verwaltungsverfahrens einschließlich der Vollstreckung. Sie enthält außerdem
die Straf- und Bußgeldvorschriften auf dem Gebiet des Steuerrechtes sowie
die besonderen Vorschriften über das Strafverfahren und das Bußgeldverfahren in Steuersachen. Die Abgabenordnung gilt für alle Steuern einschließlich
der Steuervergütungen, die durch Bundesrecht oder Recht der Europäischen
Gemeinschaften geregelt sind, soweit sie durch Bundesfinanzbehörden oder
durch Landesfinanzbehörden verwaltet werden. Zum Anwendungsbereich
der Abgabenordnung gehören demnach vor allem nicht die Verwaltung der
Gemeindesteuern durch die Gemeinden (hier gelten eine Reihe von Vorschriften der Abgabenordnung entsprechend) und die Verwaltung der Kirchensteuern durch die Kirchen (§ 1 AO).
Auch die jetzt geltende Abgabenordnung geht in ihren wesentlichen kodifikatorischen Grundgedanken auf die **Reichsabgabenordnung** vom 13. Dez.
1919 (RGBl. S. 1993) zurück, wie ihre unmittelbare Vorgängerin, die Reichsabgabenordnung vom 22. Mai 1931. Diese kodifikatorische Leistung war zuerst das Werk des damaligen Referenten im Reichsministerium der Finanzen
und späteren Senatspräsidenten am Reichsfinanzhof ENNO BECKER, der im
November 1918 mit der Ausarbeitung eines Mantelgesetzes beauftragt worden war, mit dem die einzelnen Steuergesetze entlastet, Widersprüche ausgeglichen und Lücken im noch landesrechtlich geregelten Besteuerungsverfahren beseitigt werden sollten.

R. KÜHN/H. KUTTER/R. HOFMANN, Abgabenordnung, 14. Aufl., 1983; K. TIPKE/
H. KRUSE, Abgabenordnung, 11. Aufl., Loseblattausgabe, Stand Juni 1985; K. TIPKE,
Steuerrecht, 8. Aufl., 1981; DERS., Neukodifikation des Allgemeinen Steuerrechts in
der Abgabenordnung 1977, JZ 1976, 703; G. FELIX, Die Schriften Enno Beckers, StuW
1960, 119.

Die Gemeinden in der Ordnung der Finanzverwaltung

71 Für die den Gemeinden oder Gemeindeverbänden allein zufließenden Steuern kann die den Landesfinanzbehörden zustehende Verwaltung durch die Länder ganz oder zum Teil den Gemeinden oder Gemeindeverbänden übertragen werden (Art. 108 Abs. 4 Satz 2 GG). Die Landesgesetzgebung hat von dieser Möglichkeit Gebrauch gemacht und die Verwaltung der **Realsteuern** – abgesehen von der Festsetzung und Zerlegung der Steuermeßbeträge, die Sache der Finanzämter ist (§§ 22, 184 AO) – und der **örtlichen Verbrauch- und Aufwandsteuern** den Gemeinden übertragen. Soweit die Gemeinden in Steuersachen entscheiden, ist Rechtsschutz vor den Verwaltungsgerichten und nicht vor den Finanzgerichten zu suchen.

Die Finanzgerichtsbarkeit

72 Die Finanzgerichtsbarkeit wird durch Bundesgesetz einheitlich geregelt (Art. 108 Abs. 6 GG). Für das Gebiet der Finanzgerichtsbarkeit hat der Bund als obersten Gerichtshof den Bundesfinanzhof in München errichtet (Art. 95 Abs. 1 GG). Das für die Finanzgerichtsbarkeit maßgebliche Gesetz ist die **Finanzgerichtsordnung (FGO)** vom 6. Okt. 1965 (BGBl. I S. 1477), zuletzt geänd. durch Gesetz vom 13. Juni 1980 (BGBl. I S. 677). Gerichte der Finanzgerichtsbarkeit sind in den Ländern die **Finanzgerichte** als obere Landesgerichte und im Bund der **Bundesfinanzhof**. Die Anrufung der Finanzgerichte ist erst zulässig, wenn zuvor in den dafür vorgesehenen Fällen von dem außergerichtlichen Rechtsbehelf des Einspruchs oder der Beschwerde Gebrauch gemacht worden ist; das gilt vor allem für Steuerbescheide, gegen die als Rechtsbehelf der Einspruch gegeben ist (§§ 44 FGO, §§ 347 ff. AO). Der **Finanzrechtsweg** ist inbes. gegeben in öffentlich-rechtlichen Streitigkeiten über Abgabenangelegenheiten, soweit die Abgaben der Gesetzgebung des Bundes unterliegen und durch Bundesfinanzbehörden oder Landesfinanzbehörden verwaltet werden (§ 33 FGO). Die Existenz einer eigenen Gerichtsbarkeit für Streitigkeiten in Abgabenangelegenheiten geht zurück auf das Gesetz über die Errichtung eines Reichsfinanzhofes und über die Reichsaufsicht für Zölle und Steuern vom 26. Juli 1918 (RGBl. S. 959). Der **Reichsfinanzhof** hat am 1. Okt. 1918 seine Tätigkeit aufgenommen. Durch das Gesetz über die Reichsfinanzverwaltung vom 10. Sept. 1919 (RGBl. S. 1591) wurde ihm die Zuständigkeit für alle Steuersachen im Sinne von § 1 RAO zugewiesen. Durch dieses Gesetz wurden im Rahmen der Erzberger'schen Finanzreform die Finanzgerichte errichtet und damit auch in der Mittelinstanz Rechtsprechung und Verwaltung in Steuersachen getrennt.

Fünfzig Jahre deutsche Finanzgerichtsbarkeit, Festschrift für den Bundesfinanzhof, 1968.

Die Finanzverfassung 73, 74 I

g) *Fondswirtschaft*

Begriff und Erscheinungsformen

Im Rahmen der bundesstaatlichen Finanzverfassung versteht man unter 73 „Fondswirtschaft" die haushaltsplanmäßige Bereitstellung von für einen bestimmten Zweck aus dem Bundeshaushalt auf einzelne oder alle Länderhaushalte zu transferierende Mittel („Dotationen") zur Finanzierung von Länderaufgaben, insbes. für Aufgaben der Strukturpolitik und der Wirtschaftsförderung.

Vor der **Finanzreform von 1969** entsprach die Fondswirtschaft des Bundes einer verbreiteten Praxis, ohne daß darüber ausdrückliche Vorschriften des Verfassungsrechts bestanden und obwohl die Verfassungsmäßigkeit dieser Praxis nicht in jeder Hinsicht Zweifeln entrückt war. Denn über die Transferleistungen im Rahmen der Fondswirtschaft konnte der Bund sich einen sachlichen Einfluß auf die Erfüllung der Länderaufgaben verschaffen, indem er die Hingabe der Mittel – wie wiederum haushaltsrechtlich unvermeidlich – mit sog. Dotationsauflagen verband. Eines der Ziele der Finanzreform von 1969 war es, die Fondswirtschaft in geordnete Bahnen zu lenken und zu „verrechtlichen". Das geschah nach dem Prinzip des kooperativen Föderalismus durch die Einfügung der neuen Bestimmungen über die **Gemeinschaftsaufgaben** (Art. 91 a und 91 b GG), über **Geldleistungsgesetze** des Bundes nach Art. 104a Abs. 3 GG und über die **investiven Finanzhilfen** des Bundes nach Art. 104a Abs. 4 GG (vgl. BVerfGE 39, 96). Neben diesen ausdrücklichen Regelungen bleibt nach wie vor ein Raum ungeschriebener Finanzierungszuständigkeiten des Bundes aus besonderen sachlichen Gründen nach den allgemeinen Grundsätzen über die ungeschriebenen Bundeszuständigkeiten eröffnet (G RNr. 30). Hier ist das **ERP-Sondervermögen** zu nennen, dessen Grundstock aus den Mitteln des MARSHALL-Plans stammt (ERP = European Recovery Program). Die Mittel dieses Fonds sind für den Wiederaufbau und die Förderung der deutschen Wirtschaft zweckgebunden (siehe das Gesetz über die Verwaltung des ERP-Sondervermögens vom 31. Aug. 1953, BGBl. I S. 1312, zuletzt geänd. durch Gesetz v. 13. März 1975, BGBl. I S. 710).

A. KÖTTGEN, Fondsverwaltung in der Bundesrepublik, 1965.

Geldleistungen des Bundes

Bundesgesetze, die Geldleistungen gewähren und von den Ländern ausge- 74 führt werden, können bestimmen, daß die Geldleistungen ganz oder zum Teil vom Bund getragen werden (Art. 104a Abs. 3 GG). Diese Bestimmung erlaubt unter Durchbrechung des Grundsatzes der aufgabenbezogenen Ausgabenverantwortung nach Art. 104a Abs. 1 GG eine bestimmte Form des Zusammenwirkens von Bund und Ländern bei Bundesgesetzen, die Zuwendungen an Dritte vorsehen.

Bundesgesetze im Sinne dieser Bestimmung sind u. a. das Wohnungsbau-Prämiengesetz vom 10. Febr. 1982 (BGBl. I S. 131), zuletzt geändert durch Gesetz vom 11. Juli 1985 (BGBl. I S. 1277), das Spar-Prämiengesetz vom 10. Febr. 1982 (BGBl. I S. 125), zuletzt geändert durch Gesetz vom 26. Juni 1985 (BGBl. I S. 1153) und das Wohngeldgesetz in der Fass. vom 11. Juli 1985 (BGBl. I S. 1421).

Finanzhilfen des Bundes

75 Der Bund kann den Ländern Finanzhilfen für besonders bedeutsame Investitionen der Länder und Gemeinden oder Gemeindeverbände gewähren, die zur Abwehr einer Störung des gesamtwirtschaftlichen Gleichgewichts oder zum Ausgleich unterschiedlicher Wirtschaftskraft im Bundesgebiet oder zur Förderung des wirtschaftlichen Wachstums erforderlich sind (Art. 104 a Abs. 4 GG). Die verfassungsrechtlich vorgesehenen konjunktur-, struktur- und wachstumspolitischen Zielsetzungen der hier erfaßten Investitionen sind sehr weit gespannt und schließen eine erhebliche Gestaltungsfreiheit des Gesetzgebers ein. Die nähere Regelung erfolgt durch zustimmungsbedürftiges Bundesgesetz oder durch Verwaltungsvereinbarung aufgrund des jeweiligen Bundeshaushaltsgesetzes.

Die Verfassungsvorschrift erlaubt nur Dotationen des Bundes an die Länder und gibt im übrigen dem Bund kein Entscheidungsrecht darüber, ob und welche Investitionen von den Ländern in das Investitionsförderungsprogramm aufgenommen werden (BVerfGE 39, 96; 41, 291).

Als Beispiele für Bundesgesetze aufgrund des Art. 104 a Abs. 4 GG sind zu nennen das Städtebauförderungsgesetz in der Fass. der Bek. vom 18. Aug. 1976 (BGBl. I S. 2318), zuletzt geändert durch Gesetz vom 5. Nov. 1984 (BGBl. I S. 1321) und das Krankenhausfinanzierungsgesetz vom 29. Juni 1972 (BGBl. I S 1009), zuletzt geändert durch Gesetz vom 20. Dez. 1984 (BGBl. I S. 1716).

Finanzierung der Gemeinschaftsaufgaben

76 Im Falle der Gemeinschaftsaufgaben nach Art. 91a GG enthält die Verfassungsbestimmung selbst Vorschriften über die Anteile des Bundes und der Länder an den zu finanzierenden Ausgaben. Weder die Verfassung noch die Ausführungsgesetze noch schließlich die gemeinsamen Rahmenpläne der Exekutive für die Ausführung der einzelnen Gemeinschaftsaufgaben enthalten verbindliche Entscheidungen über die Höhe der in bestimmten Zeiträumen aufzubringenden Mittel. Die Bereitstellung der Mittel bleibt der Feststellung in den **Haushaltsplänen** des Bundes und der Länder vorbehalten. Bei den aufgrund von Vereinbarungen zu ordnenden Gemeinschaftsaufgaben auf dem Gebiete der Bildungsplanung und bei der Förderung von Einrichtungen und Vorhaben der wissenschaftlichen Forschung von überregionaler Bedeutung wird die Aufteilung der Kosten in der Vereinbarung des Bundes mit den Ländern geregelt (Art. 91 b GG).
G RNrn. 103–105.

3. Finanzpolitik und Haushaltswirtschaft

a) Finanzwesen und Wirtschaft

Leistungsfähigkeit der Wirtschaft und Steuerpolitik

77 Das im Grundgesetz geregelte Finanzwesen des Bundes und der Länder, dessen Kernstück auf der Einnahmenseite die Steuerpolitik und Steuergesetz-

Finanzpolitik und Haushaltswirtschaft

gebung sind, beruht auf der Voraussetzung, daß die Unternehmen und Haushalte durch ihr privatwirtschaftliches und marktwirtschaftliches Verhalten die Tatbestände hervorbringen, an die die Abgabenpflicht geknüpft werden kann. Anders ausgedrückt, ist die Leistungsfähigkeit der Wirtschaft, die ihrerseits auch die Basis für die Einnahmen der Haushalte aus selbständiger Tätigkeit, aus abhängiger Arbeit oder aus sonstigen Quellen der Einkünfte ist, die Voraussetzung für die Einnahmen der öffentlichen Haushalte aus der Besteuerung.
Der praktische Zusammenhang zwischen dem Wirtschaftsprozeß und dem öffentlichen Finanzwesen, insbes. der Steuerpolitik und dem Steueraufkommen, ist einer differenzierten wissenschaftlichen Betrachtung zugänglich, die zu den Aufgaben der **Finanzwissenschaft** gehört. Je nach Steuertatbestand und Ausgestaltung der Besteuerung kann der Steuerzugriff auf die Leistungsfähigkeit der Wirtschaft oder einzelner Wirtschaftsbereiche lähmend oder gar erdrosselnd wirken oder aber auch, z. B. durch Begünstigung bestimmter Investitionen, die Leistungsfähigkeit der Wirtschaft stärken.

Auswirkungen der Finanzpolitik auf die Wirtschaft

Die Finanzpolitik hat durch die Einnahmen der öffentlichen Haushalte, insbes. durch die Besteuerung, und durch die Ausgabenwirtschaft der öffentlichen Hand, z. B. das Subventionswesen, die vielfältigsten Auswirkungen auf die Unternehmen und die Haushalte. Allein durch die fortdauernd gestiegene Anspannung der Besteuerung sind die meisten wirtschaftlich erheblichen Entscheidungen der Unternehmen und der Haushalte, z. B. der Erwerb eines Grundstücks und die Art der Finanzierung dieses Erwerbs sowie die Art und Weise der baulichen Nutzung des erworbenen Grundstücks, stets von der Prüfung begleitet, welche steuerlichen Auswirkungen diese Entscheidungen haben werden. Die steuerlichen Auswirkungen treten als ein gewissermaßen externer Gesichtspunkt zu den wirtschaftlichen Entscheidungen der Unternehmen und Haushalte hinzu, nicht selten mit sachwidrigen Nebenwirkungen. Der staatliche Steuerzugriff ist nahezu allgegenwärtig. Die möglichen Auswirkungen einer Besteuerung oder einer bestimmten Ausgestaltung einer Steuer sind notwendigerweise auch Gegenstand der Steuerpolitik, so daß die Auswirkungen der Steuerpolitik auf die Wirtschaft in zunehmendem Maße zum Werkzeug wirtschaftslenkender Beeinflussung geworden sind. Die Wirtschafts- und Sozialpolitik bedient sich in großem Umfang der Mittel der Steuerpolitik.
Die **sozialstaatliche Umverteilung** erfolgt im wesentlichen mit den Mitteln der Finanzpolitik. Die den öffentlichen Haushalten zufließenden Mittel gelangen im Wege wirtschafts- und sozialpolitischer Zuwendungen und sonstiger Vergünstigungen, also nach politischen Kriterien, in den Wirtschaftskreislauf zurück. Die wirtschaftlichen Auswirkungen der öffentlichen Ausgabenwirtschaft und dann der planmäßige Einsatz der Ausgabenwirtschaft der öffentlichen Hand zu wirtschafts- und sozialpolitischen Zwecken kommt kurz gefaßt in der Vorstellung von der „**ökonomischen Budgetfunktion**" zum Ausdruck. Die Lehre von der ökonomischen Budgetfunktion, zuerst entwickelt von dem englischen Nationalökonomen JOHN MAYNARD

KEYNES, bildet die finanzwissenschaftliche Grundlage der Finanz- und Haushaltsreformen der Jahre 1967 und 1969.

Subventionen und Steuervergünstigungen

79 **Subventionen** sind staatliche Finanzhilfen für Unternehmen, mit deren Vergabe die Exekutive im Regelfall strukturpolitische Ziele verfolgt. Subventionen sind ein Instrument der Wirtschaftslenkung, durch sie findet Wirtschaftssteuerung mit leistungsverwaltungsrechtlichen Mitteln statt. Wirtschaftsverwaltungsrechtlich gesehen sind Subventionen Geldleistungen, die in Verfolgung eines bestimmten wirtschaftsgestaltenden Zweckes an einen privaten Unternehmer als Angehörigen eines zu fördernden Wirtschaftszweiges oder wegen des Standorts seines Betriebes durch einen Verwaltungsträger im Rahmen eines besonderen Rechtsverhältnisses vergeben werden. Die Geldleistung kann in Gestalt von Zuschüssen, Krediten, Zinserleichterungen, Prämien oder Bürgschaften erfolgen.

Steuervergünstigungen werden in Ausführung der Steuergesetze, nicht im Rahmen eines besonderen Subventionsverhältnisses zugewendet. Sie sind wirtschaftlich, nicht aber im Sinne des Wirtschaftsverwaltungsrechts als Subventionen anzusehen. Finanzhilfen, die aus sozialpolitischen Gründen an Haushalte vergeben werden, wie das Wohngeld oder unentgeltliche Beförderungsleistungen, haben wirtschaftliche Auswirkungen, sind aber keine Subventionen im Sinne des Wirtschaftsverwaltungsrechts. Dotationen im Rahmen der Fondswirtschaft der öffentlichen Hand, z. B. die Finanzhilfen des Bundes nach Art. 104a Abs. 4 GG, sind Tranferleistungen im Rahmen der öffentlichen Finanzwirtschaft, nicht aber Subventionen.

Die **Subventionspolitik** wird, wenn auch in unterschiedlichem Ausmaß, vom Bund, von den Ländern und von den Gemeinden geführt. Art und Volumen der Wirtschaftsförderung des Bundes lassen sich vor allem dem von der Bundesregierung nach § 12 des Stabilitätsgesetzes vorzulegenden Bericht über die Entwicklung der Finanzhilfen des Bundes und der Steuervergünstigungen entnehmen (Zehnter Subventionsbericht für 1983 bis 1986, BTag Drucks. 10/3821).

Bei **Subventionsmaßnahmen** muß zwischen der haushaltswirtschaftlichen Bereitstellung der Förderungsmittel und der leistungsverwaltungsrechtlichen Entscheidung über eine im Einzelfall beantragte Subventionsgewährung unterschieden werden. Die haushaltswirtschaftliche Bereitstellung der Mittel kann nur durch einen Ansatz im Haushaltsplan erfolgen. Der Haushaltsplan unterliegt dem Budgetrecht des Parlaments und bedarf der Feststellung durch Gesetz. Das **Haushaltsgesetz** ermächtigt die zuständige Stelle der Exekutive zur Bewirtschaftung der Mittel, es begründet aber keine Rechte und Pflichten einzelner (§ 3 Abs. 2 HGrG). Die leistungsverwaltungsrechtliche Entscheidung über die **Subventionsvergabe** ist grundsätzlich kein Eingriff in Freiheit und Eigentum und bedarf deshalb in der Regel keiner Ermächtigung durch ein besonderes Gesetz. Regelmäßig wird – bei gesetzesakzessorischer wie bei gesetzesfreier Subventionierung – durch Verwaltungsvorschriften (Subventionsrichtlinien) eine nähere Regelung des Verfahrens und der Modalitäten der Subventionsvergabe vorgenommen.

Finanzpolitik und Haushaltswirtschaft

Die gesetzlich für den Subventionsbericht nach § 12 StabG vorgeschriebene Gliederung gibt eine allgemeine Einteilung der **Ziele der Subventionspolitik.** Das Gesetz unterscheidet Finanzhilfen, die
- der Erhaltung von Betrieben oder Wirtschaftszweigen,
- der Anpassung von Betrieben oder Wirtschaftszweigen an neue Bedingungen und
- der Förderung des Produktivitätsfortschritts und des Wachstums von Betrieben oder Wirtschaftszweigen, insbes. durch Entwicklung neuer Produktionsmethoden und -richtungen

dienen.

V. Götz, Recht der Wirtschaftssubventionen, 1966; H. P. Ipsen/H. Zacher, Verwaltung durch Subventionen, VVDStRL Heft 25, 1967, S. 257, 308; G. Kirchhof, Subventionen als Instrument der Lenkung und Koordinierung, 1973; H. D. Jarass, Das Recht der Wirtschaftssubventionen, JuS 1980, 115.

Kreditpolitik

Die finanzpolitischen Maßnahmen der öffentlichen Haushalte, die Währungspolitik, die Kreditpolitik und die Außenwirtschaftspolitik dienen hauptsächlich der Konjunktur- und Wachstumspolitik. Die Kreditpolitik ist hauptsächlich Sache der unabhängigen Zentralbank des Bundes, der **Bundesbank** (Art. 88 GG). Sie beeinflußt über den Zinssatz und die Liquidität der Geschäftsbanken die Kreditaufnahme auf dem Kapitalmarkt und damit die Investitionen. Die kreditpolitischen Maßnahmen der Bundesbank sind Instrumente einer mittelbaren und global ansetzenden Wirtschaftssteuerung. G RNr. 78.

Währungspolitik

Unter **Währung** versteht man das gesetzliche Zahlungsmittel, das zugleich die allgemeine Rechnungseinheit des Wirtschaftsverkehrs darstellt. Die Währung der Bundesrepublik besteht aus den von der Bundesbank ausgegebenen und auf „Deutsche Mark" lautenden **Banknoten** (§ 1 WährungsG vom 20. Juni 1948, WiGBl. Nr. 5 S. 1; § 14 Abs. 1 BBankG). Das **Münzgeld** dient lediglich der Erleichterung des Zahlungsverkehrs, ist aber nicht unbeschränktes gesetzliches Zahlungsmittel (Gesetz über die Ausprägung von Scheidemünzen vom 8. Juli 1950, BGBl. S. 323). Dem als Zahlungsmittel im Umlauf befindlichen Währungsgeld steht wirtschaftlich das **Giralgeld** gleich, das aus der Geldschöpfung der Geschäftsbanken im Wege der Kreditgewährung hervorgeht. Dies belegt den inneren Zusammenhang der Kreditpolitik und der Währungspolitik.
Die **Deutsche Bundesbank** regelt mit Hilfe der währungspolitischen Befugnisse, die ihr nach dem Bundesbankgesetz zustehen, den Geldumlauf und die Kreditversorgung der Wirtschaft mit dem Ziel, die Währung zu sichern, und sorgt für die bankmäßige Abwicklung des Zahlungsverkehrs im Inland und mit dem Ausland (§ 3 BBankG). Vor allem wegen der Aufgabe der Währungssicherung ist die Bundesbank durch das Gesetz als eine gegenüber den Weisungen der Bundesregierung unabhängige Einrichtung geschaffen worden (§ 12 BBankG).

I 82   Finanzwesen und Haushaltswirtschaft

Der Grundsatz des **Nominalismus** bedeutet, daß bei der Erfüllung von Verbindlichkeiten der nominelle Wert des gesetzlichen Zahlungsmittels und nicht etwa seine materielle Kaufkraft maßgeblich ist. Die Sicherung der Kaufkraft ist jedoch Gegenstand sowohl der Kreditpolitik wie der Währungspolitik. Soweit die Kaufkraft der Währung durch außenwirtschaftliche Einflüsse berührt werden kann, kommt die Verantwortung von Parlament und Regierung zum Zuge, das außenwirtschaftliche Gleichgewicht zu wahren (§§ 1, 4 StabG).

Das Währungs-, Geld- und Münzwesen fällt unter die ausschließliche Gesetzgebung des Bundes (Art. 73 Nr. 4 GG). Die Festsetzung des Außenwertes der Währung, der **Währungsparität**, also des internationalen Tauschwertes der Deutschen Mark gegenüber anderen Währungen, gehört zur Zuständigkeit der Bundesregierung. Völkerrechtliche Bindungen bestehen auf Grund des Abkommens von Bretton Woods über den Internationalen Währungsfonds vom 27. Dez. 1945, jetzt in der Fassung von 1976 (BGBl. 1978 II S. 15). Das Zustimmungsgesetz vom 28. Juli 1952 zu diesem Abkommen (BGBl. 1952 II S. 637) bildet die rechtliche Grundlage für die Entscheidung der Bundesregierung über Änderungen der Währungsparität.

H. Fögen, Geld- und Währungsrecht, 1969; W. Hoffmann, Rechtsfragen der Währungsparität, 1969; Chr. Tomuschat, Die Aufwertung der Deutschen Mark, 1970; D. v. Stebut, Die Sicherung des Geldwerts und der Währung, JURA 1983, S. 449.

Konjunkturpolitik

82   Die Konjunkturpolitik zielt darauf ab, die Entwicklung der volkswirtschaftlichen Gesamtnachfrage, die sich in den Ausgaben des Staates, der Unternehmen (Investitionen) und der Haushalte (Verbrauch) ausdrückt, möglichst gleichmäßig und frei von den Schwankungen der Übernachfrage und des Überangebots zu halten. Die konjunkturpolitisch orientierte **Finanzpolitik** manipuliert einerseits durch Art und Maß der Besteuerung die für Investitionen und Konsum verfügbare Geldmenge und setzt andererseits als antizyklische oder kompensatorische „fiscal policy" die haushaltswirtschaftlichen Ausgaben der öffentlichen Hand zur Dämpfung oder Ankurbelung der Konjunktur ein. Die Konjunkturpolitik steht mit der Wachstumspolitik im Zusammenhang. Die **Wachstumspolitik** strebt eine Steigerung der Produktivität, des Sozialprodukts und des Lebensstandards an; ihr Ziel ist eine angemessene Entwicklung der Wirtschaft, insbes. durch die Förderung der technologischen Innovation. Insofern als die Wachstumspolitik darauf gerichtet ist, zurückgebliebene oder dem marktwirtschaftlichen Prozeß nicht gewachsene Gebiete oder Wirtschaftszweige zu unterstützen oder zu entwickeln, ist sie regionale oder sektorale **Strukturpolitik**. Mit dem Gesetz zur Förderung der Stabilität und des Wachstums der Wirtschaft vom 8. Juni 1967 (BGBl. I S. 582), zuletzt geänd. durch Gesetz vom 18. März 1975 (BGBl. I S. 705), sind aufgrund des Art. 109 GG wesentliche Grundsätze und Werkzeuge der Konjunkturpolitik gesetzlich geregelt worden.

Finanzpolitik und Haushaltswirtschaft

b) Finanzpolitik im Bundesstaat

Bund und Länder sind in ihrer Haushaltswirtschaft selbständig und voneinander unabhängig

Der in Art. 109 Abs. 1 GG ausgesprochene Grundsatz entspringt folgerichtig der durch das Grundgesetz erfolgten Ausgestaltung des Bundesstaates, der auch den Ländern eine selbständige Staatsqualität beläßt. Da auf der anderen Seite Bund und Länder bundesstaatlich zusammenwirken, erfährt das haushaltswirtschaftliche **Trennungsprinzip** eine Reihe von verfassungsrechtlichen Einschränkungen, letzten Endes durch das übergreifende Prinzip der Bundestreue oder des bundesfreundlichen Verhaltens. Besondere Vorschriften über das finanzpolitische Zusammenwirken des Bundes und der Länder sind durch die Stabilitätsnovelle im Jahre 1967 in das Grundgesetz eingefügt worden (Art. 109 Abs. 3 und 4 GG). Durch das Finanzreformgesetz von 1969 sind die verschiedenen Instrumente des kooperativen Föderalismus hinzugekommen.

Die Erfordernisse des gesamtwirtschaftlichen Gleichgewichts

Bund und Länder haben bei ihrer Haushaltswirtschaft den Erfordernissen des gesamtwirtschaftlichen Gleichgewichts Rechnung zu tragen (Art. 109 Abs. 2 GG). An diese Staatszielbestimmung schließen die folgenden Vorschriften des Art. 109 Abs. 3 und 4 GG an, indem sie – hauptsächlich unter dem Blickwinkel des Bundesstaates und der kommunalen Selbstverwaltung – Grundsätze und Ermächtigungen für das Haushaltsrecht und die Haushaltswirtschaft aufstellen. Das **Stabilitätsgesetz** und das **Haushaltsgrundsätzegesetz** enthalten die näheren Regelungen. RNrn. 89, 101.
In § 1 StabG ist die ihrem Wortlaut nach nur auf die Haushaltswirtschaft bezogene **konjunkturpolitische Richtlinie** des Art. 109 Abs. 2 GG folgerichtig auf die wirtschafts- und finanzpolitischen Maßnahmen des Bundes und der Länder erstreckt worden. Das dort weiter zu findende Gebot, die Maßnahmen so zu treffen, daß sie im Rahmen der marktwirtschaftlichen Ordnung gleichzeitig zur Stabilität des Preisniveaus, zu einem hohen Beschäftigungsstand und außenwirtschaftlichem Gleichgewicht bei stetigem und angemessenem Wirtschaftswachstum beitragen, kann als Interpretationshilfe dafür dienen, was in Art. 109 GG mit den „Erfordernissen des gesamtwirtschaftlichen Gleichgewichts", denen „Rechnung zu tragen" ist, mit einer „konjunkturgerechten Haushaltswirtschaft" und mit einer „Abwehr einer Störung des gesamtwirtschaftlichen Gleichgewichts" gemeint ist. Der Wirtschafts- und Finanzpolitik wird durch die Staatszielbestimmung eine allgemeine Richtung gewiesen, ohne daß damit die grundsätzliche Entscheidungs- und Gestaltungsfreiheit der Regierung und des Gesetzgebers beseitigt würde. Eine willkürliche Mißachtung der Erfordernisse des gesamtwirtschaftlichen Gleichgewichts müßte als eine justiziable Verfassungsverletzung beurteilt werden, nicht jedoch eine bestimmte Auswahl oder Gewichtung bei den einzelnen Elementen dieser komplexen Zielsetzung.

Art. 109 GG hebt unter den **Mitteln,** mit denen die allgemeine konjunkturpolitische Richtlinie angestrebt werden kann, einige ausdrücklich hervor, so eine Haushaltswirtschaft, die über die Grundsätze einer ordnungsgemäßen Finanzwirtschaft hinaus auch eine ,,konjunkturgerechte" Haushaltspolitik einschlägt, eine mehrjährige Finanzplanung im Interesse einer gestärkten Rationalität der jährlichen Haushaltsplanung, schließlich Kreditlimitierungen und Konjunkturausgleichsrücklagen zur konjunkturgerechten Einschränkung der Ausgabenwirtschaft des Bundes, der Länder, der Gebietskörperschaften und der Zweckverbände. Da die Maßnahmen der Exekutive zur **Abwehr einer Störung** des gesamtwirtschaftlichen Gleichgewichts notgedrungen verhältnismäßig weit gespannte Ermächtigungen voraussetzen, sieht Art. 109 Abs. 4 GG zum Schutz der parlamentarischen Entscheidungsbefugnisse und zur Sicherung der Länderinteressen vor, daß Ermächtigungen zum Erlaß von Rechtsverordnungen nur der Bundesregierung erteilt werden dürfen, daß diese Rechtsverordnungen der Zustimmung des Bundesrates bedürfen und daß diese aufzuheben sind, soweit der Bundestag es verlangt. Die Abwehr einer Störung des gesamtwirtschaftlichen Gleichgewichts gehört auch zu den Gründen für die Gewährung investiver Finanzhilfen nach Art. 104a Abs. 4 und für die Durchbrechung der Richtlinie für Kreditaufnahmen nach Art. 115 Abs. 1 Satz 2 GG.

Grundsatzgesetzgebung über Haushalt und Finanzplan

85 Die Vorschrift, daß durch zustimmungsbedürftiges Bundesgesetz **für Bund und Länder gemeinsam geltende Grundsätze** für das Haushaltsrecht, für eine konjunkturgerechte Haushaltswirtschaft und für eine mehrjährige Finanzplanung aufgestellt werden können (Art. 109 Abs. 3 GG), bildet eine besondere Art der Gesetzgebungsbefugnis des Bundes. Mit Hilfe des Zustimmungsvorbehaltes des Bundesrates für die hier aufzustellenden ,,gemeinsam geltenden Grundsätze" gewinnt zwar der Bundesgesetzgeber einen Einfluß auf das Haushaltsrecht und die Haushaltswirtschaft der Länder, wird er aber auch seinerseits in der Verfügung über das Haushaltsrecht und die Haushaltswirtschaft des Bundes beschränkt. Diese bundesstaatsrechtlichen Gesichtspunkte werden zurückgesetzt hinter das überragende Gemeinschaftsinteresse einer einheitlichen und konjunkturgerechten Ausgestaltung des Haushaltsrechts und Führung der Haushaltswirtschaft.
Von den verfassungsrechtlichen Möglichkeiten des Art. 109 Abs. 3 GG ist durch das **Stabilitätsgesetz** von 1967 und das **Haushaltsgrundsätzegesetz** von 1969 Gebrauch gemacht worden.

Praxis

86 Die Möglichkeit, Vorschriften über Höchstbeträge, Bedingungen und Zeitfolge der **Aufnahme von Krediten** durch Gebietskörperschaften und Zweckverbände zu erlassen und insbesondere Ermächtigungen zum Erlaß von Rechtsverordnungen der Bundesregierung vorzusehen, ist in §§ 19ff. StabG verwirklicht worden. Die Bundesregierung hat auf Grund des § 19 StabG die Kreditbegrenzungsverordnungen vom 27. Mai 1971 (BGBl. I S. 693) und vom 1. Juni 1973 (BGBl. I S. 504) erlassen.

Finanzpolitik und Haushaltswirtschaft

Von der weiteren Möglichkeit, Vorschriften über eine Verpflichtung von Bund und Ländern, unverzinsliche Guthaben bei der Deutschen Bundesbank zu unterhalten (**Konjunkturausgleichsrücklagen**), ist durch § 15 StabG Gebrauch gemacht worden, der die Mittelzuführung an die Konjunkturausgleichsrücklagen und die Freigabe derartiger Mittel näher regelt; auch hier handelt es sich in der Hauptsache um eine Ermächtigung für Rechtsverordnungen der Bundesregierung, sh. z. B. die Verordnung über die Bildung von Konjunkturausgleichsrücklagen durch Bund und Länder im Haushaltsjahr 1969 vom 24. Juli 1969 (BGBl. I S. 940).

Als besondere Einrichtungen für das konjunktur- und finanzpolitische Zusammenwirken von Bund und Ländern sind im Bereich der Wirtschaftsressorts ein **Konjunkturrat** für die öffentliche Hand (§ 18 StabG) und im Bereich der Finanzressorts ein **Finanzplanungsrat** (§ 51 HGrG) errichtet worden. Beide Räte sind bei der Bundesregierung errichtet, sie haben konsultative Aufgaben.

Daß die im Stabilitätsgesetz bereitgestellten Instrumente nicht die erwartete Bedeutung erlangt haben und gegenüber dem stagnierenden Wachstum und der andauernden Unterbeschäftigung keine Anwendung finden, hat eine Ursache in der vertieften Einsicht in die begrenzte Wirkung konjunkturpolitischer Maßnahmen gegenüber strukurellen Krisen (vgl. H. H. VON ARNIM, Volkswirtschaftspolitik, 5. Aufl., 1985, S. 226 ff.).

c) Haushaltswirtschaft und Haushaltsrecht

Das parlamentarische Budgetrecht

Das Recht der parlamentarischen Volksvertretung, über den von der Regierung vorzulegenden Haushaltsplan im Wege des Haushaltsgesetzes zu entscheiden, bedeutet im Hauptpunkt eine parlamentarische Kontrolle über die **Ausgabenwirtschaft** der Exekutive (Art. 110 Abs. 2 GG). Siehe im einzelnen RNrn. 26–32.

Die Haushalte der öffentlichen Hand

Eine selbständige Haushaltswirtschaft können neben dem Staat nur solche Verwaltungseinheiten haben, denen kraft Verfassung oder Gesetz eine eigene „Finanzhoheit" zugesprochen ist. Dementsprechend gibt es eine Haushaltswirtschaft des Bundes und der einzelnen Länder sowie der kommunalen Gebietskörperschaften, nämlich der Gemeinden, Landkreise und – soweit vorhanden – der Bezirke. Außerdem haben bestimmte Sondervermögen des Bundes kraft Gesetzes eine eigene Haushalts- und Rechnungsführung, getrennt von der Haushaltswirtschaft des Bundes, so die Deutsche Bundespost (§§ 3, 15 ff. PostVG) und die Deutsche Bundesbahn (§ 1, 28 ff. BBahnG). Im Bereich der Länder haben die Rundfunkanstalten aufgrund der Rundfunkfreiheit nach Art. 5 Abs. 1 Satz 2 GG ebenfalls eine selbständige Haushaltswirtschaft. Im übrigen, d. h. soweit nichts anderes bestimmt ist, ist die Haushaltsführung der bundesunmittelbaren oder landesunmittelbaren Körperschaften und Anstalten des öffentlichen Rechts ein Teil der staatlichen Haushaltswirtschaft, jeweils in dem Ressort, das die Aufsicht über die fragliche Körperschaft oder Anstalt führt. Dementsprechend werden z. B. die Einnahmen und Ausgaben der Universitäten im Landeshaushalt, Einzelplan des Kultusministeriums, veranschlagt.

Das Haushaltsgrundsätzegesetz

89 Vor der Reform des Haushaltsrechts aufgrund der Bestimmungen des Zwanzigsten Gesetzes zur Änderung des Grundgesetzes vom 12. Mai 1969 hatte die **Reichshaushaltsordnung** vom 31. Dez. 1922 in der Fass. d. Bek. vom 14. April 1930 (RGBl. II S. 693) für den Bund als Bundesgesetz weitergegolten. Die Bundesfassung war zuletzt durch Gesetz vom 20. Juli 1967 (BGBl. I S. 725) geändert worden.
Aufgrund Art. 109 Abs. 3 GG erging das **Gesetz über die Grundsätze des Haushaltsrechts des Bundes und der Länder (Haushaltsgrundsätzegesetz)** vom 19. Aug. 1969 (BGBl. I S. 1273), geänd. durch Gesetz vom 21. Dez. 1974 (BGBl. I S. 3656).
Das HGrG enthält in seinem Teil I Vorschriften für die Gesetzgebung des Bundes und der Länder, durch die der Bund und die Länder im Sinne eines Gesetzgebungsauftrages verpflichtet sind, ihr Haushaltsrecht bis zu einem bestimmten Zeitpunkt nach diesen Grundsätzen zu regeln. Es enthält außerdem im Teil II Vorschriften, die einheitlich und unmittelbar für den Bund und die Länder gelten, darunter z. B. die Vorschriften über das Verfahren bei der Finanzplanung.

W. PATZIG, Haushaltsrecht des Bundes und der Länder, 1981; E. A. PIDUCH, Bundeshaushaltsrecht, Loseblattausgabe, Stand März 1985; F. NEUMARK, Der Reichshaltsplan, 1929.

Bundeshaushaltsordnung und Landeshaushaltsordnungen

90 In Ausführung des Gesetzgebungsauftrages nach § 1 HGrG hat der Bund die Bundeshaushaltsordnung vom 19 Aug. 1969 (BGBl. I S. 1284), zuletzt geänd. durch Gesetz vom 20. Dez. 1982 (BGBl. I S. 1811), und haben die Länder Landeshaushaltsordnungen erlassen. Die im HGrG enthaltenen gemeinsam geltenden Grundsätze für das Haushaltsrecht, Erwägungen der Zweckmäßigkeit und nicht zuletzt die lange Tradition der Reichshaushaltsordnung haben zur Folge gehabt, daß das Haushaltsrecht im Bund und in den Ländern weitgehend einheitlich ausgestaltet ist.
Die Haushaltsordnungen enthalten allgemeine Vorschriften zum Haushaltsplan, in denen die wesentlichen **Haushaltsgrundsätze** und die rechtliche Bedeutung des durch Gesetz festgestellten Haushaltsplanes niedergelegt sind, Vorschriften über die **Aufstellung** und die **Ausführung des Haushaltsplans**, Bestimmungen über Zahlungen, Buchführung und Rechnungslegung sowie über die **Rechnungsprüfung** und Entlastung sowie schließlich haushaltsrechtliche Bestimmungen für die bundes- bzw. landesunmittelbaren juristischen Personen des öffentlichen Rechts. Nach wie vor ist die primäre Zielsetzung des Haushaltsrechts, eine planmäßige und ordnungsmäßige Rechnungs- und Haushaltsführung der öffentlichen Hand und eine rechtmäßige, wirtschaftliche und sparsame Bewirtschaftung der zugewiesenen Mittel sicherzustellen.

Finanzpolitik und Haushaltswirtschaft

Die **finanzwirtschaftliche** Funktion des Haushaltsplanes und dann des Haushaltsgesetzes stehen im Vordergrund. Durch die Vorschriften des Stabilitätsgesetzes, z. B. über die mittelfristige Finanzplanung und über eine konjunkturgerechte („antizyklische") Ausgabenwirtschaft wird der ökonomischen Budgetfunktion (RNr. 100) Rechnung getragen.

Der Haushaltsplan

Der Haushaltsplan des Bundes stellt alle Einnahmen und Ausgaben des Bundes gegenüber; er ist in Einnahme und Ausgabe auszugleichen (Art. 110 Abs. 1 GG). Er enthält alle im Haushaltsjahr zu erwartenden Einnahmen, voraussichtlich zu leistenden Ausgaben und voraussichtlich benötigten Verpflichtungsermächtigungen (§ 8 Abs. 2 HGrG). Aufbau und Gliederung des Haushaltsplans sind im **Haushaltsrecht** näher geregelt; das Grundschema orientiert sich an der Ressortgliederung der Bundesregierung. In den Einzelplänen werden bestimmte Mittel durch Haushaltsansätze für bestimmte im Haushaltsplan näher umrissene Zwecke veranschlagt. Der **Bundesminister der Finanzen** prüft die Voranschläge der für die jeweiligen Einzelpläne zuständigen Stellen, insbes. also der einzelnen Ressortministerien, und stellt den Entwurf des Haushaltsplans auf (§ 28 BHO). Der Entwurf des Haushaltsgesetzes wird mit dem Entwurf des Haushaltsplans von der Bundesregierung beschlossen (§ 29 BHO). Dem Bundesminister der Finanzen kommt bei der Aufstellung des Entwurfs des Haushaltsplans und bei der Beschlußfassung über diesen Entwurf insofern eine besondere Stellung zu, als ihm ein Widerspruchsrecht zusteht, wenn die Bundesregierung gegen oder ohne seine Stimme entscheidet (§§ 28 Abs. 2 Satz 2, 29 Abs. 2 Satz 3 BHO; § 26 Abs. 1 GeschOBReg).

Das Haushaltsgesetz

Das Haushaltsgesetz stellt den Haushaltsplan in Einnahme und Ausgabe mit einer bestimmten Summe fest. Der – festgestellte – Haushaltsplan bildet eine Anlage zum Haushaltsgesetz; diese Anlage wird im Bundesgesetzblatt nicht zusammen mit dem Haushaltsgesetz verkündet. Das den Haushaltsplan feststellende Haushaltsgesetz ist ein „staatsleitender Hoheitsakt in Gesetzesform" (BVerfGE 45, 1/32). Es ermächtigt die Exekutive, Ausgaben zu leisten und Verpflichtungen einzugehen (§ 3 Abs. 1 HGrG). Die bewilligten Mittel sind grundsätzlich weder übertragbar noch gegenseitig deckungsfähig (§ 15 HGrG). Kernstück des Haushaltsgesetzes ist die Feststellung des Haushaltsplans in Einnahme und Ausgabe (siehe den Entwurf der Bundesregierung für das Haushaltsgesetz 1985, BTag Drucks. 10/1800).
Neben der **Feststellung des Haushaltsplans** enthält das Haushaltsgesetz regelmäßig eine Reihe weiterer Bestimmungen über die Haushaltsführung, beispielsweise Ermächtigungen über die Aufnahme von Krediten oder Gewährleistungen nach Art. 115 GG. Der Grundsatz, daß in das Haushaltsgesetz nur Vorschriften aufgenommen werden dürfen, die sich auf die Einnahmen und die Ausgaben des Bundes und auf den Zeitraum beziehen, für den das Haushaltsgesetz beschlossen wird („**Bepackungsverbot**", Art. 110 Abs. 4 GG), hatte ursprünglich, im konstitutionellen Staatsrecht, den Sinn, die parlamen-

tarische Vertretung daran zu hindern, dem Monarchen im Zusammenhang mit der Verabschiedung des Haushaltsplanes andere sachliche Entscheidungen aufzudrängen. Unter den heutigen Bedingungen dient das Bepackungsverbot der Trennung finanzwirtschaftlicher und sachlicher Entscheidungen. In jüngster Zeit hat sich im Zuge der Bewältigung knapper finanzieller Ressourcen die Übung gebildet, die Verabschiedung des Haushaltsgesetzes mit einem „Haushaltsbegleitgesetz" zu verbinden, in dem die für notwendig gehaltenen sachlichen Änderungen von Gesetzen vorgenommen werden, die ausgabenwirksame Verpflichtungen des Bundes enthalten; dazu RNr. 31.

Die Verfassung schreibt vor, daß der Haushaltsplan für ein oder mehrere Rechnungsjahre, nach Jahren getrennt, vor Beginn des ersten Rechnungsjahres durch das Haushaltsgesetz festzustellen ist. Rechnungsjahr ist das Kalenderjahr. Die Vorlage des Haushaltsgesetzes wird von der Bundesregierung eingebracht und parlamentarisch nach § 95 GeschOBTag („Haushaltsvorlagen") behandelt. Die Vorlage des Haushaltsgesetzes sowie Vorlagen zur Änderung des Haushaltsgesetzes oder des Haushaltsplanes werden gleichzeitig mit der Zuleitung an den Bundesrat beim Bundestag eingebracht (Art. 110 Abs. 2 GG); diese speziellere Regelung verdrängt Art. 76 Abs. 2 GG. Vorbehaltlich des Art. 113 GG entscheidet der Bundestag, wie bei anderen Gesetzen auch, ohne Bindung an die Gesetzesvorlage der Bundesregierung selbständig über den Inhalt des Haushaltsgesetzes.

Da durch den Haushaltsplan als Gegenstand des Haushaltsgesetzes Ansprüche oder Verbindlichkeiten weder begründet noch aufgehoben werden (§ 3 Abs. 2 HGrG), kann durch die gesetzliche Feststellung des Haushaltsplanes keine Änderung der Rechtsordnung bewirkt werden. Dies gilt natürlich nur für die Bestimmung des Haushaltsgesetzes, die den Haushaltsplan in Einnahme und Ausgabe feststellt. Im Hinblick auf diese Rechtslage ist früher das Haushaltsgesetz als ein Gesetz im „formellen" Sinn von denjenigen Gesetzen unterschieden worden, die als Gesetze im „materiellen" Sinn Rechte und Pflichten einzelner oder Ermächtigungen für die Exekutive begründeten (RNr. 26, F RNr. 5). Aus dieser Unterscheidung, die aus dem konstitutionellen Staatsrecht stammt, können heute keine Rechtsfolgen mehr abgeleitet werden. Obwohl das Haushaltsgesetz Rechte und Verpflichtungen einzelner nicht begründet und nur eine **finanzwirtschaftliche Ermächtigung für die Exekutive** darstellt, die veranschlagten Mittel zu bewirtschaften, kann die gesetzliche Feststellung des Haushaltsplans insgesamt oder in einzelnen Punkten der **verfassungsrechtlichen Kontrolle** im Wege der Normenkontrollverfahren unterbreitet werden (BVerfGE 20, 56/90ff.; 38, 121).

J. Heckel, Die Entwicklung des parlamentarischen Budgetrechts und seiner Ergänzungen, Einrichtung und rechtliche Bedeutung des Reichshaushaltsgesetzes, Die Budgetverabschiedung, HDStR II, 1932, S. 358; K. M. Hettlage, Zur Rechtsnatur des Haushaltsplanes, in: Festschrift für Werner Weber, 1974, S. 394; R. Mussgnug, Der Haushaltsplan als Gesetz, 1976.

Ausgabenerhöhungen nur mit Zustimmung der Bundesregierung

93 Gesetze, welche die von der Bundesregierung vorgeschlagenen Ausgaben des Haushaltsplanes erhöhen oder neue Ausgaben in sich schließen oder für die Zukunft mit sich bringen, bedürfen der Zustimmung der Bundesregierung.

Finanzpolitik und Haushaltswirtschaft

Das gleiche gilt für Gesetze, die Einnahmeminderungen in sich schließen oder für die Zukunft mit sich bringen (Art. 113 GG; § 87 GeschOBTag). Aufgrund dieser Regelung kann die Bundesregierung den Bundestag daran hindern, ausgabenwirksame oder einnahmemindernde Gesetze zu beschließen, die sie aus finanzpolitischen Gründen politisch nicht für akzeptabel hält.

Die rechtliche Bedeutung der Mittelzuweisungen

Der Haushaltsplan ermächtigt die Verwaltung, Ausgaben zu leisten und Verpflichtungen einzugehen. Ansprüche oder Verbindlichkeiten werden durch den Haushaltsplan weder begründet noch aufgehoben (§ 3 HGrG). Diese rechtliche Bedeutung des Haushaltsplans und seiner einzelnen Ansätze erklärt sich aus der grundsätzlichen Zielsetzung, die der Haushaltsplan im Rahmen der Haushaltswirtschaft hat. Er dient der Feststellung und Deckung des Finanzbedarfs, der zur Erfüllung der Aufgaben des Bundes im Bewilligungszeitraum voraussichtlich notwendig ist. Er ist die **Grundlage für die Haushalts- und Wirtschaftsführung** (§ 2 HGrG, § 2 BHO).

P. KIRCHHOF, Die Steuerung des Verwaltungshandelns durch Haushaltsrecht und Haushaltskontrolle, NVwZ 1983, S. 505.

Haushaltsgrundsätze

Die Grundsätze, nach denen der Haushaltsplan aufzustellen und auszuführen ist, sind zuerst solche einer ordnungsmäßigen und planmäßigen Haushalts- und Wirtschaftsführung. Zu diesen Grundsätzen **finanzwirtschaftlicher** Art treten, in Rücksicht auf die ökonomische Wirkung und Funktion der öffentlichen Haushaltswirtschaft, Grundsätze, mit denen den **Erfordernissen des gesamtwirtschaftlichen Gleichgewichts** bei der Aufstellung und Ausführung des Haushaltsplans Rechnung getragen wird (§ 2 HGrG). Bereits unmittelbar aus der Verfassung lassen sich die Grundsätze der **Vollständigkeit** des Haushaltsplans (Art. 110 Abs. 1 GG) sowie der **Jährlichkeit** und der **Vorherigkeit** des Haushaltsplans (Art. 110 Abs. 2 GG) ableiten. Neben Gesichtspunkten der haushaltswirtschaftlichen Zweckmäßigkeit sind diese Grundsätze auch in dem Ziel begründet, die Wirksamkeit des parlamentarischen Budgetrechts zu sichern. Auf die in der Verfassung ausdrücklich genannten Grundsätze der Haushaltswirtschaft lassen sich die weiteren Grundsätze der **sachlichen** und **zeitlichen Bindung der Haushaltsansätze** zurückführen (§ 27 HGrG). Die Mittel werden für das Haushaltsjahr bewilligt, das bedeutet, daß zugewiesene Mittel, die im Haushaltsjahr nicht bewirtschaftet werden, von der Exekutive grundsätzlich nicht angesammelt, d. h. auf das folgende Haushaltsjahr übertragen werden dürfen. Die sachliche Bindung bedeutet, daß die zugewiesenen Mittel grundsätzlich nur für die Zwecke verausgabt werden dürfen, für die sie bewilligt worden sind, daß also grundsätzlich eine gegenseitige „Deckungsfähigkeit" von Haushaltsmitteln nicht besteht (siehe § 15 HGrG). Dem entspricht für die Aufstellung des Haushaltsplans das **Gebot der Spezialität**, d. h. die Anforderung, daß die Zweckbindungen im Haushaltsplan grundsätzlich für einzelne und bestimmte Bewirtschaftungszwecke ausgesprochen und nicht durch Globalzuweisungen bewirkt werden dürfen.

Der Grundsatz der **Gesamtdeckung** besagt, daß alle Einnahmen als Deckungsmittel für alle Ausgaben dienen und daß Einnahmen auf die Verwendung für bestimmte Zwecke nur beschränkt werden dürfen, soweit dies durch Gesetz vorgeschrieben ist oder Ausnahmen im Haushaltsplan zugelassen worden sind (§ 7 HGrG). Diese Richtlinie der **Non-Affektation** soll die finanzpolitische Beweglichkeit sichern; sie ist gelegentlich durch Zwecksteuern durchbrochen worden, z. B. durch die Bindung von Teilen des Mineralölsteueraufkommens für Zwecke der Straßenbaufinanzierung.

Die Forderung, daß der Haushaltsplan **in Einnahme und Ausgabe auszugleichen** ist (Art. 110 Abs. 1 Satz 2 GG) bedeutet den technischen Ausgleich beider Seiten des Haushaltsplans. Nicht etwa steht diese Forderung der Möglichkeit im Wege, einen an sich defizitären Haushaltsplan durch Kredite auszugleichen.

Bei Aufstellung und Ausführung des Haushaltsplanes sind die Grundsätze der **Wirtschaftlichkeit** und **Sparsamkeit** zu beachten (§ 6 Abs. 1 HGrG). Damit steht in Zusammenhang, daß der Bundesrechnungshof auch die Wirtschaftlichkeit der Haushalts- und Wirtschaftsführung zu prüfen hat (Art. 114 Abs. 2 GG). Zum Inhalt der Prüfung durch den Bundesrechnungshof gehört es, ob wirtschaftlich und sparsam verfahren wird und ob die Aufgabe mit geringerem Personal- oder Sachaufwand oder auf andere Weise wirksamer erfüllt werden kann (§ 90 BHO).

Ausführung des Haushaltsplans und Bewirtschaftung der Mittel

96 Die grundsätzlichen Bestimmungen über die Ausführung des Haushaltsplans, insbes. über die Bewirtschaftung der Ausgaben, sind in §§ 19 ff. HGrG und §§ 34 ff. BHO enthalten. Ausgaben dürfen nur soweit und nicht eher geleistet werden, als sie zur wirtschaftlichen und sparsamen Verwaltung erforderlich sind. Die Ausgabemittel sind so zu bewirtschaften, daß sie zur Deckung aller Ausgaben ausreichen, die unter die einzelne Zweckbestimmung fallen (§ 19 Abs. 2 HGrG, § 34 Abs. 2 BHO).

Der rechtlichen Bedeutung der durch den Haushaltsplan ausgesprochenen Bewilligungen für die Verwaltung, Ausgaben zu leisten und Verpflichtungen einzugehen, entspricht die **haushaltswirtschaftliche Verantwortlichkeit** der Stelle der Verwaltung, der Haushaltsmittel zugewiesen sind, für die Ordnungsmäßigkeit und Wirtschaftlichkeit der Bewirtschaftung der Mittel. Dieser Grundsatz kann durch sog. **Sperrvermerke** durchbrochen werden. Dies kann in der Weise geschehen, daß der Bundesminister der Finanzen nach Benehmen mit dem zuständigen Bundesminister es von seiner Einwilligung abhängig macht, ob Verpflichtungen eingegangen oder Ausgaben geleistet werden, „wenn die Entwicklung der Einnahmen oder Ausgaben es erfordert" (§ 25 HGrG, § 41 BHO). Ein Sperrvermerk ist aber auch in der Weise möglich, daß im Haushaltsplan selbst Ausgaben, die aus besonderen Gründen zunächst noch nicht geleistet oder zu deren Lasten noch keine Verpflichtungen eingegangen werden sollen, als gesperrt bezeichnet werden. In Ausnahmefällen kann durch „qualifizierten" Sperrvermerk auch bestimmt werden, daß die Leistung von Ausgaben oder die Inanspruchnahme von Verpflichtungsermächtigungen der Einwilligung des Bundestages oder eines Ausschus-

Finanzpolitik und Haushaltswirtschaft

ses des Bundestages bedarf (§ 22 BHO). Durch einen derartigen Sperrvermerk wird eine unmittelbare parlamentarische Verantwortlichkeit für die Ausführung des Haushaltsplans begründet, was in der Tat nur „in Ausnahmefällen" erfolgen sollte, weil damit die dem parlamentarischen Regierungssystem eigentümliche Grundbeziehung von Verantwortung und Kontrolle beiseite geschoben wird.

W. KEWENIG, Staatsrechtliche Probleme parlamentarischer Mitregierung am Beispiel der Arbeit der Bundestagsausschüsse, 1970; R. HOFFMANN, Haushaltsvollzug und Parlament, 1977.

Der Haushaltsausschuß des Bundestages

Alle **Haushaltsvorlagen** und alle **Finanzvorlagen** sind dem Haushaltsausschuß zu überweisen (§§ 95, 96 GeschOBTag). Dasselbe gilt für Vorlagen der Bundesregierung gem. § 8 Abs. 1 StabG (Stabilitätsvorlagen), die besondere antizyklische Maßnahmen bei der Ausführung des Haushaltsplans zum Gegenstand haben. Eine besondere und gewichtige Aufgabe des Haushaltsausschusses wird durch die qualifizierten Sperrvermerke nach § 22 BHO begründet; RNr. 96.

Haushaltsüberschreitungen

Im Haushaltsplan, der vor Beginn des Haushaltsjahres aufgestellt und durch das Haushaltsgesetz festgestellt wird, werden die im Haushaltsjahr voraussichtlich zu leistenden Ausgaben und voraussichtlich benötigten Verpflichtungsermächtigungen **veranschlagt** (§ 8 Abs. 2 HGrG). Dementsprechend ist es ein keineswegs seltener Fall, daß die für eine Aufgabe veranschlagten Haushaltsmittel nicht ausreichend sind oder daß eine neue Aufgabe bisher nicht vorgesehene Haushaltsmittel erfordert. Diesen Möglichkeiten trägt Art. 112 GG Rechnung: **überplanmäßige** und **außerplanmäßige Ausgaben** bedürfen der Zustimmung des Bundesministers der Finanzen. Sie darf nur im Falle eines unvorhergesehenen und unabweisbaren Bedürfnisses erteilt werden. Es ist offensichtlich das Ziel dieser Klauseln, Haushaltsüberschreitungen nur im Ausnahmefall zuzulassen (BVerfGE 45, 1). Soweit die engen Voraussetzungen für Haushaltsüberschreitungen nicht gegeben sind, kann der Weg eines **Nachtragshaushalts** beschritten werden (§ 33 BHO). Eine nähere bundesgesetzliche Regelung für die Einwilligung des Bundesministers der Finanzen bei überplanmäßigen und außerplanmäßigen Ausgaben enthält die Vorschrift des § 37 BHO.

K. H. FRIAUF, Funktion, Inhalt und Grenzen des sog. Notbewilligungsrechts des Bundesministers der Finanzen nach Art. 112 GG, in: Festschrift für Friedrich Klein, 1977, S. 162.

Haushaltswirtschaft ohne Haushaltsgesetz

Die Verfassung fordert, daß der Haushaltsplan **vor Beginn des Haushaltsjahres** aufzustellen und durch das Haushaltsgesetz festzustellen ist. Selbst wenn man der Auffassung ist, daß der Bundesminister der Finanzen und die Bundesregierung stets und unter allen Umständen in der Lage sein müssen, diesem Gebot zu genügen, kann auch die Verfassungsvorschrift nicht verhindern, daß im Bundestag über das Haushaltsgesetz keine Einigung oder keine rechtzeitige Einigung erreicht werden kann. In Voraussicht dieser Situation regelt Art. 111 GG den Fall, daß bis zum Schluß eines Rechnungsjahres der Haushaltsplan für das folgende Jahr nicht durch Gesetz festgestellt ist. Die **Bundesregierung** erhält danach für diesen Fall ein beschränktes Nothaushaltsrecht.

H. THEISS, Das Nothaushaltsrecht des Bundes, 1975.

Die ökonomische Budgetfunktion

100 In Berücksichtigung der konjunkturpolitischen Direktive des Art. 109 Abs. 2 GG schreibt § 2 HGrG vor, daß bei der Aufstellung und Ausführung des Haushaltsplanes den **Erfordernissen des gesamtwirtschaftlichen Gleichgewichts** Rechnung zu tragen ist. Diese ökonomische Funktion des Haushaltes tritt zu seiner primären finanzwirtschaftlichen Funktion hinzu, nämlich der Feststellung und Deckung des Finanzbedarfs, der zur Erfüllung der Aufgaben des Bundes im Bewilligungszeitraum voraussichtlich notwendig ist. Die ökonomische Budgetfunktion ist nicht nur die angesichts des Volumens der öffentlichen Haushalte sehr erhebliche wirtschaftliche **Wirkung** der Ausgabenwirtschaft der öffentlichen Hand, sondern auch die **finanzpolitische Möglichkeit,** die staatlichen Ausgaben planmäßig zur Erzielung wirtschaftlicher, insbes. konjunkturpolitischer Wirkungen einzusetzen. Dazu gehört z. B., daß im Falle einer Abschwächung der Konjunktur durch gesteigerte Ausgaben der öffentlichen Haushalte eine antizyklische, d. h. die Konjunktur ankurbelnde, Wirkung angestrebt wird.

F. NEUMARK, Grundsätze gerechter und ökonomisch rationaler Steuerpolitik, 1970; K. H. FRIAUF/H. WAGNER, Öffentlicher Haushalt und Wirtschaft, VVDStRL Heft 27, 1969, S. 1, 47.

Das Stabilitätsgesetz

101 Das Gesetz **zur Förderung der Stabilität und des Wachstums der Wirtschaft** vom 8. Juni 1967 (BGBl. I S. 582), zuletzt geänd. durch Gesetz vom 18. März 1975 (BGBl. I S. 705), kommt der Staatszielbestimmung und den besonderen Ermächtigungen nach, die durch die **Stabilitätsnovelle** vom 8. Juni 1967 in Art. 109 GG eingefügt worden sind. RNr. 84.
Das Stabilitätsgesetz normiert eine Reihe **konjunkturpolitischer Werkzeuge** für die wirtschafts- und finanzpolitischen Maßnahmen des Bundes und der Länder und außerdem **konjunkturpolitische Bindungen** der Haushaltswirtschaft der Gemeinden und der Gemeindeverbände. Die für Konjunktur und Wachstum erhebliche, wenn nicht ausschlaggebende Tarifpolitik der Koalitionen ist in Respektierung der Tarifautonomie (Art. 9 Abs. 3 GG) nicht Gegenstand des Stabilitätsgesetzes. Insoweit ist lediglich vorgesehen, daß im Falle der Gefährdung eines der konjunkturpolitischen Ziele des Gesetzes die Bundesregierung Orientierungsdaten für ein gleichzeitiges aufeinander abgestimmtes Verhalten (**konzertierte Aktion**) der Gebietskörperschaften, Gewerkschaften und Unternehmensverbände zur Erreichung der Ziele des § 1

Finanzpolitik und Haushaltswirtschaft

StabG zur Verfügung stellt; diese Orientierungsdaten enthalten insbes. eine Darstellung der gesamtwirtschaftlichen Zusammenhänge im Hinblick auf die gegebene Situation (§ 3 StabG). Von dieser Möglichkeit ist nicht mehr Gebrauch gemacht worden, seitdem die Gewerkschaften aufgrund der Verfassungsbeschwerden der Arbeitgeberseite gegen das Mitbestimmungsgesetz eine weitere Beteiligung abgelehnt haben. Die mit der konzertierten Aktion auch angestrebte Informationswirkung kann durch den nach § 2 StabG von der Bundesregierung vorzulegenden **Jahreswirtschaftsbericht**, im übrigen in jeder der Bundesregierung geeignet erscheinenden Weise, erfüllt werden. Entsprechend der Verfassungsvorschrift des Art. 109 GG enthält das Stabilitätsgesetz Grundsätze für eine konjunkturgerechte Haushaltswirtschaft, z. B. für eine antizyklische Ausführung des Haushaltsplans (§§ 6, 8 StabG), Grundsätze für eine mehrjährige Finanzplanung, sowie Vorschriften über die Kreditaufnahme durch Gebietskörperschaften und Zweckverbände und über eine Konjunkturausgleichsrücklage des Bundes und der Länder. Die §§ 26 und 27 StabG ermächtigen die Bundesregierung, im Wege der Rechtsverordnung mit Zustimmung des Bundestages und des Bundesrates aus konjunkturpolitischen Gründen die Steuersätze der Einkommensteuer und der Körperschaftsteuer um höchstens 10 v. Hundert herabzusetzen oder zu erhöhen; von dieser Möglichkeit ist bisher nicht Gebrauch gemacht worden. Die Vorschrift des § 12 StabG bindet die **Vergabe von Subventionen** an die Erfordernisse des gesamtwirtschaftlichen Gleichgewichts und verpflichtet die Bundesregierung, alle zwei Jahre dem Bundestag und dem Bundesrat einen Bericht über die Finanzhilfen und die Steuervergünstigungen vorzulegen und zugleich Vorschläge hinsichtlich der gesetzlichen oder sonstigen Voraussetzungen für eine frühere Beendigung oder einen stufenweisen Abbau der Verpflichtungen zu machen.

A. MÖLLER (Hrsg.), Kommentar zum Gesetz zur Förderung der Stabilität und des Wachstums der Wirtschaft, 2. Aufl., 1969; K. STERN/P. MÜNCH/K.-H. HANSMEYER, Gesetz zur Förderung der Stabilität und des Wachstums der Wirtschaft, 2. Aufl., 1972.

Die mehrjährige Finanzplanung

Für Bund und Länder gemeinsam geltende Grundsätze für eine mehrjährige Finanzplanung sind durch § 9 StabG und §§ 50, 51 HGrG aufgestellt worden.
Der **Finanzplan** ist von Jahr zu Jahr vom Bundesminister der Finanzen aufzustellen und zu begründen. Er wird von der **Bundesregierung** beschlossen und ist spätestens im Zusammenhang mit dem Entwurf des Haushaltsgesetzes für das nächste Haushaltsjahr den gesetzgebenden Körperschaften vorzulegen (Finanzplan 1985 bis 1989, BTag Drucks. 10/3701). Der Finanzplan ist jährlich der Entwicklung anzupassen und fortzuführen.
Der Sache nach stellt die mehrjährige, nach § 9 StabG fünfjährige Finanzplanung eine Methode dar, mit der die jährlichen Entscheidungen über den Haushaltsplan planmäßig gestaltet und mit einer mittelfristigen Perspektive versehen werden. In der Finanzplanung sind Umfang und Zusammensetzung der voraussichtlichen Ausgaben und die Deckungsmöglichkeiten in ihren Wechselbeziehungen zu der mutmaßlichen Entwicklung des gesamtwirt-

schaftlichen Leistungsvermögens darzustellen. In der der Bundesregierung damit abverlangten Perspektive berührt sich der Finanzplan mit dem **Jahreswirtschaftsbericht** der Bundesregierung nach § 2 StabG und der dort anzugebenden Jahresprojektion der Bundesregierung für die angestrebten wirtschafts- und finanzpolitischen Ziele.

Der Finanzplan ist, wie man gesagt hat, ein ,,Regierungsprogramm in Zahlen". Als prospektive und programmatische Erklärung der Bundesregierung kann der Finanzplan die gesetzgebenden Körperschaften bei ihren haushalts- und finanzpolitischen Entscheidungen nicht binden. Als ,,gleitende" Finanzplanung (sh. § 9 Abs. 3 StabG) bewirkt der Finanzplan auch nicht etwa eine Selbstbindung der Bundesregierung. Individuelle Rechte oder Pflichten können sich aus dem Finanzplan nicht ergeben.

G RNrn. 4 bis 7.

d) Die öffentlichen Unternehmen

Unternehmerische Betätigung der öffentlichen Hand

103 Der Bund, die Länder, die kommunalen Gebietskörperschaften und andere juristische Personen des öffentlichen Rechts nehmen in vielgestaltiger Weise am Wirtschaftsverkehr teil, indem sie Waren oder Dienstleistungen anbieten. Dabei kann ein grundsätzlicher Unterschied dahin gemacht werden, ob diese Teilnahme am Wirtschaftsverkehr aufgrund eines besonderen Verwaltungszwecks und zur Sicherung einer bestimmten Versorgungsleistung erfolgt, wie z. B. bei der Bundespost, der Bundesbahn und den kommunalen Verkehrs- und Versorgungsbetrieben, oder ob die öffentliche Hand wie ein privatwirtschaftlicher Unternehmer, Gewerbetreibender oder Anteilseigner, wenn auch in Verfolgung allgemeiner öffentlicher Interessen, im marktwirtschaftlichen Wirtschaftsverkehr auftritt, z. B. im Wege der gesellschaftsrechtlichen Beteiligung an einem in der Rechtsform der Kapitalgesellschaft geführten Industrieunternehmen. Im ersten Fall spricht man von **Leistungsverwaltung,** im zweiten Fall von **unternehmerischer** oder ,,erwerbswirtschaftlicher" **Betätigung der öffentlichen Hand.** Die Leistungsverwaltung, auch wenn sie mit Hilfe privatrechtlicher Organisations- oder Handlungsformen stattfindet, ist Ausübung öffentlicher Verwaltung. Die unternehmerische Betätigung der öffentlichen Hand dagegen unterliegt, soweit nicht gesetzlich etwas besonderes bestimmt ist, nur den allgemeinen Vorschriften des Privatrechts, z. B. des Gesellschaftsrechts, des Kartellrechts (§ 98 Abs. 1 GWB).

Die Leistungsverwaltung ist weitgehend durch Gesetz und aufgrund Gesetzes, z. B. durch kommunale Satzungen, geregelt. Soweit das der Fall ist, besteht eine rechtsgeschäftliche Dispositionsfreiheit der Exekutive nicht. Im übrigen, d. h. soweit ein Verwaltungsträger in Erfüllung leistungsverwaltungsrechtlicher Aufgaben oder bei der unternehmerischen Betätigung am marktwirtschaftlichen Wettbewerb teilnimmt, ist er den dafür geltenden Vorschriften in derselben Weise unterworfen wie ein privates Unternehmen.

H. H. KLEIN, Die Teilnahme des Staates am wirtschaftlichen Wettbewerb, 1968; V. EMMERICH, Das Wirtschaftsrecht der öffentlichen Unternehmen, 1969; P. BADURA, Die wirtschaftliche Betätigung der öffentlichen Hand mit besonderer Berücksichtigung der öffentlich-rechtlichen Wettbewerbs-Versicherungsunternehmen, ZHR 146, 1982, S. 448; G. PÜTTNER, Die öffentlichen Unternehmen, 2. Aufl. 1985.

Rechtsformen

Zur juristischen Erfassung der wirtschaftlichen Betätigung der öffentlichen Hand sind zuerst die organisatorischen Gestaltungen und dann die Rechtsformen des Anbietens der Waren oder Dienstleistungen zu unterscheiden. Wenn der Staat oder der sonstige am Wirtschaftsverkehr teilnehmende Verwaltungsträger selbst als Wirtschaftssubjekt auftritt, folgt die **Organisationsform** dem öffentlichen Recht. Wird dabei eine zwar nicht rechtliche, aber wirtschaftliche Verselbständigung vorgenommen, wie z. B. bei der Bundespost und der Bundesbahn, die Sondervermögen des Bundes sind, oder bei den kommunalen öffentlichen Einrichtungen, hat man es verwaltungsrechtlich mit unselbständigen öffentlichen Anstalten zu tun. Dies ist die geläufige Organisationsform der Leistungsverwaltung.
Die unternehmerische Betätigung der öffentlichen Hand erfolgt in der Regel durch Beteiligung an einer Kapitalgesellschaft, also mit Mitteln des Gesellschaftsrechts. Diese privatrechtliche Organisationsform kann auch für leistungsverwaltungsrechtliche Aufgaben gewählt werden, wenn nicht durch besondere Vorschriften eine öffentlich-rechtliche Organisationsform festgelegt ist, wie z. B. bei der Bundespost und der Bundesbahn.
Nimmt die öffentliche Hand durch Beteiligung an einer Kapitalgesellschaft am Wirtschaftsverkehr teil, ist auch die **Handlungsform** eine solche des Privatrechts. Wenn jedoch der Staat, kommunale Gebietskörperschaften oder andere juristische Personen des öffentlichen Rechts leistungsverwaltungsrechtlich oder unternehmerisch auftreten, können dabei – vorbehaltlich besonderer Regelung – öffentlich-rechtliche oder privatrechtliche Betätigungsformen gewählt werden. Beispielsweise sind die Benutzungsverhältnisse der Bundespost öffentlich-rechtlich, während die Beförderungsverträge der Bundesbahn privatrechtlich ausgestaltet sind.

Haushaltsrechtliche Grundsätze und Grenzen

Die Beteiligung des Bundes oder eines Landes an privatrechtlichen Unternehmen ist durch das **Haushaltsrecht** näher geregelt (§ 65 BHO und die entsprechenden Vorschriften der Landeshaushaltsordnungen). Voraussetzung für eine derartige Beteiligung ist, daß ein wichtiges Interesse des Staates vorliegt und sich der angestrebte Zweck nicht besser und wirtschaftlicher auf andere Weise erreichen läßt. Eine zweite wesentliche Voraussetzung ist es, daß die Einzahlungsverpflichtung der öffentlichen Hand auf einen bestimmten Betrag begrenzt ist; das bedeutet praktisch, daß für die unternehmerische Betätigung der öffentlichen Hand nur Kapitalgesellschaften, nicht dagegen Personalgesellschaften in Betracht kommen.

Verfassungsrechtliche Schranken

Das Grundgesetz enthält keine ausdrücklichen Regelungen über die wirtschaftliche Betätigung der öffentlichen Hand. Da dem Grundgesetz auch nicht ein allgemeines Subsidiaritätsprinzip in dem Sinne entnommen werden kann, daß eine Tätigkeit des Staates immer nur dann in Betracht kommt, wenn in einem Bereich öffentlichen Interesses private Tätigkeit ausbleibt oder nicht ausreichend ist, bedarf die wirtschaftliche Betätigung der öffentlichen Hand als solche verfassungsrechtlich nicht einer besonderen Rechtfertigung, wenn nur überhaupt ein **öffentliches Interesse** an der fraglichen Wirtschaftstätigkeit der öffentlichen Hand besteht.

Zusätzliche Erwägungen sind erforderlich, wenn die wirtschaftliche Betätigung der öffentlichen Hand zu einem **Eingriff in Rechte Dritter** führt. Das ist zunächst und offenkundig der Fall, wenn die fragliche Wirtschaftstätigkeit einem Verwaltungsträger ausschließlich vorbehalten wird, wie bei einigen daseinswichtigen Aufgaben der Leistungsverwaltung, z. B. durch den Beförderungsvorbehalt der Bundespost nach § 2 PostG und durch den Anschluß- und Benutzungszwang für die kommunale Müllabfuhr aufgrund einer gemeinderechtlichen Satzung. Wird eine wirtschaftliche Tätigkeit aus einem besonderen öffentlichen Interesse einem Verwaltungsträger ausschließlich vorbehalten, handelt es sich um ein Verwaltungsmonopol. Die dadurch in der Regel hervorgerufenen Beeinträchtigungen der Berufsfreiheit und der Eigentumsgarantie sind verfassungsrechtlich nur zulässig, wenn überwiegende Interessen des Gemeinwohls ein derartiges Ausschließlichkeitsrecht unabweisbar erfordern. Von den Fällen eines Verwaltungsmonopols abgesehen, kann eine wirtschaftliche Betätigung der öffentlichen Hand im Einzelfall dazu führen, daß die **gleichen Wettbewerbschancen privater Konkurrenten** in Frage gestellt werden, z. B. durch einem öffentlichen Unternehmen gewährte Finanzierungsvorteile. In Fällen dieser Art bedürfen die Beeinträchtigungen der Grundrechte privater Unternehmen einer verfassungsrechtlich hinreichenden Rechtfertigung. Die Grundrechte der Wirtschaftsfreiheit kommen dementsprechend als verfassungsrechtliche Schranken der unternehmerischen Betätigung der öffentlichen Hand in Betracht.

Die Beteiligungen des Bundes

107 Der Bund ist, vor allem als Rechtsnachfolger des Reiches und Preußens, in erheblichem Maße an Industrieunternehmen beteiligt, besonders in der Montanindustrie, in der Energiewirtschaft, in der Kraftfahrzeugproduktion und bei Kreditinstituten. Besonders hervorzuheben sind die Konzerngesellschaften VEBA AG, Vereinigte Industrie-Unternehmungen AG, Salzgitter AG und Volkswagenwerk AG. Der Bund ist mit etwa ein Drittel des Aktienkapitals an der Deutschen Lufthansa AG beteiligt. An der Bayernwerk AG ist der Bund mit 40 v. Hundert des Grundkapitals beteiligt.

Der Bundesminister der Finanzen ist Herausgeber des jährlich erscheinenden Berichts: Beteiligungen des Bundes.

Privatisierung

108 Die wirtschafts- und ordnungspolitische Zweckmäßigkeit einer Wirtschaftstätigkeit der öffentlichen Hand, insbes. einer Teilnahme am Wirtschaftsverkehr durch „erwerbswirtschaftlich" handelnde öffentliche Unternehmen ist seit jeher vom Standpunkt des Liberalismus bezweifelt worden. Ungeachtet

dessen hat sich in Deutschland auch über die Zeit des Liberalismus hinweg eine feste **staatswirtschaftliche Tradition** behauptet, die heute in den sehr ausgedehnten wirtschaftlichen Beteiligungen des Bundes und der Länder verkörpert ist.

Die immer wieder geäußerten Zweifel, ob für die Wirtschaftsbeteiligungen des Bundes und der Länder oder für einzelne Bereiche dieser Beteiligungen hinreichend gewichtige öffentliche Interessen nachweisbar sind, führen zu der Forderung von Privatisierungen. Diese Bestrebungen verbinden sich mit den Gedanken, eine möglichst breite Beteiligung am Produktivvermögen herbeizuführen und auch aus sozialpolitischen Gründen bestimmten Gruppen den Erwerb von Anteilsrechten an Unternehmen zu erleichtern. „**Privatisierung**" oder „**Reprivatisierung**" bedeutet, daß die öffentliche Hand ihre Beteiligungen an Wirtschaftsunternehmen privaten Interessenten mit oder ohne sozialpolitische Maßgaben anbietet.

Die „Privatisierung" der **Volkswagenwerk AG** durch das Gesetz vom 21. Juli 1960 (BGBl. I S. 585), zuletzt geändert durch Gesetz vom 31. Juli 1970 (BGBl. I S. 1149), erfolgte aufgrund eines bestimmten Konzeptes der Sozialpolitik und der Vermögensbildung. Die verfassungsgerichtliche Überprüfung dieses Gesetzes hat eine Reihe von Grundsätzen über die Zulässigkeit und die Ausgestaltung von Privatisierungen klargestellt (BVerfGE 12, 354).

W. Graf Vitzthum, Gemeinderechtliche Grenzen der Privatisierung kommunaler Wirtschaftsunternehmen, AöR 104, 1979, S. 580; R. Krebs, Haushaltsrechtliche Überlegungen zur Privatisierung von Unternehmensbeteiligungen des Bundes, ZRP 1983, S. 270.

e) Öffentliche Aufträge

Bedeutung und Praxis

Der Staat und andere Verwaltungsträger decken ihren Bedarf an sachlichen Mitteln für die Erfüllung ihrer Aufgaben, vor allem ihrer Verwaltungsaufgaben, durch den freihändigen Erwerb von Waren und die Verpflichtung Dritter zu notwendigen Dienstleistungen. Die Exekutive kauft Grundstücke, erwirbt Bürobedarf und läßt Bauwerke errichten oder reparieren. Über diese Bedarfsgeschäfte hinaus können verschiedene Staatsaufgaben nur erfüllt werden, wenn Leistungen privater Unternehmen in Anspruch genommen werden, z. B. zum Straßenbau oder für Verteidigungszwecke. In allen diesen Fällen vergibt die Exekutive „öffentliche Aufträge" an Private. Die öffentliche Hand tritt als Nachfrager von Waren oder Dienstleistungen im Wirtschaftsverkehr auf.

Rechtlich betrachtet sind die „öffentlichen Aufträge" **privatrechtliche Verträge** eines Verwaltungsträgers mit einem privaten Anbieter, die je nach dem Vertragsgegenstand Kaufverträge, Werkverträge oder sonstige Verträge der Lieferung oder Leistung sind.

Das Volumen der öffentlichen Aufträge ist sehr erheblich. In einzelnen Bereichen, z. B. im Tiefbau und in der Rüstungsindustrie, wird die Nachfrage von der öffentlichen Hand praktisch beherrscht und kommt die öffentliche Hand praktisch allein als Abnehmer in Betracht. Das **Kartellrecht** ist anwendbar.

Öffentliche Aufträge werden in der Regel aufgrund einer **öffentlichen Ausschreibung** vergeben. Dieses Verfahren, das durch Verwaltungsvorschriften näher geregelt ist, soll sicherstellen, daß eine möglichst sparsame und wirtschaftliche Verwendung öffentlicher Mittel erfolgt und daß eine möglichst faire Berücksichtigung privater Anbieter erreicht wird.

J. PIETZCKER, Der Staatsauftrag als Instrument des Verwaltungshandelns, 1978.

Haushaltsrechtliche Regelung

110 Die Grundsätze der Wirtschaftlichkeit und Sparsamkeit, die bei der Aufstellung und Ausführung des Haushaltsplans zu beachten sind, gelten auch für öffentliche Aufträge. Dementsprechend setzt die Veranschlagung von Ausgaben oder Verpflichtungsermächtigungen für Baumaßnahmen, größere Beschaffungen und größere Entwicklungsvorhaben eine hinreichende Übersicht über den zu erwartenden Aufwand voraus (§ 16 HGrG). Dem Abschluß von Verträgen über Lieferungen und Leistungen muß eine öffentliche Ausschreibung vorausgehen, sofern nicht die Natur des Geschäfts oder besondere Umstände eine Ausnahme rechtfertigen (§ 30 HGrG, § 55 BHO).

Recht der Verdingungsordnungen

111 Um zu erreichen, daß beim Abschluß von Verträgen im Rahmen der Vergabe öffentlicher Aufträge nach einheitlichen Richtlinien verfahren wird (siehe § 55 Abs. 2 BHO), sind **Verwaltungsvorschriften** erlassen worden, insbes. die Verdingungsordnungen. Die Verdingungsordnung für Leistungen (VOL) vom 16. Aug. 1984 (BAnz. Nr. 50) enthält allgemeine Regelungen; daneben gilt die Verdingungsordnung für Bauleistungen (VOB) in der Fassung vom 29. Okt. 1973, Bek. v. 1. Juli 1974 (BAnz. Nr. 127). Die Anforderungen und Verpflichtungen aufgrund der Verdingungsordnung werden durch individuelle Abrede, sei es ausdrücklich, sei es konkludent, zum Inhalt der Verträge, mit denen die Exekutive öffentliche Aufträge vergibt.

Verfassungsrechtliche Bindungen?

112 Die Vergabe öffentlicher Aufträge erfolgt im Wege privatrechtlicher Verträge. Die Exekutive ist dabei zwar an den **Haushaltsplan,** der ihr die Mittel zur Verfügung stellt, das **Haushaltsrecht** und die **Verdingungsordnungen** gebunden, nimmt im Einzelfall aber Privatautonomie in Anspruch. Denn bei der Vergabe öffentlicher Aufträge werden nicht unmittelbar Aufgaben der öffentlichen Verwaltung ausgeübt, wie im Bereich der Leistungsverwaltung; es werden vielmehr die sachlichen Voraussetzungen für die Ausübung öffentlicher Verwaltung geschaffen.

Die Exekutive ist bei der Vergabe öffentlicher Aufträge, wie auch sonst im Gesamtbereich ihrer Tätigkeit, an die Verfassung und damit auch an die Grundrechte gebunden. Das **Privatrecht** und besonders das **Wettbewerbsrecht** sichern im Regelfall den Schutz der Vertragspartner der Exekutive auch im öffentlichen Auftragswesen. Dementsprechend kommt eine unmittelbare Bindung an die **Grundrechte,** unter Beiseiteschieben der privatrechtlichen Rechtsbeziehungen, grundsätzlich nicht in Betracht (BGHZ 36, 91). Soweit

Finanzpolitik und Haushaltswirtschaft 113 I

die privatrechtlichen Regelungen einen hinreichenden Schutz gegen die Exekutive bei der Vergabe öffentlicher Aufträge, vor allem dort, wo ein Nachfragemonopol gegeben ist, nicht sicherstellen, muß der grundrechtliche Schutz zur Geltung kommen, damit auch der Schutz des allgemeinen Gleichheitssatzes (Art. 3 Abs. 1 GG).

Struktur-, konjunktur- und sozialpolitische „Nebenzwecke"

Die erhebliche Marktmacht, die der öffentlichen Hand und ihren einzelnen 113
Bedarfsträgern bei der Nachfrage von Waren und Dienstleistungen im Wege öffentlicher Aufträge zufällt und die Gefahren eines Mißbrauchs bei der Vergabe öffentlicher Aufträge im Einzelfall sind der Grund dafür, daß durch das **Haushaltsrecht** und aufgrund des Haushaltsrechts strenge Bindungen bestehen und daß das **Wettbewerbsrecht** die rechtsgeschäftlichen Entscheidungsmöglichkeiten der öffentlichen Hand bei der Nachfrage marktwirtschaftlich angebotener Leistungen und Güter bindet (§ 98 Abs. 1 GWB). Die gleichen Chancen der Anbieter sollen auch im öffentlichen Auftragswesen, soweit mit den öffentlichen Interessen vereinbar, gesichert werden.

Der Grundsatz, die Exekutive darauf zu verpflichten, bei der Vergabe öffentlicher Aufträge die **gleichen Wettbewerbschancen der Anbieter** zu respektieren, soweit der Bedarfszweck es erlaubt, kann aus bestimmten Gründen des Gemeinwohls durchbrochen werden, um das wirtschaftslenkende und sozialpolitische Potential des Auftragswesens für Förderungszwecke dienstbar zu machen. Das setzt jedoch voraus, daß eine derartige Förderung bei der Vergabe öffentlicher Aufträge gesetzlich besonders zugelassen ist und daß die gesetzliche Grundlage selbst durch ein hinreichend gewichtiges Allgemeininteresse gestützt wird. Die Exekutive oder deren einzelne Bedarfsträger dürfen es nicht in der Hand haben, nach Zweckmäßigkeit über die Begünstigungs- und Föderungseffekte zu verfügen, die mit der Vergabe öffentlicher Aufträge regelmäßig verbunden sind. Die Praxis hat einen derartigen Gesetzesvorbehalt bisher noch nicht anerkannt.

Beispiele für gesetzliche Regelungen sind vor allem die Vorschrift des § 74 des Gesetzes über die Angelegenheiten der Vertriebenen und Flüchtlinge vom 19. Mai 1953 in der Fass. des Gesetzes vom 3. Sept. 1971 (BGBl. I S. 1565), die Bestimmungen der §§ 54 und 56 des Gesetzes zur Sicherung der Eingliederung Schwerbehinderter in Arbeit, Beruf und Gesellschaft vom 29. April 1974 (BGBl. I S. 1005) und die Regelung in § 2 Nr. 3 des Gesetzes zur Förderung des Zonenrandgebietes vom 5. Aug. 1971 (BGBl. I S. 1237), zuletzt geänd. dch. Gesetz vom 14. Dez. 1984 (BGBl. I S. 1493). Nach der Vorschrift des § 2 des Zonenrandförderungsgesetzes über die regionale Wirtschaftsförderung gehört die Bevorzugung bei der Vergabe öffentlicher Aufträge zu den Maßnahmen, die zum Ausgleich von Standortnachteilen, zur Sicherung und Schaffung von Dauerarbeitsplätzen sowie zur Verbesserung der Infrastruktur durchgeführt werden.

f) Rechnungslegung und Rechnungsprüfung

Parlamentarische Verantwortlichkeit der Exekutive

114 Der Haushaltsplan ermächtigt die Verwaltung, Ausgaben zu leisten und Verpflichtungen einzugehen. Diese Ermächtigung wird aufgrund des parlamentarischen Budgetrechts durch das Haushaltsgesetz ausgesprochen, das den Haushaltsplan feststellt. Der durch das Haushaltsgesetz festgestellte Haushaltsplan bindet die Exekutive bei der Bewirtschaftung der ihr zugewiesenen Mittel; hinsichtlich dieser Bindung unterliegt die Exekutive – wie bei ihrer gesamten politischen und administrativen Tätigkeit – der parlamentarischen Verantwortlichkeit und Kontrolle. Zu den besonderen **Instrumenten der parlamentarischen Kontrolle** im Bereich der Haushaltswirtschaft gehören die Rechnungslegung, die Rechnungsprüfung und die Entlastung der Bundesregierung.

Rechnungslegung

115 Der **Bundesminister der Finanzen** hat dem Bundestag und dem Bundesrat über alle Einnahmen und Ausgaben sowie über das Vermögen und die Schulden im Laufe des nächsten Rechnungsjahres zur Entlastung der Bundesregierung Rechnung zu legen (Art. 114 Abs. 1 GG). Die näheren Bestimmungen über die Rechnungslegung sind in den §§ 80ff. BHO enthalten. Das Ziel der Rechnungslegung ist es, der parlamentarischen Volksvertretung ein politisches Urteil darüber zu ermöglichen, ob die Exekutive im Abrechnungszeitraum auf der Grundlage des Haushaltsgesetzes und der haushaltsrechtlichen Vorschriften den Anforderungen einer ordnungsmäßigen Wirtschaftsführung und Finanzgebarung nachgekommen ist. Diese Beurteilung bildet die Grundlage für die parlamentarische Entscheidung über die **Entlastung** der Bundesregierung.

Rechnungsprüfung

116 Für die Prüfung der Rechnung und für die Prüfung der Wirtschaftlichkeit und Ordnungsmäßigkeit der Haushalts- und Wirtschaftsführung besteht eine besondere oberste Bundesbehörde, der **Bundesrechnungshof**, dessen Mitglieder richterliche Unabhängigkeit besitzen. Er hat außer der Bundesregierung unmittelbar dem Bundestag und dem Bundesrat jährlich zu berichten. Seine Befugnisse sind in dem Gesetz über den Bundesrechnungshof vom 11. Juli 1985 (BGBl. I S. 1445) und in den Vorschriften der §§ 88ff. BHO näher geregelt (Art. 114 Abs. 2 GG).
Der Bundesrechnungshof hat neben seiner eigentlichen Prüfungstätigkeit auch das Recht, aufgrund von Prüfungserfahrungen den Bundestag, den Bundesrat, die Bundesregierung und einzelne Bundesminister zu beraten (§ 88 Abs. 2 BHO). Der **Präsident des Bundesrechnungshofes** ist außerdem aufgrund des Beschlusses der Bundesregierung vom 15. Sept. 1971 Bundesbeauftragter für Wirtschaftlichkeit in der Verwaltung, eine Aufgabe, die auf die

Finanzpolitik und Haushaltswirtschaft

Einrichtung des Reichssparkommissars durch Beschluß der Reichsregierung vom 28. Nov. 1922 zurückgeht.
Die Prüfung des Bundesrechnungshofes erstreckt sich auf die Einhaltung der für die Haushalts- und Wirtschaftsführung geltenden Vorschriften und Grundsätze, insbes. darauf, ob das Haushaltsgesetz und der Haushaltsplan eingehalten worden sind, ob die Einnahmen und Ausgaben begründet und belegt sind und die Haushaltsrechnung und die Vermögensrechnung ordnungsgemäß aufgestellt sind, ob wirtschaftlich und sparsam verfahren wird und ob die Aufgabe mit geringerem Personal- oder Sachaufwand oder auf andere Weise wirksamer erfüllt werden kann (§ 90 BHO). Die Prüfung des Bundesrechnungshofs beschränkt sich nicht auf eine nachlaufende Überprüfung der Rechnungslegung durch den Bundesminister der Finanzen; sie kann auch als eine mitlaufende Prüfung stattfinden. Der Bundesrechnungshof faßt das Ergebnis seiner Prüfung, soweit es für die Entlastung der Bundesregierung wegen der Haushaltsrechnung und der Vermögensrechnung von Bedeutung sein kann, jährlich für den Bundestag und den Bundesrat in „Bemerkungen" zusammen, die er dem Bundestag, dem Bundesrat und der Bundesregierung zuleitet (§ 97 BHO). Die Verantwortung der zuständigen Stellen der Exekutive für die Ausführung der Gesetze und die Erfüllung der Verwaltungsaufgaben wird auch bei einer mitlaufenden Kontrolle durch den Bundesrechnungshof nicht berührt.

E. R. Huber, Die institutionelle Verfassungsgarantie der Rechnungsprüfung, in: Festschrift für Arthur Nikisch, 1958, S. 331; W. Weber, Die Rechnungsprüfung und die Geheimfonds, in: Gedächtnisschrift für Hans Peters, 1967, S. 599; A. Greifeld, Der Rechnungshof als Wirtschaftsprüfer, 1981; K. Wittrock, Möglichkeiten und Grenzen der Finanzkontrolle – Das Verhältnis des Bundesrechnungshofs zum Bundestag, ZParl. 1982, 209; Ders., Auf dem Weg zu einem neuen Bundesrechnungshof-Gesetz, DÖV 1984, 649; H. H. v. Arnim, Grundprobleme der Finanzkontrolle, DVBl. 1983, 664; W. Sigg, Die Stellung der Rechnungshöfe im politischen System der Bundesrepublik Deutschland, 1983; P. Eickenboom/E. Heuer, Das neue Bundesrechnungshofgesetz, DÖV 1985, 997.

Der Bundesrechnungshof

Der Bundesrechnungshof ist durch das Gesetz über Errichtung und Aufgaben des Bundesrechnungshofes vom 27. Nov. 1950 (BGBl. S. 765) als oberste Rechnungsprüfungsbehörde für die Bundesorgane und Bundesverwaltungen errichtet worden. Maßgebend ist jetzt das Gesetz über den Bundesrechnungshof vom 11. Juli 1985 (BGBl. I S. 1445); dazu die Regierungsvorlage, BTag Drucks. 10/3323. Er ist eine der Bundesregierung gegenüber selbständige, nur dem Gesetz unterworfene **Oberste Bundesbehörde**. Sein Sitz ist Frankfurt am Main.
Die Mitglieder des Bundesrechnungshofes besitzen richterliche Unabhängigkeit. Sie üben ihre Tätigkeit in Senaten aus. Ähnlich wie die Gerichte ist der Bundesrechnungshof nicht eine monokratische Behörde, sondern eine Behörde, die durch kollegiale Organe handelt.
Der historische Vorläufer des Bundesrechnungshofes ist die von Friedrich Wilhelm I. von Preußen errichtete General-Rechen-Kammer. Seit der Re-

gierungszeit FRIEDRICHS DES GROSSEN ist die minuziöse Sorgfalt der **Preußischen Oberrechnungskammer** sprichwörtlich geworden.

H. SCHÄFER, Der Bundesrechnungshof im Verfassungsgefüge der Bundesrepublik, DÖV 1971, 542; H. H. v. ARNIM, Ein neues Organisationsstatut für den Bundesrechnungshof, 1984.

Entlastung der Bundesregierung

118 Die dem Bundesminister der Finanzen obliegende Rechnungslegung wird mit dem Antrag verbunden, der Bundesregierung Entlastung zu erteilen. Es ist die Aufgabe des **Bundestages,** unter Berücksichtigung der Stellungnahme des Bundesrates die wesentlichen Sachverhalte festzustellen und über einzuleitende Maßnahmen zu beschließen; die abschließende politische Entscheidung des Bundestages erteilt oder verweigert die von der Bundesregierung beantragte Entlastung (Art. 114 Abs. 1 GG, § 114 BHO). Wird die Entlastung erteilt, wird damit politisch zum Ausdruck gebracht, daß die Bundesregierung ihrer **haushaltswirtschaftlichen Verantwortlichkeit** nachgekommen ist. Die erteilte Entlastung schließt Schadensersatz- oder Erstattungsansprüche gegen einzelne Amtsträger nicht aus.

K. Verteidigungsfall

X a. Verteidigungsfall

Art. 115 a

(1) Die Feststellung, daß das Bundesgebiet mit Waffengewalt angegriffen wird oder ein solcher Angriff unmittelbar droht (Verteidigungsfall), trifft der Bundestag mit Zustimmung des Bundesrates. Die Feststellung erfolgt auf Antrag der Bundesregierung und bedarf einer Mehrheit von zwei Dritteln der abgegebenen Stimmen, mindestens der Mehrheit der Mitglieder des Bundestages.

(2) Erfordert die Lage unabweisbar ein sofortiges Handeln und stehen einem rechtzeitigen Zusammentritt des Bundestages unüberwindliche Hindernisse entgegen oder ist er nicht beschlußfähig, so trifft der Gemeinsame Ausschuß diese Feststellung mit einer Mehrheit von zwei Dritteln der abgegebenen Stimmen, mindestens der Mehrheit seiner Mitglieder.

(3) Die Feststellung wird vom Bundespräsidenten gemäß Artikel 82 im Bundesgesetzblatte verkündet. Ist dies nicht rechtzeitig möglich, so erfolgt die Verkündung in anderer Weise; sie ist im Bundesgesetzblatte nachzuholen, sobald die Umstände es zulassen.

(4) Wird das Bundesgebiet mit Waffengewalt angegriffen und sind die zuständigen Bundesorgane außerstande, sofort die Feststellung nach Absatz 1 Satz 1 zu treffen, so gilt diese Feststellung als getroffen und als zu dem Zeitpunkt verkündet, in dem der Angriff begonnen hat. Der Bundespräsident gibt diesen Zeitpunkt bekannt, sobald die Umstände es zulassen.

(5) Ist die Feststellung des Verteidigungsfalles verkündet und wird das Bundesgebiet mit Waffengewalt angegriffen, so kann der Bundespräsident völkerrechtliche Erklärungen über das Bestehen des Verteidigungsfalles mit Zustimmung des Bundestages abgeben. Unter den Voraussetzungen des Absatzes 2 tritt an die Stelle des Bundestages der Gemeinsame Ausschuß.

Art. 115 b

Mit der Verkündung des Verteidigungsfalles geht die Befehls- und Kommandogewalt über die Streitkräfte auf den Bundeskanzler über.

Art. 115 c

(1) Der Bund hat für den Verteidigungsfall das Recht der konkurrierenden Gesetzgebung auch auf den Sachgebieten, die zur Gesetzgebungszuständigkeit der Länder gehören. Diese Gesetze bedürfen der Zustimmung des Bundesrates.

(2) Soweit es die Verhältnisse während des Verteidigungsfalles erfordern, kann durch Bundesgesetz für den Verteidigungsfall
1. bei Enteignungen abweichend von Artikel 14 Abs. 3 Satz 2 die Entschädigung vorläufig geregelt werden,
2. für Freiheitsentziehungen eine von Artikel 104 Abs. 2 Satz 3 und Abs. 3 Satz 1 abweichende Frist, höchstens jedoch eine solche von vier Tagen, für den Fall festgesetzt werden, daß ein Richter nicht innerhalb der für Normalzeiten geltenden Frist tätig werden konnte.

(3) Soweit es zur Abwehr eines gegenwärtigen oder unmittelbar drohenden Angriffs erforderlich ist, kann für den Verteidigungsfall durch Bundesgesetz mit Zustimmung des Bundesrates die Verwaltung und das Finanzwesen des Bundes und der Länder abweichend von den Abschnitten VIII, VIIIa und X geregelt werden, wobei die Lebensfähigkeit der Länder, Gemeinden und Gemeindeverbände, insbesondere auch in finanzieller Hinsicht, zu wahren ist.

(4) Bundesgesetze nach den Absätzen 1 und 2 Nr. 1 dürfen zur Vorbereitung ihres Vollzuges schon vor Eintritt des Verteidigungsfalles angewandt werden.

Art. 115 d

(1) Für die Gesetzgebung des Bundes gilt im Verteidigungsfalle abweichend von Artikel 76 Abs. 2, Artikel 77 Abs. 1 Satz 2 und Abs. 2 bis 4, Artikel 78 und Artikel 82 Abs. 1 die Regelung der Absätze 2 und 3.

(2) Gesetzesvorlagen der Bundesregierung, die sie als dringlich bezeichnet, sind gleichzeitig mit der Einbringung beim Bundestage dem Bundesrate zuzuleiten. Bundestag und Bundesrat beraten diese Vorlagen unverzüglich gemeinsam. Soweit zu einem Gesetze die Zustimmung des Bundesrates erforderlich ist, bedarf es zum Zustandekommen des Gesetzes der Zustimmung der Mehrheit seiner Stimmen. Das Nähere regelt eine Geschäftsordnung, die vom Bundestage beschlossen wird und der Zustimmung des Bundesrates bedarf.

(3) Für die Verkündung der Gesetze gilt Artikel 115a Abs. 3 Satz 2 entsprechend.

Art. 115 e

(1) Stellt der Gemeinsame Ausschuß im Verteidigungsfalle mit einer Mehrheit von zwei Dritteln der abgegebenen Stimmen, mindestens mit der Mehrheit seiner Mitglieder fest, daß dem rechtzeitigen Zusammentritt des Bundestages unüberwindliche Hindernisse entgegenstehen oder daß dieser nicht beschlußfähig ist, so hat der Gemeinsame Ausschuß die Stellung von Bundestag und Bundesrat und nimmt deren Rechte einheitlich wahr.

(2) Durch ein Gesetz des Gemeinsamen Ausschusses darf das Grundgesetz weder geändert noch ganz oder teilweise außer Kraft oder außer Anwendung gesetzt werden. Zum Erlaß von Gesetzen nach Artikel 24 Abs. 1 und Artikel 29 ist der Gemeinsame Ausschuß nicht befugt.

Art. 115 f

(1) Die Bundesregierung kann im Verteidigungsfalle, soweit es die Verhältnisse erfordern,
1. den Bundesgrenzschutz im gesamten Bundesgebiete einsetzen;
2. außer der Bundesverwaltung auch den Landesregierungen und, wenn sie es für dringlich erachtet, den Landesbehörden Weisungen erteilen und diese Befugnis auf von ihr zu bestimmende Mitglieder der Landesregierungen übertragen.

(2) Bundestag, Bundesrat und der Gemeinsame Ausschuß sind unverzüglich von den nach Absatz 1 getroffenen Maßnahmen zu unterrichten.

Art. 115 g

Die verfassungsmäßige Stellung und die Erfüllung der verfassungsmäßigen Aufgaben des Bundesverfassungsgerichtes und seiner Richter dürfen nicht beeinträchtigt werden. Das Gesetz über das Bundesverfassungsgericht darf durch ein Gesetz des Gemeinsamen Ausschusses nur insoweit geändert werden, als dies

Verteidigungsfall

auch nach Auffassung des Bundesverfassungsgerichtes zur Aufrechterhaltung der Funktionsfähigkeit des Gerichtes erforderlich ist. Bis zum Erlaß eines solchen Gesetzes kann das Bundesverfassungsgericht die zur Erhaltung der Arbeitsfähigkeit des Gerichtes erforderlichen Maßnahmen treffen. Beschlüsse nach Satz 2 und Satz 3 faßt das Bundesverfassungsgericht mit der Mehrheit der anwesenden Richter.

Art. 115 h

(1) Während des Verteidigungsfalles ablaufende Wahlperioden des Bundestages oder der Volksvertretungen der Länder enden sechs Monate nach Beendigung des Verteidigungsfalles. Die im Verteidigungsfalle ablaufende Amtszeit des Bundespräsidenten sowie bei vorzeitiger Erledigung seines Amtes die Wahrnehmung seiner Befugnisse durch den Präsidenten des Bundesrates enden neun Monate nach Beendigung des Verteidigungsfalles. Die im Verteidigungsfalle ablaufende Amtszeit eines Mitgliedes des Bundesverfassungsgerichtes endet sechs Monate nach Beendigung des Verteidigungsfalles.

(2) Wird eine Neuwahl des Bundeskanzlers durch den Gemeinsamen Ausschuß erforderlich, so wählt dieser einen neuen Bundeskanzler mit Mehrheit seiner Mitglieder; der Bundespräsident macht dem Gemeinsamen Ausschuß einen Vorschlag. Der Gemeinsame Ausschuß kann dem Bundeskanzler das Mißtrauen nur dadurch aussprechen, daß er mit der Mehrheit von zwei Dritteln seiner Mitglieder einen Nachfolger wählt.

(3) Für die Dauer des Verteidigungsfalles ist die Auflösung des Bundestages ausgeschlossen.

Art. 115 i

(1) Sind die zuständigen Bundesorgane außerstande, die notwendigen Maßnahmen zur Abwehr der Gefahr zu treffen, und erfordert die Lage unabweisbar ein sofortiges selbständiges Handeln in einzelnen Teilen des Bundesgebietes, so sind die Landesregierungen oder die von ihnen bestimmten Behörden oder Beauftragten befugt, für ihren Zuständigkeitsbereich Maßnahmen im Sinne des Artikels 115 f Abs. 1 zu treffen.

(2) Maßnahmen nach Absatz 1 können durch die Bundesregierung, im Verhältnis zu Landesbehörden und nachgeordneten Bundesbehörden auch durch die Ministerpräsidenten der Länder, jederzeit aufgehoben werden.

Art. 115 k

(1) Für die Dauer ihrer Anwendbarkeit setzen Gesetze nach den Artikeln 115 c, 115 e und 115 g und Rechtsverordnungen, die auf Grund solcher Gesetze ergehen, entgegenstehendes Recht außer Anwendung. Dies gilt nicht gegenüber früherem Recht, das auf Grund der Artikel 115 c, 115 e und 115 g erlassen worden ist.

(2) Gesetze, die der Gemeinsame Ausschuß beschlossen hat, und Rechtsverordnungen, die auf Grund solcher Gesetze ergangen sind, treten spätestens sechs Monate nach Beendigung des Verteidigungsfalles außer Kraft.

(3) Gesetze, die von den Artikeln 91 a, 91 b, 104 a, 106 und 107 abweichende Regelungen enthalten, gelten längstens bis zum Ende des zweiten Rechnungsjahres, das auf die Beendigung des Verteidigungsfalles folgt. Sie können nach Beendigung des Verteidigungsfalles durch Bundesgesetz mit Zustimmung des Bundesrates geändert werden, um zu der Regelung gemäß den Abschnitten VIII a und X überzuleiten.

K 1 Verteidigungsfall

Art. 115l

(1) Der Bundestag kann jederzeit mit Zustimmung des Bundesrates Gesetze des Gemeinsamen Ausschusses aufheben. Der Bundesrat kann verlangen, daß der Bundestag hierüber beschließt. Sonstige zur Abwehr der Gefahr getroffene Maßnahmen des Gemeinsamen Ausschusses oder der Bundesregierung sind aufzuheben, wenn der Bundestag und der Bundesrat es beschließen.

(2) Der Bundestag kann mit Zustimmung des Bundesrates jederzeit durch einen vom Bundespräsidenten zu verkündenden Beschluß den Verteidigungsfall für beendet erklären. Der Bundesrat kann verlangen, daß der Bundestag hierüber beschließt. Der Verteidigungsfall ist unverzüglich für beendet zu erklären, wenn die Voraussetzungen für seine Feststellung nicht mehr gegeben sind.

(3) Über den Friedensschluß wird durch Bundesgesetz entschieden.

Gliederungsübersicht

	RNr.		RNr.
1. Krieg und Frieden		Der Bundesstaat	11
Verfassungspolitische Fragestellung	1	Bundestag und Bundesrat	12
Entstehungsgeschichte der geltenden Regelung	2	Der Gemeinsame Ausschuß	13
Verbot des Angriffskrieges	3	Die Bundesregierung	14
Kollektive Sicherheit	4		
Verteidigungsfall	5	3. Die Ausübung der Staatsgewalt	
Vor einem möglichen Verteidigungsfall	6	Gewaltenteilung	15
Krieg	7	Gesetzgebung	16
Beendigung des Verteidigungsfalls	8	Besondere Befugnisse der Bundesregierung	17
Friedensschluß	9	Befehls- und Kommandogewalt	18
2. Die Staatsorgane im Verteidigungsfall		Die Streitkräfte	19
Das parlamentarische Regierungssystem	10	Grundrechte	20
		Insbesondere Dienstverpflichtung	21
		Verfassungsgerichtsbarkeit	22

1. Krieg und Frieden

Verfassungspolitische Fragestellung

1 Das Grundgesetz, erlassen unter Fortgeltung des Besatzungsregimes und „um dem staatlichen Leben für eine Übergangszeit eine neue Ordnung zu geben" (Präambel), hatte keinen Anlaß, Vorschriften über eine Wehrverfassung und über die Entscheidungsbefugnisse im Hinblick auf Krieg und Frieden aufzunehmen. Der **Parlamentarische Rat** hat dennoch nicht davon Abstand genommen, in entschiedener Wendung gegen die Vergangenheit, den Angriffskrieg zu ächten (Art. 26 GG), die Möglichkeit ins Auge zu fassen, daß der Bund sich zur Wahrung des Friedens einem System gegenseitiger kollektiver Sicherheit einordnen könnte (Art. 24 Abs. 2 GG) und durch ein neuartiges Grundrecht zuzusichern, daß niemand gegen sein Gewissen zum Kriegsdienst mit der Waffe gezwungen werden darf (Art. 4 Abs. 3 GG).

Krieg und Frieden 1 K

Erst die Rückgewinnung einer deutschen Souveränität im Rahmen eines westlichen Verteidigungssystems und unter Aufstellung deutscher Streitkräfte führte neben den beherrschenden außen-, deutschlands- und verteidigungspolitischen Grundsatzfragen auch das verfassungsrechtliche und verfassungspolitische Problem einer Wehrverfassung und einer Ordnung der staatlichen Entscheidungsbefugnisse im Hinblick auf Krieg und Frieden herauf. Der „**Streit um den Wehrbeitrag**" wurde auch vor das Bundesverfassungsgericht gebracht, ohne dort eine sachliche Entscheidung zu finden (BVerfGE 2, 143; Der Streit um den Wehrbeitrag, 3 Bde 1952/53/58). Die notwendigen verfassungspolitischen Entscheidungen und verfassungsrechtlichen Klarstellungen erfolgten im Wege der **Verfassungsänderung** durch das Gesetz zur Ergänzung des Grundgesetzes vom 26. März 1954 (BGBl. I S. 45) und das weitere Gesetz zur Ergänzung des Grundgesetzes vom 19. März 1956 (BGBl. I S. 111).

Die Reichsverfassung von 1871 hatte einen umfangreichen XI. Abschnitt über das Reichskriegswesen enthalten und die gesamte Landmacht des Reichs wie auch dessen Kriegsmarine in Krieg und Frieden dem Befehle des Kaisers unterstellt (Art. 53, 63 Reichsverfassung). Es war das Recht des Kaisers, im Namen des Reichs Krieg zu erklären und Frieden zu schließen; zur Erklärung des Krieges war jedoch die Zustimmung des Bundesrats erforderlich, es sei denn, daß ein Angriff auf das Bundesgebiet oder dessen Küsten erfolgte (Art. 11 RVerf). Eine parlamentarische Mitwirkung des Reichstags war nach den Grundsätzen des deutschen monarchischen Konstitutionalismus ausgeschlossen. Erst durch das verfassungsändernde Gesetz vom 28. Okt. 1918 (RGBl. S. 1274), also in den letzten Tagen des Weltkrieges, wurde bestimmt, daß zur Erklärung des Krieges im Namen des Reichs die Zustimmung des Bundesrats und des Reichstags erforderlich war und daß Friedensverträge der Zustimmung des Bundesrats und des Reichstags bedurften.

Die **Weimarer Reichsverfassung** wies dem Reich die ausschließliche Gesetzgebung über die Wehrverfassung zu (Art. 6 Nr. 4), bezeichnete die Verteidigung des Reichs als Reichssache und ordnete an, daß die Wehrverfassung des deutschen Volkes unter Berücksichtigung der besonderen landsmannschaftlichen Eigenarten durch ein Reichsgesetz einheitlich zu regeln sei (Art. 79). Ebenso richtete sich die Wehrpflicht nach den Bestimmungen des Reichsrechts (Art. 133 Abs. 2). Dem Reichspräsidenten kam der Oberbefehl über die gesamte Wehrmacht des Reichs zu, er war dabei jedoch von der Gegenzeichnung durch den Reichskanzler oder den zuständigen Reichsminister abhängig (Art. 47, 50). Kriegserklärung und Friedensschluß erfolgten durch Reichsgesetz (Art. 45 Abs. 2). Die Weimarer Reichsverfassung beließ demnach dem Staatsoberhaupt zwar den Oberbefehl über die Streitkräfte, setzte jedoch – wie in der nunmehr bestehenden Republik und parlamentarischen Demokratie folgerichtig – eine Parlamentarisierung der wehr- und verteidigungspolitischen Entscheidungen durch. Die Bestimmungen des Versailler Vertrages gingen der Reichsverfassung vor (Art. 178 Abs. 2 Satz 2).

B. RIEDER, Die Entscheidung über Krieg und Frieden nach deutschem Verfassungsrecht, 1984.

K 2, 3 — Verteidigungsfall

Entstehungsgeschichte der geltenden Regelung

2 Die Grundlagen der heute geltenden Regelungen über den **Verteidigungsfall** sind, abgesehen von der Frage des **Einsatzes der Streitkräfte im Innern**, bereits durch die Verfassungsnovellen von 1954 und 1956 getroffen worden. Diese Verfassungsänderungen enthielten jedoch keine Regelungen über den später so genannten „inneren Notstand", sondern begnügten sich mit einem Vorbehalt der gesetzlichen Regelung für den Einsatz der Streitkräfte im Innern (Art. 143 GG in der Fass. des Gesetzes vom 19. März 1956); der Vorbehalt der westalliierten Rechte in Bezug auf den Schutz der Sicherheit ihrer in der Bundesrepublik stationierten Streitkräfte blieb damit bestehen (Art. 5 Abs. 2 des Vertrages über die Beziehungen zwischen der Bundesrepublik Deutschland und den Drei Mächten vom 26. Mai 1952 in der Fass. vom 23. Okt. 1954, BGBl. 1955 II S. 305).
Die zusammenfassende und grundsätzliche Regelung sowohl der Fragen des Verteidigungsfalles wie der Fragen des sog. inneren Notstandes erfolgte dann durch das **Siebzehnte Gesetz zur Ergänzung des Grundgesetzes** vom 24. Juni 1968 (BGBl. I S. 709). Diese Notstands-Novelle fügte in das Grundgesetz – unter Einschmelzung verschiedener bisher an anderer Stelle enthaltener Regelungen – den neuen Abschnitt X a. Verteidigungsfall (Art. 115a bis Art. 115l) ein. Dieser Verfassungsänderung war eine langjährige, bis in das Jahr 1960 zurückgehende und in den letzten Monaten in der Öffentlichkeit mit großer Heftigkeit geführte Auseinandersetzung vorangegangen. Die Verfassungsänderung wurde schließlich mit großer Mehrheit in Bundestag und Bundesrat angenommen.
Die Drei Mächte haben mit Erklärung vom 27. Mai 1968 erklärt, daß der Vorbehalt ihrer Rechte nach Art. 5 Abs. 2 des Generalvertrages mit dem Inkrafttreten der Änderung des Grundgesetzes erlösche (Bek. vom 18. Juni 1968, BGBl. II S. 570).

Verbot des Angriffskriegs

3 Die Verfassung verurteilt Handlungen, die geeignet sind und in der Absicht vorgenommen werden, das friedliche Zusammenleben der Völker zu stören, insbes. die Führung eines Angriffskrieges vorzubereiten, und fordert, sie unter Strafe zu stellen (Art. 26 Abs. 1 GG). Die verfassungsrechtlich geforderten Straftatbestände sind in den Bestimmungen der §§ 80 und 80a StGB enthalten. Art. 26 Abs. 1 GG bedeutet eine verfassungsrechtliche Anerkennung dessen, was bereits in dem Vertrag über die Ächtung des Krieges (BRIAND-KELLOGG-Pakt) vom 27. Aug. 1928 (RGBl. 1929 II S. 97) vereinbart worden war. Die vertragschließenden Parteien dieses Paktes erklärten „feierlich im Namen ihrer Völker, daß sie den Krieg als Mittel für die Lösung internationaler Streitfälle verurteilen und auf ihn als Werkzeug nationaler Politik in ihren gegenseitigen Beziehungen verzichten". Das verfassungsrechtliche Verbot des Angriffskrieges hindert die Bundesrepublik ebensowenig wie das in der Charta der Vereinten Nationen ausgesprochene Verbot der Androhung oder Anwendung von Gewalt, im Falle eines bewaffneten Angriffs von dem „naturgegebenen Recht zur individuellen oder kollektiven Selbstverteidigung" Gebrauch zu machen (Art. 51 der UN-Charta).

Krieg und Frieden 4–6 **K**

Der Vorbehalt der Genehmigung der Bundesregierung für die Herstellung, die Beförderung und das Inverkehrbringen von zur Kriegführung bestimmten Waffen (Art. 26 Abs. 2 GG) ist in dem Gesetz über die Kontrolle von Kriegswaffen vom 20. April 1961 (BGBl. I S. 444), zuletzt geänd. durch Gesetz vom 31. Mai 1978 (BGBl. I S. 641), näher geregelt (vgl. BVerfGE 61, 25).
D RNrn. 124, 125.

Kollektive Sicherheit

Der Bund kann sich zur Wahrung des Friedens einem System gegenseitiger 4 kollektiver Sicherheit einordnen (Art. 24 Abs. 2 GG) und hat diese politische Möglichkeit durch den Beitritt zur **Westeuropäischen Union** (Brüsseler Pakt vom 17. März 1948, BGBl. 1955 II S. 283) und zum **Nordatlantikvertrag** vom 4. April 1949 (BGBl. 1955 II S. 289) verwirklicht. Der Brüsseler Pakt enthält in Art. V eine obligatorische, der NATO-Vertrag in Art. 5 eine fakultative Beistandsklausel. Die Bündnispflichten der Bundesrepublik sind in Art. 80a Abs. 3 GG vorausgesetzt, der die Anwendung von Vorschriften für die Situation eines möglichen Verteidigungsfalles von einem Beschluß abhängig macht, der von einem internationalen Organ im Rahmen eines Bündnisvertrages mit Zustimmung der Bundesregierung gefaßt wird.
D RNr. 116, G RNr. 83.

Verteidigungsfall

Die Situation, daß das Bundesgebiet mit Waffengewalt angegriffen wird oder 5 ein solcher Angriff unmittelbar droht, wird von Art. 115a Abs. 1 GG als „Verteidigungsfall" bezeichnet. Die besonderen Rechtsfolgen, die nach der Verfassung mit dem Verteidigungsfall eintreten, werden für den Regelfall – als solcher wird offenbar ein atomarer Überfall nicht angesehen – von einer **förmlichen Feststellung** durch den Bundestag mit Zustimmung des Bundesrates abhängig gemacht. Sofern das nicht möglich ist und die Lage unabweisbar ein sofortiges Handeln erfordert, kann diese Feststellung durch den **Gemeinsamen Ausschuß** getroffen werden. Äußerstenfalls, nämlich wenn das Bundesgebiet mit Waffengewalt angegriffen wird und die zuständigen Bundesorgane außerstande sind, sofort die verfassungsrechtlich vorgesehene Feststellung zu treffen, gilt diese Feststellung als getroffen und als zu dem Zeitpunkt verkündet, in dem der Angriff begonnen hat. Nicht wenige Regelungen des Grundgesetzes über den Verteidigungsfall, besonders jedoch diejenigen über dessen „Feststellung", sind von einem etwas gespenstisch anmutenden Perfektionismus.

Vor einem möglichen Verteidigungsfall

Die Frage, welche besonderen Vorkehrungen ergriffen werden dürfen, bevor 6 es zu einem Verteidigungsfall kommt, mit einem solchen aber ernsthaft zu rechnen ist, ist in Art. 80a GG durch eine Unterscheidung verschiedener Situationen geregelt. Rechtstechnisch ist dabei so vorgegangen, daß der präventive Erlaß bestimmter Rechtsvorschriften, z. B. zur Sicherung der Ernährung oder der Energieversorgung, vorausgesetzt wird und daß die Anwendung derartiger Rechtsvorschriften vom Vorliegen bestimmter in Art. 80a GG genannter Voraussetzungen abhängig gemacht ist. Als eine vor dem Verteidigungsfall liegende Phase wird dabei der „**Spannungsfall**" vorgestellt, dessen Eintritt einer besonderen Feststellung durch den Bundestag bedarf. Die Anwendbarkeit dieser Rechtsvorschriften kann aber auch durch eine besondere Zustimmung des Bundestages herbeigeführt werden, über deren Voraussetzungen ausdrücklich nichts bestimmt ist. Es muß naturgemäß dem politischen Urteil des Parlaments überlassen bleiben, ob es die Notwendigkeit dafür für gegeben erachtet, Vorkehrungen mit Rücksicht auf einen möglichen Angriff der Bundesrepublik zu treffen. Als eine dritte Variante schließlich wird im Hinblick auf die Mitgliedschaft der Bundesrepublik in der Westeuropäischen Union und in der NATO der Fall geregelt, daß ein Beschluß zu erhöhter Verteidigungsbereitschaft von einem internationalen Organ im Rahmen eines Bündnisvertrages mit Zustimmung der Bundesregierung gefaßt wird.

Krieg

7 Der Krieg oder ein sonstiger bewaffneter Konflikt zwischen Staaten ist ein Zustand der internationalen Gewaltanwendung, der durch das Völkerrecht definiert wird und in dem sich die Rechtsbeziehungen der beteiligten Staaten, also die Rechte und Pflichten der kriegführenden Parteien, nach dem Kriegsrecht bestimmen. Das Verfassungsrecht kann nur das auf einen Krieg bezogene Verhalten der durch die Verfassung gebundenen nationalen Staatsorgane regeln.
Das Grundgesetz verbietet die Führung eines Angriffskrieges und enthält folgerichtig keine Vorschriften über eine Zuständigkeit zur „Kriegserklärung". Der Bundespräsident, der den Bund völkerrechtlich vertritt (Art. 59 Abs. 1 GG), kann völkerrechtliche Erklärungen über das Bestehen des Verteidigungsfalles mit Zustimmung des Bundestages abgeben, wenn die Feststellung des Verteidigungsfalles verkündet und das Bundesgebiet mit Waffengewalt angegriffen wird (Art. 115a Abs. 5 GG).

F. BERBER, Lehrbuch des Völkerrechts, II. Band: Kriegsrecht, 2. Aufl., 1969.

Beendigung des Verteidigungsfalls

8 Der Bundestag kann mit Zustimmung des Bundesrats jederzeit durch einen vom Bundespräsidenten zu verkündenden Beschluß den Verteidigungsfall für beendet erklären. Der Bundesrat kann verlangen, daß der Bundestag hierüber beschließt. Der Verteidigungsfall ist unverzüglich für beendet zu erklären, wenn die Voraussetzungen für seine Feststellung nicht mehr gegeben sind (Art. 115 l Abs. 2 GG). Die Entscheidung über die Beendigung des Verteidigungsfalles hat keine völkerrechtliche Bedeutung, sondern dient der Festlegung des Zeitpunktes, von dem an die Geltung der besonderen Vollmachten und Rechtsvorschriften im Verteidigungsfall endet. Das Auslaufen des besonderen Rechtszustandes des Verteidigungsfalles und der Übergang zu regulären Verfassungsverhältnissen (post liminium) ist in Art. 115 k GG geregelt.

Die Staatsorgane im Verteidigungsfall　　　　　　　　　　9–11　K

Friedensschluß

Über den Friedensschluß wird durch **Bundesgesetz** entschieden (Art. 115 l 9
Abs. 3 GG). Diese Regelung betrifft die innerstaatliche Zuständigkeit für die
Entscheidung über den Friedensschluß, nicht dagegen die Art und Weise, in
der im Verhältnis zu den Kriegsgegnern der Friedenszustand wiederherge-
stellt und eine vertragliche Regelung über die politisch durch den Krieg und
den Kriegsausgang bedingten Rechte und Pflichten der kriegführenden Staaten herbeigeführt wird. Der Abschluß eines Waffenstillstandes oder einer
Kapitulation und sonstige militärische Abmachungen im Rahmen der Kriegführung sind von dem verfassungsrechtlich allein geregelten Friedensschluß
zu unterscheiden.

2. Die Staatsorgane im Verteidigungsfall

Das parlamentarische Regierungssystem

Grundgedanke der Vorschriften über den Verteidigungsfall ist es, die reguläre 10
Funktionsweise der Verfassungsordnung und auch des parlamentarischen
Regierungssystems soweit aufrechtzuerhalten, wie es die Umstände erlauben.
Zur Sicherung der **Funktionsfähigkeit des gesetzgebenden und kontrollieren-
den Parlaments** und der **Regierung** sieht die Verfassung bestimmte Modifika-
tionen vor. So erhält beispielsweise die Bundesregierung im Verteidigungsfall, soweit es die Verhältnisse erfordern, besondere Vollmachten im bundesstaatlichen Verhältnis (Art. 115f GG). Am weitesten geht der Eingriff in das
reguläre Funktionieren der Staatsorgane und insbes. in das parlamentarische
Regierungssystem durch die Einrichtung des „Gemeinsamen Ausschusses"
(Art. 53a, 115e GG).

Der Bundesstaat

Die Gesetzgebungsbefugnisse des Bundes und die Befugnisse der Bundesre- 11
gierung zur Sicherung der Ausführung der Gesetze sind im Verteidigungsfall
erweitert, andererseits können unter bestimmten Voraussetzungen die Landesregierungen außerordentliche Vollmachten in Anspruch nehmen.
Der Bund hat für den Verteidigungsfall das Recht der konkurrierenden Gesetzgebung auch auf den Sachgebieten, die zur Gesetzgebungszuständigkeit
der Länder gehören. Diese Gesetze bedürfen der Zustimmung des Bundesrates (Art. 115c Abs. 1 GG). Die Bundesregierung kann im Verteidigungsfall,
soweit es die Verhältnisse erfordern, den Bundesgrenzschutz im gesamten
Bundesgebiet einsetzen und weiter außer der Bundesverwaltung auch den
Landesregierungen und, wenn sie es für dringlich erachtet, den Landesbehörden Weisungen erteilen (Art. 115f GG). Sind die zuständigen Bundesorgane
außerstande, die notwendigen Maßnahmen zur Abwehr der Gefahr zu treffen, und erfordert die Lage unabweisbar ein sofortiges selbständiges Handeln
in einzelnen Teilen des Bundesgebietes, so sind die Landesregierungen oder
die von ihnen bestimmten Behörden oder Beauftragten befugt, für ihren
Zuständigkeitsbereich von den außerordentlichen Befugnissen der Bundesregierung nach Art. 115f Abs. 1 GG Gebrauch zu machen.

K 12–14   Verteidigungsfall

Soweit es zur Abwehr eines gegenwärtigen oder unmittelbar drohenden Angriffs erforderlich ist, kann für den Verteidigungsfall durch Bundesgesetz mit Zustimmung des Bundesrates die Verwaltung oder das Finanzwesen des Bundes und der Länder abweichend von den verfassungsrechtlichen Bestimmungen der Abschnitte VIII, VIIIa und X des Grundgesetzes geregelt werden; die Lebensfähigkeit der Länder, Gemeinden und Gemeindeverbände, insbes. auch in finanzieller Hinsicht, ist zu wahren (Art. 115c Abs. 3 GG).

Bundestag und Bundesrat

12 Die verfassungsmäßige Stellung und die verfassungsmäßigen Befugnisse des Bundestages und des Bundesrates bleiben auch im Verteidigungsfall unberührt, soweit diese gesetzgebenden Körperschaften über die notwendige Entscheidungsfähigkeit verfügen. Die Einrichtung des Gemeinsamen Ausschusses läßt die Stellung von Bundestag und Bundesrat unberührt.
Für die Dauer des Verteidigungsfalles ist die Auflösung des Bundestages (siehe Art. 63 Abs. 4 und 68 Abs. 1 GG) ausgeschlossen (Art. 115a Abs. 3 GG). Die während des Verteidigungsfalles ablaufende Wahlperiode des Bundestages wird kraft Verfassung verlängert und endet sechs Monate nach Beendigung des Verteidigungsfalles (Art. 115h Abs. 1 Satz 1 GG).

Der Gemeinsame Ausschuß

13 Der Gemeinsame Ausschuß, der zu zwei Dritteln aus Abgeordneten des Bundestages und zu einem Drittel aus Mitgliedern des Bundesrates besteht, tritt im Verteidigungsfall unter bestimmten Voraussetzungen an die Stelle von Bundestag und Bundesrat. Er trifft die Feststellung des Verteidigungsfalles, wenn die Lage unabweisbar ein sofortiges Handeln erfordert und einem rechtzeitigen Zusammentritt des Bundestages unüberwindliche Hindernisse entgegenstehen oder der Bundestag nicht beschlußfähig ist (Art. 115a Abs. 2 GG). Stehen dem rechtzeitigen Zusammentritt des Bundestages unüberwindliche Hindernisse entgegen oder ist der Bundestag nicht beschlußfähig, so kann der Bundestag mit qualifizierter Mehrheit darüber eine Feststellung treffen und hat dann die Stellung von Bundestag und Bundesrat und nimmt deren Rechte einheitlich wahr (Art. 115e Abs. 1 GG). Der Gemeinsame Ausschuß ist auch, falls erforderlich, zur Neuwahl des Bundeskanzlers befugt (Art. 115h Abs. 2 GG).
E RNrn. 20 bis 22.

Die Bundesregierung

14 Soweit nicht auch im Verteidigungsfall das verfassungsmäßige Funktionieren des Bundestages fortdauert, nimmt der Gemeinsame Ausschuß auch die Rechte des Bundestages und des Bundesrates gegenüber der Bundesregierung wahr. Der Gemeinsame Ausschuß kann demgemäß den Bundeskanzler stürzen, allerdings nur in der Weise, daß er mit der Mehrheit von zwei Dritteln seiner Mitglieder einen Nachfolger wählt. Wird eine Neuwahl des Bundeskanzlers durch den Gemeinsamen Ausschuß erforderlich, so wählt dieser auf Vorschlag des Bundespräsidenten einen neuen Bundeskanzler mit der Mehrheit seiner Mitglieder (Art. 115h Abs. 2 GG).

3. Die Ausübung der Staatsgewalt

Gewaltenteilung

Die Ausübung der Staatsgewalt folgt im Verteidigungsfall den auch sonst 15
maßgeblichen Verfassungsvorschriften, soweit nicht im Grundgesetz für den
Verteidigungsfall besondere Regelungen vorgesehen sind. Die Unterscheidung der Gesetzgebung, der vollziehenden Gewalt und der Rechtsprechung
und ebenso die jeweils besonderen Organe zur Ausübung der drei Gewalten
dauern fort. Die wesentlichste institutionelle Besonderheit, die Errichtung
des Gemeinsamen Ausschusses, ändert daran nichts; denn dieses Organ kann
nur in Funktion treten, wenn die Entscheidungsfähigkeit des Bundestages
nicht gegeben ist.

Gesetzgebung

Für die Gesetzgebung des Bundes – die überdies eine kompetenzmäßige 16
Erweiterung erfährt (Art. 115c Abs. 1 und 3 GG) – gilt im Verteidigungsfall
für Gesetzesvorlagen der Bundesregierung, die sie als dringlich bezeichnet,
ein vereinfachtes Verfahren (Art. 115d GG). Hierfür gilt zusätzlich die Geschäftsordnung für das Verfahren nach Artikel 115d des Grundgesetzes vom
23. Juli 1969 (BGBl. I S. 1100). Für die Verkündung der Gesetze sind, wenn
diese nicht rechtzeitig im Bundesgesetzblatt möglich ist, andere Formen der
Bekanntmachung nach dem Gesetz über vereinfachte Verkündungen und
Bekanntgaben vom 18. Juli 1975 (BGBl. I S. 1919) zulässig.
Im Hinblick auf einen möglichen Verteidigungsfall sind als Maßnahme der
Vorsorge und Vorbereitung bereits eine Reihe von Rechtsvorschriften erlassen worden, deren Anwendung allerdings außer im Verteidigungsfall nur
zulässig ist, wenn der Bundestag den Eintritt des Spannungsfalles festgestellt
oder wenn er der Anwendung besonders zugestimmt hat oder wenn ein
Beschluß im Rahmen einer Bündnisorganisation mit Zustimmung der Bundesregierung gefaßt wird (Art. 80a GG); RNr. 6. Damit sind im regulären
Verfahren der parlamentarischen Gesetzgebung vorsorglich für bestimmte
Grundbedürfnisse, soweit voraussehbar, besondere Ermächtigungen und
Pflichten der einzelnen durch Gesetz festgelegt. Zu diesen Rechtsvorschriften
gehören hauptsächlich die verschiedenen Sicherstellungsgesetze, z. B. das Ernährungssicherstellungsgesetz vom 4. Okt. 1968 (BGBl. I S. 1075), zuletzt
geändert durch Gesetz vom 14. Dez. 1976 (BGBl. I S. 3341).
Unter den in der Verfassung vorgeschriebenen Voraussetzungen kann die
gesetzgebende Gewalt auf den **Gemeinsamen Ausschuß** übergehen. Diesem
stehen dann die regulären und die außerordentlichen Gesetzgebungsrechte
des Bundestages und des Bundesrates zu. Als Grenze dieses Gesetzgebungsrechtes ist ausdrücklich festgelegt, daß durch ein Gesetz des Gemeinsamen
Ausschusses das Grundgesetz weder geändert noch ganz oder teilweise außer
Kraft oder außer Anwendung gesetzt werden darf und daß der Gemeinsame
Ausschuß zu Gesetzen nach Art. 24 Abs. 1 und Art. 29 GG nicht befugt ist
(Art. 115e Abs. 2 GG). Das Bundesverfassungsgerichtsgesetz darf durch ein

Gesetz des Gemeinsamen Ausschusses nur insoweit geändert werden, als dies auch nach Auffassung des Bundesverfassungsgerichts zur Aufrechterhaltung der Funktionsfähigkeit des Gerichts erforderlich ist (Art. 115 g Satz 2 GG). Gesetze, die der Gemeinsame Ausschuß beschlossen hat, und Rechtsverordnungen, die aufgrund solcher Gesetze ergangen sind, treten spätestens sechs Monate nach Beendigung des Verteidigungsfalles außer Kraft (Art. 115 k Abs. 2 GG). Der Bundestag kann jederzeit mit Zustimmung des Bundesrates Gesetze des Gemeinsamen Ausschusses aufheben (Art. 115 l Abs. 1 GG).

Besondere Befugnisse der Bundesregierung

17 Die Bundesregierung kann im Verteidigungsfall, soweit es die Verhältnisse erfordern, den Bundesgrenzschutz im gesamten Bundesgebiet einsetzen und weiter außer der Bundesverwaltung auch den Landesregierungen und, wenn sie es für dringlich erachtet, den Landesbehörden Weisungen erteilen und diese Befugnis auf von ihr zu bestimmende Mitglieder der Landesregierungen übertragen (Art. 115f GG). Derartige Maßnahmen der Bundesregierung sind aufzuheben, wenn der Bundestag und der Bundesrat – oder der Gemeinsame Ausschuß – es beschließen (Art. 115 l Abs. 1 Satz 3 GG).
An dieser Regelung der besonderen Befugnisse der Bundesregierung im Verteidigungsfall ist auffällig, daß lediglich bestimmte Veränderungen in der **bundesstaatlichen** Ordnung vorgesehen sind. Ein Notverordnungsrecht der Exekutive ist auch im Verteidigungsfall nicht gegeben. Praktisch kann die Gesetzgebungsgewalt des Gemeinsamen Ausschusses als ein derartiges Notverordnungsrecht aufgefaßt werden.

Befehls- und Kommandogewalt

18 Eine kennzeichnende Einrichtung der **Reichsverfassung von 1871** war der dem Kaiser zustehende Oberbefehl über die Landmacht und die Kriegsmarine des Reichs. Die Ausübung des Oberbefehls unterlag nicht der Gegenzeichnung und lag damit verfassungsrechtlich außerhalb der Reichweite der parlamentarischen Verantwortlichkeit. Die **Weimarer Reichsverfassung** sprach dem Reichspräsidenten den Oberbefehl über die gesamte Wehrmacht des Reichs zu, legte aber ausdrücklich fest, daß alle seine Anordnungen und Verfügungen, ,,auch solche auf dem Gebiete der Wehrmacht", der Gegenzeichnung unterlagen (Art. 47, 50 WeimRVerf). Das **Grundgesetz** hat durch die besondere Hervorhebung der ,,Befehls- und Kommandogewalt" einen gewissen Anklang an den ,,Oberbefehl" der früheren Verfassungszustände bewahrt, die Parlamentarisierung dieser Entscheidungsbefugnis jedoch folgerichtig vollendet. Die Befehls- und Kommandogewalt über die Streitkräfte steht dem **Bundesminister für Verteidigung** zu (Art. 65a GG). Mit der Verkündung des Verteidigungsfalles geht die Befehls- und Kommandogewalt über die Streitkräfte auf den Bundeskanzler über (Art. 115b GG). Die Stellung des Bundesministers der Verteidigung als Ressortchef der Bundeswehrverwaltung wird dadurch nicht berührt.
Die **Bündnispflichten** der Bundesrepublik im Rahmen der NATO und auch die Eingliederung der deutschen Streitkräfte in die Streitkräfte des Bündnisses verdrängen die nach deutschem Recht bestehende Befehls- und Kommando-

Die Ausübung der Staatsgewalt 19–21 **K**

gewalt über die Streitkräfte nicht, weder im Frieden noch im Krieg. Unbenommen bleibt, daß der Bundesminister für Verteidigung oder im Krieg der Bundeskanzler einer Ausübung militärischer Befugnisse im Rahmen der Bündnisorganisation zustimmt.

Die Streitkräfte

Die Streitkräfte des Bundes sind zur Verteidigung aufgestellt (Art. 87a Abs. 1 GG) und handeln im Verteidigungsfall im Rahmen dieses ihres verfassungsmäßigen Auftrages. 19

Außer zur Verteidigung dürfen die Streitkräfte nur eingesetzt werden, soweit es das Grundgesetz ausdrücklich zuläßt (Art. 87a Abs. 2 GG). Für den Verteidigungsfall ist eine derartige ausdrückliche Zulassung in Art. 87a Abs. 3 GG enthalten, wozu insbes. der Schutz ziviler Objekte gehört; G RNrn. 79 ff.

Grundrechte

Weder bestimmt das Grundgesetz selbst eine allgemeine Beschränkung der Ausübung von Grundrechten im Verteidigungsfall, noch läßt es das Grundgesetz allgemein zu, die Ausübung der Grundrechte im Verteidigungsfall durch Gesetz oder aufgrund Gesetzes zu beschränken. Das Gesetz kann jedoch derartige Beschränkungen vorsehen oder zulassen; die **Erfordernisse der Verteidigung** bilden ein durch die Verfassung selbst anerkanntes überragendes Gemeinschaftsinteresse. 20

Für zwei besondere Fälle, nämlich für die Entschädigungsregelung bei Enteignungen und für die Entscheidung des Richters über die Zulässigkeit und Fortdauer einer Freiheitsentziehung, können durch Bundesgesetz für den Verteidigungsfall besondere Regelungen getroffen werden, soweit es die Verhältnisse während des Verteidigungsfalles erfordern (Art. 115c Abs. 2 GG). Eine weitere Besonderheit im Hinblick auf die Erfordernisse der Verteidigung ist die Möglichkeit besonderer Dienstverpflichtungen nach Art. 12a Abs. 3 und 4 GG.

Insbesondere Dienstverpflichtung

Wehrpflichtige, die nicht zur Ableistung der Wehrpflicht oder – im Fall der Kriegsdienstverweigerung – zur Ableistung eines Ersatzdienstes herangezogen sind, können im Verteidigungsfall durch Gesetz oder aufgrund eines Gesetzes zu zivilen Dienstleistungen für Zwecke der Verteidigung einschließlich des Schutzes der Zivilbevölkerung in Arbeitsverhältnisse und für bestimmte hoheitliche Aufgaben in öffentlich-rechtliche Dienstverhältnisse verpflichtet werden. Derartige Arbeitsverhältnisse können bei den Streitkräften, im Bereich ihrer Versorgung sowie bei der öffentlichen Verwaltung begründet werden; Verpflichtungen in Arbeitsverhältnisse im Bereich der Versorgung der Zivilbevölkerung sind nur zulässig, um ihren lebensnotwendigen Bedarf zu decken oder ihren Schutz sicherzustellen. Wenn in diesen zuletzt genannten Bereichen im Verteidigungsfall der Bedarf an Arbeitskräften auf freiwilliger Grundlage nicht gedeckt werden kann, so kann zu Sicherung 21

569

dieses Bedarfs die Berufsfreiheit und die freie Wahl des Arbeitsplatzes durch Gesetz oder aufgrund eines Gesetzes eingeschränkt werden (Art. 12 a Abs. 3 und 6 GG).
Frauen können vom vollendeten 18. bis zum vollendeten 55. Lebensjahr durch Gesetz oder aufgrund eines Gesetzes zu Dienstleistungen herangezogen werden, wenn im Verteidigungsfall der Bedarf an zivilen Dienstleistungen im zivilen Sanitäts- und Heilwesen sowie in der ortsfesten militärischen Lazarettorganisation nicht auf freiwilliger Grundlage gedeckt werden kann. Frauen dürfen auf keinen Fall Dienst mit der Waffe leisten (Art. 12 a Abs. 4 GG).
Eine gesetzliche Regelung der verfassungsrechtlich zugelassenen Dienstverpflichtungen im Verteidigungsfall oder für die Zeit vor dem Verteidigungsfall (Art. 12 a Abs. 5 GG) ist in dem Gesetz zur Sicherstellung von Arbeitsleistungen für Zwecke der Verteidigung einschließlich des Schutzes der Zivilbevölkerung vom 9. Juli 1968 (BGBl. I S. 787), zuletzt geänd. durch Gesetz vom 14. Dez. 1976 (BGBl. I S. 3341), enthalten.

H. H. KLEIN, Dienstpflichten und Spannungsfall in der Notstandsverfassung, Staat 8, 1969, S. 363, 479.

Verfassungsgerichtsbarkeit

22 Die verfassungsmäßige Stellung und die Erfüllung der verfassungsmäßigen Aufgaben des Bundesverfassungsgerichts und seiner Richter dürfen im Verteidigungsfall nicht beeinträchtigt werden. Zur Aufrechterhaltung der **Funktionsfähigkeit des Gerichts** sind ggf. Änderungen des Bundesverfassungsgerichtsgesetzes auch durch den Gemeinsamen Ausschuß zulässig. Bis zum Erlaß eines solchen Gesetzes kann das Bundesverfassungsgericht die zur Erhaltung der Arbeitsfähigkeit des Gerichts erforderlichen Maßnahmen treffen (Art. 115 g GG). Die im Verteidigungsfall ablaufende Amtszeit eines Mitgliedes des Bundesverfassungsgerichts endet sechs Monate nach Beendigung des Verteidigungsfalles (Art. 115 h Abs. 1 Satz 3 GG).

E. BENDA, Verteidigungsfall und Bundesverfassungsgericht, in: Festschrift für A. F. Frhr. von der Heydte, 1977, Bd. II, S. 793.

L. Übergangs- und Schlußbestimmungen

XI. Übergangs- und Schlußbestimmungen

Art. 116

(1) Deutscher im Sinne dieses Grundgesetzes ist vorbehaltlich anderweitiger gesetzlicher Regelung, wer die deutsche Staatsangehörigkeit besitzt oder als Flüchtling oder Vertriebener deutscher Volkszugehörigkeit oder als dessen Ehegatte oder Abkömmling in dem Gebiete des Deutschen Reiches nach dem Stande vom 31. Dezember 1937 Aufnahme gefunden hat.

(2) Frühere deutsche Staatsangehörige, denen zwischen dem 30. Januar 1933 und dem 8. Mai 1945 die Staatsangehörigkeit aus politischen, rassischen oder religiösen Gründen entzogen worden ist, und ihre Abkömmlinge sind auf Antrag wieder einzubürgern. Sie gelten als nicht ausgebürgert, sofern sie nach dem 8. Mai 1945 ihren Wohnsitz in Deutschland genommen haben und nicht einen entgegengesetzten Willen zum Ausdruck gebracht haben.

Art. 117

(1) Das dem Artikel 3 Absatz 2 entgegenstehende Recht bleibt bis zu seiner Anpassung an diese Bestimmung des Grundgesetzes in Kraft, jedoch nicht länger als bis zum 31. März 1953.

(2) Gesetze, die das Recht der Freizügigkeit mit Rücksicht auf die gegenwärtige Raumnot einschränken, bleiben bis zu ihrer Aufhebung durch Bundesgesetz in Kraft.

Art. 118

Die Neugliederung in dem die Länder Baden, Württemberg-Baden und Württemberg-Hohenzollern umfassenden Gebiete kann abweichend von den Vorschriften des Artikels 29 durch Vereinbarung der beteiligten Länder erfolgen. Kommt eine Vereinbarung nicht zustande, so wird die Neugliederung durch Bundesgesetz geregelt, das eine Volksbefragung vorsehen muß.

Art. 119

In Angelegenheiten der Flüchtlinge und Vertriebenen, insbesondere zu ihrer Verteilung auf die Länder, kann bis zu einer bundesgesetzlichen Regelung die Bundesregierung mit Zustimmung des Bundesrates Verordnungen mit Gesetzeskraft erlassen. Für besondere Fälle kann dabei die Bundesregierung ermächtigt werden, Einzelweisungen zu erteilen. Die Weisungen sind außer bei Gefahr im Verzuge an die obersten Landesbehörden zu richten.

Art. 120

(1) Der Bund trägt die Aufwendungen für Besatzungskosten und die sonstigen inneren und äußeren Kriegsfolgelasten nach näherer Bestimmung von Bundesgesetzen. Soweit diese Kriegsfolgelasten bis zum 1. Oktober 1969 durch Bundesgesetze geregelt worden sind, tragen Bund und Länder im Verhältnis zueinander die Aufwendungen nach Maßgabe dieser Bundesgesetze. Soweit Aufwendungen für

L Übergangs- und Schlußbestimmungen

Kriegsfolgelasten, die in Bundesgesetzen weder geregelt worden sind noch geregelt werden, bis zum 1. Oktober 1965 von den Ländern, Gemeinden (Gemeindeverbänden) oder sonstigen Aufgabenträgern, die Aufgaben von Ländern oder Gemeinden erfüllen, erbracht worden sind, ist der Bund zur Übernahme von Aufwendungen dieser Art auch nach diesem Zeitpunkt nicht verpflichtet. Der Bund trägt die Zuschüsse zu den Lasten der Sozialversicherung mit Einschluß der Arbeitslosenversicherung und der Arbeitslosenhilfe. Die durch diesen Absatz geregelte Verteilung der Kriegsfolgelasten auf Bund und Länder läßt die gesetzliche Regelung von Entschädigungsansprüchen für Kriegsfolgen unberührt.

(2) Die Einnahmen gehen auf den Bund zu demselben Zeitpunkte über, an dem der Bund die Ausgaben übernimmt.

Art. 120a

(1) Die Gesetze, die der Durchführung des Lastenausgleichs dienen, können mit Zustimmung des Bundesrates bestimmen, daß sie auf dem Gebiete der Ausgleichsleistungen teils durch den Bund, teils im Auftrage des Bundes durch die Länder ausgeführt werden und daß die der Bundesregierung und den zuständigen obersten Bundesbehörden auf Grund des Artikels 85 insoweit zustehenden Befugnisse ganz oder teilweise dem Bundesausgleichsamt übertragen werden. Das Bundesausgleichsamt bedarf bei Ausübung dieser Befugnisse nicht der Zustimmung des Bundesrates; seine Weisungen sind, abgesehen von den Fällen der Dringlichkeit, an die obersten Landesbehörden (Landesausgleichsämter) zu richten.

(2) Artikel 87 Abs. 3 Satz 2 bleibt unberührt.

Art. 121

Mehrheit der Mitglieder des Bundestages und der Bundesversammlung im Sinne dieses Grundgesetzes ist die Mehrheit ihrer gesetzlichen Mitgliederzahl.

Art. 122

(1) Vom Zusammentritt des Bundestages an werden die Gesetze ausschließlich von den in diesem Grundgesetze anerkannten gesetzgebenden Gewalten beschlossen.

(2) Gesetzgebende und bei der Gesetzgebung beratend mitwirkende Körperschaften, deren Zuständigkeit nach Absatz 1 endet, sind mit diesem Zeitpunkt aufgelöst.

Art. 123

(1) Recht aus der Zeit vor dem Zusammentritt des Bundestages gilt fort, soweit es dem Grundgesetze nicht widerspricht.

(2) Die vom Deutschen Reich abgeschlossenen Staatsverträge, die sich auf Gegenstände beziehen, für die nach diesem Grundgesetze die Landesgesetzgebung zuständig ist, bleiben, wenn sie nach allgemeinen Rechtsgrundsätzen gültig sind und fortgelten, unter Vorbehalt aller Rechte und Einwendungen der Beteiligten in Kraft, bis neue Staatsverträge durch die nach diesem Grundgesetze zuständigen Stellen abgeschlossen werden oder ihre Beendigung auf Grund der in ihnen enthaltenen Bestimmungen anderweitig erfolgt.

Art. 124

Recht, das Gegenstände der ausschließlichen Gesetzgebung des Bundes betrifft, wird innerhalb seines Geltungsbereiches Bundesrecht.

Übergangs- und Schlußbestimmungen L

Art. 125

Recht, das Gegenstände der konkurrierenden Gesetzgebung des Bundes betrifft, wird innerhalb seines Geltungsbereiches Bundesrecht,
1. soweit es innerhalb einer oder mehrerer Besatzungszonen einheitlich gilt,
2. soweit es sich um Recht handelt, durch das nach dem 8. Mai 1945 früheres Reichsrecht abgeändert worden ist.

Art. 126

Meinungsverschiedenheiten über das Fortgelten von Recht als Bundesrecht entscheidet das Bundesverfassungsgericht.

Art. 127

Die Bundesregierung kann mit Zustimmung der Regierungen der beteiligten Länder Recht der Verwaltung des Vereinigten Wirtschaftsgebietes, soweit es nach Artikel 124 oder 125 als Bundesrecht fortgilt, innerhalb eines Jahres nach Verkündung dieses Grundgesetzes in den Ländern Baden, Groß-Berlin, Rheinland-Pfalz und Württemberg-Hohenzollern in Kraft setzen.

Art. 128

Soweit fortgeltendes Recht Weisungsrechte im Sinne des Artikels 84 Abs. 5 vorsieht, bleiben sie bis zu einer anderweitigen gesetzlichen Regelung bestehen.

Art. 129

(1) Soweit in Rechtsvorschriften, die als Bundesrecht fortgelten, eine Ermächtigung zum Erlasse von Rechtsverordnungen oder allgemeinen Verwaltungsvorschriften sowie zur Vornahme von Verwaltungsakten enthalten ist, geht sie auf die nunmehr sachlich zuständigen Stellen über. In Zweifelsfällen entscheidet die Bundesregierung im Einvernehmen mit dem Bundesrate; die Entscheidung ist zu veröffentlichen.

(2) Soweit in Rechtsvorschriften, die als Landesrecht fortgelten, eine solche Ermächtigung enthalten ist, wird sie von den nach Landesrecht zuständigen Stellen ausgeübt.

(3) Soweit Rechtsvorschriften im Sinne der Absätze 1 und 2 zu ihrer Änderung oder Ergänzung oder zum Erlaß von Rechtsvorschriften an Stelle von Gesetzen ermächtigen, sind diese Ermächtigungen erloschen.

(4) Die Vorschriften der Absätze 1 und 2 gelten entsprechend, soweit in Rechtsvorschriften auf nicht mehr geltende Vorschriften oder nicht mehr bestehende Einrichtungen verwiesen ist.

Art. 130

(1) Verwaltungsorgane und sonstige der öffentlichen Verwaltung oder Rechtspflege dienende Einrichtungen, die nicht auf Landesrecht oder Staatsverträgen zwischen Ländern beruhen, sowie die Betriebsvereinigung der südwestdeutschen Eisenbahnen und der Verwaltungsrat für das Post- und Fernmeldewesen für das französische Besatzungsgebiet unterstehen der Bundesregierung. Diese regelt mit Zustimmung des Bundesrates die Überführung, Auflösung oder Abwicklung.

(2) Oberster Disziplinarvorgesetzter der Angehörigen dieser Verwaltungen und Einrichtungen ist der zuständige Bundesminister.

(3) Nicht landesunmittelbare und nicht auf Staatsverträgen zwischen den Ländern beruhende Körperschaften und Anstalten des öffentlichen Rechtes unterstehen der Aufsicht der zuständigen obersten Bundesbehörde.

Art. 131

Die Rechtsverhältnisse von Personen einschließlich der Flüchtlinge und Vertriebenen, die am 8. Mai 1945 im öffentlichen Dienste standen, aus anderen als beamten- oder tarifrechtlichen Gründen ausgeschieden sind und bisher nicht oder nicht ihrer früheren Stellung entsprechend verwendet werden, sind durch Bundesgesetz zu regeln. Entsprechendes gilt für Personen einschließlich der Flüchtlinge und Vertriebenen, die am 8. Mai 1945 versorgungsberechtigt waren und aus anderen als beamten- oder tarifrechtlichen Gründen keine oder keine entsprechende Versorgung mehr erhalten. Bis zum Inkrafttreten des Bundesgesetzes können vorbehaltlich anderweitiger landesrechtlicher Regelung Rechtsansprüche nicht geltend gemacht werden.

Art. 132

(1) Beamte und Richter, die im Zeitpunkte des Inkrafttretens dieses Grundgesetzes auf Lebenszeit angestellt sind, können binnen sechs Monaten nach dem ersten Zusammentritt des Bundestages in den Ruhestand oder Wartestand oder in ein Amt mit niedrigerem Diensteinkommen versetzt werden, wenn ihnen die persönliche oder fachliche Eignung für ihr Amt fehlt. Auf Angestellte, die in einem unkündbaren Dienstverhältnis stehen, findet diese Vorschrift entsprechende Anwendung. Bei Angestellten, deren Dienstverhältnis kündbar ist, können über die tarifmäßige Regelung hinausgehende Kündigungsfristen innerhalb der gleichen Frist aufgehoben werden.

(2) Diese Bestimmung findet keine Anwendung auf Angehörige des öffentlichen Dienstes, die von den Vorschriften über die „Befreiung von Nationalsozialismus und Militarismus" nicht betroffen oder die anerkannte Verfolgte des Nationalsozialismus sind, sofern nicht ein wichtiger Grund in ihrer Person vorliegt.

(3) Den Betroffenen steht der Rechtsweg gemäß Artikel 19 Absatz 4 offen.

(4) Das Nähere bestimmt eine Verordnung der Bundesregierung, die der Zustimmung des Bundesrates bedarf.

Art. 133

Der Bund tritt in die Rechte und Pflichten der Verwaltung des Vereinigten Wirtschaftsgebietes ein.

Art. 134

(1) Das Vermögen des Reiches wird grundsätzlich Bundesvermögen.

(2) Soweit es nach seiner ursprünglichen Zweckbestimmung überwiegend für Verwaltungsaufgaben bestimmt war, die nach diesem Grundgesetze nicht Verwaltungsaufgaben des Bundes sind, ist es unentgeltlich auf die nunmehr zuständigen Aufgabenträger und, soweit es nach seiner gegenwärtigen, nicht nur vorübergehenden Benutzung Verwaltungsaufgaben dient, die nach diesem Grundgesetze nunmehr von den Ländern zu erfüllen sind, auf die Länder zu übertragen. Der Bund kann auch sonstiges Vermögen den Ländern übertragen.

(3) Vermögen, das dem Reich von den Ländern und Gemeinden (Gemeindeverbänden) unentgeltlich zur Verfügung gestellt wurde, wird wiederum Vermögen

Übergangs- und Schlußbestimmungen L

der Länder und Gemeinden (Gemeindeverbände), soweit es nicht der Bund für eigene Verwaltungsaufgaben benötigt.

(4) Das Nähere regelt ein Bundesgesetz, das der Zustimmung des Bundesrates bedarf.

Art. 135

(1) Hat sich nach dem 8. Mai 1945 bis zum Inkrafttreten dieses Grundgesetzes die Landeszugehörigkeit eines Gebietes geändert, so steht in diesem Gebiete das Vermögen des Landes, dem das Gebiet angehört hat, dem Lande zu, dem es jetzt angehört.

(2) Das Vermögen nicht mehr bestehender Länder und nicht mehr bestehender anderer Körperschaften und Anstalten des öffentlichen Rechtes geht, soweit es nach seiner ursprünglichen Zweckbestimmung überwiegend für Verwaltungsaufgaben bestimmt war, oder nach seiner gegenwärtigen, nicht nur vorübergehenden Benutzung überwiegend Verwaltungsaufgaben dient, auf das Land oder die Körperschaft oder Anstalt des öffentlichen Rechtes über, die nunmehr diese Aufgaben erfüllen.

(3) Grundvermögen nicht mehr bestehender Länder geht einschließlich des Zubehörs, soweit es nicht bereits zu Vermögen im Sinne des Absatzes 1 gehört, auf das Land über, in dessen Gebiet es belegen ist.

(4) Sofern ein überwiegendes Interesse des Bundes oder das besondere Interesse eines Gebietes es erfordert, kann durch Bundesgesetz eine von den Absätzen 1 bis 3 abweichende Regelung getroffen werden.

(5) Im übrigen wird die Rechtsnachfolge und die Auseinandersetzung, soweit sie nicht bis zum 1. Januar 1952 durch Vereinbarung zwischen den beteiligten Ländern oder Körperschaften oder Anstalten des öffentlichen Rechtes erfolgt, durch Bundesgesetz geregelt, das der Zustimmung des Bundesrates bedarf.

(6) Beteiligungen des ehemaligen Landes Preußen an Unternehmen des privaten Rechtes gehen auf den Bund über. Das Nähere regelt ein Bundesgesetz, das auch Abweichendes bestimmen kann.

(7) Soweit über Vermögen, das einem Lande oder einer Körperschaft oder Anstalt des öffentlichen Rechtes nach den Absätzen 1 bis 3 zufallen würde, von dem danach Berechtigten durch Landesgesetz, auf Grund eines Landesgesetzes oder in anderer Weise bei Inkrafttreten des Grundgesetzes verfügt worden war, gilt der Vermögensübergang als vor der Verfügung erfolgt.

Art. 135 a

Durch die in Artikel 134 Abs. 4 und Artikel 135 Abs. 5 vorbehaltene Gesetzgebung des Bundes kann auch bestimmt werden, daß nicht oder nicht in voller Höhe zu erfüllen sind

1. Verbindlichkeiten des Reiches sowie Verbindlichkeiten des ehemaligen Landes Preußen und sonstiger nicht mehr bestehender Körperschaften und Anstalten des öffentlichen Rechts,

2. Verbindlichkeiten des Bundes oder anderer Körperschaften und Anstalten des öffentlichen Rechts, welche mit dem Übergang von Vermögenswerten nach Artikel 89, 90, 134 und 135 im Zusammenhang stehen, und Verbindlichkeiten dieser Rechtsträger, die auf Maßnahmen der in Nummer 1 bezeichneten Rechtsträger beruhen,

3. Verbindlichkeiten der Länder und Gemeinden (Gemeindeverbände), die aus Maßnahmen entstanden sind, welche diese Rechtsträger vor dem 1. August

L Übergangs- und Schlußbestimmungen

1945 zur Durchführung von Anordnungen der Besatzungsmächte oder zur Beseitigung eines kriegsbedingten Notstandes im Rahmen dem Reich obliegender oder vom Reich übertragener Verwaltungsaufgaben getroffen haben.

Art. 136

(1) Der Bundesrat tritt erstmalig am Tage des ersten Zusammentrittes des Bundestages zusammen.

(2) Bis zur Wahl des ersten Bundespräsidenten werden dessen Befugnisse von dem Präsidenten des Bundesrates ausgeübt. Das Recht der Auflösung des Bundestages steht ihm nicht zu.

Art. 137

(1) Die Wählbarkeit von Beamten, Angestellten des öffentlichen Dienstes, Berufssoldaten, freiwilligen Soldaten auf Zeit und Richtern im Bund, in den Ländern und den Gemeinden kann gesetzlich beschränkt werden.

(2) Für die Wahl des ersten Bundestages, der ersten Bundesversammlung und des ersten Bundespräsidenten der Bundesrepublik gilt das vom Parlamentarischen Rat zu beschließende Wahlgesetz.

(3) Die dem Bundesverfassungsgerichte gemäß Artikel 41 Absatz 2 zustehende Befugnis wird bis zu seiner Errichtung von dem Deutschen Obergericht für das Vereinigte Wirtschaftsgebiet wahrgenommen, das nach Maßgabe seiner Verfahrensordnung entscheidet.

Art. 138

Änderungen der Einrichtungen des jetzt bestehenden Notariats in den Ländern *Baden*, Bayern, *Württemberg-Baden* und *Württemberg-Hohenzollern* bedürfen der Zustimmung der Regierungen dieser Länder.

Art. 139

Die zur „Befreiung des deutschen Volkes vom Nationalsozialismus und Militarismus" erlassenen Rechtsvorschriften werden von den Bestimmungen dieses Grundgesetzes nicht berührt.

Art. 140

Die Bestimmungen der Artikel 136, 137, 138, 139 und 141 der deutschen Verfassung vom 11. August 1919 sind Bestandteil dieses Grundgesetzes*.

---

* Die Artikel 136–139 und 141 der Weimarer Verfassung lauten wie folgt:

„Art. 136. Die bürgerlichen und staatsbürgerlichen Rechte und Pflichten werden durch die Ausübung der Religionsfreiheit weder bedingt noch beschränkt.

Der Genuß bürgerlicher und staatsbürgerlicher Rechte sowie die Zulassung zu öffentlichen Ämtern sind unabhängig von dem religiösen Bekenntnis.

Niemand ist verpflichtet, seine religiöse Überzeugung zu offenbaren. Die Behörden haben nur soweit das Recht, nach der Zugehörigkeit zu einer Religionsgesellschaft zu fragen, als davon Rechte und Pflichten abhängen oder eine gesetzlich angeordnete statistische Erhebung dies erfordert.

Niemand darf zu einer kirchlichen Handlung oder Feierlichkeit oder zur Teilnahme an religiösen Übungen oder zur Benutzung einer religiösen Eidesform gezwungen werden.

Art. 137. Es besteht keine Staatskirche.

Die Freiheit der Vereinigung zu Religionsgesellschaften wird gewährleistet. Der Zusammenschluß von Religionsgesellschaften innerhalb des Reichsgebiets unterliegt keinen Beschränkungen.

Übergangs- und Schlußbestimmungen L

Art. 141

Artikel 7 Abs. 3 Satz 1 findet keine Anwendung in einem Lande, in dem am 1. Januar 1949 eine andere landesrechtliche Regelung bestand.

Art. 142

Ungeachtet der Vorschrift des Artikels 31 bleiben Bestimmungen der Landesverfassungen auch insoweit in Kraft, als sie in Übereinstimmung mit den Artikeln 1 bis 18 dieses Grundgesetzes Grundrechte gewährleisten.

Art. 142a *(aufgehoben)*

Art. 143 *(aufgehoben)*

Art. 144

(1) Dieses Grundgesetz bedarf der Annahme durch die Volksvertretungen in zwei Dritteln der deutschen Länder, in denen es zunächst gelten soll.

(2) Soweit die Anwendung dieses Grundgesetzes in einem der in Artikel 23 aufgeführten Länder oder in einem Teile eines dieser Länder Beschränkungen unterliegt, hat das Land oder der Teil des Landes das Recht, gemäß Artikel 38 Vertreter in den Bundestag und gemäß Artikel 50 Vertreter in den Bundesrat zu entsenden.

Jede Religionsgesellschaft ordnet und verwaltet ihre Angelegenheiten selbständig innerhalb der Schranken des für alle geltenden Gesetzes. Sie verleiht ihre Ämter ohne Mitwirkung des Staates oder der bürgerlichen Gemeinde.

Religionsgesellschaften erwerben die Rechtsfähigkeit nach den allgemeinen Vorschriften des bürgerlichen Rechtes.

Die Religionsgesellschaften bleiben Körperschaften des öffentlichen Rechtes, soweit sie solche bisher waren. Anderen Religionsgesellschaften sind auf ihren Antrag gleiche Rechte zu gewähren, wenn sie durch ihre Verfassung und die Zahl ihrer Mitglieder die Gewähr der Dauer bieten. Schließen sich mehrere derartige öffentlich-rechtliche Religionsgesellschaften zu einem Verbande zusammen, so ist auch dieser Verband eine öffentlich-rechtliche Körperschaft.

Die Religionsgesellschaften, welche Körperschaften des öffentlichen Rechtes sind, sind berechtigt, auf Grund der bürgerlichen Steuerlisten nach Maßgabe der landesrechtlichen Bestimmungen Steuern zu erheben.

Den Religionsgesellschaften werden die Vereinigungen gleichgestellt, die sich die gemeinschaftliche Pflege einer Weltanschauung zur Aufgabe machen.

Soweit die Durchführung dieser Bestimmungen eine weitere Regelung erfordert, liegt diese der Landesgesetzgebung ob.

Art. 138. Die auf Gesetz, Vertrag oder besonderen Rechtstiteln beruhenden Staatsleistungen an die Religionsgesellschaften werden durch die Landesgesetzgebung abgelöst. Die Grundsätze hierfür stellt das Reich auf.

Das Eigentum und andere Rechte der Religionsgesellschaften und religiösen Vereine an ihren für Kultus-, Unterrichts- und Wohltätigkeitszwecke bestimmten Anstalten, Stiftungen und sonstigen Vermögen werden gewährleistet.

Art. 139. Der Sonntag und die staatlich anerkannten Feiertage bleiben als Tage der Arbeitsruhe und der seelischen Erhebung gesetzlich geschützt.

Art. 141. Soweit das Bedürfnis nach Gottesdienst und Seelsorge im Heer, in Krankenhäusern, Strafanstalten oder sonstigen öffentlichen Anstalten besteht, sind die Religionsgesellschaften zur Vornahme religiöser Handlungen zuzulassen, wobei jeder Zwang fernzuhalten ist."

L Übergangs- und Schlußbestimmungen

Art. 145

(1) Der Parlamentarische Rat stellt in öffentlicher Sitzung unter Mitwirkung der Abgeordneten Groß-Berlins die Annahme dieses Grundgesetzes fest, fertigt es aus und verkündet es.

(2) Dieses Grundgesetz tritt mit Ablauf des Tages der Verkündung in Kraft.

(3) Es ist im Bundesgesetzblatte zu veröffentlichen.

Art. 146

Dieses Grundgesetz verliert seine Gültigkeit an dem Tage, an dem eine Verfassung in Kraft tritt, die von dem deutschen Volke in freier Entscheidung beschlossen worden ist.

Bonn a. Rh., am 23. Mai 1949

Dr. Adenauer
Präsident des Parlamentarischen Rates

Schönfelder
1. Vizepräsident

Dr. Schäfer
2. Vizepräsident

Gliederungsübersicht

RNr.

1. **Bedeutung und Inhalt des XI. Abschnitts**
   Zustandekommen und Inkrafttreten der Verfassung 1
   Übergangsregelungen 2
   Besondere Schlußbestimmungen ... 3

2. **Kriegsfolgen und Nachkriegszeit**
   a) **Das Vereinigte Wirtschaftsgebiet**
      Besatzungszeit 4
      Verwaltung des Vereinigten Wirtschaftsgebietes (Art. 133) 5
      Recht des Vereinigten Wirtschaftsgebietes (Art. 127) 6
   b) **Rechte und Vermögen des Reiches**
      Rechtsnachfolge (Art. 135a) 7
      Vermögensnachfolge (Art. 134) .. 8
      Das ehemalige Land Preußen.... 9
   c) **Fortgeltung alten Rechts**
      Fortgeltung von Rechtsvorschriften 10
      Fortgeltung als Bundesrecht oder als Landesrecht 11
      Fortgeltung von Ermächtigungen 12
      Staatsverträge des Deutschen Reiches 13

RNr.

   d) **Kriegsfolgen**
      Kriegsfolgelasten 14
      Flüchtlinge und Vertriebene 15
      Kriegsgefangene 16
      Rückerstattung 17
      Entnazifizierung 18
      Öffentlicher Dienst (Art. 131) ... 19
      Lastenausgleich 20

3. **Die Staatsangehörigkeit**
   Der Status der Staatsangehörigkeit .. 21
   Völkerrechtliche Bindungen 22
   Das Reichs- und Staatsangehörigkeitsgesetz 23
   Die deutsche Staatsangehörigkeit ... 24
   Verfassungsrechtliche Gewährleistung 25
   Verbot der Auslieferung 26
   Erwerb und Verlust der deutschen Staatsangehörigkeit 27
   Deutscher Staatsangehöriger und Deutscher 28
   Staatsangehörigkeitsrechtliche Besonderheiten aus der Zeit des Dritten Reiches 29
   Staatsangehörigkeit im Bunde und in den Ländern 30
   Deutsche Staatsangehörigkeit und Staatsbürgerschaft der DDR 31

Bedeutung und Inhalt des XI. Abschnitts 1 L

RNr.

4. Das Staatskirchenrecht
a) Grundlagen
Kirchenrecht und Staatskirchenrecht 32
Staat und Kirche 33
Verfassungsrechtliche Ordnung der Rechtsbeziehungen 34
Konkordate und Kirchenverträge 35
Es besteht keine Staatskirche 36
Religionsfreiheit 37
Art. 140 GG 38
Zuständigkeiten des Bundes und der Länder 39

b) **Kirchen und Religionsgesellschaften**
Vereinigungsfreiheit 40
Körperschaften des öffentlichen Rechts 41
Garantie der Vermögensrechte... 42
Staatsleistungen 43
Kirchensteuer 44

RNr.

Erwerb und Verlust der Mitgliedschaft in einer Religionsgesellschaft 45

c) **Autonomie der Religionsgesellschaften**
Die Gewährleistung durch die Verfassung 46
Selbständige Verwaltung der eigenen Angelegenheiten 47
Die Schranken des für alle geltenden Gesetzes 48
Kirchengewalt und Grundrechte . 49
Reichweite der staatlichen Gerichtsbarkeit 50
Religionsunterricht 51
Kirchliche Ämter 52
Theologische Fakultäten und kirchliche Hochschulen 53
Die Landeskirchen 54
Der Heilige Stuhl und die katholische Kirche in der Bundesrepublik Deutschland 55

1. Bedeutung und Inhalt des XI. Abschnitts

Zustandekommen und Inkrafttreten der Verfassung

Das nach der Vorbereitung durch den Herrenchiemseer Verfassungskonvent 1 vom **Parlamentarischen Rat** beratene Grundgesetz wurde – vier Jahre nach der bedingungslosen Kapitulation der deutschen Streitkräfte – vom Parlamentarischen Rat durch einen mit 53:12 Stimmen gefaßten Beschluß vom 8. Mai 1949 angenommen. Nach Art. 144 Abs. 1 bedurfte das Grundgesetz der Annahme durch die Volksvertretungen in zwei Dritteln der deutschen Länder, in denen es zunächst gelten sollte. Diese Voraussetzung wurde erfüllt (Archiv der Gegenwart 1948/49, S. 1950); nur der Bayerische Landtag lehnte das Grundgesetz mit 63:101 Stimmen ab.
Der Parlamentarische Rat hat daraufhin in öffentlicher Sitzung unter Mitwirkung der Abgeordneten Groß-Berlins die Annahme des Grundgesetzes festgestellt, es ausgefertigt und am 23. Mai 1949 verkündet (BGBl. S. 1). Das Grundgesetz ist mit Ablauf des Tages der Verkündung in Kraft getreten (Art. 145 GG).
Nach der Beschlußfassung des Parlamentarischen Rates über das Grundgesetz und vor der Entscheidung der Volksvertretungen in den Ländern haben die **Militärgouverneure** das Grundgesetz durch Genehmigungsschreiben vom 12. Mai 1949 unter einer Reihe von Vorbehalten genehmigt. Von diesen Vorbehalten ist heute noch der Berlin betreffende Vorbehalt staatsrechtlich von Bedeutung (Nr. 4 des Genehmigungsschreibens).
A RNrn. 21, 22.

Übergangsregelungen

2 Die „**Übergangs- und Schlußbestimmungen**" des Grundgesetzes vereinigen eine bunte Folge von Rechtsvorschriften, die z. T. durch den Zeitablauf überholt oder zumindest in ihrer Bedeutung gemindert worden sind, z. T. aber zum dauernden und wesentlichen Bestand des Verfassungsrechts gehören. Eine besondere und verhältnismäßig umfangreiche Gruppe von Vorschriften dieses Abschnitts betrifft die Kriegsfolgen und Rechtsverhältnisse, die aus den Umständen der unmittelbaren Nachkriegszeit hervorgegangen sind.

Die Notwendigkeit von **Übergangsregelungen** in einer Verfassung und in Gesetzen erklärt sich daraus, daß das neue Recht, die durch das neue Recht geschaffenen Organe und Einrichtungen und die nach dem neuen Recht bestehenden Aufgaben und Befugnisse zu einem bestimmten Zeitpunkt, dem Inkrafttreten des neuen Rechts, Geltung oder Wirksamkeit erlangen und dabei auf bestehende Rechtslagen, Rechtseinrichtungen und Rechtsverhältnisse stoßen. Hierfür bedarf es in vielen Hinsichten einer Ordnung des Übergangs aus dem alten in den neuen Rechtszustand. Zu diesen Übergangsvorschriften gehören die Regelungen über das Gesetzgebungsrecht des Bundestages (Art. 122 GG), über die Fortgeltung von Recht aus der Zeit vor dem Zusammentritt des Bundestages einschließlich der Frage, ob altes Recht als Bundesrecht oder als Landesrecht fortgilt (Art. 123 ff. GG), über das Fortbestehen von Entscheidungsbefugnissen (Art. 128, 129 GG), über die Fortexistenz bestimmter Verwaltungs- und Rechtspflegeeinrichtungen (Art. 130 GG) und über die Rechtsnachfolge im Verhältnis zum Vereinigten Wirtschaftsgebiet, dem Reich und dem früheren Land Preußen (Art. 133 ff. GG).

Übergangsvorschriften, die sich auf **einzelne Bestimmungen** des Grundgesetzes beziehen, sind die Vorschriften über die befristete Fortgeltung des der Gleichberechtigung von Mann und Frau entgegenstehenden Rechts (Art. 117 Abs. 1 GG), über die einstweilige Fortgeltung von die Freizügigkeit mit Rücksicht auf die gegenwärtige Raumnot einschränkenden Rechts (Art. 117 Abs. 2 GG) und über die besondere Neugliederung in dem die Länder Baden, Württemberg-Baden und Württemberg-Hohenzollern umfassenden Gebiet (Art. 118 GG). Erst nach Ablauf der in Art. 117 Abs. 1 GG gesetzten Frist zum 31. März 1953 erging das Gesetz über die Gleichberechtigung von Mann und Frau auf dem Gebiet des bürgerlichen Rechts (Gleichberechtigungsgesetz) vom 18. Juni 1957 (BGBl. I S. 609); siehe dazu BVerfGE 3, 225; J. Kropholler, Gleichberechtigung durch Richterrecht, 1975. Die Neugliederung im Südwesten durch die Schaffung des Landes **Baden-Württemberg** erfolgte nach Art. 118 Satz 2 GG durch das Erste und das Zweite Gesetz über die Neugliederung in den Ländern Baden, Württemberg-Baden und Württemberg-Hohenzollern vom 4. Mai 1951 (BGBl. I S. 283, 284); dazu BVerfGE 1, 14; 37, 84. Die zunächst fortdauernden Bestrebungen zur Wiederherstellung von Baden blieben erfolglos (siehe das Gesetz über den Volksentscheid im Gebietsteil Baden des Landes Baden-Württemberg gemäß Art. 29 Abs. 3 des Grundgesetzes vom 26. Febr. 1970, BGBl. I S. 201).

Der entscheidende Vorgang für die Konstituierung der Organe der Bundesrepublik war die **Bundestagswahl** vom 14. Aug. 1949, die aufgrund des nach

Kriegsfolgen und Nachkriegszeit 3, 4 L

Art. 137 Abs. 2 GG vom Parlamentarischen Rat beschlossenen Wahlgesetzes zum ersten Bundestag und zur ersten Bundesversammlung der Bundesrepublik Deutschland vom 15. Juni 1949 (BGBl. S. 21), geänd. durch Gesetz vom 5. Aug. 1949 (BGBl. S. 25), stattfand. Der Bundestag trat erstmals am 7. Sept. 1949 zusammen.

Besondere Schlußbestimmungen

Zu den Schlußbestimmungen einer Verfassung gehören herkömmmlicherweise Vorschriften über die Annahme, die Verkündung und das Inkrafttreten der Verfassung (Art. 144, 145 GG), über die Konstituierung der neuen Staatsorgane (Art. 136, 137 Abs. 2 und 3 GG) und über die dauernde Aufrechterhaltung bereits bestehender Rechtseinrichtungen. Zur dritten Gruppe gehören im Falle des Grundgesetzes hauptsächlich die Bestimmungen über die föderalistische Gewährleistung des Notariats (Art. 138 GG) und über die Durchbrechung des Grundsatzes, daß der Religionsunterricht in den öffentlichen Schulen mit Ausnahme der bekenntnisfreien Schulen ordentliches Lehrfach ist (Art. 141 GG – ,,Bremer Klausel"). Die **Bremer Klausel** respektiert die Bestimmung in Art. 32 der Bremischen Verfassung, wonach die allgemeinbildenden öffentlichen Schulen Gemeinschaftsschulen mit bekenntnismäßig nicht gebundenem Unterricht in Biblischer Geschichte auf allgemein christlicher Grundlage sind. 3

Als besondere Schlußbestimmungen, die sich auf die Folgen des Dritten Reiches, des Krieges und der unmittelbaren Nachkriegszeit beziehen, sind vor allem anzuführen die Sonderregelung über das Staatsangehörigkeitsrecht und den besonderen Status des ,,Deutschen" (Art. 116 GG), über die Kriegsfolgelasten (Art. 120 GG), über den Lastenausgleich (Art. 120a GG), über die amtsverdrängten öffentlichen Bediensteten (Art. 131 GG), über die Neuordnung des Beamtenrechts (Art. 132 GG), über die ,,Befreiungsgesetze" (Art. 139 GG) und über die endgültige deutsche Verfassung (Art. 146 GG). Besondere Schlußvorschriften des Grundgesetzes schließlich, die eigentlich zum dauernden Bestand der Verfassung gehören, sind die Regel über die absolute Mehrheit im Bundestag und in der Bundesversammlung (Art. 121 GG), die ausdrückliche Ermächtigung für eine gesetzliche Beschränkung der Wählbarkeit von öffentlichen Bediensteten (Art. 137 Abs. 1 GG), das Staatskirchenrecht (Art. 140 GG) und die Festlegung über die konkurrierende Geltung von Grundrechten in Landesverfassungen (Art. 142 GG).

2. Kriegsfolgen und Nachkriegszeit

a) Das Vereinigte Wirtschaftsgebiet

Besatzungszeit

Nach der ,,bedingungslosen Kapitulation" der deutschen Streitkräfte am 8. Mai 1945 übernahmen die vier Siegermächte mit der Potsdamer Erklärung vom 6. Juni 1945 die ,,oberste Regierungsgewalt hinsichtlich Deutschlands". 4

Aufgrund der bereits vorher im Rahmen der Europäischen Beratenden Kommission getroffenen Vereinbarungen der Vereinigten Staaten, des Vereinigten Königreichs und der Sowjetunion (London, September und November 1944) wurde das **Besatzungsregime** in den vier Zonen und in Groß-Berlin errichtet. Frankreich war den Vereinbarungen später beigetreten.
Die Siegermächte verwalteten ihre **Besatzungszonen** durch die jeweiligen Militärbefehlshaber (Militärgouverneure) und Groß-Berlin im Wege einer interalliierten Verwaltung in der „Kommandatura". Sie übten im **Kontrollrat** die Besatzungsgewalt gemeinsam in allen Deutschland als ganzes betreffenden Angelegenheiten aus (30. Juli 1945 bis 20. März 1948). Soweit der Kontrollrat oder die Militärgouverneure aufgrund ihrer Besatzungsgewalt Rechtsvorschriften erließen, entstand die neue Rechtsordnung des **Besatzungsrechts**. Die Besatzungsgewalt war nicht „treuhänderisch" wahrgenommene deutsche Staatsgewalt, sondern die aufgrund und im Rahmen des Völkerrechts tätige Staatsgewalt der Alliierten.
Das **Potsdamer Abkommen** vom 2. Aug. 1945, dem Frankreich später beigetreten ist, enthält Vereinbarungen der Regierungschefs der Vereinigten Staaten, des Vereinigten Königreichs und der Sowjetunion über die politischen und wirtschaftlichen Grundsätze, „deren man sich bei der Behandlung Deutschlands in der Anfangsperiode der Kontrolle bedienen muß". Ein Bestandteil des Potsdamer Abkommens ist die Festlegung der „Oder-Neiße-Linie", wobei hinsichtlich der östlich der Demarkationslinie liegenden Gebiete unterschieden wird zwischen der „Stadt Königsberg und dem anliegenden Gebiet", das die Sowjetunion in Anspruch nahm, und dem übrigen Gebiet, einschließlich des restlichen Ostpreußens und der früheren Freien Stadt Danzig, das polnischer Verwaltung unterstellt wurde.
Die **Wiederaufrichtung deutscher Staatlichkeit** hat in den vier Zonen eine unterschiedliche Entwicklung durchlaufen. Im Westen Deutschlands kam es nach der Bildung der Länder und der Gründung des „Vereinigten Wirtschaftsgebiets" (1. Jan. 1947), das eine ökonomische Integration der amerikanischen und der britischen Besatzungszone darstellte, zur Gründung der Bundesrepublik Deutschland nach den auf der Londoner Sechs-Mächte-Konferenz von 1948 vereinbarten Maßgaben. Die aus dem Grundgesetz hervorgegangene deutsche Staatsgewalt sah sich zunächst den Beschränkungen des Genehmigungsschreibens der Militärgouverneure vom 12. Mai 1949 und des Besatzungsstatuts vom 10. April 1949 gegenüber. Die fortbestehenden Rechte der Besatzungsmächte wurden durch die Alliierte Hohe Kommission wahrgenommen (21. Sept. 1949 bis 5. Mai 1955). Die Beendigung des Besatzungsregimes trat aufgrund der Bonner Verträge vom 26. Mai 1952 (insbes. der Deutschland- oder Generalvertrag) in der geänderten und ergänzten Fassung der Pariser Verträge vom 23. Okt. 1954 ein, die am 5. Mai 1955 um 12 Uhr MEZ in Kraft getreten sind.
A RNrn. 29 bis 32.

F. KLEIN, Neues deutsches Verfassungsrecht, 1949; B. DIESTELKAMP, Rechts- und verfassungsgeschichtliche Probleme zur Frühgeschichte der Bundesrepublik Deutschland: Die Rekonstruktion des Verwaltungsapparats, JuS 1981, 409; W. VOGEL, Westdeutschland 1945–1950, 3 Bde., 1956/1964/1983.

Verwaltung des Vereinigten Wirtschaftsgebietes

Der Bund tritt in die Rechte und Pflichten der Verwaltung des Vereinigten Wirtschaftsgebietes ein (Art. 133 GG). Das Vereinigte Wirtschaftsgebiet bestand aus der amerikanischen und der britischen Zone („Bizone"), zu deren Verwaltung deutsche Einrichtungen geschaffen wurden, zuletzt der Wirtschaftsrat, der Länderrat, der Verwaltungsrat und einige weitere Verwaltungsstellen. Als Gericht wurde das Deutsche Obergericht gegründet (sh. Art. 137 Abs. 3 GG).
Die Verwaltung des Vereinigten Wirtschaftsgebietes war eine Einrichtung des Besatzungsregimes, auch wenn sie Züge einer selbständigen deutschen Staatlichkeit aufwies.

Recht des Vereinigten Wirtschaftsgebietes

Durch Art. 127 GG wurde die Bundesregierung ermächtigt, mit Zustimmung der Regierungen der beteiligten Länder Recht der Verwaltung des Vereinigten Wirtschaftsgebietes, soweit es nach Art. 124 oder 125 als Bundesrecht fortgalt, innerhalb eines Jahres nach Verkündung des Grundgesetzes in Groß-Berlin und in den Ländern der französischen Besatzungszone (Baden, Rheinland-Pfalz, Württemberg-Hohenzollern) in Kraft zu setzen. Zu der darauf gegründeten Praxis der Bundesregierung siehe die Übersicht im BGBl. 1950, S. 332. Ein bis heute wesentliches Beispiel ist das Tarifvertragsgesetz vom 9. April 1949 (Gesetzblatt des Vereinigten Wirtschaftsgebietes, Nr. 11, S. 55); dazu die Materialien zur Entstehung dieses Gesetzes, Zeitschrift für Arbeitsrecht 4, 1973, S. 129, und die Abhandlung von W. HERSCHEL, Zur Entstehung des Tarifvertragsgesetzes, ebd., S. 183.

b) Rechte und Vermögen des Reiches

Rechtsnachfolge

Da im Verhältnis zwischen dem Deutschen Reich und der Bundesrepublik Deutschland nicht ein Verhältnis der Staatensukzession, sondern ein Verhältnis der **Teil-Identität** besteht (BVerfGE 36, 1/16), kann im strengen Sinn im Hinblick auf die Rechte und Verbindlichkeiten des Reiches nicht von einer „Rechtsnachfolge" gesprochen werden. Soweit das Grundgesetz Vorschriften über den Übergang von Rechten und Verbindlichkeiten des Reiches sowie des Vermögens des Reiches auf die Bundesrepublik enthält (Art. 134, 135, 135a GG), handelt es sich um insofern konstitutive Bestimmungen, als die Bundesrepublik nach Gebietsbestand und bundesstaatlichem Charakter in bedeutendem Maße vom Deutschen Reich abweicht. Es konnte deshalb nicht nur bei einer Klarstellung über die rechtliche und vermögensmäßige Kontinuität sein Bewenden haben.
Nach der allgemeinen Bestimmung des Art. 134 Abs. 1 GG wird das **Vermögen des Reiches** grundsätzlich Bundesvermögen. Unter gewissen Voraussetzungen ist Vermögen des Reiches auf die Länder oder auf kommunale Gebietskörperschaften zu übertragen. Das Nähere ist durch verschiedene zu-

stimmungsbedürftige Bundesgesetze geregelt worden (Art. 134 Abs. 2 bis 4 GG); zur Klärung von Zweifelsfragen wegen dieser näheren bundesgesetzlichen Regelung ist Art. 135a GG durch die Novelle vom 22. Okt. 1957 (BGBl. I S. 1745) in das Grundgesetz eingefügt worden. Im Hinblick auf den Zusammenbruch des Reiches und den praktisch eingetretenen Staatsbankrott (siehe BVerfGE 15, 126; 23, 153; 24, 203) kann durch die verfassungsrechtlich dem Bund vorbehaltene Gesetzgebung auch bestimmt werden, daß bestimmte Verbindlichkeiten nicht oder nicht in voller Höhe zu erfüllen sind; siehe dazu besonders das **Allgemeine Kriegsfolgengesetz** vom 5. Nov. 1957 (BGBl. I S. 1747), zuletzt geänd. durch Gesetz vom 8. Nov. 1977 (BGBl. 1978 I S. 183).

Die **Auslandsschulden** des Reiches sind Gegenstand des Londoner Schuldenabkommens vom 27. Febr. 1953 (BGBl. II S. 331).

L. GRAF SCHWERIN-KROSIGK, Staatsbankrott. Die Finanzpolitik des Deutschen Reiches 1920–1945, 1974.

Vermögensnachfolge

8 Über die Zuordnung des früheren **Vermögens des Reiches** nach Art. 134 GG ist eine Anzahl von Bundesgesetzen ergangen, die das Nähere geregelt haben. Die verfassungsrechtliche Regelung und die entsprechenden Bundesgesetze konnten nach dem Territorialitätsprinzip lediglich solches Vermögen des Reiches erfassen, das im Gebiet der Bundesrepublik belegen war oder Rechtssubjekten zustand, die der Rechtsordnung der Bundesrepublik unterlagen. Ob ehemaliges Reichsvermögen, das in West-Berlin belegen ist, von Art. 134 GG erfaßt wird, ist zweifelhaft.

Unter den **Bundesgesetzen** nach Art. 134 Abs. 4 GG sind besonders zu nennen das Gesetz zur Regelung der Rechtsverhältnisse des Reichsvermögens und der preußischen Beteiligungen vom 16. Mai 1961 (BGBl. I S. 597), das Gesetz über die vermögensrechtlichen Verhältnisse der Deutschen Bundesbahn vom 2. März 1951 (BGBl. I S. 155), das Gesetz über die vermögensrechtlichen Verhältnisse der Bundeswasserstraßen vom 21. Mai 1951 (BGBl. I S. 352), das Gesetz über die vermögensrechtlichen Verhältnisse der Bundesautobahnen und sonstigen Bundesstraßen des Fernverkehrs vom 2. März 1951 (BGBl. I S. 157), zuletzt geänd. durch Gesetz vom 30. Aug. 1971 (BGBl. I S. 1426).

Das ehemalige Land Preußen

9 Das frühere Königreich Preußen, das nach der Novemberrevolution aufgrund seiner neuen Verfassung vom 30. Nov. 1920 als Republik („Freistaat") fortbestand, ging – wie alle anderen deutschen Länder – durch das **Gesetz über den Neuaufbau des Reichs** vom 30. Jan. 1934 (RGBl. I S. 75) im Reiche auf. Überdies erklärte nach Kriegsende das **Kontrollratsgesetz Nr. 46** vom 25. Febr. 1947 (Amtsblatt Nr. 14, S. 262) das Land Preußen für aufgelöst.

Für den Übergang des **Vermögens** des ehemaligen Landes Preußen ist Art. 135 GG maßgebend. Danach tritt nach bestimmten Kriterien eine Vermögensnachfolge der neuen Länder ein. Sofern jedoch ein überwiegendes

Kriegsfolgen und Nachkriegszeit   10 L

Interesse des Bundes oder das besondere Interesse eines Gebietes es erfordert, kann durch Bundesgesetz eine abweichende Regelung getroffen werden. Beteiligungen des ehemaligen Landes Preußen an Unternehmen des privaten Rechts gehen auf den Bund über. Das Nähere regelt ein Bundesgesetz, das auch Abweichendes bestimmen kann.
Von der Ermächtigung des Art. 135 Abs. 4 GG hat der Bund durch das Gesetz zur Errichtung einer Stiftung ,,Preußischer Kulturbesitz" und zur Übertragung von Vermögenswerten des ehemaligen Landes Preußen auf die Stiftung vom 25. Juli 1957 (BGBl. I S. 841) Gebrauch gemacht.
Die Bedeutung des Art. 135 GG erschöpft sich nicht in der Regelung der Rechte und des Vermögens des ehemaligen Landes Preußen. Die Bestimmung betrifft außerdem auch sonstige nicht mehr bestehende Länder, Körperschaften und Anstalten des öffentlichen Rechts sowie Gebiete, deren Landeszugehörigkeit sich nach dem 8. Mai 1945 bis zum Inkrafttreten des Grundgesetzes geändert hat. Dem Grundsatz nach werden die Kriterien der Gebietsnachfolge und der Funktionsnachfolge als Anknüpfungspunkte für den Regelfall verwendet.

Th. MAUNZ, Deutsches Staatsrecht, 22. Aufl., 1978, S. 430 ff. (nicht mehr in den folgenden Auflagen). – Geschichte der deutschen Länder – ,,Territorien-Ploetz", 2. Bd., 1971, S. 70 ff.

c) Fortgeltung alten Rechts

Fortgeltung von Rechtsvorschriften

Die Verfassunggebung, selbst wenn sie nach einem vollständigen Zusammen- 10
bruch der alten Staatsgewalt und nur für einen Teil des bisherigen Staatsgebietes erfolgt, beseitigt für ihren territorialen Geltungsbereich nicht ohne weiteres das bisher dort geltende Recht. Auch für diesen Fall der **intertemporalen Rechtsgeltung** bleibt es bei dem Grundsatz ,,lex posterior derogat legi priori" (das spätere Gesetz verdrängt oder beseitigt das frühere Gesetz). Welche Rechtsvorschriften also, die im Zeitpunkt des Inkrafttretens des neuen Rechts, hier der Verfassung, in Geltung waren, durch das neue Recht aufgehoben werden, hängt von dem Inhalt des neuen Rechts ab, sowohl von dessen ausdrücklichen Regelungen und Anordnungen als auch von dem Regelungsinhalt, der sich konkludent im Wege der Auslegung des neuen Rechts ergibt. So bedarf es keiner ausdrücklichen Bestimmung darüber, daß im Falle eines Verfassungsumsturzes die Regelungen der alten Verfassung und des sonstigen alten Rechts über die Staatsinstitutionen und über die sonstigen politisch wesentlichen Grundlagen des Staates beseitigt sind, soweit sie nicht durch das neue Recht ausdrücklich aufrechterhalten werden.
Für die Fortgeltung von Rechtsvorschriften, die aus der Zeit vor oder nach dem Zusammenbruch des Dritten Reiches im Zeitpunkt des Inkrafttretens des Grundgesetzes noch in dessen gesamtem Geltungsbereich oder in einem Teil desselben, z. B. in einem Land, geltendes Recht waren, bestimmt Art. 123 Abs. 1 GG, daß das Recht aus der Zeit vor dem Zusammentritt des Bundestages fortgilt, soweit es dem Grundgesetz nicht widerspricht. Im Streitfall muß jedes Gericht selbst darüber entscheiden, ob eine derartige Rechtsvorschrift

als dem Grundgesetz widersprechend außer Kraft getreten ist, da der Vorbehalt der konkreten Normenkontrolle zum Bundesverfassungsgericht nach Art. 100 Abs. 1 GG für das vorkonstitutionelle Recht nicht gilt (BVerfGE 1, 128).
Die Regelung des Art. 123 Abs. 1 GG ist für sämtliche Rechtsvorschriften maßgebend, die von deutschen Rechtsetzungsorganen **vor dem Zusammentritt des Bundestages** erlassen worden sind, sei es altes Reichsrecht, sei es Recht der nach dem Kriege errichteten deutschen Länder, sei es Recht des Vereinigten Wirtschaftsgebietes. Besatzungsrecht erfüllt diese Voraussetzung nicht, soweit es im Zeitpunkt des Inkrafttretens des Grundgesetzes der deutschen Rechtsetzungsbefugnis entzogen war (BVerfGE 15, 337; 36, 146); insoweit ist das weitere Schicksal des Besatzungsrechts durch den Vertrag zur Regelung aus Krieg und Besatzung entstandener Fragen (Überleitungsvertrag) vom 26. Mai 1952 in der Fass. des Pariser Protokolls über die Beendigung des Besatzungsregimes vom 23. Okt. 1954 (BGBl. 1955 II S. 213, 405) geregelt. Nur solche Rechtsvorschriften des Kontrollrates, die unter den Deutschland- oder den Friedensvertrags-Vorbehalt des Generalvertrages vom 26. Mai 1952 in der Fass. des Pariser Protokolls vom 23. Okt. 1954 fallen (Art. 2 des Vertrages), sind nach wie vor der Disposition des deutschen Gesetzgebers entzogen.
Recht aus der Zeit des Dritten Reiches (A RNr. 28), das Ausdruck der nationalsozialistischen Weltanschauung oder der auf dieser beruhenden Politik war, ist bereits durch das Gesetz Nr. 1 der Militärregierung (MRABl. Am. A 3) und das Kontrollratsgesetz Nr. 1 vom 20. Sept. 1945 (KRABl. S. 6) aufgehoben worden.
Die Voraussetzung, daß altes Recht dem Grundgesetz widerspricht, kann sich naturgemäß nur auf die **materiellen** Anforderungen der neuen Verfassung, z. B. die Grundrechte, beziehen. Die organisatorischen, verfahrens- und kompetenzrechtlichen Anforderungen des Grundgesetzes konnten bei einem Rechtsetzungsvorgang aus der Zeit vor Inkrafttreten des Grundgesetzes von dem damaligen Rechtsetzungsorgan nicht beachtet werden. Aus diesem Grunde wird z. B. die Fortgeltung von Gesetzen, die nach 1933 aufgrund des Gesetzes zur Behebung der Not von Volk und Reich (Ermächtigungsgesetz) vom 24. März 1933 (RGBl. I S. 141) nicht durch den Reichstag, sondern durch die Reichsregierung beschlossen worden waren, durch Art. 123 Abs. 1 GG nicht in Frage gestellt, sofern sie nicht inhaltlich dem Grundgesetz widersprechen.

Fortgeltung als Bundesrecht oder als Landesrecht

11 Da die Bundesrepublik – im Unterschied zum Dritten Reich – ein Bundesstaat ist, muß hinsichtlich der fortgeltenden Rechtsvorschriften aus der Zeit vor dem Zusammentritt des Bundestages auch bestimmt werden, ob es als **Bundesrecht** oder als **Landesrecht** fortgilt. Recht, das Gegenstände der ausschließlichen Gesetzgebung des Bundes betrifft (Art. 73, 105 Abs. 1 GG), wird innerhalb seines Geltungsbereiches Bundesrecht (Art. 124 GG). Recht, das Gegenstände der konkurrierenden Gesetzgebung des Bundes betrifft (Art. 74, 105 Abs. 2 GG), wird innerhalb seines Geltungsbereiches Bundesrecht, soweit es innerhalb einer oder mehrerer Besatzungszonen einheitlich

Kriegsfolgen und Nachkriegszeit 12, 13 L

gilt oder soweit es sich um Recht handelt, durch das nach dem 8. Mai 1945 früheres Reichsrecht abgeändert worden ist (Art. 125 GG). Recht, das Gegenstände der Rahmengesetzgebung des Bundes betrifft (Art. 75 GG), wie z. B. das Reichsnaturschutzgesetz, ist entsprechend dem Recht zu behandeln, das Gegenstände der konkurrierenden Gesetzgebung des Bundes betrifft, soweit es nicht durch Art und Ausmaß seiner Regelungen das dem Bund im Bereich der Rahmengesetzgebung zustehende Gesetzgebungsrecht überschreitet; da das beim Reichsnaturschutzgesetz der Fall war, ist dieses Gesetz Landesrecht geworden.

Diese Übergangsvorschriften können zur Folge haben, daß die einzelnen in **einem** Gesetz äußerlich verbundenen Rechtsvorschriften ein unterschiedliches Schicksal als Bundesrecht oder als Landesrecht haben können. Sie setzen weiter voraus, daß nunmehr unter die Bundeskompetenz fallende Rechtsvorschriften, die nur in dem Gebiet eines Landes galten, z. B. ein Gesetz des Landtages eines nach dem Kriege errichteten Landes, als „partielles" **Bundesrecht** nur für seinen bisherigen Geltungsbereich fortgilt. Meinungsverschiedenheiten über das Fortgelten von Recht als Bundesrecht entscheidet das Bundesverfassungsgericht (Art. 126 GG; §§ 86ff. BVerfGG); siehe z. B. BVerfGE 28, 119 über die Zuordnung alter Rechtsvorschriften des Spielbankenrechts. Im Rahmen einer zulässigen Vorlage nach Art. 126 GG, § 86 Abs. 2 BVerfGG ist das Bundesverfassungsgericht nicht nur berechtigt, sondern gehalten, als Vorfrage zu prüfen, ob die Norm, deren Qualität als Bundesrecht streitig ist, noch gilt (BVerfGE 28, 119/139).

Fortgeltung von Ermächtigungen

Soweit in fortgeltenden Rechtsvorschriften eine Ermächtigung zum Erlaß **12** von Rechtsverordnungen oder allgemeinen Verwaltungsvorschriften sowie zur Vornahme von Verwaltungsakten enthalten ist, ist zuerst von Bedeutung, ob derartige Ermächtigungen überhaupt fortgelten, dann ob sie als Bundesrecht oder als Landesrecht fortgelten und schließlich welche Stelle angesichts der veränderten Staats- und Verwaltungsorganisation nunmehr zur Ausübung der Ermächtigung zuständig ist. Diese Fragen werden durch Art. 129 GG geregelt. Für die Frage der Fortgeltung alter Ermächtigungen ist – zusätzlich zu Art. 123 Abs. 1 GG – festgelegt, daß Ermächtigungen erloschen sind, soweit sie die Änderung oder Ergänzung oder den Erlaß von Rechtsvorschriften anstelle von Gesetzen in die Hand der Exekutive legen („gesetzesvertretende" Verordnungen); Art. 129 Abs. 3 GG. Damit wird ohne Rücksicht auf den früheren Rechtszustand einem besonders wesentlichen Erfordernis der Rechtsstaatlichkeit im Verhältnis des Gesetzgebers zur Exekutive (siehe Art. 80 Abs. 1 Satz 2 GG) Geltung verschafft. Die Frage der heutigen Zuständigkeit wird nach dem Grundsatz der **Funktionsnachfolge** bestimmt. In Zweifelsfällen entscheidet die Bundesregierung im Einvernehmen mit dem Bundesrat (siehe z. B. BGBl. 1950 S. 262 und 1953 I S. 43).

Staatsverträge des Deutschen Reiches

Die vom Deutschen Reich abgeschlossenen Staatsverträge, die sich auf Ge- **13** genstände beziehen, für die nach dem Grundgesetz die **Landesgesetzgebung**

zuständig ist, bleiben, wenn sie nach allgemeinen Rechtsgrundsätzen gültig sind und fortgelten, unter Vorbehalt aller Rechte und Einwendungen der Beteiligten in Kraft, bis neue Staatsverträge durch die nach dem Grundgesetz zuständigen Stellen abgeschlossen werden oder ihre Beendigung aufgrund der in ihnen enthaltenen Bestimmungen anderweitig erfolgt (Art. 123 Abs. 2 GG). Eine ausdrückliche Regelung über solche Staatsverträge, die sich auf Gegenstände beziehen, für die nach dem Grundgesetz die Bundesgesetzgebung zuständig ist, ist unterblieben, da insoweit die allgemeinen Grundsätze gelten.
Unter Art. 123 Abs. 2 GG fällt hauptsächlich das **Reichskonkordat** vom 20. Juli 1933, das in den geregelten Angelegenheiten der Kirchenpolitik, des Kultus und des Unterrichts Gegenstände der heutigen Landesgesetzgebung betrifft. Die in Art. 123 Abs. 2 GG nicht geregelte Frage, ob die Länder das – fortgeltende – Reichskonkordat bei der Schulgesetzgebung zu beachten haben, war Gegenstand des Konkordats-Streits (BVerfGE 6, 309). Das Bundesverfassungsgericht hat eine Bindung der Länder an das Reichskonkordat im Bereich der heute der Landesgesetzgebung unterliegenden Gegenstände verneint.
Für die Verfassungsmäßigkeit der Zustimmungsgesetze zu alten Staatsverträgen gilt die allgemeine Regel des Art. 123 Abs. 1 GG (zum Staatsvertrag über die Eingliederung Coburgs siehe BVerfGE 22, 221; 34, 216).

d) Kriegsfolgen

Kriegsfolgelasten

14 Die Aufwendungen für Besatzungskosten und die sonstigen inneren und äußeren Kriegsfolgelasten trägt nach Maßgabe des Art. 120 GG und nach näherer Bestimmung von Bundesgesetzen der **Bund**. Unberührt bleibt die gesetzliche Regelung von Entschädigungsansprüchen für Kriegsfolgen. Die Fassung des Art. 120 GG geht in Abs. 1 Sätze 2, 3 und 5 auf die Änderungsgesetze vom 30. Juli 1965 (BGBl. I S. 649) und vom 28. Juli 1969 (BGBl. I S. 985) zurück.
Das entscheidende Kriterium für die Zugehörigkeit von Aufwendungen zu den Kriegsfolgelasten ist der ursächliche Zusammenhang mit den Ereignissen und Wirkungen des Zweiten Weltkrieges (BVerfGE 9, 305). Eine Sonderregelung für den Lastenausgleich ist in Art. 120a GG erfolgt. Ausdrücklich einschlägige Materien der Gesetzgebung sind die Angelegenheiten der Flüchtlinge und Vertriebenen, die Kriegsschäden und die Wiedergutmachung, die Versorgung der Kriegsbeschädigten und Kriegshinterbliebenen und die Fürsorge für die ehemaligen Kriegsgefangenen und die Kriegsgräber und Gräber anderer Opfer des Krieges und Opfer von Gewaltherrschaft (Art. 74 Nrn. 6, 9, 10 und 10a GG). Welchen Inhalt die gesetzlichen Vorschriften über die Kriegsfolgelasten haben können oder sollen, insbes. ob oder unter welchen Voraussetzungen Ansprüche Betroffener bestehen oder entstehen können, wird durch die allein die Finanzverfassung betreffende Vorschrift des Art. 120 GG nicht festgelegt.
F. STURM, Die abschließende Regelung der Kriegsfolgelasten, DVBl. 1965, 719.

Flüchtlinge und Vertriebene

Nach der Übergangsvorschrift des Art. 119 GG kann in Angelegenheiten der **15** Flüchtlinge und Vertriebenen, insbes. zu ihrer Verteilung auf die Länder, bis zu einer bundesgesetzlichen Regelung die Bundesregierung mit Zustimmung des Bundesrates Verordnungen mit Gesetzeskraft erlassen. Für besondere Fälle konnte dabei die Bundesregierung ermächtigt werden, Einzelweisungen zu erteilen, die – außer bei Gefahr im Verzuge – an die obersten Landesbehörden zu richten waren. In Ausübung dieser verfassungsrechtlichen Befugnis hat die Bundesregierung z. B. die Verordnung über die Bereitstellung von Durchgangslagern und über die Verteilung der in das Bundesgebiet aufgenommenen deutschen Vertriebenen auf die Länder des Bundesgebiets vom 28. März 1952 (BGBl. I S. 236, ber. S. 287) erlassen.

Die Angelegenheiten der Flüchtlinge und Vertriebenen gehören zur konkurrierenden Gesetzgebung (Art. 74 Nr. 6 GG). Der Bund hat von seinem Gesetzgebungsrecht u. a. Gebrauch gemacht durch das **Bundesvertriebenengesetz** vom 19. Mai 1953 (BGBl. I S. 201), neu gefaßt durch Gesetz vom 3. Sept. 1971 (BGBl. I S. 1566, ber. S. 1807), zuletzt geänd. durch Gesetz vom 25. Febr. 1983 (BGBl. I S. 199), und durch das Gesetz zur Umsiedlung von Heimatvertriebenen aus den Ländern Bayern, Niedersachsen und Schleswig-Holstein vom 22. Mai 1951 (BGBl. I S. 350), neu gefaßt durch Gesetz vom 23. Sept. 1952 (BGBl. I S. 213).

Kriegsgefangene

Die Fürsorge für die ehemaligen Kriegsgefangenen gehört zur konkurrieren- **16** den Gesetzgebung (Art. 74 Nr. 10 GG). Die Aufwendungen für die Kriegsgefangenenfürsorge sind Kriegsfolgelasten nach Art. 120 Abs. 1 GG. Die wesentliche gesetzliche Regelung ist das Gesetz über die Entschädigung ehemaliger deutscher Kriegsgefangener vom 30. Jan. 1954 (BGBl. I S. 5), jetzt in der Fass. vom 2. Sept. 1971 (BGBl. I S. 1545), zuletzt geänd. durch Gesetz vom 29. Okt. 1979 (BGBl. I S. 1769).

Rückerstattung

Zu den Materien der konkurrierenden Gesetzgebung gehört die **Wiedergut-** **17** **machung**, d. h. der Ausgleich für Verluste, Schäden und sonstige Rechtsnachteile, die als Folge von weltanschaulich, politisch, religiös oder rassisch begründeten Verfolgungsmaßnahmen des Dritten Reiches eingetreten sind (Art. 74 Nr. 9 GG). Zur Wiedergutmachung gehören Entschädigungsleistungen und die ,,Rückerstattung". Unter der Rückerstattung versteht man die staatlich bewirkte Rückgabe von Grundstücken und sonstigen Vermögensgegenständen, die dem Berechtigten aufgrund von Verfolgungs- oder Unterdrückungsmaßnahmen des Dritten Reiches entzogen worden oder sonst verlorengegangen sind.

Die Rückerstattung ist zunächst durch besatzungsrechtliche Vorschriften, dann durch das **Bundesrückerstattungsgesetz** vom 19. Juli 1957 (BGBl. I S. 734), zuletzt geänd. durch Gesetz vom 3. Sept. 1969 (BGBl. I S. 1561) geregelt worden.

L 18, 19   Übergangs- und Schlußbestimmungen

Die Wiedergutmachung nationalsozialistischen Unrechts durch die Bundesrepublik Deutschland, 6 Bde, hrsg. v. Bundesministerium der Finanzen in Zusammenarbeit mit W. SCHWARZ u. a., 1974/81/83/85.

Entnazifizierung

18 Zu den Grundsätzen der Besatzungspolitik, wie sie im Potsdamer Abkommen von 1945 bekräftigt worden waren, gehörten die Entnazifizierung, die Entmilitarisierung und die Demokratisierung Deutschlands. Bei dem Ziel der „Entnazifizierung" handelte es sich darum, den Einfluß der nationalsozialistischen Weltanschauung und Politik sowie derjenigen Personen, die an der Errichtung und Durchsetzung der nationalsozialistischen Herrschaft in Deutschland verantwortlich beteiligt waren, aus dem politischen und sozialen Leben Nachkriegsdeutschlands auszuscheiden. Die Grundlage der Entnazifizierung bildeten die Direktiven Nr. 24 und Nr. 38 des Kontrollrats sowie weitere besatzungsrechtliche Vorschriften. Die zur „Befreiung des deutschen Volkes vom Nationalsozialismus und Militarismus" erlassenen Rechtsvorschriften werden von den Bestimmungen des Grundgesetzes nicht berührt (Art. 139 GG).

Die Besatzungsmächte legten die Durchführung der Entnazifizierung, soweit diese sich gegen einzelne Personen richtete, in die Hand von Spruchkammern, die aufgrund von Angaben des Betroffenen in einem „Fragebogen" und aufgrund eigener Ermittlungen durch Bescheid darüber entschieden, ob der Betroffene als Hauptschuldiger, Belasteter, Minderbelasteter, Mitläufer oder Entlasteter einzustufen war (in der amerikan. Besatzungszone: Gesetz zur Befreiung von Nationalsozialismus und Militarismus vom 5. März 1946, u. a. BayGVBl. S. 145).

E. SCHULLZE, Gesetz zur Befreiung von Nationalsozialismus und Militarismus, 3. Aufl., 1948.

Öffentlicher Dienst

19 Von besonderer Bedeutung war die Durchführung der Entnazifizierung gegenüber den Angehörigen des öffentlichen Dienstes. Die Rechtsverhältnisse von Personen, die am 8. Mai 1945 im öffentlichen Dienst standen, aus anderen als beamten- oder tarifrechtlichen Gründen ausgeschieden waren und bisher nicht oder nicht ihrer früheren Stellung entsprechend verwendet wurden, waren gemäß Art. 131 GG durch Bundesgesetz zu regeln. Dasselbe galt für Versorgungsberechtigte. Die Regelung erfolgte durch das **Gesetz zur Regelung der Rechtsverhältnisse der unter Art. 131 des Grundgesetzes fallenden Personen** in der Fass. vom 13. Okt. 1965 (BGBl. I S. 1686), zuletzt geänd. durch Gesetz vom 24. Aug. 1976 (BGBl. I S. 2485). Die gesetzlichen Regelungen folgten dem Grundsatz, daß die Rechtsverhältnisse des öffentlichen Dienstes durch das Dritte Reich in dem Maße denaturiert worden waren, daß sie mit dessen Untergang erloschen sind (siehe BVerfGE 1, 167; 3, 58; 3, 187).

D RNr. 101

Lastenausgleich

Der Zusammenbruch des Dritten Reiches, die Besetzung und Abtrennung 20 großer Gebiete des östlichen Reichsgebietes durch die Sowjetunion, z. T. zugunsten des wiedererrichteten Polens, und schließlich die Flucht und Vertreibung des ganz überwiegenden Teiles der früher in den östlichen Reichsgebieten lebenden deutschen Bevölkerung ließen in den Westzonen Aufgaben der Versorgung und Eingliederung von bisher unbekanntem Ausmaß entstehen. Erst allmählich war es möglich, diese Aufgaben durch eine gerechte und sachangemessene Lösung zu bewältigen; siehe z. B. das von der Verwaltung des Vereinigten Wirtschaftsgebietes erlassene **Soforthilfegesetz** vom 8. Auf. 1949 (WiGBl. S. 205). Die Flüchtlinge und Vertriebenen hatten nicht nur ihre Grundstücke und wesentliche Teile ihres sonstigen Vermögens zurücklassen müssen, sondern auch zunächst für die von ihnen erworbenen Ansprüche der verschiedenen Systeme der sozialen Sicherung vielfach die Möglichkeit verloren, einen zur Leistung verpflichteten Träger in Anspruch nehmen zu können. Abgesehen von alledem erschien es als ein Gebot der Gerechtigkeit, die Kriegsfolgen insofern gleichmäßig zu verteilen, als den Flüchtlingen und Vertriebenen wegen ihrer nachweisbaren Vermögensverluste im Osten ein geldwerter Ausgleich aus einer Abgabe zu verschaffen war, die von den in diesem Punkte von dem Kriege verschont Gebliebenen im Westen aufgebracht werden mußte. Das ist der Grundgedanke des „Lastenausgleichs". Die gesetzliche Regelung erfolgte durch das Feststellungsgesetz, das Lastenausgleichsgesetz und das Währungsausgleichsgesetz, alle drei Gesetze vom 14. Aug. 1952 (BGBl. I S. 535, 446 und 547).

Für die aus dem Rahmen fallende und zeitlich begrenzte Aufgabe der Durchführung des Lastenausgleichs erschien es angebracht, eine besondere verwaltungsorganisatorische Regelung zu treffen. Gemäß Art. 120a GG (Änderungsgesetz vom 14. 8. 1952, BGBl. I S. 445) wird ermöglicht, daß die Gesetze, die der Durchführung des Lastenausgleichs dienen, mit Zustimmung des Bundesrates bestimmen können, daß sie auf dem Gebiet der Ausgleichsleistungen teils durch den Bund, teils im Auftrag des Bundes durch die Länder ausgeführt werden und daß die der Bundesregierung und den zuständigen obersten Bundesbehörden aufgrund des Art. 85 insoweit zustehenden Befugnisse ganz oder teilweise dem Bundesausgleichsamt übertragen werden. Durch diese verfassungsrechtliche Ausnahmebestimmung wurde eine besondere Form der bundesstaatlichen „Mischverwaltung" zugelassen (G RNr. 32).

Das Aufkommen aus der zur Durchführung des Lastenausgleichs erhobenen Ausgleichsabgabe steht dem Bund zu (Art. 106 Abs. 1 Nr. 5 GG). Für die Verwaltung des Aufkommens ist als Sondervermögen, das dem Präsidenten des Bundesausgleichsamtes untersteht, der „**Ausgleichsfonds**" errichtet worden.

An der Spitze der Ausgleichsverwaltung steht das Bundesausgleichsamt als Bundesoberbehörde (§§ 307, 312 LAG). Ihm unterstehen die Landesausgleichsämter als oberste Landesbehörden, denen wiederum die Ausgleichsämter nachgeordnet sind.

3. Die Staatsangehörigkeit

Der Status der Staatsangehörigkeit

21 Die Staatsangehörigkeit ist der rechtliche Ausdruck der Zugehörigkeit zum **Staatsvolk**. Unter dem Blickwinkel der Betrachtung des Staates als Herrschaftsverband ist die Staatsangehörigkeit eine mitgliedschaftliche Rechtsstellung, ein „Status". Das staatsrechtliche Rechtsverhältnis, in dem der Staatsangehörige zum Staat steht, wird im Regelfall durch die Geburt, außerdem durch Einbürgerung oder – seltener – andere im Einzelfall die Staatsangehörigkeit vermittelnde Tatbestände oder Hoheitsakte begründet. Das Kernstück des deutschen Staatsangehörigkeitsrechts ist das in seiner ursprünglichen Fassung aus der Kaiserzeit stammende Reichs- und Staatsangehörigkeitsgesetz; eine Besonderheit ist die Stellung des Deutschen ohne die deutsche Staatsangehörigkeit (Art. 116 Abs. 1 GG).

Die Staatsangehörigkeit wird als ein **Status** aufgefaßt, weil sie sich nicht in einzelnen Rechten oder Pflichten erschöpft, sondern die rechtliche Grundlage einer Vielzahl von Rechten und Pflichten darstellt, darunter das Wahlrecht, die Steuerpflicht und die Wehrpflicht. Eine ausdrückliche Regelung über den **diplomatischen Schutz im Ausland** enthält das Grundgesetz nicht, während Art. 112 Abs. 2 WeimRVerf bestimmte, daß dem Ausland gegenüber alle Reichsangehörigen inner- und außerhalb des Reichsgebiets Anspruch auf den Schutz des Reichs haben. Nach allgemeinem Völkerrecht hat jeder Staat das Recht, seinen Staatsangehörigen diplomatischen Schutz zu gewähren. Davon zu unterscheiden ist die Frage, ob und unter welchen Voraussetzungen ein Staat seinen Staatsangehörigen einen Anspruch auf diplomatischen Schutz einräumt (sh. BVerfGE 40, 141/177f.; BVerwGE 66, 227).

Die Staatsangehörigkeit hat auch für Rechtsverhältnisse außerhalb des Staatsrechts Bedeutung, z.B. für die Anwendbarkeit des deutschen Strafrechts (§§ 5ff. StGB) und als Anknüpfungstatbestand für das Personalstatut des Internationalen Privatrechts (Art. 7ff. EGBGB).

Die Staatsangehörigkeit im strengen Sinn kann nur natürlichen Personen zukommen. Bei **juristischen Personen** hat der Sitz als Anknüpfungstatbestand für Rechtsverhältnisse eine vergleichbare Bedeutung wie sie die Staatsangehörigkeit für natürliche Personen hat (siehe z.B. Art. 19 Abs. 3 GG).

R. Grawert, Staat und Staatsangehörigkeit, 1973; Ders., Staatsangehörigkeit und Staatsbürgerschaft, Staat 23, 1984, S. 179; R. Scholz/R. Pittschas, Effektive Staatsangehörigkeit und Grundgesetz, NJW 1984, 2721.

Völkerrechtliche Bindungen

22 Das Völkerrecht erkennt den Grundsatz an, daß jeder Staat durch die Rechtseinrichtung der Staatsangehörigkeit über ein Staatsvolk verfügt und dazu berechtigt ist, nach politischem Ermessen sein Staatsangehörigkeitsrecht zu regeln und damit auch die Tatbestände festzulegen, von denen er Erwerb und Verlust seiner Staatsangehörigkeit abhängig macht. Völkerrechtliche Bindungen bestehen insofern, als ein Staat nur solche Personen als seine Staatsangehörige in Anspruch nehmen darf, die durch Herkunft, Wohnsitz oder sonstige konkrete Umstände eine engere Beziehung zu ihm aufweisen. Ein Staat ist weiter völkerrechtlich befugt, seinen Staatsangehörigen diplomatischen Schutz dem Ausland gegenüber zu gewähren. Eine völkerrechtliche Pflicht des Staates ist es, seine Staatsangehörigkeit aufzunehmen, wenn sie ein anderer Staat ausweist oder sie sonst nicht über ein gesichertes Aufenthaltsrecht verfügen.

Das selbständige Entscheidungsrecht der Staaten über ihre Staatsangehörigkeit hat, wegen der Unterschiedlichkeit der dabei von Staat zu Staat in Geltung stehenden Vorschriften, die irregulären Erscheinungen der Staatenlosigkeit und der „Mehrstaatlichkeit" zur Folge. Nicht in die Schutzlosigkeit eines **Staatenlosen** verstoßen zu werden, ist eine Forderung der Menschenrechte; siehe das Übereinkommen über die Rechtsstellung der Staatenlosen vom 28. Sept. 1954 (BGBl. 1976 II S. 474) und das Übereinkommen zur Verminderung der Staatenlosigkeit vom 30. Aug. 1961 (BGBl. 1977 II S. 598). Art. 15 der Allgemeinen Erklärung der Menschenrechte von 1948 verheißt: Jeder Mensch hat Anspruch auf Staatsangehörigkeit. Niemandem darf seine Staatsangehörigkeit willkürlich entzogen noch ihm das Recht versagt werden, seine Staatsangehörigkeit zu wechseln.

HECKER, Mehrseitige völkerrechtliche Verträge zum Staatsangehörigkeitsrecht, 1970.

Das Reichs- und Staatsangehörigkeitsgesetz

Das Reichs- und Staatsangehörigkeitsgesetz vom 22. Juli 1913 (RGBl. S. 583), zuletzt geänd. durch Gesetz vom 18. Juli 1979 (BGBl. I S. 1061), ist die wichtigste Regelung über den Erwerb und den Verlust der deutschen Staatsangehörigkeit. Die im Gesetzesnamen fortbestehende Unterscheidung zwischen Reichsangehörigkeit und Staatsangehörigkeit gibt noch die in der Kaiserzeit bestehende Rechtslage wieder, wonach regelmäßig Ausgangspunkt die Staatsangehörigkeit in einem Land, z. B. im Königreich Bayern, war und die Reichsangehörigkeit erst durch diese Staatsangehörigkeit in einem Lande vermittelt wurde. Dieser Rechtszustand ist aufgrund des Gesetzes über den Neuaufbau des Reichs vom 30. Jan. 1934 (RGBl. I S. 75) durch die Verordnung über die deutsche Staatsangehörigkeit vom 5. Febr. 1934 (RGBl. I S. 85) beseitigt worden. Mit dem Inkrafttreten dieser Verordnung ist die Staatsangehörigkeit in den deutschen Ländern fortgefallen und gab es nur noch eine deutsche Staatsangehörigkeit.

Die staatsangehörigkeitsrechtliche Praxis des Dritten Reiches, die durch das Dritte Reich herbeigeführten territorialen Veränderungen, z. B. der „Anschluß" Österreichs, und die umfangreichen Bevölkerungsverschiebungen im Zuge des Krieges, haben es notwendig gemacht, eine große Anzahl von Staatsangehörigkeitsfragen gesetzlich zu regeln. Dazu gehören vor allem das Gesetz zur Regelung von Fragen der Staatsangehörigkeit vom 22. Febr. 1955 (BGBl. I S. 65), zuletzt geänd. durch Gesetz vom 18. Juli 1979 (BGBl. I S. 1061), und das Zweite Gesetz zur Regelung von Fragen der Staatsangehörigkeit vom 17. Mai 1956 (BGBl. I S. 431), zuletzt geänd. durch Gesetz vom 18. Juli 1979 (BGBl. I S. 1061). Das Zweite Staatsangehörigkeitsregelungsgesetz zieht die staatsangehörigkeitsrechtlichen Folgerungen aus der Feststellung, daß das Reichsgesetz über die Wiedervereinigung Österreichs mit dem Deutschen Reich vom 13. März 1938 (RGBl. I S. 237) außer Kraft getreten ist (siehe dazu BVerfGE 4, 322). Das Gesetz zur Änderung des Reichs- und Staatsangehörigkeitsgesetzes vom 19. Dez. 1963 (BGBl. I S. 982) und das Gesetz zur Änderung des Reichs- und Staatsangehörigkeitsgesetzes vom 20. Dez. 1974 (BGBl. I S. 3714) regeln hauptsächlich Rechtsfragen, die sich aus dem Grundrecht der Gleichberechtigung von Mann und Frau (Art. 3 Abs. 2 GG) ergeben (siehe dazu BVerfGE 37, 217).

W. SCHÄTZEL, Das deutsche Staatsangehörigkeitsrecht, 2. Aufl., 1958; A. MAKAROV/ H. v. MANGOLDT, Deutsches Staatsangehörigkeitsrecht, 3. Aufl., Loseblattausgabe, Stand April 1984.

Die deutsche Staatsangehörigkeit

24 Das Grundgesetz setzt voraus, daß eine deutsche Staatsangehörigkeit fortbesteht (siehe Art. 16, 116 GG). Es gibt dem Bund die ausschließliche Gesetzgebung über die **Staatsangehörigkeit im Bund** (Art. 73 Nr. 2 GG) und weist die Staatsangehörigkeit in den Ländern der konkurrierenden Gesetzgebung zu (Art. 74 Nr. 8 GG). Die Bundesrepublik hat, um – soweit das in ihrer Hand liegt – die Rechtseinheit im Recht der deutschen Staatsangehörigkeit nicht in Frage zu stellen, das Reichs- und Staatsangehörigkeitsgesetz zwar in einer Reihe von Vorschriften geändert, es jedoch nicht durch ein neues Staatsangehörigkeitsgesetz der Bundesrepublik ersetzt.
Die staatsrechtliche Grundlage für das Fortbestehen der deutschen Staatsangehörigkeit und die Gleichsetzung der deutschen Staatsangehörigkeit mit der Staatsangehörigkeit im Bund im Sinne des Art. 73 Nr. 2 GG ist die Annahme, daß die Bundesrepublik im Sinne der **rechtlichen Kontinuität** mit dem Deutschen Reich identisch ist, wenn auch beschränkt auf einen Teil des früheren Reichsgebietes und auf einen Teil des früheren Reichsvolkes. Die Bundesrepublik hat dementsprechend zu dem Grundvertrag mit der DDR vom 21. Dez. 1972 den Vorbehalt erklärt, daß Staatsangehörigkeitsfragen durch den Vertrag nicht geregelt worden sind (dazu auch BVerfGE 36, 1/30). A RNr. 39.

Verfassungsrechtliche Gewährleistung

25 Die deutsche Staatsangehörigkeit darf nicht entzogen werden. Der Verlust der Staatsangehörigkeit darf nur aufgrund eines Gesetzes und gegen den Willen des Betroffenen nur dann eintreten, wenn der Betroffene dadurch nicht staatenlos wird (Art. 16 Abs. 1 GG).
Die mit diesen Vorschriften ausgesprochene Gewährleistung der deutschen Staatsangehörigkeit in Gestalt eines **Grundrechts** geht auf die Erfahrung der Willkür in der Staatsangehörigkeitspraxis des Dritten Reiches zurück, das den Entzug der Staatsangehörigkeit als Instrument der politischen oder rassischen Diskriminierung verwendete. Eine derartige „**Ausbürgerung**" wird durch das Grundrecht ausnahmslos untersagt. Davon zu unterscheiden ist der Fall, daß aufgrund bestimmter gesetzlich geregelter Tatbestände, z. B. den lang dauernden Wohnsitz im Ausland und den Erwerb einer fremden Staats-

Die Staatsangehörigkeit 26, 27 **L**

angehörigkeit, der Verlust der deutschen Staatsangehörigkeit eintreten kann. Selbst für diesen Fall wird dem Schutzgedanken dadurch Rechnung getragen, daß der Verlust der Staatsangehörigkeit gegen den Willen des Betroffenen nicht dessen Staatenlosigkeit herbeiführen darf.

Verbot der Auslieferung

Kein Deutscher darf an das Ausland ausgeliefert werden (Art. 16 Abs. 2 **26** Satz 1 GG). Das **Grundrecht** des Auslieferungsverbotes hat sein Vorbild in Art. 112 Abs. 3 WeimRVerf, wonach kein Deutscher einer ausländischen Regierung zur Verfolgung oder Bestrafung überliefert werden durfte. Unter **Auslieferung** versteht man, daß eine in Gewahrsam genommene Person einem auswärtigen Staat auf dessen Ersuchen zum Zwecke der Strafverfolgung oder der Verbüßung einer ausgesprochenen Strafe übergeben wird. Im Unterschied zur Auslieferung kommt die Ausweisung lediglich für Ausländer und Staatenlose in Betracht, kann also einen Deutschen von vornherein nicht treffen (C RNrn. 41 und 99).
Das Verbot der Auslieferung gilt unbedingt, ohne Rücksicht darauf, unter welchen Umständen ein Deutscher sich auf dem Gebiet des Bundes aufhält. Es gilt auch für den Fall der Durchlieferung, d. h. wenn ein Deutscher von einem auswärtigen Staat über das Gebiet das Bundesgebiet in einen dritten Staat ausgeliefert werden würde.
Das Verbot der Auslieferung gilt nicht für den Fall der sog. **Zulieferung**, d. h. der Übergabe eines Deutschen an ein deutsches Gericht außerhalb des Geltungsbereichs des Grundgesetzes, praktisch also an ein Gericht der DDR. Die Bundesrepublik behält sich jedoch bei dieser „innerdeutschen Rechtshilfe" die Sicherung rechtsstaatlicher Grundsätze vor (BVerfGE 4, 299; 37, 57). Maßgebend ist hierfür das Gesetz über die innerdeutsche Rechts- und Amtshilfe in Strafsachen vom 2. Mai 1953 (BGBl. I S. 161).

Erwerb und Verlust der deutschen Staatsangehörigkeit

Die deutsche Staatsangehörigkeit wird durch Geburt, für einen Ausländer **27** hauptsächlich durch Einbürgerung erworben (§§ 3 ff. RuStAG). Durch die **Geburt** erwirbt die Staatsangehörigkeit das eheliche Kind, wenn ein Elternteil Deutscher ist, und das nicht eheliche Kind, wenn seine Mutter Deutsche ist. Die **Einbürgerung** ist, soweit gesetzlich nichts anderes vorgeschrieben, eine Ermessensentscheidung, die an einige im Gesetz aufgezählte Mindestvoraussetzungen gebunden ist (§ 8 RuStAG). Ein Einbürgerungsanspruch besteht z. B. für die Deutschen i. S. d. Art. 116 Abs. 1 GG, sofern sie die deutsche Staatsangehörigkeit nicht besitzen.
Die Staatsangehörigkeit geht verloren durch Entlassung, durch den Erwerb einer ausländischen Staatsangehörigkeit, durch Verzicht und durch Annahme als Kind durch einen Ausländer (§§ 17 ff. RuStAG). Da die Staatsangehörigkeit kein Recht des einzelnen ist, über das dieser verfügen könnte, wird der Verzicht nur wirksam, wenn die dafür erforderliche „Genehmigung" der zuständigen Behörde erteilt wird (§ 26 RuStAG).

Deutscher Staatsangehöriger und Deutscher

28 **Deutscher** im Sinne des Grundgesetzes ist, vorbehaltlich anderweitiger gesetzlicher Regelung, wer die deutsche Staatsangehörigkeit besitzt oder als Flüchtling oder Vertriebener deutscher Volkszugehörigkeit oder als dessen Ehegatte oder Abkömmling in dem Gebiete des deutschen Reiches nach dem Stand vom 31. Dez. 1937 Aufnahme gefunden hat (Art. 116 Abs. 1 GG). Die besondere Bedeutung dieser Vorschrift besteht darin, daß sie einer bestimmten Personengruppe, die nicht die deutsche Staatsangehörigkeit hat, den staatsangehörigkeitsrechtlichen Status des ,,Deutschen" zuspricht und diese Personengruppe damit den deutschen Staatsangehörigen verfassungsrechtlich gleichstellt. Der historische Hintergrund dieser Bestimmung sind die im Zusammenhang mit dem Zweiten Weltkrieg stehenden Ereignisse der Flucht und der Vertreibung verschiedener Gruppen deutscher Volkszugehörigkeit aus Rußland, aus den ehemaligen Ländern der habsburger Monarchie und aus dem Balkan. Mit dem Anknüpfungsmerkmal der **,,deutschen Volkszugehörigkeit"** wird vorausgesetzt, daß sich der Betroffene in seiner früheren Heimat zum deutschen Volkstum bekannt hat und durch Abstammung, Sprache oder sonstige ethnisch-kulturelle Merkmale auch objektiv diese Volkszugehörigkeit nachweisen kann (vgl. § 6 Bundesvertriebenengesetz). Der Deutsche ohne deutsche Staatsangehörigkeit hat nach Maßgabe der §§ 6 ff. des Staatsangehörigkeitsregelungsgesetzes (L RNr. 23) einen Anspruch auf Einbürgerung.

Staatsangehörigkeitsrechtliche Besonderheiten aus der Zeit des Dritten Reiches

29 Die Behörden des Dritten Reiches haben, vielfach unter Verletzung der allgemeinen Grundsätze des Staatsangehörigkeitsrechts, Personen und Personengruppen die deutsche Staatsangehörigkeit aus politischen, rassischen oder religiösen Gründen entzogen (,,Ausbürgerung"), andererseits im Zusammenhang mit der Expansion des Reichsgebiets und der Besetzung von Gebieten der Kriegsgegner, auch als Folge des mit oder gegen den Willen des Betroffenen erfolgten Eintritts in die deutschen Streitkräfte, insbes. die Waffen-SS, ,,Sammeleinbürgerungen" vorgenommen oder Einbürgerungen in Aussicht gestellt. Diese verschiedenartigen Vorgänge des **Verstoßens aus dem Staatsverband** und der **Aufnahme in ein Schutzverhältnis zum Reich** haben die staatsangehörigkeitsrechtlichen Rechtsverhältnisse einer großen Zahl von Personen und Personengruppen willkürlich oder jedenfalls rechtlich angreifbar oder unklar verändert.
Das Unrecht der Ausbürgerung soll unmittelbar durch die Bestimmung des Art. 116 Abs. 2 GG eine Wiedergutmachung finden (siehe z. B. BVerwG JZ 1984, 837). Die Staatsangehörigkeitsverhältnisse deutscher Volkszugehöriger, denen die deutsche Staatsangehörigkeit in den Jahren 1938 bis 1945 durch Sammeleinbürgerung verliehen worden ist, und die Staatsangehörigkeitsverhältnisse weiterer Personengruppen sind im Staatsangehörigkeitsregelungsgesetz (RNr. 23) geordnet worden. Die Staatsangehörigkeitsverhältnisse derjenigen Personen, die durch den ,,Anschluß" Österreichs im Jahre 1938 betroffen worden waren sind Gegenstand des Zweiten Gesetzes zur Regelung von

Die Staatsangehörigkeit 30, 31 L

Fragen der Staatsangehörigkeit vom 17. Mai 1956 (BGBl. I S. 431), zuletzt geänd. durch Gesetz vom 18. Juli 1979 (BGBl. I S. 1160); siehe BVerfGE 4, 322.

Die Staatsangehörigkeit im Bund und in den Ländern

Die **„Staatsangehörigkeit im Bund"** ist eine Materie der ausschließlichen 30 Gesetzgebung des Bundes (Art. 73 Nr. 2 GG). Da es neben der deutschen Staatsangehörigkeit, deren Fortbestehen auch vom Grundgesetz selbst vorausgesetzt wird, eine eigene Staatsangehörigkeit „im Bund", d. h. der Bundesrepublik Deutschland, nicht geben kann, betrifft diese Gesetzgebungskompetenz des Bundes die deutsche Staatsangehörigkeit. Auf dieser Gesetzgebungskompetenz beruhen demgemäß auch die verschiedenen Bundesgesetze, durch die das Reichs- und Staatsangehörigkeitsgesetz geändert worden ist und sonst staatsangehörigkeitsrechtliche Rechtsverhältnisse geregelt worden sind. Daß das Grundgesetz dennoch nicht von der „deutschen Staatsangehörigkeit" als einer Materie der Bundesgesetzgebung spricht, hängt mit dem angenommenen Schwebezustand der deutschen Frage zusammen, vor allem mit der im Mai 1949 ungewissen staatsrechtlichen Lage der damaligen sowjetischen Besatzungszone, der späteren Deutschen Demokratischen Republik. Hierzu siehe sogleich RNr. 31.
Dem bundesstaatlichen Charakter der Bundesrepublik entsprechend schließt es das Grundgesetz nicht aus, daß eine eigene **Staatsangehörigkeit in den Ländern** bestehen kann. Diese ist ein Gebiet der konkurrierenden Gesetzgebung (Art. 74 Nr. 8 GG). Da es Rechtsvorschriften des Bundes oder der Länder über eine eigene Landes-Staatsangehörigkeit nicht gibt, besteht nur die deutsche Staatsangehörigkeit; der Art. 6 BayVerf hat ohne das dort vorbehaltene „Gesetz über die Staatsangehörigkeit" keine unmittelbare Rechtswirkung (BayVerfGH VGHE 24, 1).

Deutsche Staatsangehörigkeit und Staatsbürgerschaft der DDR

Die DDR hatte zunächst auf der Grundlage des fortgeltenden Reichs- und 31 Staatsangehörigkeitsgesetzes die deutsche Staatsangehörigkeit als fortbestehend behandelt, mit dem Erlaß des **Gesetzes über die Staatsbürgerschaft der Deutschen Demokratischen Republik** vom 20. Febr. 1967 (GBl. I S. 3) die Rechtseinheit auf dem Gebiet des Staatsangehörigkeitsrechts aufgegeben und auch ausdrücklich eine eigene „Staatsbürgerschaft" der DDR begründet; siehe Staatsrecht der DDR, hrsg. v. d. Akademie für Staats- und Rechtswissenschaft der DDR, 1977, S. 148 ff., G. RIEGE, Die Staatsbürgerschaft der DDR, Ost-Berlin, 1982. In der Präambel des Staatsbürgerschaftsgesetzes wird in Anspruch genommen, daß mit der Gründung der DDR in Übereinstimmung mit dem Völkerrecht die Staatsbürgerschaft der DDR entstanden ist. Die DDR setzt demnach ihre Staatsbürgerschaft nicht mit der deutschen Staatsangehörigkeit gleich.
Das Grundgesetz und das Recht der Bundesrepublik beruhen auf dem **Fortbestehen der deutschen Staatsangehörigkeit,** die zugleich die Staatsangehörigkeit der Bundesrepublik ist (RNrn. 24 und 30). Daran hat auch der Grundvertrag vom 21. Dez. 1972 nichts geändert, zu dem die Bundesrepublik als

Vorbehalt zu Staatsangehörigkeitsfragen erklärt hat, daß Staatsangehörigkeitsfragen durch den Vertrag nicht geregelt worden sind. Das Urteil des Bundesverfassungsgerichts vom 31. Juli 1973 zur Verfassungsmäßigkeit und zur verfassungsmäßigen Interpretation des Grundvertrages enthält – mit nicht in jeder Hinsicht klaren Wendungen – die Rechtsauffassung, daß die deutsche Staatsangehörigkeit zum einen den ,,Bürgern der Bundesrepublik Deutschland" und außerdem auch anderen Deutschen, offenbar den Bürgern der DDR, zukomme, und daß ein Deutscher, wann immer er in den Schutzbereich der staatlichen Ordnung der Bundesrepublik gelange, einen Anspruch auf den vollen Schutz der Gerichte der Bundesrepublik und alle Garantien der Grundrechte des Grundgesetzes habe (BVerfGE 36, 1/29 ff.). Dies kann nur so verstanden werden, daß die Bundesrepublik auch die **Staatsbürger der DDR** als deutsche Staatsangehörige ansieht, sie jedoch so lange als sie im Staatsgebiet der DDR ihren Wohnsitz oder dauernden Aufenthalt haben, nicht auch als ,,Bürger der Bundesrepublik Deutschland" behandelt. Die deutsche Staatsangehörigkeit der Deutschen in der DDR wird damit nach Auffassung der Bundesrepublik zumindest mittelbar auch durch das Staatsbürgerschaftsrecht der DDR vermittelt, in dem Erwerb und Verlust der Staatsbürgerschaft geregelt sind. Dies gilt nur mittelbar, weil der Erwerb der deutschen Staatsangehörigkeit sich auch für die Staatsbürger der DDR allein nach Bundesrecht richtet, soweit daraus Rechtsfolgen durch Gerichte oder Behörden der Bundesrepublik abgeleitet werden (BVerwGE 66, 277. – Dazu H. VON MANGOLDT, JZ 1983, 539; D. WYDUCKEL, DVBl. 1983, 457; G. ZIEGER, NJW 1984, 699). Die praktische Bedeutung dieser Rechtslage ist, daß die DDR durch ihr Staatsbürgerschaftsrecht nicht ohne weiteres mit auch für die Bundesrepublik maßgebender Wirkung darüber befinden kann, wem die deutsche Staatsangehörigkeit im Sinne des Rechts der Bundesrepublik zukommt.

J. A. FROWEIN, Die Rechtslage Deutschlands und der Status Berlins, HbVerfR 1983, S. 29/48 ff.; E.-W. BÖCKENFÖRDE, Die Teilung Deutschlands und die deutsche Staatsangehörigkeit, in: Festgabe für Carl Schmitt, 1968, S. 423; U. SCHEUNER, Die deutsche einheitliche Staatsangehörigkeit: Ein fortdauerndes Problem der deutschen Teilung, Europa-Archiv 1979, 345; A. HELDRICH, Innerdeutsches Kollisionsrecht und Staatsangehörigkeitsfrage, NJW 1978, 2169; R. SCHOLZ, Die Effektivität der deutschen Staatsangehörigkeit, in: D. BLUMENWITZ/B. MEISSNER (Hrsg.), Staatliche und nationale Einheit Deutschlands, 1985, S. 57. – Antwort der Bundesregierung auf eine Kleine Anfrage betr. die praktische und politische Handhabung der Respektierung der DDR-Staatsbürgerschaft durch die Bundesregierung und Behörden in der Bundesrepublik Deutschland, BTag Drucks. 10/3023.

4. Das Staatskirchenrecht

a) Grundlagen

Kirchenrecht und Staatskirchenrecht

32 **Kirchenrecht** ist das auf der Grundlage offenbarter und überlieferter Glaubenswahrheiten kraft autonomer Vollmacht gesetzte und für die Kirchenmit-

Das Staatskirchenrecht 32 L

glieder verbindliche Recht der Kirchen, **Staatskirchenrecht** ist das durch die Verfassung und die Gesetze des Staates und durch Vereinbarungen geordnete Verhältnis des Staates zu den Kirchen und bestimmten, den Kirchen gleichgestellten Religionsgesellschaften. Das Grundprinzip des Staatskirchenrechts ist die Anerkennung der Kirchen und Religionsgesellschaften als selbständiger und in ihren eigenen Angelegenheiten vom Staate unabhängiger Rechtsgemeinschaften.
Das **kanonische Recht** ist das Kirchenrecht der römischen Papstkirche des Mittelalters, dann der katholischen Weltkirche. Sein Kernstück war bis zum Beginn des 20. Jahrhunderts das Corpus Iuris Canonici, eine im Jahre 1582 offiziell promulgierte Sammlung kirchenrechtlicher Vorschriften aus mehreren Jahrhunderten. Die im Jahre 1917 veröffentlichte Neukodifikation des katholischen Kirchenrechts im Codex Iuris Canonici wurde nach dem II. Vatikanischen Konzil durch den Codex Iuris Canonici von 1983 abgelöst. Die aus der Reformation hervorgegangenen Kirchen des reformierten und des lutherischen Bekenntnisses, welche die Rechtfertigung des Menschen allein aus dem Glauben lehren und – wenn auch in großer Vielfalt der organisatorischen Erscheinungen – dem persönlichen Bekenntnis und der religiösen Gemeinschaft in der Gemeinde ein deutlich größeres Gewicht zusprechen als den kirchlichen Institutionen, geben dem Kirchenrecht nicht dieselbe Bedeutung wie die katholische Kirche, die sich stets in besonderem Maße auch als „Rechtskirche" verstanden hat. Die Grundaporie des **evangelischen Kirchenrechts** kommt mit einseitiger Schärfe in dem berühmten Satz RUDOLPH SOHMS zum Ausdruck: „Das Kirchenrecht steht mit dem Wesen der Kirche im Widerspruch" (Kirchenrecht, 1. Bd., 1892). Auf die älteren Kirchenordnungen nach der Reformation folgte eine längere Zeit des „Staatskirchentums", in dem die rechtliche Ordnung der evangelischen Kirchen durch das landesherrliche Summepiskopat (der Landesherr ist zugleich oberster Bischof) bestimmt wurde. Erst mit dem Ende der Monarchien in Deutschland gelangten Vorstellung und Praxis eines selbständigen evangelischen Kirchenrechts in den Landeskirchen zum Durchbruch. Die von den landeskirchlichen Synoden erlassenen Kirchengesetze und sonstigen Vorschriften über die Kirchenverfassung, die Ämterordnung und den Gottesdienst bilden den Hauptteil des heutigen evangelischen Kirchenrechts.

H, QUARITSCH/H. WEBER, Staat und Kirchen in der Bundesrepublik, 1967; E. FRIESENHAHN/U. SCHEUNER (Hrsg.), Handbuch des Staatskirchenrechts der Bundesrepublik Deutschland, 2 Bde., 1974/75; P. MIKAT (Hrsg.), Kirche und Staat in der neueren Entwicklung, 1980; A. FRHR. v. CAMPENHAUSEN, Staatskirchenrecht, 2. Aufl., 1983. Die Religion in Geschichte und Gegenwart (RGG). Handwörterband für Theologie und Religionswissenschaft, 3. Aufl., 6 Bde., 1957–62, Registerband 1965; H. LIERMANN, Das kanonische Recht als Grundlage europäischen Rechtsdenkens, ZevKR 6, 1957, S. 37; E. EICHMANN/K. MÖRSDORFF, Lehrbuch des Kirchenrechts, 3 Bde., 11. Aufl., 1964ff.; J. LISTL/H. MÜLLER/H. SCHMITZ (Hrsg.), Handbuch des kathol. Kirchenrechts, 1983; H. RUF, Das Recht der katholischen Kirche nach dem neuen Codex Iuris Canonici, für die Praxis erläutert, 1983; D. PIRSON, Universalität und Partikularität der Kirche, 1965; O. FRIEDRICH, Einführung in das Kirchenrecht, 2. Aufl., 1978; A. ERLER, Kirchenrecht, 5. Aufl., 1983.

Staat und Kirche

33 Das Mittelalter verbindet in der Einheit der christlichen Welt die beiden Universalmächte des Papsttums und des Kaisertums, deren Miteinander und Gegeneinander jahrhundertelang das beherrschende Thema der abendländischen Geschichte blieb, bis mit dem historischen Erfolg der Nationalmonarchie, besonders in Frankreich, Spanien und England, sich die neuen Fronten des Verhältnisses von Staat und Kirche ankündigten. Die Reformation versetzte die katholische Kirche in die Rolle einer Religionspartei neben den beiden evangelischen Bekenntnissen; das Reichsrecht folgte seit dem **Westfälischen Frieden von 1648** dem Grundsatz der ,,Parität". Die Territorialstaaten nahmen als Bestandteil der Landeshoheit die Kirchengewalt gegenüber dem im Lande herrschenden Bekenntnis und den anderen tolerierten Bekenntnissen in Anspruch, am stärksten ausgebildet in den protestantischen Territorien und deren ,,Staatskirchentum". Erst verhältnismäßig spät und mit unwiderstehlicher Kraft erst seit der Aufklärung tritt die dem einzelnen zugestandene Religionsfreiheit auf den Plan.

Das Ende der Monarchien bedeutete zugleich auch das Ende jeder Art des **Staatskirchentums**. Zu den Weimarer Kirchenartikeln gehört der – schneidend formulierte – Satz: ,,Es besteht keine Staatskirche" (Art. 137 Abs. 1 WeimRVerf.). Die Kirchen finden sich nun unter dem Namen der ,,Religionsgesellschaften" wieder, wenngleich ihnen der Status von Körperschaften des öffentlichen Rechts belassen und eine Reihe von Vorrechten zugestanden bleibt, darunter das Recht, aufgrund der bürgerlichen Steuerlisten nach Maßgabe der landesrechtlichen Bestimmungen Steuern zu erheben.

Eine vollständige **Trennung** von Staat und Kirche im Sinne des neuzeitlichen Laizismus liegt somit der Weimarer Reichsverfassung und folgeweise dem Grundgesetz (Art. 140 GG) nicht zugrunde. Der Staat schützt die Religionsfreiheit, allerdings auch die areligiöse Weltanschauungsfreiheit, er gewährleistet die Freiheit der Vereinigung zu Religionsgesellschaften und er stellt die als Körperschaften des öffentlichen Rechts anerkannten Kirchen und sonstigen Religionsgesellschaften unter eine besondere Gewährleistung und Schutzgarantie. Allen Religionsgesellschaften wird zugestanden, ihre Angelegenheiten selbständig innerhalb der Schranken des für alle geltenden Gesetzes zu ordnen und zu verwalten, einschließlich des Rechts, ihre Ämter ohne Mitwirkung des Staates oder der bürgerlichen Gemeinde zu verleihen. Diese nach dem Verfassungsrecht bestehende Rechtslage ist die Basis dafür, daß das Verhältnis von Staat und Kirche Gegenstand des **Staatskirchenrechts** und damit besonderer Rechtsbeziehungen ist; es kann weder durch die individuellen Grundrechte, noch durch die allgemeine Vereinigungsfreiheit noch schließlich durch die moderne Lehre von den organisierten Interessen vollständig und zutreffend erfaßt werden.

M. HECKEL, Zur Entwicklung des deutschen Staatskirchenrechts von der Reformation bis zur Schwelle der Weimarer Verfassung, ZevKR 12, 1966/67, S. 34; DERS., Staat und Kirche in der Bundesrepublik; ZevKR 18, 1973, S. 22; DERS., Deutschland im konfessionellen Zeitalter, 1983; E. R. HUBER/W. HUBER, Staat und Kirche im 19. und 20. Jahrhundert, 4 Bde., 1973/76/83.

Das Staatskirchenrecht 34, 35 L

Verfassungsrechtliche Ordnung der Rechtsbeziehungen

Die Weimarer Reichsverfassung hat in dem Dritten Abschnitt „Religion und 34 Religionsgesellschaften" ihres Zweiten Hauptteiles die Grundlagen des Staatskirchenrechts zum Gegenstand verfassungsrechtlicher Entscheidung und Regelung gemacht (Art. 135 bis 141). Darüber hinaus gehörte es zur Kompetenz des Reiches, im Wege der Gesetzgebung Grundsätze für die Rechte und Pflichten der Religionsgesellschaften aufzustellen (Art. 10 Nr. 1 WeimRVerf). Die verfassunggebende Gewalt des neuen republikanischen und demokratischen Staates nimmt damit das Recht in Anspruch, das Verhältnis von Staat und Kirche **durch die Verfassung** zu ordnen und die Kirchen und sonstigen Religionsgesellschaften insoweit staatlicher Bestimmung zu unterwerfen. Das Grundgesetz hat in Art. 140 die Weimarer Kirchenartikel im wesentlichen rezipiert. Es hat allerdings das Gesetzgebungsrecht im Bereich des Staatskirchenrechts im Unterschied zur Weimarer Reichsverfassung im wesentlichen den Ländern überlassen (RNr. 39). Die staatskirchenrechtlichen Regelungen der Landesverfassungen haben dementsprechend ein eigenes Gewicht.

K. HESSE, Die Entwicklung des Staatskirchenrechts seit 1945, JöR 10, 1961, S. 3; A. HOLLERBACH, Die verfassungsrechtlichen Grundlagen des Staatskirchenrechts, in: Handbuch des Staatskirchenrechts, I, 1974, S. 215.

Konkordate und Kirchenverträge

Die besondere Stellung der Kirchen im Verhältnis zum Staat kommt in kenn- 35 zeichnender Weise darin zum Ausdruck, daß wesentliche Materien in den Beziehungen des Staates zu den Kirchen im Wege von **Vereinbarungen** geregelt werden, z. B. die staatliche Mitwirkung bei der Besetzung kirchlicher Ämter, die kirchliche Mitwirkung bei der Berufung von Professoren in den theologischen Fakultäten, die Bedeutung der Religion bei der Organisation des Schulwesens, die staatliche Mitwirkung bei der Zirkumskription der Diözesen der katholischen Kirche. Derartige staatskirchenrechtliche Vereinbarungen sind die Konkordate mit dem Heiligen Stuhl und die Kirchenverträge mit den evangelischen Landeskirchen. Die **Kirchenverträge** sind keine völkerrechtlichen Verträge und verfassungsrechtlich nicht als Verträge mit auswärtigen Staaten (Art. 32, 59 Abs. 2 GG) zu behandeln. Die **Konkordate,** an denen der Heilige Stuhl als Völkerrechtssubjekt und als die Spitze der katholischen Weltkirche beteiligt ist, sind dementgegen völkerrechtliche Verträge.
Da nach der Kompetenzverteilung der Weimarer Reichsverfassung dem Reich die Grundsatzgesetzgebung über die Rechte und Pflichten der Religionsgesellschaften zustand, konnte neben den Konkordaten und Kirchenverträgen einzelner Länder (siehe bes. das Konkordat mit Preußen vom 14. Juni 1929, GS S. 152) das **Reichskonkordat** vom 20. Juli 1933 (RGBl. II S. 679) abgeschlossen werden. Wegen der veränderten Zuständigkeitsordnung des Grundgesetzes hat das Reichskonkordat zwar seine Geltung behalten, ist eine Bindung der Länder jedoch nicht eingetreten (BVerfGE 6, 309);

RNr. 13. Nach der Kompetenzordnung des Grundgesetzes können Konkordate und Kirchenverträge allein durch die Länder abgeschlossen werden. Das geänderte Verständnis des Staatskirchenrechts nach dem Zweiten Weltkrieg hat sich besonders deutlich in dem Vertrag des Landes Niedersachsen mit den Evangelischen Landeskirchen von Niedersachsen vom 19. März 1955 (Nds. GVBl. S. 159), dem „Loccumer Vertrag", manifestiert; siehe R. SMEND, Der niedersächsische Kirchenvertrag und das heutige deutsche Staatskirchenrecht, JZ 1956, 50; U. SCHEUNER, Die staatskirchenrechtliche Tragweite des niedersächsischen Kirchenvertrages von Kloster Loccum, ZevKR 6, 1957/58, S. 1.

W. WEBER (Hrsg.), Die deutschen Konkordate und Kirchenverträge der Gegenwart, 2 Bde, 1962/71; L. SCHÖPPE (Hrsg.), Konkordate seit 1800, 1964; A. HOLLERBACH, Verträge zwischen Staat und Kirche in der Bundesrepublik Deutschland, 1965; H. WEBER (Hrsg.), Staatskirchenverträge, 1967; D. PIRSON, Der Kirchenvertrag als Gestaltungsform der Rechtsbeziehungen zwischen Staat und Kirche, in: Festschrift für Hans Liermann, 1964, S. 177.

Es besteht keine Staatskirche

36 Wie schon in der Weimarer Republik besteht auch unter dem Grundgesetz im Bund und in den Ländern für keine der christlichen Kirchen eine staatskirchenrechtliche Vorzugsstellung der Art, daß in allen öffentlichen Angelegenheiten, die auf Religion bezogen sind, nur ein bestimmtes Bekenntnis, eine „Staatskirche", anerkannt wäre (Art. 140 GG i. V. m. Art. 137 Abs. 1 WeimRVerf.). Unter einem anderen Blickwinkel bedeutet das Nichtbestehen einer Staatskirche die Pflicht des Staates zur **Neutralität** gegenüber der Religion, welchen Bekenntnisses oder Glaubens auch immer. Die Verfassung statuiert ein „Gebot staatlicher Neutralität im kirchlichen Bereich" (BVerfGE 30, 415/422). Damit steht es in einem sachlichen Zusammenhang, daß niemand wegen seines Glaubens und seiner religiösen Anschauungen benachteiligt oder bevorzugt werden darf (Art. 3 Abs. 3 GG) und daß der Genuß bürgerlicher und staatsbürgerlicher Rechte, die Zulassung zu öffentlichen Ämtern sowie die im öffentlichen Dienst erworbenen Rechte unabhängig von dem religiösen Bekenntnis sind und niemandem aus seiner Zugehörigkeit oder Nichtzugehörigkeit zu einem Bekenntnis oder einer Weltanschauung ein Nachteil erwachsen darf (Art. 33 Abs. 3 GG; siehe auch Art. 140 GG i. V. m. Art. 136 WeimRVerf).
Diese Neutralitätspflicht des Staates und das einbegriffene **Diskriminierungsverbot** dürfen nicht gleichgesetzt werden mit einer absoluten Trennung von Staat und Religion im Sinne eines laizistischen Gebotes der Religionslosigkeit staatlicher Einrichtungen oder Handlungen; die religiöse Beteuerungsformel des Eides, die Verwendung christlicher Symbole durch staatliche Einrichtungen, z.B. in Gerichten (Kreuz im Gerichtssaal: BVerfGE 35, 366; BayVerfGH VGHE 20 II 87) und Schulen, und die – verfassungsrechtlich vorgesehene – Ausgestaltung der Kirchensteuer bedeuten deswegen keine Durchbrechung des Grundsatzes der staatlichen Neutralität gegenüber dem religiösen Bekenntnis.

Religionsfreiheit

Die Religionsfreiheit ist ein **Grundrecht**, das in den konfessionellen Bürgerkriegen des 16. und 17. Jahrhunderts gefordert und seit der Aufklärung als ein Hauptstück der bürgerlichen Freiheit anerkannt worden ist. Die Religionsfreiheit umfaßt die Freiheit des religiösen oder weltanschaulichen Bekenntnisses, die Freiheit der Religionsausübung („Kultusfreiheit") und die Freiheit der Vereinigung zu Religionsgesellschaften (C RNrn. 55–57). Das Grundgesetz hat – dem Vorbild des Art. 12 der Verfassungs-Urkunde für den Preußischen Staat vom 31. Januar 1850 und des Art. 135 WeimRVerf folgend – die Religionsfreiheit in Art. 4 Abs. 1 und 2 GG und in Art. 140 GG i. V. m. Art. 137 Abs. 2 WeimRVerf gewährleistet. Die Religionsfreiheit bedeutet den Schutz gegen staatliche oder kirchliche Diskriminierung wegen der Zugehörigkeit oder Nichtzugehörigkeit zu einer bestimmten Kirche oder Religionsgesellschaft und bedeutet weiter die Verpflichtung des Staates, der mit den allgemeinen Gesetzen in Einklang stehenden Religionsausübung Schutz zu gewähren, z. B. durch die Sanktionierung von Straftaten, welche sich auf Religion und Weltanschauung beziehen (siehe §§ 166 ff. StGB). Die Religionsfreiheit ist ein Grundrecht des einzelnen und der Kirchen oder sonstigen Religionsgesellschaften (BVerfGE 19, 1; 19, 129; 24, 236; 42, 321).

37

Art. 140 GG

Art. 140 GG ordnet an, daß die Bestimmungen der Art. 136, 137, 138, 139 und 141 WeimRVerf Bestandteil des Grundgesetzes sind. Die aufgezählten Bestimmungen sind damit in das Grundgesetz „inkorporiert" und verfassungsrechtlich nicht anders zu behandeln als die anderen Bestimmungen des Grundgesetzes. Der Parlamentarische Rat hat durch diese etwas ungewöhnliche Rechtstechnik die Notwendigkeit umgangen, eine besondere Entscheidung über das Staatskirchenrecht zu treffen. Dennoch liegt selbstverständlich in dem eingeschlagenen Weg der **Inkorporation der Weimarer Kirchenartikel** eine selbständige staatskirchenrechtliche Entscheidung des Parlamentarischen Rates, nämlich die Übernahme der Weimarer Grundsätze. Indem diese in das Grundgesetz eingefügt wurden, wurden sie – ohne eine ausdrückliche Änderung ihres Wortlautes – nach dem Prinzip der Einheit der Verfassung dem neuen Staatsbild des Grundgesetzes unterworfen. Der damit eingetretene „Bedeutungswandel" der Weimarer Kirchenartikel ist zuerst von R. SMEND, Staat und Kirche nach dem Bonner Grundgesetz, ZevKR 1, 1951, S. 1, in seiner Tragweite erkannt worden. Die davon ausgehende und eine Zeitlang zur Vorherrschaft gelangte Lehre von der „Koordination" von Staat und Kirche unter dem Grundgesetz konnte sich zu Recht nicht auf Dauer behaupten. Die Kirchen und sonstigen Religionsgesellschaften sind der Verfassung des Staates und den in der Verfassung enthaltenen Anforderungen und Bindungen unterworfen, unbeschadet der ihnen in ihren eigenen Angelegenheiten zukommenden Autonomie und ungeachtet der ihnen sonst durch Verfassung, Vereinbarung oder Gesetz eingeräumten Vorrechte. Der Bedeutungswandel der Weimarer Kirchenartikel als Bestandteil des Grundgesetzes liegt nicht zuerst in einer Veränderung dieser institutionellen Grundlagen des

38

Staatskirchenrechts, sondern vor allem in dem verstärkten individualistischen, „personalen" Gewicht der Religionsfreiheit nach Art. 4 GG (siehe z. B. BVerfGE 33, 23).

Zuständigkeiten des Bundes und der Länder

39 Das Staatskirchenrecht fällt in die Zuständigkeit der **Länder**, soweit nicht Art. 140 GG i. Verb. mit den Weimarer Kirchenartikeln Zuständigkeiten des Bundes begründet oder zuläßt und soweit nicht einzelne staatskirchenrechtliche Fragen kraft Sachzusammenhangs mit Gesetzgebungs- oder Verwaltungszuständigkeiten des Bundes der alleinigen Länderkompetenz entzogen sind. Gegenstand der **Bundesgesetzgebung** sind danach beispielsweise die Grundsätze über die Ablösung der Staatsleistungen an die Religionsgesellschaften nach Art. 140 GG i. V. m. Art. 138 Abs. 1 WeimRVerf. und die Regelung von Fragen der Militärseelsorge und der Befreiung von Geistlichen vom Wehrdienst als Annex der ausschließlichen Gesetzgebung des Bundes über die Verteidigung (Art. 73 Nr. 1 GG). Eine staatskirchenrechtlich erhebliche Annexkompetenz des Bundes im Bereich der konkurrierenden Gesetzgebung besteht für die Materie der wirtschaftlichen Sicherung der Krankenhäuser und der Regelung der Krankenhauspflegesätze (Art. 74 Nr. 19a GG), eine solche im Bereich der Rahmengesetzgebung besteht im Hinblick auf die allgemeinen Grundsätze des Hochschulwesens (Art. 75 Nr. 1a GG), die sich auch auf die theologischen Fakultäten und die theologischen Hochschulen erstrecken können.

b) Kirchen und Religionsgesellschaften

Vereinigungsfreiheit

40 Die Weimarer Kirchenartikel, die nach Art. 140 GG Bestandteil des Grundgesetzes sind, sprechen überall von den „**Religionsgesellschaften**" und meinen damit die in Ausübung der Religionsfreiheit gebildeten Vereinigungen. Sie ignorieren den geschichtlichen Begriff der „**Kirche**", die innerweltliche Verkörperung der Gemeinschaft der Gläubigen nach christlicher Offenbarung und Tradition. Die Landesverfassungen nach dem Kriege haben diese distanzierte Ausdrucksweise nicht beibehalten, sondern im Bereich ihrer staatskirchenrechtlichen Regelungen die Begriffe der „Kirchen" und „Religions-" und „Weltanschauungsgemeinschaften" gewählt; siehe beispielsweise Art. 4 BadWürttVerf., Art. 142 BayVerf., Art. 59 BremVerf., Art. 49 HessVerf.

Die Freiheit der Vereinigung zu Religionsgesellschaften wird gewährleistet. Religionsgesellschaften erwerben die Rechtsfähigkeit nach den allgemeinen Vorschriften des bürgerlichen Rechts (Art. 140 GG i. V. m. Art. 137 Abs. 2 und 4 WeimRVerf.). Eine Anerkennung der besonderen Stellung der christlichen Kirchen ist dadurch erfolgt, daß die Religionsgesellschaften Körperschaften des öffentlichen Rechts bleiben, „soweit sie solche bisher waren", und daß die Religionsgesellschaften, welche Körperschaften des öffentlichen Rechts sind, berechtigt sind, aufgrund der bürgerlichen Steuerlisten nach

Maßgabe der landesrechtlichen Bestimmungen Steuern zu erheben (Art. 140 GG i. V. m. Art. 137 Abs. 5 und 6 WeimRVerf.). Den Religionsgesellschaften werden die Vereinigungen gleichgestellt, die sich die gemeinschaftliche Pflege einer **Weltanschauung** zur Aufgabe machen (Art. 4 Abs. 1, 140 GG i. V. m. Art. 137 Abs. 7 WeimRVerf.); siehe BVerwGE 37, 344 zur LUDENDORFF-Bewegung, Anm. TH. WÜRTENBERGER, ZevKR 18, 1973, S. 67.

Körperschaften des öffentlichen Rechts

Die Religionsgesellschaften bleiben Körperschaften des öffentlichen Rechts, **41** soweit sie solche bisher waren, anderen Religionsgesellschaften sind auf ihren Antrag gleiche Rechte zu gewähren, wenn sie durch ihre Verfassung und die Zahl ihrer Mitglieder die Gewähr der Dauer bieten. Schließen sich mehrere derartige öffentlich-rechtliche Religionsgesellschaften zu einem Verband zusammen, so ist auch dieser Verband eine öffentlich-rechtliche Körperschaft (Art. 140 GG i. V. m. Art. 137 Abs. 5 WeimRVerf.). Die Organisationsform der Körperschaft des öffentlichen Rechts (G RNr. 16) wird den Kirchen durch das Staatskirchenrecht zuerkannt, um ihre herausragende öffentliche Bedeutung und Wirksamkeit zu kennzeichnen und die Kirchen organisatorisch vom privatrechtlichen Vereinsrecht abzuheben. Eine irgendwie geartete Einordnung der Kirchen in den organisatorischen Bereich des Staates oder der Exekutive wird damit nicht ausgedrückt; auch irgendwelche Folgerungen im Hinblick auf eine Staatsaufsicht können daraus nicht abgeleitet werden (BVerfGE 18, 385; 30, 415). Die Kirchen sind vom Staat anerkannte **selbständige Rechtsgemeinschaften,** nicht vom Staat geschaffene Verbände oder Einrichtungen. Sie verfügen in ihren eigenen Angelegenheiten des Glaubens, der Verkündung, der Mitgliedschaft, der Ämter und der Organisation über Autonomie und eigene Hoheitsgewalt einschließlich einer eigenen Gerichtsbarkeit. Nur soweit die Kirchen ihnen vom Staat übertragene Befugnisse, z. B. der Erhebung von Steuern oder der Verwaltung öffentlicher Friedhöfe, wahrnehmen, stellt ihre Tätigkeit eine nach allgemeinen Grundsätzen zu behandelnde öffentlich-rechtliche Verwaltungstätigkeit dar, die staatlicher Regelung zugänglich ist.
Die Gewährung der Körperschaftsrechte an Religionsgesellschaften, die bisher nicht Körperschaften des öffentlichen Rechts waren, bestimmt sich nach Landesrecht (Art. 140 GG i. V. m. Art. 137 Abs. 8 WeimRVerf.). Die Gewährung wie auch die Verweigerung der Körperschaftsrechte ist ein Verwaltungsakt, der den allgemeinen Regeln des verwaltungsgerichtlichen Rechtsschutzes unterliegt.
Neben den Diözesen der katholischen Kirche und den evangelischen Landeskirchen, der Evangelischen Kirche in Deutschland (EKD) und der Vereinigten Evangelisch-Lutherischen Kirche Deutschlands sind Körperschaften des öffentlichen Rechts u. a. die Altkatholische Kirche, die Mennoniten, die Methodisten und Religionsgesellschaften des Judentums.

H. WEBER, Die Religionsgesellschaften als Körperschaften des öffentlichen Rechts im System des Grundgesetzes, 1966; R. SMEND, Grundsätzliche Bemerkungen zum Korporationsstatus der Kirchen, ZevKR 16, 1971, S. 241.

Garantie der Vermögensrechte

42 Das Eigentum und andere Rechte der Religionsgesellschaften und religiösen Vereine an ihren für Kultus-, Unterrichts- und Wohltätigkeitszwecke bestimmten Anstalten, Stiftungen und sonstigen Vermögen werden gewährleistet (Art. 140 GG i. V. m. Art. 138 Abs. 2 WeimRVerf.). Die Verfassung gibt damit den Vermögensrechten der Religionsgesellschaften und religiösen Vereine an dem religiösen Zwecken gewidmeten Vermögen einen besonderen Schutz, der sich gegen staatliche Säkularisationsmaßnahmen wendet.

A. Frhr. v. Campenhausen, Staatskirchenrecht, 2. Aufl., 1983, S. 185 ff.; W. Weber, Zur staatskirchenrechtlichen Bedeutung des Rechts der öffentlichen Sachen, ZevKR 11, 1964/65, S. 111.

Staatsleistungen

43 Die auf Gesetz, Vertrag oder besonderen Rechtstiteln beruhenden Staatsleistungen an die Religionsgesellschaften werden anerkannt, sollen aber durch die Landesgesetzgebung nach Grundsätzen abgelöst werden, die der Bund aufstellt (Art. 140 GG i. V. m. Art. 138 Abs. 1 WeimRVerf.). Eine derartige Ablösung der überkommenen Staatsleistungen im Wege der Gesetzgebung ist weder unter der Weimarer Republik noch später erfolgt. In einer Reihe von Fällen sind allerdings im Wege der Vereinbarung für Einzelbereiche Staatsleistungen umgewandelt oder abgelöst worden. Zu den Staatsleistungen an die Kirchen gehören auch heute noch die bisher nicht erledigten oder abgelösten Verpflichtungen aus dem Reichsdeputationshauptschluß von 1803 im Hinblick auf die damals erfolgten Säkularisationen.

H. J. Brauns, Staatsleistungen an die Kirchen und ihre Ablösung, 1970; J. Isensee, Die Finanzquellen der Kirchen im deutschen Staatskirchenrecht, JuS 1980, S. 94.

Kirchensteuer

44 Die Religionsgesellschaften, welche Körperschaften des öffentlichen Rechts sind, sind berechtigt, aufgrund der bürgerlichen Steuerlisten nach Maßgabe der landesrechtlichen Bestimmungen Steuern zu erheben (Art. 140 GG i. V. m. Art. 137 Abs. 6 WeimRVerf.). Die Grundlage der Erhebung von Kirchensteuern, die eine öffentliche Abgabe im Sinne des Staatsrechts darstellen, sind demnach **landesrechtliche Gesetze**, z. B. das BadWürtt. Gesetz vom 15. Juni 1978 (GBl. S. 369). Die staatlichen Gesetze können den Kirchen die Befugnis überlassen, den Steuergegenstand und den Steuersatz zu bestimmen. Die an die (staatliche) Einkommensteuer anknüpfende Kirchensteuer ist die wesentliche Finanzquelle der erhebungsberechtigten Kirchen. Die Kirchensteuer darf nur von den **Mitgliedern** der Kirche erhoben werden. Mit dem Kirchenaustritt entfällt die Kirchensteuerpflicht (BVerfGE 44, 37). Die Begründung einer Kirchensteuerpflicht von Kapitalgesellschaften oder sonstigen Handelsgesellschaften wäre verfassungswidrig (BVerfGE 19, 206). Die Befugnis zur Erhebung von Kirchensteuer, die ein vom Staat abgeleitetes Hoheitsrecht ist, ist an die Grundrechte gebunden (BVerfGE 30, 415/422). Je nach landesrechtlicher Regelung obliegt die Erhebung der Kirchensteuer,

Das Staatskirchenrecht

soweit sie nicht im Lohnabzugsverfahren erfolgt, den staatlichen Finanzämtern oder den kirchlichen Steuerbehörden. Steuerbescheide über Kirchensteuern sind in jedem Fall dem finanz- oder verwaltungsgerichtlichen Rechtsschutz zugänglich, da die Ausübung der Kirchensteuergewalt eine den Kirchen durch den Staat übertragene hoheitliche Befugnis darstellt.

A. FRHR. V. CAMPENHAUSEN u. a., Die Mitwirkung der Arbeitgeber bei der Erhebung von Kirchensteuer, 1971.

Erwerb und Verlust der Mitgliedschaft in einer Religionsgesellschaft

Das Recht der Mitgliedschaft und damit auch die Regelung der Voraussetzungen, unter denen die Mitgliedschaft in einer Kirche oder sonstigen Religionsgesellschaft erworben oder verloren wird, ist eine eigene Angelegenheit der Religionsgesellschaften. Wegen der Wirkungen der religiösen Mitgliedschaft im staatlichen Bereich enthält das Landesrecht verfahrensrechtliche Bestimmungen über die Erklärung eines Kirchenaustritts. Die durch staatliches Recht gewährleistete Möglichkeit des Kirchenaustritts – auch entgegen dem Kirchenrecht – erfüllt ein Schutzversprechen des Grundrechts der Religionsfreiheit; denn dieses Grundrecht schließt auch den Schutz des freien Entschlusses ein, das religiöse oder weltanschauliche Bekenntnis zu ändern. Entsprechende Regelungen enthielt z. B. das preußische Gesetz betr. den Austritt aus den Religionsgesellschaften des öffentlichen Rechts vom 30. Nov. 1920 (GS 1921, S. 119), das in Nordrhein-Westfalen, dem Saarland und in den ehemals preuß. Landesteilen von Hessen und Rheinland-Pfalz fortgilt.

A. FRHR. V. CAMPENHAUSEN, Staatskirchenrecht, 2. Aufl., 1983, S. 142 ff.; DERS., Kircheneintritt – Kirchenaustritt – Kirchensteuer nach staatlichem und kirchlichem Recht, DÖV 1970, 801; CHR. LINK, Kirchenrechtliche und staatskirchenrechtliche Fragen des kirchlichen Mitgliedschaftsrechts, Österr. Archiv für Kirchenrecht 22, 1971, S. 299.

c) Autonomie der Religionsgesellschaften

Die Gewährleistung durch die Verfassung

Jede Religionsgesellschaft ordnet und verwaltet ihre Angelegenheiten selbständig innerhalb der Schranken des für alle geltenden Gesetzes. Sie verleiht ihre Ämter ohne Mitwirkung des Staates oder der bürgerlichen Gemeinde (Art. 140 GG i. V. m. Art. 137 Abs. 3 WeimRVerf.). Die Verfassung erkennt damit die **Autonomie** der Kirchen und sonstigen Religionsgesellschaften in den Angelegenheiten an, die nach der Glaubenslehre der Kirche oder Religionsgesellschaft zu deren Bekenntnis und freier Religionsausübung gehören. Die Staatsgewalt in Gesetzgebung, Vollziehung und Rechtsprechung darf im Hinblick auf diesen selbstbestimmten Bereich der Autonomie nicht tätig werden, abgesehen von den ,,Schranken des für alle geltenden Gesetzes". Das Zusammenwirken von Staat und Kirche kann in diesen der Autonomie unterfallenden Angelegenheiten nur im Wege der Vereinbarung, nicht aber durch Ausübung staatlicher Hoheitsgewalt erfolgen. Die rechtliche Ordnung der Rechte und Pflichten der Mitglieder und Amtsinhaber in den zum eigenen

Bereich der Kirchen und sonstigen Religionsgesellschaften gehörenden Angelegenheiten ist Sache des Kirchenrechts und – bei den privatrechtlichen Religionsgesellschaften – der Vereinsautonomie. Durch den Vorbehalt der **Schranken des für alle geltenden Gesetzes** verfügt der Staat auch in den eigenen Angelegenheiten der Kirchen und sonstigen Religionsgesellschaften über die Befugnis, die unabdingbaren Erfordernisse des staatlichen Zusammenlebens, des Rechtsverkehrs und des Schutzes von Freiheit und Eigentum des einzelnen zu gewährleisten. In den Angelegenheiten, bei denen die Kirchen als Körperschaften des öffentlichen Rechts Befugnisse ausüben, die ihnen vom Staat übertragen worden sind, vor allem im Kirchensteuerwesen, ist die Garantie des Art. 137 Abs. 3 WeimRVerf. nicht wirksam. Für einzelne Angelegenheiten läßt sich eine alleinige Zuordnung zum kirchlichen oder zum staatlichen Bereich nicht vornehmen, z. B. im Friedhofswesen, so daß die staatliche Regelungs- und Verwaltungsbefugnis insoweit bestehen bleibt, als nicht der engere Bereich des Bekenntnisses oder der Religionsausübung betroffen ist (res mixtae).

K. Hesse, Das Selbstbestimmungsrecht der Kirchen und Religionsgemeinschaften, in: Handbuch des Staatskirchenrechts, I. Bd., 1974, S. 409.

Selbständige Verwaltung der eigenen Angelegenheiten

47 Die gegenständliche Reichweite des staatskirchenrechtlich gewährleisteten Bereiches der religiösen Autonomie der Kirchen und sonstigen Religionsgesellschaften ist verfassungsrechtlich nur durch den Ausdruck „ihre Angelegenheiten" bezeichnet; als ein jedenfalls geschützter Fall wird ausdrücklich die Verleihung der Ämter genannt. Worum es sich bei den hier gemeinten **eigenen Angelegenheiten** handelt, kann das (staatliche) Verfassungsrecht nicht allein oder abschließend bestimmen, da es gerade zu dem geschützten Bereich der selbstbestimmten Autonomie der Religionsgesellschaften gehört, welche Angelegenheiten nach ihrer Glaubenslehre wesentlich zum Bekenntnis und zur Religionsausübung zu rechnen sind. Daraus ergibt sich jedoch sogleich weiter, daß die Glaubensinhalte und ihre Verkündung sowie die Mitgliedschaft, die innere Organisation und die Ämterordnung der Religionsgesellschaft in den Bereich der Autonomie fallen müssen. Die Ordnung und Verwaltung dieser eigenen Angelegenheiten der Kirchen und sonstigen Religionsgesellschaften ist diesen innerhalb der Schranken des für alle geltenden Gesetzes gewährleistet (vgl. BVerfGE 18, 385; 30, 415; 44, 37; 46, 73; 57, 220).

Dem Staat ist es demnach beispielsweise verwehrt, den Erwerb oder den Verlust der Mitgliedschaft in einer Religionsgesellschaft inhaltlich zu regeln oder sachlich zu beaufsichtigen oder durch Rechtsvorschriften oder Einzelentscheidungen in die Berufung oder Entlassung kirchlicher Amtsträger einzugreifen oder durch arbeitsrechtliche Vorschriften religiös bestimmte Beschäftigungsverhältnisse zu einer Kirche zu regeln. Die danach mögliche Ungleichbehandlung von Rechtsstellungen oder Rechtsverhältnissen, je nachdem ob sie zu den eigenen Angelegenheiten einer Religionsgesellschaft gehören oder nicht, ist durch die besonderen staatskirchenrechtlichen Vorschriften der Verfassung sachlich gerechtfertigt. So sind beispielsweise Kirchen und

Das Staatskirchenrecht

ihre Organisationen, soweit sie als Körperschaften des öffentlichen Rechts anerkannt sind, von der Pflicht zur Zahlung der Umlage für das Konkursausfallgeld ausgenommen; denn die Anwendung konkursrechtlicher Vorschriften ist mit der verfassungsrechtlichen Garantie des Art. 137 Abs. 3 WeimRVerf unvereinbar (BVerfGE 66, 1).

Das kirchliche Selbstbestimmungsrecht liegt dem **arbeitsrechtlichen Tendenzschutz** zugrunde, wonach das Betriebsverfassungsgesetz auf Religionsgemeinschaften und deren karitative und erzieherische Einrichtungen unbeschadet der Rechtsform keine Anwendung findet (§ 118 Abs. 2 BetrVG) – BVerfGE 46, 73 – und wonach die Anwendung des Kündigungsschutzes ihre Grenze an den vom kirchlichen Verkündigungsauftrag her gebotenen Loyalitätspflichten der in kirchlichem Dienst stehenden Arbeitnehmer findet, jedenfalls soweit diese irgendwie an der kirchlichen Verkündung teilhaben (BVerfG 4. 6. 1985 DÖV 1985, 975; BAG NJW 1978, 2116 – katholischer Pfarrkindergarten; BAG EzA § 1 KSchG Tendenzbetrieb Nr. 12 und 13 – katholisches Krankenhaus – mit Anm. von B. RÜTHERS).

TH. MAYER-MALY, Die arbeitsrechtliche Tragweite des kirchlichen Selbstbestimmungsrechts, BB Beilage 3/1977; R. RICHARDI, Arbeitsrecht in der Kirche, 1984.

Die Schranken des für alle geltenden Gesetzes

Mit der Klausel, daß die Autonomie der Religionsgesellschaften nur innerhalb der „Schranken des für alle geltenden Gesetzes" gewährleistet ist, behält sich der Staat die Geltung seines Rechts auch für die Kirchen und sonstigen Religionsgesellschaften vor, soweit dadurch nicht die selbstbestimmte Autonomie im religiösen Bekenntnis und in der freien Religionsausübung beeinträchtigt wird. „Für alle" gelten solche Gesetze, die für die Kirche dieselbe Bedeutung haben wie für jedermann (BVerfGE 42, 312/334). Die zivilrechtliche Ordnung des Rechtsverkehrs, die Vorschriften über die öffentliche Sicherheit und Ordnung und das Strafrecht sind derartige für alle geltenden Gesetze, soweit nicht im äußeren Regelungszusammenhang dieser Rechtsgebiete Sondervorschriften über das religiöse Bekenntnis oder die Religionsausübung aufgenommen sind. Ein anderes Beispiel sind die Vorschriften über die wirtschaftliche Sicherung der Krankenhäuser und zur Regelung der Krankenhauspflegesätze, denen also auch die Träger von kirchlichen Krankenhäusern unterworfen sind (BVerfG NJW 1984, 970).

Die Religionsgesellschaften sind demnach auch in ihren eigenen Angelegenheiten den für alle geltenden Gesetzen unterworfen. Allerdings muß die Anwendung dieser für alle geltenden Gesetze auf die Religionsgesellschaften der verfassungsrechtlichen Gewährleistung der Kirchenfreiheit durch eine entsprechende Güterabwägung Rechnung tragen (BVerfGE 53, 366/400f.). Auch das für alle geltende Gesetz kann demnach in seiner Geltung oder Anwendung auf die Religionsgesellschaften eingeschränkt sein, wenn anders eine unverhältnismäßige Beeinträchtigung der Kirchenfreiheit eintreten würde.

W. WEBER, „Allgemeines Gesetz" und „für alle geltendes Gesetz", in: Festschrift für Ernst Rudolf Huber, 1973, S. 181.

Kirchengewalt und Grundrechte

49 Die Anerkennung der selbstbestimmten Autonomie der Kirchen und sonstigen Religionsgesellschaften durch Art. 137 Abs. 3 WeimRVerf. gibt den Kirchen das Recht, ihre Angelegenheiten selbständig zu ordnen und zu verwalten, ohne dabei den Vorschriften des staatlichen Rechts unterworfen zu sein, vorbehaltlich der Schranken des für alle geltenden Gesetzes. Auch die in der Verfassung garantierten Grundrechte gehören zur staatlichen Rechtsordnung und binden deshalb nach der überwiegenden Auffassung die Kirchengewalt im Verhältnis zu den Mitgliedern nicht in der Weise, wie die öffentliche Gewalt des Staates an die Grundrechte gebunden ist. Da die Grundrechte im privaten Rechtsverkehr – abgesehen von den Fällen einer ,,Drittwirkung" (C RNr. 21) – keine unmittelbare Geltung beanspruchen können, werden die Grundrechte auch nicht als für alle geltendes Gesetz im Sinne des Vorbehaltes in Art. 137 Abs. 3 WeimRVerf. angesehen.
Daß der Kirchengewalt staatliche Grundrechte nicht entgegengehalten werden können, gilt selbstverständlich nur für den in Art. 137 Abs. 3 WeimRVerf. garantierten Autonomiebereich. Soweit die Kirchen kraft ihnen staatlich übertragener Hoheitsgewalt handeln, sind sie nicht anders als der Staat an die Grundrechte gebunden.

D. PIRSON, Grundrechte in der Kirche, ZevKR 17, 1972, S. 358; H. WEBER, Die Grundrechtsbindung der Kirchen, ZevKR 17, 1972, S. 386; K. HESSE, Grundrechtsbindung der Kirchen? in: Festschrift für Werner Weber, 1974, S. 447.

Reichweite der staatlichen Gerichtsbarkeit

50 Die von der Gewährleistung des Art. 137 Abs. 3 WeimRVerf. erfaßten **innerkirchlichen Angelegenheiten und Maßnahmen** sind – soweit sie nicht den Maßgaben eines für alle geltenden Gesetzes unterliegen – der staatlichen Gerichtsbarkeit entzogen. Innerkirchliche Maßnahmen können insbes. keine im Verwaltungsrechtswege angreifbare Verwaltungsakte sein. Da sie überhaupt nicht Akte der staatlichen öffentlichen Gewalt sind, unterliegen sie auch nicht der Jurisdiktion des Bundesverfassungsgerichts; eine Verfassungsbeschwerde wäre unzulässig (BVerfGE 18, 385).
Angelegenheiten der kirchlichen Lehre und Verkündung, der Kirchenorganisation und Ämterordnung müssen sich in den **Schranken des für alle geltenden Gesetzes** halten. Soweit sie also in ihren Wirkungen den staatlichen Bereich berühren, unterliegen sie der staatlichen Gerichtsbarkeit. Im Bereich des kirchlichen Dienstrechts beispielsweise umschließt die kirchliche Autonomie sowohl eine allgemeine Regelungskompetenz als auch die Freiheit zum Organisationsakt und zur Personalentscheidung im Einzelfall. Die staatliche Gerichtsbarkeit ist deswegen etwa für die Klage eines Geistlichen auf Feststellung, daß er in einem Dienstverhältnis zu einer Kirche stehe, oder für die Klage eines Geistlichen gegen seine Beurlaubung, Versetzung oder Entlassung nicht gegeben. Über den ,,Status" des kirchlichen Amtsträgers kann vor den staatlichen Gerichten nicht prozessiert werden. Die staatliche Gerichtsbarkeit ist jedoch gegeben für einen Rechtsstreit über die vermögensrechtlichen Ansprüche aus einem kirchlichen Dienstverhältnis, wenn und solange

für einen solchen Anspruch nicht gemäß § 135 Satz 2 BRRG die Zuständigkeit eines kirchlichen Gerichts begründet ist (BVerfG DÖV 1984, 974; BVerwGE 25, 226; 28, 345; 66, 241, dazu BVerfG NJW 1983, 2569; BVerwG NJW 1983, 2582, dazu BVerfG NJW 1983, 2569).
Die staatliche Gerichtsbarkeit über Handlungen und Rechtsverhältnisse der Kirchen und sonstigen Religionsgesellschaften ist gegeben, soweit diese eine **vom Staat abgeleitete Hoheitsgewalt** ausüben, wie im Fall der Kirchensteuern, soweit es sich um **gemeinschaftliche Aufgaben** von Staat und Kirche handelt, wie im Fall kirchlicher Friedhöfe, die zugleich als öffentlicher Friedhof ausgestaltet sind (BVerwGE 25, 364), und soweit eine an sich innerkirchliche Maßnahme von Maßgaben des **für alle geltenden Gesetzes** erfaßt wird.
Ein Beispiel für die dritte Fallgruppe ist die Klage eines Nachbarn gegen das liturgische Glockengeläute einer als Körperschaft des öffentlichen Rechts anerkannten Kirche. Dieser Rechtsstreit fällt in die staatliche Gerichtsbarkeit, da das zu den innerkirchlichen Angelegenheiten gehörende Glockengeläute auch staatliche Belange und Belange der allgemeinen Rechtsordnung berührt; die Klage ist im Verwaltungsrechtsweg zu erheben (BVerwGE 68, 62).

Religionsunterricht

Der Religionsunterricht ist in den **öffentlichen Schulen** mit Ausnahme der bekenntnisfreien Schulen ordentliches Lehrfach. Unbeschadet des staatlichen Aufsichtsrechts wird der Religionsunterricht in Übereinstimmung mit den Grundsätzen der Religionsgemeinschaften erteilt. Kein Lehrer darf gegen seinen Willen verpflichtet werden, Religionsunterricht zu erteilen (Art. 7 Abs. 3, 141 GG). Neben dieser staatskirchenrechtlichen Gewährleistung im Verfassungsrecht sind die gegenseitigen Rechte und Pflichten von Staat und Kirche in dieser „gemeinschaftlichen" Angelegenheit des Religionsunterrichts in den öffentlichen Schulen durch Konkordate und Kirchenverträge näher geregelt. Außerdem können Bestimmungen des Landesrechts maßgebend sein, siehe z. B. Art. 136 BayVerf.
Die Erziehungsberechtigten haben das Recht, über die Teilnahme des Kindes am Religionsunterricht zu bestimmen (Art. 7 Abs. 2 GG). Dieses **elterliche Bestimmungsrecht** besteht allerdings nur insoweit, als nicht die eigene Religionsmündigkeit des Kindes zu einer anderen Entscheidung führt. Nach § 5 des Gesetzes über die religiöse Kindererziehung vom 15. Juli 1921 (RGBl. S. 939) steht dem Kinde nach der Vollendung des vierzehnten Lebensjahrs die Entscheidung darüber zu, zu welchem religiösen Bekenntnis es sich halten will. Hat das Kind das zwölfte Lebensjahr vollendet, so kann es nicht gegen seinen Willen in einem anderen Bekenntnis als bisher erzogen werden.

F. MÜLLER/B. PIEROTH, Religionsunterricht als ordentliches Lehrfach, 1974; CHR. LINK, Die Rechtsnatur des bremischen „Unterrichts in Biblischer Geschichte auf allgemein christlicher Grundlage" (Art. 32 Brem. Verf.) etc., ZevKR 24, 1979, S. 54.

Kirchliche Ämter

Jede Religionsgesellschaft verleiht ihre Ämter ohne Mitwirkung des Staates oder der bürgerlichen Gemeinde (Art. 140 GG in Verb. m. Art. 137 Abs. 3 Satz 2 WeimRVerf.). Die **Ämterorganisation** und das **Personalwesen** der Kir-

chen und sonstigen Religionsgesellschaften gehört zu ihren Angelegenheiten, die sie selbständig innerhalb der Schranken des für alle geltenden Gesetzes ordnen und verwalten dürfen. Das Kirchenrecht darf bestimmen, daß ein in eine staatliche gesetzgebende Körperschaft gewählter Angehöriger des kirchlichen Dienstes während der Dauer des Mandats für beurlaubt gilt (BVerfGE 42, 312).
Die Bedeutung der Ämter ist in den einzelnen Religionsgesellschaften sehr verschieden. Sie nimmt in dem Maße ab, als eine Religionsgesellschaft auf dem Gedanken des Laienpriestertums beruht und der Gemeinde die zentrale Stellung auch in der äußeren Kirchenorganisation zuspricht. In den großen christlichen Kirchen, vor allem in der katholischen Kirche, sind die Ämterorganisation und die kirchliche Hierarchie von auch religiöser Bedeutung. Das gilt vor allem für das **Bischofsamt**. Obwohl die Bischöfe heute nicht mehr, wie bei der katholischen Kirche im Mittelalter und bis zum Ende des Alten Reiches und in den evangelischen Kirchen bis zum Ende der Monarchie, in die weltliche Herrschaftsordnung eingefügt sind, bilden ihre Berufung und ihre Amtstätigkeit bis in die Gegenwart eine kirchenpolitische Frage, die das Interesse des Staates berühren muß. Dementsprechend sind in den Konkordaten und in den Kirchenverträgen Mitwirkungsrechte der staatlichen Seite bei der Besetzung der hohen kirchlichen Ämter festgelegt, wie z. B. durch die **politische Klausel** des Art. 14 Abs. 2 des Reichskonkordats.

W. WEBER, Die politische Klausel in den Konkordaten, 1939; A. FRHR. V. CAMPENHAUSEN, Entstehung und Funktionen des bischöflichen Amtes in den evangelischen Kirchen in Deutschland, Österr. Archiv für Kirchenrecht 26, 1975, S. 3; DERS., Kirchenleitung, ZevKR 29, 1984, S. 11.

Theologische Fakultäten und kirchliche Hochschulen

53 Die Wissenschaft der Theologie und die Ausbildung der Geistlichen der katholischen Kirche und der evangelischen Landeskirchen sind seit Jahrhunderten, für die katholische Kirche seit dem Mittelalter, Gegenstand der Theologischen Fakultäten der deutschen Universitäten. Daneben bestehen eigene kirchliche Hochschulen.
Die **Theologischen Fakultäten** sind – nicht anders als die Universitäten, deren Teil sie sind – staatliche Einrichtungen. Ihre Organisation und die Berufung der Professoren unterliegen dem staatlichen Hochschulrecht. Für sie gilt das Grundrecht der Wissenschaftsfreiheit nach Art. 5 Abs. 3 GG. Da jedoch der Staat mit den Theologischen Fakultäten in Anspruch nimmt, auf die Theologie und die Ausbildung der Geistlichen einen Einfluß auszuüben, muß er zur Wahrung der Kirchenfreiheit und der Religionsfreiheit hinreichende Mitwirkungsrechte der betroffenen Kirchen einräumen (VGH Bad.-Württ. JZ 1985, 943, mit Anm. M. HECKEL, betr. Promotion, läßt den staatlichen Charakter der Fakultät und ihrer Rechte zu kurz kommen). Die näheren Regelungen sind Sache des Landesrechts sowie der Konkordate und Kirchenverträge. Das Landesverfassungsrecht garantiert einerseits das Recht der Kirchen, ihre Geistlichen auf eigenen kirchlichen Hochschulen auszubilden und fortzubilden, und gewährleistet auf der anderen Seite die Theologischen Fakultäten an den Universitäten (siehe z. B. Art. 150 BayVerf., Art. 16 NordRhWestfVerf.).

Das Staatskirchenrecht 54, 55 L

W. Weber, Theologische Fakultäten, in: Handbuch des Staatskirchenrechts, II, 1975, S. 569; A. Frhr. v. Campenhausen, Staatskirchenrecht, 2. Aufl., 1983, S. 121 ff.; M. Heckel, Die theologischen Fakultäten im weltlichen Verfassungsstaat, 1986; H. Quaritsch, Hans Küng, Tübingen und das Reichskonkordat, BadWürtt. VerwPraxis 1981, 82.

Die Landeskirchen

Die **lutherische** und die **reformierte Konfession** haben die Kirchengemeinde 54 als ihre organisatorische Grundeinheit und die Landeskirche mit Bischof und Synode als ihre größte Organisationseinheit. Die historische Voraussetzung der heutigen Landeskirchen ist das landesherrliche Kirchenregiment in der Zeit des Staatskirchentums. Damit hängt es auch zusammen, daß die heutigen Landeskirchen weitgehend nicht mit der bundesstaatlichen Einteilung übereinstimmen. Seit dem Ende des Staatskirchentums gehören Bekenntnis, Verfassung und Gebietsabgrenzung zum kirchlichen Selbstbestimmungsrecht. Ungeachtet dessen haben die Landeskirchen am Territorialprinzip festgehalten. Die Landeskirchen sind in der Evangelischen Kirche Deutschlands (EKD) verbunden.

W. v. Ammon/R. Rusam, Verfassung der Evangelisch-Lutherischen Kirche in Bayern, 2. Aufl., 1985.

Der Heilige Stuhl und die katholische Kirche in der Bundesrepublik Deutschland

Die katholische Kirche ist eine Weltkirche, für deren hierarchische Ämter- 55 ordnung der **Primat des Papstes** das maßgebliche Prinzip ist. Die Kirche ist territorial in **Diözesen** gegliedert, denen ein Bischof vorsteht. Die katholische Kirche tritt dem Staat als eine übernationale Kirche entgegen, die ihm zwar äußerstenfalls mit ihrer im Staatsgebiet befindlichen Ämterorganisation, nicht jedoch als Kirche unterworfen sein kann. Das Verhältnis des Staates zur katholischen Kirche hat deshalb für das Staatskirchenrecht von jeher eine exemplarische Bedeutung gehabt.

Durch das Reichskonkordat und die Konkordate mit einzelnen Ländern hat sich der Staat ein Mitwirkungsrecht bei der Zirkumskription der Diözesen und bei der Besetzung der Bischofsämter vorbehalten. Die Konkordate werden mit dem Heiligen Stuhl abgeschlossen, der als die vom Papst geleitete Spitze der katholischen Kirche die Eigenschaft eines Völkerrechtssubjekts besitzt und mit den weltlichen Mitteln der völkerrechtlichen Vereinbarung handelt.

H. E. Feine, Kirchliche Rechtsgeschichte, Bd. I: Die katholische Kirche, 5. Aufl., 1972; A. Verdross, Die Stellung des Apostolischen Stuhles in der internationalen Gemeinschaft, Österr. Archiv für Kirchenrecht 3, 1952, S. 54; J. H. Kaiser, Heiliger Stuhl, in: Strupp/Schlochauer (Hrsg.), Wörterbuch des Völkerrechts, Bd. I, 1960, S. 780.

Stichwortverzeichnis

Die Zahlen verweisen auf die Randnummern des Buches

Abgaben, öffentliche I 1 ff., 47
Abgabenordnung I 66, 69, 70
Abgeordneter D 101, E 27, 28, 29
- Abgeordnetengesetz E 27
- Bestechung E 28
- Sitz D 101
Abschöpfungen I 7
Abstimmungen D 12
Abtreibung C 20, 34, 35
Abwehrrechte C 3, 8, 14, 15, 22
Advokatur, freie H 29
Äquivalenzprinzip I 4
Agrarmarkt D 140
Aktivbürgerschaft C 98, D 12
Aktuelle Stunde E 45
Alimentationsprinzip D 97, 99
Allgemeine Erklärung der Menschenrechte C 9
Allgemeine Staatslehre A 2
Allgemeines Kriegsfolgengesetz L 7
Allgemeinheit der Wahl E 3, 5
Allgemeinverbindlicherklärung C 95
Alliierte Hohe Kommission A 22, 31, L 4
Amnestie E 79
Amt, öffentliches D 98
Amtshaftung D 63, 64
Amtshilfe D 78, G 33
Amtspflichtverletzung D 62, 63, 64
Analogie H 37
Angestellte D 106
Angriffskrieg D 110, 116, 124, K 3
Annexkompetenz D 75
Anordnung, einstweilige D 133, H 59
Anstalten, öffentliche G 16, 76
Anteilseigentum C 81
Anwaltszwang H 30, 54
Arbeit, abhängige C 77, 88, 92
Arbeiter D 106
Arbeitsgerichte H 8
Arbeitskampf C 94, 95
Arbeitskampfrecht C 107
Arbeitskraft C 90, 92
Arbeitsplatz C 88
Arbeitsrecht C 90, D 59, 106
- Gleichberechtigung C 46
- Grundrechte C 60

- Kirchen L 47
- kollektives C 93 ff.
Arbeitsverhältnis C 88, 90, 91, 95, 96
Architektengesetz E 82
Assoziierung, Europäische Gemeinschaften D 138
Asylrecht C 19, 41, 99
- Asylverfahrensgesetz C 99
Atomgesetz G 46
Audiatur et altera pars H 25
Auffanggrundrecht C 100
Aufgaben, soziale A 7
Aufopferung C 82, D 65
- A. sanspruch D 62, 65
- A. sgedanke C 50
Aufträge, öffentliche I 109 ff.
Aufzug C 62
Ausbildungsstätte C 19, 73, 74
Ausbürgerung C 41, L 25, 29
Ausführungsvorschriften F 18
Ausgleichsabgabe L 20
Auskunftsanspruch C 64
Ausländer C 51, 98, 99, L 26
- Ausländergesetz C 99
- A. recht C 11
- Wahlrecht E 5
Auslandsschulden L 7
Auslegung der Verfassung A 14, 15
Auslieferung C 41, 99, H 39, L 26
Ausnahmegerichte H 24
Ausnahmezustand E 20
Ausreise C 86
Ausreisefreiheit C 100
Ausrichtungs- und Garantiefonds D 140
Aussperrung C 95, D 71
Außenminister D 122
Außenpolitik D 108 ff., 122, 124, H 27, 65
Außenwirtschaft I 37
Auswärtige Beziehungen D 77
Auswärtige Gewalt D 108 ff., 129 ff.
Auswärtiger Dienst D 109, G 62
Auswanderung C 86
Autonomie D 52, 57, 90, L 46, 47, 48
Ausweisung C 99, L 26

615

Stichwortverzeichnis Zahlen = Randnummer

Baden D 69, L 2
Baden-Württemberg D 69, L 2
Bannmeile C 62, E 43
Bauleitplanung D 92
Bayerisches Oberstes Landesgericht H 15
Bayern A 30
Beamte C 95, D 96, 103
– Art. 131 GG D 102
– Beamtenrecht C 49, D 96, 98, 102, 104 ff.
– Beamtenrechtsrahmengesetz D 104
– Beamtenverhältnis D 96, 99, 100, 102, 106
– Beamtenversorgungsgesetz D 104
– Grundrechte C 24
– Haftung D 63
– auf Lebenszeit D 103
– politische D 103
– Streikrecht C 95
Enno Becker I 70
Befähigung zum Richteramt H 8, 43
Befehls- und Kommandogewalt G 15, 84, 85, K 18
Befreiungs-Gesetze L 18
Beglaubigung diplomatischer Vertreter E 84
Begnadigungsrecht E 78, 79
Behörde G 23, 24, 26, 59
Beihilfevorschriften F 19
Beiträge I 4
Bekenntnisfreiheit C 55
Beleidigung C 60
Bepackungsverbot I 92
Berlin A 41, D 88, E 56
– B.-Vorbehalt A 41
– Bevollmächtigter der Bundesregierung E 88
– Bundesgesetze A 41
– Bundesrat E 56
– Bundesversammlung E 73
– Finanzausgleich I 56
– Grundgesetz A 22
– Kommandantura A 29
– Sektoren A 30
– Viermächte-Abkommen A 38, 41
Beruf, freier C 77, H 29
Berufsbeamtentum D 96 ff., 103
Berufsfreiheit C 12, 73, 74, 77, 88, D 100, H 29
Berufsbild C 77, D 47, H 29
Berufsrichter H 8
Berufssoldaten D 103
Besatzungsgewalt A 17, L 4

Besatzungskosten L 14
Besatzungsrecht L 10
Besatzungsregime A 22, 31
Besatzungsstatut A 22
Besatzungszeit L 4
Besatzungszone, sowjetische A 43
Besatzungszonen A 29, 30, L 4
Beschäftigungspolitik C 89, 92
Beschlagnahme, Presse C 64
Besoldung D 99
Bestimmtheit
– der gesetzlichen Ermächtigung F 15, 16, 17
– Strafgesetz H 37
Bestandsschutz C 81
Betriebsverfassung C 91, 94, 96
– Betriebsverfassungsgesetz D 39
Beurteilungsspielraum, der Verwaltung D 61
Bier, Reinheitsgebot D 139
Bildungsplanung D 86, G 96, I 76
Bildungspolitik C 72
Bildungswesen D 36
Binnenwasserstraßen G 65
Bischof L 55
Bischofsamt L 52
Otto von Bismarck A 26, I 26
Bizone L 5
Bodensee D 127
Jean Bodin A 2
Bonner und Pariser Verträge A 31, F 63, L 4
Branntweinmonopol I 50
Bremen A 30, D 88
Bremer Klausel L 3
Briand-Kellogg-Pakt K 3
Briefgeheimnis C 40
Briefwahl E 3
Budgetfunktion, ökonomische I 45, 78, 100
Budgetkonflikt I 26
Budgetrecht, parlamentarisches F 8, G 105, I 26 ff., 33, 87
Bürgerinitiativen D 14
Bürgerrechte C 11
Bund
– auswärtige Angelegenheiten D 109
– Beteiligungen I 107
– Gesetzgebungskompetenzen D 41
– B.-Länder-Streitigkeiten G 41, 50
– Verwaltungskompetenzen D 42, G 25, 27 ff., 55
– Zuständigkeiten D 73

616

Zahlen = Randnummer   Stichwortverzeichnis

Bundesamt
- für die Anerkennung ausländischer Flüchtlinge C 99
- für gewerbliche Wirtschaft G 75
- für Verfassungsschutz G 67, 69
- für Wehrtechnik und Beschaffung G 88
- für den Zivildienst C 59
Bundesanstalt
- für Arbeit G 77
- für Flugsicherung G 76
- für landwirtschaftliche Marktordnung G 76
Bundesarbeitsgericht H 14
Bundesaufsicht D 83, 84, E 59, 64, G 31, 35, 37 ff.
Bundesauftragsverwaltung G 36, 42 ff., I 68
Bundesausgleichsamt L 20
Bundesautobahnen G 44, 45
Bundesbahn G 63, I 104
Bundesbank G 76, 78, I 80, 81
Bundesbeamte D 101, 103, E 80
Bundesbeamtengesetz D 104
Bundesbeauftragter für den Datenschutz C 33
Bundesbehörde, oberste E 102
Bundesbesoldungsgesetz D 104
Bundesdatenschutzgesetz C 33
Bundeseisenbahnen G 63
Bundesfernstraßen G 6, 44, 45
Bundesfinanzbehörden G 72, I 65, 68
Bundesfinanzhof H 14, I 72
Bundesfinanzverwaltung I 66
Bundesflagge D 27, 80
Bundesfreundliches Verhalten G 94
Bundesgebiet D 69
Bundesgerichte D 79, H 10, 14
Bundesgericht, oberstes H 16
Bundesgerichtshof H 14
Bundesgesetze E 51, F 6, 14, 15, 36, 44, 54
- Ausfertigung F 55
- Ausführung G 11, 12, 27 ff., 55
- Inkrafttreten F 58
- Landesvollzug G 35 ff., 48
- Recht der Wirtschaft C 64, 67
- Verkündung F 56
- zustimmungsbedürftige F 52, G 48 ff.
Bundesgesetzblatt F 56, 57
Bundesgesetzgebung D 79
Bundesgrenzschutz D 82, G 70 ff., 72, 91, 92

Bundeshauptstadt D 29
Bundeshaushaltsordnung I 29, 90
Bundeskanzler A 32, D 122, E 15, 16, 69, 75, 86, 90, 93, 97, 105, G 84, K 18
- Kabinettsbildungsrecht E 91
- Mißtrauensvotum E 107
- Organisationsgewalt E 94
- Richtlinienkompetenz E 93
- Vertrauensfrage E 108
- Wahl E 75, 90
Bundeskanzleramt E 88
Bundeskartellamt G 75
Bundeskompetenzen
- siehe Bundeszuständigkeiten
Bundeskriminalamt G 67, 68
Bundesländer D 67
Bundesleistungsgesetz G 82
Bundesminister E 75, 86, 91, 95, **96**, 97, 98, 102, 105, G 57
- für Finanzen E 96, G 72, I 66, 91, 98, 107
- des Innern G 69, 71
- für das Post- und Fernmeldewesen E 102, G 64
- für Verteidigung E 96, G 84, 87, 88, K 18
- Bundesministergesetz E 97
Bundesoberbehörden G 73 ff.
Bundespflichten D 82, 84, 85, G 35, 37, 92
Bundespost C 67, G 64, I 104
- Beförderungsvorbehalt I 50
Bundespräsident A 32, E **68 ff.**, 91, H 18
- Auflösung des Bundestages E 108
- Ausfertigung von Bundesgesetzen F 55
- Prüfungsrecht E 78, 82
- Vertretung E 71
- Vertretungsmacht D 122, 123, E 83 ff.
Bundespräsidialamt E 70, 76
Bundesrat A 32, E **53 ff.**, H 44, 45, K 12
- Gesetzesinitiative E 61, F 43
- Gesetzgebung des Bundes F 3, 50 ff.
- Präsident E 57, 71
- Reichsverfassung 1871 E 55
Bundesrechnungshof I 95, 116, 117
Bundesrecht L 11
- und Landesrecht F 29
- partielles L 11
Bundesrechtsanwaltskammer G 76
Bundesrechtsanwaltsordnung H 29
Bundesregierung A 32, E **86 ff.**, G 57, 60, 78, 92, K 14

617

Stichwortverzeichnis

Zahlen = Randnummer

- allgemeine Verwaltungsvorschriften E 65, F 20, I 69
- Entlastung I 115, 118
- geschäftsführende E 90
- Geschäftsordnung E 88, 89
- Gesetzesinitiative E 101, 104, F 42, 43
- Kollegialorgan E 86, 100
- Öffentlichkeitsarbeit E 86
- Organisationsgewalt E 99
- Presse- und Informationsamt E 88
- Verteidigungsfall K 17

Bundesrepublik Deutschland und Deutsches Reich L 7
Bundesrichter E 80, H 8, 18, 43
Bundesschuld I 28
Bundesschuldenverwaltung I 39, 66
Bundes-Seuchengesetz C 39
Bundessozialgericht H 14
Bundesstaat D 67 ff., 109, G 12, 51, H 4, I 17, 41, 58, 83 ff., K 11
- auswärtige Beziehungen D 77, **126 ff.**
- bundesfreundliches Verhalten D 68, 81, 126
- Gewährleistungspflicht des Bundes D 84
- Justizhoheit H 12 ff.
- Staatsangehörigkeit L 30
- Staatsgewalt G 28
- Staatskirchenrecht L 39
- Verteidigungsfall K 11
- Verwaltung G 11 ff., 27 ff.

Bundestag A 32, D 11, E 1, 2, 16, **23 ff.**, 44, 75, H 45, K 12, L 2
- Ältestenrat E 32, 33
- Anfragen E 45
- Aufhebungsverlangen E 52
- Auflösung E 16, 24, 108
- Ausschüsse E 34, F 46
- Beschlußfähigkeit E 40
- B.sverwaltung E 36
- Enquete-Kommissionen E 38
- Geschäftsordnung E 32, 39, **41**
- Gesetzgebung E 51, F 3, 47
- Hausrecht E 42
- Präsident E 33, 42, 73
- Präsidium E 33
- Selbstversammlungsrecht E 24
- Sitzungsvorstand E 33
- Untersuchungsrecht E 38
- Verhandlungen E 40
- Verteidigungsausschuß G 84
- Wahlen zum B. A 33

- Wahlperiode E 24
- wissenschaftlicher Dienst E 37

Bundestreue D **81**, G 94
Bundesverfassungsgericht E 13, 48, H 8, 14, **43 ff.**, 62, 63, 64, 66
- Bundesverfassungsgerichtsgesetz H 46
- Entscheidungen H 53, 57
- Geschäftsordnung H 47
- Verteidigungsfall K 22

Bundesvermögen L 7
Bundesversammlung A 32, E 70, 73
Bundesversicherungsanstalt für Angestellte G 77
Bundes-Vertriebenengesetz L 15
Bundesverwaltung G **1 ff.**, 11, 19, 25, 26, 27, 31, 35, 54, **55 ff.**, 59, **61 ff.**
Bundesverwaltungsamt G 75, 88
Bundesverwaltungsgericht H 14
Bundeswahlgesetz E 6
Bundeswahlordnung E 6
Bundeswahlrecht E 6
Bundeswappen D 28
Bundeswasserstraßen D 85, G 44, 65
Bundeswehr G 79, 86, 93
Bundeswehrverwaltung G **79 ff.**, **88 ff.**, 89

Bundeszuständigkeiten
- kraft Natur der Sache D 76, F 28
- kraft Sachzusammenhangs D 75, F 28
- ungeschriebene F **28**, G 30, I 73

Bundeszwang D **82**, E 59, G 35

Chancenausgleich D 21, 22
Chancengleichheit der Parteien D 22, E 3, 8
Coburg L 13
Codex Iuris Canonici L 32
Corpus Iuris Canonici L 32

Danzig A 40, L 4
Daseinsvorsorge D 91
Datenschutz C 33, D 78
DDR A 38, 39, **43 ff.**, D 121
- Staatsangehörigkeit L 31
- Ständige Vertretung der Bundesrepublik A 39, E 88

Delegation F 11, 13
Demokratie A 4, 8, 11, 97, D **6 ff.**, **18**, 67, E 14
- freiheitliche D 4, 9
- fundamentaldemokratische Verfahren D 14, 18
- innerparteiliche D 20, E 8

618

Zahlen = Randnummer

Stichwortverzeichnis

- innerverbandliche D 16
- parlamentarische C 97, D 11, 14, 108, E 1, 10, 11, G 1, 2
- parteienstaatliche D 13, 24, 48
- plebiszitäre D 10
- politische Freiheit C 3, 97 ff.
- repräsentative D 6, 10, 11, 49
- streitbare D 4

Demonstration C 62, 97
Deutsche Bundesakte v. 1815 D 67
Deutsche Frage A 37 ff.
Deutscher C 11, 41, E 5, L 28
Deutscher Bund E 55
Deutsches Obergericht L 5
Deutsches Reich A 37, 40, 42, L 7, 28
Deutsche Welle D 76, G 76
Deutschlandfunk D 76, G 76
Deutschlandlied D 30
Dezisionismus A 12
Diäten E 29
Diensteid D 99
Dienstherr D 103
Dienstrecht, öffentliches D 97, 106
Dienst- und Treueverhältnis, öffentliches D 96, 100
Dienstvergehen D 99
Dienstverhältnis D 107
Dienstverpflichtungen K 21
Differenzierungsklausel C 93
Differenzierungsverbote C 45
Diözesen L 35, 55
Diplomatischer Schutz L 21
Diskontinuität E 25
Diskriminierungsverbote C 91
Disziplinarrecht D 99, H 38
Doppelzuständigkeit D 74
Dotationen I 73, 75, 79
Dritte Gewalt H 1
Drittes Reich A 28, L 3, 10, 23, 25, 29
Dualismus (Völkerrecht) D 112
Durchlieferung L 26
Durchsuchungen C 39, H 32
Dynamische Rente I 32

Friedrich Ebert A 27
ECU D 139
Ehe C 51, 52
Ehegesetz C 51
Eheschließung C 52
Ehre C 60
Ehrengerichte H 5, 29
Eid C 55, 58, L 36
Eigentum C 81, 82, 84, 92

- Eigentumsgarantie C 18, **81**, 82, D 47, 99, I 25
- Sozialgebundenheit C 7, 24, 81

Einbürgerung L 27, 28
Eingriff A 4, C 15, 23, D 56, F 9, G 2
Eingriffsverwaltung G 17
Einheitlichkeit der Lebensverhältnisse F 35, I 54
Einheitsstaat D 67
Einkommensteuer I 52, 55, 59, 61
Einrichtung, zwischenstaatliche D 135
Einspruchsgesetze E 62, F 51
Einzelfallgesetz C 23, F 7
Elsaß-Lothringen E 55
Elternrecht C 53, 55, 70
Energieversorgung C 82
Enquete-Kommission Verfassungsreform A 10, D 90, G 95, I 46
Enqueterecht siehe Untersuchungsrecht
Enteignung C 81, **82**, 83, D 62, 65
- E. srecht C 50
Entlassung (Staatsangehörigkeitsrecht) L 27
Entnazifizierung D 102, L 18, 19
Entschädigung, -sanspruch C 82, D 62, 65
Entschließung (Bundestag) F 2
Erbrecht C **84**
Erbschaftsteuer C 84
Erfolgswert (Wahlrecht) E 3
Ergänzungsschulen C 71
Ermächtigung siehe Rechtsverordnung
Ermächtigungsgesetz (1933) A 28, L 10
Ermessen D 55, 61, G 18
Ermessensrichtlinien F 18, **19**, 21
ERP-Sondervermögen I 73
Ersatzdienst C 59, G 80
Ersatzschulen C 71
Ertragshoheit I 19
Erzbergersche Finanzreform I 8, 42, 72
Erziehung C 70, 72
Eurocontrol D 135
Europäische Atomgemeinschaft D 137, 141
Europäische Gemeinschaften D 135 ff.
- Finanzwesen D 137, I 6, 49
- Organe D 141
- unmittelbare Wahlen D 137
- Zölle I 49

Europäische Gemeinschaft für Kohle und Stahl D 137
Europäische Menschenrechtskonvention C 9, 10, D 146, H 34

619

Stichwortverzeichnis

Zahlen = Randnummer

Europäischer Gerichtshof D 142, 144
Europäischer Rat D 145
Europäische Sozialcharta C 9, D 147
Europäisches Währungssystem D 139
Europäische Wirtschaftsgemeinschaft D 137, 141
Europarat C 9, D 146
Europarecht D 137 ff., 143
Europawahlen D 137
Evangelische Kirche Deutschlands L 54
Exekutive D 53, G 1, 4, **14**, 23, 53, H 27
– Organisationsgewalt G 26
– Rechtsetzung G 20

Fachplanung D 92, G 64
Faires Verfahren (Recht auf ein –) H 33
Familie C 51, 84
Familiengerichte H 24
Familienrecht C 46, 51
Fernmeldegeheimnis C 40
Fernmeldewesen G 64
Fernsehen C 65
Festlandsockel D 126
Filmförderung C 66, 76, I 5
Filmfreiheit C 66, 69
Finanzämter I 67
Finanzausgleich D 93, I 55 ff.
– kommunaler I 62, 63
Finanzgerichtsbarkeit H 12, I 72
Finanzgerichtsordnung I 72
Finanzhilfen siehe Subventionen
– des Bundes I 58, 73, 75
– staatliche I 79
Finanzhoheit I 2
– kommunale D 93
Finanzmonopole I 20, 47, 50
Finanzplanung G 6, I 84, 85, 89, 101, **102**
– F.-srat I 89
Finanzpolitik I 78, 82
Finanzreform (1967/69) G 94, 95, I 45, 73
Finanzverfassung A 35, I 2, 7, 8, **17** ff., **41** ff., 58, 73
– F.-sgesetz (1955) I 44
Finanzverwaltung I 20, **65** ff.
Finanzwesen D 79
Flaggenrechtsgesetz D 27
Flüchtlinge L 15
Flughäfen G 47
Fluglärm C 20, 34
Föderalismus D **67** ff.
– kooperativer G **94** ff., I 45, 73
Folgenbeseitigungsanspruch D 62
Fondswirtschaft I 45, **73** ff.

Ernst Forsthoff D 91
Fragebogen L 18
Fraktion D 22, E 28, **32**, 34
Fraktionszwang E 28
Franckenstein'sche Klausel I 42
Frankfurter Dokumente A 17
Französische Revolution D 6, E 10
Freiheit D 3, 7
– und Eigentum C 23, F 9, G 1, 2
– gesetzmäßige C 101, D 46
– Grundrechte C **1** ff., 3, 7, 14
– kulturelle C 76
– der Person C 37, 38, H 21
– politische C 3, **97** ff., D 14
– publizistische C 64, 65
– F.sentziehung C 38, H 21
– F.srechte C 12, D 32
– F.sstrafe C 24
– wirtschaftliche C 77 ff., D 37
Freizügigkeit C 86
Fremdenrecht C 99, siehe Ausländer
Frieden D 110
Friedensgerichte H 5
Friedensschluß K 1, 9
Friedenssicherung D **124** ff.
Friedhöfe L 46, 50
Fürsorgepflicht D 97, 99
Funktionen E 14
Funktionsnachfolge L 9, 12
Funktionsvorbehalt D 96
Fusionskontrolle C 64

Garantie C 75
– institutionelle D 87, 96
Gebietseinteilung D 69
Gebietshoheit A 3, D 88
Gebietskörperschaften D 88, 89, 90, G 51
Gebietsreform D 95
Gebühren I 4
Gefährdungshaftung D 64
Gefahrenabwehr D 41
Gegenzeichnung D 123, E 72, 77
Geistliche L 50, 53
Geldleistungen des Bundes I 74
Gemeinde D 87, **88**, G 51
– Finanzhoheit I 58, 59, 63
– in der Finanzverfassung I **58** ff.
– Gemeindefinanzreformgesetz D 93, I 52, 60, 61
– G.recht D 88, G 51
– G.reform D 95
– G.steuern I 70, 71
– G.verbände D 87, 89, I 64

620

Zahlen = Randnummer

Stichwortverzeichnis

- Landesgesetzgebung I 63
- Selbstverwaltung C 70, D 87 ff.
Gemeinsame Geschäftsordnung (der Bundesministerien) E 89, 103
Gemeinsamer Ausschuß E 20 ff., K 5, 10, 13, 14, 16
Gemeinsamer Markt D 139
Gemeinsamer Senat H 16
Gemeinschaft, örtliche D 90
Gemeinschaftsaufgaben G 7, 32, 94 ff., I 45, 46, 76
Gemeinschaftsrecht D 136, 142, **143**, 144
Gemeinschaftsschulen C 70, L 3
Gemeinschaftsteuern I 51, 52, 62
Gemeinwirtschaft C 83, D 19
Gemeinwohl D 9
Genehmigungsschreiben zum Grundgesetz A 22
Generalinspekteur G 87
Generalprävention H 35
Generalvertrag A 31, L 10
Gerechtigkeit A 5
– soziale D 33, 34
Gericht H 4
– berufsständisches H 5
– Rechtsprechungsaufgabe D 59
– staatliches H 5
Gerichtsbarkeit
– freiwillige H 12
– kirchliche L 50
– ordentliche H 6, 15
– staatliche H 5, L 50
Gerichtshöfe, oberste G. des Bundes H 10, 14, **15 ff.**
Gerichtsverfassung H 12
Gerichtszweige H 6
Gesandte D 122
– Gesandtschaftsrecht E 84
Geschäftsbereich E 96, 99, 102, 103
Geschäftsordnungsautonomie E 32, 39, 41, F 45, H 47
Gesellschaftsrecht C 85
Gesellschaftsvertrag A 11
Gesetz A 5, D 50, 53, 58, 59, 60, F **1, 2, 3**, G 8
– „allgemeines" C 60, 69
– Allgemeinheit des G.es F 5, 7
– Berichtigung F 48
– Bestimmtheit G 9
– Bindung an die Verfassung D 50 ff., F 6
– im formellen Sinn F 5, I 92
– Garantiefunktion F 5
– G.esinitiative E 49, 61, 101, F **41 ff.**, 61

- G.eskraft H 52
- G.esvorbehalt D 55, 56
- G.esvorbehalt, organisatorischer G 25
- G.esvorlage E 49, 50, 101, F 41, 42, 43, 44, 45
- im materiellen Sinn F 5
- und Recht D 58
- rechtsstaatlicher G.esbegriff D 50, F 4
- rückwirkendes D 51, F 58, I 22
- Verweisung F 49
- Vorbehalt des G.es D 53, 55, G 8
- Vorrang des G.es D 53, **54**, G 8
Gesetzgebende Gewalt D 50, F 2, **4**, 10, H 1
Gesetzgeber A 15
– politische Gestaltungsfreiheit C 87, D 33, 40, 43, 45, 52, F 10
– Untätigkeit D 60
Gesetzgebung A 5, C 4, D 50, 52, E 104, F **1**, 3, 4, 6, 10, 23, 25
– des Bundes F 1, 25, 26, 27
– des Bundes, ausschließliche F 30 ff.
– des Bundes, Rahmenvorschriften F 37 ff.
– G.sauftrag D 60, G 43, **44**
– G.skompetenz D 74, F 25
– G.snotstand E 108
– G.sverfahren F 41 ff.
– Grundrechte C 23
– konkurrierende F 33 ff.
– Materie F 26, 36
– Nachbesserungspflicht C 20
– Selbstbindung F 10
– Tarifautonomie C 95
– verfassungsändernde A 34, 35, F 59 ff.
– „wesentliche" Regelungen C 16, F 9
Gesetzmäßigkeit der Besteuerung I 12
Gesetzmäßigkeit der Verwaltung C 101, D 46, **53 ff.**, 62, F 9, 19, 24, G 1, 2, **8 ff.**, I 12
Gestaltungsfreiheit der Verwaltung G 9
Gewährleistungen (Art. 115 GG) I 37
Gewalt, öffentliche H 22, 27, 53, L 50
Gewaltenteilung D 3, **48 ff.**, 53
– G.sprinzip D 60, 101, 108, E 13, 14, F 4, G **2**, 7, 14, 65, H 2
– Verteidigungsfall K 15
Gewaltverhältnis, besonderes C 24
Gewerbefreiheit C 77
Gewerkschaft C 94, 96
Gewissensfreiheit C 55, 58, 59
Gewohnheitsrecht D 111, F 1
Glaubensfreiheit C 55

621

Stichwortverzeichnis

Zahlen = Randnummer

Gleichbehandlung C 42, **44**, 91, F 19, 21, 22, 24
Gleichberechtigung C 46, 51, 91, L 23
– Gleichberechtigungsgesetz L 2
Gleichgewicht, gesamtwirtschaftliches D 38, I 34, 36, 45, 75, 82, **84**, 95, 100
Gleichheit C 42, 48, D 7, 8, 34
– staatsbürgerliche C 48, 55
– der Wahl E 3
Gleichheitssatz C **42**, 50
– allgemeiner I 13, 15, 24
Glockengeläute L 50
Gnadenakt H 27
Görlitzer Vertrag A 40
Grenzpolizei, Bayerische G 70
Grenzschutz G 71
Große Koalition I 45
Groß-Berlin A 41, D 69
Grundeigentum C 81, 82
Grundgesetz B 3, L 1
– Änderungen A 34, 35
– Entstehungsgeschichte A 17
– Genehmigungsschreiben der Militärgouverneure A 41
– Provisorium A 17, 23
– als Verfassung A 18
Grundpflicht C 50, G 80
Grundrechte A 13, C 1 ff., 101, D 131, H 53, 60, L 25, 26
– Ausgestaltung C 19, 26, 85
– Beamtenverhältnis D 99
– Besteuerung I 23
– Drittwirkung C 21, 60, 93
– Einrichtungsgarantie C 18, 51, 64, 81, 93
– Europäische Gemeinschaften D 144
– Gerichtsverfahren C 13
– Geschichte C 5, 6
– Gesetzesvorbehalt C 23
– Gewährleistungen C 14, 15, 18
– G.skatalog C 14, 102
– internationales Recht C 9
– Kernbereich C 94
– Kirchen L 49
– klassische C 5
– kodifikatorische Wirkung C 22
– Landesverfassungen D 70, 71, F 29
– objektives Recht C 15
– Organisation C 19
– "personaler" Grundzug C 2, 12, 85, 102
– und Privatrecht C 21, 31, 60, 69, 90, I 112

– Prozeßrecht H 32, 33, 40
– Reichsverfassung 1871 A 26
– Schranken C 23, 24, 26, 101
– Schutzauftrag C 14, 15, **20**, 33, 34, 36, 54, 56, 62
– soziale C 2, 3, 7, 72, 89
– subjektive Rechte C 2, 15, 17
– Verfahren C 19
– Verhältnismäßigkeit von Eingriffen C 26
– Verteidigungsfall K 20
– "Verwirklichung" C 15
– "Wertentscheidungen" C 2, 14, 51, 75
– Wesensgehalt C 25
– "wesentliche" Regelungen C 16, 22, 70, F 9
Grundsatz der Verhältnismäßigkeit C 26, 101
Grundsatzgesetzgebung F 25
Grundvertrag A 38, 39, D 121, L 24, 31

"Habeas Corpus" C 37, H 21
Haftbefehl C 37, 38
Hamburg D 88
Handelsflotte D 80
Handlungsfreiheit, allgemeine C 30, 79, 100 f.
Handwerk C 77
Hauptzollämter I 66
Haushaltsausschuß I 97
Haushaltsbegleitgesetze I 31, 92
Haushaltsgesetz D 56, F 5, I 27, 28, 29, 30, 35, 79, 91, **92**, 99, 114
Haushaltsgrundsätze I 95
Haushaltsgrundsätzegesetz I 29, 85, **89**
Haushaltskreislauf I 28
Haushaltsplan G 4, 6, 86, I 26, 27, 30, 31, 79, 90, **91**, 94, 102
– Ansätze D 56, I 95
– Bewirtschaftung I 96
– ökonomische Budgetfunktion I 34
– Sperrvermerk I 96, 97
– Spezialität I 27, 95
– Vollständigkeit I 95
Haushaltspolitik I 84
Haushaltsrecht I 29, 45, 85, **87 ff.**, 105, 113
Haushaltssicherungsgesetze I 31
Haushalt, Überschreitungen I 98
Haushaltswirtschaft I 28, 85, **87 ff.**
– Trennungsprinzip I 83
Georg Wilhelm Friedrich Hegel A 4
Heiliger Stuhl L 35, 55

Zahlen = Randnummer **Stichwortverzeichnis**

Herrenchiemseer Verfassungskonvent A 20, L 1
Hessen A 30
Hilfsdienst, parlamentarischer E 37
Thomas Hobbes A 2
Höchstzahlverfahren d'Hondt E 7
Hörfunk C 65
Hochschulen C 74
– Gemeinschaftsaufgaben G 95
– Hochschulrahmengesetz C 74, 75
– kirchliche L 53
Hoheitsakt, gerichtsfreier H 27
Hoheitsrechte, Übertragung D 114, 135, 145
Homosexualität C 46
„Hüter der Verfassung" E 69

Idealismus C 75
Identität E 11
Immunität
– Abgeordnete E 30
– diplomatische D 134
– Staat D 113
Indemnität E 31
informationelle Selbstbestimmung C 19, 31, 33
Informationsfreiheit C 61
Initiativrecht siehe Gesetzesinitiative
Inkompatibilität D 49, 101, E 27, 56, 70, 97
Inkrafttreten eines Gesetzes F 58
innerdeutsche Rechtshilfe L 26
Institutsgarantie C 18, 81, 84
Integrationsgewalt D 136
Integrationslehre A 12
Interessen, organisierte D 9
Interessengruppen D 9, **16**
Internationaler Gerichtshof D 111
Internationales Privatrecht C 46
Interpellationsrecht E 16, 45, 105
Interpol G 68
Interzonenhandel A 39
Investitionen I 36, 75
– Investitionslenkung C 81, D 19, 37

Jahreswirtschaftsbericht I 101, 102
judicial self restraint H 65
Junktimklausel C 82
Juristenrecht A 15
Juristische Person G 16, L 21
– Grundrechte C 12, 77
– des öffentlichen Rechts C 13, G 16, 25, 76

Justizhoheit H 12 ff.
Justizminister H 10

Kabelfernsehen C 67
Kabelpilotprojekte C 67
Kabinettsvorlage E 101
Kaiser A 26, K 1, 18
Kaisertum L 33
Kammergericht H 15
Kammern H 5
Kanonisches Recht L 32
Immanuel Kant A 1
Kanzlerkandidat E 15
Kanzlerprinzip E 87, 93
Kapitulation A 17, 29
Kartellrecht C 69
Katholische Kirche L 52, 55
Kauffahrteischiffe D 80
Hans Kelsen A 12, D 52
Kernenergierecht G 44, 46
Kinder, uneheliche C 47
Kindererziehung, religiöse C 53
Kirchen C 13, L 33, 37, 38, **40** ff.
– Ämter L 50, 52
– Autonomie L 46 ff.
– K. artikel L 38, 40
– K. austritt L 44, 45
– K. gemeinde L 54
– K. ordnungen L 32
– K. recht L 32, 46, 52
– K. steuern I 70, L 36, **44**, 46, 50
– K. verträge L 35, 52
Koalitionen C 94, 95, D 16
Koalitionsabsprachen E 92
Koalitionsfreiheit C 21, **93**, 94, 95, 96, D 16, 99
Kodifikationsprinzip D 36
Königsberg L 4
Körperschaften des öffentlichen Rechts G 16, 76, L 41
Körperschaftsteuer I 55
Kollegialorgan H 4
Kollektive Sicherheit D 110, **116**, 124, G 83, K 3, 4
Kommandantura A 41, L 4
Kommission, Europäische D 141
Kommunalabgabengesetze D 93
Kompetenzordnung, bundesstaatliche D 73
Kompetenzvorschriften D 40
Konjunkturausgleichsrücklagen I 86
Konjunkturpolitik I 82
Konjunkturrat I 86

623

Stichwortverzeichnis

Zahlen = Randnummer

Konjunkturzuschlag I 11
Konkordate L 35, 52
- Konkordats-Streit L 13
Konnexitätsprinzip I 18
Konstitutionalismus A 24, C 6
Konsulargesetz G 62
Kontrollrat A 29, L 4, 10
Konzertierte Aktion I 101
Kraftfahrt-Bundesamt G 75
Krankenhäuser L 39, 48
- Krankenhausfinanzierungsgesetz I 75
Kreditaufnahme
- kommunale Gebietskörperschaften I 33, 86
- staatliche I 27, 33, 34, 35, 40, 92
Kreditpolitik G 78, I 80, 81
Kreisumlage I 64
Kreisverwaltungsbehörde D 89, G 53
Kreiswahlvorschläge E 7, 8
Krieg K 1, 7
- K.sdienstverweigerung C 59, G 82
- K.sfolgen L 14 ff.
- K.sgefangene L 16
- K.swaffen D 125, K 3
Kriminalpolitik H 35
Kulturfreiheit C 55, 56, L 37
Kunstförderung C 76
Kunstfreiheit C 66, 76
Kulturstaat C 76

Länder A 30, D 68, 73, 77, 81, E 58
- auswärtige Beziehungen D 77, 126, 127
- Bundesrat E 58
- Landesbeamte D 101, 103, 104
- Landesfinanzbehörden G 44, I 65, 67, 68
- Landesgesetze G 52
- Landesgesetzgebung F 27
- Landesrecht L 11
- Landesregierungen G 53
- Landesverfassungen A 30, B 1, C 8, 72, 83, 87, 89, D 36, 43, 70, 71, H 49, 60, 61, L 34, 40, 53
- Landesverfassungsgerichtsbarkeit D 72, H 60 ff.
- Landesverfassungsrecht F 29, G 25, L 53
- Landesverwaltung G 11, 19, 25, 31
- Steuergesetzgebung I 48
- Verwaltungsorganisation G 53
Laienpriestertum L 52
Laienrichter H 8

Laizismus L 33
Landbeschaffungsgesetz G 82
Landesentwicklungsprogramm G 7
Landeshoheit L 33
Landeskirchen L 32, 35, 54
Landeslisten E 7, 8
Landesplanung D 92
Landesverteidigung G 79
Landeswahlvorschläge E 7
Landeszentralbanken E 67, G 78
Landkreise D 87, **89**, G 51, I 64
- Landkreisreform D 95
Landratsamt D 89, G 53
Lastenausgleich G 32, 44, L 14, 20
Lastengleichheit C 50, 81, D 65, I 13
Laufbahn D 103
Leben
- Schutz des L.s C 34
- ungeborenes C 35
„Lebensbild" C 31
„Lebensordnungen" C 7
Legalitätsprinzip H 40
Legitimität
- demokratische A 4
- der Verfassung A 7, 8, 9
Lehrfreiheit C 75
Gerhard Leibholz C 43, H 63
Leistungsprinzip C 49, D 97, 98
Leistungsverwaltung C 3, D 56, 91, G 17, I 103, 104, 106
Peter Lerche C 26
Liberalismus A 4, 11, C 7, D 16, 46, F 7
Lindauer Abkommen D 77, 127, **128**
Listenverbindung E 7
Lobbyismus D 16
Loccumer Vertrag L 35
John Locke A 4, D 48, 108
Lohngleichheit C 91
Lomé, Abkommen von L., D 138
Londoner Schuldenabkommen L 7
Lügendetektor C 29, H 32
Luftverkehrsrecht G 47
Luftverkehrsverwaltung G 44, 47

März-Revolution A 25
Magna Carta Libertatum C 5
Mandat
- freies E 10, **28**, 29
- gebundenes E 10
- imperatives D 10, E 28
- parlamentarisches E 1, 27
Marktordnung, Europäische D 140
Marktwirtschaft, soziale C 87

Zahlen = Randnummer

Stichwortverzeichnis

Karl Marx A 4
Massenkommunikation D 17
Massenmedien C 64 ff., 97, D 17
Maßnahme-Gesetz F 7
Materie
– der Gesetzgebung F 26
– kompetenzrechtliche D 74
Medien, neue C 67
Medienpolitik D 17
Mehrheit, qualifizierte F 62
Mehrheitsprinzip A 9, D 8, F 6
Mehrheitswahl E 4
Mehrstaatlichkeit L 22
Meinungsfreiheit C 31, 60, 97
Memelgebiet A 40
Menschenrechte C 1, 9, 11
Adolf Merkl D 52
Militärgouverneure A 17, 21, L 4
Minderheitsregierung E 75
Ministeranklage H 49
Ministerialbürokratie E 102 ff.
Mischverwaltung G 32
Mißtrauensvotum E 16, **107**
Mittelalter L 33
Mittel- und Unterbehörden, bundeseigene G 61, 66
Mitbestimmung C 81
– Mitbestimmungsgesetz D 39
– Montan-Mitbestimmung D 39
– unternehmerische C 85, 96, D 19, 39
Monarchie D 6, 25, 48
– konstitutionelle E 10
monarchisches Prinzip A 24
Monismus (Völkerrecht) D 112
Montanunion D 137, 141
Charles de Sécondat, Baron de la Brède et de Montesquieu D 48
Moskauer Vertrag A 38
Münchener Abkommen A 38
Mündlichkeit des Verfahrens H 25
Munizipalsozialismus D 91
Mutter C 46, 47, 54
Mutterschutzgesetz C 52

Nachrichtendienste, parlamentarische Kontrolle G 69
Nachtragshaushalt I 98
Namensrecht C 46
Nationalhymne D 30
Nationalrepräsentation E 10
Nationalstaat A 2, 24, D 27, 114
NATO D 116, G 83, K 4

Naturrecht A 11, C 11, D 58
– Grundrechte C 1
Friedrich Naumann A 27, C 7
NDR-Staatsvertrag D 86
ne bis in idem H 38
Neuaufbaugesetz (1934) L 9, 23
Neugliederung, des Bundesgebiets D 69
Neutralität
– Arbeitskampf C 95
– des Staates L 36
– wirtschaftspolitische C 87
Niederlassungsfreiheit C 77, 86, 88
Niedersachsen A 30
Nominalismus I 25, 81
Non-Affektation I 95
Nordatlantikvertrag siehe NATO
Norddeutscher Bund D 67
Nordrhein-Westfalen A 30
„Normenflut" F 23
„Normenhunger" der Exekutive F 23 f.
Normenkontrolle H 52, 57
Normenqualifikationsverfahren D 134
Notar, Notariat C 77, L 3
Notenbank D 78
Nothaushaltsrecht I 99
Notstand E 20
– innerer E 22, G 91 ff., K 2
– N.s-Novelle A 35, C 40, 95, D 5, E 20, G 93, H 27, K 2
Notverordnungsrecht K 17
nulla poena sine lege H 37
nullum crimen sine lege H 37
Numerus clausus C 73, 74

Oberbefehl G 85, K 1, 18
Oberfinanzdirektionen I 66, 67, 68
Oberschlesien A 40
Oberste Gerichtshöfe des Bundes E 48
Oder-Neiße-Linie A 38, 40, L 4
„öffentliche Meinung" C 97, D 17
Öffentliche Hand I 3
Öffentlicher Dienst C 95, D **96 ff.**, L 19
– Gleichheitssatz C 49
öffentliches Recht A **6**, 16, G 17
öffentliche Unternehmen G 22, I 103 ff.
Österreich L 23, 29
Ombudsman C 27
Opposition E **19**, F 42
Ordnungswidrigkeiten H 20, 42
ordre public D 131
Organ E 14, G 14, 23
– O.leihe G 33
– O.streitigkeit H 51

Stichwortverzeichnis

Zahlen = Randnummer

Organisationen, internationale D 115, 118, 135
Organisationsgewalt G 23 ff., 57
- Bundeskanzler E 94
- Bundesregierung E 99
- Bundesverwaltung G 57 ff.
Organisationsklauseln C 93
Ostpolitik A 38
Ostpreußen A 40, L 4

Papsttum L 33, 55
Pariser Verträge A 31
Parität L 33
Parlament D 49
- Parlamentarische Kontrollkommission G 69
- Parlamentarisches Regierungssystem E 15, 44
- Parlamentarismus D 11, E 1, **10**, F 8
- Parlamentsrecht E 39
- Parlamentssouveränität E 10
Parlamentarischer Rat A 19, 21, 22, L 1
Parteien, politische C 63, D 9, 13, **20 ff.**, E 4, 32
- Chancengleichheit D 22, E 3, 8
- Gründungsfreiheit D 20, 22
- Mitgliedschaft D 21
- Parteiausschluß D 21
- Parteienfinanzierung D 21, 22
- Parteiengesetz D 20, 21
- Parteienprivileg D 20, 23
- „Parteienstaat" D **24**, E 10, 28
- Parteipatronage D 98
- Parteiverbot D 23, H 58
- Rechenschaftslegung D 20, 22
- Satzungsautonomie D 21
- Spenden D 22
- Wahlen E 8
Parteiverrat H 29
Partizipation D 14
Paulskirche C 6
- P.n-Verfassung A 25, E 55
Persönlichkeitsrecht C **31**, 32, 33, 60, 69, 90, 100, H 32
Persönlichkeitsentfaltung C 14, 30, 77
personale Integrität C 32, 33
Personalhoheit C 99
Petersberger Abkommen A 31
Petitionsausschuß C 27, E 35
Petitionsrecht C 27
Planung D 53, 90
- Gesetz F 8, G 6, 7
- parlamentarische Demokratie G 5

- P.saufgaben G 4
- P.shoheit D 90
- P.shoheit, kommunale D 92
- politische E 18, F 8, G **4 ff.**
- raumbezogene G 4, 7
plebiszitäre Verfahren D 10, 12, E 12
Pluralismus D 9, 16
Politik
- und Recht H 64, 66
politische Klausel (Konkordat) L 52
Politische Union D 145
politisch Verfolgte C 99
Polizei C 38, 39, 40
Polizeirecht C 26
Polizeistaat D 46
Postgeheimnis C 40, H 27
Postgesetz G 64
Post- und Fernmeldewesen C 65, G 64
Potsdamer Abkommen A 29, 40, L 4, 18
Potsdamer Erklärung A 17, 29, L 4
Präambel A 42, B **1 ff.**, D 110, 114, 124
Präsidentenanklage E 72
Präsidialkabinette A 28, E 16, 69
Prager Vertrag A 38
Pressefreiheit C 21, **64**, 69, D 17
Pressefusion D 74
Pressekonzentration C 64
Presserecht C 64
Pressesubvention D 56, 74
pressure groups D 16
Hugo Preuß A 27
Preußen A 24, 25, 40, L 9
- Verfassungen von 1848/50 A 25, I 26
- Preußischer Kulturbesitz L 9
Privatautonomie A 6, C 21, 79, 81
Privatisierung I 108
Privatrecht A 6, I 104, 109, 112
Privatschulfreiheit C 71
Programmsätze C 4, 8, D 40
Proporz E 4
Proportionalverfahren nach Hare und Niemeyer E 7
Prozeß H 31
- P.ordnungen H 26
- P.recht H 31, 32
- P.vertretung H 30
Prüfungsrecht, richterliches D **51**, 58, F 6, 10, 66, H 52

Rätedemokratie D 10, E 28
Rätesystem D 19
Rahmenplanung, gemeinsame G 100 ff.
Rahmenvorschriften F 25, 27, 37, 40

626

Zahlen = Randnummer **Stichwortverzeichnis**

Raketenstationierung D 116
Rat der Volksbeauftragten A 27
Ratifikation D 119, 120, 133, E 85
Raumordnung D 92
Realsteuern D 93, I 59, 71
– Hebesätze I 60
– Realsteuergarantie I 60
recall E 28
Rechnungskontrolle I 30
Rechnungslegung I 27, 114 ff.
Rechnungsprüfung I 114 ff.
Recht A 5, D 9
– formelles H 31
– materielles H 31
– objektives C 2
– öffentliches A 6
– positives F 1
– subjektives C 2, **17**
Recht auf Arbeit C 3, 8, **89**
Recht auf Bildung C 3, 8, 72
Recht auf Gehör G 18, H 25 f.
Rechte
– öffentlich-rechtliche C 81
– soziale D 36
– vermögenswerte C 81
Rechtliches Gehör siehe Recht auf Gehör
Rechtsanwalt H 29, 30
– R.skammer H 29
Rechtsberatung H 29
Rechtseinheit F 35, H 17
Rechtsetzung F 1 ff.
– abgeleitete F 13
– Exekutive D 57
Rechtsfortbildung D **59**, F 60, H 17
Rechtsgleichheit C 42
Rechtsgrundsätze, allgemeine D 144
Rechtshilfe D 78
– internationale C 41, 99
Rechtskraft H 3
Rechtsnachfolge L 7, 9
Rechtsnorm F 5
Rechtsordnung, Stufenbau D 52
Rechtsprechung D 58 ff., H 1 ff., 19, 31, 43, 64
– R.saufgaben H 2, 3, 5, 13, 19, 28
Rechtsschutz C 19, D 61, 62, H **22**, **27** f., 53
– R.garantie D 61, H 27, 28
Rechtssicherheit D 51, 60
Rechtsstaat D 46, 60, 144, H 5
– Besteuerung I 21
– gerichtliches Verfahren H 19 ff.
– materialer D 46

– Prozeßrecht H 32 ff.
– R.sprinzip D **46 ff.**, 62, F 15, 16, G 10, H 33
– sozialer D 46, siehe Sozialstaat
– Vertrauensschutz I 21, 22, siehe Rechtssicherheit
– Verwaltung G 18
Rechtsstreitigkeiten, bürgerliche H 6
Rechtsstudium H 8
Rechtssubjekt E 14, G 16
Rechts- und Wirtschaftseinheit D 78 ff., I 41, 54
Rechtsvereinheitlichung D 139
Rechtsverhältnis A 6
Rechtsverordnung D 52, 54, 57, F 1, **11 ff.**, 12, 15, 17, G 20, L 12
– Ermächtigung D 57, L 12
– gesetzesvertretende F 13, L 12
– der Landesregierungen F 14
– Mitwirkung des Bundesrates E 66, F 14
– Mitwirkung des Bundestages E 52, F 14
Rechtsweg H 6, 27, 53
– ordentlicher D 63, 65
Referendum D 12, E 12, F 59
Referentenentwurf E 101, F 42
Reformation L 32, 33
Regierung E **15 ff.**, 17, G 2, 5, 15
– Öffentlichkeitsarbeit E 15, 86
– R.sakt D 129
– R.sbildung E 16, 75, **90 ff.**
– R.ssystem, parlamentarishes D 11, 24, 49, G 5, I 26
Regreß D 63
Reichsabgabenordnung I 42, 70
Reichsadler D 28
Reichsangehörigkeit L 23
Reichsdeputationshauptschluß L 43
Reichsexekution D 82, E 69
Reichsfarben D 27
Reichsfinanzhof I 72
Reichshaushaltsordnung I 89
Reichsjustizgesetze H 5, 12
Reichskanzler E 15
Reichskonkordat L 13, 35, 55
Reichsnaturschutzgesetz L 11
Reichspräsident A 27, 28, D 82, E 12, 69, 71, K 1, 18
– Diktaturgewalt E 20
– Notverordnungsrecht A 28
Reichspreßgesetz C 64
Reichsrat E 55
Reichsrecht L 10 f.

Stichwortverzeichnis

Zahlen = Randnummer

Reichsschuldenordnung I 39
Reichssparkommissar I 116
Reichstag A 28
Reichstagsbrand H 37
Reichs- und Staatsangehörigkeitsgesetz L 21, 23, 30, 31
Reichsverfassung (1871) A 24, 26, B 1, C 6, I 42
– Novelle von 1918 A 27
Reichsvermögen L 7 f.
Reine Rechtslehre A 12
Religionsfreiheit C 48, 55, 56, 57, 58, 70, L 33, 37, 38, 45, 53
Religionsgemeinschaften siehe Religionsgesellschaften
Religionsgesellschaften C 13, 55, 56, 63, L 33, 34, 37, 38, 40 ff.
– Autonomie L 46 ff.
Religionsmündigkeit L 51
Religionsunterricht C 70, L 3, 51
Repräsentation D 6, 10, E 10, 11, 28
Republik D 25, 26, E 68
res mixtae L 46, 50
Resozialisierung H 35
Ressort E 102, G 57
Ressortprinzip E 87
Revision H 17
– R.sgericht H 15
Revolutionen, bürgerliche A 11
Rheinland-Pfalz A 30
Richter D 103, H 1, 8 ff., 44
– gesetzlicher H 23 ff.
– prozeßleitendes Ermessen H 26, 27
– Rechtsbildung D 59, 60
– R.anklage H 8, 11
– Richtergesetz D 103, H 8, 9
– R.recht C 22, D 59
– R.wahl E 48, H 10, 44
– R.wahlausschuß E 48, H 10, 18
– Richterwahlgesetz H 10, 18
– Unabhängigkeit D 58, 60, H 5, 11
– Unparteilichkeit H 25
Richtlinien der Politik E 87, 93
„Rotation" E 28
Rückwirkung F 58
– eines Gesetzes D 51
– des Strafgesetzes H 37
Rückerstattung L 17
Ruhrkontrolle D 137
Rundfunk F 28
– R.anstalten C 13, 65, D 76, I 88
– R.anstalten des Bundesrechts G 76
– R.freiheit C 19, 65, 69, D 17

– R.gebühr C 65
– R.monopol C 65
– R.recht F 31
– R.unternehmen C 65

Saarland A 30, D 69
Sachkunde C 77
„Sammeleinbürgerungen" L 29
Satellitentechnik C 67
Satzung D 52, 54, 57, F 1, G 20
– S.sautonomie D 90
Scheidungsrecht C 46, 51, 52
Schiedsgerichtsbarkeit H 7
– internationale D 110, 117
Schiffahrt G 65
Schleswig-Holstein A 30, D 72, H 48, 62
„Schlichte" Parlamentsbeschlüsse E 16, F 2
Carl Schmitt A 12
Schuld, Schuldprinzip H 36
Schule C 70 ff.
– Elternrecht C 53
– Schulaufsicht C 70
– Schulgebet C 55, 70
– Schulorganisation C 53
– Schulpflicht C 53, 72
– Schulrecht C 70
Schuman-Plan D 137
Schutzbereichsgesetz G 82
Schutzpflichten
– grundrechtliche C 20, 90
– des Staates D 62
Schwerbehindertenabgabe I 5
Seewasserstraßen G 65
Selbstbestimmungsrecht, kirchliches L 46 ff.
Selbstbindung der Verwaltung F 19
Selbsthilfe H 22
Selbstverwaltung D 14, 52
– akademische C 75
– kommunale D 15, 87 ff., H 53, I 58, 59
– politische D 15
– soziale C 95
Senat E 54
Sittengesetz C 101
Rudolf Smend A 12
Soforthilfegesetz L 20
Rudolf Sohm L 32
Soldaten D 103
– Soldatengesetz G 82
Solidarität D 33, 34
Sonderabgaben I 5, 47
Sonderopfer C 50, 81, D 62, 65

Zahlen = Randnummer   Stichwortverzeichnis

Sondervermögen G 63, 64, I 38, 88
Sondervotum H 47, 57
Sorge, elterliche C 53
Souveränität D 131, 136
Sozialgesetzbuch D 36
Soziale Rechte D 36, 147
Sozialisierung C 83
Sozialismus C 83, 89
Sozialpolitik I 32
Sozialstaat A 7, D 32, 38, 67, F 23, G 9, I 1, 40, 78
– Grundrechte C 7
– S.sprinzip, S.ssatz C 50, 89, 92, D 33 ff., 43, 45, I 54
Sozialversicherung C 46, 81, G 77
– Bundeszuschüsse I 32
Spannungsfall G 81, K 6, 16
Spezialprävention H 35
Staat A 1, 2, D 111, I 8
– Finanzbedarf I 1, 8, 16, 31
– Fiskus A 6
– und Kirche L 33, 36, 38, 41, 46
– pluralistischer D 9
– Rechtfertigung A 2, D 31
– Rechtspersönlichkeit A 2
– Sozialgestaltungsfunktion D 35
– Wirtschaftstätigkeit I 103 ff.
– St.en, auswärtige D 131
– St.enverbindung D 135
– St.saufgaben C 7, 8, D 18, 31 ff., 40 ff., G 1 ff., 4, I 1, 16
– St.sausgaben I 1, 30, 78, 100
– St.sbankrott L 7
– St.sform D 1, 6, 10, 18, 25, 26
– St.sform, gemischte D 48
– St.sfunktionen D 48, G 15
– St.sgebiet A 3, D 111
– St.sgewalt A 3, D 2, 9, 10, 111, E 13
– St.sgrundgesetz A 1
– St.sleitung E 13 ff., 69, F 8, G 2, 5
– St.soberhaupt D 27, 122, E 15, 68
– St.sorgan E 13, H 51
– St.srechtslehre A 16
– St.sschulden I 33 ff., 39
– St.ssymbole D 27 ff.
– St.svermögen I 28
– St.svolk A 3, D 111, E 5, L 21, 22
– St.szweck D 31, 32
Staatenlose C 98, 99, L 26
Staatenlosigkeit L 22, 25
Staatsangehörigkeit A 3, C 12, 45, 98, L 21 ff.
– DDR L 31

– deutsche C 41, 46, L 21, 23, 24, 27, 28, 30, 31
– Länder L 30
– Staatsangehörigkeitsregelungsgesetz L 23, 29
Staatsanwaltschaft H 40
Staatsbürgerschaft (DDR) L 31
Staatsgerichtshof H 49, 60
Staatshaftung D 62 ff.
– Staatshaftungsgesetz D 66
Staatskirche L 36
– St.nrecht L 32 ff.
– St.ntum L 32, 33, 54
Staatskredit I 33, 36
Staatsleistungen (Kirchen) L 43
Staatsquote I 1
Staatssekretär D 103, E 103
– beamteter E 98
– Parlamentarischer E 98
– Reichsverfassung 1871 A 26
Staatsverträge D 68, 77, 86, 120, F 8
– Deutsches Reich L 13
– Ratifikation E 85
Staatszielbestimmungen A 10, 42, C 36, 89, D 33, 35, 36, 38, 43, 114, I 84, 101
Stabilitätsgesetz G 67, I 33, 82, 84, 85, 101
Stadt, kreisfreie D 89, 95
Städtebauförderungsgesetz I 75
Ständeversammlung E 10
Standesbeamter C 52
Statistisches Bundesamt G 75
Status L 21
Status-Denkschrift (BVerfG) H 63
Steuern I 4, 7 ff., 20
– direkte I 10
– Eigentumsschutz I 25
– Ertragshoheit I 20, 43, 44, 51 ff.
– Gemeinden D 93
– Gesetzgebung I 20, 47 ff.
– Grundrechte I 23
– indirekte I 8, 10
– Lastengleichheit I 13
– Leistungsfähigkeit I 14
– Nebenzwecke I 9, 11, 15, 23
– Progression I 14
– Rückwirkung I 22
– Steuerbewilligungsrecht E 10, I 26
– Steuergerechtigkeit I 15
– Steuerpflicht I 9
– Steuerpolitik I 9, 77, 78
– Steuerquellen I 9
– Steuerrichtlinien I 69

629

Stichwortverzeichnis

Zahlen = Randnummer

- Steuerstaat I 1
- Steuerverbund I 20, 45, 51, 52, 53
- Steuervergünstigungen I 79
- Überwälzbarkeit I 9
Stichwahl E 4
Stiftungen G 16, 76
Stiftung „Preußischer Kulturbesitz" G 76
Strafe D 47, H 35, 36, 37
- Strafanspruch H 40, 41
- Strafgerichtsbarkeit H 20
- Strafgesetz D 51
- Strafgewalt H 3, 20, 35 ff., 36, 38
- Strafhaft C 24
- Strafprozeß C 29, 34, 39, 40, H 29, 32, 34, **40**, 41
- Strafprozeßordnung H 12
- Strafrecht H 37
- Strafrechtspflege H 41
- Strafverfolgung H 37, 40, 41
- Strafzumessung H 35
- Strafzwecke H 35, 39
Straßenverkehr D 74
Streik C 65, 95
- Streikrecht C 9, D 97, 99, 107
Streitkräfte D 82, G 79 ff., K 2, 19
Strukturpolitik G 4, 7, 98, I 82
Subdelegation F 11
Subjektiv öffentliches Recht C 17
Subsidiarität, der Verfassungsbeschwerde H 53
Subsidiaritätsprinzip I 106
Subventionen I 79, 101
- Film C 66
- Presse C 64
- Privatschulen C 71
- Subventionsbericht I 79
- Subventionsrichtlinien F 19
Sudetenland A 40
Summepiskopat L 32
supranational D 135
Systemgerechtigkeit D 95, F 10, I 13

Tadelsanträge E 106
Tarifautonomie C 18, 94, 95
Tariffähigkeit C 94
Tarifpolitik I 101
Tarifvertrag D 106, 107, F 49
- Tarifvertragsgesetz C 95, L 6
Tatsachengericht H 15
Teilhabe C 3, 8
- T.rechte C 14
Telekommunikation C 67

Tendenzschutz C 64, L 47
Territorialitätsprinzip L 8
Testierfreiheit C 84
Theologische Fakultäten L 35, 39, 53
Titel H 3
Todesstrafe C 34, H 37, 39
Tonbandaufnahmen C 29
Transformation D 112, 120
Treuepflicht (Beamte) D 97, 99
- politische D 100
Heinrich Triepel C 43
Troeger-Kommission I 45

Übergangsregelungen D 47, F 58, L 2
Überleitungsvertrag A 31, L 10
Überhangmandat E 7
Übermaßverbot C 25, 26
Umsatzsteuer I 51, 52, 53
Umverteilung C 81, D 32
Umweltschutz C 17
- Grundrecht C 36
- U.artikel D 43
Universität C 13, 74, 75, L 53
Unmittelbarkeit der Wahl E 3
Unternehmen, öffentliche I 103 ff.
Unternehmensfreiheit C 78
Unterschriftsquorum E 8
Untersuchungsausschuß E 46
Untersuchungsgrundsatz H 32, 40
Untersuchungshaft C 24, 37
Untersuchungsrecht E 16, 46, 105
Unversehrtheit, körperliche C 34
Urheberrecht C 81

Verantwortlichkeit, parlamentarische E 15, 16, **105 ff.**, I 114
Verbände D 9, **16**
Verbrauchsteuern I 10, 42, 45, 51
Verbrauch- und Aufwandsteuern, örtliche D 93, I 48, 71
Verdingungsordnungen I 111
Vereinbarungen, völkerrechtliche L 35, 55
Vereinigtes Wirtschaftsgebiet A 17, L 4 ff., 10
Vereinigungsfreiheit C 63, 85, 93, 97, D 16, 24
- religiöse C 55, L 40
Vereinsautonomie C 63, D 20, L 46
Vereinsgesetz C 63
Vereinte Nationen D 111, 115
Verfahren, gerichtliches H 31
Verfassung A 5, **7 ff.**, D 1, 52, H 66

Zahlen = Randnummer

Stichwortverzeichnis

- Auslegung A 14, 15, 36, B 2, F 59, 67
- deutsche A 18, 23
- Eingangsworte B 1
- Einheit A 14
- Entstehungsgeschichte A 15, 17 ff.
- gemischte D 48
- landständische A 24
- sozialistische A 45
- Treue zur V. C 75, D 100
- verfassunggebende Gewalt A 7, 8, 18, B 3, D 69
- verfassunggebende Nationalversammlung A 27
- verfassunggebende Versammlung A 17, 18
- V.gebung A 8, F 59, 67, L 10
- V.sänderung A 34, D 68, E 12, 63, F 6, 59 ff.
- V.sauftrag C 46, 47, D 60, 96, 102, I 56
- V.sautonomie (der Länder) D 70, 71, 72
- V.sbeschwerde C 28, 101, D 72, H 53, 54, 56, 60, L 50
- V.sbeschwerde, kommunale D 94
- V.sdurchbrechung F 63
- V.sentwicklung F 59
- V.sgerichtsbarkeit A 13, D 72, 129, 132, H 6, 43 ff., 64, 65, 66
- V.sgerichtshof H 60
- V.sgeschichte A 24
- V.sgesetz A 7
- V.sgrundsätze D 3, 47, 110
- V.shomogenität D 70
- V.slehre A 12
- „verfassungsmäßige Ordnung" C 101, D 51
- V.sorgan E 13 ff., H 51, 63
- V.spolitik A 10, D 33
- V.sprozeßrecht H 54
- V.srecht A 7, 10, 13, 14, 16, D 8
- V.srecht, Fortbildung A 36
- V.srecht, verfassungswidriges F 66
- V.sreform A 10
- V.sschutz G 69
- V.sstaat A 1, 3, 4, 6, 9, 11, 15, C 5, D 3, 8, 48, G 2
- V.sstreitigkeiten H 48, 59, 64
- V.streue C 75, D 100
- V.sumsturz L 10
- V.swandel A 36, F 59, 60
- V.swirklichkeit D 24
- Vertrag A 7, 11
- Vorrang D 51

Verfolgung, politische C 99
Vergesellschaftung C 83
Verhältnismäßigkeit des Eingriffs, der Mittel C 26, G 18
Verhältniswahl E 4, 7
Verhandlung, mündliche H 56
Verkehrsteuern I 10, 51
Vermittlungsausschuß F 51, 53
Vermögensbildung C 81
Vermögensnachfolge L 8
Vermögensrechte (der Kirchen) L 42
Verordnung siehe Rechtsverordnung
- Ermächtigung D 57
- Europäische Gemeinschaften D 143
- V.srecht, selbständiges F 13
Verpflichtungsermächtigungen I 98
Versailler Vertrag K 1
Versammlung (Europäische Gemeinschaften) D 141
Versammlungsfreiheit C 24, 62, 97, E 43
Versammlungsgesetz C 62
Versicherungskammer, Bayerische G 33
Versicherungsprinzip I 32
Versorgung D 99
Verstaatlichung C 83
Verteidigung H 29
- V.sauftrag G 79 ff.
- V.sfall E 22, G 81, 84, K 1 ff., 5, 6, 7, 8, 10 ff., 21
Verträge, völkerrechtliche D 108, 112, 118 ff., 127, 129, 132, 135
Vertragsfreiheit C 79, 100
- Arbeitsrecht C 88
vertragsschließende Gewalt D 108
Vertrauensfrage E 16, 108
Vertrauensschutz C 44, D 47, 51, 59, F 19, 21, 22
Vertriebene L 15
Verwaltung G 14 ff., 15, H 28
- Aufgabenverantwortung G 13
- bundeseigene G 61 ff.
- fiskalische G 17, 22
- gesetzesakzessorische G 29
- gesetzesfreie D 53, G 2, 8, 29
- gesetzliche Ermächtigung G 1, 9
- Gestaltungsfreiheit D 61, G 9
- hoheitliche G 20, 63
- innere G 53
- ministerialfreie G 78
- in Privatrechtsform C 15, G 17, 21
- Rechtsformen G 17, 20 ff., 63
- Selbstbindung C 44
- Überregionalität G 30

631

Stichwortverzeichnis

Zahlen = Randnummer

- V.sabkommen D 120, G 34, 100
- V.sakt D 54, 55, G 17, 18, 19
- V.sbehörden G 53
- V.sgericht D 53
- V.sgerichtsbarkeit H 14, 22, 28
- V.sgrundsätze G 18
- V.shandeln G 17
- V.skompetenz G 12
- V.smonopol I 50, 106
- V.sprivatrecht G 21
- V.sprozeß H 30, 34
- V.srecht G 10
- V.srecht, allgemeines G 10, 18
- V.srechtsweg H 28
- V.sunrecht H 20, 42
- V.svereinbarung I 75
- V.sverfahren C 19, F 28, G 18, 19, 38, I 69
- V.sverfahrensgesetz G 19
- V.sverfahrensrecht G 10
- V.svorschriften C 44, D 55, F **18 ff.**, 22, G 20, 38, 58
- V.svorschriften, allgemeine F 20
- V.szwecke G 1, 3, 17

Verweisung (dynamische, statische) F 49
Vier-Mächte-Status A 37, 38
Völkerrecht C 99, D 111, 112
- allgemeine Regeln D 112, 113, 134
- Völkergewohnheitsrecht D 112, 118
- Völkerrechtsfreundlichkeit D 110

Volksbegehren D 10, 12, 69, E 12, F 41
Volksentscheid D 10, 12, 69, E 12
Volksgesetzgebung E 12
Volkssouveränität A 9, D 6, E 10, 11
Volksvertretung C 27, D 6, 10, 11, 12, 20, 49, 89, E **1**, **2**, 10, 11, 12, 23, 53
Volkszugehörigkeit L 28
Volkszählungsgesetz 1983 C 19, 33, H 59
vollziehende Gewalt D 53, G 2, 8, 14, 15
Vorabentscheidung D 142, 144
Vorbehalt des Gesetzes F 9, Siehe Gesetzesvorbehalt
Vorlagepflicht (eines Gerichts) H 52, 61
Vorprüfungsausschüsse (BVerfG) H 46, 53
Vorranggesetzgebung F 33

Wachstumspolitik I 82
Wachstumsvorsorge D 38
Währung I 81
- W.spolitik D 139, G 78, I 81
Wahlen D 6, 8, 10, 12, E 1, 15
- freie E 3

- geheime E 3
- Wahlberechtigung E 5
- Wahlgebiet E 5
- Wahlgeheimnis E 3
- Wahlkampfkostenerstattung D 21, 22
- Wahlkreise E 4, 7
- Wahlprüfung E 7, **26**
- Wahlrechtsgleichheit E 3, 8, 9
- Wahlsysteme E 4, 6
- Wahlverfahren E 7
Wahlrecht C 98, E **3 ff.**
- aktives E 5
- allgemeines E 10
- passives E 5
- 5%-Klausel E 9
- W.sgrundsätze E 1, 3
Wahlmännerausschuß H 44
Warschauer Vertrag A 38, 40
Wasserhaushalt G 65
Wasserrecht G 65
Wechselkurs I 81
Wehrbeauftragter E 16, 47, G 88
Wehrbereichsverwaltungen G 88
Wehrdienst C 24
Wehrdisziplinarrecht H 20
Wehrersatzwesen K 1
Wehrersatzwesen A 89
Wehrgerechtigkeit G 80
Wehrgesetzgebung G 82
Wehrpflicht C 59, G 80
- Wehrpflichtgesetz G 82
Wehrverfassung A 35
Weimarer Reichsverfassung A 27, 28, B 1, C 7, 8, 87, L 34, 35, 38
Weisungsrecht
- Bundesaufsicht G 43
- innerer Notstand G 92
Weltanschauungsfreiheit C 55, **57**, L 33
Weltanschauungsgemeinschaften L 40
Wesentlichkeitstheorie C **16**, D 55, F **9**, 24
Westeuropäische Union D 116, K 4
Westfälischer Frieden L 33
Wettbewerb C 78
- W.sfreiheit I 106
- W.srecht I 112, 113
Widerstandsrecht D 5
Wiedervereinigungsgebot A 42, B 2
Wiedergutmachung L 17
Wiener Bundesakte A 24
Wiener Schlußakte v. 1820 D 67
Wiener Vertragsrechtskonvention D 118, E 85

Zahlen = Randnummer

Stichwortverzeichnis

Willensbildung, politische D 8, 10, 18, 20
Willkür H 23, 32
- W.verbot C 42, **43**, G 18, I 13, 24
Wirtschaftsdemokratie C 81, D 19
Wirtschaftseigentum C 81
Wirtschaftsförderung G 98
- regionale I 113
Wirtschaftsfreiheit, allgemeine C 78, 80
Wirtschaftslenkung I 79
Wirtschaftspolitik C 87, D 139
Wirtschafts- und Sozialausschuß D 141
Wirtschaftsverfassung C 83, 87, D 37
Wirtschaftswachstum D 38
Wissenschaftsfreiheit C 19, 75, L 53
Wissenschaftsrat G 96
Witwerrente C 46
Wohlfahrtsstaat D 33, 38
Wohnraumbewirtschaftung C 86
Wohnung, Unverletzlichkeit C 39
Würde des Menschen C 14, **29**, **31**, 55, H 32
Württemberg-Baden A 30, D 69
Württemberg-Hohenzollern A 30, D 69

Zahlungsmittel gesetzliches I 81
Zensur C 68
Zensuswahlrecht I 10
Zentralstellen des Bundes G 67 ff.
Zitierungsrecht E 16, 45, 105
Zivilbevölkerung, Schutz G 82, 90
Zivildienst C 59
- Zivildienstgesetz G 82
Zivilprozeßordnung H 12
Zölibatsklauseln C 52
Zölle D 139, I 7, 20, 42, 47, **49**
- Zollbehörden G 72
- Zollgesetz I 49
Zündwarenmonopol I 50
Zulassungsvoraussetzungen (Beruf) C 77
Zulieferung L 26
Zuständigkeit, -sordnung G 23, H 23
Zustimmungsgesetz D 113, 120, 129, 132, 136, E 62, 85, F 52, I 47, 65
- Änderung G 50
Zwangsmitgliedschaft C 63
Zwangszusammenschluß C 63
„Zweite Kammer" E 53, 54
Zweites Deutsches Fernsehen C 65, D 86
Zweitstimme E 7